Fritz, Knoblach, Aretz, Rommel, Roitsch, Kranz

Windows 10 Pro

Das umfassende Handbuch

Rheinwerk
Computing

Liebe Leserin, lieber Leser,

möchten Sie Ihre vertraute Windows-Version aktualisieren oder stattdessen lieber Windows 10 ganz frisch installieren? Dieses Handbuch begleitet Sie dabei und macht Sie mit den neuen Features bekannt. Die Installation von Apps aus dem Windows Store, das Einrichten Ihrer Hardware, das Feintuning der Eingabegeräte, die Konfiguration der Benutzerkonten – alle Grundlagen der Benutzung Ihres Geräts werden behandelt. Auch fortgeschrittene Themen wie die Festplattenverschlüsselung mit BitLocker, das Einrichten eines Netzwerks, die PowerShell und die Virtualisierung mit Hyper-V werden kompetent besprochen.

Ganz gleich, ob Sie Ihr Windows 10 auf dem Tablet oder klassisch auf dem Desktop-PC nutzen: Sie finden in diesem Handbuch einen tiefgründigen und leicht verständlichen Einblick in alle Neuerungen, die Microsoft für Sie bereitgestellt hat. Der neue Edge-Browser, Ihre persönliche Assistentin Cortana und eine überarbeitete Benutzeroberfläche werden Ihnen ausführlich vorgestellt und erläutert. Aber auch die wichtigen Detailänderungen kommen nicht zu kurz und ermöglichen Ihnen einen Blick »unter die Haube« Ihres Betriebssystems.

Die Autoren sind ausgewiesene und zertifizierte Experten im Umgang mit Windows, die auf langjährige Erfahrung in der Administration zurückgreifen können. Zu dieser technischen Expertise kommt ihre didaktische Kompetenz, die sie in zahlreichen Schulungen von Anwendern unter Beweis gestellt haben. Mit ihrem praxiserprobten Fachwissen liefern sie zahlreiche Anregungen und Tipps, damit Sie Ihr Windows noch besser einsetzen können.

Und noch ein Wort in eigener Sache: Dieses Werk wurde mit großer Sorgfalt geschrieben, geprüft und produziert. Sollte dennoch einmal etwas nicht so funktionieren, wie Sie es erwarten, freue ich mich, wenn Sie sich mit mir in Verbindung setzen. Ihre Kritik und konstruktiven Anregungen sind uns jederzeit willkommen.

Ihr Sebastian Kestel
Lektorat Rheinwerk Computing

sebastian.kestel@rheinwerk-verlag.de
www.rheinwerk-verlag.de
Rheinwerk Verlag · Rheinwerkallee 4 · 53227 Bonn

Auf einen Blick

Wir hoffen, dass Sie Freude an diesem Buch haben und sich Ihre Erwartungen erfüllen. Bitte teilen Sie uns doch Ihre Meinung mit. Eine E-Mail mit Ihrem Lob oder Tadel senden Sie direkt an den Lektor des Buches: *sebastian.kestel@rheinwerk-verlag.de*. Im Falle einer Reklamation steht Ihnen gerne unser Leserservice zur Verfügung: *service@rheinwerk-verlag.de*. Informationen über Rezensions- und Schulungsexemplare erhalten Sie von: *britta.behrens@rheinwerk-verlag.de*.

Informationen zum Verlag und weitere Kontaktmöglichkeiten finden Sie auf unserer Verlagswebsite *www.rheinwerk-verlag.de*. Dort können Sie sich auch umfassend und aus erster Hand über unser aktuelles Verlagsprogramm informieren und alle unsere Bücher versandkostenfrei bestellen.

An diesem Buch haben viele mitgewirkt, insbesondere:

Lektorat Sebastian Kestel, Christoph Meister
Korrektorat Angelika Glock, Ennepetal
Einbandgestaltung Mai Loan Nguyen Duy
Coverfoto Shutterstock 193680182 © barang
Typografie und Layout Vera Brauner
Herstellung Denis Schaal
Satz III-satz, Husby
Druck und Bindung C.H. Beck, Nördlingen

Dieses Buch wurde gesetzt aus der TheAntiquaB (9,35/13,7 pt) in FrameMaker.
Gedruckt wurde es auf chlorfrei gebleichtem Offsetpapier (80 g/m²).

Bibliografische Information der Deutschen Nationalbibliothek:
Die Deutsche Nationalbibliothek verzeichnet diese Publikation in der Deutschen Nationalbibliografie; detaillierte bibliografische Daten sind im Internet über *http://dnb.d-nb.de* abrufbar.

ISBN 978-3-8362-3694-2
© Rheinwerk Verlag GmbH, Bonn, 2016
2., aktualisierte und erweiterte Auflage 2016, 1., korrigierter Nachdruck 2016

Inhalt

2   Windows 10 vom Datenträger installieren

3   Weitere Installationsmöglichkeiten

4   Inbetriebnahme und Anmelden an Windows   83

TEIL II   Look and Feel – die Benutzung von Windows 10

7 Einstellungen – die andere Art der Systemsteuerung   295

8 Die klassische Windows-Desktop-Umgebung 351

9 Barrierefreiheit 419

10 Drucken 453

11 Anzeige und Darstellung

12 Eingabegeräte

TEIL III   Sicherheit – ganz einfach

15 Verschlüsseln Sie Ihre Daten – für noch mehr Sicherheit

16 Microsoft Family Safety – individuelle Sicherheit für die ganze Familie

17 Systemreparatur und Wiederherstellung

18   UEFI und Secure Boot – Schutz von Anfang an   721

TEIL IV   Blick hinter die Kachel – Einsichten für Profis

19   Was ist die Cloud?   739

20   Der Bootvorgang – allem Anfang wohnt ein Zauber inne   755

21   Windows Search – wer sucht, der findet   777

24 Problembehandlung und Leistungsüberwachung 917

25   Windows PowerShell

27   Virtualisierung mit Hyper-V 1121

Anhang – Theoretische Grundlagen der Netzwerkkommunikation 1165

Vorwort

Liebe Leserinnen und Leser,

seit Juli 2015 steht *Windows 10* in den Läden. Dieses Buch möchte Ihnen den Zugang zum neuen Betriebssystem erleichtern und ausführlich erläutern. Bevor wir zum Wichtigsten, dem Inhalt, kommen, möchten wir im Vorwort kurz die Gelegenheit ergreifen, Ihnen zu erzählen, mit wem Sie es zu tun haben und wie dieses Buch zustande kam.

Windows 10: Wie das Buch zustande kam

Nachdem unser Vorgängerprojekt zu Windows 8.1 Pro abgeschlossen war, kam das Autorenteam zu einem ausführlichen Review zusammen. Wir besprachen die Dinge die im Produktionsprozess gut gelaufen waren und legten auch selbstkritisch unangenehme Themen auf den Tisch. Aber eines war bereits an diesem Abend klar: Das Nachfolgeprojekt wird kommen – Sie halten es nun in Händen. Wie in Teams üblich, fanden kleinere Wechsel im Autorengefüge statt. Wir begrüßen an dieser Stelle Dirk Rommel als kompetente Verstärkung!

Neues gibt es auch in Windows 10: Microsoft hat auf Kritik bezüglich der Vorgänger-Versionen reagiert und einige Neuerungen eingeführt, die wir Ihnen gerne zeigen möchten. Es gibt Design-Änderungen, neue Features wie *Cortana*, den neuen *Edge*-Browser und das Konzept, die Bedienung auf so unterschiedlichen Geräten wie Tablets und Desktop-Rechnern einheitlich zu gestalten. Viel Erklärungsbedarf, wie wir finden.

Über dieses Buch

Dieses Buch wurde von einem Autorenteam geschrieben. Wir haben es uns zur Aufgabe gemacht, dem Leser Windows 10 ausführlich zu erklären – sozusagen mit Ihnen gemeinsam »einen Blick hinter die Kachel« zu werfen.

Für wen ist dieses Buch gedacht?

Wir haben mit diesem Buch stets den ambitionierten Benutzer im Blick, der nicht nur den Einstieg in eine Thematik nachklicken möchte, sondern sich durchaus auch für Hintergründe und das »Warum« interessiert.

Eine *Grenze* ziehen wir zu administrativen Themen. Obwohl wir der Meinung sind, dass durchaus auch für Administratoren einige interessante Fakten und Informationen in diesem

Buch stecken, sollte der Einsatz von Windows 10 in Unternehmensnetzen und Domänen-umgebungen keine herausragende Rolle spielen. Somit konzentrieren wir uns voll und ganz auf den *Privatanwender* und *Heimnetzwerke*.

Was erwartet Sie in diesem Buch?

Der Buchinhalt ist in vier große thematische Blöcke eingeteilt:

▶ **Teil I: Starten – wie fange ich an, was ist neu?**

Mit Windows 8 hat Microsoft einfach einmal das getan, was dem Unternehmen immer als Versäumnis vorgehalten wurde: Alte Konventionen wurden gebrochen, neue Entwicklungen angeschoben und alte Zöpfe abgeschnitten. Windows 10 geht diesen Weg weiter. In den Kapiteln dieses Abschnitts führen wir Sie an die neuen Funktionen von Windows 10 heran und zeigen Ihnen, wie Sie Ihr Windows bis hin zur Inbetriebnahme aufsetzen.

▶ **Teil II: Look and Feel – die Benutzung von Windows 10**

Haben Sie heute schon mit Ihrem Rechner gesprochen? Falls nicht, fangen Sie vielleicht nach diesem Abschnitt damit an. Wir zeigen Ihnen die Funktionalität, Möglichkeiten und Grenzen der persönlichen Assistentin Cortana und viele weitere Apps, z. B. den neuen Edge-Browser. Auch in der klassischen Desktop-Oberfläche, beim Drucken oder bei Multi-media hält Windows 10 viele Neuerungen bereit. Von App bis OneDrive: Wie's geht, erfahren Sie hier.

▶ **Teil III: Sicherheit – ganz einfach**

Sie müssen weder Hexadezimal sprechen noch Informatik studiert haben, um mit Ihrem Windows einen veritablen Grundschutz zu realisieren. In diesem Abschnitt sehen wir uns die Windows-Sicherheitsfunktionen an und geben Ihnen Hinweise und Tipps, um Ihr Windows-System mit Bordmitteln möglichst gut abzusichern.

▶ **Teil IV: Blick hinter die Kachel – Einsichten für Profis**

Es stand bereits von Anfang an fest: Dieses Buch soll nicht nur Bilderstrecken zum Nach-klicken enthalten, sondern auch Leser ansprechen, die an der einen oder anderen Stelle die Wieso-weshalb-warum-Fragen stellen. Sie müssen nicht gleich den Nerd-Modus ein-schalten, dürfen aber an der einen oder anderen Stelle durchaus Inhalte erwarten, die weit über das allgemeine Grundwissen zu Windows-Systemen hinausgehen.

Die Autoren

Viele Autoren und ein Buch – kann das gutgehen? Wir finden: ja! Autorenkollektive haben einen unschlagbaren Vorteil: In umfangreichen Themengebieten wie dem Windows-Betriebssystem gibt es immer Bereiche, die ein Autor nicht zu seinen Schwerpunkten zählt und dennoch abdecken muss. Unser Team besteht daher aus Microsoft-affinen Experten, die allesamt Windows-Systeme als Administratoren, Consultants und Trainer täglich im profes-sionellen Einsatz betreiben. Durch die Breite der Qualifikationen konnte sich jeder Autor ausführlich seinen Schwerpunkten widmen, sodass während des Prozesses der Kapitelverteilung nie von »Das möchte ich nicht«, sondern eher von »Das würde ich auch noch gern schreiben« die Rede war. Die Gesprächsrunden, Tipps und gegenseitigen Hilfestellungen innerhalb des Teams waren für die Entwicklung des Buches außerordentlich hilfreich und förderlich.

Ihre Autoren

Michael Fritz

Michael Fritz ist Fachinformatiker Systemintegration und Microsoft Certified Trainer. Seit über 15 Jahren bändigt er die IT-Komplexität für seine Schulungsteilnehmer im Bereich Windows-Client- und -Serversysteme, Netzwerke & TCP/IP sowie Exchange Server. Seine Berufung erstreckt sich über die Ausbildung von Fachinformatikern, die Administration von Midsize-Windows-Netzwerken und das Verfassen und Erstellen von Videotrainings. Als »IT-Aufheller« sieht er seine Mission darin, Licht ins Dunkel komplexer IT-Systeme zu bringen und schwierige Sachverhalte klar und strukturiert zu veranschaulichen. Sein Motto lautet stets: »Besser einfach – einfach besser«.

Michael Fritz ist seit 2003 durchgängig Mitglied im Prüfungsausschuss für Fachinformatiker und hält alle gängigen Microsoft-Infrastruktur-Zertifizierungen, wie z. B. MCSE 2012, MCSA 2012, MCITP EA Server 2008 & Exchange. Mit aktuellen IT-Themen beschäftigt er sich auf seinem Blog *http://www.lernschmiede.de*.

Boris Gerrit Knoblach

Boris Gerrit Knoblach ist selbstständiger IT-Berater und TÜV zertifizierter Datenschutzbeauftragter und Datenschutzauditor. Schon während seines Studiums der Anglistik und Politikwissenschaften faszinierte ihn die damals noch entstehende IT-Welt. Seit 20 Jahren arbeitet er als Berater und Redakteur. Außerdem ist er als Trainer für Betriebssysteme und Anwendungssoftware bei Konzernen und mittelständischen Kunden sowie Unternehmen aus der Medienbranche, Agenturen, Fernsehproduktionen und Verlagen tätig. Dabei stehen in den letzten Jahren die besonderen Anforderungen und Herausforderungen der grafischen Industrie und des Fernsehens im Vordergrund. Als Integrator, Berater, Kommunikator und IT-Übersetzer – sprachlich wie fachlich – entwickelt er Konzepte und Lösungen. Er ist in verschiedenen IT-Welten zu Hause, neben Microsoft-Produkten zählen Linux- und MacOS-Themen zu seinen Schwerpunkten.

Jan Thorsten Aretz

Jan Thorsten Aretz ist seit 2003 IT-Softwareentwickler und nimmt seit dieser Zeit ebenfalls am Microsoft-Zertifizierungsprogramm (MCP) teil. Nach einer mehrjährigen Tätigkeit im Bereich IT-Sicherheit konnte er bei projektbezogenen Aufgaben tiefgreifende Erfahrungen im Microsoft-Client-Server-Umfeld gewinnen. Er arbeitet seit 2008 als IT Systems Engineer bei einem der weltweit größten petrochemischen Unternehmen. Seine Tätigkeitsschwerpunkte lagen bei der Administration der heterogenen E-Mail-Infrastruktur (Lotus Domino, Sendmail, Exchange) des Unternehmens und bei der Betreuung von Linux- und Windows-Servern. Bis April 2015 war er im 3rd Level Client Support tätig.

Dirk Rommel

Dirk Rommel ist seit 1997 in der IT tätig und staatlich geprüfter Informatiker sowie zertifizierter Microsoft Certified Solutions Associate. Aktuell ist er Consultant für Microsoft Solutions mit dem Schwerpunkt Exchange und Office 365 in einem IT-Systemhaus. Sein beruflicher Werdegang begann im klassischen User-Support, gefolgt von der Systemadministration bis hin zur IT-Leitung und Consulting. Zu seinen Kunden zählen namhafte Firmen mit über 8.500 Mitarbeitern sowie kleine und mittelständische Unternehmen und öffentliche Einrichtungen. Dirk Rommel ist auch in der Ausbildung tätig und IHK Prüfungsausschussmitglied für Fachinformatiker bei der IHK Aachen.

Rene Roitsch

Rene Roitsch stieg während seiner zwölfjährigen Dienstzeit als Bundeswehrsoldat in die IT ein. Als Quereinsteiger erarbeitete er sich den Großteil der Grundlagen autodidaktisch und betreute zuletzt ein IT-Netz mit ca. 400 Clients sowie verschiedene IT-gestützte Waffen- und Führungssysteme. Seit 2011 ist er in einem zivilen Unternehmen beschäftigt und betreut Kunden aus dem KMU-Sektor beim Betrieb verschiedener IT-Infrastrukturen. Darüber hinaus führt er regelmäßig Migrationsprojekte im Rahmen des Lifecyclemanagements durch. Seine Freizeit verbringt er bevorzugt mit seinen Kindern bei Tagesausflügen im Rheinland.

Simon Kranz

Der Technikenthusiast Simon Kranz absolvierte eine Ausbildung zum staatlich geprüften informationstechnischen Assistenten. Erste Berufspraxis konnte er als Support Engineer Remote Services bei einem der größten IT-Dienstleister Europas sammeln. Daraufhin schlug Simon Kranz die Richtung des Systemadministrators ein und arbeitete als Junior-Systemverwalter bei einem kommunalen Spitzenverband. Heute ist er in einer der größten inhabergeführten Kommunikationsagenturen Deutschlands als 2nd-Level-Systemadministrator tätig.

Besonders in den Bereichen Windows Client und Server, Virtualisierungsplattformen und Storage-Systeme verfügt er über weitreichende Kenntnisse. Aktuell arbeitet Simon Kranz u. a. an der Zertifizierung zum MCITP/MCSE, um seine bereits gewonnenen Praxiserfahrungen zu fundieren und Arbeiten gemäß Hersteller-Best-Practice durchführen zu können.

Vielen Dank!

Dieses Projekt mit seinen rund 1200 Seiten wäre ohne die Arbeit vieler weiterer Menschen *nicht* zustande gekommen. Wir wollen hier die Gelegenheit nutzen, um ihnen unseren Dank auszusprechen.

Wir möchten uns bei unseren Familien und Nahestehenden für die moralische Unterstützung bedanken. Alle Autoren stehen mitten im Arbeitsleben und schreiben nicht hauptberuflich Bücher. Ein solches Projekt kostet viel Zeit, die der Familie und den Liebsten nicht zur Verfügung steht und ihr Verständnis voraussetzt. Vielen Dank dafür!

Wir möchten uns beim Rheinwerk-Verlag bedanken, der dieses Projekt ins Leben gerufen und ermöglicht hat: vielen Dank!

Wir möchten ganz speziell Sebastian Kestel und Christoph Meister aus dem Rheinwerk-Lektorat danken, die es nicht immer einfach mit unserem kleinen Autoren-Zoo hatten. Sie verarzteten zu jeder Tages- und Nachtzeit Autoren-Wehwehchen und umschifften souverän sämtliche Ecken, Klippen und Kanten des Projekts mit stoischer Ruhe, Professionalität und Gelassenheit. Vielen Dank!

Wir danken ferner Angelika Glock, die aus einem Autorenmanuskript, das inhaltlich-technisch okay war, auch ein lesbares Buch geschaffen hat. Vielen Dank!

Zum Schluss wollen wir all jenen danken, die zur Entstehung des Buches beigetragen haben, sei es die Grafik, der Druck, Logistik und andere Bereiche, von denen wir Buchautoren keinen blassen Schimmer haben. Danke dafür!

So – nun aber viel Spaß mit Windows 10 und der Lektüre dieses Buches.

Ihr Windows 10-Autorenteam

TEIL I

Starten – wie fange ich an, was ist neu?

Kapitel 1
Lernen Sie Ihr neues Windows kennen

Altbewährtes in neuer Optik. Auf den ersten Blick wird Ihnen das lang ersehnte
Startmenü auffallen. Ja, es ist endlich wieder an Bord! Sie werden sich recht
schnell zurechtfinden, wenn Sie die älteren Versionen von Windows bereits
kennen. Wir zeigen Ihnen die Neuerungen in Windows 10, aber auch Features,
die es in Windows 10 nicht mehr geben wird.

Eine detaillierte Definition von Windows 10 von der Pike auf zu erörtern wird kaum notwendig sein, denn wenn Sie Windows XP oder Windows 7 bzw. Windows 8/8.1 kennen, dann finden Sie sich auch schnell in Windows 10 zurecht.

1.1 Die Neuerungen von Windows 10 im Überblick

Im Folgenden führen wir die wesentlichen Neuerungen von Windows 10 auf. Dabei reißen wir die jeweiligen Funktionen nur kurz an. Tiefer gehende Informationen gibt es dann in den jeweiligen Fachkapiteln.

1.1.1 Das Startmenü

Viele von Ihnen werden sagen, endlich ist das Startmenü zurück! Unter Windows 8 war es komplett verschwunden, in Windows 8.1 schließlich wurde der Startknopf implementiert. Aber so richtig zurück ist es endlich in Windows 10.

1.1.2 Ein Betriebssystem für alle Geräte

Windows 10 gibt es für PCs, Tablets, Phones und andere Geräte. Als Erstes fällt hier der Blick auf das Microsoft Surface Hub, die Microsoft HoloLens oder das Raspberry Pi 2. Wir stehen am Anfang einer spannenden Epoche im Windows-Zeitalter.

1.1.3 Desktop-Modus – Tablet-Modus

Für Geräte mit abnehmbarer Tastatur können Sie vom Desktop-Modus in den Tablet-Modus wechseln. Automatisches oder manuelles Umschalten zwischen der Benutzung mit bzw. ohne Tastatur ist natürlich ebenfalls möglich.

Abbildung 1.1 Task-Ansicht

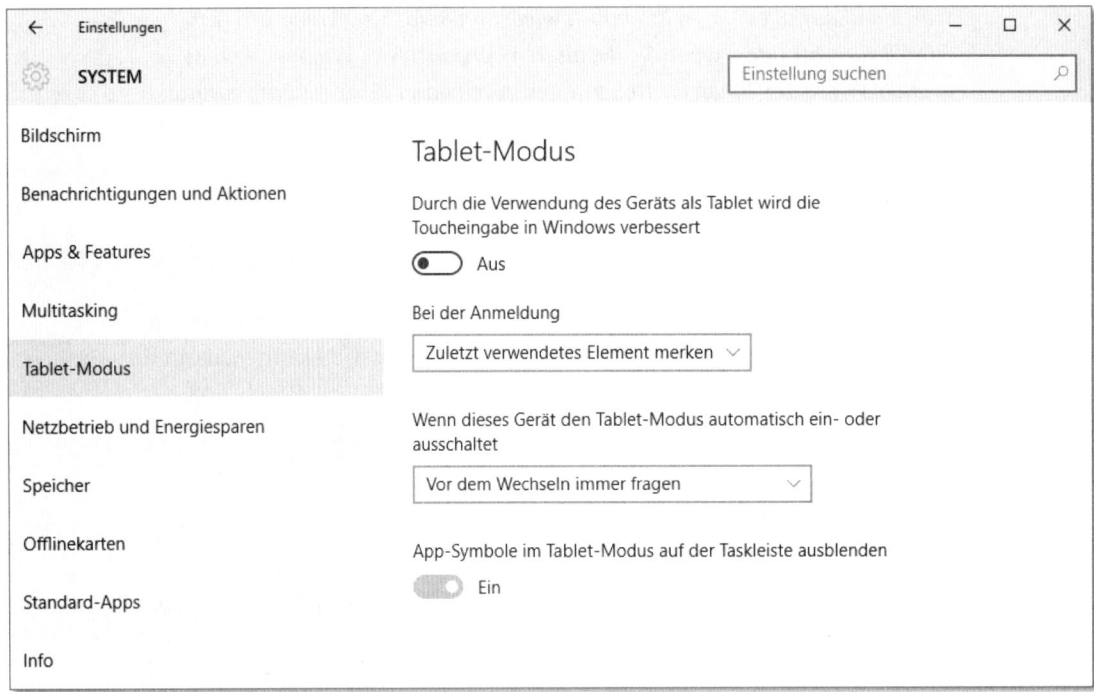

Abbildung 1.2 Tablet-Modus

1.1.4   Cortana

Cortana ist Ihre digitale Assistentin in Windows 10. Sie ist zu vergleichen mit der Sprachassistentin Siri von Apple. Cortana ist in die Suchfunktion integriert und muss zunächst aktiviert werden, da sie standardmäßig nicht aktiv ist. Wenn Sie ein Windows 8.1-Smartphone besitzen, werden Sie sie bestimmt schon kennen. Dort wurde Cortana eingeführt und hat jetzt auch in Ihrem neuen Betriebssystem Einzug gehalten.

1.1.5   Microsoft Edge

Es handelt sich erstmals um einen Browser als Universal App. Diese ist touchoptimiert. Es sind auch Erweiterungen ähnlich wie bei Firefox und Chrome geplant, und es ist möglich, mit einem Stift Notizen auf Webseiten zu erstellen. Darüber hinaus ist eine direkte PDF-Anzeige integriert, was ein Drittanbieterprogramm zum Anzeigen von PDFs unnötig macht.

1.1.6   Multi-Desktop-Unterstützung

Mit Windows 10 wurden Multi-Desktops eingeführt. Das heißt, Sie können in der Task-Ansicht mehrere Desktops konfigurieren. Sie können auch geöffnete Apps bzw. Fenster per Drag & Drop zwischen den Desktops verschieben.

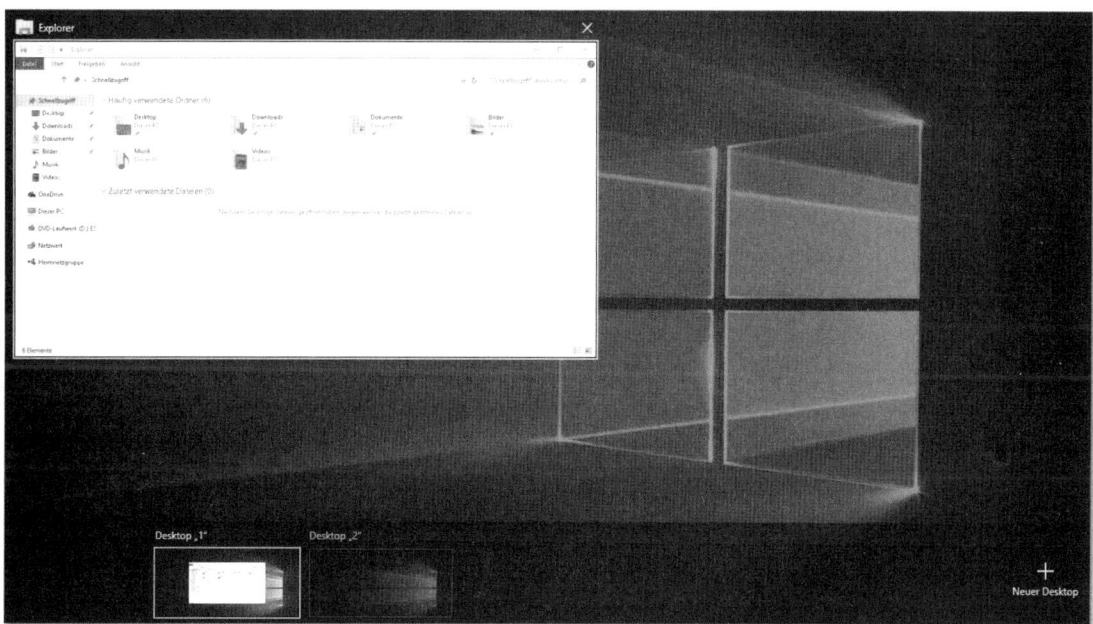

Abbildung 1.3 Multi-Desktop

1.1.7   Neues App-Fenster-Handling

Apps können nun minimiert, maximiert und einfach geschlossen werden. Dies bietet eine bessere Unterstützung für Mausbenutzer. Apps können jetzt auch als Fenster dargestellt werden, wie in Abbildung 1.4 zu sehen ist.

Abbildung 1.4 App-Fenster »Mail«

1.1.8 Die neue »Systemsteuerung«

Microsoft hat mit Windows 10 eine neue Einstellungsoberfläche eingeführt. Hier können alle zentralen Einstellungen vorgenommen werden. Die altbekannte Systemsteuerung gibt es aber zusätzlich weiterhin.

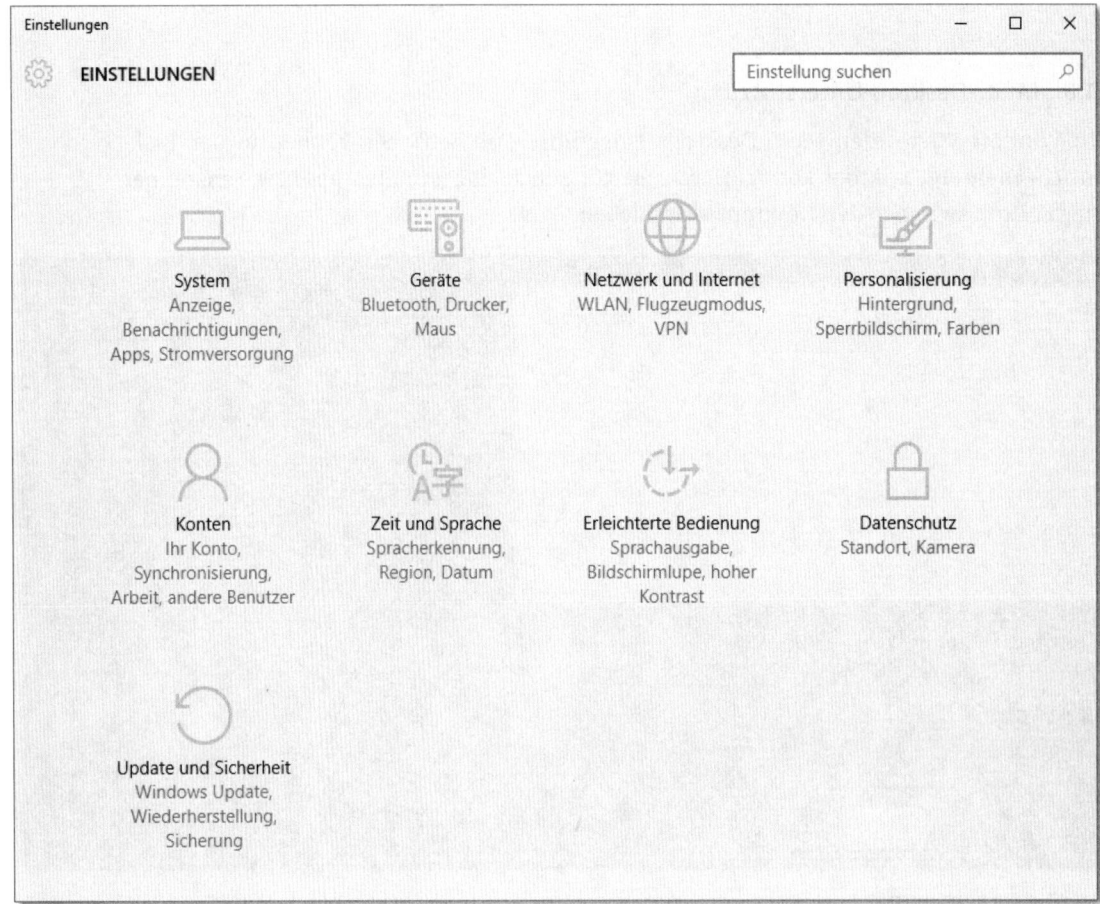

Abbildung 1.5 Einstellungen

1.1.9 Info-Center

Das Info-Center ist eine weitere neue Funktion von Windows 10. Es ist der zentrale Ort für eingehende Nachrichten und wichtige Informationen, wie z. B. Windows-Updates, E-Mails oder ausstehende Neustarts.

1.1.10 PDFs erstellen

Neu ist auch, dass Sie ohne weitere 3rd Party Tools PDFs erstellen können.

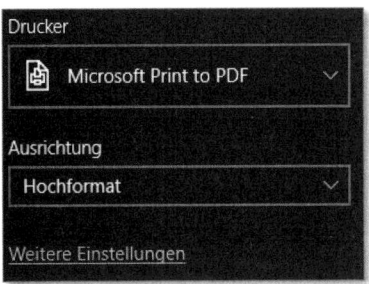

Abbildung 1.6 Microsoft Print to PDF

1.1.11   PowerShell 5.0

Mit Windows 10 führt Microsoft die PowerShell 5.0 ein. Sie bietet einige interessante neue Features. Zum Beispiel können Sie Text jetzt zeilenweise markieren, Copy & Paste per Tastenkombination $\boxed{\text{Strg}}$ + $\boxed{\text{C}}$ / $\boxed{\text{Strg}}$ + $\boxed{\text{V}}$ anwenden und vieles mehr.

1.1.12   Schneller Bootvorgang

Der Bootvorgang von Windows 10 ist unter der Haube ordentlich aufpoliert worden. Letztlich handelt es sich immer um die Zeitspanne, in der Sie vor Ihrem PC sitzen und darauf warten, dass der Rechner endlich startklar ist. Manch einer wird sich noch an Zeiten und PCs erinnern, in denen man sich nach dem Drücken des Einschaltknopfs erst mal gemütlich einen Kaffee holen konnte. Bei Windows 10 hat Microsoft es sich zum Ziel gesetzt, den Startvorgang wesentlich zu verkürzen. Und in der Tat startet Windows 10 um ein Mehrfaches schneller. Bei Verwendung entsprechender Hardware (UEFI, SSD) werden Sie nur noch wenige Sekunden zählen können, bis Ihr PC einsatzbereit ist.

1.1.13   Internet Explorer 11

Mit Windows 10 ist auch der Internet Explorer (oder kurz: *IE*) 11 weiterhin an Bord. Optisch hat Microsoft dabei alles beim Alten belassen, aber im Hintergrund wurden einige Änderungen vorgenommen. Die Kompatibilitätsansicht wird nicht mehr unterstützt. Als neues Feature ist hierfür der Enterprise-Modus hinzugekommen. Dieser ersetzt quasi den Kompatibilitätsmodus.

1.1.14   Nicht länger unterstützte Features

Die Charms-Bar ist verschwunden und wird durch das Info-Center ersetzt. Windows Media Center wird es unter Windows 10 nicht mehr geben. Das Center wird auch deinstalliert, wenn Sie ein Update durchführen. Der Media Player spielt keine DVDs mehr ab, hierfür stellt Microsoft jedoch für einen gewissen Zeitraum die Windows-DVD-Player-App kostenlos zur

Verfügung: *http://windows.microsoft.com/de-DE/windows/dvd-playback-help*. Alternativ wird eine Zusatzsoftware von Drittherstellern benötigt. Windows 7 Gadgets werden bei der Installation von Windows 10 entfernt. Spiele wie Solitaire etc. werden bei der Installation von Windows 10 ebenfalls deinstalliert. Und Infrarot-Schnittstellen werden unter Windows 10 auch nicht mehr unterstützt.

1.2 Versionsvergleich: Das bieten Ihnen die verschiedenen Editionen

In diesem Abschnitt zeigen wir Ihnen die Unterschiede zwischen den einzelnen Windows 10-Editionen und stellen die unterschiedlichen Funktionen kurz vor.

1.2.1 Windows 10 Home

Windows 10 Home ist die Standardvariante der Windows 10-Familie. Von der Edition her ist Windows 10 Home für den Heimanwender vorgesehen. Aber auch als Heimanwender sollten Sie darauf achten, ob Ihnen der Funktionsumfang von Windows 10 Home ausreicht. Denn aus unserer Sicht sind die Funktionen Hyper-V, BitLocker und die Möglichkeiten des Windows Media Feature Packs auch für Heimanwender sehr interessant. Wenn Sie diese Funktionen nutzen wollen, müssen Sie jedoch zwangsläufig *Windows 10 Pro* verwenden.

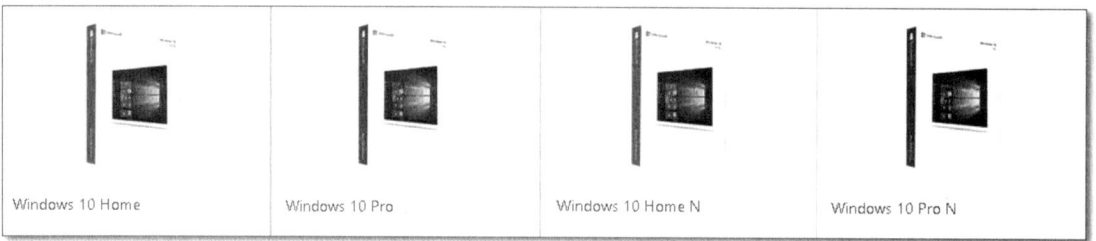

Abbildung 1.7 Verkaufsverpackungen von Windows 10

1.2.2 Windows 10 Pro

Windows 10 Pro ist die Variante für Unternehmen. Sie bietet einen etwas erweiterten Funktionsumfang, der sich stärker an den Bedürfnissen von kleinen und mittelständischen Firmen (*KMU*) orientiert.

Windows 10 Pro bringt den *BitLocker* mit. Mit BitLocker können Sie komplette Datenträger verschlüsseln. Diese Funktion ist insbesondere für Mobilgeräte wie Laptops sehr praktisch, da bei diesen Geräten die Gefahr bedeutend höher ist, dass sie Ihnen abhandenkommen. Ist die Festplatte mit BitLocker verschlüsselt, sind zumindest Ihre Daten vor fremdem Zugriff geschützt. Neben der Verschlüsselung von ganzen Datenträgern mit BitLocker besteht zudem noch die Möglichkeit, einzelne Dateien mit EFS (*Encrypting File System*) zu verschlüsseln.

Das nächste Feature, das Windows 10 Pro von Windows 10 Home unterscheidet, ist *Hyper-V*. Mit Hyper-V haben Sie die Möglichkeit, virtuelle Maschinen (*VM*) ohne Zusatzsoftware auf Ihrem PC zu nutzen – eine Möglichkeit, die sicherlich niemand von uns mehr missen möchte, da VMs gerade in der Erprobung von Software eine sehr große Arbeitserleichterung sind. Die Nutzung von Hyper-V setzt jedoch eine 64-Bit-Installation voraus und stellt darüber hinaus noch einige weitere Sonderansprüche, insbesondere was den Prozessor angeht. So setzt Microsoft relativ aktuelle Hardware für Hyper-V unter Windows 10 Pro voraus.

Die Möglichkeit, Ihren Rechner per RDP (*Remote Desktop Protocol*) fernzusteuern, haben Sie auch erst ab Windows 10 Pro. Für diese Funktion gibt es aber eine Vielzahl an Drittanbietertools, die das Microsoft-eigene RDP oftmals in Funktion und Komfort sogar noch übertreffen.

Der Beitritt zu einer Domäne ist auch erst ab der Pro-Version möglich. Da aber in Heimumgebungen wohl nur sehr selten ein vollwertiger Windows-Server zu finden sein dürfte, vermisst man diese Funktion entsprechend selten zu Hause.

Außerdem bringt Windows 10 Pro noch die Möglichkeit mit, von virtuellen Festplatten (*VHD*) zu booten.

1.2.3   Windows 10 Enterprise

Windows 10 Enterprise bietet den größten Funktionsumfang aller Editionen. Windows 10 Enterprise ist von den zusätzlichen Funktionen her auf Unternehmen zugeschnitten. Diese Edition ist nicht im Einzelhandel erhältlich, sondern nur über ein Volumenlizenzprogramm von Microsoft zu beziehen. Diese Lizenz wird in Abschnitt 1.5, »Die unterschiedlichen Lizenzen«, näher beschrieben.

Die erste zusätzliche Funktion, mit der Windows 10 Enterprise aufwartet, ist *AppLocker*. Mit AppLocker können Sie die Verwendung von Programmen reglementieren. So können Sie beispielsweise nur noch die Verwendung Ihrer eigenen Unternehmenssoftware erlauben. Das Blockieren des Microsoft Store ist mit AppLocker ebenfalls möglich. Obwohl diese Funktion ebenso für kleinere Unternehmen interessant ist, steht sie ausschließlich in der Enterprise-Version zur Verfügung.

Mit *Direct Access* haben Sie die Möglichkeit, eine Verbindung zum Firmennetzwerk vor der eigentlichen Benutzeranmeldung herzustellen.

Der *Branch Cache* ist ein Zwischenspeicher, der Dateien speichert, die von einem entfernten Server abgerufen werden. Branch Cache kann diese Dateien anderen Rechnern im lokalen Netzwerk zur Verfügung stellen, sodass diese nicht dieselben Daten nochmals über die WAN-Verbindung laden müssen.

Und zu guter Letzt wartet Windows 10 Enterprise noch mit einer Highlight-Funktion auf: *Windows to Go* ist die Möglichkeit, die gesamte Windows-Umgebung von einem USB-Stick aus zu starten.

1.2.4 Windows 10 Education

Windows 10 Education ist eine Version speziell für Bildungseinrichtungen. Sie bietet die identischen Funktionen wie die Enterprise Version. (Siehe Tabelle 1.1: Editionsunterschiede) Wenn Sie Windows 10 für die Dozenten oder Mitarbeiter ihrer Bildungseinrichtung über das *Microsoft Enrollment for Education Solutions Programm (EES)* oder die *Microsoft Open Value Subscription – Education Solutions (OVS-ES)* lizensiert haben, dann können Sie ihren Schülern bzw. Studenten mit dem *Windows Student Use Benefit* Programm Windows 10 Education kostenlos zur Verfügung stellen.

1.2.5 Windows 10 N Versionen

Der Namenszusatz *N* kennzeichnet die europäischen Windows 10-Versionen. Nach einer Entscheidung der EU-Kommission darf Microsoft innerhalb Europas Windows 10 nicht mit installiertem Media Player ausliefern. Daher hat Microsoft diese europäische Version mit dem zusätzlichen *N* markiert. Den Versionszusatz *N* werden Sie aber höchstwahrscheinlich nur auf Webseiten von Microsoft antreffen. Bis jetzt ist er uns weder im Handel noch im Internet wirklich begegnet, da Microsoft innerhalb der EU ja ausschließlich die N-Versionen vertreibt. Das Nachinstallieren des Media Players ist im Übrigen in allen Editionen problemlos möglich.

1.2.6 Editionsübersicht

In Tabelle 1.1 haben wir nur die Funktionen aufgelistet, bei denen es einen Unterschied zwischen den einzelnen Editionen gibt.

Funktion	Windows 10 Home	Windows 10 Pro	Windows 10 Enterprise	Windows 10 Education
BitLocker		X	X	X
EFS		X	X	X
Hyper-V		X	X	X
Domänenbeitritt		X	X	X
Remotedesktop		X	X	X
VHD-Boot		X	X	X
Windows To Go Creator			X	X
Direct Access			X	X
Branch Cache			X	X

Tabelle 1.1 Editionsunterschiede

Funktion	Windows 10 Home	Windows 10 Pro	Windows 10 Enterprise	Windows 10 Education
Side Loading	X	X	X	X
AppLocker			X	X
x86/x64-Anwendungen	X	X	X	X
Storage Spaces	X	X	X	X

Tabelle 1.1 Editionsunterschiede (Forts.)

1.3 »One Windows« – das Windows 10-Ökosystem

Microsoft hat sich zum Ziel gesetzt, ein einheitliches Betriebssystem für alle Geräteklassen zu schaffen. Der wesentliche Vorteil besteht darin, dass man intuitiv von einer Geräteklasse zur nächsten wechseln kann, ohne sich jedes Mal in ein neues Bedienkonzept einarbeiten zu müssen. Aber nicht nur in der Bedienung der Geräte haben Sie dadurch Vorteile, sondern bei einer stringenten Umsetzung dieser Idee haben Sie letztendlich Ihre Daten und Programme auf allen Geräten zur Verfügung. Mit Windows 10 hat Microsoft einen riesigen Schritt in diese Richtung gemacht, und in vielen Fällen stehen die Daten auch bereits geräteübergreifend zur Verfügung. Nachfolgend gehen wir auf die drei Hauptgeräteklassen etwas näher ein.

1.3.1 Desktop-PC

Die erste Hauptgeräteklasse ist der klassische Desktop-PC. Die primären Merkmale sind die Komponenten Desktop/Monitor und als Eingabegeräte Tastatur und Maus. Diese Geräteklasse ist seit Jahrzehnten von Microsoft dominiert, und Windows wurde kontinuierlich auf dieses System ausgerichtet.

1.3.2 Notebook

Der klassische Laptop entstand aus dem Wunsch, einen Desktop-PC zu mobilisieren. Die ersten Laptops entstanden Anfang der 80er-Jahre und waren in der Regel Schwergewichte. So brachte es die »portable« Version des legendären Commodore C64 auf ein Gewicht von 13 kg. Heutige Systeme sind natürlich weitaus mehr auf Mobilität ausgelegt und bringen nur einen Bruchteil dieses Gewichts auf die Waage.

1.3.3 Tablet

Die Geräteklasse der Tablets ist die jüngste im Dschungel der Geräteklassen. Ihr Hauptmerkmal ist der berührungsempfindliche Bildschirm (Touch), über den das Gerät zumeist mit den Fingern bedient wird. Die Tablets entstanden aus einer Vergrößerung der Smartphones.

1.3.4 Smartphone

Die heutigen Smartphones mit Touchoberfläche gibt es seit 2007, als das erste iPhone auf den Markt kam. Wesentliche Merkmale sind eben die Touchoberfläche und die Möglichkeit, Apps zu installieren. Mit Windows 10 wird es auch ein Windows 10 für Smartphones geben. Dies wird jedoch erst zu einem späteren Zeitpunkt zur Verfügung stehen.

1.3.5 Weitere Geräteklassen

Neben den vier oben genannten Geräteklassen gibt es noch eine ganze Reihe weiterer Geräte. Zum einen sind mittlerweile verschiedenste Arten von Hybridgeräten auf dem Markt, die Eigenschaften verschiedener Geräteklassen besitzen, z. B. *Convertibles*, die sich als Laptop oder Tablet verwenden lassen, oder *Phablets*, eine Mischung aus Smartphone und Tablet. Zum anderen sind bereits neue Geräteklassen in der Entwicklung (Uhren, Brillen). Windows 10 lässt sich sogar auf einem Raspberry Pi 2 installieren und betreiben.

1.4 Continuum – im Wandel der Zeit

Mit *Continuum* wird das Windows 10-Smartphone zu einem PC. Wird eine Bluetooth-Tastatur und -Maus mit dem Windows 10-Smartphone verbunden, erkennt das Betriebssystem automatisch, dass es in den Desktop-Modus schalten soll.

1.4.1 Tablet-Modus

Diese Funktion ist bereits in Windows 10 integriert, wenn man z. B. ein Tablet benutzt. Nimmt man das Type Cover ab, wird es von Windows 10 erkannt, und das System fragt nach, ob in den Tablet-Modus geschaltet werden soll. Im Tablet-Modus wird die Toucheingabe optimiert.

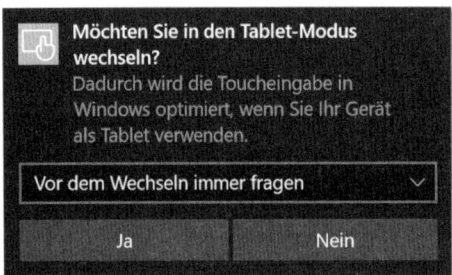

Abbildung 1.8 Tablet-Modus wechseln

Das heißt, die Apps werden als Kachel-Desktop dargestellt, um sie besser per Toucheingabe öffnen zu können. Das Startmenü wird hierbei reduziert, und die Kacheln treten in den Vordergrund.

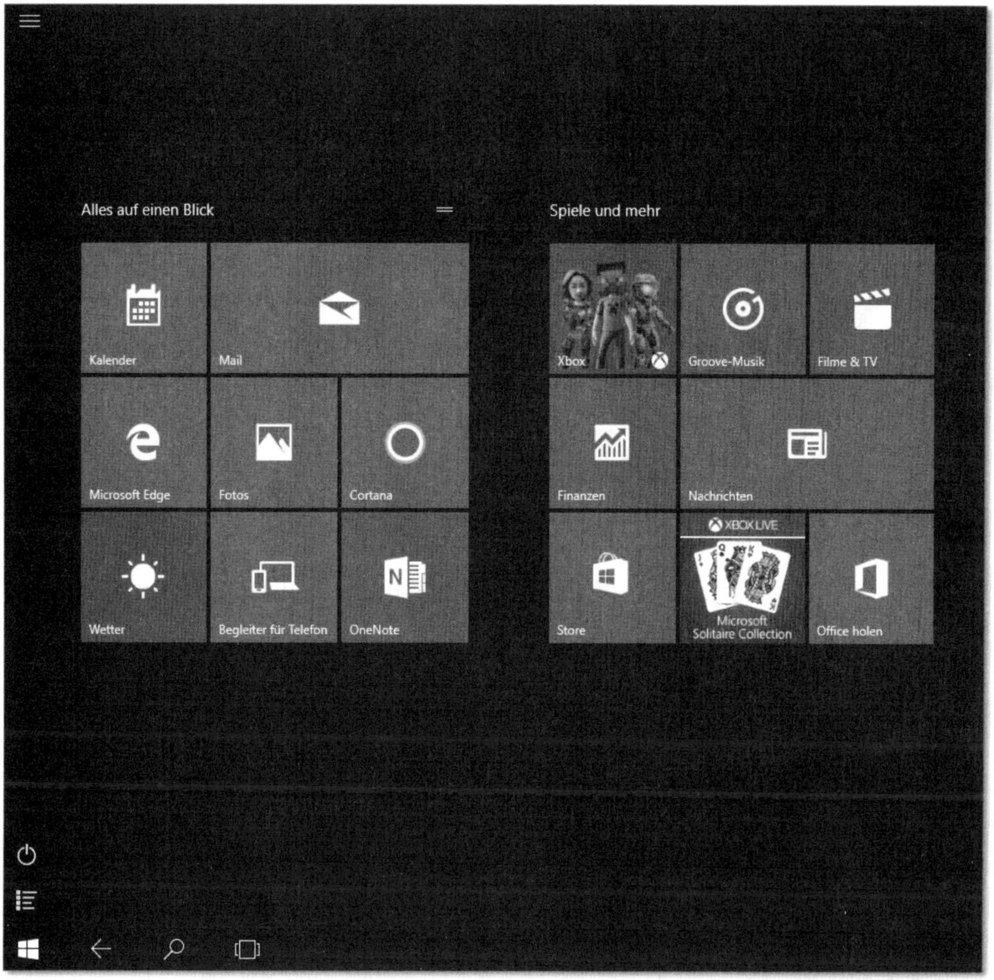

Abbildung 1.9 Desktop im Tablet-Modus

1.4.2   Umschalter Info-Center

Man kann den Wechsel auch manuell durchführen. Dazu öffnet man das neue Info-Center und aktiviert bzw. deaktiviert den Tablet-Modus.

Abbildung 1.10 Tablet-Modus im Info-Center

1.4.3 Desktop-Modus

Das Betriebssystem erkennt die vorliegende Situation automatisch, wenn die Tastatur wieder angeschlossen wird. Hier ist die Einstellung so gewählt, dass bei jedem Wechsel eine Bestätigungsanfrage gestellt wird. Diese kann man auch abstellen, indem man die Auswahl von VOR DEM WECHSELN IMMER FRAGEN auf ANTWORT MERKEN UND NICHT MEHR FRAGEN ändert.

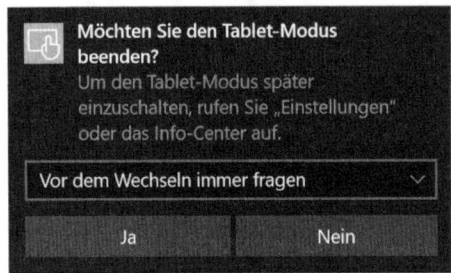

Abbildung 1.11 Tablet-Modus beenden

Hat man den Tablet-Modus wieder deaktiviert, wird das traditionelle Startmenü angezeigt, und die Desktop-Kacheln verschwinden wieder.

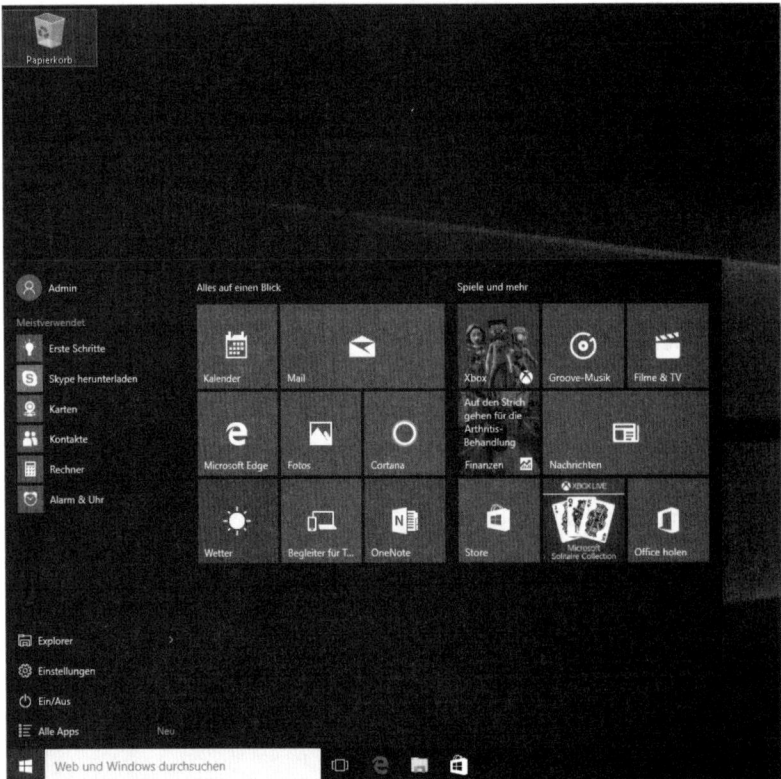

Abbildung 1.12 Startmenü und Desktop im Desktop-Modus

1.5   Die unterschiedlichen Lizenzen

Im allgemeinen Sprachgebrauch wird immer von einem *Softwarekauf* gesprochen, wenn man ein neues Programm erwirbt. Sie kaufen jedoch nicht die ganze Software, sondern eine Lizenz zur Nutzung dieser Software. In dieser Lizenz ist dann beispielsweise geregelt, auf wie vielen Geräten Sie die Software einsetzen dürfen oder ob Sie die Software nur zeitlich begrenzt oder nur privat verwenden dürfen. Windows 10 ist in drei verschiedenen Lizenzen verfügbar, die wir Ihnen nachfolgend vorstellen.

1.5.1   OEM – Systembuilder-Lizenz (Original Equipment Manufacturer – Erstausrüster)

OEM-Lizenzen sind von Microsoft für die Auslieferung mit neuen PCs vorgesehen. Daher sind diese Lizenzen eigentlich nicht für den Einzelhandel gedacht. Dieses Vorgehen wird auch weltweit praktiziert. Nur in Deutschland können Endkunden OEM-Lizenzen käuflich erwerben, nachdem es zu einem Rechtsstreit vor dem Bundesgerichtshof in Karlsruhe kam. (*Vgl. OEM-Urteil Aktenzeichen ZR 244/97 vom 6.7.2000*) OEM-Lizenzen werden zumeist ohne Verpackung und sonstiges Beiwerk vertrieben, da sie ursprünglich auf Komplettsystemen installiert ausgeliefert wurden. Die OEM-Lizenz beinhaltet keinen Support von Microsoft.

1.5.2   FPP (Full Packaged Product)

Die FPP-Lizenzen sind die eigentlichen Einzelhandelslizenzen von Microsoft. Dies merken Sie direkt an der Verpackung. Die Verpackung der FPP-Lizenz verfügt über verschiedene Designs und sieht bedeutend ansprechender aus als die der OEM-Lizenz.

1.5.3   VL (Volume License)

Volumenlizenzen sind Lizenzprogramme für Firmenkunden. Die einzelnen Editionen unterscheiden sich oftmals noch durch den Funktionsumfang (z. B. Windows 10 Enterprise) und durch die weiteren Vergünstigungen, die Microsoft gewährt (Schulungen, Home-Use-Right, weitere Software). Da die Volumenlizenzierung ein sehr umfassendes Thema ist und Firmenkunden vorbehalten bleibt, lassen wir tiefer gehende Informationen zu dieser Lizenz hier außen vor.

1.5.4   Windows 10 Pro Pack

Das Windows 10 Pro Pack ist eine Upgrade-Lizenz, um aus einem Windows 10 ein Windows 10 Pro zu machen.

1.6   Windows kostenlos! – Wirklich?

Jeder, der eine Windows 7-, Windows 8- oder 8.1-Lizenz besitzt, kann kostenlos ein Update auf Windows 10 durchführen. Kostenlos, aber nur innerhalb der ersten 365 Tage nach Erscheinungstermin von Windows 10. Am 29.7.2015 wurde Windows 10 offiziell veröffentlicht, und das bedeutet also, dass Sie ein kostenloses Update auf Windows 10 bis zum 28.7.2016 durchführen können. Kostenlos, aber nur für Besitzer, die Windows 7-, Windows 8- oder 8.1 Home- und Professional(Pro)-Versionen im Einsatz haben. Allerdings können auch Besitzer der Enterprise-Version kostenlos updaten, jedoch mit der Einschränkung, dass sie eine Windows 10 Pro-Version erhalten und keine Enterprise-Version und somit die Enterprise-Funktionen wegfallen.

Kapitel 2
Windows 10 vom Datenträger installieren

Bevor es richtig losgeht, sind noch ein paar kleine Hürden zu nehmen. Ob Upgrade oder Neuinstallation – dieses Kapitel geht auch auf fortgeschrittene Techniken der Installation ein. Erfahren Sie hier mehr über die benutzerdefinierte Installation. Wir verraten Ihnen, was es mit Partitionen auf sich hat und wie Sie ein Multibootsystem einrichten. Installieren Sie noch, oder surfen Sie schon?

In diesem Kapitel beschreiben wir die grundlegende Installation von Windows 10 und gehen etwas näher auf das Thema Partitionierung ein.

2.1   Windows installieren – neu oder Upgrade?

Eine der grundlegenden Fragen beim Umstieg auf Windows 10 stellt sich vor der Installation. Wollen Sie Ihr bestehendes System upgraden und damit nach Möglichkeit bereits installierte Programme übernehmen, oder machen Sie lieber eine saubere Neuinstallation? Vielleicht wollen Sie aber auch Ihr altes System weiterverwenden. In diesem Kapitel zeigen wir Ihnen, was bei welcher Umstiegsmöglichkeit zu beachten ist.

Systemanforderungen

Zunächst wollen wir Ihnen aber die Systemanforderungen von Windows 10 aufzeigen. Auf den ersten Blick sind die Systemanforderungen nicht sonderlich hoch.

- ▶ Prozessor: 1 GHz oder schneller
- ▶ RAM: 1 GB (Windows 10 – 32-Bit-Version) oder 2 GB (Windows 10 – 64-Bit-Version)
- ▶ Festplattenspeicher: 16 GB (32 Bit) oder 20 GB (64 Bit)
- ▶ Grafikkarte: Microsoft DirectX9-Grafikkarte mit WDDM-Treiber

Es gibt jedoch für einzelne Funktionen gesonderte Anforderungen an die Hardware. So benötigt Hyper-V in Windows 10 (ab der Edition *Pro* verfügbar) einen Prozessor, der SLAT (*Second Level Adress Translation*) beherrscht. Dies können beispielsweise die neueren Intel-Prozessoren der i-Serie (i5, i7). Zusätzlich muss für Hyper-V Windows 10 Pro oder Enterprise als 64-Bit-Version installiert sein, und der PC muss über mindestens 4 GB RAM verfügen. Weitere Informationen zum Thema Hyper-V finden Sie in Kapitel 27, »Virtualisierung mit

Hyper-V«. Eine detaillierte Liste der Hardwareanforderungen stellt Microsoft auf der Web-seite *https://www.microsoft.com/de-de/windows/windows-10-specifications#sysreqs* bereit.

32 Bit oder 64 Bit?

Microsoft bietet auch Windows 10 wieder in einer 32-Bit- und einer 64-Bit-Version an. Die Installation von Windows als 64-Bit-Version hat sich mittlerweile als Standard etabliert – nicht zuletzt, da immer mehr PCs mit 4 GB RAM oder mehr ausgestattet sind und ein 32-Bit-Betriebssystem maximal 4 GB RAM verwalten kann. Da auch der Grafikspeicher mit zu den 4 GB zählt, stehen bei den meisten 32-Bit-Windows-Systemen mit 4 GB RAM tatsächlich nur 2 bis 3,75 GB RAM netto zur Verfügung.

Sie sollten vor der Wahl zwischen einem 32- oder 64-Bit-Windows überprüfen, ob die von Ihnen verwendete Soft- und Hardware unter einem 64-Bit-System lauffähig ist und ob alle benötigten Treiber verfügbar sind. Insbesondere für ältere Hardware liefern die Hersteller keine neuen Treiber für 64-Bit-Betriebssysteme mehr nach. Daher können wir Ihnen nur empfehlen, vor der Wahl des Betriebssystems zu prüfen, ob sämtliche Hardware unterstützt wird. Gleiches gilt auch für die Software: Sollte eine von Ihnen genutzte Anwendung nicht zwingend ein 32-Bit-Betriebssystem voraussetzen, dann sollten Sie die 64-Bit-Version von Windows installieren – allein schon wegen der Möglichkeit, mehr als 4 GB RAM zu nutzen. Darüber hinaus verfügt die 64-Bit-Architektur über zusätzliche Sicherheitsmerkmale, die es Schadsoftware erschweren sollen, Ihr System zu infizieren.

Upgrade-Pfade

Windows 10 stellt Ihnen verschiedene Upgrade-Pfade zur Verfügung. Die Upgrades unter-scheiden sich jedoch in ihrem Funktionsumfang. Bei einem direkten Upgrade (Windows 10 wird über das vorhandene Betriebssystem installiert) ändert sich für Sie nichts. Tabelle 2.1 zeigt, welche Windows-Edition ein direktes Upgrade erlaubt.

	Windows 10 Home	Windows 10 Pro	Windows 10 Enterprise (Volumenlizenz)
Windows 7 Starter	X	–	–
Windows 7 Home Basic	X	–	–
Windows 7 Home Premium	X	–	–

Tabelle 2.1 Direktes Upgrade von Windows

	Windows 10 Home	Windows 10 Pro	Windows 10 Enterprise (Volumenlizenz)
Windows 7 Professional	–	X	–
Windows 7 Ultimate	–	X	–
Windows 8.1	X	–	–
Windows 8.1 Pro	–	X	–
Windows 8.1 Pro für Studenten	–	X	–

Tabelle 2.1 Direktes Upgrade von Windows (Forts.)

Ob Sie sich jetzt für ein Upgrade entscheiden oder für eine Neuinstallation, liegt bei Ihnen. Eine saubere Neuinstallation ist aus unserer Sicht aber oftmals der vorteilhaftere Weg, da dabei keine alten Restdaten (wie veraltete Treiber oder Software) übernommen werden. Außerdem lernen Sie Ihr neues Windows 10 direkt etwas besser kennen, wenn Sie im Anschluss an die Betriebssysteminstallation Ihre persönliche Konfiguration anpassen.

Kein Upgrade ohne Backup!

Bevor Sie mit einem Upgrade auf Windows 10 beginnen, sollten Sie unbedingt ein Backup erstellen. Die sicherste Methode ist dabei ein Vollbackup des gesamten bestehenden Systems. So ist gewährleistet, dass Sie im Notfall Ihr System oder einzelne Dateien wiederherstellen können. Alternativ können Sie natürlich auch nur Ihre *Eigenen Dateien* sichern, wenn Sie sich absolut sicher sind, dass Sie ausschließlich dort Dateien gespeichert haben. Das Backup sollte auf einem externen Speichermedium (z. B. einer USB-Festplatte) abgelegt werden, das während des Upgrades nicht mit dem PC verbunden ist. Als Backup-Programm können Sie beispielsweise das in Windows integrierte Backup-Programm einsetzen (siehe Kapitel 14) oder eines der zahlreichen kostenlosen Fremdanbieterprogramme.

2.1.1   Installation benutzerdefiniert durchführen

Im folgenden Abschnitt begleiten wir Sie Schritt für Schritt durch die benutzerdefinierte Neuinstallation. Das Setup startet beim Booten vom USB-Stick oder von der von Ihnen zuvor erstellten DVD (Siehe Abbildung 3.5 in Kapitel 3) vollautomatisch und fragt als Erstes die Spracheinstellungen ab.

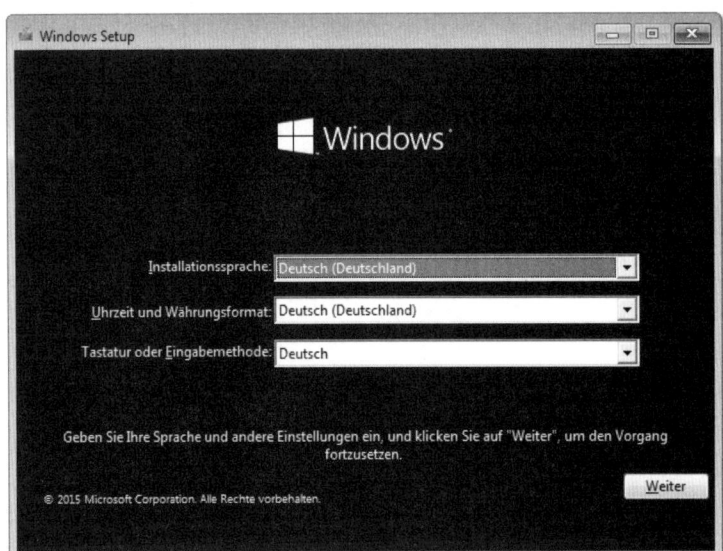

Abbildung 2.1 Setup Spracheinstellung

Danach erscheint der Auswahlbildschirm, der abfragt, ob Sie Windows 10 installieren wollen oder die COMPUTERREPARATUROPTIONEN aufrufen wollen. Da wir zu Anfang das Betriebssystem erst einmal installieren wollen, entscheiden wir uns für JETZT INSTALLIEREN. Weitere Informationen zu den Computerreparaturoptionen finden Sie in Kapitel 17, »Systemreparatur und Wiederherstellung«.

Abbildung 2.2 Windows 10-Installation – Setup

Nach dem Klick auf die Schaltfläche JETZT INSTALLIEREN meldet Windows kurz SETUP WIRD GESTARTET und legt Ihnen anschließend die Lizenzbedingungen vor. Nachdem Sie die Lizenzbedingungen gelesen haben, wird die Schaltfläche WEITER freigegeben, sobald Sie die Checkbox ICH AKZEPTIERE DIE LIZENZBESTIMMUNGEN anhaken. Im nächsten Auswahlfenster entscheiden Sie sich dann für die Installationsart. Zur Auswahl stehen die Installationsarten UPGRADE und BENUTZERDEFINIERT. Aus unserer Sicht ist hier die Beschreibung der Installationsart etwas irreführend. Die Installationsart BENUTZERDEFINIERT: NUR WINDOWS INSTALLIEREN (FÜR FORTGESCHRITTENE BENUTZER) ist nichts weiter als die simple Neuinstallation, die wir Ihnen in diesem Kapitel zeigen wollen. Wählen Sie also BENUTZERDEFINIERT.

Abbildung 2.3 Installationsart auswählen

Der nächste Installationsdialog fragt Sie, wo Sie das Betriebssystem installieren möchten. Dabei werden alle angeschlossenen Festplatten und deren Partitionen aufgelistet. An dieser Stelle müssen Sie jedoch aufpassen, da das Löschen einer Partition sämtliche Daten löscht, die auf ihr gespeichert sind. Wenn Sie sich bei der Partitionierung nicht ganz sicher sind oder mehr zu dem Thema erfahren möchten, dann erhalten Sie in Abschnitt 2.4.1 weitere Informationen. Im vorliegenden Beispiel steht eine Festplatte mit 60 GB zur Verfügung, auf der noch keine Partition vorhanden ist. Um Windows 10 die gesamte Festplatte zur Verfügung zu stellen, reicht es aus, direkt auf WEITER zu klicken.

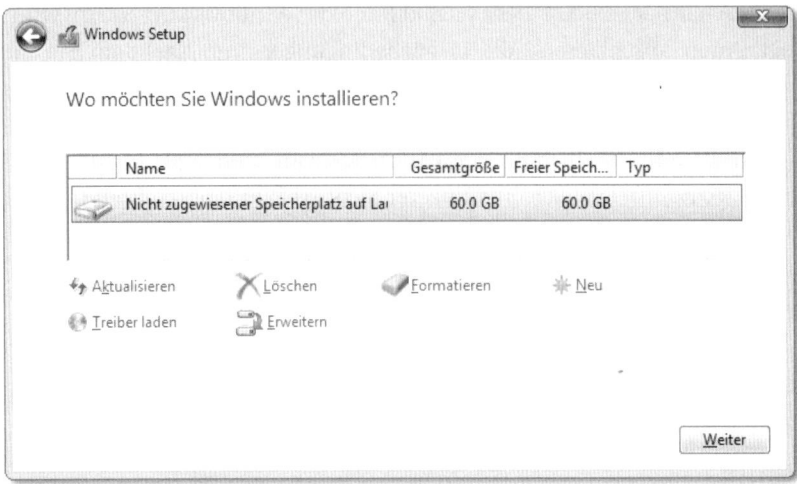

Abbildung 2.4 Das Installationsziel auswählen

Wenn Sie auf die Schaltfläche WEITER klicken, beginnt die Setup-Routine mit der eigentlichen Windows-Installation, die sehr zügig vonstattengeht.

Anschließend können Sie einen ersten Benutzer anlegen und mit der Arbeit mit Windows 10 beginnen. Hier haben Sie zwei Möglichkeiten. Zum einen mit einem Microsoft-Konto oder einem lokalen Konto. Als Erstes müssen Sie auswählen, wem der PC gehört. Zur Auswahl stehen MEINER FIRMA und MIR. Bei der Home Edition gibt es keine Auswahl, da diese nicht domänenfähig ist.

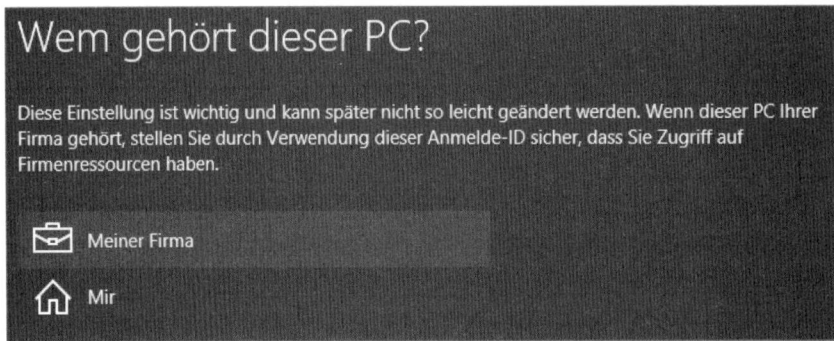

Abbildung 2.5 Wem gehört der PC?

Der Unterschied liegt in der Funktion der Benutzererstellung. Wenn Sie MEINER FIRMA auswählen, haben Sie nur die Möglichkeit, EINER DOMÄNE BEITRETEN oder AZURE AD BEITRETEN auszuwählen. Hier ist eine Domäne erforderlich.

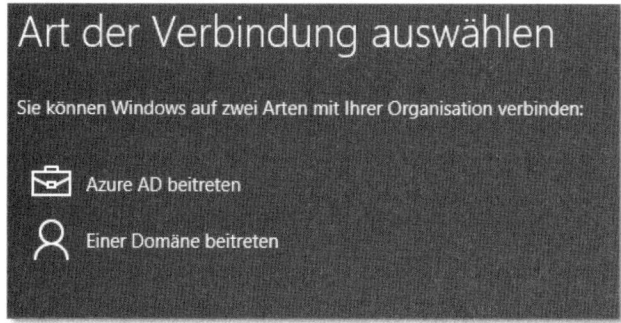

Abbildung 2.6 Verbindungsauswahl

Wenn Sie MIR auswählen, können Sie sich mit Ihrem Microsoft-Konto anmelden.

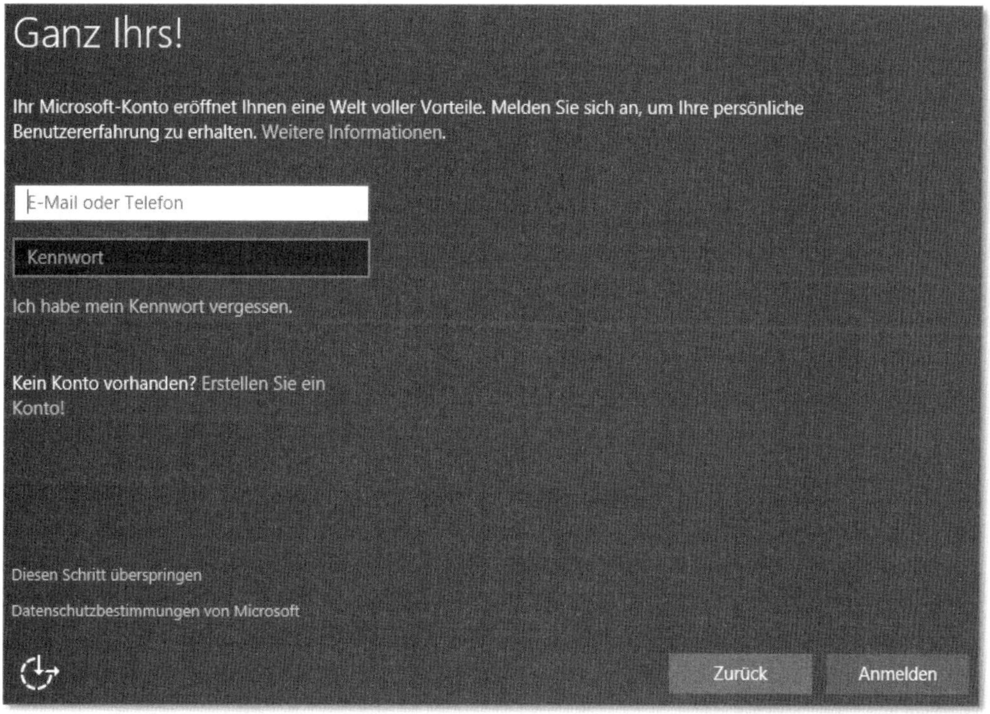

Abbildung 2.7 Microsoft-Konto Anmeldung

Falls Sie noch kein Microsoft-Konto haben, können Sie sie sich direkt erstellen lassen, indem Sie auf ERSTELLEN SIE EIN KONTO! klicken. Falls Sie dies durchführen wollen, müssen Sie Ihren VORNAMEN, Ihren NACHNAMEN und Ihre E-MAIL-ADRESSE angeben bzw. anfordern, falls Sie über keine verfügen sollten. Des Weiteren müssen Sie noch ein KENNWORT verge-ben. Den Assistenten können Sie mit WEITER fortführen.

Abbildung 2.8 Microsoft-Konto erstellen

Wenn Sie kein Microsoft-Konto erstellen möchten, haben Sie auch die Wahl, ein lokales Konto zu erstellen. Dazu wählen Sie wie in Abbildung 2.7 zu sehen ist, DIESEN SCHRITT ÜBER-SPRINGEN aus. Anschließend haben Sie die Möglichkeit, ein lokales Konto zu erstellen. Hierzu müssen Sie einen BENUTZERNAMEN, ein KENNWORT und einen KENNWORTHINWEIS vergeben.

Abbildung 2.9 Lokales Konto erstellen

Sind diese Informationen eingetragen, können Sie mit einem Klick auf WEITER den Assistenten fortführen, und Sie können sich mit den soeben angegebenen Kontoinformationen anmelden. Den Anmeldedialog sehen Sie in Abbildung 2.24.

2.1.2   Upgrade

In diesem Abschnitt begleiten wir Sie durch eine Upgrade-Installation von Windows 10. Das Upgrade erfolgt dabei von *Windows 7 Pro* auf *Windows 10 Pro*.

Mit Windows 10 hat Microsoft eine neue Upgrade-Funktion eingeführt. Jedes berechtigte System hat nach dem Windows-Update *KB3035583* (*https://support.microsoft.com/de-de/kb/3035583*) die *AppGet*-Funktion erhalten, mit der Sie sich das Microsoft-Upgrade reservieren können.

Abbildung 2.10 Windows 10 Upgrade-Meldung

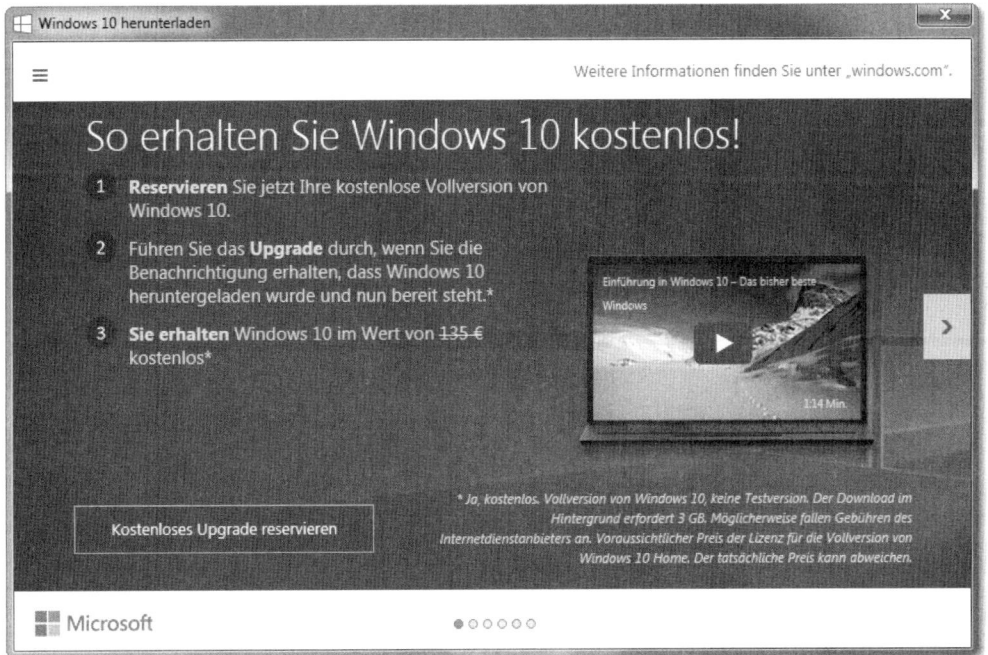

Abbildung 2.11 Upgrade-Reservierung

Nachdem Sie Ihre E-Mail-Adresse eingetragen und auf BESTÄTIGUNG VERSENDEN geklickt haben, werden Sie benachrichtigt, wenn das Upgrade für Sie zur Verfügung steht.

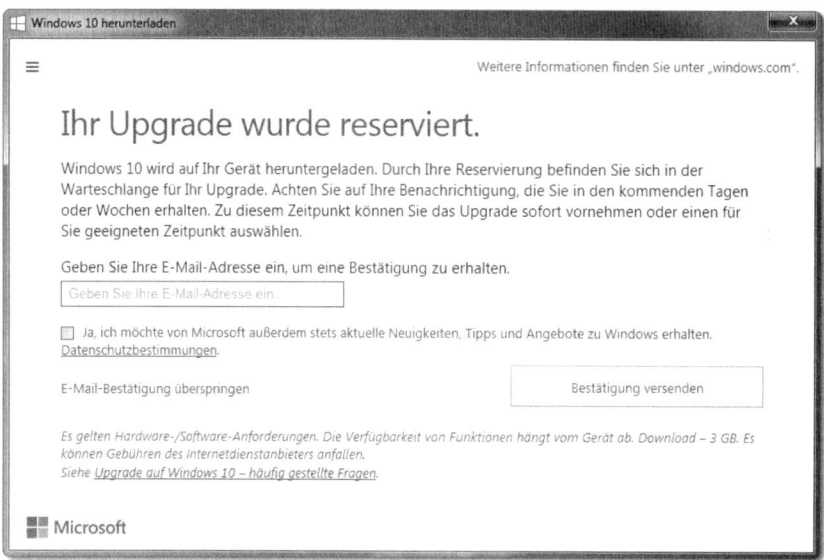

Abbildung 2.12 Upgrade-Reservierungsbestätigung

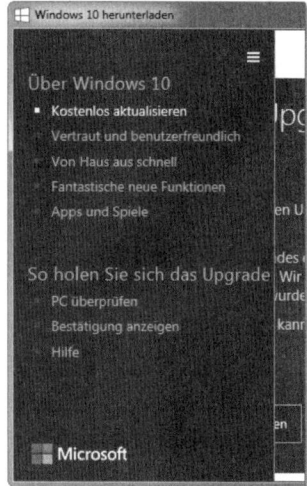

Abbildung 2.13 Upgrade-Meldung

2.1.3   Media Creation Tool

Möchten Sie nicht so lange warten, bis Sie benachrichtigt werden, was manchmal auch mehrere Tage oder Wochen dauern kann, haben Sie auch die Möglichkeit, das Upgrade manuell durchzuführen. Hierzu müssen Sie als Erstes das *Microsoft Media Creation Tool* von der Microsoft Internetseite herunterladen: *http://windows.microsoft.com/de-de/windows-10/media-creation-tool-install*

Abbildung 2.14 Internetseite Medienerstellungstool

Das Tool steht in einer 32-Bit- und in einer 64-Bit-Version zum Download bereit. Bitte achten Sie darauf, dass Sie die richtige Version für Ihr System herunterladen.

Abbildung 2.15 Versionen zum Download

Wenn Sie das Tool heruntergeladen haben, können Sie es per Doppelklick ausführen. Daraufhin erscheint der Windows 10 Setup-Assistent.

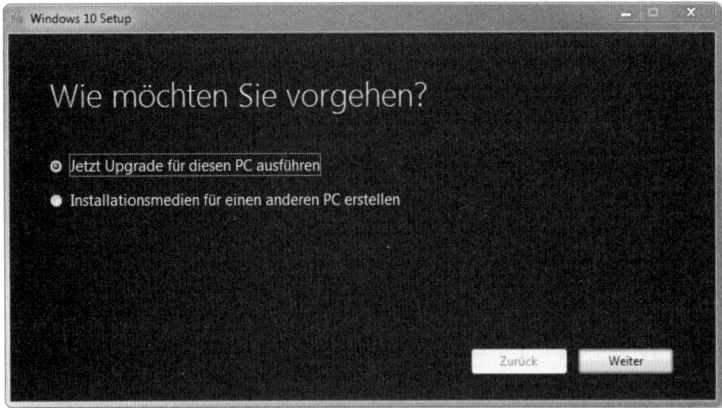

Abbildung 2.16 Windows 10 Setup-Assistent

Standardmäßig ist der Punkt Jetzt Upgrade für diesen PC ausführen ausgewählt. Mit Weiter wird das eigentliche Installationspaket aus dem Internet heruntergeladen. Dies ist um die 3 GB groß, und der Download dauert daher je nach Internetleitung seine Zeit.

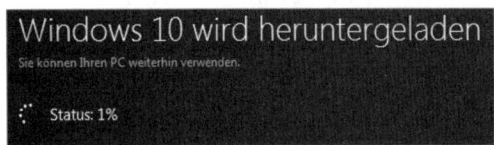

Abbildung 2.17 Windows 10-Download

Nach Abschluss des Downloads ist der Assistent bereit für die Installation.

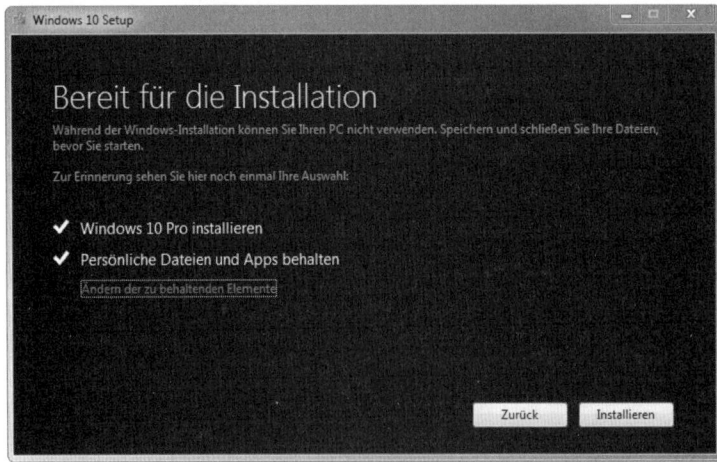

Abbildung 2.18 Bereit für die Installation

Wenn Sie die Option ÄNDERN DER ZU BEHALTENDEN ELEMENTE auswählen, haben Sie die Auswahl, welche Elemente Sie behalten möchten und welche nicht. Zur Auswahl stehen PERSÖNLICHE DATEIEN UND APPS BEHALTEN, was einem vollständigen Upgrade Ihres vorhandenen Systems entspricht. Die zweite Auswahl ist NUR PERSÖNLICHE DATEIEN BEHALTEN, was dazu führt, dass alle installierten Programme und Einstellungen auf Ihrem aktuellen System gelöscht und Ihre persönlichen Daten beibehalten werden. Die letzte Option ist NICHTS. Wählen Sie diese Option, wird alles gelöscht, also alle persönlichen Daten, alle Programme und alle Einstellungen. Dies ist gleichzusetzen mit einer Neuinstallation. Diese Option ist mit Bedacht auszuwählen. Es empfiehlt sich immer, ein Backup Ihrer Daten anzufertigen, bevor Sie das Upgrade durchführen.

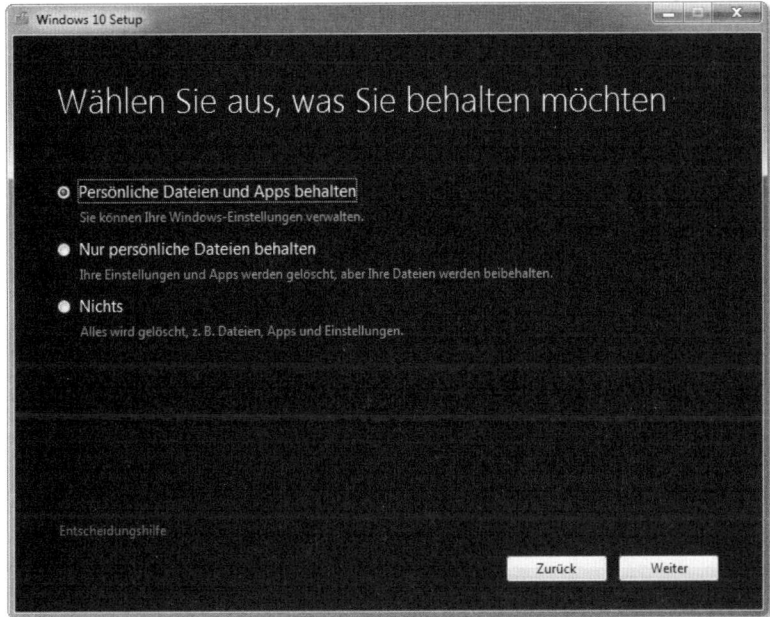

Abbildung 2.19 Auswahl der zu erhaltenden Elemente

Mit WEITER kommen Sie in den Dialog vorher zurück, und hier können Sie mit INSTALLIEREN die Installation durchführen.

Abbildung 2.20 Windows 10 wird installiert.

Abbildung 2.21 Windows 10 Upgrade-Fortschritt

Nach dem Upgrade werden die neuen Apps vorgestellt. Hier gibt es ja, wie in Kapitel 1, »Lernen Sie Ihr neues Windows kennen«, bereits beschrieben, einige Neuerungen.

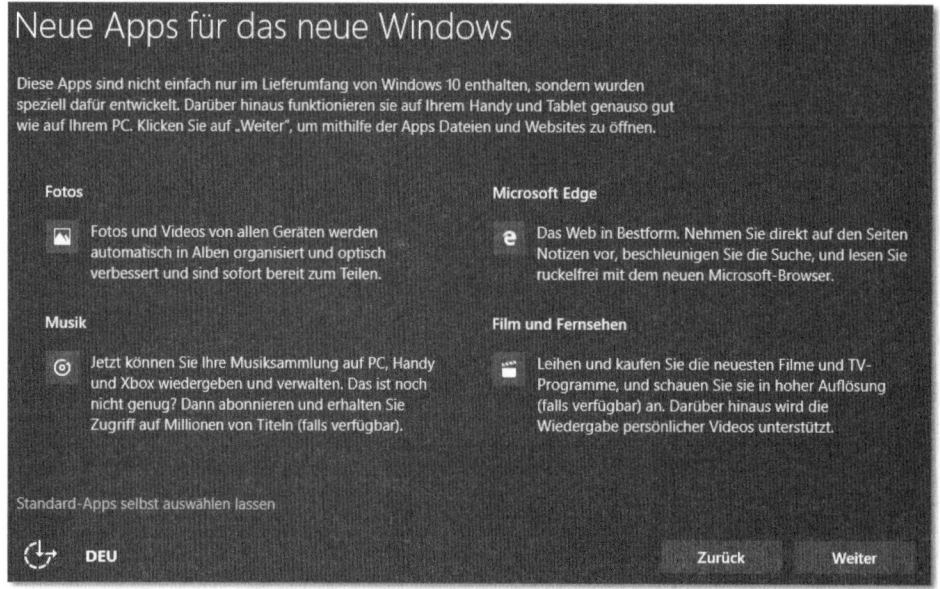

Abbildung 2.22 Neue Apps

Die neuen Apps werden nun vorbereitet, was einen kleinen Augenblick dauert. Aber das sind wir ja schon von Windows 8 gewohnt.

Abbildung 2.23 Apps werden eingerichtet.

Sobald der Vorgang abgeschlossen ist, können Sie sich am neuen Windows 10 anmelden.

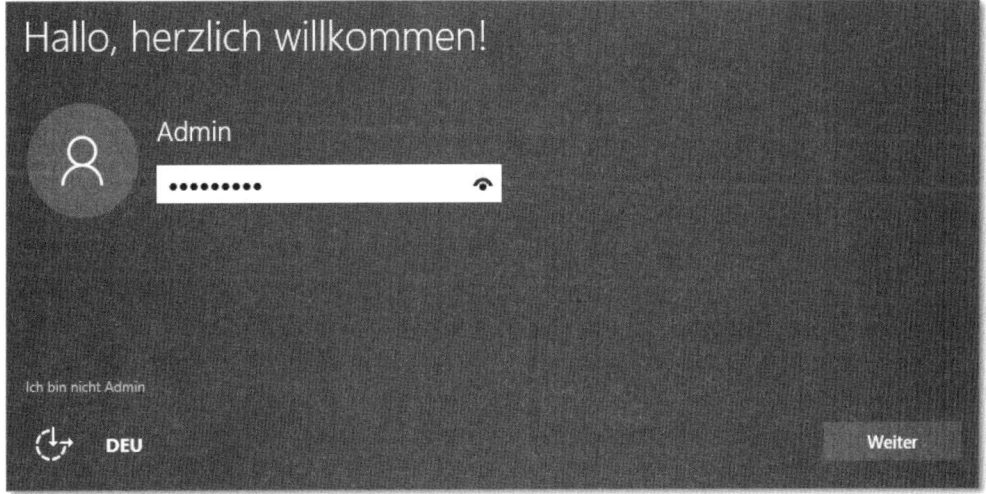

Abbildung 2.24 Anmeldung

Nachdem Sie das Upgrade erfolgreich durchgeführt haben, haben Sie die Möglichkeit, Windows 10 für 30 Tage ausgiebig zu testen. Was heißt das genau? Windows 10 ist doch kostenlos, denken Sie jetzt. Ja, ganz recht, aber Microsoft hat die Option ZU WINDOWS 7 ZURÜCKKEHREN eingebaut. Natürlich gilt dies auch für Windows 8 bzw. 8.1, falls Sie das Upgrade von diesem System durchgeführt haben sollten. Diese Funktion finden Sie unter EINSTELLUNGEN • UPDATE UND SICHERHEIT • WIEDERHERSTELLUNG • ZU WINDOWS 7 ZURÜCKKEHREN.

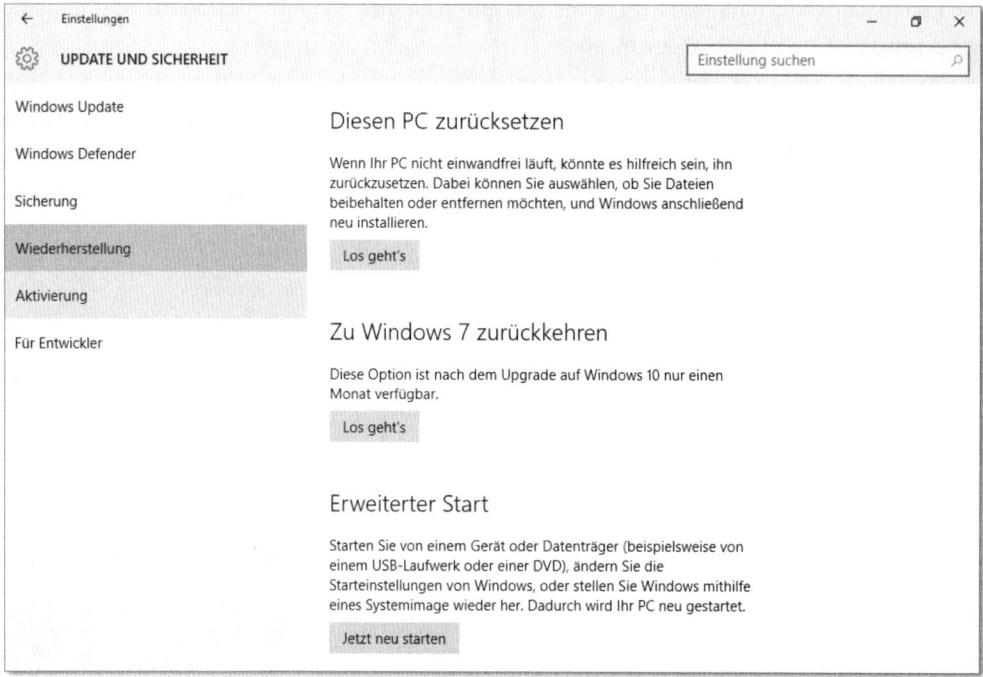

Abbildung 2.25 Zu Windows 7 zurückkehren

Die Installationsroutine hat die vorherige Installation in den Ordner *Windows.old* verschoben (zu sehen im Windows Explorer, wenn Sie sich den lokalen Datenträger *(C:)* anzeigen lassen).

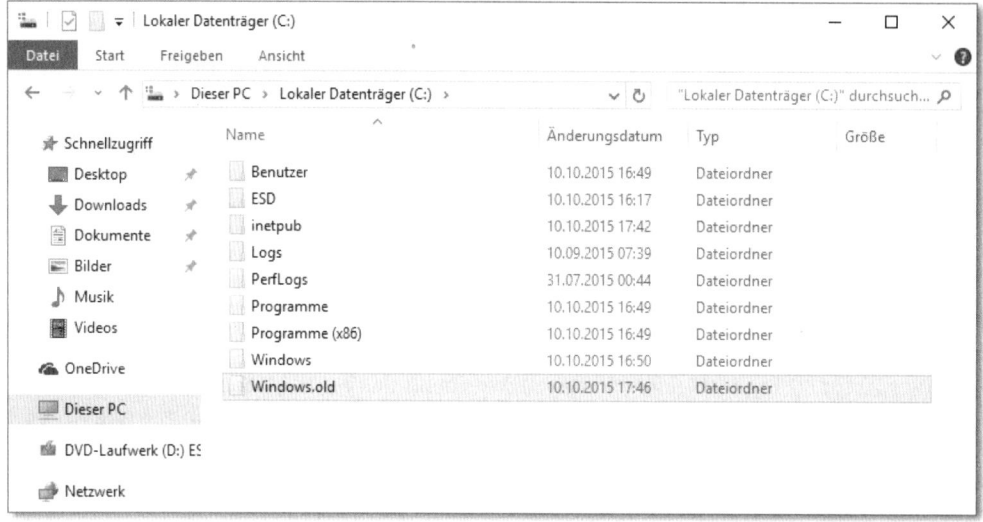

Abbildung 2.26 Windows.old-Verzeichnis

Nach 30 Tagen wird dieser automatisch gelöscht, und die Option der Wiederherstellung der Windows-Vorgängerversion steht auch nicht mehr zur Verfügung. Wenn Sie sich vor Ablauf der 30 Tage für Windows 10 entscheiden, können Sie das *Windows.old*-Verzeichnis mit der Datenträgerbereinigung von Windows löschen lassen. Aber beachten Sie, dass es dann kein Zurück mehr gibt – außer mit einer Neuinstallation.

2.2 Was ist Windows PE?

PE steht für *Preinstallation Environment*. Auf gut Deutsch handelt es sich um die *Vorinstallationsumgebung*. Diese ist ein stark funktionsreduziertes Windows-Betriebssystem, das entwickelt wurde, um Computer zu starten, auf denen noch kein Betriebssystem installiert ist.

Die PE stellt somit eine Weiterentwicklung der MS-DOS-Startdiskette dar. Sie haben diese Umgebung bereits bei der Installation von Windows 10 gesehen. Die Aufgaben zwischen dem Booten der Installations-CD und dem Herstellen eines lauffähigen Windows werden von der PE abgedeckt. Dabei handelt es sich im Grunde genommen um ein abgespecktes Windows-System, das ohne Installation lauffähig ist. Sie können es in etwa mit den Live-CDs verschiedener Linux-Distributionen vergleichen. Mit Windows PE haben Sie auch die Möglichkeit, sich eine eigene individuelle PE-CD zu erstellen. Dabei können Sie auch eigene Treiber und in begrenztem Maße eigene Anwendungen hinzufügen. Das wohl bekannteste Beispiel für eine modifizierte PE ist die *Bart PE* von Bart Lagerweij (*http://www.nu2.nu/pebuilder*).

2.3 Richtig mit Partitionen umgehen

Im Folgenden wollen wir Ihnen die Partitionen näherbringen. Dabei gehen wir jedoch nur auf die Grundlagen der Partitionierung ein. Wie Sie Partitionen erstellen und manipulieren können, lesen Sie in Abschnitt 22.3, »Datenträgerverwaltung«.

2.3.1 Partitionen – was ist das überhaupt?

Partitionen sind Unterteilungen auf Laufwerken. Stellen Sie sich Ihre Festplatte als Torte vor. Wenn Sie diese Torte anschneiden, stellt jedes Tortenstück eine Partition dar. Aber Partitionen sind noch etwas mehr als nur ein Stück vom Ganzen. Denn Sie können jeder Partition ein unterschiedliches Dateisystem (NTFS, FAT32, ext3) zuweisen und darüber verschiedenen Verwendungszwecken zuführen. Damit ist es fast so, als hätten Sie eine Torte mit unterschiedlichen Geschmacksrichtungen pro Stück.

2.3.2 Sind verschiedene Partitionen für mich sinnvoll?

Die Antwort auf diese Frage hängt immer vom Einzelfall ab. Bei einer »gewöhnlichen« Nutzung von Windows ist eine Partitionierung aus unserer Sicht heute nicht mehr sinnvoll. In folgenden Anwendungsszenarien sind mehrere Partitionen jedoch empfehlenswert oder sogar zwingend notwendig:

▶ **Strikte Trennung von Daten und Programmen**
Wenn Sie Ihre Daten strikt vom Betriebssystem und den installierten Programmen trennen wollen, haben Sie nicht nur den Vorteil, dass Sie von vornherein eine erste Struktur für die Datenablage haben (die Datenpartition), sondern vor allem im Fall einer Wiederherstellung oder Neuinstallation des Betriebssystems bleiben Ihre Daten davon unberührt. Eine Datenpartition ersetzt aber keinesfalls ein Backup.

▶ **Einsatz verschiedener Dateisysteme**
Sie können immer nur ein Dateisystem (NTFS, FAT etc.) pro Partition einsetzen. Wenn Sie verschiedene Dateisysteme benötigen, müssen Sie zwangsläufig mehrere Partitionen einrichten.

▶ **Nutzung mehrerer Betriebssysteme in einer Multibootumgebung**
Wenn Sie eine Multibootumgebung (siehe Abschnitt 2.4, »Multiboot – worauf Sie beim Parallelbetrieb achten müssen«) verwenden wollen, dann empfiehlt es sich, jedes verwendete Betriebssystem auf einer eigenen Partition zu installieren.

2.3.3   Die alte Partitionstabelle – MBR

Die Informationen zu den Partitionen sind in der sogenannten *Partitionstabelle* festgehalten. Die Partitionstabelle umfasst exakt 64 Byte und beinhaltet die Anfangs- und Endadresse der einzelnen Partitionen auf der Festplatte. Die Partitionstabelle ist fester Bestandteil des *Master Boot Records* (MBR), der sich immer im ersten Sektor der Festplatte befindet. Diese strikte Größenbeschränkung erzeugt das Limit von vier Partitionen. Bei den Partitionen unterscheidet man zwischen primären Partitionen und erweiterten Partitionen. Eine *primäre Partition* stellt einen fest abgegrenzten Bereich auf dem Datenträger dar, während eine *erweiterte Partition* einen Container darstellt, in dem weitere *logische Partitionen* erstellt werden können.

Die meisten Betriebssysteme, wie Windows, setzen eine primäre Partition zum Booten voraus. Es können somit maximal drei primäre und eine erweiterte Partition auf einem Datenträger erstellt werden. Da die erweiterte Partition jedoch einen Container darstellt, können in der erweiterten Partition neue logische Partitionen eingerichtet werden. Dabei verweist die Partitionstabelle einer logischen Partition immer auf die nächste logische Partition. Somit lassen sich problemlos weitere Partitionen anlegen. Wenn man auf die Vergabe von Laufwerksbuchstaben verzichtet, lassen sich auch mehr als 26 (A–Z) Partitionen verwenden. Sie können aber nicht von den logischen Partitionen booten.

2.3.4   Die neue Partitionstabelle – GPT

Die MBR-basierten Partitionen haben eine ganze Reihe von Einschränkungen. Neben der eben bereits aufgeführten Beschränkung auf drei primäre Partitionen gibt es auch erhebliche Größenbeschränkungen. Die Größenbeschränkungen hängen im Wesentlichen vom Partitionstyp, von dem Dateisystem, dem Betriebssystem und dem BIOS ab. Aber in der Regel wird bei den meisten MBR-Partitionen bei 2,2 TB Schluss sein.

Dieser Engpass war bereits vor über zehn Jahren abzusehen, und so wurde in der Spezifikation für UEFI (UEFI stellen wir in Kapitel 18 »UEFI und Secure Boot – Schutz von Anfang an« vor) der Nachfolger des MBR festgeschrieben: GPT (auch: GUID Partition Table, dt. GUID-Partitionstabelle). GPT steht für *Globally Unique Identifier Partition Table*. Dieses Partitionstabellensystem bringt auf einen Schlag eine ganze Reihe an Neuerungen mit sich. So unterstützt GPT bis zu 128 »primäre« Partitionen und Partitionsgrößen bis 9,4 Zetabyte (Mega-, Giga-, Tera-, Peta-, Exa-, Zetabyte oder »zurzeit unvorstellbar groß«). Um GPT zu nutzen, sind aber einige Voraussetzungen zu erfüllen. Wenn Sie von einer GPT-Partition booten wollen, dann muss für Windows ein UEFI vorhanden sein. Wenn Ihr PC noch über ein altes BIOS verfügt, wird eine GPT-Partition nur als Datenpartition unterstützt.

2.3.5   Die versteckte Systempartition

Bereits seit Windows Vista erstellt das Setup bei der Installation eine kleine versteckte Partition. Diese Systempartition hat bei Windows 10 eine Größe von 450 MB (Windows 7: 100 MB). Auf der Systempartition befindet sich unter anderem der Bootmanager. Die Systempartition ist notwendig, um das Betriebssystem zu starten. Zusätzlich greifen die Windows-Sicherung und BitLocker (wenn das Systemlaufwerk verschlüsselt wird) auf diese Partition zurück.

2.3.6   Die versteckte EFI-Partition

Wenn Sie einen UEFI-PC haben, dann legt das Windows-Setup zusätzlich noch eine EFI-Systempartition an. Diese 100 MB große Partition enthält neben dem Bootloader auch Tools und Treiber, die das UEFI während des Startvorgangs benötigt.

▭Datenträger 0			
Basis 59,98 GB Online	450 MB Fehlerfrei (Wiederherstellungspartition)	99 MB Fehlerfrei (EFI-Systempartition)	(C:) 59,45 GB NTFS Fehlerfrei (Startpartition, Auslagerungsdatei, Absturzabbild, Primäre Partition)

Abbildung 2.27 Datenträger mit System- und EFI-Partition

2.3.7   Die versteckte MSR-Partition

Ebenfalls nur auf UEFI-Systemen können Sie die MSR-Partition (*Microsoft Reserved Partition*) finden. Diese Partition ist zwischen 32 und 128 MB groß und enthält nichts. Sie dient nur dazu, Platz auf dem Datenträger frei zu halten.

Anzeigen und Ändern der Partitionen

Auf folgenden Wegen gelangen Sie schnell zu den einzelnen Partitionen:

▶ ⊞ + R • diskmgmt.msc

▶ SYSTEMSTEUERUNG • VERWALTUNG • FESTPLATTENPARTITIONEN ERSTELLEN UND FORMATIEREN

▶ diskpart.exe

2.4   Multiboot – worauf Sie beim Parallelbetrieb achten müssen

Das Verwenden von Multibootsystemen ermöglicht es Ihnen, verschiedene Betriebssysteme auf einem PC einzusetzen. Dazu wird in der Regel die vorhandene Festplatte partitioniert, und auf den einzelnen Partitionen werden verschiedene Betriebssysteme installiert. Diese können dann beim Start des PCs ausgewählt werden. Zunächst stellt sich die Frage: Multiboot oder Virtualisierung?

Beide Systeme haben ihre Vor- und Nachteile. Ein wesentlicher Vorteil eines Multibootsystems ist, dass alle Betriebssysteme einen direkten Zugriff auf die Hardware erhalten; gleichzeitig bedeutet dies aber auch, dass die passenden Treiber vorliegen müssen. Zusätzlich ist ein Multibootsystem geringfügig performanter als eine virtuelle Umgebung, da der Virtualisierungshost wegfällt und somit keine Leistung verloren geht. (Als *Virtualisierungshost* bezeichnet man das Programm, das die virtuellen Maschinen bereitstellt. Die virtuellen Maschinen nennt man *Gäste*.) Nachteilig sind der Konfigurationsaufwand und die mangelnde Flexibilität eines Multibootsystems.

Bei einem Multibootsystem gibt es verschiedene Stolperfallen, die Sie kennen und mit denen Sie umgehen können müssen. Zunächst müssen Sie wissen, welche Betriebssysteme Sie einsetzen wollen. Daraus können Sie dann ableiten, in welcher Reihenfolge Sie welches Betriebssystem installieren müssen. Für Microsoft-Betriebssysteme gilt die Installationsreihenfolge von Alt nach Neu – also zunächst Windows 7 bzw. Windows 8/8.1, dann Windows 10. Der Grund dafür liegt im Installationsverhalten von Windows. Windows überschreibt den Bootloader ohne Rücksicht auf Verluste. Da die neuen Windows-Versionen die alten aber kennen, übernehmen sie die Einträge in den neuen Bootloader. Bei den alten Versionen ist dies natürlich nicht der Fall, und somit bekommt der Bootloader der alten Version nicht die Informationen über weitere installierte Betriebssysteme.

2.4.1   Erstellen eines Multibootsystems mit Windows 7/8/8.1 und Windows 10

Exemplarisch führen wir Sie durch die Einrichtung eines Multibootsystems mit Windows 7 und Windows 10. Unsere Ausgangssituation ist dabei ein bereits vorhandenes Windows 7-System.

Voraussetzungen schaffen

Die wichtigste Voraussetzung ist, dass Sie genügend freien Festplattenplatz haben. Bevor Sie jetzt aber Ihre Platte aufräumen, sollten Sie prüfen, ob Ihr System mit Windows 10 kompatibel ist (siehe Abschnitt »Systemanforderungen«). Auf unserem Testsystem haben wir 120 GB zur Verfügung (Abbildung 2.28). Da wir für die testweise Multibootinstallation 60 GB veranschlagen, reicht das. Wenn Sie planen, eine dauerhafte Multibootumgebung einzurichten, sollten Sie mehr Speicherplatz einplanen (nach Möglichkeit um die 100 GB je Partition).

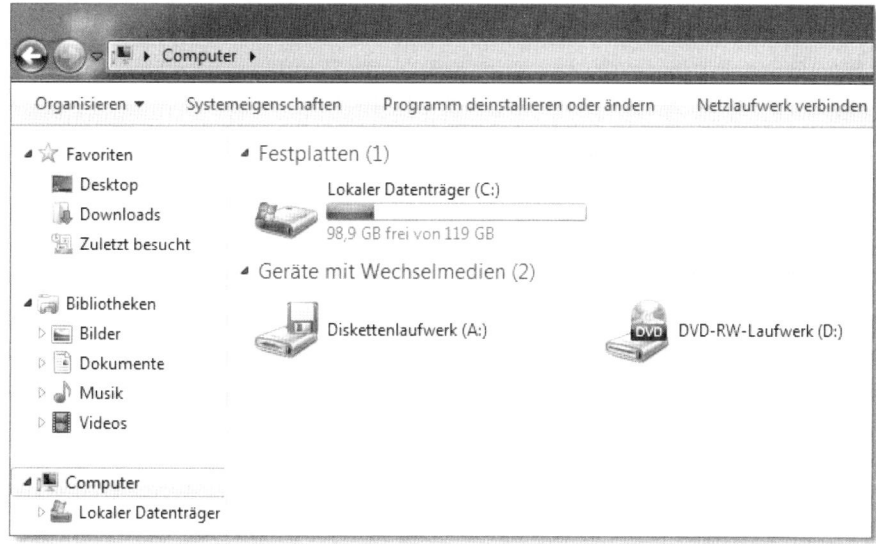

Abbildung 2.28 Freier Speicherplatz

Als Nächstes müssen Sie der jetzigen Systempartition Platz wegnehmen und ihn einer neuen Partition zuweisen. Dazu öffnen Sie die Datenträgerverwaltung mit ⊞ + R • diskmgmt.msc und suchen dort Ihre jetzige Betriebssystempartition. Auf dieser rufen Sie mit einem Rechtsklick das Kontextmenü auf und wählen den Punkt VOLUME VERKLEINERN. Nach kurzer Vorbereitungszeit öffnet sich der Assistent zum Verkleinern von Partitionen (Abbildung 2.29).

Da wir uns eine Größe von 60 GB für die neue Partition ausgesucht haben, tragen wir 60000 in das Feld ZU VERKLEINERNDER SPEICHERPLATZ IN MB ein und starten den Assistenten mit einem Klick auf VERKLEINERN. Der Assistent liefert Ihnen keine »Fertig«-Meldung. Sie werden aber nach kurzer Zeit sehen, dass 58,59 GB als NICHT ZUGEORDNET angezeigt werden. Damit sind die Vorbereitungen bereits abgeschlossen, und Sie können sich an die Installation begeben.

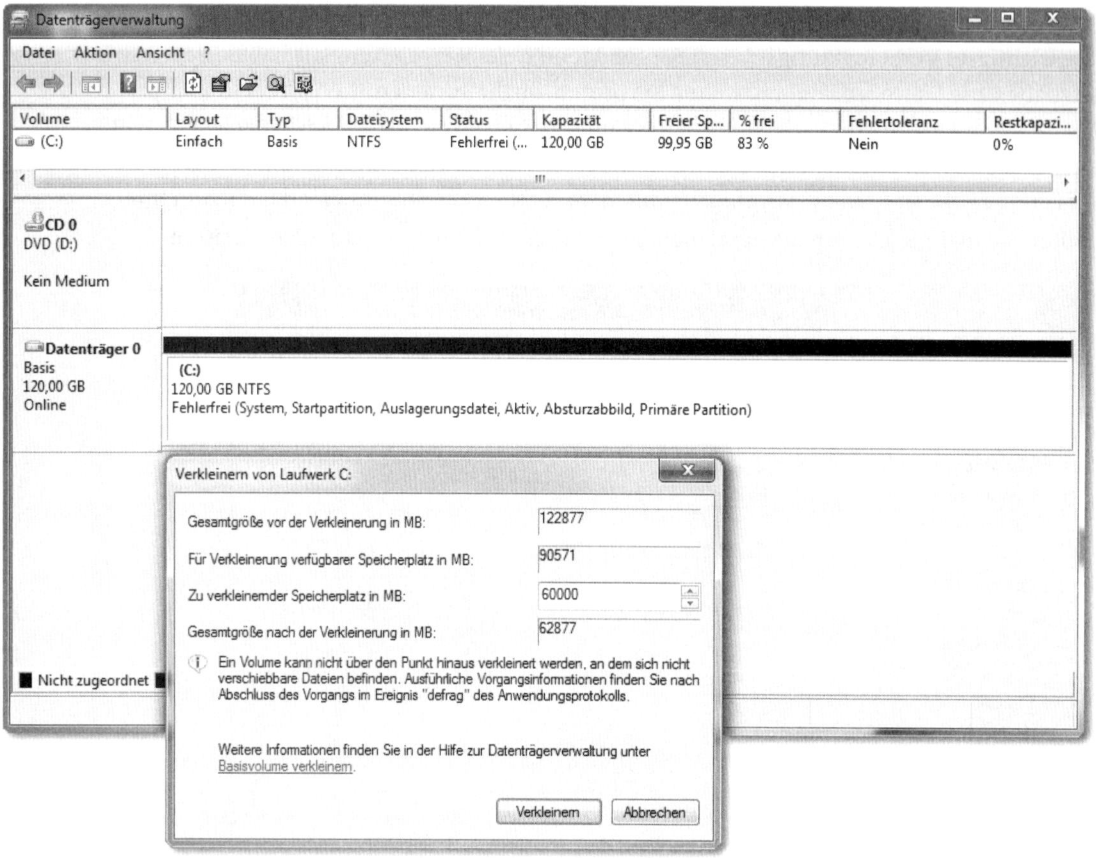

Abbildung 2.29   Der Assistent zum Verkleinern von Partitionen

Installation des zweiten Betriebssystems

Legen Sie Ihren Windows 10-Datenträger ein, und starten Sie eine benutzerdefinierte Installation wie in Abschnitt 2.1.1, »Installation benutzerdefiniert durchführen«, beschrieben. Lediglich bei der Auswahl des Installationsortes wählen Sie den gerade geschaffenen NICHT ZUGEWIESENEN SPEICHERPLATZ (Abbildung 2.30).

Nach der Installation und einem Neustart erscheint beim Booten das neue Bootmenü (Abbildung 2.31) von Windows 10. Hier haben Sie standardmäßig 30 Sekunden Zeit, um das gewünschte Betriebssystem auszuwählen.

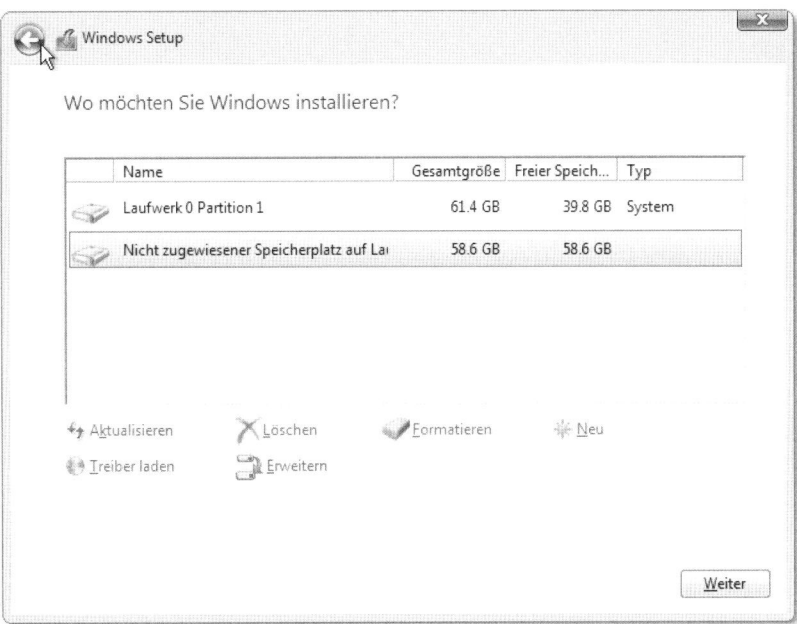

Abbildung 2.30 Installationsort für das zweite Betriebssystem

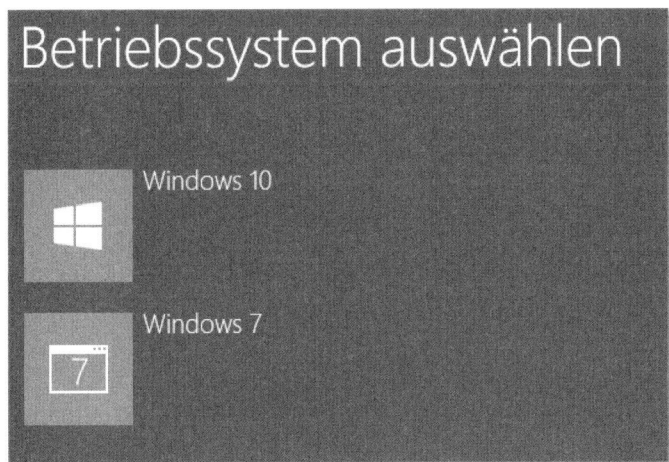

Abbildung 2.31 Das Bootmenü

Kapitel 3
Weitere Installationsmöglichkeiten

*»Viele Wege führen nach Rom« – und damit sich niemand auf dem Weg zu
Windows 10 verläuft, finden sich hier noch ein paar Wegweiser zum neuen
Windows. Auf neuen Computern ist Windows oft schon vorinstalliert, und es
wird kein Installationsmedium mitgeliefert. Es geht jedoch auch ohne DVD.
Hier erläutern wir die Alternativen zur klassischen Installation und zeigen
Ihnen, wie Sie Windows 10 sogar auf einen USB-Stick installieren können.*

Neben den in Kapitel 2, »Windows 10 vom Datenträger installieren«, gezeigten Möglichkeiten, um Ihr Windows 10 zu installieren, gibt es noch eine Reihe von Alternativen, die wir Ihnen hier aufzeigen möchten.

3.1   Ein vorinstalliertes Windows nutzen

Wenn Sie einen neuen PC mit Windows 10 kaufen, dann ist das Betriebssystem in der Regel bereits lauffähig vorinstalliert. Sie brauchen sich keinerlei Gedanken um die Treiberinstallation oder das Betriebssystem zu machen. Wenn Sie den PC erstmalig einschalten, läuft in der Regel nur noch ein abgespecktes Setup, das die Grundkonfiguration des Systems übernimmt.

3.2   Herstellertools und Demoversionen

Fluch oder Segen bei vorinstallierten Betriebssystemen sind immer die netten Beigaben in Form von vorinstallierter Software auf dem PC. Je nach Hersteller des PCs sieht der Umfang der mitgelieferten Software anders aus. Viele Hersteller packen ihre eigenen Tools direkt mit auf die Platte. Dabei finden Sie Software aus den Kategorien »ganz nützlich« bis »vollkommen nutzlos«.

Bei den Demoversionen sieht es nicht besser aus. Der typische Vertreter für vorinstallierte Software sind Antivirenprogramme. Meistens sind diese 30 bis 90 Tage lauffähig und erwarten, danach gekauft zu werden. Insbesondere PCs von Discountern zeichnen sich durch eine Fülle von vorinstallierter Software aus. Sie sollten bei einem neuen PC direkt zu Anfang kontrollieren, welche Software vorinstalliert ist und welche dieser Programme Sie benötigen.

Idealerweise rufen Sie dazu PROGRAMME UND FUNKTIONEN in der Systemsteuerung auf und kontrollieren die Liste mit der installierten Software. Bei einer selbst durchgeführten Installation von Windows 10 ist diese Liste nach dem ersten Start leer. Sie können aber auch kurzerhand Ihr Windows neu aufsetzen. Dann sollten Sie jedoch vorher eventuell notwendige Treiber (vor allem für die Netzwerkverbindung) herunterladen.

Ganz praktisch ist die Funktion, alle Treiber zu exportieren. Dazu öffnen Sie eine Kommandozeile oder die PowerShell mit administrativen Rechten (*rechte Maus auf das Programm – öffnen als Administrator*). Vorher erstellen Sie ein Verzeichnis Ihrer Wahl, in dem Sie die Treiber speichern möchten. Wir haben einen Ordner auf dem Laufwerk C: mit dem Namen TREIBER angelegt. Führen Sie nun den Befehl `DISM /Online /Export-Driver /Destination:C:\Treiber` aus.

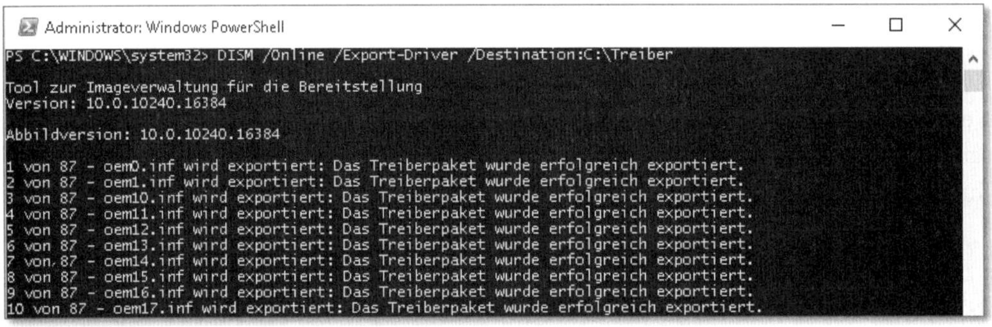

Abbildung 3.1 Treiberexport per PowerShell

3.3   Wiederherstellungspartitionen

Auf nahezu allen vorkonfigurierten PCs und Notebooks finden Sie heutzutage neben der eigentlichen Betriebssystempartition noch eine oder mehrere weitere Partitionen des Herstellers. Mindestens eine dieser Partitionen wird in der Regel als Wiederherstellungspartition verwendet.

Die Wiederherstellungspartition dient dazu, den PC im Falle eines beschädigten Betriebssystems – oder wenn Sie einfach wieder eine »frische« Installation haben wollen – auf den Auslieferungszustand zurückzusetzen.

Neben der Wiederherstellungspartition findet sich bei manchem Hersteller auch noch eine Partition, auf der Treiber und Dienstprogramme gesichert werden. Auf den ersten Blick handelt es sich dabei natürlich um ein durchaus brauchbares Feature.

Lassen Sie uns nun diese Wiederherstellungspartitionen einem zweiten, prüfenden Blick unterziehen. Als Erstes bleibt festzuhalten, dass der Hersteller unserer Wahl weder Kosten noch Mühen gescheut hat, uns das Leben zu erleichtern und uns die Möglichkeit gibt, im Notfall das System schnell und komfortabel wiederherzustellen.

3

Bevor Windows 10 das Licht der PC-Welt erblickte und sich anschickte, die Herzen der CPUs (und der Benutzer) zu erobern, war ein solches Feature durchaus noch sinnvoll. Aber jetzt haben Sie Windows 10 und damit die Funktionen PC AUFFRISCHEN (vgl. Abschnitt 17.3) und PC ZURÜCKSETZEN (vgl. Abschnitt 17.4). Aus unserer Sicht verliert die Wiederherstellungspartition damit ein wesentliches Stück ihrer Daseinsberechtigung.

Der nächste Punkt, der gegen die Wiederherstellungspartition spricht, ist der verbrauchte Plattenplatz. Die Festplattenkapazitäten werden zwar immer größer, aber vielleicht sind Sie ja einfach der Meinung, dass es Verschwendung von Speicherplatz ist.

Und dann gibt es noch ein Manko: Mancher Hersteller hat es sich bei der Anbindung der Partitionen sehr einfach gemacht. Unter Umständen werden die Partitionen über ihre Partitionsnummer angesprochen. Wenn Sie jetzt aber Ihre Systemplatte aufteilen wollen und aus dem freien Speicher eine zweite Partition erstellen, dann kann es sein, dass die Wiederherstellungspartition zwar noch vorhanden, aber nicht mehr nutzbar ist.

Aus allen diesen Gründen empfehlen wir, das Betriebssystem – auch bei einem vorkonfigurierten System – am Anfang einmal komplett neu aufzusetzen. Nur so können Sie sicherstellen, dass das System auch wirklich so konfiguriert ist, wie Sie es haben möchten (inklusive der Softwarebeigaben, die sich immer wieder auf den PCs befinden und die man sonst erst entfernen müsste).

3.4 Die Geschichte von OEM und Systembuilder

Software ist nicht immer gleich Software. Das Grundproblem beim Erwerb von Software besteht darin, dass Sie als Endkunde nicht die Software erwerben, sondern nur ein Nutzungsrecht an der Software, also eine Softwarelizenz.

An Softwarelizenzen sind grundsätzlich Lizenzbestimmungen geknüpft, die definieren, in welcher Art und Weise Sie die Software verwenden dürfen (z. B. Ausschluss der gewerblichen Nutzung). Um diese verschiedenen Versionen kenntlich zu machen, haben sich verschiedene Termini durchgesetzt. Eine der bekanntesten Varianten ist die OEM.

OEM steht für *Original Equipment Manufacturer* und kann mit *Erstausrüster* übersetzt werden. OEM-Software wird vom Softwarehersteller direkt an die Computerhersteller geliefert und ist meistens an die Bedingung geknüpft, dass die Software nur in Verbindung mit neuer Hardware vertrieben werden darf. OEM-Versionen sind meistens günstiger in der Anschaffung als die reguläre Verkaufsversion.

Systembuilder(SB)-Versionen sind für PC-Händler gedacht, die die PCs selbst zusammenbauen und mit vorkonfigurierter Software ausliefern. Im Zusammenhang mit Microsoft findet man auch noch die OSB-Version. Dies stellt die Verschmelzung aus OEM- und SB-Konzept dar.

Vom ursprünglichen Gedanken der Softwarehersteller ausgehend, sind OEM/SB-Versionen nicht für den Endanwender gedacht gewesen, sondern für Hersteller und Systemhäuser.

Diese Praxis galt bis zum 06.07.2000, als der Bundesgerichtshof in letzter Instanz eine Reihe juristischer Prozesse dieses Verfahren aushebelte und damit den Verkauf von OEM-Versionen ohne Hardware legalisierte. Es ist somit für Sie als Endanwender problemlos möglich, sich Ihren neuen PC nach eigenem Wunsch zusammenzustellen und mit der meist wesentlich günstigeren OEM-Version der Software auszustatten. Seit Windows Vista liefert Microsoft seine OEM-Versionen auch an den Einzelhandel aus.

3.5   »Setup.exe« aus dem Netzwerk starten

Windows 10 lässt sich unter Umständen auch vom Netzwerk aus installieren. Wenn Sie ein Upgrade einer bestehenden Installation durchführen wollen, können Sie die Datei *setup.exe* direkt in einem freigegebenen Ordner starten. Das Auffälligste an der Installation über das Netzwerk ist das Kopieren der temporären Dateien (Abbildung 3.2), das je nach Netzwerkgeschwindigkeit ein wenig Zeit in Anspruch nimmt. Im Anschluss an das Kopieren startet der gewohnte Installationsassistent.

Abbildung 3.2 Temporäre Dateien werden kopiert.

Daneben besteht noch die Möglichkeit, eine Neuinstallation über das Netzwerk vorzunehmen. Dabei wird im Prinzip ein Musterrechner aufgesetzt und als Image auf einem Server bereitgestellt. Die Clients können dann vom Netzwerk booten (*PXE*-Boot) und das bereitgestellte Image installieren. Microsoft liefert dafür bei Windows Server 2008/2012 den *Windows Deployment Server* mit. Alternativ dazu kann das *Microsoft Deployment Toolkit* verwendet werden.

3.6   Windows 10 via USB-Stick installieren

Sie können für Windows 10 auch einen USB-Stick als Installationsmedium nutzen. Um diese Installationsart verwenden zu können, müssen Sie ein paar Voraussetzungen klären.

Bevor Sie sich die Mühe machen, einen Installationsstick zu erstellen, sollten Sie prüfen, ob der Rechner, auf dem Sie Windows 10 installieren möchten, überhaupt von USB-Sticks booten kann.

Zudem benötigen Sie von Microsoft das kostenlose Media Creation Tool, das unter folgendem Link in einer 32-Bit- oder in einer 64-Bit-Version heruntergeladen werden kann: *http://www.microsoft.com/de-de/software-download/windows10*

3.7   Erstellen eines bootfähigen USB-Sticks

Um einen USB-Stick zu erstellen, wählen Sie den Punkt INSTALLATIONSMEDIEN FÜR EINEN ANDEREN PC ERSTELLEN aus.

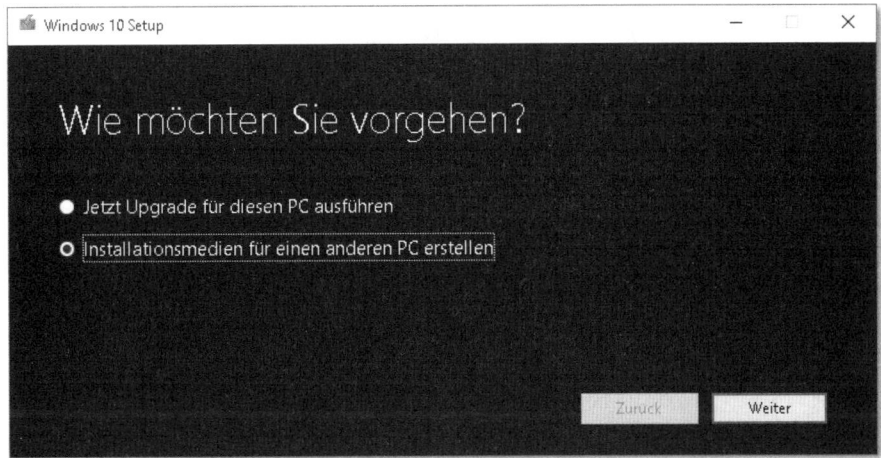

Abbildung 3.3 Auswahl Media Creation Tool

Anschließend können Sie die Sprache, die Edition und die Architektur auswählen. Wir haben uns hier z. B. für die Sprache DEUTSCH, die Edition WINDOWS 10 PRO und die Architektur 64-BIT (X64) entschieden.

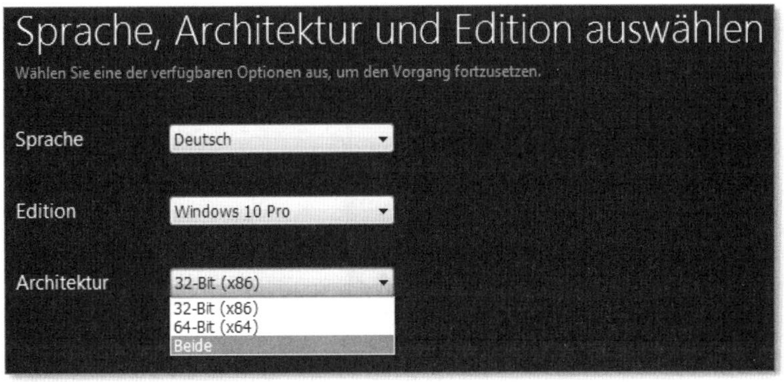

Abbildung 3.4 Auswahl Sprache, Edition und Architektur

Haben Sie die gewünschte Sprache, Edition und Architektur ausgewählt, bietet sich Ihnen nun die Möglichkeit, einen USB-SPEICHERSTICK oder eine ISO-DATEI zu erstellen, die Sie anschließend auf DVD brennen können.

Abbildung 3.5 Auswahl USB-Speicherstick oder ISO-Datei

Da ein USB-Speicherstick erstellt werden soll, lassen wir die Auswahl bestehen und führen den Assistenten weiter fort. Jetzt werden alle USB-Speichermedien zur Auswahl angeboten, die angeschlossen sind und vom System erkannt wurden. Da wir nur einen USB-Stick angeschlossen haben, wird uns hier auch nur einer angezeigt. Da dieser keine Bezeichnung bei der Formatierung erhalten hat, wird hier (KEINE BEZEICHNUNG) angezeigt.

Abbildung 3.6 Auswahl USB-Speicherstick

Wenn Sie den Assistenten weiter ausführen, werden die benötigten Dateien aus dem Internet heruntergeladen und auf den USB-Stick gespeichert. Während dieses Vorgangs kann der PC weiter genutzt werden. Insgesamt werden 3,3 GB aus dem Internet heruntergeladen. Die Dauer hängt ganz von der Internetbandbreite ab, die vorhanden ist.

Abbildung 3.7 Windows 10-Download

Sind die Daten heruntergeladen, werden sie anschließend überprüft, und das Medium wird erstellt. Danach wird angezeigt, dass der USB-Speicherstick bereit ist.

Abbildung 3.8 Windows 10-Medien werden erstellt.

3.8   Windows To Go – Windows 10 zum Mitnehmen

Windows To Go werden die meisten von Ihnen bereits von Windows 8 bzw. 8.1 kennen. Damit haben Sie die Möglichkeit, das komplette Betriebssystem von einem USB-Stick oder einer USB-HDD zu starten. Dies eröffnet Ihnen durchaus einige neue Einsatzgebiete. Bevor wir jedoch anfangen, eine Windows To Go-Installation durchzuführen, schauen wir uns erst einmal die notwendigen Voraussetzungen an.

3.8.1   Voraussetzungen für Windows To Go

▸ Windows 10 Enterprise

▸ USB 2.0-Stick/HDD mit mindestens 32 GB Speicherplatz (USB 3.0 wird empfohlen)

▸ USB-Stick mit Windows To Go-Zertifizierung

▸ PC, der von USB booten kann

3.8.2   Einrichten des Windows To Go-Arbeitsbereichs

Den Assistenten zum Einrichten des Windows To Go-Arbeitsbereichs finden Sie in den Einstellungen. Tippen Sie im sich öffnenden Fenster in der Suchleiste to go ein, und wählen Sie Windows To Go Systemsteuerung aus.

Abbildung 3.9 Aufrufen des Assistenten für Windows To Go

Mit einem Klick auf Windows To Go starten Sie den Assistenten. Der Assistent beginnt direkt mit der Suche nach verfügbaren USB-Laufwerken und zeigt diese in der Liste.

Abbildung 3.10 Anzeige der USB-Laufwerke im Windows To Go-Assistenten

Wählen Sie das von Ihnen gewünschte USB-Laufwerk (Achtung: Alle Daten darauf werden gelöscht!), und klicken Sie auf WEITER.

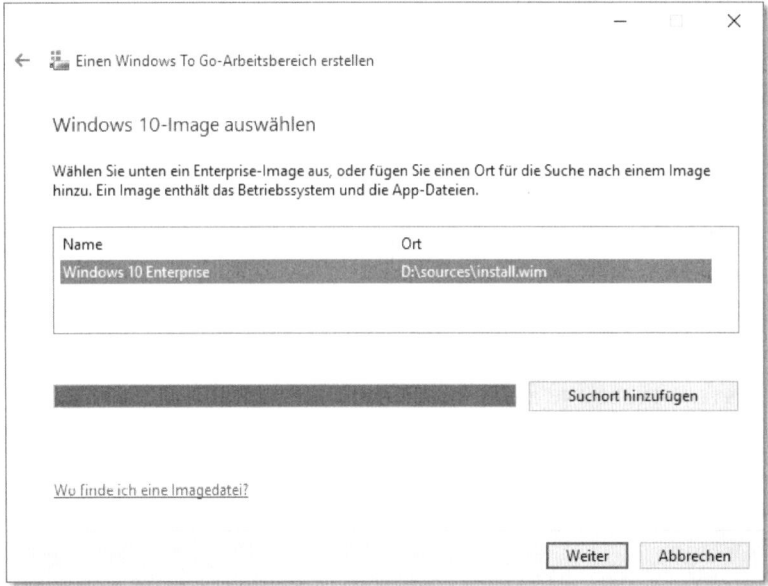

Abbildung 3.11 Windows 10-Image auswählen

Im nächsten Schritt benötigt der Assistent den Pfad zur *install.wim*-Datei. Die *install.wim* ist eine Containerdatei, in der das gesamte Betriebssystem hinterlegt ist. Sie finden diese Datei auf Ihrer Windows 10-Installations-CD im Verzeichnis *\sources\install.wim*.

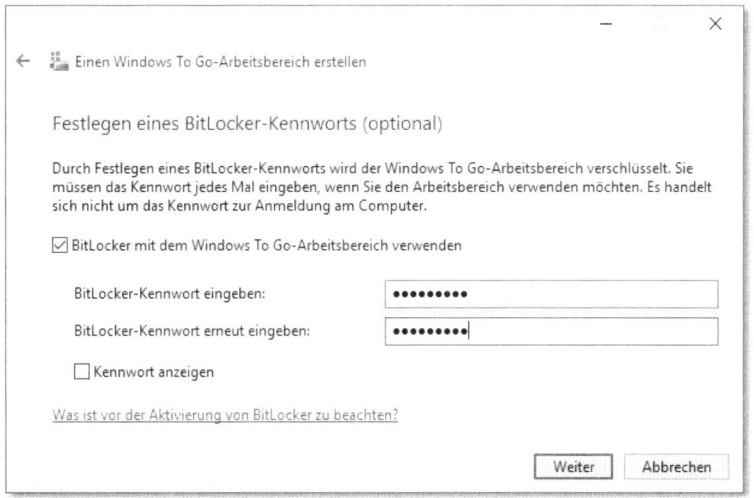

Abbildung 3.12 Festlegen eines BitLocker-Kennworts

Im nächsten Schritt haben Sie die Möglichkeit, das USB-Laufwerk mit BitLocker zu verschlüsseln. Um einen Datenverlust bei Verlust des USB-Laufwerks zu verhindern, empfehlen wir dringend, diese Option zu nutzen.

Abschließend erhalten Sie noch den Hinweis, dass alle Daten auf dem ausgewählten Datenträger gelöscht werden.

Abbildung 3.13 Windows To Go ist bereit zur Installation.

Nach einer mehr oder weniger kurzen Zeit ist der USB-Stick bzw. die USB-Festplatte mit den notwendigen Daten beschrieben, und Sie können von ihm bzw. ihr booten. Wir meinen, dass sich dieses Feature in Zukunft im Business-Bereich einen festen Platz erarbeiten wird. Gerade für die Arbeit im Homeoffice ist diese Funktion nicht zu unterschätzen, da mittlerweile in fast jedem Haushalt ein PC steht. Somit müsste die IT-Abteilung nur noch entsprechende Datenträger bereitstellen, und das Homeoffice läuft.

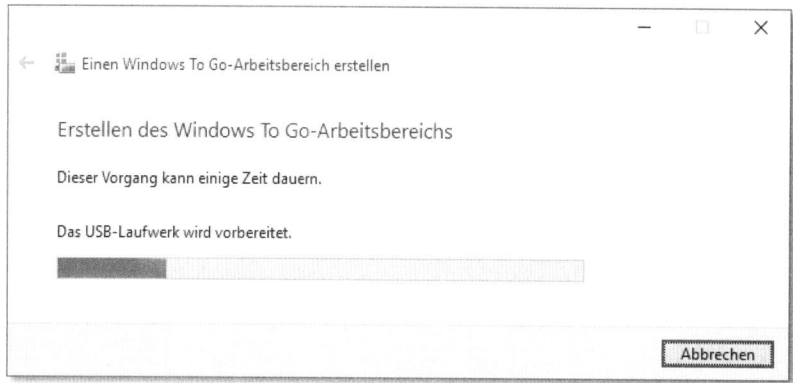

Abbildung 3.14 Erstellen des Windows To Go-Arbeitsbereichs

Im Heimanwenderbereich wird sich Windows To Go jedoch nicht etablieren, da es nur in der Enterprise-Edition enthalten ist, und die wird vermutlich kaum ein Heimanwender zur Verfügung haben. Zum Testen können Sie aber sehr gut die Evaluierungsversion von Windows 10 Enterprise verwenden.

3.9   Windows unbeaufsichtigt installieren

Die erforderlichen Interaktionen bei der Installation von Windows 10 sind schon sehr gering. Aber Sie können Windows quasi klickfrei installieren. Alle Abfragen und Einstellungen lassen sich vor einer Installation in einer Antwortdatei (*unattend.xml* oder *autounattend.xml*) hinterlegen, die während der Installation die Konfiguration vorgibt.

Dazu ist es natürlich notwendig, dass Sie eine solche Antwortdatei erstellen. Das dazu notwendige Werkzeug ist das *Windows Assessment and Deployment Kit* (*ADK*). Microsoft stellt das ADK unter folgendem Link zum Download bereit: *https://msdn.microsoft.com/en-us/windows/hardware/dn913721.aspx#deploy*. Nach dem Herunterladen des Installers müssen Sie auswählen, welche Features Sie benötigen. Für das Erstellen einer Antwortdatei wird der *Windows System Image Manager* (SIM) benötigt, der in den BEREITSTELLUNGSTOOLS enthalten ist (Abbildung 3.15).

Nach der Installation starten Sie den SIM. Als Nächstes benötigen Sie ein Windows-Abbild. Dies finden Sie auf Ihrer Installations-DVD unter *X:\sources\install.wim* (anstelle von *X:* tragen Sie den Laufwerksbuchstaben Ihres DVD-Laufwerks ein). Für eine bessere Performance empfiehlt es sich, diese Datei auf der lokalen Festplatte (z. B.: *C:\ADK*) abzuspeichern. Über DATEI • WINDOWS-ABBILD AUSWÄHLEN fügen Sie Ihre *install.wim* zum SIM hinzu. Anschließend generieren Sie mit DATEI • NEUE ANTWORTDATEI eine leere Antwortdatei (Abbildung 3.16).

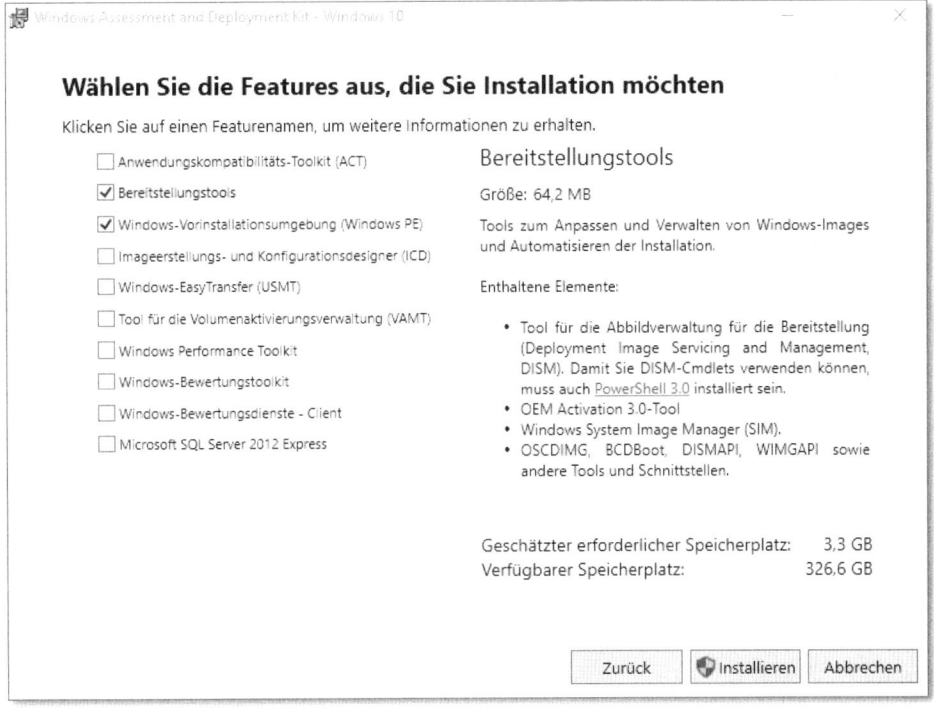

Abbildung 3.15 Installer des ADK

Abbildung 3.16 SIM mit leerer Antwortdatei

Im nächsten Schritt müssen die Konfigurationsoptionen zur Antwortdatei hinzugefügt werden. Die Konfigurationsoptionen befinden sich in den Schlüsseln im Windows-Image und müssen den einzelnen Phasen der Antwortdatei zugeordnet werden. Die Zuordnung nehmen Sie mit einem Rechtsklick auf den Schlüssel vor. Die Schlüssel unterscheiden sich noch in *amd64* und *x86* jeweils für 64-Bit- oder 32-Bit-Betriebssysteme. Zur Vereinfachung verwenden wir im Beispiel die amd64-Schlüssel. Nachfolgende Schlüssel fügen wir zur Antwortdatei hinzu und ergänzen unsere Wunscheinstellungen.

```
Phase 1 windowsPE
    Microsoft-Windows-International-Core-WinPE
        InputLocale: de-DE
        SystemLocal: de-DE
        UILanguage: de-DE
        UILanguageFallback: en-US
        UserLocale: de-DE
    Microsoft-Windows-International-Core-WinPE\SetupUILanguage
        UILanguage: de-DE
    Microsoft-Windows-Setup\DiskConfiguration
        WillShowUI: OnError
    Microsoft-Windows-Setup\ImageInstall\OSImage
        WillShowUI: OnError
    Microsoft-Windows-Setup\UserData
        AcceptEula: true
        FullName: Test-Benutzer
        Organization: privat
    Microsoft-Windows-Setup\UserData\ProductKey
        Key: XXXX-XXXXX-XXXXX-XXXXX-XXXXX
        WillShowUI: OnError
Phase 4 specialize
    Microsoft-Windows-Shell-Setup\OEMInformation
        Manufacturer: Ich war es selbst
```

Listing 3.1 AutoUnattend.xml zur unbeaufsichtigten Installation von Windows

Das Ganze speichern Sie über DATEI • ANTWORTDATEI SPEICHERN als *AutoUnattend.xml* ab. Um jetzt eine unbeaufsichtigte Installation durchzuführen, können Sie das Setup mit der Befehlszeile

setup.exe /unattend:<Pfad zu Ihrer AutoUnattend.xml> starten, oder Sie speichern die Datei im Root-Verzeichnis eines Laufwerks, das während der Installation zur Verfügung steht. Dies kann ein USB-Stick sein oder eine CD, auf die Sie die Datei brennen, oder (zumindest theoretisch) ein Diskettenlaufwerk. Die Setup-Routine wird beim Start im Wurzelverzeichnis aller verfügbaren Laufwerke nach dieser Datei suchen und die Datei gegebenenfalls einbinden.

Im vorliegenden Beispiel springt das Setup direkt zur Abfrage der Installationspartition, da wir diese nicht konfiguriert haben. Wenn Sie diese auch konfigurieren wollen, machen Sie einen Rechtsklick auf den Schlüssel MICROSOFT-WINDOWS-SETUP\DISKCONFIGURATION und wählen NEUE DISK EINFÜGEN. Selbstverständlich können Sie sich auch noch die weiteren Parameter ansehen und manipulieren. Sie können unter anderem die IP-Einstellungen vorkonfigurieren oder die Konfiguration des Internet Explorers vorgeben und noch viel mehr. Zum Testen empfehlen wir die Verwendung einer virtuellen Maschine.

Kapitel 4

Inbetriebnahme und Anmelden
an Windows

*Aller Anfang ist schwer. Oder auch nicht. Windows in Betrieb zu nehmen ist
über die Jahre immer einfacher geworden. Bei Windows 10 gibt es aber zu
Beginn mehr zu beachten, als in den Vorgängerversionen – unter anderem im
Hinblick auf die Privatsphäre angesichts zahlreicher neuer Cloud-Dienste.
Upgrade-Installation, Neuinstallation? Wir zeigen Ihnen, worauf Sie dabei
achten müssen und darüber hinaus, wie Sie sich nach der Installation mit
einem Benutzer ohne administrative Rechte sicher durch den digitalen
Dschungel bewegen.*

Zwar ist Windows 10 auch nur das aktuelle und neue Windows, aber es haben sich einige
Dinge grundlegend geändert, die zum einen die erste Einrichtung Ihres Windows betreffen,
aber auch im Weiteren von Bedeutung sein können. Seit der noch viel engeren Verzahnung
von Windows und den Microsoft Cloud-Diensten sollten Sie ein besonderes Augenmerk auf
die vielen Einstellungen richten, die Sie zu Beginn einer Windows-Nutzung durchaus einmal
übersehen könnten.

4.1 Inbetriebnahme und Einstellungen beim Upgrade von Windows 7/8.1

Microsoft hat sich das ehrgeizige Ziel gesetzt, binnen eines Jahres eine Million Anwender auf
die Windows 10-Plattform zu migrieren. Dazu bietet das Unternehmen einen unter
bestimmten Bedingungen kostenlosen Wechsel von Windows 7 und Windows 8.1 auf die
aktuelle Version 10 an. Dieses Angebot ist bis zum 29.7.2016 begrenzt. Details dazu können
Sie nachlesen unter *http://www.microsoft.com/de-de/windows/windows-10-upgrade*. Außerdem hat Microsoft das sogenannte *GWX-Tool* ❶ an berechtigte PCs per Windows Update aus-
gerollt, das Sie in der Taskleiste am unteren Bildrand sehen können (Abbildung 4.1). *GWX*
steht für *GetWindowsX* (*X* ist lateinisch für *zehn*).

Abbildung 4.1 GWX-Tool in der Taskleiste

Nach dem Herunterladen von Windows 10 und zu Beginn der Upgrade-Installation werden Sie um die Zustimmung zu den Lizenzbedingungen (Abbildung 4.2) gebeten. Lehnen Sie diese ab, ist die Installation beendet. Stimmen Sie durch Klicken oder Tippen auf AKZEPTIEREN zu, geht die Installation mit der wichtigen Frage weiter, was Sie von Ihrer alten Installation behalten möchten. Nach dieser Auswahl setzt Windows 10 Setup die Installation fort und sucht nach den ersten Updates. Sollten Sie von einer Vorgängerversion updaten, die das *Windows Media Center* installiert hat, werden Sie nach ein paar Minuten derbe enttäuscht – denn das Windows Media Center, das Sie möglicherweise vor einem Jahr noch extra dazugekauft haben, wird unter Windows 10 nicht mehr unterstützt. Das deutete sich zwar bereits unter Windows 8.1 an, die Optik des WMC blieb seit Langem unverändert, aber es dürfte einige Benutzer dennoch ärgern. In diesem Dialog müssen Sie leider bestätigen, dass Sie das Windows Media Center an den virtuellen Nagel hängen und darauf verzichten möchten (Abbildung 4.3).

Abbildung 4.2 Zustimmung zu den Lizenzbedingungen

Klicken Sie hier auf BESTÄTIGEN und anschließend auf AKTUALISIEREN.

Der nächste Dialog stellt noch einmal die zu behaltenden Elemente dar, in unserem Fall sind das die PERSÖNLICHEN DATEIEN und APPS, und er zeigt, welche Version von Windows 10 installiert werden wird – hier WINDOWS 10 PRO (Abbildung 4.4). Durch Klicken auf ÄNDERN DER ZU BEHALTENDEN ELEMENTE können Sie diese Auswahl letztmalig ändern, durch Klicken auf INSTALLIEREN geht es weiter.

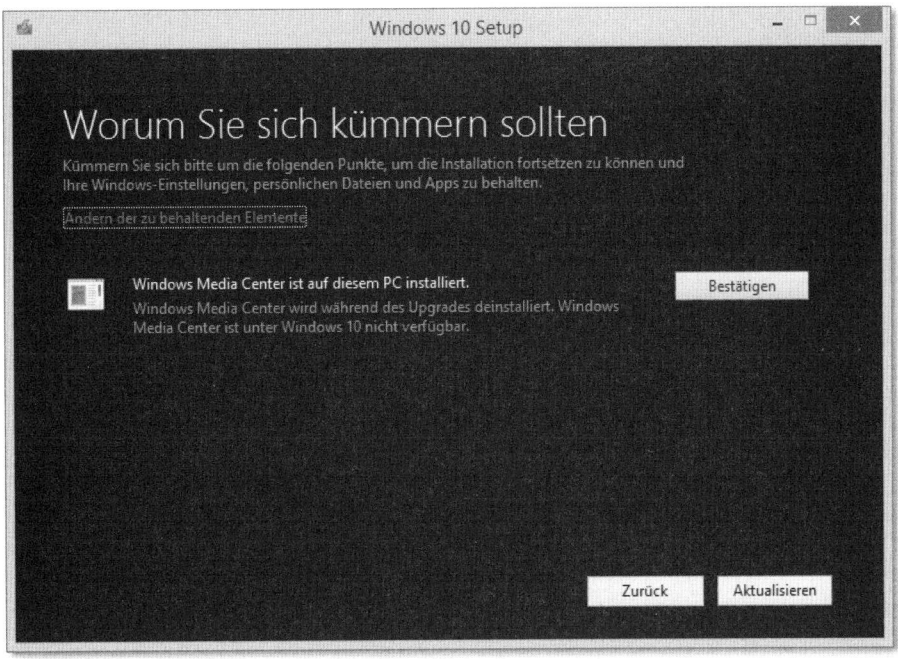

Abbildung 4.3 Windows Media Center-Deinstallation bestätigen

Abbildung 4.4 Letzter Dialog vor der Installation von Windows 10

Sollten Sie es sich jetzt doch noch anders überlegen, können Sie noch während dieser Installation auf ABBRECHEN klicken und zu Ihrem vorherigen Systemstand zurückkehren (Abbildung 4.5).

Abbildung 4.5 Installation in letzter Minute abbrechen

Die Upgrade-Installation dauert etwas, Windows startet einige Male neu und zeigt stets den Update-Fortschritt an (Abbildung 4.6). Dabei gliedert sich die Installation in drei Blöcke: das Kopieren der Dateien, die Installation der Features und Treiber und die Konfiguration der Einstellungen. Am unteren Rand des Installationsfortschritts sehen Sie, wo sich das Upgrade gerade befindet.

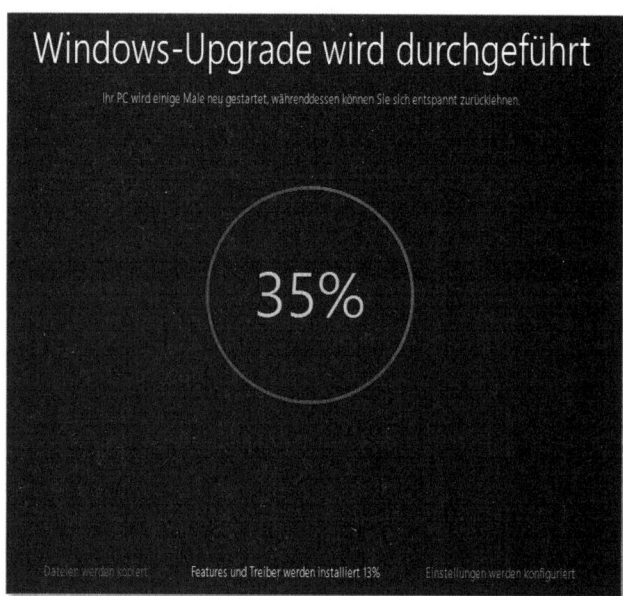

Abbildung 4.6 Der Update-Fortschritt der Upgrade-Installation von Windows 10

Ist das alles erledigt, startet auch direkt die erste Inbetriebnahme nach dem Upgrade der Windows-Version. Zunächst versucht Windows, Sie mit Ihrem bisherigen Konto anzumelden (Abbildung 4.7). Sollten Sie sich mit einem anderen Konto anmelden wollen, können Sie es hier direkt ändern.

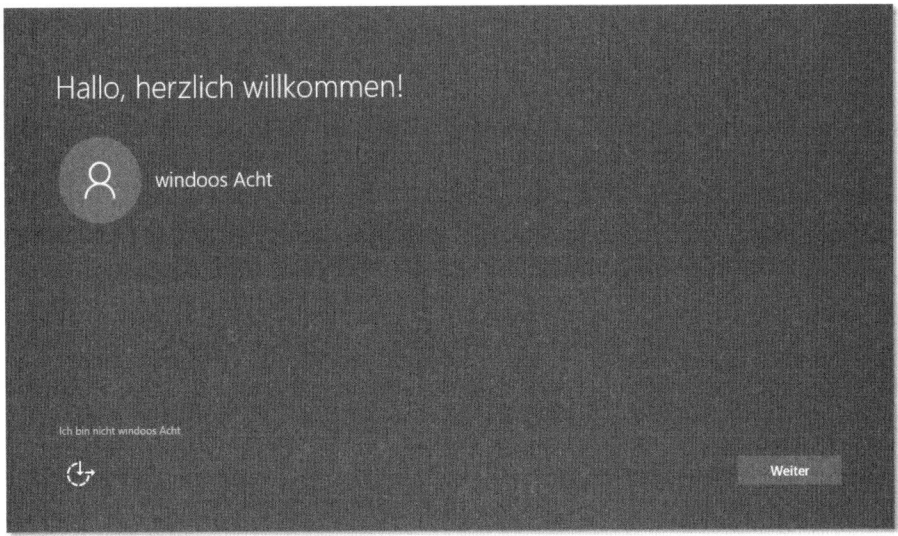

Abbildung 4.7 Erste Anmeldung am System nach erfolgreich durchgeführtem Upgrade

Sollten Sie diesen Bildschirm nicht gut erkennen können oder eventuell von einer Beeinträchtigung des Sehvermögens betroffen sein, klicken oder tippen Sie unten links auf das Symbol für die erleichterte Bedienung ⏏, um dort direkt die Bildschirmlupe auszuwählen, die Sie beim Betrachten dieser und der folgenden Seiten unterstützen kann. Ansonsten klicken oder tippen Sie hier auf WEITER.

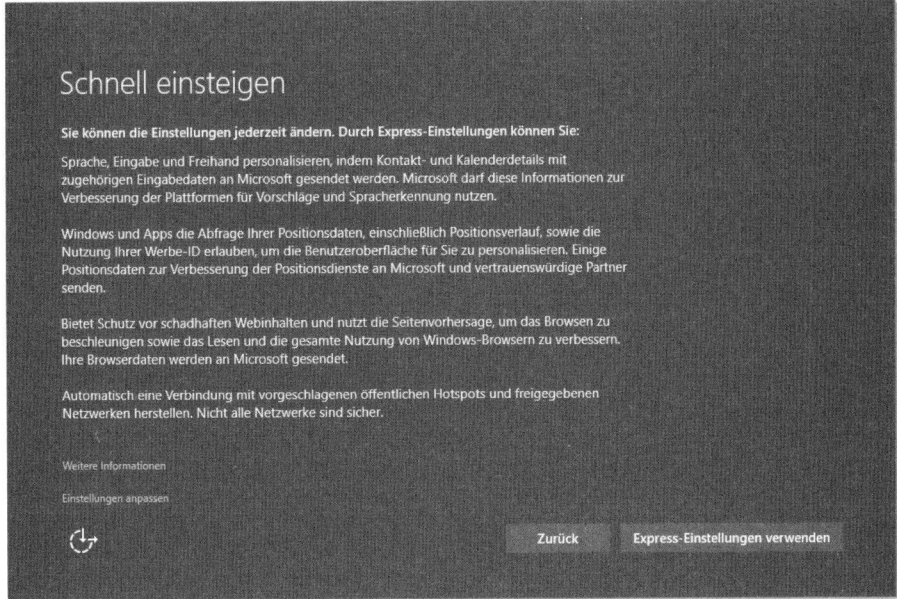

Abbildung 4.8 Schnell einsteigen oder Einstellungen anpassen

Sie haben es fast geschafft! Das System ist installiert, Sie haben sich für ein Anmeldekonto entschieden, und jetzt werden nur noch ein paar wenige Klicks fällig, bis Sie den ersten Startbildschirm Ihres Windows 10 sehen.

Ab jetzt wird die Inbetriebnahme Ihres Windows 10 richtig interessant. Viele Anwender werden sicherlich unten rechts auf die prominent präsentierten Express-Einstellungen verwenden klicken und mit den von Windows vorgeschlagenen, aber sehr offenen Einstellungen fortfahren. Sie, als ambitionierter Anwender, werden womöglich unten links auf Einstellungen anpassen klicken, um Ihr Windows vom Start weg nach Ihren Vorstellungen zu konfigurieren (Abbildung 4.8). Viele der hier schon auswählbaren Einstellungen müssen Sie sich später zusammensuchen, daher raten wir stets, hier die Einstellungen anzupassen. Sie können, wie Sie im Folgenden sehen werden, ja immer noch den Empfehlungen Microsofts folgen und alle angebotenen Optionen unberührt lassen.

Klicken Sie also auf Einstellungen anpassen. Sie werden jetzt in zwei Dialogen gebeten, ein paar grundlegende Einstellungen zu treffen. Im ersten geht es um die folgenden Funktionen (Abbildung 4.9).

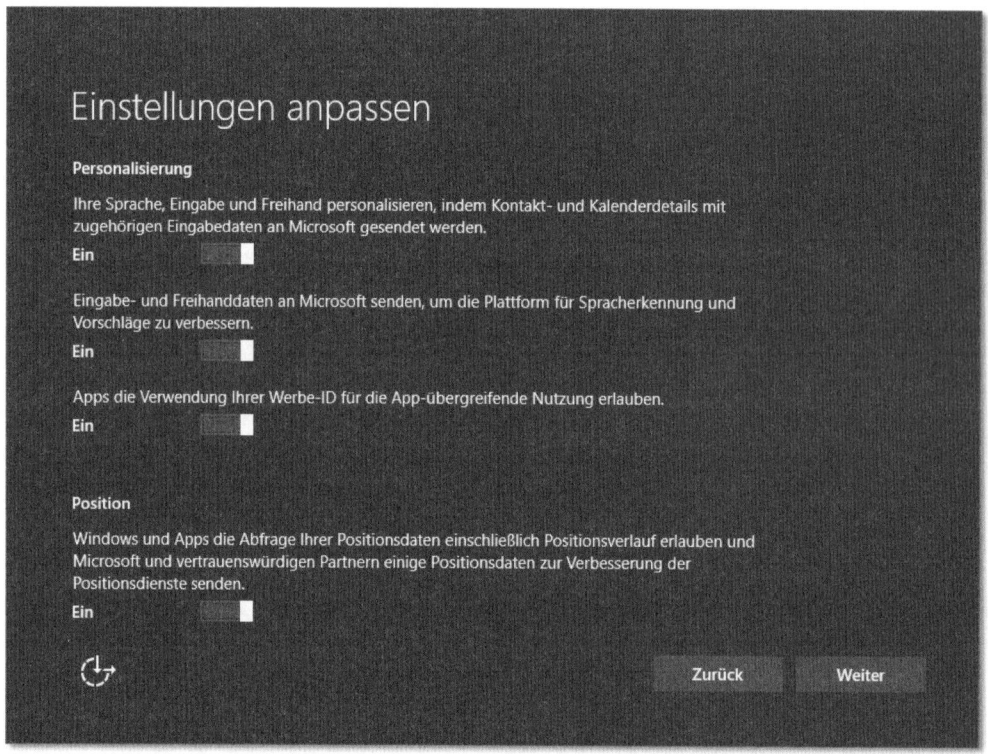

Abbildung 4.9 Einstellungen anpassen – erster Teil

4.1.1   Personalisierung

Wenn Sie diesen Schalter eingeschaltet lassen, erlauben Sie es Ihrem Windows, Kontaktdaten, Kalendereinträge und damit in Zusammenhang stehende Eingaben, seien sie gesprochen, getippt oder mit dem Stift gezeichnet, an Microsoft-Dienste zu senden. Microsoft möchte Sie hier kennenlernen, um Ihnen möglichst genaue und auf Sie zutreffende Antworten geben zu können und um Ihnen passende Angebote vorzuschlagen. Beachten Sie hier bitte, dass Sie dazu nicht nur Ihre eigenen persönlichen Daten für die Nutzung durch Microsoft bereitstellen, sondern auch jene Ihrer Kontakte und Kalendereinträge. Das mag unter Umständen nicht jedem recht sein ...

4.1.2   Eingabe- und Freihanddaten an Microsoft senden

Noch etwas weiter geht diese Einstellung, die praktisch alles, was Sie eingeben, an Microsoft senden darf, um die Spracherkennung durch Cortana zu verbessern. Sicher ist das prinzipiell eine gute Idee, Sie auf diesem Weg besser verstehen zu lernen – aber es bleibt unklar, welches Ausmaß diese Übertragung aller möglichen Eingaben hat – und wer im Einzelnen darauf Zugriff hat.

4.1.3   Apps die Verwendung Ihrer Werbe-ID erlauben

Diese Werbe-ID soll es Microsoft und seinen Partnern ermöglichen, Ihnen gezielte Werbung anzeigen zu können. Wenn Sie Werbung mögen und es lieben, wenn die Ihnen angezeigte Werbung zu Ihren Interessen passt, können Sie diese ID nutzen. Einige Anbieter im Internet machen das bereits seit Längerem, indem sie z. B. Cookies auf Ihrem Rechner speichern, um Sie gezielter ansprechen zu können. Dazu zählen Suchmaschinenanbieter wie Google oder auch der Online-Versandhändler Amazon.

4.1.4   Position

Wenn Sie wünschen, dass Apps und Dienste von Microsoft wissen, wo Sie sich befinden, sollten Sie die Position übertragen. Windows 10 ist ja ein Betriebssystem, das auf einer Vielzahl von unterschiedlichen Geräten läuft und dort auch überall fast gleich aussieht und funktioniert, daher finden Sie auch in Desktop-PCs diese Option – auch wenn diese PCs möglicherweise niemals ihre Position verändern. Notwendig ist das Übertragen der Position für Geräte, auf denen ein Navigationssystem läuft. Ohne Positionsübertragung wird es für das Navi schwer bis unmöglich, zu erkennen, wo Sie sich gerade befinden, und eine Navigation kann demzufolge nicht mehr stattfinden. Bedenklich könnte diese Option sein, weil sie Bewegungsprofile von Ihnen aufzeichnet. Microsoft oder deren Partnern ist es damit also möglich, nachzuvollziehen, wann Sie sich – bzw. das mit Ihrem Konto verbundene Gerät – wo aufgehalten haben. Weiter geht es mit den Einstellungen auf der zweiten Seite der ERWEITERTEN EINSTELLUNGEN (Abbildung 4.10).

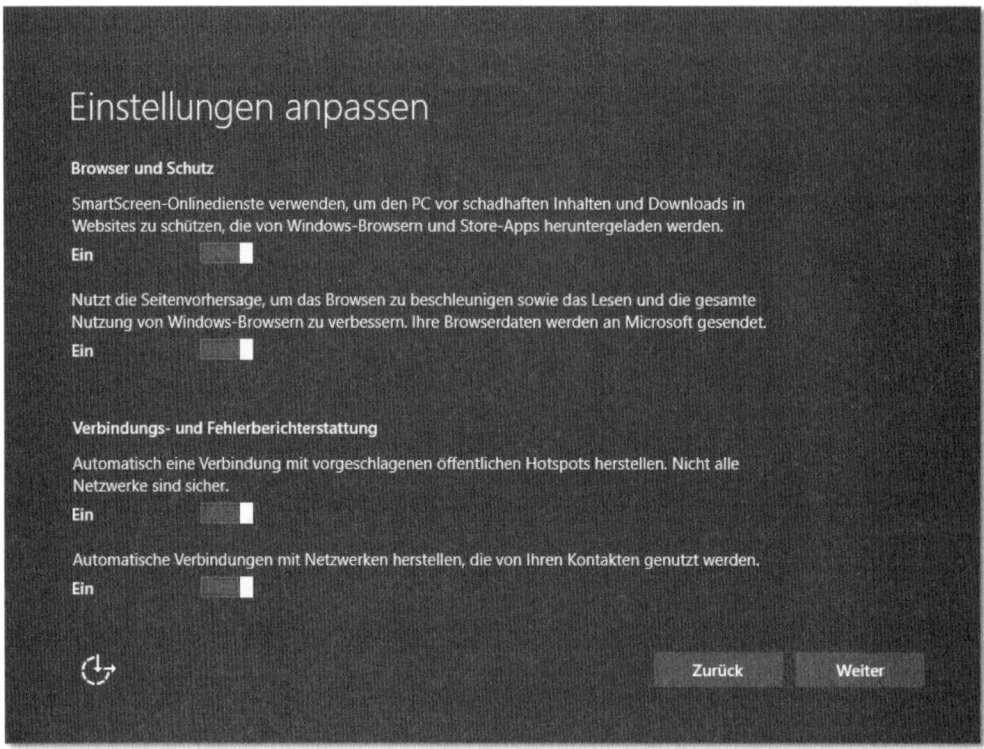

Abbildung 4.10 Einstellungen anpassen – zweiter Teil

4.1.5   Browser und Schutz

Hier können Sie den SMARTSCREEN-ONLINEDIENST ein- oder ausschalten. *SmartScreen* ist ein Microsoft-Dienst, der Webinhalte und Downloads auf Schadcode hin untersucht und Ihnen helfen kann, diesen abzuwehren. Anwendung findet SmartScreen auf von Ihnen besuchten Webseiten und auf Ihre Downloads. SmartScreen sendet besuchte Webadressen (URLs) an Microsoft, dort werden diese auf Echtheit überprüft, und im Falle eines Fehlers kann SmartScreen vor gefälschten Webseiten warnen. Ebenso überprüft SmartScreen Downloads mit Internet Explorer und Edge-Browsern auf bekannten Schadcode und warnt bei dessen Erkennung. Schließlich schützt SmartScreen auch die Echtheit und Virenfreiheit von Windows Store Apps.

4.1.6   Verbindungs- und Fehlerberichterstattung

Hier stellen Sie ein, wie großzügig Sie mit Ihren eigenen WLAN-Zugängen umgehen möchten und wie vertrauensvoll Sie vorgeschlagene öffentliche Hotspots nutzen wollen. Die erste Einstellung AUTOMATISCH EINE VERBINDUNG MIT VORGESCHLAGENEN ÖFFENTLICHEN

HOTSPOTS HERSTELLEN ist eine Funktion, die Ihr Windows 10-Gerät ungefragt mit Hotspots verbindet, die von Microsoft vorgeschlagen werden und die vor allem öffentlich sind. Öffentlich klingt in diesem Zusammenhang schon etwas befremdlich – und kann es auch sein, denn oftmals sind öffentliche Hotspots nicht verschlüsselt, Sie haben keine Ahnung, wer in Wirklichkeit der Anbieter dieses Hotspots ist, welche Daten bei der Nutzung gespeichert oder gar ausgewertet werden, und Sie bekommen bei dieser Option auch keine Nutzungsbedingungen zu sehen, denen Sie eventuell widersprochen hätten. Wir können eine solche allgemeine Zustimmung zur Nutzung fremder öffentlicher WLAN-Hotspots kaum befürworten, es bestehen viele Unklarheiten und damit möglicherweise auch Risiken. Stellen Sie sich vor, Sie kaufen über einen solchen Hotspot online Musik – die Verbindung wird von einem Dritten mitgeschnitten, und das von Ihnen im Klartext übertragene Musik-Dienst-Benutzerkonto landet mitsamt dem Kennwort in fremden Händen. Sie wissen weder, wer hier mitschneiden könnte, noch, ob Sie nicht vielleicht in einem Hotspot eingewählt sind, wo diese Klartextübertragung sogar gewünscht wurde und Sie dem damit fast schon konkludent zugestimmt haben. Alles in allem also ein sehr grauer Rechtsbereich und daher von unserer Seite aus nicht empfehlenswert.

Aber keine Panik. Wenn Sie sich mit öffentlichen Hotspots verbinden wollen oder sollen, achten Sie bei der Datenübertragung darauf, dass diese verschlüsselt stattfindet. Mails sollten Sie sowieso mindestens mit einer Transportverschlüsselung per TLS sichern, und Webseiten sollten Sie per *https* ansprechen – vor allem dann, wenn Sie dort persönliche oder sensible Daten eingeben wollen, wie Namen oder Kreditkartennummern. Übertragen Sie besser niemals Kontonummern, vollständige Namen oder Kennwörter, wenn die Internetverbindung nicht mindestens per *https* gesichert ist. Sie erkennen *https*-Verbindungen im Browser durch ein Schloss oben links in der Adresszeile.

Kaum besser ist die zweite Einstellung: AUTOMATISCHE VERBINDUNGEN MIT NETZWERKEN HERSTELLEN, DIE VON IHREN KONTAKTEN GENUTZT WERDEN ist eine ganz gut gemeinte Funktion, die es Ihnen erlaubt, auf WLAN-Netzwerke von Dritten zugreifen zu können, die Sie als Kontakte in Ihrem Microsoft-Kontext führen. Allerdings offenbart die Bezeichnung dieser Funktion zunächst nur die halbe Wahrheit. Denn wenn Sie die freigegebenen WLAN-Netzwerke Ihrer Kontakte nutzen, geben Sie auch Ihre WLAN-Verbindungen für Ihre Outlook.com-, Skype- oder Facebook-Kontakte frei. Das können Sie zwar in START • EINSTELLUNGEN • NETZWERK UND INTERNET • WLAN • WLAN-EINSTELLUNGEN VERWALTEN noch etwas feiner einstellen (Abbildung 4.11), aber wenn Sie diese Funktion einfach bedenkenlos einschalten, ist sie zunächst in beiden Richtungen aktiviert. Das bedeutet, dass sich nach der Aktivierung jeder Ihrer Facebook-Kontakte in Ihr heimisches WLAN einwählen kann. Ist dies aber ein Windows 10-Gerät, steigt die Wahrscheinlichkeit, dass Sie unerwartet Gäste in Ihrem WLAN haben. Diese Funktion heißt im englischen *WiFi Sense* und auf Deutsch etwas simpel *WLAN-Optimierung*. Lesen Sie zu diesem Thema den recht ausführlichen und Fragen gut beantwortenden FAQ-Teil zu WiFi Sense aufmerksam durch, um auch weiterhin die volle

Kontrolle über Ihr WLAN zu behalten, für das Sie ja auch rechtlich in der Verantwortung stehen (*http://windows.microsoft.com/de-de/windows-10/wi-fi-sense-faq*).

Wenn Sie hier alle für Sie passenden Einstellungen vorgenommen haben, klicken oder tippen Sie auf WEITER.

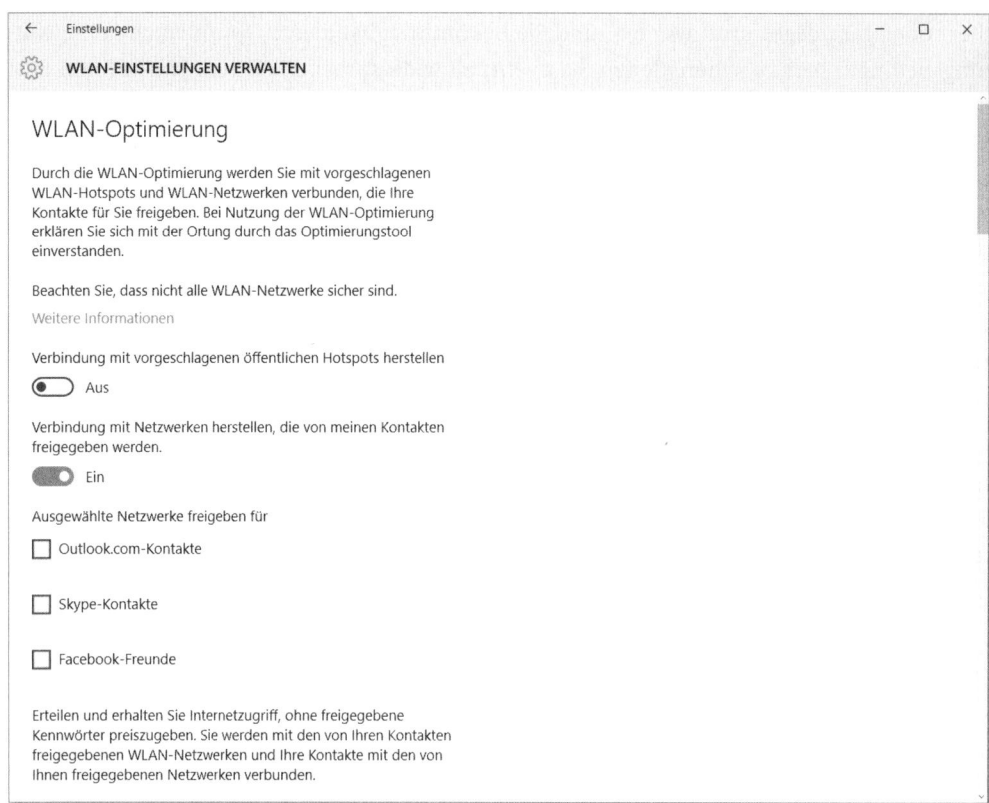

Abbildung 4.11 WiFi Sense oder WLAN-Optimierung optimieren

Nachdem die ersten sechs, teils schwierig zu entscheidenden, Einstellungen getroffen sind, wird es kurz vor der ersten Anmeldung einfach. In diesem Dialog werden Sie mit ein paar neuen Apps für das neue Windows bekannt gemacht: Fotos, Musik (diese App heißt inzwischen *Groove Music*), Microsoft Edge und mit der App *Film und Fernsehen*. Sie haben hier noch eine eher seltsame Möglichkeit, diese Apps nicht als Standard-Apps für ihre jeweiligen Bereiche zu wählen, falls Sie beispielsweise statt Edge lieber von Anfang an den Internet Explorer als Browser wählen möchten. Das tun Sie, indem Sie auf STANDARD-APPS SELBST AUSWÄHLEN LASSEN klicken. Sie gelangen in den Dialog, wie in Abbildung 4.12 gezeigt. Um nicht zwei fast identische Abbildungen drucken zu müssen, haben wir hier nur die Darstellung gewählt, in der Sie sich für Standard-Apps entscheiden können. Ob Sie jetzt in der Auswahl sind oder nicht – nachdem Sie die Apps eingestellt haben, klicken Sie erneut auf WEITER.

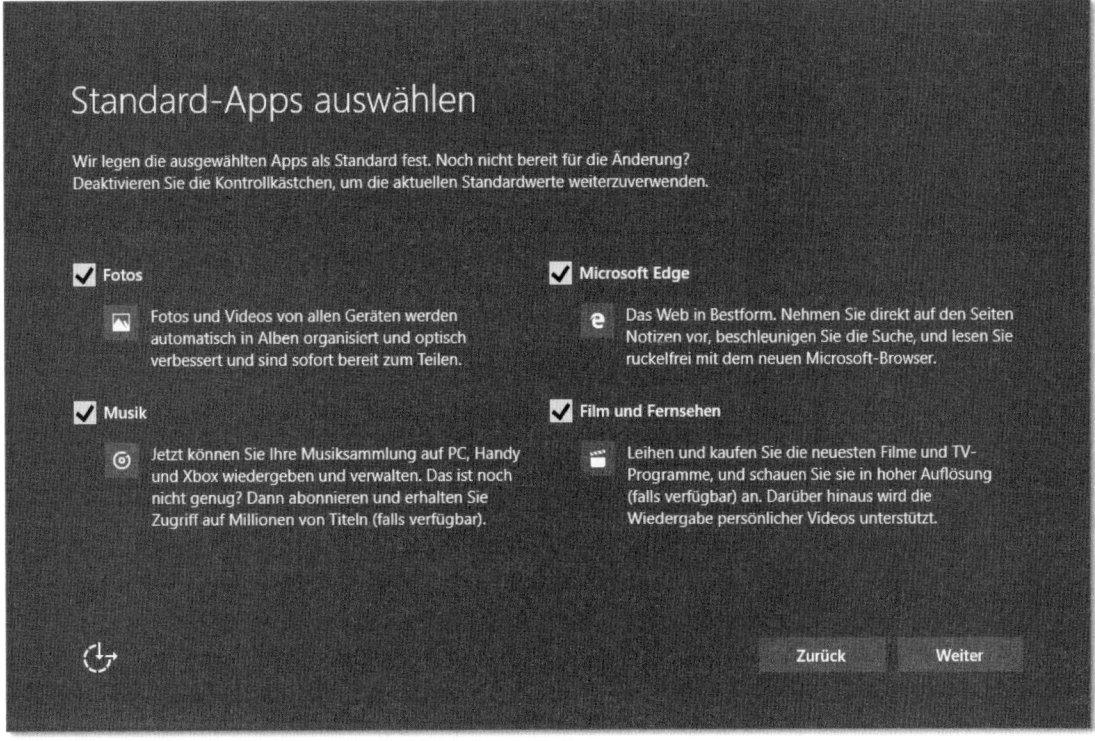

Abbildung 4.12 Aus- bzw. Abwahl von Standard-Apps

4.2   Inbetriebnahme bei Installation von einem Installationsmedium – oder bei einem neuen PC

Wenn Sie Windows 10 von einem Installationsmedium (USB-Stick, DVD) installieren, kennt Windows noch keinen Benutzer, den es anmelden könnte. Sie werden in diesen Fällen noch ein paar Einstellungen mehr treffen müssen. Zunächst gibt es die Einstellung für Ihre Region und Sprache. Für unser Beispiel haben wir einmal angenommen, der PC befände sich in Deutschland, und wir sprächen Deutsch. Den Regionalauswahl-Dialog könnten Sie also so, wie in Abbildung 4.13 gezeigt, ausfüllen und mit WEITER bestätigen.

Kaum haben Sie diese Einstellungen vorgenommen, werden Sie mit der Frage konfrontiert, ob der PC, den Sie gerade installieren, ein Firmen-PC ist oder ein privater (Abbildung 4.14). Die Entscheidung ist einfach; nur wenn Ihr PC wirklich einem Firmenkontext mit einem Windows-Server unterliegt, sollten Sie hier MEINER FIRMA auswählen. In aller Regel installieren Sie als Anwender aber keine solchen PCs, das macht für gewöhnlich die IT-Truppe Ihrer Firma. Wählen Sie hier also MIR aus und klicken auf WEITER.

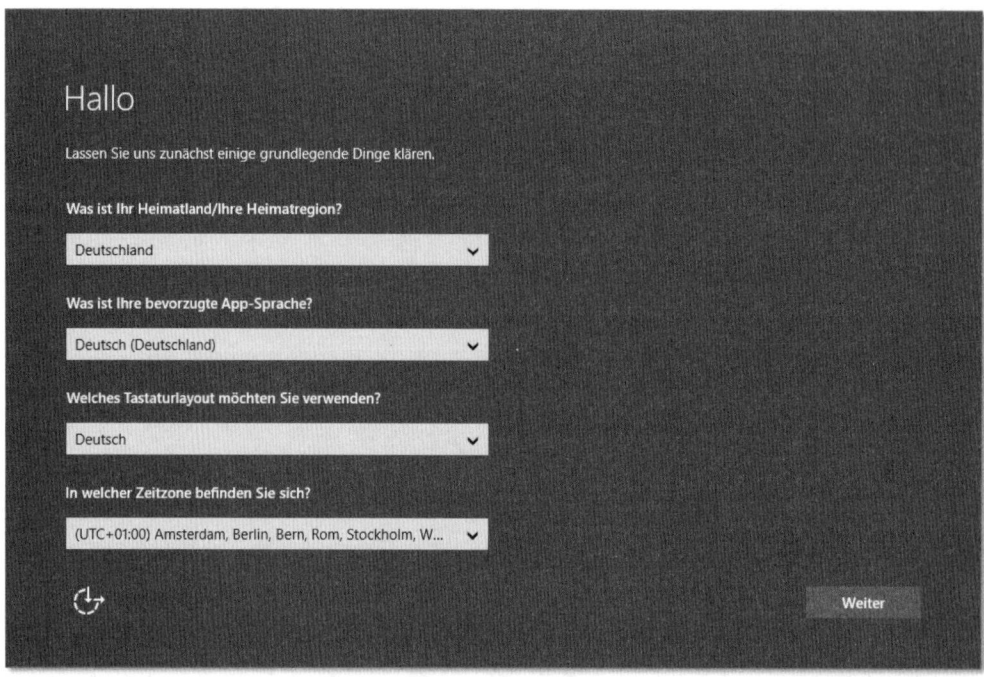

Abbildung 4.13 Regionalauswahl bei der Installation

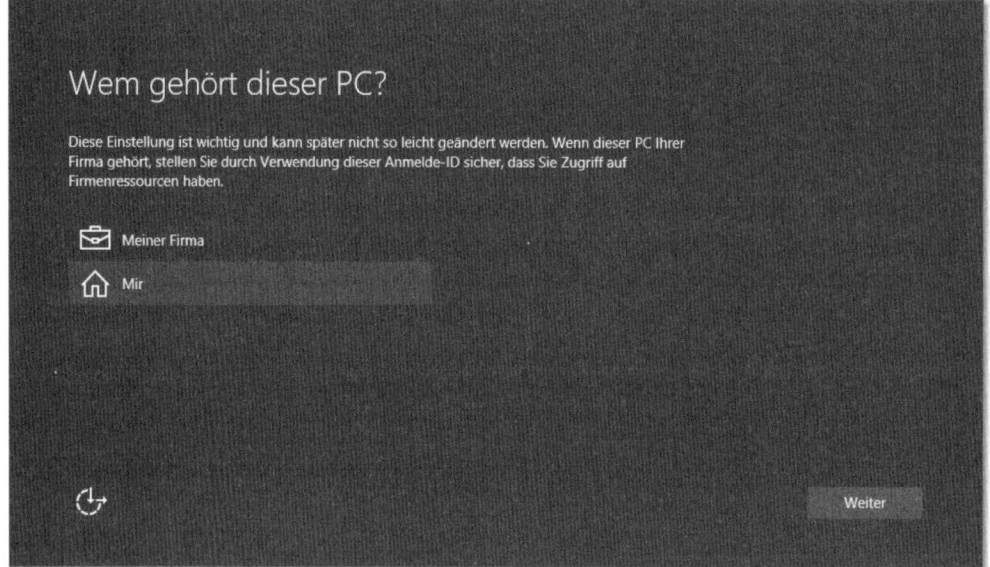

Abbildung 4.14 Firmen-PC oder privat genutzter Computer?

Gegebenenfalls haben Sie auf Ihrem PC keine im UEFI-Bios eingebrannte Windows-Lizenz und müssen die Installation durch Eingabe eines Produkt Keys legitimieren. Ob Ihr PC für die lizenzierte Verwendung von Windows 8, 8.1/10 hardwareseitig mit einer OEM-Windows-Lizenz ausgestattet ist, erkennen Sie am Windows-Aufkleber auf dem PC oder Laptop. Steht dort gar Windows Pro, sind Sie berechtigt, die Pro-Versionen von Windows 8, 8.1 oder 10 zu installieren. Die Eingabe eines Lizenzschlüssels entfällt hier. Lediglich PCs, die noch keine »eingebaute« Lizenz besitzen, fragen in diesem Dialog einen im Handel, online und im Microsoft-Store   (*http://www.microsoftstore.com/store/msde/de_DE/home*)   erhältlichen Schlüssel ab. Das in Abbildung 4.15 erwähnte Echtheitszertifikat gibt es nach unserem Wissen gar nicht, der Text stammt noch aus älteren Installationsdialogen, wie es scheint.

Abbildung 4.15 Eingabe des Lizenzschlüssels

Sie können die Eingabe des Keys auch AUF SPÄTER VERSCHIEBEN, Windows wird Sie daran erinnern, einen Key einzugeben. Nach der Eingabe klicken Sie auf WEITER.

Jetzt ist der PC schon fast »GANZ IHRS!«, wie Microsoft wortwörtlich im nächsten Dialog, Abbildung 4.17, behauptet, gemeint ist damit wohl die Benutzeroberfläche und -erfahrung. Der PC gehört Ihnen ja hoffentlich schon längst …

4.3   Lokales Benutzerkonto versus Microsoft-Konto für die Anmeldung

Sie werden jetzt vor die Entscheidung gestellt, sich mit einem lokalen Benutzerkonto anzumelden, oder – wesentlich offensichtlicher – ermuntert, sich mit einem Microsoft-Konto an Ihrem Windows anzumelden. Wir zeigen Ihnen beide Wege.

4.3.1   Lokales Benutzerkonto

Das lokale Benutzerkonto ist rasch erklärt. Es ist ein Benutzerkonto auf dem lokalen PC, das sich auch nur auf Ihrem PC befindet und nirgends sonst auf einem Server im Internet. Lokale Konten gibt es schon sehr lange, und sie sind auch heute noch sinnvoll, wenn Sie einen PC haben, der nicht oder kaum mit dem Internet verbunden ist, oder wenn Sie nicht vorhaben, über Cloud-Dienste synchronisierte Eigenschaften Ihres Benutzerkontos und Windows nutzen zu wollen. In der vernetzten Welt, wo möglichst viel durch Cloud-Dienste unterstützt werden kann (und, geht es nach den Anbietern, auch soll), ist das lokale Benutzerkonto aus der Mode gekommen. Daher müssen Sie sich auch bei der Installation explizit für ein solches lokales Konto entscheiden.

Wenn Sie bei der Einrichtung ein lokales Benutzerkonto wünschen, klicken Sie im Auswahlbildschirm für das Benutzerkonto unten links auf DIESEN SCHRITT ÜBERSPRINGEN, um zum Einstellungsdialog für Ihr lokales Konto zu gelangen (Abbildung 4.17). Lassen Sie sich nicht durch Abbildung 4.17 irritieren – hier wurden stellvertretend die Benutzerdaten für das im Buch verwendete Microsoft-Konto verwendet – diese Felder füllen Sie bitte nicht aus, wenn Sie ein lokales Benutzerkonto einrichten wollen.

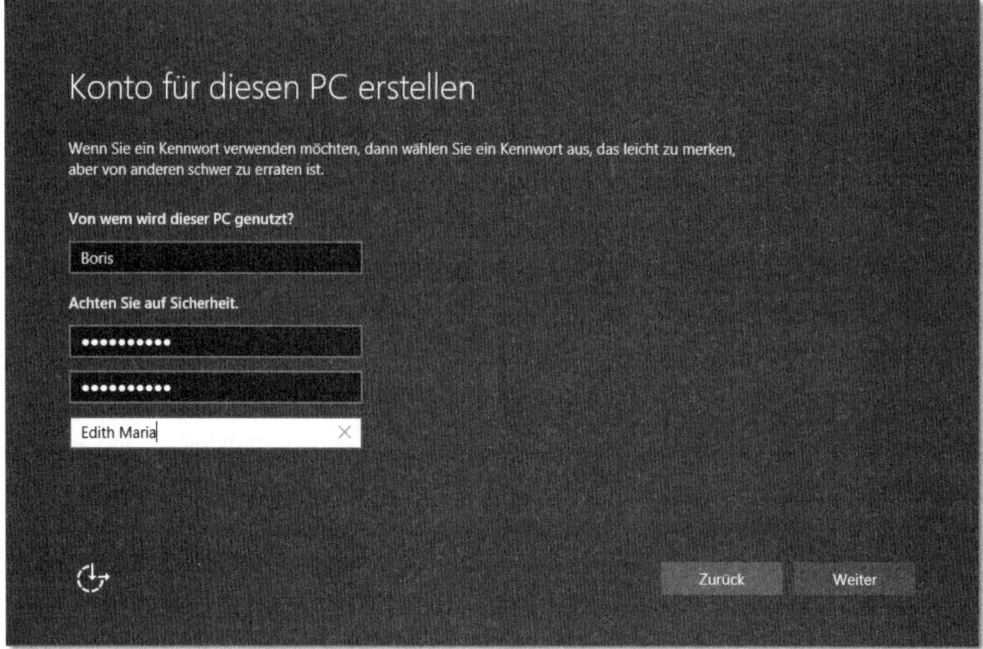

Abbildung 4.16 Ein lokales Benutzerkonto erstellen

Jetzt vergeben Sie einen lokalen Benutzernamen und ein Kennwort, mit dem Sie sich anmelden möchten (Abbildung 4.16). Merken Sie sich das Kennwort, wenn Sie es vergessen sollten, können Sie sich nicht mehr am System anmelden. Sie können auch einen Kennworthinweis eingeben, der Ihnen angezeigt wird, wenn Sie bei der Anmeldung das Kennwort falsch eingeben. Als Kennworthinweis sollten Sie keine Begriffe verwenden, anhand derer andere auf Ihr Kennwort kommen könnten – wir haben hier im Beispiel als Hinweis »*Edith Maria*« verwendet. Das verweist auf ein kleines Papier-Adressbüchlein, in dem viele Kontakte stehen, und auch unter dem Eintrag EDITH MARIA ein hilfreicher Offline-Kennworthinweis. Aber nicht unmittelbar im Computer. Hinweise wie: »Mein Geburtsdatum« oder »Vorname meiner Katze« sind denkbar unsicher. Haben Sie alles eingegeben, den Benutzernamen, zweimal hintereinander dasselbe (gute, also sichere!) Kennwort und bei Bedarf einen Kennworthinweis, klicken Sie auf WEITER.

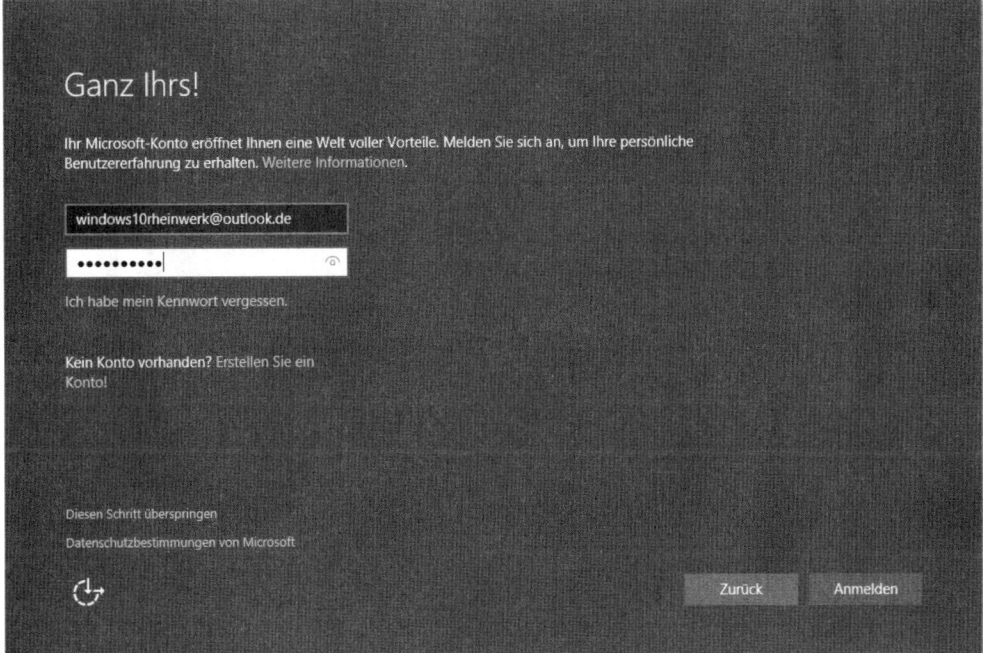

Abbildung 4.17 Auswahl der Windows-Anmeldung

4.3.2   Microsoft-Konto für die Anmeldung

Ein Microsoft-Konto für die Anmeldung bietet gegenüber dem traditionellen *Offlinekonto* per lokaler Anmeldung einige weitere Funktionen. Wir nutzen hier, wie für fast alle anderen Kapitel, ein Microsoft-Konto für die Anmeldung, weil nur dann die volle Funktionalität von Windows 10 bereitsteht, und genau die wollen wir Ihnen ja zeigen. Hier liegt schon die Krux. Volle Funktionalität bedeutet, dass Sie sich bei Microsoft registrieren müssen, um alle Funktionen Ihres Windows 10 nutzen zu können. Die Anmeldung mit einem Microsoft-Konto gestattet Ihnen die Nutzung aller Cloud-Funktionalitäten, wie der Synchronisierung Ihres Benutzerkontos und vieler Einstellungen (Abbildung 4.19) auf mehreren Geräten, die Nutzung eines gemeinsamen OneDrive-Online-Speicherplatzes, den geräteübergreifenden

Zugriff auf Ihre mit Groove Music synchronisierte Musik, die Nutzung von Cortana, der digitalen Sprachassistentin, Einkaufen im Windows Store sowie die gemeinsame Nutzung von gekauften und kostenlosen Apps aus dem Windows Store auf Geräten, an denen Sie mit demselben Microsoft-Konto angemeldet sind (Abbildung 4.18).

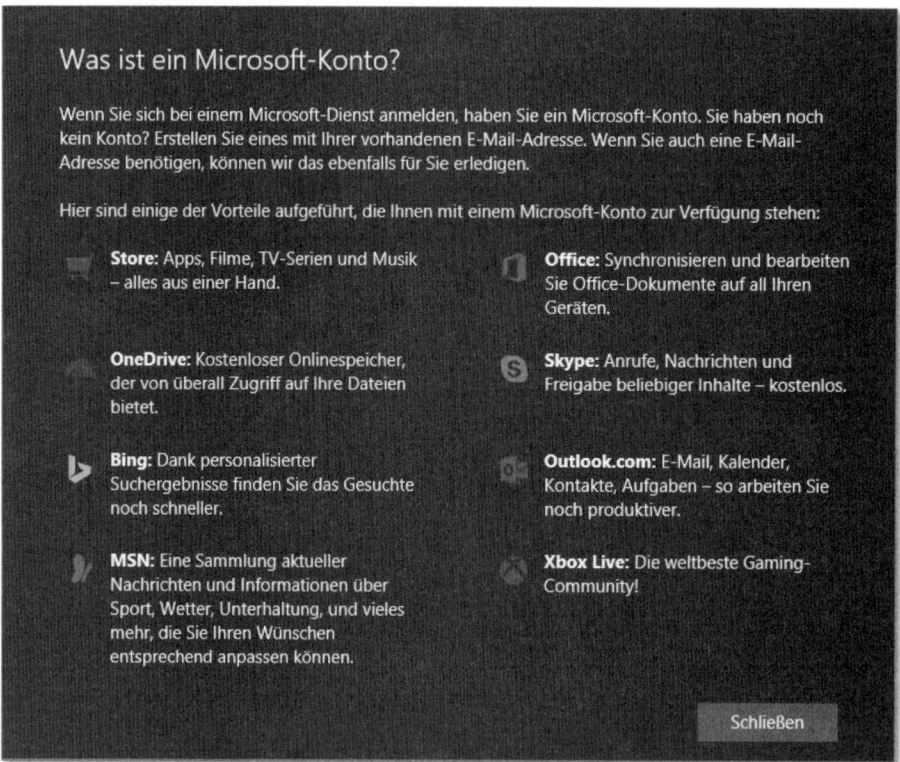

Abbildung 4.18 Was ist ein Microsoft-Konto?

Kurzum, wenn Sie Ihr Windows umfänglich nutzen wollen, kommen Sie immer wieder an den Punkt, wo eine App, ein Dienst oder Windows selbst nach einem Microsoft-Konto fragt. Das können Sie zwar stets verweigern – dann stehen Ihnen aber auch einige Funktionen schlichtweg nicht zur Verfügung. Sie müssen also abwägen: Je extensiver Sie Windows 10 mit dem Microsoft-Konto nutzen, desto mehr geben Sie von sich und Ihrer Person preis, oft auch von Freunden und Kontakten. Dafür ist die Benutzererfahrung umso runder, bunter, passender – schlicht moderner. Wenn Sie den Verlockungen widerstehen, haben Sie ein relativ altbackenes System, aber Ihre Privatsphäre erst einmal gut geschützt. Wir können es in diesem Buch gar nicht oft genug ansprechen – lesen Sie die überall in Windows 10 angebotenen Datenschutzbestimmungen aufmerksam durch, um sich ein genaueres Bild machen zu können. Schließlich lassen sich viele Dienste und Funktionen auch einzeln steuern sowie ein- und ausschalten, sodass Sie trotz der Wahl eines Microsoft-Kontos dennoch überwiegend Ihre Privatsphäre wahren können.

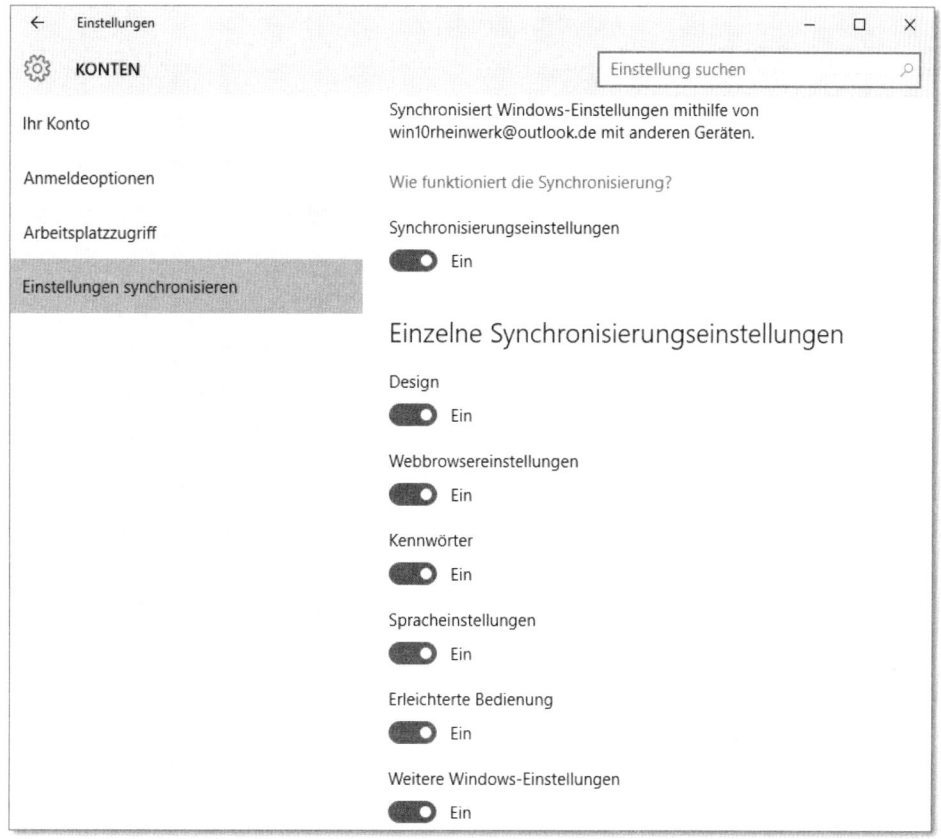

Abbildung 4.19 Einstellungen des Microsoft-Kontos synchronisieren

Wenn Sie sich also für die Nutzung Ihres PCs mit einem Microsoft-Konto entschieden haben, wozu wir grundsätzlich auch raten, können Sie entweder hier zusammen mit Ihrem Kennwort Ihr bereits vorhandenes Microsoft- oder Xbox-Konto eingeben, oder Sie können ein entsprechendes Konto durch Klicken auf den Link Erstellen Sie ein Konto (Abbildung 4.17) anlegen.

Wie Sie Ihr Microsoft-Konto gestalten, obliegt Ihnen; Sie können Ihre bestehende private E-Mail-Adresse für die Anmeldung nutzen oder sich ein neues E-Mail-Konto vom Microsoft-Dienst *Outlook.com* vergeben lassen, um sich damit anzumelden. Nachdem Sie Ihre private E-Mail-Adresse eingegeben haben, erhalten Sie eine E-Mail von Microsoft, mit der Sie die Echtheit Ihrer gewählten Identität bestätigen müssen.

Haben Sie sich entschieden, statt mit Ihrer privaten E-Mail-Adresse mit einer neu zu vergebenden E-Mail-Adresse ein Microsoft-Konto einzurichten, klicken Sie nach der Eingabe eines Vor- und Nachnamens (der je nach dem Schutzbedarf Ihrer Privatsphäre nicht Ihr echter sein muss), wie in Abbildung 4.20 dargestellt, auf Fordern Sie eine neue E-Mail-Adresse an, und Sie gelangen zu diesem Dialog (Abbildung 4.21).

Abbildung 4.20 Microsoft-Konto mit privater E-Mail-Adresse anlegen

Abbildung 4.21 Einrichten eines neuen Microsoft-Kontos bei der Inbetriebnahme

Beachten Sie bei der Wahl des Namens die Bedingung, dass Sie keine Umlaute (ä, ö oder ü), keine Ligaturen (ß) und nur wenige Sonderzeichen (wie Punkte oder Bindestriche) verwenden dürfen, da es sich um eine internetkompatible E-Mail-Adresse handelt, die sich mit Sonderzeichen nach wie vor schwertut.

Als Nächstes werden Sicherheitsinfos von Ihnen abgefragt (Abbildung 4.22).

Abbildung 4.22 Eingabe von Sicherheitsinformationen

Diese sind für die Nutzung Ihres Kontos wichtig, denn immer wenn Sie ein weiteres Gerät mit Ihrem Microsoft-Konto verbinden, werden diese Sicherheitsinfos für die Authentifizierung benötigt, damit Sie stets die Kontrolle über die Geräte behalten, die mit Ihrem Konto benutzt werden. Sie können hier eine Telefonnummer eingeben, über die der Authentifizierungsvorgang abgewickelt wird, Sie haben aber auch die Möglichkeit, unten im Dialog eine ALTERNATIVE E-MAIL-ADRESSE anzugeben, um Ihr Konto autorisieren zu können. Diese Einstellungen können Sie auch später jederzeit anpassen, wenn Sie sich im Browser bei Microsoft mit Ihrem Konto anmelden (*https://account.microsoft.com*). Im Beispiel wählen wir die Telefonnummer – eine Handynummer, durch deren Gebrauch für Sie keine Kosten entstehen, außer vielleicht Roaming-Gebühren, wenn Sie sich im Ausland aufhalten.

Ab hier gestaltet sich die weitere Einrichtung für beide Kontentypen gleich:

Im nächsten Schritt werden Sie gefragt, ob Sie Ihr Onlineerlebnis verbessern möchten, indem Sie Microsoft Advertising erlauben, Ihre Kontoinformationen zu nutzen (Abbildung 4.23).

Diese Einstellung entspricht im Wesentlichen der Frage nach der Werbe-ID, die in Abschnitt 4.1.3 erläutert wird. Wählen Sie das für sich Passende aus, und klicken Sie auf WEITER.

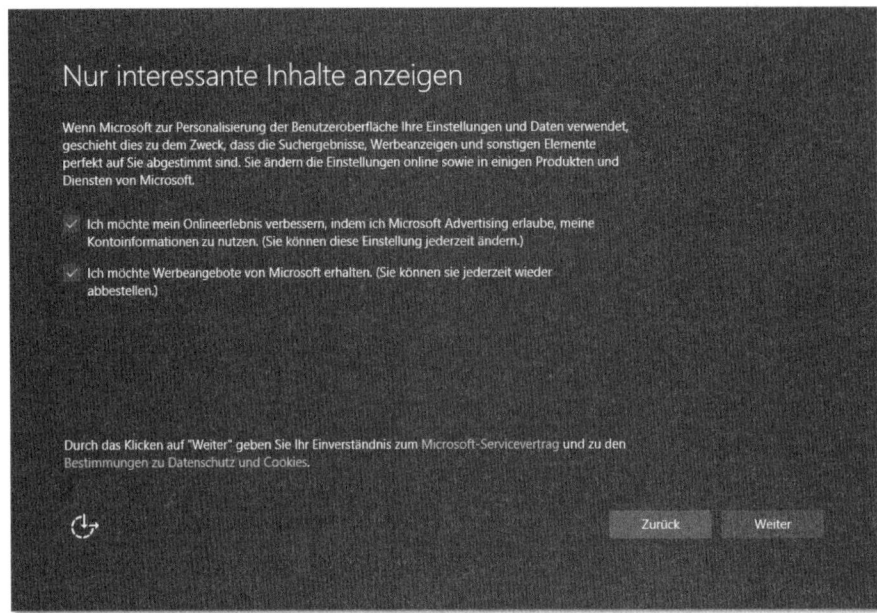

Abbildung 4.23 Werbeeinstellungen Ihres Microsoft-Kontos

Jetzt werden Sie ermuntert, statt eines Kennworts eine PIN (*Persönliche Identifikationsnummer*) zu vergeben (Abbildung 4.24).

Abbildung 4.24 Vergabe einer PIN als Kennwort

Das klingt auf den ersten Blick unsicher, aber diese PIN ist nur für jenes Gerät gültig, das Sie gerade einrichten und nicht generell für Ihr Microsoft-Konto. Sie können sich also nur an einem Gerät mit dieser PIN anmelden. Dritte können mit der PIN nicht viel anfangen, denn sie benötigen für die Verwendung jenes explizite Gerät, also beispielsweise Ihren PC.

Da Sie sich ja für ein Microsoft-Konto entschieden haben, nimmt Microsoft an, dass Sie alle Komfortfunktionen von Windows 10 bzw. Microsoft nutzen möchten – und somit auch alle Ihre Daten zusätzlich zur lokalen Kopie im hauseigenen Cloud-Speicher *OneDrive* speichern wollen. Im nächsten Dialog sehen Sie die Voreinstellung, die sich leicht überklickt, mit der Sie alle Daten in Kopie in der Cloud (OneDrive) ablegen würden (Abbildung 4.25). Sie können aber auch Neue Dateien standardmässig nur auf diesem PC speichern unten links anklicken. Bei dieser Einstellung sollten Sie aber – je nach dem Evolutionsstand von Windows 10 – stets genau lesen, wie die zur Verfügung stehenden Optionen genau lauten.

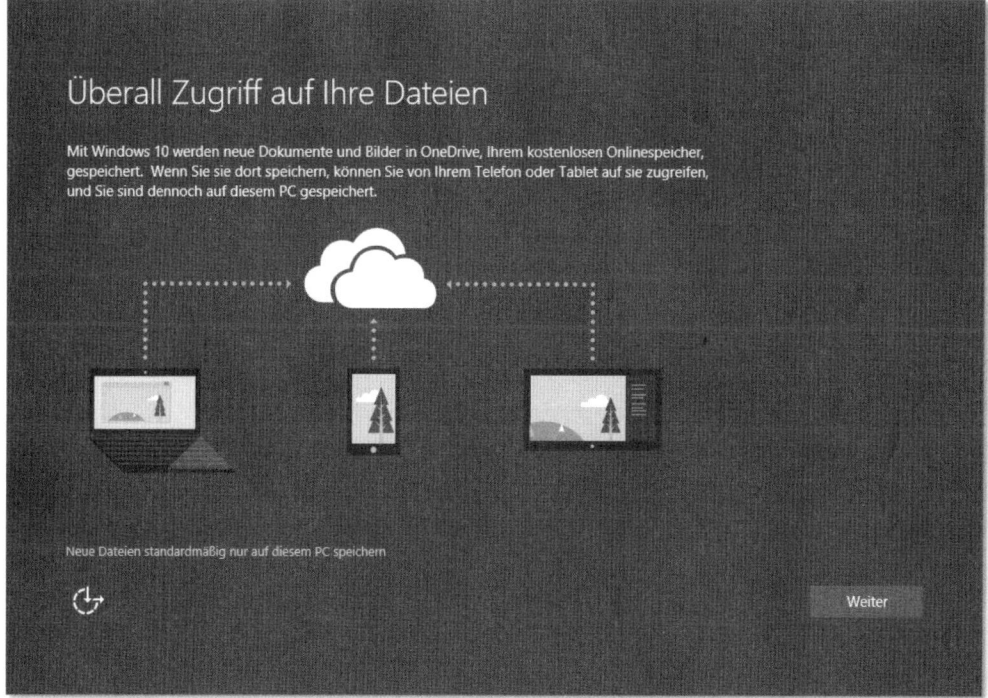

Abbildung 4.25 Speicherort-Auswahl für das Microsoft-Konto

Die nächste Einstellung, die Sie nach der Benutzerkontoauswahl treffen müssen, dreht sich um die neue und mächtige Sprachassistentin Cortana. Mehr Informationen zu dieser Assistentin erhalten Sie in Abschnitt 6.10, »Cortana – sprich mit ihr«. Hier können Sie aktuell nichts einstellen, Sie können allenfalls unten rechts auf Jetzt nicht klicken, um die Einrichtung von Cortana auf den bald folgenden Betrieb Ihres Windows zu verschieben (Abbildung 4.26).

Abbildung 4.26 Cortana einstellen

Schließlich werden noch Ihr Konto und die Apps eingerichtet, und schon können Sie sich anmelden – Es DAUERT NICHT LANGE (Abbildung 4.27).

Abbildung 4.27 Das Benutzerkonto wird eingerichtet.

Sobald dieser initiale Vorgang abgeschlossen ist, sehen Sie den Startbildschirm Ihres Geräts zum ersten Mal – sei es der Tablet-Modus oder der Desktop-Modus. Am Beispiel des Desktop-Modus möchten wir Ihnen noch einen Dialog zeigen, der nach unserer Beispielinstallation, aber auch beim Anschluss von neuen Netzwerkverbindungen erscheint (Abbildung 4.28). Die

Frage, ob Ihr Gerät im Netzwerk gefunden werden darf oder nicht, sollten Sie bedarfsgerecht beantworten. Befinden Sie sich in einem öffentlichen oder nicht vertrauenswürdigen Netzwerk, also z. B. wenn Sie sich mit einem öffentlichen WLAN-Hotspot verbinden oder bei entfernten Bekannten zu Gast sind, sollten Sie die Frage mit NEIN beantworten, damit Ihre Windows-Firewall-Einstellungen Ihr Gerät gegen Zugriffe von außen abschirmen kann. Befinden Sie sich aber zu Hause, in einem vertrauensvollen Netzwerk oder im eigenen WLAN-Netz, können bzw. sollten Sie die Netzwerkzugriffe durch Auswahl von JA erlauben, da sonst weder Heimnetzwerke noch Firmennetzwerke funktionieren. Wie genau die Windows-Firewall funktioniert, beschreiben wir in Kapitel 13, »Die Windows-Firewall sinnvoll einsetzen«.

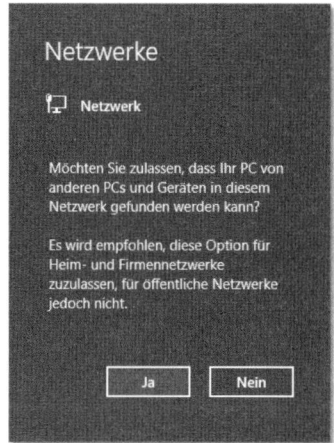

Abbildung 4.28 Netzwerkverbindung einrichten

4.4   Hilfreiche Einstellungen nach der ersten Inbetriebnahme

Zwar haben Sie jetzt nach den ersten Einstellungen während der Installation schon ein betriebsfähiges Windows-System, aber es empfehlen sich noch ein paar wenige Einstellungen und Verfeinerungen, damit Sie möglichst gut und sicher starten können.

4.4.1   Erstellen eines Kennwortrücksetzdatenträgers

Insbesondere wenn Sie sich für den Benutzerkontentyp »Lokales Konto« entschieden haben, ist es empfehlenswert, dass Sie für den Fall, dass Sie einmal Ihr Kennwort vergessen sollten, einen sogenannten *Kennwortrücksetzdatenträger* erstellen. Das geht ganz einfach und kann Ihnen aufwendige und dubiose Kennwortknackprogramme aus dem Internet ersparen.

Um diesen Datenträger, der heutzutage ein USB-Stick ist, zu erstellen, benötigen Sie natürlich zuerst einen solchen sowie einen freien USB-Anschluss an Ihrem Rechner. Stecken Sie einen idealerweise leeren USB-Stick ein, und drücken Sie `Strg` + `Alt` + `Entf` an der Tastatur, bzw. tippen Sie in das WINDOWS-SUCHFELD kennwortrücks ein, um bequem zur passenden Einstellung zu gelangen. Noch befindet sich die Kennwortrücksetzdiskette in der klassischen *Systemsteuerung*, Sie erreichen sie auch über einen Klick mit der rechten Maustaste auf den STARTBUTTON. Wählen Sie dann die SYSTEMSTEUERUNG und dort BENUTZERKONTEN und erneut BENUTZERKONTEN. Hier auf der linken Seite haben Sie die Möglichkeit, eine KENNWORTRÜCKSETZDISKETTE zu erstellen (Abbildung 4.29). Sie sehen schon – diese Systemsteuerungsfunktion ist noch nicht adäquat zu Windows 10 übertragen worden, das ja keine Diskettenlaufwerke mehr unterstützt.

Abbildung 4.29 Erstellen eines Kennwortrücksetzdatenträgers

Der in der Mitte von Abbildung 4.29 dargestellte Assistent fragt Sie zunächst nach dem USB-Datenträger (sollten Sie mehrere angesteckt haben, achten Sie auf die Auswahl des richtigen), anschließend werden Sie aufgefordert, Ihr aktuelles Kennwort einzugeben, an das Sie sich zu diesem Zeitpunkt hoffentlich noch erinnern, und zwei Klicks weiter, WEITER und FERTIG STELLEN, haben Sie erfolgreich einen Stick hergestellt, mit dessen Hilfe Sie jederzeit Ihr lokal authentifiziertes Windows 10 zurücksetzen können – sollten Sie Ihr Kennwort vergessen haben. Bewahren Sie diesen USB-Stick gut auf, denn er und der Schutz werden nutzlos, wenn Sie ihn versehentlich überschreiben.

Sollten Sie den Weg über die Tastenkombination (Strg) + (Alt) + (Entf) gewählt haben, sieht die Kennwortrücksetzdatenträger-Erstellung etwas anders aus. Nach dem Drücken der Tastenkombination (Strg) + (Alt) + (Entf) wählen Sie KENNWORT ÄNDERN aus und klicken auf die etwas unscheinbar zwischen KENNWORT BESTÄTIGEN und ABBRECHEN angeordnete Option KENNWORTRÜCKSETZDATENTRÄGER ERSTELLEN.

Abbildung 4.30 Kennwortrücksetzdatenträger erstellen

Ab hier empfängt Sie noch der alte Windows-Assistent zum Erstellen eines Kennwortrücksetzdatenträgers, wie auch schon zuvor beschrieben. Dieser Dialog ist übrigens auch hervorragend dazu geeignet, Ihr Windows-Kennwort zu ändern. Bei allen Versionen von Windows erreichen Sie diesen Dialog über $\boxed{\text{Strg}}$ + $\boxed{\text{Alt}}$ + $\boxed{\text{Entf}}$.

4.4.2 Einrichten des Administratorkontos

Alle Sicherheitsexperten und IT-Fachleute predigen stets, dass Sie nicht mit vollen Administratorrechten an Ihrem Windows 10 arbeiten sollten, sondern lediglich mit Benutzerrechten. Warum ist das so? Nun, ganz einfach. Wenn Sie stets als Administrator arbeiten, hat die Desktop-Sitzung, in der Sie arbeiten, auch volle administrative Rechte und aus ihr heraus können Programme, Trojaner und sonstiger Schadcode tun und machen, was sie wollen. Sie erhalten vielleicht noch eine Sicherheitsabfrage, ob Sie ein Programm ausführen wollen oder nicht – aber diese Abfragen erhält ein Benutzer häufig, und in der Regel werden diese auch ungesehen »durchgewunken«. Sie setzen Ihr Windows und damit Ihre Daten durch diese Arbeitsweise unnötig verschiedenen Gefahren aus. Wir möchten das mit einem Bild verdeutlichen. Wenn Sie im Urlaub mit dem Auto unterwegs sind und bei einer Pause oder über Nacht das Auto verlassen, lassen Sie hoffentlich keine Wertsachen – aber sicherlich nie Ihr Portemonnaie, Ihren Ausweis und den Hausschlüssel auf dem Beifahrersitz liegen, und schon gar nicht den Spickzettel mit den ec- und Kreditkarten-PINs. Würde nämlich jetzt jemand Ihr Auto aufbrechen, hätte er alles, was er bräuchte. Auf dem Ausweis stünde Ihre Adresse, der Schlüssel läge direkt daneben, Kreditkarten nebst PIN wären auch dabei – prima! Sie minimieren das Risiko erheblich, indem Sie diese Wertsachen, die in den falschen Händen den Schaden zusätzlich zum Einbruch in Ihr Fahrzeug erheblich erhöhen würden, stets mit aus dem Auto nehmen. Auch am Rastplatz und erst recht über Nacht. Wir möchten Sie daher auch ermuntern, sich direkt nach der Installation eines PCs ein Benutzerkonto neben dem Administratorkonto anzulegen, damit Sie deutlich sicherer arbeiten können.

Nach der Installation ist das erste Benutzerkonto, das Sie angelegt haben, sei es ein lokales oder ein Microsoft-Konto, stets ein Konto mit Administratorrechten. Klar – Sie müssen das System ja erst einmal in Besitz und in Betrieb nehmen können und brauchen dafür alle Rechte. Als wichtigen Teil der Inbetriebnahme sollten Sie jetzt ein weiteres Konto einrichten bzw. freischalten, damit Sie zwischen Ihrem regulären Benutzerkonto ohne Administratorrechten und einem Konto, mit dem Sie authentifizierungspflichtige Aktionen ausführen können, unterscheiden können.

Beginnen wir mit dem Beispiel, in dem Sie ein lokales Benutzerkonto angelegt haben. Melden Sie sich am System an, und gehen Sie in START • EINSTELLUNGEN • KONTEN. Hier sehen Sie bereits, dass Ihr just eingerichtetes Konto auch der ADMINISTRATOR ist (Abbildung 4.31).

Abbildung 4.31 Status des lokalen Kontos

Klicken oder tippen Sie hier auf FAMILIE UND WEITERE BENUTZER • DIESEM PC EINE ANDERE PERSON HINZUFÜGEN. Wenn Sie bei den lokalen Konten bleiben möchten, geben Sie in diesem Dialog nicht ein Microsoft-Konto ein, sondern klicken oder tippen auf den etwas irreleitenden Link ICH KENNE DIE ANMELDEINFORMATIONEN FÜR DIESE PERSON NICHT (Abbildung 4.32).

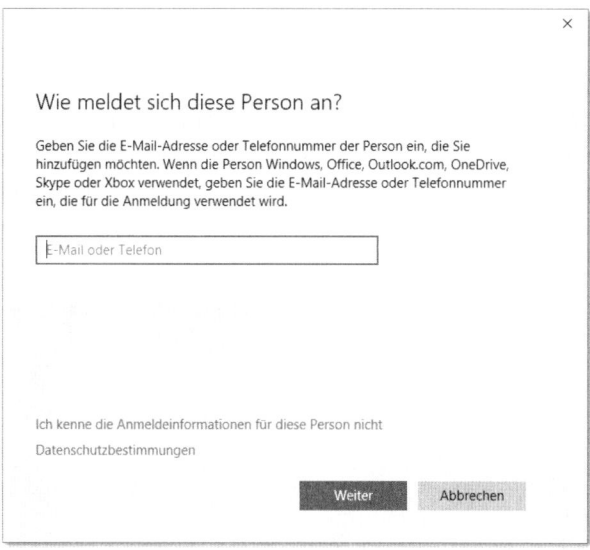

Abbildung 4.32 Einen weiteren Benutzer hinzufügen

Im jetzt folgenden Fenster ERSTELLEN SIE IHR KONTO werden Sie erneut animiert, doch bitte endlich ein Microsoft-Konto anzulegen, aber als Fan lokaler Anmeldungen bleiben Sie stark und wählen unten BENUTZER OHNE MICROSOFT-KONTO HINZUFÜGEN. Endlich sind Sie am von Microsoft gut versteckten Ziel und können ein weiteres lokales Konto einrichten (Abbildung 4.33).

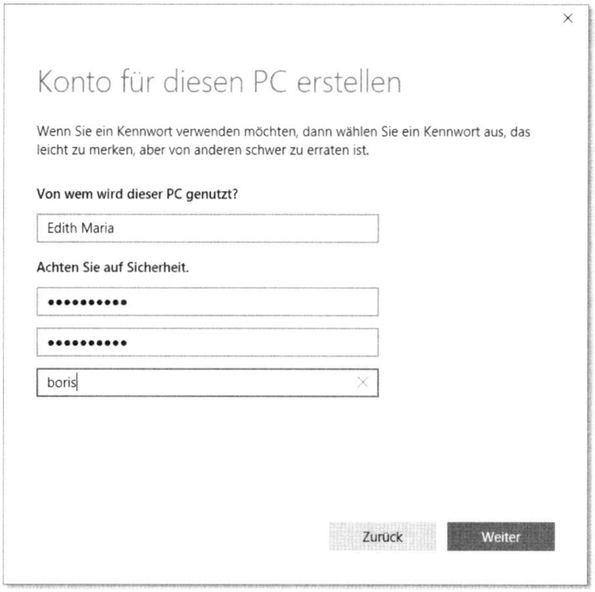

Abbildung 4.33 Ein weiteres lokales Konto erstellen

Sie können jetzt mit diesem Konto arbeiten. Standardmäßig werden in Windows 10 neue lokale Benutzerkonten als *Standardbenutzer* eingerichtet. Sie haben also im Beispiel jetzt ein Administratorkonto *Boris* und ein Standardkonto *Edith Maria*. Sie können in START • EIN-STELLUNGEN • KONTEN auch den Kontotyp ändern, indem Sie hier in FAMILIE UND WEITERE BENUTZER ❶ auf den Benutzer ❷ klicken, KONTOTYP ÄNDERN ❸ auswählen und sich im Fenster KONTOTYP ÄNDERN für einen der beiden Typen ❹ entscheiden. In Abbildung 4.34 haben wir versucht, alle diese Schritte in einem Bild unterzubringen. Mit OK bestätigen Sie Ihre Auswahl schließlich.

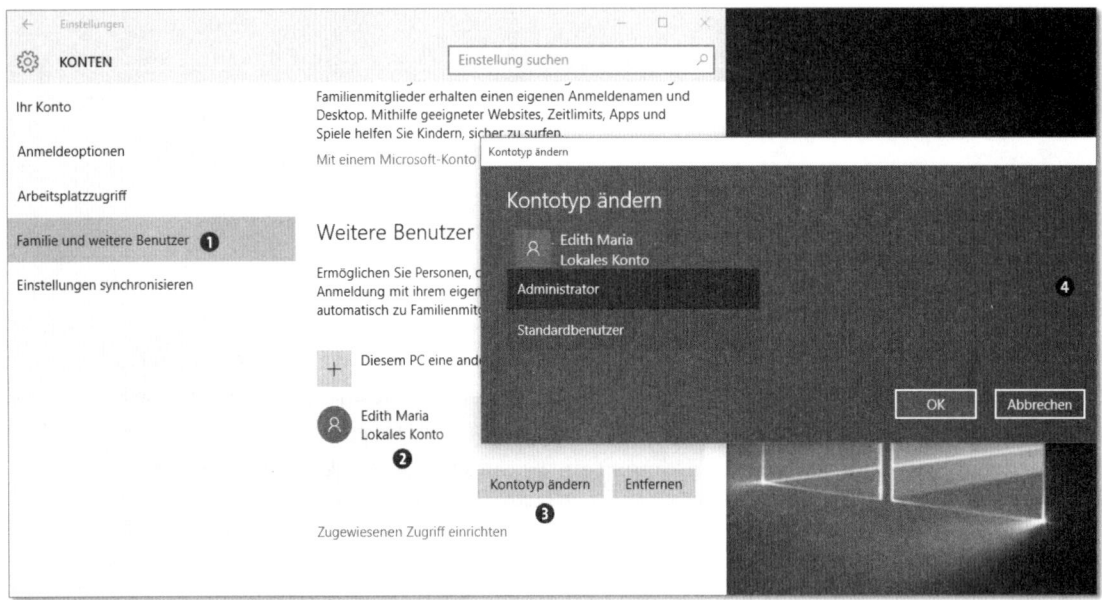

Abbildung 4.34 Ändern des Kontotyps für einen Benutzer

Etwas anders verhält es sich, wenn Sie sich während der Installation oder des Upgrades für ein Microsoft-Konto als Benutzer entschieden haben. Starten Sie zunächst mit dem Erstellen eines weiteren Benutzers auf Ihrem PC mit START • EINSTELLUNGEN • KONTEN • IHR KONTO. Auf der rechten Seite unten können Sie ein MICROSOFT-KONTO HINZUFÜGEN. Wählen Sie diese Option aus, und geben Sie ein vorhandenes Microsoft-Konto ein (Abbildung 4.35). Sie haben hier aber die Möglichkeit, ein gänzlich neues Konto zu erstellen. Wählen Sie dazu die Option ERSTELLEN SIE EIN KONTO! (Abbildung 4.35).

Geben Sie hier Ihre *Credentials* (englisch für *Berechtigungsnachweis*) ein – also den Kontonamen und das Passwort. Wählen Sie ANMELDEN. Wenige Sekunden später ist das Konto Ihrem Kontext hinzugefügt. Sie können es, ähnlich wie bei dem lokalen Konto, direkt durch Anklicken oder Darauftippen VERWALTEN. Ab hier stecken wir Autoren dieses Buches leider in einer Evolutionsfalle von Windows 10. Das Konzept von Microsoft versucht ja, das Betriebssystem eher kontinuierlich zu verbessern und anzupassen, statt wie in der Vergangenheit mit neuen Releases und Service Packs schrittweise weiterzuentwickeln.

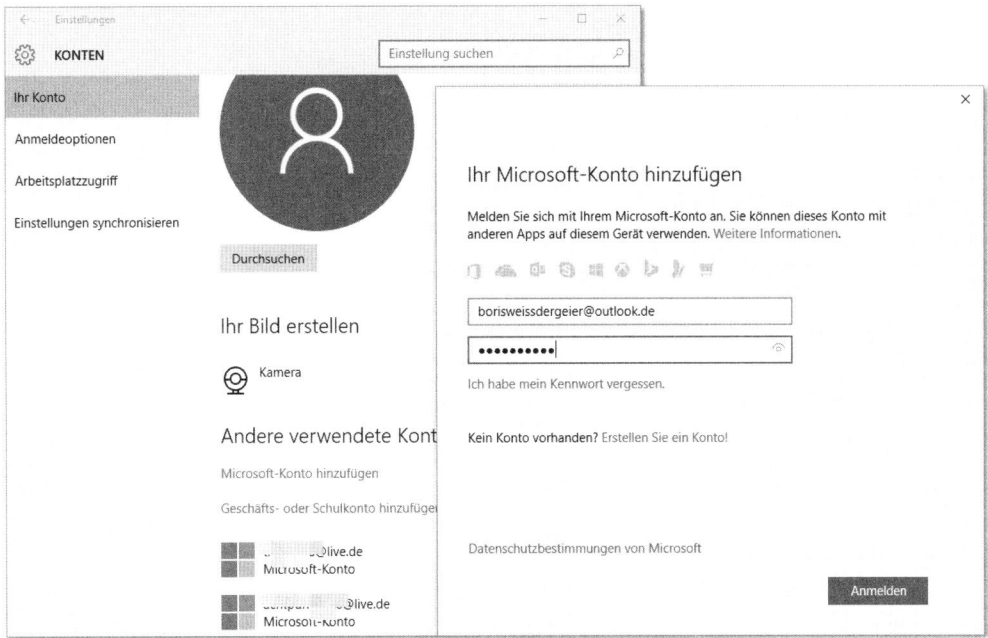

Abbildung 4.35 Erstellen eines weiteren Microsoft-Kontos

Derzeit ist die Steuerung von Microsoft-Konten leider noch etwas unausgereift. Sie können zwar das erste Microsoft-Konto, das Sie zur Einrichtung Ihres PCs verwendet haben, als Administratorkonto behalten und sich zusätzlich weitere Microsoft-Konten für die Anmeldung einrichten. Diese Konten werden dann auch zu Standardkonten, genau wie die lokalen Konten auch. Sie können in den EINSTELLUNGEN • KONTEN derzeit aber nicht den *Typ* eines Microsoft-Kontos ändern. Das gelingt Ihnen noch in den klassischen Einstellungen der *Systemsteuerung*. Sie erreichen das Menü über ⊞ + X • SYSTEMSTEUERUNG • BENUTZERKONTEN • BENUTZERKONTEN • EIGENEN KONTOTYP ÄNDERN. Sie können das auch ganz traditionell über die Computerverwaltung steuern. Diese finden Sie entweder in der Systemsteuerung (⊞ + X • SYSTEMSTEUERUNG • SYSTEM UND SICHERHEIT • VERWALTUNG • COMPUTERVERWALTUNG) oder direkt über ⊞ + X • COMPUTERVERWALTUNG. Auf der linken Seite wählen Sie LOKALE BENUTZER UND GRUPPEN • BENUTZER. Hier können Sie alle Benutzer verwalten, aber Sie brauchen etwas Fantasie, wie Sie in Abbildung 4.36 vielleicht sehen können. Manche der hier gezeigten Konten sind auf diesem PC bereits eingerichtete Microsoft-Konten, manche sehen recht seltsam aus. Wählen Sie hier das Konto, das Sie bearbeiten möchten. Außerdem können Sie hier ein Microsoft-Konto einer *Heimnetzwerkgruppe* zuordnen, wenn Sie auf GRUPPEN klicken, und das betreffende Microsoft-Konto in die Gruppe HOMEUSERS aufnehmen. An anderer Stelle haben wir aktuell keine solchen Optionen gefunden.

Nur hier und in der klassischen Systemsteuerung (Abbildung 4.37) können Sie derzeit ein Microsoft-Konto zu einem Administratorkonto hochstufen bzw. ein Administratorkonto in ein Standardkonto verwandeln. Wir zeigen dies an einem Beispiel.

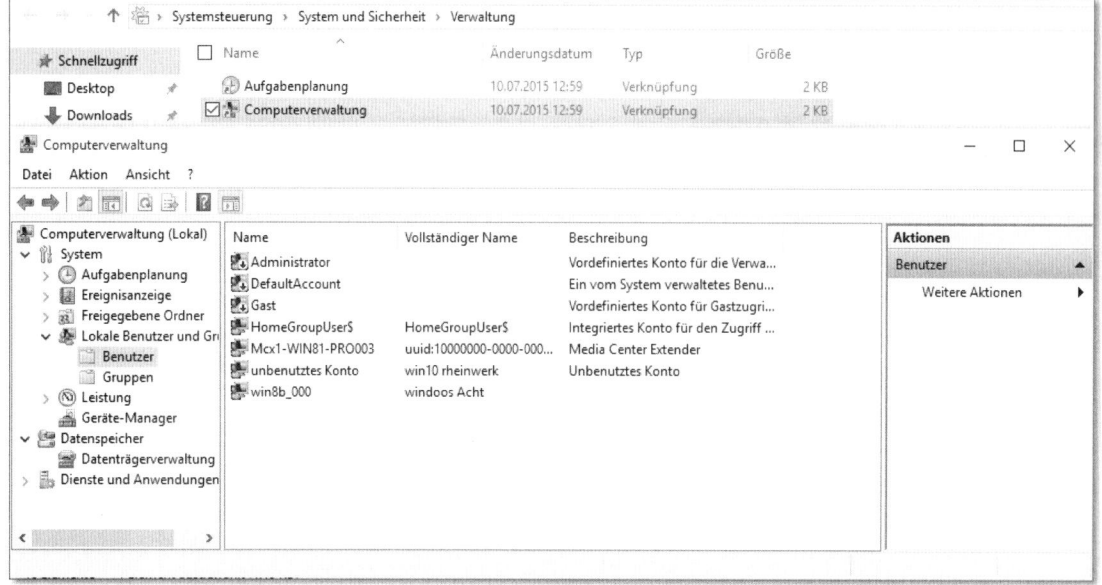

Abbildung 4.36 Klassische Benutzerverwaltung für Kenner

Wir möchten das Microsoft-Konto *win10rheinwerk@outlook.de* vom Administratorkonto in ein Standardkonto umwandeln. Wählen Sie dazu die klassische Systemsteuerung mit ⊞ + ⊠ oder durch längeres Drücken auf Start, und navigieren Sie in der Kategorienansicht zu Benutzerkonten • Benutzerkonten • Eigenen Kontotyp ändern bzw. Anderes Konto verwalten, wählen Sie hier den zu verwaltenden Benutzer-Account aus, und klicken Sie auf Konto ändern • Kontotyp ändern. Jetzt haben Sie die Möglichkeit, den Kontotyp einzustellen (Abbildung 4.37). Klicken Sie abschließend auf Kontotyp ändern.

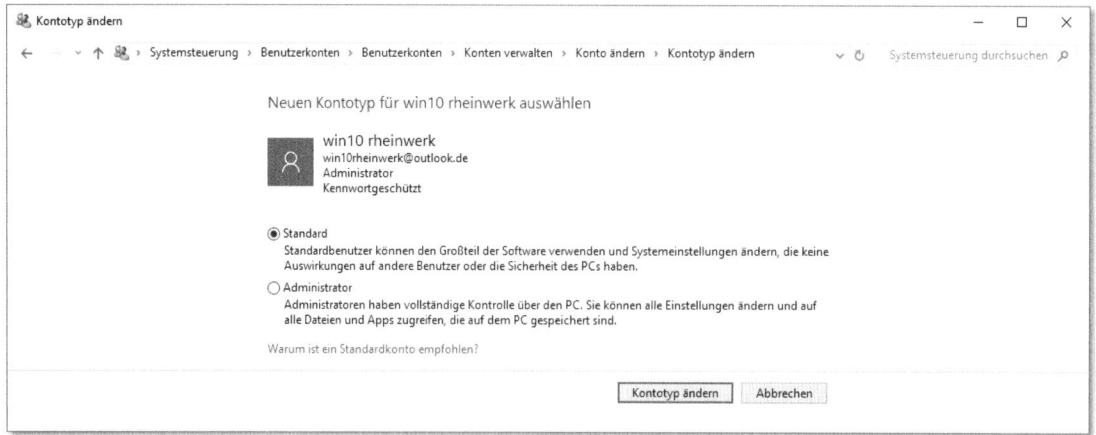

Abbildung 4.37 Einstellung des Kontotyps für ein Microsoft-Konto

4.5   Einstellungen, die Sie sich ansehen sollten

Jetzt sind Sie mit der Inbetriebnahme schon sehr weit. Weil die sehr breite Verzahnung von Windows-Funktionen und -Apps mit Microsoft Cloud-Diensten noch etwas neu ist, möchten wir Sie noch auf diese Einstellungen hinweisen, die Sie sich nach der Installation vielleicht noch einmal ansehen sollten. Es mag sein, dass Sie sie während der Installation übersehen haben oder sich inzwischen für andere Einstellungen entscheiden würden, deshalb zeigen wir hier noch einmal kurz die wichtigsten Schalter für die neuen Funktionen in Windows 10.

4.5.1   Systemeinstellungen

Eine ganze Reihe von einfachen Einstellungen zu Ihrem System können Sie in START • EIN-STELLUNGEN • SYSTEM treffen. Blättern Sie nach der Installation doch noch einmal durch die Punkte BENACHRICHTIGUNGEN UND AKTIONEN. Hier können Sie Ihren Sperrbildschirm ein-richten und, etwas versteckt, weiter unten auch festlegen, welche Apps Benachrichtigungen senden sollen (Abbildung 4.38).

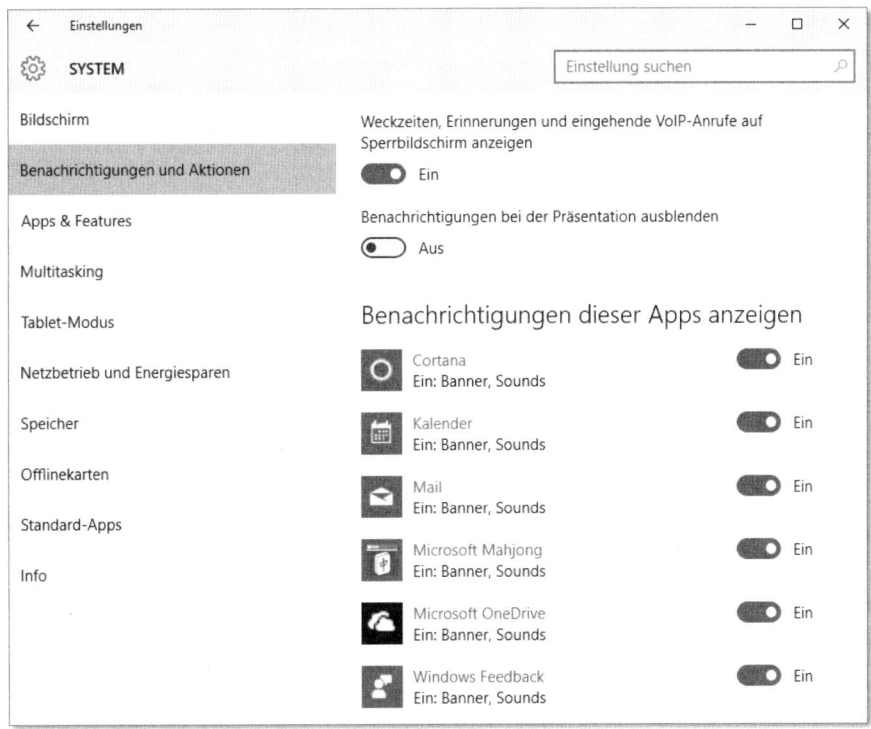

Abbildung 4.38 Benachrichtigungen von Apps einstellen

Wenn Sie den PC auch für Präsentationen nutzen, versteckt sich hier der unscheinbare Schalter BENACHRICHTIGUNGEN BEI DER PRÄSENTATION AUSBLENDEN, den Sie einschalten sollten.

4.5.2   Geräteeinstellungen

Falls Sie sich wundern, warum Windows 10 praktisch überall über Ihre Rechtschreibung wacht, so liegt dies an der eingebauten Rechtschreibkorrektur, die Sie in START • EINSTELLUNGEN • GERÄTE • EINGABE ein- bzw. ausstellen können. Hier finden Sie auch noch weitere Helferlein, die Ihnen bei der Eingabe zur Seite stehen (Abbildung 4.39).

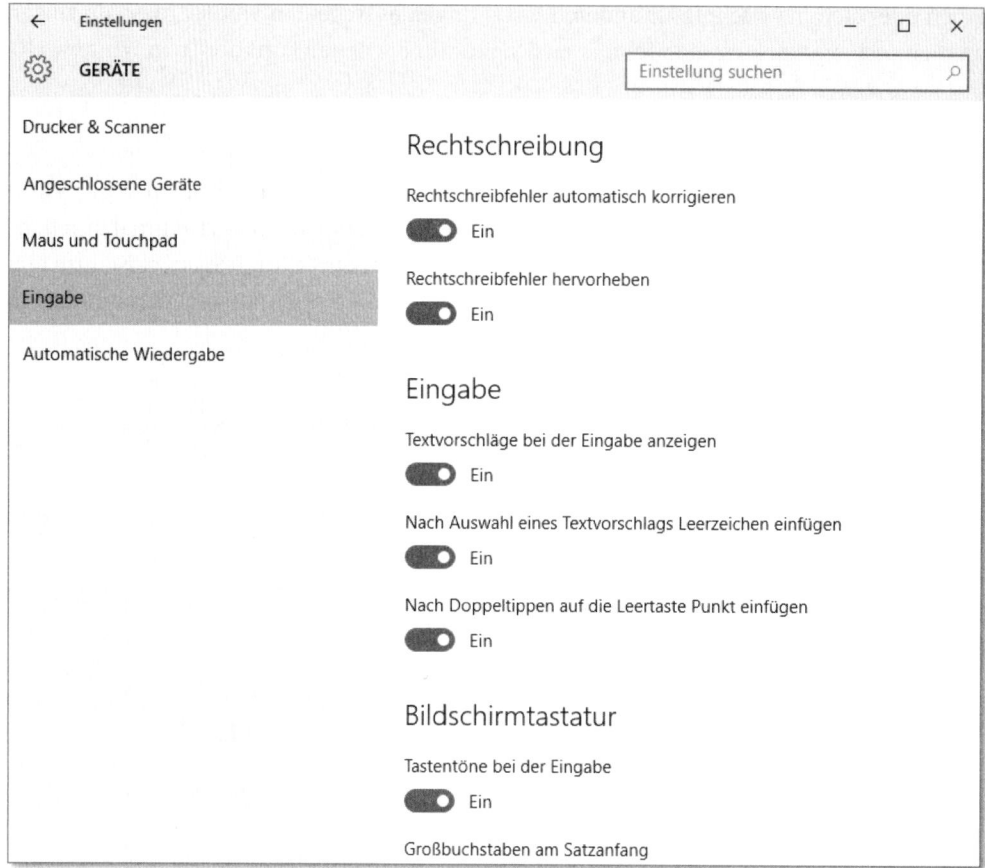

Abbildung 4.39 Gerne übersehene Einstellungen für Eingabegeräte

Nicht zu übersehen und nicht minder wichtig sind die Einstellungen bei DRUCKER & SCANNER. Hier sehen Sie, ob Windows im Zuge der Installation und Inbetriebnahme bereits Ihre Drucker und Scanner erkannt hat – vermutlich ja, wenn sie gegen Ende der Installation eingeschaltet waren. Wie das genau funktioniert, lesen Sie in Kapitel 10, »Drucken«.

4.5.3   Einstellungen für Netzwerk

Wenn Sie eine Heimnetzwerkgruppe Ihr Eigen nennen und mit dem frisch in Betrieb genommenen Gerät dieser beitreten möchten, finden Sie hier unter START • EINSTELLUNGEN •

NETZWERK UND INTERNET • ETHERNET auf der rechten Seite die Einrichtung für Ihre Heim-netzgruppe (Abbildung 4.40). Hier können Sie der Gruppe ganz einfach beitreten.

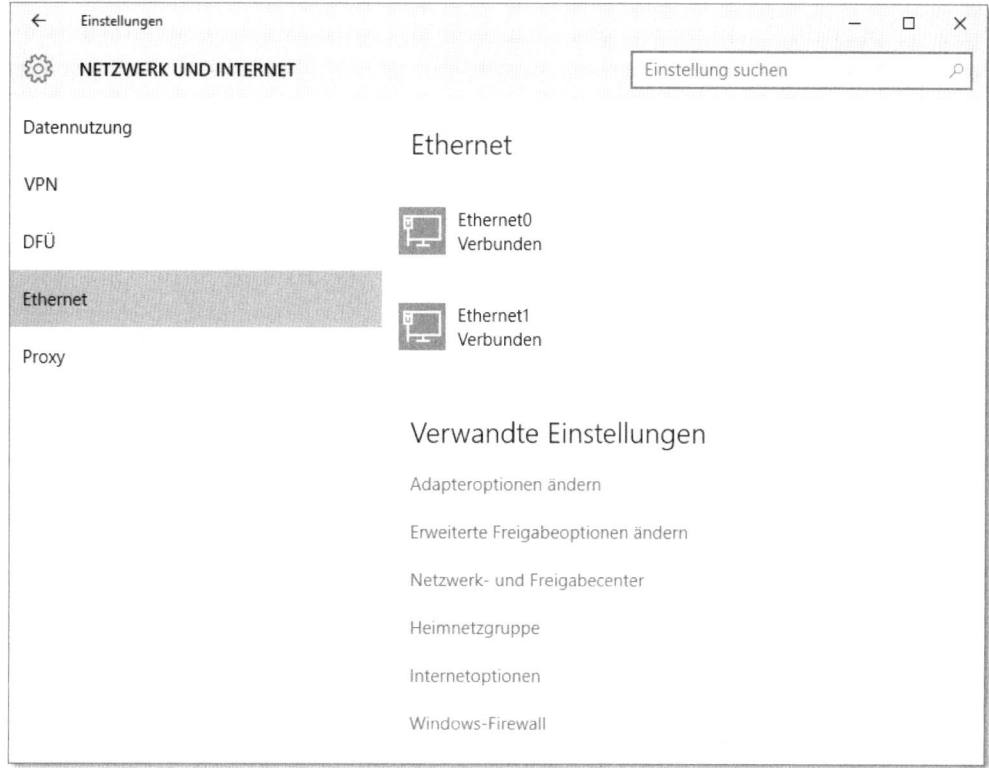

Abbildung 4.40 Einstellungen für die Heimnetzgruppe

4.5.4   Datenschutzoptionen ändern

Schließlich sollten Sie noch einmal ein Augenmerk auf START • EINSTELLUNGEN • DATEN-SCHUTZ legen. In diesem mächtigen Einstellungsdialog können Sie Ihre ganz persönliche Abwägung zwischen vielen möglichen Funktionen und gutem Datenschutz durch das ent-sprechende Anwählen diverser Schalter treffen.

4.6   Windows Hello

Ganz neu in Windows 10 ist die Anmeldung am System mit *Windows Hello*. Hello basiert auf der Technik *Microsoft Passport*, die eine Anmeldetechnik darstellt, die sicherer und zugleich benutzerfreundlicher sein soll als die Vergabe herkömmlicher Kennwörter. *Passport* bedient sich hierzu biometrischer Anmeldeinformationen, also eines Fingerabdrucks (oder einer PIN), einer Gesichtserkennung oder eines Iris-Scans, um die Authentizität des Benutzers sicherzustellen. Glaubt man den Versprechungen von Microsoft, werden diese biometrischen Daten ausschließlich in einer Art Abbild, Microsoft nennt das *Diagramm*, lokal auf dem Gerät gespeichert. Dritte, so die Datenschutzbeschreibung von Microsoft, haben niemals Zugang zu diesen Informationen. Auch sollen sie nicht an Microsoft übertragen werden. Microsoft speichere lediglich, ob für die Anmeldung Windows Hello verwendet werde, mit welchem biometrischen Merkmal dies geschehe und wie groß die Anzahl der Anmeldungen bzw. Fehlanmeldungen am System sei (*http://windows.microsoft.com/de-de/windows-10/windows-hello-privacy-faq*). Dennoch möchten wir hier beschreiben, wie es geht, und wenn Sie mit der Erfassung Ihrer biometrischen Daten einverstanden sind, erhalten Sie hiermit eine bequeme Anmeldemöglichkeit, die sogar eine genauere Zuordnung zu Ihrer Person ermöglicht.

Da es zum Zeitpunkt des Entstehens dieses Abschnitts praktisch noch keine *RealSense 3D*-Kameras, also Windows Hello-tauglichen Kameras, gab, mit denen wir eine Gesichtserkennung oder einen Iris-Scan hätten zeigen können, beschreiben wir Ihnen anhand des Fingerabdruck-Scans, wie Hello einzurichten und zu benutzen ist.

Gehen Sie zu START • EINSTELLUNGEN • KONTEN • ANMELDEOPTIONEN, und blättern Sie auf der rechten Seite nach unten zu Windows Hello (Abbildung 4.41).

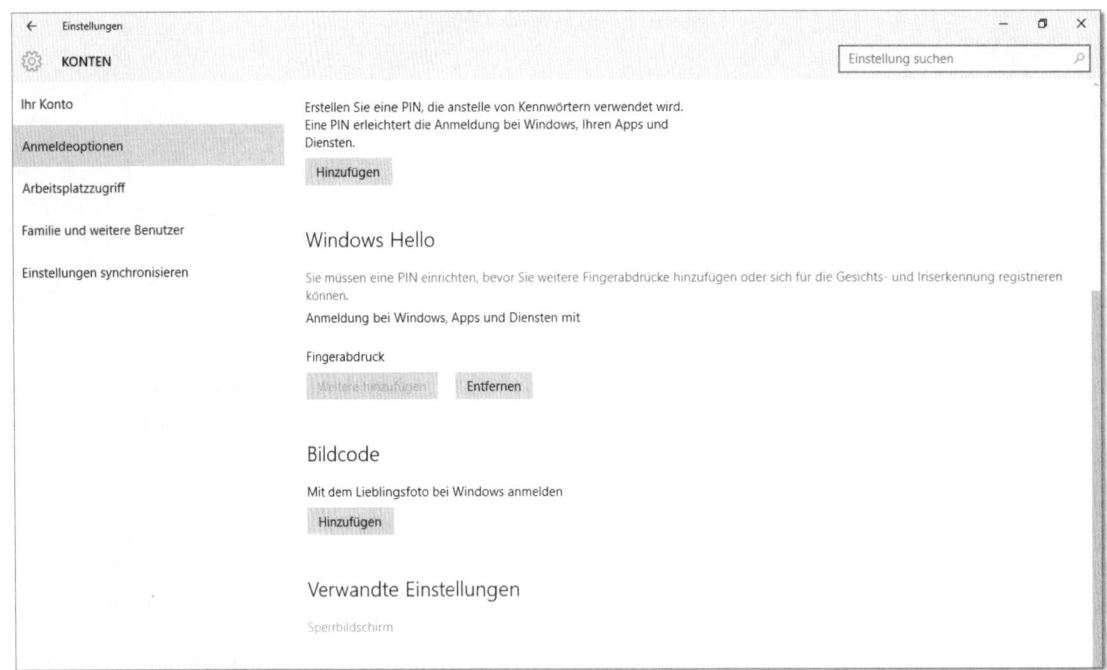

Abbildung 4.41 Windows Hello vor der Ersteinrichtung

Hier sehen Sie auch direkt, dass Windows von Ihnen erwartet, dass Sie sich mit einer PIN anstelle eines klassischen Kennworts anmelden. Diese PIN ist sogar relativ sicher, denn sie gestattet Ihnen nur die Anmeldung an genau diesem Gerät, nicht etwa an allen Geräten, die Sie mit Ihrem Microsoft-Konto nutzen. Um diese PIN zu erstellen, klicken oder tippen Sie auf den hier orangefarbigen Text SIE MÜSSEN EINE PIN EINRICHTEN, ... (Abbildung 4.41).

Abbildung 4.42 Erneutes Authentifizieren vor der PIN-Vergabe

Damit nicht jeder, der kurzzeitig Zugang zu Ihrem Gerät hat, die Anmeldung am System auf die PIN-Abfrage ändern kann, fragt Microsoft vor der Erstellung dieser PIN noch einmal sicherheitshalber nach Ihrem Microsoft-Kontokennwort (Abbildung 4.42). Haben Sie sich hier authentifiziert, können Sie eine PIN EINRICHTEN (Abbildung 4.43).

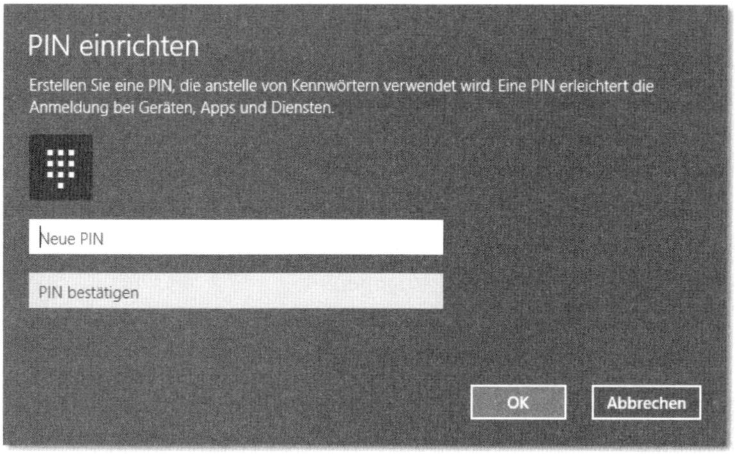

Abbildung 4.43 Eine PIN einrichten

Die Anforderungen an eine solche PIN sind nicht besonders hoch. Sie muss lediglich vierstellig sein. Verwenden Sie im eigenen Interesse keine PINs wie »1234«, »1111« oder ähnlich einfache Kombinationen. Diese sind zwar prima zu merken, aber auch ebenso prima zu erraten. Der einfachste Tipp lautet hier: Verwenden Sie die PIN einer Ihrer ec-Karten, die ist mindestens vierstellig, aber nicht so ultrasimpel, dass sie sofort erraten werden könnte. Natürlich sollten Sie diese PIN niemals an andere weitergeben. Kaum haben Sie die PIN festgelegt, können Sie auch schon einen Fingerabdruck-Scan starten (Abbildung 4.44).

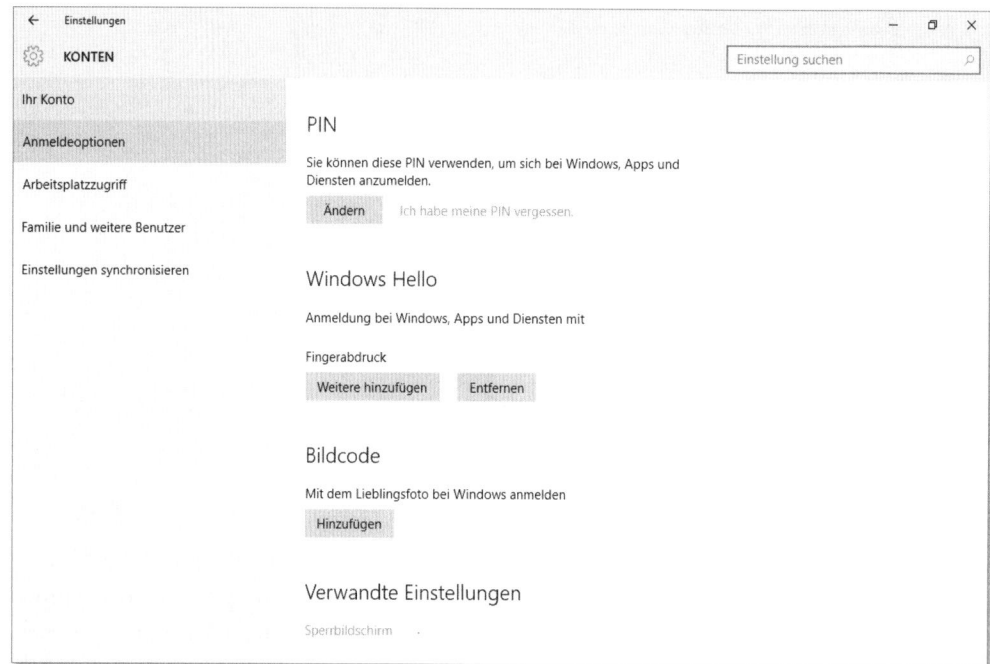

Abbildung 4.44 Fingerabdruck-Scan starten

Sie sehen, dass jetzt unter WINDOWS HELLO • FINGERABDRUCK die Schaltfläche HINZUFÜGEN bzw. WEITERE HINZUFÜGEN, wenn Sie bereits Finger gescannt haben, aktiv ist. Wählen Sie diese Schaltfläche aus, und scannen Sie einen Finger (Abbildung 4.46). Es ist übrigens empfehlenswert, auch einen weiteren Finger der anderen Hand zu scannen, denn so können Sie sich auch dann noch am System anmelden, wenn Sie eine Ihrer beiden Hände eingegipst haben sollten. Sollten Sie beide Hände in Gips haben, können Sie sich immer noch mit der PIN anmelden, wenn Sie einen Weg finden, diese einzugeben.

Wie Sie im Willkommensbildschirm von Windows Hello lesen können, vereinfacht Hello auch die Authentifizierung im Windows Store (Abbildung 4.45). Weitere Funktionen dürfen sicher noch erwartet werden.

Abbildung 4.45 Willkommensbildschirm für Hello

Abbildung 4.46 Fingerabdruck-Scan durchführen

Den Fingerabdruck-Scan müssen Sie einige Male wiederholen, damit der Scanner ein möglichst verlässliches Bild von Ihrem Finger bekommt. Haben Sie den Scan oft genug durchgeführt, quittiert das Windows Hello mit FERTIG! (Abbildung 4.47). An dieser Stelle sollten Sie dann direkt den oder die weiteren Finger scannen, damit Sie das nicht auf die lange Bank schieben und am Ende gar vergessen – bis zum Malheur nach dem Handballspiel.

Abbildung 4.47 Fingerabdruck erfolgreich gescannt

TEIL II

Look and Feel – die Benutzung von Windows 10

Kapitel 5
Die Modern UI – ohne Charms
aber mit Charme

Lernen Sie mit uns die Modern UI von Windows 10 kennen. Auch wenn der Start-Button zurück ist und der Fokus wieder auf dem klassischen Desktop liegt, lohnt sich ein Blick auf die Modern UI. Es gibt einige Neuerungen und vieles, was Ihnen noch von Windows 8.1 vertraut erscheinen mag. Darüber hinaus erklären wir Ihnen in diesem Kapitel die wichtigsten Tastaturkürzel und Gesten.

Windows 10 legt den Fokus wieder auf die Verwendung des klassischen Desktops. Das Start-menü ist zurück und die Charms-Bar Vergangenheit. Dennoch bietet Windows 10 Ihnen auch eine moderne Benutzeroberfläche für Tablets und Hybridgeräte an (Abbildung 5.1). Diese ähnelt dem Startbildschirm von Windows 8.1. Damit folgt Microsoft dem Konzept: ein Betriebssystem für alle Geräte. So ist es nicht verwunderlich, dass dieser sogenannte *Tablet-Modus* von Windows 10 Ihnen auch auf Ihrem Desktop zur Verfügung steht.

Abbildung 5.1 Die Modern UI von Windows 10 – der Tablet-Modus

Die Oberfläche lässt sich sowohl mit der Maus als auch durch Berühren (engl. *Touch*) mit den Fingern komfortabel bedienen. Eine der auffälligsten positiven Änderungen ist die Fähigkeit von Apps, auf dem klassischen Desktop in einem Fenster laufen zu können. Wie klassische Applikationen können Apps nun auch auf dem klassischen Desktop genutzt werden.

5.1   Kacheln und Menüs der Modern UI

Das dominierende Element im Tablet-Modus ist die Kachel (engl. *Tile*). Kacheln repräsentieren Applikationen oder kurz Apps (*Universal Apps*). Im Gegensatz zu kleinen Symbolen sind Kacheln dafür ausgelegt, per Fingerdruck auf dem Touchscreen leicht bedienbar zu sein (Abbildung 5.2). Im Folgenden erläutern wir Ihnen die grundlegenden Funktionen und Elemente der neuen Oberfläche.

Abbildung 5.2 Beispiele für Kacheln

Applikationen starten

Universal Apps lassen sich intuitiv durch Antippen des Kachelfeldes auf dem Touchscreen oder mit einem Linksklick der Maus in das Kachelfeld starten.

Apps durch Texteingabe finden

In Windows 7 ist es möglich, Programme durch Eingabe ihres Namens im Feld *Ausführen* des Startmenüs zu finden und zu starten. In Windows 10 können Sie stattdessen die Suche benutzen. Sie können Apps durch eine Texteingabe in das Suchfeld suchen und anschließend durch Antippen oder Klick starten. Wählen Sie zunächst das Suchen-Symbol in der Taskleiste an, und öffnen Sie so das Eingabefeld (Abbildung 5.3).

5

Abbildung 5.3 Suche in der Taskleiste

Geben Sie beispielsweise paint ein und betätigen die ⏎-Taste, um das bekannte Malprogramm von Windows zu suchen. Als Ergebnis wird Ihnen die Paint-Desktop-App präsentiert (Abbildung 5.4).

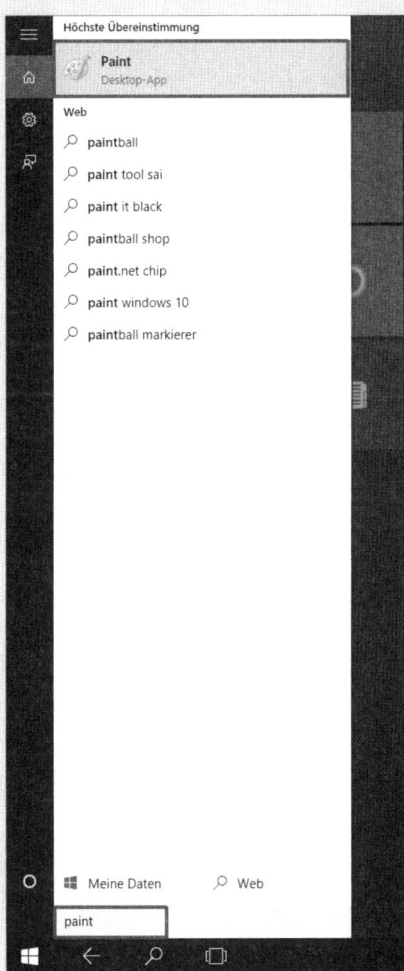

Abbildung 5.4 Die Paint-App wurde gefunden.

Sie können PAINT nun durch Anwahl des Eintrags in der Ergebnisliste starten.

Applikationen beenden

Sie können eine App durch eine Geste mit den Fingern (*Touchgeste*) beenden, indem Sie mit der Fingerspitze über den oberen Rand streichen und die App anschließend nach unten aus dem sichtbaren Bereich des Bildschirms hinausziehen. Es handelt sich hier um die gleiche Geste, die Ihnen vielleicht schon von Windows 8.1 bekannt ist. Mit der Maus ist die Vorgehensweise analog zur Berührungssteuerung. Bewegen Sie den Mauszeiger an den oberen Bildschirmrand. Ergreifen Sie die App durch Betätigen der linken Maustaste, und halten Sie diese gedrückt. Führen Sie die »ergriffene« App nach unten, und schieben Sie die App aus dem sichtbaren Bereich des Bildschirms hinaus.

Benutzung der Tastatur zum Beenden von Apps

Mit dem Tastaturkürzel $\boxed{\text{Alt}}$ + $\boxed{\text{F4}}$ schließen Sie die gerade offene Applikation. Dies ist wahrscheinlich die schnellste Methode, um ein Programm zu beenden.

Applikationen andocken

Wenn Sie eine »ergriffene« App an den linken oder rechten Rand führen, kann diese dort angedockt werden. So haben Sie bei Bedarf stets mehrere Apps im Blick (Abbildung 5.5).

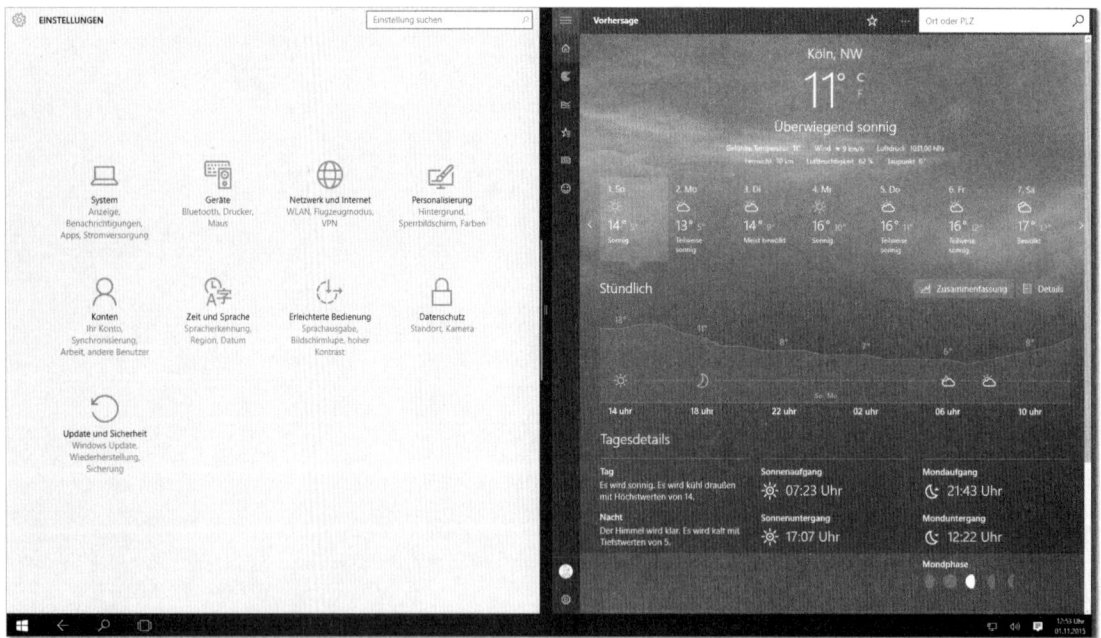

Abbildung 5.5 Angedockte Apps

Zwei sehr nützliche Schaltflächen befinden sich zudem in der Taskleiste. Bei der ersten werden Sie durch Anwahl des Pfeils auf die Ansicht zurückgeführt, die Ihnen als letzte Ansicht vor der aktuellen angezeigt wurde (Abbildung 5.6). Diese Funktion gibt Ihnen, ähnlich wie bei einem Internetbrowser, die Möglichkeit, schnell zur zuletzt angezeigten Seite (Ansicht) zu wechseln.

Abbildung 5.6 Einen Schritt zurück

Die zweite nützliche Schaltfläche befindet sich in der linken unteren Bildschirmecke (Abbildung 5.7). Diese trägt das Windows-Symbol und öffnet wider Erwarten nicht das Startmenü. Wenn Sie diese Schaltfläche betätigen, werden Sie wieder auf den Startbildschirm der Modern UI zurückgeführt. Wenn Sie sich auf dem Startbildschirm befinden, wechseln Sie in die Ansicht mit den zurzeit angedockten Apps.

Abbildung 5.7 Der Windows-Start-Button

5.2   Weitere Elemente der Modern UI

Auch die Modern UI von Windows 10 verfügt über zusätzliche Elemente und Menüs, die an eine Bedienung durch Tippen mit den Fingern angepasst sind.

Das Info-Center

Das Info-Center ist die neue Nachrichtenzentrale von Windows 10. Hier werden alle Informationen gebündelt angezeigt, und Sie haben die Möglichkeit, hier über Universal Apps Meldungen zu erhalten. Das Info-Center befindet sich auf der rechten Seite des Bildschirms und klappt aus, sobald Sie über den rechten Bildschirmrand wischen. Diese Bewegung ist Ihnen vielleicht noch von Windows 8.1 vertraut. Diese Geste öffnete in Windows 8.1 die Charms-Bar. Eine weitere Möglichkeit, das Info-Center auszuklappen, besteht in der Anwahl des Info-Center-Symbols in der Taskleiste (Abbildung 5.8).

Abbildung 5.8 Das ausgeklappte Info-Center

Im aufgeklappten Info-Center werden Ihnen die letzten Statusmeldungen und Informationen angezeigt (Abbildung 5.9). Sie können einzelne Meldungen gezielt löschen oder die entsprechende Schaltfläche in der Kopfzeile des Info-Centers benutzen, um alle Meldungen (ALLE LÖSCHEN) zu löschen (Abbildung 5.10).

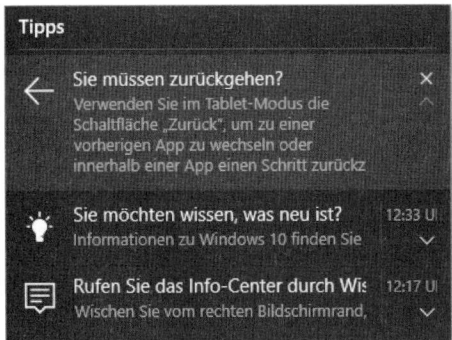

Abbildung 5.9 Meldungen im Info-Center

Abbildung 5.10 Alle Meldungen löschen

In der Fußzeile des Info-Centers befinden sich einige Schaltflächen, die es Ihnen ermöglichen, Apps schnell zu starten (Abbildung 5.11). Sie können in den EINSTELLUNGEN festlegen, welche Apps Ihnen hier angeboten werden. Dort finden Sie auch viele Konfigurationsoptionen bezüglich der anzuzeigenden Benachrichtigungen.

Abbildung 5.11 Fußzeile des Info-Centers

Das Startmenü

Der Startbildschirm der Modern UI erinnert zwar an das klassische Startmenü, es gibt jedoch noch ein zusätzliches Menü. Es befindet sich auf der linken Bildschirmseite und klappt aus, sobald Sie auf das stilisierte Menü in der linken oberen Bildschirmecke tippen (Abbildung 5.12).

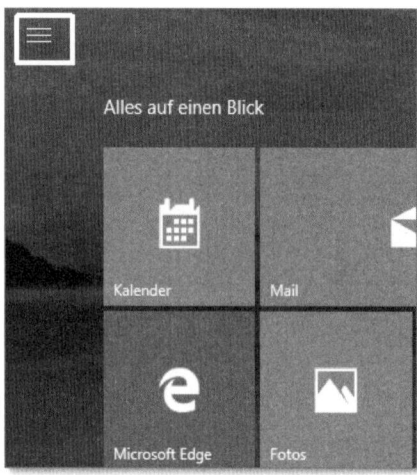

Abbildung 5.12 Das Startmenü öffnen

In der Leiste des Startmenüs werden Ihnen neben den Standardverknüpfungen Einträge zum Starten der meistverwendeten Apps angeboten (Abbildung 5.13). Zu den Standardverknüpfungen gehören Starteinträge für den Datei Explorer (EXPLORER), die EINSTELLUNGEN-App und die Optionen zum Herunterfahren oder Neustarten des Computers (EIN/AUS). Sie finden hier einen Eintrag, der es Ihnen ermöglicht, sich ALLE APPS in alphabetischer Reihenfolge anzeigen zu lassen.

Abbildung 5.13 Das ausgeklappte Startmenü

Alle Apps

Unterhalb des Ein/Aus-Symbols im Startmenü befindet sich der Menüeintrag ALLE APPS. Unabhängig davon, ob Sie das Startmenü aufgeklappt haben, wird Ihnen das Symbol auch auf der Modern UI angezeigt. Ein Klick auf das Symbol oder den Eintrag im Startmenü öffnet eine Leiste am linken Bildschirmrand, die alle auf Ihrem System installierten Applikationen alphabetisch geordnet auflistet (Abbildung 5.15).

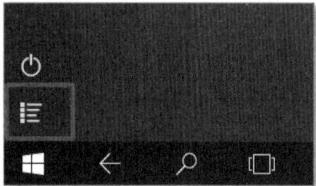

Abbildung 5.14 Symbol – alle Apps auf der Modern UI

Die installierten Apps werden nach den Anfangsbuchstaben ihres Namens sortiert. Sollten Sie sehr viele Apps auf Ihrem System installiert haben, können Sie durch Anwählen des ersten Eintrags in der ALLE APPS-Leiste (0–9) einen Dialog öffnen, der es Ihnen ermöglicht, den Anfangsbuchstaben der zu startenden App auszuwählen (Abbildung 5.16). Sie werden anschließend in der ALLE APPS-Leiste an die entsprechende Stelle weitergeleitet.

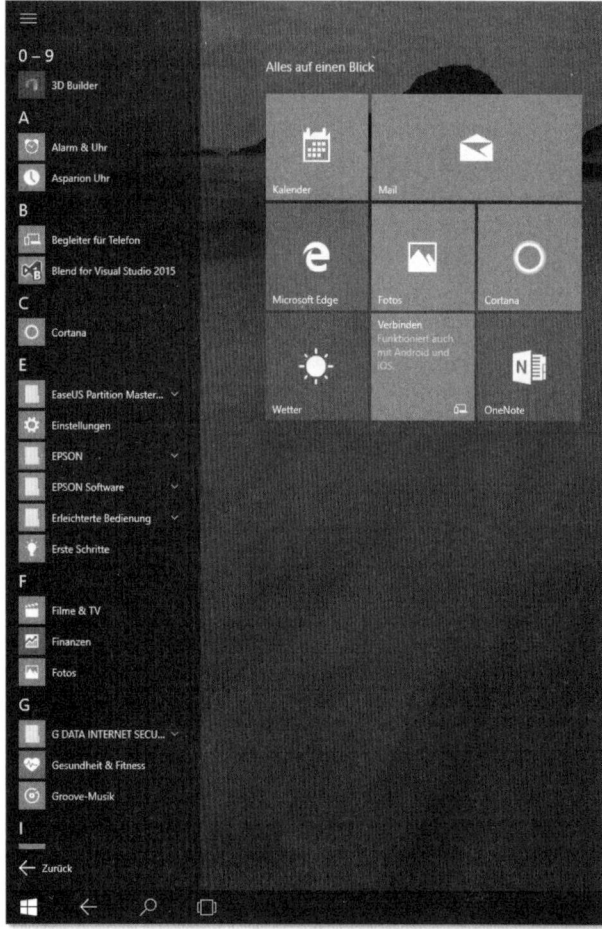

Abbildung 5.15 Alle Apps in alphabetischer Ordnung

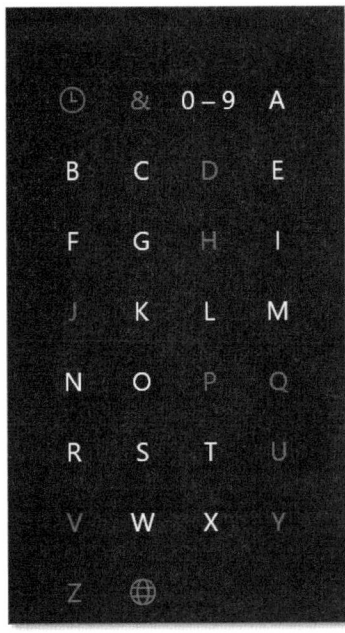

Abbildung 5.16 Alle Apps – Filtern nach Anfangsbuchstaben

Kontoeinstellungen ändern, den Computer sperren oder sich vom System abmelden

Falls Sie sich von Ihrem System abmelden oder den Sperrbildschirm aktivieren möchten, öffnen Sie zunächst das Startmenü. Als obersten Eintrag finden Sie den Namen des angemeldeten Benutzers (Abbildung 5.17). Sollten auf Ihrem Computer mehrere Benutzerkonten eingerichtet sein, wird Ihnen hier eine Liste dieser Konten angezeigt, und Sie können sich durch einfache Anwahl mit einem dieser Konten anmelden. Immer vorausgesetzt natürlich, Sie verfügen über die zu diesem Konto passenden Zugangsdaten.

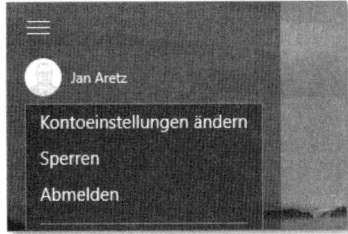

Abbildung 5.17 Angemeldeter Benutzer

Führen Sie einen Klick auf den Namen des angemeldeten Benutzerkontos aus, um ein Kontextmenü zu öffnen. Dieses Kontextmenü bietet Ihnen neben der Möglichkeit, sich vom System abzumelden oder den Sperrbildschirm zu aktivieren, auch die Option, Einstellungen bezüglich dieses Kontos zu ändern.

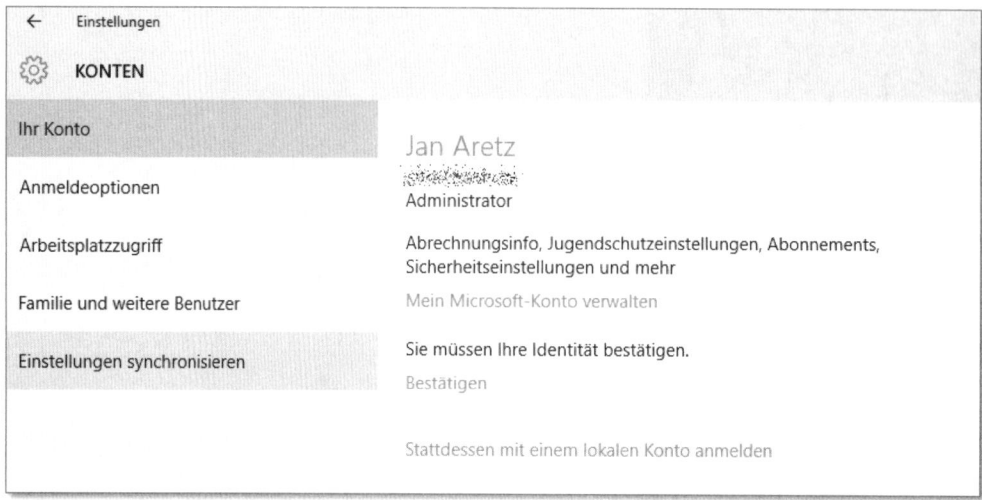

Abbildung 5.18 Konteneinstellungen

Wenn Sie den Eintrag KONTOEINSTELLUNGEN ÄNDERN anwählen, öffnet sich die App KON-TEN aus den EINSTELLUNGEN (Abbildung 5.18). In der Ansicht IHR KONTO können Sie beispielsweise durch Anwahl der Verknüpfung (blauer Schriftzug) MEIN MICROSOFT KONTO VERWALTEN die Internetseite zur Verwaltung Ihres Microsoft-Kontos öffnen.

Den Computer herunterfahren

Praktischerweise finden Sie auf der Benutzeroberfläche einen Ein/Aus-Schalter, mit dem Sie Ihren Computer bei Bedarf HERUNTERFAHREN oder NEU STARTEN können (Abbildung 5.19). Die Optionen werden angezeigt, sobald Sie diesen Schalter anwählen. Wenn Ihr System einen Energiesparmodus unterstützt, erhalten Sie noch die Möglichkeit, das System in diesen Energiesparmodus zu versetzen.

Abbildung 5.19 Ein/Aus-Schalter auf der Modern UI

5

Das Schnellstartmenü

Ebenso wie Windows 8.1 bietet Ihnen auch Windows 10 ein Schnellstartmenü an, das es Ihnen erlaubt, schnell auf Verwaltungsfunktionen zuzugreifen (Abbildung 5.20). Sie können dieses Menü durch einen Rechtsklick auf das Windows-Symbol in der linken unteren Bildschirmecke öffnen. Alternativ tippen Sie auf das Symbol und belassen den Finger einige Zeit auf dem Bildschirm. Per Tastaturkürzel ⊞ + X lässt sich das Schnellstartmenü ebenfalls ausklappen.

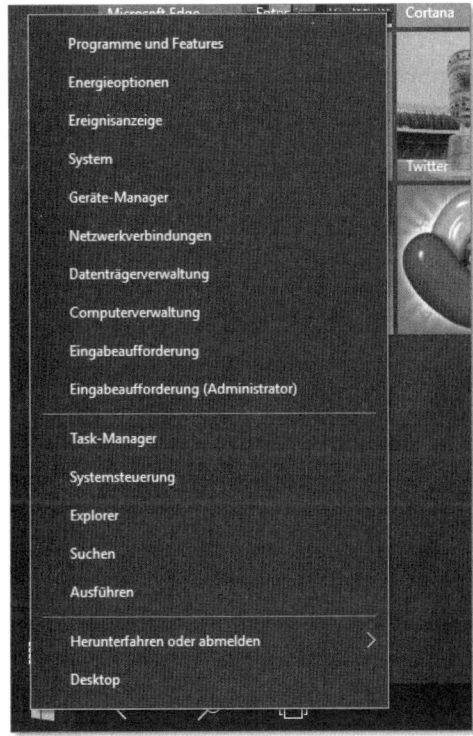

Abbildung 5.20 Das Schnellstartmenü von Windows 10

Wenn Sie den Eintrag DESKTOP anwählen, werden Sie auf den Desktop weitergeleitet. Sollten dort aktive Apps angedockt sein, können Sie diese sofort nutzen. Sollten keine Apps auf Ihrem System aktiv sein, wird Ihnen ein leerer Desktop präsentiert. Ein Klick auf das Windows-Symbol führt Sie wieder zum Startbildschirm zurück.

Die Taskleiste

Am unteren Bildschirmrand befindet sich die Taskleiste. Sie können das Aussehen der Taskleiste verändern, um sich beispielsweise APP-SYMBOLE ANZEIGEN zu lassen. Führen Sie zunächst einen Rechtsklick auf die Taskleiste aus. Im Kontextmenü können Sie nun den Eintrag APP-SYMBOLE ANZEIGEN auswählen (Abbildung 5.21).

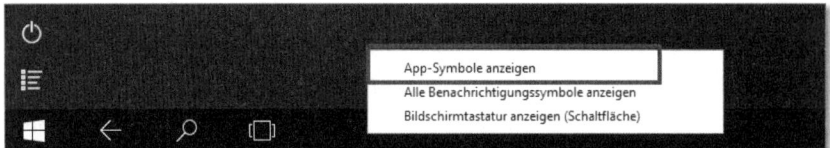

Abbildung 5.21 Kontextmenü der Taskleiste »App-Symbole anzeigen«

Anschließend werden Ihnen die App-Symbole in der Taskleiste angezeigt, und Sie können durch Betätigen der Symbole schnell zur entsprechenden App wechseln (Abbildung 5.22).

Abbildung 5.22 App-Symbole in der Taskleiste

Die Anzeige der Benachrichtigungssymbole auf der linken Seite der Taskleiste ist normalerweise deaktiviert. Es kann jedoch hilfreich sein, sich Statussymbole von Apps im sogenannten *Infobereich* anzeigen zu lassen. Führen Sie einen Rechtsklick auf die Taskleiste aus, und wählen Sie im Kontextmenü den Eintrag ALLE BENACHRICHTIGUNGSSYMBOLE ANZEIGEN aus (Abbildung 5.23).

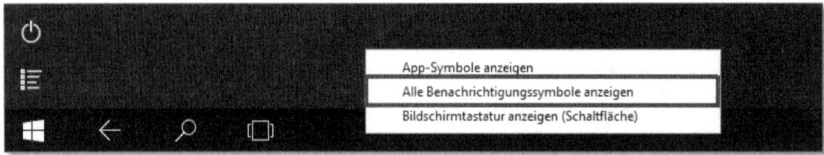

Abbildung 5.23 Kontextmenü der Taskleiste »Alle Benachrichtigungssymbole anzeigen«

Sobald Sie den entsprechenden Eintrag ausgewählt haben, werden Ihnen die Benachrichtigungssymbole aktiver und inaktiver Apps angezeigt (Abbildung 5.24).

Abbildung 5.24 Benachrichtigungssymbole im Infobereich der Taskleiste

Das Kontextmenü der Taskleiste bietet Ihnen noch einen weiteren Eintrag an (Abbildung 5.25). Sie haben die Möglichkeit, sich im Infobereich das Symbol für die BILDSCHIRMTASTA-TUR ANZEIGEN zu lassen.

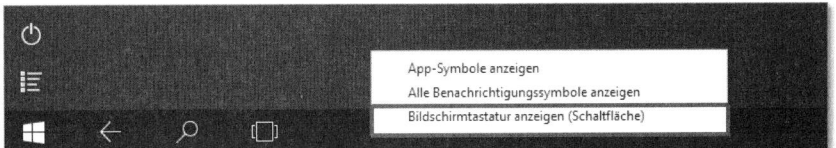

Abbildung 5.25 Kontextmenü der Taskleiste »Bildschirmtastatur anzeigen (Schaltfläche)«

Sobald Sie den Eintrag angewählt haben, erscheint im Infobereich das Symbol für die Bildschirmtastatur (Abbildung 5.26).

Abbildung 5.26 Symbol der Bildschirmtastatur im Infobereich

Durch Betätigen dieser Schaltfläche können Sie sich nun jederzeit die Bildschirmtastatur anzeigen lassen. Diese wird am unteren Bildschirmrand eingeblendet und ermöglicht Ihnen die Eingabe von Texten per Fingertipp (Toucheingabe) (Abbildung 5.27).

Abbildung 5.27 Die Bildschirmtastatur

Sollte Ihnen das Standardlayout der Bildschirmtastatur nicht zusagen oder akzeptiert Ihr Computer Eingaben per Stift, können Sie zwischen verschiedenen Darstellungen der Bildschirmtastatur wählen. Wählen Sie das Tastatur-Symbol im linken unteren Bereich der ausgeklappten Bildschirmtastatur an (Abbildung 5.27).

Abbildung 5.28 Erscheinungsbild der Bildschirmtastatur

Es öffnet sich ein Dialog, der es Ihnen erlaubt, neben dem Standardlayout ein ergonomisches Layout zu wählen (Abbildung 5.28). Sie können statt der Tastatur auch die Stifteingabe einschalten. Wenn Sie die Spracheinstellungen ändern möchten, betätigen Sie die Schaltfläche SPRACHEINSTELLUNGEN. Sie werden anschließend zur App ZEIT UND SPRACHE weitergeleitet. In der Ansicht REGION UND SPRACHE können Sie Ihrem System gegebenenfalls weitere Sprachen hinzufügen.

Die Taskansicht

Auch Windows 10 bietet Ihnen die Option, sich einen Überblick über laufende Apps (Tasks) zu verschaffen. Wählen Sie das Symbol der *Taskansicht* (Abbildung 5.29) in der Taskleiste an. Es öffnet sich nun die Taskansicht. Hier werden Ihnen die aktiven Apps angezeigt, und Sie können durch Anwahl einer App diese sofort benutzen (Abbildung 5.29).

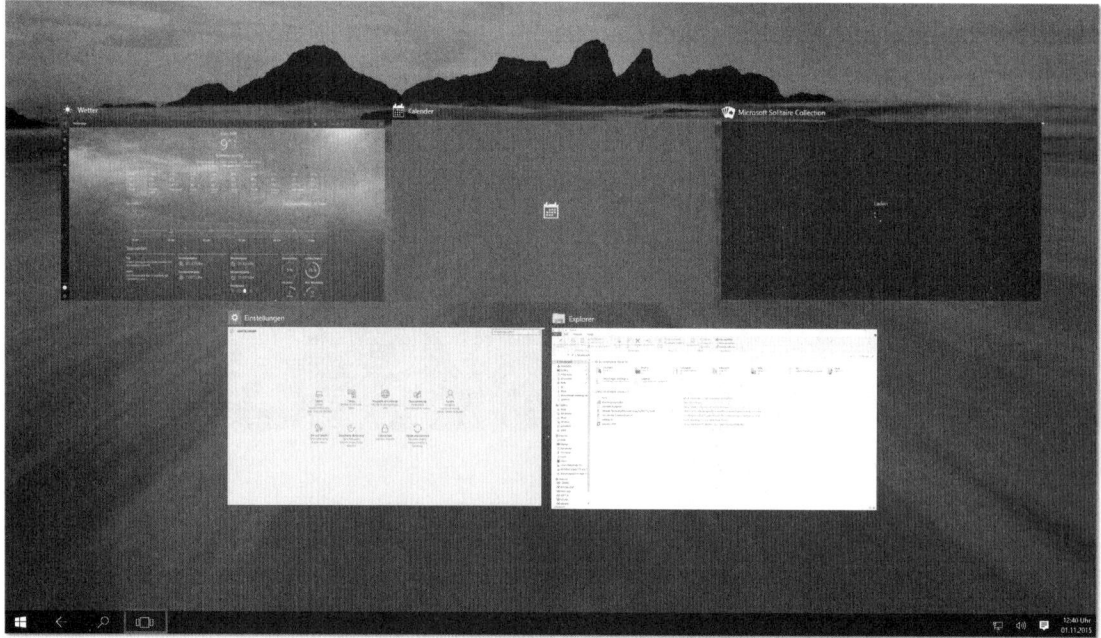

Abbildung 5.29 Aktive Tasks

Die Taskansicht lässt sich auch mithilfe eines Tastenkürzels anzeigen. Betätigen Sie ⊞ + ⭾, um die Taskansicht zu öffnen. Sie können mithilfe der Tabulatortaste (⭾) oder der Pfeiltasten zur gewünschten App navigieren und diese durch Betätigen der ↵-Taste öffnen. In der Taskansicht können Sie auch nicht mehr benötigte Apps schließen. Sobald Sie eine App angewählt haben, wird Ihnen das Symbol zum Schließen der App (×) angezeigt. Das Tastenkürzel Alt + ⭾ stellt Ihnen wie in früheren Windows-Editionen eine Charms-Bar zur Verfügung.

5.3   Kacheln anordnen und sortieren

Kacheln sind im Vergleich zu den klassischen Desktop-Symbolen sehr groß. Sollten Sie die Modern UI bzw. den Startbildschirm von Windows 10 häufiger nutzen, können sich auf dem Startbildschirm sehr schnell sehr viele Kacheln ansammeln. Damit Sie dennoch den Überblick behalten, können Sie das Kachelfeld nach Ihren eigenen Wünschen ordnen. So wird der Startbildschirm zur persönlichen Schnellstartzentrale Ihres Systems.

Das Kachel-Kontextmenü

Eine der Neuerungen in Windows 10 ist das Kontextmenü von Kacheln. Sofern Sie eine Kachel mit der Geste für den Rechtsklick angewählt haben, erscheint an der rechten unteren Ecke der angewählten Kachel ein Symbol (...), das es Ihnen erlaubt, ein Kontextmenü zu öffnen (Abbildung 5.30). Sollten Sie die Maus benutzen, öffnet ein Rechtsklick auf die Kachelfläche sofort das Kontextmenü (Abbildung 5.31).

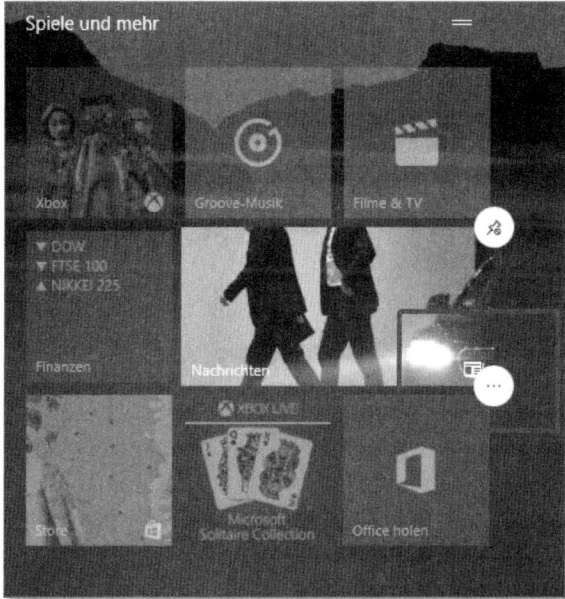

Abbildung 5.30 Das Kontextmenü einer Kachel

In diesem Menü werden Ihnen folgende Optionen angeboten (Abbildung 5.31):

► Von „Start" lösen

► Grösse ändern

► Live-kachel deaktivieren

► An Taskleiste anheften

► Deinstallieren

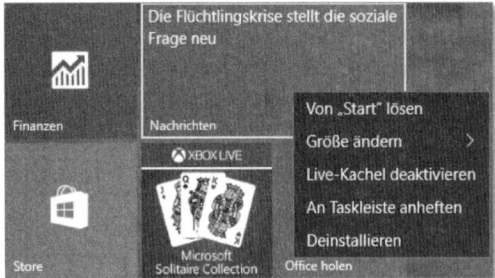

Abbildung 5.31 Optionen des Kachel-Kontextmenüs

Sofern es sich bei der Kachel um eine Live-Kachel handelt, wird Ihnen hier die Möglichkeit geboten, die Live-Funktion zu aktivieren oder gegebenenfalls zu deaktivieren. Der Eintrag DEIN-STALLIEREN bietet Ihnen die Möglichkeit, nicht nur die Kachel der App vom Startbildschirm zu entfernen, sondern die App zu deinstallieren und somit von Ihrem System zu entfernen.

Kacheln vom Startbildschirm abpinnen

Sollten sich auf Ihrem Startbildschirm Kacheln befinden, die Sie nicht mehr benötigen, bietet es sich an, diese Kacheln *abzupinnen* und so für mehr Ordnung auf dem Startbildschirm zu sorgen. Um eine Kachel vom Startbildschirm abzupinnen, führen Sie zunächst einen Rechtsklick oder die entsprechende Geste auf diese Kachel aus (Abbildung 5.32).

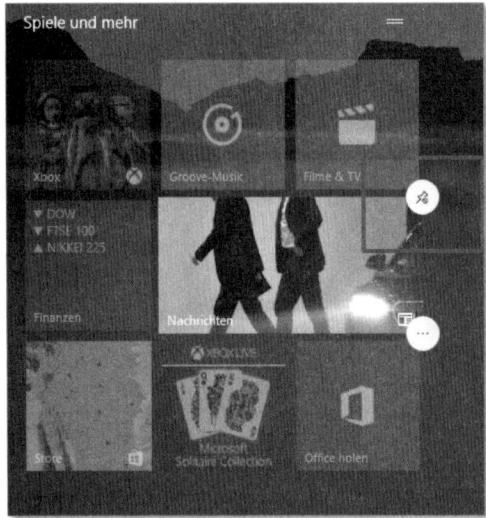

Abbildung 5.32 Abpinnen von Kacheln

Es werden Ihnen nun zwei Symbole jeweils an der rechten oberen und unteren Ecke der Kachel angezeigt. Sofern Sie die Maus benutzen, wird Ihnen sofort das Kontextmenü der Kachel angezeigt, und Sie finden dort einen Eintrag (VON „START" LÖSEN), der es Ihnen

5

ermöglicht, die Kachel vom Startbildschirm zu entfernen (Abbildung 5.31). Betätigen Sie das Symbol an der rechten oberen Ecke der Kachel oder den Eintrag im Kontextmenü.

Abbildung 5.33 Von »Start« gelöst

Die Kachel wird nun vom Startbildschirm gelöst (Abbildung 5.33). Den freien Platz können Sie nun für andere, wichtigere Kacheln nutzen.

Apps wieder an den »Start« bringen

Um eine Kachel, die zuvor vom Startbildschirm entfernt wurde, wieder auf dem Startbildschirm erscheinen zu lassen, gehen Sie wie folgt vor: Suchen Sie zunächst die gewünschte App in der Leiste ALLE APPS.

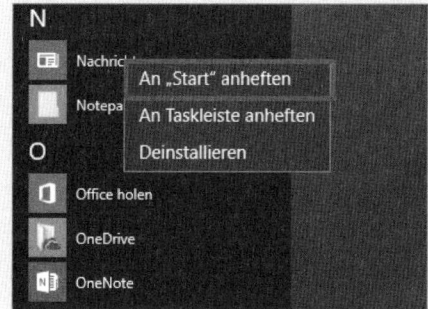

Abbildung 5.34 Eine App an den »Start« anheften

Führen Sie einen Rechtsklick oder die entsprechende Geste auf den Namen der App aus. Es wird Ihnen ein Kontextmenü angezeigt, das Ihnen die Option anbietet, die gewählte App auf dem Startbildschirm anzuzeigen (AN „START" ANHEFTEN, Abbildung 5.34).

Die Kachelgröße ändern

Kacheln können in vier verschiedenen Größen auf dem Startbildschirm angezeigt werden. Öffnen Sie das Kontextmenü einer Kachel, und wählen Sie den Eintrag GRÖSSE ÄNDERN an (Abbildung 5.35).

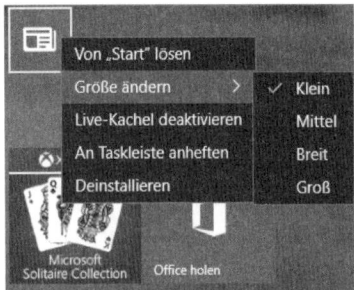

Abbildung 5.35 Eine kleine Kachel

Sie können nun entscheiden, in welchem Format die Kachel angezeigt werden soll. Abbildung 5.35 zeigt eine »kleine« Kachel. Kacheln, die in diesem Format angezeigt werden, stellen auf Ihrem Kachelfeld keine Live-Inhalte dar, auch wenn es sich um aktive Live-Kacheln handeln sollte.

Abbildung 5.36 Eine »mittlere« Live-Kachel

Das Format MITTEL zeigt Kacheln viermal größer als in der kleinen Darstellung an (Abbildung 5.36). Das Kachelfeld ist bei mittleren Kacheln quadratisch und zeigt, sofern es sich um eine aktive Live-Kachel handelt, Live-Inhalte an.

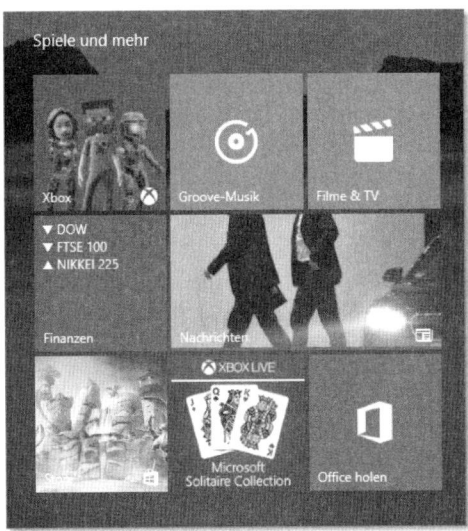

Abbildung 5.37 Eine »breite« Kachel

Das Format BREIT stellt Kacheln rechteckig dar (Abbildung 5.37). Das Kachelfeld breiter Kacheln ist doppelt so groß wie das mittlerer Kacheln und ebenfalls in der Lage, Live-Inhalte von aktiven Live-Kacheln anzuzeigen.

Abbildung 5.38 Eine große Live-Kachel

Das Format GROSS bildet Kacheln viermal größer als das mittlere Format ab (Abbildung 5.38). Wie bei der mittleren Kachelgröße sind die großformatigen Kacheln quadratisch. Große Kacheln beanspruchen sehr viel Platz auf dem Display, eignen sich jedoch sehr gut zur Anzeige von Live-Inhalten. Aufgrund ihrer Größe haben Sie Live-Inhalte stets gut im Blick.

Kacheln an die Taskleiste anheften

Im Kachel-Kontextmenü wird Ihnen angeboten, Kacheln an die Taskleiste anzuheften (Abbildung 5.31). Das bedeutet, dass Ihnen das Symbol der gewählten App in der Taskleiste angezeigt wird. Voraussetzung dafür ist jedoch, dass die Anzeige von App-Symbolen in der Taskleiste aktiviert wurde (Abbildung 5.21). Sie können die App nun durch Anwahl des Symbols in der Taskleiste starten. Um das App-Symbol wieder von der Taskleiste zu entfernen, führen Sie einen Rechtsklick oder die entsprechende Geste auf das Symbol der App in der Taskleiste aus (Abbildung 5.39). Sie können anschließend über das sich öffnende Kontextmenü das PROGRAMM VON TASKLEISTE LÖSEN.

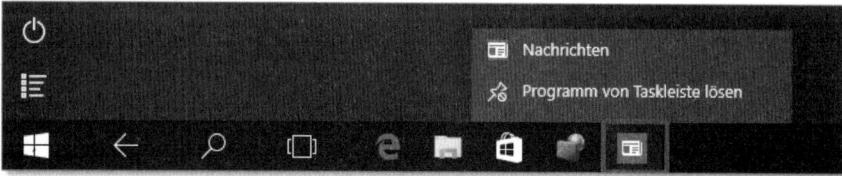

Abbildung 5.39 Kontextmenü eines App-Symbols

Möchten Sie das App-Symbol einer Applikation an die Taskleiste anheften, deren Kachel nicht auf dem Startbildschirm angezeigt wird, klappen Sie zunächst die Leiste ALLE APPS auf. Navigieren Sie zur gewünschten App, und öffnen Sie durch einen Rechtsklick oder mit der entsprechenden Geste das Kontextmenü (Abbildung 5.40). Sie finden hier den Eintrag AN TASKLEISTE ANHEFTEN.

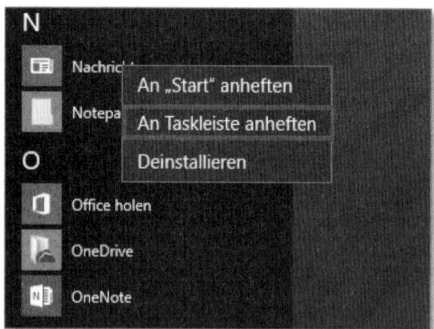

Abbildung 5.40 Kontextmenü einer App in der Leiste »Alle Apps«

Kacheln positionieren

Kacheln lassen sich sehr leicht und intuitiv auf dem Startbildschirm positionieren. Erfassen Sie zunächst eine Kachel, indem Sie mit der Maus einen Linksklick auf diese ausführen. Halten Sie die Maustaste gedrückt, und ziehen Sie die Kachel an die gewünschte Position (Abbildung 5.41). Das Positionieren durch Tippen erfolgt analog. Tippen Sie mit dem Finger auf die zu verschiebende Kachel, und belassen Sie den Finger auf dem Bildschirm. Ziehen Sie nun die Kachel an die gewünschte Position. Während des Ziehens wird die Kachelfläche leicht verzerrt dargestellt.

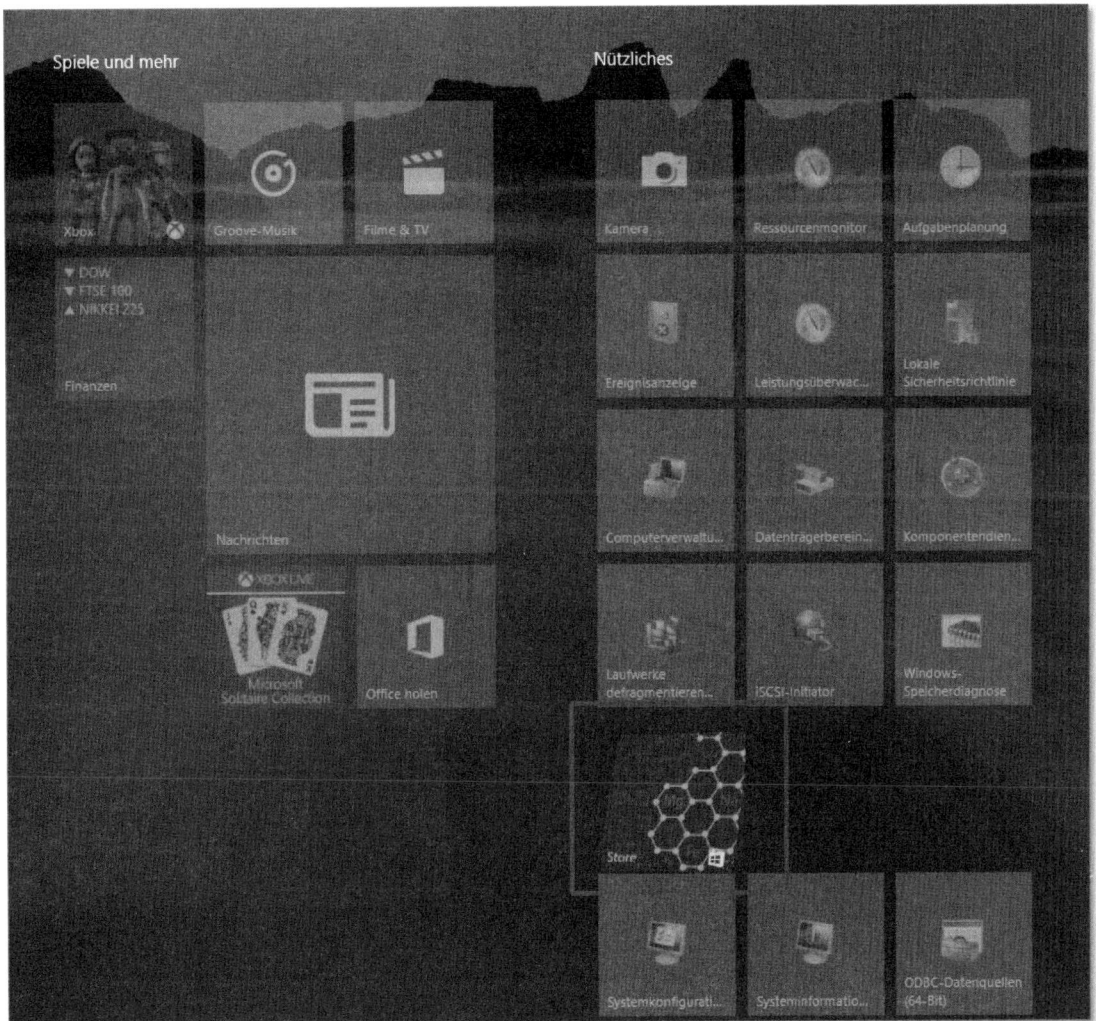

Abbildung 5.41 Positionieren von Kacheln

Sobald Sie die Kachel an die gewünschte Position gezogen haben, lassen Sie sie wieder los. Das heißt, lassen Sie die linke Maustaste los, bzw. nehmen Sie den Finger vom Bildschirm. Die Kachel rastet nun an der Zielposition ein, und das Kachelfeld erscheint wieder normal (Abbildung 5.42).

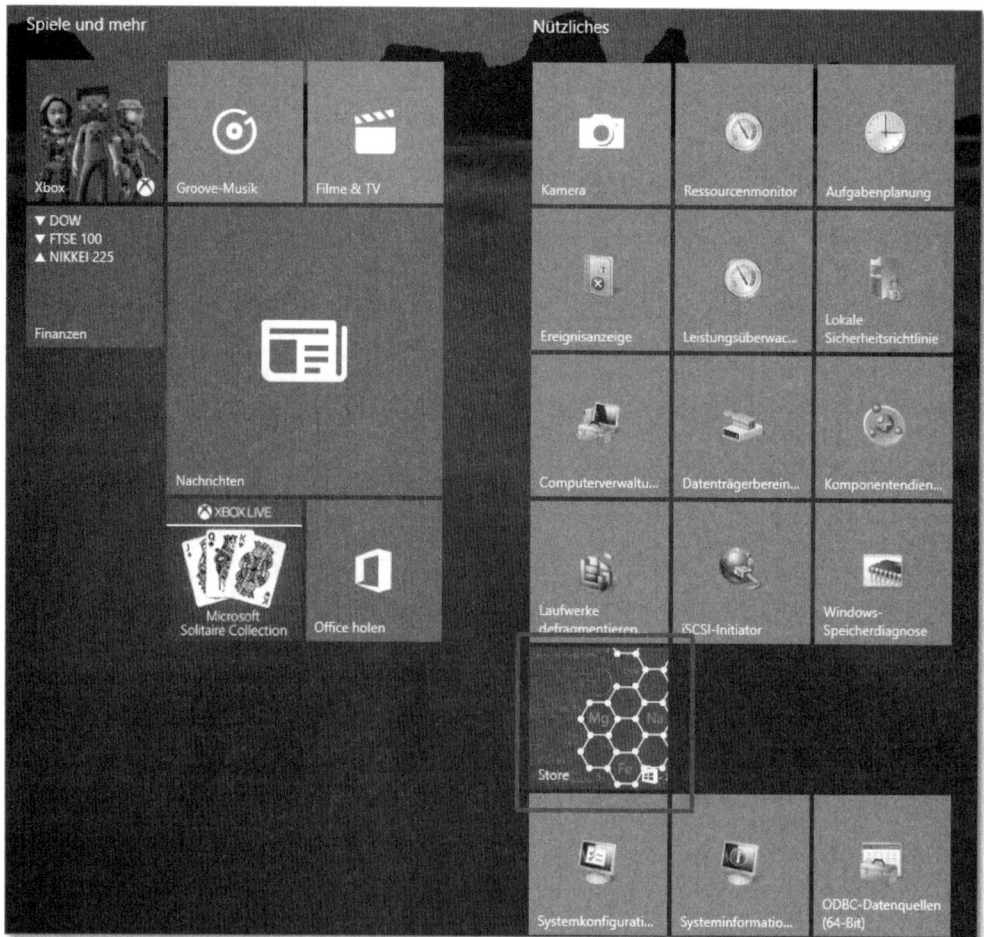

Abbildung 5.42 Am Ziel positionierte Kachel

Kacheln gruppieren

Oft ist es sinnvoll, Kacheln nicht nur neu zu positionieren, sondern diese in Gruppen zu organisieren. So lassen sich beispielsweise Apps mit ähnlichen Aufgaben zusammenfassen.

▶ **Eine neue Gruppe anlegen**

Neue Gruppen lassen sich recht einfach anlegen. Ziehen Sie zunächst die erste Kachel, die Sie einer neuen Gruppe hinzufügen möchten, in einen freien Bereich auf dem Startbildschirm. Das heißt, es wird ein etwas größerer Abstand (Leerraum) zu anderen Bildschirmelementen um diese Kachel angezeigt. Sobald ein Balken über der erfassten Kachel angezeigt wird, lassen Sie die Kachel los. Diese rastet an der neuen Position ein und ist nun die erste Kachel einer neuen Gruppe (Abbildung 5.43). Sie können nun weitere Kacheln in diese Gruppe ziehen.

Abbildung 5.43 Eine neue Gruppe anlegen

▶ **Gruppen benennen**

Gruppen lassen sich mit aussagekräftigen Namen versehen. Führen Sie die Maus in das Titelfeld einer Gruppe. Dieses befindet sich oberhalb der ersten Kachelreihe einer Gruppe (Abbildung 5.44). Bei Gruppen, die bereits benannt sind, befindet sich dort der Titel der Gruppe. Bei unbenannten Gruppen erscheint der Schriftzug Gruppe benennen. In beiden Fällen wird Ihnen durch das =-Symbol angezeigt, dass Sie den Titel der Gruppe bearbeiten können. Führen Sie einen Linksklick im Titelfeld der Gruppe aus, und öffnen Sie so das Eingabefeld für die Bearbeitung des Titels.

Um den Titel einer Gruppe per Fingertipp zu ändern, tippen Sie zunächst mit Ihrem Finger oberhalb der ersten Kachelreihe auf den Bildschirm (Abbildung 5.45). Sie öffnen so das Eingabefeld zur Bearbeitung des Gruppentitels.

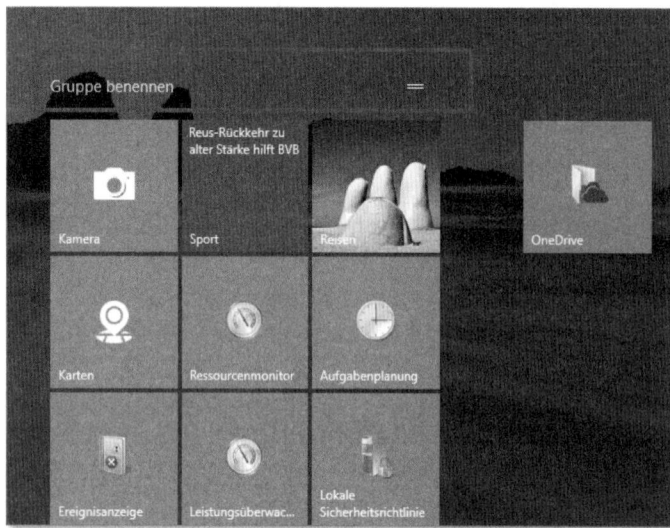

Abbildung 5.44 Gruppen benennen

Abbildung 5.45 Einen Namen eingeben

Sobald das Eingabefeld geöffnet ist, können Sie der Gruppe einen neuen Titel geben oder den bestehenden ändern. Schließen Sie die Eingabe durch Betätigen der ⏎-Taste ab.

▶ **Gruppen positionieren**

Analog zur Positionierung von Kacheln lassen sich auch Gruppen auf dem Startbildschirm verschieben. Ergreifen Sie die zu verschiebende Gruppe, indem Sie die Maus in das Titelfeld bewegen. Drücken und halten Sie die linke Maustaste. Sie können nun die gesamte Gruppe an die gewünschte Position auf dem Startbildschirm ziehen (Abbildung 5.46). Um eine Gruppe durch Tippen neu zu positionieren, tippen Sie auf das Titelfeld und belassen anschließend Ihren Finger auf dem Touchscreen. Sie können nun die Gruppe an die neue Position ziehen. Während des Verschiebens werden die Kacheln der Gruppe nicht angezeigt.

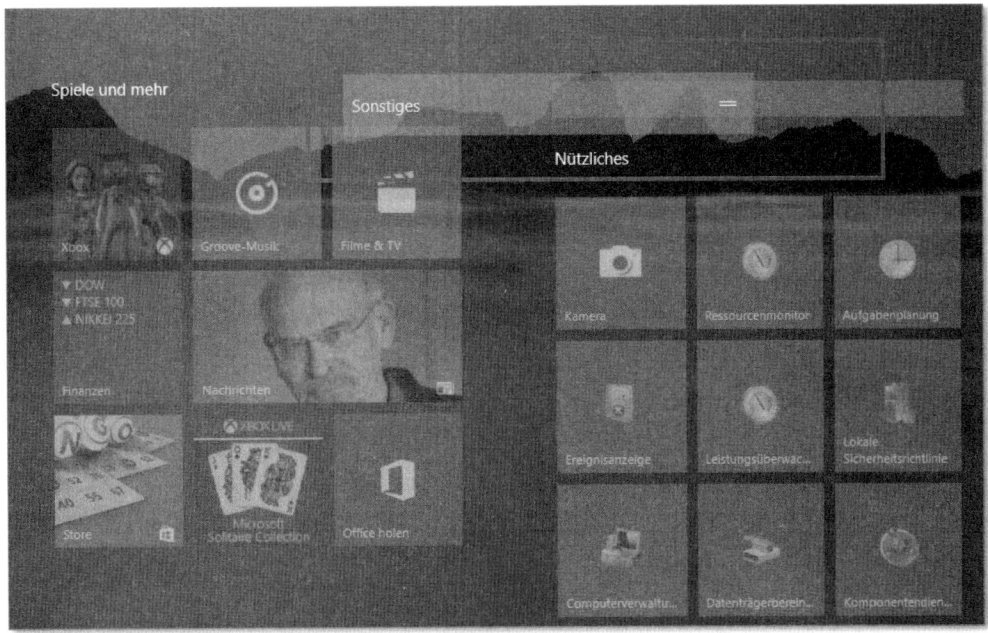

Abbildung 5.46 Ergriffene Gruppe

Sobald Sie die Gruppe zur Zielposition gezogen haben, lassen Sie diese los. Die Gruppe rastet an der neuen Position ein, und die Kacheln der Gruppe werden wieder auf dem Startbildschirm angezeigt (Abbildung 5.47).

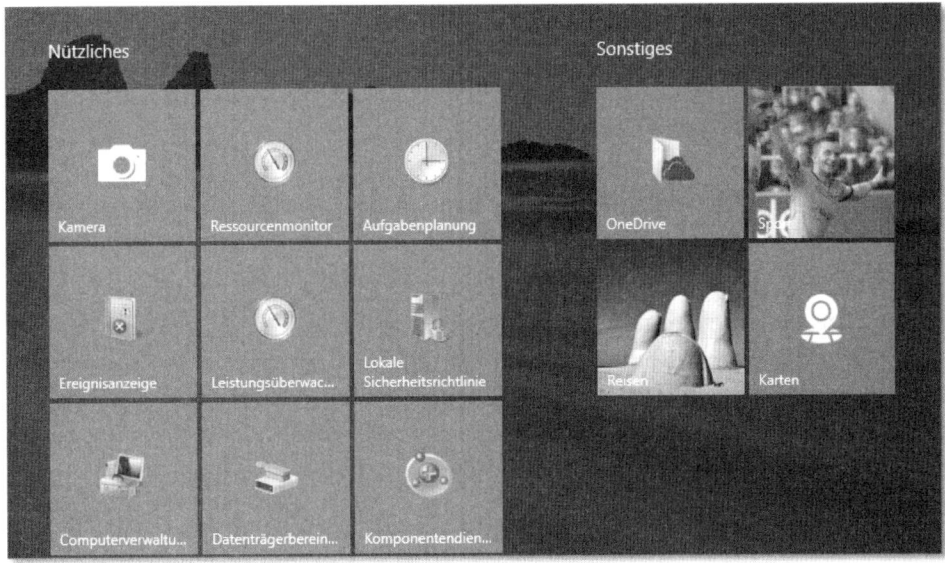

Abbildung 5.47 Positionierte Gruppe

5.4   Live-Kacheln – aktuelle Informationen auf einen Blick

Live-Kacheln sind dynamische Elemente, die Ihnen sowohl auf der Modern UI als auch im neuen Startmenü von Windows 10 zur Verfügung stehen. Auf dem Kachelfeld können Universal Apps Informationen kontinuierlich aktualisieren. Dabei kann es sich beispielsweise um Inhalte aus dem Internet handeln oder auch einfach nur um die Uhrzeit. Einige dieser nützlichen Informationsquellen präsentieren sich bereits auf der Modern UI (Abbildung 5.48).

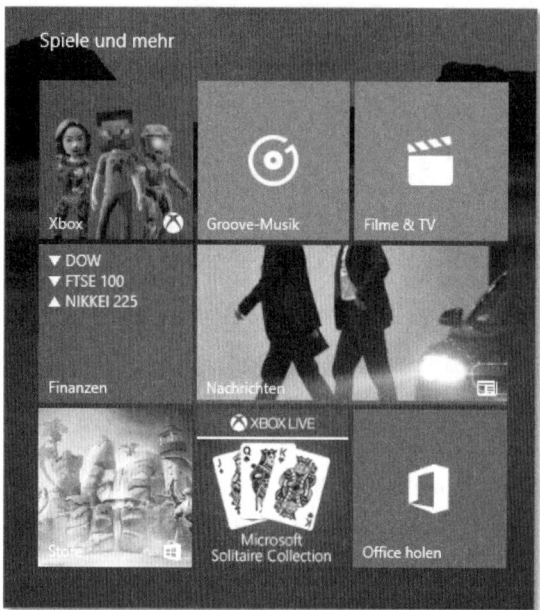

Abbildung 5.48 Immer aktuelle Nachrichten per Live-Kachel

Live-Kacheln deaktivieren und aktivieren

Live oder nicht Live? Diese Frage stellt sich insbesondere dann, wenn Ihr Bildschirm von vielen Live-Kacheln bevölkert wird. Sollte sich die Aktivität von Live-Kacheln als störend erweisen, lässt sich die Live-Funktion einer Kachel sehr einfach deaktivieren. Wir zeigen Ihnen am Beispiel der Live-Kachel NACHRICHTEN exemplarisch, wie Sie vorgehen können (Abbildung 5.48).

▶ **Eine Live-Kachel deaktivieren**

Sie können Live-Kacheln mithilfe der Maus oder auch per Fingertipp deaktivieren. Tippen Sie zunächst auf die Kachel der Nachrichten-App, und belassen Sie dabei Ihren Finger auf dem Bildschirm. Öffnen Sie das ...-Kontextmenü der Kachel. Mit der Maus lässt sich das Kontextmenü der Kachel sofort per Rechtsklick öffnen (Abbildung 5.49).

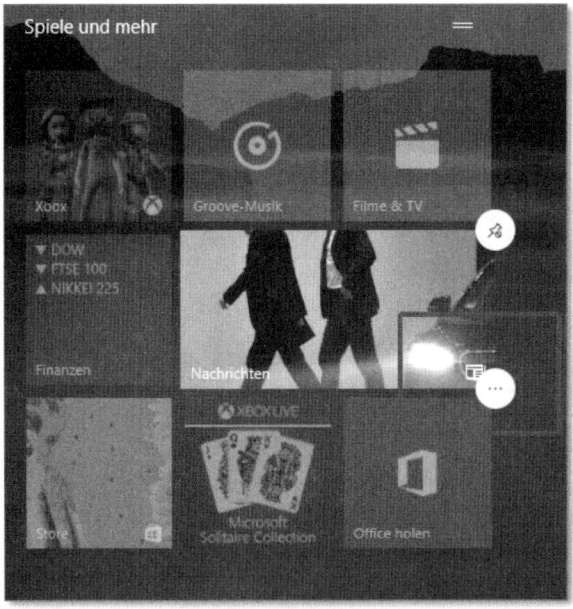

Abbildung 5.49 Kontextmenü durch Tippen öffnen

Sollte Ihnen im Kontextmenü der Eintrag MEHR angeboten werden, expandieren Sie diesen. Ansonsten sollte Ihnen im Kontextmenü die Option zum Deaktivieren der Live-Kachel angezeigt werden. Sobald Sie den Eintrag LIVE-KACHEL DEAKTIVIEREN ausgewählt haben, werden Ihnen auf der Kachelfläche keine Live-Inhalte mehr angezeigt.

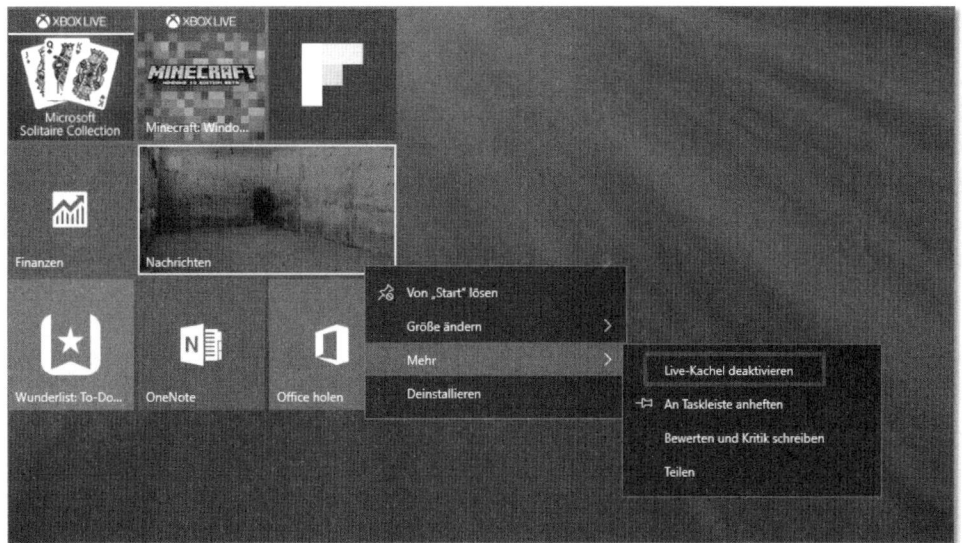

Abbildung 5.50 Live-Nachrichten deaktivieren

▶ **Eine Live-Kachel aktivieren**

Um eine Live-Kachel zu aktivieren, gehen Sie bitte analog zur Deaktivierung vor. Öffnen Sie zunächst das Kontextmenü der Kachel, und navigieren Sie über den Eintrag MEHR zum Eintrag LIVE-KACHEL AKTIVIEREN (Abbildung 5.51).

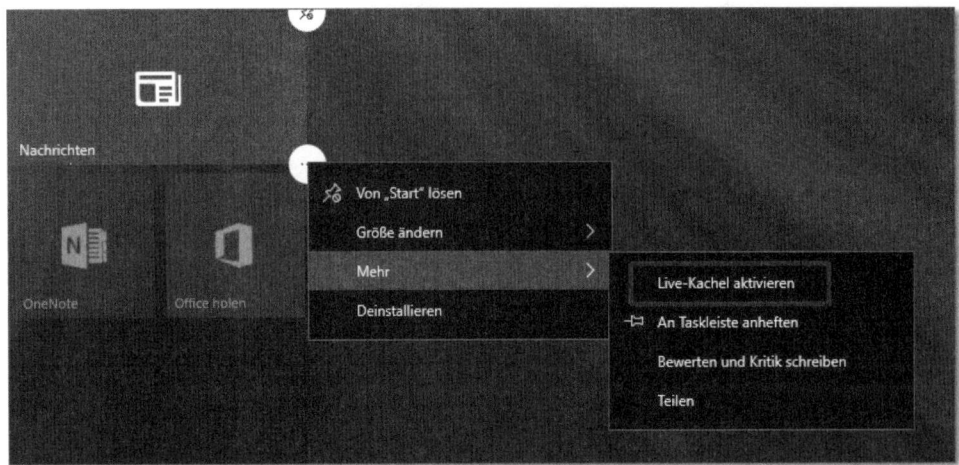

Abbildung 5.51 Eine Live-Kachel wieder aktivieren

Sobald Sie den Eintrag ausgewählt haben, wird die Live-Kachel wieder aktiv. Es kann allerdings einige Zeit dauern, bis Live-Inhalte auf der Kachelfläche angezeigt werden.

5.5 Bedienung mit Gesten

Auch in Windows 10 gibt es Gesten, die es Ihnen ermöglichen, Touchscreens effektiv zu bedienen. Sofern Ihr Touchgerät multitouchfähig ist, werden Ihnen gegebenenfalls noch weitere Gesten zur Verfügung stehen. Einige der Gesten sind Ihnen sicher noch von Windows 8.1 bekannt. Da es in Windows 10 keine Charms-Bar mehr gibt, entfällt natürlich die Möglichkeit, diese auszuklappen. Im Folgenden finden Sie eine Auswahl von Gesten, die auf nahezu jedem Touchscreen ausgeführt werden können. Sie können auf dem Touchscreen ebenso intuitiv agieren wie mit der Maus an Desktop-Computern.

Geste	Ausführung	Zweck
	Antippen	Entspricht weitestgehend dem Mausklick mit der linken Taste

Tabelle 5.1 Windows 10 – einfache Gesten

Geste	Ausführung	Zweck
	Berühren und gepresst halten	Entspricht weitestgehend dem Mausklick mit der rechten Taste. Bei Kacheln öffnet sich beispielsweise das Kontextmenü.
	Berühren Sie das Eingabefeld mit den Fingerspitzen, und bewegen Sie diese voneinander weg oder aufeinander zu.	*Pinch to zoom*, d. h. vergrößern bzw. verkleinern. Inhalte von Internetseiten können beispielsweise vergrößert oder verkleinert dargestellt werden.
	Berühren Sie das Eingabefeld mit zwei Fingern, und führen Sie eine Drehbewegung aus.	Drehen Sie den Bildschirm, sofern diese Funktion unterstützt wird, um 90 Grad.
	Über den rechten Rand wischen	Öffnet das Info-Center am rechten Rand
	Über den linken Rand wischen	Mit dieser Bewegung können Sie sich alle aktiven Applikationen als Taskansicht anzeigen lassen. Entspricht der Tastenkombination ⊞ + ⇆.
	Tippen Sie auf ein Element, und belassen Sie den Finger auf dem Bildschirm. Sie können nun durch Bewegung des Fingers das Element verschieben.	Verschieben und Anordnen von Elementen. Entspricht weitestgehend dem Ziehen mit der Maus.
	Wischen Sie mit dem Finger senkrecht oder waagerecht über den Bildschirm. Sie können je nach eingesetztem Touchscreen auch mit zwei oder drei Fingern gleichzeitig wischen.	In den meisten Fällen führen Sie so eine Scroll-Funktion in Richtung der Wischbewegung aus. Falls Ihr Eingabegerät die Bedienung mit mehreren Fingern zulässt, stehen Ihnen gegebenenfalls weitere Funktionen zur Verfügung.

Tabelle 5.1 Windows 10 – einfache Gesten (Forts.)

5.6   Hilfreiche Tastaturkürzel

Um mithilfe von Tastaturkürzeln Aktionen auszulösen, müssen zwei oder mehr Tasten gleichzeitig gedrückt werden. Sollten Sie mit den Tastaturkürzeln von Windows 8.1 vertraut sein, werden Sie feststellen, dass es hier Unterschiede zu Windows 10 gibt. Dennoch lässt sich auch Windows 10 mithilfe von Tastaturkürzeln steuern. So lassen sich zwar mit ⌨Alt + ⌨↵ wie gewohnt die Eigenschaften eines angewählten Elements anzeigen. Dieses funktioniert aber nur auf dem klassischen Desktop und nicht mehr im Tablet-Modus. Auf Kacheln lässt sich diese Kombination nicht anwenden.

Tastenkombination	Funktion
⊞ + F1	Aufruf der Windows-Hilfe
⊞ + H	Inhalte der aktiven App teilen, sofern dies Unterstützt wird
⊞ + X	Öffnet, wie schon in Windows 8.x, das Schnellstartmenü
⊞ + Q	Öffnet die Suche und aktiviert Cortana
⊞ + S	Öffnet die Suche und platziert den Cursor im Eingabefeld
⊞ + A	Öffnet das Info-Center
⊞ + I	Öffnet die Einstellungen
⊞ + ⇄	Öffnet die Task View
⊞ + Strg + D	Öffnet einen neuen virtuellen Desktop
⊞ + Strg + F4	Schließt den aktuellen virtuellen Desktop
⊞ + Strg + ←/→	Wechselt zwischen virtuellen Desktops
⊞	Öffnet das Startmenü (jedoch nicht im Tablet-Modus)
⊞ + R	Öffnet die Ausführen-Eingabeaufforderung
⊞ + ↵	Startet und beendet die Sprachausgabe
⊞ + U	Öffnet das Center für die erleichterte Bedienung
⊞ + +	Startet die Bildschirmlupe
⊞ + L	Sperrt das System
Strg + ⇧ + Esc	Öffnet den Taskmanager

Tabelle 5.2 Nützliche Tastaturkürzel zur Steuerung von Windows 10

5.7   Wechsel der Benutzeroberfläche mit Continuum

Eine interessante und faszinierende Neuerung bei Windows 10 nennt sich *Continuum*. Continuum kommt zum Einsatz, wenn Sie ein Hybridgerät benutzen. Diese Geräte (*Convertibles*) lassen sich sowohl als Laptop als auch als Tablet benutzen. Die Tastatur kann bei diesen Geräten abgekoppelt werden, sodass die Eingabe anschließend per Touchscreen erfolgt. Mittlerweile bieten viele Hardwarehersteller solche Geräte an. Windows 10 erkennt automatisch das angeschlossene Eingabegerät und wechselt entsprechend in den Tablet-Modus und umgekehrt. Diese Funktion wird künftig auch auf Smartphones zur Verfügung stehen. Sie werden dann, sobald Sie an Ihr Smartphone einen externen Bildschirm sowie Maus und Tastatur anschließen, in der Lage sein, Ihr Windows 10 Mobile Smartphone als Desktop zu betreiben. Der Anschluss von Tastatur und Maus könnte beispielsweise per Bluetooth, der Bildschirm per HDMI erfolgen. Spezielle Dockingstationen werden ebenfalls erhältlich sein. Momentan können jedoch nur Nutzer von Convertibles vom fließenden Wechsel der Benutzeroberfläche profitieren. Sollte der Wechsel von der klassischen Desktop-Darstellung einmal nicht funktionieren, können Sie den Tablet-Modus auch von Hand aktivieren. Diese Umstellung wäre auch sinnvoll, wenn Sie die Modern UI dem klassischen Desktop vorziehen.

In den Tablet-Modus wechseln

Die einfachste Möglichkeit, zwischen dem Tablet-Modus, mit der Modern UI als primärer Benutzeroberfläche, und der klassischen Darstellung zu wechseln, ist die Betätigung der Schaltfläche TABLETMODUS im Info-Center (Abbildung 5.52).

Abbildung 5.52 Umschalten im Info-Center

Sie können auch die System-App in den Einstellungen verwenden, um das Konfigurieren bezüglich des Wechsels in den Tablet-Modus vorzunehmen. Es findet sich hier eine Ansicht, in der Sie den Tablet-Modus ein- und ausschalten können (Abbildung 5.53).

Sie können auch das Verhalten Ihres Systems bei der Anmeldung festlegen. Wenn Sie das entsprechende Menü expandieren, werden Ihnen drei Optionen angeboten (Abbildung 5.54). Sie können festlegen, dass nach der Anmeldung Ihr System automatisch in den Tablet-Modus wechselt. Diese Einstellung wäre zu bevorzugen, wenn Sie ausschließlich die Modern UI nutzen möchten. Ferner können Sie festlegen, dass sich Windows den zuletzt benutzten

Modus merkt und nach der Anmeldung automatisch wieder in diesem startet. Sollten Sie ausschließlich den Desktop nutzen, können Sie auch dieses Verhalten hier einstellen.

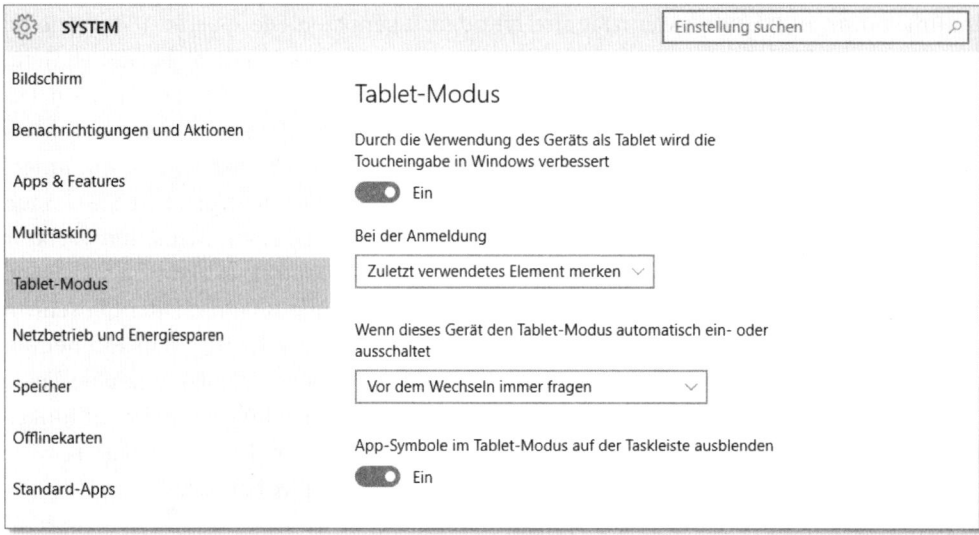

Abbildung 5.53 Ansicht Tablet-Modus in der System-App

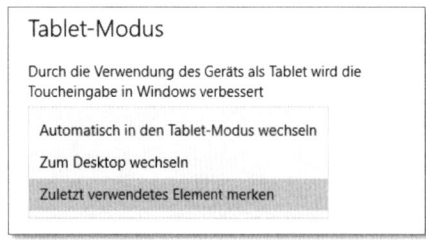

Abbildung 5.54 Verhalten bei der Anmeldung

Eine weitere Konfigurationsoption bezieht sich auf den automatischen Wechsel vom Desktop- in den Tablet-Modus und umgekehrt. Im entsprechenden Menü können Sie beispielsweise festlegen, dass der Wechsel nicht automatisch erfolgen soll. Sie können definieren, dass erst eine Bestätigung Ihrerseits erforderlich ist, oder Sie unterbinden den Wechsel generell.

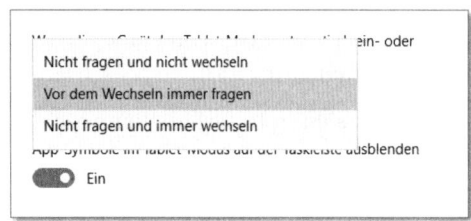

Abbildung 5.55 Wechsel nicht automatisch vollziehen

Kapitel 6
Apps

*Modern UI-Apps, Desktop-Apps? Universal Apps! In diesem Kapitel lernen
Sie die wichtigsten Apps kennen, die Ihnen mit Windows 10 jetzt geräteübergreifend zur Verfügung gestellt werden. Und nebenbei bringen wir noch ein
wenig Licht ins Dunkel der verschiedenen Bezeichnungen für Windows-Apps.
Sehen Sie selbst ...*

Nach den anfänglichen Experimenten mit Apps, die zu Zeiten von Windows 8.1 ja noch in
Modern UI-Apps und Desktop-Apps unterschieden wurden, ist das Konzept mit Apps, Desk-
top-Programmen und der wesentlich klareren Darstellung von Apps im Tablet-Modus jetzt
erheblich ausgereifter und praxistauglich geworden. Die Benennung von Apps ist etwas
uneindeutig. In der Ankündigung der neuen Apps sprach Microsoft sehr oft und gerne von
sogenannten »Universal Apps«, die sowohl auf dem Desktop-PC wie auf dem Tablet, aber
auch auf dem Windows Phone laufen sollten. Schaut man im aktuellen Windows Store, findet man nur noch Apps, die auf allen Geräteklassen laufen. Im Windows Store selbst heißen
Apps jetzt »Windows Store-Apps«. Wir haben uns in diesem Buch für den aussagekräftigeren
Titel »Universal Apps« entschieden, denn der Name verdeutlicht gut deren Funktionsviel-
falt. Immer wieder werden wir auch versuchen, Apps auf anderen Geräten zu zeigen – Unterschiede wie Gemeinsamkeiten. In diesem Kapitel stellen wir Ihnen längst nicht alle Apps vor,
die einer Windows 10-Installation beiliegen. Wir haben uns auf einige wichtige und zurzeit
recht weit entwickelte Apps beschränkt, um aus diesem Buch kein Windows 10-Apps-Buch
zu machen, Ihnen aber dennoch einen guten Einblick in wichtige Apps zu geben. Deshalb
beginnen wir auch mit dem Abschnitt »Die Store-App«, in dem Sie neue Apps erwerben können, sei es gratis oder gegen Entgelt.

6.1   Die Store-App

Was uns beim Smartphone schon vertraut ist, ist jetzt auch bei Windows Realität. Neben den
mitgelieferten Programmen können Sie seit Windows 8 erstmals auch in einem speziellen
Geschäft, neudeutsch *Store*, weitere Anwendungen, neudeutsch *Apps*, kaufen. Im Windows
Store können Sie auch Filme, Musik und TV-Sendungen kaufen – darauf gehen wir aber in
den jeweiligen Apps ein, die diese Inhalte auch wiedergeben.

Apps gibt es seit der Einführung von Windows 8 auch in Microsoft-Betriebssystemen, und wie bei Smartphone-Apps sind nicht alle gratis. In diesem Kapitel zeigen wir Ihnen, wie Sie Apps erwerben, installieren und wieder deinstallieren können. Dabei zeigen wir auch, wie Sie Gratis-Apps wie *Mahjong* nachladen können. Außerdem gehen wir auf die Verwendung sogenannter *Desktop-Apps* ein – die man vor Windows 8 eher klassisch *Windows-Programme* oder schlicht *Software* nannte.

6.1.1   Den Windows Store öffnen

Inzwischen gibt es sogar ein paar wenige echte Windows- bzw. Microsoft Stores, in denen Sie persönlich erscheinen könnten, aber diese sind nicht gerade weit verbreitet wie etwa Drogeriemärkte. Um Apps zu kaufen, bedienen Sie sich wohl eher des *Windows Store* im Internet, den wir im Folgenden auch mit *Windows Store* meinen. Der Windows Store ist ein virtuelles Geschäft, also ein Onlineshop, den Sie nur über das Internet erreichen. Und weil im Internet niemand Ihr gutes Bargeld annimmt und dieser Shop in den USA beheimatet ist, brauchen Sie hier, um einkaufen zu können, ein onlinetaugliches Zahlungsmittel. Aktuell können Sie im Windows Store mit einer Kreditkarte, per PayPal oder mit Lastschrift bezahlen. Dass Sie Zugang zu einem dieser Zahlungsmittel haben, setzen wir einfach mal voraus.

Voraussetzungen für den Kauf im Windows Store

Wie wir soeben schon erwähnt haben, benötigen Sie für Ihre Shoppingtour im Windows Store zwingend ein geeignetes Zahlungsmittel. Aber fast noch wichtiger ist, dass Sie ein Microsoft-Konto eingerichtet haben, mit dem Sie entweder bereits an Windows angemeldet sind oder mit dem Sie sich in der Store-App anmelden. Sie müssen nicht mit demselben Microsoft-Konto an Windows angemeldet sein, mit dem Sie einen Store-Kauf tätigen wollen – auch wenn das der einfachere Weg zu sein scheint.

Der Aufbau des Windows Store

Seit seiner Einführung in Windows 8 hat der Windows Store einige optische und inhaltliche Veränderungen mitgemacht. Wirkte der erste Store in Windows 8 noch etwas hilflos und unerfahren, hat sich seine Aufmachung in Windows 10 ganz dem Konzept der einheitlichen Plattform für alle Windows-Aufgaben angepasst. Er ist schlicht und professionell strukturiert. Der Windows Store sieht lobenswerterweise seit Windows 10 in beiden Modi gleich aus, im Desktop-Modus wie auch im Tablet-Modus.

Auch wenn derzeit das Angebot an Apps im Store noch verhalten ist, macht es durchaus schon Vergnügen, sich in diesem virtuellen Geschäft einmal umzusehen. Zu Beginn dieses Kapitels möchten wir Ihnen daher kurz den Store in seiner modernen Fassung vorstellen.

Wenn Sie den Store öffnen, werden Sie von der ersten Kategorie FÜR SIE EMPFOHLEN und den darüber im Crawl laufenden aktuellen Empfehlungen begrüßt. Hier finden Sie Angebote, von denen Microsoft denkt oder gelernt hat, dass sie Sie interessieren können. Ihre

Interessen teilen Sie Microsoft übrigens über die Dienste *Bing* und *Cortana* mit. Wie das im Einzelnen funktioniert, wird an verschiedenen Stellen im Buch beschrieben, Sie können das aber auch recht gut in den Datenschutzbestimmungen zu Cortana nachlesen: *http:// www.windowsphone.com/de-DE/how-to/wp8/cortana/cortana-and-my-privacy-faq.* Unterhalb der Empfehlungen können Sie direkt auf die ersten Kategorien klicken oder tippen – aktuell sind das APPS – TOP CHARTS UND KATEGORIEN, SPIELE – TOP CHARTS UND KATEGORIEN und HIGHLIGHTS. Wenn Sie auf diese Empfehlungskategorien klicken oder tippen, erhalten Sie eine Übersicht über die aktuell beliebtesten Apps aus den Bereichen Apps bzw. Spiele – und bei Highlights eine Sammlung allgemeiner beliebter Apps aus unterschiedlichen Kategorien. Innerhalb dieser Empfehlungssammlungen haben Sie wiederum die Möglichkeit, Ihre Interessen gut und fein zu filtern. Sehen Sie sich hier die Auswahl unter der Navigationsleiste VERFEINERN einmal genauer an (Abbildung 6.1).

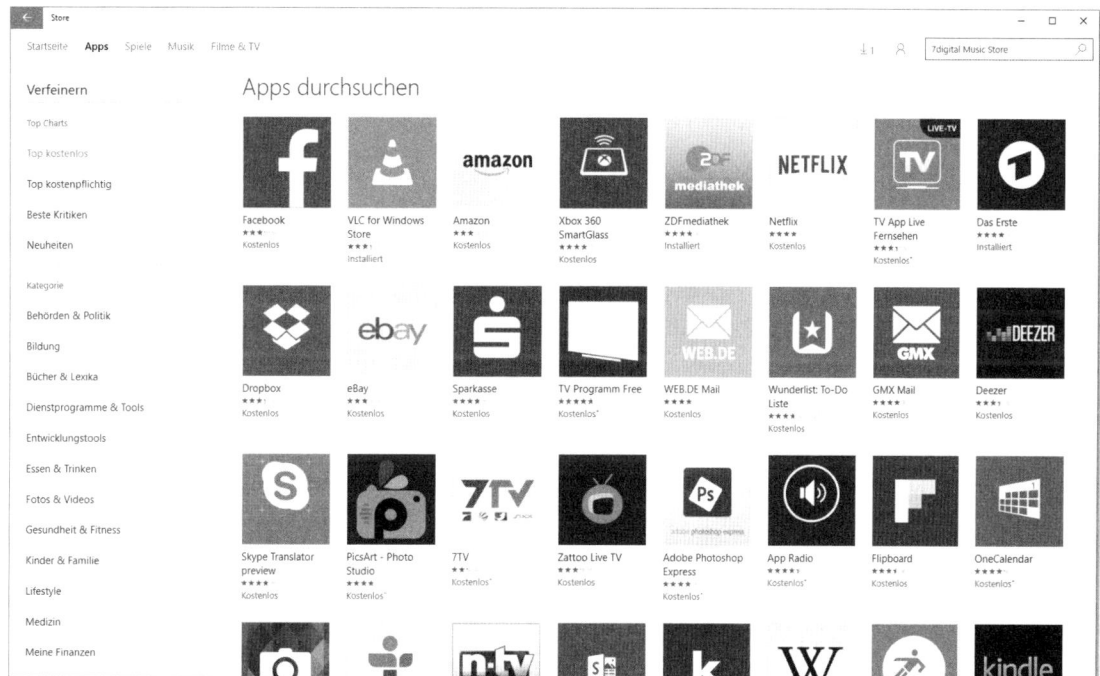

Abbildung 6.1 Verfeinern von Empfehlungen im Windows Store

Weiter unten im Store finden Sie Produktkategorien, wie es sie auch schon in vorherigen Versionen und Ausgaben dieses Stores gab: BELIEBTE APPS, KOSTENLOSE TOP-APPS, KOSTENLOSE TOP-SPIELE, TV, MUSIK und FILM, NEUE MUSIK (übrigens nicht mit der Musikrichtung zu verwechseln), NEUE FILME UND MEISTVERKAUFTE TV-SENDUNGEN. Ganz unten finden sich noch SAMMLUNGEN wie BELIEBTE APPS, TV, MUSIK UND FILM, SPIELE VON XBOX, RED STRIPE DEALS und WERDEN SIE FIT.

BELIEBTE APPS und TV, MUSIK UND FILM zeigen die gleichen Inhalte, wie die Kategorie weiter oben. Sehenswert ist hier nur RED STRIPE DEALS; das sind beispielsweise Angebote, auf die Sie einen Rabatt bekommen. Diese Angebote werden wöchentlich erneuert. Und WERDEN SIE FIT – hier sehen Sie eine Sammlung von Fitness-Apps, sicher bald auch solche, die mit *Microsoft Band* kompatibel sind. *Microsoft Band* ist der Fitness-Tracker von Microsoft, der in einer Windows 10-Version erscheint (*http://www.microsoft.com/Microsoft-Band/en-us*) – und wahrscheinlich auch in Deutschland erhältlich sein wird (Abbildung 6.2).

Abbildung 6.2 Sammlungen im Windows Store

Es scheint, als sei der Windows Store noch nicht ganz am Ende seiner Evolution angelangt.

6.1.2 Apps suchen

Um im virtuellen Geschäft von Windows zu stöbern, bieten sich zwei Wege an. Der eine ist eine konkrete Suche nach einer App, der andere das Bummeln durch den Store. Um eine App zu suchen, klicken oder tippen Sie in der Taskleiste auf das Suchfeld bzw. die Lupe, wenn Sie das Suchfeld kleiner dargestellt haben möchten oder im Tablet-Modus sind. In das Suchfeld geben Sie den Begriff ein, der zu der gesuchten App passen könnte. Im Beispiel suchen wir nach einem Videoschnittprogramm. Geben Sie in das Suchfeld video schnitt ein.

Die Suche liefert Ergebnisse, die der Liste in Abbildung 6.3 ähneln können. In dieser Liste sehen Sie sowohl kostenlose Videoschnittsoftware als auch kostenpflichtige – was einen ersten Hinweis darauf gibt, ob die Software (also die *App*) später zu bezahlen sein wird oder nicht.

Wenn Sie sich beispielsweise für den Eintrag VIDEOSCHNITTSOFTWARE entschieden haben und ihn anklicken oder antippen, öffnet die Suche den Edge Browser mit den Suchergebnissen zu dem Begriff aus der Microsoft-eigenen Suchmaschine *Bing*. Hier können Sie sich jetzt eine geeignete Software aussuchen, indem Sie einen Link aus der Ergebnisliste der Bing-Suche anklicken oder tippen. Bing sucht nach der Eingabe des Suchbegriffs nicht nur streng nach einer Software, sondern schaut gewissermaßen über den Tellerrand und versucht, auch verwandte Ergebnisse zu präsentieren, wie Abbildung 6.3 zeigt. Ausgehend von diesen Ergebnissen der Bing-Suche finden Sie dann auch weit mehr, als nur die Videoschnittsoftware, dort finden sich auch Testergebnisse Bücher und vieles mehr.

Es könnte schwer werden, sich in den Bing-Treffern für eine einfache und übersichtliche App zu entscheiden (Abbildung 6.4); Sie können sich hier aber recht umfangreich zum Suchbegriff insgesamt informieren. Natürlich können Sie hier auf den Seiten der Softwareanbieter bereits ein passendes Programm beziehen bzw. kaufen und herunterladen.

Abbildung 6.3 App nach Stichwort suchen

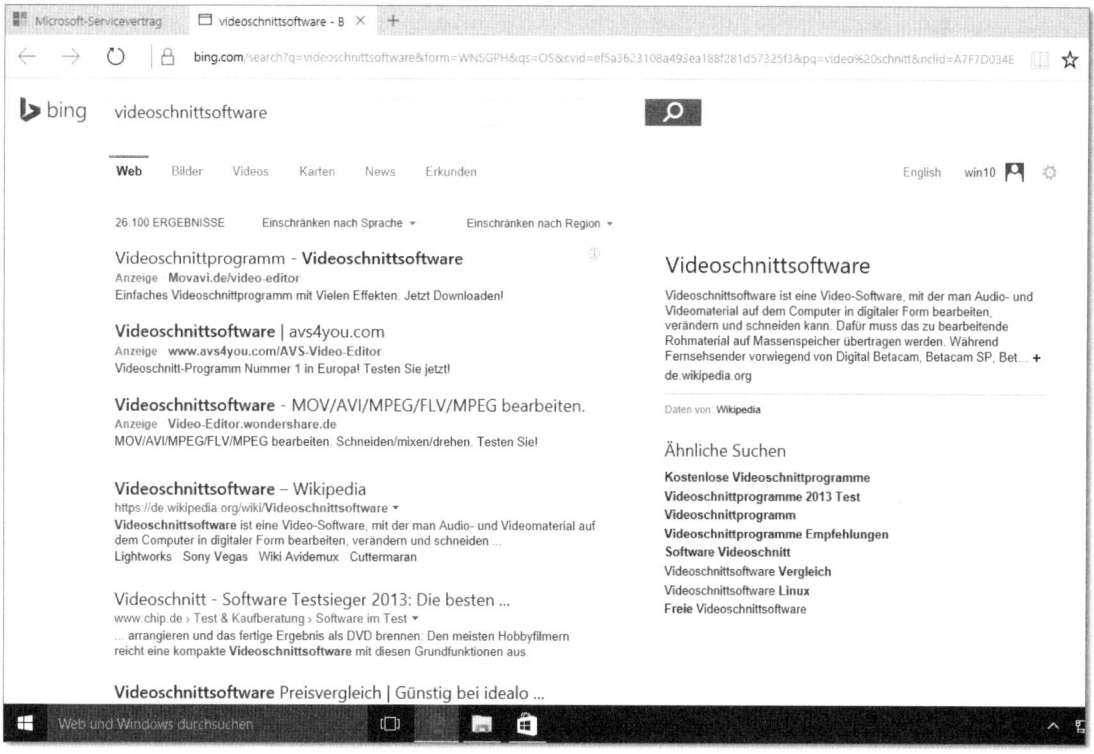

Abbildung 6.4 Suchergebnis mit der Suche im Suchfeld

Alternativ können Sie auch direkt im *Store* stöbern. Hier finden Sie vielleicht sogar leichter eine geeignete App, weil im Store nur zum Suchbegriff passenden Apps präsentiert werden, die Sie im Windows Store herunterladen oder kaufen können, und nicht zahlreiche allgemeine Suchergebnisse zum Begriff.

Öffnen Sie dazu vom Startbildschirm (Tablet-Modus) oder aus dem Startmenü heraus die *Store-App* durch Klicken oder Antippen. Alternativ können Sie auch mit den Tasten ⊞ + [Q] und der Eingabe von Store zum Onlinegeschäft von Windows gelangen.

Im Store angekommen, geben Sie im oberen rechten Suchfenster den Begriff ein, nach dem Sie suchen – in unserem Beispiel videoschnitt, gefolgt von [↵] (Abbildung 6.5).

Abbildung 6.5 Im Store nach Begriffen suchen

Auch hier erscheint gegebenenfalls eine Auswahl der zum Suchbegriff passenden Apps. In unserem Beispiel wird nur ein passendes Ergebnis angezeigt, der MOVIE EDIT TOUCH. Allerdings findet sich hier kein Webartikel mehr, der passende allgemeinere Themen beschreibt, sondern Sie sehen nur noch Universal Apps (Abbildung 6.6).

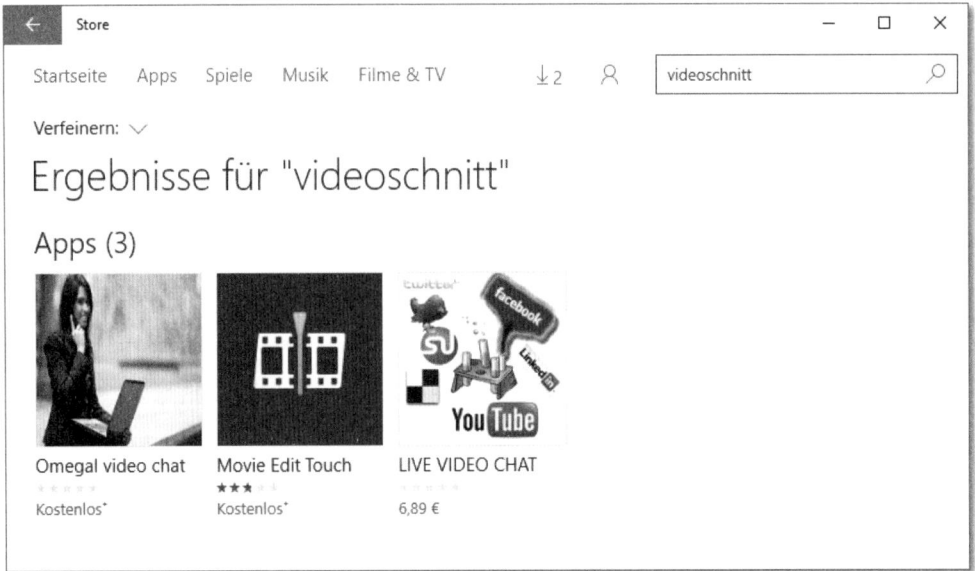

Abbildung 6.6 Suchergebnis im Windows Store

Während die Store-App in Windows 8 und 8.1 noch eine ganz vielfältige Filterung der Ergebnisse anbot – nach *Kategorien*, *Preisen* oder *Relevanz*, können Sie im aktuellen Windows Store nur noch nach Kategorien VERFEINERN, wie Abbildung 6.7 am Suchbegriff *messenger* darstellt.

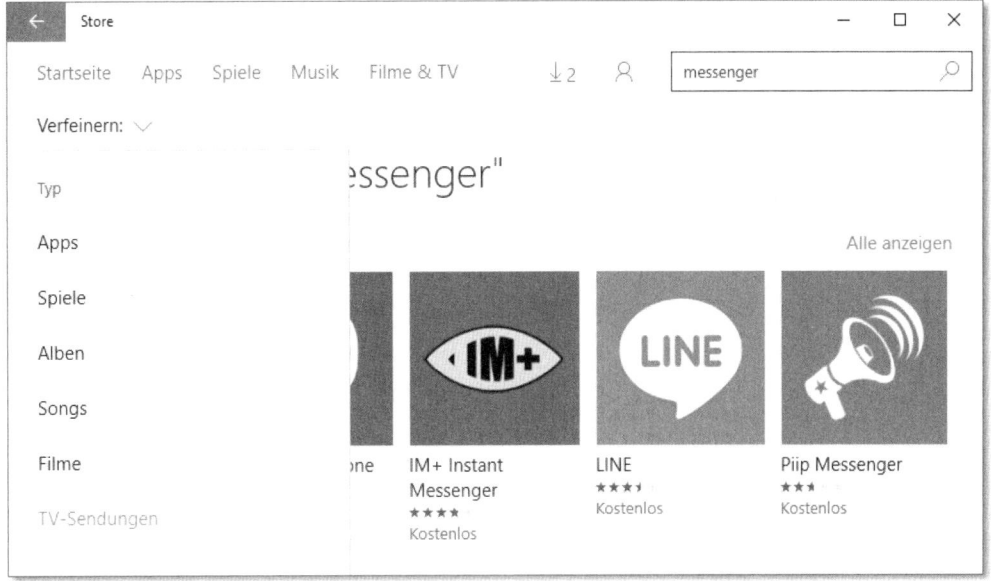

Abbildung 6.7 Suchergebnisse im Store verfeinern

6.1.3   Kostenpflichtige Apps erwerben

Bleiben wir bei dem Beispiel mit dem *Messenger*. Wenn Sie sich die angebotenen Apps einmal anschauen, werden Sie sehen, dass nicht alle Apps kostenlos sind. Zunehmend fordern die Hersteller von Apps ein Entgelt, um ihre Leistung vergütet zu bekommen. Wie Sie eine solche Kauf-App erwerben, zeigen wir Ihnen an unserem Messenger-Beispiel.

Wir haben uns nach ein wenig Blättern im Windows Store für die Anwendung *Metro Messenger* entschieden. Neben vielen kostenlosen Apps war sie recht teuer, sie soll aber keine Empfehlung sein, die App selbst dient hier nur als Beispiel. Vor dem eigentlichen Kauf klicken oder tippen Sie auf die gewünschte App, um sie auszuwählen. In diesem Fenster wird die App näher beschrieben (Abbildung 6.8). Oft werden Ihnen hier auch Screenshots (die neuerdings sogar deutsch BILDSCHIRMFOTOS heißen) angeboten, damit Sie sich einen ersten Eindruck machen können.

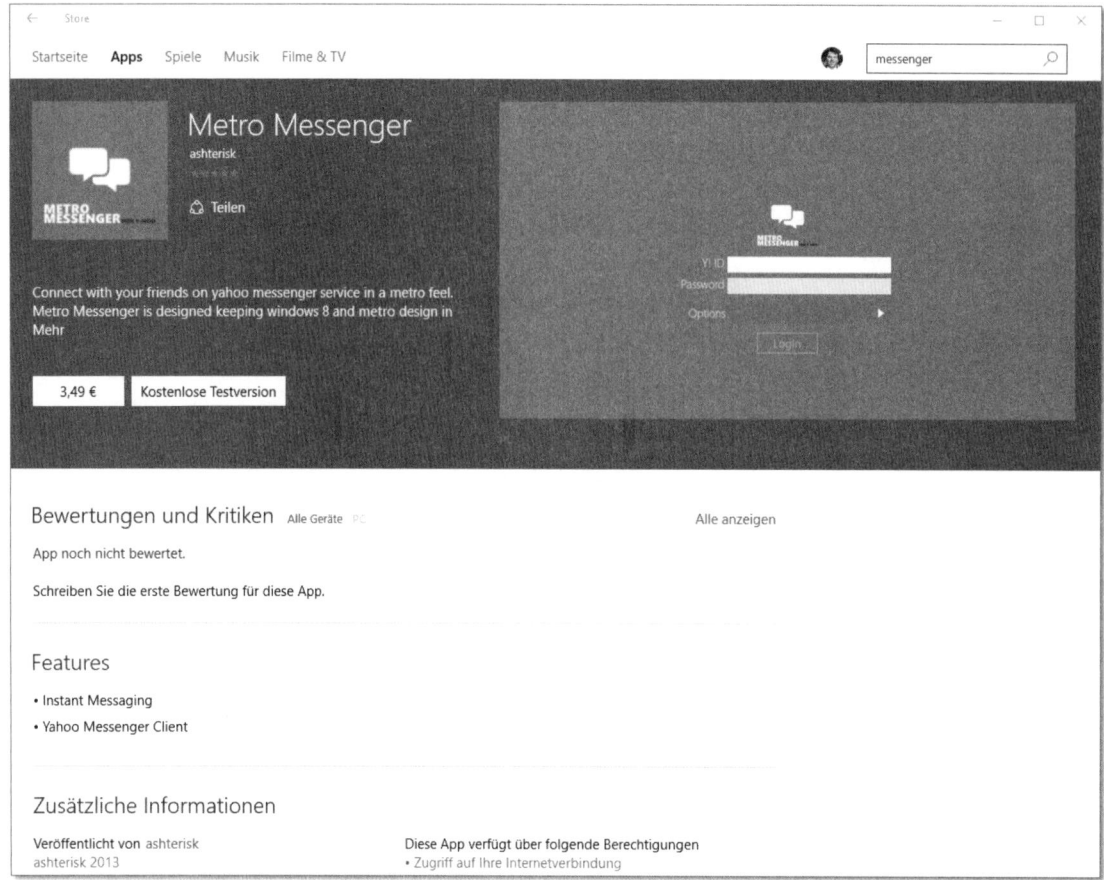

Abbildung 6.8 Detailinfos einer App im Windows Store

Wenn Sie mit der Maus oder durch Wischen weiter nach unten blättern, erhalten Sie bei sehr vielen Apps auch noch Einstufungen und Rezensionen anderer Nutzer, Kommentare von Nutzern und oft auch noch Detailbeschreibungen (Abbildung 6.9). In Rubriken wie BEWER-TUNGEN UND KRITIKEN erfahren Sie, ob bereits andere Nutzer eine Rezension zu dieser App abgegeben haben und wie die App bewertet wurde, in der Rubrik FEATURES werden weiterführende Funktionen angepriesen, und in der Rubrik ZUSÄTZLICHE INFORMATIONEN erfahren Sie schließlich, wer der Herausgeber der App ist, auf welchen Geräten sie genutzt werden kann, auf wie vielen Geräten (mit Ihrem Microsoft-Konto gerechnet) gleichzeitig und welche Sprachen unterstützt werden. Ein Blick in diese *zusätzlichen Informationen* lohnt sich also mindestens so sehr wie ein Blick in die Bewertungen.

Viele dieser Informationen hätten bei Kaufsoftware aus dem Geschäft auch auf der Verpackung gestanden, hätten Sie das Produkt denn im Handel erworben, andere Informationen hätten sich tief in den Lizenzbestimmungen versteckt – wie etwa die Anzahl der gleichzeitig nutzbaren Geräte für diese Software.

Abbildung 6.9 Detaillierte Infos zu einer einzelnen App

Bevor Sie die Software jetzt kaufen, können Sie sie oftmals auch einen begrenzten Zeitraum lang kostenlos testen. Manche Software funktioniert während des Testzeitraums aber nur eingeschränkt.

Haben Sie die Software für gut befunden und gegebenenfalls getestet, steht der Kauf an. Klicken Sie hierzu auf die Schaltfläche »3,49 €« im linken oberen Teil der App-Beschreibungsseite (Abbildung 6.8).

Nach dem Klick auf »3,49 €« werden Sie nur noch selten nach Ihrer Zustimmung zu den Nutzungsbedingungen gefragt, Sie können die App hier mit anderen Teilen oder oft auch bei Mehr weitere Informationen zur App erhalten (Abbildung 6.10).

Abbildung 6.10 Kauf der App und Optionen

Nach dem Klick auf den »3,49 €«-Button werden Ihre Microsoft-Kontoinformationen überprüft, damit Sie auch sicher mit dem richtigen Konto einkaufen gehen (Abbildung 6.11). Dies geschieht einerseits, um den Missbrauch Ihres Microsoft-Kontos zu erschweren, und anderseits, um Sie davor zu schützen, dass Sie versehentlich Apps beim Herumklicken im Store kaufen.

Abbildung 6.11 Prüfung des Microsoft-Kontos

Geben Sie hier Ihr Kennwort ein – oder brechen Sie durch Schließen der Abfrage mit × ab, falls dies nicht das von Ihnen gewünschte Microsoft-Konto ist (Abbildung 6.11). Sie gelangen zur virtuellen Kasse, die hier APP KAUFEN heißt (Abbildung 6.12).

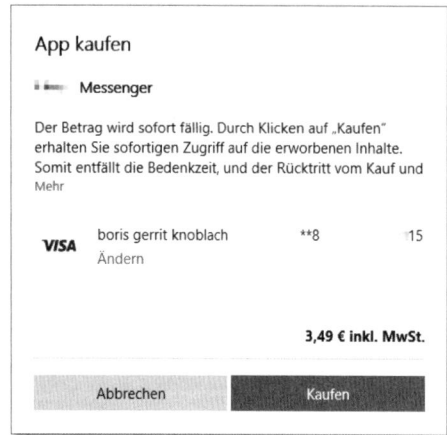

Abbildung 6.12 Im Store können Sie z. B. mit Kreditkarte zahlen.

Wenn Sie Ihr Microsoft-Konto noch nicht mit einer Zahlungsmethode verknüpft haben, können Sie dies hier nachholen – bzw. mit Ihrer Kreditkarte oder Ihrem PayPal-Konto bezahlen. Klicken Sie zunächst auf ZAHLUNGSMETHODE AUSWÄHLEN, und dann wählen Sie

KREDITKARTE oder PAYPAL aus (Abbildung 6.13). Füllen Sie im folgenden Dialog alle Felder aus, und bestätigen Sie Ihre Eingaben am Ende.

Abbildung 6.13 Dem Microsoft-Konto eine Zahlungsmethode hinzufügen

Sobald Sie die Zahlungsmethode erfolgreich hinzugefügt haben, werden Sie gebeten, zum Store zurückzukehren (Abbildung 6.14).

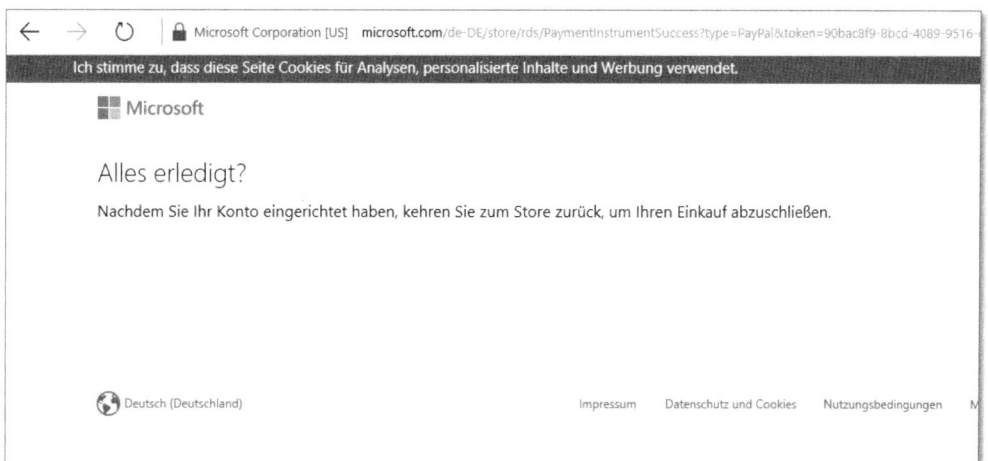

Abbildung 6.14 Erfolgreich hinzugefügte Zahlungsmethode im Store

Zurück im Store, werden möglicherweise noch weitere Daten von Ihnen abgefragt, wie die Adresse zu den Profilinformationen. Sie ergänzen auf diese Weise das Profil Ihres Microsoft-Kontos. Haben Sie hier bereits eine Adresse eingegeben, entfällt diese Nachfrage. Abschließend sehen Sie im Kaufdialog dann, dass Sie die App kaufen können – es findet sich auch eine Bezahlmethode und die Möglichkeit, den Kauf noch abzubrechen. Nach dem Klicken auf KAUFEN dürfen Sie die App nutzen (Abbildung 6.15).

Abbildung 6.15 Kaufdialog nach Einfügen einer Bezahlmethode

Der Kauf war erfolgreich, wenn die App vom Windows Store installiert wird. Das geschieht automatisch. Den erfolgreichen Erwerb, Download und die Installation sehen Sie im Store meist unmittelbar nach dem Kauf (Abbildung 6.16). Je nach der Bandbreite Ihrer Internetverbindung und der Größe der App oder Software kann dieser Vorgang auch etwas dauern. Beachten Sie, dass der Download sofort beginnt – wenn Sie also über eine möglicherweise relativ teure Einwahlverbindung online sind, könnten hier Kosten entstehen. Den *Metro Messenger* möchten wir durch diese Auswahl weder empfehlen noch davon abraten. Uns ging es lediglich um die Beschreibung des Vorgangs des Auswählens und Kaufens.

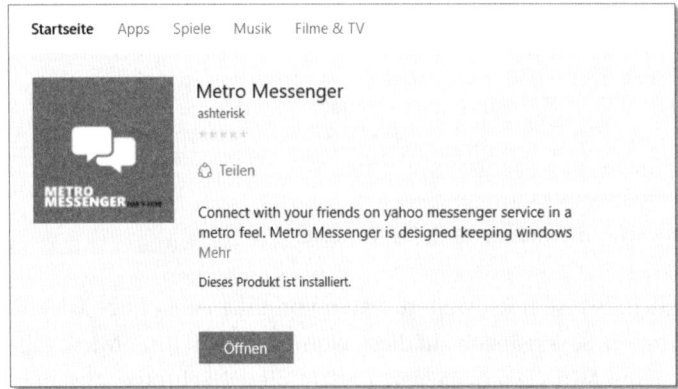

Abbildung 6.16 Die gekaufte App ist installiert und bereit zur Nutzung.

6.1.4   Gratis-Apps herunterladen und installieren

Nicht alle Apps im Windows Store sind kostenpflichtig, es gibt ein gutes und breites Angebot an kostenfreien Apps. Diese sind nicht zwingend schlechter als Kauf-Apps, manchmal haben sie aber in der Gratisversion einen eingeschränkten Funktionsumfang oder blenden Werbung ein. Aber es kann sich durchaus lohnen, vor dem Kauf einer App eine Gratisvariante zu testen.

Um eine Gratis-App zu erwerben, verfahren Sie genauso wie beim Kauf einer kostenpflichtigen App. Öffnen Sie den Windows Store. Suchen Sie sich anhand eines Stichworts die passende App aus dem Store aus. Hier sehen Sie bereits, ob es sich um eine Kauf- oder Gratis-App handelt, denn entweder steht unter der App der Kaufpreis oder der Hinweis KOSTENLOS bzw. KOSTENLOS⁺, was darauf hinweisen soll, dass innerhalb der App kostenpflichtige *InApp-Käufe* möglich sind. Als Beispiel installieren wir die Spiele-App *Microsoft Mahjong*. Sie ist mit KOSTENLOS⁺ gekennzeichnet, man kann also innerhalb dieser Spiele-App Käufe tätigen.

Klicken oder tippen Sie im Windows Store im Suchfenster oben rechts, und geben Sie als Suchbegriff mahjong ein, gefolgt von ⏎ oder Tippen auf die LUPE (Abbildung 6.17).

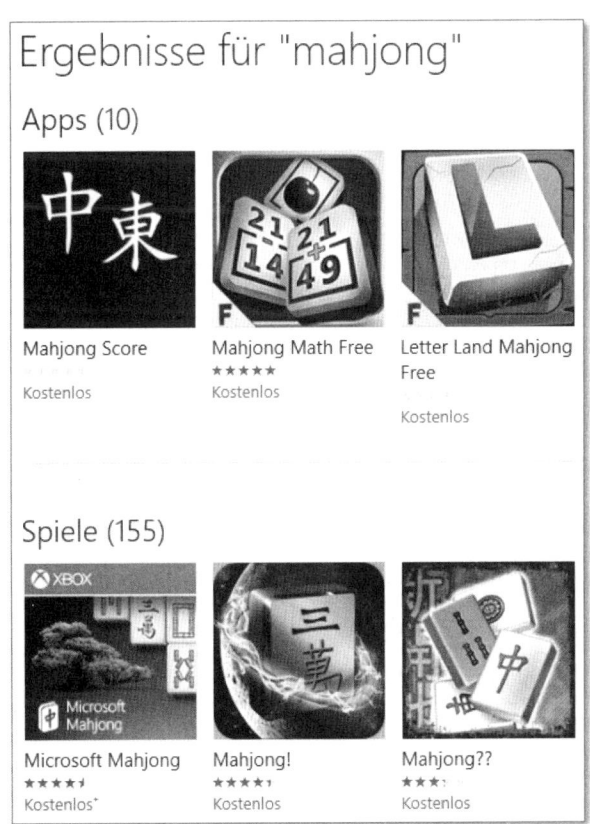

Abbildung 6.17 Spiele-App »Mahjong« suchen und installieren

Sie sehen in diesem Bild, dass es eine komplett kostenfreie App für Mahjong gibt, die *Mahjong Score*, und eine, die InApp-Käufe anbietet, die *Microsoft Mahjong*-App (KOSTENLOS⁺) (Abbildung 6.17). Wir installieren hier die *Microsoft Mahjong*-App.

Klicken Sie auf die zu installierende App MICROSOFT MAHJONG. Im Beschreibungsbildschirm der Mahjong-App sehen Sie, dass die App KOSTENLOS⁺ ist und daneben können Sie sehen, dass das »+« für optionale InApp-Einkäufe in dieser App steht. Durch Klicken oder Tippen auf die Schaltfläche KOSTENLOS⁺ starten der Download und die Installation. Wir raten an dieser Stelle immer – auch bei Gratis-Apps –, weiter unten die zusätzlichen Informationen zu lesen. Hier sehen Sie bei dieser App, dass Sie sie auf bis zu zehn Windows-Geräten installieren dürfen. Ferner räumt die App hier ein, dass sie Zugriff auf Ihre Internetverbindung bzw. Zugriff auf Ihre Internetverbindung als Server beansprucht. Das sind aus unserer Sicht wichtige Details, denn Sie gestatten einem Spiel sowohl den Zugriff auf das Internet, was Kosten verursachen kann, als auch, dass Ihr PC für dieses Spiel in irgendeiner Form als Server agieren darf.

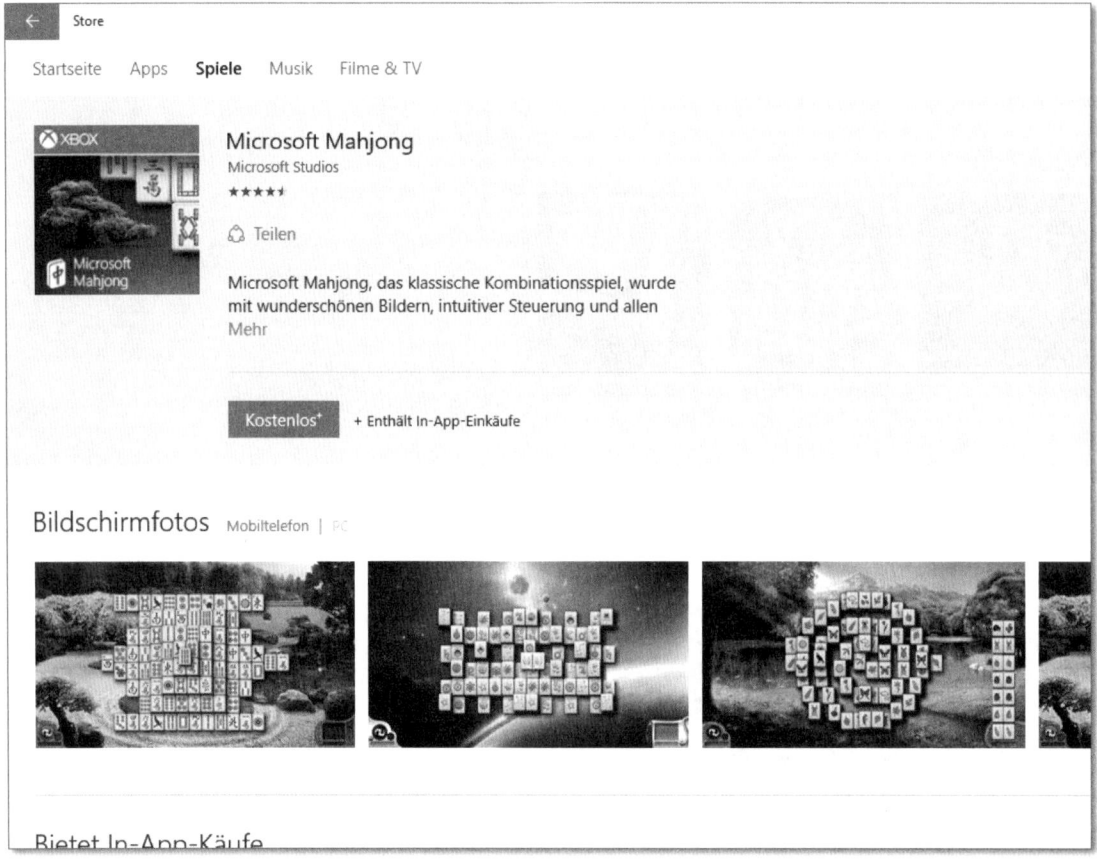

Abbildung 6.18 Installation der Gratis-App »Mahjong«

Nach der Installation, die Sie übrigens durch Klicken auf den Doppelstrich (Pause) ❶ oder das Kreuz (Abbrechen) ❷ auch pausieren oder abbrechen können, steht Ihnen auch die Gratis-App zur Verfügung (Abbildung 6.19).

Unmittelbar nach der Installation der App finden Sie diese dann ganz rasch im wiedergekehrten Startmenü unter der Rubrik ZULETZT HINZUGEFÜGT.

Abbildung 6.19 Download von Apps pausieren oder abbrechen

6.1.5   Universal Apps auf mehreren PCs nutzen

Apps aus dem Windows Store sind oft einfachere, auf das Wesentliche reduzierte Apps, die nicht so teuer sind wie etablierte Desktop-Programme. Wer nicht den vollen Funktionsumfang braucht oder den Komfort der App-Bedienung mit dem Finger wünscht, findet hier oft das richtige Produkt.

Was Apps aus dem Store darüber hinaus attraktiv macht, ist die scheinbar gängige Praxis von Microsoft und anderen Anbietern von Universal Apps, dass diese Apps auf bis zu zehn Geräten des gleichen Microsoft-Kontos genutzt werden dürfen. Nachlesen können Sie diese Bestimmungen hier: *https://msdn.microsoft.com/en-us/library/windows/apps/hh694058.aspx*. Beachten Sie vor allem den Abschnitt 4) g., »License to Customer for Store-Apps«.

Wenn Sie also einen Windows 10-PC, ein Windows 10-Tablet und noch ein Hybridgerät (also ein Notebook und Tablet in einem einzigen wandelbaren Gerät) mit diesem Betriebssystem betreiben, die alle mit dem gleichen Microsoft-Konto angemeldet sind, können Sie eine einmal gekaufte App auf diese Geräte synchronisieren und dort auch gleichzeitig nutzen.

Windows Store-Apps auf mehreren PCs nutzen

Zum Zeitpunkt der Drucklegung dieses Buches war die gleichzeitige Nutzung von Windows Store-Apps nicht eindeutig geregelt. Waren es zu Zeiten von Windows 8 noch acht gleichzeitige Installationen der Apps aus dem Store, bei Windows Phone 8 fünf, bei Windows 8.1 gar 81 gleichzeitige Installationen (eine absurd hohe, aber zur Version passende Zahl), sollten Sie bei Windows 10 stets in den Zusatzinformationen nachsehen, unter welchen Bedingungen Sie die gewünschte App nutzen dürfen. Die Zahl 10 als Standartwert für die erlaubte Anzahl von Installationen einer App gilt zwar derzeit als offiziell – aber unter der Annahme, dass sich Windows 10 wesentlich stärker verbreiten dürfte als Windows 8, haben wir hier Zweifel, ob das zur dauerhaften Regel wird.

Schauen Sie also stets genau in den Detailbeschreibungen einer App nach, auf wie vielen Geräten sie gleichzeitig installiert und genutzt werden darf.

Während Sie bei Windows 8.1 noch pauschal alle Apps zur Synchronisation freigeben konnten bzw. mussten – und Windows dann auch alle Apps auf verschiedenen PCs synchronisiert hat –, können Sie seit Windows 10 feiner entscheiden, welche Ihrer Apps auf anderen Geräten installiert werden soll. Bei Gratis-Apps können Sie die betreffenden Anwendungen einfach erneut gratis aus dem Windows Store laden, Sie sehen am Hinweis BEREITS ERWORBEN, dass Sie diese App unter Ihrem Microsoft-Konto bereits auf einem PC installiert haben. Bei gekauften Apps sehen Sie im Store ebenfalls, dass Sie eine App BEREITS ERWORBEN haben und zum Download ohne erneute Bezahlung berechtigt sind (Abbildung 6.20). Voraussetzung hierfür ist jedoch, dass Sie sich mit ein und demselben Microsoft-Konto anmelden. Dann können Sie sogar in Windows 8.1 auf unter Windows 10 gekaufte Apps zugreifen – wenn diese mit dem älteren Betriebssystem kompatibel sind. Bei Drucklegung des Buches waren die beiden Versionen jedoch noch nicht vollständig synchronisiert.

Abbildung 6.20 Bereits erworbene Apps im Windows Store

Neu erworbene Apps, ob gekauft oder gratis, erkennen Sie ganz leicht am kleinen Zusatz NEU, der unter der App steht (Abbildung 6.21). Am einfachsten finden Sie neu installierte

Apps, indem Sie auf START • ALLE APPS klicken oder tippen und die angezeigten Apps durch-
blättern, bis sie neue finden.

Abbildung 6.21 Neu installierte Apps

In Abbildung 6.21 sehen Sie neben der als Beispiel in diesem Kapitel gekauften App METRO
MESSENGER auch die App MICROSOFT MAHJONG, eine Gratis-App, die wir ebenfalls installiert haben. Beide sind NEU – wurden also seit ihrer Installation noch nicht geöffnet. Diese
Kennzeichnung kann hilfreich sein, wenn Sie nicht mehr genau wissen, wie Ihre zuletzt neu
installierte App hieß, Sie können einfach schauen, welche als NEU gekennzeichnet sind.

6.1.6   App-Käufe kontrollieren

Gerade wenn Sie ein Microsoft-Konto gemeinsam mit anderen nutzen (z. B. mit der Familie
oder mit Freunden), wird das Thema Kostenkontrolle wichtig. Sie können, wenn Sie einmal
eine Kreditkarte im Windows Store hinterlegt haben, dort relativ einfach und bequem Apps
und Leistungen kaufen, ohne jedes Mal erneut Ihre Kreditkarteninformationen hinterlegen
zu müssen. Daher ist es gut, dass Sie Käufe über Ihr Konto und mit Ihrer Kreditkarte auch im
Windows Store prüfen können.

Um diese Informationen abrufen zu können, brauchen Sie Ihr Microsoft-Konto und Ihr Passwort. Melden Sie sich bei *https://commerce.microsoft.com* mit Ihrem Microsoft-Konto an.

Auch wenn der Login vertraut aussieht, landen Sie jetzt in der Transaktionsübersicht Ihres Microsoft-Kontos – genauer, Sie melden sich hier an der Finanz-Verwaltungsoberfläche Ihres Microsoft-Kontos an. Hier können Sie die kürzlich getätigten Transaktionen einsehen, also Ihre gebührenpflichtigen Käufe, aber ebenso die kostenfreien »Käufe« von Apps. Klicken Sie auf das kleine Symbol ❶ rechts von einer Transaktion – in unserem Beispiel auf Metro Messenger –, und Sie erhalten Ihre Onlinerechnung als PDF-Dokument in Ihren Downloadordner, in der Regel ist das die Bibliothek *Downloads* (Abbildung 6.23). Dieses PDF können Sie durch Klicken auf Öffnen weiterverarbeiten, z. B. drucken oder per Mail versenden. Sollten Sie nicht genau wissen, wohin Ihr Rechnungs-PDF gespeichert wurde, können Sie sich aus dem Dialog heraus auch direkt die Downloads anzeigen lassen (Abbildung 6.23).

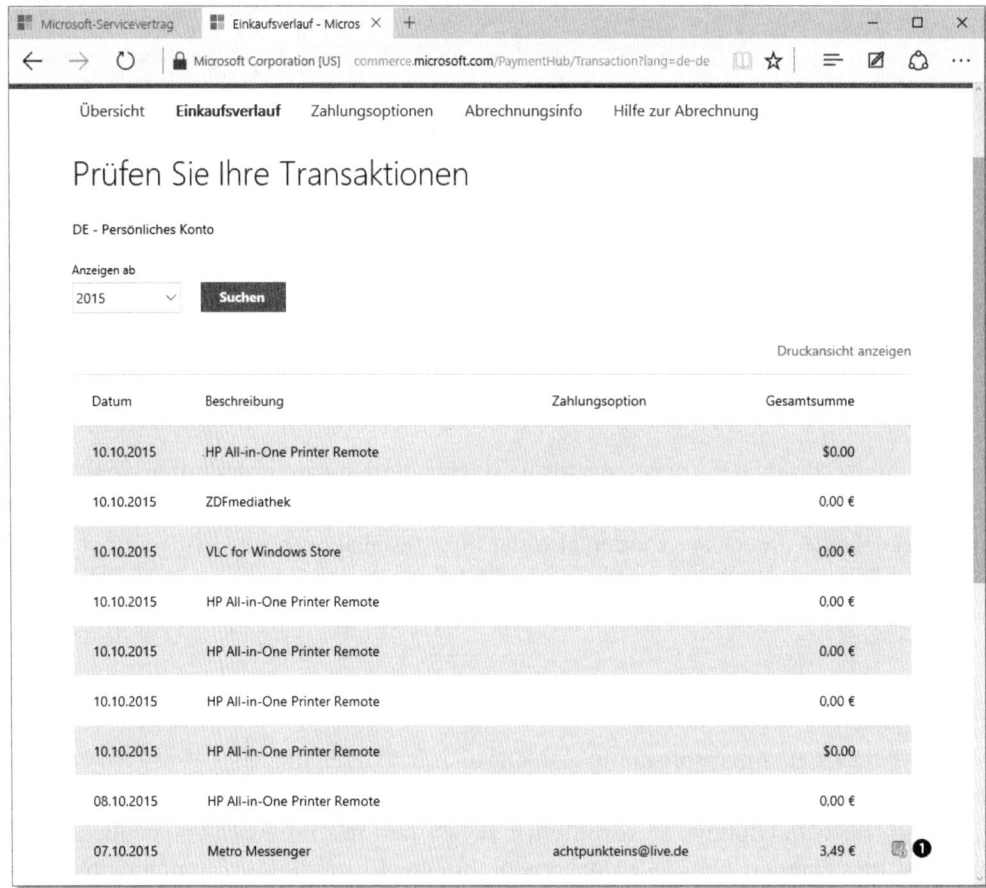

Abbildung 6.22 Transaktionsübersicht über alle Käufe und Gratisbezüge von Apps

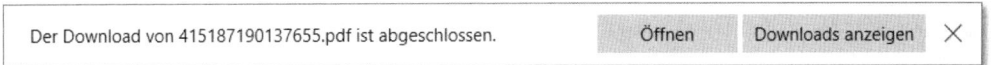

Abbildung 6.23 Der Downloaddialog zum Rechnungs-PDF

In diesem Portal finden Sie neben der Möglichkeit, Ihre mit Ihrem Microsoft-Konto verbundenen Geräte zu verwalten oder Familienmitglieder mit Sicherheitsregeln auszustatten, u. a. auch in der Rubrik ZAHLUNG UND ABRECHNUNG den Punkt ZAHLUNGSOPTIONEN (Abbildung 6.24). Hier können Sie ZAHLUNGSOPTIONEN HINZUFÜGEN, im MICROSOFT-KONTO *Geschenkgutscheine* einlösen, oder vorhandene Zahlungsmethoden ändern, im Beispiel wäre das PAYPAL. Sollten Sie ein Guthaben in Ihrem Microsoft-Konto besitzen, wird dieses auch hier angezeigt. Geschenkgutscheine können Sie im Handel oder online kaufen und einlösen, indem Sie hier auf die Schaltfläche MICROSOFT-KONTO klicken oder tippen. Übrigens müssen Sie nicht zwingend dem Microsoft-Konto, mit dem Sie angemeldet sind, Zahlungsoptionen hinzufügen. Sie können auch die Zahlungsinformationen eines anderen Microsoft-Kontos in Ihrem Profil hinterlegen, wie Sie bei aufmerksamer Betrachtung von Abbildung 6.24 sehen können. Angemeldet sind wir hier mit dem Konto WIN10 (oben rechts im Bild zu erkennen) – aber die Zahlungsoption PAYPAL läuft über ein ganz anderes Microsoft-Konto namens *achtpunkteins@live.de*.

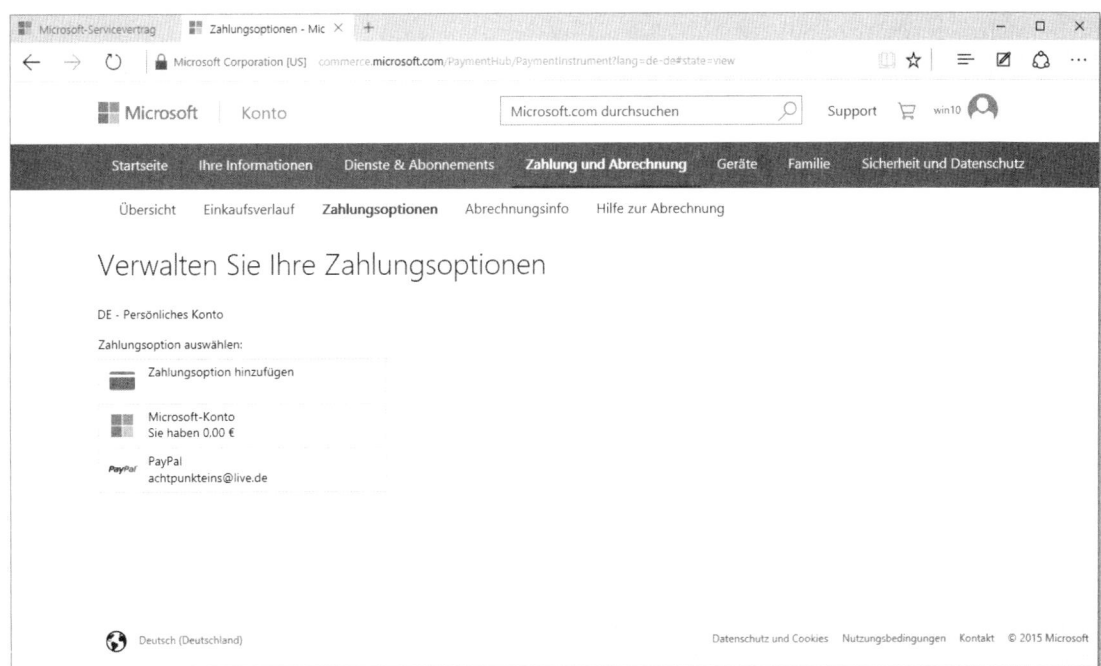

Abbildung 6.24 Die Zahlungsoptionen zu Ihrem Microsoft-Konto

Abbildung 6.25 Unser Microsoft-Konto mit Fantasieprofil-Details

Abbildung 6.26 Von Microsoft generierte Rechnung aus unserem Profil

Onlinerechnung des Windows Stores

Wenn Sie Apps kaufen, die Sie steuerlich geltend machen wollen, sollten Sie beachten, dass die zu Ihrem Microsoft-Konto hinterlegten persönlichen Daten Ihrem Unternehmen oder Ihrer Firmierung entsprechen. Für unser Beispiel haben wir keine realen Benutzerdaten verwendet, auch aus Gründen des Datenschutzes und der Datensparsamkeit. Das wirkt sich aber im Falle von Käufen auf die Darstellung in der Onlinerechnung aus, wie Abbildung 6.25 und Abbildung 6.26 zeigen. Solche privaten Fantasieprofile eignen sich demnach nicht für die steuerliche Verwertung. Mittlerweile erstellt Microsoft wenigstens Rechnungen, die den Anforderungen von §14 Abs. 4 UStG genügen. Seit der Liberalisierung der Echtheitsprüfung von Rechnungen durch das Steuervereinfachungsgesetz 2011 gibt es nicht mehr den Zwang, eine elektronische eindeutige Signatur in Onlinerechnungen anzubringen, es muss lediglich ein verlässlicher Prüfpfad zwischen Rechnung und Leistung seitens des Rechnungsausstellers hergestellt werden. Genauer können Sie das in der Weisung des Bundesministeriums für Finanzen vom 2.7.2012 nachlesen, und zwar im Dokument 2012/0449475, GZ IV D 2 – S 7287-a/09/10004 :003:

http://www.bundesfinanzministerium.de/Content/DE/Downloads/BMF_Schreiben/Steuer-arten/Umsatzsteuer/Umsatzsteuer-Anwendungserlass/2012-07-02-Vereinfachung-der-elektronischen-Rechnungsstellung.pdf?__blob=publicationFile&

6.1.7   Deinstallation von Apps

Wenn Sie eine App nicht mehr auf Ihrem PC haben möchten, können Sie sie auf sehr einfache Weise wieder deinstallieren.

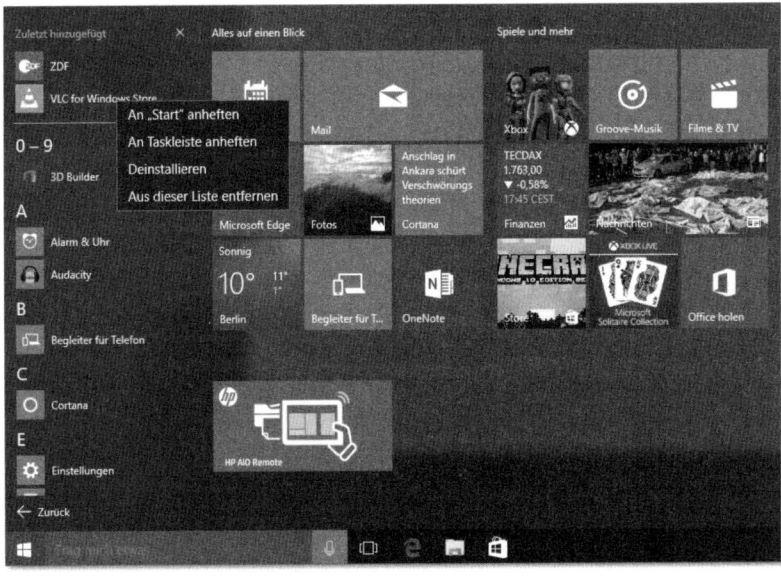

Abbildung 6.27 App(s) deinstallieren

Drücken oder tippen Sie START • ALLE APPS bzw. im Tablet-Modus START • 🗐, wählen Sie dort die zu deinstallierende App mit der rechten Maustaste aus, oder halten Sie mit dem Finger die zu deinstallierende App etwas länger gedrückt. Jetzt werden Ihnen die Optionen für diese App angezeigt, darunter auch der Punkt DEINSTALLIEREN. Klicken oder tippen Sie auf DEINSTALLIEREN, und die App wird gelöscht (Abbildung 6.27).

6.1.8   Desktop-Apps installieren, reparieren und deinstallieren

Microsoft spricht jetzt zwar offiziell von *Desktop-Apps*, aber der Begriff ist etwas irreführend. Gemeint sind Apps, die im *Desktop-Modus* laufen und nicht im *Tablet-Modus* – also klassische Windows-Programme, wie wir sie schon vor Windows 10 kannten. Sie erkennen diese Desktop-Apps bereits daran, dass Sie sie nicht im Windows Store kaufen müssen. Im neuen Windows Store finden Sie aktuell gar keine Desktop-Modus-Apps, alles, was hier an Apps angeboten wird, läuft in der Modern UI.

Um eine Desktop-App oder ein Programm außerhalb des Windows Stores zu installieren, benötigen Sie zunächst die Installationsdateien. Diese erhalten Sie entweder auf einem Datenträger (CD, DVD, USB-Stick, Festplatte) oder elektronisch per Download. Dieser Download kann beispielsweise aus einem Mailanhang heraus, von einem FTP-Server oder von einer Webseite erfolgen. Abhängig von dem Weg, über den Sie die Installationsdateien beziehen, gestaltet sich auch die Installation. Nehmen wir einmal an, Sie hätten eine Installationsdatei für den in Deutschland so beliebten Firefox Browser per E-Mail erhalten. Nach dem Download dieser Installationsdatei könnte diese im Downloadordner der Bibliothek landen.

Das Installieren von allgemeinen Desktop-Apps (gemeint sind jene, die Sie nicht über den Store bezogen haben) dürfte vielen vertraut sein, da sich der Vorgang seit vielen Jahren nicht wirklich verändert hat.

Abhängig vom gewählten Datenträger (bzw. von der Herkunft der zu installierenden Desktop-App, z. B. einem Download) starten Sie entweder gemäß der Installationsanleitung der betreffenden App eine Datei namens *Setup.exe*, *Install.exe* oder *Programmname.exe* o. Ä.

Apps, die Sie aus dem Internet oder von einem anderen Server heruntergeladen haben, installieren Sie ebenfalls so, wie Sie es gewohnt sind: durch Doppelklick auf die Installationsdatei (Abbildung 6.28). Für ein Beispiel installieren wir den *Firefox 41.01* aus der Bibliothek *Downloads* – so, wie wir ihn eben gespeichert haben. In Abbildung 6.28 ist der Installationsordner bereits geöffnet.

Als Nächstes doppelklicken Sie auf die Datei *Firefox Setup 41.0.1.exe*. Das geht am besten mit der Maus, Sie können aber natürlich auch mit dem Finger tippen.

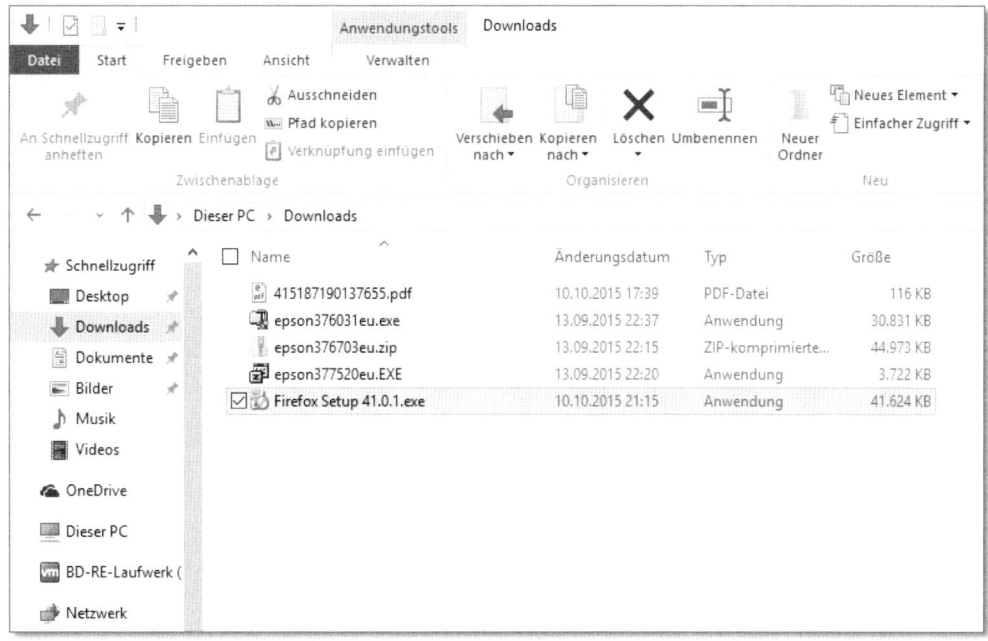

Abbildung 6.28 Installationsdateien einer Desktop-App

Im nächsten Schritt werden Sie gegebenenfalls nach einer Bestätigung (Benutzerkontensteuerung oder UAC-Abfrage) gefragt (Abbildung 6.29), insbesondere dann, wenn Sie Dateien aus dem Internet oder von Servern installieren, die keine passende Vertrauensstellung zu Ihrem PC haben (Abbildung 6.30). Hier im Beispiel werden wir gebeten, mit dem Administratorkonto, das hier »windoos Acht« heißt, die Installation zu legitimieren.

Abbildung 6.29 UAC-Abfrage der Benutzerkontensteuerung

Geben Sie das entsprechende Kennwort ein, klicken Sie auf JA und anschließend auf FORT-SETZEN bzw. AUSFÜHREN, und die Installation startet. Wie eine Installation jetzt im Einzelnen weitergeht, ist sehr unterschiedlich und hängt von dem zu installierenden Programm, also von der Desktop-App ab. Das Ende einer Installation muss oft per Klick bestätigt werden; manche Programme verlangen auch einen Neustart des Rechners nach der Installation.

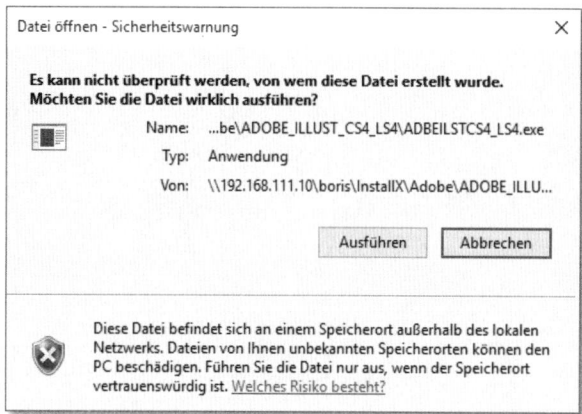

Abbildung 6.30 Sicherheitswarnung beim Öffnen

Jetzt ist Ihre Desktop-App installiert, und Sie können sie verwenden. Je nach Art der Desktop-App oder auch Ihrer Auswahl bei der benutzerdefinierten Installation haben Sie auf dem Desktop bereits eine Programmverknüpfung, mit deren Hilfe Sie die Desktop-App durch Doppelklick starten können.

Falls Sie Ihr Programm dort nicht finden, drücken Sie ⊞ + Q und geben den Namen der Anwendung ein. Alternativ können Sie in Windows 10 natürlich auch das zurückgekehrte Startmenü strapazieren – klicken oder tippen Sie auf START • ALLE APPS, und suchen Sie Ihre Desktop-App. Jetzt sollte die Desktop-App erscheinen, und Sie können sie anklicken und starten.

Sicherheitsabfragen vor der Installation reduzieren

Gerade dann, wenn Sie Ihren PC zu Hause, vielleicht an einem kleinen Heimserver (NAS, *Network Attached Storage*), betreiben und wenn Sie dort Ihre Software-Installationsdateien abgelegt haben, um sie für alle Geräte im Haus oder im Heimnetzwerk verfügbar zu haben, sollten Sie Ihre sogenannte *Intranetzone* im Internet Explorer anpassen, damit Sie auf diesen Server mit einer höheren Vertrauensstellung zugreifen können.

1. Öffnen Sie dazu den *Internet Explorer*. Das können Sie machen, indem Sie mit ⊞ + Q und der Eingabe Internet explorer und ↵ den IE direkt aufrufen, oder aus dem neuen *Edge Browser* heraus auf das ...-Menü oben rechts klicken und MIT INTERNET EXPLORER

ÖFFNEN auswählen. Dort angekommen, klicken Sie oben rechts auf das Zahnrad-Symbol, sodass sich die EINSTELLUNGEN öffnen.

2. In den Einstellungen wählen Sie die INTERNETOPTIONEN aus.

3. Im jetzt erscheinenden Fenster klicken Sie auf den Reiter SICHERHEIT • LOKALES INTRANET • SITES • ERWEITERT.

4. Hier tragen Sie die IP-Adresse Ihres Heimservers oder Ihres *NAS* ein ❶ und klicken auf HINZUFÜGEN, damit dieser als vertrauter Intranetserver bekannt wird.

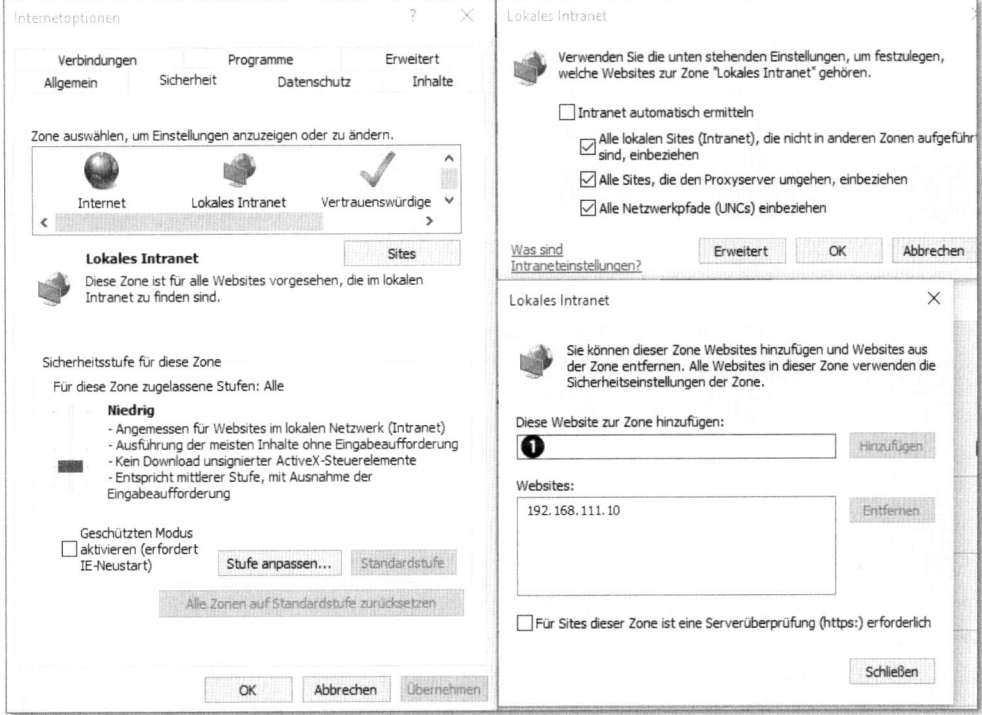

Abbildung 6.31 Anpassung des lokalen Intranets

Damit diese Einstellungen wirken, sollten Sie den Rechner idealerweise einmal neu starten. Bei einer weiteren Installation von Ihrem jetzt legitimierten Server fragt Windows nicht mehr nach der Vertrauenswürdigkeit.

Die Technik, die hier zum Einsatz kommt, nennt sich *Attachment Execution Services* (AES) und ist seit Windows XP Service Pack 2 bei Windows vorhanden. AES prüft, ob für die jeweilige Dateiendung eine entsprechende Regel existiert. Gibt es für die betreffende Dateiendung keine passende Regel und liegt kein Zertifikat vor, wird die Sicherheitswarnung (Abbildung 6.30) angezeigt. Sie können jetzt entscheiden, ob Sie die Datei wirklich ausführen wollen oder nicht. Ausnahmen hiervon können Sie entweder in der Registry vornehmen (wovon wir aber abraten), oder Sie definieren für Ihre bekannten und sicheren Server einen Eintrag im Internet Explorer, wie zuvor beschrieben.

In vielen Fällen, wenn Sie die Desktop-App (oder das Programm, wie wir früher sagten) auf einem Datenträger wie einer CD oder DVD erhalten, legen Sie einfach die Scheibe mit der zu installierenden Software in Ihr Laufwerk – und in der Regel beginnt die Installation jetzt automatisch.

».exe«- und ».msi«-Installationsdateien

In unserem Beispiel sehen Sie neben der Datei *setup.exe* auch eine *Duden Korrektor.msi*. Beide Dateien installieren die Software. Der Unterschied zwischen einer *.msi*- und einer *.exe*-Datei ist der, dass eine *.msi*-Datei immer eine Installationsdatei ist, die aus einer Datenbankdatei und gegebenenfalls auch den eingebetteten Installationsdateien besteht.

Die im *.msi-Installer* eingebundene Datenbank verrät dem Programm *Windows Installer*, wie, wo, aus welchen Quellen, mit welchen Rechten, unter welchen Voraussetzungen und in welcher Reihenfolge die Installationsschritte zu erfolgen haben.

In der *.msi*-Datei können auch bereits die benötigten Installationsdateien selbst enthalten sein oder diese liegen separat als *.cab*-Datei oder unkomprimiert vor, und zwar an einem der *.msi*-Datei bekannten Speicherort.

Ein *.msi*-Installationspaket ist aber noch mehr, es installiert nicht nur Programme, es ist zugleich das Paket, das die Software wieder deinstallieren kann oder auch repariert. Dazu kopiert das *.msi*-Paket alle relevanten Dateien in den Ordner *C:\Windows\Installer*, um im Falle einer Beschädigung des Programms von hier die Reparaturdateien beziehen zu können.

Die *.exe*-Datei kann neben einer Installationsdatei praktisch alles beinhalten, was auf einem Windows-Computer ausgeführt werden kann. Sie ist nicht die Installationsdatei selbst, sondern sie prüft, ob die passende Version des Windows Installers verfügbar ist, und installiert nötigenfalls eine passende Version des Windows Installers nach. Ist die richtige Version auf dem Computer vorhanden, startet die *.exe*-Datei den Windows Installer, und dieser installiert die passende *.msi*-Datei.

Desktop-Apps reparieren

Wie wir bereits skizziert haben, hat der Hersteller zumindest bei Anwendungen, die per *Windows Installer* installiert werden, die Möglichkeit, auch Reparaturinformationen einzubauen, damit Sie eine nicht mehr ordnungsgemäß arbeitende Desktop-App reparieren können, ohne sie gleich neu installieren zu müssen. Ob Ihre App eine Reparaturoption besitzt oder nicht, müssen Sie selbst ermitteln.

Drücken Sie dazu die Tasten ⊞ + ⊠, und wählen Sie dann die SYSTEMSTEUERUNG, oder halten Sie im *Tablet-Modus* mit dem Finger den START-Button etwas länger gedrückt und wählen jetzt SYSTEMSTEUERUNG. Im Fenster SYSTEMSTEUERUNG wählen Sie PROGRAMME • PROGRAMME UND FEATURES aus.

Hier sehen Sie wie in Abbildung 6.32 eine Liste aller auf Ihrem System installierten Programme, genauer gesagt aller Desktop-Apps. Wenn Sie auf ein Programm klicken oder tippen, sehen Sie in der Menüzeile ❶, ob der Menüpunkt REPARIEREN ❷ angeboten wird oder nicht. Zum Reparieren einer Desktop-App wählen Sie das betreffende Programm aus und anschließend den hoffentlich für Ihre Anwendung auch verfügbaren Punkt REPARIEREN. Folgen Sie dann den Reparaturanweisungen Ihrer Anwendung. Diese sind, wie die Programme selbst, höchst unterschiedlich gestaltet.

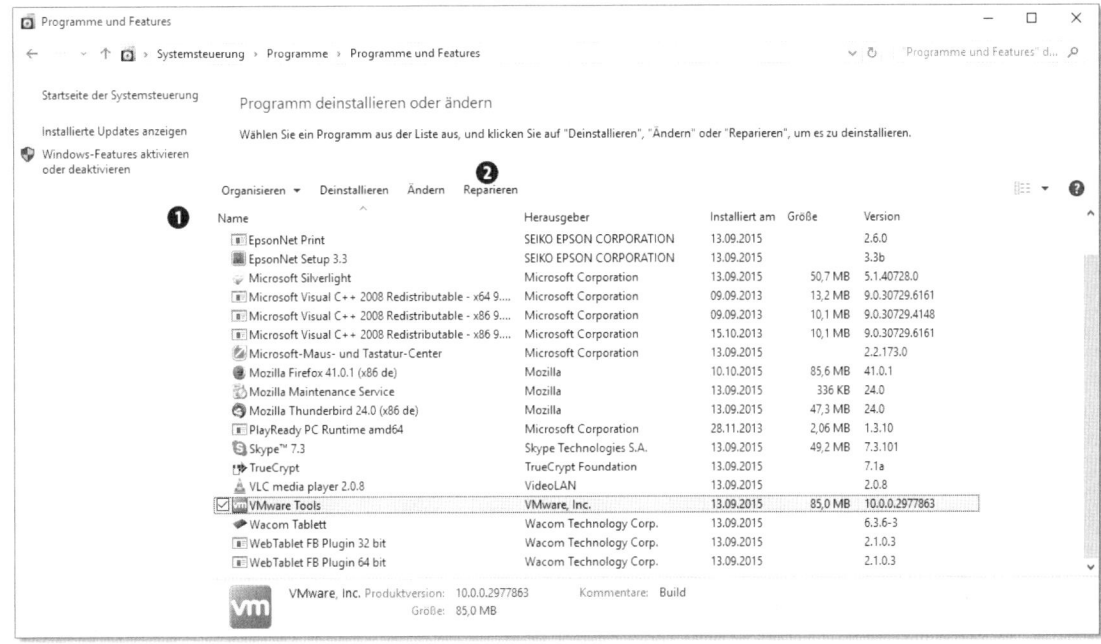

Abbildung 6.32 »Programme und Features« der Systemsteuerung

Desktop-Apps deinstallieren

Desktop-Apps sind nicht nur neue, moderne Apps, die Sie im Einzelhandel kaufen oder herunterladen können, sondern unter diesem Begriff fasst Microsoft auch alle bisherigen klassischen Windows-Anwendungen, die auf dem Desktop laufen, zusammen. Die Deinstallation dieser Anwendungen kann sehr unterschiedlich sein, wie die Anwendungen selbst auch.

Wir zeigen Ihnen in diesem Abschnitt, wie Sie die meisten Desktop-Apps deinstallieren. Dieses Vorgehen ist bei modernen Windows-Programmen wahrscheinlich auch das empfohlene, während kleinere oder ältere Software mitunter auf anderem Wege deinstalliert werden muss. Beachten Sie immer die Deinstallationshinweise des Herstellers.

Sie deinstallieren eine übliche Desktop-App, indem Sie in der SYSTEMSTEUERUNG auf PRO-GRAMME klicken. Drücken Sie dazu die Tasten ⊞ + X, und wählen Sie dann die SYSTEM-STEUERUNG, oder halten Sie im *Tablet-Modus* den START-Button etwas länger gedrückt und wählen Sie SYSTEMSTEUERUNG. Im Fenster SYSTEMSTEUERUNG wählen Sie nun PRO-GRAMME • PROGRAMME UND FEATURES aus.

Sie sehen jetzt eine Auflistung (Abbildung 6.32) aller Desktop-Apps, die Sie irgendwann ein-mal installiert haben. Sie können sie hier deinstallieren – mit Ausnahme derer, die eine spe-zielle Deinstallationsroutine mit sich bringen.

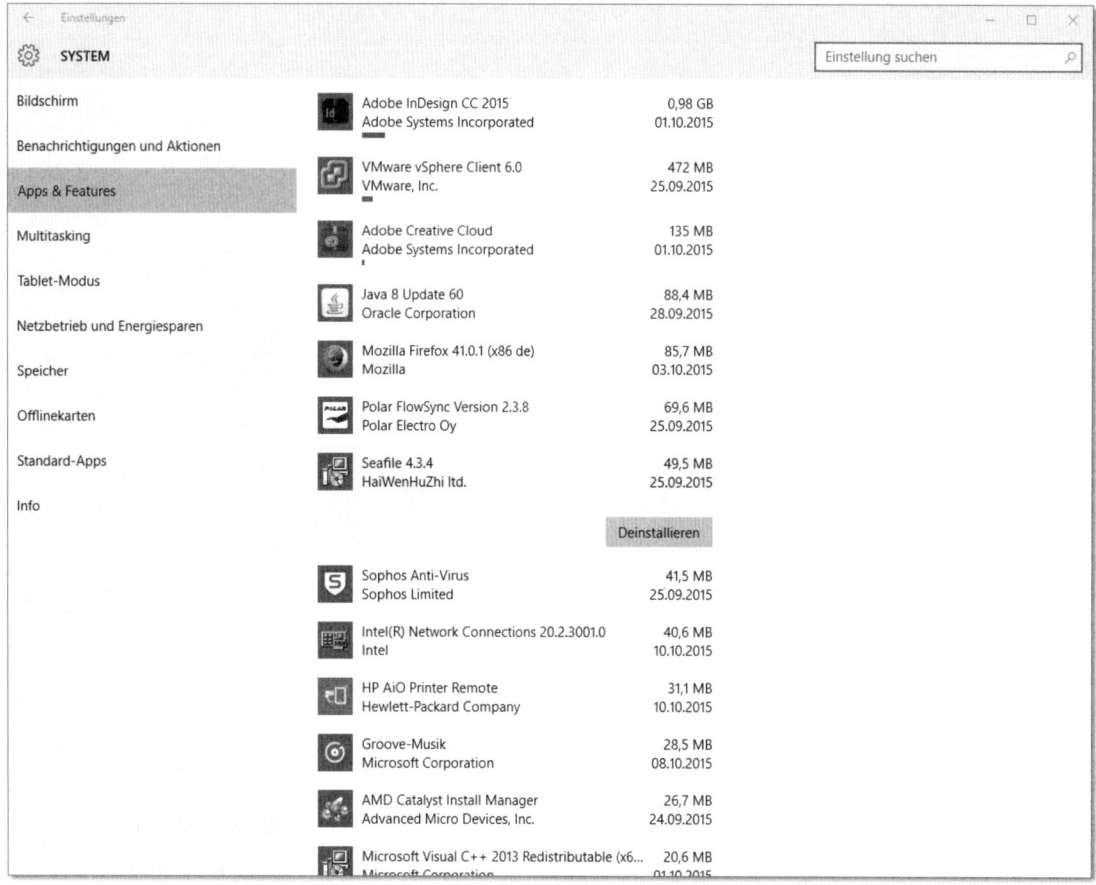

Abbildung 6.33 Deinstallieren in den Einstellungen

Wählen Sie hier die Software aus, die Sie loswerden möchten, und klicken oder tippen Sie auf DEINSTALLIEREN. Folgen Sie jetzt den Hinweisen der Deinstallationsroutine. Sie werden möglicherweise gefragt, ob Sie Benutzerdaten für eine spätere Wiederinstallation behalten möchten, und einige Programme weisen darauf hin, dass möglicherweise Programmteile, die auch von anderen Programmen genutzt werden, mit deinstalliert werden können. Nach mancher Software-Deinstallation wird Ihnen zum Neustart des PCs geraten. Führen Sie diesen gegebenenfalls auch aus. Wie genau die Deinstallation vonstattengeht, ist unterschiedlich, beachten Sie daher die Herstellerhinweise.

In der neuen Systemsteuerung von Windows 10, die EINSTELLUNGEN heißt, geht das Deinstallieren von Anwendungen etwas anders. Finden Sie eine Anwendung nicht in der klassischen Systemsteuerung, suchen Sie sie doch in den EINSTELLUNGEN. Wählen Sie dazu mit der Maus oder dem Finger START • EINSTELLUNGEN • SYSTEM • APPS & FEATURES. Hier sehen Sie jetzt alle durch die neuen Einstellungen verwalteten Apps und Programme. Um eines davon zu deinstallieren, klicken oder tippen Sie auf den Namen des Programms, im Beispiel SEAFILE 4.3.4, und wählen Sie das daraufhin erscheinende Feld DEINSTALLIEREN. Nach dem Klicken werden Sie erneut gebeten, auf DEINSTALLIEREN zu klicken oder zu tippen, mit dem Hinweis, dass die APP UND ALLE ZUGEHÖRIGEN INFOS DEINSTALLIERT werden.

Es ist anzunehmen, dass Microsoft die Verwaltung der gesamten Software auf Ihrem PC mittelfristig in diese neuen Einstellungen überführen wird, daher wollten wir Ihnen diesen Weg auf jeden Fall auch aufzeigen. In der neuen Einstellung APPS & FEATURES sehen Sie übrigens bei auch auf einen Blick, wie viel Festplattenplatz eine Anwendung einnimmt, Sie können Anwendungen nach ihrer Größe, ihrem Installationsdatum oder nach dem Namen sortieren und bei Bedarf auch nur Anwendungen, die auf einem bestimmten Laufwerk installiert wurden. Das schafft viel mehr Übersichtlichkeit und Flexibilität in der Darstellung als bei der herkömmlichen Systemsteuerung.

6.2   Die App Filme & TV

Eine der größeren Veränderungen in Windows 10 ist der Wegfall des Windows Media Centers. Dieses war auch schon etwas in die Jahre gekommen und schon in Windows 8.1 nicht mehr aktualisiert worden, sodass dessen Streichung aus der Anwendungsliste zu erwarten war. Aber damit nicht genug, in Windows 10 gibt es auch keinen DVD-Player mehr bzw. keine mitgelieferte App, die DVDs abspielen kann. Das ist für viele bitter, denn jetzt muss man auf Drittanbietersoftware, wie z. B. den beliebten kostenlosen und fast alles abspielenden *VLC*-Player (*www.videolan.org*), zurückgreifen, um am PC eine DVD schauen zu können.

Dahinter stecken sicherlich zwei Motive von Microsoft: Einerseits möchte man sich die Lizenzkosten für die DVD-Codecs (*Coder/Decoder*, ein Werkzeug, das Bild- und Tonformate umwandelt, um passend wiedergegeben werden zu können) an die Lizenzgeber sparen. In diesem Fall wären für das Bild-Codec *MPEG 2* Kosten an MPEG LA zu zahlen, für das Ton-Codec *Dolby Digital Audio* müssten Lizenzgebühren an Dolby Laboratories Inc. entrichtet werden, die sich angeblich im »Einige-Dollar-Bereich« bewegen. Da Windows keine kostenfreie Software ist, werden diese Lizenzkosten fällig, anders als bei VLC, das ja nicht kommerziell vertrieben wird.

Das zweite Motiv könnte sein, dass Microsoft seine im Windows Store feilgebotenen Filme und Serien vermarkten möchte und diese ja nur einen Klick weit entfernt sind. Letztlich sind gerade auf kleineren und tragbaren Gerätetypen DVD-Laufwerke am Aussterben, sodass der Schritt verschmerzbar scheint.

Um einen dieser erwähnten Filme oder eine Serie aus dem Windows Store beziehen zu können, ist die Filme & TV-App bestens an diesen Onlineshop angebunden und begrüßt Sie beim ersten Start auch mit dem Hinweis, dass Sie hier, im Store, doch Filme gleich kaufen oder leihen können (Abbildung 6.34).

Abbildung 6.34 Die Filme & TV-App lädt in den Store ein.

Widmen wir uns zunächst den Funktionen der Filme & TV-App. Dazu klicken oder tippen Sie oben links in der App auf das ☰ Hamburger-Menü, um die einzelnen Funktionen und ihre Beschreibung besser kennenlernen zu können (Abbildung 6.35).

Hier sehen Sie schon sehr übersichtlich, dass die App und der angeschlossene Store zwischen FILMEN, TV-SENDUNGEN und (Ihren eigenen) VIDEOS unterscheiden. Im unteren Teil sehen Sie, welche aktuellen DOWNLOADS die App gerade für Sie durchführt, mit welchem Microsoft-Konto (in Abbildung 6.35 ist dies WIN10 RHEINWERK) Sie aktuell an der App angemeldet sind, und schließlich können Sie hier noch EINSTELLUNGEN der App steuern sowie, wenn Sie der Shoppingwahn gepackt hat, ganz unten auch zum großen bunten Windows Store wechseln, um sich mit neuen Apps einzudecken. Wenn Sie hier auf MEHR KAUFEN klicken oder tippen, öffnet sich der allgemeine Windows Store, den wir Ihnen in Abschnitt 6.1 bereits erläutert haben.

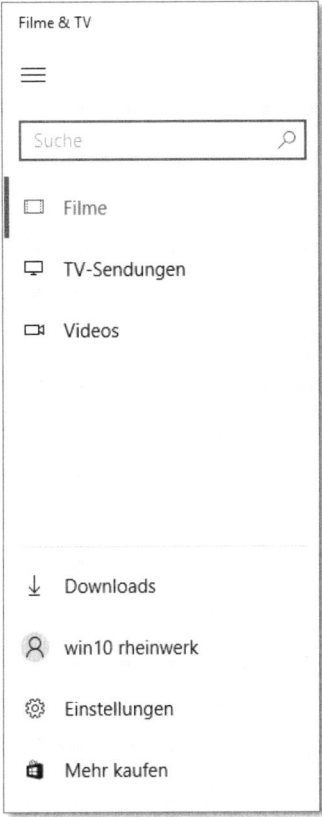

Abbildung 6.35 Hamburger-Menü der Filme & TV-App

Sehen wir uns die Möglichkeiten der Reihe nach an, indem Sie FILME auswählen. Hier können Sie, wie Sie in Abbildung 6.36 sehen, aktuelle Filme zum Download KAUFEN oder auch nur LEIHEN. Sie können sich hier aber auch erst einmal einen kurzen TRAILER (Vorschaufilm) ANSEHEN, eine Beschreibung des Films lesen, sich über die BESETZUNG informieren und die Altersempfehlung der FSK(Freiwillige Selbstkontrolle)-Bewertung prüfen. Sie können Ihre Filme auch mit anderen teilen. Schließlich können Sie neben den Schaltflächen für KAUFEN und LEIHEN auch noch das Filmformat (SD oder HD) auswählen und sich gegebenenfalls für eine andere Sprache des Films entscheiden.

Abbildung 6.36 Einen Film kaufen oder leihen

SD, HD, Full HD, UHD, UHDTV – die Unterschiede

Damit Sie es bei der Entscheidung, ob Sie SD, HD oder gar Full HD-Filme herunterladen, etwas leichter haben, stellen wir Ihnen die Formate hier kurz vor. Kurz allgemein: SD ist der am geringsten aufgelöste Fernsehstandard, was geringe Downloadzeiten, Dateigrößen und eventuell Datenmengen beim Streaming bedeutet. Full HD ist entsprechend ein Fernsehformat, das sehr viel höher aufgelöst ist, länger herunterlädt, größere Dateien bedeutet und im Streaming eine enorm gute Internetanbindung voraussetzt. Formate wie 4k oder aktuell bereits die in der Diskussion befindlichen 8k sind um ein vielfaches größer als Full HD, nämlich jeweils um den Faktor vier.

SD: Standard Definition beschreibt einen Bildstandard, der viele Jahre in Deutschland und Europa der Standard war. SD basiert auf dem PAL-Übertragungsstandard (dem in Europa verwendeten Farbcodierungsverfahren für Fernehbilder) und fordert 576 Bildzeilen zu je 720 Bildpunkten, also eine Auflösung von 720 × 576 Pixel und damit 414.720 Pixel je Vollbild. Dabei ist das Seitenverhältnis 4:3, so, wie alte Fernseher und Monitore auch gestaltet waren.

HD: Hier unterscheidet man verschiedenste Unterformen:

▸ HD Ready: Dies ist die Bezeichnung der *Vereinigung Digital Europe* (Mitglieder sind namhafte Hersteller von Fernsehern und Monitoren), die das (Fernseh-)Bild mit einem Seitenverhältnis von 16:9 beschreibt und eine Auflösung von mindestens 1280 × 720 Bildpunkten vorgibt. Full HD wird geläufigerweise für Auflösungen von 1920 × 1280 Bildpunkten bei 16:9 verwendet.

▸ UHD: Da sich die Bildqualität und auch die Bandbreiten im Breitbandkabel, Internet und dank neuer Kompressionsalgorithmen auch per Satellit oder DVB-T2 stetig erhöhen lassen, kommen auch Bildformate mit noch höherer Auflösung auf die dazu passenden Anzeigegeräte: 4k beispielsweise bietet die fast vierfache Auflösung von Full HD, genauer 4096 × 2160 Pixel oder gemäß der ITU (*International Telecommunication Union*) sind es 3840 × 2160 Pixel (= UHD-1). Für die Bildübertragung werden hier 10,2 Gbit/s benötigt. Oft heißt diese Auflösung auch nur UHD, sie verlangt 8 Mio. Pixel je Vollbild, also vier Mal so viele wie bei Full HD.

▸ 8k schließlich stellt in einem Vollbild 7680 × 4320 Pixel dar und wird offiziell als *UHDTV* bezeichnet. Die Pixelanzahl ist hier das Sechzehnfache von Full HD. Für ein UHDTV-Signal brauchen Sie eine Datenrate von 24Gbit/s in der Übertragung. Dabei beträgt die maximale Bildwiederholungsrate bei 8k UHDTV 120 Vollbilder in der Sekunde und übertrifft damit die schon sehr guten Standards der bekannten IMAX-Kinos, die »nur« 48 Vollbilder/s zeigen. Damit lassen sich sehr große Fernseher oder Monitore bauen, die dennoch eine feine Auflösung zeigen können. Außerdem sagt man diesen extrem hochaufgelösten Bildern die sogenannte *Hyper-Sehschärfe* nach, einen unterbewusst wahrgenommenen besonderen Detaileindruck, der einen stärker »mittendrin« sein lässt.

Wenn Sie im Hamburger-Menü statt auf FILME auf TV-SENDUNGEN klicken oder tippen, werden Sie erneut direkt zum Windows Store durchgeschleust, und landen dort in der Abteilung TV-SENDUNGEN. Haben Sie hier bitte keine allzu hohen Erwartungen, die Mediatheken bekannter deutscher Fernsehsender sind hier ebenso wenig vertreten wie die Tagesschau von vor einem Jahr oder einer Stunde. Es handelt sich eher um ein Angebot von überwiegend amerikanischen TV-Serien, die Sie hier staffelweise zum Download kaufen oder leihen können. Aktuell gibt es leider noch keine Möglichkeit, dass Sie hier auch direkt Serien oder Filme streamen können, was ja sehr praktisch wäre. Weil Windows 10 auf allen Geräten weitgehend gleich aussehen und funktionieren soll, zeigen wir hier eine Abbildung aus einem Windows Phone 10, in der die Top-Gear-TV-Sendung zum Kauf angeboten wird.

Der letzte Ort, an dem Sie nach Bewegtbildmaterial in dieser App schauen können, ist *Videos*. Wenn Sie bereits Videodateien auf Ihrem Gerät haben, die abgespielt werden können (*.wmv*, *.mp4*, *.mkv* und einige mehr), sehen Sie diese hier in dieser Auswahl (Abbildung 6.38). Der Standardordner, aus dem heraus die Filme & TV-App nach Material sucht, ist die Bibliothek *Videos*, die wir in Abbildung 6.38 mit eingeblendet haben. Sie können diesen Ort natürlich ändern. Entweder hier, indem Sie auf ZEIGEN SIE UNS IN „EINSTELLUNGEN", WO WIR SUCHEN SOLLEN klicken, oder in den Einstellungen zur App, die wir jetzt erläutern werden.

Abbildung 6.37 Eine TV-Serie in kaufen – mit Windows 10 Phone

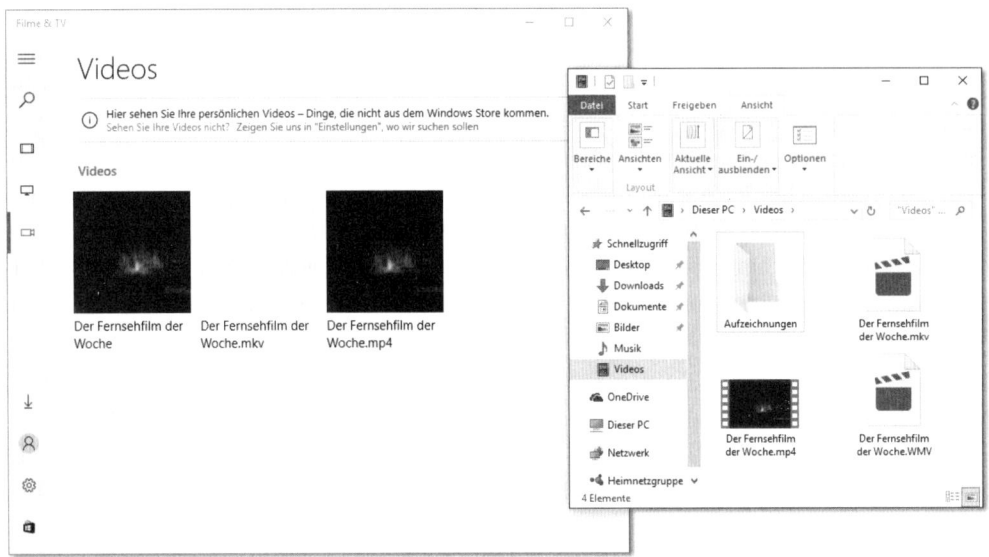

Abbildung 6.38 Eigene Videos schauen

Wenn wir entlang des Hamburger-Menüs aus Abbildung 6.35 weitergehen, kommt als Nächstes die Anzeige der aktuellen DOWNLOADS und darunter die Anzeige, welcher Benutzer gerade mit seinem Microsoft-Konto an der App angemeldet ist. In DOWNLOADS sehen Sie nur laufende Ladevorgänge, sind diese abgeschlossen, erscheinen die Filme bzw. TV-Staffeln unter VIDEOS.

Widmen wir uns zuletzt noch den EINSTELLUNGEN der Filme & TV-App. Klicken Sie auf das Zahnrad-Symbol, hinter dem sich die Einstellungen verbergen (Abbildung 6.39).

6

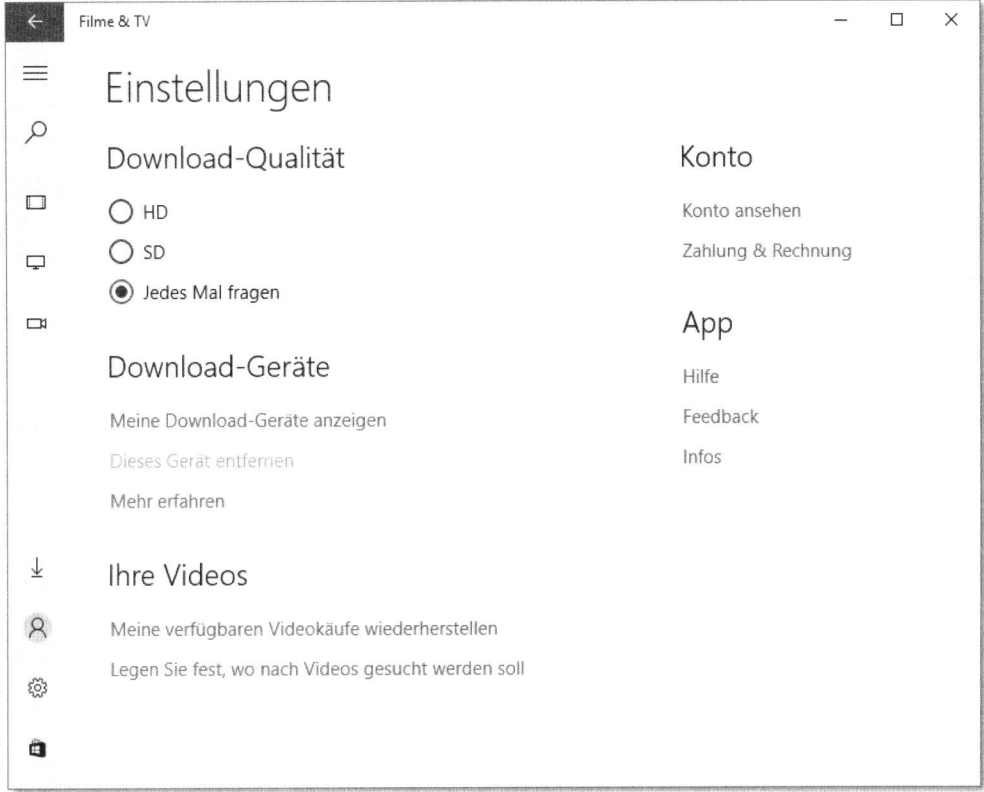

Abbildung 6.39 Die Einstellungen der Filme & TV-App

Hier können Sie einstellen, in welcher QUALITÄT Ihre Filme standardmäßig heruntergeladen werden bzw. dass Sie jedes Mal danach gefragt werden möchten. Sie können hier auch Ihre DOWNLOAD-GERÄTE einsehen. Vorausgesetzt, Sie sind mit demselben Microsoft-Konto angemeldet, können Sie sowohl an Ihrem PC, Tablet und Mobiltelefon auf die gekauften und ausgeliehenen Filme zugreifen bzw. diese auf all diesen Geräten herunterladen und ausleihen. Wie viele Geräte Sie dafür autorisieren dürfen, ist unter Umständen auch von den jeweiligen Lizenzbestimmungen abhängig, in der Regel sind es aber bis zu fünf Geräte. Bei geliehenen Inhalten ist das anders, hier dürfen Sie nur auf dem Gerät die Leihgabe nutzen, auf dem Sie sie auch erworben haben. Wenn Sie sich mit einem Windows 10-Gerät an dieser Filme & TV-App anmelden und dort Inhalte kaufen, wird dieses Gerät automatisch der Liste der Downloadgeräte hinzugefügt. Sie können gekaufte Inhalte so oft Sie wollen auf solche Downloadgeräte herunterladen. Sie können Geräte aus dieser Liste auch wieder entfernen, indem Sie sie aus der Auflistung in DOWNLOAD-GERÄTE durch Klicken auf ENTFERNEN löschen. Sie können aktuell aber nur alle 30 Tage ein Gerät entfernen. Warum das so ist, dafür gibt es bislang keine schlüssige Erklärung.

Wenn Sie auf einem berechtigten Gerät MEINE VERFÜGBAREN VIDEOKÄUFE WIEDERHER-STELLEN anwählen, lädt die Filme & TV-App alle von Ihnen gekauften Filme herunter. In den Einstellungen können Sie auch festlegen, wo die App nach Ihren eigenen Videos suchen soll, die Sie vielleicht selbst angefertigt oder von Freunden bekommen haben. LEGEN SIE FEST, WO NACH VIDEOS GESUCHT WERDEN SOLL, indem Sie ebendiesen Link anklicken und im Explorer den passenden Speicherort auswählen. Schließlich haben Sie auf der rechten Seite noch die Möglichkeit, bequem zu Ihrem Microsoft-Konto zu wechseln und Ihre Buchhaltung durchzuführen, indem Sie ZAHLUNG & RECHNUNG auswählen.

6.3   Die Groove-Musik-App

Ähnlich wie bei den Bewegtbildern, werden sicherlich viele gestandene Windows-Benutzer auch bei der Musikwiedergabe das Windows Media Center vermissen. Es bündelte eine Reihe von Audio-Video-Aufgaben in einem übersichtlichen Programm, mit einer eigenen Bedienung und Optik, und daran hatten sich über die Jahre viele Menschen gewöhnt. Musik konnte man aber schon seit Längerem auch über den Windows Media Player (aktuell Version 12) wiedergeben, den es in der aktuellen Fassung von Windows 10 auch noch parallel zur neuen Groove-Musik-App gibt. Ob er die nächsten Evolutionsschritte von Windows überlebt, ist zweifelhaft.

6.3.1   Groove-Musik entdecken

Starten Sie die Groove-Musik-App, indem Sie entweder im Tablet-Modus auf die GROOVE-Kachel tippen, im Desktop-Modus auf START • ALLE APPS • GROOVE MUSIK klicken, oder, ganz modern, indem Sie Cortana bitten, dies zu tun. Bei aktiviertem Mikrofon sagen Sie: »Cortana, öffne Groove-Musik«. Hat Ihre Assistentin Sie verstanden, antwortet sie mit »In Ordnung, ich öffne Groove-Musik«, und die App begrüßt Sie beim allerersten Mal mit dem in Abbildung 6.40 gezeigten Bildschirm.

GROOVE-MUSIK ist eine von zahlreichen neuen Apps, die in Windows 10 sehr eng mit Cloud-Diensten von Microsoft zusammenarbeiten. Das kann den Vorteil haben, dass Sie durch die Speicherung von Daten in der Cloud praktisch überall darauf zugreifen können, vorausgesetzt, Sie haben Internet und können und dürfen sich am entsprechenden Microsoft-Dienst (hier GROOVE-MUSIK und OneDrive) anmelden. Bei Musik und mithilfe der Groove-Musik-App wird dieser Vorteil besonders deutlich, denn Sie können Ihre Lieblingsmusik einfach auf Ihren persönlichen OneDrive-Speicher ins Internet hochladen und von dort aus mit mehreren Geräten unabhängig und gleichzeitig auf diese Musiksammlung zugreifen. Sie müssen also nicht mehr im Fitnessstudio erscheinen und erst dort feststellen, dass Sie vergessen haben, Ihr neu erworbenes Album auf das Smartphone zu laden. Wenn Sie es direkt bei *Groove Music Pass* (siehe Abschnitt 6.3.4) gekauft haben, ist es automatisch für Sie verfügbar, wenn Sie sich mit demselben Microsoft-Konto verbinden. Alternativ können Sie Ihre eigene Musik sowie Ihre iTunes-Titel auch selbst in Ihren OneDrive-Cloud-Speicher laden, um sie immer und überall verfügbar zu haben. Wie das alles geht, zeigen wir Ihnen auf den folgenden Seiten. Das alles funktioniert übrigens auch mit dem Windows 10 Phone.

Abbildung 6.40 »Groove-Musik« startet.

Starten Sie also mit dem Link ERSTE SCHRITTE aus Abbildung 6.40. Normalerweise öffnet sich jetzt Ihr *Edge Browser* mit Ihrem Groove-Portal (Abbildung 6.41).

Wenn Sie jetzt auf FÜGE SONGS AUF ONEDRIVE HINZU klicken, öffnet sich Ihr OneDrive im *Edge Browser*, und der Ordner *Dateien\Music* ist bereits geöffnet. Hier sehen Sie auch jene Musik, die Sie vielleicht bereits in OneDrive gespeichert haben. Vor allem können Sie hier Musik hinzufügen, die Sie überall dabeihaben und mit GROOVE-MUSIK hören möchten. Sie können, wenn Sie Ihr OneDrive bereits am PC oder Tablet eingerichtet haben, natürlich auch über den Windows Explorer Musiktitel oder Alben in Ihren OneDrive\Musik-Ordner kopieren, die dann nach der Synchronisierung mit der Cloud auch zur Verfügung stehen.

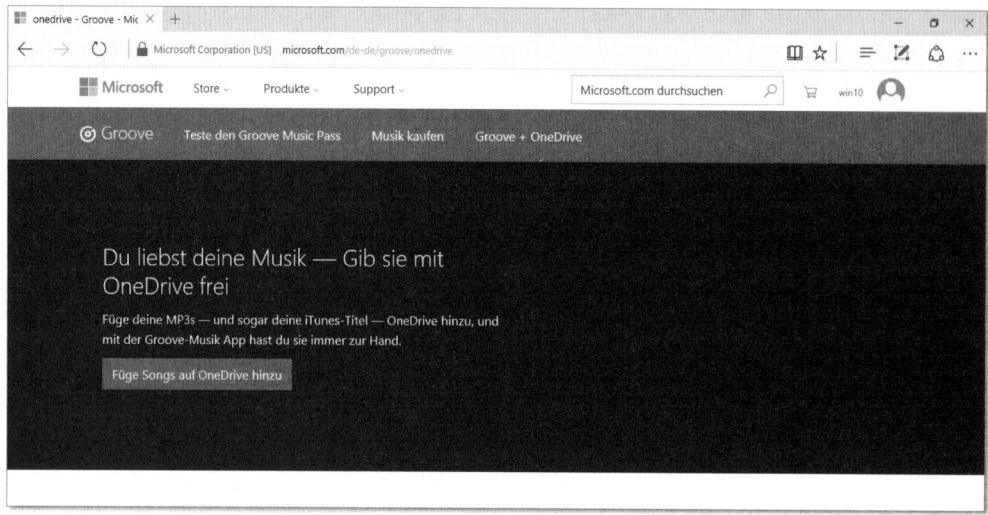

Abbildung 6.41 Das Groove-Portal im Internet

Wenn Sie zu Beginn Ihrer Groove-Musik-Erfahrung jedoch erst einmal die eigene Musiksammlung durchstöbern möchten, wählen Sie in Abbildung 6.40 ZUR SAMMLUNG GEHEN aus.

Jetzt starten Sie mit der Groove-Musik-App voll durch. Sie ist, wie auch die Filme & TV-App, mit einer Navigation ausgestattet, die Sie in Abbildung 6.40 sehen können. Nach dem Auswählen von ZUR SAMMLUNG GEHEN befinden Sie sich in der Ansicht ALBEN (Abbildung 6.42).

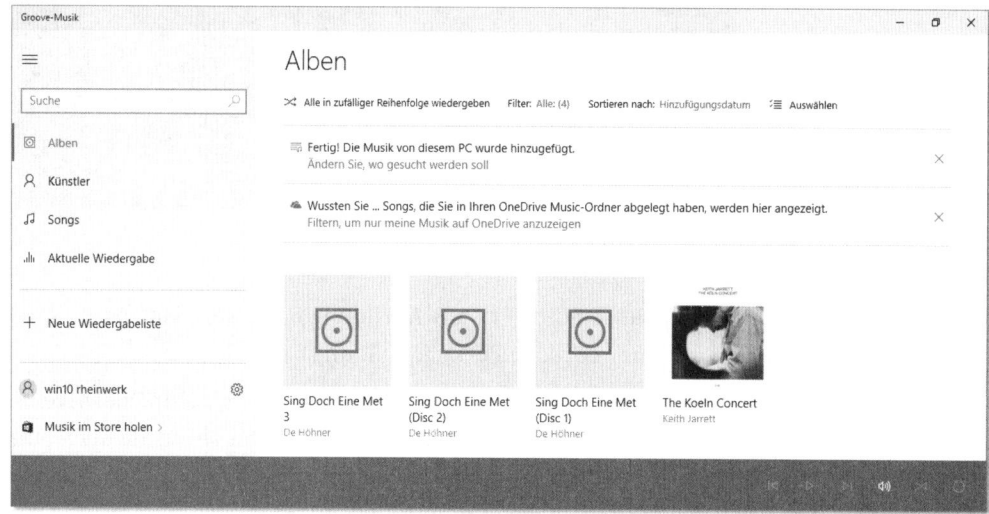

Abbildung 6.42 Die Groove-Musik-App mit Navigation

Wenn Sie bereits Musik in Ihrem Musik-Ordner auf dem Gerät haben, wird diese hier angezeigt. Der Standardordner für Musik ist die Bibliothek *Musik*, die Sie auf dem PC in *c:\users\ Benutzername\Music* finden. Sollten Sie Ihre Musiksammlung an einem anderen Ort haben, können Sie hier durch Klicken auf Ändern, wo gesucht werden soll Ihrer Sammlung einen neuen Ordner hinzufügen. Wenn Sie sogar bereits Musiktitel in Ihrem OneDrive abgelegt haben, können Sie diese auch exklusiv auswählen, indem Sie auf Filtern, um nur meine Musik auf OneDrive anzuzeigen klicken oder tippen.

An dieser Stelle möchten wie Ihnen den *Filter* kurz vorstellen. Klicken Sie auf Filter am oberen Bildrand der Groove-Musik-App. Hier können Sie sehr schön einstellen, welche Art bzw. Quelle von Musik Sie hören möchten (Abbildung 6.46). Sie können hier wählen, ob Sie Alle verfügbare Musik hören möchten oder nur Offline verfügbare, sehr schonend für Ihr Datenvolumen, wenn Sie über eine getaktete Verbindung online sind, Sie können nur Streaming-Musik wählen – also Musik, die Ihnen während des Hörens aus dem Internet in einem Datenstrom (*Stream*) bereitgestellt wird. Dann können Sie Musik Nur auf diesem Gerät hören oder nur Auf OneDrive. Eine tolle Auswahl, die Ihnen hier geboten wird.

Die Ansichten Alben, Künstler und Songs unterscheiden sich im Wesentlichen darin, wonach Ihre Musik sortiert wird. Wie Sie gesehen haben, werden bei Alben die angezeigten Titel nach dem Namen ihres zugehörigen Albums sortiert, wählen Sie Künstler, versucht Groove-Musik, die Titel alphabetisch nach dem Namen des Interpreten zu sortieren, und die Ansicht Songs schließlich zeigt alle Titel nach ihrem Songtitel aufgelistet. In dieser Ansicht sehen Sie auch die meisten Details zum einzelnen Song (Abbildung 6.44). Die Ansicht Alben bietet darüber hinaus noch die Funktion Künstler erkunden, die aktuell besser klingt, als sie ist – aber hier ist zu erwarten, dass Sie bald tatsächlich viele zusätzliche Informationen zu einem Künstler erhalten werden. Wenn Sie auf Mehr klicken, können Sie, wie Abbildung 6.43 zeigt, das Album Anpinnen, also als Kachel an das Startmenü anheften, oder auf dem Smartphone als Kachel auf die Startseite legen. Sie können das Album hier Löschen oder die Albuminformationen suchen. Hierbei versucht Groove-Musik, Metainformationen zum Album und zu allen Titeln aus dem Internet nachzuladen.

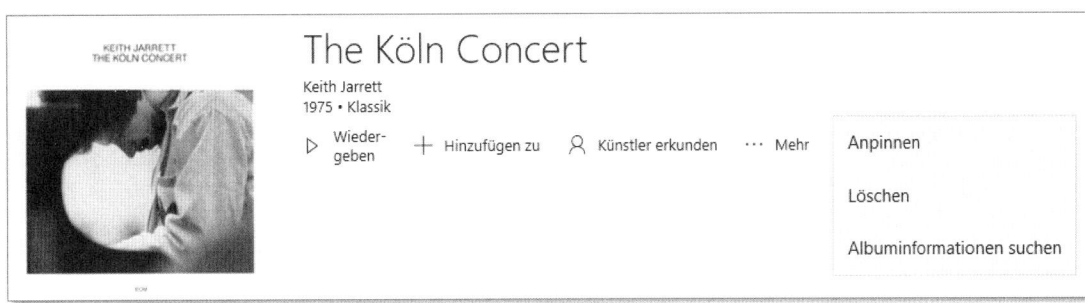

Abbildung 6.43 Mehr Informationen zu einem Album

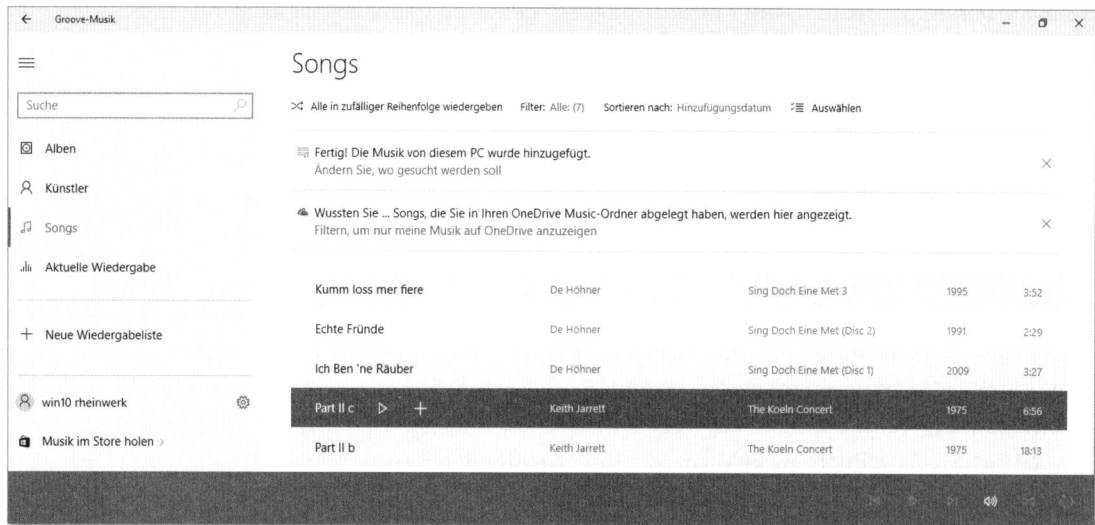

Abbildung 6.44 Die Ansicht »Songs«

Um einen Titel oder ein Album abzuspielen, müssen Sie zunächst einen einzelnen Song oder einen Song aus einem Album auswählen und darauf klicken oder tippen. Jetzt sehen Sie, dass Sie diesen Titel mit dem dreieckigen Play-Symbol abspielen können (Abbildung 6.44.)

Am unteren Rand der Groove-Musik-App finden Sie übrigens eine Navigationsleiste, die alles bietet, was Sie für das Abspielen von Titeln oder Alben brauchen. In Abbildung 6.45 sehen Sie von links nach rechts die Navigationselemente: ganz links der aktuell gespielte Titel ❶, wenn verfügbar mit Albumcover und Albumname, daneben der Abspielstrahl ❸ mit der bereits abgelaufenen Zeit ❷, den Strahl, mit dem Sie den virtuellen Tonkopf ❹ im Titel vor- oder zurückschieben können, sowie rechts davon die noch zu spielende Zeit ❺. Es folgen weiter rechts die Steuerelemente voriger Titel ❻, Pause ❼ bzw. Abspielen (nur sichtbar, wenn der Titel auf Pause steht), nächster Titel ❽, Lautstärke ❾, zufällige Wiedergabe ❿ und Wiederholen ⓫.

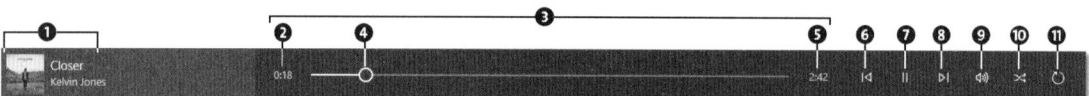

Abbildung 6.45 Die Navigationsleiste von Groove

Wenn Sie übrigens ein Album in Groove abspielen, werden alle Titel der Reihe nach abgespielt, es sei denn, Sie schalten die Zufällige Wiedergabe unten in der Navigation ein. Neben dem Play-Symbol in der Song-Zeile der App sehen Sie ein kleines Pluszeichen. Wenn Sie dieses betätigen, können Sie den ausgewählten Titel zu einer vorhandenen Wiedergabeliste oder zu einer neuen Wiedergabeliste hinzufügen.

6.3.2   Wiedergabelisten in der Groove-Musik-App

Wiedergabelisten sind praktische und persönliche Sammlungen von Titeln, die Sie selbst zusammenstellen können. Sie können eine solche Wiedergabeliste erstellen, indem Sie entweder auf das Pluszeichen eines Songs oder in der Ansicht ALBEN in einem Album auf das Pluszeichen vor HINZUFÜGEN ZU klicken.

Sie können Wiedergabelisten auch umbenennen, das zeigen wir Ihnen zunächst am Windows 10 Phone (Abbildung 6.47).

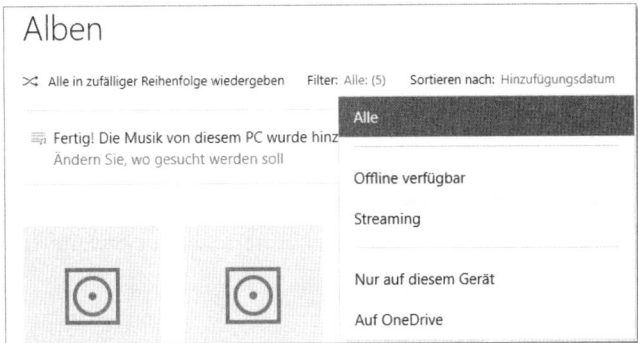

Abbildung 6.46 Wiedergabequellen filtern

Tippen Sie dazu auf das Hamburger-Menü, und wählen Sie WIEDERGABELISTEN aus. Jetzt werden Ihnen die verfügbaren Wiedergabelisten angezeigt. Tippen Sie etwas länger auf eine Liste, die Sie bearbeiten möchten. Es erscheint das Menü, wie in Abbildung 6.47 zu sehen ist.

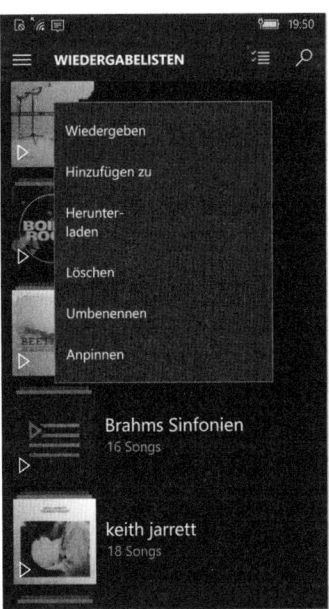

Abbildung 6.47 Eine Wiedergabeliste am Smartphone bearbeiten

Hier können Sie jetzt nicht nur die Wiedergabeliste umbenennen, sie an die Startseite anpinnen oder löschen, sondern auch die Titel der Wiedergabeliste auf das betreffende Gerät herunterladen. Im Normalzustand versucht die Groove-Musik-App, Ihre Musik, die Sie in
OneDrive gespeichert haben, aus dem Internet abzurufen und zu spielen. Wenn Sie aber an
Orten sind, an denen Ihnen kein Internet zur Verfügung steht, oder wenn Sie Ihr Onlinedatenkontingent schonen möchten oder müssen, können Sie hier ganz bequem einzelne
Wiedergabelisten aus der Cloud lokal auf Ihr Smartphone laden. Das machen Sie bevorzugt,
wenn Sie in Reichweite eines geeigneten WLANs sind, das Ihnen nicht noch zusätzliche Kosten verursacht und schnell genug ist. So können Sie Ihre Musik auch offline hören, vorausgesetzt, Sie haben genug Speicherplatz dafür.

Sie können am Smartphone mit Windows 10 übrigens auch festlegen, wo Ihre Musik gespei-
chert werden soll. Entweder nur auf dem Gerät oder, falls es die Hardware hergibt, auf der SD-
Karte. Gehen Sie dazu in das *Info-Center*, indem Sie von oben in das Display wischen, wählen
Sie ALLE EINSTELLUNGEN • SYSTEM • SPEICHER • SPEICHERORTE. Hier können Sie jetzt bei
SPEICHERT NEUE MUSIK IN: SD CARD einstellen. Und schon können Sie den erweiterten
Speicher Ihrer SD-Karte für Ihre Musik nutzen (Abbildung 6.48).

Abbildung 6.48 Den Speicherort für Musik auf dem Smartphone wählen

In der PC-Variante von Groove können Sie eine Wiedergabeliste umbenennen, indem Sie sie
auswählen und im Titelbereich der Wiedergabeliste, neben der Schaltfläche für WIEDER-

GEBEN, auf UMBENENNEN klicken. Dort können Sie Wiedergabelisten auch an Ihr Startmenü des PCs ANPINNEN. Wenn Sie dort auf MEHR klicken, können Sie die Wiedergabeliste löschen.

Hatten wir eingangs nicht auch davon gesprochen, dass Groove-Musik auch iTunes-Titel suchen und aufnehmen kann? Das geht tatsächlich. Wenn Sie in den Einstellungen der Groove-Musik-App sind, gibt es unter der Überschrift MUSIK AUF DIESEM PC den Punkt ITUNES-WIEDERGABELISTEN IMPORTIEREN (Abbildung 6.55). Wählen Sie diesen Link aus, und importieren Sie Ihre Wiedergabelisten in Groove-Musik (Abbildung 6.49).

Abbildung 6.49 iTunes-Wiedergabelisten importieren

Beachten Sie die Freigabe Ihrer iTunes-Wiedergabelisten in der iTunes-Software selbst, sonst wird nämlich einfach nichts importiert. In der iTunes-Version, die uns zum Zeitpunkt des Verfassens dieses Kapitels vorlag (Versionsnummer 12.3.1.23), lauten die Menüs allerdings schon etwas anders, als in Abbildung 6.49 zu lesen ist. Wählen Sie das iTunes-Einstellungs-menü, das aktuell oben rechts durch ein kleines Kästchen dargestellt wird (Abbildung 6.50), dann EINSTELLUNGEN • ERWEITERT • XML-DATEIEN DER ITUNES-MEDIATHEK FÜR ANDERE PROGRAMME FREIGEBEN aus, damit Sie die Wiedergabelisten importieren können.

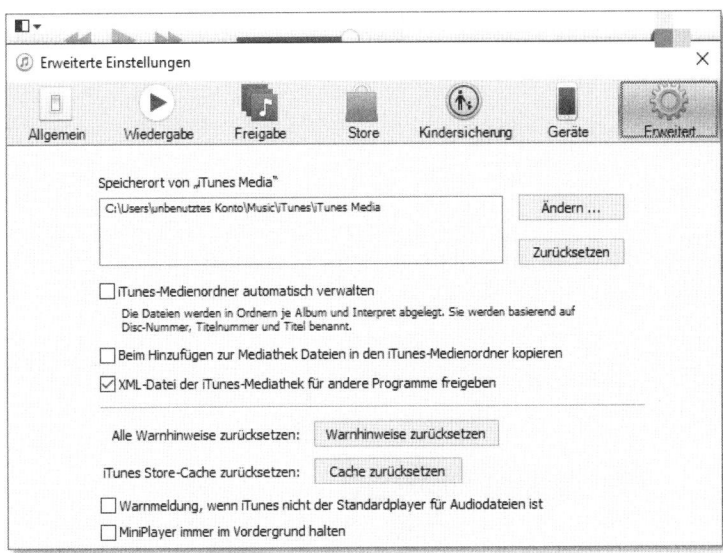

Abbildung 6.50 Freigabe der Wiedergabelisten in iTunes

Wenn Sie sich eine Sammlung an Wiedergabelisten erstellt haben, und mit einem Microsoft-Konto angemeldet sind, werden diese Listen über Ihr OneDrive auch auf andere Geräte synchronisiert, an denen Sie mit demselben Microsoft-Konto angemeldet sind. Sie müssen Ihre Musik mit der Groove-Musik-App also nur einmal verwalten – OneDrive kann Sie dann bei der Synchronisation unterstützen.

6.3.3 Musik zu Groove hinzufügen

Aber natürlich können Sie in Groove-Musik nicht nur Musik wiedergeben, die sich schon auf Ihrem Gerät oder in Ihrem OneDrive befindet, wir zeigen Ihnen jetzt, wie Sie Musiktitel zu Groove hinzufügen und wie Sie einen *Groove Music Pass* erwerben und nutzen. Zunächst fügen wir der Groove-Musik-App ein paar Titel hinzu, die sich auf unserem PC befinden. Dazu kopieren Sie Ihre Musikdateien zunächst in einen Ordner Ihres PC. Wenn Sie sie gleich in den Ordner *Musik* kopieren, sind Sie schon fertig. Groove-Musik untersucht standardmäßig diesen Ordner nach Musikdateien. Die App wird die Titel finden und anzeigen, was gut in Abbildung 6.42 zu sehen ist. Nehmen wir an, Sie haben Ihre Musik lieber im Ordner *Dokumente*, dann »sieht« Groove-Musik sie nicht. Sie haben zwei Möglichkeiten: Entweder Sie kopieren/verschieben die Titel aus dem Ordner *Dokumente* in den Ordner *Musik*, oder Sie weisen Groove-Musik an, die Musikdateien dort zu suchen. Dazu klicken Sie auf LEGEN SIE FEST, WO NACH MUSIK GESUCHT WERDEN SOLL und wählen anschließend den Ordner *Dokumente* aus (Abbildung 6.42). Das kann natürlich auch ein Ordner bzw. eine Freigabe in Ihrer *Heimnetzgruppe* oder auf einem *NAS* (*Network Attached Storage*, das sind kleine Heimserver) sein, wie Sie in Abbildung 6.51 sehen können. Hier sehen Sie übrigens auch, dass die Groove-Musik-App nicht nur auf dem lokalen Gerät nach Musik sucht, sondern auch bereits auf dem *OneDrive* des zugehörigen Microsoft-Kontos. Außerdem zeigt Abbildung 6.51 auch alle Orte, an denen Groove-Musik nach Musiktiteln Ausschau hält.

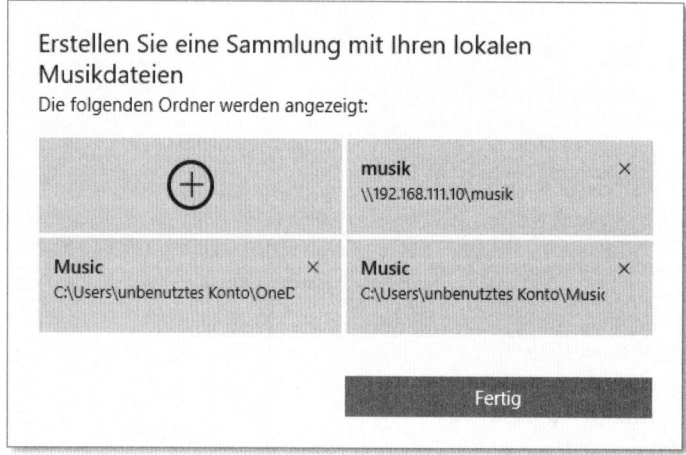

Abbildung 6.51 Orte für die Musiksammlung hinzufügen

An dieser Stelle können Sie auch Orte wieder aus Ihrer Groove-Musik Sammlung entfernen, indem Sie einfach auf das kleine × oben rechts klicken.

6.3.4   Groove Music Pass – Musik im Abo

Neben der Wiedergabe eigener Musik bietet Microsoft schon länger die Möglichkeit, Musik zum Hören und Herunterladen zu abonnieren. Seit Windows 10 heißt dieser Musikdienst *Groove Music Pass*, und Sie können direkt aus der App heraus einen solchen Music Pass erwerben und nutzen. Der *Groove Music Pass* löst übrigens den *Xbox Music Pass* ab. Um einen solchen Groove Music Pass zu erwerben, können Sie entweder auf das Zahnrad-Symbol neben Ihrem Benutzernamen klicken, das sich oberhalb von MUSIK IM STORE HOLEN befindet und dort unter EINSTELLUNGEN • GROOVE MUSIC PASS HOLEN wählen, oder Sie klicken oder tippen auf MUSIK IM STORE HOLEN, was direkt den Windows Store öffnet und für Sie die Seite MUSIK aufblättert (Abbildung 6.52).

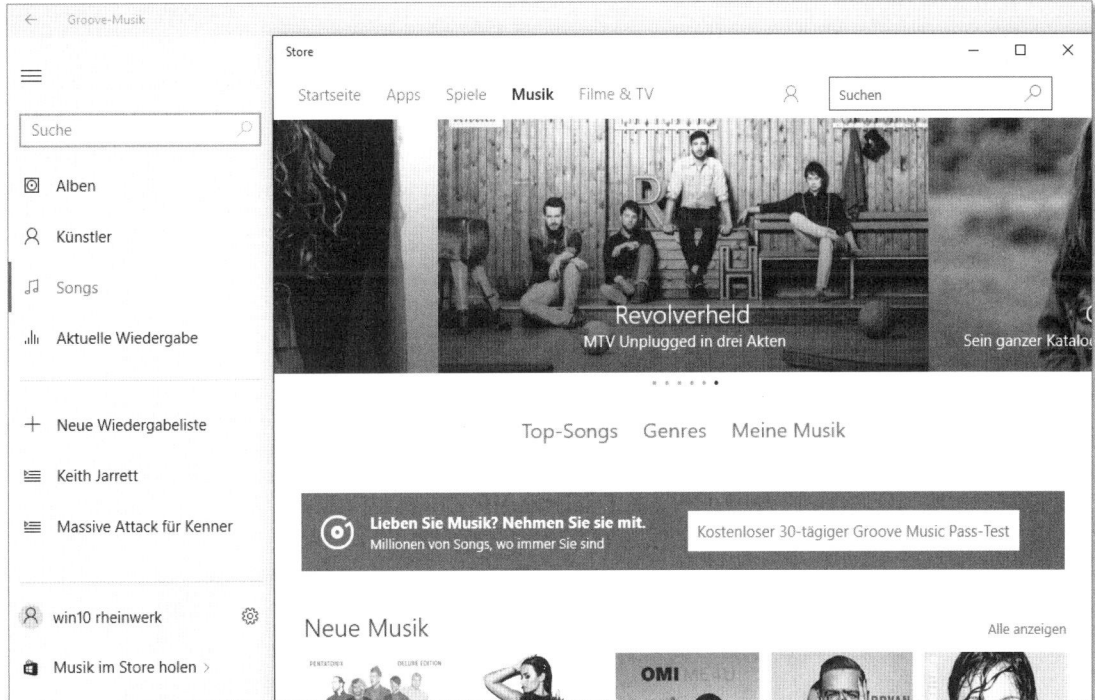

Abbildung 6.52 Musik im Store kaufen – Groove Music Pass

Gegenwärtig werden Sie von Microsoft zu einem einmonatigen Test des Groove Music Pass eingeladen, ob das für alle Zeiten so bleibt, wissen wir natürlich nicht. Wenn Sie auf KOSTEN-LOSER 30-TÄGIGER GROOVE MUSIC PASS-TEST klicken oder tippen, werden Sie, ein Micro-soft-Konto mit hinterlegtem Zahlungsmittel vorausgesetzt, sicherheitshalber noch einmal gebeten, Ihre Identität zu bestätigen, und im Anschluss können Sie durch KAUFEN einen solches Musik-Abonnement abschließen (Abbildung 6.54). Beachten Sie hier, dass bei zumindest diesem Angebot nach 30 Tagen ohne weitere Ankündigung das Abonnement weiterläuft, dann jedoch nicht mehr kostenfrei, sondern gegen Entgelt – im Beispiel für 9,99 € pro Monat. Jetzt wird die Groove-Musik-App erst so richtig bunt, denn Ihnen stehen mit dem Groove Music Pass aktuell 38 Mio. Musiktitel zur Verfügung, die Sie uneingeschränkt genießen dürfen.

Wie von Zauberhand hat sich Ihre Groove-Musik-App jetzt um die beiden Menüpunkte ERKUNDEN und RADIO erweitert (Abbildung 6.56). ERKUNDEN ist schnell erklärt – hier werden Ihnen ganz bequem alle Musikangebote, die Sie auch im Windows Store abrufen können, innerhalb Ihrer Groove-Musik-App angezeigt und angeboten. Bezahlt haben Sie mit Ihrem *Groove Music Pass*-Abonnement ja schon, Sie dürfen also alles hören, was Sie sehen.

6.3.5 Groove-Musik »Radio«

Eine spannende Option ist RADIO. Hier können Sie praktisch aus den Titeln und Interpreten, die Sie mögen, einen eigenen Radiosender kreieren. Sie müssen dazu nicht alle Titel einzeln aussuchen, die Sie hören möchten – RADIO ist in der Lage, auf Basis eines Interpreten eine Sammlung an Titeln zusammenzustellen und Ihnen vorzuspielen, genau wie ein Radio-DJ (Abbildung 6.53). Beim »realen« Radio wählen Sie ja auch eher einen Musikgeschmack als eine Band oder zwei aus – genau so geht es bei RADIO.

Radio

Beginnen Sie mit einem beliebigen Künstler und wir wählen ähnliche Musik aus.

 Radiosender starten

Metallica
Beinhaltet Künstler wie
Prong, Overkill

Dave Brubeck
Beinhaltet Künstler wie
Klassik Richard

Paul Kalkbrenner
Beinhaltet Künstler wie
Moderat, Ellen Allien

Sarah Connor
Beinhaltet Künstler wie
Beyoncé, P!nk

Abbildung 6.53 Groove-Musik als Radio nutzen

Die Verwendung von Radio ist denkbar einfach und macht echt Spaß. Sie klicken oder tippen auf RADIOSENDER STARTEN, hier geben Sie einen Interpreten an, dessen Musikrichtung Sie mögen, warten ein paar Sekunden, bis Groove den Radiosender erstellt hat, und danach sehen Sie Ihren neuen Radiosender wie in Abbildung 6.53 dargestellt. Ab sofort ist diese Musikrichtung unter dem von Ihnen gewählten »Dach-Interpreten« verfügbar. Wie Sie sehen, haben wir im Beispiel METALLICA (als Dach-Interpreten) gewählt, dieser Radiosender beinhaltet Bands wie PRONG und OVERKILL – während die Wahl beim Dach-Interpreten DAVE BRUBECK jazziger ausgefallen ist, auch wenn KLASSIK RICHARD irgendwie nichts mit Jazz zu tun hat – die Interpreten, die das Radio dann spielt, passen aber zu der gewählten Musikrichtung. PAUL KALKBRENNER wird assoziiert mit MODERAT und ELLEN ALLIEN und schließlich SARAH CONNOR mit BEYONCÉ und PINK.

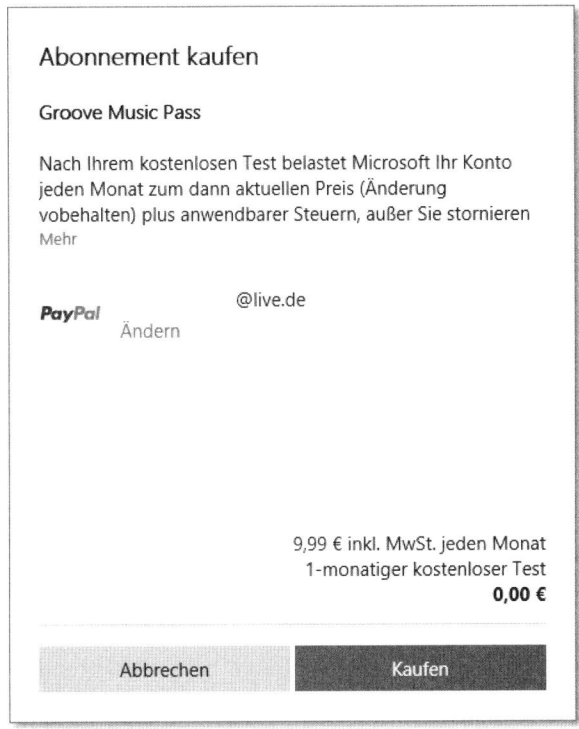

Abbildung 6.54 Kauf eines Groove Music Pass

6.3.6   Groove verwalten und einstellen

Zu guter Letzt sollten Sie noch ein Augenmerk auf die umfangreichen Einstellungen der Groove-Musik-App werfen. Sie öffnen sie, indem Sie in der Navigation unten neben Ihrem Microsoft-Konto (WIN10 RHEINWERK) auf das ⚙ -Symbol klicken. Zu Beginn haben Sie die Möglichkeit, Ihren GROOVE MUSIC PASS zu VERWALTEN – sofern Sie einen erworben haben. Hier, ganz oben in den Einstellungen, können Sie wählen zwischen: ABONNEMENT VERWAL-

TEN, MEINE GERÄTE VERWALTEN und EINEN CODE EINLÖSEN. Diese Codes können Sie online und in einigen Geschäften erwerben, es sind Geschenk- bzw. Gutscheinkarten, mit denen Sie Ihr Groove Music Pass-Konto befüllen können (Abbildung 6.55).

Einstellungen

Groove Music Pass	Mehr
Abonnement verwalten	Konto ansehen
Meine Geräte verwalten	Zahlung & Rechnung
Einen Code einlösen	Hilfe
	Feedback
Musik auf diesem PC	Info
Legen Sie fest, wo nach Musik gesucht werden soll	
iTunes-Wiedergabelisten importieren	

Abbildung 6.55 Groove-Musik-App verwalten

Als Nächstes können Sie den Ort festlegen, an dem Groove lokal nach Musikdateien sucht. Das haben wir in Abschnitt 6.3.3 bereits durchgespielt, als wir Musik zu Groove hinzugefügt haben. Der Standardordner, in dem Groove-Musik sucht, ist die Bibliothek *Musik* in *c:\users\ benutzername\music*. Nun können Sie ITUNES-WIEDERGABELISTEN IMPORTIEREN, auch darauf sind wir in Abschnitt 6.3.2 bereits eingegangen. Auf der rechten Seite können Sie Ihr Microsoft-KONTO ANSEHEN, Ihre ZAHLUNG & RECHNUNG mit dem Microsoft-Konto verwalten und, der Vollständigkeit halber, HILFE aufrufen, ein FEEDBACK an Microsoft geben oder die INFO zur Groove-Musik-App abrufen.

Etwas weiter unten finden Sie im Anschluss an die eher verwaltungslastigen Aufgaben die Funktionseinstellungen für die Groove-Musik-App. Unter DOWNLOADS finden Sie die Option LADEN SIE AUTOMATISCH SONGS HERUNTER, DIE SIE VON GROOVE HINZUFÜGEN. Wenn Sie diese Option eingeschaltet haben, lädt die Groove-Musik-App stets alle Titel herunter, die Sie im Rahmen Ihres Groove Music Pass Ihrer Sammlung oder einer Wiedergabeliste hinzugefügt haben. Dieser Punkt ist nur verfügbar, wenn Sie ein Groove Music Pass-Abonnement abgeschlossen haben. Interessant ist auch der Punkt LADEN SIE SONGS AUTOMATISCH HIER HERUNTER, NACHDEM SIE SIE AUF ANDEREN GERÄTEN HINZUGEFÜGT ODER GEKAUFT HABEN. Diese Funktion macht, was sie verspricht, sie lädt auf Ihr Gerät alles herunter, was Sie mit Ihrem Microsoft-Konto gekauft haben (egal, auf welchem der fünf zugelassenen Geräte Sie diese gekauft oder hinzugefügt haben). Bei mobilem Internet kann das schnell ins Geld oder auch zuungunsten der verbleibenden Bandbreite gehen.

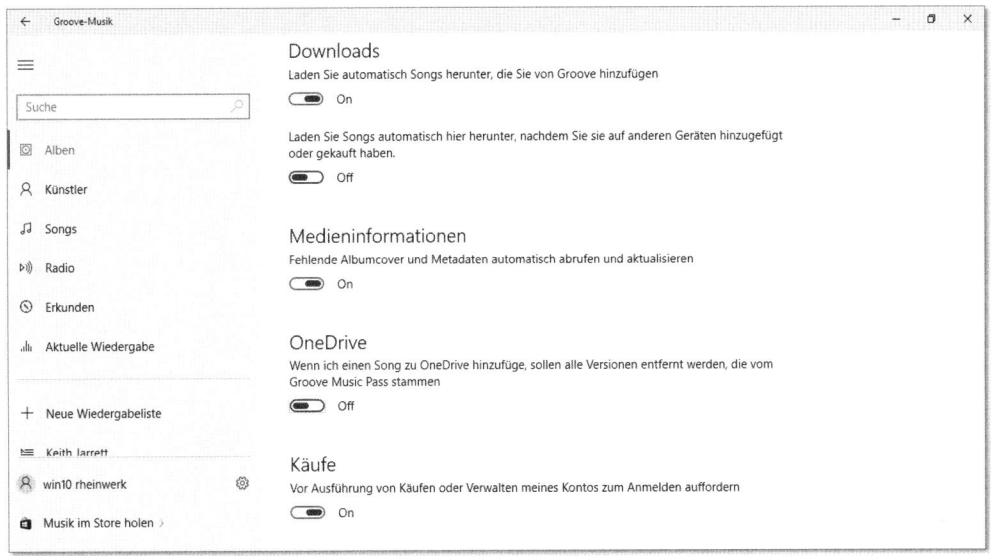

Abbildung 6.56 Einstellungen in der Groove-Musik-App

Eine echt nützliche und harmlose Einstellung dürfte die folgende sein: Schalten Sie MEDIEN-INFORMATIONEN ein, damit Groove in den Internetdatenbanken nach den Coverbildern Ihrer Musik recherchiert und diese bei Bedarf herunterlädt. So haben Ihre selbst hinzugefügten Musiktitel idealerweise auch ein optisch ansprechendes und passendes Coverbild – und keinen Platzhalter.

Nicht ganz ohne ist der Schalter von ONEDRIVE. Wenn Sie ihn einschalten, erlauben Sie der Groove-Musik-App, dass sie Titel, die Sie OneDrive hinzufügen, von Ihrem lokalen Gerät löscht – sofern diese lokalen Dateien Downloads aus Ihrem Groove Music Pass-Abonnement stammen. Die Musik ist dann also nur noch online verfügbar.

Die Einstellung KÄUFE sollten Sie sicherheitshalber immer eingeschaltet lassen. So verhindern Sie, dass jemand oder eine Software in die Lage versetzt wird, mithilfe Ihrer Groove-Musik-App ohne Ihr Zutun Einkäufe zu tätigen. Dieses Minimum an Sicherheit sei Ihnen wirklich wärmstens empfohlen.

ZURÜCKSETZEN kann Ihr Gerät bereinigen, wenn Sie Platzprobleme bekommen oder es weitergeben wollen. Wenn Sie auf den Link LÖSCHEN SIE IHRE WIEDERGABELISTEN… klicken, wird Ihr Gerät von den Spuren der Groove-Musik-Nutzung befreit.

Die letzte Option, HINTERGRUND, erlaubt es Ihnen, die Groove-Musik-App im klassischen hellen Outfit daherkommen zu lassen oder sie in schickem Schwarz in Szene zu setzen. Eine Option, die es in Windows 10 an ganz vielen Stellen gibt (Abbildung 6.57).

Abbildung 6.57 Die Groove-Musik-App in schickem Schwarz darstellen

6.4 Mail-App

Microsoft hat seit vielen Jahren Outlook als eigenständiges Produkt in der Office-Familie im Angebot. Outlook als sogenannter *Personal Information Manager* (PIM) war damit stets kostenpflichtig. In Windows 10 bietet Microsoft jetzt mit der Mail bzw. Outlook-App eine Lösung an, die schon nahe an den offiziellen PIM der Office-Familie heranreicht. Der PIM von Windows 10 besteht aus drei eigenständigen Apps – MAIL, KALENDER und KONTAKTE –, die jedoch sehr eng miteinander verzahnt sind. Derzeit haben die Anwendungen in den unterschiedlichen Varianten von Windows 10 noch unterschiedliche Bezeichnungen. Auf dem Desktop heißen sie noch Mail, auf dem Windows 10 Phone heißen sie bereits Outlook. Dem Konzept der Universal Apps folgend, dürfte die Desktop-Version also auch bald *Outlook* heißen. Wir werden Ihnen hier beide Versionen zeigen.

6.4.1 Starten und einrichten

Starten Sie die Mail-App, indem Sie zu START • ALLE APPS • MAIL bzw. OUTLOOK MAIL navigieren. Wenn Sie noch nicht allzu viel am Startmenü eingestellt haben, sehen Sie die Mail- bzw. Outlook-App auch direkt im Startmenü als Kachel. Sie werden mit dem Startbildschirm begrüßt, der entweder das von der Outlook-App bereits automatisch eingerichtete Micro-soft-Konto (am Windows 10 Phone) zeigt und Ihnen anbietet, weitere Konten einzurichten (Abbildung 6.59), oder, wie in Abbildung 6.58 gezeigt, den Startbildschirm der Mail-App, in dem Sie gebeten werden, ein Konto einzurichten, wenn Sie sich für die lokale Anmeldung an Windows entschieden haben.

Abbildung 6.58 Begrüßungsbildschirm bei lokaler Anmeldung an Windows 10

Um die Mail-App nutzen zu können, brauchen Sie ein Mailkonto, das Sie der App hinzufügen können. Sollten Sie mit einem Microsoft-Konto angemeldet sein, ist Ihr zugehöriges Mail-postfach bereits eingerichtet. Das möchten Sie aber vielleicht gar nicht benutzen, oder Sie sind lokal angemeldet und möchten lieber ein eigenes Mailkonto mit der Mail- bzw. Out-look-App verbinden. MAIL erlaubt es Ihnen, eine Vielzahl von Kontotypen einzurichten und bietet für einige beliebte Mailanbieter sogar passgenaue Assistenten an, die die Einrichtung des Postfachs erleichtern sollen (Abbildung 6.60). Wir zeigen Ihnen an den folgenden Bei-spielen, wie Sie ein IMAP-Mailkonto (*Internet Message Access Protocol*) einrichten und wie Sie ein Exchange EAS-Konto (*Exchange Active Sync*) mit der Mail-App verbinden können. In der Kontakte-App verbinden wir exemplarisch auch ein Google-Konto mit den Apps MAIL, KALENDER und KONTAKTE.

Abbildung 6.59 Begrüßungsbildschirm Windows 10 Phone bei Microsoft-Konto

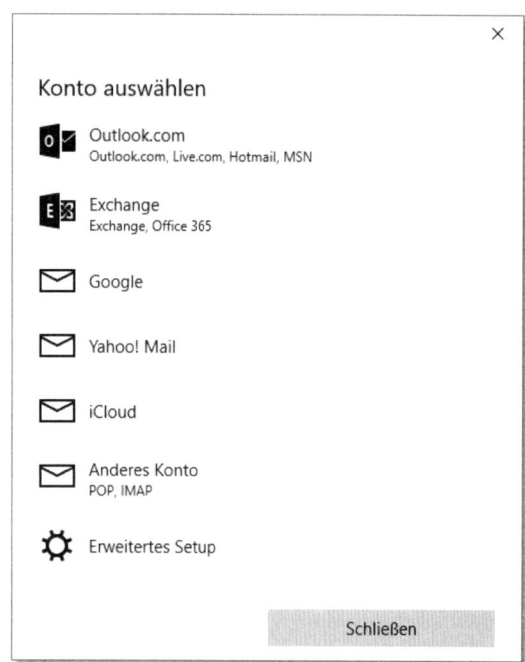

Abbildung 6.60 Kontotypen für Mail und Assistenten

Die Einrichtung eines EAS-Mailkontos geschieht über ERWEITERTES SETUP und dort über EXCHANGE ACTIVE SYNC. Wenn Sie ein IMAP-Konto einrichten wollen, empfehlen wir, die Einstellungen INTERNET-E-MAIL aus dem erweiterten Setup zu verwenden, denn dort können Sie in einem einzigen Dialog direkt alle für die Einrichtung notwendigen Details und Servereinstellungen eingeben. Der Assistent ANDERES KONTO ist hier oft komplizierter für die Konfiguration eines IMAP-Kontos.

Widmen wir uns zunächst der Einrichtung eines Exchange EAS-verwalteten Mailkontos zu. EAS ist eine Technik, die mit dem Microsoft Exchange Server 2010 Service Pack 1 freigegeben wurde. Sie erlaubt eine sehr einfache Konfiguration von Mailkonten und kommuniziert über das HTTP- bzw. HTTPS-Protokoll. Ein EAS-Konto kann in einer einzelnen Konfiguration Mails, Kontakte, Kalender und Aufgaben synchronisieren. Mails, die per EAS synchronisiert werden, müssen nicht vom Server explizit abgerufen werden, sondern sie werden direkt auf das Mailkonto übertragen, was man *Push-Technik* nennt (engl. *schieben*). Neben Microsoft Exchange können auch zahlreiche andere Mailserver Mails per EAS bereitstellen, darunter das beliebte und von vielen Providern verwendete *OpenXchange*. Wenn Sie also ein solches EAS-Mailkonto einrichten wollen, verfahren Sie wie folgt: Starten Sie die Mail- bzw. Outlook-App. Klicken Sie auf das Zahnrad-Symbol in der Mail-App im Desktop (Abbildung 6.61) bzw. auf das ...-Menü im Windows 10 Phone (Abbildung 6.62) und hier jeweils auf KONTEN und dann auf KONTO HINZUFÜGEN.

Abbildung 6.61 Einstellungen in »Mail« (Zahnrad-Symbol) am Desktop

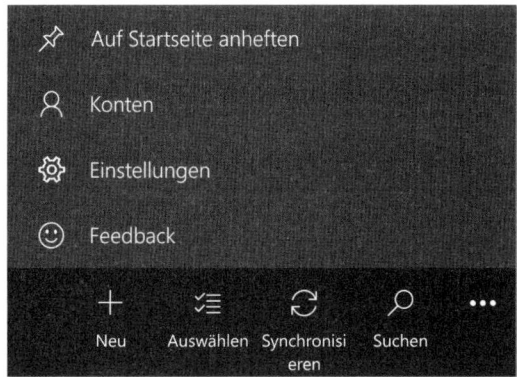

Abbildung 6.62 Einstellungen in Outlook Mail am Windows 10 Phone

Wählen Sie jetzt ERWEITERTES SETUP aus und dort EXCHANGE ACTIVE SYNC. Insbesondere wenn Ihr Mailserver ein funktionierendes *Autodiscover* eingerichtet hat, reicht es, wenn Sie hier Ihre Mailadresse und Ihr Kennwort eingeben, was Abbildung 6.63 am Beispiel eines Windows 10 Phone zeigt. *Autodiscover* ist eine Technik, die es Benutzern erlaubt, mit minimalen Angaben ein Mailkonto (E-Mail-Adresse und Kennwort) einzurichten. Wie Autodiscover im Einzelnen funktioniert, können Sie hier nachlesen: *https://msdn.microsoft.com/ en-us/library/office/jj900169(v=exchg.150).aspx.*

Wenn Sie neben Ihrer Mailadresse noch mehr Informationen beisteuern müssen, können Sie das im angebotenen Dialog der EAS-Konto-Einrichtung selbstverständlich auch tun. Geben Sie hier Ihre E-MAIL-ADRESSE, Ihr KENNWORT, den zugehörigen BENUTZERNAMEN, die SERVER-Adresse und einen KONTONAMEN ein – und klicken Sie dann auf ANMELDEN (Abbildung 6.63). Fertig ist Ihr EAS-Konto in der Mail-App!

Mailprotokolle und Ports

Für die Übertragung von E-Mails haben sich über die Jahre einige Protokolle und Standards gebildet, die wir hier kurz beleuchten wollen. Im Wesentlichen sind heute noch von Bedeutung: POP3, IMAP4, EAS, MAPI/EWS und SMTP. (Wobei Letzteres ein Protokoll nur zum Versenden von Mails darstellt.) Mailprotokolle sind ein abend- bzw. buchfüllendes Thema, daher hier der Versuch einer einfachen Zusammenfassung.

POP3 – Post Office Protokoll (Version 3)

Das etwas aus der Mode gekommene POP-Protokoll ist ein sehr einfaches und anspruchsloses Mailprotokoll, das Mails im ASCII-Format (eine Standard-Zeichencodierung) überträgt und das durch ASCII-Kommandos gesteuert wird. POP kann lediglich E-Mails vom Server abholen, diese auflisten oder löschen. POP wurde seit 2003 nicht mehr weiterentwickelt. Beim POP-Mailprotokoll werden normalerweise die Mails am Server abgeholt, und anschließend vom Server gelöscht. Die abgerufenen Mails liegen dann also immer auf dem Client, der sie abgerufen hat. Heutzutage ist diese Technik auch aufgrund der Nutzung von mobilen Geräten nicht mehr zeitgemäß. E-Mails, die Sie morgens am PC zu Hause per POP abrufen, haben Sie unterwegs nicht auf dem Smartphone dabei. Die Mails, die Sie mit dem Handy abgerufen haben, fehlen indes auf dem PC zu Hause. Es gibt zwar mittlerweile auf vielen POP3-Servern die Möglichkeit, Mails dort erst nach X Tagen zu löschen, aber es ist nicht möglich, dort komplexere Ordnerstrukturen mit mehreren Mailclients gleichzeitig zu bearbeiten oder zu pflegen. Hierfür braucht es Protokolle wie IMAP, bei denen die Mails auf dem Server gespeichert sind und nur bei Bedarf auf den Client heruntergeladen werden. POP funktioniert normalerweise über den TCP-Port 110, verschlüsselt sendet POP über TCP-Port 995. POP4 existiert zwar als Implementierungsvorschlag mit erweiterten Funktionen, wurde aber nie zu Ende entwickelt.

IMAP4 – Internet Messaging Access Protocol (Version 4)

IMAP in der aktuellen Version 4 ist ein sehr verbreitetes Protokoll, das es erlaubt, Mails auf Ihrem Mailserver zu belassen und zunächst nur deren Kopfzeilen (Betreff und ein paar Worte des Inhalts) auf den jeweiligen Client herunterzuladen. Das spart Bandbreite und garantiert einen zügigen, vollen Nutzungsumfang einer frisch eingerichteten Mailbox (Mailkonto), da nur wenige Informationen pro Mail vom Server heruntergeladen werden müssen. Der Vorteil für den Client ist ein Nachteil für den Server, denn dort erhöht sich der benötigte Speicherplatz für Mails, da sie ja auf dem Server verbleiben. In aller Regel haben IMAP-Mailserver eine sogenannte *Quota* – also ein Speicherlimit je Benutzer bzw. Mailkonto, damit nicht ein einzelner Nutzer den kompletten Speicherplatz des Servers für sich beanspruchen kann. Wenn Sie in einem IMAP-Mailkonto also keine Mails mehr empfangen, löschen oder verschieben können, ist dies ein Hinweis auf eine eventuell überschrittene Quota. Um Platz zu schaffen, muss Ihr Serveranbieter zunächst die Quota erhöhen. Anschließend können Sie aufräumen. Heutzutage sollte auch IMAP nur noch verschlüsselt verwendet werden. Für die Verschlüsselung verwendet IMAP üblicherweise TLS. Unverschlüsseltes IMAP kommuniziert über den TCP-Port 143, mit TLS über den TCP-Port 993. Verschlüsseltes IMAP wird als *IMAPS* bezeichnet, wobei das angehängte *S* für *Secure* steht.

EAS – Exchange Active Sync

Ähnlich wie EWS (siehe im weiteren Verlauf des Kastens) ist EAS ein XML-basiertes Protokoll für Exchange Server, den E-Mail-Server von Microsoft. Hauptanwendungszweck von EAS ist die Anbindung von mobilen Geräten an Exchange via HTTP(S). Exchange Server finden Sie häufig in Unternehmensumgebungen, aber auch der E-Mail-Dienst *Outlook.com* basiert auf Exchange. EAS unterstützt neben E-Mails die Synchronisierung von Kalendern und Kontakten sowie Aufgaben und Notizen. Das EAS-Protokoll erlaubt bei Bedarf auch eine gewisse Steuerung der Client-Geräte. So können Serveradministratoren z. B. Richtlinien wie Geräteverschlüsselung und Kennwortkomplexität festlegen oder das Gerät aus der Ferne auf den Werkszustand zurücksetzen. Exchange Active Sync-Clients gibt es für viele Betriebssysteme, z. B. Windows Phone, IOS oder Android.

MAPI – Message Application Programming Interface

MAPI ist die Standardschnittstelle zum Nachrichtenversand zwischen MAPI-fähigen Anwendungen. Sie basiert auf dem proprietären Remote Procedure Call(RPC)-Protokoll von Microsoft. Am bekanntesten ist sicherlich der Einsatz zwischen Outlook und dem Microsoft Exchange Server – aber auch andere Anwendungen können die MAPI-Schnittstelle nutzen. So können Sie z. B. eine E-Mail aus direkt aus Word heraus versenden. Auf der anderen Seite bieten einige E-Mail-Server-Hersteller auch eine MAPI-Implementierung für ihre Produkte an, um Outlook bestmöglich anzubinden. Die MAPI-Schnittstelle konfigurieren Sie mithilfe von MAPI-Profilen, die Sie in der klassischen Systemsteuerung als E-Mail (32 Bit) verwalten können. Neben der E-Mail-Transportfunktionalität bietet MAPI auch Zugriff auf andere Funktionen, etwa Exchange-Adresslisten. Für die lokale Speicherung der Elemente kommen PST-Dateien (*Personal Storage Table*) zum Einsatz.

EWS – Exchange Web Access

EWS ist eine Architektur, mit der Anwendungen auf Daten von Exchange Servern über HTTP und SOAP zugreifen können. EWS wird von Microsoft Office für Mac-Clients für den Zugriff auf Exchange verwendet, da Apple kein RPC-Protokoll unterstützt und somit auch nicht MAPI. EWS ist somit eine zentrale Schnittstelle, an die auch Drittanbieterprodukte andocken können.

SMTP – Simple Mail Transfer Protocol

Bei SMTP ist der Name Programm: ein einfaches Protokoll zum Versenden von Mails. Während POP und IMAP als Protokolle für den Empfang von E-Mails zuständig sind, ist SMTP das

Standardprotokoll, um Mails zu versenden. SMTP ist ein textbasiertes Protokoll und nutzt für die Kommunikation Port 25 des TCP-Protokolls. SMTP wird für den anonymen Mailversand genutzt und wurde als authentifizierungsloses und unverschlüsseltes Protokoll konzipiert. Jeder Server leitete E-Mails weiter. Aufgrund der Spam-Problematik wurde der ESMTP-Standard (*Extended SMTP*) entwickelt, den wir heute umgangssprachlich synonym verwenden. ESMTP nutzt Erweiterungen, mit deren Hilfe die unterstützten Befehle zwischen Client und Server ausgetauscht werden. Die zwei bekanntesten Befehle sind *SMTP-Auth*, um die Authentifizierungsunterstützung zu signalisieren, und *StartTLS*, um die Möglichkeit einer verschlüsselten Verbindung bereitzustellen. Wenn Sie die Befehle Ihres Mailservers einsehen möchten, installieren Sie den *Telnet-Client* aus den Windows Features. Öffnen Sie anschließend eine CMD, geben Sie `Telnet` ein, und bestätigen Sie mit ⏎. Jetzt tippen Sie `open mail.ihrmailserver.tld 25` ein und bestätigen mit ⏎. Wenn sich Ihr Mailserver nicht meldet, könnte es sein, dass Port 25 auf dem Weg durch das Netzwerk nicht freigeschaltet wurde. Falls sich Ihr Mailserver nun meldet, können Sie die unterstützten Erweiterungen von ESMTP mit dem Befehl `EHLO` (*Extended Hello*) abfragen. In neueren Serversystemen kommt für authentifiziertes SMTP auch der TCP-Port 587 zum Einsatz.

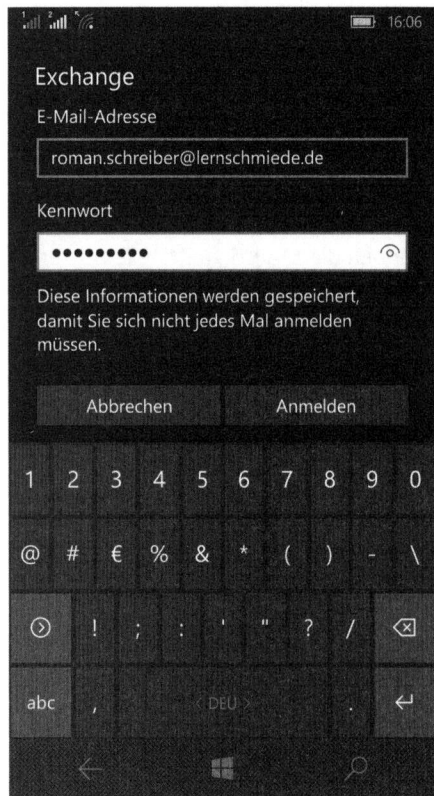

Abbildung 6.63 Exchange EAS-Konto einrichten

Noch bevor wir uns den Funktionen der Mail-App widmen, möchten wir Ihnen zeigen, wie Sie ein IMAP-Konto einrichten. IMAP ist der am weitesten verbreitete Kontotyp für E-Mail, er wird auch von *Gmail*, *Web.de*, *GMX*, aber auch von Anbietern, die EAS bereitstellen, wie *Hotmail* oder *Outlook.com* angeboten. Im Unterschied zu EAS beinhaltet eine IMAP-Kontoeinrichtung lediglich E-Mails, nicht aber Kontakte, Aufgaben oder einen Kalender. Am Beispiel eines Servers, der EAS und IMAP anbietet, möchten wir Ihnen die IMAP-Konfiguration zeigen.

Zunächst starten Sie wieder mit dem Zahnrad-Symbol (Abbildung 6.61), das Sie entweder in der Mail-App unten links sehen oder im Windows 10 Phone über das ...-Menü aufrufen können. Hier gehen Sie am besten erneut in das Erweiterte Setup, wie in Abbildung 6.60 gezeigt, und wählen hier Internet-E-Mail aus. Geben Sie die benötigten Daten ein – ähnlich, wie es in Abbildung 6.64 zu sehen ist.

Abbildung 6.64 Einstellungen für ein IMAP-Mailkonto

Hier müssen Sie einen Kontonamen, Ihren Namen (so, wie er in ausgehenden Mails angezeigt werden soll), Ihren Posteingangsserver (IMAP-Server), den Kontotyp (IMAP), Ihre E-Mail-Adresse, Ihren Benutzernamen auf dem IMAP-Server, das dazugehörige Kennwort und den Postausgangsserver (SMTP) angeben. Vergessen Sie nicht, die richtigen Häkchen bei Ausgangsserver erfordert Authentifizierung zu setzen, wenn Ihr Postausgangsserver einen Benutzernamen und Kennwort verlangt, was so sein sollte. Das Häkchen bei DENSELBEN BENUTZERNAMEN UND DASSELBE KENNWORT ZUM SENDEN VON E-MAILS VERWENDEN sollten Sie deaktivieren, wenn die Zugangsdaten Ihres Postausgangsservers (SMTP) von denen Ihres Eingangsservers (IMAP) abweichen. Schließlich werden Sie noch gefragt, ob für ein- oder ausgehende E-Mails eine SSL-Verschlüsslung erforderlich ist – das ist heutzutage hoffentlich der Standard auch bei Ihrem Server. Abschließend klicken Sie auf ANMELDEN – und Ihr IMAP-Mailkonto ist ebenfalls fertig eingerichtet.

Nach erfolgreicher Einrichtung des Mailkontos befinden Sie sich direkt auf der Startseite der Mail-App. Wenn Sie bereits Mails auf die eingerichtete Adresse erhalten haben, sehen Sie diese auch nach wenigen Augenblicken. Sie finden die Navigation in der Desktop-Version links am Bildschirmrand (Abbildung 6.65) und bei Windows 10 Phone hinter dem Hamburger-Menü und dem ...-Menü unten rechts (Abbildung 6.66).

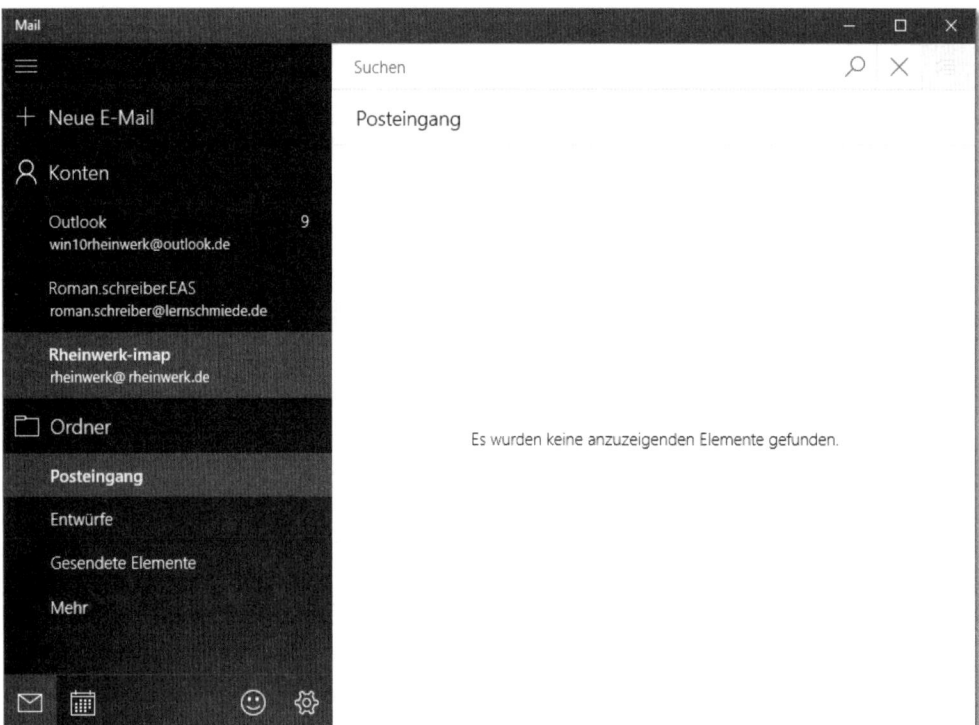

Abbildung 6.65 Die Navigation (aufgeklapptes Hamburger-Menü) im Desktop

Hier sind die beiden Mail-App-Versionen noch recht unterschiedlich, was dem Formfaktorunterschied zwischen dem Smartphone und dem Desktop bzw. Tablet geschuldet sein dürfte. Während Sie in der Desktop-Ansicht der Mail-App alle eingerichteten Konten sehen und auch durch Klicken auf das ≡ Hamburger-Menü einfach zwischen den einzelnen Konten wechseln können, können Sie in der Outlook Mail-App für Windows 10 Phone mit dem Hamburger-Menü die einzelnen eingerichteten Konten auswählen, während die Einstellungen hinter dem ...-Menü zu finden sind. Widmen wir uns zunächst der Desktop-Version der Mail-App.

Abbildung 6.66 Navigation in der Outlook Mail-App am Windows 10 Phone

Hier sehen Sie in der Navigation links nicht nur alle eingerichteten Mailkonten, sondern haben je Mailkonto auch noch Zugriff auf Ihre Mail-Ordner. Neben den *Standardordnern* eines Mailkontos, POSTEINGANG, ENTWÜRFE, GESENDETE ELEMENTE, können Sie durch Klicken oder Tippen auf MEHR auch noch weitere Ordner Ihres Mailkontos sehen. Leider können Sie hier derzeit noch keine neuen Ordner anlegen oder Ordner löschen. In der uns vorliegenden Version (Build 10565) geht das noch nicht einmal mit dem hauseigenen Microsoft-Konto. Alles, was Sie hier machen können, ist, einen Mailordner auf der Startseite anheften, ihn zu FAVORITEN hinzuzufügen oder aus FAVORITEN zu entfernen (Favoriten werden in der Übersicht eines Mailkontos angezeigt, wie in Abbildung 6.65 zu sehen ist; die Standardordner sind in Wirklichkeit auch Favoriten), und bei einzelnen Ordnern können Sie festlegen, diesen Ordner nicht synchronisieren zu lassen (Abbildung 6.67).

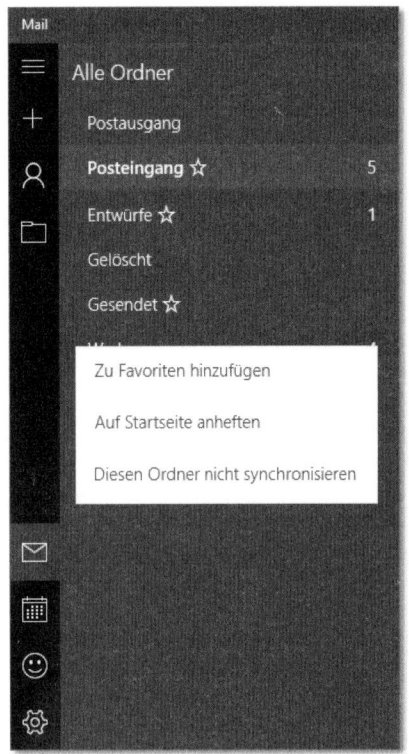

Abbildung 6.67 Optionen mit Mailordnern

Abbildung 6.68 EAS-Konto in Mail-App einrichten

6.4.2   Mails verfassen

Beim Verfassen von neuen E-Mails haben Sie in der Mail-App eine Reihe von Formatie-rungsmöglichkeiten, die auch im Desktop-Modus so groß dargestellt werden, als befänden Sie sich im Tablet-Modus. Für Letzteren ist die Mail-App tatsächlich stark optimiert ver-glichen mit ihrem Vorgänger aus Windows 8.1. Neben der obligatorischen Eingabe des Empfängers (natürlich zusätzlich auch *CC* und *BCC*, also *CarbonCopy – Kopie an* und *Blind-CarbonCopy – verdeckte Kopie an*) können Sie einen BETREFF angeben. Im Inhaltsteil der Mail haben Sie eine große Palette an Formatierungsmitteln. Sie können das Aussehen der Schrift ❶ und die Absatzformatierung bearbeiten. Außerdem können Sie Aufzählungen, Nummerierungen und Einrückungen einfügen ❷. Ihnen stehen Formatvorlagen ❸ wie z. B. ÜBERSCHRIFT 1, STANDARD, TITEL, UNTERTITEL, HERVORHEBUNG zur Verfügung. Auch Schaltflächen für RÜCKGÄNGIG ❹ und WIEDERHOLEN finden sich im Reiter FORMAT (Abbil-dung 6.69).

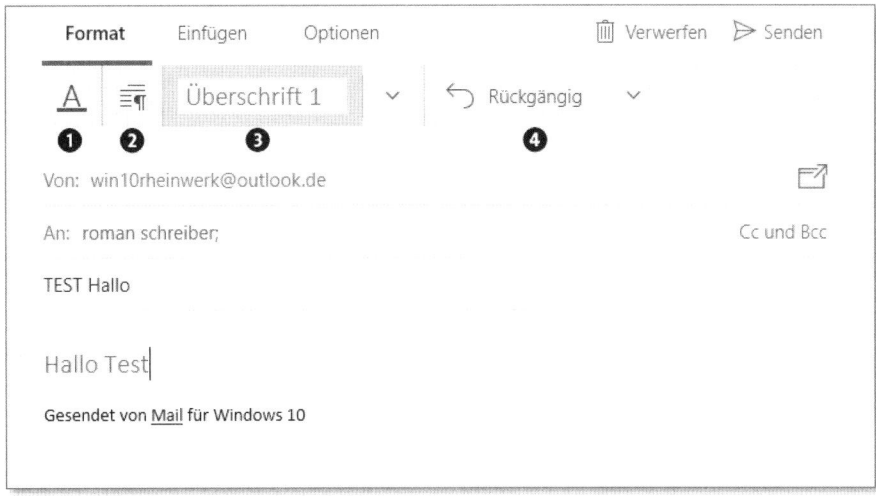

Abbildung 6.69 Mail verfassen und formatieren

Während des Verfassens von Mails stehen Sie im Reiter EINFÜGEN alle gängigen Einfügeoptionen, wie das Anfügen einer Anlage als Datei, das Einfügen von Bildern oder eines Links, zur Verfügung. Sie haben zudem auch noch die Möglichkeit, eine relativ aufwendige TABELLE mit der Mail-App zu kreieren und einzufügen, wie Sie in Abbildung 6.70 sehen.

Abbildung 6.70 Einfügen von Inhalten in Mails – sogar in Tabellenform

Im Reiter OPTIONEN schließlich sehen Sie die Einstelloptionen für die Wichtigkeit der Mail, die Sprache, Sie können die Rechtschreibung ein- und ausblenden und die Zoomstufe für die App festlegen.

Haben Sie Ihre Mail verfasst, mit Empfängern, Betreff und Inhalt, können Sie auf SENDEN klicken, um die Mail auf den Weg zu schicken, oder, wenn Sie es sich anders überlegt haben, auf VERWERFEN. Sie mögen einen Schalter vermissen, um eine Mail als Entwurf zu speichern. Wenn Sie eine Mail entwerfen, sie aber weder verwerfen noch senden, landet sie automatisch im Ordner ENTWÜRFE – ohne dass Sie noch etwas unternehmen müssten. Das ist etwas ungewohnt, aber verhindert auch, dass Mails versehentlich verloren gehen.

Sie können natürlich auch Mails weiterleiten, die Sie erhalten haben und die für weitere Empfänger bestimmt sind. Wählen Sie dazu eine weiterzuleitende Mail aus, und klicken Sie auf WEITERLEITEN (Abbildung 6.71). Hier, in der Mailansicht, haben Sie auch oben im ...-Menü weitere Möglichkeiten, mit der einzelnen Mail umzugehen. Sie können Mails mit einer KENNZEICHNUNG versehen, sie als GELESEN bzw. UNGELESEN MARKIEREN, in andere Ordner VERSCHIEBEN und – ganz wichtig – DRUCKEN (Abbildung 6.71).

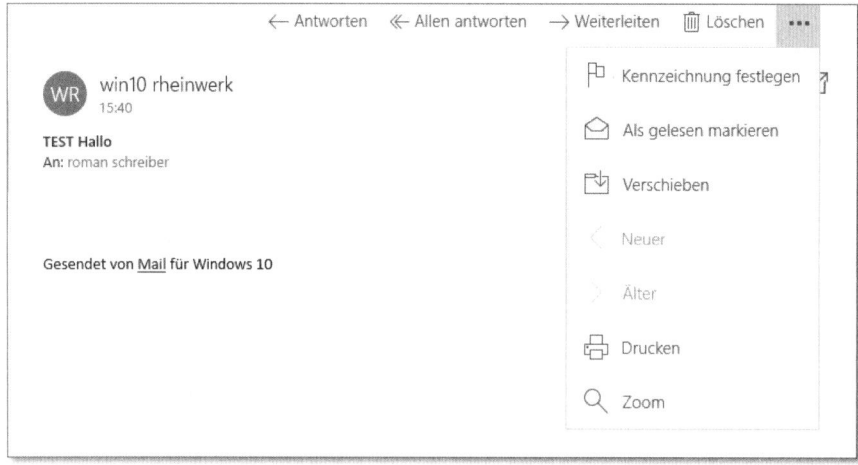

Abbildung 6.71 Mails weiterleiten, verschieben, markieren und drucken

6.4.3   Mailkonto verwalten

Neben der Einrichtung weiterer Mailkonten können Sie in den Einstellungen der Mail-App auch noch das Verhalten und die Feinheiten Ihres Mailkontos einstellen Hier unterscheiden sich die Einstellungen und Möglichkeiten nicht zwischen der Desktop-Version der Mail-App und der Windows 10 Phone-Version (hier haben wir aktuell die Version 17.6328.42032.0 zur Verfügung). Wählen Sie ein zu verwaltendes Mailkonto aus, und klicken oder tippen Sie auf das Zahnrad-Symbol, um in die EINSTELLUNGEN zu gelangen. Wählen Sie hier OPTIONEN aus. Hier können Sie die gerade im Tablet-Modus und auf Smartphones hilfreichen WISCHAKTIONEN festlegen (Abbildung 6.72).

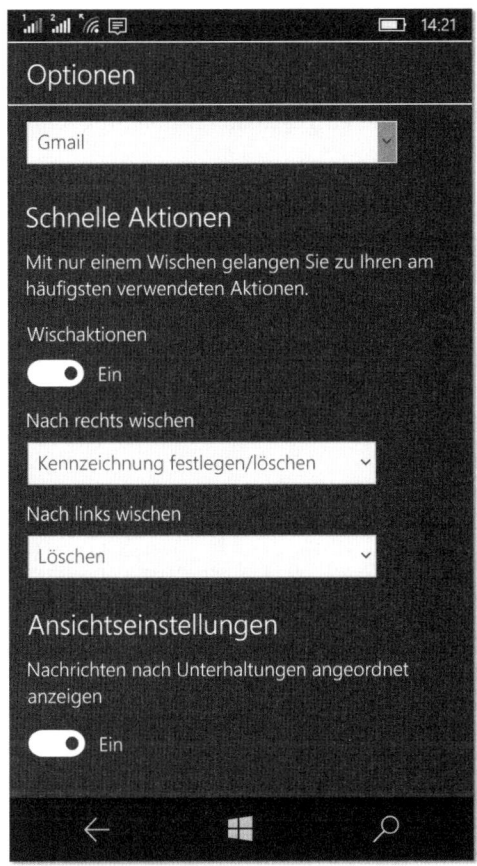

Abbildung 6.72 Wischaktionen am Phone und Tablet verwalten

Sie können Nachrichten nach Unterhaltungen angeordnet anzeigen (auch als *Thread-Ansicht* bezeichnet), Hier können Sie die Mailsignatur einstellen, die unter jeder Mail, die Sie mit der App versenden, steht. Falls Sie es wünschen oder brauchen, können Sie hier auch AUTOMATISCHE ANTWORTEN einrichten. Diese Funktion ist eine Art einfache Urlaubsnotiz-funktion (*Out of Office Notice*), die es erlaubt, einen von Ihnen zu bestimmenden Text auto-matisch an Ihre Mailabsender zu senden, falls Sie nicht erreichbar sind. Sie können unterscheiden, ob diese Notiz nur an Ihre Kontakte gesendet werden soll oder an alle Absen-der. Schließlich können Sie hier einstellen, ob Sie im Wartungscenter benachrichtigt werden möchten, wenn neue Mails eingetroffen sind. Sie können Benachrichtigungsbanner aktivie-ren (eher eine Funktion für Tablets und Smartphones, bei denen im oberen Bildschirmrand Mails als Banner eingeblendet werden, wenn sie eintreffen), einen Sound wiedergeben las-sen, wenn neue Mails eintreffen, und gut versteckt, aber sehr wichtig: Hier können Sie ganz unten in den Optionen einschalten, dass externe Bilder und Formate nicht automatisch heruntergeladen werden. Wir empfehlen dieses automatische Herunterladen abzuschalten, denn wenn es eingeschaltet ist, können Spam-Versender und Werbeversender anhand der heruntergeladenen Bilder feststellen, dass Ihre Mailadresse existiert und aktiv ist. Wenn Sie hier etwas diskreter unterwegs sein möchten, schalten Sie diese Option ab und laden Bilder und Inhalte bei Bedarf selbst herunter. In Outlook von Office ist das Herunterladen von Inhalten vom Start weg bereits deaktiviert, hier ist es leider eingeschaltet (Abbildung 6.73).

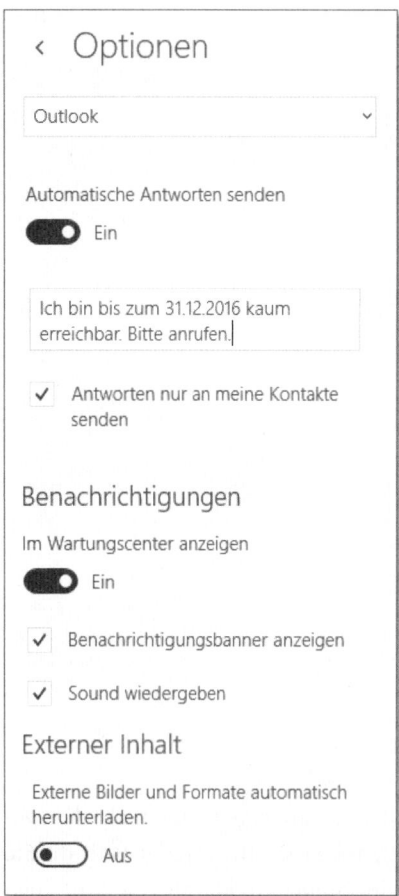

Abbildung 6.73 Ausschnitt aus den Mailoptionen (Desktop Mail-App)

Diese Mailoptionen müssen Sie für jedes Mailkonto, das Sie eingerichtet haben, separat einstellen. In Abbildung 6.73 sehen Sie oben ein Dropdown-Menü für die Anwahl der einzelnen Mailkonten in Ihrer Mail-App.

In den Einstellungen der Mail-App gibt es noch ein paar weitere wichtige Schalter zu beleuchten. Klicken Sie auf das Zahnrad-Symbol (EINSTELLUNGEN) und auf PERSONALISIERUNG, um das Erscheinungsbild Ihrer Mail-App anzupassen (Abbildung 6.74). Hier können Sie die AKZENTFARBE der Mail-App einstellen, das gesamte Erscheinungsbild auf das trendige DUNKLE DESIGN umstellen oder sich ein HINTERGRUNDBILD für die App aussuchen – bzw. es abschalten, was die App optisch eher beruhigt. Wir haben, um die Auswirkungen zu illustrieren, das Design hier in PERSONALISIERUNG einmal in Abbildung 6.74 verändert, vergleichen Sie das doch bitte einmal mit Abbildung 6.65.

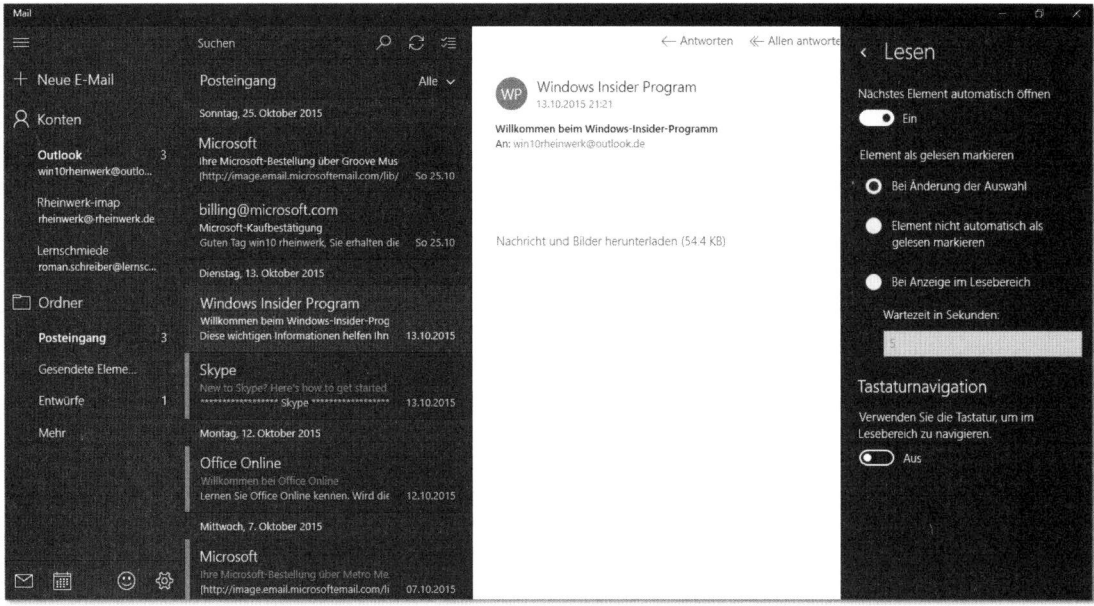

Abbildung 6.74 Personalisierte Mail-App mit Lesen-Einstellung

Die Einstellung LESEN (zu erreichen über das ⚙ -Symbol) bietet Ihnen Optionen, die das Lesen automatisieren sollen. So können Sie hier festlegen, ob nach dem Lesen einer Mail automatisch die nächste Mail angezeigt werden soll und ob Mails nach dem Anklicken bzw. Auswählen automatisch als gelesen gelten sollen. Wenn Sie hier Bei ANZEIGE IM LESEBEREICH auswählen und z. B. »5« als WARTEZEIT IN SEKUNDEN angeben, werden Mails, die Sie anwählen, erst nach diesen fünf Sekunden als gelesen markiert. Wählen Sie vorher eine andere Mail an, bleibt die Nachricht als ungelesen markiert. Zuletzt können Sie hier noch die TASTATURNAVIGATION einschalten, die im Desktop-Modus ganz praktisch ist. Ist sie eingeschaltet, können Sie mit den Pfeiltasten durch die Mails blättern.

Zuletzt möchten wir Sie noch auf eine eher unscheinbare Einstellung hinweisen, die auch noch vertrauenserweckend klingt: ⚙ -Symbol (EINSTELLUNGEN) • TRUST CENTER. Hier ist folgende Funktion eingeschaltet: LOKAL RELEVANTE INHALTE ERMÖGLICHEN. OFFICE VERBINDUNGEN MIT DEN ONLINEDIENSTEN VON MICROSOFT GESTATTEN, UM LOKAL RELEVANTE UND AN IHRER NUTZUNG UND IHREN EINSTELLUNGEN ORIENTIERTE INHALTE ZUR VERFÜGUNG ZU STELLEN. Was auch immer Microsoft uns damit sagen möchte, es liest sich für den datenschutzbewussten Benutzer so, als sollte man diesen Schalter ausknipsen, um nicht lokal relevante Inhalte, was auch immer das sein mag, mit Microsoft-Onlinediensten zu teilen. Es ist leider nicht genauer herauszubekommen, was genau Microsoft hier mit seinen Diensten teilt, von daher kann es empfehlenswert sein, das TRUST CENTER abzuschalten und ihm nicht so sehr zu vertrauen. Das TRUST CENTER könnte sich zu dem entwickeln, was es bei Office Outlook ist: das Sicherheitscenter. Dort können Sie relativ granular und verständlich einstellen, welche Sicherheitseinstellungen für Ihr Outlook gelten. Sie finden das in Outlook in der BACKSTAGEANSICHT • OPTIONEN • SICHERHEITSCENTER • EINSTELLUNGEN FÜR DAS SICHERHEITSCENTER. Hier in der Mail-App ist es aber derzeit nur ein einzelner Schieberegler, mit eher fraglichem Inhalt und unklarer Funktion.

Mailkonto löschen

Wie schon eingangs erwähnt, sind die an den Outlook-PIM erinnernden Apps MAIL, KALENDER und KONTAKTE eng mit einander verzahnt. Somit sind einige übergeordnete Funktionen bei allen drei Apps gleich und haben auch auf alle drei Apps die gleichen Auswirkungen. Löschen von Konten gehört beispielsweise dazu. Ebenso, wie Sie ein Konto für alle drei Apps gleichzeitig löschen, erstellen Sie es auch für alle drei Anwendungen. Wie Sie ein solches Konto löschen, zeigen wir Ihnen in Abschnitt 6.5.1. Dort zeigen wir Ihnen auch, wie Sie die Synchronisierungseinstellungen anpassen können.

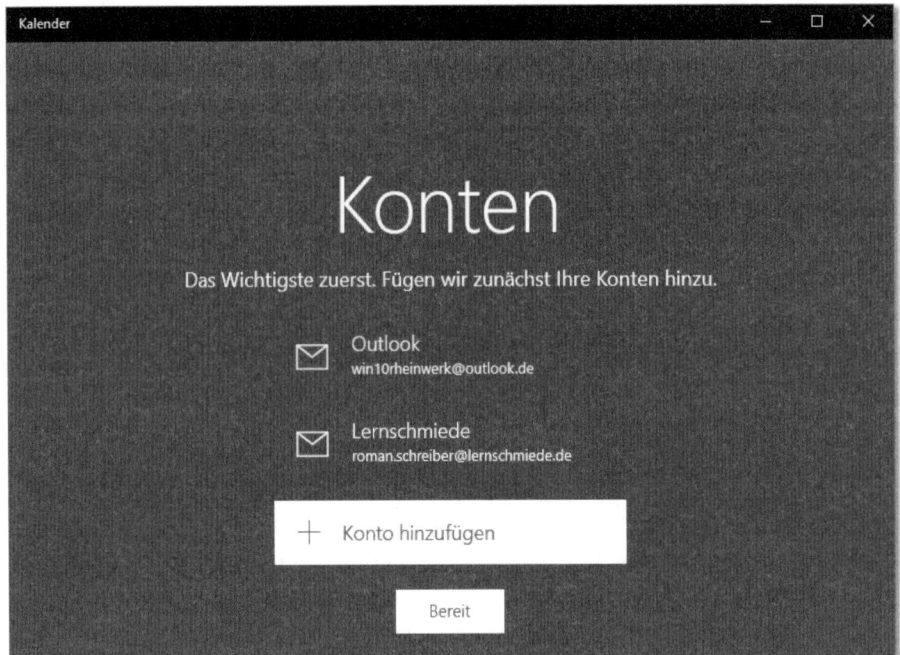

Abbildung 6.75 Ein neues Konto für den Kalender einrichten

Im Navigationsbereich der Mail-App gibt es noch zwei weitere Icons, die bislang noch nicht erwähnt wurden (Abbildung 6.61). Das eine, der SMILEY, ist der Feedback-Knopf, mit dem Sie eine Rückmeldung zur App selbst an Microsoft geben können. Der andere, wahrscheinlich wichtigere, ist der kleine KALENDER-Button neben dem Briefchen. Er öffnet die Kalender-App.

6.5   Kalender-App

Wie schon eingangs in der Mail-App erwähnt, sind MAIL und KALENDER in Windows 10 eng miteinander verzahnt, und sie offenbaren ihre Nähe zum Outlook-PIM aus der Office-Suite. So wundert es kaum, dass man bereits direkt aus der Mail-App heraus den Kalender öffnen kann. Aber die Kalender-App ist auch eine eigenständige Anwendung, die über das Startmenü beispielsweise mithilfe der Sprachsteuerung von Cortana geöffnet werden kann. Wenn Sie bereits in der Mail-App EAS, Outlook oder EWS-Konten (Exchange Web Services, der Nachfolger von MAPI von Microsoft) eingerichtet haben, stehen Ihnen für diese Konten bereits eingerichtete Kalender zur Verfügung. Öffnen Sie die Kalender-App entweder eigenständig über das Startmenü oder aus der Mail-App heraus. Sie werden mit einem Willkommensbildschirm begrüßt. Wählen Sie ANFANGEN. Als Nächstes werden Ihnen gegebenenfalls die bereits fertig konfigurierten Konten angezeigt, mit der Möglichkeit, direkt ein neues einzurichten (Abbildung 6.75). Das wollen wir hier auch am Beispiel eines Google-Kontos zeigen. Wählen Sie, statt direkt mit einem fertigen Konto loszulegen, hier KONTO HINZUFÜGEN.

Um das gewünschte Google Gmail-Konto einzurichten, klicken Sie auf GOOGLE (wie in Abbildung 6.60 zu sehen ist), und Sie werden im nächsten Dialog aufgefordert, Ihre Google-Anmeldedaten einzugeben (Abbildung 6.76).

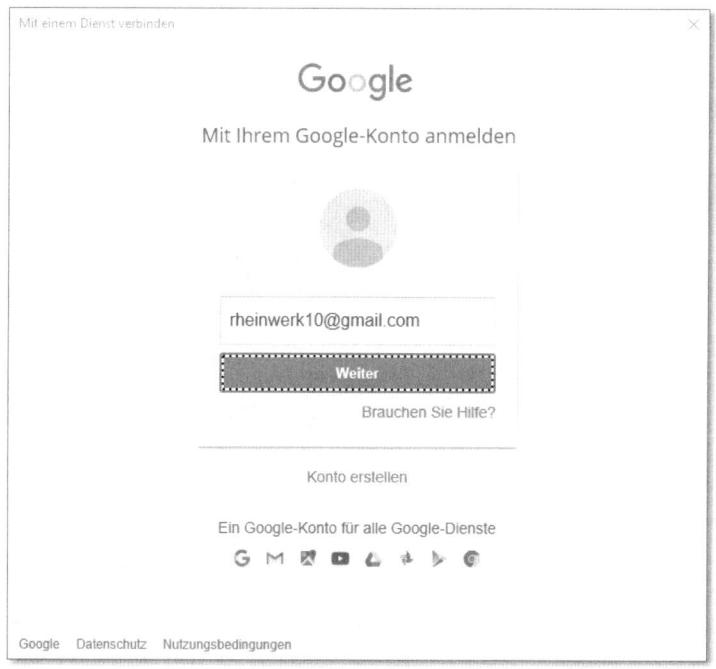

Abbildung 6.76 Ein Google Konto verbinden

Nach Eingabe von Benutzernamen und Kennwort verbindet sich Google mit Ihrer Kalender-App, mehr noch, mit Ihrem Windows 10, denn Google kann ja mehr, als nur einen Kalender anbieten. Google bietet ja auch Mails, und Kontakte und etliche weitere Dienste an – ähnlich wie Microsoft auch. Der Assistent fragt deshalb nach, ob Sie die Verbindung der Google-Dienste mit Ihrem Microsoft-Konto wünschen. Google hat die allgemeine Unterstützung für den EAS-Dienst vor Jahren eingestellt und synchronisiert seine Inhalte aktuell über IMAP (Mails), CardDAV (Kontakte) und CalDAV (Kalender), sodass auch weiterhin Kalenderdaten und Kontakte synchronisiert werden können. Für das Beispiel bejahen wir das durch Klicken auf ZULASSEN. Wenn Sie hier unsicher sind oder an dieser Stelle die Sorge aufkommt, dass Ihre Daten nicht mehr ausreichend geschützt sein könnten, sollten Sie vielleicht eher auf ABLEHNEN klicken und sich noch einmal ausgiebig mit den Datenschutzbestimmungen beider Anbieter vertraut machen, um nicht vorschnell vertrauliche Daten an Google zu übertragen.

Nach dem Klicken auf ZULASSEN fragt die Kalender-App noch nach, unter welchem NAMEN sie das Google-Konto in der App anzeigen soll. Geben Sie hier einen passenden Namen ein. Wählen Sie zum Abschluss FERTIG. Sie sind wieder im Begrüßungsassistent aus Abbildung 6.75. Wählen Sie jetzt BEREIT, um mit dem Kalender zu starten.

Der Kalender startet jetzt mit allen Kalendarien, die Sie bereits als Konten (auch in der Mail- oder Kontakte-App) hinzugefügt haben. In unserem Beispiel sind das bereits einige (Abbildung 6.77). Jeder Kalender wird in einer eigenen Farbe dargestellt, sodass Sie eine bessere Übersicht haben. Einzelne Kalender bzw. Kalenderanbieter bringen eventuell auch gleich mehrere Optionen mit, also neben Ihren eigenen Einträgen noch Terminlisten wie FEIERTAGE IN DEUTSCHLAND, GEBURTSTAGE O. Ä.

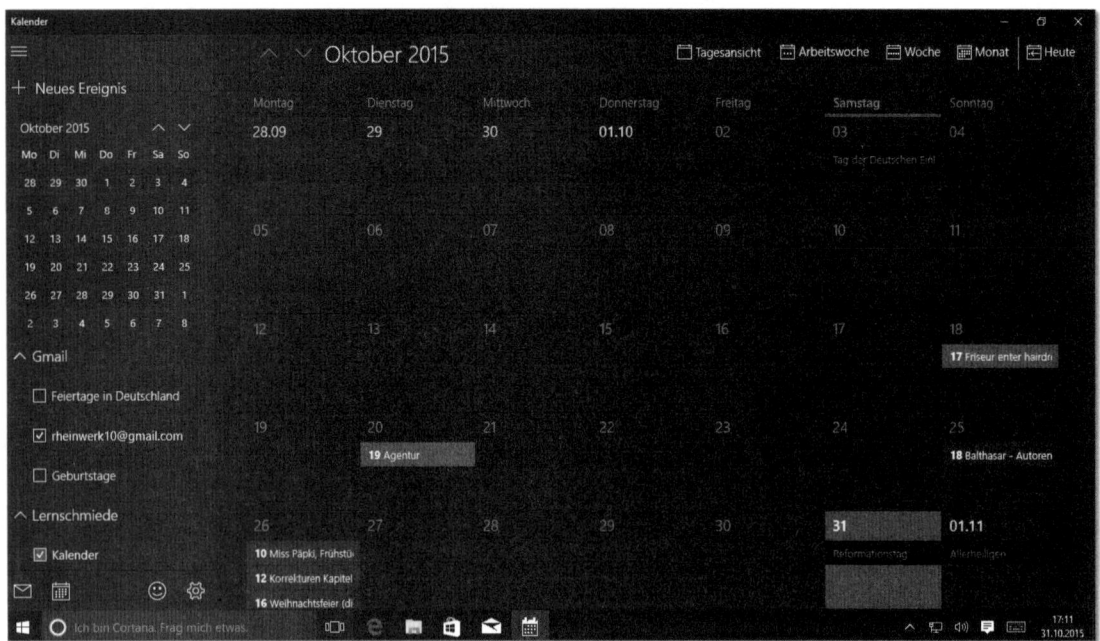

Abbildung 6.77 Der Kalender in Windows 10

Sie können auf der linken Seite in der Navigation durch Setzen des Häkchens auswählen, welche Kalender oder Kalenderteile Sie angezeigt haben möchten. Sollten Sie hier nicht den Monatskalender und die Mailkonten sehen, wie in Abbildung 6.77 links gezeigt, klicken oder tippen Sie auf das Hamburger-Menü (≡) oben links, um es anzuzeigen. Hier können Sie auch ein NEUES EREIGNIS in den Kalender eintragen, indem Sie oben links klicken (Abbildung 6.78).

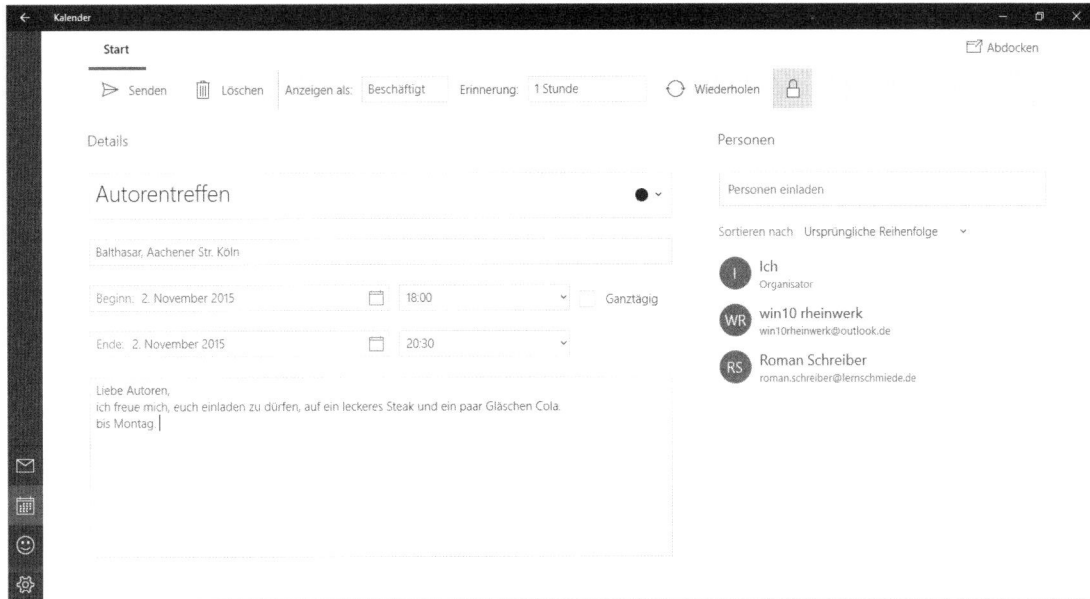

Abbildung 6.78 Neues Ereignis in Kalender-App erstellen

Alternativ, und wahrscheinlich auch intuitiver und schneller, können Sie im Kalender selbst, an der Stelle, an der Sie einen neuen Termin erstellen wollen, klicken (Abbildung 6.80). Beide Varianten unterscheiden sich aber gewaltig in ihrer Komplexität, wie die Abbildungen gut verdeutlichen. Allen gemein ist, dass sie nach Tag, Uhrzeit und Anlass bzw. Namen des Termins fragen und, wenn vorhanden, nach dem Kalender, in den der Termin bzw. das Ereignis einzutragen ist. In Abbildung 6.80 sehen Sie die zur Auswahl stehenden Kalender eingeblendet. Wenn Sie einen Termin mit dem Klick oder Tipp auf NEUES EREIGNIS erstellen, werden wesentlich mehr Details für die Erstellung des Ereignisses angeboten, als wenn Sie lediglich einen Termin im Kalender selbst hinzufügen. Das Wort *Ereignis* ist hier schon recht treffend gewählt. Sie können hier in einem Dialog das Ereignis als BESCHÄFTIGT, FREI, MIT VORBEHALT oder ABWESEND kennzeichnen, eine ERINNERUNG Ihrer Wahl einstellen, das Ereignis WIEDERHOLEN und durch Auswahl des SCHLÖSSCHENS den Termin als privat kennzeichnen. Andere, die Ihren Kalender freigegeben haben, sehen dann lediglich, dass Sie zu diesem Ereignis nicht verfügbar sind – aber nicht, warum. Sie können in NEUES EREIGNIS auch PERSONEN EINLADEN und den Termin auf GANZTÄGIG setzen, was für Feiertage, Geburtstage etc.

empfehlenswert ist. Diese Einstellmöglichkeiten erinnern wieder stark an das Dachprodukt Outlook, von dem diese App eindeutig abstammt. Diese Verwandtschaft wird auch klar, wenn Sie die App personalisieren – alles, was Sie hier einstellen, wirkt sich optisch auch auf die Mail-App aus und umgekehrt.

Wenn Sie zu einem solchen Ereignis, wie im Beispiel gezeigt, eingeladen wurden, können Sie den Termin öffnen und dann zusagen ❶, mit Vorbehalt zusagen ❷ oder absagen ❸ oder auf die Terminanfrage antworten ❹. Bei Zusagen können Sie wählen zwischen VOR SENDEN BEARBEITEN, ANTWORT JETZT SENDEN oder KEINE E-MAIL AN ORGANISATOR SENDEN; Gleiches gilt für die beiden weiteren Optionen mit VORBEHALT ❷ und ABLEHNEN ❸. Wenn Sie nur zu- oder absagen möchten, wählen Sie ANTWORT JETZT SENDEN, das dürfte die häufigste Antwort sein. Wählen Sie VOR SENDEN BEARBEITEN aus, können Sie Ihre Zu- oder Absage mit einem Kommentar versehen. Wählen Sie KEINE E-MAIL AN DEN ORGANISATOR SENDEN, sagen Sie den Termin zu oder ab, ohne dass der einladende Organisator darüber benachrichtigt wird. Im Kalender sieht er allerdings das Resultat Ihrer Entscheidung.

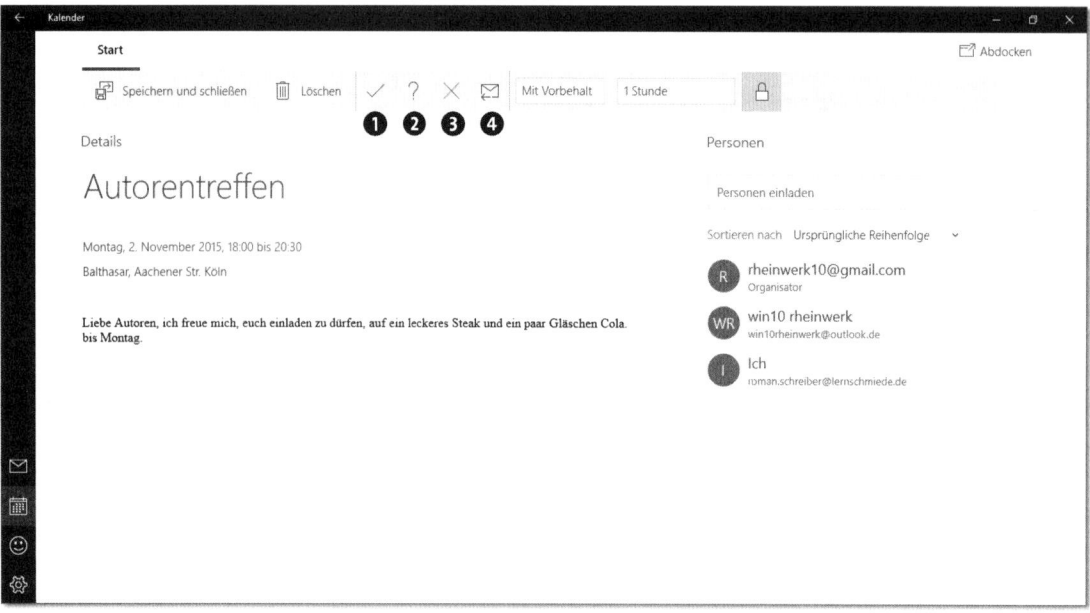

Abbildung 6.79 Termineinladung zu- oder absagen

Der schnelle Termin, den Sie durch Klicken in den Kalender eintragen können, ist eher selbsterklärend. Hier vergeben Sie nur einen Namen, die Uhrzeit (bzw. ob der Termin ganztägig ist) und schließlich noch, in welchen der verfügbaren Kalender der Termin eingetragen werden soll. An der Überschrift des Dialogs sehen Sie auch, dass es nicht um ein (komplexeres) Ereignis geht, sondern lediglich um einen TERMIN.

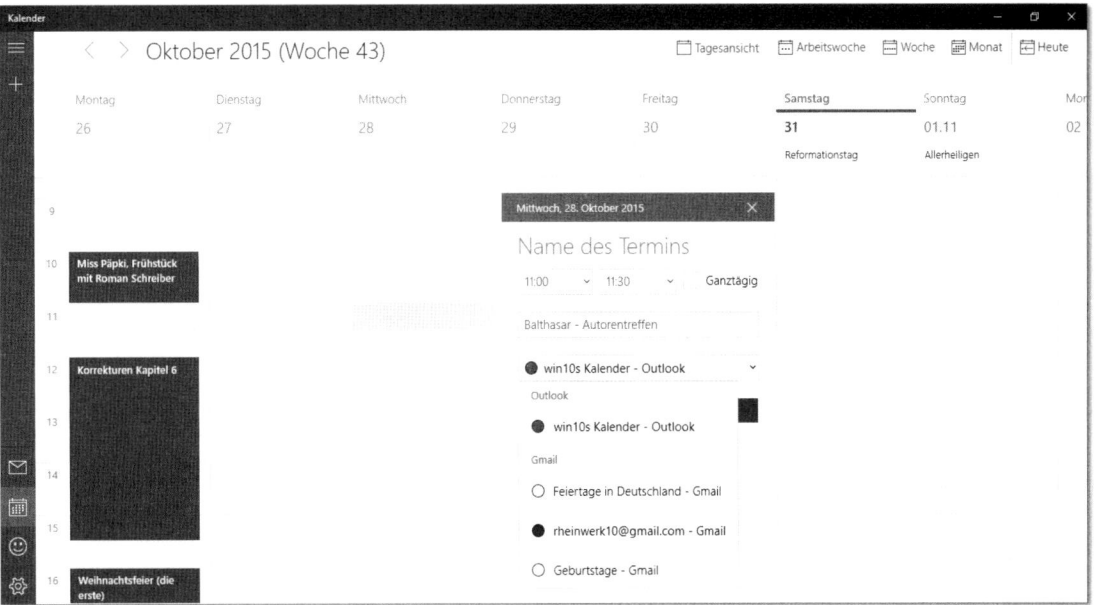

Abbildung 6.80 Schnell einen Termin im Kalender eintragen

Wie für Kalender üblich, können Sie die Kalenderdarstellung ganz nach Ihren Bedürfnissen einstellen – Sie können eine Tagesansicht, eine Arbeitswoche (typischerweise nur Montag bis Freitag), eine Woche (Montag bis Sonntag) und eine Monatsansicht einstellen. HEUTE zeigt einen Zeitstrahl des aktuellen Tages.

6.5.1 Kontoeinstellungen für Mail bzw. Kalender

An dieser Stelle möchten wir noch kurz auf die Kontooptionen eines Mail- oder Kalender-kontos eingehen. Hier gibt es noch die eine oder andere Einstellung, die Sie vielleicht suchen und nicht auf Anhieb finden. Wenn Sie z. B. die SYNCHRONISIERUNGSEINSTELLUNGEN für ein Mail-/Kalenderkonto anpassen möchten oder gar einmal ein KONTO LÖSCHEN wollen, fin-den Sie die Einstellungen sowohl in der Mail-App als auch in der Kalender-App: Wählen Sie eine der beiden Apps aus, und öffnen Sie diese. Wählen Sie jetzt das ZAHNRADMENÜ, um in die Einstellungen zu kommen. Hier wählen Sie KONTEN aus. Jetzt wählen Sie noch das zu bearbeitende Konto, im Beispiel das von LERNSCHMIEDE, aus (Abbildung 6.81).

Hier haben Sie jetzt die Möglichkeit, das Konto zu löschen, indem Sie auf KONTO LÖSCHEN klicken. Darüber hinaus können Sie noch die SYNCHRONISIEURNGSOPTIONEN für das Konto ändern. Obwohl es FÜR POSTFACH ÄNDERN heißt, bezieht es sich auf das Konto und ändert es in allen verbundenen Apps.

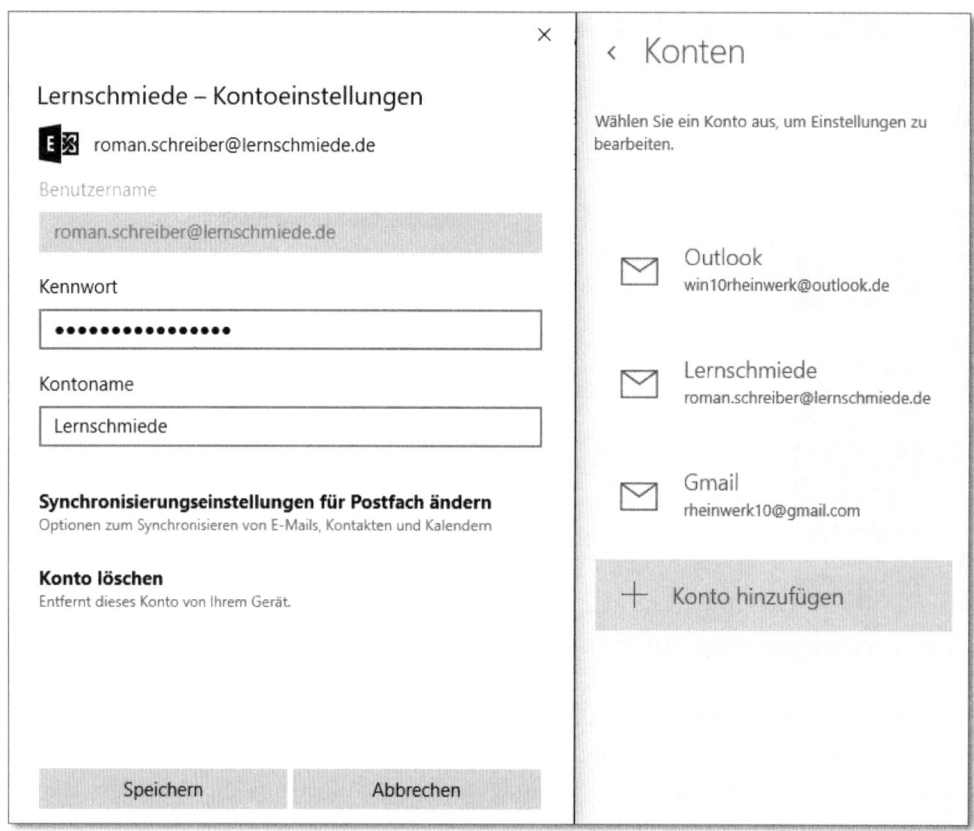

Abbildung 6.81 Kontoeinstellungen für Mail- bzw. Kalender-App

In den SYNCHRONISIERUNGSEINSTELLUNGEN können Sie einstellen, wie oft Ihre Mail- oder Kalenderinformationen mit dem Server synchronisiert werden sollen – bislang war die voreingestellte Option JE NACH NUTZUNG leider mit einigen Fehlern behaftet, und es empfahl sich, auf die Einstellung BEI EINTREFFEN zu wechseln. Vielleicht wollen Sie aber auch wesentlich seltener synchronisieren, z. B. nur alle 30 Minuten, stündlich oder gar manuell. Gerade auf mobilen Geräten kann eine häufige Synchronisierung zu hohem Akkuverbrauch und einer raschen Reduzierung der Datenrate führen – hier empfiehlt sich der Blick in die EINSTELLUNGEN. Weiterhin können Sie hier festlegen, ob Sie IMMER VOLLSTÄNDIGE NACHRICHTEN UND INTERNETBILDER HERUNTERLADEN möchten. Auch den Zeitraum der herunterzuladenden E-Mails und den SERVER für die Synchronisation können Sie hier gegebenenfalls anpassen und festlegen, ob der Server eine VERSCHLÜSSELTE VERBINDUNG (SSL) erfordert. Schließlich können Sie aber hier vor allem festlegen, welche Inhalte eines Serverkontos mit Ihren Apps synchronisiert werden sollen. E-MAIL, KALENDER und KONTAKTE stehen zur Auswahl (Abbildung 6.82).

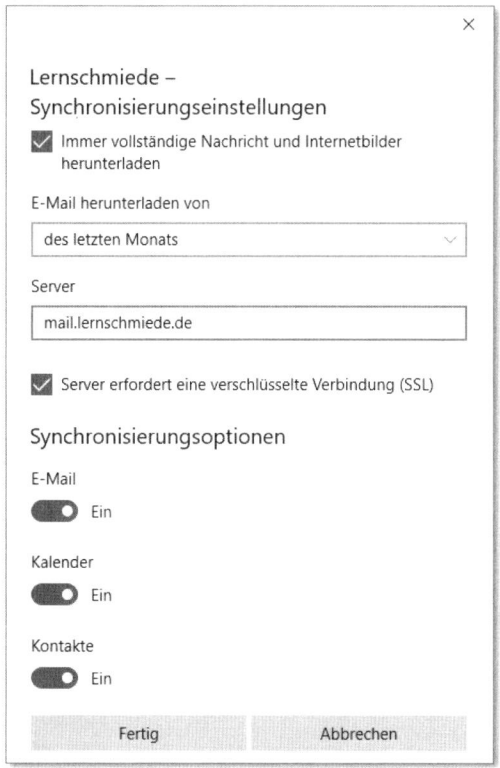

Abbildung 6.82 Synchronisierungseinstellungen für Kalender- und Mail-App

6.6   Kontakte-App

Als Dritte im Bunde fehlt hier nur noch die Kontakte-App, auf die wir nun kurz eingehen möchten. Durch die bereits erwähnte enge Verzahnung der Apps MAIL, KALENDER und KONTAKTE sind die Einrichtung und die Steuerung der dafür benötigten Konten überall gleich und in den beiden vorstehenden Apps bereits beschrieben. Wie Sie ein Konto zur Kontakte-App hinzufügen, können Sie analog anhand der Anlage eines Mail-App-Kontos durchführen – bzw. es geht genau so vonstatten wie in der Kalender-App. Auch die Einstellungen zur Synchronisation und zum Löschen des Kontos funktionieren auf die gleiche Weise, wie es in der Kalender-App beschrieben ist. Wir möchten daher bei den Kontakten nur kurz auf die App selbst eingehen, damit Sie die entsprechenden Einstellungen hier der Vollständigkeit halber auch nachlesen können.

Öffnen Sie die Kontakte-App durch Klicken auf START • ALLE APPS • KONTAKTE. Im Windows 10 Phone ist die Kontakte-App von Hause aus im STARTMENÜ, aber auch dort unter ALLE APPS auffindbar, falls Sie sie bereits vom Startbildschirm abgepinnt haben soll-ten. Direkt ab Start zeigen sich einige Unterschiede zwischen der Kontakte-App und der Mail- bzw. Kalender-App (Abbildung 6.83).

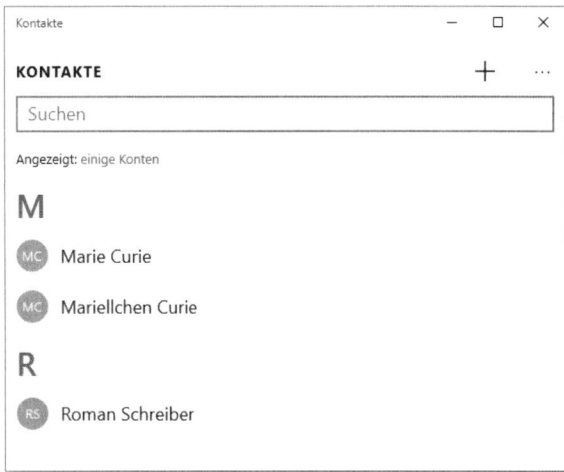

Abbildung 6.83 Kontakte-App nach dem Start

Unter Umständen kann die Kontakte-App auf Ihrem Desktop so leer aussehen wie in Abbildung 6.83. Bevor wir in die EINSTELLUNGEN gehen, möchten wir daher auf ANGEZEIGT: EIGENE KONTEN klicken, um zu sehen, welche Kontakte hier dargestellt werden (müssten).

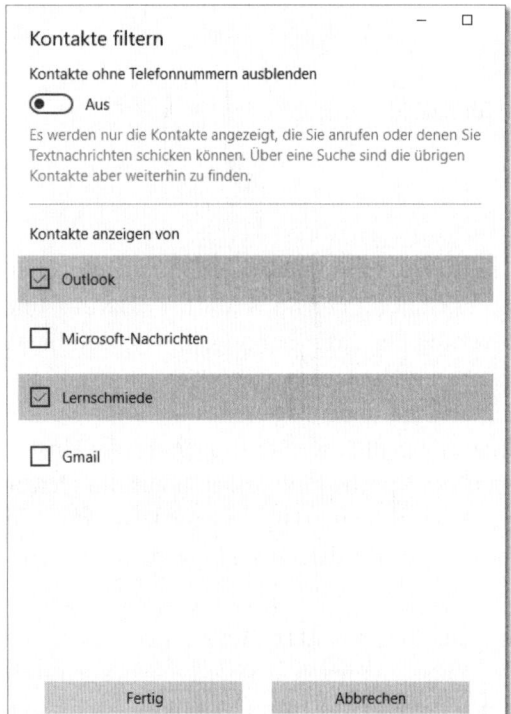

Abbildung 6.84 Kontoauswahl der Kontakte-App

Hier sehen Sie jetzt zum einen den Filter für die Kontaktliste, der Kontakte filtert, zu denen keine Telefonnummer hinterlegt ist, und zum anderen können Sie die Konten auswählen, deren Kontakte Sie in dieser App sehen möchten (Abbildung 6.84).

Neben den Einstellungen, welche Konten für die Anzeige von Kontakten verwendet werden sollen, können Sie auch noch ein paar Einstellungen in der Kontakte-App selbst vornehmen. Aktuell, d. h. in der Build 10565, klicken Sie dazu auf das ...-Menü im linken Drittel der App, um in die EINSTELLUNGEN zu gelangen (Abbildung 6.85). Hier können Sie jetzt KONTEN zum Synchronisieren von Kontakten HINZUFÜGEN, SOCIAL APPS ABRUFEN oder durch Klicken oder Tippen auf ein eingerichtetes Konto dessen Synchronisationseinstellungen ändern bzw. es sogar löschen.

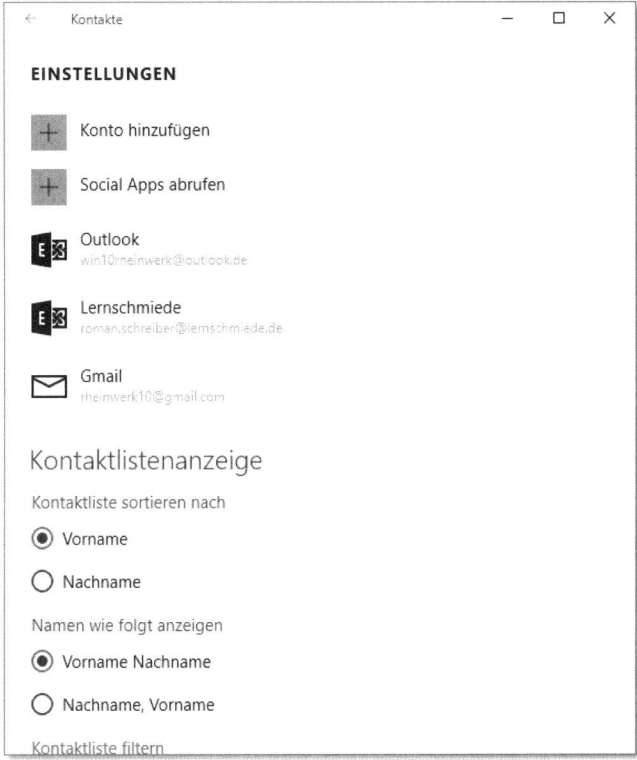

Abbildung 6.85 Einstellungen der Kontakte-App

Weiter unten können Sie noch festlegen, wie die Kontaktliste sortiert werden soll, nach NAME oder VORNAME, und wie Kontakte dargestellt werden sollen – als VORNAME NACHNAME, also Roman Schreiber, oder als NACHNAME, VORNAME – das läse sich dann Schreiber, Roman.

Gerne hätten wir auch die Option SOCIAL APPS ABRUFEN gezeigt, aber sie ist aktuell leider noch nicht verwendbar. Wir sind gespannt, was sich dahinter final verbergen wird.

6.6.1 Einen neuen Kontakt erstellen

Wenn Sie Kontakte zwischen Ihrem Mobiltelefon und Ihrem PC teilen, also mit beiden Geräten auf dieselben Kontakte-Konten zugreifen, können Sie einen Kontakt oft komfortabler am PC hinzufügen als auf dem Smartphone. Wählen Sie dazu in der Kalender-App das Plus-Symbol oben aus und im nächsten Schritt das Konto, in dem Sie den neuen Kontakt speichern möchten. Hier stehen Ihnen alle eingerichteten EAS-, EWS- oder CardDAV-fähigen Konten zur Verfügung, die Sie hier, in der Mail- oder Kalender-App eingerichtet haben (Abbildung 6.86).

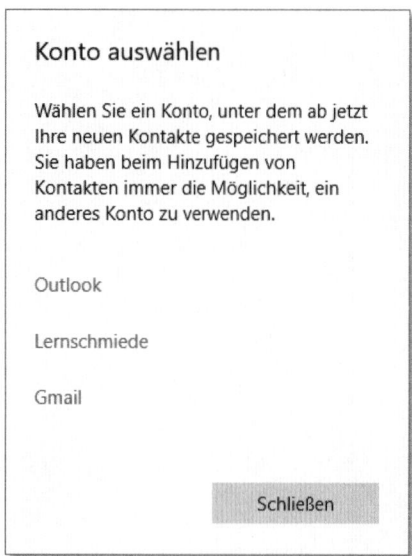

Abbildung 6.86 Konto für neuen Kontakt auswählen

Nach der Auswahl des gewünschten Kontos für den neuen Kontakt geht es an die eigentliche Kontakterstellung. Sie können für jeden Kontakt eine Fülle von Details anlegen (Abbildung 6.87): etliche verschiedene Handynummern, E-Mail-Adressen, Telefonnummern, Adressen – jeweils privat, geschäftlich und vieles mehr. Klicken Sie dazu auf den kleinen Pfeil neben dem Eingabefeld, z. B. HANDY. Zusätzlich können Sie ein Foto hinzufügen. Durch Klicken oder Tippen auf die Diskette oben im Fenster zum Erstellen eines neuen Kontakts speichern Sie diesen im jeweiligen Konto ab. Interessanterweise verknüpft die Kontakte-App von Windows 10 zwei Kontakte automatisch miteinander, wenn sie den gleichen Namen tragen. Wenn Sie also Roman Schreiber im Mailkonto LERNSCHMIEDE eintragen und er bereits im Konto von GMAIL vorhanden ist, wird der Kontakt direkt verknüpft. Sie haben dann also in beiden Konten die Summe aller Kontaktdetails zum jeweiligen Kontakt. Durch einfaches Klicken auf das Teilen-Symbol können Sie die beiden Datensätze auch ganz einfach wieder voneinander trennen.

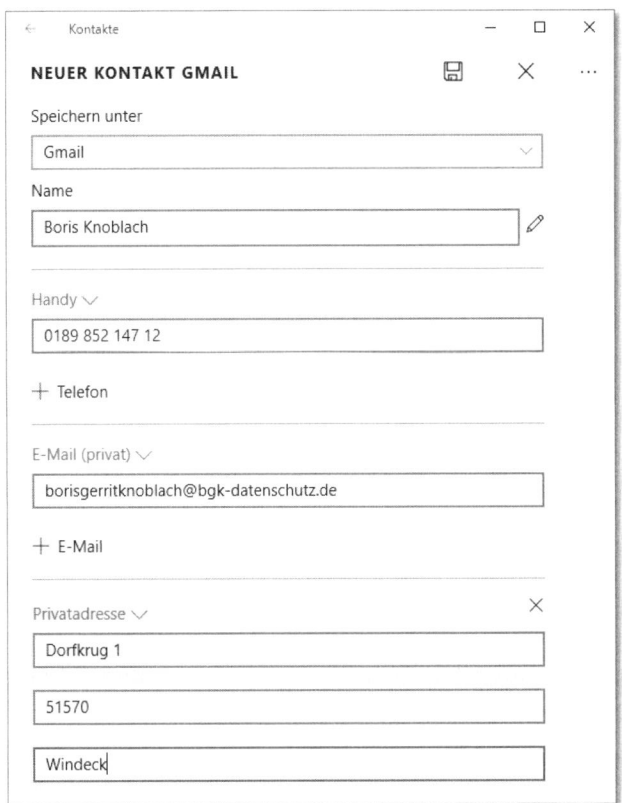

Abbildung 6.87 Einen neuen Kontakt erstellen

6.6.2   Kontakte pflegen

Abschließend möchten wir noch kurz die Möglichkeiten zur Bearbeitung bzw. Pflege von Kontakten innerhalb der App zeigen. In diesem Beispiel haben wir Marie Curie ausgewählt. Mit den Werkzeugen ANPINNEN, BEARBEITEN, VERKNÜPFEN oder ... (*Teilen und Löschen*) können Sie einen Kontakt bearbeiten (Abbildung 6.88). Dass die Kontakte-App eher auf dem Mobiltelefon zu Hause ist, sehen Sie an allen Ecken und Enden – wählen Sie beispielsweise einen Kontakt, um ihn mit einem sehr ähnlichen zu verknüpfen, wird der »Arbeitsbereich« so schmal, als arbeiteten Sie direkt am Smartphone (Abbildung 6.89). Die Darstellung der Kontakte-App unterscheidet sich auch nur marginal zwischen dem Windows 10 Phone und seiner Desktop- bzw. Tablet-Variante.

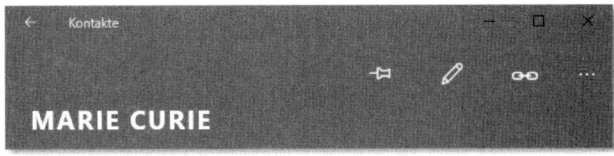

Abbildung 6.88 Optionen eines Kontakts der Kontakte-App

Abbildung 6.89 Kontakte verknüpfen

Wenn Sie in einem Kontakt BEARBEITEN auswählen, können Sie für diesen Kontakt eine Reihe von Informationen angeben, Name und Adresse sind hier nur die geläufigsten. Ein Foto ist ebenso einstellbar wie mehrere E-Mail-Adressen oder beim Klick auf SONSTIGE auch eine WEBSEITE, FIRMA, POSITION, BÜROSTANDORT, PARTNERINFO, KINDERINFO, GEBURTS-TAG, JAHRESTAG oder NOTIZEN. Bevor Sie allerdings hier jedes nur denkbare Detail Ihrer Kontakte einpflegen, denken Sie kurz über die Notwendigkeit nach. Von Gesetzes wegen werden gewerbliche Nutzer von Adressen zum Gebot der Datensparsamkeit gedrängt, und das aus gutem Grund. Wahren Sie gegebenenfalls auch die Privatsphäre Ihrer Kontakte, indem Sie hier nur das eintragen, mit dem Ihre Kontakte auch einverstanden wären. Schließlich synchronisieren Sie die Adressen und mehr unter Umständen an irgendwelche Anbieter in den USA, ohne einen Einfluss darauf nehmen zu können, was diese mit den Daten machen und höchstwahrscheinlich auch ohne Einwilligung Ihrer Kontakte.

6.7   Die Leseliste-App

Die Leseliste ist ein praktisches Hilfsmittel, um Inhalte aus dem Internet abzuspeichern und später verfügbar zu machen. Die Leseliste bietet Ihnen quasi ein Internet to go an. Sie werden in die Lage versetzt, Inhalte, die Sie Ihrer Leseliste hinzugefügt haben, zu einem Ihnen genehmen Zeitpunkt zu lesen. Die Leseliste ist in Windows 10 zum Bestandteil von Edge, dem neuen Internetbrowser von Windows 10, geworden. Das bedeutet jedoch nicht, dass es keine entsprechende App mehr gibt.

6.7.1   Die Leseliste-App installieren und erstmals starten

Falls die Leseliste-App nicht auf Ihrem System installiert ist, können Sie diese mithilfe der Windows Store-App im Windows Store suchen und gegebenenfalls installieren (Abbildung 6.90).

Abbildung 6.90 Leseliste im Windows Store suchen

Sobald die Leseliste-App erfolgreich auf Ihrem Computer installiert wurde, können Sie diese nutzen. Es wird Ihnen angeboten, die Leseliste durch Betätigen der Schaltfläche ÖFFNEN zu starten (Abbildung 6.91).

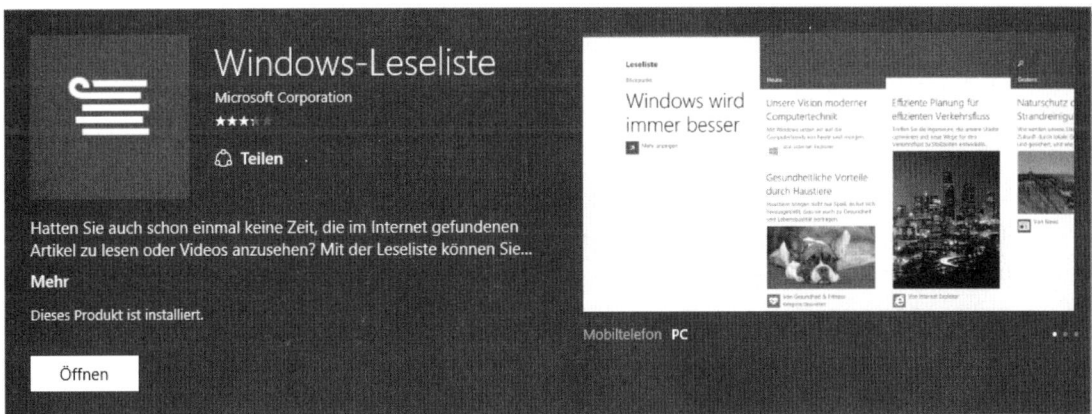

Abbildung 6.91 Leseliste-App

Sollte sich die Leseliste-App schon auf Ihrem System befinden, finden Sie den entsprechenden Eintrag im Startmenü (Abbildung 6.92).

Starten Sie die Leseliste-App durch Betätigen der entsprechenden Schaltfläche. Nach dem Start der Leseliste-App (Abbildung 6.93) erhalten Sie einen Hinweis zu einer neuen Leseliste in Windows 10 (Abbildung 6.94). Dieser Hinweis bezieht sich auf die Leseliste, die Ihnen in Edge zur Verfügung steht. Sollten Sie in der Vergangenheit bereits Inhalte zu Ihrer Leseliste hinzugefügt haben, werden Ihnen diese, sofern Sie mit Ihrem Computer synchronisiert wurden, angezeigt.

Abbildung 6.92 Leseliste-App im Startmenü

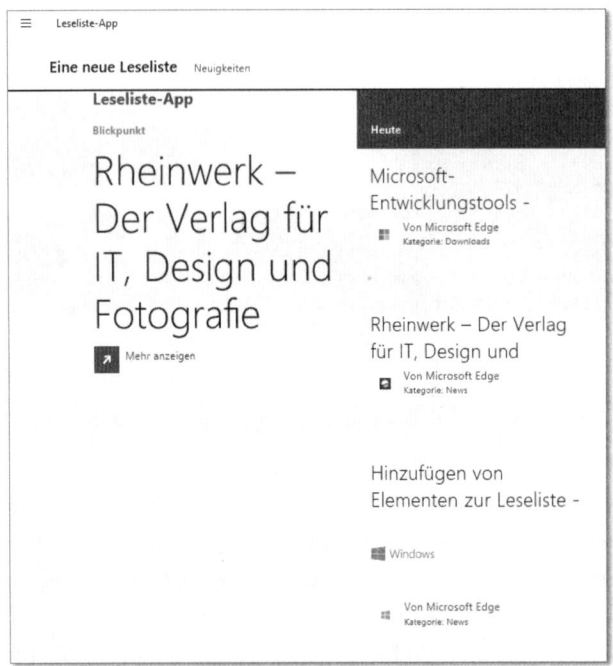

Abbildung 6.93 Die gestartete Leseliste-App

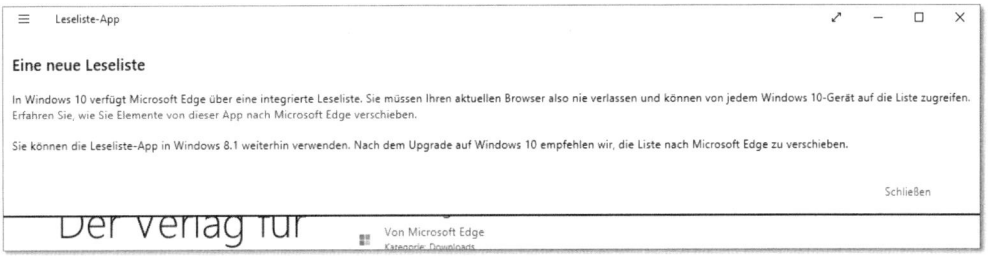

Abbildung 6.94 Eine neue Leseliste

6.7.2   Elemente zur Leseliste hinzufügen

Ein Element der Leseliste-App hinzuzufügen ist denkbar einfach. Sie können Inhalte einfach mit der Leseliste teilen. Klicken Sie in Edge zunächst auf das Teilen-Symbol (). Es öffnet sich am rechten Bildschirmrand eine Leiste, in der Ihnen neben einer Reihe anderer Applikationen auch die Leseliste angeboten wird.

Abbildung 6.95 Inhalte mit der Leseliste teilen

Wählen Sie die Leseliste an. Sie erhalten die Möglichkeit, eine Kategorie auszuwählen, der der zu speichernde Inhalt zugeordnet werden soll (Abbildung 6.96). Sie können gegebenenfalls auch eine neue Kategorie anlegen.

Betätigen Sie die Schaltfläche Hinzufügen, um den Vorgang abzuschließen. Wenn Sie die Leseliste-App erneut öffnen bzw. wieder in den Vordergrund holen, wird Ihnen die soeben hinzugefügte Seite in der Leseliste angezeigt. Sie können Elemente nun einfach durch Anklicken in der Leseliste-App öffnen.

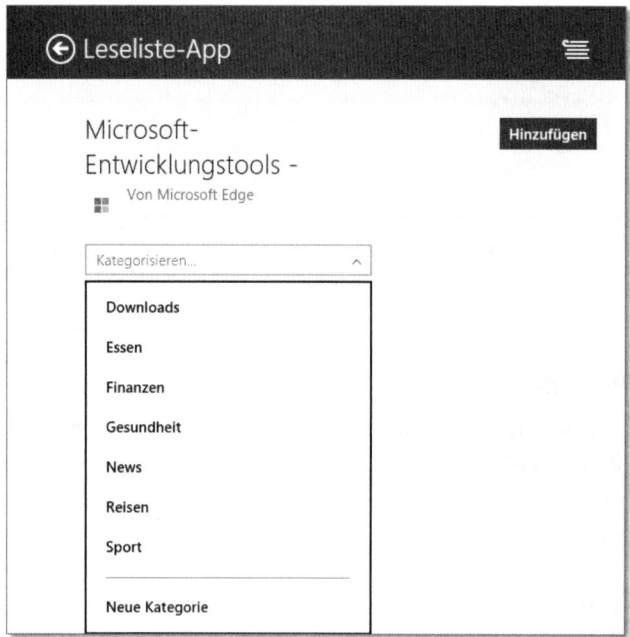

Abbildung 6.96 Inhalte zur Leseliste hinzufügen

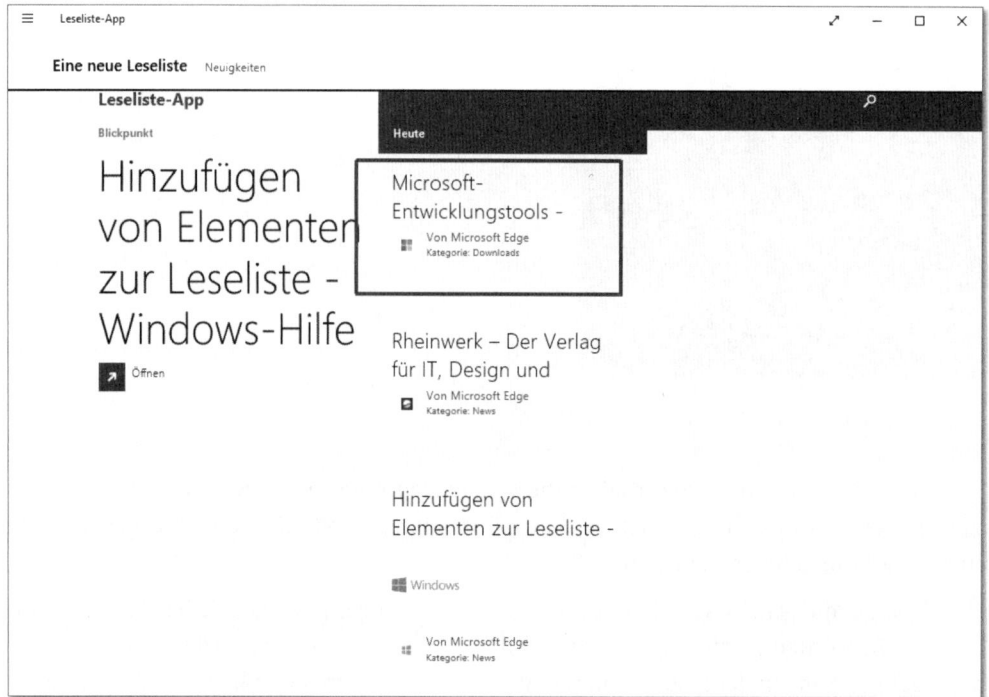

Abbildung 6.97 Neuer Eintrag in der Leseliste

6.7.3 Elemente der Leseliste löschen

Nicht mehr benötigte Elemente können aus der Leseliste auch wieder entfernt werden. Navigieren Sie zu dem zu löschenden Element, und führen Sie einen Rechtsklick auf das Element aus. Es öffnet sich ein Menü am unteren Rand des Fensters. Dort wird Ihnen als Auswahlmöglichkeit LÖSCHEN angeboten. Löschen Sie das Element durch einen Klick auf die Schaltfläche LÖSCHEN (Abbildung 6.98).

Abbildung 6.98 Inhalte aus der Leseliste entfernen

6.7.4 App-Befehle der Leseliste

Sie erreichen den Menüeintrag APP-BEFEHLE, indem Sie das ☰-Menü in der rechten oberen Ecke des Leseliste-Fensters expandieren (Abbildung 6.99). Wählen Sie dort den Eintrag … APP-BEFEHLE an.

Abbildung 6.99 App-Befehle der Leseliste

Damit öffnen Sie ein Leiste am oberen Rand des Leseliste-Fensters (Abbildung 6.100). Sie finden in dieser Leiste zahlreiche Optionen bezüglich der Anzeige von Leseliste-Elementen. Sie können hier zu einzelnen Kategorien navigieren oder sich alle Leseliste-Einträge anzeigen lassen (ALLE ELEMENTE).

Abbildung 6.100 Navigation in der Leseliste

Eine sehr interessante Option, die Ihnen in dieser Leiste angeboten wird, ist die Möglichkeit, sich kürzlich gelöschte Elemente anzeigen zu lassen. Klicken Sie hierzu auf die Schaltfläche KÜRZLICH GELÖSCHT.

Sie haben hier die Möglichkeit, Elemente mit einem Rechtsklick anzuwählen und diese wiederherzustellen, indem Sie die Schaltfläche WIEDER HINZUFÜGEN betätigen (Abbildung 6.102). Eine Mehrfachauswahl ist an dieser Stelle möglich.

Abbildung 6.101 Kürzlich gelöschte Elemente

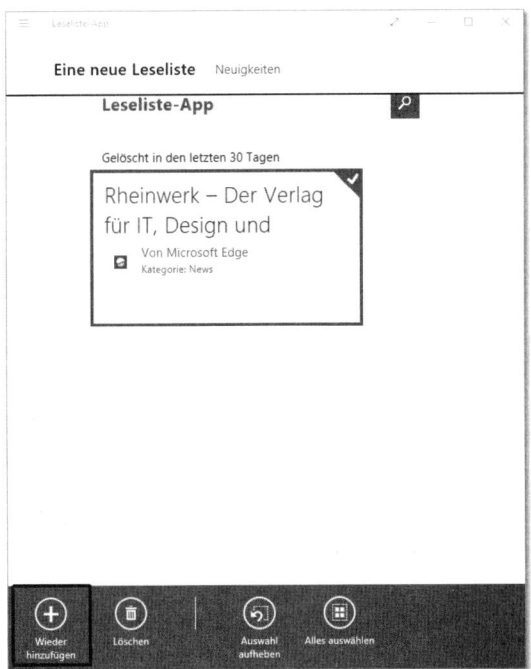

Abbildung 6.102 Gelöschte Elemente wiederherstellen

6.7.5   Elemente kategorisieren

Sofern Sie einem Element beim Hinzufügen zur Leseliste keine Kategorie zugordnet haben oder die Kategorisierung eines Elements ändern möchten, navigieren Sie zunächst zu dem Element, dessen Kategorie Sie ändern möchten (Abbildung 6.103). Führen Sie einen Rechtsklick auf dieses Element aus, und wählen Sie die Schaltfläche KATEGORISIEREN im Menü am unteren Rand des Fensters an.

Abbildung 6.103 Ein Element kategorisieren

Sie können nun das Element zu einer der angezeigten Kategorie zuordnen oder eine neue Kategorie anlegen (Abbildung 6.104).

6

Abbildung 6.104 Eine Kategorie wählen oder eine neue anlegen

6.7.6   Elemente zur Windows 10-Leseliste hinzufügen

Mit Windows 10 steht Ihnen eine Leseliste in Edge zur Verfügung. Damit Ihnen Ihre Lese-liste-Elemente auch in dieser neuen Leseliste zur Verfügung stehen, gehen Sie wie folgt vor: Öffnen Sie die Leseliste-App, und navigieren Sie zu dem Element, das Sie in die neue Leseliste übertragen möchten. Wählen Sie dieses Element an, und öffnen Sie es so in Edge.

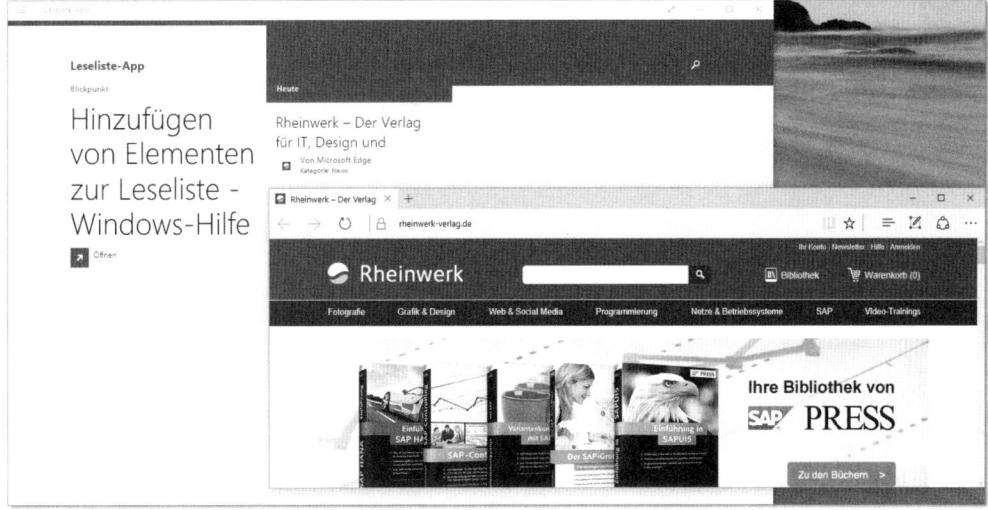

Abbildung 6.105 Leseliste-Element in Edge

Durch Klicken auf das ☆-Symbol haben Sie nun die Möglichkeit, die Seite Ihren Favoriten oder der neuen Leseliste hinzuzufügen (Abbildung 6.106).

Abbildung 6.106 Seite zur Leseliste hinzufügen

Wählen Sie die Option LESELISTE aus, und schließen Sie den Vorgang durch Betätigen der Schaltfläche HINZUFÜGEN ab (Abbildung 6.106). Ihre Seite wurde nun der neuen Leseliste hinzugefügt. Sie können sich die Elemente der neuen Leseliste anzeigen lassen, indem Sie in Edge den *Hub* (Sprich: [hab], auf Deutsch: Verteiler) LESELISTE anwählen (In Abbildung 6.107 markiert).

Abbildung 6.107 Hub »Leseliste«

Sie können nun Elemente der Leseliste in Edge durch Anklicken öffnen. Falls Sie Elemente aus der Leseliste entfernen möchten, führen Sie einen Rechtsklick auf das entsprechende Element aus (Abbildung 6.108).

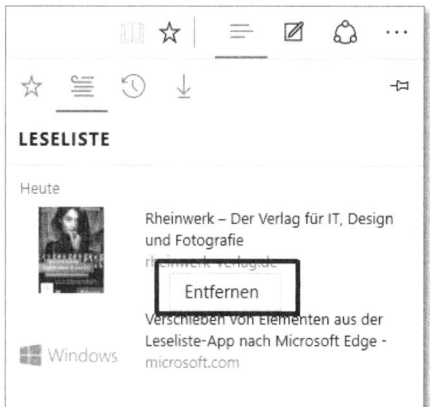

Abbildung 6.108 Ein Element aus der Leseliste entfernen

Es wird Ihnen angeboten, das ausgewählte Element zu entfernen. Klicken Sie auf den entsprechenden Menüeintrag, um den Vorgang zu bestätigen. Das Element wird anschließend aus Ihrer Leseliste entfernt.

6.8   Die Karten-App

Die Karten-App bietet Ihnen die Gelegenheit zu einer digitalen Weltreise (Abbildung 6.109). Die Karten-App versorgt Sie mit zahlreichen nützlichen Informationen.

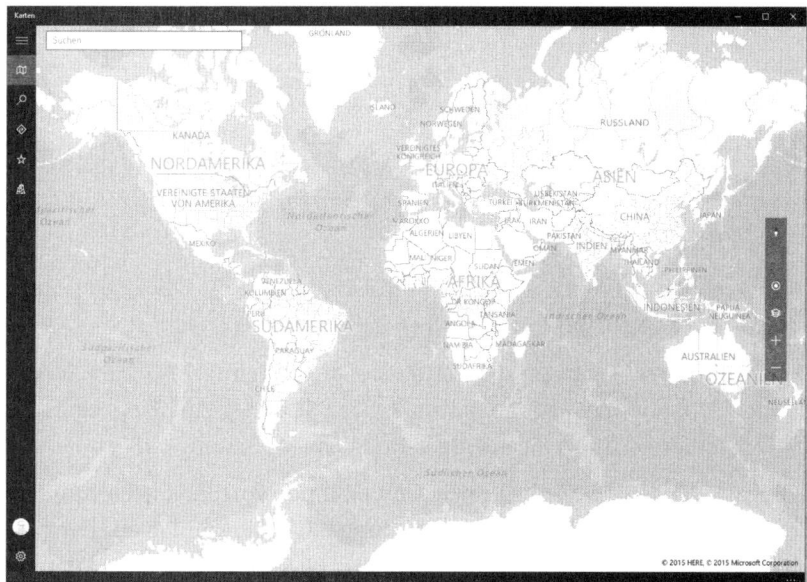

Abbildung 6.109 Die Karten-App

Sie können sich Landkarten klassisch anzeigen lassen, als Satellitenbild oder gar perspektivisch in einer 3D-Ansicht. Die Karten-App lässt sich sowohl auf dem Desktop als auch auf
dem Tablet leicht bedienen und ist somit ein nützlicher Helfer für unterwegs.

Sie können die Karten-App einfach mithilfe der Suche finden und starten. Auf mobilen Geräten bietet es sich an, Cortana um Hilfe zu bitten. Die Karten-App finden Sie außerdem unter
ALLE APPS im Startmenü.

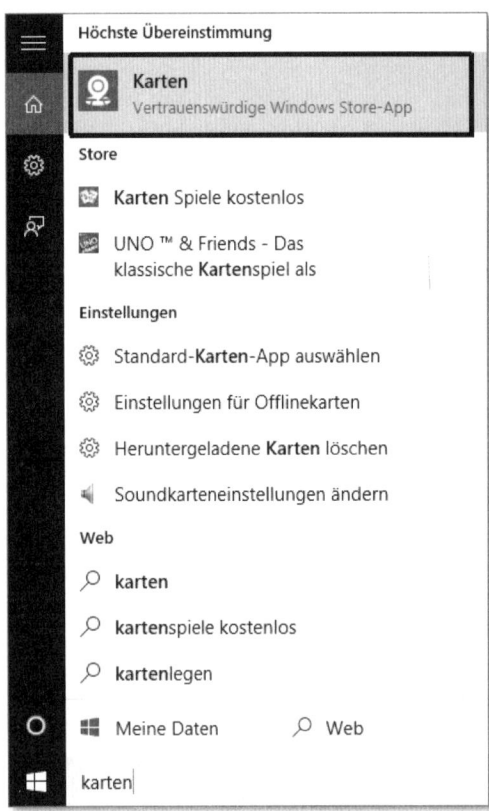

Abbildung 6.110 Die Karten-App suchen und finden

6.8.1 Orte mit der Karten-App suchen

Die Suche nach Orten mithilfe der Karten-App gestaltet sich sehr einfach. Öffnen Sie das
App- Menü (Abbildung 6.111), und navigieren Sie zum Eintrag SUCHEN. Eine Eingabe in das
Suchfeld im oberen Fensterbereich führt Sie ebenfalls zur Suche (Abbildung 6.112).

Sobald Sie mit der Eingabe in das Suchfeld beginnen, werden Ihnen von der Karten-App Vorschläge entsprechend Ihrer Eingabe unterbreitet (Abbildung 6.112). Sie können aus der Liste
mit den offerierten Orten nun den gewünschten auswählen. Die Kartenansicht wird daraufhin auf den gewünschten Ort zentriert und der Ort auf der Karte markiert.

Abbildung 6.111 Das Menü der Karten-App

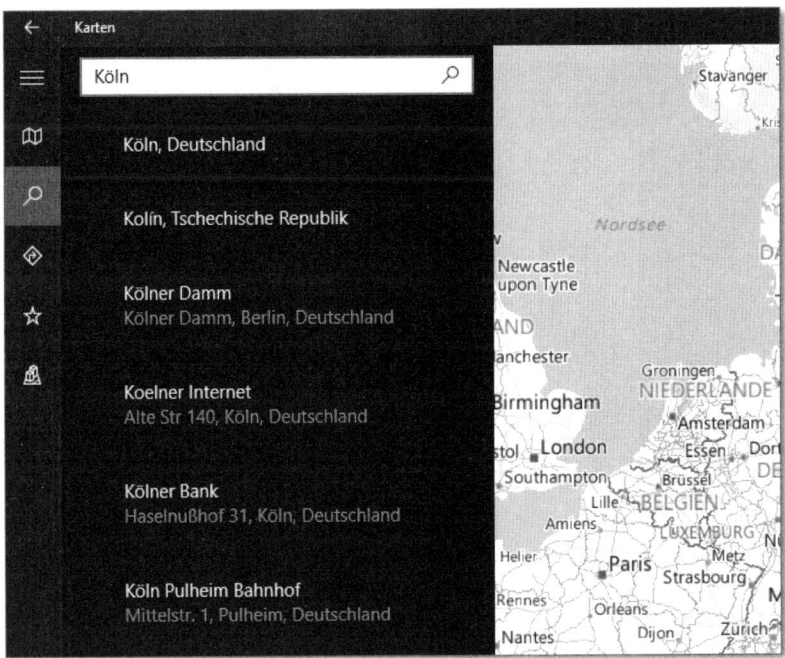

Abbildung 6.112 Orte suchen

Sie können sich nun Orte von besonderem Interesse, sogenannte *Hotspots*, in der Nähe des markierten Ortes anzeigen lassen. Möchten Sie beispielsweise wissen, welche Restaurants es in der Nähe gibt, führen Sie einfach einen Klick auf den entsprechenden Schriftzug aus.

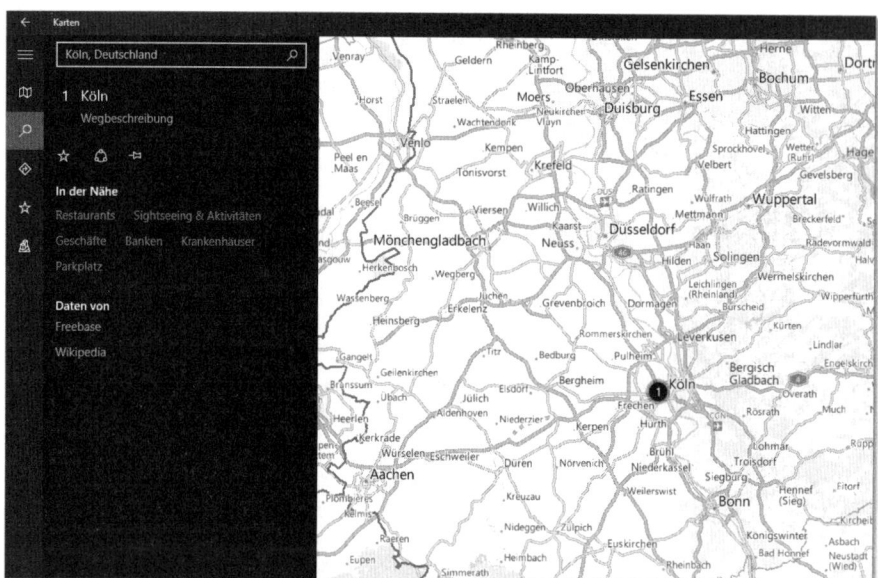

Abbildung 6.113 Zentrierte Kartenansicht

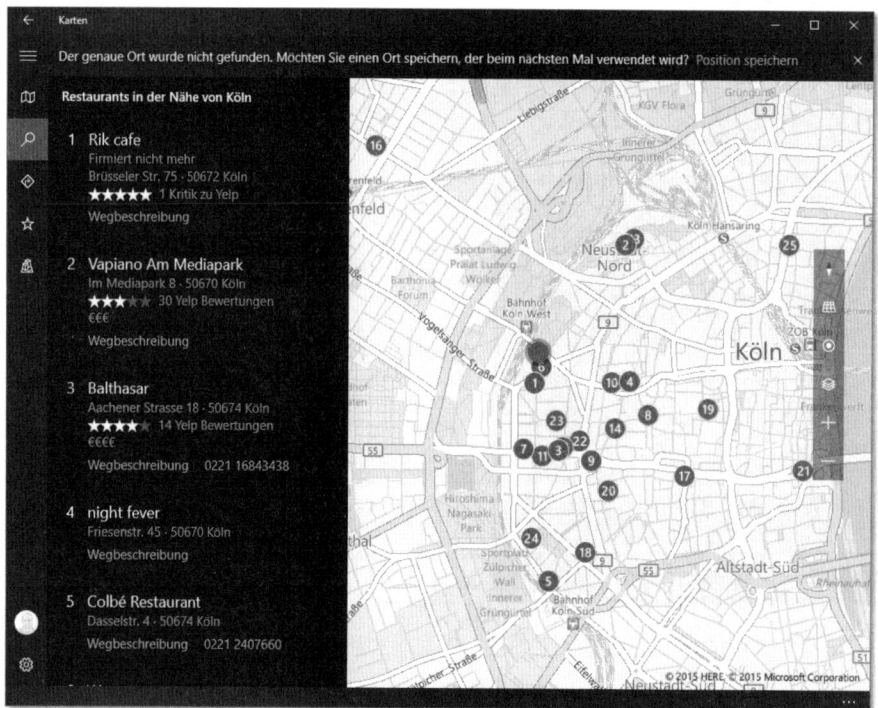

Abbildung 6.114 Restaurants in der Nähe

Es werden Ihnen nun Restaurants angezeigt, und Sie haben die Möglichkeit, sich gleich eine passende Wegbeschreibung anzeigen zu lassen. Wenn Sie ein Restaurant Ihrer Wahl anklicken, werden Ihnen weitere Informationen angezeigt. Diese Informationen werden von diversen Onlinediensten und Bewertungsportalen bereitgestellt und können Sie gegebenenfalls bei der Entscheidungsfindung unterstützen (Abbildung 6.115).

Abbildung 6.115 Nützliche Infos

Sie können von Ihnen bevorzugte Orte zu Ihren Favoriten hinzufügen und so sicherstellen, dass Sie immer schnell auf die dazugehörigen Informationen zugreifen können.

6.8.2   Wegbeschreibungen

Eine sehr nützliche Funktion der Karten-App ist die Möglichkeit, sich Wegbeschreibungen anzeigen zu lassen (Abbildung 6.117). Navigieren Sie zunächst zum entsprechenden Eintrag im App-Menü, und wählen Sie diesen an (Abbildung 6.116).

Abbildung 6.116 Menüeintrag »Wegbeschreibung«

Sie können im Eingabedialog nun Ihren Startort (A) und den Zielort (B) eingeben. Die Karten-App wird versuchen, einen optimalen Weg zwischen diesen Orten für Sie zu ermitteln.

Sie können diesen Weg jedoch durch die Angabe von weiteren Informationen noch optimieren. Entscheiden Sie sich zunächst für das von Ihnen bevorzugte Verkehrsmittel. Sie können zwischen Pkw, öffentlichen Verkehrsmitteln und Fußwegen wählen (Abbildung 6.117).

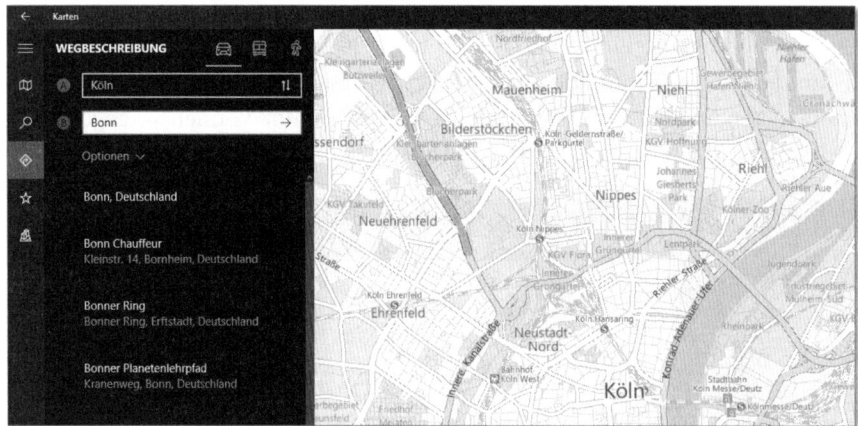

Abbildung 6.117 Wegbeschreibungen mit der Karten-App

Je nach gewähltem Verkehrsmittel stehen Ihnen weitere Optionen zur Verfügung. Wenn Sie sich für den Pkw als Transportmittel entscheiden, können Sie beispielsweise angeben, dass Sie Autobahnen vermeiden möchten (Abbildung 6.118). Diese Einstellung wird anschließend bei der Streckenberechnung berücksichtigt.

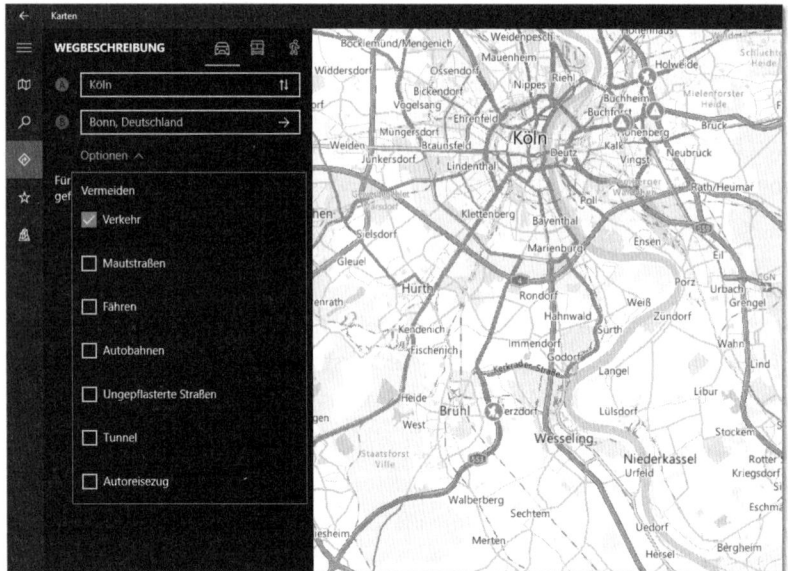

Abbildung 6.118 Optionen für die Strecke festlegen

Bei öffentlichen Transportmitteln können Sie ein Zeitfenster auswählen, und es werden Ihnen die entsprechenden Verbindungen angezeigt (Abbildung 6.119). Wenn Sie sich für einen Fußweg entscheiden, ermittelt die Karten-App den Weg automatisch. Sie bekommen in diesem Fall eine sehr ausführliche Wegbeschreibung angezeigt (Abbildung 6.120).

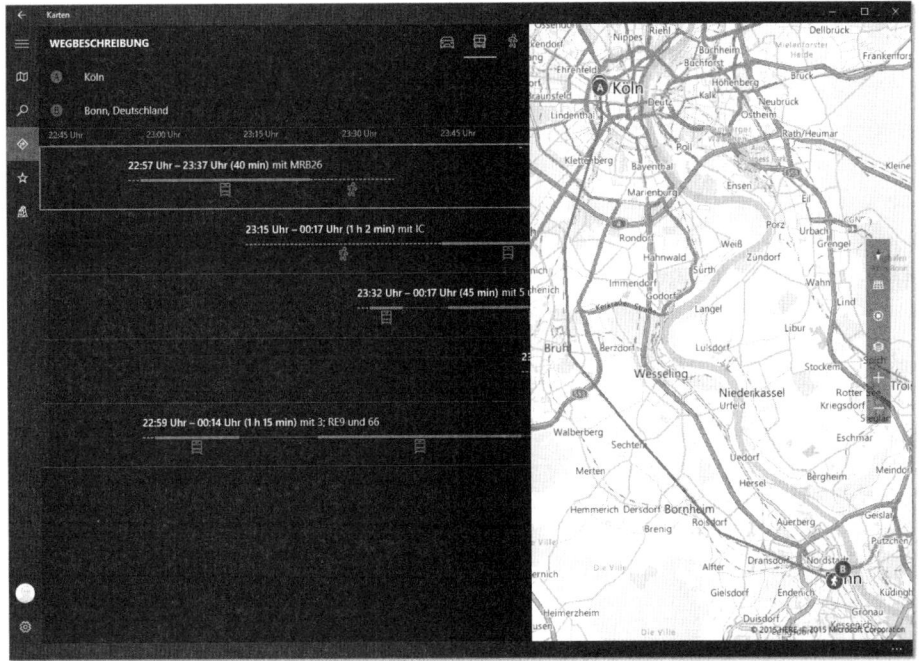

Abbildung 6.119 Öffentlicher Transport

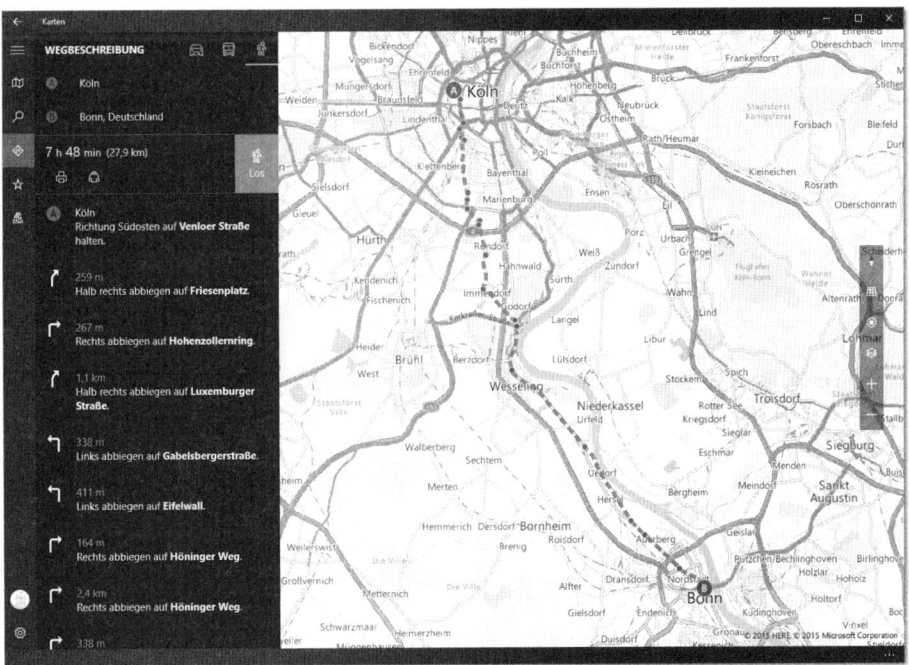

Abbildung 6.120 Ausführliche Wegbeschreibung

6.8.3   Favoriten

Sollten Sie Orte zu Ihren Favoriten hinzugefügt haben, können Sie sich diese anzeigen lassen, indem Sie im App-Menü zum Eintrag FAVORITEN navigieren. Ihre bevorzugten Orte werden Ihnen nun angezeigt, und Sie können durch Anwahl die Kartenansicht auf den gewählten Ort zentrieren. Sie haben hier ebenfalls die Möglichkeit, bevorzugte Orte wieder aus der Liste Ihrer Favoriten zu entfernen (Abbildung 6.122). Führen Sie hierzu einen Rechtsklick auf den zu entfernenden Favoriten aus. Anschließend wählen Sie im Kontextmenü den Eintrag LÖSCHEN. Falls Sie einen Alias (Spitznamen) für diesen Ort angeben möchten oder festlegen möchten, ob es sich um eine Privatadresse oder eine Geschäftsadresse handelt, wählen Sie den Eintrag BEARBEITEN aus. Anschließend wird Ihnen ein entsprechender Dialog angezeigt.

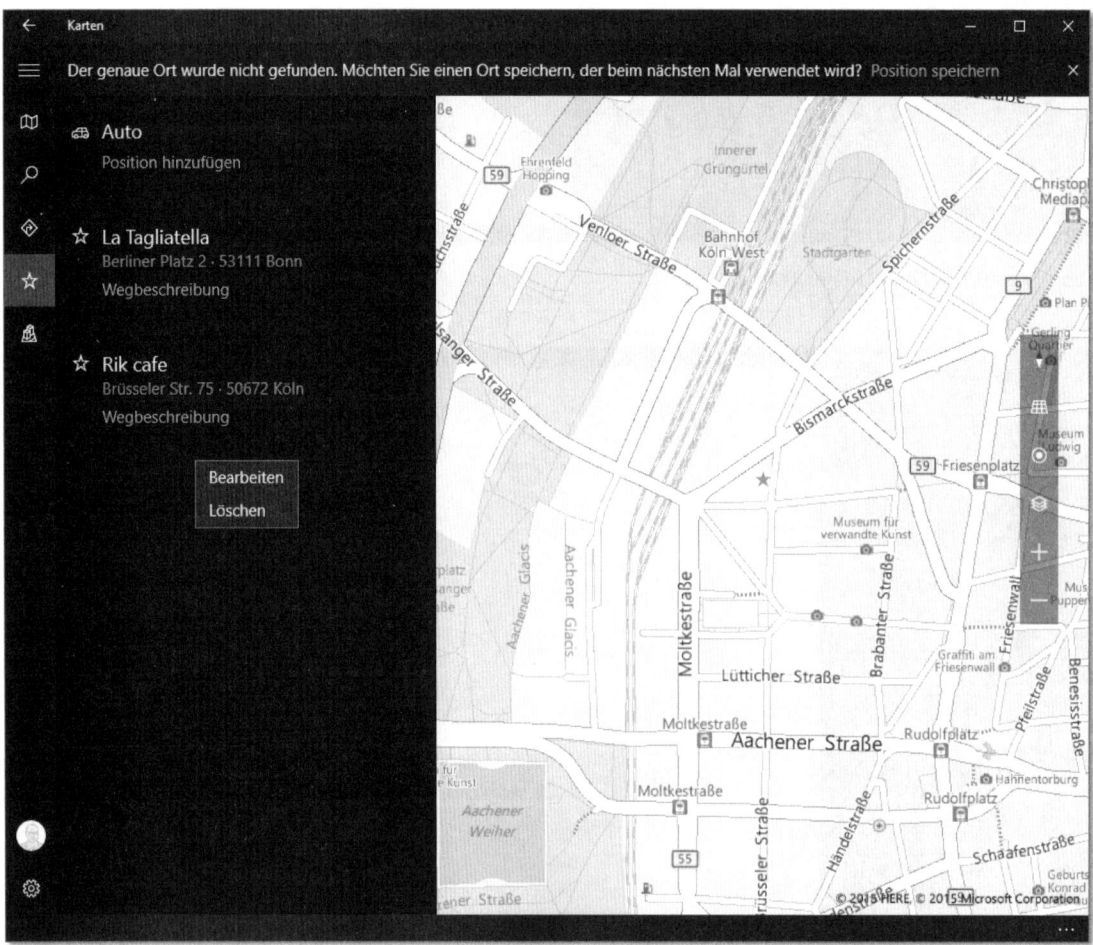

Abbildung 6.121 Favoriten: bevorzugte Orte

6.8.4   Städte in 3D

Eine sehr schöne Funktion der Karten-App ist die Anzeige ausgewählter Städte in 3D. Navigieren Sie im App-Menü zum Eintrag STÄDTE IN 3D (Abbildung 6.122). Es wird Ihnen eine Liste mit Städten angeboten, über die Sie einen virtuellen dreidimensionalen Rundflug machen können. Wählen Sie eine Stadt Ihrer Wahl aus. Die Kartenansicht wechselt nun in eine perspektivische Ansicht, zentriert auf die ausgewählte Stadt.

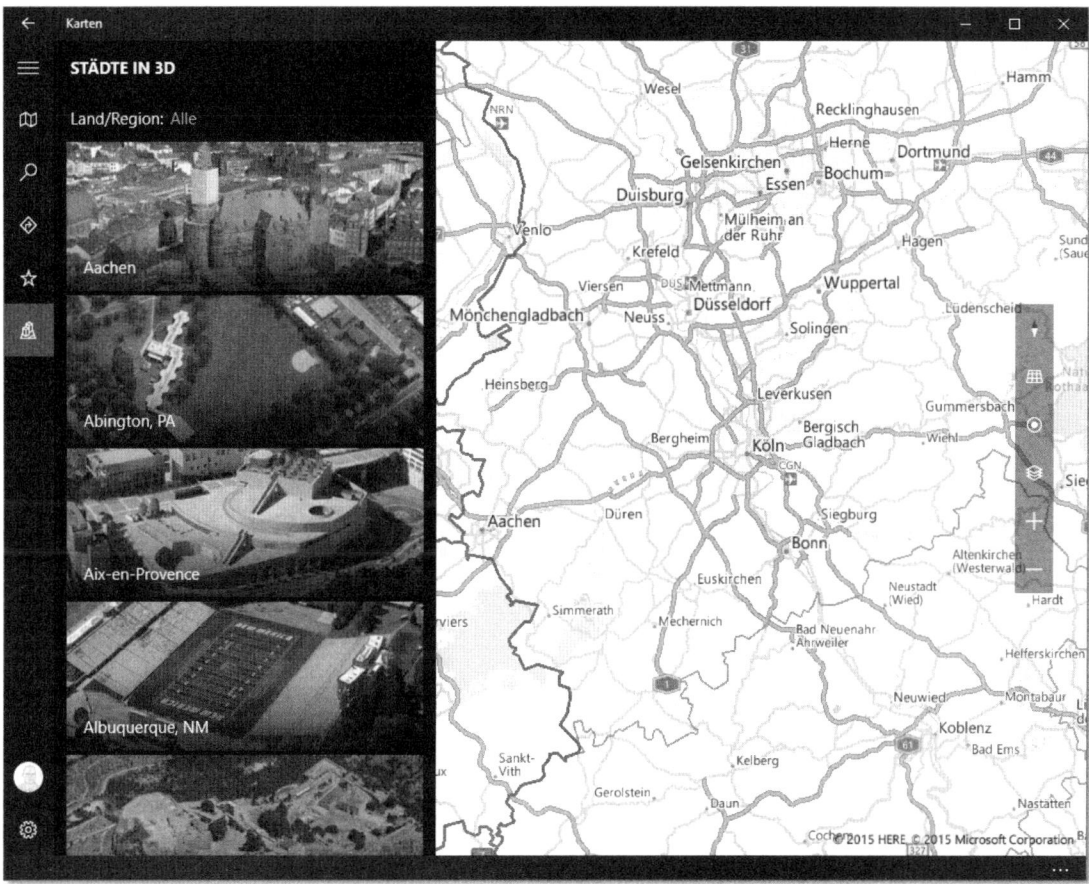

Abbildung 6.122 Eine Stadt auswählen

Mithilfe der Maus können Sie nun durch die Kartenansicht wandern und die Sehenswürdigkeiten, beispielsweise den Aachener Dom, begutachten (Abbildung 6.123). Sie können sich durch Schieben, Drehen und Kippen der Ansicht einen umfassenden Rundumeindruck vermitteln.

Abbildung 6.123 Aachen in 3D

6.8.5   Navigation auf der Karte

Die Navigation auf der Kartenansicht erfolgt intuitiv. Sie können den dargestellten Abschnitt mithilfe der Maus anklicken (Linksklick und halten), mit dem Finger ziehen oder mit den Pfeiltasten der Tastatur verschieben. Es ist auch möglich, den Ausschnitt zu drehen. Die Navigationsleiste am rechten Rand des Fensters bietet Ihnen an, die Maus oder bei Toucheingabe den Finger zu benutzen (Abbildung 6.124).

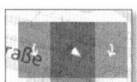

Abbildung 6.124 Die Karte drehen

Sobald Sie das Symbol zum Drehen des Kartenausschnitts anwählen, erhalten Sie die Möglichkeit, den Ausschnitt horizontal, nach links oder rechts zu drehen. Die Drehung kann auch durch ein Anklicken der Karte mit der Maus (Rechtsklick und halten) erfolgen. Klicken Sie die Karte an, und führen Sie eine horizontale Bewegung mit der Maus aus. Genauso einfach lässt sich die Karte perspektivisch drehen. Das entsprechende Symbol wird durch ein Gitternetz dargestellt (Abbildung 6.125).

Abbildung 6.125 Perspektivisches Drehen der Karte

6

Erfassen Sie die Karte wie beim Drehen, und führen Sie anschließend eine vertikale Bewegung durch. Sie können so die Karte kippen, bis die gewünschte Perspektive erreicht ist. Mithilfe der Maus lassen sich Drehen und Kippen sehr elegant kombinieren. Durch Betätigen des Standort-Symbols (◉) werden Sie auf Ihren aktuellen Standort zurückgeführt. Dazu muss allerdings der Positionsdienst auf Ihrem System aktiviert sein, da Windows sonst Ihren Standort nicht ermitteln kann.

Abbildung 6.126 Die Kartenansicht auswählen

Die Navigationsleiste bietet Ihnen die Option, die Darstellung der Karte zu beeinflussen (Abbildung 6.126). Sie können zwischen der Darstellung als Luftbild oder der Anzeige als Straßenkarte wählen. Sie haben die Möglichkeit, sich Informationen über Verkehrswege sowie gemeldete Störungen (Baustellen etc.) anzeigen zu lassen. Diese Verkehrsinformationen stehen Ihnen jedoch nicht in Kombination mit der Nutzung von STREETSIDE zur Verfügung. Dafür erhalten Sie, sofern Orte von STREETSIDE erfasst wurden, die Möglichkeit, diese virtuell zu begehen.

Die Kartenansicht lässt sich bei Bedarf sehr einfach vergrößern oder verkleinern. Sie haben die Option, die Plus- und Minus-Symbole der Navigationsleiste zu benutzen oder intuitiv das Mausrad zu drehen. Auf Tablets oder Geräten mit Toucheingabe können Sie die Geste *Pinch to zoom* benutzen.

Abbildung 6.127 Straßenkarte mit Perspektive

6.8.6   Karten drucken

In der Kartenansicht steht Ihnen noch ein weiteres Menü zur Verfügung. Sie können dieses aufklappen, indem Sie auf die drei Punkte unten rechts in der Ansicht klicken (Abbildung 6.128). Es werden Ihn drei Optionen angeboten. Sie können Ihre Karte teilen, ein Feedback an Microsoft senden oder die Karte ausdrucken.

Abbildung 6.128 Drucken, Teilen, Feedback

Wenn Sie den Eintrag DRUCKEN anwählen, öffnet sich ein Dialog, in dem Sie eine Druckvor-schau erhalten (Abbildung 6.129). Sie können den gewünschten Drucker auswählen, die Anzahl der zu druckenden Kopien angeben und die Ausrichtung der Seite auswählen. Oft empfiehlt es sich, Seiten im Querformat auszudrucken, da bei der Abbildung von Karten so ein größerer Abschnitt erfasst wird. Sie können den Druckvorgang durch Betätigen der Schalt-fläche DRUCKEN initiieren oder durch Betätigen der Schaltfläche ABBRECHEN beenden.

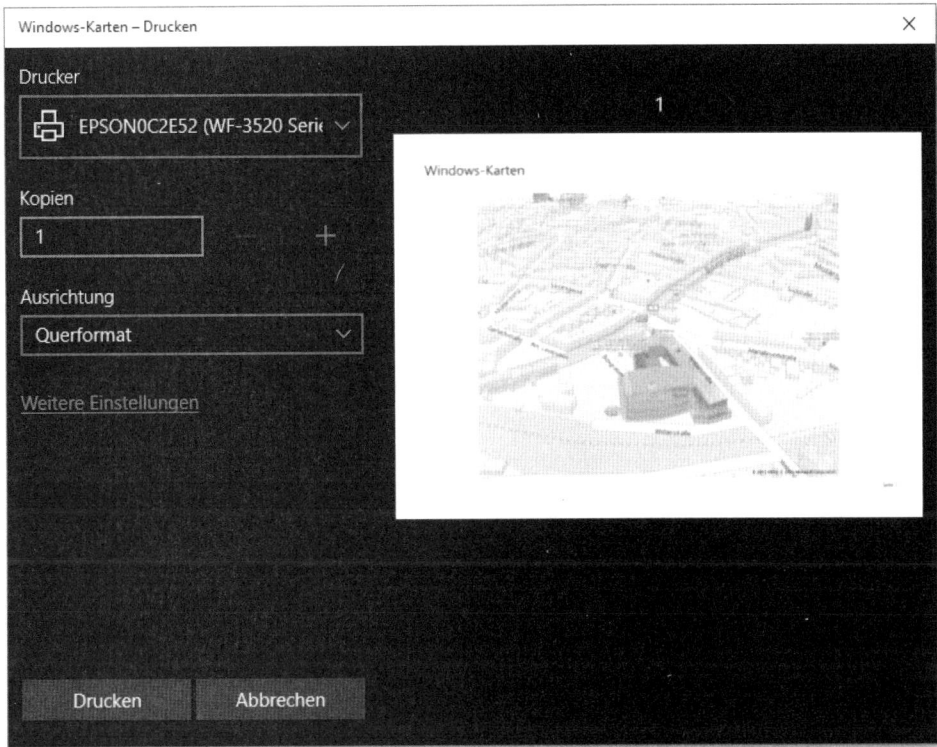

Abbildung 6.129 Karten drucken

6.8.7   Offlinekarten nutzen

Sobald Sie keine Verbindung zum Internet haben, können die Karten der Karten-App nicht mehr aktualisiert werden. Das kann unterwegs sehr störend sein, denn nicht immer steht Ihnen ein kostenfreier oder performanter Internetzugang zur Verfügung. Damit Sie trotz-dem nie die Orientierung verlieren, haben Sie die Möglichkeit, Karten für die Karten-App herunterzuladen und offline zu nutzen. Sie finden die Ansicht OFFLINE KARTEN in den EIN-STELLUNGEN, und zwar in der System-App (Abbildung 6.130).

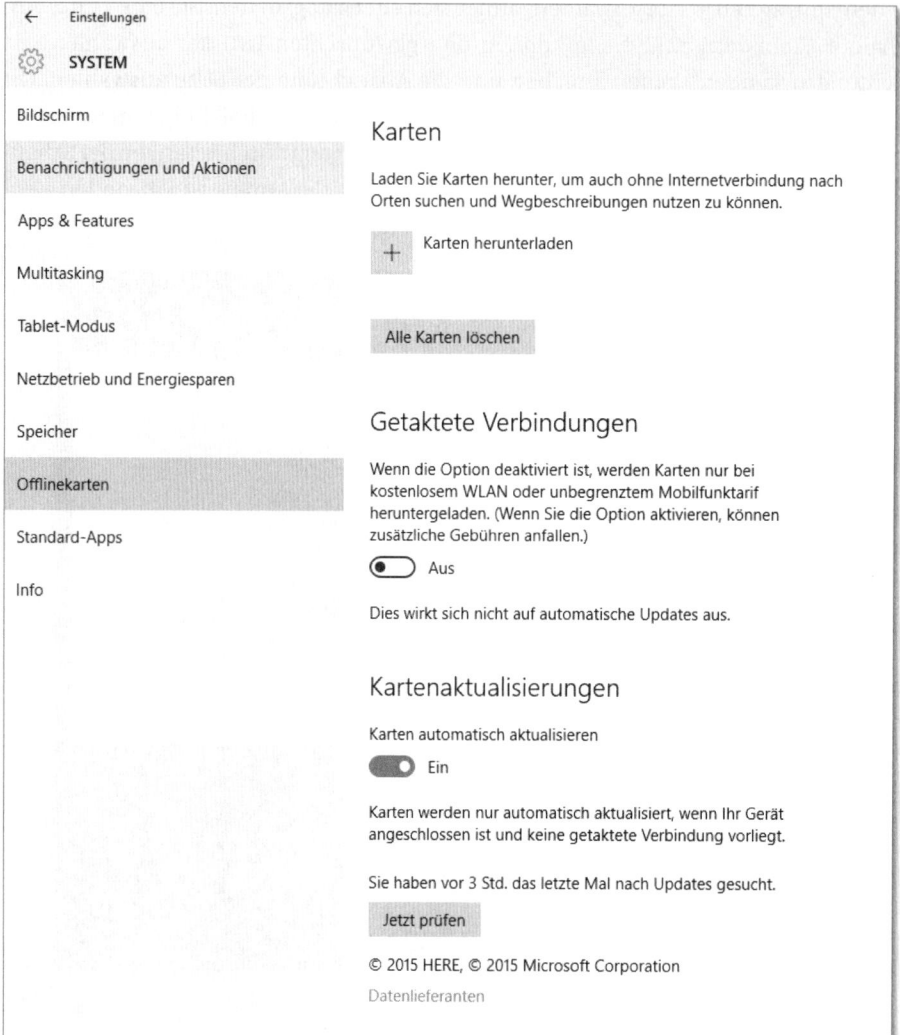

Abbildung 6.130 Offlinekarten in der System-App

Sie sollten hier darauf achten, dass sich der Schieber GETAKTETE VERBINDUNGEN in der Aus-Position befindet. Ansonsten können bei der Aktualisierung von Karten Verbindungskosten anfallen. Ferner können Sie bestimmen ob eine automatische Aktualisierung der genutzten Karten erfolgen soll, bzw. Sie können explizit nach Updates suchen lassen (JETZT PRÜFEN). Von besonderem Interesse ist an dieser Stelle jedoch die Option zum Download von Kartenmaterial zur Offlinenutzung. Klicken Sie auf das Plus-Symbol neben dem Schriftzug KARTEN HERUNTERLADEN.

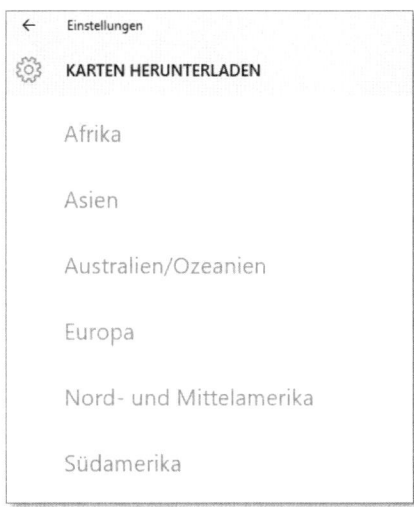

Abbildung 6.131 Den gewünschten Kontinent auswählen

Sie werden anschließend in einem Dialog aufgefordert, zunächst den Kontinent und dann das Land anzugeben, für das Sie Kartenmaterial herunterladen möchten. Geben Sie hier beispielsweise zunächst EUROPA (Abbildung 6.131) und anschließend DEUTSCHLAND an (Abbildung 6.132).

> Deutschland
> Wählen Sie die Region hier aus.

Abbildung 6.132 Das gewünschte Land auswählen

Sie können nun die Region spezifizieren, für die Sie Karten benötigen (Abbildung 6.133). Die Möglichkeit, die Auswahl von Offlinekarten auf diese Weise einzugrenzen, ist auf mobilen Geräten mit wenig Speicherplatz sehr sinnvoll, da Sie so festlegen können, dass nur wirklich benötigte Informationen auf Ihrem Gerät hinterlegt werden.

Klicken Sie auf die gewünschte Region, und starten Sie den Download. Sollte die Karten-App zu diesem Zeitpunkt noch geöffnet sein, schließen Sie diese bitte, da die Karten sonst nicht installiert werden können. Nach Abschluss des Downloads werden Ihnen die auf Ihrem System verfügbaren Offlinekarten angezeigt (Abbildung 6.134). Sollten Sie den Speicherplatz wieder benötigen, können Sie bestimmte Karten löschen (LÖSCHEN) oder auch alle Offlinekarten von Ihrem System entfernen (ALLE KARTEN LÖSCHEN).

Abbildung 6.133 Eine Region auswählen

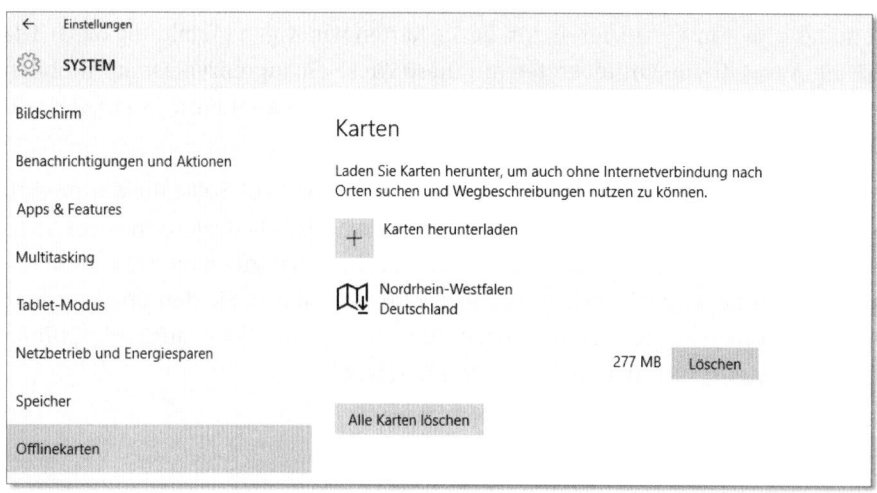

Abbildung 6.134 Installierte Offlinekarten

6.9   Edge – der neue Browser von Microsoft

Microsoft hat schon seit der Version *Windows 95B* (Build 4.00.1111), die am 24.8.1996 das Licht der Kathodenstrahlröhre erblickte, einen Internetbrowser an Bord, der dem Konzern einen weltweiten Verkaufserfolg, aber auch einigen Ärger, wie schwere Sicherheitslücken und Wettbewerbsklagen, eingebracht hat. Es handelt sich um den *Windows Internet Explorer (MSIE)*. Das Produkt wurde seit seiner Einführung über annähernd zwanzig Jahre stets weiterentwickelt und dabei wurden unzählige Sicherheitspflaster auf mitunter große Sicherheitslücken geklebt. Für Leser, die Windows 10 *Long Term Servicing Branch*(LTSB)-Versionen nutzen, sei erwähnt, dass Microsoft derzeit den Edge Browser für diese Version von Windows 10 nicht mit ausliefert. LTSB-Versionen von Windows 10 werden durch Microsoft zehn Jahre lang mit Sicherheits-Updates und Fehlerkorrekturen beliefert.

6.9.1   Was ist neu?

Es wurde also Zeit für einen ganz neuen Browser. Einen anderen, frischen und ballastfreien Browser mit *cutting-edge technology* (frei ins Deutsche übersetzt: *messerscharfe Technik*) – kurz den neuen *Edge Browser*. Als alten Ballast stieß Microsoft vor allem zunächst *ActiveX* ab (eine Technik für die Bereitstellung von aktiven Inhalten u. a. im Internet Explorer) und anschließend *Browser Helper Objects* (das sind Programme, die die Funktion des Internet Explorers erweitern). Schließlich hat der neue Edge Browser auch noch eine neue Rendering-Engine (also das Werkzeug, das aus dem HTML-Quellcode die Webseitenanzeige generiert). Die alte *Trident*-Engine des MSIE wurde durch die neue *EdgeHTML*-Engine ersetzt.

Notizen und Teilen

Eine sehr praktische Funktion sind die neuen *Notizen*, die Sie auf Webseiten machen können, die Sie in Edge öffnen. Um in Edge Notizen zu machen, wählen Sie das neue Notizen-Icon ❶ aus (Abbildung 6.138). Hier in der Notizfunktion (Abbildung 6.136) können Sie mit der Maus, dem Stift oder Finger entweder malen ❷, mit einem transparenten Textmarker ❸ schreiben, das gemalte wieder wegradieren ❹, einen Kommentar ❺ einfügen oder Teile der Seite ausschneiden ❻. Das Ergebnis Ihrer Kommentierungen können Sie jetzt entweder in ONENOTE, den FAVORITEN oder Ihrer LESELISTE speichern ❼ oder mit anderen TEILEN ❽. Die beiden Freihandwerkzeuge LINIE ❷ und TEXTMARKER ❸ haben, wenn Sie auf die rechte untere Ecke des Werkzeugs klicken, sogar noch kleine Einstellmenüs für die Stiftfarbe und -dicke (Abbildung 6.135).

Haben Sie alle gewünschten Notizen in einer Seite gemacht, können Sie die Notizfunktion BEENDEN ❾. Zusätzlich gibt es noch eine ganz interessante Funktion, die aktuell in der Windows 10-Version Build 10565 noch seltsamerweise SCHWENKEN ❶ heißt. Wenn Sie eine Webseite mit dieser Funktion aus dem Edge Browser heraus mit der Maus oder dem Stift/Finger auf Ihren Desktop ziehen, also *schwenken* (nennen wir das einmal so), erstellt Edge aus der kompletten anzuzeigenden Webseite ein *JPEG-Bild* und speichert es auf dem Desktop. Vor dem Ablegen auf dem Desktop fragt WINDOWS-SICHERHEIT noch einmal kurz nach, ob Sie das Speichern von Webinhalten auf Ihrem Computer zulassen möchten – bejahen Sie das. Bei sehr langen Webseiten entstehen dann lustige, sehr lange und schmale JPEG-Bilder. Das kann aber eine ganz praktische Funktion sein, um eine Webseite mal eben schnell komplett in ein JPEG zu kopieren und sie zu verschicken oder zu teilen. Ohne SCHWENKEN müssten Sie schrittweise Screenshots mit dem Windows-Werkzeug SNIPPING TOOL machen und hätten hinterher einzelne lose Bilder.

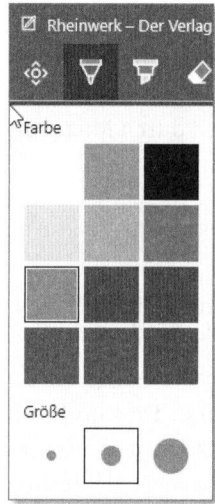

Abbildung 6.135 Einstellungen der Freihandwerkzeuge

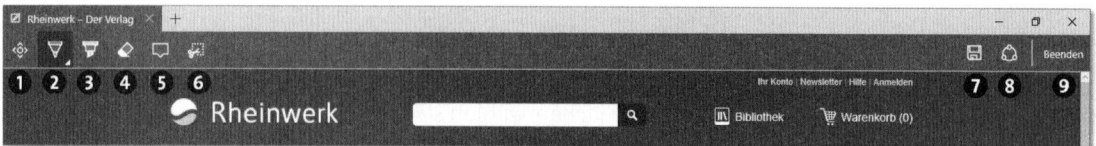

Abbildung 6.136 Die Werkzeugleiste der Notizfunktion in Edge

Webseite versus Website

Um Missverständnissen vorzubeugen, möchten wir hier kurz diese beiden Begriffe unterscheiden, auch weil sie ausgesprochen nahezu gleich klingen und sich geschrieben zum Verwechseln ähnlich sehen. Webseiten sind also leicht zu verwechseln mit Websites – Websites sind vollständige Inhalte einer Adresse mit allen Links und allen Bildern, die über diese Adresse erreichbar sind. Also alles, was Sie beispielsweise unter *http://www.rheinwerk-verlag.de* sehen und anklicken können. Webseiten hingegen nennen wir eine einzelne aufrufbare HTML-Seite, die allerdings auch praktisch unbegrenzt lang sein kann. Ein Beispiel wäre *https://rheinwerk-verlag.de/windows-10-pro_3810/*. Eine einzelne Seite bei z. B. *www.bild.de* ist wesentlich länger (z. B. 800 × 12.555 Pixel) als die hier genannte Windows 10 Pro-Seite (960 × 2560 Pixel) unseres Verlags.

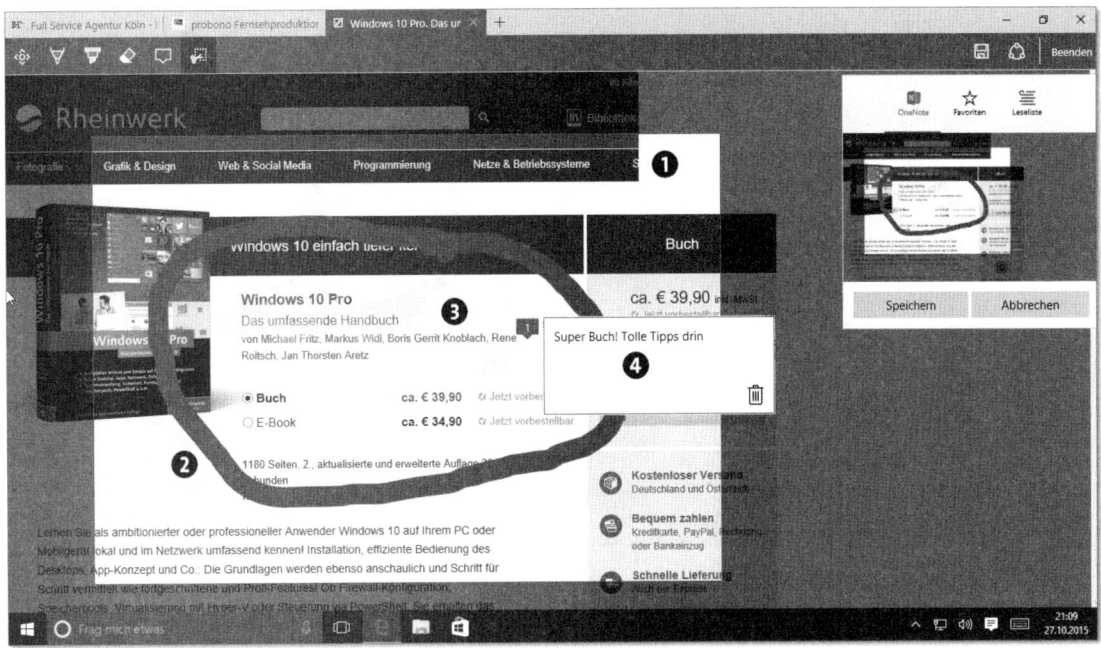

Abbildung 6.137 Webseite mit Notizen, Textmarker, Ausschnitt, Kommentar und Speichern-Dialog

So könnte eine Seite aussehen, die Sie mit Notizen angereichert haben (Abbildung 6.137). Im Beispiel sehen Sie im Inneren einen helleren Bereich, das ist ein Ausschnitt ❶ aus der gesamten Webseite, darin sehen Sie einen grauen Kringel ❷, eine Markierung mit dem Stift, etwas mit dem Textmarker transparent Markiertes ❸ und einen Kommentar ❹. Außerdem blendet diese Abbildung oben rechts das SPEICHERN-Menü ein, und Sie sehen hier, dass Sie ganz einfach in ONENOTE, in Ihren FAVORITEN oder in der LESELISTE speichern können.

Lesemodus

Der Lesemodus ist eine aktuelle Darstellungsoption, die bei der Lesefreundlichkeit der Darstellung von Webseiten hilft. Viele Bilder, Werbung, Einblendungen und interaktive Elemente werden dabei ausgeblendet und der Webseitenhintergrund angepasst, wie Abbildung 6.139 zeigt. Nicht jede Seite unterstützt diesen Lesemodus, bzw. Edge kann nicht jede Seite in diesem Lesemodus anzeigen. Wenn er für eine Seite zur Verfügung steht, sehen Sie das am schwarz eingefärbten aufgeblätterten Buch-Icon ❷ rechts neben der Navigationszeile des Browsers, links vom Stern-Symbol, das Favoriten und Lesezeichen speichert und dem Notizen-Icon ❶. Wie dieselbe Seite im normalen Modus aussieht, zeigt Abbildung 6.138. Dieser Lesemodus hat einen gewissen Suchtfaktor. Wenn Sie sich erst einmal daran gewöhnt haben, Webseiten, die Sie tatsächlich lesen wollen, werbe- und ablenkungsfrei zu genießen, möchten Sie diesen Modus nicht mehr missen.

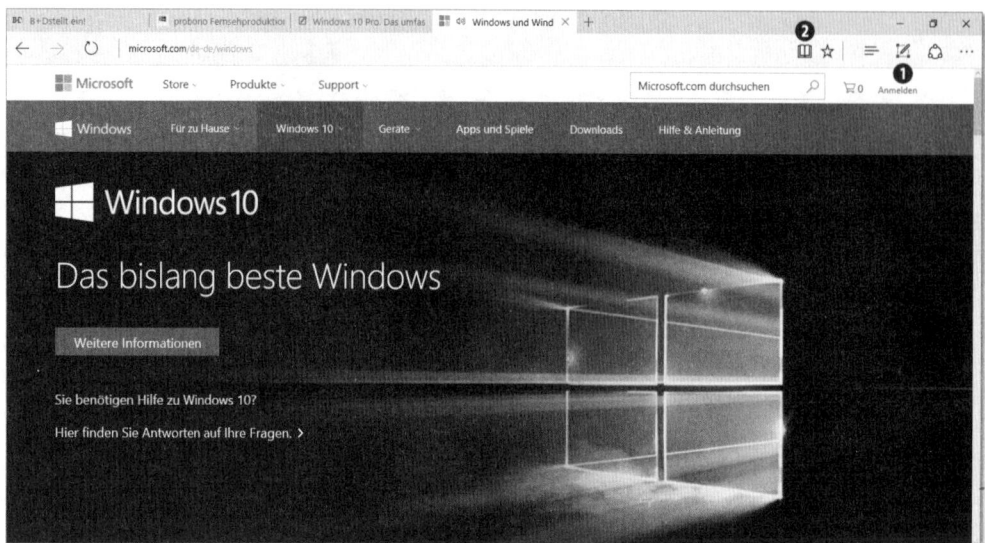

Abbildung 6.138 Normale Darstellung einer Webseite am PC

Abbildung 6.139 Leseansicht derselben Seite wie in Abbildung 6.138 am PC

Nicht zuletzt am Tablet oder Smartphone mit Windows 10 kann der Lesemodus sehr hilfreich sein. Er spart einerseits teures bzw. knappes Onlinedatenkontingent und nutzt das
naturgemäß kleinere Display dieser Geräteklassen besser und sinnvoller aus. Damit Sie sich
eine Vorstellung machen können, wie das aussieht, haben wir es anhand zweier Beispiele
hier illustriert. Die Seite eines großen deutschen Rundfunksenders ist zwar schon für die

Mobilnutzung optimiert dargestellt, der Lesemodus kitzelt aber das letzte Quäntchen an Usability (Benutzerfreundlichkeit) aus den Seiten heraus. In Abbildung 6.140 sehen Sie die Seite in der normalen, aber bereits mobiloptimierten Darstellung, in Abbildung 6.141 sehen Sie dieselbe Seite im Lesemodus auf dem Windows 10 Phone.

Abbildung 6.140 Mobile Webseite in normaler Darstellung am Windows 10 Phone

Abbildung 6.141 Dieselbe Seite wie in Abbildung 6.140, aber im Lesemodus

Wenn Sie dennoch Schwierigkeiten mit der Darstellung der Seiten im Lesemodus haben, können Sie in den Einstellungen über das ...-Menü im Punkt EINSTELLUNGEN den STIL DER LESEANSICHT und die SCHRIFTGRÖSSE IN LESEANSICHT anpassen (Abbildung 6.142). Beim STIL DER LESEANSICHT können Sie sich zwischen STANDARD (voreingestellt), HELL, MITTEL und DUNKEL entscheiden. Dunkel ist aktuell modern, und diese Einstellung gibt es bei vielen Windows 10-Apps. Bei der SCHRIFTGRÖSSE haben Sie die Wahl zwischen KLEIN, MITTEL (voreingestellt), GROSS und SEHR GROSS. Mit diesen Einstellungen sollte jeder seine passende finden und sich die Leseansicht zum unverzichtbaren Begleiter machen können.

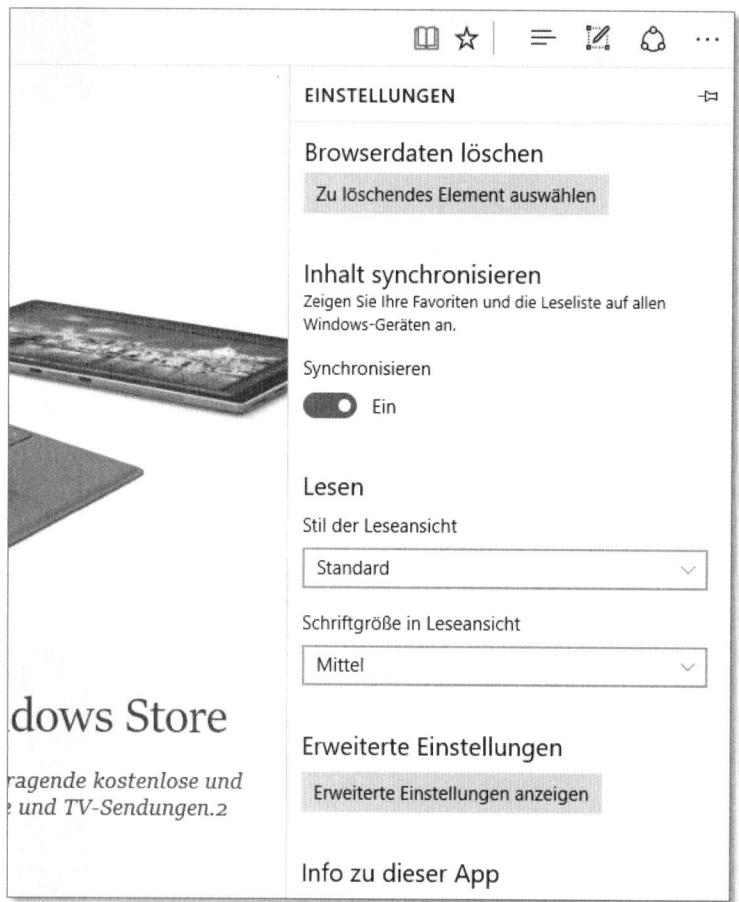

Abbildung 6.142 Einstellung des Lesemodus und der Synchronisierungsoption

Anpinnen von Webseiten

Ebenfalls im ...-Menü befindet sich der Menüpunkt AN „START" ANHEFTEN, was in Windows auch gelegentlich *Anpinnen* heißt. Wie dieser Punkt in der finalen Version von Edge heißt, ist noch offen. Hier können Sie häufig aufgesuchte Webseiten über die Funktion ANPINNEN bzw. AN „START" ANHEFTEN an das Startmenü pinnen.

PDF drucken

Durch den neuen, Windows 10-weit verfügbaren proprietären *Microsoft PDF-Drucker* können Sie Webseiten jetzt auch direkt ohne Umwege und Drittanbietertools als PDF-Dokument speichern. Wählen Sie dazu aus dem ...-Menü DRUCKEN aus und, falls nicht schon eingestellt, den MICROSOFT PRINT TO PDF-Drucker. Jetzt können Sie die aktuelle Webseite als PDF-Datei speichern.

Steuerung mit Cortana

Cortana können Sie gut benutzen, um Funktionen des Geräts, sei es der PC, das Tablet oder das Smartphone, zu steuern, um sich Termine eintragen zu lassen, Erinnerungen zu erstellen oder nach dem Weg oder der Route zu fragen – aber Sie können Cortana auch für die Websuche nutzen. Fragen Sie Cortana, die wir in Abschnitt 6.10 vorstellen, was Sie im Web suchen möchten, und Cortana schlägt den Begriff mithilfe der Microsoft-Suchmaschine Bing im Edge Browser für Sie nach. Auch wenn Cortana einmal nicht genau weiß, was ein gesprochenes Kommando bedeutet, versucht sie das Verstandene in Bing nachzuschlagen – das Ergebnis sehen Sie dann ebenfalls in Edge. Die Unterstützung durch Cortana können Sie übrigens auch ausschalten. Gehen Sie dazu in das ...-Menü und dort auf EINSTELLUNGEN • ERWEITERTE EINSTELLUNGEN ANZEIGEN, und schalten Sie CORTANA SOLL MICH BEI MICROSOFT EDGE UNTERSTÜTZEN aus.

Vorschau von Browser-Tabs

In der aktuellen Version von Edge können Sie, wenn Sie mehrere Registerreiter (Tabs) geöffnet haben, durch Darüberfahren mit der Maus kleine Vorschaubilder der sich hinter der Registerkarte verbergenden Webseite anzeigen lassen (Abbildung 6.143). Das ist sehr praktisch, wenn Sie mit vielen Tabs arbeiten, um nicht die Übersicht zu verlieren. Die Technik erinnert an *Aero Peak*, das Sie im Desktop-Modus vorfinden. Aero-Peak zeigt Ihnen auch kleine Vorschaubildchen Ihrer geöffneten Fenster und Anwendungen in der Taskleiste an, wenn die Funktion eingeschaltet ist.

Abbildung 6.143 Seitenvorschau von Edge Registerkarten

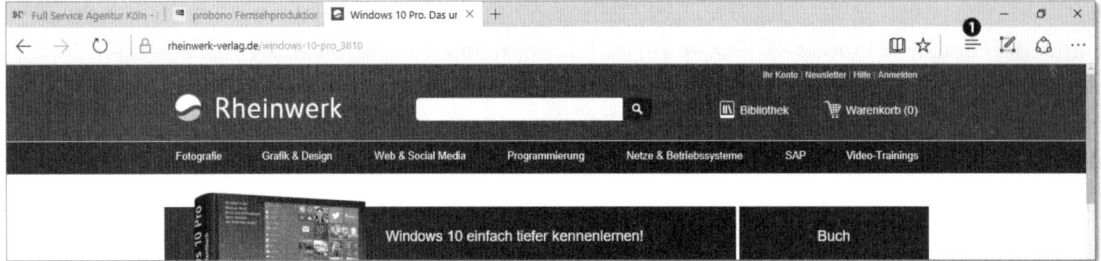

Abbildung 6.144 Der Edge Browser für PC mit Hub

Abbildung 6.145 Der Edge Browser im Windows 10 Phone mit geöffnetem Hub

Der Edge Hub

Der neue Edge *Hub* ☰ (engl. für *Verteiler*) ist die Zentrale für Ihre Favoriten, Lesezeichen, den Browserverlauf und Ihre Downloads. Im Hub sehen Sie sehr übersichtlich – und auch auf Tablets angenehm bedienbar – Ihre wichtigsten Browserwerkzeuge. In der mobilen Version (Abbildung 6.145) von Windows 10 sehen Sie gut, welche Symbole sich hinter den Icons der Desktop-Darstellung verbergen, in der PC-Version (Abbildung 6.144) sehen Sie leider nur die Icons ❶. Diesen Hub können Sie auch in den Einstellungen synchronisieren (Abbildung 6.142). Sie haben dann auf allen Geräten, an denen Sie mit demselben Microsoft-Konto angemeldet sind, dieselben Hub-Inhalte. Das ist gerade für die Leseliste eine echte Errungenschaft, denn in der Leseliste sammeln Sie Webseiten, die Sie zu einem späteren Zeitpunkt lesen möchten. Wenn Sie das dann auch noch dank der Synchronisation auf einem ganz anderen Gerät machen können, wird es richtig komfortabel.

6.9.2   Edge-Einstellungen

Auch wenn der neue Microsoft-Browser Edge derzeit noch sehr reduziert daherkommt und noch nicht einmal Erweiterungen (Plugins) gestattet, lassen sich einige Einstellungen vornehmen, die wir Ihnen hier vorstellen möchten.

Startseite einstellen

Selbstverständlich können Sie in Edge auch eine Startseite Ihrer Wahl einrichten. Gehen Sie dazu mit dem ...-Menü in die EINSTELLUNGEN. Hier wählen Sie ganz oben bei ÖFFNEN MIT BESTIMMTE SEITE(N) aus. In der Auswahl darunter wählen Sie BENUTZERDEFINIERT. Jetzt erscheint ein Eingabefeld, in dem Sie Ihre persönliche Startseite eingeben können – vorgegeben steht hier noch ABOUT:START. Ergänzen Sie bei WEBADRESSE EINGEBEN Ihre gewünschte URL, z. B. *http://www.rheinwerk-verlag.de* (Abbildung 6.146). Sie können auch den Eintrag ABOUT:START durch Klicken auf das × löschen, das führt dazu, dass beim Start von Edge nur noch Ihre Startseite angezeigt wird. Wenn Sie stets beim Browserstart mehrere Webseiten angezeigt haben möchten, können Sie hier sehr komfortabel weitere WEBADRESSEN EINGEBEN. Diese werden dann alle der Reihe nach beim Start von Edge geladen, wie Sie am Beispiel in Abbildung 6.146 sehen können.

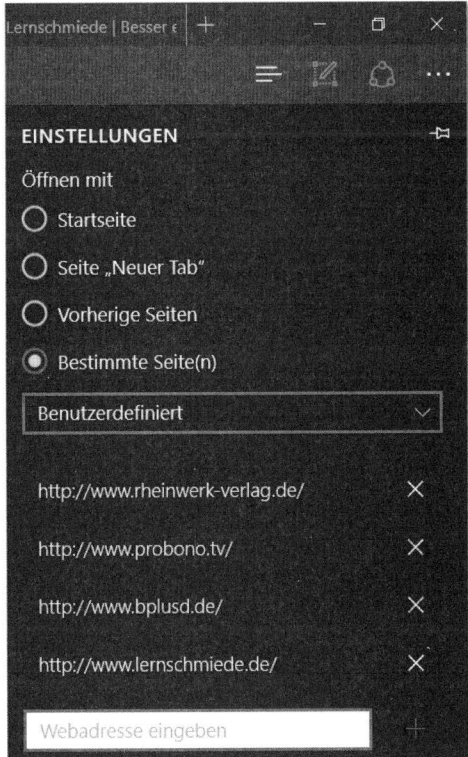

Abbildung 6.146 Startseiteneinstellungen

Wenn Sie in der Adressleiste von Edge den Knopf vermissen, der Sie zurück zu Ihrer Startseite bringt, müssen Sie etwas Hand anlegen. Dieser ist von Hause aus deaktiviert. Aktivieren Sie den Button für den Aufruf Ihrer Startseite durch Klicken in das ...-Menü auf EINSTELLUNGEN • ERWEITERTE EINSTELLUNGEN ANZEIGEN • SCHALTFLÄCHE „STARTSEITE" ANZEIGEN. Hier stellen Sie den kleinen Schalter auf EIN (Abbildung 6.148). Jetzt erscheint zum einen unterhalb des Schalters ein Eingabefenster, in das Sie abermals Ihre gewünschte Startseite eintragen können (klicken Sie zum Bestätigen auf SPEICHERN). In unseren Tests hat das aber Edge zum Absturz gebracht – daher empfehlen wir Ihnen, die Startseite entweder hier oder unter EIN-STELLUNGEN • BESTIMMTE SEITE(N) einzurichten und nicht gleichzeitig an beiden Orten.

Die Adresszeile Ihres Edge ist jetzt um ein kleines Häuschen-Icon links von der Adressleiste ergänzt, mit dem Sie die Startseite jederzeit aufrufen können.

Darüber hinaus können Sie in Edge auch Ihre persönliche Startseite für neue Tabs (Registerkarten) einstellen. Sie können hier zwischen drei verschiedenen Optionen wählen. Gehen Sie dazu in die Einstellungen mit dem ....Menü, Dort gehen Sie auf EINSTELLUNGEN und auf NEUE TABS ÖFFNEN MIT. Hier haben Sie aktuell folgende Möglichkeiten: BESTE WEBSITES UND EMPFOHLENER INHALT, BESTE WEBSITES oder LEERE SEITE. Je nachdem, wie viele neue Funktionen Sie in Windows 10 schon ausprobiert oder kennengelernt haben, ahnen Sie, dass die erste Option wegen der Komponente ... UND EMPFOHLENER INHALT versuchen wird, sich mit einem Cloud-Dienst von Microsoft über Ihre Interessen und Vorlieben auszutauschen, um Ihnen tatsächlich für Sie empfehlenswerten Inhalt anbieten zu können. So ist es auch, und so verwundert es auch nicht, dass die Funktion beim ersten Start mit einem Nutzungs- bzw. Datenschutzhinweis am unteren Rand aufwartet (Abbildung 6.147). Die Empfehlungen, die Sie hier sehen, werden immer treffsicherer, je mehr Sie Ihre Vorlieben und Interessen Cortana und Bing durch deren Nutzung mitteilen.

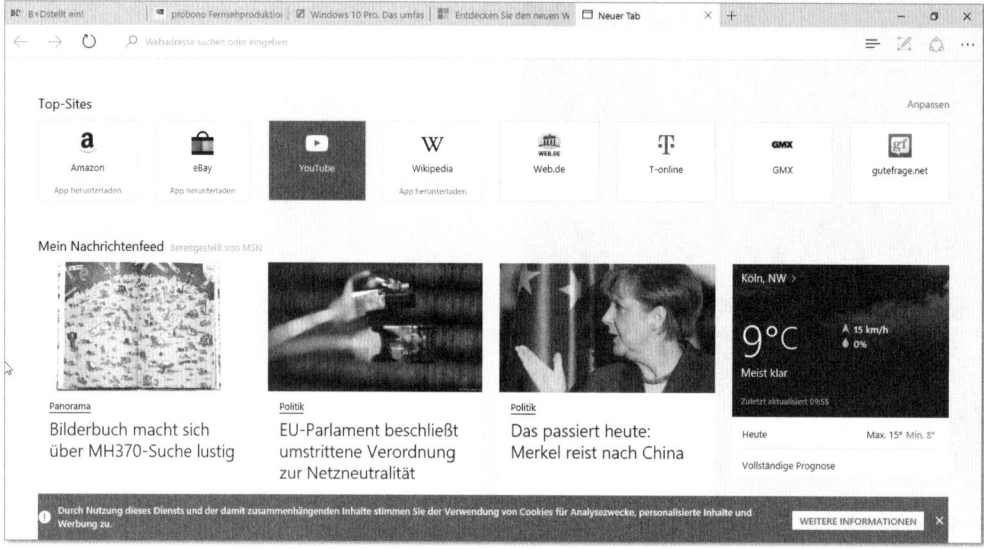

Abbildung 6.147 Edge mit »Besten Websites und empfohlenen Inhalten«

Deutlich weniger datenhungrig kommt die Einstellung BESTE WEBSITES daher. Hier werden nur noch die TOP-SITES aus Abbildung 6.147 angeboten, aber nicht mehr auf Ihre Interessen personalisierte weiterführende Inhalte wie beispielsweise MEIN NACHRICHTENFEED in Abbildung 6.147. Sie können diese Startseitenvorgaben von Edge auch per Einstellung in der Windows-Registrierungsdatenbank, kurz *Registry*, einstellen. Lassen Sie das aber besser sein, wenn Sie sich nicht sicher sind, was dieser Registrierungs-Editor ist oder wie Sie sicher damit umgehen können. Machen Sie hier Fehler, können Sie Ihr System unrettbar zerstören! Öffnen Sie die Registry, indem Sie die ⊞-Taste drücken und regedit, gefolgt von ↵, eingeben. Navigieren Sie zu *HKEY_CURRENT_USER\SOFTWARE\Classes\Local Settings\Software\ Microsoft\Windows\CurrentVersion\AppContainer\Storage\microsoft.microsoftedge_8weky b3d8bbwe\MicrosoftEdge\ServiceUI*.

Hier klicken Sie auf das *DWORD NewTabPageDisplayOption*. Sie können folgende Werte einstellen: 0 = *Beste Websites und empfohlener Inhalt*, 1 = *Beste Websites* oder 2 = *Leere Seite*. Abschließend beenden Sie den Registrierungs-Editor, um die Einstellungen zu übernehmen.

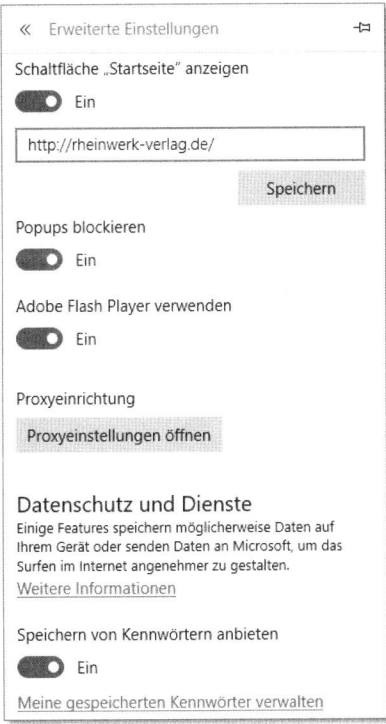

Abbildung 6.148 Persönliche Startseite einstellen, Pop-ups und Flash blockieren

Standardbrowser

Edge ist zunächst der Standardbrowser in Windows 10, das können Sie hier ändern: START • EINSTELLUNGEN • SYSTEM • STANDARD-APPS. Klicken oder tippen Sie jetzt auf den Webbrowser, und wählen Sie den Browser Ihrer Wahl aus. Zuletzt war es noch relativ einfach, den Standardbrowser zu wechseln, in Windows 10 sind leider einige Klicks mehr nötig. Um, wie im Beispiel, einen anderen Browser als den vorinstallierten Edge Browser auswählen zu können, müssen Sie diesen zunächst auf Ihrem System installiert haben. Hier ist für unser Beispiel neben den beiden eingebauten Microsoft-Browsern noch der in Deutschland sehr beliebte Firefox Browser in der Auswahl (Abbildung 6.149).

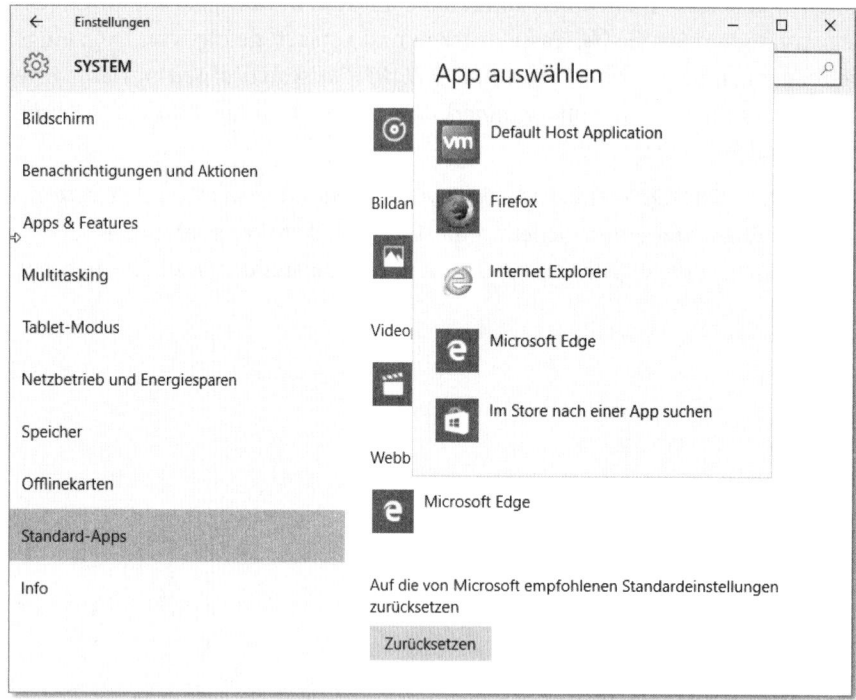

Abbildung 6.149 Den Standardbrowser einrichten

Kennwörter speichern

Sie können in Edge auch Kennwörter speichern. Ob das ratsam ist oder nicht, hängt von der Sensibilität bzw. der Schutzwürdigkeit der Seiten ab, für die Sie die Kennwörter speichern möchten. Gehen Sie dazu in das ...-Menü auf EINSTELLUNGEN • ERWEITERTE EINSTELLUNGEN ANZEIGEN • SPEICHERN VON KENNWÖRTERN ANBIETEN (Abbildung 6.148). MEINE GESPEICHERTEN KENNWÖRTER VERWALTEN zeigt eine Liste der gespeicherten Kennwörter – hier können auch Kennwörter gelöscht werden. Was leider (zumindest noch in Build 10565) fehlt, ist die Möglichkeit, die Verwaltung von Kennwörtern mit einem separaten Passwort zu schützen. Ohne diesen zusätzlichen Kennwortschutz kann jeder, der Ihren Edge Browser benutzt, auf die in Ihren Webseiten gespeicherten Kennwörter zurückgreifen – also sich bei den entsprechenden Seiten ohne separate Kennworteingabe authentifizieren. Bei Mozillas Firefox Browser z. B. können Sie gespeicherte Kennwörter durch ein sogenanntes *Master-Passwort* schützen. Darüber hinaus können Sie dort auch gespeicherte Kennwörter im Klartext nachschlagen. Insbesondere dann ist der Schutz Ihrer gespeicherten Kennwörter wichtig, da Sie sonst eine Menge sehr vertraulicher Informationen preisgeben würden. Auch wenn wir hier den Edge Browser beschreiben, sei das ein gut gemeinter Hinweis an alle Mozilla-Benutzer, die Kennwörter speichern. Ohne ein Master-Passwort sind diese Kennwörter offen für alle zugänglich, die Ihres PCs habhaft werden. Achten Sie also bei der weiteren Entwicklung von Edge auch darauf, ob eines Tages im Zuge von Erweiterungen in Edge gespeicherte Kennwörter sichtbar werden – und schützen Sie sie dann gegebenenfalls.

InPrivate-Modus

Natürlich kann ein moderner Browser wie Edge auch in einem Privatmodus betrieben werden. Dabei speichert dann Edge keinerlei temporäre Dateien wie Cookies oder den Seitenverlauf auf dem Rechner. Allerdings werden die Suchanfragen, die Sie im InPrivate-Modus in den Browser eingeben, und der Browserverlauf möglicherweise dennoch an Microsoft gesendet, vor allem dann, wenn Sie Werkzeuge wie Cortana oder Bing für die Navigation und den Seitenaufruf nutzen. Ein neues privates Edge-Fenster können Sie öffnen, indem Sie auf das ...-Menü gehen und dort NEUES INPRIVATE-FENSTER auswählen. Es öffnet sich ein neues Fenster mit dem privaten Modus von Edge. Sie können das aber auch ganz einfach mit der Tastenkombination $\boxed{\text{Strg}}$ + $\boxed{\Diamond}$ + $\boxed{\text{P}}$ öffnen, alle Tastenkombinationen sehen Sie in Abschnitt 6.9.3.

Pop-ups blockieren

In den ERWEITERTEN EINSTELLUNGEN von Edge können Sie auch die Blockade von Pop-ups einstellen (Abbildung 6.148). Pop-ups sind zumeist Werbeeinblendungen, die plötzlich im Bild erscheinen, »aufpoppen« und Ihre Aufmerksamkeit wecken sollen. Manche Webseiten bieten aber auch gewünschte Informationen über Pop-ups an, sodass Sie wissen sollten, wo Sie diese ein- und ausschalten können. Gegenwärtig können Sie in Edge leider noch keine Ausnahmen von einer generellen Pop-up-Sperre festlegen, was sinnvoll und mitunter notwendig ist, wenn Sie Anwendungen haben, die Pop-ups mitbringen, die Sie sehen möchten, während Sie auf die aufpoppende Werbung gerne verzichten würden.

Flash-Inhalte blockieren

Unmittelbar unter der Einstellung zu POP-UPS BLOCKIEREN finden Sie den Schalter, um Flash-Inhalte blockieren zu können (Abbildung 6.148). Wenn Sie die Sicherheitsstufe Ihres Edge erhöhen wollen und sowieso kaum Flash-Inhalte benötigen, können oder sollten Sie vielmehr den Regler ADOBE FLASH PLAYER VERWENDEN ausschalten. *Flash* ist eine Technik von Adobe, die zwar recht verbreitet, aber auch recht anfällig für das Einschleusen von Schadcode ist, und die von Bösewichten gerne für Angriffe genutzt wird. Mit Flash werden gerne Bewegtbildinhalte in Webseiten eingebettet, wie beispielsweise Videos (*.fla*, *.swf*). Für die Einbettung von Videos in Webseiten gibt es aber längst Alternativen wie HTML5, das die beliebte Videoplattform YouTube anbietet.

Do Not Track

Ganz interessant ist auch diese Einstellung, die den von Ihnen besuchten Seiten mitteilt, dass Sie nicht nachverfolgt werden möchten. Das klingt erst einmal gut. Ob sich eine besuchte Seite daran hält, wissen Sie nicht, und es gibt auch keine internationale Instanz, die die Einhaltung von DNT (*Do Not Track*) überwacht oder gegebenenfalls auch ahndet. Aber Sie haben zumindest Ihren Privatsphärenwunsch geäußert. DNT kann drei Zustände haben, die ein Browser im Header (Kopfzeilen) einer Seitenanfrage überträgt; »null« (also nichts), es werden keine Informationen zu DNT übertragen, »0«: Sie stimmen der Übertragung des Headers zu und »1«: Sie lehnen die Übertragung des Headers ab. Im Header werden Informationen zu Ihrem verwendeten Browser nebst Version, Ihrem Betriebssystem, Ihrer eingestellten Sprache u. Ä. übermittelt. Nach aktueller Einschätzung durch deutsche Datenschutzbehörden gilt ein gesetztes DNT übrigens als eine *Erklärung des Widerspruchs* im Sinne von § 15 Absatz 3 Telemediengesetz. Somit dürfen Anbieter im Zuständigkeitsbereich des deutschen Telemediengesetzes bei gesetztem DNT keine Nutzungsprofile erstellen. Das hilft Ihnen bei Facebook, Google und Apple leider wenig, ebenso wenig bei den Cloud-Diensten von Microsoft. Sie erreichen die DNT-Einstellungen auch über das ...-Menü und dort auf EINSTELLUNGEN • ERWEITERTE EINSTELLUNGEN ANZEIGEN • DONOTTRACK ANFORDERUNG SENDEN (Abbildung 6.150).

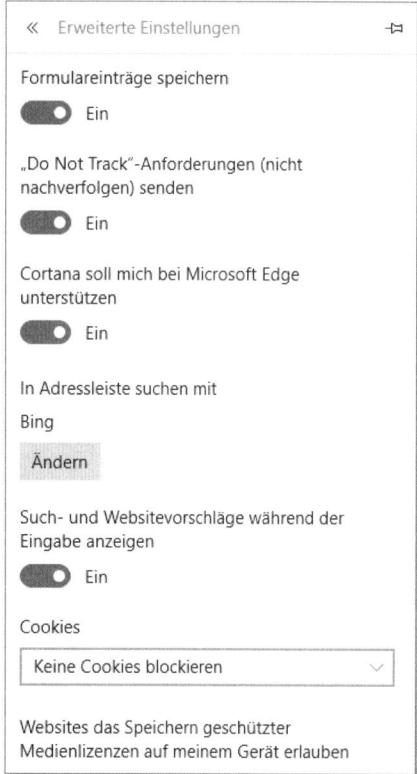

Abbildung 6.150 Do Not Track, Cookies und Cortana einstellen

Cookies blockieren

Etwas wirksamer dürfte die Einstellung ALLE COOKIES BLOCKIEREN sein (Abbildung 6.150). Cookies speichern Details Ihrer Nutzung von einzelnen Webseiten auf Ihrem Rechner. Besuchen Sie eine Webseite erneut und hat diese Webseite bei Ihnen Cookies gesetzt (also auf dem Gerät gespeichert), »erinnert« sich die Webseite anhand dieser Cookies, welche Seiten Sie zuletzt aufgerufen haben, was Sie interessiert, vielleicht auch Ihren Namen oder Produkte, die Sie gekauft haben – was genau alles in einem Cookie gespeichert wird, hängt ganz individuell vom jeweiligen Cookie und seinem Herrchen – dem Webseitenbetreiber ab. Wenn Sie auf Cookies kurzfristig verzichten möchten, können Sie mit $\boxed{\text{Strg}}$ + $\boxed{⇧}$ + $\boxed{\text{P}}$ auf den InPrivate-Modus umschalten, dort werden keine Cookies von Webseiten gesetzt. Wenn Sie bereits auf Ihrem System befindliche Cookies wieder entfernen möchten, können Sie das in den EINSTELLUNGEN mit BROWSERDATEN LÖSCHEN • ZU LÖSCHENDES ELEMENT AUSWÄHLEN bereinigen. Hier können Sie gar einzelne Cookies löschen. Ohne Cookies wird die Nutzung vieler Internetseiten aber unter Umständen unvollständig oder unkomfortabler. Da die Webseiten nicht anhand Ihrer Cookies herausfinden können, wer Sie sind, was Sie mögen, welche Seiten oder Links Sie zuletzt besucht haben oder welche Produkte in Ihrem Warenkorb liegen, fangen Sie bei vielen Seiten mit der Surferfahrung stets bei null an. Es gibt sogar Webseiten, die Sie ohne eingeschaltete Cookies kaum oder gar nicht benutzen können – Onlinebankingseiten gehören oft dazu.

SmartScreen-Filter

Der SmartScreen-Filter kann Ihren Browser etwas sicherer machen, indem er versucht, Webseiten, die Schadcode enthalten, zu sperren. Gleiches gilt für Downloads mit Edge. Sie erreichen die Einstellungen für den SmartScreen-Filter über das ...-Menü EINSTELLUNGEN • ERWEITERTE EINSTELLUNGEN ANZEIGEN und hier relativ weit unten auf MEINEN PC MIT SMARTSCREEN-FILTER VOR SCHÄDLICHEN WEBSITES UND SCHÜTZEN. Wir empfehlen grundsätzlich, den SmartScreen-Filter einzuschalten, damit Sie von seinem Schutz profitieren können. Wenn Sie dann bemerken, dass Webseiten, die Sie unbedingt sehen wollen, nicht mehr dargestellt werden bzw. vom SmartScreen-Filter blockiert werden, können Sie die Option immer noch ausschalten. Wir haben, um den SmartScreen-Filter zu testen, die Seite *http:// eicar.org/download/eicar.com* aufgerufen (Abbildung 6.151). Dort befinden sich Testviren, die keinen Schaden anrichten, aber Antiviruslösungen auf die Probe stellen. Wie erwartet schlägt der SmartScreen-Filter hier auch an und verhindert das Nachladen von Schadcode (der hier auch nicht käme, aber hätte kommen können).

Webseiten-Vorhersage

Diese Einstellung wollen wir hier kurz beleuchten, denn sie ist für datenschutzsensible Menschen durchaus relevant. Wenn Sie in den EINSTELLUNGEN • ERWEITERTE EINSTELLUNGEN • SEITENVORHERSAGE VERWENDEN, UM DEN BROWSER ZU BESCHLEUNIGEN SOWIE DAS LESEN UND DIE GESAMTE NUTZUNG ZU VERBESSERN einschalten, übermitteln Sie damit auch Ihr

Surfverhalten an Microsoft. Zu hoffen bleibt, dass dies dort in Ihrem Sinne ausgewertet wird, um die Nutzung für Sie weiter zu vereinfachen. Dort oder bei Microsofts Partnerunternehmen werden dann Profile über Ihr Surfverhalten erstellt. Datenschutz nach europäischem oder gar deutschem Rechtsverständnis ist hier nicht gewährleistet.

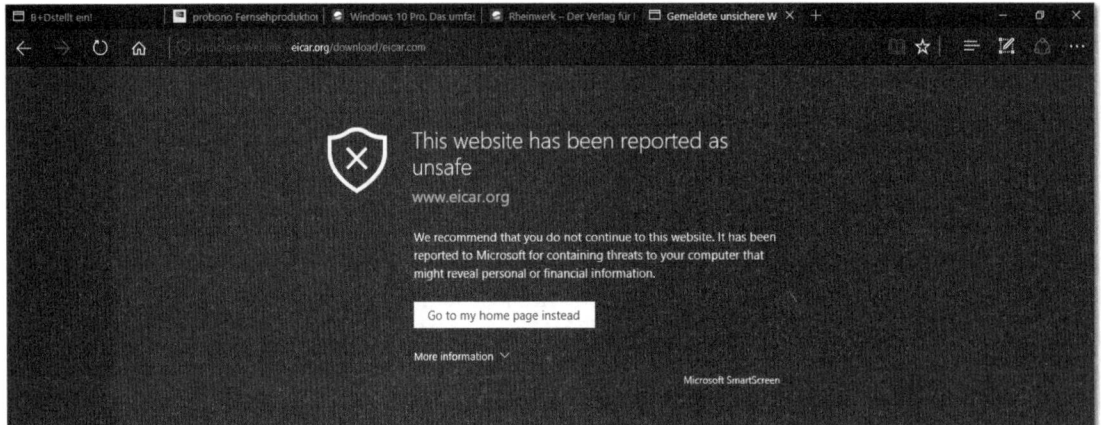

Abbildung 6.151 Der SmartScreen-Filter schlägt beim Eicar-Virus an.

6.9.3 Tastaturkürzel für Edge

Die meisten in der folgenden Tabelle nachzulesenden Kürzel für die Tastaturbedienung von Edge funktionieren auch beim Vorgänger Internet Explorer, da dieser aber mittelfristig obsolet werden soll, beleuchten wir die Tastaturabkürzungen hier nur für Edge.

Tastenkombination	Funktion in Edge
Strg + T	neues Browserfenster als Registerkarte öffnen
Strg + W	aktuelle Registerkarte schließen
Strg + ⇆	wechselt zwischen den Registerkarten
Strg + 1 – 8	öffnet die erste bis achte Registerkarte
Strg + 9	öffnet die letzte Registerkarte
Strg + N	neues Edge-Fenster öffnen
Strg + F	in Edge nach einem Begriff suchen
Strg + D	fügt die aktuelle Seite Ihren Favoriten hinzu
Strg + K	erstellt eine Kopie der aktuellen Registerkarte

Tabelle 6.1 Tastaturfunktionen im Edge Browser

Tastenkombination	Funktion in Edge
Strg + J	öffnet den Downloadmanager
Strg + H	öffnet den Browserverlauf
F5	aktualisiert die aktuelle Seite
F12	zeigt am unteren Rand die Entwicklertools an
F7	aktiviert den Tastaturmodus
Strg + G	blendet die Leseliste ein
Strg + ↵	fügt der URL *http://www* und dahinter *.com* hinzu

Tabelle 6.1 Tastaturfunktionen im Edge Browser (Forts.)

6.9.4   Internet Explorer

Auch wenn Microsoft in Windows 10 Edge als den neuen von Microsoft empfohlenen, schnellen und modernen Browser einführt, gibt es weiterhin den guten alten Internet Explorer. Er wird aktuell, im November 2015, auch noch gepflegt und offiziell unterstützt und liegt in der Version 11 vor (Abbildung 6.152).

Abbildung 6.152 Der Microsoft Internet Explorer 11 in Windows 10

Er ist in Windows 10 zurzeit noch von Anfang an installiert und integriert, und das aus gutem Grund. Einer der wesentlichen Unterschiede zwischen dem alten Internet Explorer und dem neuen Edge ist, dass Edge keine *ActiveX*-Technik mehr unterstützt. Es gibt aber noch zahlreiche Seiten und Firmenanwendungen, die auf ActiveX angewiesen sind, um zu funktionieren. Damit Sie nicht durch den Wechsel auf Windows 10 ohne diese ActiveX-Seiten leben müssen, hat man den Internet Explorer noch beigelegt. Erkennbares Ziel von Microsoft ist es aber, sowohl ActiveX als auch die Pflege des Internet Explorers mittelfristig einzustellen. Edge wird für die Zukunft gerüstet und schon einmal ins Rennen geschickt. Sie können den Internet Explorer aktuell nur über das Suchfeld, die Cortana-Suche oder aus Edge heraus aufrufen. Geben Sie in das Suchfeld von Cortana Internet e ein, und tippen oder klicken Sie auf das Suchergebnis INTERNET EXPLORER. Aus Edge heraus können Sie den IE starten, indem Sie in das ...-Menü gehen und dort von jeder beliebigen Webseite aus auf MIT INTERNET EXPLORER ÖFFNEN. Eine tiefer gehende Beschreibung des Internet Explorers ist nicht Gegenstand dieses Buches, das sich ja auf Windows 10 und dessen Neuerungen konzentriert – und somit Edge im Fokus hat.

6.10   Cortana – sprich mit ihr

Längst haben wir uns daran gewöhnt, uns von synthetischen Stimmen sagen zu lassen, was wir tun sollen – dem Navigationssystem sei Dank. Mancher Smartphone-Benutzer ist auch schon an Sprachassistentinnen wie Siri gewöhnt, die mit mehr oder weniger hilfreichen Antworten das Leben erleichtern sollen, Microsoft schließt mit Windows Phone 8.1 und jetzt auch Windows 10 auf und will uns allen mit den Weihen der Cyberassistentin Cortana segnen. Wie viel Segen und wie viel Fluch das ist, versuchen wir in den folgenden Abschnitten näher zu beleuchten.

Cortana ist ein Werkzeug, das Sie mit der natürlichen Sprache steuern können. Cortana selbst reagiert auch mit Sprachausgaben, wenn ihr etwas Passendes einfällt. Ansonsten rettet sie sich gerne mit Suchergebnissen aus dem Internet. Dennoch ist Cortana ein mächtiger Assistent bzw. eine mächtige Assistentin, die Ihnen die Arbeit mit Ihrem Windows 10-Gerät erleichtern kann. Während die Spracheingabe und die Sprachausgabe am PC noch etwas befremdlich wirken, wundert sich niemand mehr, wenn Sie mit Ihrem Smartphone sprechen, ohne dass wirklich jemand am anderen Ende dran ist. Die Steuerung gerade von Smartphones durch Sprachbefehle ist fast schon normal – Cortana bringt diesen Komfort jetzt auch auf den PC oder das Tablet, bis hin zum Fitnessarmband *Band2*.

6.10.1   Cortana aktivieren

Nach der ersten Inbetriebnahme von Windows 10 ist Cortana in der Regel ausgeschaltet. Wenn Sie Cortana nicht während des Einrichtens Ihres PCs bereits aktiviert haben, müssen Sie sie zunächst aktivieren. Cortana finden Sie in der Taskleiste unten links – entweder in Gestalt einer Sucheingabezeile oder als Lupe, wenn Sie im Tablet-Modus sind (Abbildung 6.153).

Abbildung 6.153 Cortana aktivieren

Außerdem finden Sie auch eine *Cortana-App* im Tablet-Modus bzw. im Startmenü. Klicken oder tippen Sie auf die LUPE bzw. die Sucheingabezeile.

Abbildung 6.154 Cortana das Kennenlernen erlauben

Jetzt möchte Cortana Ihre Erlaubnis, SPRACHERKENNUNG FREIHAND und EINGABE nutzen zu dürfen. Das ist eine weitreichende Entscheidung. SPRACHERKENNUNG meint, dass Cortana Ihre Spracheingaben auswertet, FREIHAND wertet Ihre mit einem Stift (am Tablet o. Ä.) eingegebenen Informationen aus, während EINGABE Ihre Tastatureingaben mitschneidet. Wenn Sie diese Freigabe verweigern, ist Cortana »beleidigt« und stellt sofort den Dienst ein. Es ist leider eine notwendige Freigabe, da Cortana sonst nicht lernen kann, wie Sie sprechen, welche Wörter Sie benutzen, was Sie mögen, wen Sie kennen etc. Wenn Sie Ihre Erlaubnis erteilen, ist Cortana auch in der Lage, Ihnen auf ihrem Startbildschirm aktuelle und persönliche Hinweise zu geben, wie Abbildung 6.155 zeigt.

Abbildung 6.155 Cortana zeigt die Tagesübersicht an.

Sollten Sie jetzt Cortana nicht aktivieren können, kann das unterschiedliche Gründe haben. Cortana sagt in der Regel auch, woran Ihr Start scheitert. Entweder haben Sie sich nicht mit einem Microsoft-Konto am Gerät angemeldet, oder Sie haben die Ortungsfunktion des Systems nicht aktiviert. Schließlich könnte Cortana auch durch eine Gruppenrichtlinie seitens Ihrer IT gesperrt sein. Cortana ist erfolgreich aktiviert, wenn Sie sich fröhlich meldet und Sie bittet, sich mit ihr vertraut zu machen. Eine bereits aktive Cortana erkennen Sie auch leicht am verändert aussehenden Suchfenster in der Taskleiste. So wie in Abbildung 6.157 sieht ein Suchfenster aus, wenn Cortana nicht aktiv ist, und in Abbildung 6.156 sehen Sie die Situation, in der die Kollegin bereits ganz Ohr ist.

Abbildung 6.156 Suchfenster mit aktivierter Cortana

Abbildung 6.157 Suchfenster bei nicht aktiver Cortana

6.10.2   Was Cortana kann

Microsoft ist bei der Entwicklung von Windows 10 neue Wege gegangen. So hat man versucht, ein Betriebssystem als einheitliches Ökosystem für eine ganze Reihe von Geräten zu schaffen, das sich auf allen unterschiedlichen Gerätetypen und -formfaktoren gleich oder zumindest sehr ähnlich bedienen lässt, das ähnliche Funktionen bietet und bei dem alle Komponenten optimal miteinander interagieren können. Es wäre hier zu früh, den Erfolg zu bewerten, aber ein schon recht erfolgreich verbreitetes Produkt aus diesem Ökosystem ist die digitale Sprachassistentin Cortana. Viele Nutzer von Windows Phone 8.1 werden bereits Cortana nutzen oder haben die Möglichkeit dazu. Cortana ist, wie *Google Now* oder *Siri*, eine virtuelle Assistentin, die gerade auf mobilen Geräten einiges an Unterstützungsarbeit leisten kann. Nicht nur während das Autofahrens, wo die Benutzung des Smartphones als *Handheld* (also in der Hand gehaltenes Gerät) verboten ist, ist es sehr komfortabel, wenn Sie Ihrem digitalen Wegbegleiter einfach einen Befehl zurufen können, statt sich durch Menüs zu tippen und zu wischen. Wir haben in diesem Abschnitt ein paar Cortana-Nutzungsbeispiele zusammengestellt, die Ihnen zeigen, welche Bandbreite die Assistentin abdeckt. Der Abschnitt soll auch helfen, Sie zu inspirieren, Cortana einmal auszuprobieren. Wir werden alle Befehle, die auch in der Desktop-Version von Windows 10 funktionieren, als solche kennzeichnen, und gegebenenfalls die Unterschiede beschreiben.

Cortana steuert Bluetooth

Eine einfache, aber praktische Übung für Cortana ist das Ein- bzw. Ausschalten von Funktionen am Gerät. Besonders am Mobiltelefon, denn hier verbrauchen Bluetooth, WLAN und Ortung durchaus unnötig viel des kostbaren Akkustroms. Wenn Sie auf die Cortana-App tippen und »*Cortana, schalte Bluetooth ab!*« sagen, folgt direkt eine kurze sprachliche Bestätigung mit der in Abbildung 6.158 dargestellten Anzeige.

Ebenso lässt sich Bluetooth auch wieder einschalten – durch Tippen auf das Mikrofon in der Cortana-App und den gesprochenen Text: »*Cortana, schalte Bluetooth ein!*«. Cortana können Sie am Windows Phone auch starten, indem Sie etwas länger die Lupe des Windows-Menüs gedrückt halten. Das Gleiche können Sie auch auf einem Desktop-PC versuchen, dort muss aber die Ortung eingeschaltet sein – also auch einschaltbar sein, damit Cortana Ihre Sprachbefehle entgegennimmt. Leider.

Abbildung 6.158 »Cortana, schalte Bluetooth ab!«

Cortana sucht Orte

Wenn Sie wissen möchten, wie weit es beispielsweise nach Hamburg ist, können Sie einfach und sehr bequem Cortana fragen: »*Cortana, wie weit ist es nach Hamburg?*« Dabei misst Cortana die Entfernung ab dem aktuell ermittelten Standort. So wie in Abbildung 6.159 könnte die Antwort aussehen.

Abbildung 6.159 Cortana ermittelt die Entfernung nach Hamburg

Hier unterscheidet sich die Antwort nicht zwischen dem Ergebnis am PC oder auf dem Mobiltelefon. Auch optisch ist die Antwort identisch.

Cortana sucht nach dem Weg

Navigationssysteme sind heutzutage eher in Fahrzeugen, Smartphones oder Tablets verbaut bzw. auch sinnvoll, daher ist die folgende Cortana-Übung auf dem Smartphone entstanden. Auf die Frage: *»Cortana, wie komme ich nach Bonn?«* antwortet Cortana auf dem Windows 10-Smartphone so, wie es in Abbildung 6.160 zu sehen ist.

Abbildung 6.160 Cortana lotst nach Bonn.

Dieselbe Frage an einem Desktop-PC gestellt, ergibt folgende Antwort aus der Karten-App (Abbildung 6.161).

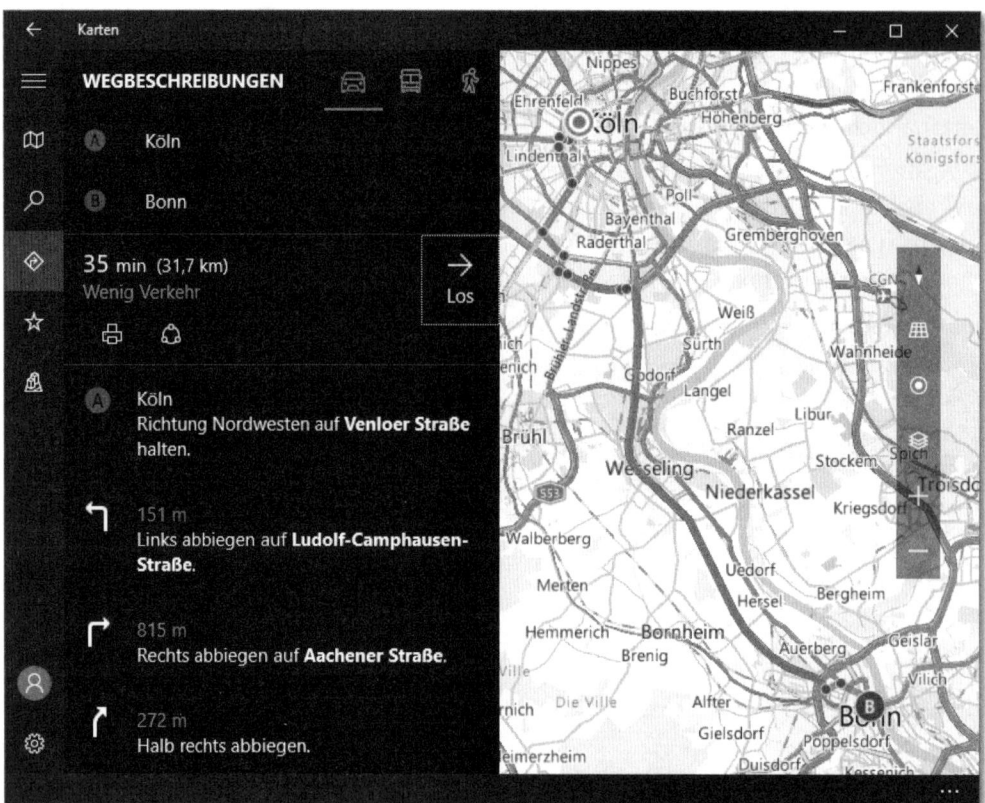

Abbildung 6.161 Cortana sucht Ziele am Desktop-PC.

Hier erkennt Cortana den Unterschied im Gerätetyp und startet auf dem Smartphone die Karten-App mit der Spracheingabe und der Sprachausgabe. Anders auf dem PC im Desktop-Modus, hier bietet Cortana bzw. die Karten-App eine detaillierte Wegbeschreibung an, die sich eher für die Orientierung bzw. das Ausdrucken eignet.

Cortana erinnert

Erinnerung sind überall nützlich – sowohl am Desktop als auch auf dem Smartphone. Wenn Sie an beiden Geräten denselben Kalender benutzen – beispielsweise den zu Ihrem Micro-soft-Konto gehörenden *Outlook.com*-Kalender, können Sie auch an beiden Stellen Erinne-rungen verwalten, erstellen, verschieben oder löschen – mit Cortana. Sagen Sie: *»Cortana, erinnere mich in einer Stunde«*, und Cortana schlägt eine passende Erinnerung vor, die Sie mit »Ja« beantworten können (Abbildung 6.162).

Abbildung 6.162 Erinnerungen mit Cortana

Neben dem reinen Zeitpunkt, an dem Sie die Erinnerung wünschen, sollen Sie natürlich auch noch sagen, woran Cortana Sie erinnern soll. Je besser Cortana Sie kennenlernen durfte, desto passender sind die Antworten. Wenn Cortana beispielsweise gelernt hat, dass Sie einen Hund haben, der, sagen wir einmal, *Benno* heißt, wird sie nach kurzer Zeit anfangen selbst vorzuschlagen, mit Benno Gassi zu gehen.

Cortana macht einen Friseurtermin

Hier kann Cortana ihre Stärken richtig ausspielen, denn neben dem Eintrag des Termins in den Kalender erinnert Cortana zwei Stunden vorher noch an den Termin und kann, wenn sie die genaue Adresse (er-)kennt, auch sagen, wie lange die Anreise vom aktuellen Standort zum Termin dauern wird – natürlich anhand der vorliegenden Informationen nur geschätzt. Bei unserem Beispiel, einem Friseurtermin, ganz praktisch, denn Sie müssen sich um fast nichts mehr kümmern (Abbildung 6.163).

Abbildung 6.163 Cortana macht einen ortsbezogenen Termin.

Solche Termine kann Cortana übrigens auch handschriftlich entgegennehmen, wenn Sie einigermaßen leserlich schreiben.

Das Gleiche funktioniert identisch am Desktop-PC, sodass Sie stets ein und dieselbe Optik und Haptik vorfinden. Leider können wir noch keine Abbildungen mit dem fast wundervollen Ergebnis zeigen, dass Cortana jetzt diesen Termin in den Kalender einträgt, uns rechtzeitig erinnert und vor allem – wo es richtig praktisch wird – uns den Weg mit einer aktuellen Verkehrsprognose zeigt. Auf englischen Vorabversionen ist das zu erkennen, aber die wollen wir hier nicht zeigen.

Cortana ruft an

Eine Fähigkeit von mobilen Sprachassistenten, die es schon länger gibt, ist jene, einen Anruf zu tätigen. Das kann Cortana natürlich auch. Sie kann Telefonanrufe zu praktisch allen Ihren Kontakten aufbauen bzw. auch frei Nummern wählen. Wenn Sie z. B. sagen: »*Cortana, ruf Boris an!*«, wird sie die Nummer aus den Kontakten heraussuchen und wählen (Abbildung

6.164). Gegebenenfalls hat der Kontakt mehrere Nummern, Cortana fragt dann nach, welche genommen werden soll. Im Beispiel haben wir nur nach dem Vornamen gefragt, Cortana ist schlau und fragt, welchen der drei im Angebot befindlichen Personen mit Namen »Boris« sie anrufen soll.

Diese Funktion, wie auch die nächste, ist für die Nutzung eines Smartphones für Fahrzeugführer sehr hilfreich, weil sie die Ablenkung vom Verkehrsgeschehen reduziert und dem Gesetz Genüge trägt.

6

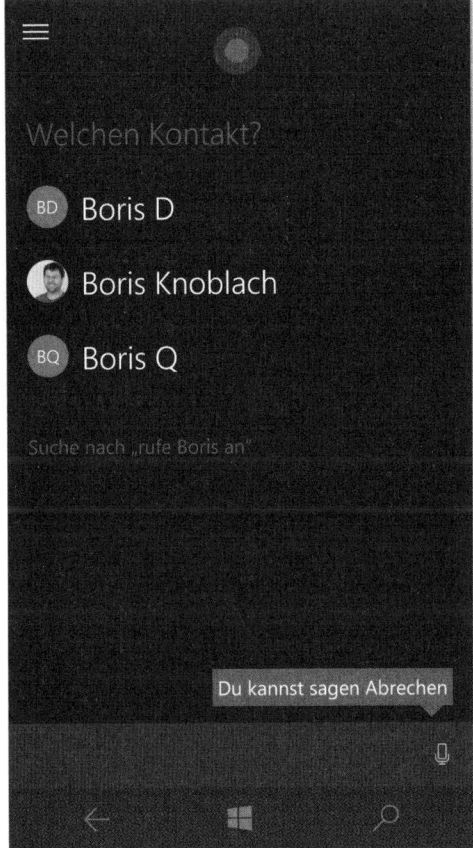

Abbildung 6.164 »Cortana, ruf Boris an!«

Cortana schreibt eine SMS

Richtig Spaß macht die Nutzung von Cortana, wenn Sie sie zum Diktieren nutzen. Eines vorweg, je intensiver Sie Ihre digitale Assistentin trainieren, desto besser und schneller versteht Sie sie auch. Wir gehen einmal davon aus, dass Sie Cortana gänzlich verfallen sind, sie extensiv nutzen, und viel mit ihr sprechen. Dann können Sie nach recht kurzer Zeit auch komplexere Kurzmitteilungen oder gar E-Mails diktieren, und Cortana hält Schritt. Sollten Sie Ihr Windows 10 Phone mit einer moderneren Freisprecheinrichtung in einem Auto gekoppelt haben, kann Cortana sogar eingehende SMS-Nachrichten vorlesen. Und das in einer gut verständlichen Qualität. Selbstverständlich können Sie diese SMS dann auch gleich beantworten – frei Schnauze sozusagen.

Steuern Sie mit Cortana den PC

Eine weitere praktische Funktion, die allerdings einiges an Training voraussetzt, ist die Steuerung Ihres PC. Sie können Cortana beispielsweise auffordern, den Explorer zu öffnen. Wie bei den Kontakten, fragt Cortana nach, welchen der beiden Explorer Sie meinen und pariert auf Ihre Ansage dann prompt (Abbildung 6.165). Sie können auf diese Weise praktisch alle Apps öffnen, die auf Ihrem System installiert sind. Dabei sind die Befehle keineswegs auf Microsoft Store-Apps beschränkt, der Befehl »*Starte Firefox!*« klappt genauso wie »*Starte die Karten-App!*«.

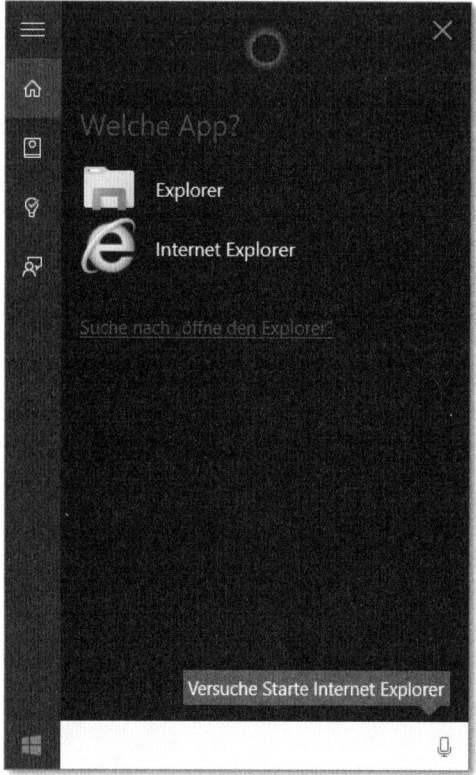

Abbildung 6.165 Cortana öffnet den Explorer, nur welchen?

Sie haben jetzt schon einen Eindruck von der Funktion und Arbeitsweise von Cortana erhalten, sie bzw. dieser Assistent kann aber noch viel mehr, und die Funktionen werden stetig erweitert. Microsoft möchte diesen Assistenten zu einem Wegbegleiter ausbauen, der bald Suchtpotenzial mit sich bringt. Ginge es nach dem Hersteller, würden wir in der näheren

Zukunft alles Cortana anvertrauen, ihr alles erzählen und die Sprachfunktion so viel nutzen, dass wir kaum noch ohne leben und arbeiten möchten. Bevor es so weit kommt, möchten wir Ihnen im nächsten Abschnitt noch zeigen, wie Sie Cortana zügeln können.

6.10.3   Cortana bändigen

Auch wenn Sie Cortana jetzt vielleicht schon länger nutzen, ihre Vorteile kennengelernt haben, machen Sie sich nichts vor: Es ist nur eine Software, und dahinter liegen riesige Datenbanken und Speicher. Sie können Cortana also jederzeit auch gewisse Schranken aufzeigen und sich auch informieren, was Cortana bereits alles über Sie »weiß« bzw. herausgefunden hat. Cortana führt ein sogenanntes *Notizbuch* zu Ihrem Microsoft-Konto, das Sie sich einmal anschauen sollten.

Klicken Sie auf die Cortana-App oder ins Cortana-Suchfeld und dort auf das kleine Notizbuch-Symbol ❶ links oben (Abbildung 6.166).

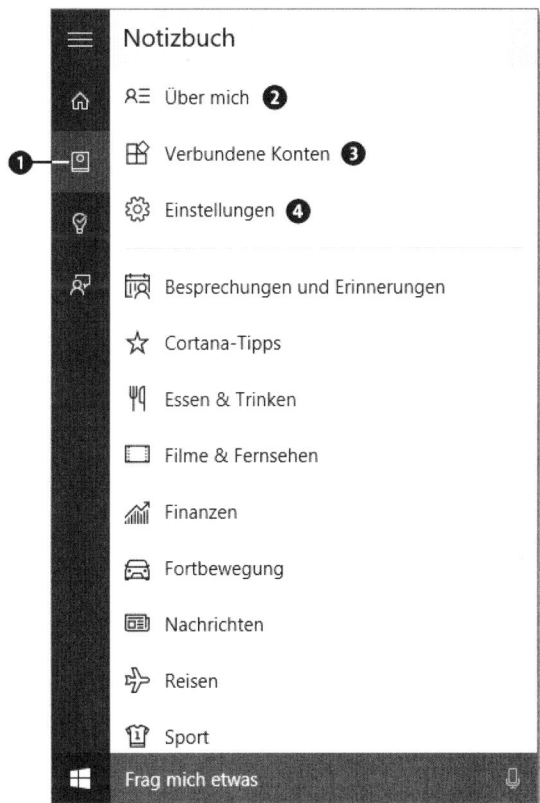

Abbildung 6.166 Cortanas Notizbuch

Hier können Sie sehr viel einstellen. Zunächst wählen Sie ÜBER MICH aus ❷. Hier können Sie neben Ihrem NAMEN, mit dem Cortana Sie ansprechen soll, auch einstellen, welches Ihre

LIEBLINGSORTE sind. Wählen Sie Lieblingsorte aus, denn hier können Sie bestimmen, welcher Ort Ihr Zuhause ist, dieser Eintrag nennt sich *Privatadresse*, Sie können einstellen, wo Ihr Arbeitsplatz ist, der nennt sich *Geschäftsadresse*, und Sie können beliebige weitere Orte als Favoriten hier eingeben (Abbildung 6.167). Während es sehr offensichtlich ist, wie Sie hier neue Favoriten zu Ihren LIEBLINGSORTEN hinzufügen, müssen Sie schon danach suchen, wie Sie diese wieder löschen oder bearbeiten können. Klicken Sie mit der rechten Maustaste auf einen Ort bzw. tippen Sie mit dem Finger länger darauf, und es wird Ihnen das Menü mit LÖSCHEN und BEARBEITEN angeboten. Wenn Ihnen die gesammelten Orte also zu viel werden, können Sie sie hier bereinigen.

Abbildung 6.167 Favoriten in den Lieblingsorten

Die Einstellungen in VERBUNDENE KONTEN ❸ beziehen sich auf *Office 365 für Unternehmen und andere Organisationen* und darin verbundene Konten (Abbildung 6.167). Da das über den Rahmen dieses Buches hinausgeht, widmen wir uns direkt den EINSTELLUNGEN ❹. In den Cortana-Notizbuch-Einstellungen können Sie Ihre virtuelle Assistentin mit einem simplen Schieberegler abschalten (Abbildung 6.169). Er heißt CORTANA KANN VORSCHLÄGE, IDEEN, ERINNERUNGEN, WARNUNGEN UND VIELES MEHR ANBIETEN und nicht etwa klar und deutlich *Cortana einschalten*. Wenn Sie diesen Regler auf AUS schieben, wird Cortana auf

6

dem betreffenden Gerät deaktiviert, und die gesammelten Notizbuchdaten werden gelöscht. Wie Sie Cortana noch weitergehend zum Vergessen auffordern, zeigen wir im folgenden Abschnitt. Hier können Sie nicht nur Cortana aus- oder einschalten, Sie können Cortana auch zur permanenten Aufmerksamkeit erziehen, indem Sie den Regler HEY CORTANA auf EIN stellen (Abbildung 6.169). Dann hört Cortana über das angeschlossene Mikrofon permanent zu, sobald der Rechner eingeschaltet ist. Wenn Ihnen das recht ist, prima. Mitunter können Sie sich aber dadurch auch belauscht fühlen – denn Sie werden es: von den Microsoft-Servern. Übrigens mit Ihrer Zustimmung, auch wenn man über deren Rechtmäßigkeit streiten kann. Allein wegen des höheren Stromverbrauchs auf mobilen Geräten ist es ratsam, diese Funktion abzuschalten. Ist sie aktiv, reicht es, wenn Sie einen Satz mit »Hey Cortana« beginnen, und daran ein Kommando anfügen, wie z. B.: »Öffne Word mit einem neuen Dokument!«. Von fraglichem Nutzen ist die Cortana-Einstellung weiter unten in diesem Dialog, bei TIPPS ZUR TASKLEISTE. Die Assistentin meldet sich dann ab und zu mit Tipps zu Wort, versucht mit Ihnen zu plaudern oder erzählt gar einen Witz (Abbildung 6.168). Da Cortanas Witze niemanden emotional berühren dürfen, sind sie auch von entsprechender Qualität, wie das Beispiel zeigt.

Abbildung 6.168 Cortana erzählt einen Witz.

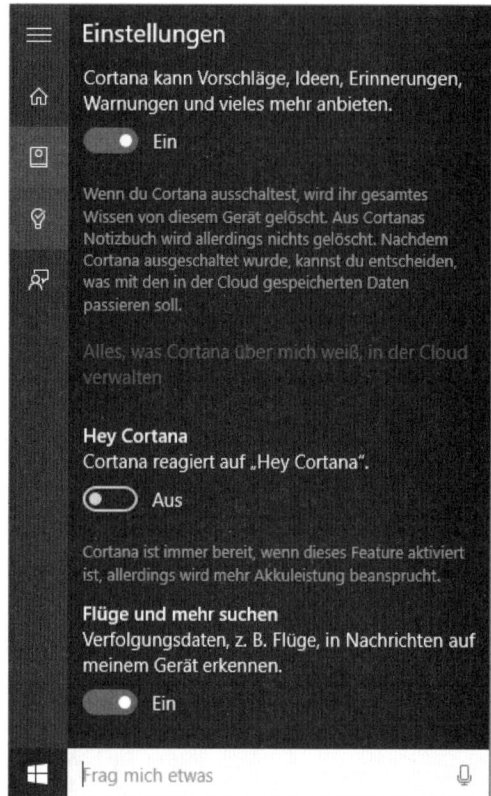

Abbildung 6.169 Zentrale Cortana-Einstellungen

Schließlich finden sich in den Cortana-Einstellungen noch Links zur EINSTELLUNG DER BING SAFESEARCH SUCHE (*https://www.bing.com/account/general*), hier können Sie jugendgefährdende Inhalte aus Bing-Suchergebnissen herausfiltern lassen. Sie finden hier einen Verweis auf die EINSTELLUNGEN ZUM DATENSCHUTZ, den Sie auch über START • EINSTELLUNGEN • DATENSCHUTZ erreichen. Der Menüpunkt WEITERE INFORMATIONEN ZU CORTANA & SUCHE öffnet die recht umfangreiche Webseite zu *Cortana, Suche und Datenschutz* (*http://windows.microsoft.com/de-de/windows-10/cortana-privacy-faq*).

Jetzt geht es abschließend an den Feinschliff von Cortana. In den folgenden Kategorien können Sie jeweils unterschiedlich detailliert einstellen, worum sich Cortana alles kümmern soll bzw. darf. In BESPRECHUNGEN UND ERINNERUNGEN können Sie Cortana erlauben, Ihre Termine zu verwalten und Sie daran zu erinnern. CORTANA-TIPPS schaltet die Funktion, dass die Assistentin Ihnen Ratschläge gibt, ein bzw. aus.

Informationen zu ESSEN & TRINKEN, FILME & FERNSEHEN können Sie hier ebenso einstellen wie solche zu FINANZEN. Hier haben Sie zusätzlich die Möglichkeit, Ihren Interessen bestimmte Aktien hinzuzufügen.

Viel mehr Einstellmöglichkeiten haben Sie bei FORTBEWEGUNG. Hier können Sie generell BENACHRICHTIGUNGEN ZU VERKEHR, ZEIT UND ROUTEN aktivieren, einstellen, dass Sie während des Fahrens VERKEHRSNACHRICHTEN ZU IHREN KALENDEREREIGNISSEN oder VERKEHRSNACHRICHTEN FÜR IHRE LIEBLINGSORTE erhalten möchten. Sie können sich gar BENACHRICHTIGEN LASSEN, WENN ES ZEIT IST, ZUR ARBEIT ODER NACH HAUSE ZU GEHEN – zumindest aus der Sicht von Cortana und ihren gemachten Erfahrungen. Und ganz ökologisch können Sie sich auch Meldungen zum öffentlichen Nahverkehr zu Ihren Kalendereinträgen anzeigen lassen. Letztlich kann Ihre Computerassistentin Sie auch BENACHRICHTIGEN, WENN ES ZEIT IST, ZU IHREN KALENDEREREIGNISSEN ZU GEHEN. Wenn Sie diese Funktionen nutzen und Cortana mit Ihren Wegstrecken und Terminen füttern, kann das schon eine ganz praktische Hilfe sein – auf Kosten der Preisgabe Ihrer Daten.

Die Einstellungen zu NACHRICHTEN sind auch etwas detailreicher; hier können Sie die Nachrichtenfunktion für Cortana generell abschalten, sich SCHLAGZEILEN oder NACHRICHTENTHEMEN bzw. NACHRICHTENKATEGORIEN anzeigen lassen und auch eigene THEMEN HINZUFÜGEN bzw. NACHRICHTEN KATEGORIEN hinzufügen. Ähnliche Einstellmöglichkeiten haben Sie schließlich bei den Notizbucheinstellungen für REISEN, SPORT und WETTER – Hier können Sie Lieblingsmannschaften hinzufügen oder das Städtewetter.

Alles in allem eine relativ feingliedrige Einstellbarkeit der oft pauschal als Datenkrake verurteilten Sprachassistentin Cortana, Sie können sie also vielleicht trotz des Wunsches nach einer möglichst gut geschützten Privatsphäre nutzen, wenn Sie sie hier entsprechend zähmen.

6.10.4 Cortana wieder loswerden

Mit digitalen Sprachassistentinnen ist es wie im richtigen Leben: Aus Missverständnissen können Krisen entstehen, auf eine Krise kann die Trennung folgen. Zwar sollten Sie als begeisterter Nutzer von Cortana nicht gleich an ihre Abschaltung denken, wenn sie Sie einmal in einer größeren Stadt zur falschen Goethestraße gelotst hat, aber es kann sein, dass Sie feststellen, dass Sie und Cortana nicht mehr zusammenpassen – aus welchen Gründen auch immer. Dann ist es Zeit für eine Trennung. Wir zeigen Ihnen hier, wie eine solche Trennung vonstattengehen kann.

Zunächst sollten Sie die Daten löschen, die Cortana über Sie gesammelt hat. Das geschieht in zwei Schritten. Zum einen können Sie die Daten löschen, die Cortana über die Bing-Suchmaschine und Lernprozesse über Sie gesammelt und auf Microsoft-Servern zu Ihrem Microsoft-Konto gespeichert hat. Dazu sollten Sie mit ebendiesem Konto angemeldet sein und dann auf das Cortana-Suchfeld klicken oder tippen, auf das Notizbuch und jetzt auf EINSTELLUNGEN (Abbildung 6.166). Recht weit oben finden Sie einen Link ALLES, WAS CORTANA ÜBER MICH WEISS, IN DER CLOUD VERWALTEN. Wählen Sie diesen aus, oder besuchen Sie die zugehörige Website direkt (*https://www.bing.com/account/personalization*). Im unteren Teil dieser Seite finden Sie den Button Löschen, mit dem Sie die auf Microsoft-Cloud-Diensten über Sie von Cortana gesammelten Daten löschen können.

Der zweite Teil des organisierten Vergessens besteht darin, Cortana als Dienst bzw. Funktion Ihres Windows abzuschalten. Dazu klicken oder tippen Sie auf das Cortana-Suchfeld, wechseln zum Notizbuch und setzen den oberen Schalter, Cortana kann Vorschläge, Ideen, Erinnerungen, Warnungen und vieles mehr anbieten, auf Aus (Abbildung 6.166). Ihre Windows-Assistentin schaltet sich jetzt nicht nur ab, sondern vergisst auch alles, was Sie auf dem lokalen Gerät an Gedächtnisstützen abgelegt hat. Sie sind Cortana los.

Kapitel 7

Einstellungen – die andere Art der Systemsteuerung

*Die Systemsteuerung ist das »Cockpit« von Windows. Wer etwas ändern will,
kommt an dieser Steuerzentrale nicht vorbei. In Windows 10 steht Ihnen
neben der klassischen Systemsteuerung eine Sammlung von modernen Apps
zur Systemverwaltung zur Verfügung. Unter »Einstellungen« finden Sie
Apps, um die Anzeige anzupassen oder Benutzer zu verwalten. Wir bringen
Ihnen in diesem Kapitel die wichtigsten Werkzeuge der Einstellungen nahe
und erläutern kurz deren Bedienung.*

Änderungen an den Einstellungen von Windows 10 vorzunehmen ist sicherlich eine der ersten und wichtigsten Aufgaben bei der Arbeit mit Windows. Microsoft stellt Ihnen mit der Systemsteuerung (Abbildung 7.1) einen sehr umfangreichen Werkzeugkasten zur Verfügung. Für schnell zu erledigende Routineaufgaben hält Windows 10 mit den Einstellungen eine neue vereinfachte Systemsteuerung für Sie bereit. Hier werden Ihnen Apps zur Verfügung gestellt, mit denen Sie die wichtigsten Aufgaben der Systemverwaltung schnell erledigen können.

Abbildung 7.1 Die klassische Systemsteuerung

7.1   Den neuen Werkzeugkasten des Systems nutzen

Neben der klassischen Systemsteuerung bietet Windows 10 Ihnen die Möglichkeit, Ihr System mithilfe von Apps zu verwalten. Diese nützlichen Helfer sind in den EINSTELLUNGEN (engl. *Store App Settings*) zusammengefasst (Abbildung 7.2). Auch wenn es die *Charms-Bar* wie in Windows 8.x in Windows 10 nicht mehr gibt, hat doch auch die Systemsteuerung mithilfe von Apps ihren Charme.

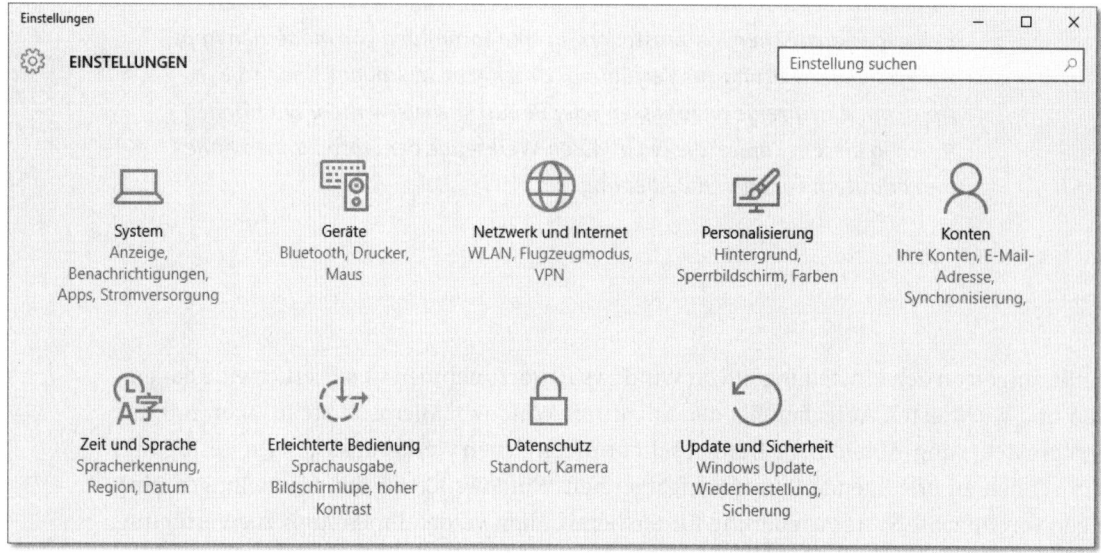

Abbildung 7.2 Einstellungen – Steuerung mit Charme, aber ohne Charms

Einstellungen öffnen – viele Wege führen ans Ziel

Sie haben mehrere Möglichkeiten, um die Einstellungen zu öffnen. Der schnellste und intuitivste Weg ist wahrscheinlich der Aufruf der EINSTELLUNGEN im Startmenü (Abbildung 7.3). Sobald Sie das Startmenü aufklappen, wird Ihnen der Eintrag EINSTELLUNGEN angeboten.

Sie können auch die Suchfunktion bzw. Cortana zur Hilfe nehmen. Geben Sie beispielsweise einfach den Begriff Einstellungen in das SUCHFELD ein (Abbildung 7.4).

Sobald Sie den Text eingegeben haben, wird Ihnen in den Suchergebnissen EINSTELLUNGEN als VERTRAUENSWÜRDIGE WINDOWS STORE-APP angeboten (Abbildung 7.4). Klicken Sie auf diesen Eintrag, um die EINSTELLUNGEN zu öffnen.

Abbildung 7.3 Einstellungen im Startmenü

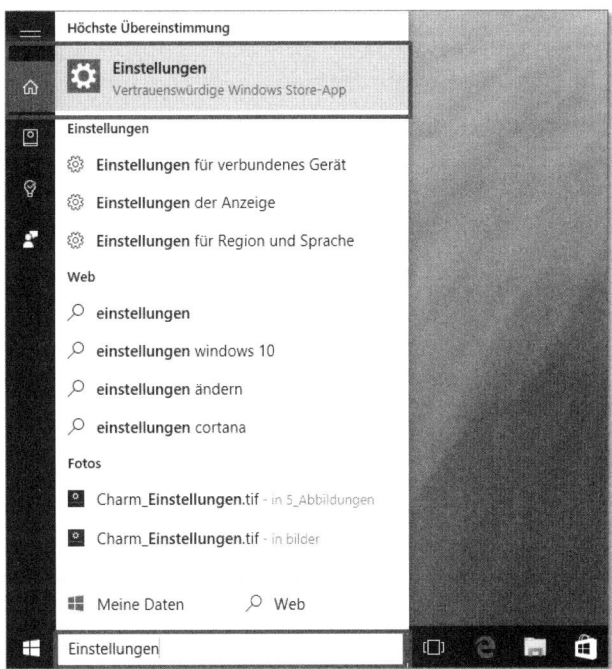

Abbildung 7.4 Cortana weiß Rat.

Abbildung 7.5 Einstellungen im Info-Center

Wenn Sie das Info-Center im Informationsbereich der Taskleiste öffnen, finden Sie auch dort eine entsprechende Kachel, die bei Betätigung die Einstellungen öffnet (Abbildung 7.5). Auch im Explorer haben Sie die Möglichkeit, zu den Einstellungen zu gelangen (Abbildung 7.6). Öffnen Sie den Explorer, und klicken Sie anschließend auf DIESER PC. In der Symbolleiste wird nun das EINSTELLUNGEN-Symbol angezeigt. Durch Anwählen des Symbols können Sie die Einstellungen öffnen.

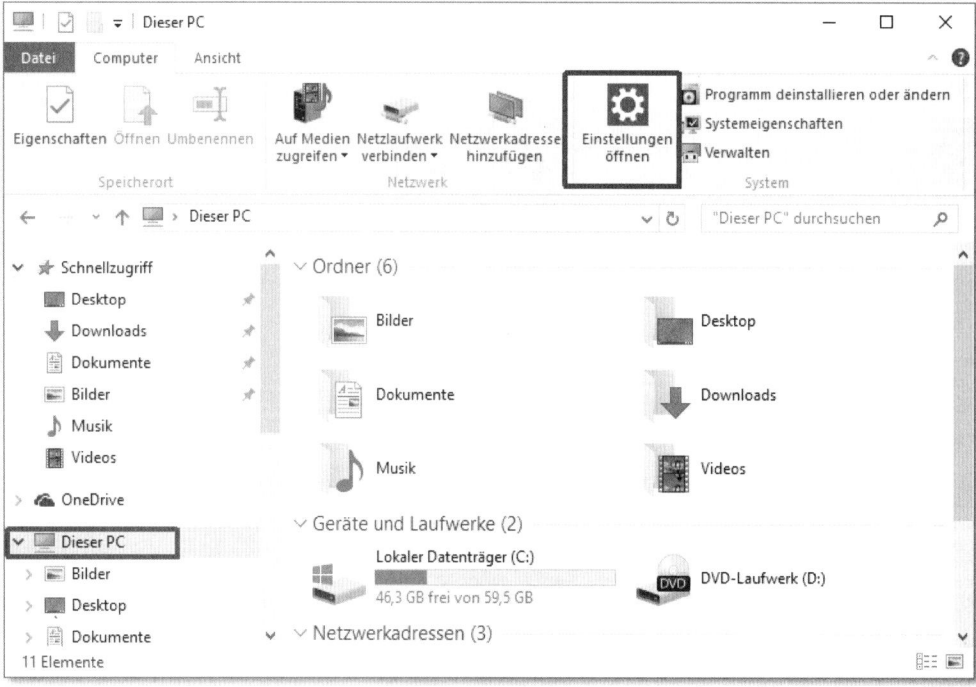

Abbildung 7.6 Einstellungen im Datei Explorer

Einstellungen schnell öffnen

Sie können das Fenster mit den Einstellungen-Apps durch Betätigen einer Tastenkombination schnell öffnen. Mit ⊞ + Ⓘ gelangen Sie sofort zu den EINSTELLUNGEN. Die Tastenkombination ⊞ + Ⓒ zum Öffnen der Charms-Bar gibt es, genau wie die Charms-Bar selbst, in Windows 10 nicht mehr.

Sie können die Einstellungen auch mithilfe eines Konsolenbefehls öffnen:

▶ Öffnen Sie das Dialogfeld AUSFÜHREN mit dem Tastaturkürzel ⊞ + Ⓡ, oder öffnen Sie eine Kommandokonsole.

▶ Geben Sie ms-settings: in das Eingabefeld ein, und bestätigen Sie mit ⏎.

Einstellungen suchen und finden

Die Konfigurationsmöglichkeiten bei Windows 10 sind sehr vielfältig. Es kann durchaus sein, dass man eine spezielle Funktion sucht und nicht genau weiß, wo diese in den Einstellungen zu finden ist. Praktischerweise wird Ihnen im Fenster EINSTELLUNGEN ein Eingabefeld für Suchbegriffe zur Verfügung gestellt (Abbildung 7.7).

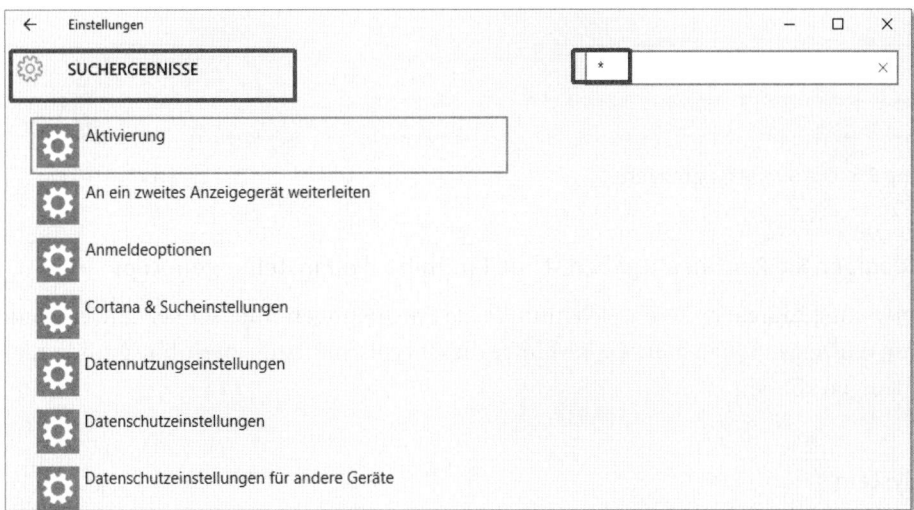

Abbildung 7.7 Alle Einstellungen auflisten

Geben Sie beispielsweise in dieses Suchfeld einen Stern * ein, werden alle Einstellmöglichkeiten, die Sie über die Einstellungen erreichen können, aufgelistet. Achten Sie hier auf das vorangestellte Zahnrad-Symbol. Dieses zeigt Ihnen an, dass es sich um eine App aus den EINSTELLUNGEN handelt. Natürlich können die Suchergebnisse auch gefiltert werden. Sie brauchen nur einen entsprechenden Begriff in das Feld eingeben, und schon werden die mit diesem Begriff assoziierten Einstellmöglichkeiten aufgelistet (Abbildung 7.8). Wenn Sie die Suche auf diese Art einschränken, werden Ihnen auch Ergebnisse präsentiert, die nicht zu den Einstellungen-Apps gehören.

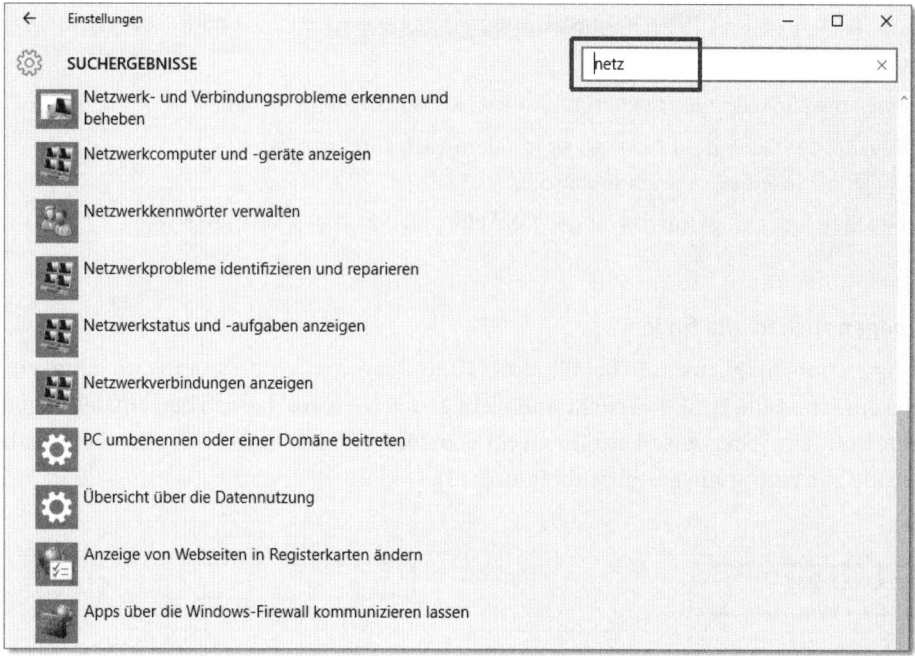

Abbildung 7.8 Die Suche eingrenzen

7.1.1   Erledigen Sie Routineaufgaben schnell mithilfe der Einstellungen-Apps

Viele Verwaltungsaufgaben lassen sich mithilfe der Einstellungen-Apps schnell und effizient erledigen. Wir zeigen Ihnen hier, wie Sie einige dieser typischen Aufgaben ohne großen Aufwand erledigen können.

7.1.2   System

Die System-App ermöglicht es Ihnen, viele allgemeine Einstellungen vorzunehmen. Wir geben Ihnen hier einen kurzen Überblick über die wichtigsten Optionen und wie Sie diese erreichen.

Bildschirm und Anzeige anpassen

In der Ansicht BILDSCHIRM können Sie die Einstellungen zur Auflösung und zur Ausrichtung der Anzeige vornehmen (Abbildung 7.9). Um die Bildschirmauflösung zu ändern, klicken Sie auf den blauen Schriftzug ERWEITERTE ANZEIGEEINSTELLUNGEN (Abbildung 7.10).

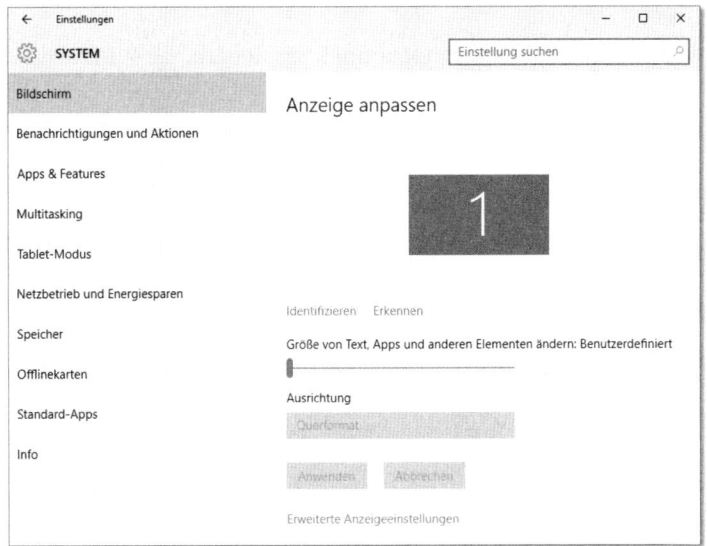

Abbildung 7.9 Die Bildschirmanzeige anpassen

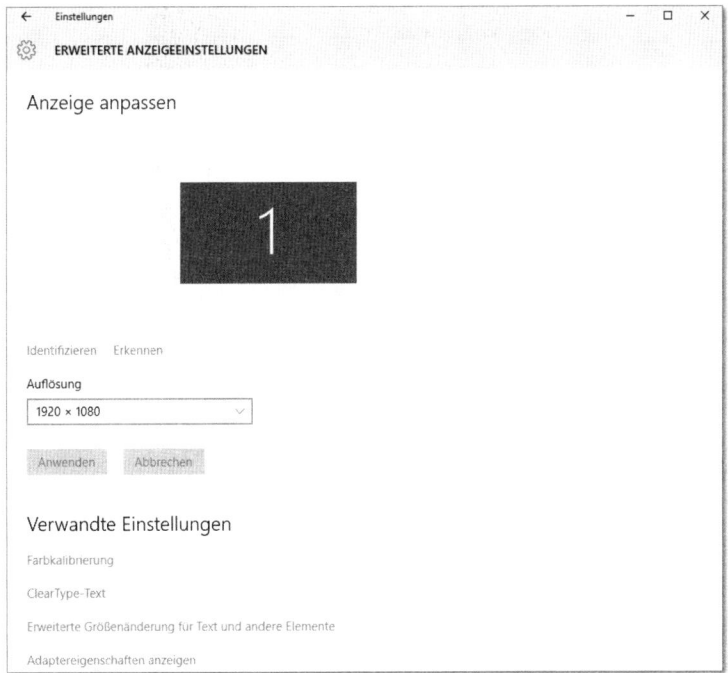

Abbildung 7.10 Die Bildschirmauflösung festlegen

In der Auswahlliste AUFLÖSUNG werden Ihnen die für Ihren Bildschirm verfügbaren Auflösungen zur Auswahl angeboten.

Benachrichtigungen und Aktionen

In der Ansicht BENACHRICHTIGUNGEN UND AKTIONEN können Sie steuern, wie Windows 10 Ihnen Informationen im *Info-Center* zur Verfügung stellt (Abbildung 7.11). Neben Nachrichten des Betriebssystems unterstützen auch einige Universal Apps die Anzeige von Benachrichtigungen im Info-Center.

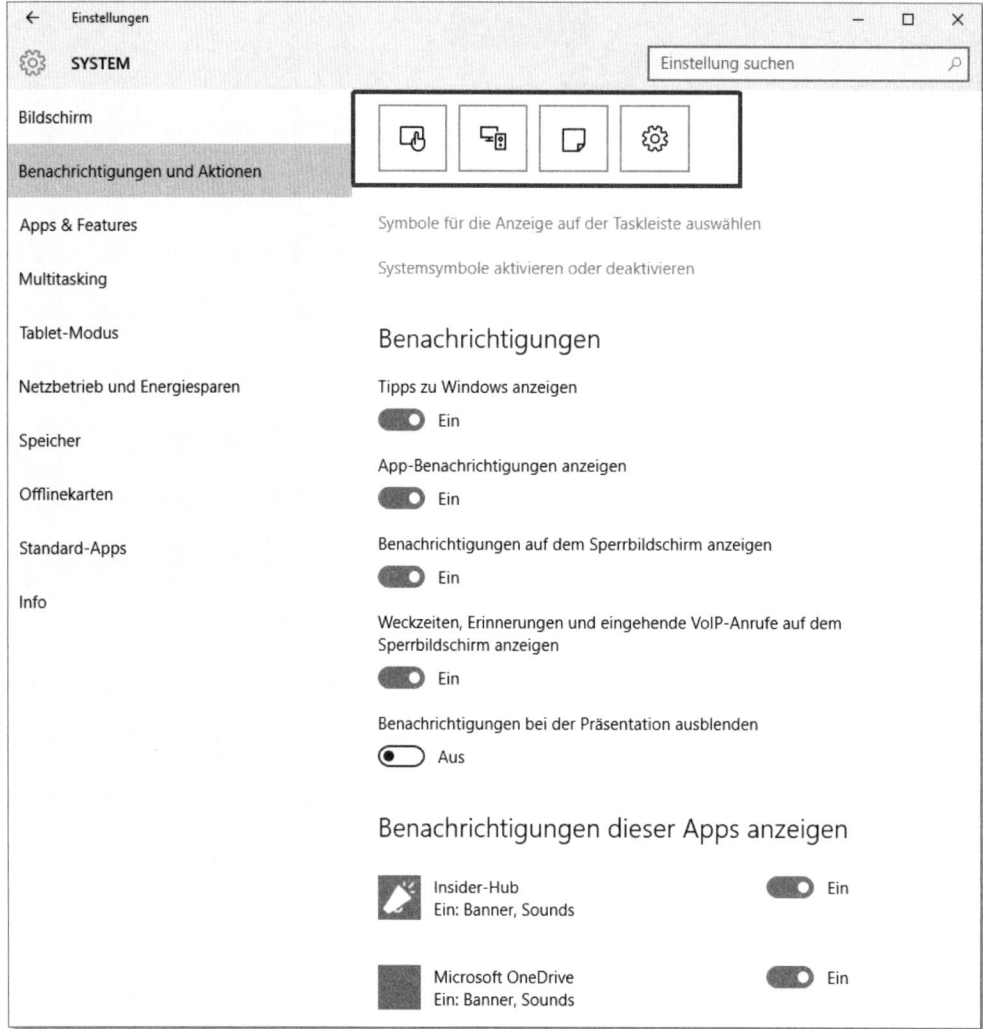

Abbildung 7.11 Einstellung zu Benachrichtigungen im Info-Center

Sie können beispielsweise entscheiden, welche Schaltflächen unten im Info-Center angezeigt werden sollen (Abbildung 7.12). Um eine Änderung vorzunehmen, können Sie auf eines der Symbole klicken und eine andere Windows Universal App aus einer Liste auswählen (Abbildung 7.13).

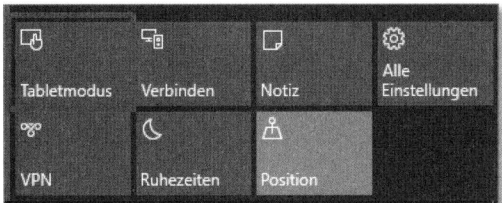

Abbildung 7.12 Schaltflächen im Info-Center

Im Beispiel wurde die App zum Wechsel in den Tablet-Modus ausgewählt (Abbildung 7.13).

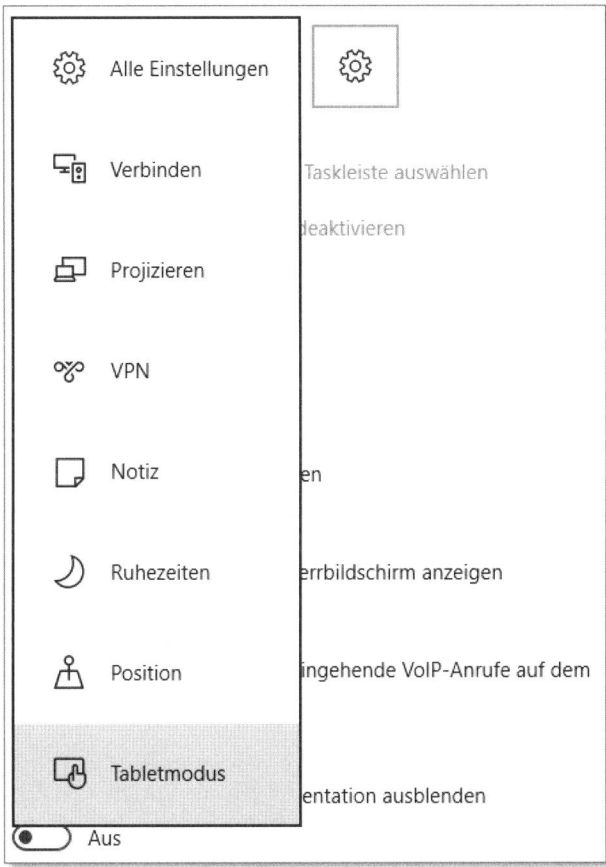

Abbildung 7.13 Eine andere Universal App auswählen

Sie können in der Ansicht BENACHRICHTIGUNGEN UND AKTIONEN Einstellungen zum Verhalten aller Apps vornehmen oder aber auch gezielt Einstellungen für einzelne Apps ändern. Die Änderungsoptionen, die sich auf alle Apps beziehen, werden Ihnen unter dem Schriftzug BENACHRICHTIGUNGEN angeboten (Abbildung 7.14).

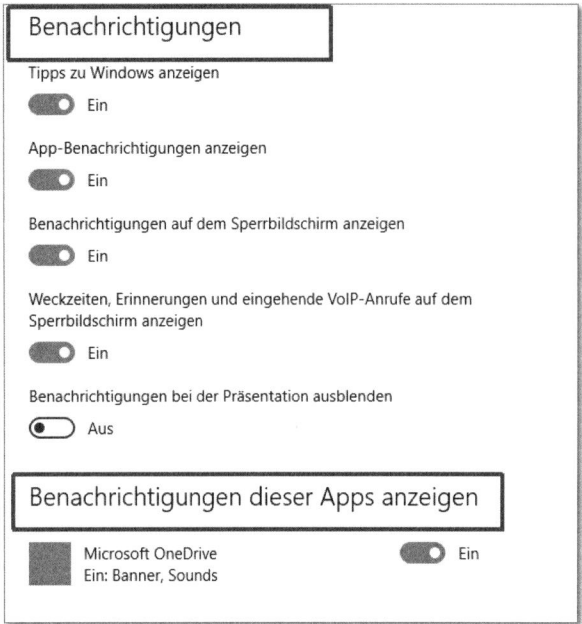

Abbildung 7.14 Benachrichtigungen durch Apps

Unter dem Schriftzug BENACHRICHTIGUNGEN DIESER APPS ANZEIGEN werden die Universal Apps angezeigt, die Nachrichten an das Info-Center schicken können. Durch Anwählen der App, deren Verhalten Sie beeinflussen möchten, haben Sie die Möglichkeit, ein Fenster mit weiteren Einstelloptionen zu öffnen. Exemplarisch werden hier die Einstellungen für Microsoft OneDrive gezeigt (Abbildung 7.15).

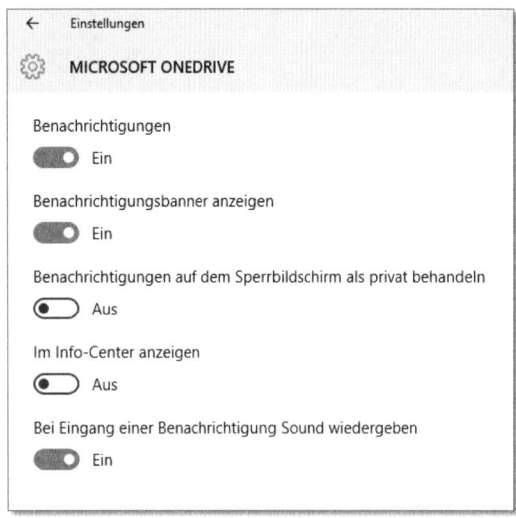

Abbildung 7.15 Einstellungen für die OneDrive-App

Apps & Features

Die Ansicht APPS & FEATURES ist mit der Ansicht PROGRAMME UND FUNKTIONEN aus der Systemsteuerung vergleichbar. Hier wird eine Liste der installierten Applikationen angezeigt. Sie haben die Möglichkeit, Applikationen, die Sie nicht mehr benötigen, schnell von Ihrem System zu entfernen. Führen Sie einen Doppelklick auf die Applikation aus, die Sie deinstallieren möchten.

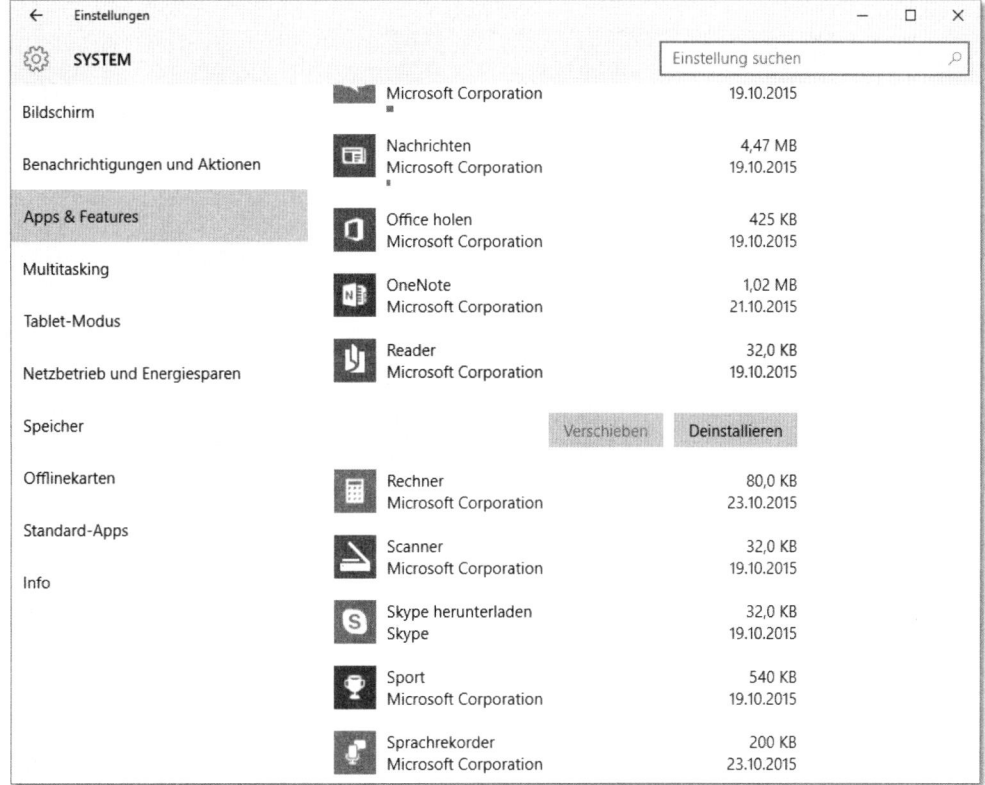

Abbildung 7.16 Apps & Features

Es wird anschließend eine Schaltfläche mit der Aufschrift DEINSTALLIEREN angezeigt (Abbildung 7.16). Ein Klick auf diese Schaltfläche initiiert den Deinstallationsprozess. Eine weitere praktische Funktion wird Ihnen hier ebenfalls angeboten. Sie können sich die auf Ihrem System installierten Apps nach dem belegten Speicher sortiert anzeigen lassen.

Netzbetrieb und Energiesparen

In der Ansicht NETZBETRIEB UND ENERGIESPAREN können Sie sehr schnell festlegen, wie lange es dauern soll, bis Ihr Bildschirm (bei Inaktivität) abgeschaltet werden soll (Abbildung 7.17). Ebenso wird Ihnen hier angeboten einzustellen, wann Ihr System in den Standbymodus gehen soll.

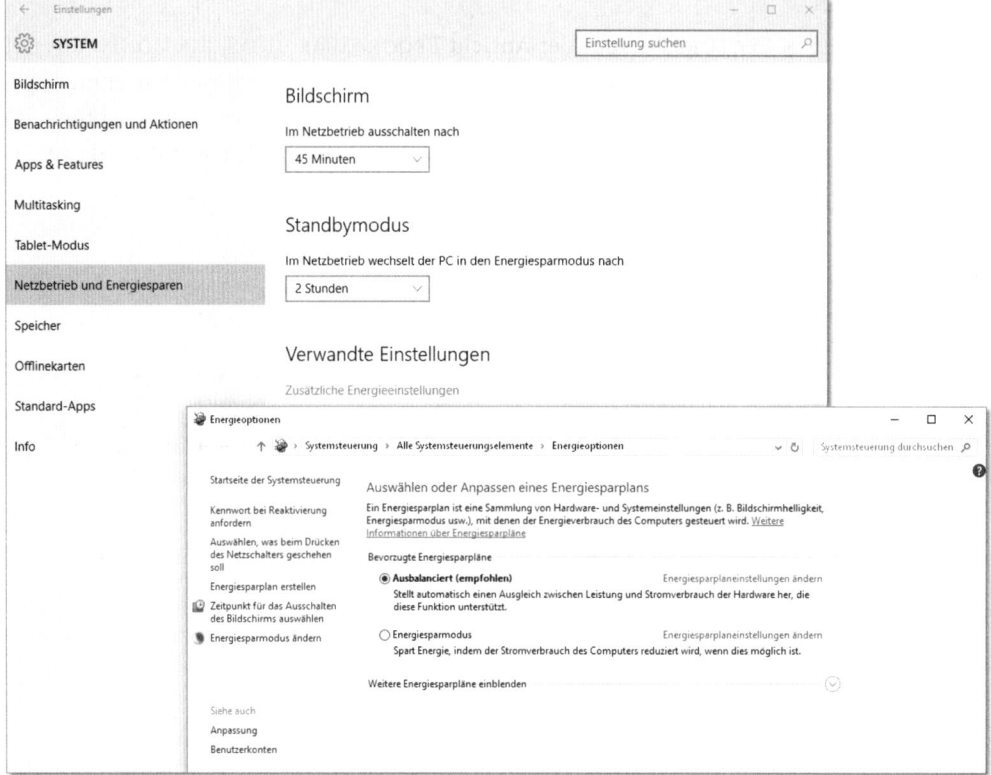

Abbildung 7.17 Energiesparoptionen

Leider sind die Optionen in dieser Ansicht bezüglich der Energiesparmöglichkeiten von Windows 10 sehr begrenzt. Einen weitaus besseren Überblick erhalten Sie in den Energieop-tionen der klassischen Systemsteuerung. Praktischerweise können Sie aus der Ansicht Netzbetrieb und Energiesparen sofort dorthin gelangen. Klicken Sie auf den blauen Schriftzug Zusätzliche Energieeinstellungen, um das entsprechende Fenster zu öffnen.

Standard-Apps

Die Ansicht Standard-Apps gibt Ihnen einen Überblick über die aktuelle Zuordnung von Dateien und Applikationen, die sich nach einem Doppelklick öffnen (Abbildung 7.18). Dabei werden allerdings nicht die Erweiterungen der entsprechenden Dateien angezeigt, sondern Kategorien. Beispielsweise können Sie festlegen, wie Multimediadateien (z. B. Musik) abge-spielt werden sollen. Standardmäßig ist hier als Musikplayer die App Groove-Musik vor-gesehen. Sie können diese Zuordnung aber einfach ändern. Führen Sie einen Klick auf die App aus, die Sie ändern möchten. Ein Klick auf die Groove-Musik-App öffnet eine Liste mit Applikationen, die in der Lage sind, Musik abzuspielen (Abbildung 7.19). Sie können nun eine Ihnen genehme Applikation aus der Liste auswählen (z. B. den Windows Media Player) oder im Windows Store nach einer entsprechenden Universal App suchen.

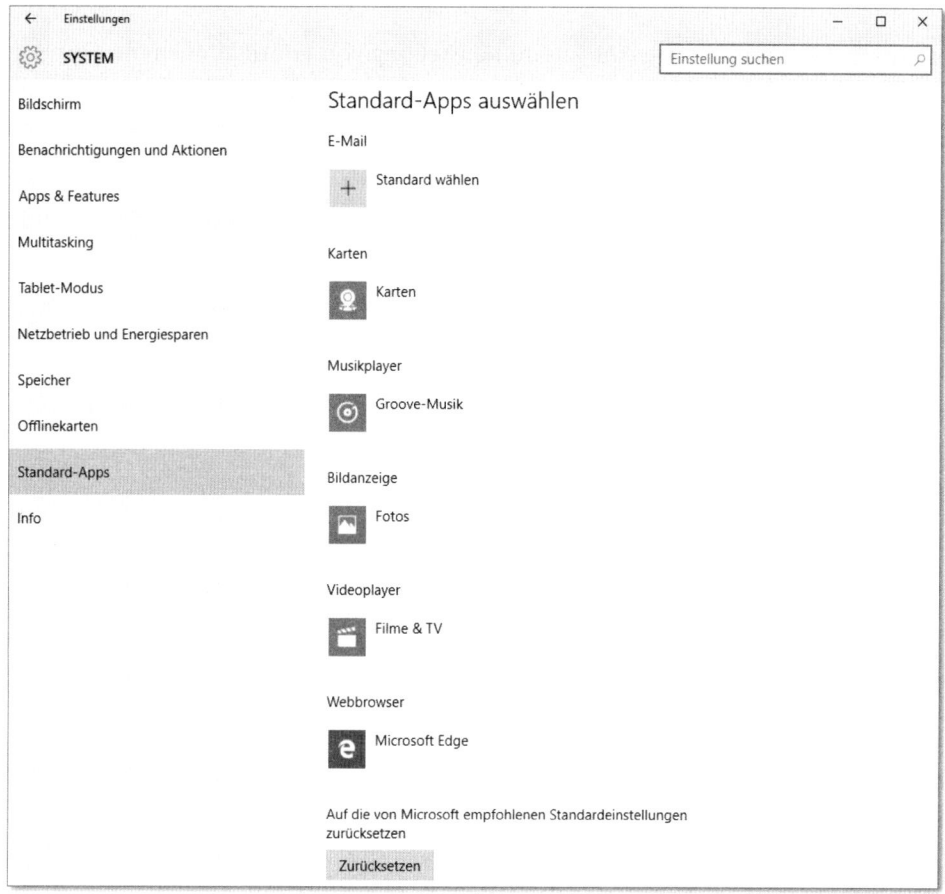

Abbildung 7.18 Standard-Apps festlegen

Abbildung 7.19 Eine andere Standard-App auswählen

Info

In der Ansicht Info erhalten Sie eine Zusammenstellung von Informationen über Ihr System (Abbildung 7.20). Interessant an dieser Stelle sind Informationen über die eingesetzte Windows 10-Edition und Windows 10-Version (*Betriebssystembuild*).

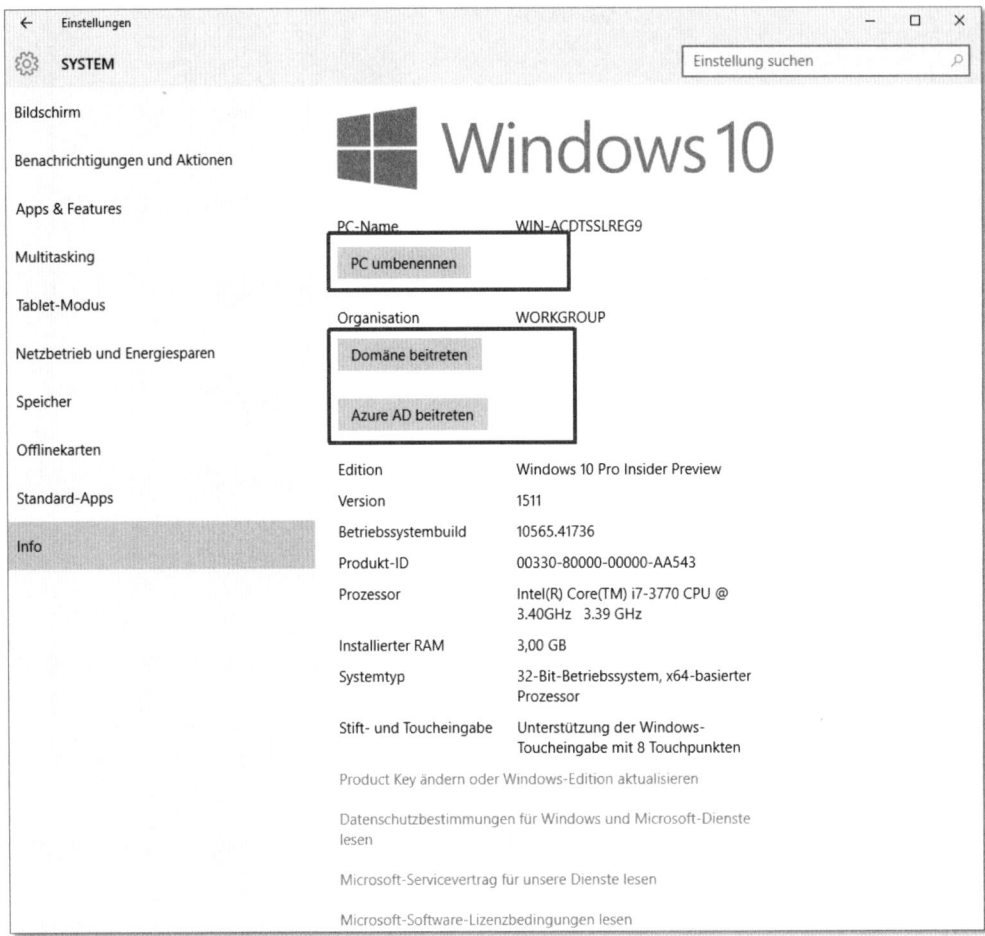

Abbildung 7.20 Informationen über Ihr System

Darüber hinaus können Sie hier Ihrem PC einen anderen Namen geben. Sollte der bisherige Name nicht aussagekräftig sein, können Sie durch Betätigen der Schaltfläche PC umbenennen einen Dialog öffnen, der es Ihnen ermöglicht, einen neuen Namen für Ihren PC anzugeben (Abbildung 7.21).

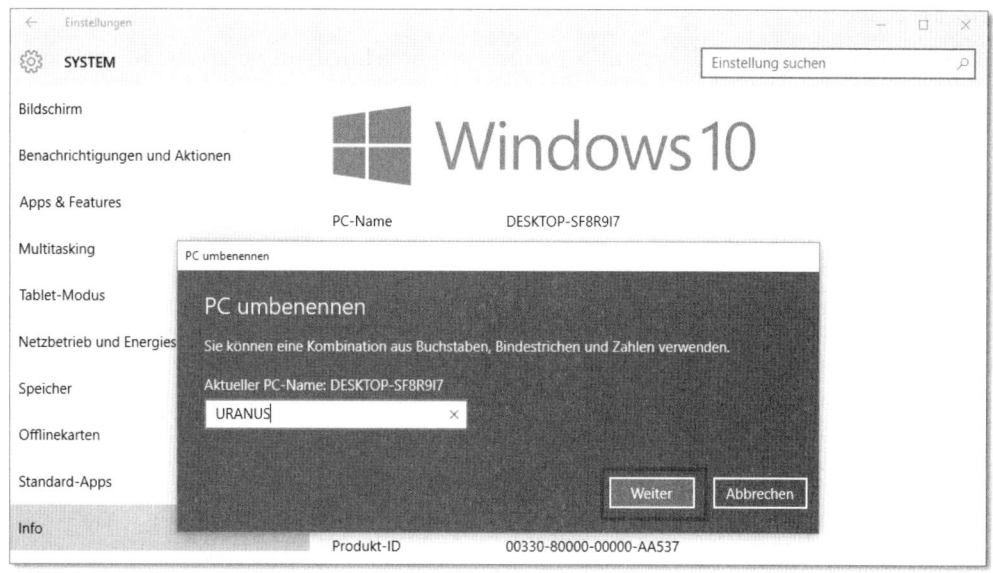

Abbildung 7.21 Einen neuen Namen für Ihren PC festlegen

Nach Betätigen der Schaltfläche WEITER können Sie entscheiden, ob Ihr System sofort neu gestartet werden soll oder ob erst später ein Neustart erfolgen soll (Abbildung 7.22). Die Namensänderung wird erst nach dem Neustart Ihres Systems wirksam.

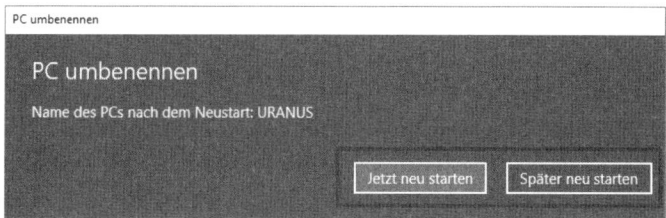

Abbildung 7.22 Einen Neustart initiieren

Die Schaltflächen DOMÄNE BEITRETEN und AZURE AD BEITRETEN beziehen sich auf den Beitritt zu einem verwalteten Netzwerk (Abbildung 7.20). In Unternehmen ist der Einsatz von *Active Directory (AD)*, einem Dienst, der die Verwaltung von Ressourcen und Berechtigungen ermöglicht, üblich. Im privaten Umfeld ist der Betrieb einer solchen Verwaltungsinstanz nicht üblich.

7.1.3   Geräte

Die Geräte-App gibt Ihnen die Möglichkeit, Konfigurationen bezüglich der an Ihrem Computer angeschlossenen Hardware und deren Verhalten vorzunehmen.

Drucker & Scanner

Sie können in der Ansicht DRUCKER & SCANNER sehr schnell ein neues Gerät, das Sie an Ihren Computer angeschlossen haben, hinzufügen oder wieder entfernen (Abbildung 7.23).

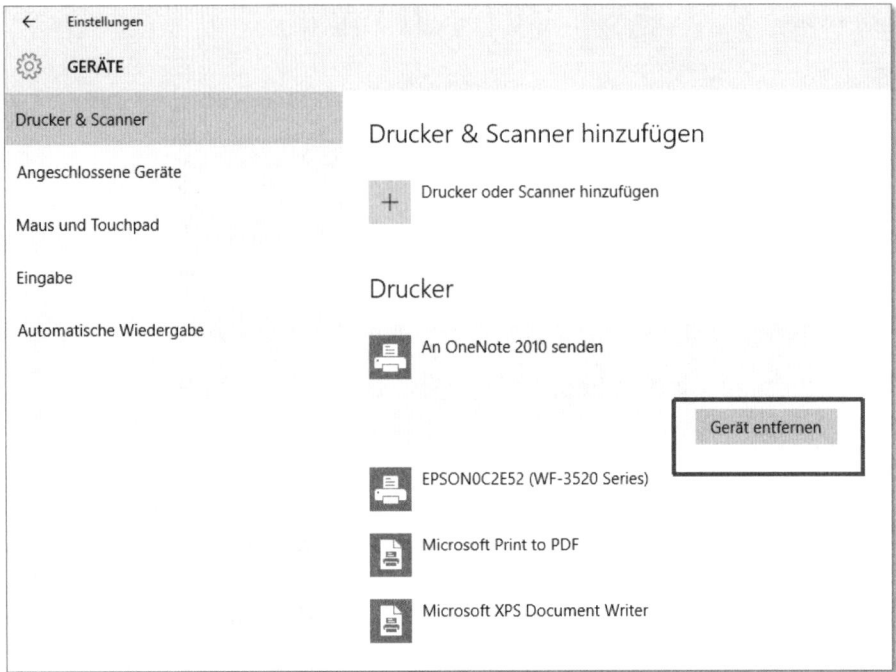

Abbildung 7.23 Drucker verwalten

Angeschlossene Drucker und Scanner werden normalerweise automatisch erkannt. Sie können durch Betätigen der Schaltfläche GERÄT HINZUFÜGEN die Suche nach neuen angeschlossenen Druckern und Scannern initiieren. Ebenso einfach können Sie einen Scanner oder Drucker wieder von Ihrem Computer entfernen. Klicken Sie hierzu auf das zu entfernende Gerät, und betätigen Sie anschließend die Schaltfläche GERÄT ENTFERNEN. Anschließend wird die Gerätesoftware (Treiber) für das entsprechende Gerät deinstalliert.

Angeschlossene Geräte

Genau wie die Ansicht DRUCKER & SCANNER können Sie in der Ansicht ANGESCHLOSSENE GERÄTE Ihrem System Hardware hinzufügen oder auch entfernen. Die Funktionalität erinnert an den altbekannten Geräte-Manager (Abbildung 7.24).

Auch hier können Sie sehr einfach die Suche nach neuer Hardware anstoßen, in dem Sie die Schaltfläche GERÄT HINZUFÜGEN betätigen. Um die Gerätesoftware für ein angeschlossenes Gerät zu entfernen, klicken Sie zunächst auf das entsprechende Gerät und betätigen anschließend die Schaltfläche GERÄT ENTFERNEN (Abbildung 7.24).

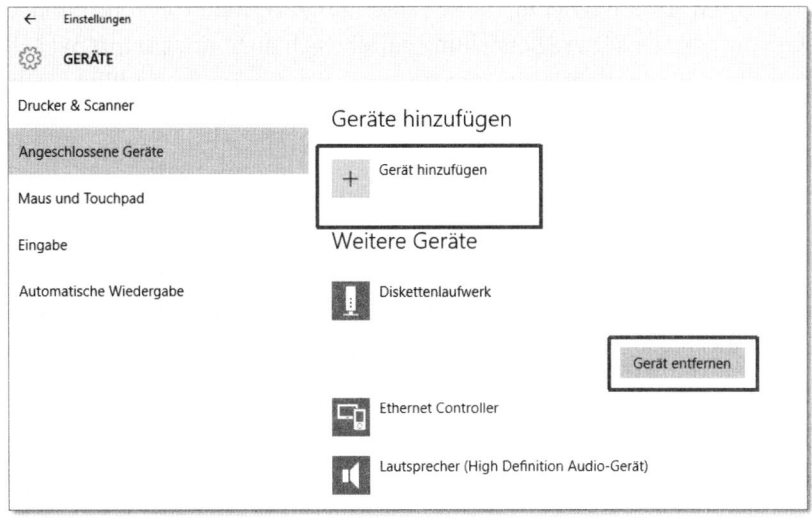

Abbildung 7.24 Angeschlossene Geräte verwalten

7.1.4   Netzwerk und Internet

In der Ansicht NETZWERK UND INTERNET erhalten Sie schnellen Zugriff auf Einstellungen bezüglich der von Ihrem PC genutzten Verbindungen. Mit den meisten dieser Einstellmöglichkeiten haben wir uns in Kapitel 26, »Netzwerk – Grundlagen und Besonderheiten«, detailliert auseinandergesetzt.

Den Flugzeugmodus aktivieren

An dieser Stelle möchten wir Ihnen kurz den FLUGZEUGMODUS vorstellen (Abbildung 7.25). Bei mobilen Computern, die kabellos kommunizieren können, wird Ihnen in der App NETZWERK UND INTERNET als weitere Ansicht der FLUGZEUGMODUS angeboten.

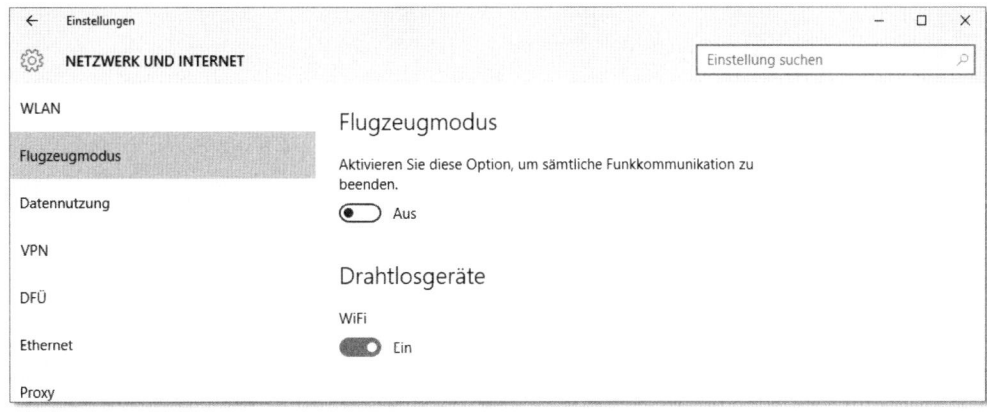

Abbildung 7.25 Den Flugzeugmodus aktivieren

Sie können den FLUGZEUGMODUS aktivieren und somit die gesamte drahtlose Kommunikation Ihres Computers unterbinden. Diese Einstellung bezieht sich nicht nur auf Ihre WLAN-Anbindung, sondern schließt alle drahtlosen Dienste auf Ihrem Gerät mit ein (Bluetooth, GPS, NFC etc.).

Proxy

Wenn Sie sich nicht direkt mit dem Internet verbinden können und auf die Nutzung eines Proxyservers angewiesen sind, können Sie in der Ansicht PROXY die entsprechenden Einstellungen vornehmen (Abbildung 7.26). Normalerweise sind hier keine Änderungen erforderlich. Sollte es jedoch notwendig sein, dass Sie einen Proxy benutzen, erhalten Sie die entsprechenden Informationen für die Konfiguration von Ihrem Netzwerkadministrator.

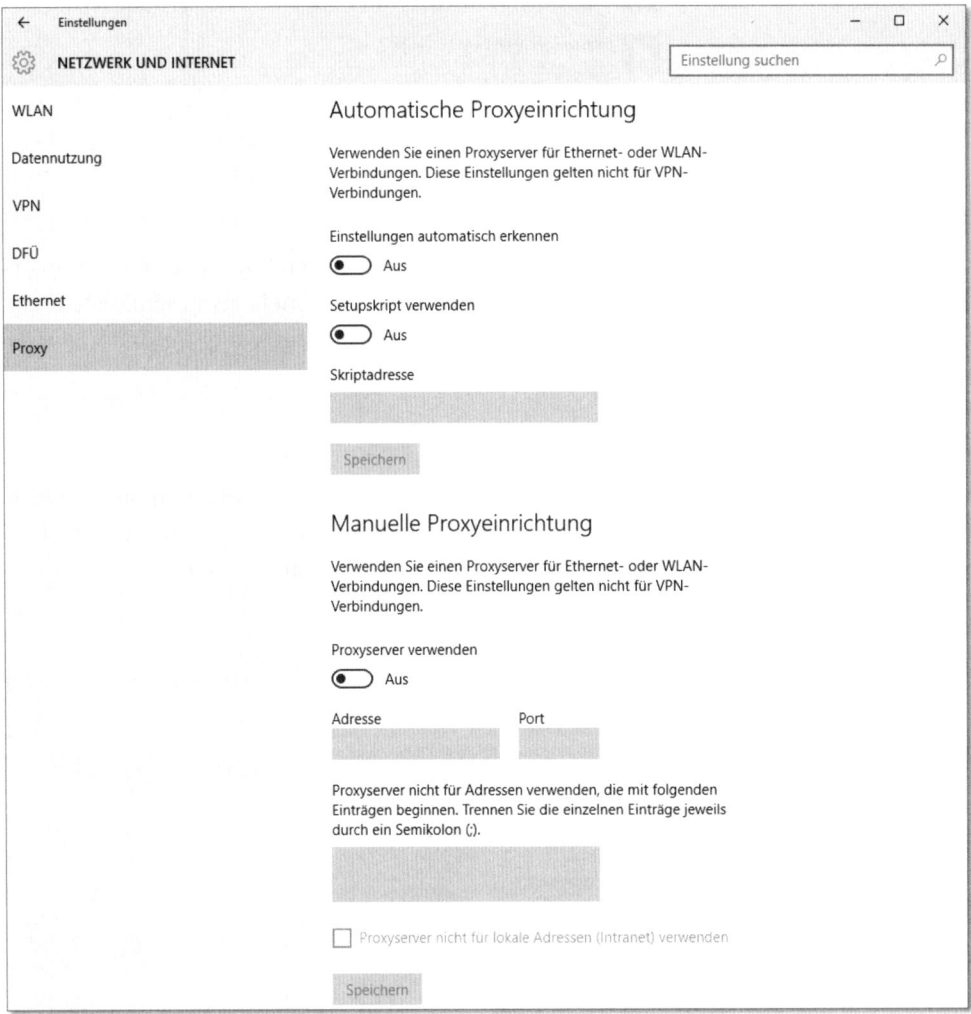

Abbildung 7.26 Einen Proxy benutzen

7.1.5   Datenschutz

Datenschutz und die Wahrung der Privatsphäre gewinnen immer größere Bedeutung. Microsoft widmet in den EINSTELLUNGEN diesem Thema eine eigene App, die Ihnen eine Vielzahl von Möglichkeiten gibt, den Zugriff von Apps auf Informationen zu beschränken.

Sie sollten sich stets bewusst sein, dass Ihre Daten wertvoll sind. Wäre es anders, dann wären Unternehmen nicht so neugierig und begierig darauf, Informationen über Sie zu sammeln. Sie sollten, wenn es Ihnen möglich ist, immer die entsprechenden Richtlinien durchlesen. Oft behalten sich Unternehmen vor, die von Ihnen bereitgestellten Informationen, wie beispielsweise Bilder in sozialen Netzen, für eigene Zwecke zu nutzen. Das Thema Datenschutz behandeln wir eingehender in Kapitel 19, »Was ist die Cloud?«.

Viele Applikationen in Windows 10 sind standardmäßig so konfiguriert, dass sie Daten sammeln und diese über das Internet verschicken. Dieser Vorgang wird in Anlehnung an den Spielfilm E.T. auch gerne als *Nach Hause telefonieren* bezeichnet. Im Folgenden wollen wir Ihnen anhand einiger Beispiele zeigen, wie Sie den Datentransfer ins Internet sinnvoll einschränken können. In allen Ansichten finden Sie außerdem eine Verknüpfung, über die Sie die aktuellen DATENSCHUTZBESTIMMUNGEN einsehen können.

Allgemein

In der Ansicht ALLGEMEIN finden Sie u. a. den Punkt APPS DIE VERWENDUNG DER WERBUNGS-ID FÜR APP-ÜBERGREIFENDE ERLEBNISSE ERLAUBEN (Abbildung 7.27). Die Rede ist hier von der Protokollierung Ihres Verhaltens hinsichtlich der Zustellung von personalisierter Werbung. Sie können den entsprechenden Schieber in die Position AUS bewegen.

Es ist durchaus sinnvoll, sich auch die anderen Einstellungen in dieser Ansicht näher anzuschauen. Sie finden aktuelle und sehr detaillierte Informationen zu den Einstelloptionen dieser Ansicht, wenn Sie auf die Verknüpfung MICROSOFT-WERBUNG UND ANDERE PERSONALISIERUNGSINFOS VERWALTEN klicken. Es öffnet sich daraufhin die Internetseite *http://choice.microsoft.com/de-DE/opt-out*, auf der Microsoft Ihnen weitere Informationen zur personalisierten Werbung bereitstellt.

Da sich Regularien und Einstellmöglichkeiten mit der Zeit ändern können, sollten Sie regelmäßig prüfen, ob Ihre Systemeinstellungen an dieser Stelle einer Anpassung bedürfen.

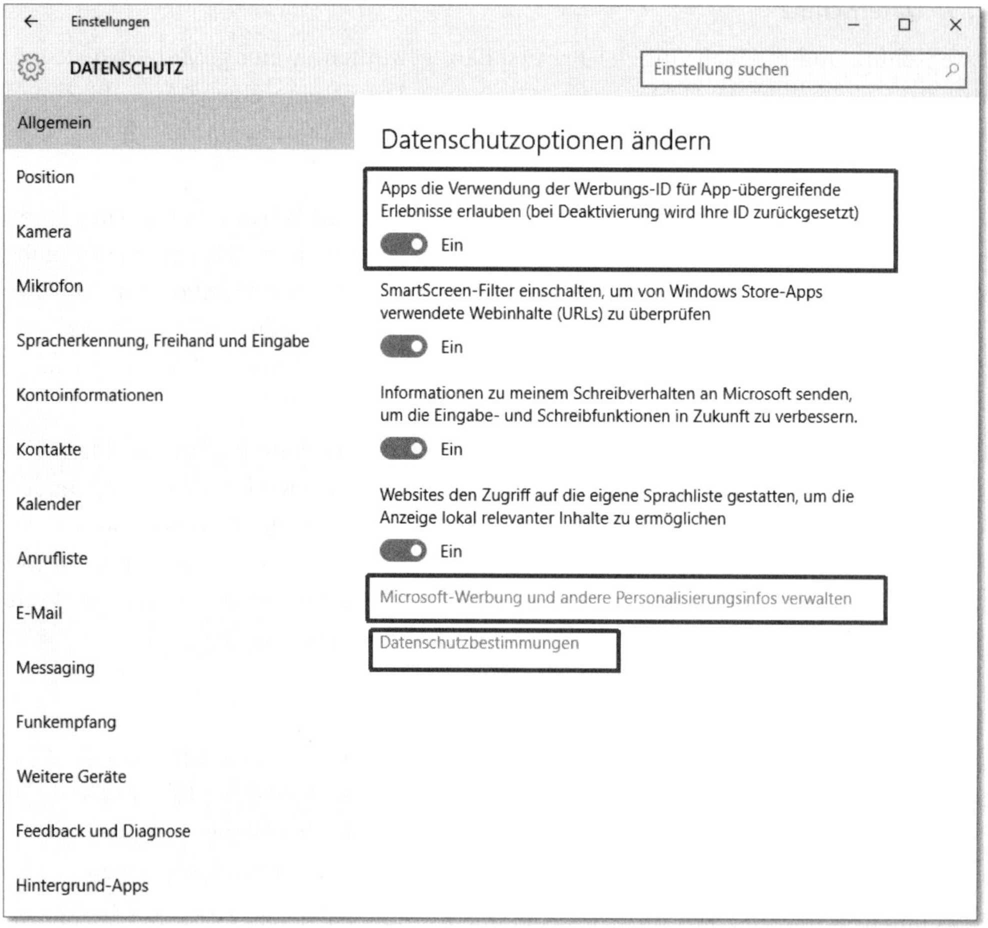

Abbildung 7.27 Allgemeine Einstellungen

Position

Einige Applikationen benötigen Ihre geografische Position, um beispielsweise Routen zu berechnen oder Ihnen die interessantesten Lokalitäten in Ihrer Umgebung anzuzeigen. Diese Informationen werden aber häufig auch von Apps gesammelt, von denen man es nicht erwarten würde oder die diese Informationen offensichtlich nicht benötigen. Falls Ihr Computer oder Tablet-PC Ihren Standort ermitteln kann, finden Sie in dieser Ansicht eine Liste mit Apps, die diese Informationen nutzen möchten. Sie haben hier u. a. die Möglichkeit, zu entscheiden, welchen Apps dieser Zugriff gestattet sein soll.

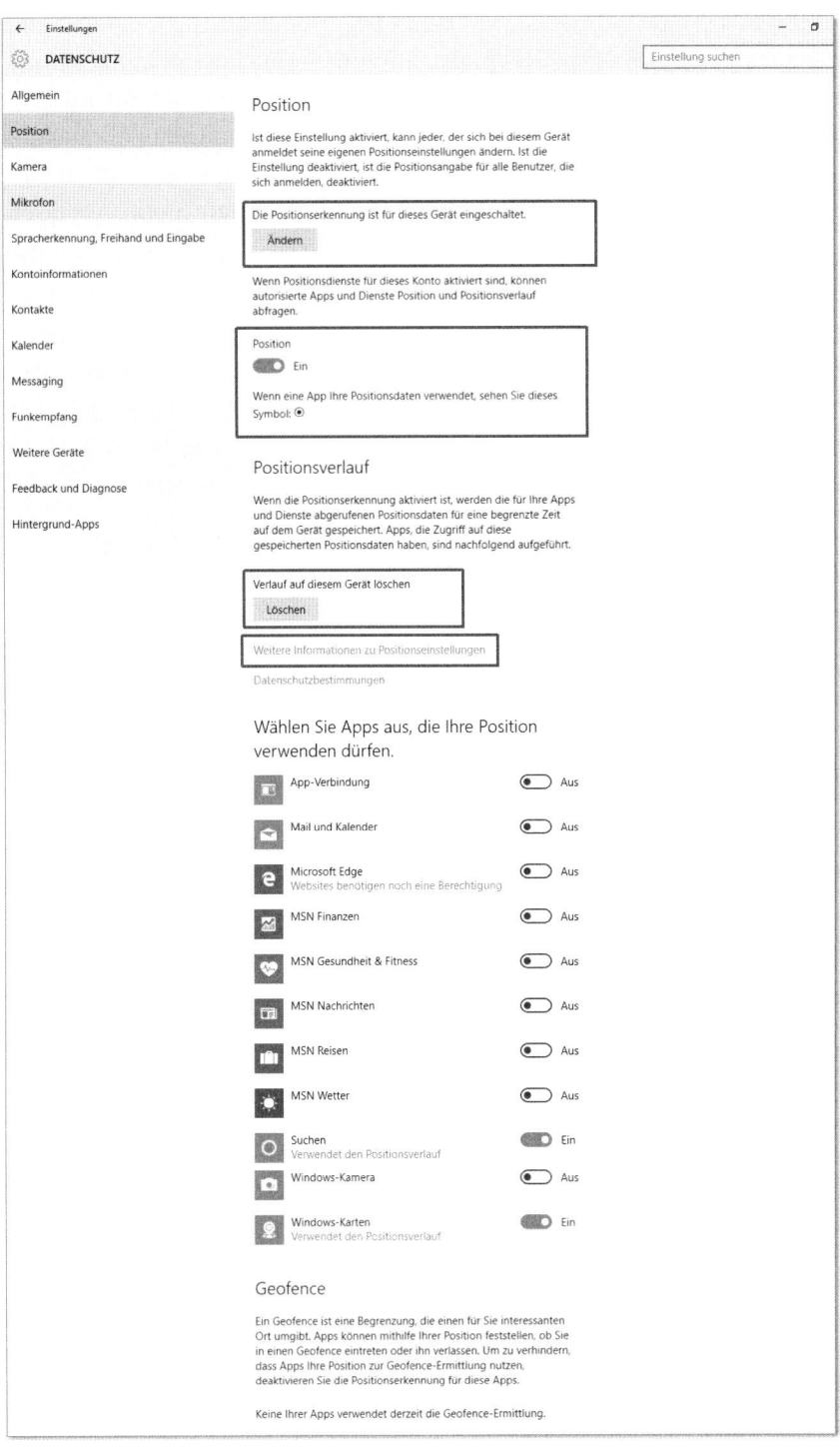

Abbildung 7.28 Datenschutz – Informationen über Ihren Standort

Sie können die Positionsermittlung Ihres Computers auch generell abschalten (Abbildung 7.28). Betätigen Sie hierzu die Schaltfläche ÄNDERN. Sie können, auch wenn der Positions-dienst auf Ihrem System aktiviert ist, festlegen, dass Apps generell keinen Zugriff auf diese Daten haben sollen. Wenn Sie den Schieber unter dem Schriftzug POSITION in die Stellung AUS bewegen, wird zudem die Liste der Apps, die Sie autorisieren können, ausgegraut, und Sie können dort keine Einstellungen mehr tätigen. Sollten Sie Apps den Zugriff gewähren, werden Sie durch Anzeige des Positionssymbols ⊙ in der Taskleiste darüber informiert, dass Ihr Standort übertragen wird.

Nicht nur Ihre aktuelle Position ist von Interesse, auf Ihrem Gerät sind auch Bewegungsda-ten hinterlegt. Diesen sogenannten *Positionsverlauf* können Sie jederzeit durch Betätigen der Schaltfläche LÖSCHEN entfernen. Letztendlich können Sie ganz spezifisch festlegen, wel-chen Apps Sie den Zugriff auf Ihre Standortdaten gestatten oder verweigern möchten. Es wird in dieser Ansicht eine Liste mit Apps angezeigt, die Positionsdaten verwenden können. In der Kategorie WÄHLEN SIE APPS AUS, DIE IHRE POSITION VERWENDEN DÜRFEN können Sie sehr einfach durch Betätigen der entsprechenden Schieber Apps autorisieren (EIN) oder ihnen gegebenenfalls die Autorisierung entziehen (AUS).

Sie erhalten detaillierte Informationen zum Thema Standortverfolgung (Positionsdienst), wenn Sie auf die Verknüpfung WEITERE INFORMATIONEN ZU POSITIONSEINSTELLUNGEN klicken. Auch hier bietet Microsoft eine umfangreiche Internetseite zu diesem Thema an: *http://windows.microsoft.com/de-de/windows-10/location-service-privacy*

Kamera

Die Nutzung einer eventuell vorhandenen Kamera lässt sich in gleicher Weise steuern. Ent-scheiden Sie in der Ansicht KAMERA, welche Apps Bilder und Videos übertragen dürfen (Abbildung 7.29).

Auch hier finden Sie eine Verknüpfung auf eine Microsoft-Webseite mit detaillierten Infor-mationen. Betätigen Sie die Schieber neben den Apps, um die Nutzung der Kamera für die entsprechende App zu gestatten oder zu verweigern.

Achtung!

Wenn Sie die Zugriffsrechte von Apps einschränken, schränken Sie auch deren Funktionalität ein. Eine Webcam ist vergleichsweise nutzlos, wenn sie keine Bilder übertragen darf.

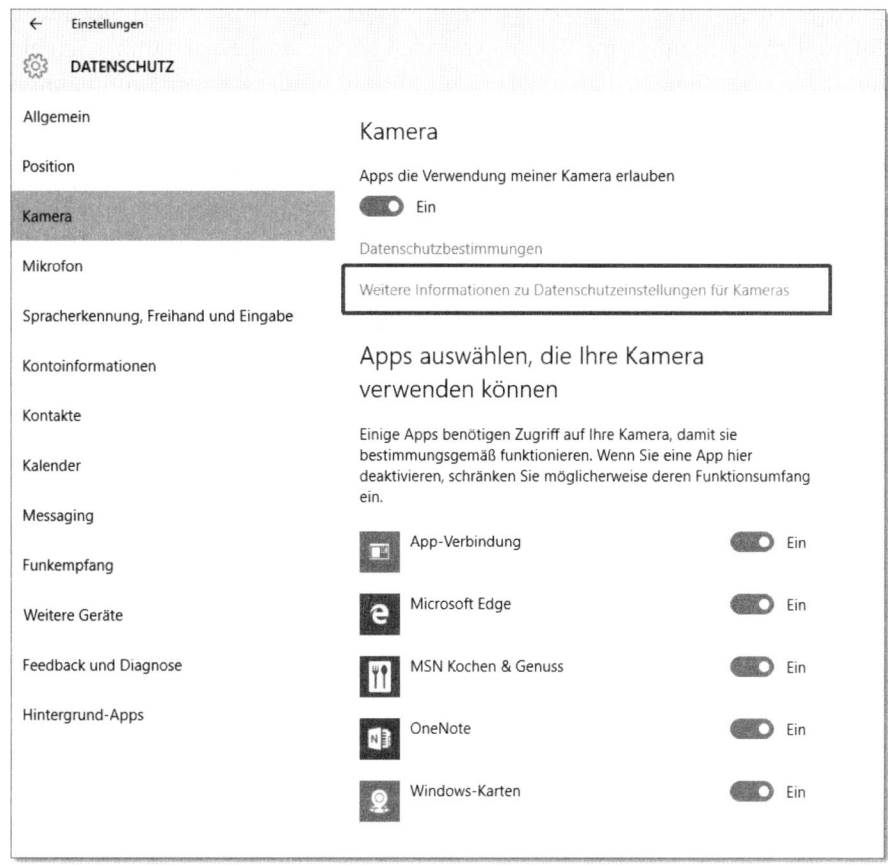

Abbildung 7.29 Apps die Verwendung der Kamera erlauben oder verbieten

7.1.6   Konten

Mithilfe der Konto-App können Sie Einstellungen bezüglich Ihres Microsoft-Kontos (Live ID) vornehmen. Sie können Ihr Passwort zurücksetzen oder entscheiden, wie Sie sich an Ihrem System anmelden möchten. Wir zeigen Ihnen im Folgenden, wie Sie diese Routineaufgaben schnell erledigen können.

Ihre E-Mail-Adresse und Konten

Die Ansicht IHRE E-MAIL-ADRESSE UND KONTEN bietet Ihnen Konfigurationsoptionen bezüglich der auf Ihrem System benutzten Konten (Abbildung 7.30). Sie werden hier darüber informiert, mit welchem Konto Sie an Ihrem System angemeldet sind, und Sie können bei Bedarf das dazugehörige Bild ändern. Betätigen Sie dazu einfach die Schaltfläche DURCHSU-CHEN unter dem aktuellen Kontobild. Anschließend können Sie im DATEI ÖFFNEN-Dialog zu einem passenden Bild navigieren. Es kann aber interessanter sein, ein aktuelles Bild aufzuzeichnen. Sofern Ihr System über eine Kamera verfügt, können Sie diese benutzen, um ein Profilbild von sich zu erstellen. Zu diesem Zweck können Sie auf das Kamera-Symbol unter dem Schriftzug IHR BILD ERSTELLEN klicken. Die Kamera Ihres Systems wird aktiviert, und Sie können anschließend ein Foto erstellen.

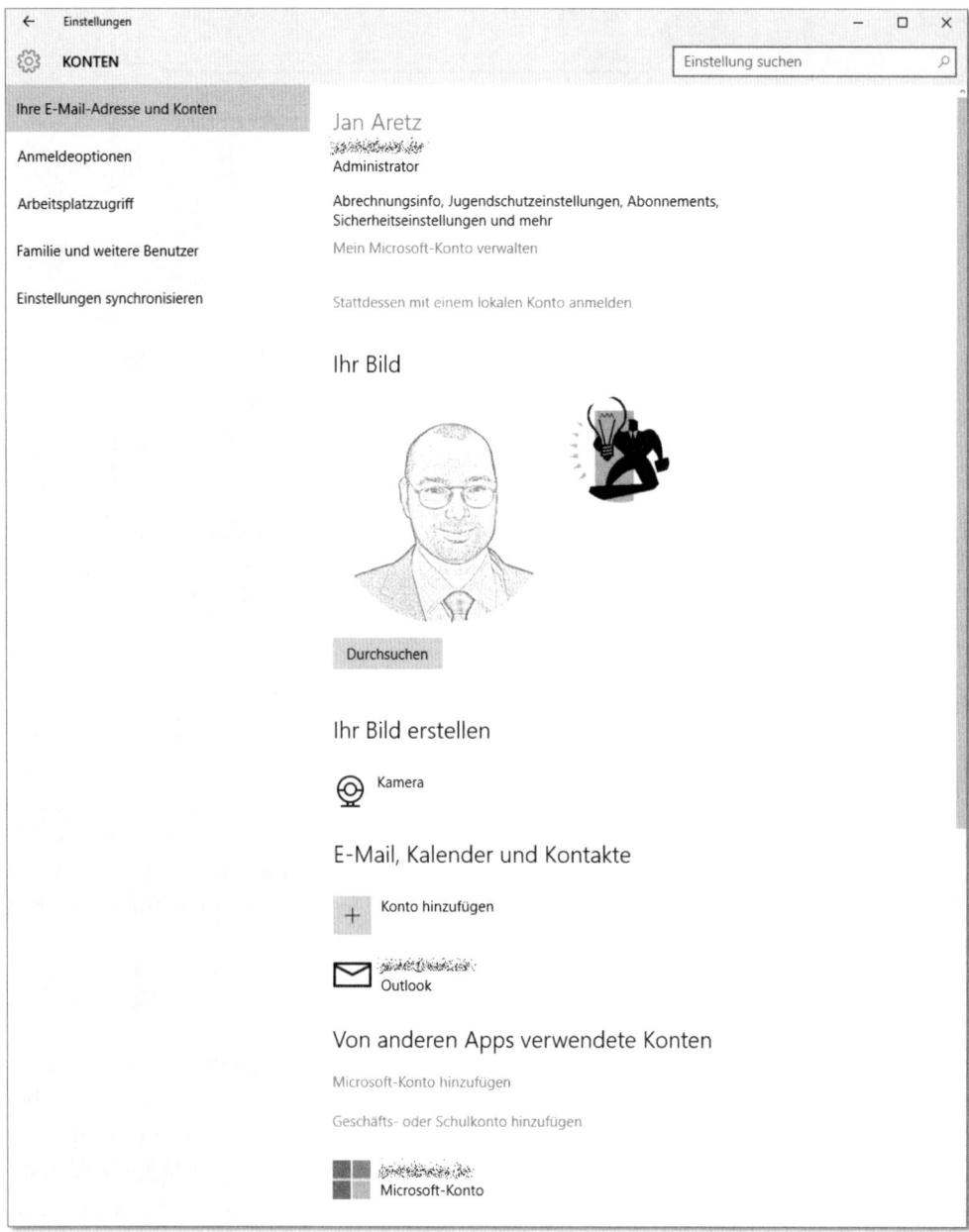

Abbildung 7.30 Kontoinformationen

Falls Sie über mehrere Konten verfügen, mit deren Hilfe Sie E-Mails versenden, Kontakt- oder Kalendereinträge verwalten, können Sie diese Windows 10 bekannt geben und so Ihre Kommunikation bündeln. Windows 10 ist anschließend in der Lage, mit den hinterlegten Konteninformationen Verwaltungsaufgaben, etwa E-Mails abzurufen, zu erledigen.

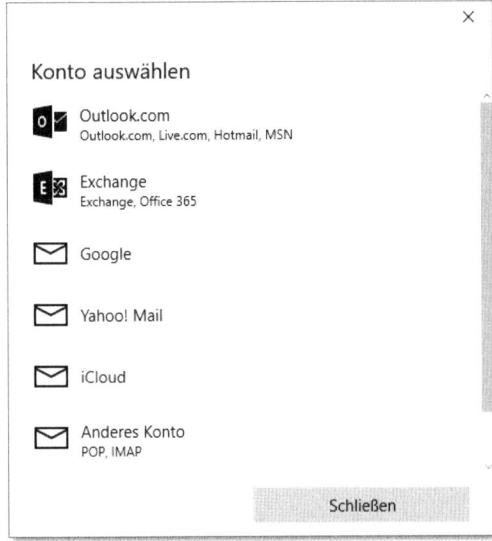

Abbildung 7.31 Ein weiteres Konto hinzufügen

Um Ihrem Profil ein weiteres Konto hinzuzufügen, betätigen Sie die Schaltfläche KONTO HINZUFÜGEN. Wählen Sie anschließend im Dialog den Kontentyp aus (Abbildung 7.31). Damit öffnet sich ein Dialog, in dem Sie die Anmeldeinformationen (je nach ausgewähltem Kontentyp) für das hinzuzufügende Konto angeben müssen.

Anmeldeoptionen

In der Ansicht ANMELDEOPTIONEN können Sie bestimmen, wie Sie sich an Ihrem System anmelden möchten (Abbildung 7.32). Sie können ebenfalls festlegen, ob Windows 10 Sie nach Beendigung des Standbymodus auffordert, ein Passwort einzugeben. Aus Sicherheitsgründen sollten Sie diese Option nur ändern, wenn Sie sicher sein können, dass nur Sie Zugriff auf Ihren Computer haben.

Es werden Ihnen drei Optionen angeboten, mit deren Hilfe Sie sich authentifizieren können, bzw. es wird Ihnen die Möglichkeit geboten, diese Anmeldemechanismen zu konfigurieren:

▶ KENNWORT
Klicken Sie die Schaltfläche ÄNDERN an, um Ihr Anmeldepasswort zu ändern. Nachdem Sie sich authentifiziert haben, können Sie ein neues Passwort (KENNWORT) vergeben (Abbildung 7.33).

Abbildung 7.32 Anmeldeoptionen

Abbildung 7.33 Authentifizierung zur Kennwortänderung

▶ PIN

Durch Erstellen einer PIN legen Sie für die Anmeldung an Ihrem PC eine vierstellige Nummer fest (Abbildung 7.34). Diesen PIN-Code können Sie anstelle Ihres Passworts benutzen. Die PIN gilt nur für diesen PC und wird nicht synchronisiert.

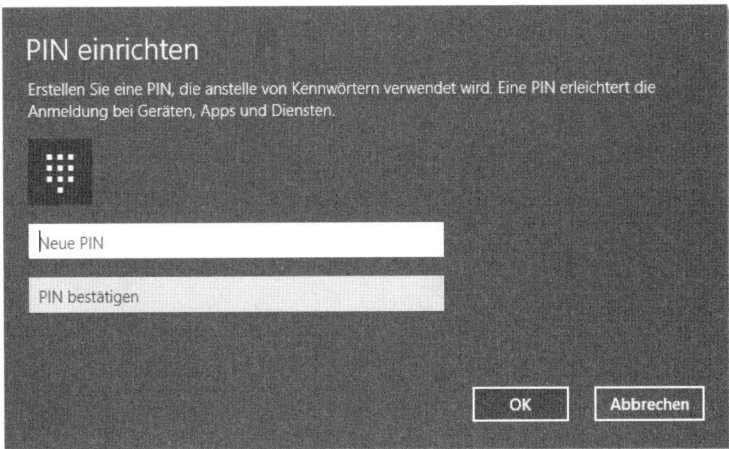

Abbildung 7.34 Eine neue PIN vergeben

▶ BILDCODE

Die Benutzung eines Bildcodes zur Anmeldung stellt besonders auf Tablet-PCs eine interessante Alternative zur klassischen Anmeldung dar. Ein Bildcode ist ein von Ihnen festgelegtes Bild, auf dem Sie zunächst ein Bewegungsschema definieren müssen. Durch Nachzeichnen dieses Bewegungsschemas auf dem Bildschirm haben Sie die Möglichkeit, sich später mit Gesten zu authentifizieren.

So richten Sie Ihr System für die Verwendung eines Bildcodes ein

▶ Klicken Sie auf die Schaltfläche HINZUFÜGEN unter dem Schriftzug MIT DEM LIEBLINGSFOTO BEI WINDOWS ANMELDEN.

▶ Betätigen Sie die Schaltfläche BILD AUSWÄHLEN, und wählen Sie anschließend im DATEI ÖFFNEN-Dialog ein passendes Bild aus (Abbildung 7.35). Es bieten sich Bilder mit signifikanten Strukturen an, an denen Sie sich später orientieren können.

Das ausgewählte Bild wird nun angezeigt, und Sie werden aufgefordert, drei Gesten festzulegen, die Sie für die Anmeldung an Ihrem System benutzen möchten. (Gegebenenfalls werden Sie vorher noch aufgefordert, das Bild zu positionieren.):

▶ Legen Sie diese drei Gesten fest, indem Sie ein Bewegungsmuster mit den Fingern auf dem Bildschirm zeichnen. Folgen Sie beispielsweise auffälligen Konturen auf dem Bild (Abbildung 7.36). Sie können den Vorgang jederzeit durch Betätigen der Schaltfläche ERNEUT BEGINNEN wiederholen.

Abbildung 7.35 Ein Bild auswählen

Abbildung 7.36 Drei Gesten festlegen

▶ Bestätigen Sie die von Ihnen gewählten Gesten, und schließen Sie den Vorgang durch Betätigen der Schaltfläche FERTIG STELLEN ab (Abbildung 7.37).

Abbildung 7.37 Anmeldung per Bildcode – erfolgreich eingerichtet

Achtung!
Halten Sie das Display Ihres Tablet-PCs immer sauber. Wischspuren auf dem Gerät können sonst leicht verräterisch sein. Unbefugten kann so die Anmeldung erleichtert werden.

Einstellungen synchronisieren

In der Ansicht EINSTELLUNGEN SYNCHRONISIEREN können Sie festlegen, ob und inwieweit Einstellungen und Daten mit *OneDrive* abgeglichen werden sollen (Abbildung 7.38). Durch diesen Abgleich wird es möglich, dass die von Ihnen vorgenommenen Einstellungen auf allen Windows 10-Computern zur Verfügung stehen, an denen Sie sich mit Ihrem Microsoft-Konto anmelden. Einstellungen online zu hinterlegen kann sinnvoll sein, falls Sie oft mit mehreren Systemen arbeiten.

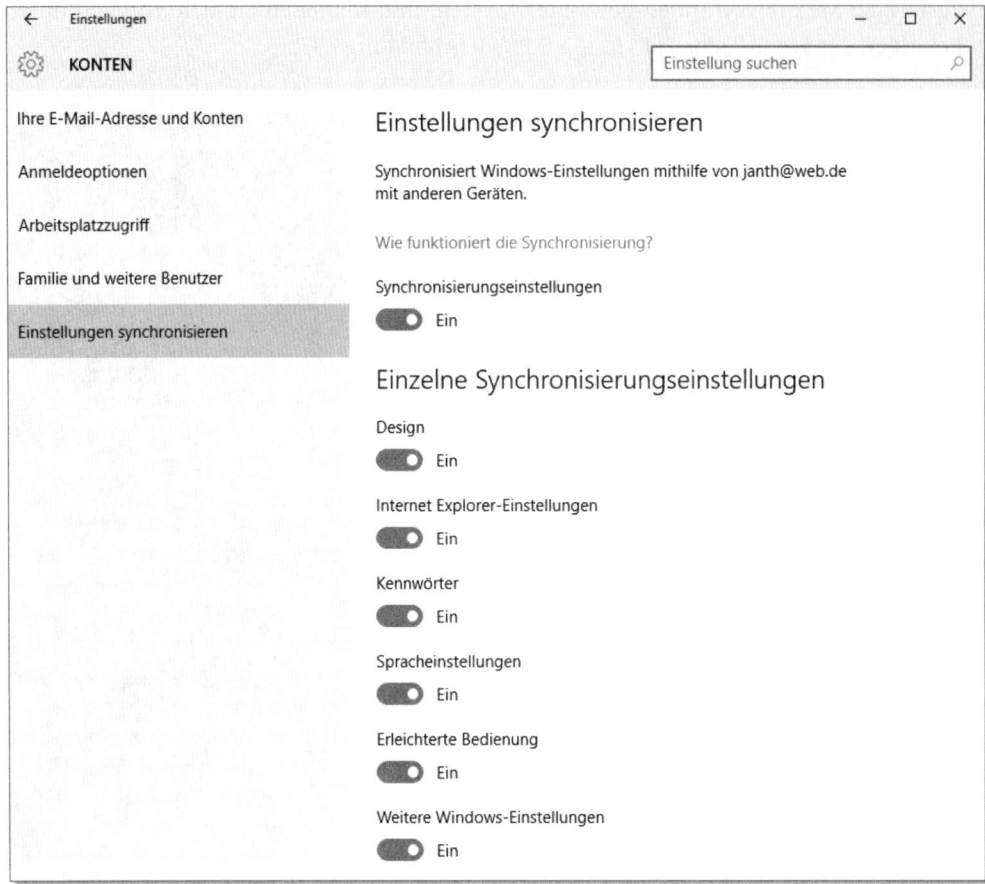

Abbildung 7.38 Einstellungen synchronisieren

Kennwörter

Beachten Sie, dass Kennwörter nur von vertrauenswürdigen Systemen übertragen werden. Gegebenenfalls müssen Sie Ihrem Microsoft-Konto Ihren PC als ein von Ihnen genutztes System bekannt machen. Im Problemfall werden Sie aufgefordert, diese Systemauthentifizierung per E-Mail oder SMS (gegebenenfalls auch telefonisch) zu bestätigen.

7.1.7   Erleichterte Bedienung

In den Ansichten der App ERLEICHTERTE BEDIENUNG können Sie vielfältige Einstellungen vornehmen, die Ihnen die Benutzung von Windows 10 erleichtern. Sie können die Darstellung des Bildschirminhalts beeinflussen oder auch die Sprachausgabe aktivieren. Das Thema Barrierefreiheit war uns so wichtig, dass wir ihm ein eigenes Kapitel gewidmet haben (Kapitel 9, »Barrierefreiheit«).

7.1.8   Update und Sicherheit

In der App UPDATE UND SICHERHEIT haben Sie u. a. die Möglichkeit, Windows auf den neuesten Stand zu bringen. Windows stets aktuell zu halten ist nicht nur eine Frage der Funktionalität, sondern auch ein wichtiger Aspekt in puncto Sicherheit.

In Windows 10 haben Sie weniger Kontrolle als in früheren Versionen bezüglich der Installation von Updates. Updates, die Sicherheitslücken schließen oder die Stabilität von Applikationen (Patches) verbessern, werden auf Ihrem System automatisch installiert. Sicherheits-
Updates und bislang optionale Updates werden so zusammengefasst. Es werden jedoch auch
sogenannte *Funktions-Updates* (engl. *Feature-Updates*) bereitgestellt. Bei diesen Updates
handelt es um Neuerung und Verbesserungen des Betriebssystems. Es ist nicht vorgesehen,
dass Sie Updates generell deaktivieren können, trotzdem haben Sie einige Möglichkeiten der
Einflussnahme.

Windows Update – bringen Sie Ihr Windows auf den neuesten Stand

Um benötigte Updates für Ihr Windows 10 zu suchen und zu installieren, navigieren Sie zur
Ansicht WINDOWS UPDATE (Abbildung 7.39). Hier erhalten Sie Informationen über eventuell
vorhandene Probleme beim Herunterladen und Installieren von Updates. Sie können dann
den Vorgang nochmals von Hand starten, in dem Sie die Schaltfläche WIEDERHOLEN betätigen. Diese Schaltfläche wird jedoch nur im Problemfall angezeigt (Abbildung 7.41). Normalerweise wird hier angezeigt, wann zum letzten Mal nach Updates gesucht wurde und ob Ihr
System auf dem aktuellen Stand ist.

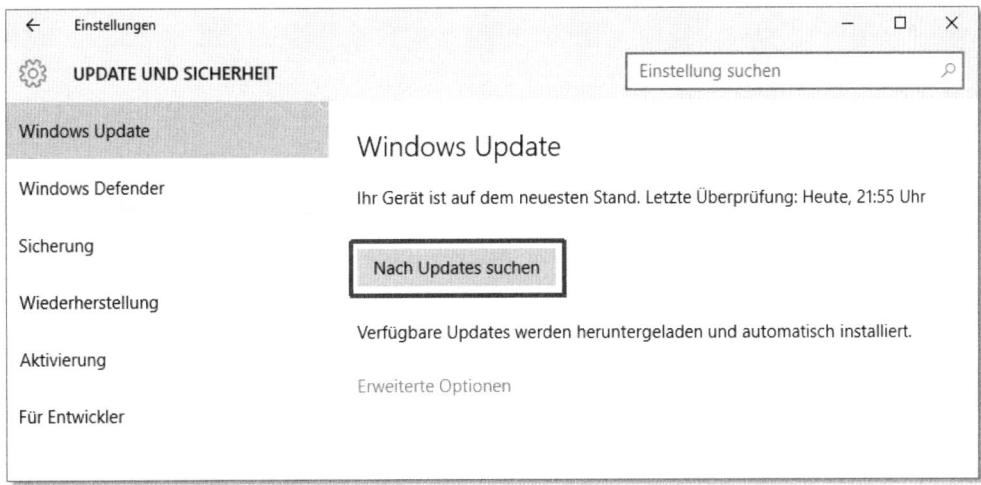

Abbildung 7.39 Nach Updates suchen

325

Sollte der Zeitpunkt der letzten Prüfung schon eine Weile zurückliegen, können Sie die Suche nach Updates auch manuell durch Betätigen der Schaltfläche NACH UPDATES SUCHEN initiieren.

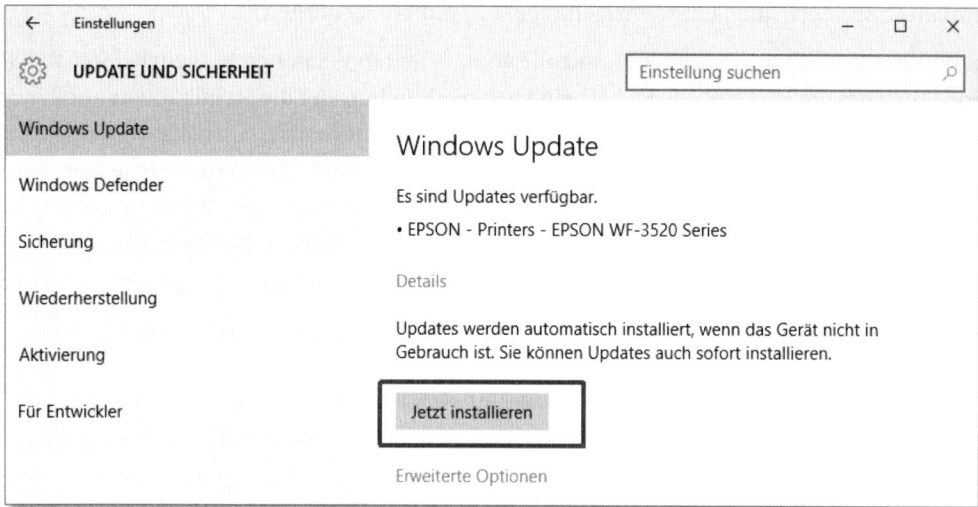

Abbildung 7.40 Updates jetzt installieren

Sollten Updates zur Installation bereitstehen, werden diese angezeigt, und Sie können die Installation durch Betätigen der Schaltfläche JETZT INSTALLIEREN starten (Abbildung 7.40).

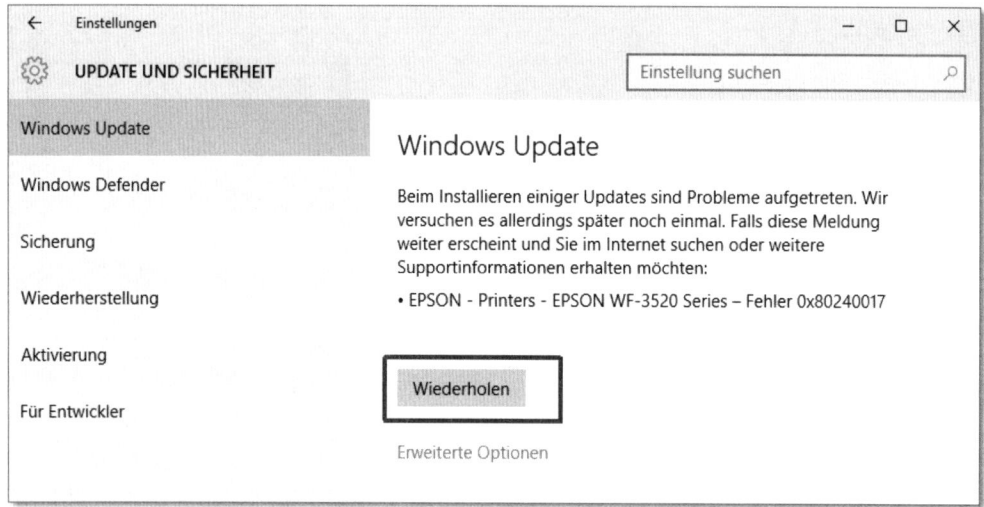

Abbildung 7.41 Problem beim Update

Sie haben auch die Möglichkeit, Einfluss auf den Update-Prozess zu nehmen. Klicken Sie hierzu auf den blauen Schriftzug Erweiterte Optionen (Abbildung 7.42).

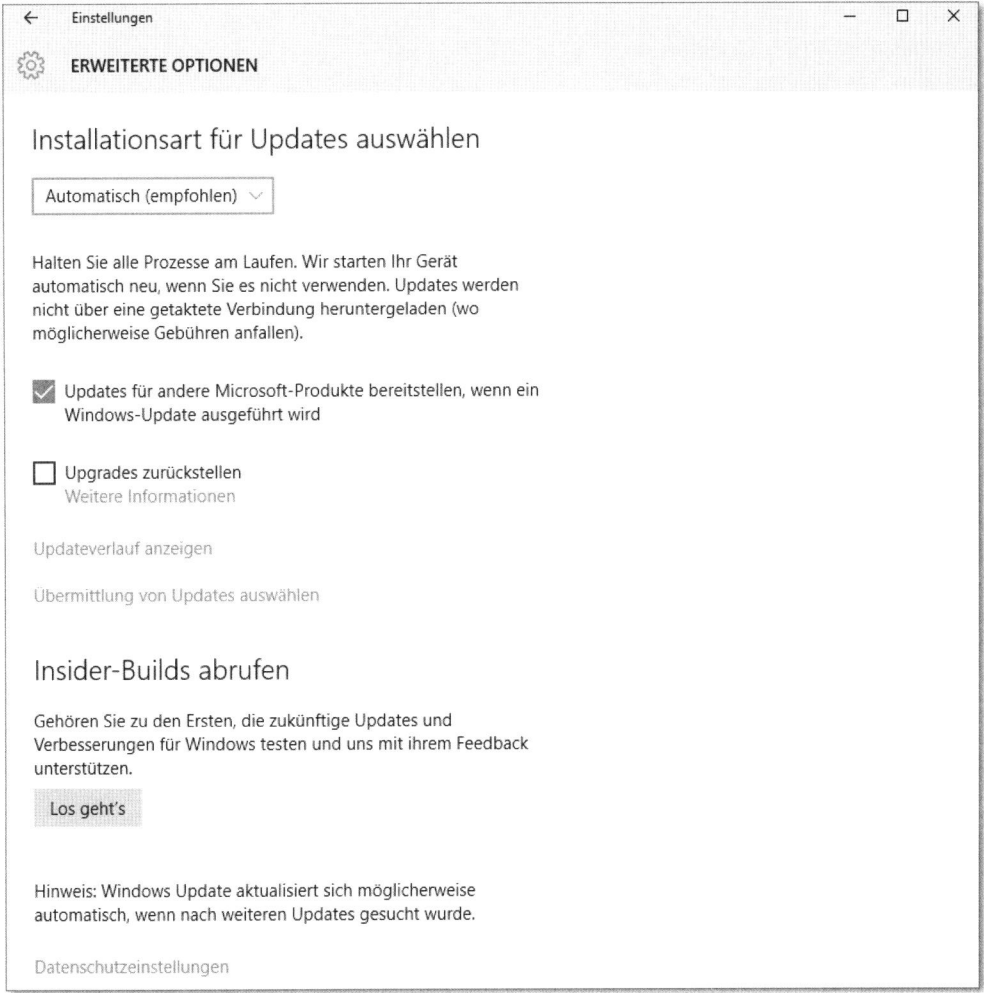

Abbildung 7.42 Update – »Erweiterte Optionen«

Sie haben hier mehrere Optionen, die Installation von Updates zu beeinflussen. Wenn Sie das Menü unter dem Schriftzug Installationsart für Updates erweitern, werden Ihnen dort zwei Optionen angeboten (Abbildung 7.43). Diese Auswahl gibt Ihnen die Möglichkeit, zu entscheiden, wie sich Ihr System nach der Installation von Updates verhalten soll.

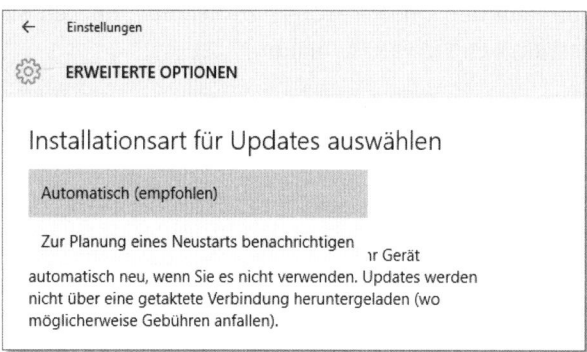

Abbildung 7.43 Installationsart für Updates auswählen

Viele Updates benötigen einen Neustart des Systems. Es kann jedoch Gründe geben, weshalb ein automatischer Neustart unerwünscht sein kann. Beispielsweise wenn Ihr System 24 Stunden verfügbar sein muss und für Wartungsarbeiten nur bestimmte Zeitfenster zur Verfügung stehen:

▶ AUTOMATISCH
Ihr Gerät startet automatisch neu, sobald es nicht mehr verwendet wird.

▶ ZUR PLANUNG EINES NEUSTARTS BENACHRICHTIGEN
Sie können bei Bedarf bestimmen, wann der Neustart erfolgen soll (Abbildung 7.44).

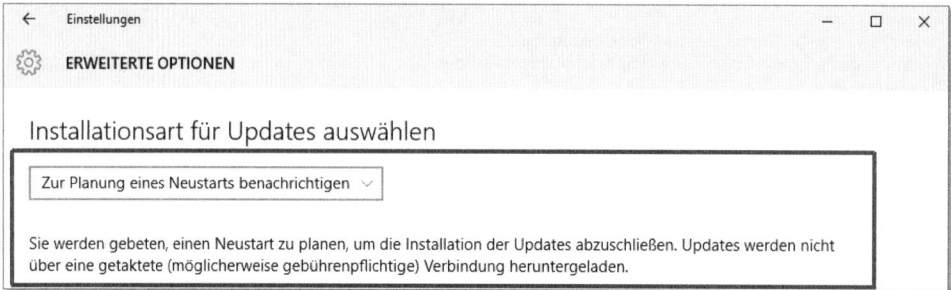

Abbildung 7.44 Nicht automatisch neu starten

In dieser Ansicht werden zwei Kontrollfelder angezeigt, in denen Sie bei Bedarf Häkchen setzen können (Abbildung 7.42):

▶ UPDATES FÜR ANDERE MICROSOFT-PRODUKTE BEREITSTELLEN, WENN EIN WINDOWS-UPDATE AUSGEFÜHRT WIRD
Neben Updates für das Betriebssystem bietet Microsoft auch Updates für andere Produkte an. Sollten Sie beispielsweise Microsoft Office auf Ihrem System nutzen, werden zusätzlich zu den Betriebssystem-Updates auch Updates für Microsoft Office bereitgestellt. Setzen Sie dieses Häkchen, wenn Sie Ihre Microsoft-Produkte auf dem neuesten Stand halten möchten.

▶ UPGRADES ZURÜCKSTELLEN

Ist dieses Häkchen gesetzt, werden Funktions-Updates nicht mehr sofort auf Ihrem System installiert. Sie können die Installation von Neuerungen um einige Monate verzögern. Wie lange sich Funktions-Updates bzw. -Upgrades hinauszögern lassen, hängt von der eingesetzten Windows 10-Edition ab. Die Installation von Sicherheits-Updates ist von dieser Einstellung nicht abhängig. Bei der Home-Edition von Windows 10 kann es durchaus sein, dass Ihnen nach einer Aktualisierung diese Option gar nicht mehr zur Verfügung steht. Die Bereitstellung von Updates bzw. Upgrades durch Microsoft behandeln wir im weiteren Verlauf dieses Kapitels noch ausführlich.

Sollte es wider Erwarten zu Problemen mit bereits installierten Updates kommen, können Sie sich zunächst einen Überblick über die auf Ihrem System installierten Updates verschaffen. Klicken Sie auf den blauen Schriftzug UPDATEVERLAUF ANZEIGEN (Abbildung 7.42), um das entsprechende Fenster zu öffnen (Abbildung 7.45).

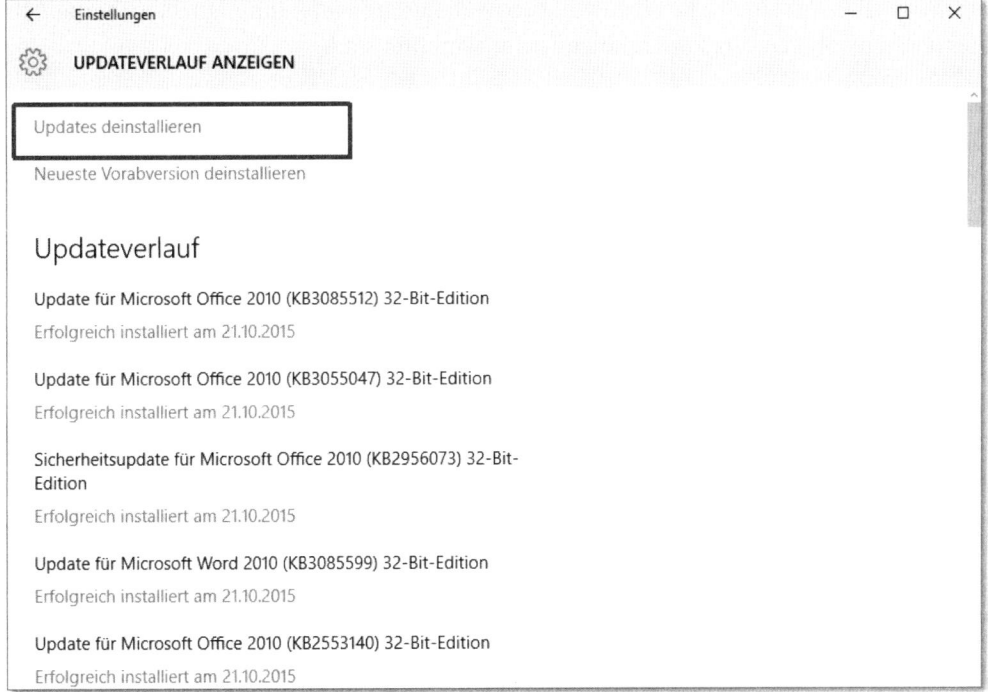

Abbildung 7.45 Updateverlauf

Sie erhalten eine Übersicht über die installierten Updates und haben die Option, durch Klicken auf den blauen Schriftzug UPDATES DEINSTALLIEREN ausgewählte Updates wieder von Ihrem System zu entfernen.

Ein interessanter Aspekt wäre noch die Option zur Teilnahme am Microsoft Insider-Programm (Abbildung 7.42). Damit erhalten Sie Upgrades für Ihr Windows 10 schon vor der eigentlichen Veröffentlichung. Microsoft sammelt im Gegenzug dafür Daten (*Erfahrungen*) von Ihrem System, um Verbesserungen an der finalen Version der Updates vorzunehmen. Es empfiehlt sich, die Datenschutzbestimmungen genauestens durchzulesen. Bedenken Sie, dass Upgrades/Updates, die Sie über das Insider-Programm erhalten, gegebenenfalls noch nicht voll funktional sind und die Integrität Ihres Systems gefährden können. Wenn Sie am Insider-Programm teilnehmen, werden Ihnen in der Ansicht UPDATE UND SICHERHEIT – ERWEITERTE OPTIONEN weitere Einstellungen angeboten (Abbildung 7.46). Die Organisation der Updates im Insider-Programm erfolgt über die Zuordnung in sogenannte *Ringe*. Es gibt im Insider-Programm zwei unterschiedliche Ringe, die sich durch den Zeitpunkt der Bereitstellung von Updates unterscheiden (Slow/Fast). Sie können bestimmen, ob Sie die sogenannten *Get Insider Preview builds* sofort bei Verfügbarkeit oder mit einer Verzögerung erhalten möchten. Bestätigen Sie zur Steuerung des Prozesses den Schieber unter dem Schriftzug CHOOSE YOUR INSIDER LEVEL … Sie können zwischen der Einstellung SLOW und FAST wählen. Sollten Sie sich für FAST (schnell) entscheiden, erhalten Sie Upgrades zum frühestmöglichen Zeitpunkt. Die Einstellung SLOW (langsam) bietet Ihnen mehr Sicherheit, da hier die angebotenen Upgrades schon etwas ausgereifter sind.

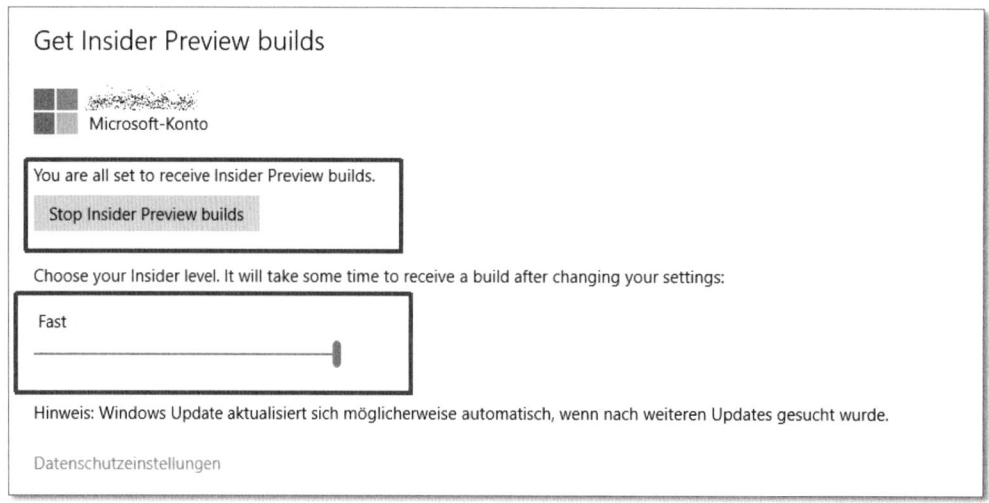

Abbildung 7.46 Teilnahme am Insider-Programm

Sie können die Teilnahme am Insider-Programm auch stoppen, indem Sie die Schaltfläche STOP INSIDER PREVIEW BUILDS betätigen.

Achtung!

Bei der Teilnahme am Insider-Programm ist es sehr wahrscheinlich, dass nicht alle Dialoge und Inhalte vollständig in deutscher Sprache angezeigt werden. Viele Informationen stehen Ihnen vorerst nur in englischer Sprache zur Verfügung.

Windows als Dienstleistung

Mit Windows 10 beschreitet Microsoft auch neue Wege beim Vertrieb und bei der Lizensierung. Windows wird künftig nicht mehr als ein fertiges Produkt, für das man ein Lizenz erwirbt, betrachtet, sondern vielmehr wie eine Dienstleistung, die dem Anwender zur Verfügung gestellt wird. Diese neue Strategie ist bekannt unter dem englischen Begriff *Windows as a Service* (*WaaS*). Dies bedeutet, dass Veränderungen und Verbesserungen kontinuierlich in das Betriebssystem eingepflegt werden. Windows 10 kann somit eher als Rahmen (Basis) für ein stetig in der Entwicklung befindliches Produkt betrachtet werden und nicht mehr als eine klassische Betriebssystemversion mit einem fest definierten Funktionsumfang. Ein Unterschied wird allerdings bei der Bereitstellung von Updates und Upgrades in Bezug auf die verschiedenen Windows 10-Editionen gemacht. Die verschiedenen Editionen beziehen ihre Updates aus verschiedenen ihnen zugeordneten Update-Ringen. Je nachdem, in welchem Update-Ring sich Ihr Windows befindet, haben Sie die Möglichkeit, die Installation von Updates zu verzögern. Nutzen Sie beispielsweise Windows 10 Pro im Ring CURRENT BRANCH, werden Updates nach spätestens vier Monaten installiert. In Abbildung 7.47 finden Sie eine Übersicht über die verschiedenen Ringe. Die Ringe ENGINEERING BUILDS und BOARD MICROSOFT INTERNAL VALIDATION stehen der Öffentlichkeit allerdings nicht zur Verfügung und sind Teil des internen Entwicklungsprozesses bei Microsoft.

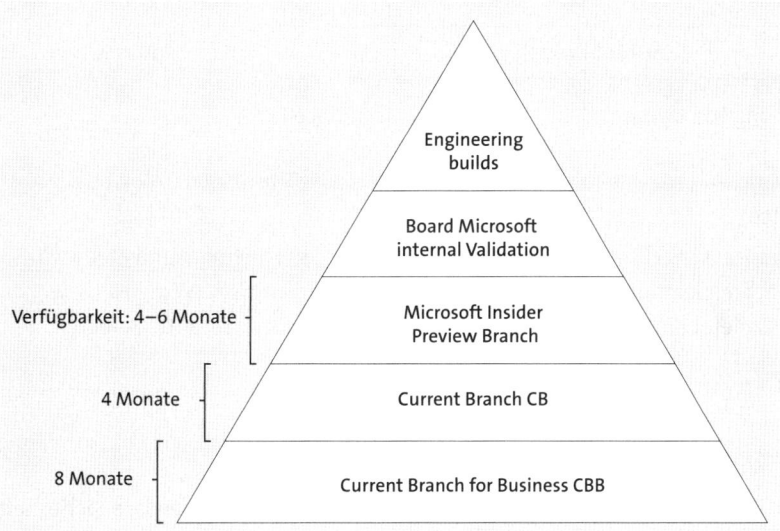

Abbildung 7.47 Verfügbarkeit von Updates – Update-Ringe

Normalerweise haben Sie keinen Einfluss darauf, welchem Update-Ring Ihr System zugeordnet ist, da diese Zuordnung an das Lizenzmodell gebunden ist. Privatanwender beziehen somit Updates in der Regel aus dem Ring CURRENT BRANCH. Im Unternehmen kommt eher der Ring CURRENT BRANCH FOR BUSINESS zum Tragen. Eine Übersicht über die für die verschiedenen Windows 10-Editionen verfügbaren Update-Ringe gibt Ihnen Tabelle 7.1.

Windows 10 Enterprise 2015 LTSB (Long Term Servicing Branch)

Für Unternehmenskunden bietet Microsoft eine spezielle Enterprise-Edition von Windows 10 an. Bei dieser sogenannten *LTSB-Edition* werden für einen Zeitraum von zwei bis drei Jahren nur Sicherheits-Updates und Hotfixes unmittelbar bereitgestellt. Auf neue *Features* (Funktionen) kann bewusst verzichtet werden. Dies soll eine Kontinuität in der Benutzerführung sowie die Funktionalität von Applikationen über einen langen Zeitraum gewährleisten. Zusätzlich bietet Microsoft die Option, den Support um fünf Jahre, also auf insgesamt zehn Jahre, zu verlängern.

Windows 10 Edition	Bereitstellung – Update-Ring
Windows 10 Enterprise	Current Branch* Current Branch for Business* Long Term Servicing Branch
Windows 10 Professional	Current Branch Current Branch for Business
Windows 10 Education	Current Branch* Current Branch for Business*
Windows 10 Home	Current Branch

Tabelle 7.1 Bereitstellung von Updates (*Nur mit Software Assurance.)

Software Assurance

Die Software Assurance ist ein Lizenzmodell, das Microsoft für Unternehmen anbietet. Während der Vertragslaufzeit können die jeweils aktuellsten Softwareversionen eingesetzt werden. Darüber hinaus bietet dieses Lizenzmodell den Teilnehmern ein erweitertes Angebot an Dienstleistungen.

Windows Defender – Schädlinge erfolgreich abwehren

Windows 10 verfügt über einen effektiven Echtzeitschutz, der Ihnen eine gewisse Sicherheit vor Schadsoftware gewährleisten soll. WINDOWS DEFENDER ersetzt jedoch nicht den Einsatz eines Antivirenprogramms mit gegebenenfalls größerem Funktionsumfang (Abbildung 7.48). In der Ansicht WINDOWS DEFENDER erhalten Sie neben Versionsinformation u. a. auch die Möglichkeit, Windows Defender anzuweisen, Daten mit Microsoft auszutauschen (AUTOMATISCHE ÜBERMITTLUNG VON BEISPIELEN). Dabei wird beispielsweise verdächtiger Programmcode an Microsoft zur weiteren Analyse übermittelt. Auch hier sollten Sie den Datenschutz beachten. Dennoch bietet es sich an, diese Funktion zu nutzen, da Sie hier aktiv an einer Verbesserung der Sicherheit für sich und andere beitragen können. Eine Verbesserung der Leistung erreichen Sie, wenn Sie den CLOUDBASIERTEN SCHUTZ aktivieren. Prinzipiell gilt hier das Gleiche wie für die Übermittlung von Beispielen.

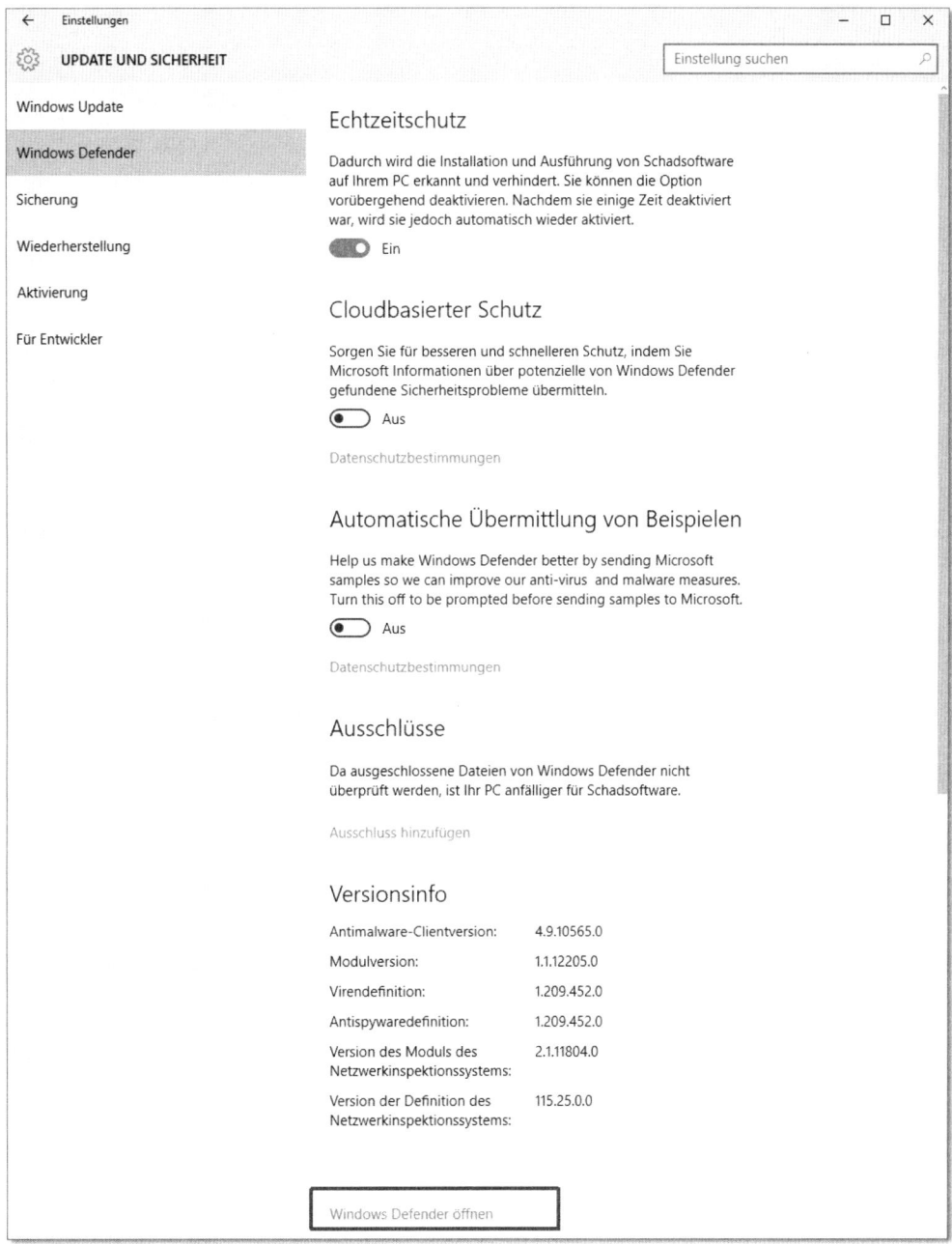

Abbildung 7.48 Windows Defender

In dieser Ansicht können Sie auch die Windows Defender-Konsole aufrufen (Abbildung 7.49). Klicken Sie einfach auf den blauen Schriftzug WINDOWS DEFENDER ÖFFNEN. Sie können anschließend Windows Defender veranlassen, Ihr System auf Schadsoftware zu überprüfen (JETZT ÜBERPRÜFEN).

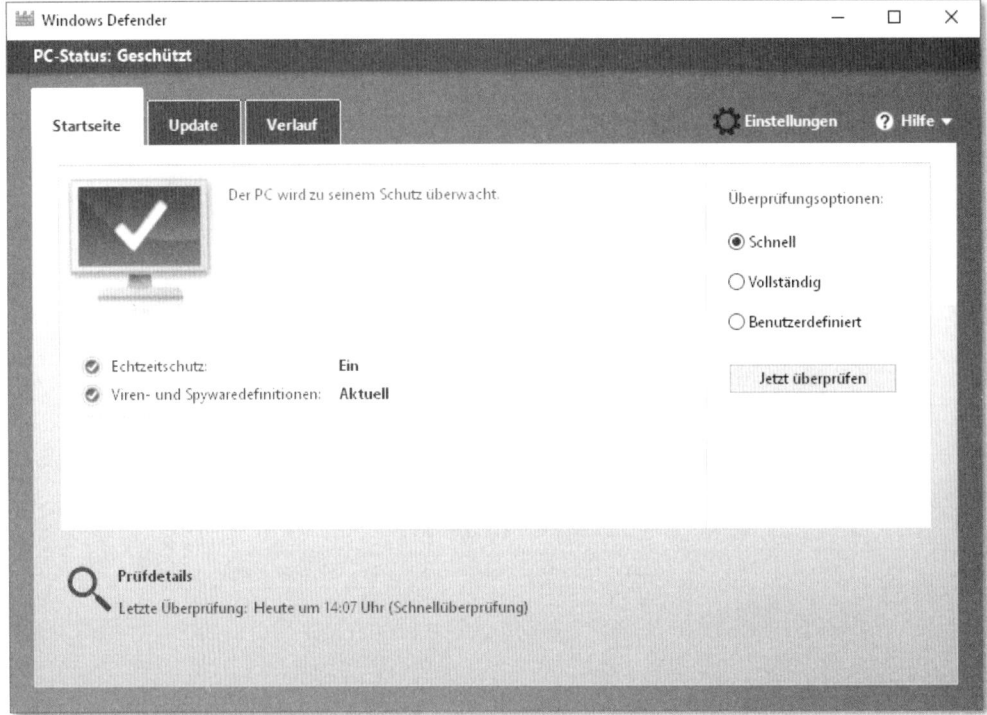

Abbildung 7.49 Die Windows Defender-Konsole

Sicherung – der Dateiversionsverlauf

Sie können den Dateiversionsverlauf nutzen, um beschädigte oder gelöschte Daten wiederherzustellen. In der Ansicht SICHERUNG können Sie Laufwerke hinzufügen, die für diesen nützlichen Mechanismus verwendet werden sollen (Abbildung 7.50).

Wenn Sie den DATEIVERSIONSVERLAUF aktivieren wollen, müssen Sie ein Laufwerk für die zu sichernden Daten bereitstellen (Abbildung 7.51). Einen tieferen Einblick in das Thema Dateiversionsverlauf geben wir Ihnen in Kapitel 14, »Backups mithilfe des Dateiversionsverlaufs«.

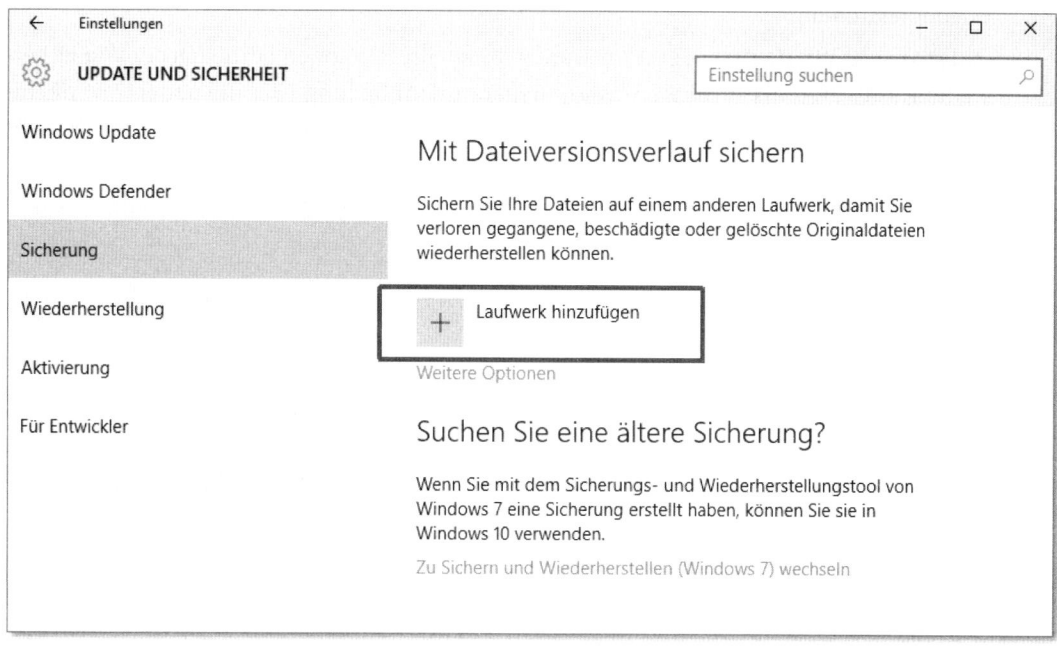

Abbildung 7.50 Dem Dateiversionsverlauf weitere Laufwerke bekannt geben

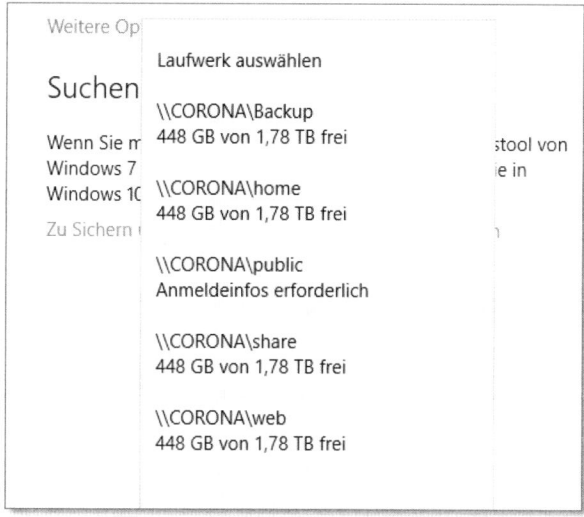

Abbildung 7.51 Laufwerke auswählen

Wiederherstellung

In der Ansicht WIEDERHERSTELLUNG werden Ihnen drei Optionen bezüglich der Wiederherstellung Ihres Systems angeboten (Systemreparatur) (Abbildung 7.52). In Kapitel 17, »Systemreparatur und Wiederherstellung«, gehen wir detailliert auf die Möglichkeiten der Disaster Recovery ein. Lesen Sie dort, welche Möglichkeiten Sie haben, Ihr System im Problemfall wieder an den Start zu bringen.

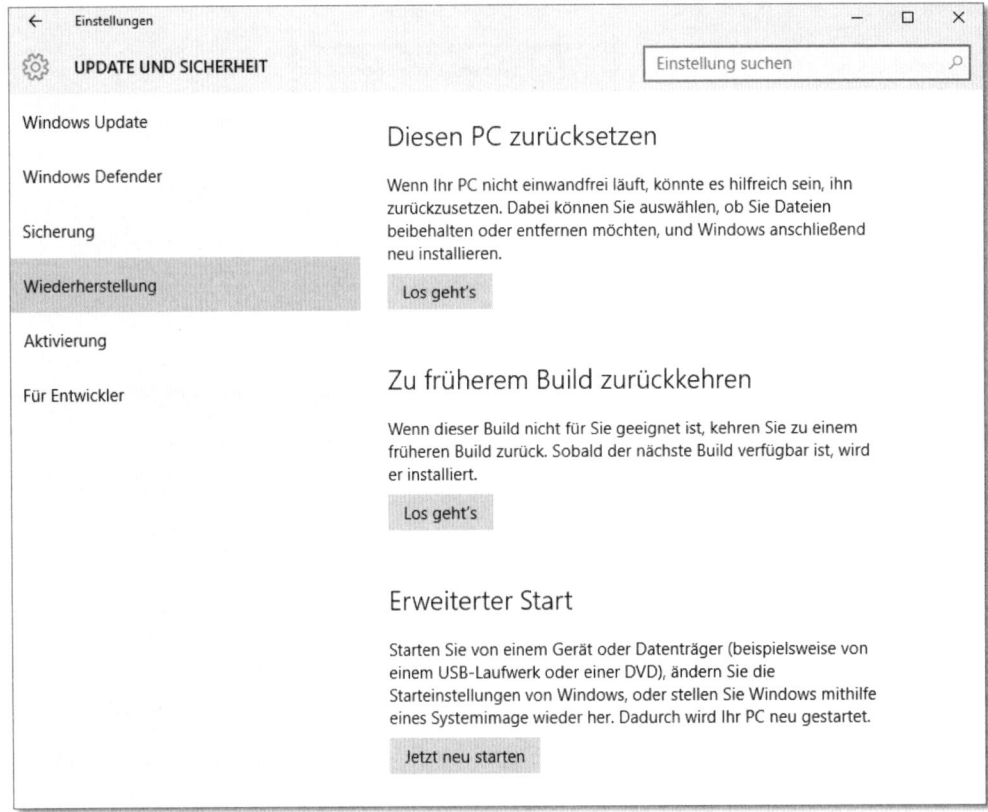

Abbildung 7.52 Drei Optionen der Wiederherstellung

Aktivierung

Sollten Sie bei der Installation keine gültigen Lizenzschlüssel eingegeben haben oder möchten Sie Ihr Windows durch Eingabe eines neuen Schlüssels erneut aktivieren, haben Sie hier die Gelegenheit, einen gültigen Lizenzschlüssel (PRODUCT KEY) einzugeben (Abbildung 7.53). Betätigen Sie die Schaltfläche PRODUCT KEY ÄNDERN, um den entsprechenden Dialog zu öffnen.

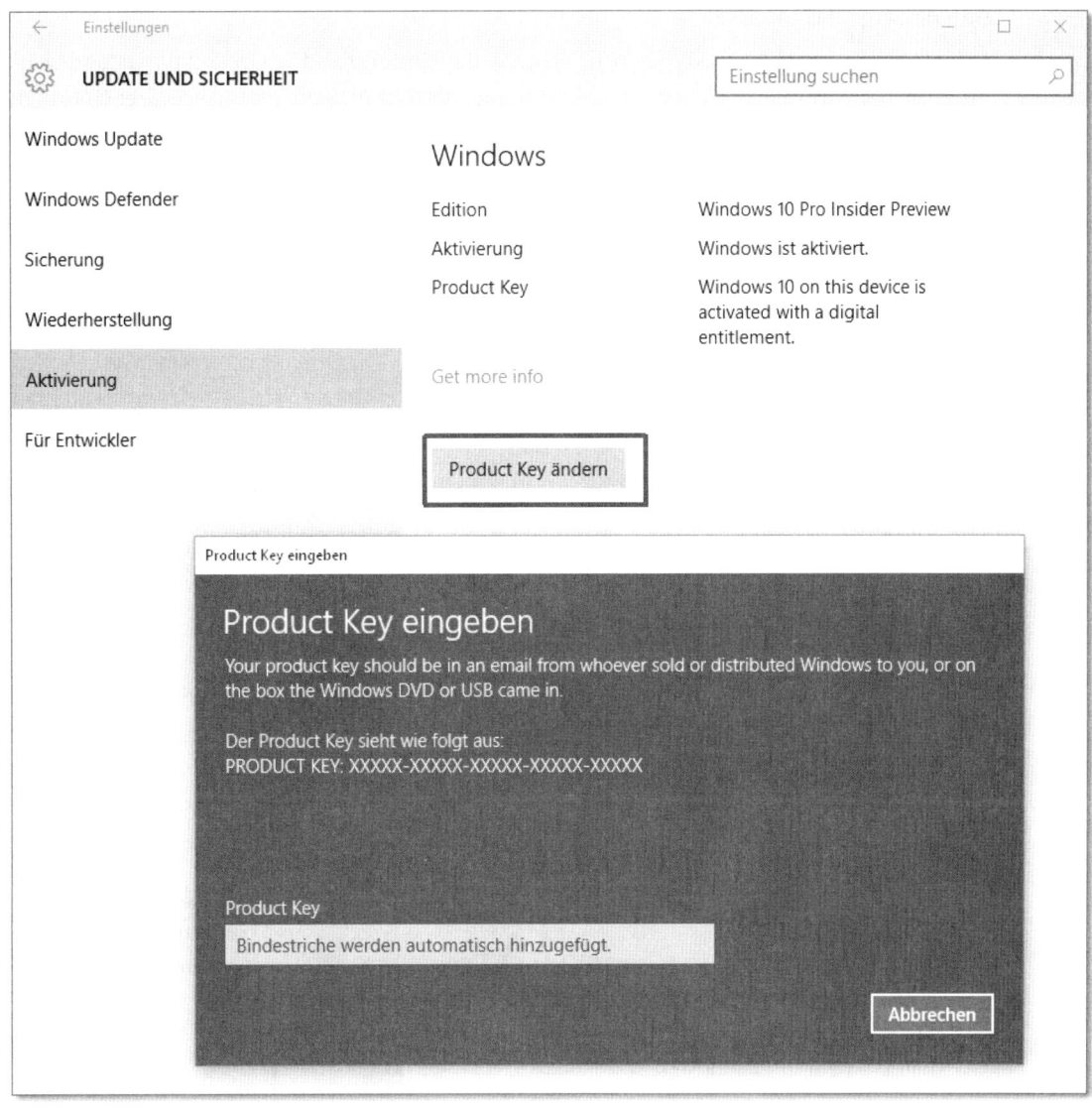

Abbildung 7.53 Einen Lizenzschlüssel eingeben

7.1.9   Personalisieren

Die Personalisierungs-App bietet Ihnen die Möglichkeit, Ihr System an Ihre persönlichen Bedürfnisse und Vorlieben anzupassen. Sie können hier das Erscheinungsbild von Windows 10 anpassen.

Den Hintergrund anpassen

In der Ansicht HINTERGRUND legen Sie fest, wie der Hintergrund des Desktops gestaltet werden soll. Die Auswahlliste unter dem Schriftzug HINTERGRUND bietet Ihnen drei Optionen (Abbildung 7.54):

▶ BILD

▶ VOLLTONFARBE

▶ DIASHOW

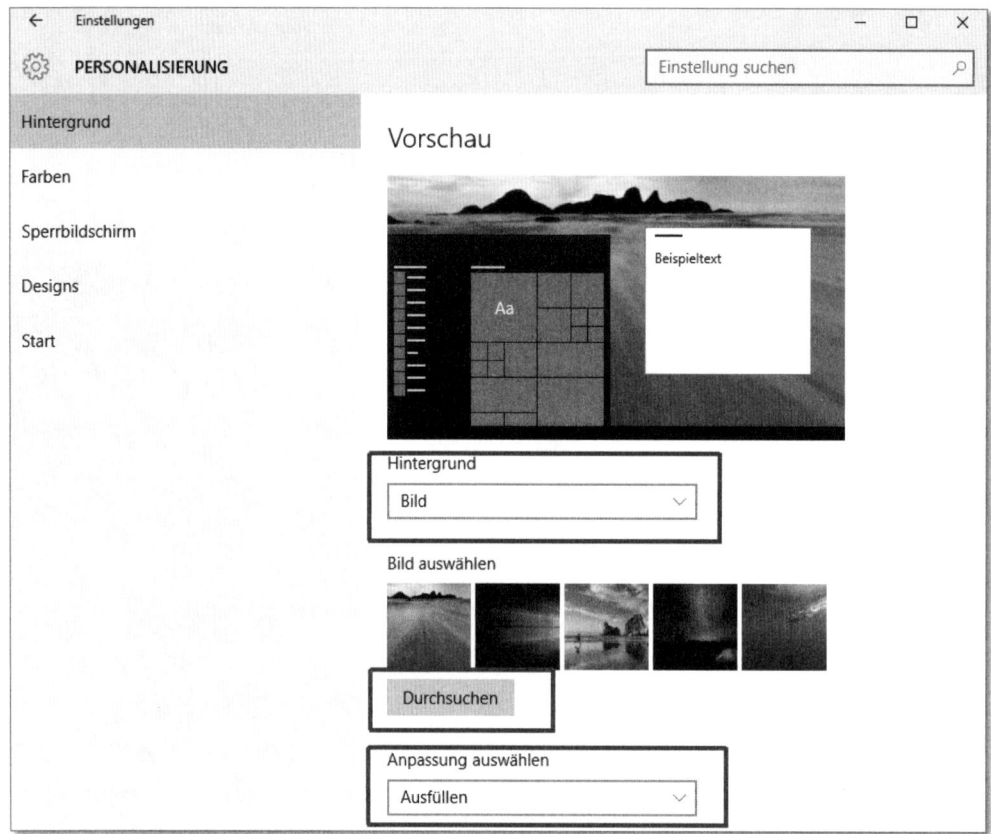

Abbildung 7.54 Ein Bild als Hintergrund festlegen

Wenn Sie sich für ein Bild entscheiden, können Sie anschließend die Schaltfläche DURCHSUCHEN betätigen und ein Bild Ihrer Wahl auswählen. In der Auswahlliste unter dem Schriftzug ANPASSUNG AUSWÄHLEN können Sie entscheiden, wie das von Ihnen gewählte Bild dargestellt werden soll (Abbildung 7.55). Die meisten Bilder, sofern sie nicht von vornherein zur Verwendung als Hintergrundbild vorgesehen sind, verfügen über Auflösungen, die nicht Ihrer aktuellen Bildschirmauflösung entsprechen. Eine Anpassung ist daher in den meisten Fällen sinnvoll.

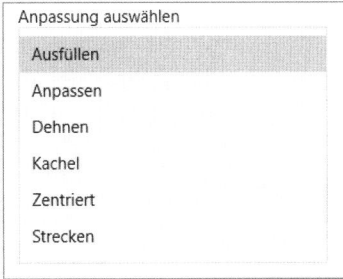

Abbildung 7.55 Anpassung der Darstellung

Sollten Sie statt eines Bildes einen einfarbigen Hintergrund bevorzugen, wählen Sie den Listeneintrag VOLLTONFARBE aus (Abbildung 7.56). Statt der Schaltfläche DURCHSUCHEN wird Ihnen nun eine Farbpalette angeboten, aus der Sie Ihre bevorzugte Hintergrundfarbe auswählen können (Abbildung 7.56).

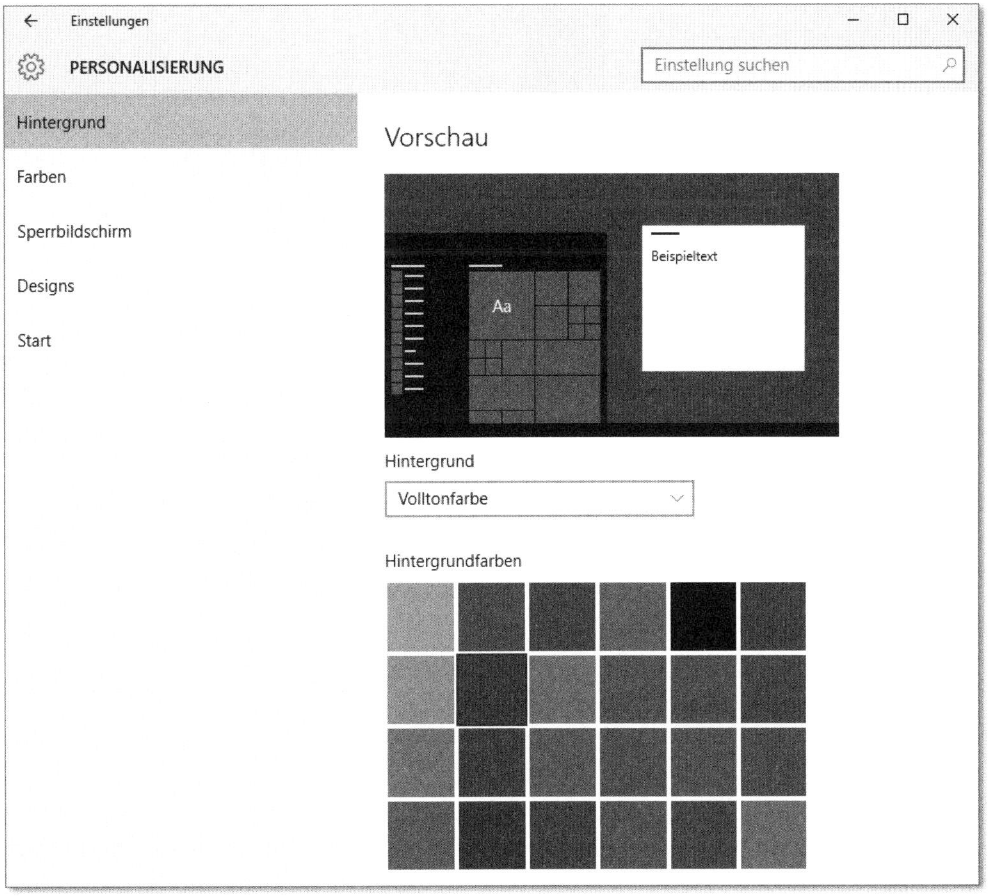

Abbildung 7.56 Einen einfarbigen Hintergrund auswählen

Sie haben ferner noch die Option, sich für eine DIASHOW als Hintergrund zu entscheiden (Abbildung 7.54). Das bedeutet, dass eine Reihe von Bildern in einem von Ihnen angegebenen Zeitintervall (BILDÄNDERUNGSINTERVALL) angezeigt wird. Sie können durch Betätigen der Schaltfläche DURCHSUCHEN einen Ordner auswählen, in dem sich die anzuzeigenden Bilder befinden (Abbildung 7.57). Mithilfe des Schiebers ZUFÄLLIGE WIEDERGABE können Sie bestimmen, dass die Bilder in einer zufälligen Reihenfolge angezeigt werden sollen.

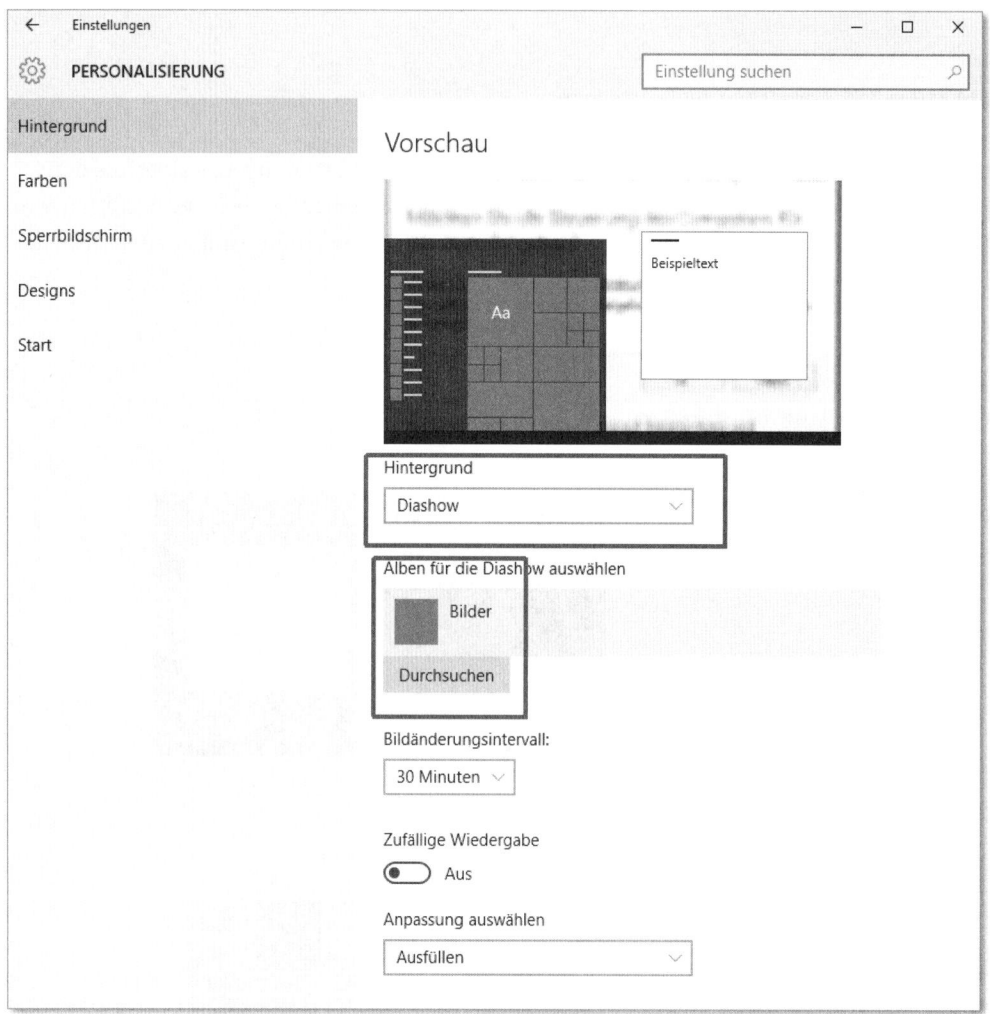

Abbildung 7.57 Eine Diashow als Hintergrund einrichten

Farben anpassen

Möchten Sie Änderungen an der Farbgebung des Startmenüs, der Hintergrundfarbe von Kacheln oder der Taskleiste vornehmen, sind Sie hier genau richtig. Sie können in der

Ansicht Farben festlegen, ob eine automatisch generierte Akzentfarbe für die Farbgebung genutzt werden soll (Abbildung 7.58). Diese Farbe wird anhand der Farbgebung Ihres Desktop-Hintergrunds ermittelt.

Wenn Sie den Schieber Automatisch eine Akzentfarbe aus meinem Hintergrund auswählen in die Position Aus bewegen, wird eine Farbpalette angezeigt (Abbildung 7.58). Aus dieser können Sie dann manuell die gewünschte Akzentfarbe auswählen.

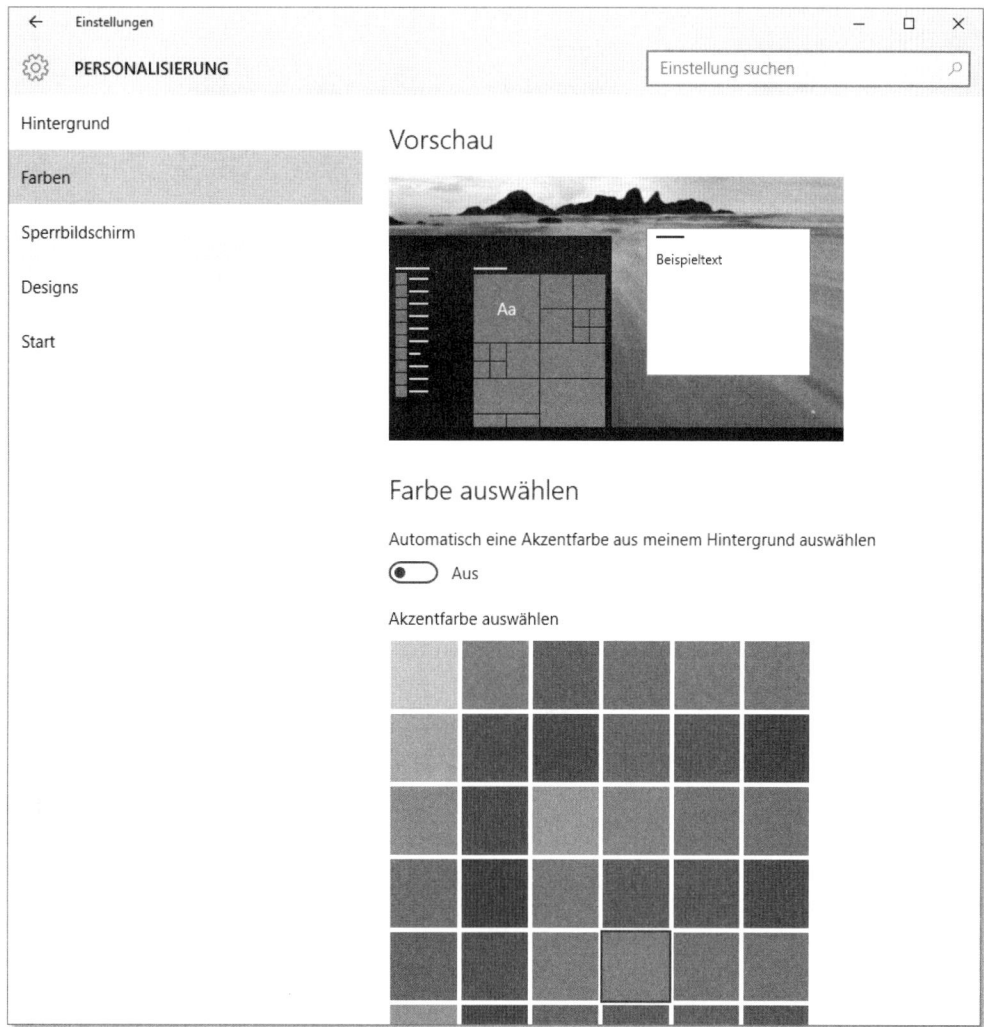

Abbildung 7.58 Eine Akzentfarbe festlegen

Den Sperrbildschirm (Lockscreen) personalisieren

Auch der Sperrbildschirm lässt sich auf ähnliche Wiese anpassen. Zusätzlich haben Sie noch die Möglichkeit, ausgewählten Apps zu gestatten, Ihnen Nachrichten (Statusmeldungen)

auf dem Sperrbildschirm anzuzeigen (Abbildung 7.59). Wählen Sie in der Ansicht SPERRBILD-
SCHIRM aus der Auswahlliste unter dem Schriftzug HINTERGRUND den Eintrag BILD aus, um
ein statisches Hintergrundbild festzulegen. Auch hier können Sie anschließend durch Betätigen der Schaltfläche DURCHSUCHEN ein Ihnen genehmes Bild auswählen.

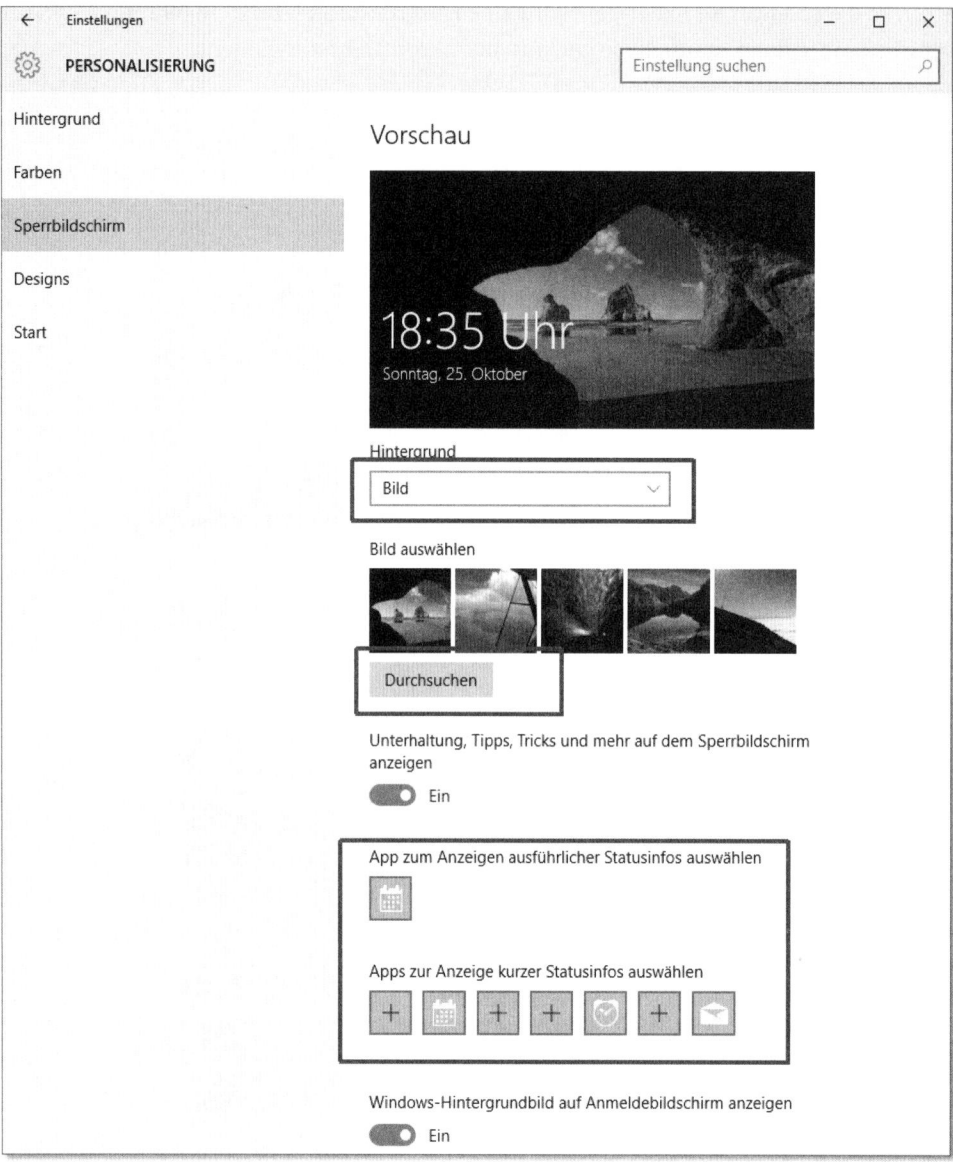

Abbildung 7.59 Ein Bild als Hintergrund

Des Weiteren können Sie dem Sperrbildschirm auch ein dynamisches Aussehen verleihen. Wählen Sie dazu aus der Auswahlliste unter dem Schriftzug HINTERGRUND den Ein-

trag DIASHOW aus (Abbildung 7.60). Anschließend können Sie Ordner (Alben) mit Bildern, die als Quellen für die Diashow dienen sollen, auswählen (ALBEN FÜR DIE DIASHOW AUS-WÄHLEN).

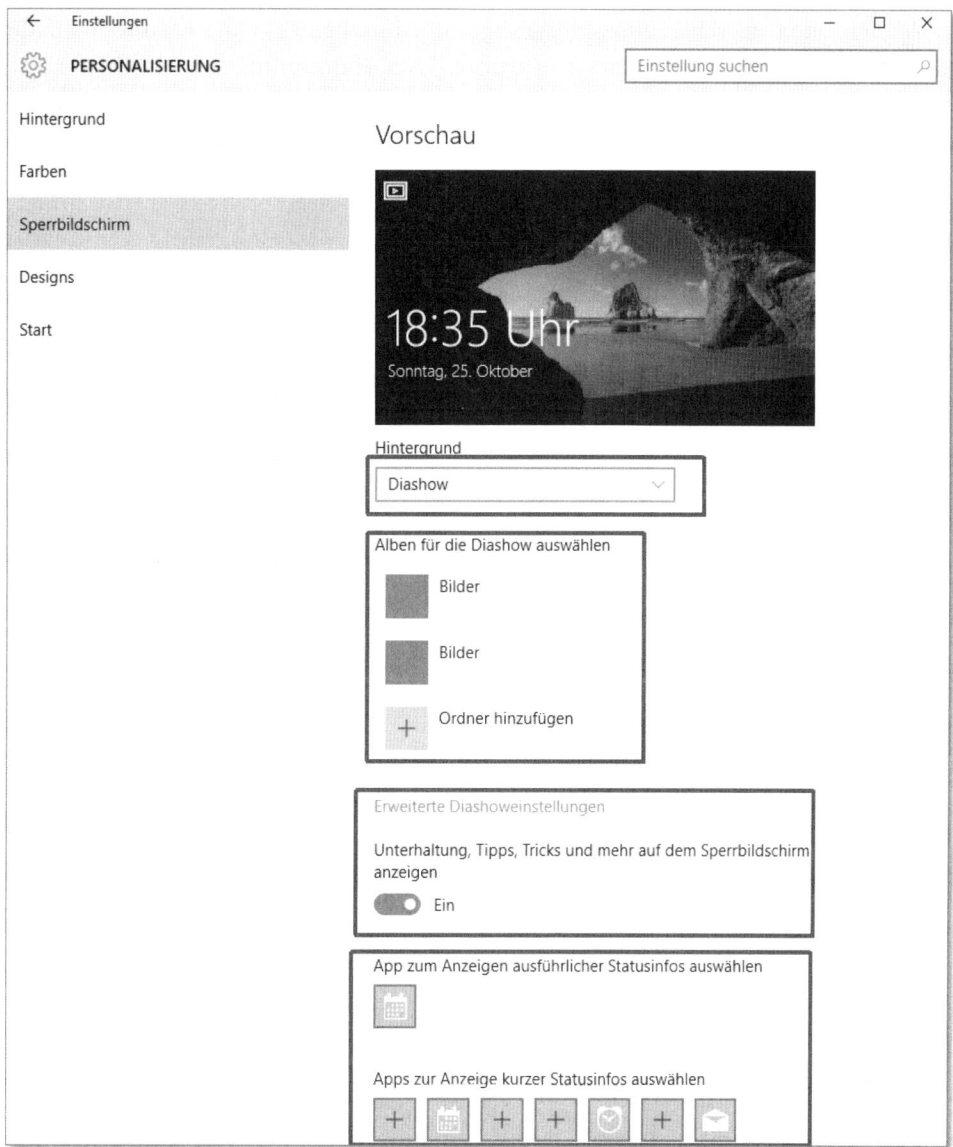

Abbildung 7.60 Eine Diashow auf dem Sperrbildschirm anzeigen

Windows 10 bringt jedoch noch eine weitere Konfigurationsoption für den Sperrbildschirm mit. Damit können Sie dem Sperrbildschirm noch mehr Dynamik verleihen. Wie das genau funktioniert, zeigen wir Ihnen im folgenden Abschnitt.

7.2   Der intelligente Lockscreen: Windows Spotlight

Sie hatten bereits in früheren Windows-Versionen die Möglichkeit, den Hintergrund des Sperrbildschirms (engl. *Lockscreen*) zu konfigurieren. Sie hatten dabei die wenig spektakulären Möglichkeiten, zwischen einem festgelegten Bild und einer Diashow zu wählen. Mit Windows 10 erhalten Sie die zusätzliche Option, den Hintergrund zum Blickpunkt zu machen (engl. *Spotlight*). Wenn Sie diese Option nutzen, werden täglich wechselnde Hintergrundbilder angezeigt. Diese Bilder werden zunächst zufällig von Microsoft bereitgestellt. Zusätzlich erhalten Sie dabei auch Informationen über Neuerungen in Windows 10.

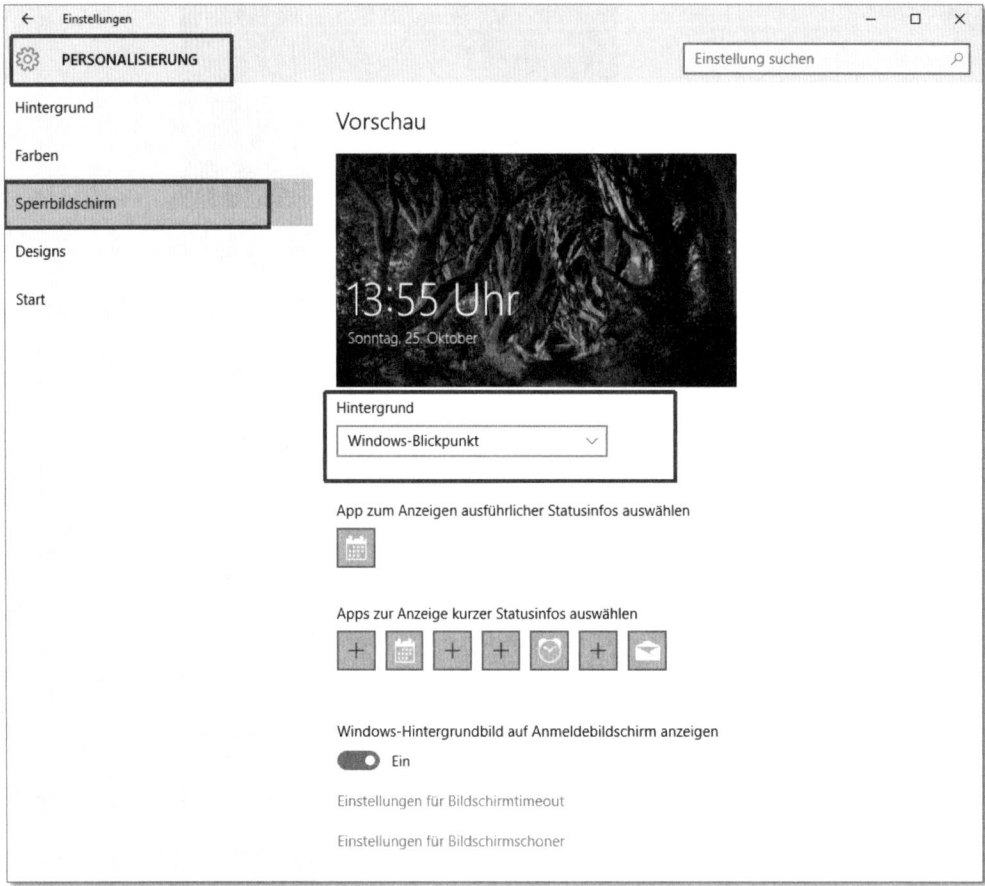

Abbildung 7.61 Windows-Blickpunkt

Spotlight aktivieren

Um den Sperrbildschirm zum Blickpunkt zu machen, gehen Sie wie folgt vor:

▶ Benutzen Sie die Tastenkombination ⊞ + Ⅰ und, öffnen Sie so die Einstellungen.

▶ Wählen Sie im Menü den Schriftzug SPERRBILDSCHIRM aus.

Sie haben nun die Option, den Hintergrund für den Sperrbildschirm Ihres Systems zu konfigurieren, wählen Sie als Hintergrund den Listeneintrag WINDOWS-BLICKPUNKT aus.

Abbildung 7.62 Statusinfos durch Apps anzeigen lassen

Wenn Sie es wünschen, können Sie weitere Apps autorisieren, Ihnen auf dem Sperrbildschirm Statusinformationen anzuzeigen (Abbildung 7.62).

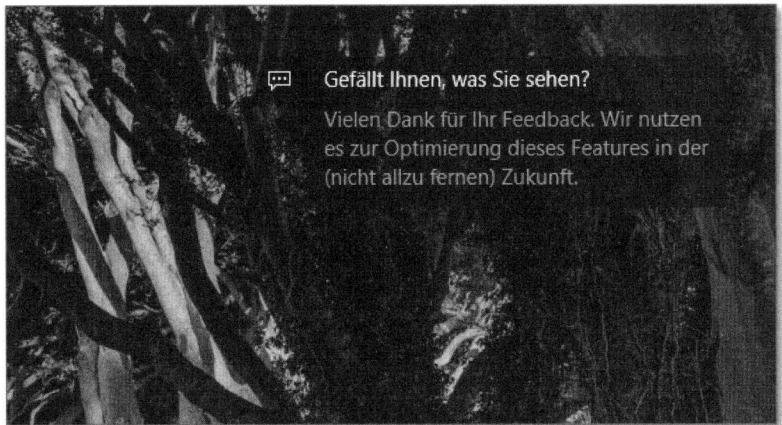

Abbildung 7.63 Danke für Ihr Feedback

Auf dem aktiven Sperrbildschirm haben Sie nun die Möglichkeit, Microsoft eine Rückmeldung (engl. *Feedback*) zu geben, ob Ihnen das gezeigte Bild gefällt. Bei genügend positiven Bewertungen werden in Zukunft nur noch Bilder auf Ihrem Sperrbildschirm angezeigt, die Ihren Vorlieben entsprechen.

Genauso können Sie durch entsprechende negative Bewertungen steuern, dass Bilder, die Ihnen nicht gefallen, auf Ihrem Sperrbildschirm nicht mehr erscheinen. Durch dieses Bewertungsverfahren lernt Microsoft Ihre Vorlieben also so weit kennen, dass, wenn Sie beispielsweise stets Bilder mit Bäumen positiv bewerten, in Zukunft vermehrt Bilder mit Bäumen angezeigt werden. Dieser intelligente Mechanismus erkennt also nicht nur bestimmte Bilder, sondern wertet auch deren Inhalt aus.

Kein Spotlight auf Ihrem System?

Der intelligente Sperrbildschirm (*Spotlight*) steht Ihnen in Ihrer Windows-Version nicht oder noch nicht zur Verfügung? Gegebenenfalls ist dann ein Upgrade bzw. ein Update Ihrer Windows-Version erforderlich.

7.3   Mit Kurzbefehlen schneller ans Ziel kommen

Mithilfe des Kommandos `ms-settings:` können Sie nicht nur das Fenster EIGENSCHAFTEN öffnen, sondern auch gezielt Apps zur Verwaltung bestimmter Aufgaben starten. Hierzu müssen Sie mit ⊞ + R den AUSFÜHREN-Dialog öffnen und anschließend das gewünschte Kommando in das Eingabefeld eingeben (Abbildung 7.64). Starten Sie beispielsweise die App NETZWERK UND INTERNET durch Eingabe des Befehls `ms-settings:network` (Abbildung 7.65). Nach Betätigen der Schaltfläche OK oder Betätigen der ⏎-Taste wird die entsprechende App gestartet.

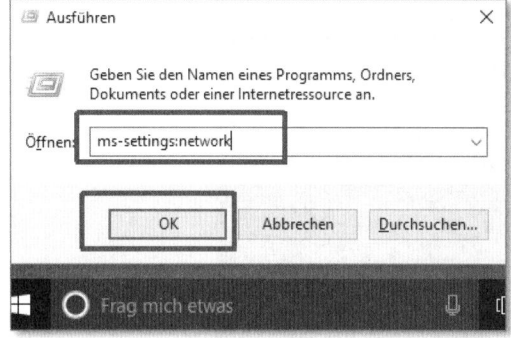

Abbildung 7.64 Netzwerk und Internet starten

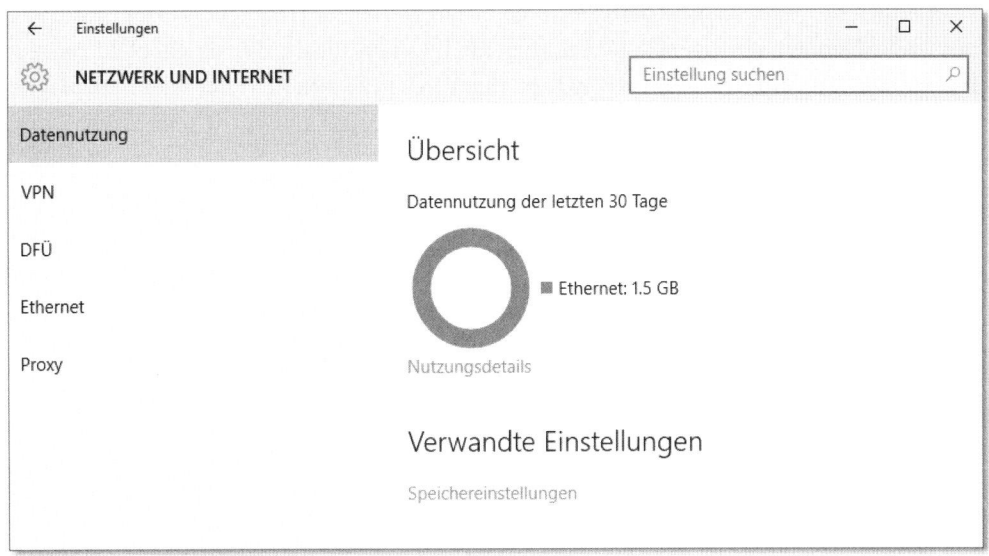

Abbildung 7.65 Netzwerk und Internet

Natürlich ist diese Vorgehensweise nicht sehr intuitiv. Eleganter ist die Nutzung von Verknüpfungen. So müssen Sie die Befehle nicht mehr manuell eingeben und können die entsprechenden Apps direkt durch Anklicken öffnen. Führen Sie zunächst einen Rechtsklick auf den Desktop-Hintergrund aus, und öffnen Sie so das Kontextmenü (Abbildung 7.66), das es Ihnen ermöglicht, eine neue Verknüpfung anzulegen. Sie finden die Option unter dem Punkt NEU.

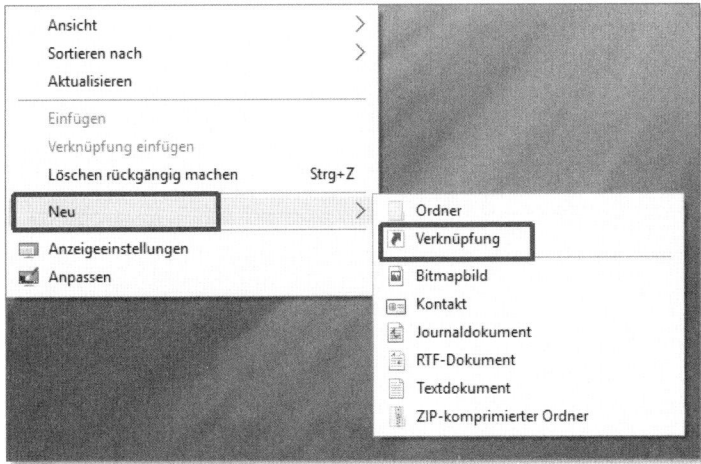

Abbildung 7.66 Eine neue Verknüpfung erstellen

Wählen Sie hier den Eintrag VERKNÜPFUNG aus, um eine neue Verknüpfung anzulegen.

Es öffnet sich nun ein Dialog, in dem Sie aufgefordert werden, den Speicherort für das zu ver-knüpfende Element einzugeben (Abbildung 7.67). Geben Sie in das Eingabefeld `ms-settings:network` ein, um eine Verknüpfung mit der App NETZWERK UND INTERNET anzulegen.

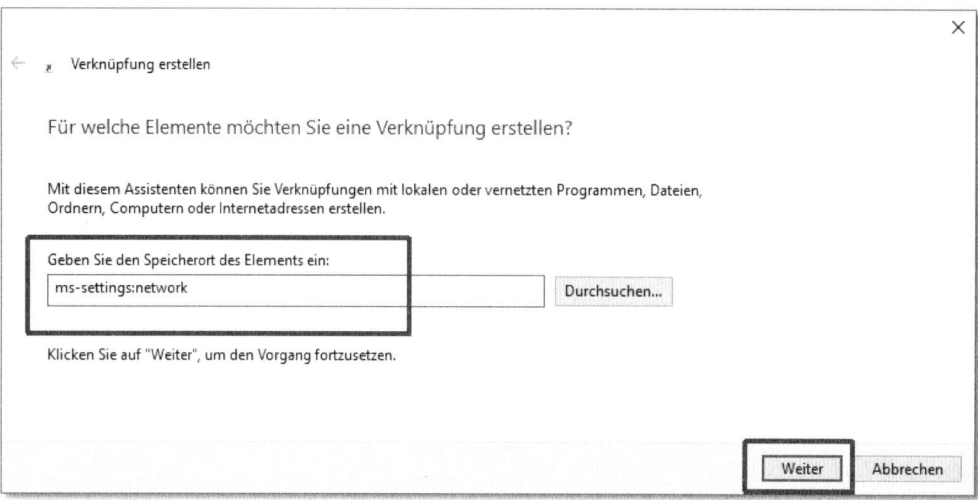

Abbildung 7.67 Assistent zum Erstellen einer neuen Verknüpfung

Setzen Sie den Vorgang durch Betätigen der Schaltfläche WEITER fort. Im letzten Schritt müssen Sie nur noch einen aussagekräftigen Namen für die zu erstellende Verknüpfung angeben (Abbildung 7.68). Bezogen auf dieses Beispiel würde es sich anbieten, die Verknüpfung NETZWERK UND INTERNET zu nennen.

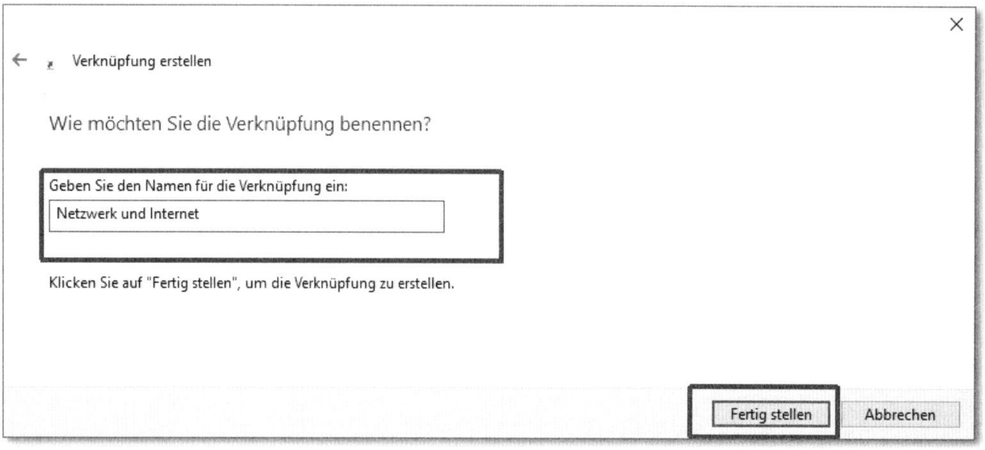

Abbildung 7.68 Einen Namen für die Verknüpfung vergeben

Betätigen Sie die Schaltfläche FERTIG STELLEN, um den Vorgang abzuschließen. Es wurde eine neue Verknüpfung auf dem Desktop angelegt, mit der Sie die App NETZWERK UND INTERNET durch einen Doppelklick starten können (Abbildung 7.69).

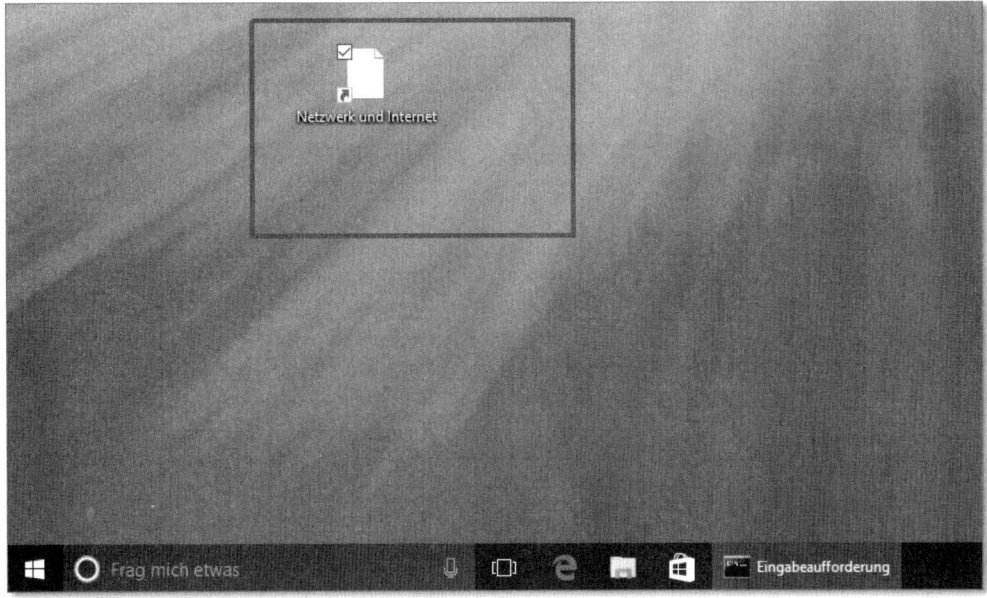

Abbildung 7.69 Eine neue Verknüpfung auf dem Desktop

Eine kurze Übersicht über einige nützliche Befehle geben wir Ihnen in Tabelle 7.2. Diese Übersicht zeigt nur einige der verfügbaren Befehle. Einen vollständigen Überblick gibt es auf dieser Microsoft-Webseite in englischer Sprache: *https://msdn.microsoft.com/en-us/library/ windows/apps/mt228342.aspx#ms-settings__uri_scheme_reference*. Leider scheint es so, als ob nicht alle Befehle auch mit jeder Windows 10-Version funktionierten. Im Zweifelsfall hilft aber einfaches Ausprobieren.

Befehle	Einstellungen-App
ms-settings:connecteddevices	Geräte – angeschlossene Geräte
ms-settings:speech	Zeit und Sprache – Sprach Ein-/Ausgabe
ms-settings:network	Netzwerk und Internet
ms-settings:datausage	Netzwerk und Internet – Datennutzung
ms-settings:network-wifi	Netzwerk und Internet – WLAN

Tabelle 7.2 Übersicht »ms-settings«

Befehle	Einstellungen-App
ms-settings:network-vpn	Netzwerk und Internet – VPN
ms-settings:network-ethernet	Netzwerk und Internet – VPN
ms-settings:privacy-location	Datenschutz – Position
ms-settings:personalization-start	Personalisierung – Start
ms-settings:lockscreen	Personalisierung – Sperrbildschirm
ms-settings:privacy-webcam	Datenschutz – Kamera
ms-settings:windowsupdate	Update und Sicherheit

Tabelle 7.2 Übersicht »ms-settings« (Forts.)

Kapitel 8
Die klassische Windows-Desktop-Umgebung

8

Natürlich gibt es ihn noch: den klassischen Windows-Desktop – mit einigen neuen Funktionen und Verbesserungen im Detail. So glänzt der Windows Explorer im Menüband-Gewand, das viele nützliche Funktionen nun per Mausklick verfügbar macht. Auch Verbesserungen des Task-Managers oder die Nutzung des Schnellstartmenüs optimieren und erleichtern die tägliche Arbeit mit Windows 10 enorm. Und natürlich: Das Startmenü ist wieder da! In diesem Kapitel lernen Sie die bewährten Methoden sowie die Neuerungen der Windows-Dateiverwaltung kennen.

Ein kurzer Blick zurück: In Windows 8 hatte Microsoft eine neue grafische Oberfläche eingeführt: Die *Modern UI* (*Modern User Interface*), die anfangs unter der Bezeichnung *Metro* bekannt wurde. Die Modern UI ist ein komplett anderes Bedienkonzept, das für die Fingerbedienung (Touchbedienung) optimiert und somit speziell für Tablets geeignet ist. Viele Benutzer fanden es verwirrend, dass der gewohnte Desktop nach der Anmeldung nur noch als Kachel von der Startseite aufgerufen werden konnte, und fühlten einen »Bruch« beim dauernden Wechsel zwischen Kacheln und klassischem Desktop. Allerdings gab es auch starke Befürworter des neuen Systems.

In Windows 10 gibt es gute Nachrichten für beide Fraktionen: Sie können zwischen dem klassischen Desktop- und dem Tablet-Modus wählen. Im klassischen Desktop ist vieles so, wie Sie es aus früheren Windows-Versionen gewohnt sind. Es gibt einen Startknopf, hinter dem sich wieder ein Startmenü verbirgt, und nach dem Anmelden gelangen Sie ohne Extrakonfiguration in die Desktop-Umgebung.

Die moderne Oberfläche ist damit aber nicht vom Tisch! Bei Bedarf können Sie in den neuen Tablet-Modus umschalten, der die Freunde des Windows 8-Startbildschirms glücklich macht. Der Clou: Windows 10 erkennt auf Basis der Hardware automatisch, ob Sie ein Tablet oder ein Tastatur/Maus-System verwenden und stellt den entsprechenden Modus ein.

Microsoft wollte in puncto Usabiliy für Desktop- und Tablet-Benutzer definitiv nichts mehr anbrennen lassen. So wird beim Wechsel zwischen Desktop- und Tablet-Modus höflich nachgefragt, ob Sie den Wechsel wollen und den entsprechenden Modus als Voreinstellung abspeichern möchten. Und auch an die goldene Mitte wurde gedacht: Das Startmenü deckt sowohl klassische Apps als auch Einstellungen sowie Universal Apps ab, und zudem können Sie das Startmenü in der Größe anpassen. Im Tablet-Modus hingegen finden Sie auch einfachen Zugriff auf Elemente des Startmenüs – wenn Sie es benötigen. Universal Apps laufen jetzt in Fenstern und einiges mehr. Alles harmoniert mit allem, ganz im Sinne des neuen Microsoft-Leitspruchs: »One Windows«. Lassen Sie sich überraschen!

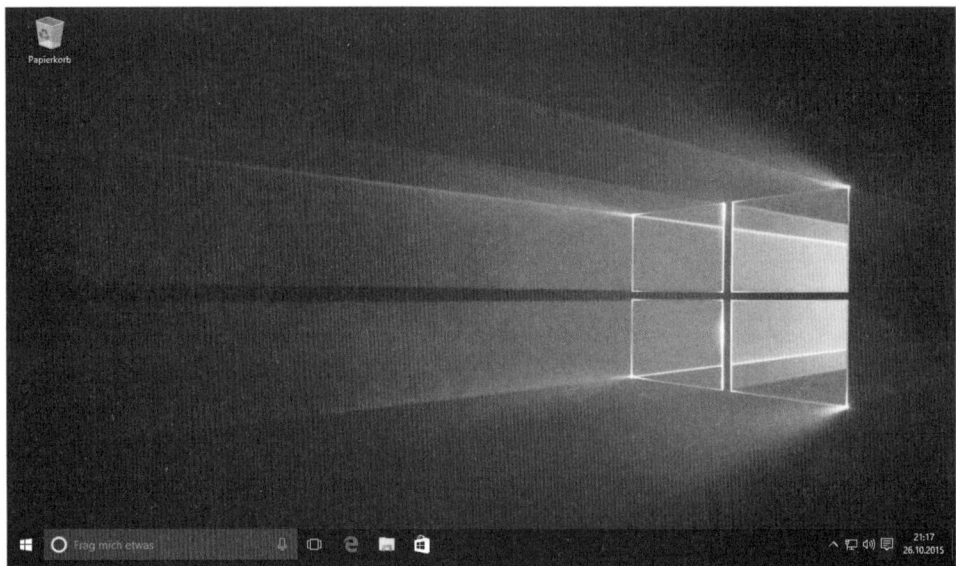

Abbildung 8.1 Alte Liebe in neuem Outfit: der Desktop

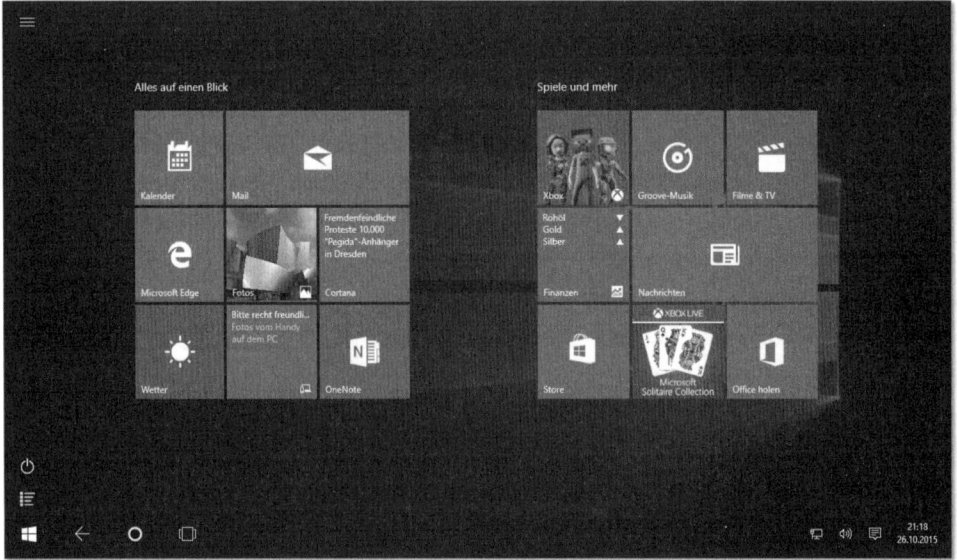

Abbildung 8.2 Der Tablet-Modus: optimiert für Touchscreen

Universal Apps

Mit Universal Apps vervollständigt Microsoft die App-Erfahrung, die bereits in Windows 8 mit den *Store-Apps* einsetzte. Auch Universal Apps beziehen Sie in der Regel aus dem Store. Unternehmen können jedoch Apps auch lokal und ohne Store installieren. Wir sprechen hierbei von *querladen* (*Side Loading*). Der Hauptunterschied zwischen ehemaligen Store-Apps und Universal Apps ist, dass diese nicht mehr für ein bestimmtes Betriebssystem, sondern für Geräteklassen entwickelt werden.

8.1 Der Desktop

Der klassische Desktop ist eine vollwertige, an vielen Stellen verbesserte, für Maus und Tastatur optimierte Umgebung. Mit vielen Neuerungen im Detail unterstützt Windows 10 Sie beim täglichen Umgang mit den wichtigsten Elementen: Ihren Daten.

8.1.1 Das Startmenü

Es ist wieder da! Damit hatte Microsoft seinerzeit nicht gerechnet: Im Zuge der Optimierung von Windows 8 auf mobile Geräte fühlten sich viele »Mausschubser«, zu denen sich auch die Autoren dieser Zeilen zählen, etwas vernachlässigt. Das Startmenü war zunächst komplett verschwunden. Später kam zwar ein Startknopf hinzu, der aber kein Startmenü aufrief, sondern weiterhin den Startbildschirm mit Kacheln. In Windows 10 passiert im Desktop-Modus nun wieder das, was Sie erwarten, wenn Sie die Windows-Taste drücken oder den Startknopf in der Ecke anwählen: Ein Startmenü erscheint.

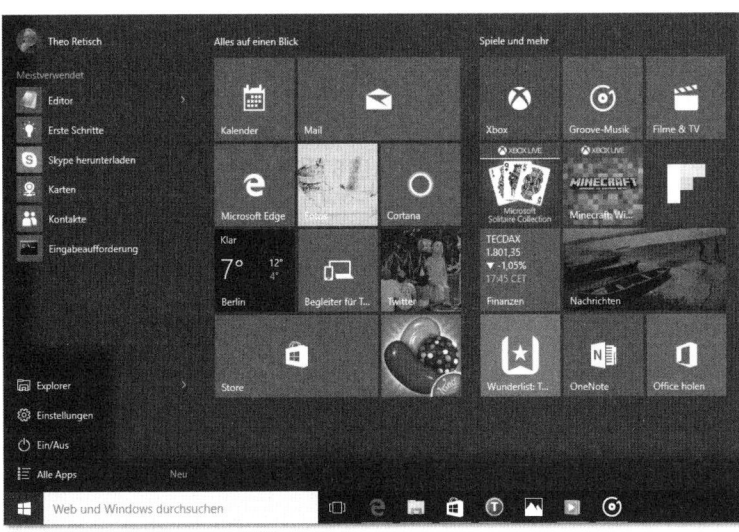

Abbildung 8.3 Das Startmenü in Windows 10

Mithilfe des Startmenüs rufen Sie Desktop-Programme, Universal Apps, Verknüpfungen und einige der wichtigsten Systemfunktionen auf.

Auf der rechten Seite finden Sie den *Kachelabschnitt*, der an eine verkleinerte Version des Tablet-Modus erinnert. Auch wenn es zunächst so anmutet: Sie haben hier nicht nur Zugriff auf Universal Apps, sondern auch auf Desktop-Apps und Verzeichnisse. Die Kacheln können Sie mit gedrückter linker Maustaste anwählen und nach Ihren Wünschen innerhalb des Abschnitts verschieben. Der Kachelabschnitt ist in unterschiedliche Spalten aufgeteilt, erkennbar an einem Zwischenabstand. Diese Abschnitte können Sie mit einem Klick auf die Überschrift umbenennen.

Abbildung 8.4 Das Startmenü kann nach eigenen Wünschen angepasst werden.

Falls Sie den Kachelabschnitt vergrößern möchten (und noch Platz auf dem Bildschirm ist), bewegen Sie den Mauszeiger an den Rand des Startmenüs. Wenn er sich in einen Doppelpfeil verwandelt, halten Sie den Rand des Startmenüs mit der linken Maustaste fest und ziehen die Fläche größer. Diese Funktion funktioniert vertikal und horizontal. Jetzt haben Sie Platz für weitere Kacheln. Falls Sie den gesamten Platz für die Kacheln verwenden wollen, könnten Sie nun in den Tablet-Modus schalten. Dieser Modus ist allerdings wirklich als *touchoptimiert* zu bezeichnen und blendet sowohl den Desktop als auch die Taskleiste aus. Aber auch hierfür hat Windows 10 eine Lösung:

▸ Gehen Sie in die Einstellungen.

▸ Klicken Sie auf Personalisierung.

▸ Wählen Sie den Abschnitt Start.

▸ Wählen Sie bei der Option Menü „Start" im Vollbildmodus verwenden die Einstellung Ein.

Jetzt wird der volle Bildschirm für Kacheln verwendet. Ohne Startmenü? Nicht ganz. Das Startmenü versteckt sich nun hinter zwei Symbolen: Mithilfe des HAMBURGER-Symbols (≡) oben blenden Sie das Startmenü dynamisch ein. Im unteren Bereich befindet sich ein INHALTS-Symbol (▤), das Ihnen den Zugriff auf die ALLE APPS-Ansicht des Startmenüs gewährt.

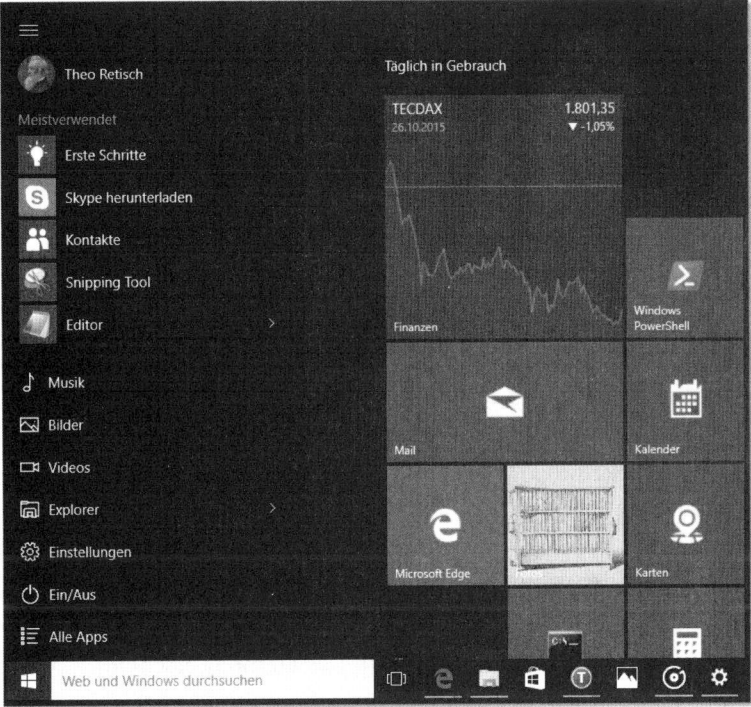

Abbildung 8.5 Wie man es dreht und wendet: Alle Ansichten greifen ineinander.

Wenn Sie eine Kachel auf einen freien Bereich neben einer Spalte (mit drei mittelgroßen Kacheln) ziehen, wird automatisch eine neue Spalte angelegt, die Sie benennen können.

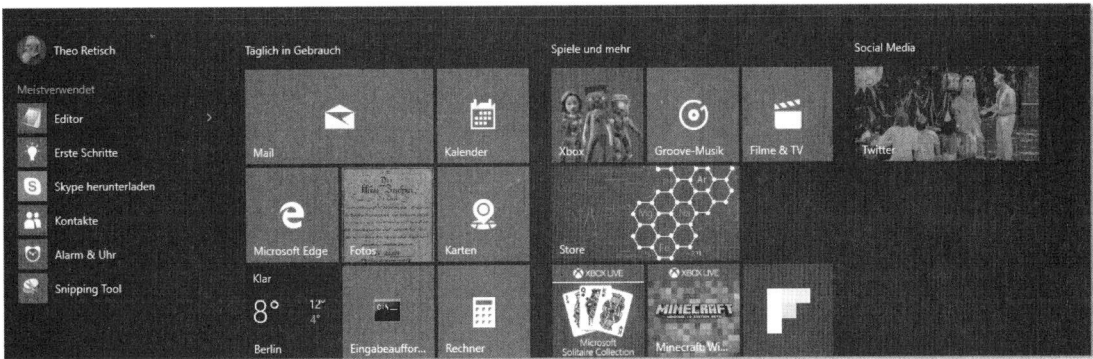

Abbildung 8.6 Wenn genug Platz ist, können Sie auch mehrspaltig arbeiten.

Falls Sie nicht genug Platz haben, ziehen Sie das Kachelelement an den Rand Richtung Taskleiste. Somit entsteht eine neue Spalte mit einer Scrollleiste.

Standardmäßig passen drei Kacheln mittlerer Größe nebeneinander in eine Spalte. Sie können dem Startmenü jedoch noch eine zusätzliche Kachelreihe je Spalte spendieren:

▶ Gehen Sie in die EINSTELLUNGEN.

▶ Klicken Sie auf PERSONALISIERUNG.

▶ Wählen Sie den Abschnitt START.

▶ Wählen Sie bei der Option MEHR KACHELN ANZEIGEN die Einstellung EIN.

Die Kachelgröße können Sie ändern, indem Sie mit der rechten Maustaste auf eine Kachel klicken und im Kontextmenü die Größe auswählen. Es stehen Ihnen bis zu vier Größen zur Verfügung – aber nicht jede Kachel unterstützt alle Größen.

Viele Programme bieten eine *Live-Kachel* an, die relevante Statusinformationen in der Kachel übermittelt, ohne dass Sie das Programm öffnen müssen. Diese Statusinformationen sind nicht immer erwünscht. Falls Sie die Live Kachel in eine statische Kachel umwandeln möchten, klicken Sie mit der rechten Maustaste auf die Live-Kachel, gehen in den Abschnitt MEHR und klicken auf LIVE-KACHEL DEAKTIVIEREN.

Aus dem Startmenü heraus können Sie schnell und einfach eine App per *Drag & Drop* in den Kachelabschnitt ziehen. Wählen Sie dazu beispielsweise im Startmenü unter ALLE APPS das gewünschte Programm mit gedrückter linker Maustaste an und ziehen es in den Kachelabschnitt. Auch Verzeichnisse und Verknüpfungen lassen sich dem Kachelbereich einfach hinzufügen. Wählen Sie dazu das Verzeichnis oder die Verknüpfung mit der rechten Maustaste an und klicken auf AN „START" ANHEFTEN. Das Element erscheint nun im Kachelabschnitt.

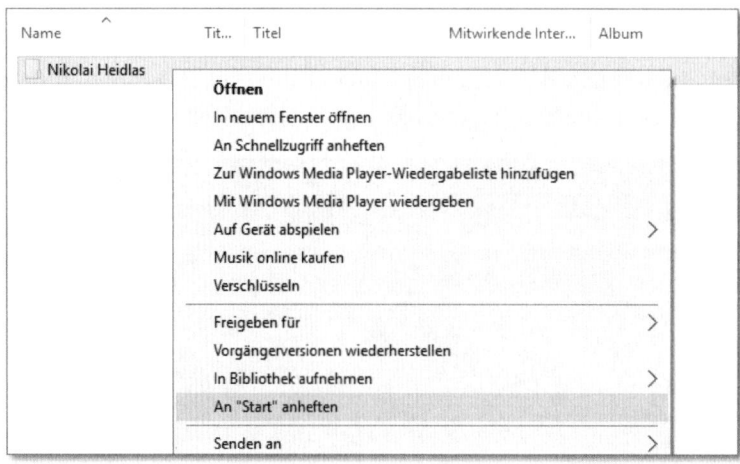

Abbildung 8.7 Auch Desktop-Elemente lassen sich dem Startmenü hinzufügen.

Dieses Verhalten funktioniert auch in den Einstellungen. Öffnen Sie in der Einstellungsübersicht oder auch innerhalb einzelner Abschnitte in den Einstellungen das Kontextmenü. Es erscheint daraufhin AN „START" ANHEFTEN.

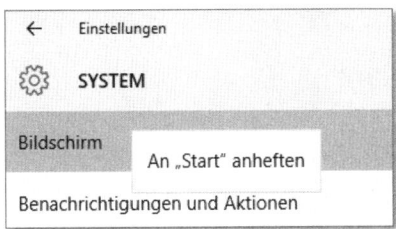

Abbildung 8.8 Auch Einstellungen können in das Startmenü eingeklinkt werden.

Selbst in manchen Apps funktioniert dieses System. Versuchen Sie Folgendes:

► Öffnen Sie die App ALARM UND UHR.

► Klicken Sie oben auf WELTUHR.

► Ihre lokale Uhrzeit wird angezeigt. Klicken Sie mit der rechten Maustaste auf LOKALE UHRZEIT.

► Wählen Sie AN „START" ANHEFTEN.

► Bestätigen Sie die Meldung mit JA.

Jetzt finden Sie in Ihrem Startmenü eine Live-Kachel mit Uhrzeit vor.

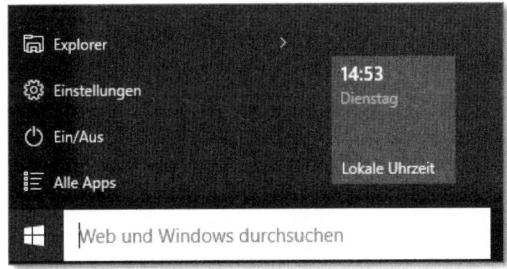

Abbildung 8.9 Eine angeheftete Live-Kachel aus einer App

Das Anheften funktioniert übrigens auch mit den Konten in der Mail-App.

Falls Sie ein schlankes Startmenü ohne Kacheln bevorzugen, ist dies zwar mit einiger Klickarbeit verbunden, aber möglich: Öffnen Sie das Startmenü, klicken Sie jede einzelne Kachel mit der rechten Maustaste an (eine Mehrfachauswahl ist derzeit noch nicht möglich), und wählen Sie VON „START" LÖSEN. Wenn alle Kacheln verschwunden sind, greifen Sie mit gedrückter linker Maustaste den Rand des Startmenüs und ziehen ihn nach links. Jetzt haben Sie ein schlankes Startmenü ohne Kacheln.

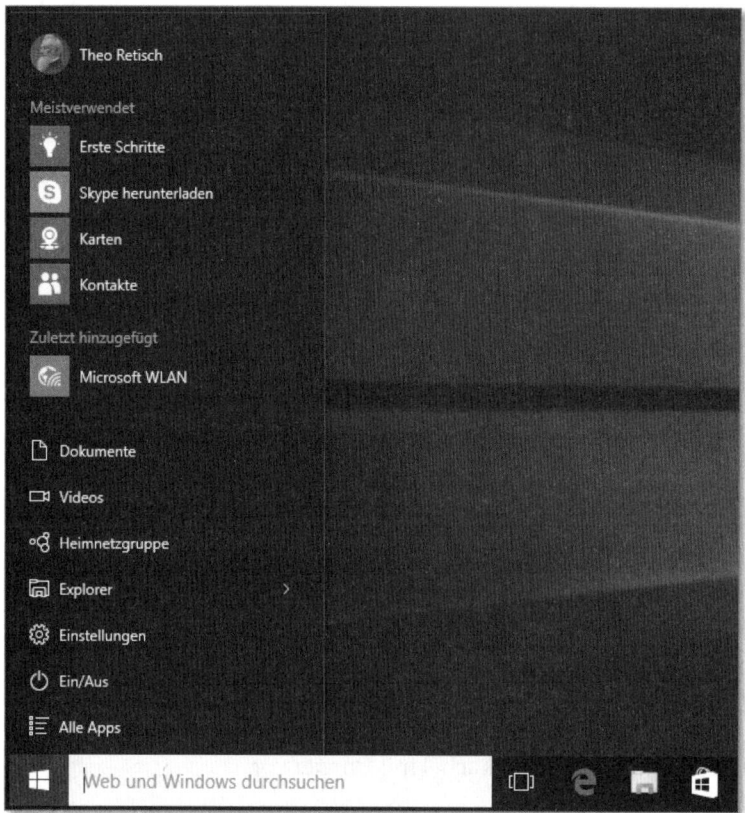

Abbildung 8.10 Ein schlankes Startmenü

Der linke Teil des Startmenüs ist in mehrere Abschnitte unterteilt. Ganz oben finden Sie Ihren angemeldeten Benutzer – falls Sie in den Konteneinstellungen oder im Microsoft Account ein Bild zugewiesen haben, erscheint auch jenes ganz oben. Beim Klick auf Ihren Benutzer haben Sie folgende Optionen:

▶ **Kontoeinstellungen ändern**: Sie öffnen die Einstellungen • Konten • Ihre E-Mail-Adresse und Konten.

▶ **Sperren**: Sie trennen die Benutzersitzung. Die Sitzung bleibt aktiv, geöffnete Programme bleiben erhalten.

▶ **Abmelden**: Sie melden sich ab, alle Benutzeranwendungen werden geschlossen.

▶ **Schnelles Ummelden**: Im unteren Abschnitt sehen Sie die lokal vorhandenen Benutzer. Mit einem Klick auf den Benutzer wird Ihre Sitzung gesperrt und der Anmeldebildschirm des ausgewählten Benutzers angezeigt.

Abbildung 8.11 Ein Klick auf den angemeldeten Benutzer im Startmenü bietet einige Optionen.

Im Abschnitt MEISTVERWENDET ist der Name Programm: Sie finden hier die Apps, die Sie am häufigsten aufgerufen haben. In machen Apps steht eine Sprungliste mit weiteren nützlichen Einstellungen zur Verfügung. Diese Einstellungen variieren und können z. B. die zuletzt aufgerufenen Dokumente einer Textverarbeitung beinhalten.

Wenn Sie die meistverwendeten Apps im Startmenü und die zuletzt geöffneten Elemente in Sprunglisten nicht anzeigen wollen, führen Sie folgende Schritte durch:

- ▶ Gehen Sie in die EINSTELLUNGEN.
- ▶ Klicken Sie auf PERSONALISIERUNG.
- ▶ Wählen Sie den Abschnitt START.
- ▶ Wählen Sie bei der Option MEISTVERWENDETE APPS ANZEIGEN die Einstellung AUS.
- ▶ Wählen Sie bei der Option ZULETZT GEÖFFNETE ELEMENTE IN SPRUNGLISTEN IM MENÜ „START" ODER AUF DER TASKLEISTE ANZEIGEN die Einstellung AUS.

Falls Sie kürzlich eine oder mehrere Apps installiert haben, werden diese in einem dynamischen Abschnitt ZULETZT HINZUGEFÜGT angezeigt, der sich unter dem Abschnitt MEISTVERWENDET befindet. Sie können auch diese Funktion in den EINSTELLUNGEN unter PERSONALISIERUNG im Abschnitt START ausblenden.

Im unteren Abschnitt des Startmenüs finden Sie zunächst ALLE APPS. Hier sehen Sie die vollständige Liste Ihrer Apps. Wie Sie es vielleicht bereits von Ihrem Smartphone her gewohnt sind, sind die Apps nach Buchstaben sortiert. Wenn Sie auf einen Buchstaben klicken, erscheint eine alphabetische Liste, mithilfe derer Sie direkt zum Anfangsbuchstaben der gesuchten App(s) springen können. Kürzlich installierte Apps werden rechts neben dem App-Namen mit NEU gekennzeichnet. Falls eine Verzeichnisstruktur vorhanden ist, klappen Sie diese mit dem Pfeil rechts neben dem App-Namen aus.

Abbildung 8.12 Der Abschnitt »Alle Apps«.

Mit einem Rechtsklick auf die App öffnen Sie das Kontextmenü, in dem sich weitere Funktionen, wie z. B. den Zugriff auf Programme und Features, für die Deinstallation oder das Anheften befinden.

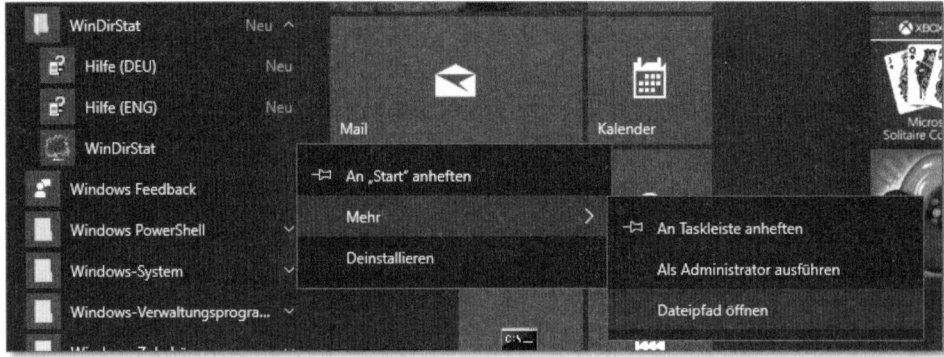

Abbildung 8.13 Alle Apps: Verschachteln, Hervorheben neuer Apps und Kontextmenü

An zweiter Position befindet sich der EIN/AUS-Knopf. In früheren Betriebssystemen befanden sich die Funktionen Abmelden, Sperren, Ausschalten etc. alle an einem Ort. Microsoft teilt diese Funktionen nun auf. So wird z. B. ein versehentliches Ausschalten verhindert, wenn man sich eigentlich nur abmelden wollte. Folglich finden Sie in EIN/AUS die Abschnitte ENERGIE SPAREN (Standby) und gegebenenfalls RUHEZUSTAND, HERUNTERFAHREN und NEU STARTEN.

Und tschüss! Abmelden und Co. für Profis

Öffnen Sie eine PowerShell, und sagen Sie dem Betriebssystem: »Auf Wiedersehen!« – in der Kommandozeile (siehe Tabelle 8.1).

Befehl	Aktion
`Stop-Computer`	fährt das System herunter
`Shutdown /s /t 15`	fährt das System in 15 Sekunden herunter
`Restart-Computer`	startet das System neu
`Shutdown /r /t 15`	startet das System in 15 Sekunden neu
`Shutdown /l` oder `LogOff`	meldet Sie ab
`rundll32.exe user32.dll,LockWorkStation`	sperrt die Benutzersitzung

Tabelle 8.1 Befehle für die Kommandozeile

Über dem EIN/AUS-Knopf erhalten Sie zunächst Zugriff auf die EINSTELLUNGEN, und damit öffnen Sie zudem den WINDOWS EXPLORER. Diesen Bereich können Sie bis zu einem gewissen Grad mit Bordmitteln anpassen. Drücken Sie die Tastenkombination ⊞ + Ⅰ, klicken Sie auf PERSONALISIERUNG und dort auf den Abschnitt START. Ganz unten befindet sich ein Link ORDNER AUSWÄHLEN, DIE IM MENÜ „START" ANGEZEIGT WERDEN. Hier können Sie mithilfe der Schieberegler verschiedene Systemelemente wie z. B. Dokumente, Bilder oder Netzwerke direkt im Startmenü einblenden. Die Einstellung wirkt sofort. Ab jetzt haben Sie Schnellzugriff auf die ausgewählten Elemente im Startmenü.

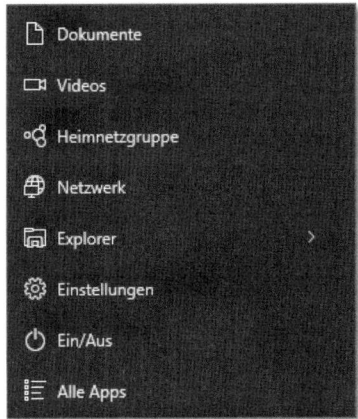

Abbildung 8.14 Ein angepasstes Startmenü

Standardmäßig ist das Startmenü mit leichter Transparenz ausgestattet. Wenn Sie die Transparenz abstellen wollen, drücken Sie die Tastenkombination ⊞ + Ⅰ, klicken auf PERSONALISIERUNG und dort auf den Abschnitt FARBEN. Scrollen Sie nach unten, stellen Sie den Schieberegler MENÜ „START", TASKLEISTE UND INFO-CENTER TRANSPARENT GESTALTEN in die AUS-Position. Im gleichen Abschnitt können Sie Ihrem Startmenü auch etwas Farbe verpassen. Sie haben hier die Möglichkeit, entweder die Farbgebung des Startmenüs automatisiert auf Basis Ihres Desktop-Themas zu wählen oder selbst ein Farbschema anzugeben. Wenn Sie ein automatisches Farbschema möchten, stellen Sie den Schieberegler unter AUTOMATISCH EINE AKZENTFARBE AUS MEINEM HINTERGRUND AUSWÄHLEN auf die Position EIN. Wünschen Sie ein bestimmtes Farbschema, wählen Sie einfach eine Farbe aus der Palette aus.

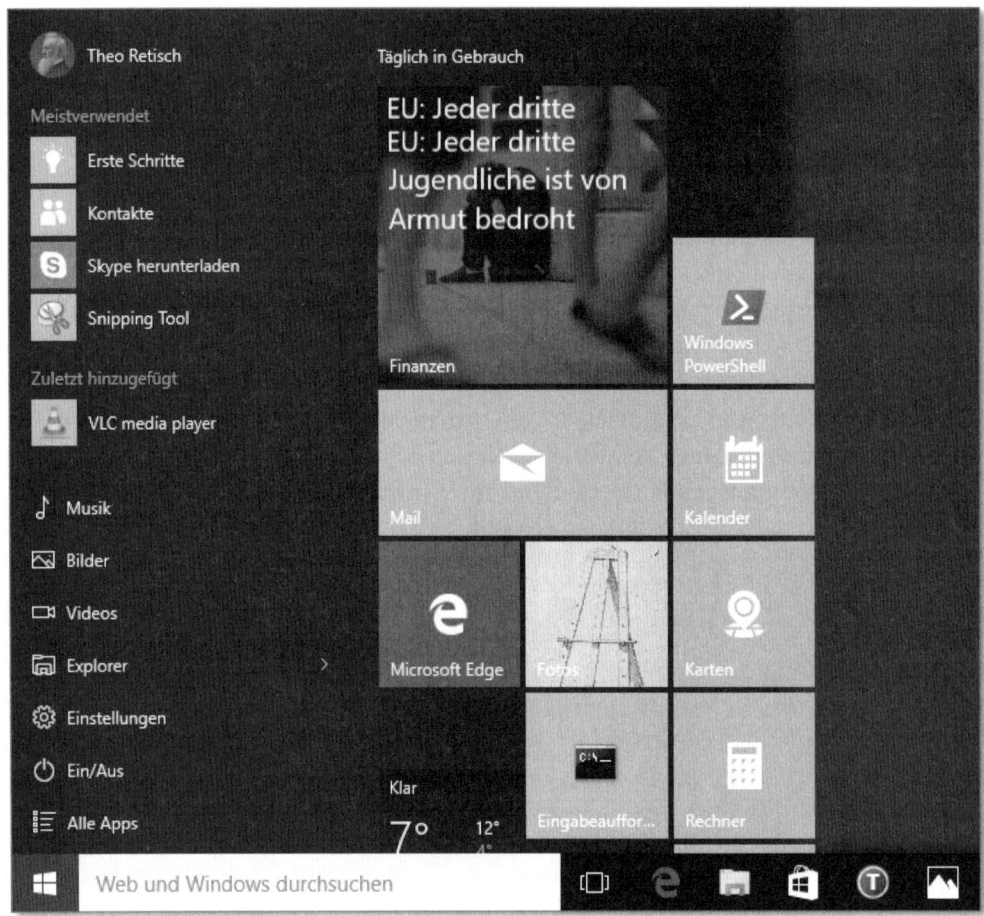

Abbildung 8.15 Ein Farbschema in hübschem Gelb

8.1.2 Web und Windows durchsuchen

Wenn Sie Apps oder Einstellungen suchen, können Sie die Startmenü-Suche nutzen. Öffnen Sie das Startmenü mit ⊞, tippen Sie einfach die ersten Buchstaben Ihres gesuchten Elements ein, und betrachten Sie die Ergebnisliste.

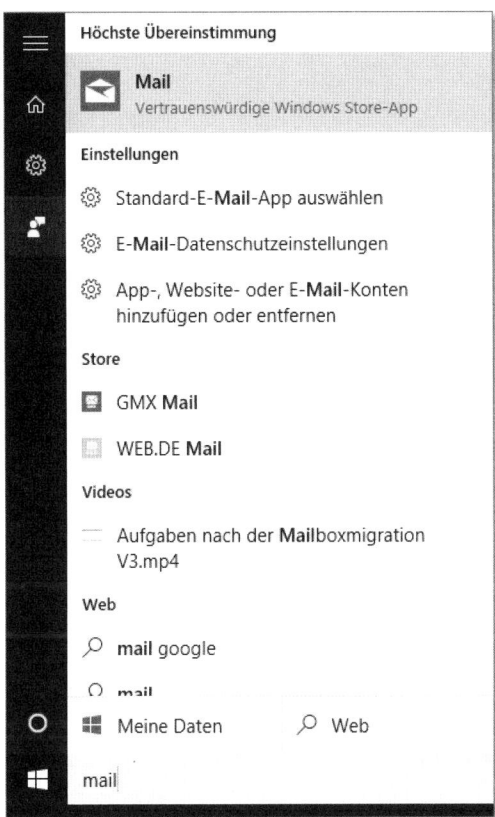

Abbildung 8.16 Eine Suche nach Mail

Neben der Startmenü-Suche können Sie auch *Cortana*, die neue persönliche Assistentin in Windows 10, befragen. Der Fokus liegt hier auf Fragen und Anweisungen in natürlicher Sprache. So können Sie mit Cortana chatten, sie bitten, einen Termin einzutragen oder Sie an einen Termin zu erinnern.

Cortana möchte zunächst aktiviert werden. Sie werden gleich dazu aufgefordert, wenn Sie in das Feld WEB UND WINDOWS DURCHSUCHEN klicken. Nach der Ersteinrichtung verwandelt sich das Suchfeld in FRAG MICH ETWAS. Nun hat das Suchfeld mehrere Funktionen. Wenn Sie nur einen Suchbegriff eingeben, verhält sich das Suchfeld »normal« und zeigt Ihnen eine Ergebnisliste. Erkennt Cortana, dass Sie ihr etwas mitteilen wollen, tritt sie in Aktion und antwortet Ihnen.

Abbildung 8.17 Cortana erkennt, wann sie gefragt wird.

Sie können das Cortana-Suchfeld auch anpassen oder ausblenden. Dazu klicken Sie mit der rechten Maustaste in das Suchfeld. Im Menüabschnitt CORTANA finden Sie drei Einstellmöglichkeiten:

▶ **Ausblenden**: blendet das Suchfeld komplett aus

▶ **Cortana-Symbol anzeigen**: verwandelt das Suchfeld in ein Ring-Symbol

▶ **Suchfeld anzeigen**: blendet das Suchfeld wieder ein

Weitere Informationen zur Windows-Suche finden Sie in Kapitel 21. Wenn Sie mehr zur persönlichen Assistentin Cortana erfahren möchten, schlagen Sie Kapitel 6 auf.

8.1.3   Unterschiedliche Desktops mit Taskansicht

Eine Windows 10-Neuerung, die viele Benutzer seit Langem nachgefragt haben, ist folgende: unterschiedliche Desktops in der gleichen Benutzersitzung wählen zu können. Linux-Fans kennen es schon lange, Windows-Fans konnten sich entweder mit dem Programm *Desktops* aus der *Sysinternals*-Reihe oder mit Drittanbietertools behelfen. Unterschiedliche Desktops sind ein nützliches Werkzeug, um den Überblick zu behalten.

Sie öffnen die Taskansicht, indem Sie das stilisierte Symbol mit mehreren Fenstern neben dem Suchfeld anklicken oder die Tastenkombination ⊞ + ⇆ betätigen.

In der nun zweigeteilten Fensteransicht sehen Sie im unteren Abschnitt einen oder mehrere offene Desktops. Im Hauptbereich informiert Sie eine verkleinerte Ansicht über den Desktop-Inhalt. Die im Augenblick aktiv geschaltete Vorschau ist im unteren Bereich hell hinterlegt. Sie können eine andere Vorschau wählen, indem Sie mit dem Mauszeiger auf einer anderen Desktop-Miniatur im unteren Bereich verweilen. Nach kurzer Zeit schaltet die Vorschau im Hauptfenster um.

Abbildung 8.18 Windows 10 in der Taskansicht mit zwei Desktops

Um einen neuen Desktop zu erstellen, drücken Sie in der Taskansicht mit der linken Maustaste auf das Plus-Symbol NEUER DESKTOP auf der rechten Seite. Nach dem Erstellen des neuen Desktops verbleiben Sie in der Taskansicht und können nun einen Desktop auswählen oder weitere neue Desktops mit dem Plus-Symbol anlegen. Eine Obergrenze für virtuelle Desktops können Ihnen die Autoren nicht nennen, denn wir haben bei 215 Desktops aufgehört zu zählen.

Abbildung 8.19 Bei der Anzahl der Desktops ist ausreichend Luft nach oben.

Um einen Desktop anzuwählen, klicken Sie entweder eine Miniatur im unteren Bereich oder eine Vorschau im Hauptbereich an. Falls Sie auf einem Desktop mehrere Anwendungen geöffnet haben, werden Ihnen in der Taskansicht die letzten beiden aktiven Programme angezeigt, die Sie auch direkt per Klick anwählen können.

Einige weitere Tastenkombinationen:

▶ ⊞ + Strg + D erstellt einen neuen Desktop und setzt ihn aktiv.

▶ ⊞ + Strg + F4 schließt den aktuellen Desktop.

▶ ⊞ + Strg + ← / → wechselt zum vorherigen oder nächsten Desktop.

Falls Sie ein Programm auf einen anderen Desktop schieben möchten, öffnen Sie die Taskansicht und drücken im Hauptbereich mit der rechten Maustaste auf das gewünschte Programm. Im Kontextmenü wählen Sie nun VERSCHIEBEN NACH und anschließend den Desktop, auf den Sie das Programm verschieben möchten.

Sollte Ihnen das Taskansicht-Icon in der Taskleiste nicht zusagen, keine Sorge: Es ist jederzeit ausblendbar. Klicken Sie mit der rechten Maustaste auf die Taskleiste, und nehmen Sie das Häkchen bei TASKANSICHT-SCHALTFLÄCHE ANZEIGEN heraus.

8.1.4 Arbeit mit der Taskleiste und Fenstern

Die standardmäßig im unteren Bildschirmbereich angeordnete Taskleiste ermöglicht Ihnen den schnellen Zugriff auf Windows-Desktop-Programme und diverse Einstellungen. Wenn Sie die Taskleiste an einem anderen Bildschirmrand bevorzugen, klicken Sie mit der rechten Maustaste in einen freien Bereich der Taskleiste und entfernen das Häkchen bei TASKLEISTE FIXIEREN. Halten Sie nun die linke Maustaste auf der Taskleiste gedrückt, und ziehen Sie sie ihn an den von Ihnen gewünschten Bildschirmrand.

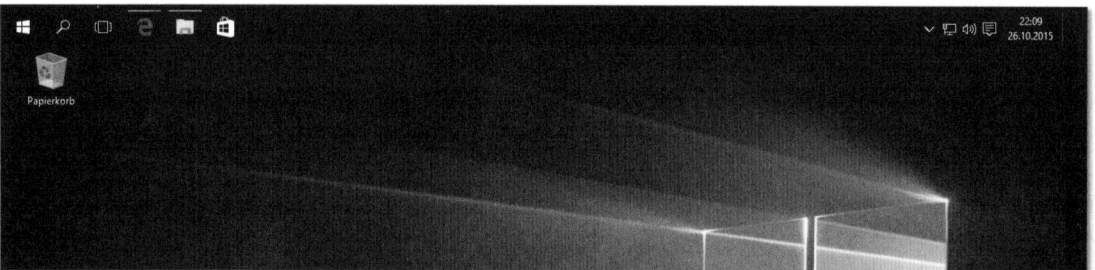

Abbildung 8.20 Die Taskleiste oben? Kein Problem!

Um versehentliche Verschiebungen zu verhindern, aktivieren Sie die Fixierung der Taskleiste wieder über das Kontextmenü.

Wenn Sie ein Programm starten, wird ein kleines Symbol in der Taskleiste angelegt. Mithilfe dieser Symbole können Sie einfach zwischen den einzelnen Programmen hin- und herschalten. Die Taskleiste dient zusätzlich als Schnellzugriff auf Programme. Ziehen Sie dazu ein Programm aus dem Startmenü mit gedrückter linker Maustaste auf die Taskleiste. In der Tablet-Ansicht nehmen Sie die Taskleistenverknüpfung bequem über das Kontextmenü vor. Auch wenn Sie ein Programm in der Taskleiste geöffnet haben, können Sie die Verknüpfung mit einem Rechtsklick und der Auswahl von AN TASKLEISTE ANHEFTEN erstellen.

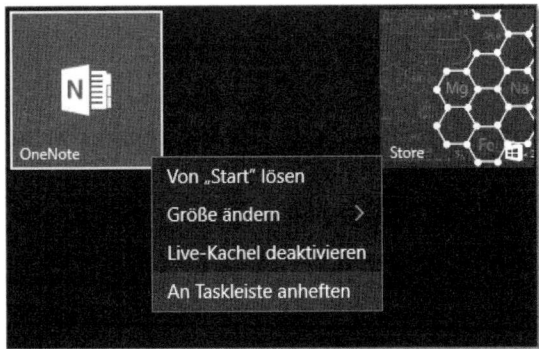

Abbildung 8.21 Ein Programm in der Tablet-Ansicht an die Taskleiste heften

Damit Sie erkennen, welches Symbol ein gerade geöffnetes Programm beinhaltet, wird ein schmaler blauer Strich im unteren Bereich des Symbols dargestellt. Das aktive Programm des Fensters, das Sie geöffnet haben, ist hell hinterlegt. Alle Symbole ohne besondere Kennzeichnung sind Verknüpfungen, die bei einem Mausklick die hinterlegte Anwendung starten.

Abbildung 8.22 Edge und Store sind geöffnet,
der Store ist gerade aktiv und der Rest nur als Verknüpfung hinterlegt.

Die Taskleisten-Symbole können Sie jederzeit umsortieren. Allerdings gruppiert Windows die Symbole des jeweils gleichen Programms immer hintereinander oder – wenn Sie die automatische Gruppierung aufheben – nebeneinander. Wenn Sie beispielsweise drei Edge-Fenster geöffnet haben und damit auch drei Symbole in der Taskleiste, können Sie nur die gesamte Dreiergruppe umsortieren, die einzelnen Edge-Symbole jedoch nicht. Dieses Verhalten lässt sich leider nicht ändern.

Um schnell zwischen den einzelnen Fenstern zu wechseln, drücken Sie ⊞ + ⇆. Über die Auswahl einer Miniaturansicht wechseln Sie direkt zum entsprechenden Fenster (Abbildung 8.23). Wenn Sie mehrere Desktops angelegt haben, erscheint hier die Taskansicht. Nutzen Sie dann die Tastenkombination Alt + ⇆.

Abbildung 8.23 Der schnelle Fensterwechsel

Ein Klick auf das Taskleisten-Symbol öffnet das zugehörige Desktop-Programm, und ein weiterer Klick minimiert es wieder. Wollen Sie eine weitere Instanz der Anwendung öffnen (z. B. ein zweites Browserfenster), klicken Sie mit der rechten Maustaste auf das Symbol und anschließend auf den Programmnamen (Abbildung 8.24).

Abbildung 8.24 Eine neue Programminstanz öffnen

Alternativ klicken Sie einfach mit der mittleren Maustaste (dem Mausrad) auf das Programmsymbol.

Wenn Sie mehrere Instanzen eines Programms aufrufen, legen sich die entsprechenden Programmsymbole aufeinander. Um die einzelnen dahinterliegenden Programme aufzurufen, verweilen Sie kurz mit dem Mauszeiger auf dem Programmsymbol. Daraufhin öffnet sich eine kleine Fenstervorschau. Mit einem Klick auf das gewünschte Fenster wechseln Sie zur entsprechenden Anwendungsinstanz (Abbildung 8.25).

Abbildung 8.25 Die Vorschaufenster

Windows bringt einige vordefinierte Möglichkeiten mit, mehrere Fenster auf dem Bildschirm zu gruppieren. Sie können die offenen Fenster gruppieren, indem Sie mit der rechten Maustaste in einen freien Bereich der Taskleiste klicken und die gewünschte Gruppierungsform auswählen. In Abbildung 8.26 sehen Sie die Gruppierung FENSTER NEBENEINANDER ANZEIGEN.

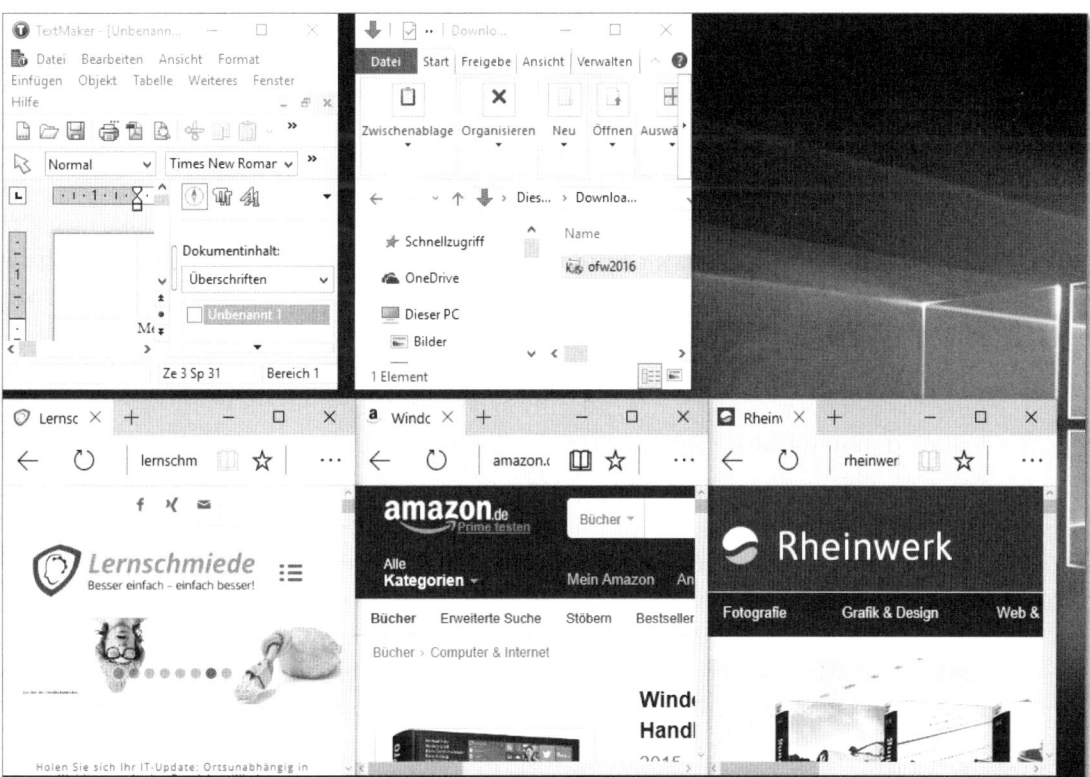

Abbildung 8.26 Gruppierung von Fenstern

8.1.5   Sprunglisten

Die sogenannten *Sprunglisten* (engl. *Jumplists*) ermöglichen es Ihnen, kontextabhängige Aktionen mit Ihrem Programm durchzuführen. Der Gedanke ist der, dass in den Eigenschaften eines Fenstersymbols nicht immer die gleichen Elemente auftauchen (z. B. FENSTER SCHLIESSEN), sondern in Abhängigkeit vom Programm nützliche Aktionen. So bietet Ihnen z. B. der Media Player im Kontextmenü an, die gesamte Musikbibliothek abzuspielen, während der Internet Explorer mit dem Angebot aufwartet, ein InPrivate-Browserfenster zu öffnen. Sie rufen die Sprunglisten auf, indem Sie mit der rechten Maustaste auf ein Programmsymbol klicken.

Weiterhin finden Sie im rechten Abschnitt der Taskleiste einige Standardsymbole, wie Datum und Uhrzeit, den Zugriff auf das Netzwerk- und Freigabecenter sowie den Zugriff auf das Wartungscenter.

8.1.6   Bildschirmtastatur

Während man auf Desktop-Rechnern mit Maus und Tastatur nur wenig mit der Bildschirmtastatur in Berührung kommt, ändert sich dies bei Touchscreens.

Abbildung 8.27 Die Taskleiste mit eingeblendeter Bildschirmtastatur

Universal Apps sind in der Regel so geschrieben, dass bei der Auswahl eines Eingabefelds/Textfelds die Bildschirmtastatur automatisch hochfährt, sodass Sie gleich mit der Eingabe beginnen können. Im Desktop-Modus fehlt dieses Verhalten. Mit einem Klick/Touch öffnen Sie die Bildschirmtastatur (Abbildung 8.28). Falls das Symbol fehlt, klicken Sie mit der rechten Maustaste auf die Taskleiste und wählen BILDSCHIRMTASTATUR ANZEIGEN (SCHALTFLÄCHE). Das Symbol wird nun in der Taskleiste angezeigt. Auf die gleiche Weise blenden Sie die Bildschirmtastatur auch wieder aus.

Die Bildschirmtastatur bietet insbesondere für die Anwender von Touchscreen-Geräten einige interessante Optionen. Wenn Sie in der Bildschirmtastaturansicht das Tastatur-Symbol in der unteren rechten Ecke anwählen, finden Sie weitere Darstellungsmöglichkeiten der Bildschirmtastatur. So können Sie sich die Bildschirmtastatur zweigeteilt anzeigen lassen oder sogar eine Handschriftenerkennung nutzen (Abbildung 8.30). Die Ziffernfolge 0 bis 9 ist in der obersten Reihe mit kleinen Zahlen dargestellt (Abbildung 8.29). Verweilen Sie mit dem Finger oder der gedrückten Maustaste auf diesem Buchstaben, können Sie in einem sich daraufhin öffnenden Feld die Ziffer auswählen. Diese Funktion haben auch einige weitere Tasten, z. B. [s]/[ß].

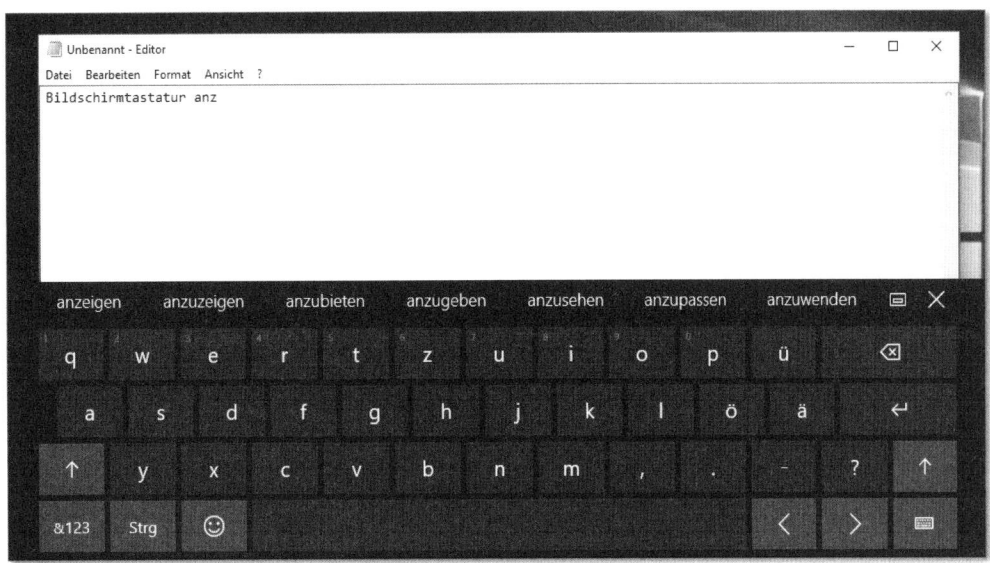

Abbildung 8.28 Die Bildschirmtastatur unter Windows 10 mit Eingabevorschlägen

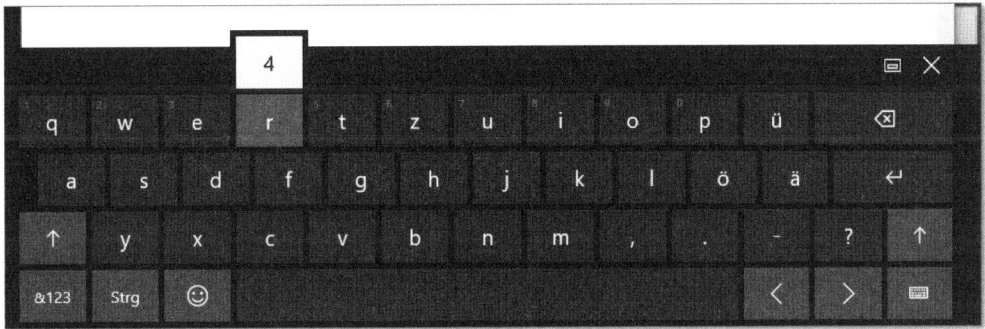

Abbildung 8.29 Zum Aufrufen von Ziffern muss nicht mehr in andere Ansichten umgeschaltet werden.

Abbildung 8.30 Zugriff auf weitere Bildschirmtastaturansichten

Wenn Sie die Desktop-Variante der Bildschirmtastatur im Volllayout aufrufen möchten, drücken Sie die Windows-Taste, suchen nach BILDSCHIRMTASTATUR und drücken ⏎.

Bildschirmtastatur auf Desktop-Rechnern

Manche Anwender verwenden die Bildschirmtastatur auch auf Desktop-Rechnern mit Maus und Tastatur zum Eingeben von Passwörtern oder PINs, um die Gefahr durch Keylogger zu reduzieren. Am besten sind natürlich externe Chipkartenleser mit Eingabemöglichkeit.

8.1.7   Infobereichsymbole

In früheren Versionen von Windows gab es mit den Symbolen bisweilen etwas Chaos, da auch Anwendungen Symbole für den Schnellzugriff erstellen. In extremen Ausprägungen nahmen Virenscanner, Updater und Co. schon einmal ein Viertel der Taskleiste für sich in Anspruch. Die sogenannten *Infobereichsymbole* machen Schluss mit diesem Chaos. Sie rufen die Infobereichsymbole auf, indem Sie auf den kleinen Nach-oben-Pfeil klicken (Abbildung 8.31).

Abbildung 8.31 Die Infobereichsymbole machen Schluss mit dem Symbolchaos.

Alle Anwendungen, die ein Symbol für den Schnellzugriff in der Taskleiste generieren, werden in diesem Fenster übersichtlich dargestellt. Sie können mit den dahinterliegenden Anwendungen kommunizieren, indem Sie das Symbol mit der rechten Maustaste anklicken. Hier finden sich in der Regel nützliche Einstellungen im Schnellzugriff.

In früheren Windows-Versionen gab es für die Infobereichsymbole drei Informationszustände:

- Versteckt
- Dauernd eingeblendet
- Nur eingeblendet, wenn eine Information,
  Änderung oder Neuerung signalisiert werden soll

Wichtige Meldungen werden im Info-Center von Windows 10 angezeigt. Daher ist ein Extra-Kommunikationssymbol nicht mehr nötig. Sie stellen die Anzeige der Infobereichsymbole nun in den Einstellungen ein.

- Öffnen Sie das Startmenü.
- Tippen Sie `Schnelle Aktionen` ein.
- Drücken die ⏎-Taste.

Im folgenden Einstellungsbildschirm klicken Sie auf den Link SYMBOLE FÜR DIE ANZEIGE AUF DER TASKLEISTE AUSWÄHLEN. Wählen Sie mithilfe des Schiebereglers aus, ob Sie die Applikationssymbole in der Infobereichsliste verbergen oder permanent auf der Taskleiste einblenden möchten.

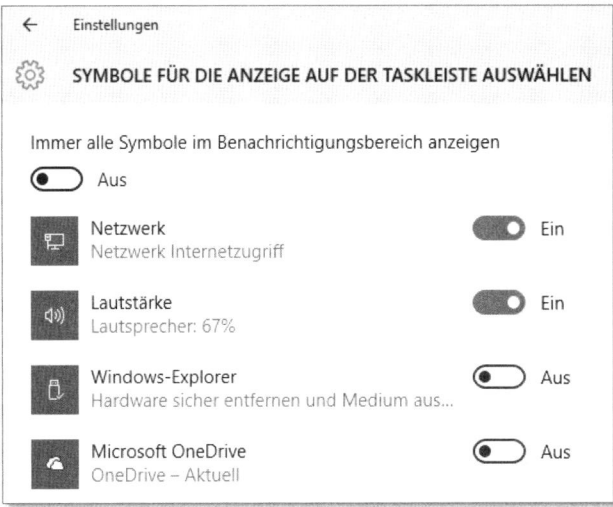

Abbildung 8.32 Vereinfachte Verwaltung der Infobereichsymbole

8.1.8 Info-Center

Das in Windows 10 neu hinzugekommene Info-Center bietet Ihnen zwei Kernfunktionen: Es dient einerseits als zentrale Anlaufstelle für Systemnachrichten und Status-Updates von Windows und Apps sowie zusätzlich als weitere Anlaufstelle für den schnellen Zugriff auf vorgegebene Apps und Systemfunktionen.

Wenn eine wichtige Nachricht eintrifft, werden Sie zunächst mithilfe eines Toast-Symbols benachrichtigt, das von der Seite hereinschwebt. Das Symbol ist anklickbar und leitet Sie nach einem Mausklick an die Applikation oder Einstellung weiter, die die Nachricht ausgelöst hat. Wenn Sie das Symbol nicht beachten, verschwindet es nach kurzer Zeit wieder.

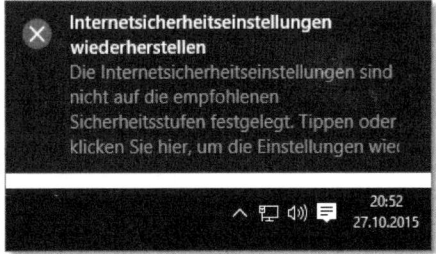

Abbildung 8.33 Ein Toast-Symbol schwebt von der Seite herein, um Sie über wichtige Nachrichten zu informieren.

Parallel dazu wird die Nachricht ab jetzt im Info-Center vorgehalten. Sie können anhand des Symbols in der Taskleiste erkennen, ob neue Nachrichten hinzugekommen sind, seit Sie das Info-Center das letzte Mal geöffnet hatten. Ein leeres Sprechblasen-Symbol mit schwarzer Füllung bedeutet, dass keine neuen Nachrichten vorgehalten werden. Ein volles Sprechblasen-Symbol mit weißer Füllung deutet auf neue Nachrichten hin.

Abbildung 8.34 Das Symbol mit neuen Nachrichten im Info-Center befindet sich links.

Wenn Sie das Info-Center öffnen möchten, klicken Sie auf das kleine Sprechblasen-Symbol in der Taskleiste oder drücken die Tastenkombination ⊞ + Ⓐ.

Im geöffneten Info-Center sehen Sie im Hauptbereich die Nachrichten, über die Sie das Info-Center in Kenntnis setzen möchte. Die Nachrichten sind in logische Abschnitte eingeteilt und innerhalb der Abschnitte chronologisch von oben (neuere) nach unten (ältere) sortiert. Falls die Nachricht weitere Informationen beinhaltet, können Sie diese mithilfe des kleinen Pfeils aufklappen, der nach unten zeigt. Wenn Sie mit dem Mauszeiger auf der Nachricht verweilen, erscheint am Rand ein kleines ×-Symbol, mithilfe dessen Sie die Nachricht ausblenden. Falls Sie das Info-Center leeren möchten, klicken Sie oben rechts auf den Link ALLE LÖSCHEN.

Abbildung 8.35 Der Nachrichten Teil des Info-Centers

Die einzelnen Nachrichten sind mit Symboliken ausgestattet, die die Wichtigkeit visualisieren und dem klassischen Windows-Symbolschema folgen. So wird z. B. eine Warnung in einem gelben Dreieck mit Ausrufezeichen visualisiert und eine systemkritische Warnung mit einem roten Kreis mit Kreuz verdeutlicht. Graue Symbole sind hingegen Informationen, die unterschiedlichste Symbolinhalte enthalten können.

Im unteren Teil des Info-Centers haben Sie Schnellzugriff auf diverse Windows-Apps und Funktionen:

▶ **Tablet-Modus**: Hier schalten Sie den optimierten Modus für Tablets ein. Sie erhalten eine touchoptimierte Startseite, eine dynamische Bildschirmtastatur, die Fenster werden automatisch maximiert, beim Klick auf das Hamburger-Menü, also dem stilisierten Symbol mit drei horizontalen Strichen kommt die Charms-Bar zu neuen Ehren, und es ereignen sich einige Dinge mehr, die das Tablet-Erlebnis optimieren.

▶ **Verbinden**: Mit diesem Knopf können Sie Ihren Bildschirm drahtlos auf ein *Miracast*-fähiges Gerät projizieren. Miracast ist ein Standard, der es Ihnen erlaubt, Bildschirminhalte via Funk auf andere Geräte zu übertragen.

▶ **Notiz**: öffnet die OneNote Notizen-App

▶ **Rotationssperre**: blockiert auf Tablets die automatische Bildschirmrotation ab einer bestimmten Neigung

▶ **Alle Einstellungen**: öffnet die Einstellungen

▶ **Projizieren**: Öffnet den Dialog für die Ansicht in Multi-Monitor-Umgebungen (oder -Beamern). Sie können die Bildschirminhalt duplizieren, erweitern oder nur ein bestimmtes Anzeigegerät nutzen.

▶ **VPN**: Öffnet den VPN(Virtual Private Network)-Dialog. Hier stellen Sie mittels Tunnel gesicherte Verbindungen zu anderen Rechnern her.

▶ **Ruhezeiten**: Wenn Sie die Ruhezeit aktivieren, belästigt Sie das Info-Center weder visuell noch auditiv mit Nachrichten.

▶ **Position**: Hier können Sie einstellen, ob Windows Ihre Position bestimmen darf.

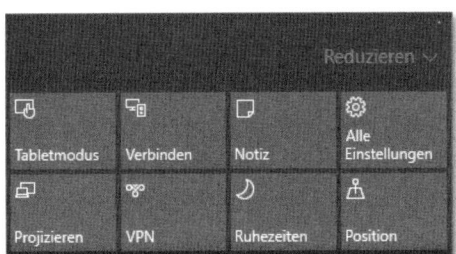

Abbildung 8.36 Der Schnellzugriff auf diverse Windows-Elemente im Info-Center

Falls Ihnen der Schnellzugriff zu viel Platz verbraucht, können Sie die untere Reihe mit dem Link REDUZIEREN ausblenden.

Sie können die Anzeige des Info-Centers bis zu einem gewissen Grad konfigurieren. Dazu öffnen Sie das Startmenü, suchen Schnelle Aktionen und drücken auf ⏎.

Im Abschnitt SCHNELLE AKTIONEN sortieren Sie unter SCHNELLE AKTIONEN AUSWÄHLEN die obere Reihe des Schnellzugriffs im Info-Center um. Mit einem Klick auf ein Symbol erscheinen die möglichen Elemente – per Mausklick wählen Sie eines aus. Sie können die Anordnung unmittelbar danach im Info-Center prüfen.

Im Abschnitt BENACHRICHTIGUNGEN konfigurieren Sie mithilfe von Schiebereglern, welche Elemente Ihnen Nachrichten anzeigen dürfen und wo sie das tun. Die einzelnen Elemente sind selbsterklärend.

Im letzten Abschnitt BENACHRICHTIGUNGEN DIESER APPS ANZEIGEN finden Sie alle Apps, die das Info-Center für Benachrichtigungen nutzen kann. Wenn Sie für eine bestimmte App die Nachrichten im Info-Center deaktivieren möchten, stellen Sie den Schieberegler auf AUS.

8.1.9   Das Schnellstartmenü

Windows 10 bietet Ihnen eine Art »Startmenü light«, das sogenannte *Schnellstartmenü*. Mithilfe des Schnellstartmenüs rufen Sie häufig benötigte Programme und Systemkomponenten auf, ohne die Desktop-Umgebung verlassen zu müssen (Abbildung 8.37).

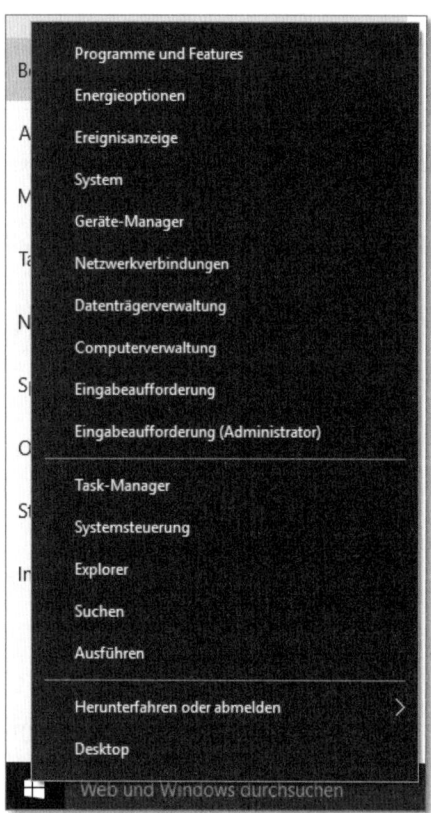

Abbildung 8.37 Das Schnellstartmenü

Sie öffnen das Schnellstartmenü entweder indem Sie mit der Maus in der linken unteren Ecke das Kontextmenü öffnen oder indem Sie die Tastenkombination ⊞ + X wählen. Auf im Tablet-Modus ist das Schnellstartmenü vorhanden.

Kommandozeileninterpreter im Schnellstartmenü tauschen

Im Schnellstartmenü (⊞ + X) können Sie bequem die Eingabeaufforderung (CMD) mit oder ohne Administratorberechtigung aufrufen. Vielleicht arbeiten Sie aber auch lieber mit der PowerShell und möchten gerne eine Verknüpfung zur PowerShell im Schnellstartmenü einbinden: Rufen Sie dazu die Eigenschaften der Taskleiste auf, und wechseln Sie zum Register NAVIGATION (Abbildung 8.38). Im Abschnitt ECKENNAVIGATION haken Sie das Feld BEIM RECHTSKLICK AUF DIE UNTERE LINKE ECKE [...] an, um zukünftig die PowerShell – wiederum mit und ohne Administratorberechtigung – im Schnellstartmenü zur Verfügung zu haben.

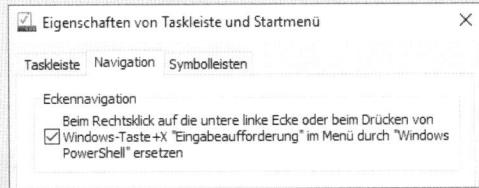

Abbildung 8.38 Die Eingabeaufforderung kann im Schnellstartmenü durch die PowerShell ersetzt werden.

8.1.10 Fenster minimieren

In der rechten unteren Ecke des Desktops wartet eine Schaltfläche, die man kennen muss, um sie aufzurufen. Es handelt sich um die ALLES MINIMIEREN-Schaltfläche, die geöffnete Fenster in der Taskleiste minimiert. Die Schaltfläche wird erst dann sichtbar, wenn Sie mit dem Mauszeiger darauf verweilen. Alternativ können Sie die Tastenkombination ⊞ + M verwenden (Abbildung 8.39).

Abbildung 8.39 Die Schaltfläche »Alles minimieren«

8.1.11 Snap, Shake und Co. – Fenster halb automatisch ausrichten

Windows bringt bereits seit geraumer Zeit sehr nützliche Funktionen in puncto Fensterausrichtung mit: *Snap* ist eine Funktion, die Sie nach kurzer Zeit vielleicht nicht mehr missen wollen. Sie können damit Fenster auf genau die Hälfte des Bildschirms bringen, das Fenster maximieren, vierteln, horizontal teilen oder auf Bildschirmhöhe aufziehen (Abbildung 8.40).

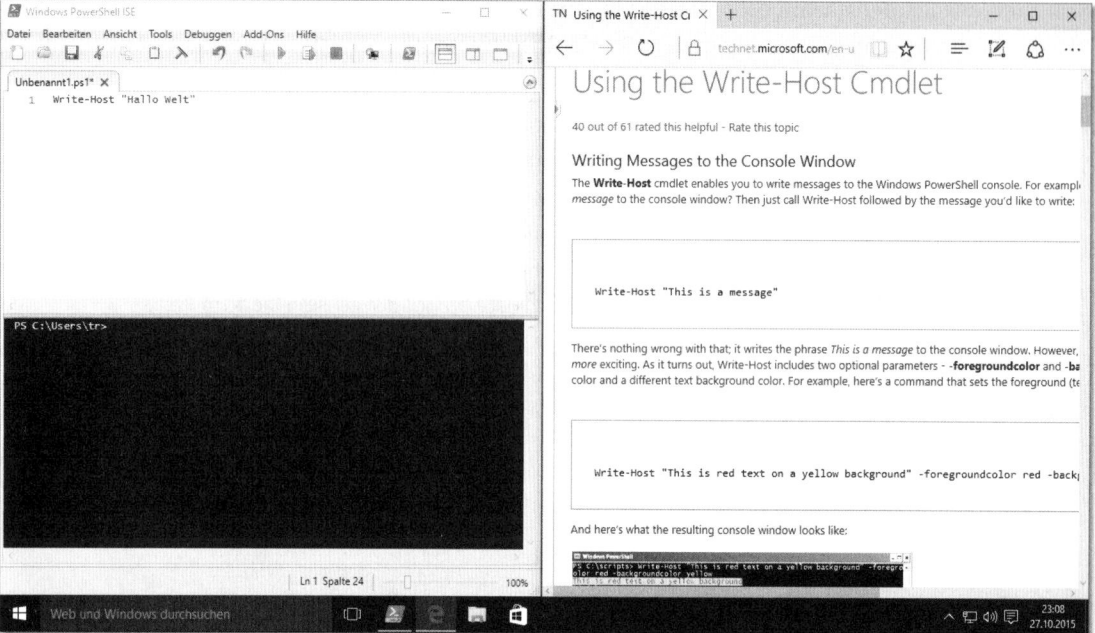

Abbildung 8.40 Manchmal praktisch: zwei gleich große Fenster

Viele Anwender verbringen so manche Minute damit, zwei Fenster nebeneinander in etwa gleich groß einzustellen.

Mit Snap ist dies ein Kinderspiel: Klicken Sie in einem Fenster mit der linken Maustaste auf den oberen Fensterrand. Halten Sie die Maustaste gedrückt, und fahren Sie mit dem Fenster so lange an den linken oder rechten Bildschirmrand, bis der Mauszeiger den Bildschirmrand erreicht. Die Maustaste bleibt immer noch gedrückt.

Jetzt erscheint ein zusätzliches, fast transparentes Fenster, das sich über die Hälfte des Bildschirms aufzieht. Wenn Sie jetzt die Maustaste loslassen, schnappt das Fenster genau auf die halbe Bildschirmgröße ein. Sie können somit zwei genau gleich große Fenster bauen. Wenn Sie das Fenster wieder von der Seite »wegziehen«, erhält es seine alte Größe zurück. Windows 10 bringt hier eine Neuerung mit sich: *Snap Assist*. Wenn Sie ein Fenster auf die halbe Größe aufziehen, erscheinen die anderen Fenster als Miniaturansichten auf der anderen Hälfte des Bildschirms. Ein Klick auf eine Vorschau zieht dieses Fenster automatisch auf der freien Seite des Bildschirms auf die halbe Größe auf.

Sie können für die Snap-Funktion auch die Tastatur verwenden. Wählen Sie ein Fenster an und drücken Sie ⊞ + ← oder ⊞ + → .

Nach dem gleichen Prinzip können Sie das Fenster mit gedrückter Maustaste an den oberen Bildschirmrand ziehen, um es zu maximieren.

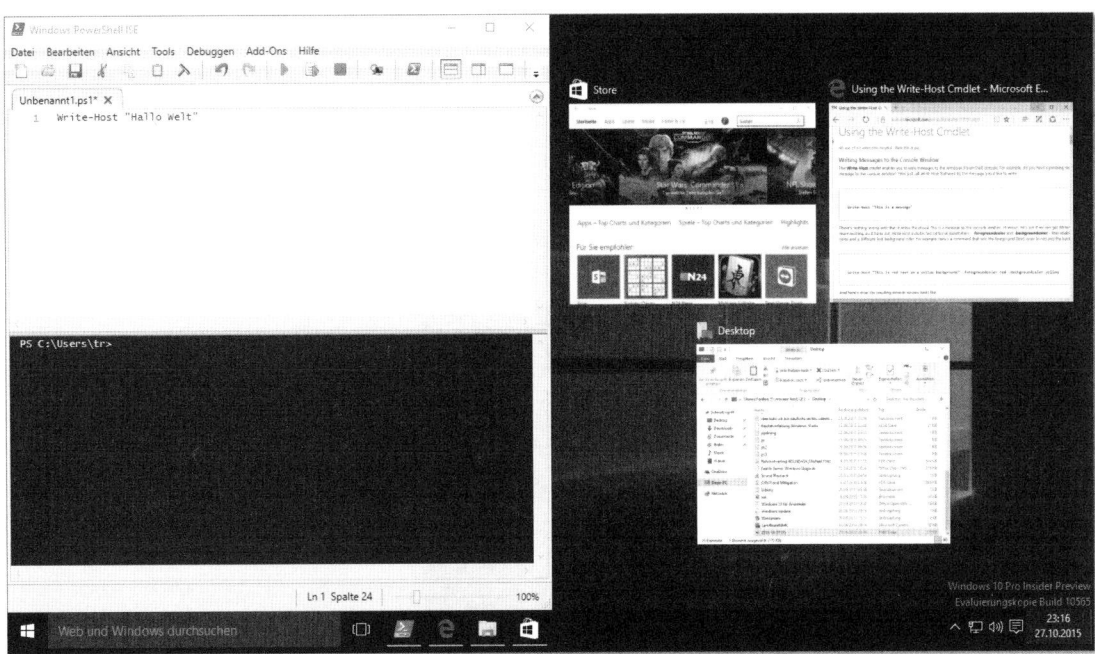

Abbildung 8.41 Eine neue Funktion in Windows 10: Snap Assist

Sie können hierfür auch die Tastatur verwenden. Wählen Sie ein Fenster an, und drücken Sie ⊞ + ↑ oder ⊞ + ↓.

Ebenfalls neu in Windows 10 ist *Corner Snap*. Ziehen Sie ein Fenster in eine Ecke, wird es über ein Viertel der Bildschirmgröße aufgespannt.

Sie können hierfür auch die Tastatur verwenden. Wählen Sie ein Fenster an, und drücken Sie ⊞ + →. Halten Sie die Windows-Taste weiterhin gedrückt, und drücken Sie dann ↑.

In diesem Kontext kommt auch die *Snap Fill*-Funktion zum Einsatz. Nehmen Sie ein Fenster und ziehen es in die rechte obere Ecke. Das Fenster ist nun auf ein Viertel des Bildschirms aufgezogen. Sie können diese Größe jetzt verändern. Klicken Sie das Fenster am linken Seitenrand an, und schieben Sie es mit gedrückter linker Maustaste etwas in Richtung rechten Bildschirmrand. Das Fenster ist nun etwas gestaucht und verkleinert. Es nimmt nun nicht mehr ein Viertel der Bildschirmgröße ein. Nehmen Sie nun ein anderes Fenster und schieben es in die rechte untere Ecke. Sie sehen, das Fenster unten hat nun die gleiche Breite eingenommen wie das obere Fenster. Nehmen Sie jetzt noch ein drittes Fenster und ziehen es in die linke obere Ecke. Sie sehen, dass sich das Fenster nun über die Hälfte hinaus bis zu den beiden anderen Fenstern auf der rechten Seite aufspannt. Diese Funktion nennt sich *Snap Fill*.

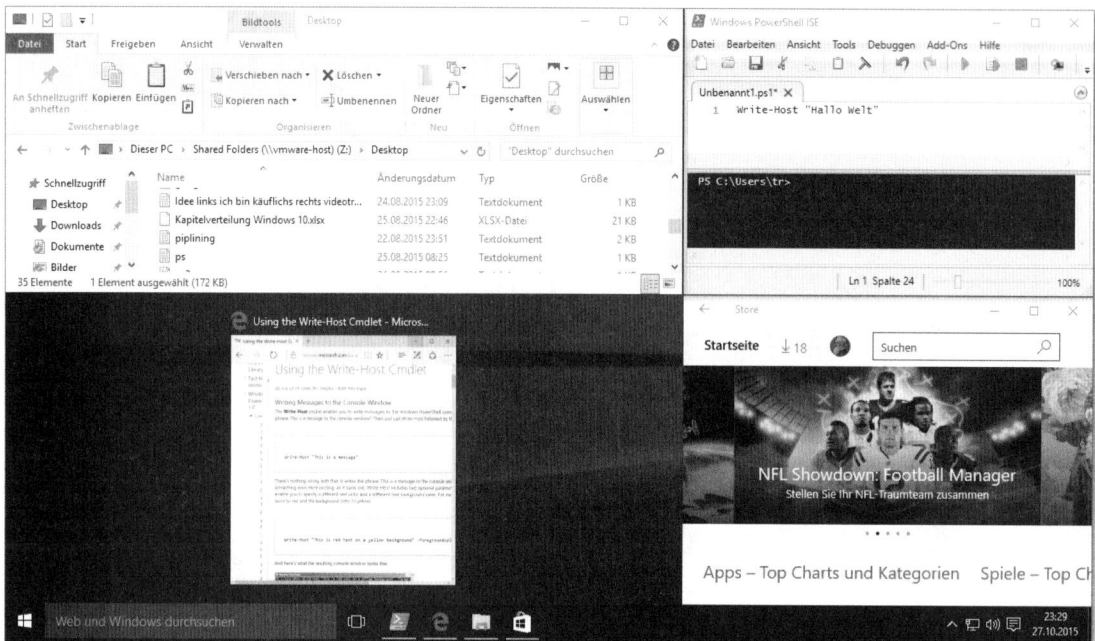

Abbildung 8.42 Snap Fill in Aktion. Die Fenstergrößen nutzen den Platz optimal aus.

Shake ist wohl eher der Kategorie »Spaß mit Windows« zuzuordnen, aber der Vollständigkeit halber sei erwähnt: Wenn Sie mehrere Fenster auf dem Bildschirm geöffnet haben, wählen Sie ein Fenster am oberen Fensterrand mit gedrückter linker Maustaste an und »schütteln« das Fenster mit kurzen schnellen Mausbewegungen (links-rechts-links) und weiterhin gedrückter Maustaste. Wenn der Effekt funktioniert, werden alle Fenster, außer das »geschüttelte«, minimiert. Ein weiteres Schütteln holt die anderen Fenster wieder hervor.

8.2   Dateien mit dem Windows Explorer verwalten

Der Windows Explorer ist das zentrale Werkzeug für den Umgang mit Ihren Daten. Dateien erstellen, kopieren, suchen oder sortieren – all dies erledigen Sie mit Windows 10 im Windows Explorer. Der Windows Explorer wurde im Laufe der Zeit in vielerlei Hinsicht weiterentwickelt. So erleichtert z. B. die Menüband-Leiste den Umgang auf Touchscreen-Geräten und passt sich dem Look an, den Microsoft in Office 2007 eingeführt hat. Es werden neue Dateitypen nativ unterstützt, und er bietet einige nützliche Funktionen per Mausklick an.

8.2.1   Die Bereiche im Windows Explorer

Den Windows Explorer verwenden Sie zum Verwalten Ihrer Dateien und zum Durchsuchen des Dateisystems. In der linken Spalte sehen Sie Elemente in einer Baumstruktur zum Navi-

gieren. In der Mitte befindet sich das Ergebnisfenster mit den Inhalten des jeweils angewählten Elements (Abbildung 8.43).

Abbildung 8.43 Die Grundansicht des Explorers unter Windows 10

In der Grundansicht wirkt der Explorer unter Windows 10 sehr aufgeräumt. Die klassische
Explorer-Funktion, nämlich das Durchstöbern des Computers auf den Festplatten und Partitionen, ist in der Ansicht etwas nach unten gerutscht ist. Ganz oben befindet sich nun der
SCHNELLZUGRIFF, in dem Windows automatisch häufig aufgerufene Elemente anzeigt. Sie
können den Schnellzugriff aber auch manuell bestücken.

Danach sehen Sie die Cloud-Festplatte *OneDrive*, falls diese aktiviert ist. Im unteren Bereich
können Sie mit DIESER PC auf Ihre angeschlossenen Laufwerke zugreifen. Anschließend
sehen Sie das Netzwerk-Symbol, über das Sie Ihre Netzwerkumgebung durchstöbern können, und schlussendlich die HEIMNETZGRUPPE für den schnellen Zugriff auf die Rechner im
Netzwerk, die Mitglieder in der gleichen Heimnetzgruppe wie Sie sind.

8.2.2   Das Menüband

Im oberen Bereich finden Sie eine minimierte Version des Menübands, das die ehemalige
Menüleiste ersetzt. Das Menüband ist eine Weiterentwicklung der in Windows 7 eingeführten Multifunktionsleiste, deren Kerneigenschaft darin bestand, unterschiedliche Optionen anzuzeigen – abhängig davon, welches Element gerade angewählt war. Dieses
Verhalten findet sich auch in Windows 10: Je nachdem, ob Sie gerade einen Ordner, eine
Bibliothek oder eine bestimmte Datei angewählt haben, ändern sich die zur Verfügung
gestellten Tools (Abbildung 8.44).

In Abhängigkeit Ihrer Bildschirmauflösung sind die einzelnen Werkzeuge im Menüband
eventuell verborgen, und es werden nur die Überschriften angezeigt. Bei einem Klick darauf

erscheinen nun die jeweils zugeordneten Werkzeuge. Dies ergibt insgesamt eine gute Mischung aus Übersichtlichkeit und Funktionalität. Bei der weiteren Arbeit im Explorer verbirgt Windows die Details der Leiste dann wieder.

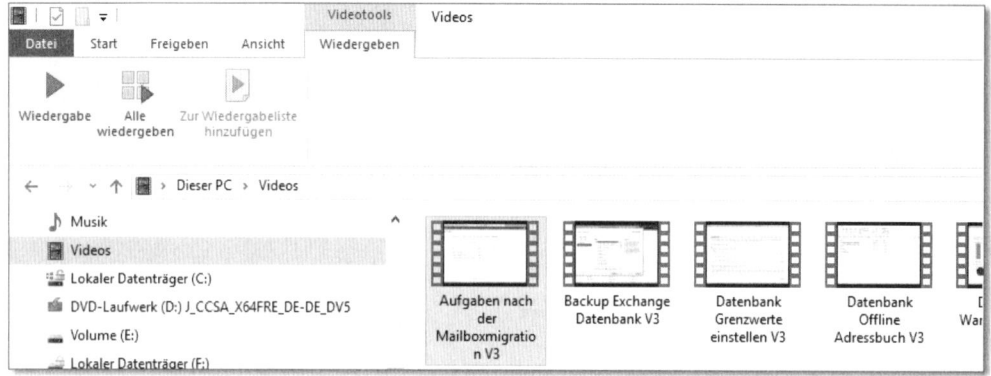

Abbildung 8.44 Unterschiedliche Tools für unterschiedliche Aufgaben: das Multifunktions-Menüband

Wenn Sie einen großen Bildschirm besitzen oder es gewohnt sind, die Leiste permanent offen zu halten, klicken Sie einfach auf den unscheinbaren Pfeil in der rechten oberen Ecke neben dem Fragezeichen. Danach bleibt das Menüband permanent geöffnet.

Tooltips und Tastaturkürzel

Wenn Sie mit der Maus auf einem Symbol im Menüband verweilen, wird Ihnen ein kleines Tooltip angezeigt. Falls es für das Symbol ein Tastenkürzel gibt, wird es an dieser Stelle mit aufgeführt (Abbildung 8.45).

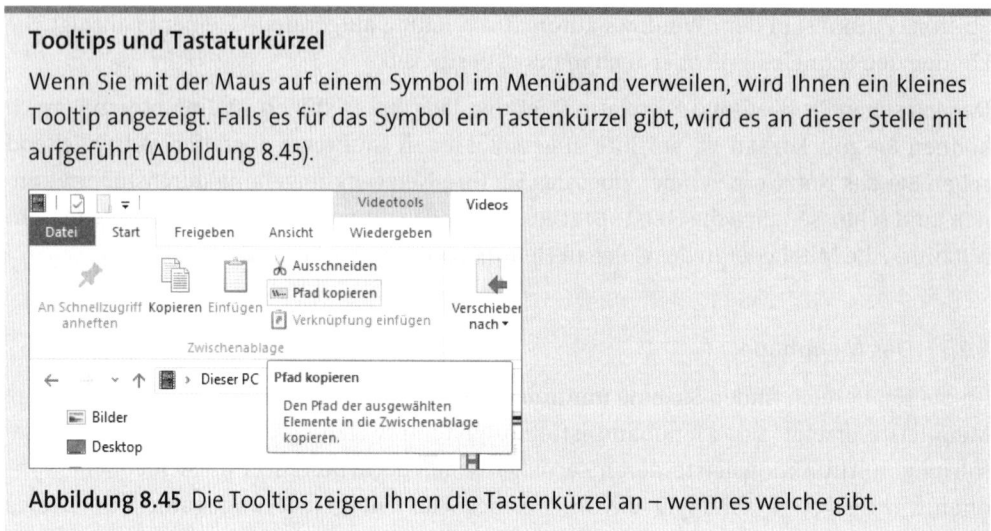

Abbildung 8.45 Die Tooltips zeigen Ihnen die Tastenkürzel an – wenn es welche gibt.

8.2.3   Browsen im Dateisystem

Mithilfe der Baumansicht auf der linken Seite durchsuchen Sie das Dateisystem. Der Pfad zum aktuellen Ort wird in der Adresszeile im oberen Bereich angezeigt (Abbildung 8.46).

Abbildung 8.46 Die dynamische Adresszeile

Die Verzeichnisse in der Adresszeile sind anklickbar. Bei einem Klick auf ein Adresselement wechseln Sie direkt zum entsprechenden Ordner. Dieses Verhalten ist vielleicht zunächst ungewöhnlich. Mit einem Klick auf den kleinen Pfeil ❸, der den Pfadtrenner symbolisiert, wird Ihnen die Ordnerstruktur unter dem Verzeichnis angezeigt. So können Sie in der Adresszeile auch direkt in benachbarte Ordner springen.

Zur klassischen Ansicht wechseln Sie, indem Sie in einen freien Bereich innerhalb der Adresszeile klicken. Nun können Sie z. B. eine kopierte Adresse einfügen oder eine neue selbst schreiben.

Neben der Adresszeile finden Sie noch *Navigationspfeile* zum Vor- und Zurückblättern von Daten und eine Historie der zuletzt besuchten Orte ❶. Gleich daneben befindet sich – endlich – wieder der NACH OBEN-Button in Pfeilform ❷. Mit dem NACH OBEN-Button wechseln Sie vom aktuellen Verzeichnis in das übergeordnete Verzeichnis. Dieser Button wurde bei Windows 7 weggelassen, was in Windows-Foren einen Sturm der Entrüstung auslöste.

Rechts neben der Adresszeile finden Sie den AKTUALISIEREN-Knopf ❹, der der F5-Funktion entspricht, und abschließend die Adresszeile für die *Dateibasierte Suche* ❺ (siehe Kapitel 21, »Windows Search – wer sucht, der findet«).

Adressverwirrung auf Deutsch/Englisch

Beim Umgang mit der Adresszeile im Windows Explorer wird Ihnen vielleicht auffallen, dass eine Adresse in der klassischen Ansicht nicht mit der anklickbaren Adresse im Explorer übereinstimmt. Wenn Sie sich also in der Bibliothek COMPUTER • LOKALER DATENTRÄGER (C:) • BENUTZER • MICHAEL • EIGENE BILDER befinden und in einen freien Bereich der Adresszeile klicken, wechselt der Pfad zu *C:\Users\Michael\Pictures*.

Dieses Verhalten erklärt sich damit, dass Microsoft beim Wechsel zu Windows Vista die Benutzerprofile komplett überarbeitet hat (sogenannte *V2-Profile*). Es gibt nunmehr nur noch englische Systemverzeichnisse (z. B. *C:\Users*). Die lokalisierten Ansichten (*C:\Benutzer*) werden den Anwendern von Windows nur »vorgegaukelt«.

8.2.4   Die Arbeit mit dem Schnellzugriff

Den Schnellzugriff finden Sie im linken oberen Bereich des Windows Explorers. Er stellt eine einfach zu verwaltende Linksammlung für den Schnellzugriff auf Orte im Dateisystem bereit.

Der Schnellzugriff arbeitet in den Standardeinstellungen dynamisch, d. h., häufig verwendete Elemente erscheinen irgendwann wie von Zauberhand in der Linkliste. Ein weiteres dynamisches Element sind die HÄUFIG VERWENDETEN ORDNER. Wenn Sie im Explorer links oben auf Schnellzugriff klicken, erscheinen diese Ordner dynamisch in der Hauptansicht. Falls Sie das nicht möchten, z. B. weil sie sich häufig in *c:\Ordner_den_nicht_unbedingt_ jeder_prominent_sehen_muss* aufhalten, gehen Sie so vor:

▶ Öffnen Sie das Startmenü.

▶ Tippen Sie Explorer-Optionen ein.

▶ Drücken Sie die ⏎-Taste.

▶ Wechseln Sie zum Registerreiter ALLGEMEIN.

▶ Nehmen Sie das Häkchen aus der Checkbox ZULETZT VERWENDETE DATEIEN IM SCHNELLZUGRIFF ANZEIGEN heraus.

▶ Nehmen Sie das Häkchen aus der Checkbox HÄUFIG VERWENDETE ORDNER IM SCHNELLZUGRIFF ANZEIGEN heraus.

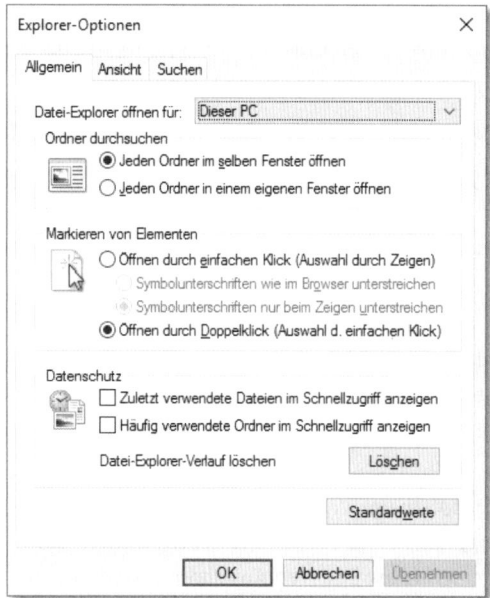

Abbildung 8.47 In den Explorer-Optionen können Sie die Dynamik des Schnellzugriffs konfigurieren.

Beim Start des Explorers ist automatisch der SCHNELLZUGRIFF angewählt. Falls Sie den Explorer klassisch mit dem initialen Aufruf von DIESER PC starten möchten, klicken Sie in den Explorer-Optionen oben im Abschnitt DATEI-EXPLORER ÖFFNEN FÜR: in das Dropdown-Menü und wählen DIESER PC. Um einen neuen Link zu erstellen, ziehen Sie das Verzeichnis einfach mit der Maus in den Schnellzugriff-Bereich (Abbildung 8.48).

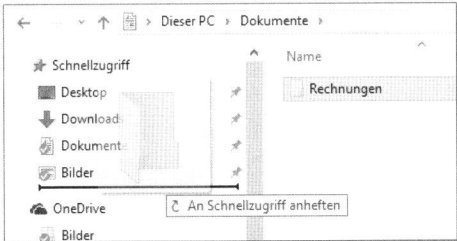

Abbildung 8.48 So verschieben Sie einen Ordner in den Schnellzugriff.

Sie können die Links im Schnellzugriff jederzeit umsortieren, oder über das Menü lösen, das Sie mit einem Klick mit der rechten Maustaste aufrufen.

Speichern in der Cloud geht schneller, als man denkt

Vielleicht haben Sie sich bewusst für die Nutzung Ihrer Daten in der Cloud entschieden. Davon möchten wir Sie nicht abbringen! Für alle anderen ist es bisweilen etwas schwierig, alle Häkchen zu finden, die die automatischen Speichervorschläge in die Cloud unterbinden. Eines davon befindet sich in der Erstkonfiguration, wenn Sie sich nach Abschluss der Installation zum ersten Mal mit einem Microsoft-Konto anmelden.

Im Bildschirm ÜBERALL ZUGRIFF AUF IHRE DATEIEN befindet sich der Link NEUE DATEIEN STANDARDMÄSSIG NUR AUF DIESEM PC SPEICHERN. Wenn Sie diesen Link **nicht** angeklickt haben, zeigen die Standardspeicherorte der Apps und die Links DOKUMENTE und BILDER im SCHNELLZUGRIFF auf OneDrive. Wie Sie dieses Verhalten ändern, zeigen wir Ihnen in Abschnitt 8.2.5, »OneDrive«.

Abbildung 8.49 Wenn Sie diesen Link nicht anwählen, werden die automatischen Speichervorschläge beeinflusst.

8.2.5   OneDrive

OneDrive dient Ihnen als virtuelle Festplatte im Internet. Der OneDrive-Dienst wird von Microsoft in der Cloud betrieben und benötigt zwingend ein Microsoft-Konto. Sie haben standardmäßig 5 Gigabyte Speicher zur Verfügung, die Sie kostenpflichtig aufstocken können. Vor September 2015 waren es noch 15 Gigabyte. Um mehr Speicher zu kaufen, geben Sie in der Startmenü-Suche den Begriff »OneDrive« ein, öffnen die App ONEDRIVE DESKTOP und wechseln zum Registerreiter KONTO. Hier klicken Sie auf MEHR SPEICHERPLATZ KAUFEN. Sie werden dann auf die OneDrive-Website weitergeleitet, auf der Sie zusätzlichen Speicher erwerben können.

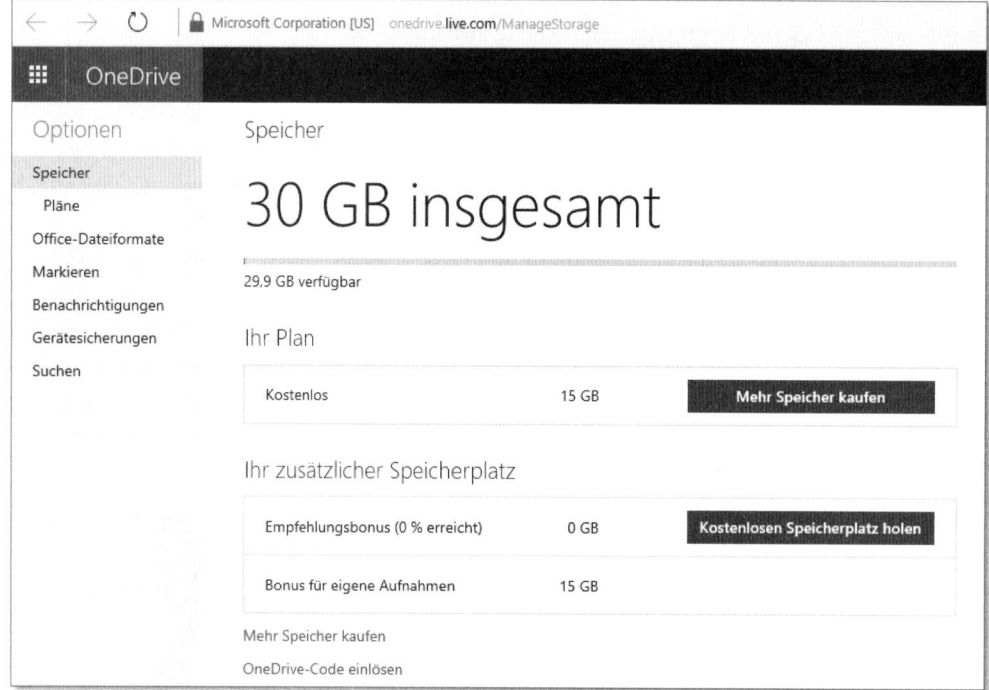

Abbildung 8.50 Überblick über den Speicherplatz in OneDrive.

---

5 GB oder 15 GB kostenlos?

Ursprünglich hatte Microsoft 15 GB kostenlosen Speicher in OneDrive angeboten, der mit diversen Bonusaktionen – wie z.B. dem automatischen Bilderupload von Mobilgeräten – nochmals aufgestockt werden konnte. Am 22.11.2015 reduzierte Microsoft den kostenlosen Speicher auf 5 GB und strich die Bonusprogramme. Bestandskunden des kostenlosen Speichers konnten bis zum 31.1.2016 unter *https://preview.onedrive.com/bonus/* die vorgesehenen Änderungen umgehen und somit die alten Kontingente weiter nutzen.

Nach der ersten Anmeldung wird die App ONEDRIVE DESKTOP automatisch installiert. Sie können diese App mit Ihrem MS-Konto nutzen, auch wenn Sie mit einem lokalen Benutzer arbeiten. Die Universal App von OneDrive war zur Drucklegung des Buches noch nicht im Store erhältlich. Weiterhin haben Sie jederzeit Zugriff auf Ihre Daten, indem Sie die One-Drive-Website unter *https://onedrive.com* aufrufen.

Wenn Sie mit einem lokalen Benutzer arbeiten und OneDrive nutzen möchten, führen Sie folgende Schritte durch:

▶ Öffnen Sie das Startmenü, und tippen Sie `OneDrive` ein.

▶ Drücken Sie die ⏎-Taste.

▶ Drücken Sie auf STARTEN.

▶ Geben Sie Ihre E-Mail-Adresse und das Passwort Ihres Microsoft-Kontos ein.

▶ Klicken Sie auf WEITER.

▶ Wählen Sie die Ordner aus, die Sie synchronisieren möchten.

▶ Klicken Sie auf WEITER.

▶ Wählen Sie aus, ob Sie von der OneDrive-Website aus auf diesen Rechner zugreifen wollen.

▶ Klicken Sie auf FERTIG.

Nun wird die erste Synchronisierung durchgeführt. Öffnen Sie OneDrive im Windows Explorer. Mithilfe von Icons wird Ihnen angezeigt, ob derzeit eine Datei oder ein Verzeichnis synchronisiert wird. Zwei blaue Pfeile bedeuten, es ist noch eine Synchronisierung im Gang, Verzeichnisse mit grünem Symbol sind fertig synchronisiert. Ein rotes Symbol zeigt einen Fehler in der Synchronisierung an.

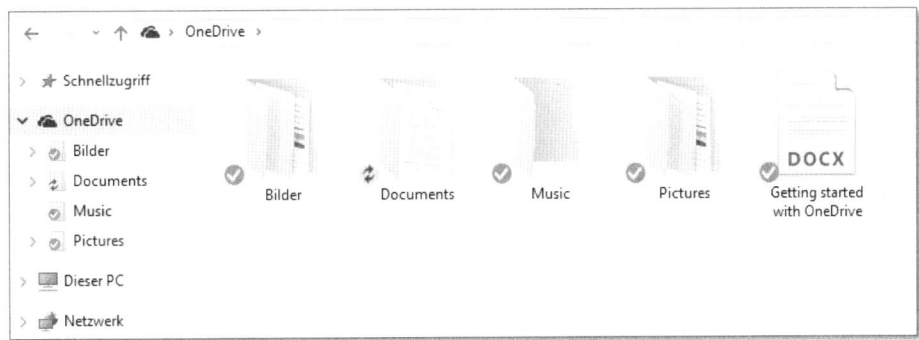

Abbildung 8.51 Der Dokumente-Ordner bei der Synchronisierung

Falls Sie OneDrive bereits in früheren Windows-Versionen genutzt haben, finden Sie Ihre Daten nun ebenfalls im OneDrive-Verzeichnis vor.

Der Standardspeicherort von OneDrive-Daten auf dem lokalen PC befindet sich unter *c:\ Benutzer\<Benutzername>\OneDrive*. Wenn Sie den Pfad ändern möchten, müssen Sie Ihr

OneDrive zunächst aushängen und danach den Zielpfad neu bestimmen. Gehen Sie dazu in die Eigenschaften der One-Drive-App in den Registerreiter EINSTELLUNGEN, und klicken Sie auf VERKNÜPFUNG AUFHEBEN. Es erscheint umgehend der Assistent für die Neueinrichtung. Geben Sie Ihre Anmeldeinformationen ein. Im Fenster EINFÜHRUNG IN DEN ONEDRIVE-ORDNER können Sie nun den Speicherpfad ändern. Schließen Sie den Assistenten ab. Die Daten werden nun mit dem neuen Speicherpfad synchronisiert. Wenn Sie den Speicherpfad geändert haben, empfiehlt es sich, die alten OneDrive-Dateien manuell aus dem Benutzerprofil zu löschen, um Speicherplatz einzusparen.

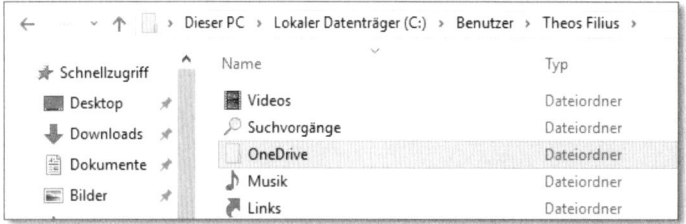

Abbildung 8.52 Wenn Sie OneDrive mit einem neuen Pfad verbinden, müssen Sie die Altbestände manuell löschen.

OneDrive-Daten vorbereiten

Wenn Sie Ihren Datenbestand nicht erst nach dem Verbinden mit OneDrive hin- und herkopieren möchten, können Sie den Datenbestand offline vorbereiten. Wenn Sie z. B. Ihr OneDrive auf der Partition *S:* haben möchten, erstellen Sie einfach den Ordner *S:\OneDrive*. Ordnen Sie jetzt Ihren Datenbestand in *S:\OneDrive* ein, und verknüpfen Sie OneDrive neu. Wenn Sie im Einrichtungsassistenten als Speicherort *S:* eingeben, erkennt die App den vorhandenen Datenbestand und führt die Daten in OneDrive zusammen.

Abbildung 8.53 Auch vorhandene Ordner können als Speicherort genutzt werden.

OneDrive bringt einige Funktionen mit, mithilfe derer Sie Daten auf Ihrer Onlinefestplatte freigeben können. Sie können eine schnelle Freigabe mit einem Freigabelink direkt aus dem

Explorer heraus nutzen. Die erweiterte Verwaltung der Freigaben erfolgt grundsätzlich über die OneDrive-Website. So nutzen Sie die einfache Freigabefunktion:

▶ Öffnen Sie den Windows Explorer, und navigieren Sie zu OneDrive.

▶ Klicken Sie mit der rechten Maustaste auf den Ordner, den Sie teilen wollen.

▶ Wählen Sie EINEN ONEDRIVE-LINK FREIGEBEN.

Jetzt befindet sich ein Freigabelink in der Zwischenablage, den Sie bequem mit Strg + V aus der Zwischenablage z. B. in ein Mailprogramm zum Weiterversand einfügen können. Der Zugriff auf die Freigabe benötigt keine Anmeldung an einem Microsoft-Konto und ist schreibgeschützt.

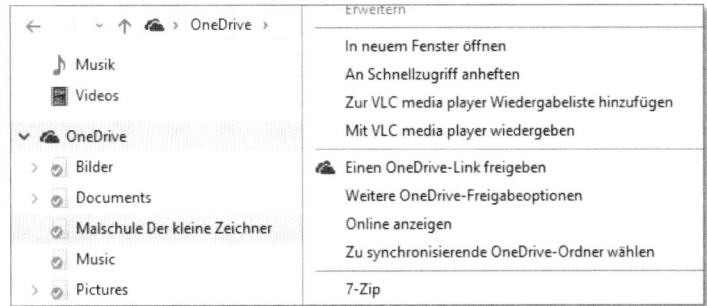

Abbildung 8.54 Eine schnelle Freigabe der Malschule via Kontextmenü

Die Freigabe wird nun mithilfe eines schwarzen Symbols in der Ordnerstruktur des Windows Explorers visualisiert.

Abbildung 8.55 Der schnelle Freigabelink kann komfortabel weiterverarbeitet werden.

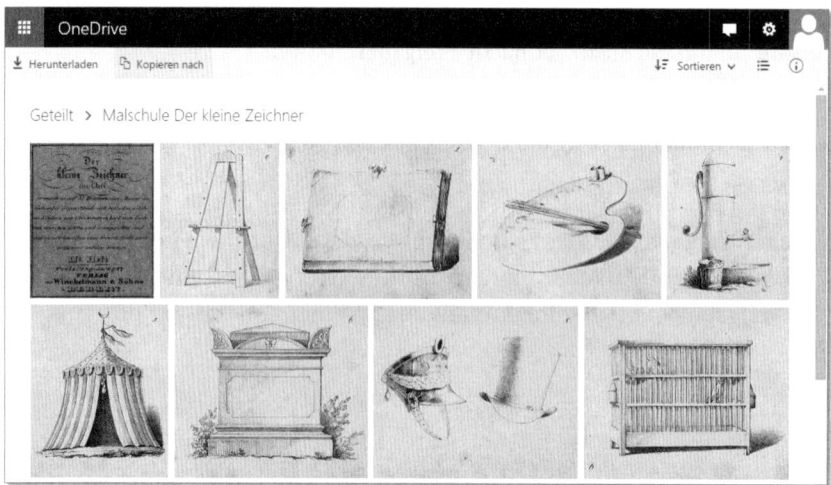

Abbildung 8.56 Die Freigabe ist anonym aufrufbar und schreibgeschützt.

Für eine erweiterte Freigabe klicken Sie mit der rechten Maustaste auf den gewünschten Ordner und wählen WEITERE ONEDRIVE-FREIGABEOPTIONEN. Sie werden jetzt automatisch zur OneDrive-Website in das richtige Verzeichnis weitergeleitet, und ein Assistent wird gestartet. Sie haben folgende Möglichkeiten:

▶ Eingabe von E-Mail-Adressen und Versand des Links mit einer OneDrive-E-Mail

▶ Vergeben einer Beschreibung

▶ Schreibschutz oder Bearbeitungsfähigkeit der Freigabe zuweisen

▶ anonyme Anmeldung oder Microsoft-Kontopflicht konfigurieren

▶ Abrufen des Freigabelinks

▶ Anzeigen der Personen mit Freigabelink

Abbildung 8.57 In der erweiterten Freigabe stehen Ihnen unterschiedliche Optionen zur Verfügung.

Um Ihnen das Speichern der Daten in OneDrive so einfach wie möglich zu machen, bietet Ihnen das Programm diverse Automechanismen an. Sie können diese in den OneDrive-Einstellungen konfigurieren:

▶ Tippen Sie in die Startmenüsuche OneDrive ein, und drücken Sie die ⏎-Taste.

▶ Wechseln Sie zum Registerreiter AUTOMATISCH SPEICHERN.

Im Abschnitt DOKUMENTE stellen Sie ein, wo Ihre Dokumente und Ihre Bilder standardmäßig gespeichert werden sollen. Sie wählen im Dropdown-Menü aus, ob Sie dafür OneDrive oder den lokalen PC bevorzugen. Nehmen wir an, Sie haben diese Funktion so konfiguriert, dass DOKUMENTE auf NUR DIESER PC und BILDER auf ONEDRIVE eingestellt sind. Das hat folgende Auswirkungen in Ihrer täglichen Arbeit:

▶ Im Schnellzugriff zeigt der Dokumente-Link auf den Dokumente-Profilordner im lokalen Rechner.

▶ Im Schnellzugriff zeigt der Bilder-Link auf den Bilderordner in OneDrive.

▶ Beim Abspeichern eines Dokuments wird Ihnen der lokale Ordner *Dokumente* vorgeschlagen.

▶ Beim Abspeichern eines Bildes wird Ihnen der Bilderordner auf OneDrive vorgeschlagen.

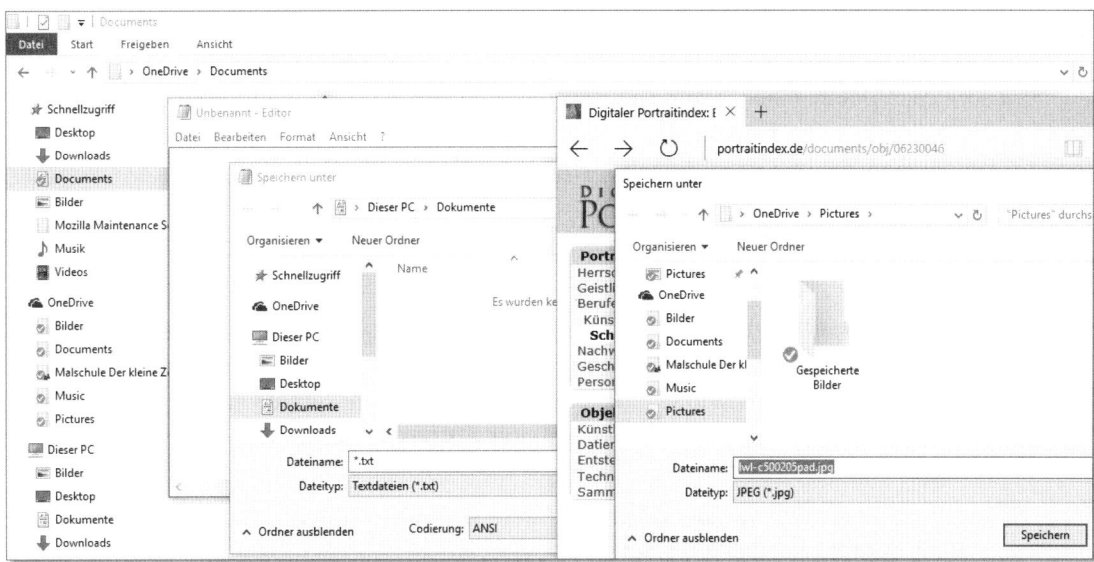

Abbildung 8.58 Unterschiedlicher Schnellzugriff und Standardspeicherort durch OneDrive-Einstellungen

Im Abschnitt FOTOS UND VIDEOS können Sie mit der Checkbox einstellen, ob Ihre Fotos und Videos automatisch nach OneDrive übertragen werden, sobald Sie ein Smartphone an den PC anschließen. Im Abschnitt SCREENSHOT stellen Sie mit der Checkbox ein, ob Bildschirm-Screenshots (z. B. mit der Druck-Taste) direkt in OneDrive gespeichert werden sollen.

Wo sind die Smart Files geblieben?

In Windows 8 hatte OneDrive eine Funktion, die es erlaubte, Verzeichnisse als online oder offline zu kennzeichnen. Offlinedaten wurden ganz normal synchronisiert. Onlinedaten wurden zwar im Explorer mithilfe von Vorschaubildern angezeigt, aber nur in der Cloud gespeichert. Beim Öffnen einer solchen Onlinedatei wurde diese dann automatisch heruntergeladen und auch für den Offlinezugriff verfügbar gemacht. Dies erleichterte den Umgang mit großen Datenmengen enorm.

Zusätzlich wurden die Dateien mit OCR hinsichtlich Textanteilen gescannt und kategorisiert. Diese Metadaten wurden in die Vorschaubilder der Offlinedaten eingepflegt und waren somit auch für die Offlinesuche verfügbar.

Jedoch war die Mischung zwischen »echten« synchronisierten Daten und Platzhaltern für so manchen Benutzer verwirrend. Außerdem lag es in der Natur der Sache, dass beim Umgang mit großen Dateien oder schwachen Netzwerkanbindungen Latenzen entstanden, da die Daten zuerst übertragen werden mussten. Daher wurde die Smart Files-Funktion unter Windows 10 ersatzlos gestrichen.

8.2.6   Die Bibliotheken

Die Bibliotheken sind ein zentraler Speicherort zum Organisieren und Verwalten Ihrer persönlichen Daten. Bibliotheken sind Sammelelemente, die auf die unterschiedlichsten Orte im Dateisystem zeigen können. Sie können jederzeit eigene Verzeichnisse in Bibliotheken aufnehmen. Die Bibliotheken selbst sind keine Verzeichnisse, sondern XML-Dateien vom Typ *library-ms*.

Speicherort

Die Bibliotheksdateien sind im jeweiligen Pfad *c:\users\username\appdata\roaming\microsoft\windows\libraries* als XML-Beschreibungsdateien abgespeichert (Abbildung 8.59). Bibliotheken nehmen in Windows eine besondere Stellung ein. Sie sind standardmäßig für die schnelle Suche indiziert und werden im Dateiversionsverlauf für die Sicherung von Daten verwendet.

Hilfe, es sind keine Bibliotheken da!

In vorherigen Windows-Versionen waren die Windows-Bibliotheken prominent im Explorer positioniert und von Microsoft für die Datenspeicherung präferiert. Die Bibliotheken sind in Windows 10 standardmäßig ausgeblendet – aber nicht verschwunden. Falls Sie die Bibliotheken wieder nutzen möchten, öffnen Sie im Windows Explorer auf der linken Seite ganz unten in einem freien Bereich mit der rechten Maustaste das Kontextmenü und wählen Bibliotheken anzeigen.

```
Administrator: Eingabeaufforderung

Verzeichnis von c:\Users\Theos\AppData\Roaming\Microsoft\Windows\Libraries

27.10.2015  16:31    <DIR>          .
27.10.2015  16:31    <DIR>          ..
27.10.2015  16:31             4.091 CameraRoll.library-ms
27.10.2015  16:31             7.454 Documents.library-ms
27.10.2015  16:31             3.677 Music.library-ms
27.10.2015  16:31             7.421 Pictures.library-ms
27.10.2015  16:31             4.112 SavedPictures.library-ms
27.10.2015  16:31             3.690 Videos.library-ms
               6 Datei(en),        30.445 Bytes
               2 Verzeichnis(se), 44.402.495.488 Bytes frei

c:\Users\Theos\AppData\Roaming\Microsoft\Windows\Libraries>_
```

Abbildung 8.59 Der physische Speicherort von Bibliotheken

Die Standardbibliotheken

Windows 10 stellt Ihnen vier Standardbibliotheken zum Speichern Ihrer Bilder, Dokumente, Musik und Videos zur Verfügung. Die Standardbibliotheken enthalten bereits Verweise auf die jeweiligen Themenordner im Profil, inklusive Verweise in OneDrive-Verzeichnisse – falls aktiv (Abbildung 8.60):

▶ *Eigene Bilder*

▶ *Eigene Dokumente*

▶ *Eigene Musik*

▶ *Eigene Videos*

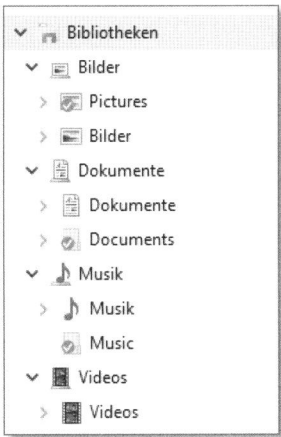

Abbildung 8.60 Die vier Standardbibliotheken

Bibliotheken entfernen

Sie können jederzeit Bibliotheken aus der Explorer-Ansicht entfernen, indem Sie mithilfe des Kontextmenüs auf die entsprechende Bibliothek klicken und die Option LÖSCHEN anwählen. Die Löschung kann nicht rückgängig gemacht werden, jedoch bietet Windows Ihnen die Möglichkeit, die Standardbibliotheken im Kontextmenü der Bibliotheken wiederherzustellen. Allerdings verlieren Sie alle eigenen Verknüpfungen, die Sie vorher innerhalb der Standardbibliothek angelegt haben. Die eigenen Bibliotheken bleiben jedoch erhalten (Abbildung 8.61).

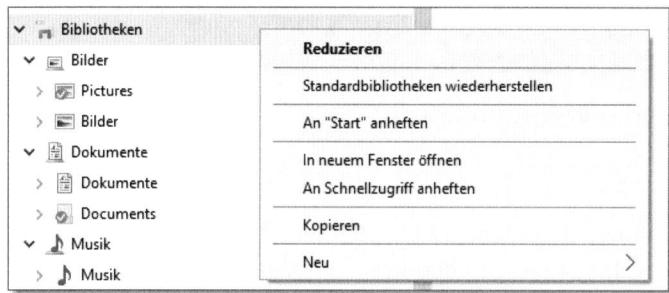

Abbildung 8.61 Im Kontextmenü der Bibliotheken lassen sich die Standardbibliotheken zurückholen.

Arbeiten mit eigenen Bibliotheken und Orten

Sie können schnell und einfach eigene Bibliotheken erstellen und diese mit Verweisen füllen. Wählen Sie hierzu das Element BIBLIOTHEKEN im Explorer aus und öffnen das Kontextmenü. Unter NEU • BIBLIOTHEK erstellen Sie einen eigenen Sammelordner. Benennen Sie die Bibliothek nach Wunsch. Nun können Sie eigene Ordner in die Bibliothek aufnehmen. Dazu klicken Sie in die noch leere Bibliothek und wählen ORDNER HINZUFÜGEN.

Browsen Sie nun zu dem Ordner, den Sie der Bibliothek hinzufügen möchten. Markieren Sie den Ordner, und klicken Sie anschließend auf ORDNER AUFNEHMEN. Anschließend können Sie auf den eben hinzugefügten Ordner über die entsprechende Bibliothek zugreifen. In der Standardansicht erhalten Sie eine gruppierte Liste der Ordner, die Sie in die Bibliothek aufgenommen haben. Die Liste erweitern Sie mit einem Doppelklick oder indem Sie das kleine Pfeil-Symbol anwählen.

Verzeichnisse per Drag & Drop in Bibliotheken aufnehmen

Manche Benutzer möchten eigene Verzeichnisse einfach dadurch in eine Bibliothek aufnehmen, dass sie sie mit der Maus hineinziehen. Aber Achtung: Beim Ziehen mit der *linken Maustaste* verschiebt Windows das angewählte Element in einen Ordner innerhalb der Bibliothek! Dies wird zwar kenntlich gemacht, wird aber schnell überlesen.

Falls Sie Elemente per Drag & Drop hinzufügen möchten, nutzen Sie die *rechte Maustaste* und ziehen das Verzeichnis auf die Bibliothek. Anschließend fragt Windows Sie, was mit dem Element geschehen soll. Wählen Sie nun die Option IN BIBLIOTHEK AUFNEHMEN aus.

Falls Sie einen Ort entfernen möchten, rufen Sie auch hier das Kontextmenü des Verzeichnisses auf und wählen die Option Ort aus Bibliothek entfernen.

Erweiterte Bibliothekseinstellungen vornehmen

In den Eigenschaften der Bibliothek können Sie weiteres Feintuning vornehmen. Wählen Sie eine Bibliothek an, und klicken Sie im Kontextmenü auf Eigenschaften. Oder klicken Sie auf eine Bibliothek, und öffnen Sie im Menüband die Bibliothektools (Abbildung 8.62).

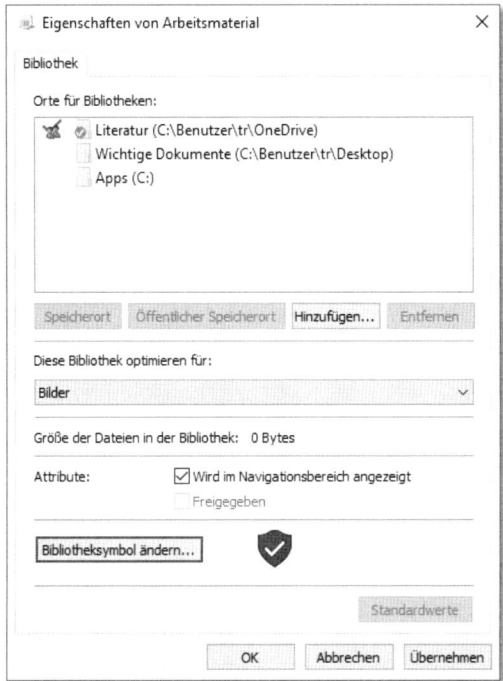

Abbildung 8.62 Feintuning von Bibliotheken

In den Eigenschaften einer Bibliothek können Sie folgende Einstellungen vornehmen:

▶ Sie können Verzeichnisse zur aktuellen Bibliothek Hinzufügen und Entfernen.

▶ Sie können die Bibliothek für bestimmte Dateitypen Optimieren: Das Menüband im Explorer ist dynamisch (siehe Abschnitt 8.2.2). Das bedeutet, dass je nach Inhalt unterschiedliche Tools (Musiktools, Bildtools etc.) angezeigt werden. Die Anzeige der entsprechenden Tools hängt davon ab, für welchen Dateityp die Bibliothek optimiert wurde. Wenn Sie Ihre Bibliothek also für Musik optimieren, werden im Windows Explorer später bei der Auswahl der Bibliothek die Musiktools angezeigt.

▶ Speicherort festlegen: Bibliotheken selbst sind keine Speicherorte, sondern nur XML-Dateien, die auf andere Verzeichnisse zeigen können. Wenn Sie eine Datei mit der Maus direkt in eine Bibliothek ziehen, muss das System entscheiden, in welches Verzeichnis die

Daten standardmäßig abgespeichert werden. Sie können ein Verzeichnis als Standard-SPEICHERORT auswählen. Weiterhin können Sie seit Windows 10 einen ÖFFENTLICHEN SPEICHERORT als Standard definieren. Dieser Speicherort kommt bei der Arbeit mit der Heimnetzgruppe zum Einsatz, wenn Sie die Freigabe für Bibliotheken und öffentliche Ordner aktiviert haben.

▶ Für Ihre Bibliotheken können Sie das Bibliothek-Symbol schnell und einfach in den Eigenschaften/Bibliothektools ÄNDERN (Abbildung 8.63).

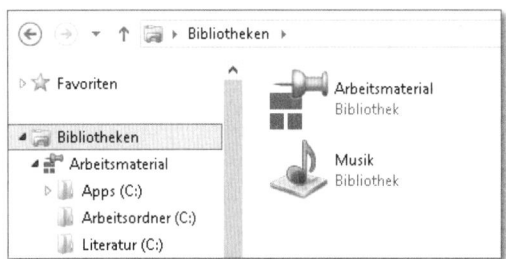

Abbildung 8.63 Ein eigenes Bibliothek-Symbol verwenden

▶ Außerdem können Sie eine Bibliothek durch das Entfernen des Häkchens bzw. durch Abwählen der Schaltfläche WIRD IM NAVIGATIONSBEREICH ANGEZEIGT ausblenden.

8.2.7 Heimnetzgruppe

Im Abschnitt HEIMNETZGRUPPE können Sie auf die Daten zugreifen, die in der Heimnetzgruppe freigegeben wurden (Abschnitt 8.2.7). Weitere Informationen hierzu finden Sie in Kapitel 26, »Netzwerk – Grundlagen und Besonderheiten«.

8.2.8 Dieser PC

Im Abschnitt COMPUTER finden Sie alle angeschlossenen Laufwerke, wie Ihre lokalen Partitionen, externe Festplatten, USB-Sticks und die angeschlossenen Laufwerke.

Falls Sie im NETZWERK- UND FREIGABECENTER das Medienstreaming aktiviert haben, finden Sie hier auch den Zugriff auf die unterschiedlichen Medienserver im Netzwerk. Im oberen Bereich auf der rechten Seite finden Sie einige Verzeichnisse des Benutzerprofils.

8.2.9 Netzwerk

Den letzten Abschnitt bildet die Netzwerkumgebung. Falls sich andere Rechner im Netzwerk befinden und per Netzwerkerkennung auffindbar sind, werden diese hier angezeigt. Diese Anzeige sagt aber nichts über die tatsächliche Menge der Rechner in Ihrem Netzwerk aus, da sich die Netzwerkerkennung im NETZWERK- UND FREIGABECENTER einfach deaktivieren lässt.

8.3   Arbeit mit Dateien und Verzeichnissen

Durch den Einsatz des Menübands wird die Arbeit insbesondere auf Touchscreen-Geräten enorm erleichtert, da alle Funktionen nun mit einem Fingertipp/Mausklick erreichbar sind. Aber auch für klassische Desktop-Rechner sind einige Funktionalitäten und Neuerungen hinzugekommen.

8.3.1   Der Menüband-Abschnitt »Datei«: allgemeine Tools immer zur Hand

Im Menüband-Abschnitt Datei haben Sie Zugriff auf einige Tools, die bei der Arbeit mit Dateien immer wieder benötigt werden (Abbildung 8.64).

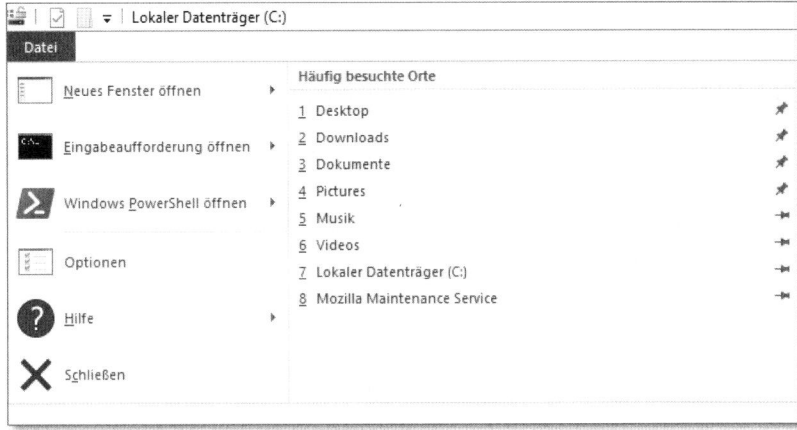

Abbildung 8.64 Der Menüband-Abschnitt »Datei«

Hier können Sie nicht nur neue Windows Explorer-Fenster öffnen, sondern haben auch Zugriff auf die Eingabeaufforderung und die PowerShell. Die Kommandozeilen wechseln direkt in das Verzeichnis, aus dem sie gestartet wurden. Weiterhin können Sie den Adressleistenverlauf und die zuletzt besuchten Orte aufrufen.

8.3.2   Der Menüband-Abschnitt »Start«: allgemeine Dateioperationen

In früheren Windows-Versionen wurden Dateioperationen, wie etwa das Kopieren oder Einfügen, entweder mit Tastaturkürzeln ([Strg] + [C]/[Strg] + [V]) oder mithilfe des Kontextmenüs durchgeführt. Keine Sorge, auf diese Arten des Dateimanagements müssen Sie auch unter Windows 10 nicht verzichten. Allerdings gibt es nun auch die Möglichkeit, diese Operationen aus dem Menüband heraus zu starten. Das Menüband ist in weitere Abschnitte unterteilt (Abbildung 8.65):

▶ Zwischenablage

▶ Organisieren

▶ Neu

▶ Öffnen

▶ Auswählen

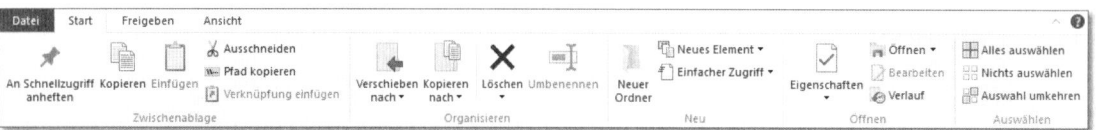

Abbildung 8.65 Der Menüband-Abschnitt »Start«

Im Folgenden sehen wir uns diese Abschnitte etwas genauer an.

Zwischenablage

Im Abschnitt Zwischenablage finden Sie die folgenden Möglichkeiten:

▶ An Schnellstart anheften: Ein angewähltes Element wird an den Schnellstart verlinkt.

▶ Kopieren: Ein angewähltes Element wird in die Zwischenablage kopiert.

▶ Einfügen: Ein Element der Zwischenablage wird an den aktuell ausgewählten Ort kopiert.

▶ Ausschneiden: Sie kopieren ein Element in die Zwischenablage. Beim Einfügen wird das Element jedoch verschoben.

▶ Pfad kopieren: Der aktuelle Pfad der Adressleiste wird in die Zwischenablage kopiert. Diese Funktion ist sehr nützlich, wenn man z. B. in eine bereits geöffnete Kommandozeile einen langen Pfad hineinkopieren möchte.

▶ Verknüpfung einfügen: Diese Funktion ist nur aktiv, wenn Sie ein entsprechendes Element in der Zwischenablage haben. Mit einem Mausklick erstellen Sie eine Verknüpfung am aktuellen Ort zum Pfad des Elements, das sich derzeit in der Zwischenablage befindet.

Der Kopierdialog

Als Kernfunktion bietet der Kopierdialog eine grafische Anzeige, mit deren Hilfe Sie den aktuellen Kopiervorgang überwachen und bei Bedarf auch pausieren lassen können (Abbildung 8.66).

Windows visualisiert die Kopiergeschwindigkeit mit einer Fortschrittsanzeige, die neben dem aktuellen Datendurchsatz auch den Durchsatz seit Kopierbeginn anzeigt. Mehrere parallele Kopieraktionen fasst der Kopierdialog übersichtlich in einem Fenster zusammen.

Bei Dateikonflikten haben Sie die klassischen Optionen Überspringen und Ersetzen und die Möglichkeit, die Datei und deren Eigenschaften auf einer grafischen Oberfläche zu vergleichen und so Stück für Stück auszuwählen, welche Dateien Sie behalten oder überschreiben möchten (Abbildung 8.67).

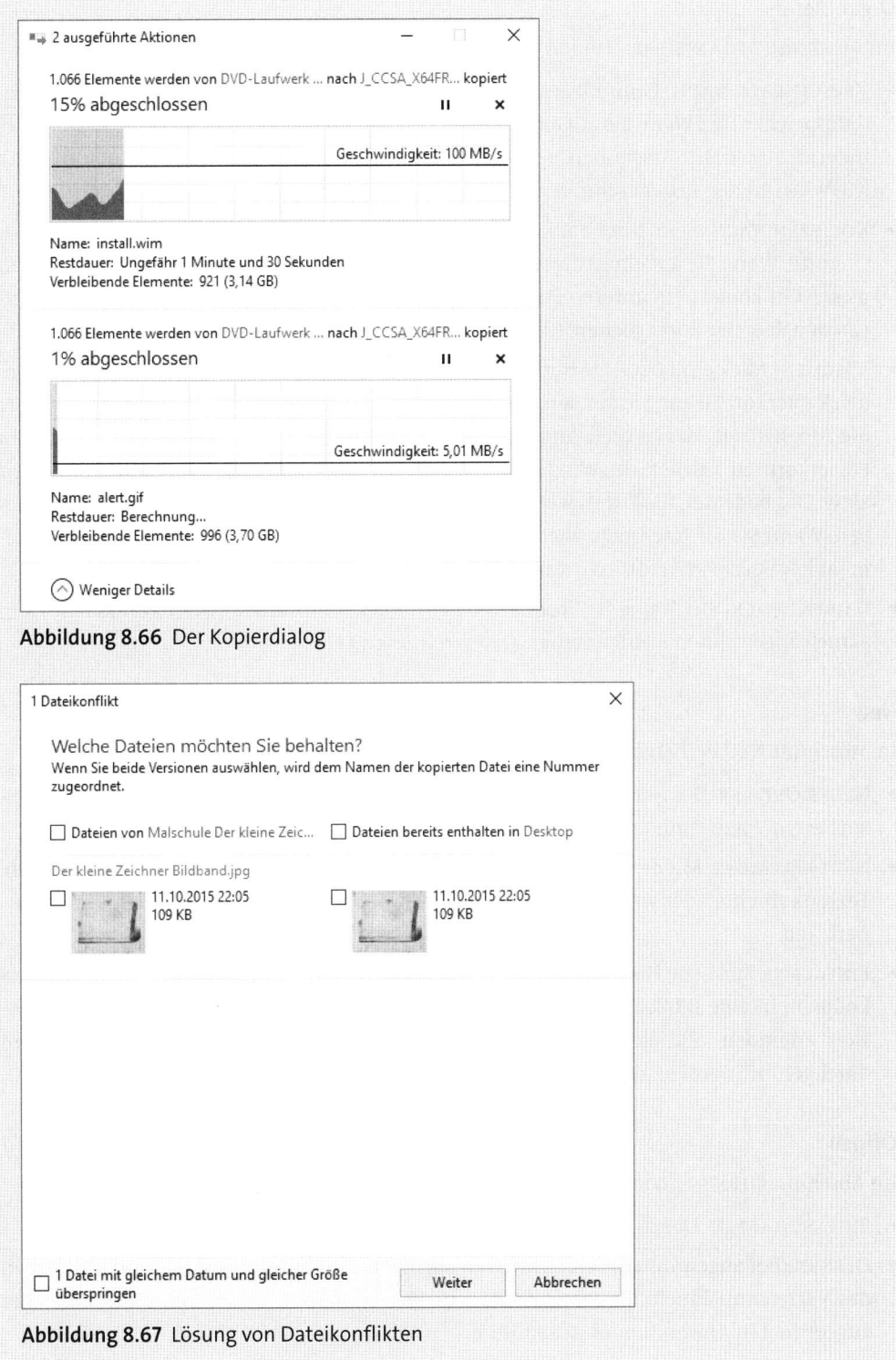

Abbildung 8.66 Der Kopierdialog

Abbildung 8.67 Lösung von Dateikonflikten

Organisieren

Im Abschnitt ORGANISIEREN finden Sie weitere Dateioperationen:

▶ VERSCHIEBEN NACH: Beim Klick auf VERSCHIEBEN NACH öffnet Windows 10 einige Standardspeicherorte. Wenn Sie auf einen dieser Orte klicken, wird das aktuell angewählte Element an diesen Ort verschoben. Im unteren Bereich können Sie mithilfe von SPEICHERORT AUSWÄHLEN den Rechner durchsuchen, um ein Element dorthin zu verschieben.

▶ KOPIEREN NACH: Beim Klick auf KOPIEREN NACH öffnet Windows 10 einige Standardspeicherorte. Wenn Sie auf einen dieser Orte klicken, wird das aktuell angewählte Element an diesen Ort kopiert. Im unteren Bereich können Sie mithilfe von SPEICHERORT AUSWÄHLEN den Rechner durchsuchen, um ein Element dorthin zu kopieren.

▶ LÖSCHEN: Mit dem LÖSCHEN-Button verschieben Sie das aktuell angewählte Element in den Papierkorb. Wenn Sie auf den Pfeil unterhalb des Löschen-Symbols klicken, haben Sie die Möglichkeit, das aktuell angewählte Element direkt und ohne Umweg über den Papierkorb zu löschen. In Windows 10 ist die Löschbestätigung standardmäßig nicht aktiv. Das bedeutet, die Daten werden ohne weitere Rückfrage in den Papierkorb geschoben. Wenn Sie die Nachfrage wieder angezeigt bekommen möchten, wählen Sie das Element RECYCLEBESTÄTIGUNG ANZEIGEN in den Löscheinstellungen an.

▶ UMBENENNEN: Der Name ist Programm. Beim Klick auf UMBENENNEN können Sie dem aktuell angewählten Element einen anderen Namen geben.

Neu

Im Abschnitt NEU verbergen sich einige nützliche Einstellungen:

▶ NEUER ORDNER: Der Name ist auch hier Programm. Beim Klick auf NEUER ORDNER erstellen Sie ein Verzeichnis am aktuellen Ort.

▶ NEUES ELEMENT: Mit der Schaltfläche NEUES ELEMENT erstellen Sie neue Verknüpfungen, Textdokumente oder weitere Elemente von Anwendungen, die im Kontextmenü registriert sind.

▶ EINFACHER ZUGRIFF: Hier können Sie angewählte Elemente mit dem Startbildschirm verknüpfen, in eine Bibliothek integrieren, in die Favoriten aufnehmen oder als Netzlaufwerk anbinden. Alle diese Funktionen können im System auf unterschiedliche Arten durchgeführt werden, frei nach dem Motto: Viele Wege führen nach Rom.

Öffnen

Im Abschnitt ÖFFNEN finden Sie folgende vier Funktionen:

▶ EIGENSCHAFTEN: Die Eigenschaften des angewählten Elements werden aufgerufen.

▶ ÖFFNEN: Bei angewählten Verzeichnissen springen Sie beim Klick auf ÖFFNEN direkt in das Verzeichnis hinein. Bei einer Datei wird Ihnen angeboten, die Datei mit einer der zugeordneten Anwendungen auszuführen.

- BEARBEITEN: Hier wird das angewählte Element nicht ausgeführt, sondern bearbeitet. Wenn Sie z. B. eine Batch-Datei bearbeiten, wird sie nicht ausgeführt, sondern im Editor geöffnet.

- VERLAUF: Hiermit öffnen Sie den DATEIVERSIONSVERLAUF.

Auswählen

Der letzte Abschnitt im Menüband beschäftigt sich mit der Auswahlfunktionalität:

- ALLES AUSWÄHLEN: Alle Elemente in diesem Verzeichnis werden markiert.

- NICHTS AUSWÄHLEN: Alle Elemente werden abgewählt.

- AUSWAHL UMKEHREN: Alle nicht angewählten Elemente werden markiert, und alle markierten Elemente werden abgewählt.

Der Zugriff auf die einzelnen Funktionen ist dynamisch. Wenn sich also z. B. nichts in der Zwischenablage befindet, ergäbe es keinen Sinn, den EINFÜGEN-Button aktiv zu lassen. Daher werden nicht funktionale Elemente ausgeblendet.

8.3.3   Der Menüband-Abschnitt »Freigeben«

Im Menüband-Abschnitt FREIGEBEN dreht sich alles um das Senden von Elementen und die Freigabe. Das Menüband ist in folgende Abschnitte unterteilt:

- SENDEN

- FREIGEBEN FÜR

Senden

- E-Mail: An dieser Stelle können Sie das angewählte Element als Anhang in Ihrem Standard-Mailprogramm versenden. Wenn Sie ein Bild ausgewählt haben, fragt Windows 10 Sie, ob die Bildgröße skaliert werden soll, um die Dateigröße zu reduzieren.

- ZIP: Mit dem ZIP-Button können Sie die aktuell angewählten Elemente in ein komprimiertes ZIP-Archiv packen. Die Komprimierung reduziert die Dateigröße, während das Verpacken in eine Containerdatei nützlich beim Versand von Daten ist. So besteht z. B. der Mailanhang nicht aus zehn Einzeldateien.

- AUF DATENTRÄGER BRENNEN: Hiermit nutzen Sie das integrierte Brennprogramm von Windows. Falls Sie einen Brenner in Ihrem Rechner haben, werden bei einem Klick auf diese Schaltfläche die derzeit ausgewählten Daten auf den Rohling geschrieben. Der Schreibvorgang muss vorher noch bestätigt werden.

- DRUCKEN: Die angewählten Elemente werden ohne weitere Nachfrage an den angeschlossenen Standarddrucker gesendet.

- FAX: Falls Sie ein angeschlossenes Faxmodem oder einen Faxserver besitzen, werden die angewählten Elemente beim Klick auf diese Schaltfläche an das Faxgerät gesendet.

Freigeben für

Der Abschnitt FREIGEBEN FÜR bietet Ihnen eine reduzierte, übersichtliche Oberfläche, um Daten schnell und einfach aus dem Menüband heraus freizugeben (Abbildung 8.68).

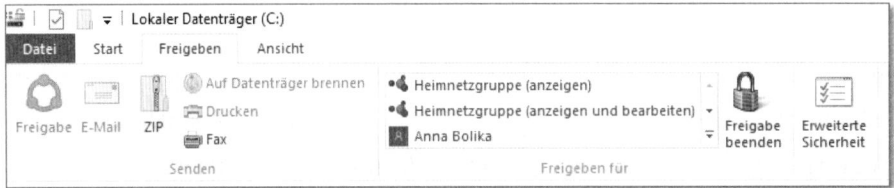

Abbildung 8.68 Schnelle Freigabe im Menüband

In der Mitte finden Sie im Freigabefenster einige vorgegebene Objekte, für die Sie das angewählte Verzeichnis freigeben können. Falls Sie sich in einer Heimnetzgruppe befinden, können Sie Daten für die Gruppe als Nur-Lesezugriff (ANZEIGEN) oder in der Variante Vollzugriff (ANZEIGEN UND BEARBEITEN) freigeben.

> **Änderungen bei der Freigabe mit dem Freigabeassistenten**
>
> Die Freigabe im Windows Explorer ist eine schnelle Freigabemöglichkeit, die auf dem neuen Freigabeassistenten (BESTIMMTE PERSONEN) basiert. Der Vorteil ist ganz klar die Übersichtlichkeit. So müssen in der klassischen Freigabe zwei Berechtigungen gesetzt werden: die *Freigabeberechtigung* und die *Sicherheitsberechtigung*. Der Freigabeassistent vereinfacht diesen Prozess auf einen einzigen Schritt.
>
> Aber: Wenn Sie klassische Freigaben gewohnt sind, werden Sie hinter der Option BEARBEITEN oder SCHREIBEN vermutlich erwarten, dass der Benutzer eben Schreib- oder maximal Änderungsrechte erhält. Im Freigabeassistenten bedeutet die Zugriffsberechtigung BEARBEITEN oder SCHREIBEN jedoch *Vollzugriff*! Weiterhin werden bei der Freigabe mit dem Assistenten auch die Sicherheitsberechtigungen für alle darunterliegenden Verzeichnisse ersetzt.

Weiterhin werden Ihnen die lokalen Benutzer Ihres Systems angezeigt. Ein Klick auf die Person gewährt dieser über das Netzwerk eine Leseberechtigung für das angewählte Element. Wenn Sie für unterschiedliche Benutzer unterschiedliche Berechtigungen setzen möchten, wählen Sie die Schaltfläche BESTIMMTE PERSONEN aus. Nun startet der vereinfachte Freigabeassistent. Tippen Sie den Namen der Person in das Eingabefeld, und klicken Sie auf HINZUFÜGEN. Anschließend legen Sie mithilfe des Dropdown-Menüs die Berechtigung fest. Ein abschließender Klick auf die Schaltfläche FREIGABE erstellt die Freigabe im Netz (Abbildung 8.69).

Sie können nun auf die Freigabe zugreifen, indem Sie im Windows Explorer im Abschnitt NETZWERK den entsprechenden Rechner erweitern oder in der Adresszeile des Windows Explorers einen sogenannten *UNC-Pfad* (*Universal Naming Convention*) nach dem Muster *Rechnername**Freigabename* eingeben (Abbildung 8.70).

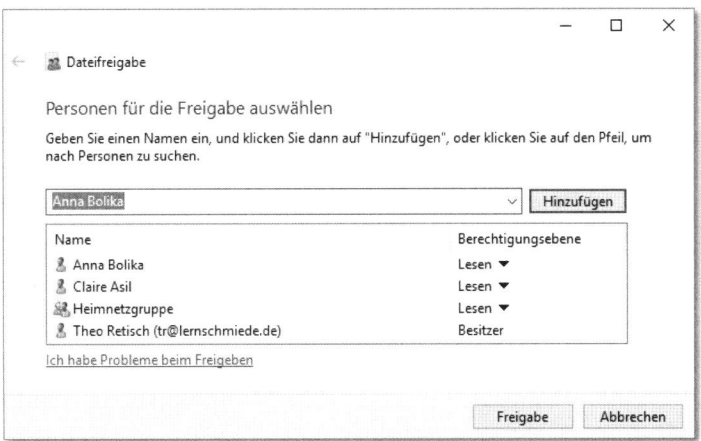

Abbildung 8.69 Freigeben von Daten mit dem Freigabeassistenten

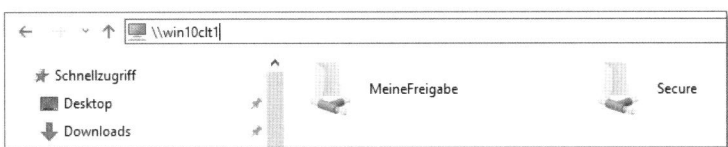

Abbildung 8.70 Zugriff auf eine Freigabe via UNC

▶ FREIGABE BEENDEN: Der Name ist Programm. Mit einem Klick auf diese Schaltfläche beenden Sie die Freigabe und setzen die Sicherheitsberechtigungen zurück.

▶ ERWEITERTE SICHERHEIT: Freigaben bestehen eigentlich aus zwei miteinander kombinierten Berechtigungen. Die Freigabeberechtigung regelt Zugriffe, die aus dem Netzwerk kommen (z. B. wenn Sie einen UNC-Pfad eingeben). Sicherheitsberechtigungen sind wesentlich granularer und regeln den Zugriff auf das Dateisystem selbst, z. B. wenn Sie im Windows Explorer direkt auf ein lokales Verzeichnis klicken. Sicherheitsberechtigungen sind wesentlich feiner abstimmbar. Erst die Kombination von Freigabe und Zugriffsberechtigungen ergeben den eigentlichen Zugriff auf Freigaben im Netzwerk, wobei sich beide Berechtigungstypen bei Zugriffen aus dem Netzwerk »restriktiv« zueinander verhalten – also die kleinste Berechtigung zählt.

Die Freigabe umfasst folgende Berechtigungen:

Name	Beschreibung
Lesen	Der Benutzer darf Verzeichnisinhalte anzeigen, öffnen und ausführen.
Ändern	Der Benutzer darf Inhalte zusätzlich ändern und löschen.
Vollzugriff	Der Benutzer darf Berechtigungen vergeben.

Tabelle 8.2 So wirken sich Freigabeberechtigungen aus.

Die Sicherheitsberechtigungen gelten für das lokale System, also dann, wenn Sie nicht via Freigabe auf das Verzeichnis oder die Dateien zugreifen. Die Sicherheitsberechtigungen sind etwas spezifischer und werden nach Verzeichnissen und Dateien unterschieden.

Name	Beschreibung
Lesen	Der Benutzer darf Datei- oder Verzeichnisinhalte lesen.
Schreiben	Der Benutzer darf Datei- oder Verzeichnisinhalte schreiben.
Lesen, Ausführen	Der Benutzer darf zusätzlich Dateien ausführen (z. B *.exe).
Ordnerinhalt anzeigen	Der Name ist Programm, gilt nur für Verzeichnisberechtigungen.
Ändern	Der Benutzer darf Inhalte zusätzlich ändern und löschen.
Vollzugriff	Der Benutzer darf Berechtigungen vergeben und den Besitz übernehmen.
Spezielle Berechtigungen	Noch feinere Berechtigungen, z. B. Attribute schreiben oder Berechtigungen lesen, können nur über die erweiterten Einstellungen konfiguriert werden.

Tabelle 8.3 So wirken sich Sicherheitsberechtigungen aus.

Neu hinzugekommen in Windows 10 ist das Freigabe-Symbol. Sie können ein angewähltes Element hier mit diversen Diensten in der Welt verteilen.

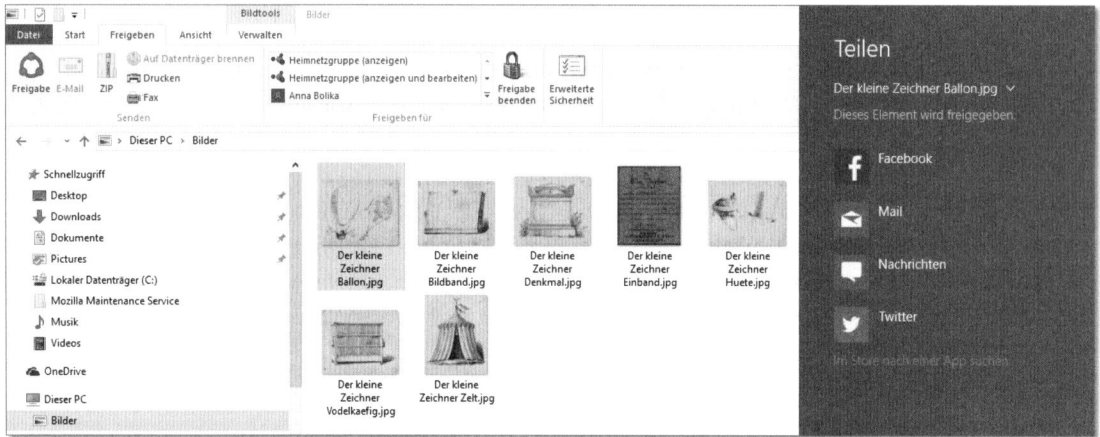

Abbildung 8.71 Die Charms-Bar kommt beim Freigeben zu neuen Ehren.

8.3.4   Der Menüband-Abschnitt »Ansicht«

Im Menüband-Abschnitt ANSICHT können Sie die Darstellung der Daten im Windows Explorer nach Herzenslust anpassen. Dieser Menüband-Abschnitt hat folgende Unterpunkte:

- ▶ Bereiche
- ▶ Layout
- ▶ Aktuelle Ansicht
- ▶ Ein-/ausblenden

Wir sehen uns diese Unterpunkte im Folgenden genauer an.

Bereiche

Der Abschnitt Bereiche bietet folgende drei Optionen:

- ▶ Navigationsbereich: Beim Klick auf Navigationsbereich öffnet sich ein weiterer Abschnitt. Sie haben hier die Möglichkeit, den Navigationsbaum (linke Spalte) auszublenden, indem Sie den Navigationsbereich abwählen. Außerdem finden Sie hier die Möglichkeit, die Favoritenleiste auszublenden. Wenn Sie im mittleren Fenster durch die Verzeichnisbäume navigieren, werden Sie bemerken, dass die Ordnerstruktur auf der linken Seite nicht automatisch erweitert wird, sondern »eingeklappt« bleibt. Dieses Verhalten ändern Sie mit einem Klick auf Erweitern, um Ordner zu öffnen. Danach wird die Ordnerstruktur automatisch erweitert. Allerdings verschwinden Heimnetzgruppe, Favoriten und Co. dann recht schnell im oberen Abschnitt, was unter Umständen einige Scrollarbeit verursacht.

- ▶ Vorschaufenster: Die Schaltfläche Vorschaufenster gibt Ihnen die Möglichkeit, Bilder und Dokumente (für die Windows einen Filter besitzt) in einer Vorschauansicht zu betrachten. Das Vorschaufenster kann nach Belieben erweitert werden (Abbildung 8.72).

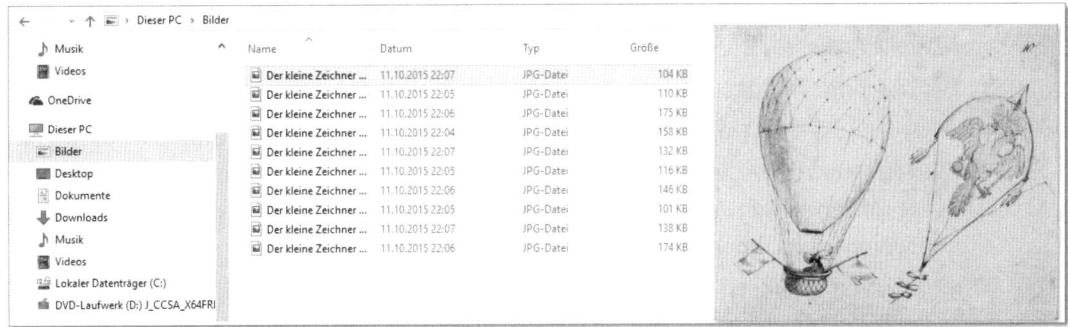

Abbildung 8.72 Bilder und Dokumente können in Vorschaufenstern dargestellt werden.

- ▶ Detailbereich: Windows bietet Ihnen für bestimmte Dateien umfangreiche Tagging-Möglichkeiten. Das bedeutet, Sie können z. B. für einzelne Musikstücke einen Interpreten, den Albumnamen oder Sternebewertungen zuweisen, um diese Daten später effizient suchen zu können (siehe Kapitel 21, »Windows Search – wer sucht, der findet«).

Normalerweise finden Sie diese Einstellungen in den Dateieigenschaften, die Sie über das Kontextmenü aufrufen. Der Detailbereich vereinfacht das Handling mit Dateibeschreibungen enorm. So können Sie die einzelnen Beschreibungsfelder direkt im Windows Explorer ausfüllen. Allerdings wird nur eine Teilmenge der Dateieigenschaften angezeigt (Abbildung 8.73).

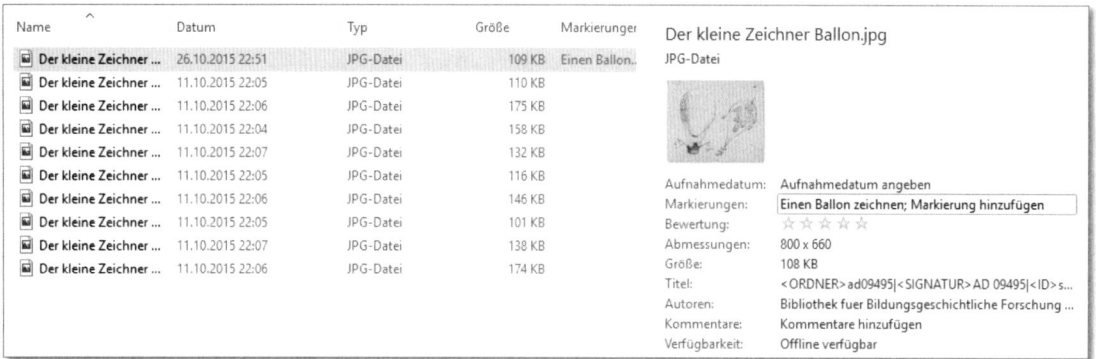

Abbildung 8.73 Im Detailbereich können einzelne Dateieigenschaften beschrieben werden.

Layout

Im Abschnitt LAYOUT haben Sie schnellen Zugriff auf verschiedene Ansichtsoptionen. Die Ansichten sind Geschmacksache und unterscheiden sich durch die Symbolgröße sowie durch weitere Informationen, z. B. dadurch, ob das Datum oder weitere Dateieigenschaften angezeigt werden. Sie können die angezeigten Informationen im Abschnitt AKTUELLE ANSICHT verfeinern. Wählen Sie die Ansicht, die Ihnen am besten zusagt.

Aktuelle Ansicht

Der Abschnitt AKTUELLE ANSICHT wartet mit folgenden Unterpunkten auf:

▶ SORTIEREN NACH: Mit der Schaltfläche SORTIEREN NACH stellt Ihnen Windows einige Parameter zur Verfügung, mit deren Hilfe Sie Ihre Daten sortieren können. Standardmäßig sortiert Windows alphabetisch. Sie können aber genauso nach dem Datum, der Größe oder einer von Ihnen vergebenen Bewertung sortieren.

▶ GRUPPIEREN NACH: Mit der Funktion GRUPPIEREN NACH bilden Sie einzelne, im Explorer voneinander abgesetzte Gruppen, die mithilfe der klassischen Windows-Filter erstellt werden (Abbildung 8.74).

▶ SPALTEN HINZUFÜGEN: Fügen Sie mit dieser Schaltfläche weitere Spalten zum Windows Explorer hinzu.

▶ SPALTEN ANPASSEN: Mit einem Klick auf diese Schaltfläche passen Sie die Spaltenbreite den entsprechenden Inhalten der einzelnen Spalten an.

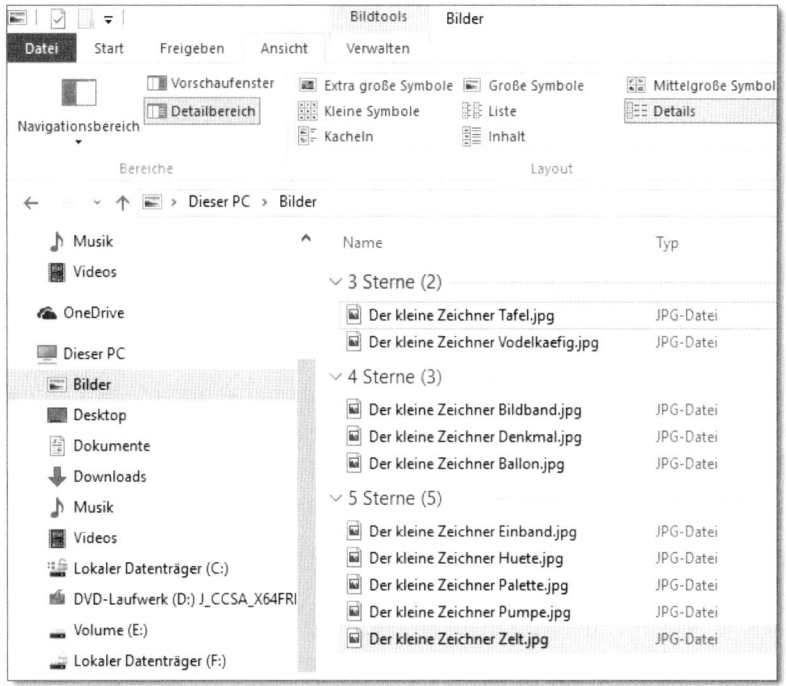

Abbildung 8.74 Gruppierung von Bildern nach »Bewertungssternen«

Ein-/ausblenden

Der Abschnitt EIN-/AUSBLENDEN umfasst folgende Funktionen:

▶ ELEMENTKONTROLLKÄSTCHEN: Ein nettes kleines Feature sind die Elementkontrollkäst-chen. Wenn Sie diese aktivieren, haben Sie beim Anwählen einer Datei oder eines Ordners die Möglichkeit, ein Häkchen zu setzen, um die Datei markiert zu lassen (Abbildung 8.75). Dadurch müssen Sie bei der Mehrfachauswahl nicht mehr unbedingt zur ⌈Strg⌉-Taste greifen.

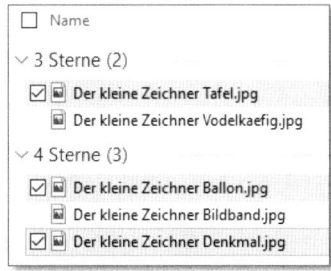

Abbildung 8.75 Mit Elementkontrollkästchen lassen sich einzelne Elemente anwählen.

▶ DATEINAMENERWEITERUNGEN: In der Regel haben Dateien eine sogenannte *Extension*, also z. B. **.doc* oder **.txt*. Diese Erweiterungen zeigt Windows standardmäßig nicht an. Um die Erweiterungen einzublenden, wählen Sie diese Schaltfläche aus.

▶ AUSGEBLENDETE ELEMENTE: Eine Standardeigenschaft in Windows-Dateien ist das soge-nannte *Versteckt*-Attribut. Versteckte Dateien werden in der Windows-Standardansicht nicht angezeigt. Wenn Sie versteckte Dateien anzeigen möchten, wählen Sie diese Schalt-fläche aus.

▶ AUSGEWÄHLTE ELEMENTE AUSBLENDEN: Die derzeit angewählten Elemente werden beim Klick auf diese Schaltfläche mit dem *Versteckt*-Attribut versehen.

▶ ORDNEROPTIONEN: In den Ordneroptionen finden Sie die klassischen Datei- und Ordner-einstellungen, wie Sie sie von früheren Windows-Versionen her kennen. Viele der in die-sem Kapitel besprochenen Einstellungen lassen sich sowohl in den Ordneroptionen als auch im Windows Explorer einstellen. Die einzelnen Optionen werden im Kontext des jeweiligen Kapitels behandelt (z. B. Kapitel 21, »Windows Search – wer sucht, der findet«).

Extensionen, Versteckt und System

Viele Profis stellen auf einem Windows-System gleich zu Beginn drei Optionen ein: DATEI-ERWEITERUNGEN EINBLENDEN, VERSTECKTE DATEIEN EINBLENDEN und SYSTEMDATEIEN EINBLEN-DEN. Zwei der drei Punkte sind mittlerweile auch im Windows Explorer zu bewerkstelligen. Die Systemdateien hat Microsoft leider »vergessen« – sie müssen auf die klassische Art in den Ordneroptionen aktiviert werden. Öffnen Sie hierzu die Ordneroptionen, wechseln Sie zum Register ANSICHT, und nehmen Sie das Häkchen bei GESCHÜTZTE SYSTEMDATEIEN AUS-BLENDEN (EMPFOHLEN) heraus (Abbildung 8.76).

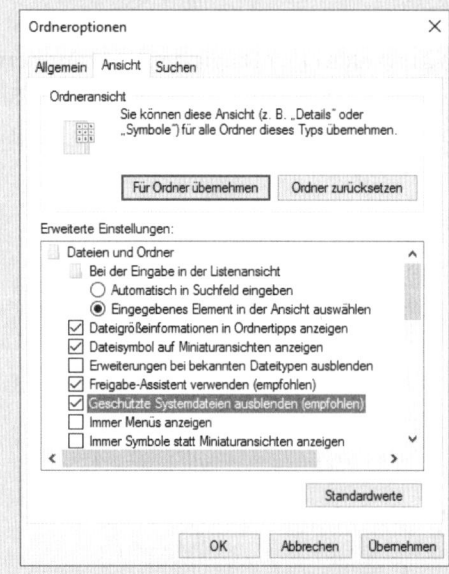

Abbildung 8.76 Systemdateien einblenden

8.4 Der Task-Manager

Manchmal ist es notwendig, dem laufenden System etwas gründlicher auf den Zahn zu fühlen. Im Task-Manager bekommen Sie einen Überblick über die laufenden Desktop-Anwendungen und Apps sowie weitere Informationen hinsichtlich der Systemleistung. Frisch und
aufgeräumt startet das Programm zunächst in einer Minimalversion (Abbildung 8.77). Den
Task-Manager rufen Sie auf die unterschiedlichsten Arten auf:

▸ Rufen Sie ⌈Strg⌋ + ⌈Alt⌋ + ⌈Entf⌋ auf, und wählen Sie den TASK-MANAGER aus.

▸ Drücken Sie ⊞, geben Sie Task-Manager ein, und wählen Sie ihn im Ergebnisfenster aus.

▸ Rufen Sie den Task-Manager direkt mit der Tastenkombination ⌈Strg⌋ + ⌈⇧⌋ + ⌈Esc⌋ auf.

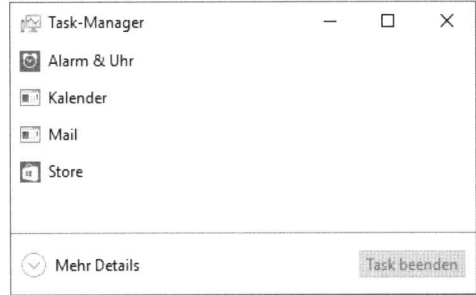

Abbildung 8.77 Der Task-Manager: übersichtliche Basisansicht

In der übersichtlichen Basisansicht sehen Sie alle aktuell von Ihnen aufgerufenen Programme. Um mit einer Anwendung zu interagieren, wählen Sie sie an und öffnen mit der
rechten Maustaste das Kontextmenü.

Über das Kontextmenü können Sie die Anwendung schließen, in den Vordergrund bringen,
den Dateipfad anzeigen oder die Eigenschaften der ausführbaren Datei erkunden.

Mit der Option ONLINE SUCHEN öffnen Sie Ihren Browser und suchen mit der voreingestellten Suchmaschine nach dem Dateinamen und dem Anwendungsnamen. Dieses Vorgehen
kann hilfreich sein, falls Ihnen ein Programm suspekt vorkommt und Sie sich weitergehend
über diese Datei informieren möchten.

Hängende Applikationen

Auch Windows 10 ist nicht vor abgestürzten Applikationen gefeit. Wenn eine Applikation
über einen längeren Zeitraum nicht mehr reagiert oder gar andere Programme in Mitleiden-
schaft zieht, bleibt manchmal als einziger Weg die »harte« Beendigung via Task-Manager.
Achtung: Bei dieser Methode ist Datenverlust (z. B. bei einem derzeit bearbeiteten Textdoku-
ment) durchaus möglich. Daher sollte das harte Beenden nur als letzte Möglichkeit in
Betracht gezogen werden!

Mit einem Klick auf MEHR DETAILS öffnen Sie die erweiterte Ansicht des Task-Managers (Abbildung 8.78).

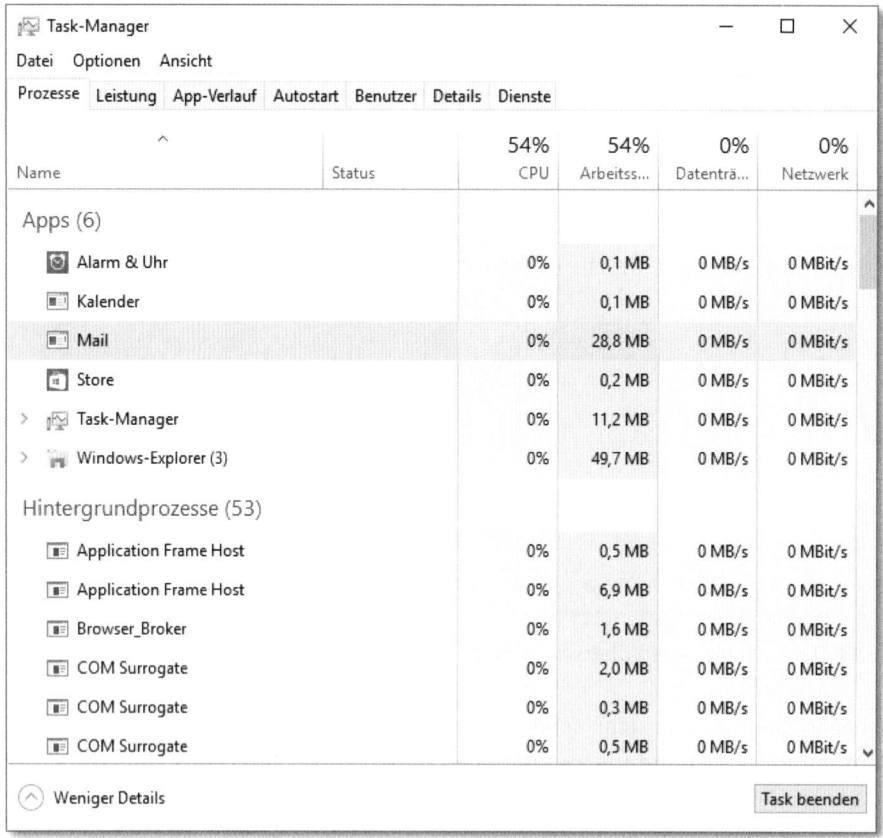

Abbildung 8.78 Die erweiterte Ansicht des Task-Managers

Wie Sie sicherlich bereits bemerkt haben, zeigt die Basisansicht des Task-Managers nicht alle Programme an, um die Übersicht zu wahren. Natürlich laufen noch viele weitere Prozesse im System. Prozesse sind aktuell ausgeführte Programminstanzen und werden von der entsprechenden Programmdatei erzeugt.

8.4.1   Das Register »Prozesse«

Im Register PROZESSE teilt der Task-Manager die Ansicht in

▶ APPS mit den von Ihnen gestarteten Anwendungen,

▶ HINTERGRUNDPROZESSE mit automatisch gestarteten Anwendungen und

▶ WINDOWS-PROZESSE

auf. Die einzelnen Prozessinstanzen lassen Sie sich mithilfe des kleinen Dreiecks/Pfeils anzeigen (Abbildung 8.79).

Name
Status
Apps (8)
Alarm & Uhr
Internet Explorer (3)
Bing - Internet Explorer
Lernschmiede | Besser einfach ...
Rheinwerk – Der Verlag für IT, ...

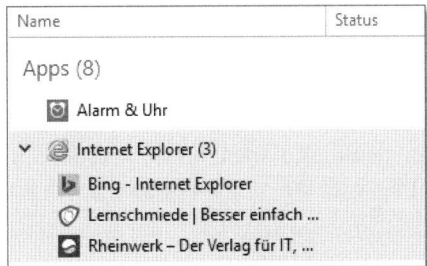

Abbildung 8.79 Anzeigen mehrerer Prozessinstanzen

Im rechten Abschnitt verschaffen Sie sich einen schnellen Überblick darüber, welche Ressourcen eine bestimmte Anwendung verbraucht. Standardmäßig werden die vier Standardleistungsobjekte CPU, ARBEITSSPEICHER, DATENTRÄGER und NETZWERK angezeigt.

Anwendungen, die eine höhere Ressourcenauslastung haben, werden in einem kräftigeren Gelbton dargestellt (Abbildung 8.80).

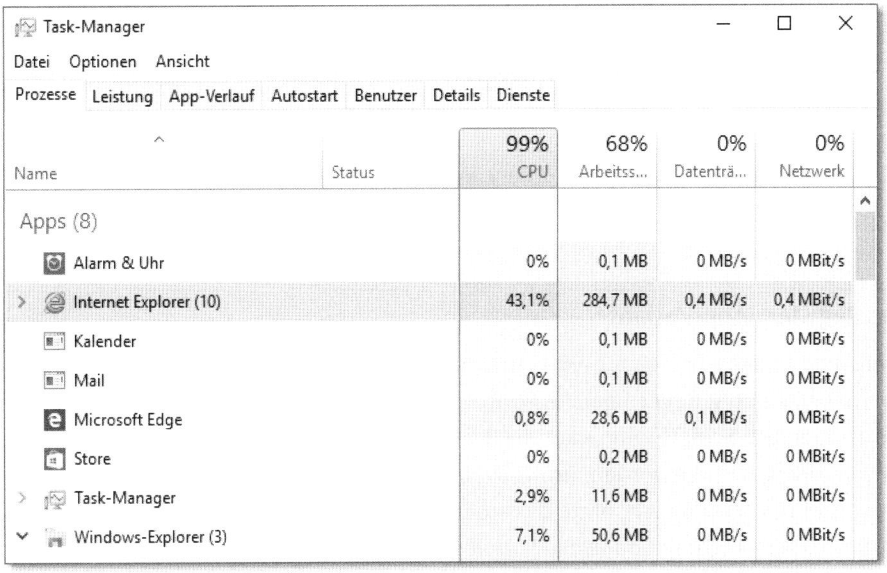

Task-Manager
Datei Optionen Ansicht
Prozesse Leistung App-Verlauf Autostart Benutzer Details Dienste
Name Status 99% CPU 68% Arbeitss... 0% Datenträ... 0% Netzwerk
Apps (8)
Alarm & Uhr 0% 0,1 MB 0 MB/s 0 MBit/s
Internet Explorer (10) 43,1% 284,7 MB 0,4 MB/s 0,4 MBit/s
Kalender 0% 0,1 MB 0 MB/s 0 MBit/s
Mail 0% 0,1 MB 0 MB/s 0 MBit/s
Microsoft Edge 0,8% 28,6 MB 0,1 MB/s 0 MBit/s
Store 0% 0,2 MB 0 MB/s 0 MBit/s
Task-Manager 2,9% 11,6 MB 0 MB/s 0 MBit/s
Windows-Explorer (3) 7,1% 50,6 MB 0 MB/s 0 MBit/s

Abbildung 8.80 Farbliche Kennzeichnung der Ressourcenauslastung

Im Kontextmenü der einzelnen Anwendungen finden Sie die gleichen Einstellungen wie in der Basisansicht plus die Möglichkeit, die Ressourcenanzeige in Prozent oder als Wert (z. B. in MB beim Arbeitsspeicher) anzuzeigen.

8.4.2   Das Register »Leistung«

Im Register LEISTUNG finden Sie die Ressourcenauslastung grafisch ansprechend darge-stellt. Mit der Auswahl des Leistungsobjekts in der linken Spalte lassen Sie sich die zugehöri-gen Informationen anzeigen. Mit einem Doppelklick in der linken Spalte rufen Sie eine reduzierte grafische Ansicht der vier Leistungsobjekte auf. Ein Doppelklick auf ein Leistungs-objekt in der rechten Seite öffnet den Blick fürs Wesentliche hinsichtlich des angewählten Objekts. Im Kontextmenü der Leistungsobjekte warten detaillierte Angaben zur Ressourcen-auslastung des ausgewählten Objekts (Abbildung 8.81).

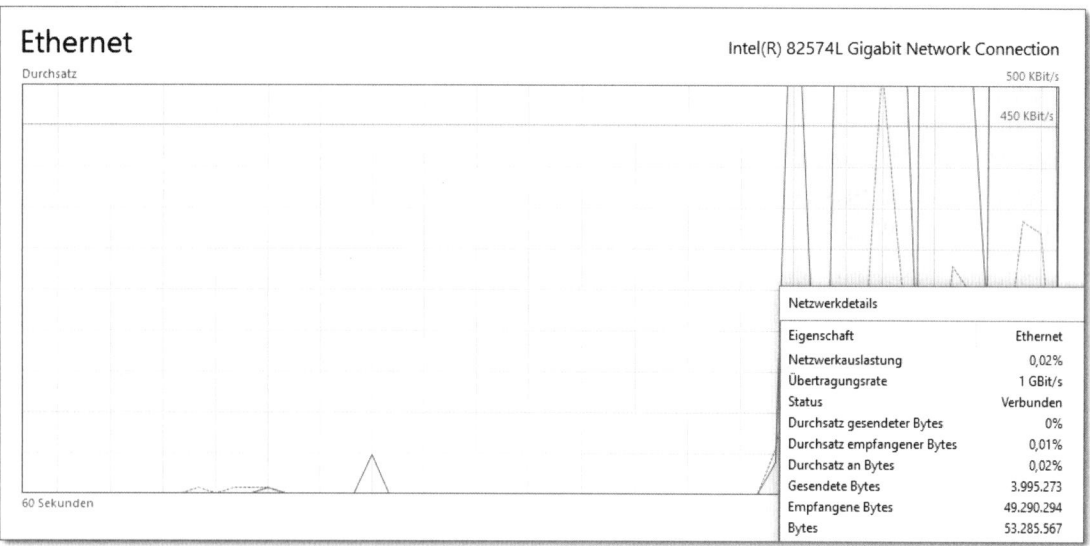

Abbildung 8.81 Reduzierte Ansicht – aber viele Informationen

8.4.3   Das Register »App-Verlauf«

Im Register APP-VERLAUF finden Sie eine Historie zur Auslastung von Universal Apps. Uni-versal Apps haben einen sehr geringen Ressourcenverbrauch, wenn sie nicht verwendet wer-den, da sie in einer Art »Schlafmodus« auf die Reaktivierung warten. Dennoch können Daten an die Anwendung gesendet werden, um z. B. ein Kachel-Update durchzuführen. Auch das Abspielen von Musik ist möglich, ohne dass die App auf dem Bildschirm ausgeführt wird. Microsoft nennt diese Technik *Connected Standby*.

Windows »merkt« sich die Ressourcenauslastung der Universal Apps ab der ersten Anmel-dung (Abbildung 8.82). Um eine neue Historie zu beginnen, klicken Sie auf den blauen Link AUSLASTUNGSVERLAUF LÖSCHEN. Über das Kontextmenü können Sie auch direkt zu einer App wechseln.

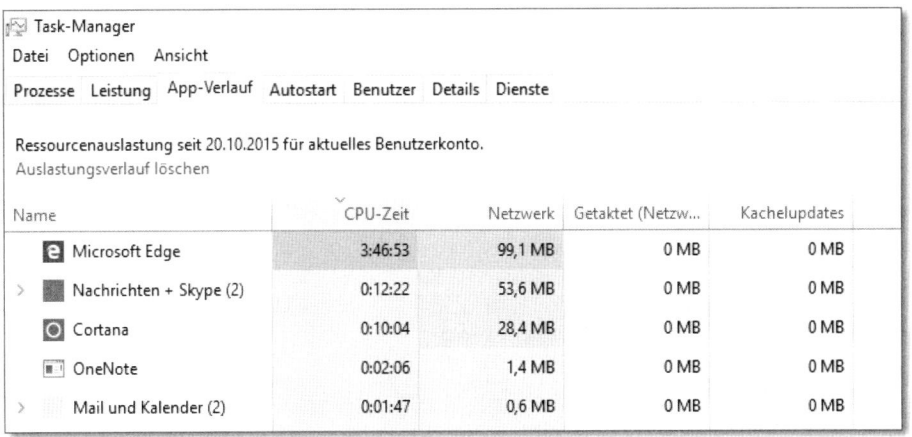

Abbildung 8.82 Universal-Apps und ihr Ressourcenverbrauch

8.4.4   Das Register »Autostart«

Im Register AUTOSTART finden Sie alle Anwendungen, die beim Systemstart mit hochgefahren werden. Hierbei handelt es sich oft um Update-Prozesse, mit deren Hilfe Programme sich immer wieder ins Internet verbinden, um Programmaktualisierungen abzufragen. Sie können diese automatischen Programmstarts via Kontextmenü deaktivieren.

Eine Aussage, welche Programme beim Betriebssystemstart mit gestartet werden sollen, ist pauschal nicht möglich. Hier hilft es nur, sich mit der Herstelleranleitung auseinanderzusetzen, um herauszufinden, ob ein automatischer Start Sinn ergibt oder nicht.

Allerdings verzögert das Aufrufen von vielen Programmen den Betriebssystemstart und den Anmeldeprozess. Windows 10 gibt Ihnen in der Spalte STARTAUSWIRKUNGEN mithilfe der Bezeichnungen NIEDRIG, MITTEL, HOCH und NICHT GEMESSEN einen Hinweis auf ressourcenfressende Programmstarts. Wir tendieren dazu, Programmstarts, die sich nicht eindeutig zuordnen lassen, oder Programmstarts mit keinem vermeintlichen Nutzen zu deaktivieren (Abbildung 8.83). Allerdings sollten Sie diese Funktion im Hinterkopf behalten, falls Sie später Schwierigkeiten im Umgang mit der Applikation haben.

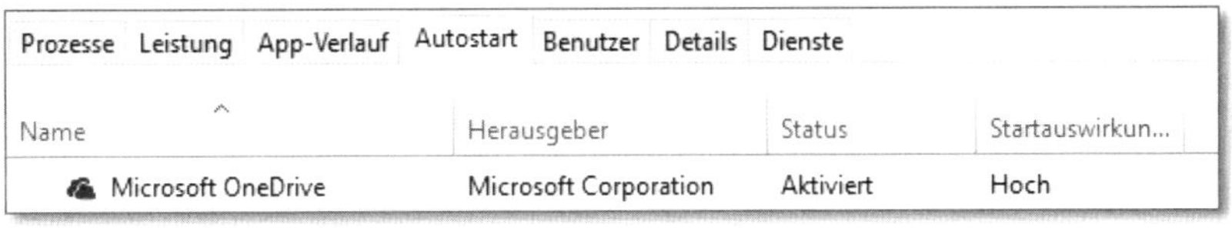

Prozesse	Leistung	App-Verlauf	Autostart	Benutzer	Details	Dienste		
Name			Herausgeber		Status		Startauswirkun...	
Microsoft OneDrive			Microsoft Corporation		Aktiviert		Hoch	

Abbildung 8.83 Automatische Programmstarts können deaktiviert werden.

8.4.5   Das Register »Benutzer«

Im Register BENUTZER sehen Sie alle derzeit am System angemeldeten Benutzer. Mit einem Klick auf den kleinen Pfeil bzw. das kleine Dreieck erweitern Sie die Detailansicht und sehen die vom Benutzer derzeit ausgeführten Prozesse. Wenn Ihr Benutzer Mitglied der Gruppe der Administratoren ist, sehen Sie auch die Prozesse der anderen angemeldeten Benutzer (Abbildung 8.84). Falls dem nicht so ist, sehen Sie nur Ihre eigenen Prozesse.

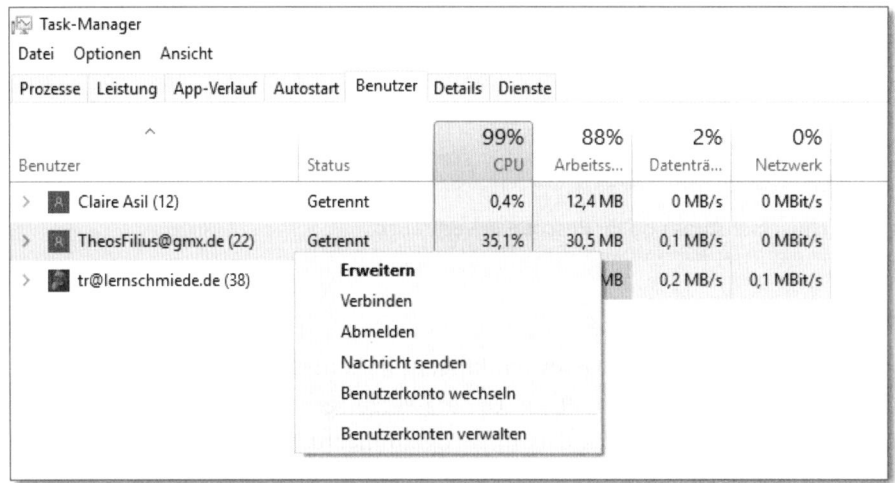

Abbildung 8.84 Hier sind mehrere Benutzer am System angemeldet.

Im Kontextmenü der Prozesse können Sie hier die gleichen Aufgaben durchführen wie im Register PROZESSE, z. B. einen Prozess beenden. Mit einem Klick auf das Kontextmenü des angemeldeten Benutzers haben Sie weitere Möglichkeiten. So können Sie beispielsweise das Konto vom System abmelden oder eine Nachricht schicken.

8.4.6   Das Register »Details«

Im Register DETAILS finden Sie alle derzeit im System laufenden Prozesse (Abbildung 8.85). Neben den Optionen, die Ihnen im Register PROZESSE zur Verfügung stehen, haben Sie hier zusätzlich die Möglichkeit,

▶ Prozessstrukturen zu beenden, z. B. übergeordnete Prozesse und alle untergeordneten Prozesse,

▶ Prozessprioritäten festzulegen, um dem angewählten Prozess eine höhere Priorität bei der Anfrage von Systemressourcen zu gewähren,

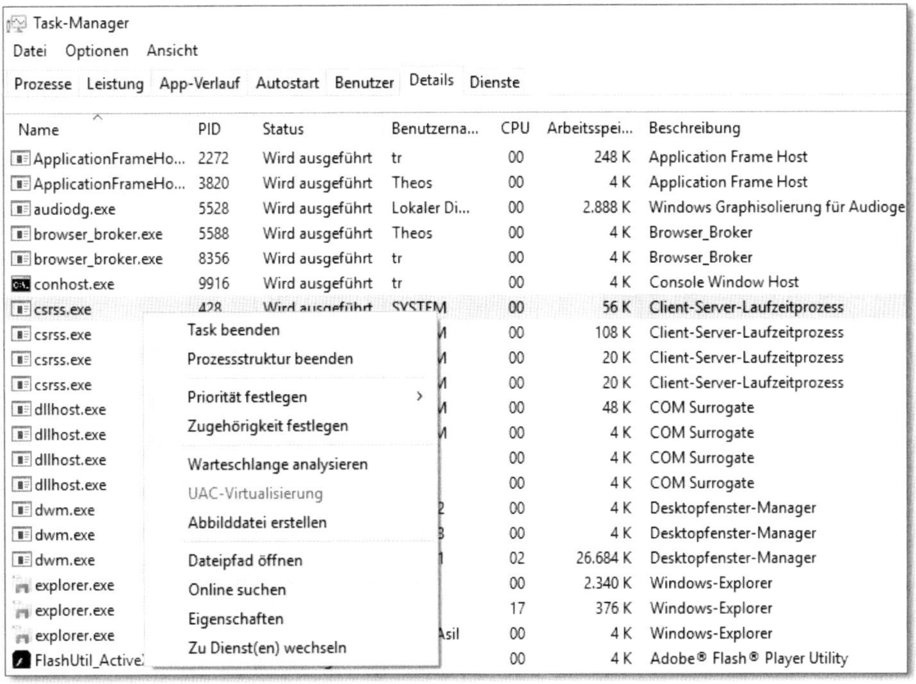

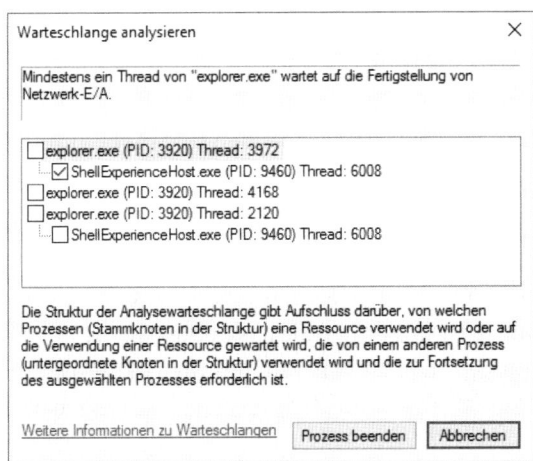

Abbildung 8.85 Prozessdetails verwalten

▶ einen Prozess an eine bestimmte CPU zu knüpfen,

▶ erweiterte Informationen zur Prozessausführung im System anzeigen zu lassen (Abbildung 8.86),

Abbildung 8.86 Erweiterte Information zur Prozessausführung

- Programmen vorzugaukeln, sie dürften in Verzeichnisse schreiben, für die sie keine Berechtigung besitzen (UAC-Virtualisierung),
- bei problematischen Prozessen eine *Dump-Datei* zu schreiben, die Sie mit einem Debugger-Programm für die Problembehandlung analysieren können (Abbildung 8.87).

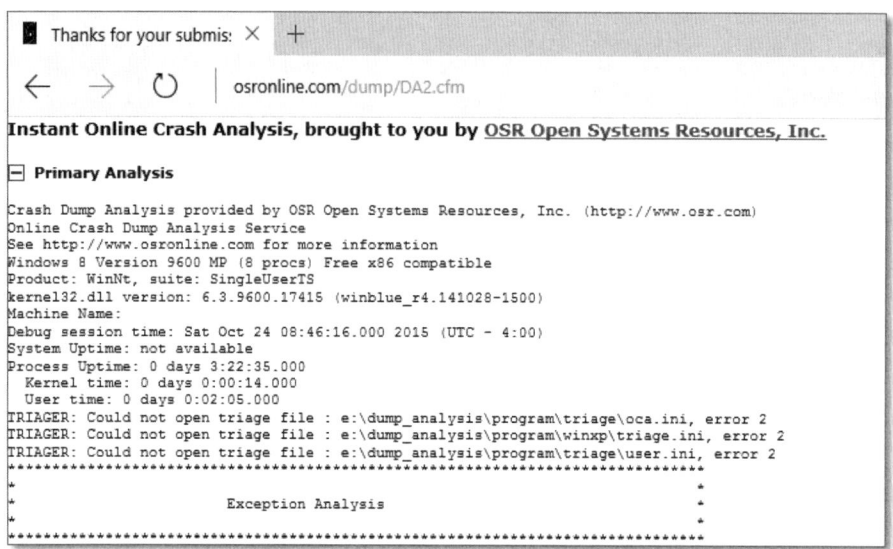

Abbildung 8.87 Onlineanalyse einer Dump-Datei

Die Prozessdetails bieten Ihnen Hilfe zur Analyse und Problembehandlung bei instabilen Prozessen und Anwendungen. Bei unsachgemäßer Handhabung können Sie jedoch Anwendungs- oder sogar Systeminstabilitäten herbeiführen!

8.4.7   Das Register »Dienste«

Im Register DIENSTE finden Sie alle Dienste, die im System vorhanden sind (Abbildung 8.88). Dienste sind ebenfalls Anwendungen, die aber unabhängig von der Benutzeranmeldung gestartet werden können und im Hintergrund laufen. Der Benutzer bekommt in der Regel nichts von der Existenz von Diensten mit.

Falls ein Dienst hängt oder nicht gestartet wurde, können Sie z. B. einen Neustart des Dienstes komfortabel im Task-Manager durchführen. Dazu öffnen Sie das Kontextmenü des angewählten Dienstes. Für erweiterte Einstellungen (z. B. die Auswahl des Dienstkontos) öffnen Sie die klassische Dienstkonsole, indem Sie ⊞ + R aufrufen, services.msc eingeben und die ↵-Taste drücken.

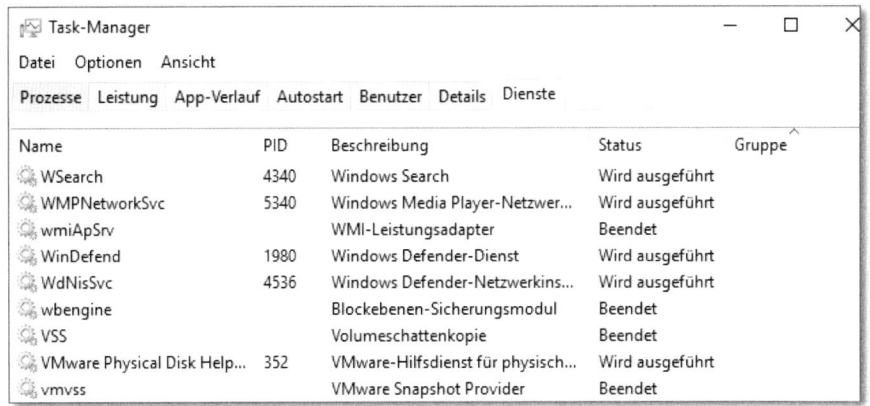

Abbildung 8.88 Die Dienste im Task-Manager

Kapitel 9
Barrierefreiheit

Nicht alle Menschen können ungehindert am Alltag teilnehmen. Es gibt unterschiedlichste Beeinträchtigungen in verschiedenen Ausprägungen.

Barrierefreiheit bezeichnet die Gestaltung der Umwelt auf eine Weise, dass Menschen mit und ohne Beeinträchtigungen gleichermaßen an ihr teilhaben können. Dabei geht es nicht nur darum, Menschen mit Behinderungen zu helfen. Auch Menschen mit Kleinkindern, einer Rot-Grün-Schwäche oder ältere Menschen sind in ihrer vollen Bewegungsfreiheit und Teilnahme an der Umwelt beeinträchtigt, sodass wir hier von *Beeinträchtigungen* sprechen möchten und nicht von Behinderungen.

Windows 10 hilft, wo es kann. Die Entwickler von Windows 10 haben besonderes Augenmerk auf den barrierefreien Zugang zum neuen Betriebssystem gelegt, und dies schon vom ersten Start an. Wir zeigen Ihnen, wie Sie Ihr Windows 10 so einstellen, dass Sie auch bei einer Beeinträchtigung gut, ergonomisch und vollständig mit dem System arbeiten können. Bei PCs wirken sich besonders Beeinträchtigungen der Sehleistung negativ auf das Arbeiten aus, weshalb wir diesem Thema besondere Aufmerksamkeit widmen werden.

9.1   Wo unterstützt Windows 10?

Windows 10 kann Menschen mit Beeinträchtigungen auf verschiedene Weise unterstützen. Windows 10 bietet Möglichkeiten zur Spracheingabe und Sprachausgabe, und Sie können sich, was die Darstellung am Bildschirm betrifft, Ihren Beeinträchtigungen entsprechend unterstützen lassen. Außerdem können Sie durch das Anschließen externer Geräte, wie z. B. eines Braille-Displays, auch Blindenschrift am Windows-PC ausgeben lassen. Aber neben diesen offensichtlichen Hilfen bietet Windows 10 auch eine gute Bildschirmlupe und eine Bildschirmtastatur, die beide sehr hilfreich sein können.

Wenn Sie sich nicht sicher sind, ob Sie von Windows 10 geeignete Unterstützung erhalten können, gibt es sogar einen fragenbasierten Assistenten, der herauszufinden versucht, wo Windows Ihnen bei der Darstellung oder Ausgabe behilflich sein kann. Um ihn zu starten, drücken Sie ⊞ + [Q], geben barriere ein und drücken [↵]. Alternativ können Sie auch den Suchbergriff barriere in der Taskleiste in das Suchfenster eingeben. Hier erhalten Sie einen ersten Überblick über Einstellungen in Windows 10, die für Barrierefreiheit sorgen (Abbildung 9.1).

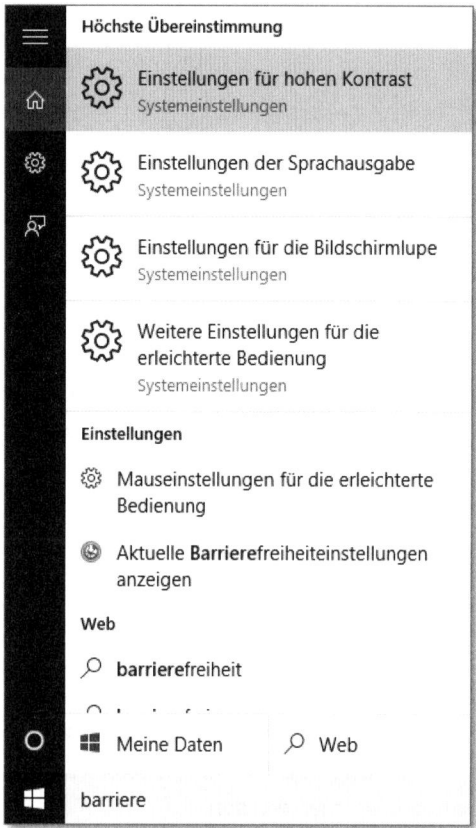

Abbildung 9.1 Barriererelevante Einstellungen suchen

Um den Assistenten aufzurufen, öffnen Sie hier AKTUELLE BARRIEREFREIHEITEINSTELLUN-
GEN ANZEIGEN. Im nächsten Fenster, dem CENTER FÜR ERLEICHTERTE BEDIENUNG (Abbildung 9.2), sehen Sie einen gelben Infokasten ❶.

Jetzt öffnet sich ein Assistent, der Sie nach unterschiedlichen Beeinträchtigungen fragt.
Beantworten Sie diese Fragen, um am Schluss dieses Dialogs Empfehlungen von Windows zu
erhalten, wie Sie besser mit dem System arbeiten können.

Im nächsten Schritt stellen wir die wichtigsten Hilfen im Detail vor. Zu ihnen zählen:

▶ die Bildschirmlupe

▶ die Bildschirmtastatur

▶ das Optimieren der Darstellung

▶ die Sprachunterstützung

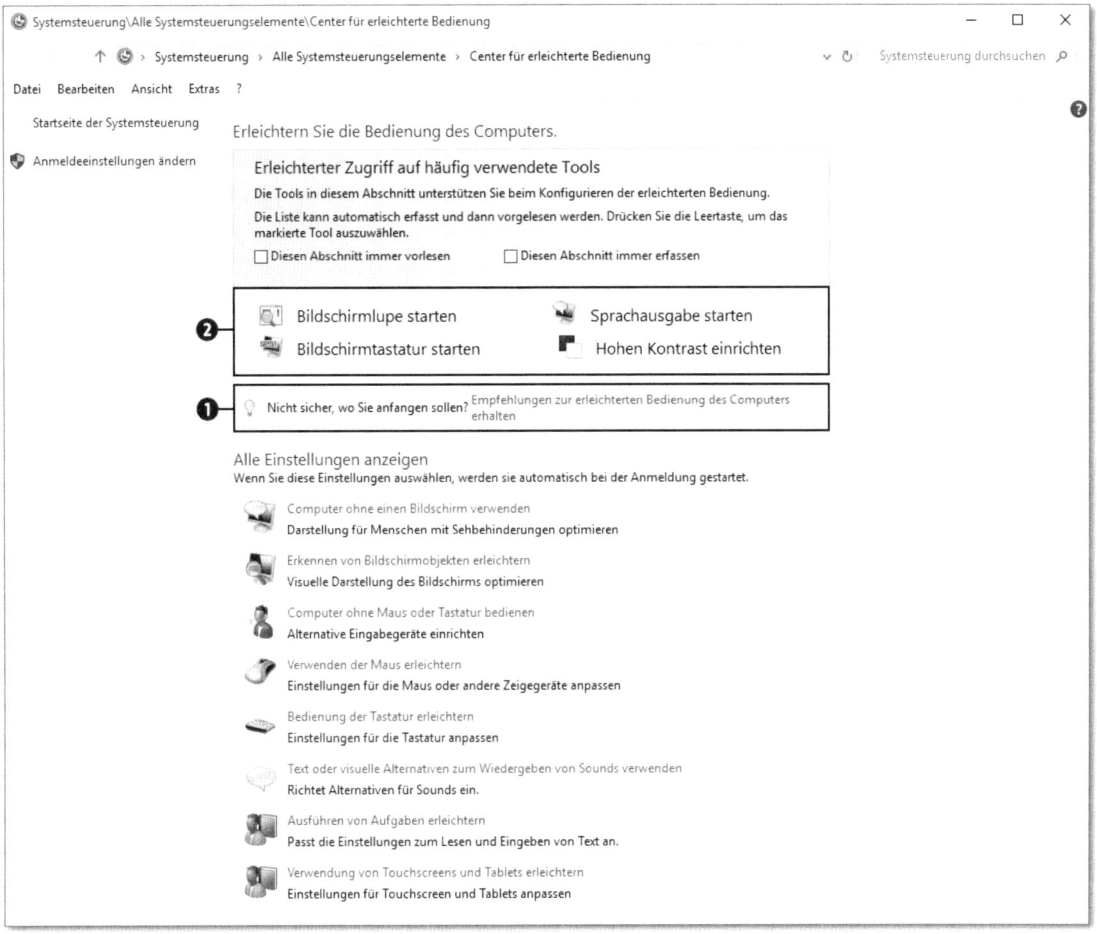

Abbildung 9.2 Center für erleichterte Bedienung

9.2   Die Bildschirmlupe

Die Bildschirmlupe ist ein vielseitiges Werkzeug zum Vergrößern des Bildschirminhalts. Nach dem Aufruf der Lupe mit [⊞] + [U] und einem Klick auf BILDSCHIRMLUPE STARTEN (Abbildung 9.2) ❷ öffnet sich zunächst das Menü der BILDSCHIRMLUPE (Abbildung 9.3). Es verschwindet nach einigen Sekunden und verwandelt sich in ein sehr viel dezenteres Symbol, das Sie in Abbildung 9.4 sehen.

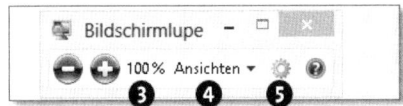

Abbildung 9.3 Das Bildschirmlupen-Menü

Abbildung 9.4 Die Bildschirmlupe in Symboldarstellung

Noch schneller können Sie die Bildschirmlupe verwenden, indem Sie ⊞ und ⊞ eingeben. Jetzt startet die Bildschirmlupe und vergrößert den Bildschirminhalt auf 200 %. Erneutes Drücken von ⊞ und ⊞ vergrößert abermals um jeweils 100 %. Mit der Tastenkombination ⊞ und ⊟ können Sie den Vergrößerungsfaktor wieder in 100%-Schritten verringern. Skalierungen unterhalb von 100 % sind mit der Bildschirmlupe allerdings nicht möglich.

Im Menü der Bildschirmlupe (Abbildung 9.3) können Sie den *Vergrößerungsgrad* in Prozent einstellen ❸, Sie können die *Darstellungsart* der Lupe bestimmen ❹, und Sie können ansichtsspezifische Optionen ❺ definieren. Dabei ist die maximal wählbare Vergrößerung der Lupe 1600 %, was extrem groß ist. Üblicherweise reicht eine Vergrößerung von 200 % aus, wenn der Bildschirm grundsätzlich richtig eingestellt wurde.

Wenn Sie auf ANSICHTEN klicken, haben Sie die Wahl zwischen VOLLBILD, LUPE und ANGE-DOCKT. Wir beschreiben die Möglichkeiten dieser Ansichten im Folgenden etwas genauer.

9.2.1 Vollbild

Wählen Sie VOLLBILD, wird der ganze Bildschirm auf den angegebenen Wert vergrößert. Sie können in den Einstellungen (Abbildung 9.5) definieren, um welchen Faktor sich die Darstellung beim Klicken auf das Pluszeichen vergrößert.

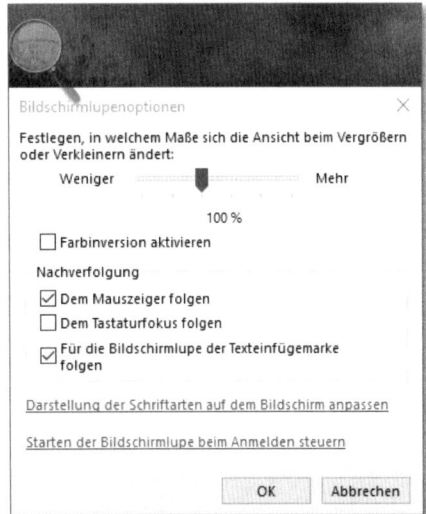

Abbildung 9.5 Einstellungen für die Vollbildlupe

Sie können die Farbdarstellung umkehren (invertieren), Sie können festlegen, dass die Vergrößerung dem Mauszeiger oder dem Tastaturfokus folgen soll und, besonders praktisch, Sie können bestimmen, dass die Bildschirmvergrößerung der Texteingabemarke folgt (Abbildung 9.5).

Oft ist aber die Anzeigeart LUPE besser geeignet, da sie wie eine echte Lupe funktioniert. Hier haben Sie einen rechteckigen Bereich, unter dem der Inhalt um den Vergrößerungsfaktor vergrößert wird.

Bei der Ansicht LUPE stehen Ihnen andere Einstellmöglichkeiten zur Verfügung. Wenn Sie in Abbildung 9.3 auf ❺ klicken, werden Ihnen folgende Einstellungen angezeigt: Wie schon bei der Vollbildlupe können Sie den *Vergrößerungsfaktor* wählen, der beim Klicken auf das *Pluszeichen* erreicht werden soll. Ebenfalls können Sie die *Farben invertieren*. Aber besonders praktisch ist die *Größeneinstellung* der Lupe in der Höhe und Breite (Abbildung 9.6).

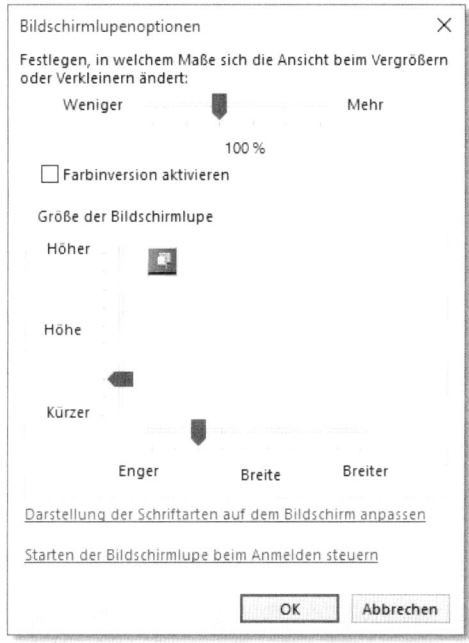

Abbildung 9.6 Optionen der Ansicht »Lupe«

Die Option ANGEDOCKT schließlich dockt einen Rahmen an den Bildschirmrand an, innerhalb dessen der Inhalt um den eingestellten Faktor vergrößert dargestellt wird. Probieren Sie die Optionen einfach kurz aus, um herauszufinden, welche sich für Ihre Bedürfnisse am besten eignet.

Die Einstellmöglichkeiten der angedockten Lupe entsprechen denen der *Vollbildlupe*. Jedoch ergibt in dieser Ansicht die Einstellung FÜR DIE BILDSCHIRMLUPE DER TEXTEINGABEMARKE

FOLGEN den größten Sinn, denn somit erhalten Sie am oberen Bildrand eine um den eingestellten Faktor vergrößerte Eingabeleiste, was beim Schreiben sehr hilfreich sein kann.

Bislang wurde die Bildschirmlupe über die klassische Systemsteuerung (⊞ + X) verwaltet. Es ist jedoch zu erwarten, dass die Bildschirmlupe künftig über das Menü EINSTELLUNGEN verwaltet wird. Wenn Sie auf START • EINSTELLUNGEN • ERLEICHTERTE BEDIENUNG • BILDSCHIRMLUPE klicken oder dorthin mit dem Finger navigieren, indem Sie zuvor von rechts in den Bildschirm gewischt haben, und dann ALLE EINSTELLUNGEN anklicken bzw. antippen, sehen Sie das neue und zukünftige Konfigurationsmenü der Bildschirmlupe (Abbildung 9.7). In Windows 10 (Build 10240) öffnet die Einstellung dort aber noch die klassische Desktop-Bildschirmlupe.

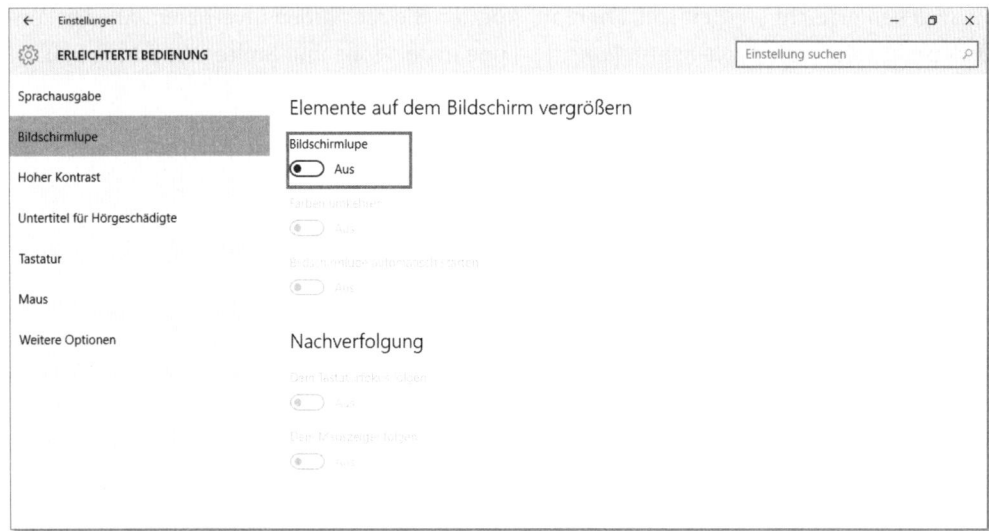

Abbildung 9.7 Die neue Einstellungsmaske der Bildschirmlupe

Probleme mit der Lupe

In der uns während des Schreiben dieses Buches vorliegenden Version von Windows 10 (Build 10240) zeigte die Bildschirmlupe einige Fehler. Zwar ließ sich die Bildschirmlupe fehlerfrei starten, aber nach dem Start kam es mitunter dazu, dass der Mauszeiger nur noch am äußersten Bildschirmrand entlanglief. Eine echte Kontrolle des PCs war so nicht mehr möglich. In einem solchen Fall half die Tastenkombination Alt + ⇆, sie brachte das (verschwundene) Menü der Bildschirmlupe wieder in den Vordergrund, und mit der Tastenkombination Alt + F4 ließ sich die Lupe dann auch beenden. Das System war wieder beherrschbar. Vermutlich wird der gesamte Bereich für die erleichterte Bedienung von Microsoft gerade auf die Windows 10-Optik und -»Haptik« aktualisiert und hat deshalb solche Schwächen.

9.3   Die Bildschirmtastatur

Die *Bildschirmtastatur* dient einerseits der Eingabe von Text, wenn Sie mit einem Tablet-PC arbeiten, an dem keine echte Tastatur angeschlossen ist, aber sie kann Sie auch beim Arbeiten unterstützen, wenn Sie auf eine große, gut erkennbare Tastatur angewiesen sind.

Insbesondere wenn Sie größere Bildschirme mit Touchfunktion benutzen, können Sie von der *Bildschirmtastatur* als Eingabeunterstützung profitieren. Windows 10 bietet mit seinem Softwarekonzept die ideale Basis für größere Tablet-PCs, die zusätzlich mit einer Touchoberfläche ausgestattet sind. Erste Geräte mit einer Bildschirmdiagonale von 20 Zoll und größer mit Touchoberfläche sind am Markt und bieten Menschen mit Beeinträchtigungen eine echte Chance, mithilfe von Windows 10 den Computer vollumfänglich zu nutzen. Auf einem solchen Gerät ist dann auch die Bildschirmtastatur groß genug, um auch bei eingeschränkter Sehfähigkeit noch gut erkannt zu werden.

9.3.1   Die einfache Bildschirmtastatur

Es gibt bei Windows 10 zwei verschiedene Bildschirmtastaturen: die *einfache Bildschirmtastatur* mit ihren Optionen wie *geteilte Tastatur* und *Handschrifteingabe* und die *Bildschirmtastatur* aus dem Center für erleichterte Bedienung, die einer vollständigen mechanischen Tastatur sehr ähnlich ist.

Die *einfache Bildschirmtastatur* ist auf das Wesentliche reduziert, sie ist kompakt und hat große Tasten, was ihre Bedienung erleichtert.

Sie öffnen die einfache Bildschirmtastatur wie folgt: Klicken Sie mit der Maus, oder tippen Sie mit dem Finger im klassischen Desktop-Modus auf das kleine Tastatur-Symbol unten rechts in der Taskleiste (Abbildung 9.8).

Abbildung 9.8 Die einfache Bildschirmtastatur öffnen

Die einfache Bildschirmtastatur (Abbildung 9.9) öffnet sich. Sie öffnet sich übrigens auch vollkommen automatisch, wenn Sie in einer Universal App einen Text eingeben wollen. Hier steht Ihnen diese Tastatur standardmäßig zur Verfügung.

Diese Bildschirmtastatur funktioniert wie eine echte. Die Tasten sind gleich angeordnet, und Sie haben darüber hinaus die Tasten ⏎ ❼ und ← ❽ bzw. Korrektur, sowie zweimal die ⇧-Taste ❶, die Steuerungstaste Strg ❸ und zwei Navigationstasten, mit denen Sie die Eingabemarke nach rechts ❻ bzw. links ❺ bewegen.

Abbildung 9.9 Die einfache Bildschirmtastatur

Tippen Sie auf dieser Tastatur – idealerweise mit dem Finger – so, als schrieben Sie auf einer mechanischen Tastatur. Für die schnelle Eingabe einer Zahl tippen Sie auf die Taste, auf der die gewünschte Zahl oben klein abgebildet ist, und ziehen den Finger, ohne ihn abzusetzen, nach oben. Windows bestätigt diese Aktion mit einem Ton. Genau so können Sie auch Buchstaben mit Umlauten, Tilden, Akzenten etc. eingeben. Wenn Sie beispielsweise auf die Taste [A] tippen und ohne abzusetzen nach oben fahren, erscheint eine Auswahl an Buchstaben, die sich »hinter« dem Buchstaben [A] verbergen (Abbildung 9.10).

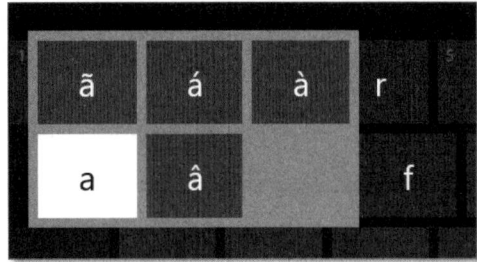

Abbildung 9.10 Eingabe von Buchstaben mit Akzenten etc.

Schließlich gibt es noch zwei Umschalttasten: eine für den Zahlen- und Sonderzeichenbereich ❷, der so wie in Abbildung 9.11 aussieht, und eine Umschalttaste für Emoticons und Symbole ❹ (Abbildung 9.12).

Hier – aber leider zurzeit nicht in der Standardansicht der Tastatur – finden Sie auch die häufig benötigte Tabulatortaste, und zwar oben links: [⇥].

Im *Emoticon- und Symbolbereich* gibt es noch ein paar zusätzliche virtuelle Tasten, die wir Ihnen kurz beschreiben wollen: Neben einfachen Emoticons können Sie in der unteren Leiste (siehe Abbildung 9.12, ❶) zwischen verschiedenen Arten von grafischen Eingaben wählen, bis hin zu der Eingabe von Text-Emoticons ❷, die insbesondere beim Chatten oder für E-Mails geeignet sind, weil sie von praktisch jedem Chat- oder E-Mail-Client interpretiert werden können. Wenn ein Symbolmenü mehr Symbole anbietet, als auf eine Tastatur passen, können Sie mit diesen Tasten ❹ blättern. Schließlich haben Sie auch hier die Möglichkeit, ein Leerzeichen einzufügen, indem Sie auf diese ❸ Taste tippen (Abbildung 9.13).

Abbildung 9.11 Der Zahlen- und Sonderzeichenbereichz

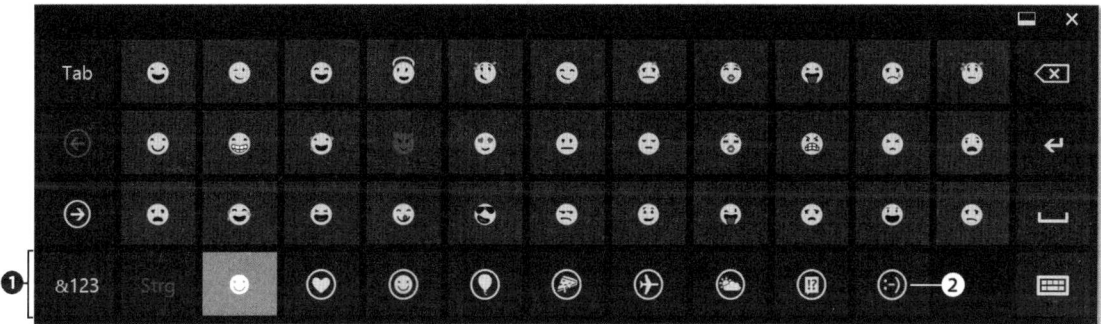

Abbildung 9.12 Der Emoticon- und Symbolbereich

Sie können diese einfache Tastatur auch umschalten, wenn Sie lieber mit einem komplexeren Tastaturlayout arbeiten möchten. Klicken oder tippen Sie in der jetzt geöffneten Bildschirmtastatur auf das Tastatur-Symbol innerhalb der Tastaturdarstellung (Abbildung 9.13).

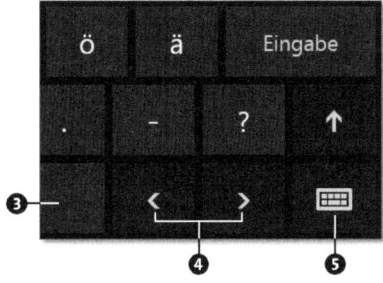

Abbildung 9.13 Wechseln der Tastaturdarstellung

Wenn Sie auf das Tastatur-Symbol ❺ klicken oder tippen, erscheint das Menü für die Bild-schirmtastatur (Abbildung 9.14), und jetzt können Sie die *geteilte Tastatur* auswählen, die sich optisch wie eine gute professionelle Tastatur darstellt (Abbildung 9.15).

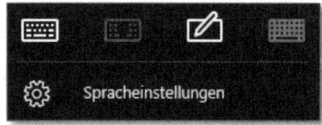

Abbildung 9.14 Menü der Bildschirmtastatur

Abbildung 9.15 Die geteilte Bildschirmtastatur

Sie ist in der Mitte geteilt, aber leider ist in der uns vorliegenden Windows 10-Version (Build 10586) der Nummernblock in der Mitte entfallen, der in Windows 8.1 noch praktischerweise dargestellt wurde.

Wenn Sie in der geteilten Tastatur auf die drei Pünktchen klicken, die etwas versteckt rechts neben der linken Leertaste ❻ stehen, können Sie die Darstellung sogar noch anpassen und KLEIN, MITTEL oder GROSS auswählen. So passen Sie die Bildschirmtastatur optimal an Ihren Vergrößerungswunsch und Ihren Bildschirm an.

9.3.2   Die Bildschirmtastatur des Centers für erleichterte Bedienung

Neben der einfachen Bildschirmtastatur, die Sie nur vom Desktop aus aufrufen können, gibt es noch die »große« Bildschirmtastatur, die auch schon in den Vorgängerversionen von Windows 10 über das CENTER FÜR ERLEICHTERTE BEDIENUNG zur Verfügung stand. Sie öff-nen diese Bildschirmtastatur, indem Sie ⊞ + Q drücken und Center für, gefolgt von ↵, eingeben (Abbildung 9.16). Alternativ können Sie auch den Suchbegriff in der Taskleiste im SUCHFELD eingeben. Ganz schnell geht es mit ⊞ + U.

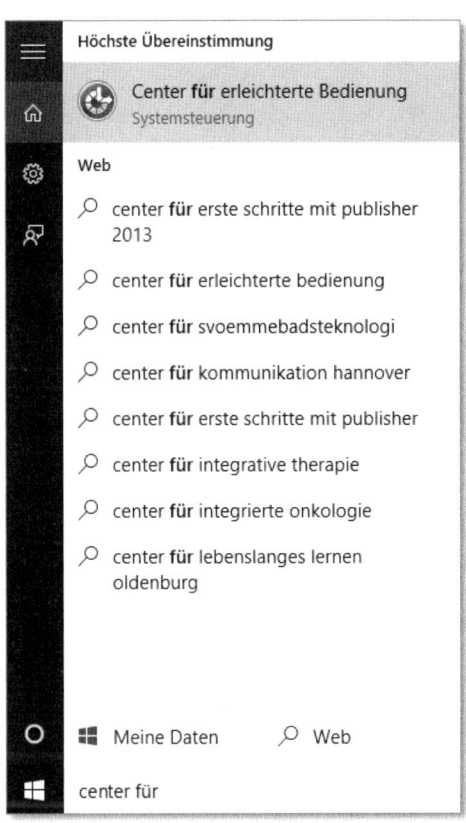

Abbildung 9.16 So finden Sie das »Center für erleichterte Bedienung«.

Wählen Sie jetzt das aufgelistete CENTER FÜR ERLEICHTERTE BEDIENUNG aus, und starten Sie aus diesem Center (Abbildung 9.2) die Bildschirmtastatur, indem Sie auf BILDSCHIRMTASTA-TUR STARTEN klicken oder tippen. Sie können auch direkt im SUCHFELD der Taskleiste den Suchbegriff osk gefolgt von ⏎ oder einem Klick auf das Ergebnis eingeben, um die »große« Bildschirmtastatur aufzurufen.

Sie sehen jetzt die »große«, sehr vollständige Bildschirmtastatur (Abbildung 9.17), mitsamt ihren stattlichen 100 (virtuellen) Tasten. Die einzelnen Funktionen der Tastatur entsprechen denen einer mechanischen, und auch die Anordnung der Tasten entspricht weitestgehend der Einteilung, die gängige echte Tastaturen aus dem Zubehörhandel aufweisen.

Für Menschen mit Beeinträchtigungen dürfte zwar die einfache Bildschirmtastatur, die wir im vorhergehenden Abschnitt beschrieben haben, deutlich besser zu erkennen sein. Dennoch wird manch einer diese Variante bevorzugen, weil sie am nächsten am mechanischen Original ist. Die »große« Bildschirmtastatur lässt sich dafür in ihrer Darstellung skalieren. Sie können sie also so groß einstellen, wie Sie wollen bzw. wie Sie es benötigen.

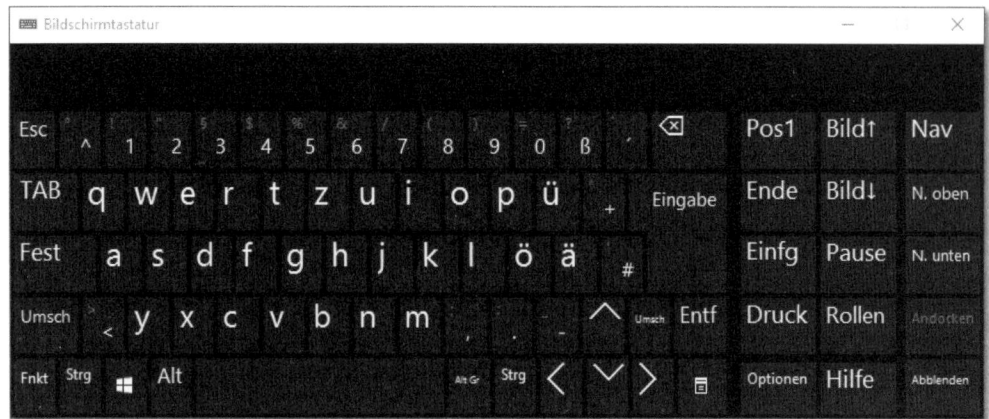

Abbildung 9.17 Die »große« Bildschirmtastatur

Die normalen Tasten dieser Bildschirmtastatur setzen wir hier als bekannt voraus, aber wir möchten Ihnen ein paar Spezialtasten dieser »großen« Bildschirmtastatur näherbringen, die für das Arbeiten sehr hilfreich sein können. Sie befinden sich rechts neben den klassischen Tastaturtasten:

▶ `Nav`: Diese Taste reduziert die Bildschirmtastatur zu einer Navigationszeile, die `⇆`, `↵`, Leertaste, `←`, `→`, `↑`, `↓`, `Bild↑`, `Bild↓`, `F6`, `Esc` sowie die Taste Allgemein anbietet, mit der Sie wieder zur »großen« Bildschirmtastatur zurückkehren können.

▶ `N. oben`: richtet die Bildschirmtastatur am oberen Bildschirmrand aus.

▶ `N. unten`: richtet die Bildschirmtastatur am unteren Bildschirmrand aus.

▶ `Andocken`: Mit dieser Funktion können Sie die Bildschirmtastatur fest unterhalb der Taskleiste an Ihren Hauptbildschirm andocken. Der nutzbare Bildschirminhalt reduziert sich zwar um die Fläche der Bildschirmtastatur, die dafür aber auch nicht mehr im Weg sein kann, weil sie einen exklusiven Bereich unterhalb der Taskleiste einnimmt.

▶ `Abblenden`: Diese Taste ist praktisch, wenn Sie kurzzeitig die Teile Ihres Bildschirms sehen möchten, die sich gerade hinter der Bildschirmtastatur verbergen. Mit `Abblenden` schalten Sie die Tastatur transparent; durch Klicken auf die transparente Bildschirmtastatur wird sie wieder opak, und Sie können sie weiter benutzen.

9.4 Optimierung der Darstellung – Helligkeit und Kontrast

Nicht nur ältere Menschen sind auf Darstellungsweisen angewiesen, die möglichst kontrastreich und klar sind – alle Menschen, deren Sehvermögen beeinträchtigt ist, können durch eine optimale Darstellung der Bildschirminhalte einfacher und besser mit dem PC arbeiten.

In Windows 10 gibt es mehrere Stellen, an denen Sie Ihren optimalen Kontrast und die für Sie idealen Darstellungsdetails einstellen können.

9.4.1 Erleichterte Bedienung – hoher Kontrast

Ein erst seit Windows 10 in dieser Aufmachung verfügbares Menü für die Einstellung eines höheren Kontrasts finden Sie, wenn Sie die ERLEICHTERTE BEDIENUNG aus START • EINSTEL-LUNGEN verwenden.

Öffnen Sie die Einstellung, indem Sie ⊞ + Q drücken, dann Kontrast eingeben und abschließend ↵ drücken. Klicken Sie jetzt auf EINSTELLUNGEN FÜR HOHEN KONTRAST (Abbildung 9.18).

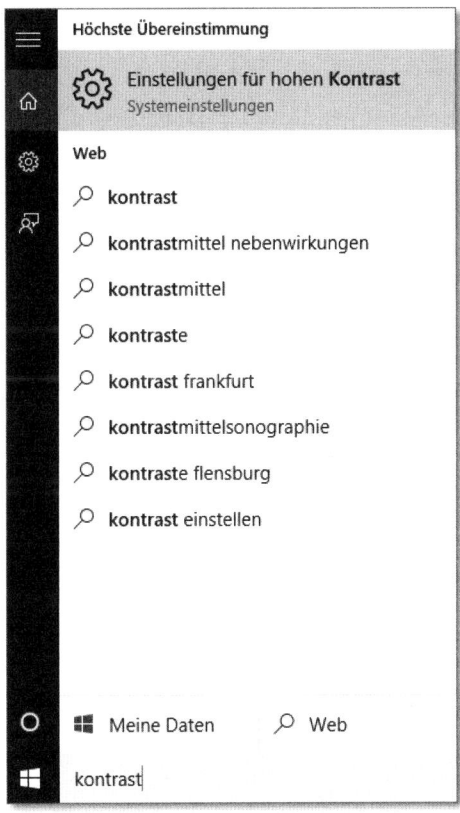

Abbildung 9.18 Einstellungen für hohen Kontrast suchen

Alternativ können Sie auch mit dem Finger vom rechten Rand ins Bild wischen, auf ALLE EIN-STELLUNGEN tippen, jetzt auf ERLEICHTERTE BEDIENUNG (Abbildung 9.19) und schließlich HOHER KONTRAST wählen.

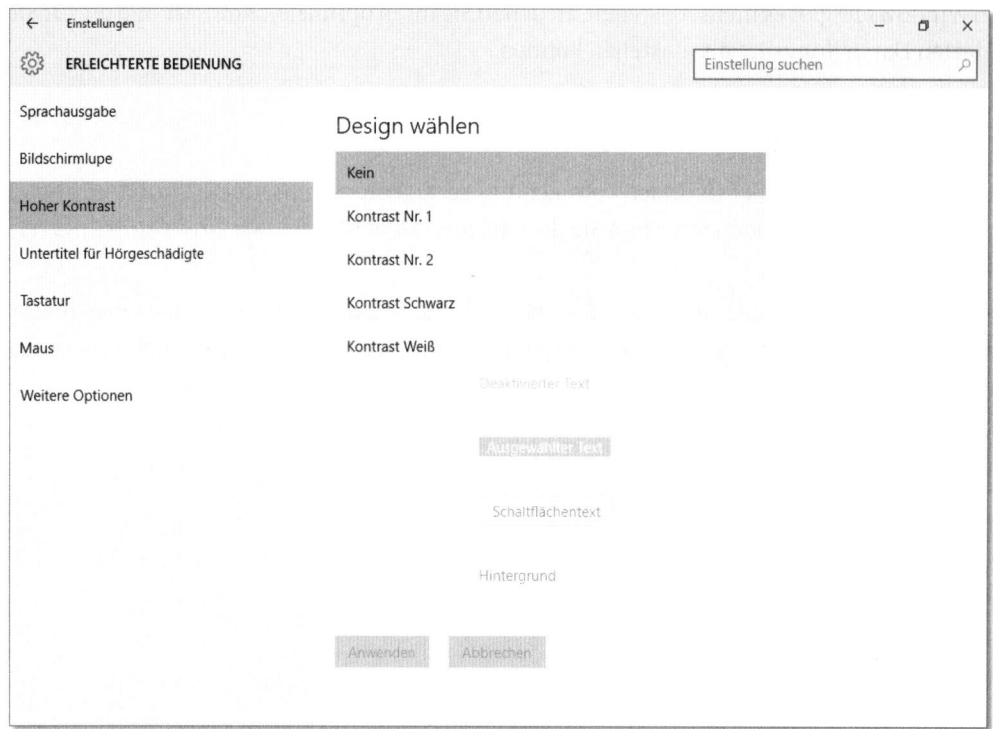

Abbildung 9.19 PC-Einstellungen – Erleichterte Bedienung

Im Einstellungsdialog für den hohen Kontrast können Sie verschiedene Designvorschläge auswählen. Nehmen Sie hier den, der Ihnen am besten hilft (Abbildung 9.20).

Für unser Beispiel haben wir das Design KONTRAST WEISS gewählt. Während dieses Kontrastdesign in Windows 8 und 8.1 noch zu einer unbrauchbaren Darstellung führte (weiße Schrift auf weißem Hintergrund) ist es inzwischen zu einer ganz guten Hilfestellung geworden.

Klicken Sie in der Designauswahl (Abbildung 9.20) auf das Design KONTRAST WEISS. Nach einem Moment, in dem das Design umgestellt wird, erscheint Ihr Desktop im neuen Design: ein hoher Kontrast durch wenige Farben, basierend auf einem weißen Hintergrund. Pastelltöne kommen in diesem Design nicht vor, alle Farben sind kräftig.

Am Beispiel des *Windows-Rechners* zeigen wir Ihnen hier, wie dieses Design optisch wirkt (Abbildung 9.21).

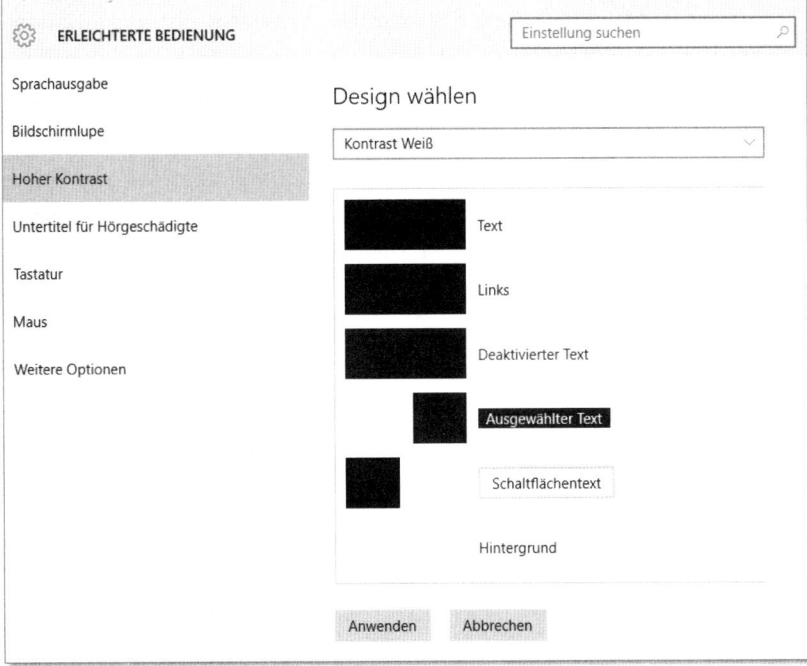

Abbildung 9.20 Auswahl von Designs für hohen Kontrast

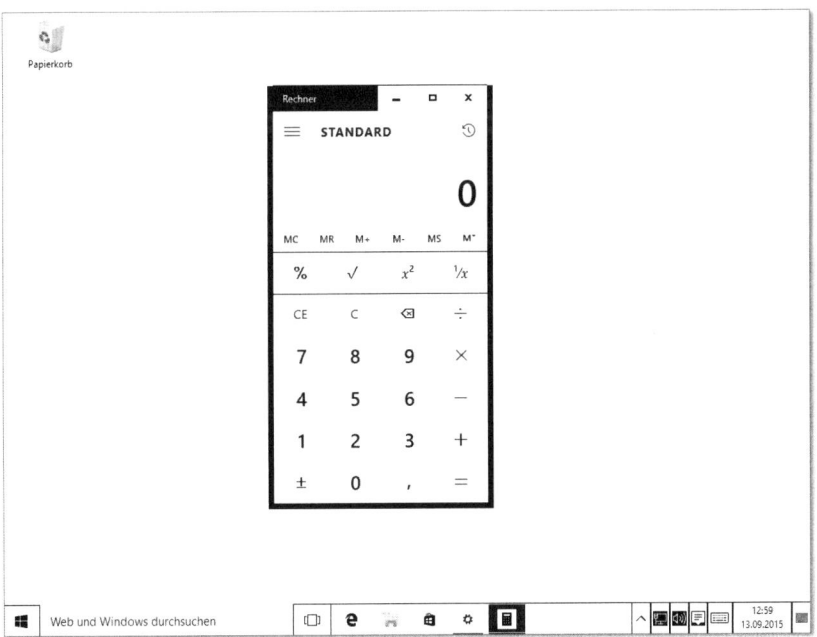

Abbildung 9.21 Hoher »Kontrast Weiß« mit dem Windows-Rechner

Neben der Wahl des Kontrastdesigns gibt es noch weitere Möglichkeiten, die Darstellung im Hinblick auf gute Lesbarkeit zu verändern. Gehen Sie zurück zu der ganz normalen Darstellung – ohne jede spezielle Option. Klicken Sie auf das SUCHFELD in der Taskleiste, geben Sie dort kontrast ein, und wählen Sie das Design KEIN aus. Mit Klick oder Tipp auf ANWENDEN wird das Design aktiv.

Unabhängig von der Kontrasteinstellung können Sie auf dem Bildschirm angezeigte Objekte, Texte und Fenster in der Darstellung vergrößern, was in der Praxis auch weit häufiger eingesetzt wird als die vorgefertigten, sehr grellen Designs von Windows.

Klicken oder tippen Sie auf den Startbutton, wählen Sie dann EINSTELLUNGEN, oder wischen Sie von rechts in den Bildschirm, und drücken Sie anschließend auf die Schaltfläche ALLE EINSTELLUNGEN. Jetzt wählen Sie die Einstellung SYSTEM und gegebenenfalls noch BILDSCHIRM aus. Hier können Sie mit dem Schieberegler unter GRÖSSE VON TEXT, APPS UND ANDEREN ELEMENTEN ÄNDERN aus Abbildung 9.22 die Darstellung Ihres Desktops zwischenskalieren.

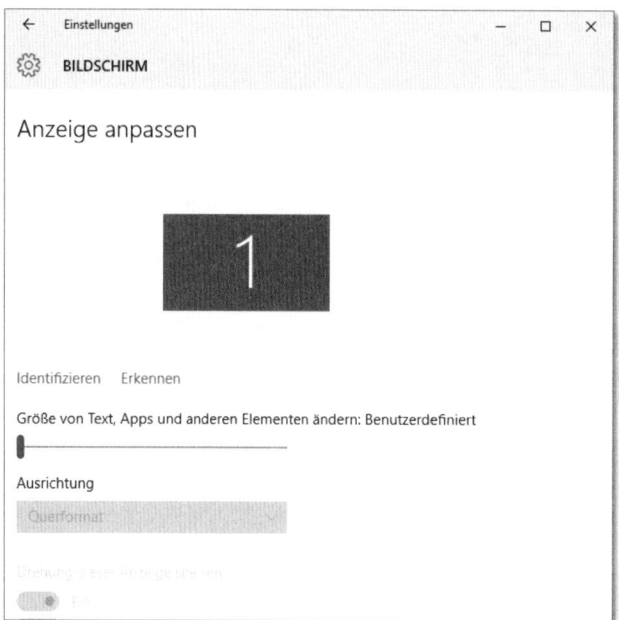

Abbildung 9.22 Skalierung der Größe von Elementen ändern

Diese Skalierungseinstellungen stehen Ihnen ab einer Bildschirmauflösung von 1024 × 768 Pixeln zur Verfügung. Darunter lässt sich die Darstellung nicht mehr skalieren.

Die meisten Lesbarkeitsprobleme sollten sich mit diesen Einstellungen lösen lassen. Wenn Sie aber noch zusätzlich Schwierigkeiten haben, Texte in Fenstertitelleisten oder in Menüs zu erkennen, können Sie auch nur die Textgrößen Ihren Bedürfnissen anpassen (Abbildung 9.23).

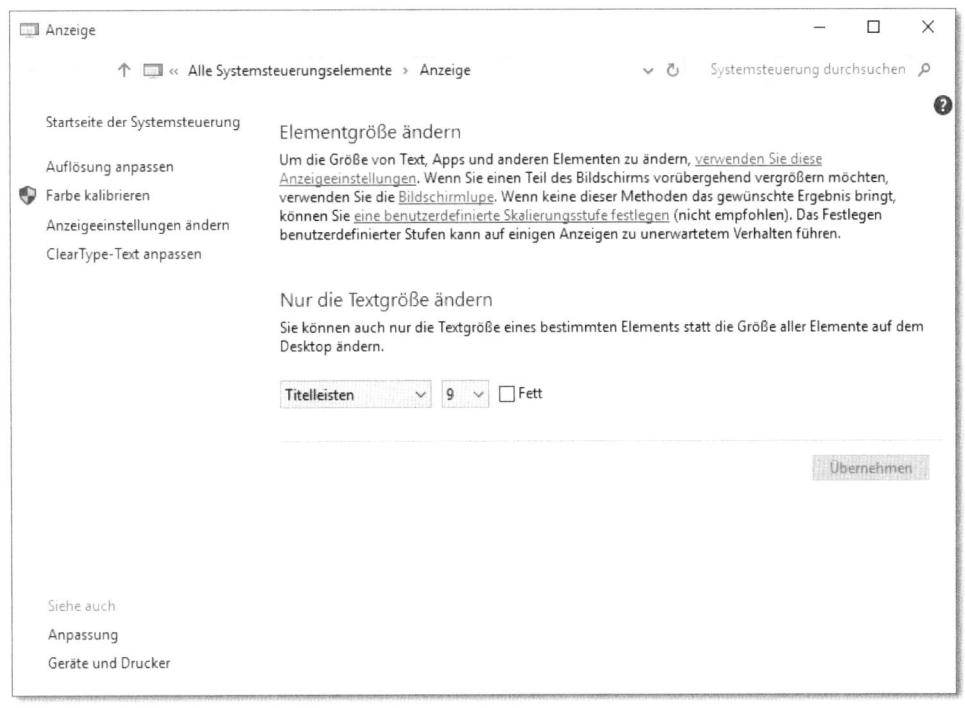

Abbildung 9.23 Anpassen der Textgrößen

Klicken Sie hierzu auf Start • Einstellungen • System • Bildschirm, scrollen Sie nach unten, und klicken Sie auf Erweiterte Anzeigeneinstellungen. Scrollen Sie erneut nach unten, und wählen Sie Erweiterte Grössenänderung für Text und andere Elemente aus. Jetzt suchen Sie sich aus dem Dropdown-Menü die Textdarstellung aus, die Sie vergrößern oder verändern wollen. Anschließend wählen Sie eine Textgrösse und legen fest, ob der Text Fett dargestellt werden soll. Steigern Sie die Textvergrößerung langsam: Wenn Sie es hier übertreiben, wird Ihr Windows wegen zu großer Titelleisten etc. unlesbar und die Benutzung stark erschwert. Klicken Sie abschließend auf Übernehmen.

Bei allen Einstellungen, die die Anzeige betreffen, kann es sein, dass Sie sich einmal neu anmelden müssen, damit die Änderungen wirksam werden.

9.5   Die Sprachunterstützung

Nicht immer reicht es aus, den Bildschirminhalt groß genug darzustellen und mit ausreichendem Kontrast zu arbeiten. Windows 10 kann Sie auch durch die Spracheingabe und Sprachausgabe bei der Arbeit unterstützen. Auch wenn diese Unterstützung für den englischsprachigen Anwender weit besser bereitgestellt wird, stellen wir Ihnen diese akustische Hilfe hier ein wenig genauer vor.

9.5.1   Die Sprachausgabe

Um die Sprachausgabe zu starten, drücken Sie entweder ⊞ + ↵, oder Sie geben im SUCH-FELD der Taskleiste Sprachausgabe ein. Klicken oder tippen Sie jetzt auf SPRACHAUSGABE. Bei Tablet-PCs, die keine Tastatur haben, können Sie die Sprachausgabe durch Drücken der Tasten ⊞ + die Lauter-Taste am Tablet starten. Wenn Sie die Sprachausgabe schon bei der Anmeldung einschalten möchten, können Sie im Anmeldebildschirm die Tasten ⊞ + U drücken, oder Sie klicken oder tippen auf die Schaltfläche für erleichterte Bedienung ⌨ unten links in der Ecke des Anmeldebildschirms.

Sprachausgabe im Tablet-Modus

Im *Tablet-Modus* können Sie die Sprachausgabe auch mit Touchgesten starten. Wischen Sie dazu von rechts in den Bildschirm, und wählen Sie ALLE EINSTELLUNGEN aus. Jetzt tippen Sie auf die Einstellung ERLEICHTERTE BEDIENUNG und wählen hier die SPRACHAUSGABE aus (Abbildung 9.24). Unmittelbar nach dem Start der Sprachausgabe, die im aktuellen Windows explizit als *Desktop-App* bezeichnet wird, beschreibt die Stimme, die Microsoft für die deutsche Version *Hedda* getauft hat, den aktuellen Bildschirm. Sie können in den Einstellungen STIMME bzw. STIMME AUSWÄHLEN auch die »Sprecherin« in MICROSOFT ZIRA DESKTOP ändern – diese Stimme ist aber eher für englische Sprachversionen geeignet, was Sie rasch am Akzent hören werden, für den Fall, dass Sie *Zira* überhaupt verstehen.

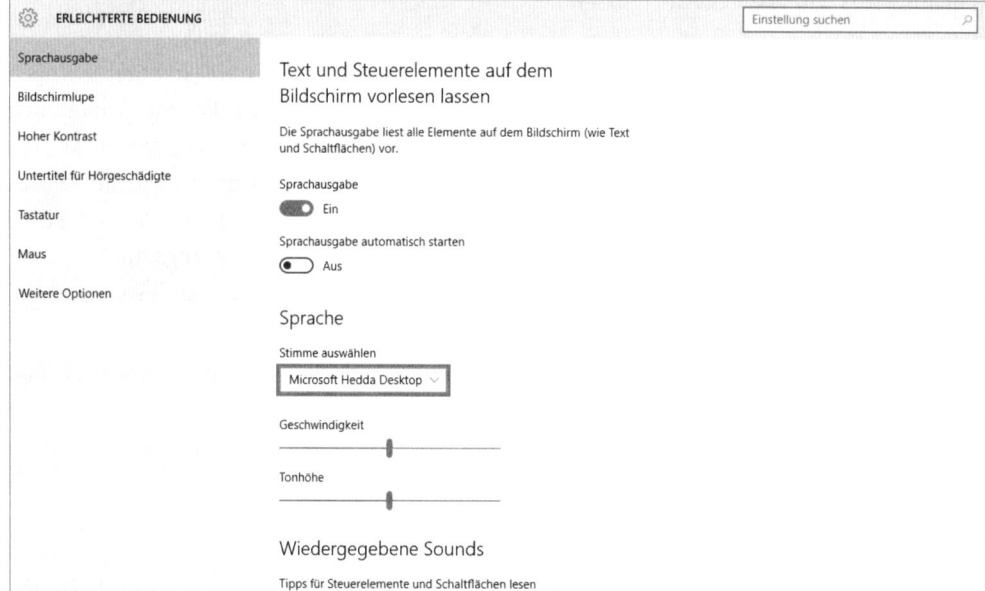

Abbildung 9.24 Sprachausgabe im Tablet-Modus einstellen

In der Regel fängt die Stimme damit an, die erste Kachel im Tablet-Modus vorzulesen. Sollte das bei Ihnen die Mail-App sein, beginnt *Hedda*, die Mails in der Mail-App vorzulesen. Hier kommt die erste Hürde, denn die Stimme hört nicht auf, Ihre Mails vorzulesen. Wenn Sie die Mail-App standardmäßig als Live-Kachel eingestellt haben, liest die Sprachausgabe ununterbrochen die Mail-Kopfzeilen vor, die durch die Live-Kachel scrollen. Das nervt nach wenigen Sekunden.

Eine wichtige Touchgeste möchten wir deshalb schon hier vorstellen: Tippen Sie mit zwei Fingern auf den Bildschirm, um die aktuelle Sprachausgabe zu unterbrechen.

Leider hilft diese Geste für eine Sprechpause nicht wirklich bei Live-Kacheln: Die Stimme hält zwar nach dem Tippen mit zwei Fingern an, mit der nächsten Aktualisierung der Live-Kachel spricht sie aber sofort weiter. Sie können sich hier nur auf eine Kachel »retten«, die keine Live-Kachel ist, z. B. auf die Desktop-App oder die Karten-App. Dazu streichen Sie mit einem Finger nach rechts, um zur nächsten Kachel zu gelangen. Bei der Kachel DESKTOP angekommen, hat die Sprachausgabe dann nichts mehr vorzulesen.

Im Tablet-Modus liest die Sprachunterstützung jede einzelne Kachel vor, gegebenenfalls auch deren Live-Inhalt, so wie er in der Kachel auftaucht, und wenn eine Kachel keine vorzulesenden Inhalte hat, dann meldet die Sprachausgabe, an welcher Position sich die Kachel auf der Oberfläche im Tablet-Modus befindet und ob sie ausgewählt ist bzw. wie sie ausgewählt werden kann.

Wir möchten dies hier mit einem kleinen Zitat verdeutlichen: Beim Erreichen der DESKTOP-Kachel, die ja keinen Live-Inhalt hat, hören wir von *Hedda* Folgendes: »*Desktop. Doppeltippen um Aktivieren; dreifachtippen um Auswählen. Desktop starten nicht ausgewählt; sie war ausgeblendet. Spalte eins, Zeile drei.*«

Wie die Sprachunterstützung die App *OneDrive* ausspricht, können Sie sich jetzt vielleicht schon denken: [o:nedri:we].

Da die Sprachunterstützung für ein vereinfachtes Arbeiten im Tablet-Modus also nur begrenzt taugt, vertiefen wir uns nicht in die Sprachunterstützung für einzelne Kacheln, sondern wenden wir uns jetzt dem Desktop-Modus zu und dort im Besonderen den EINSTELLUNGEN DER SPRACHAUSGABE.

Sprachausgabe im Desktop-Modus

Um die Liste der von der Sprachunterstützung angebotenen Befehle zu öffnen, tippen Sie bei eingeschalteter Sprachunterstützung (starten Sie die Sprachunterstützung gegebenenfalls durch Drücken von ⊞ + ↵ bzw. auf dem Tablet-PC mit ⊞ + Lauter-Taste) mit vier Fingern zweimal auf den Bildschirm.

Haben Sie keinen Touchbildschirm, können Sie auch die Tasten ⌀ + F1 drücken. Haben Sie genug Hilfe zur Sprachsteuerung gehört, können Sie das Vorlesen durch Tippen mit zwei Fingern anhalten. ⌀ + Esc beendet den Dialog (Abbildung 9.25).

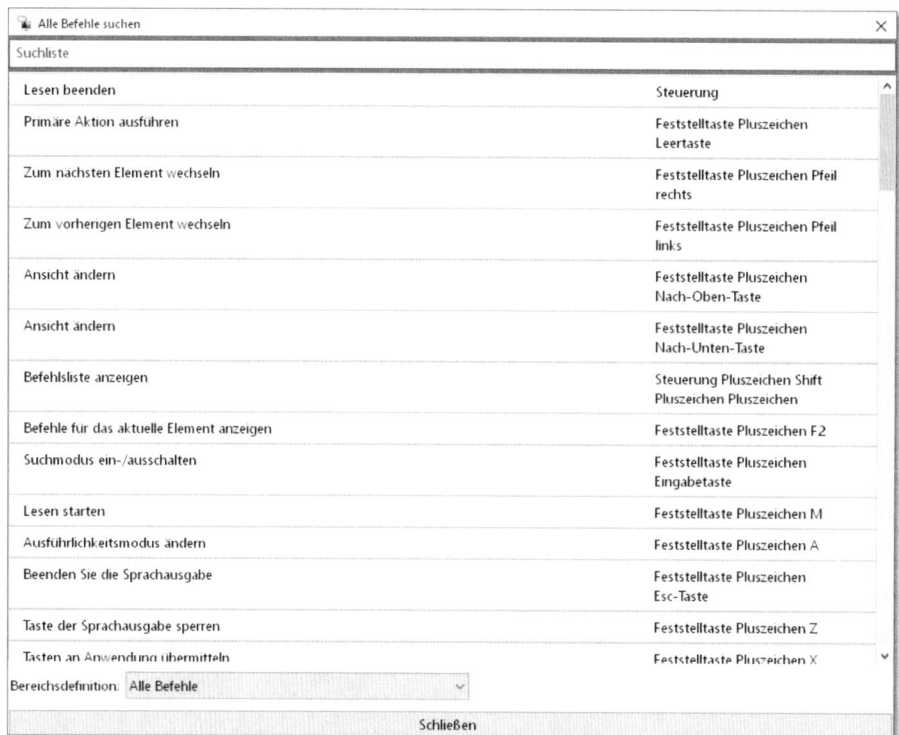

Abbildung 9.25 Darstellung der möglichen Sprachbefehle

Neben diesen Standardbefehlen können Sie in den EINSTELLUNGEN DER SPRACHAUSGABE die Sprachausgabe an Ihre Bedürfnisse anpassen. Öffnen Sie dazu die Einstellungen (Abbildung 9.26), indem Sie mit dem Finger auf die minimierte Sprachausgabe in der Taskleiste tippen (Abbildung 9.26). Die Einstellungen öffnen sich.

Alternativ können Sie zum Öffnen der Einstellungen auch klassisch mit der rechten Maustaste auf die in der Taskleiste ruhende Sprachausgabe klicken.

In den EINSTELLUNGEN DER SPRACHAUSGABE können Sie Folgendes anpassen (Abbildung 9.26):

▶ ALLGEMEIN: Hier können Sie die Standardeinstellungen für die Sprachausgabe einstellen:

– DIE SPRACHAUSGABETASTE SPERREN, DAMIT DIESE NICHT FÜR JEDEN BEFEHL GEDRÜCKT WERDEN MUSS (FESTSTELL): Wenn Sie diese Option auswählen, müssen Sie bei Verwendung der Sprachausgabetaste die Feststelltaste nicht drücken. Beispiel: Statt ⌂ + F1 zu drücken, drücken Sie nur F1 .

– SPRACHAUSGABE MINIMIERT STARTEN: Mit dieser Option ist das Sprachausgabefenster nicht im Weg.

– TASTATURANSCHLÄGE BEI DER EINGABE WIEDERHOLEN: Sie können auswählen, ob von der Sprachausgabe Tastaturanschläge vorgelesen werden sollen.

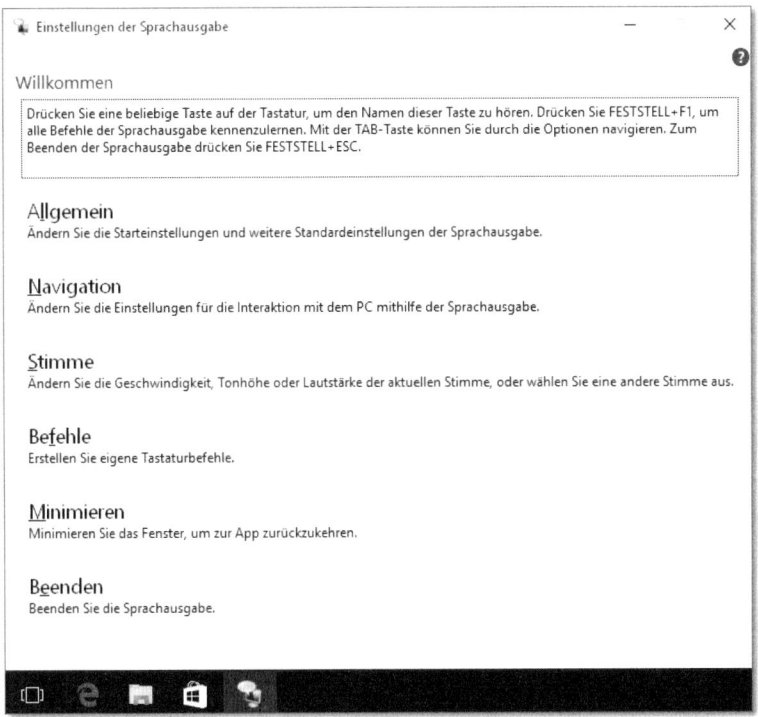

Abbildung 9.26 Einstellungen der Sprachausgabe

– GESPROCHENE SPRACHAUSGABEFEHLER VORLESEN: Aktivieren Sie diese Option, wenn zusätzlich zum Fehlerton der Fehler von der Sprachausgabe ausgegeben werden soll.

– VISUELLE HERVORHEBUNG DES SPRACHAUSGABECURSORS AKTIVIEREN: Mit dieser Option kann das Feld ein- und ausgeblendet werden, das die Position der Sprachausgabe auf dem Bildschirm hervorhebt.

– AUDIOHINWEISE WIEDERGEBEN: Mit dieser Option können Sie zusätzliche Töne aktivieren oder deaktivieren, die von der Sprachausgabe bei bestimmten Aktionen wiedergegeben werden. Diese Option ist sinnvoll, weil ein leichtes Klicken zu hören ist, wenn Sie über Bildschirmelemente streichen – etwas, was Sie vielleicht von Ihrem Smartphone her kennen. In Kombination mit der Einstellung unter NAVIGATION • LESEN UND BILDSCHIRMINTERAKTION MIT DER MAUS ZULASSEN hören Sie das Klicken auch, wenn Sie mit der Maus über Elemente navigieren.

– HINWEISE ZU HÄUFIG VERWENDETEN ELEMENTEN LESEN: Mit dieser Option können Sie steuern, ob die Sprachausgabe Hinweise zur Interaktion mit häufig verwendeten Elementen (wie Schaltflächen, Links, Listenelementen und Schiebereglern) vorlesen soll.

– UNGELESENE BENACHRICHTIGUNGEN BEIBEHALTEN FÜR: Mit diesem Dropdown-Menü können Sie steuern, wie lange Benachrichtigungen für das Vorlesen durch die Sprachausgabe beibehalten werden.

– Festlegen, ob die Sprachausgabe bei der Anmeldung gestartet wird: Mit diesem Link wird das Center für erleichterte Bedienung geöffnet. Hier können Sie auswählen, dass die Sprachausgabe automatisch aktiviert wird.

► Navigation: Hier finden Sie folgende Einstellungen:

– Lesen und Bildschirminteraktion mit der Maus zulassen: Mit dieser Option wird festgelegt, ob der Mausmodus der Sprachausgabe aktiviert ist. Ist der Mausmodus aktiviert, wird von der Sprachausgabe der Text wiedergegeben, über dem sich der Mauszeiger befindet.

– Aktivieren Sie Tasten auf der Bildschirmtastatur beim Heben Ihres Fingers: Wenn der Fingereingabemodus aktiviert ist, können Sie diese Einstellung aktivieren, um die Eingabe auf der Bildschirmtastatur zu beschleunigen. Mit dieser Einstellung können Sie nach gesuchten Elementen durch *Ziehen* suchen und Sie können die Tasten der Bildschirmtastatur durch *Anheben* des Fingers drücken.

– Spracheingabecursor aktivieren, damit dieser dem Tastaturfokus folgt: Mit dieser Option wird ein blaues Feld auf dem Bildschirm angezeigt, das sich mit dem Tastaturfokus bewegt. Wenn Sie also mit der Tabulatortaste durch Elemente springen, folgt Ihnen der Sprachausgabecursor.

► Stimme: Hier finden Sie zwei Konfigurationsmöglichkeiten:

– Geschwindigkeit, Lautstärke oder Tonhöhe der Stimme auswählen: Mit diesen drei Schiebereglern können Sie die Stimme anpassen.

– Eine andere Stimme für die Sprachausgabe auswählen: In diesem Dropdown-Menü können Sie verschiedene Stimmarten für die Sprachausgabe auswählen, sofern sie in Ihrer Sprache zur Verfügung stehen. Dazu wird die amerikanische Microsoft-Webseite aufgerufen, auf der aber derzeit keine weiteren Sprecher verfügbar sind – schon gar keine deutschsprachigen.

► Befehle: Hier finden Sie eine Liste der vorhandenen Tastenkombinationen für die Sprachausgabe. Sie können diese Tastenkombinationen jederzeit ändern.

► Minimieren: Hier können Sie das Einstellungsfenster minimieren und zur App zurückkehren.

► Beenden: Wenn Sie hier klicken oder tippen, beenden Sie die Sprachausgabe.

Am Ende eines jeden Einstellungsdialogs aus dieser Liste haben Sie die Möglichkeit, die getätigten Änderungen zu speichern oder Ihre Änderungen, ohne sie zu speichern, zu verwerfen.

9.5.2   Die Windows-Spracherkennung

Windows 10 unterstützt Menschen mit Beeinträchtigungen nicht nur durch die Sprachausgabe, die aufgrund der vielen vorzulesenden Bild- und Bildschirmelemente naturgemäß problematisch ist.

Windows 10 kann auch Sprachbefehle von Ihnen entgegennehmen, und das sogar sehr gut. Es geht sogar noch weiter: Sie können Windows und bestimmten Anwendungen ganze Texte diktieren. Die Qualität, in der Ihr Windows Sie versteht, steigt mit dem Sprachtraining, das Sie mit Windows absolvieren.

Um Ihr Windows mit Ihrer Stimme von Anfang an besser vertraut zu machen, beginnen Sie mit dem Einrichten des Mikrofons.

Barrierefreiheit – auch im Buch

Aufmerksame Leser werden feststellen, dass der Abschnitt »Mikrofon einrichten« im Abschnitt zur Spracheingabe zwei Mal in diesem Werk erscheint (das zweite Mal in Abschnitt 12.7, »Sprachsteuerung«). Der Hintergrund ist folgender: Wir möchten unseren Leserinnen und Lesern keine künstliche Hürde in das Buch einbauen. Es erscheint uns in diesem speziellen Fall als Hürde, wenn an dieser Stelle zum entsprechenden Abschnitt in Kapitel 12 geblättert werden müsste, um sich dort mit der Mikrofoneinrichtung und dem Sprachlernprogramm vertraut zu machen. Daher wird dieser Bereich doppelt besprochen.

Mikrofon einrichten

Damit Windows Sie optimal versteht, empfehlen wir Ihnen, zunächst das Lernprogramm für die Spracherkennung zu absolvieren.

Starten Sie es, indem Sie ⊞ + Q drücken, Spracher eingeben und dann ↵ drücken. Alternativ können Sie den Begriff Spracher im SUCHFELD der Taskleiste eingeben (Abbildung 9.27).

Abbildung 9.27 Öffnen der Spracherkennung

Klicken Sie im Startdialog des Einleitungsfensters SPRACHERKENNUNG EINRICHTEN auf WEI-
TER, und wählen Sie in der folgenden Auswahl Ihren Mikrofontyp aus (Abbildung 9.28).

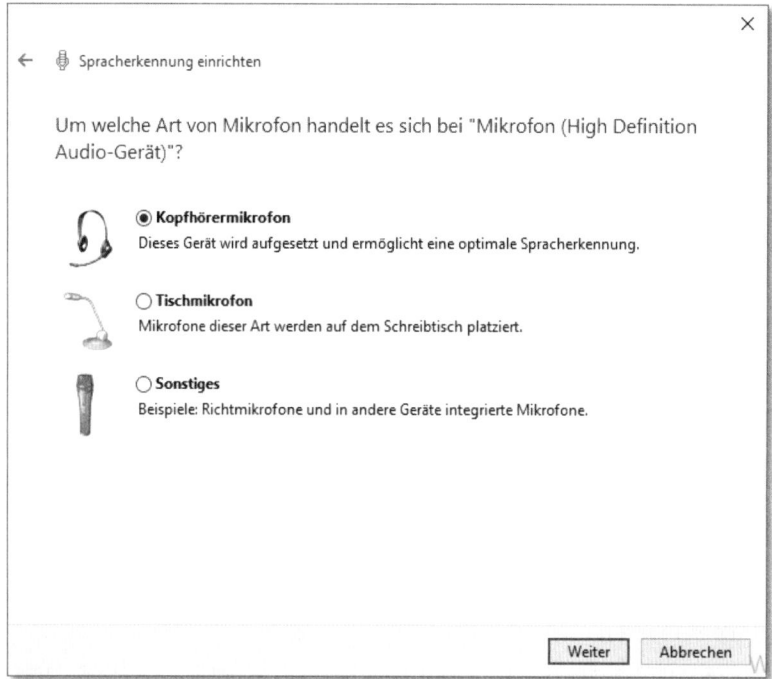

Abbildung 9.28 Auswahl des Mikrofons

Idealerweise sollten Sie für die Spracheingabe ein KOPFHÖRERMIKROFON, landläufig *Headset* genannt, verwenden.

Wenn Sie ein im Laptop oder Tablet eingebautes Mikrofon verwenden möchten, empfiehlt
sich die Auswahl von TISCHMIKROFON.

Klicken Sie nach der Auswahl auf WEITER. Im nächsten Schritt testet die Spracherkennung,
ob Ihr Mikrofon empfindlich genug ist, um für die Spracheingabe eingesetzt werden zu können (Abbildung 9.29).

Positionieren Sie Ihr Kopfhörermikrofon bzw. Ihr Notebook/Tablet so, dass Sie sich nicht zu
weit vom Mikrofon entfernt befinden. Optimal bei Headsets sind ca. 3 bis 5 cm, also so, wie
Sie es vielleicht von Freisprechsets für das Smartphone kennen. Das im Tablet oder Notebook eingebaute Mikrofon ist für die Verwendung vor Ihnen auf dem Tisch optimiert. Hier
passt die Entfernung, die Sie naturgemäß zum Laptop oder Tablet haben, um noch die Tastatur erreichen zu können.

Sprechen Sie jetzt den in Anführungszeichen abgebildeten Satz in das Mikrofon. Wenn die
Qualität ausreicht, wird die Schaltfläche WEITER aktiv, die Sie dann auch auswählen sollten.

Abbildung 9.29 Empfindlichkeitstest für das Mikrofon

Falls es Probleme gibt, prüfen Sie, ob Ihr Mikrofon korrekt angeschlossen ist. Es eignen sich im Übrigen auch nicht alle Geräte, die im Einzelhandel *Mikrofon* heißen. Die Qualitätsunterschiede sind enorm; und etwas teurere Geräte sind oft auch besser als die billigeren. Wenn Sie sicher sind, dass Ihr Mikrofon richtig eingesteckt ist und es sich zudem um ein qualitativ gutes Gerät handelt, dann könnte es eventuell noch deaktiviert sein. Klicken Sie mit der rechten Maustaste auf das Lautsprecher-Symbol in der Taskleiste des Desktops, und wählen Sie hier AUFNAHMEGERÄTE (Abbildung 9.30).

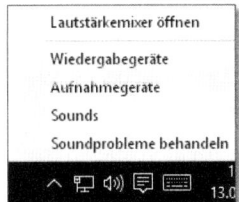

Abbildung 9.30 Öffnen der Eigenschaften für Aufnahmegeräte

Im Dialog aus Abbildung 9.31 prüfen Sie zunächst, ob überhaupt Aufnahmegeräte angezeigt werden. Ist dies nicht der Fall, wurde Ihr Mikrofon von Windows 10 nicht erkannt. Schauen Sie unter EIGENSCHAFTEN ❷, ob Ihr Mikrofon vielleicht nur deaktiviert ist.

443

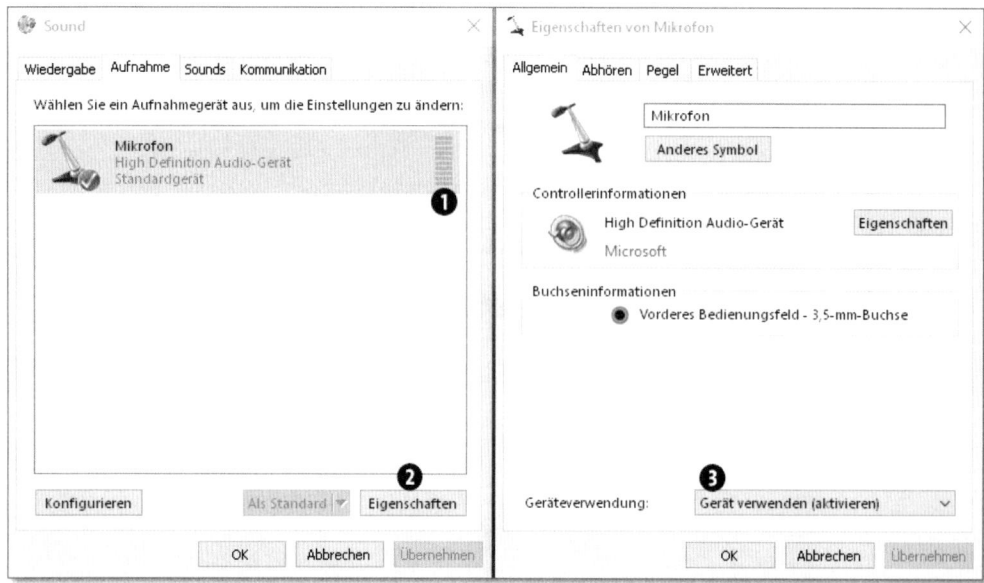

Abbildung 9.31 Eigenschaften für Aufnahmegeräte und Mikrofondetails

In diesem Fenster (in der rechten Hälfte von Abbildung 9.31) sehen Sie die EIGENSCHAFTEN VON MIKROFON. Falls hier GERÄT NICHT VERWENDEN (DEAKTIVIERT) ❸ steht, klicken Sie auf die GERÄTEVERWENDUNG und aktivieren Ihr Mikrofon. Klicken Sie dann auf ÜBERNEHMEN bzw. OK. Jetzt sehen Sie in der rechten Hälfte von Abbildung 9.30 Ihr aktiviertes Mikrofon – das auch schon Pegelausschläge ❶ zeigen dürfte, wenn Sie sprechen. Schließen Sie das Fenster SOUND, indem Sie auf OK klicken oder tippen.

Nachdem Sie den ersten Probesatz für die Spracheingabe erfolgreich aufgesprochen und auf WEITER (Abbildung 9.29) geklickt haben, ist Ihr Computer grundsätzlich für die Spracheingabe eingerichtet. Windows quittiert die Bereitschaft Ihres Mikrofons mit dieser Meldung: DAS MIKROFON IST NUN EINGERICHTET (Abbildung 9.32).

Sie können im folgenden Dialog LERNPROGRAMM ÜBERSPRINGEN anklicken, was wir aber nicht empfehlen, oder auf WEITER klicken, um Ihren Computer mit Ihrer Stimme vertraut zu machen und die ersten Übungen für die Spracheingabe durchzuführen.

Im nächsten Schritt fragt die Windows-Spracherkennung, ob Sie Ihre lokal gespeicherten Dokumente scannen lassen möchten, damit eine Art Wörterbuch angelegt werden kann, das Begriffe enthält, die Sie in Ihren Dokumenten verwendet haben (Abbildung 9.33).

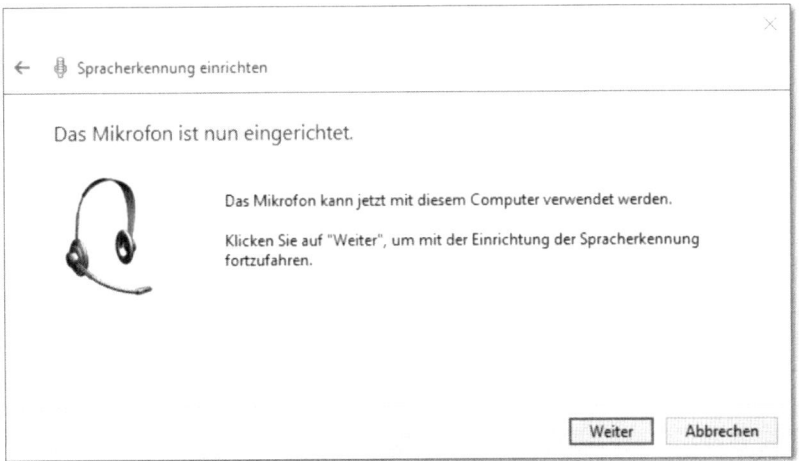

Abbildung 9.32 Erfolgreiche Mikrofoneinrichtung

Abbildung 9.33 Dokumentüberprüfung (de-)aktivieren

Wenn Sie damit einverstanden sind, klicken Sie auf WEITER, ansonsten deaktivieren Sie die Dokumentüberprüfung und klicken dann auf WEITER. Jetzt werden Sie gefragt, wie Sie die Spracherkennung aktivieren möchten (Abbildung 9.34).

▶ Wählen Sie Manuellen Aktivierungsmodus verwenden, wenn Sie die Spracherkennung mit Tastatur, Maus oder Touchgeste aktivieren möchten.

▶ Wählen Sie Stimmaktivierungsmodus verwenden, wenn Sie die Spracherkennung per Sprache aktivieren möchten.

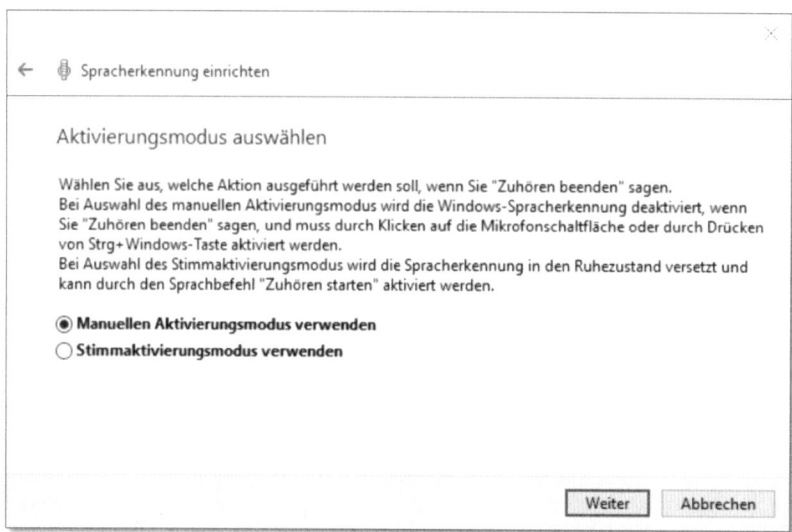

Abbildung 9.34 Die Art der Spracherkennungsaktivierung wählen

Nach getroffener Auswahl klicken oder tippen Sie auf Weiter.

Im nächsten Schritt bietet die Windows-Spracherkennung Ihnen an, eine *Referenzkarte* mit allen von Windows erkannten Sprachbefehlen auszudrucken. Wenn Sie dies wünschen, klicken Sie auf Referenzblatt anzeigen und drucken sich dieses Referenzblatt aus. Wählen Sie anschließend in diesem Assistenten Weiter.

Jetzt werden Sie noch gefragt, ob die Spracherkennung beim Start von Windows ausgeführt werden soll. Beantworten Sie diese Frage Ihren Bedürfnissen entsprechend, und klicken Sie auf Weiter. Geschafft – der erste Assistent für die Spracherkennung ist absolviert! Sie können von hier aus jetzt direkt das ca. 45-minütige Lernprogramm starten, indem Sie auf die Schaltfläche Lernprogramm starten klicken. Sie können das Lernprogramm aber auch überspringen.

Das Sprachlernprogramm ausführen

Wenn Sie nicht unmittelbar aus dem Assistenten für die Einrichtung des Mikrofons kommen, können Sie das *Sprachlernprogramm* auch jederzeit manuell starten. Öffnen Sie dazu die Startseite der *Spracherkennung*, indem Sie auf ⊞ + Q klicken, Spracherk eingeben und dann ↵ drücken (siehe Abbildung 9.35). Alternativ können Sie auch Spracherk im Such-feld der Taskleiste eingeben und dort die Spracherkennung auswählen.

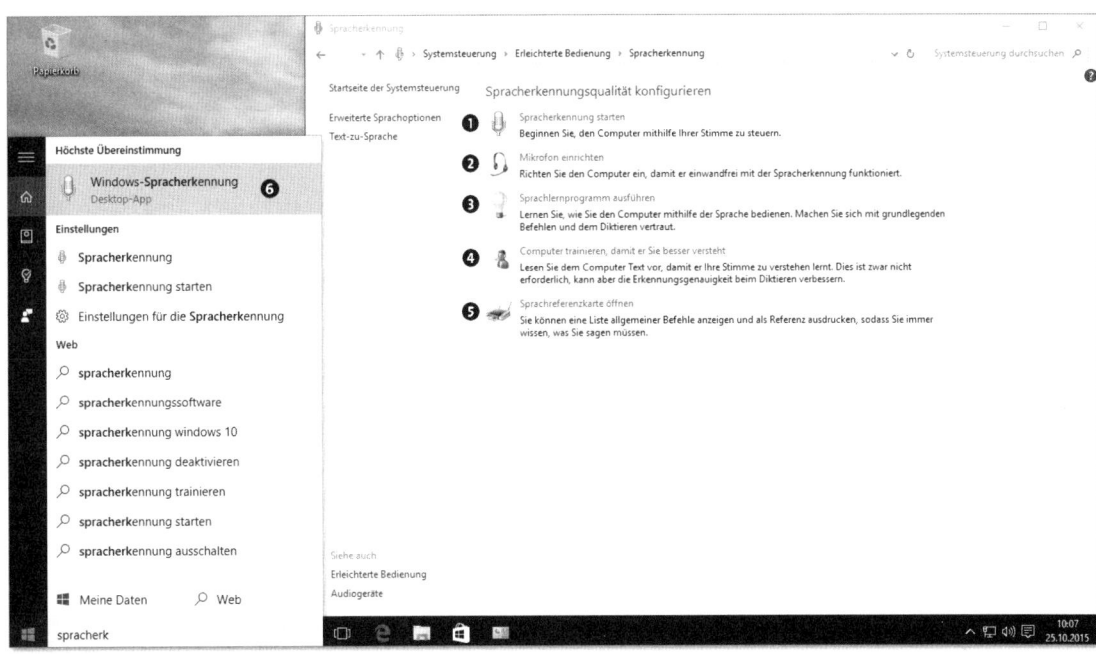

Abbildung 9.35 Starten der Spracherkennung

Im Menü aus Abbildung 9.35 (rechtes Fenster in der Abbildung) steuern Sie alles rund um die *Spracherkennung*. Sie können sie starten ❶ und den Assistenten zur Einrichtung des Mikrofons öffnen ❷. Sie können das Sprachlernprogramm ausführen ❸; Sie können den Computer trainieren, damit er Sie besser versteht ❹, und Sie können auch von hier aus die Sprachreferenzkarte öffnen ❺, die alle von Windows erkannten Sprachbefehle auflistet.

Klicken oder tippen Sie auf Sprachlernprogramm ausführen, und starten Sie das *Sprachlernprogramm*. Bei Drucklegung dieses Buches war diese Funktion für Windows 10 Version 1511 (»November Update«) leider nicht verfügbar, allerdings war sie in der Preview-Version von Windows 10 noch vorhanden und wird möglicherweise von Microsoft überarbeitet (Abbildung 9.36).

Das Sprachlernprogramm stammt noch aus Windows Vista-Zeiten, was sich an verschiedenen Übungen innerhalb des ca. 45-minütigen Programms zeigt. Es waren auch einige Fehler im Sprachlernprogramm vorhanden. Dennoch ist es wichtig und hilfreich, den Computer an Ihre Stimme zu gewöhnen. In der diesem Buch zugrunde liegenden Version gibt es das Sprachlernprogramm zwar noch, aber es lässt sich nur im Anschluss an die Konfiguration der Spracherkennung aufrufen. Vermutlich verschwindet es bald ganz und geht in der neuen Windows-Systemsteuerung Einstellungen unter, in der es bereits Ansätze für die Spracheingabe gibt. Unter Start • Einstellungen • Zeit und Sprache • Sprachein-/ausgabe findet sich schon ein Ansatz für die Sprachsteuerung (Abbildung 9.37).

Abbildung 9.36 Startseite des Lernprogramms für die Spracherkennung

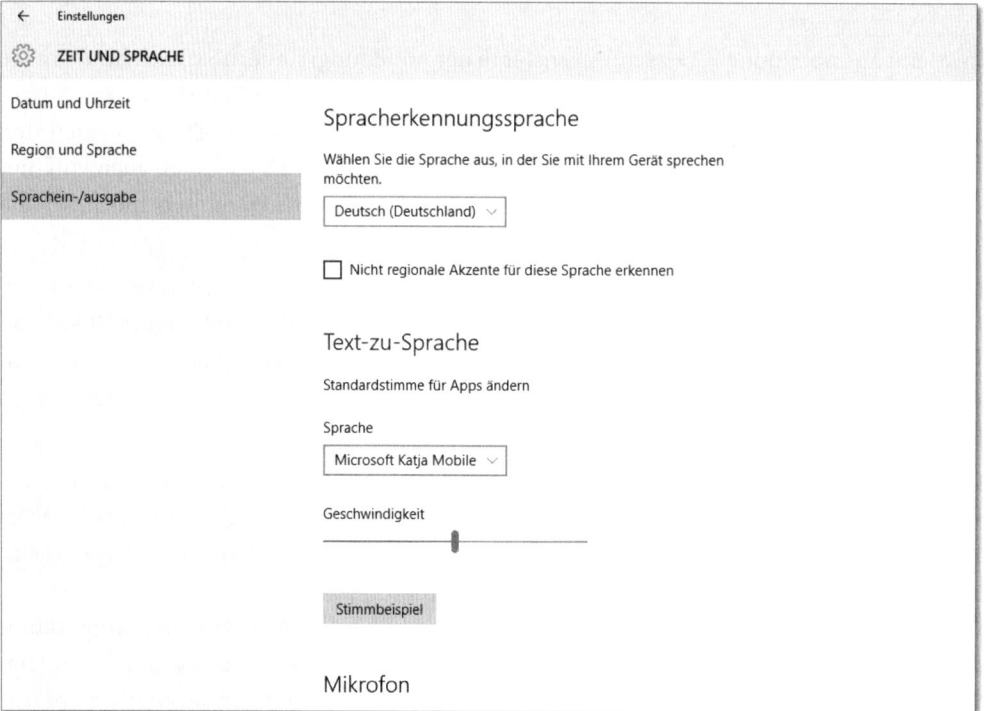

Abbildung 9.37 Die neue Steuerung der Spracheingabe und Sprachausgabe

Klicken Sie in diesem Bildschirm auf WEITER – und lesen Sie zunächst einmal im nächsten Bildschirm die Grundlagen durch. Klicken Sie anschließend erneut auf WEITER. Es folgt eine Seite (Abbildung 9.38), die mit EIN- UND AUSSCHALTEN überschrieben ist. Lesen Sie die Anleitungen für die Steuerung des Mikrofons aufmerksam durch, schalten Sie die Spracheingabe ein, indem Sie auf das im Assistenten gezeigte Mikrofon klicken, und klicken Sie anschließend auf WEITER.

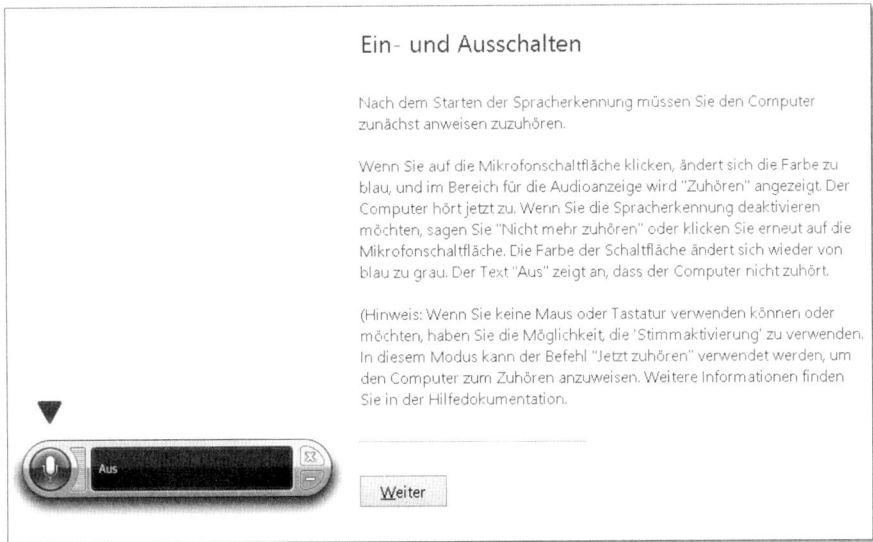

Abbildung 9.38 Ein- und Ausschaltinformationen der Spracheingabe

Das Sprachlernprogramm ist ein komplexes Lernprogramm, das Sie durch verschiedene Abschnitte führt. Zunächst werden Sie mit den grundlegenden Spracheingaben vertraut gemacht. In weiteren Abschnitten wird Ihnen das Korrigieren von gesprochenem Text gelehrt; Sie lernen Briefe zu diktieren, das Navigieren in Ihrem Windows wird geübt; Ihnen wird gezeigt, wie Sie dem Computer per Sprache Befehle geben und wie Sie Windows-Funktionen per Sprache steuern können.

Insgesamt ist dies ein sehr aufwendiges und umfangreiches Programm, das Sie und Ihren Computer trainiert, damit Sie die Spracheingabe zuverlässig und effizient nutzen können. Wegen der doch recht hohen Komplexität verzichten wir hier auf schrittweise Anleitungen, zumal das Sprachlernprogramm Sie sehr detailliert und einfach durch jeden Schritt führt.

Spracherkennung starten

Nachdem Sie die ersten Schritte in Sachen Spracherkennung getan haben, möchten wir Ihnen in diesem Abschnitt nun noch zeigen, wie Sie die Spracherkennung im täglichen Betrieb starten können. Entweder klicken Sie auf SPRACHERKENNUNG STARTEN (Abbildung 9.35), oder Sie starten die Spracherkennung, indem Sie ⊞ + Q drücken bzw. indem

Sie in das SUCHFELD in der Taskleiste Spracherk eingeben oder auf SPRACHERKENNUNG STARTEN in Abbildung 9.35 tippen. Wenn Sie zuvor Ihr Mikrofon erfolgreich eingerichtet haben, erscheint jetzt die Spracherkennung oben mittig auf Ihrem Bildschirm (Abbildung 9.39). Sie ist zunächst noch ausgeschaltet.

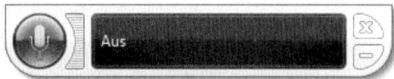

Abbildung 9.39 Geöffnete, noch nicht gestartete Spracherkennung

Wie schon im Sprachlernprogramm klicken oder tippen Sie auf das Mikrofon-Symbol, damit Ihnen die Spracherkennung auch zuhört. Ist das Mikrofon-Symbol blau hinterlegt, steht ZUHÖREN dort in der Anzeige der Spracherkennung, wo zuvor AUS stand. Jetzt ist die Spracherkennung ganz Ohr und wartet auf Ihre Eingaben und Befehle. Wenn die Spracherkennung Sie kaum oder gar nicht versteht, sollten Sie das Sprachlernprogramm unbedingt durchlaufen. Es hilft enorm, damit Windows Ihre Stimme verstehen kann. Wenn das nicht reicht, starten Sie mit COMPUTER TRAINIEREN, DAMIT ER SIE BESSER VERSTEHT den Assistenten, der im folgenden Abschnitt besprochen wird.

Computer trainieren, damit er Sie besser versteht

Öffnen Sie den Assistenten, indem Sie

- entweder auf ⊞ + Q klicken, im SUCHFELD Spracherk eingeben, ⏎ drücken und SPRACHERKENNUNG STARTEN wählen
- oder indem Sie im SUCHFELD in der Taskleiste Spracherk eingeben, um die SPRACHERKENNUNG zu öffnen.

In der Startseite der Spracherkennung (Abbildung 9.35) klicken oder tippen Sie auf COMPUTER TRAINIEREN, DAMIT ER SIE BESSER VERSTEHT ❹. Lesen Sie die ersten Hinweise des Assistenten STIMMTRAINING FÜR DIE SPRACHERKENNUNG (Abbildung 9.40) durch, und klicken Sie auf WEITER.

Im jetzt gestarteten Assistenten werden Sie durch einige Trainingstexte geleitet, die Sie dem Stimmtrainingsassistenten vorlesen sollten. Sprechen Sie dabei nicht zu langsam, natürlich, aber deutlich und möglichst akzentfrei. Stellen Sie sich vor, Sie würden die Tagesschau moderieren.

Der Assistent besteht aus mehreren Seiten mit jeweils einem bis zwei Sätzen. Nach jedem Abschnitt, den Sie erfolgreich aufgesprochen haben, klicken Sie auf WEITER.

Mitunter stockt der Assistent, Sie können ihn dann durch Klicken oder Tippen auf PAUSE anhalten, einen kurzen Moment warten und durch FORTSETZEN wieder starten. In der Regel funktioniert er dann wieder einwandfrei.

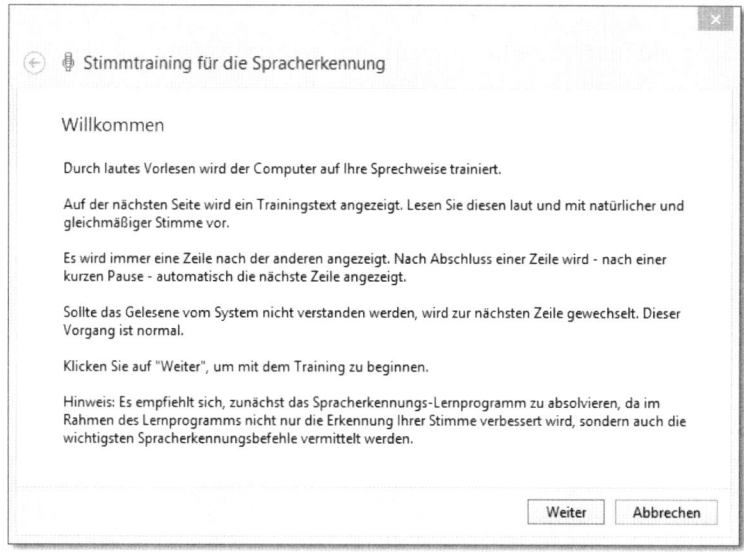

Abbildung 9.40 Stimmtraining für die Spracherkennung

Am Ende dieses Assistenten wird Ihnen ein zweiter Trainingsabschnitt (Abbildung 9.41) angeboten, den Sie idealerweise auch durchlaufen sollten.

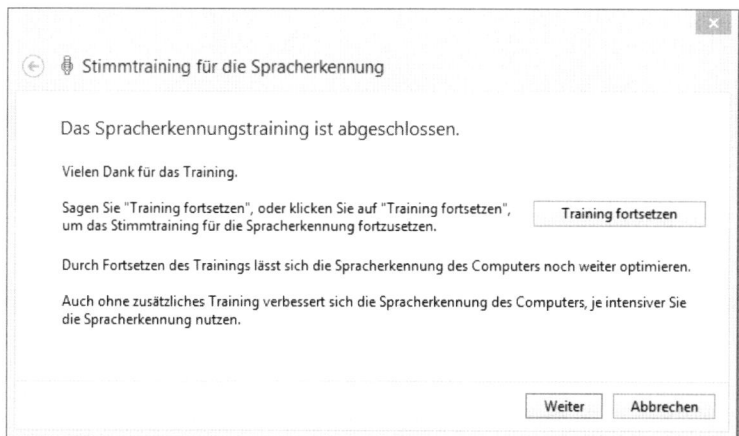

Abbildung 9.41 Fortsetzen des Stimmtrainings

Klicken Sie hier (Abbildung 9.41) auf WEITER, wenn Sie Ihr Stimmtraining um die zweite Lektion erweitern möchten, oder auf ABBRECHEN. Sie können das Stimmtraining jederzeit wiederholen. Wenn Sie sich für WEITER entschieden haben, wird der Stimmtrainingsassistent in gleicher Weise mit Ihnen weitertrainieren – mit anderen Sätzen, die Sie wiederum jeweils mit WEITER bestätigen, um zum nächsten Satz zu gelangen. Am Ende des zweiten Trainingslaufs sollten Sie ABBRECHEN wählen, denn sonst fängt das Stimmtraining von vorn an.

Sprachreferenzkarte öffnen

Die *Sprachreferenzkarte* kann ein hilfreiches Instrument sein, wenn Sie beginnen, die Spracheingabe intensiver zu nutzen. Hier finden Sie alle Windows-Befehle, die Windows 10 versteht, und mithilfe der Referenzkarte können Sie diese Befehle trainieren oder auch schlicht nachschlagen. Die Liste können Sie öffnen und dann ausdrucken.

Sie erreichen die *Sprachreferenzkarte*, indem Sie

▶ entweder ⊞ + Q drücken, im SUCHFELD spracherk eingeben, ↵ drücken und SPRACHERKENNUNG STARTEN wählen

▶ oder indem Sie im SUCHFELD in der Taskleiste spracherk eingeben, um die SPRACHERKENNUNG zu öffnen.

In der Startseite der Spracherkennung (Abbildung 9.35) klicken oder tippen Sie auf SPRACHREFERENZKARTE ÖFFNEN ❺. Diese Karte können Sie jetzt auch ausdrucken.

Kapitel 10
Drucken

Es war nicht, wie man heute glauben könnte, Steve Jobs, der die erste Medienrevolution auslöste, vielmehr hat Johannes Gensfleisch, der Gutenberg genannt wurde, um 1450 mit dem Drucken von Büchern begonnen, indem er sowohl den Satz mit beweglichen Bleilettern als auch den Druck auf einzelne Blätter erfand.

Heute drucken wir auf modernen Tinten- oder Laserdruckern, und das Drucken ist überhaupt nicht mehr exotisch. Aber trotz allen technischen Fortschritts ist Drucken mitunter immer noch eine Art Kunst – und wir zeigen Ihnen in diesem Kapitel, wie Sie diese Kunst beherrschen lernen.

Das Einrichten von Druckern unter Windows war in der Vergangenheit oft sehr mühselig, weil es auf den richtigen Druckertreiber und bei USB-Geräten auch oft auf die richtige Reihenfolge beim Anschließen ankam.

Windows arbeitet seit der Version 8 mit einem komplett neuen Druckertreibermodell, das eine erhebliche Vereinfachung verspricht und dieses Versprechen derzeit auch hält. Sie können jetzt Ihren Drucker in aller Regel direkt anschließen, und Windows kümmert sich um einen passenden Treiber.

Wie das genau funktioniert und was Sie für das erfolgreiche Drucken wissen müssen, zeigen wir Ihnen in diesem Kapitel.

10.1 Drucker in Betrieb nehmen

Wenn Sie einen Drucker unter Windows 10 in Betrieb nehmen wollen, müssen Sie ihn zunächst anschließen. Heutzutage werden Drucker meist über ein USB-Kabel oder über das Netzwerk (kabelgebunden oder drahtlos) angeschlossen.

Dazu nehmen Sie einfach das USB-Kabel Ihres Druckers, verbinden es mit Ihrem PC und sind auch schon fast fertig. Augenscheinlich passiert erst einmal nichts, aber wenn Sie im Startmenü auf EINSTELLUNGEN auf GERÄTE und dort auf DRUCKER & SCANNER klicken, sehen Sie Ihren eben eingesteckten Drucker, wie Abbildung 10.1 zeigt.

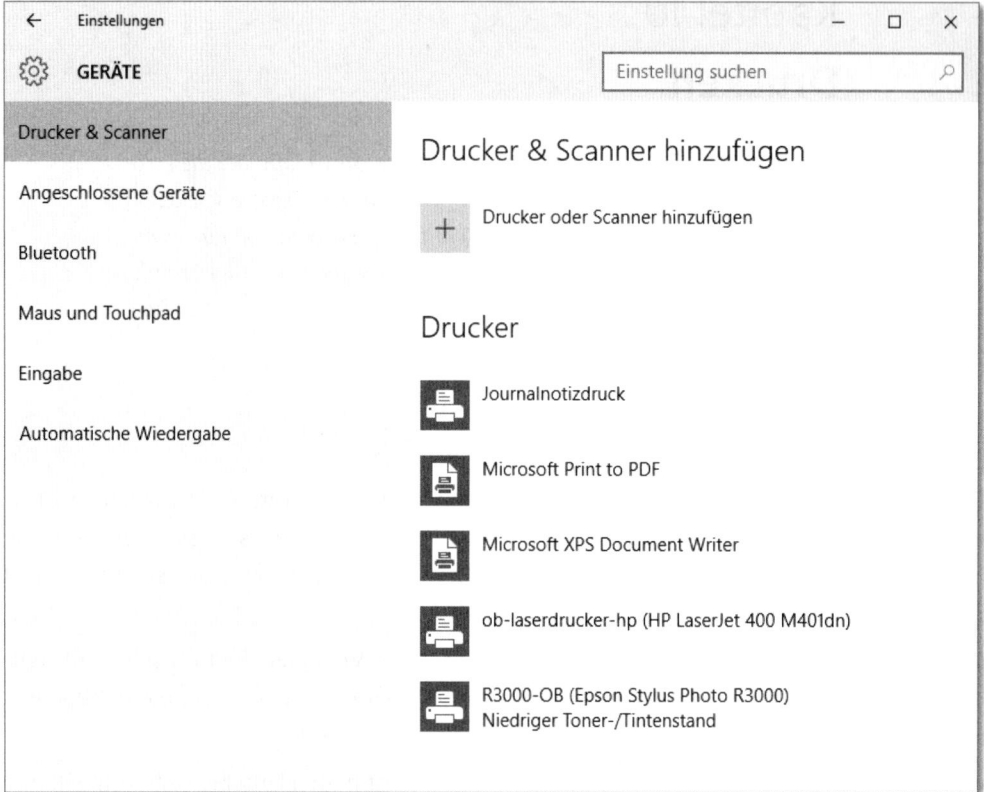

Abbildung 10.1 Hinzugefügte Drucker

Das Erstaunliche ist, dass die beiden hier aufgelisteten Drucker bereits fertig installiert sind. Ihr Drucker ist jetzt angeschlossen und betriebsbereit. Windows 10 installiert bei neuen Druckern direkt nach dem Anschluss einen neuartigen Klassendruckertreiber der vierten Generation, auch *v4-Treiber* genannt. v4-Treiber sind für ganze Geräteklassen geeignet, nicht nur für einzelne Modelle, und somit funktioniert praktisch jeder Drucker bald nach dem Anschließen.

Gedruckt wird wie eh und je, entweder aus dem jeweiligen Druckmenü des Programms, mit dem Sie arbeiten, mit der Tastenkombination $\boxed{\text{Strg}}$ + $\boxed{\text{P}}$ oder auch über die rechte Maustaste und einem Klick auf DRUCKEN (Abbildung 10.2). Das gilt zumindest für die klassischen Desktop-Apps und den Desktop selbst. Wie Sie in Universal Apps drucken, zeigen wir Ihnen in Abschnitt 10.6.

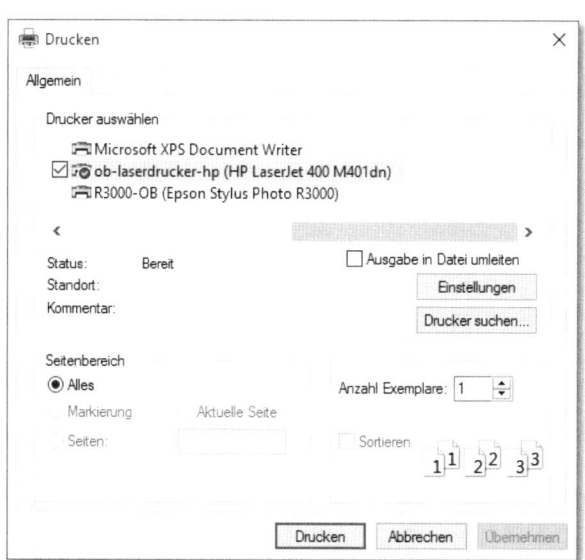

Abbildung 10.2 Druckdialog im Desktop: rechte Maustaste und »Drucken«

Aber auch ohne einen echten physikalischen Drucker zu installieren, können Sie in Windows 10 bereits drucken. Nach langer Zeit hat man sich in Redmond entschlossen, Windows auch einen eingebauten *PDF*-Drucker zu spendieren. *PDF* ist ein Dateiformat aus dem Hause *Adobe*, ausgeschrieben heißt es *Portable Document Format* – also (trans-)portables Dokumentenformat –, und ist eine Art De-facto-Standard für den (digitalen) Transport von Dokumenten. Bis Windows 10 musste man zu diesem Zweck noch Drittanbietersoftware herunterladen und installieren, um aus einer Windows-Anwendung heraus ein PDF »drucken« zu können, jetzt geht das mit Windows-eigenen Bordmitteln. Wenn Sie auf START • EINSTELLUNGEN • GERÄTE • DRUCKER & SCANNER klicken, sehen Sie bereits zwei installierte Drucker – die eines gemeinsam haben: Sie drucken nicht auf Papier. Der MICROSOFT XPS-DOCUMENT WRITER war ein Versuch von Microsoft, ein eigenes transportables Dokumentenformat zu entwickeln, allerdings mit ziemlich bescheidenem Erfolg. Jetzt gesellt sich hier auch der sehr verbreitete und etablierte PDF-Druck in Gestalt des MICROSOFT PRINT TO PDF-Druckers hinzu (Abbildung 10.3). Neu ist hier auch die Einstellmöglichkeit für GETAKTETE VERBINDUNGEN. Diesen Schalter finden Sie in mehreren Einstellungsdialogen in Windows 10. Wenn Sie den Schalter in der Einstellung belassen, die voreingestellt ist, werden keine Druckertreiber oder Drucker-Apps heruntergeladen, solange Sie mit einer getakteten Verbindung online sind. Getaktete Verbindungen sind beispielsweise Mobilfunkverbindungen wie LTE (*Long Term Evolution* – der aktuell schnellste Internetstandard via Mobilfunk), die nach einer bestimmten Taktung (MB pro Minute, oder in MB/€) abgerechnet werden bzw. bei denen nach dem Überschreiten eines bestimmten Datenkontingents die Bandbreite deutlich gedrosselt wird, oft bis zum nächsten Abrechnungszyklus.

Abbildung 10.3 Die »eingebauten« Drucker in Windows 10

10.2   Treiber installieren

Das Druckertreibermodell in Windows 10 entspricht dem mit Windows 8 eingeführten Klassentreibermodell. Mit deutlich weniger Treibern können viel mehr Druckermodelle angesprochen werden. Im Folgenden zeigen wir Ihnen, wie Sie einen Treiber installieren bzw. den richtigen Treiber für Ihren Drucker auswählen können. Sie lernen hier auch den Unterschied zwischen v3- und v4-Druckertreibern kennen.

10.2.1   Eigene Treiber installieren

Sie haben in Abschnitt 10.1 nach dem Anschließen des Druckers ja sicher schon vermutet, dass Windows 10 auch automatisch einen passenden Treiber für den Drucker mitinstalliert hat. Das stimmt. Sie können aber auch selbst bestimmen, welchen Treiber Sie für Ihren Drucker verwenden möchten.

Am Beispiel des Druckers *Epson R3000* möchten wir Ihnen zeigen, wie Sie einen eigenen Treiber installieren können. Zunächst laden Sie sich den gewünschten oder aktuellen Treiber herunter. In Abbildung 10.4 sehen Sie, dass wir neben dem Druckertreiber auch dazu passende Plugins heruntergeladen haben. Diese sind in der Regel von der Webseite des Herstellers zu beziehen, selten werden aktuelle Treiber oder Plugins auf CDs mitgeliefert.

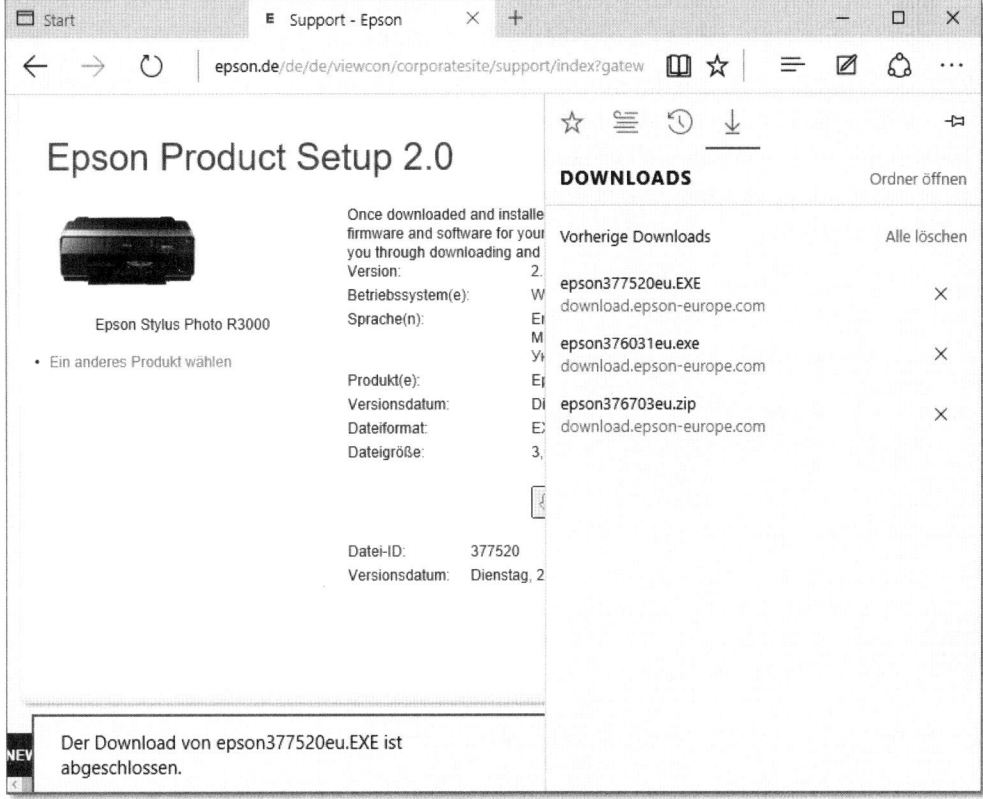

Abbildung 10.4 Heruntergeladener Druckertreiber und Plugin nebst Setup-Programm

Zunächst installieren wir den Druckertreiber durch Doppelklick. In diesem Beispiel geschieht dies über das heruntergeladene *Product Setup*, das die Installation komfortabel durchführt und alle erforderlichen Dateien aus dem Internet nachlädt. Die Sicherheitsabfrage der UAC (*User Account Control*, *Benutzerkontensteuerung*) bejahen wir, und dann führen wir das Setup vollständig durch. Dieser Vorgang ist für verschiedene Drucker unterschiedlich, weshalb wir auf eine detaillierte Darstellung verzichten.

Nach erfolgreicher Installation ist der neue Druckertreiber aktiv. Er ersetzt den Windows 10-eigenen v4-Treiber aber nicht (siehe dazu auch Abschnitt 10.2.3), sondern Windows 10 erstellt einen zusätzlichen Drucker mit diesem manuell installierten Treiber. Das sehen Sie besonders deutlich, wenn Sie ⊞ + X • SYSTEMSTEUERUNG • HARDWARE UND SOUND •

GERÄTE UND DRUCKER anwählen. Hier sehen Sie jetzt den neu hinzugefügten Drucker (in der Regel auch als neuen Standarddrucker). Wenn Sie mit der rechten Maustaste auf das Drucker-Symbol klicken und sich das Menü der DRUCKEINSTELLUNGEN ansehen, erkennen Sie Unterschiede zum »automatisch« von Windows 10 installierten Drucker(-treiber).

So wie in Abbildung 10.5 sieht der Druckertreiber aus, wenn er von Hand heruntergeladen und installiert wurde. Abbildung 10.6 zeigt die Druckeinstellungen, wenn es »nur« der Microsoft-Standard-Klassendruckertreiber in der Version 4 ist.

Wenn Sie wissen wollen, wie das Ganze im Tablet-Modus aussieht, dann werfen Sie einen Blick auf Abbildung 10.20. Aber schon an Abbildung 10.5 wird schnell deutlich, warum es sich lohnen kann, einen eigenen Treiber des Druckerherstellers zu installieren anstatt nur den von Windows mitgelieferten. Er bietet wesentlich mehr Möglichkeiten für die Einstellung des Druckauftrages.

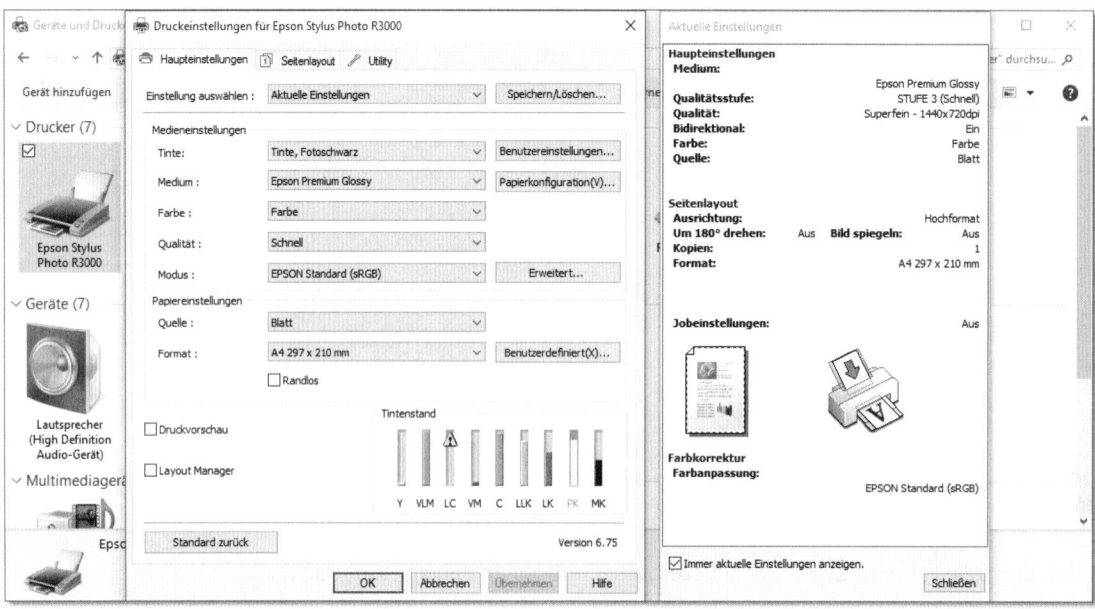

Abbildung 10.5 Druckereinstellungen eines v3-Treibers

Für die meisten Anwendungen – oder wenn es einfach und schnell gehen soll und nur mal rasch etwas ausgedruckt werden muss – reicht der moderne Microsoft-Klassendruckertreiber der Version 4 völlig aus.

Sie sehen auch schon an der Fensterüberschrift der Druckertreiber in Abbildung 10.6, ob es sich um einen neuen v4-Klassendruckertreiber handelt. Epson ESC/P-R V4 CLASS DRIVER steht dort in der Fensterüberschrift, während ein klassischer v3-Treiber in der Fensterüberschrift einen modellspezifischen Namen bekommt wie in Abbildung 10.5: EPSON STYLUS PHOTO R3000.

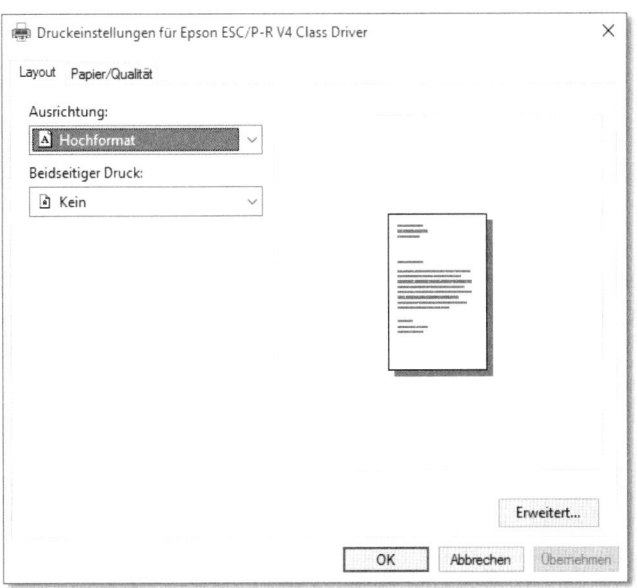

Abbildung 10.6 Druckereinstellungen des v4-Klassendruckertreibers

10.2.2   Das Druckertreibermodell v3

Generell sind Druckertreiber, die den Treiber-Typ v3 haben, solche Treiber, die Sie auch unter Vorgängerversionen von Windows 10 benutzen konnten bzw. mussten. In unserem Beispiel ist das der Treiber von Epson, den wir manuell installiert haben. Dieser Treiber bietet alle aus der Vorgängerversion bekannten Funktionen wie Duplex, Heften und Papiereinstellungen. Ein Drucker-Utility und feine Farbeinstellungen etc. sind hier ebenfalls vorhanden.

v3-Treiber sind oft sehr große Treiber, die viele Ressourcen (insbesondere Akkustrom bei Laptops) in Anspruch nehmen und die oft nur für einzelne Modelle ausgelegt sind. Selbst die neueren sogenannten *Universaltreiber* sind noch recht mächtige Softwarepakete. Dafür sind die v3-Treiber häufig auch wesentlich ausführlicher und bieten oft sehr viel feinere Einstellmöglichkeiten als die neuen schlanken v4-Treiber.

In Windows 7 beispielsweise waren Druckertreiber für Drucker aus den Jahren 2008 und 2009 enthalten; weitere Treiber mussten per Windows Update nachgeladen oder von einer Hersteller-CD bzw. -Downloadseite bezogen und einzeln installiert werden. Damit ist bei den neuen Klassentreibern der Version 4 jetzt – so der Wunsch von Microsoft – Schluss, solange Sie mit den eventuell reduzierten Einstellmöglichkeiten zurechtkommen.

10.2.3   Das Druckertreibermodell v4

Während die v3-Treiber noch recht traditionell funktionieren, relativ groß und oft auch modellspezifisch sind, können die neuen klassenbasierten v4-Druckertreiber seit Windows 8 auch Windows Store-Apps und deren spezifische Userinterfaces unterstützen. Sie sind wesentlich kleiner und schlanker als alte v3-Treiber und bieten auch einfachere, Modern UI-taugliche Steuerungen.

Außerdem können v4-Druckertreiber eine App beinhalten, die sich *Druckererweiterung* nennt und die die Anpassung der Druckervoreinstellungen erlaubt. Die Druckererweiterungen können auch Benachrichtigungen ausgeben, beispielsweise wenn der Toner leer ist oder das Papier zur Neige geht. Dies geschieht innerhalb des Startbildschirms im Design der Modern UI, und je nach Drucker(-treiber) kann eine solche Benachrichtigung auch im neuen Info-Center von Windows 10 angezeigt werden.

v4-Druckertreiber können Drucker sowohl unter Windows 10, Windows 10 Pro, Windows 10 Enterprise als auch unter dem nicht mehr weiterentwickelten Windows RT unterstützen, sie sind auf Intel- und ARM-Architekturen lauffähig.

Die modernen v4-Treiber sind nicht nur schlanker als ihre Vorgänger, sondern unterstützen aufgrund ihres Designs als Klassendrucker eine Vielzahl an Druckern, dabei sogar Modelle, die erst in der Zukunft auf den Markt kommen. Es wird nicht mehr jedes Druckermodell einzeln mit einem Treiber versorgt, sondern Drucker werden in Klassen gruppiert, und damit reduziert sich die Menge an benötigten Treibern. Somit müssen Sie in aller Regel gar keinen eigenen speziellen Druckertreiber mehr installieren – es entsteht der Eindruck, der Drucker funktioniere ohne Treiber, weil Sie von der Installation des Treibers meist nichts mitbekommen. Die Druckerklassen sind ja schon installiert. Dieses Klassentreiber-Framework lässt sich erweitern, um auch zukünftige Klassen von Druckern ansprechen zu können. Diese Erweiterung geschieht über *Windows Update*.

Für unseren im Buch als Beispiel verwendeten Epson-Drucker gibt es leider keine solche v4-App, aber der HP-Drucker aus Abbildung 10.7 bietet eine solche. Gehen Sie, um herauszufinden, ob eine Drucker-App vorhanden ist, mit START • EINSTELLUNGEN • GERÄTE in die Druckerverwaltung. Wenn Sie dort im Beispiel den HP-Drucker anklicken, sehen Sie, dass für diesen Drucker eine App verfügbar ist (Abbildung 10.7 unten).

Abbildung 10.7 Zum HP LaserJet können Sie eine App abrufen.

Klicken Sie auf EMPFOHLENE APP ABRUFEN, und laden Sie in der sich jetzt öffnenden Store-App die vorgeschlagene App herunter. Fügen Sie sie Ihrem System hinzu, indem Sie auf INSTALLIEREN klicken (Abbildung 10.8).

Abbildung 10.8 Spezielle v4-Drucker-App eines Herstellers

10.3   Drucker verwalten

Mitunter möchten Sie selbst Hand an den Druckertreiber legen oder wenigstens einmal genau nachschauen, welcher Treiber tatsächlich installiert ist. Es kann auch nötig werden, ein komplettes Treiberpaket zu deinstallieren, wenn es beispielsweise zu Problemen beim Ausdruck auf einem bestimmten Gerät kommt und der Support des Herstellers zur Deinstallation des Treibers rät.

Die umfassendste Kontrolle über die installierten Druckertreiber erhalten Sie über das *Microsoft Management Console(MMC)*-Snap-In für die Druckertreiber. Der schnellste Weg dorthin führt über die Tastenkombination ⊞ + R. In das erscheinende AUSFÜHREN-Suchfeld geben Sie `printmanagment.msc` ein, gefolgt von OK oder ↵, um die DRUCKERVERWALTUNG zu öffnen (Abbildung 10.9).

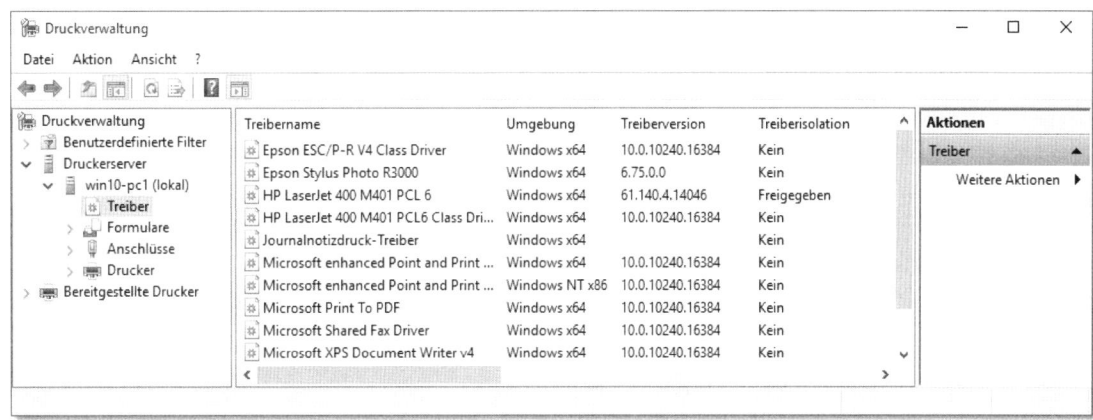

Abbildung 10.9 Das .msc-Snap-In »Druckerverwaltung« (Zweig »Treiber«)

Hier können Sie, wie in Abbildung 10.9 gezeigt, unter DRUCKERSERVER Ihren lokalen Druckerserver aufklappen (im Beispiel: WIN10-PC1 (LOKAL)).

Sie haben jetzt die komplette Übersicht über Ihre installierten TREIBER, die installierten DRUCKER, und Sie sehen auch alle Ihre lokalen Druckeranschlüsse.

Lokal kann auch ein Netzwerkanschluss sein, wenn er an Ihrem PC lokal erstellt wurde. In Abbildung 10.10 ist das beispielsweise der Drucker am Anschluss *192.168.111.55*. Unter AN-SCHLÜSSE sehen Sie auch, welcher Drucker über welchen Anschluss verbunden ist. Das kann eine wichtige Hilfe bei der Fehleranalyse sein, wenn ein Drucker versehentlich an einem falschen Anschluss installiert wurde und deshalb nicht druckt.

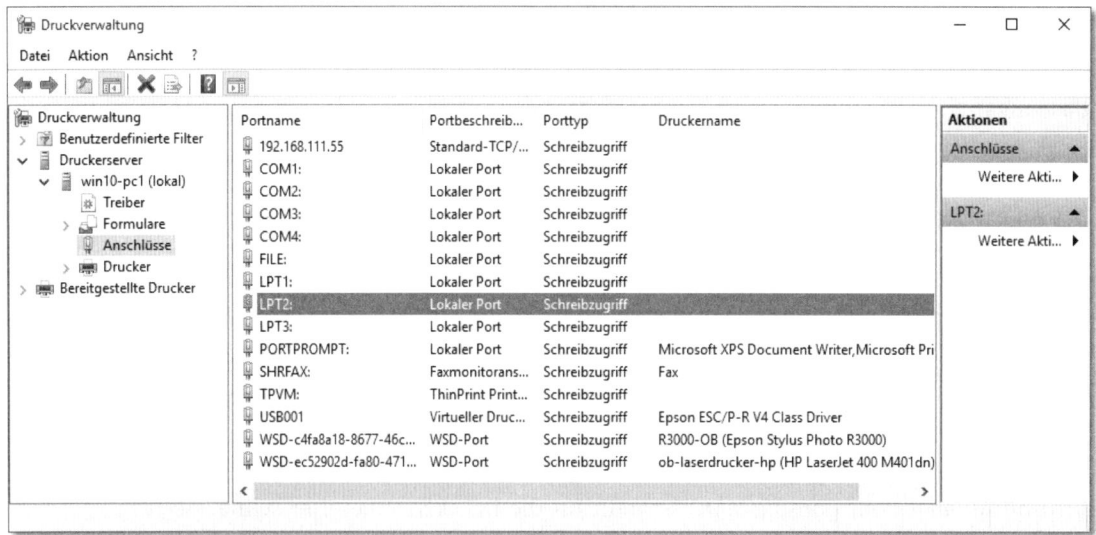

Abbildung 10.10 Die Liste der lokalen Druckeranschlüsse

Im Zweig FORMULARE sehen Sie alle Dokumentformulare, die die lokale Druckerverwaltung kennt. Sie können hier auch eigene Papierformate definieren, wenn Sie spezielle Anforderungen haben (Abbildung 10.11).

Um ein eigenes Papierformat im Zweig FORMULARE zu erstellen, klicken Sie mit der rechten Maustaste auf den Zweig FORMULARE und wählen FORMULARE VERWALTEN. Dann erscheint das Fenster EIGENSCHAFTEN VON DRUCKSERVER, in dem Sie ein Häkchen bei NEUES FORMU-LAR ERSTELLEN setzen können. Nachdem Sie das Format definiert haben, geben Sie ihm unter FORMULARNAME einen Namen und speichern es mit SPEICHERN ab.

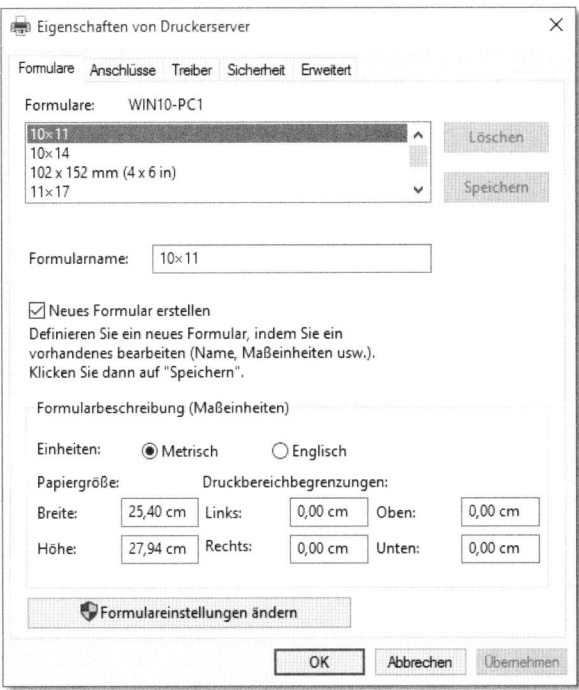

Abbildung 10.11 Druckerformulare selbst definieren

10.3.1   Die Druckerwarteschlange

Wie die Briten an einer Bushaltestelle reihen sich auch Druckaufträge, die Sie am PC erteilt haben, in eine saubere Reihe ein, die sogenannte *Druckerwarteschlange*. Und wie beim Bus gilt: Wenn der Vordermann nicht einsteigt, bleiben alle in der Schlange stehen, bis es irgendwie weitergeht. So verhält es sich auch mit den eingereihten Druckaufträgen.

Wenn also ein Dokument einmal nicht aus dem Drucker kommt, könnte es daran liegen, dass ein vorhergegangener Druckauftrag in der Warteschlange »klemmt«. Sie können dann die Druckerwarteschlange aus dem Kontextmenü des betreffenden Druckers heraus öffnen:

1. Drücken Sie dazu ⊞ + X, und wählen Sie die SYSTEMSTEUERUNG aus.
2. Klicken Sie dort bei HARDWARE UND SOUND auf GERÄTE UND DRUCKER ANZEIGEN.
3. Klicken Sie auf den Drucker, dessen Aufträge Sie sehen wollen – im Beispiel den HP Laser-Jet-Drucker. Jetzt können Sie entweder auf die Schaltfläche DRUCKAUFTRÄGE ANZEIGEN klicken oder mit der rechten Maustaste auf den betreffenden Drucker und dann auf ÖFFNEN klicken. Im ersteren Fall öffnet sich das Druckerfenster mit den erweiterten Einstellmöglichkeiten der neuen v4-Treiber (Abbildung 10.12).

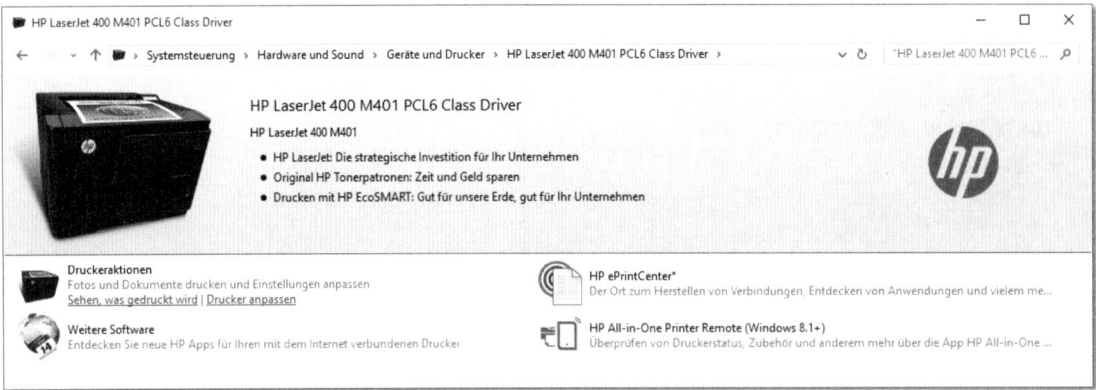

Abbildung 10.12 Druckerfenster mit Einstellungen

Hier können Sie auf DRUCKAUSGABE ANZEIGEN doppelklicken, um sich die Druckerwarteschlange anzusehen (siehe Abbildung 10.13).

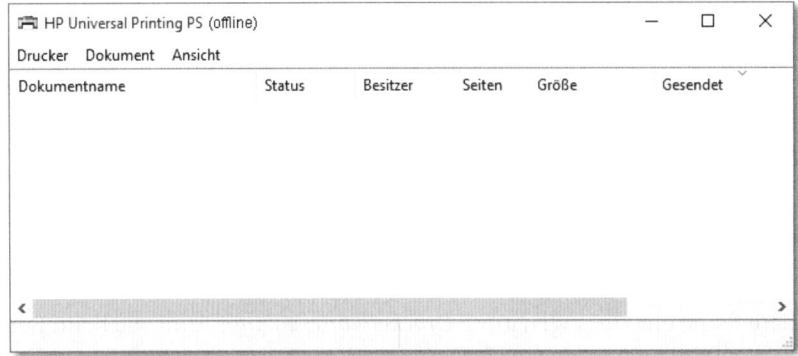

Abbildung 10.13 Die Druckerwarteschlange

In diesem Beispiel sehen Sie auch schon, warum der Ausdruck nicht im Ausgabefach des Druckers ankommt: Laut der Titelleiste des Fensters ist der Drucker offline. Bei genauer Betrachtung am Gerät selbst würde auffallen, dass es gar nicht angeschlossen ist. So hilfreich kann die Prüfung der Druckerwarteschlange sein.

Die neuen v4-Drucker-Klassentreiber bringen leicht unterschiedliche und individuellere Einstellungsfenster mit als klassische v3-Druckertreiber, wie die Abbildung 10.14 zeigt (hier haben wir den Epson-Drucker mit einem Rechtsklick geöffnet). Der Druckereinstellungen-Dialog geht hier zum Beispiel auch auf Tintenfüllstände des Druckers (NIEDRIGER TONER-/TINTENSTAND) ein, während bei unserem HP-Druckerbeispiel neben einem Link für die Konfiguration auch Links für die Verwaltung der Druckaufträge und den Druckerstatus angeboten werden – und auch ein Werkzeug namens HP EPRINT CENTER.

Abbildung 10.14 Druckerfenster-Einstellungen (anderer Drucker)

Was die Warteschlange darüber hinaus noch kann: Sie können einen Drucker anhalten, um Ihre Druckaufträge in der Warteschlange zu sammeln. Später, wenn Sie es wünschen, starten Sie den Drucker wieder, und er druckt dann die angesammelte Warteschlange der Reihe nach aus. Klicken Sie dazu im Menü auf DRUCKER • DRUCKER ANHALTEN, um den Drucker zu unterbrechen, und später erneut auf DRUCKER • DRUCKER ANHALTEN, um den Drucker wieder zu aktivieren.

Wenn Sie mehrere Druckaufträge abgeschickt haben, können Sie in der Warteschlange einzelne Dokumente (das können auch umfangreichere Druckaufträge sein) in der Druckerwarteschlange abbrechen. Klicken Sie dazu in der DRUCKERVERWALTUNG den betreffenden Drucker mit der rechten Maustaste an, und wählen Sie DRUCKERWARTESCHLANGE ÖFFNEN.

Alternativ können Sie auch aus der SYSTEMSTEUERUNG • HARDWARE UND SOUND • GERÄTE UND DRUCKER ANZEIGEN den Drucker auswählen und mit der rechten Maustaste auf DRUCKAUFTRÄGE ANZEIGEN klicken. In dem jetzt erscheinenden Drucker-Warteschlangenfenster wählen Sie den Menüpunkt DOKUMENT und klicken auf ABBRECHEN (Abbildung 10.15). Der Druckauftrag wird jetzt gelöscht.

Abbildung 10.15 Abbrechen eines Druckjobs

In der Druckerverwaltung können Sie auch sehr bequem eine Testseite Ihres Druckers anfordern, indem Sie mit der rechten Maustaste auf den gewünschten Drucker und dort auf Testseite drucken klicken.

10.3.2   Die Druckerwarteschlange per »cmd« oder PowerShell bedienen

Neben der Möglichkeit, die Druckerwarteschlange über eine der grafischen Oberflächen zu bedienen, können Sie natürlich auch per Konsole eingreifen. Hierzu können Sie einerseits mit einem Kommandozeilenbefehl in der *Eingabeaufforderung* die Druckerwarteschlange bearbeiten und andererseits die mächtige Windows PowerShell nutzen.

Zunächst zeigen wir Ihnen, wie Sie in der Eingabeaufforderung per Kommandozeile die Warteschlange steuern können. Öffnen Sie dazu eine Windows-Eingabeaufforderung als Administrator, indem Sie beispielsweise ⊞ + Q drücken, in das Suchfenster cmd eingeben und mit der rechten Maustaste auf die angebotene App Eingabeaufforderung klicken. Im Menü unten wählen Sie jetzt Als Administrator ausführen aus und bestätigen den folgenden Dialog der Benutzerkontensteuerung mit OK bzw. melden sich mit einem Administratorkonto an.

Um die Druckerwarteschlange per Eingabeaufforderung zu stoppen, geben Sie am Prompt (Abbildung 10.16) net stop spooler ein und drücken dann ↵. Um die Druckerwarteschlange wieder zu starten, verwenden Sie diesen Befehl: net start spooler + ↵.

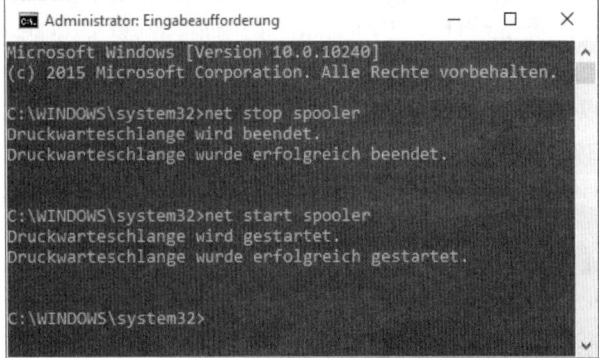

Abbildung 10.16 Steuerung per Eingabeaufforderung

In der *Windows PowerShell*, die Sie ebenfalls als Administrator ausführen müssen, steht Ihnen ein weiterer Befehl zur Verfügung:

1. Suchen Sie mit ⊞ + Q nach der PowerShell, indem Sie power eingeben.
2. Klicken Sie mit der rechten Maustaste auf die angebotene App Windows PowerShell, und wählen Sie Als Administrator ausführen aus.

3. Bestätigen Sie die Nachfrage der BENUTZERKONTENSTEUERUNG mit JA, bzw. melden Sie sich mit einem Administratorkonto an, und geben Sie am Prompt folgende Befehle ein:

- zum Stoppen: Stop-Service –Name Spooler + ⏎
- zum Starten: Start-Service –Name Spooler + ⏎
- zum Neustarten: Restart-Service –Name Spooler + ⏎

Die PowerShell-Befehle werden, anders als in der Eingabeaufforderung, einfach abgearbeitet, ohne dass eine Bestätigung ausgegeben wird, wie Abbildung 10.17 zeigt.

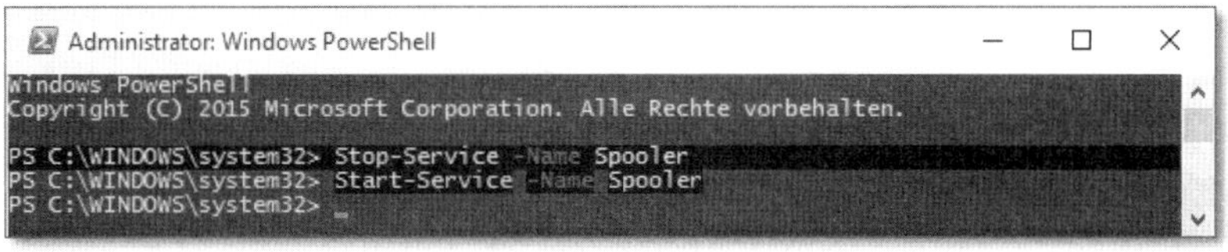

Abbildung 10.17 Steuerung mit der Windows PowerShell

10.3.3   Drucker entfernen

Wenn Sie einen Drucker entfernen möchten, haben Sie mehrere Möglichkeiten. In der DRUCKERVERWALTUNG können Sie einfach mit der rechten Maustaste auf den zu löschenden Drucker klicken und ihn mit DRUCKER ENTFERNEN vom PC löschen.

Alternativ können Sie den Drucker auch über SYSTEMSTEUERUNG • HARDWARE UND SOUND • GERÄTE UND DRUCKER löschen, indem Sie im Menü auf GERÄT ENTFERNEN klicken oder den zu löschenden Drucker mit der rechten Maustaste anklicken und dann GERÄT ENTFERNEN wählen.

Sie können Drucker auch im *Tablet-Modus* löschen:

1. Wischen Sie vom rechten Rand in den Bildschirm, und tippen Sie auf die Schaltfläche ALLE EINSTELLUNGEN.

2. Wählen Sie jetzt GERÄTE • BLUETOOTH, DRUCKER, MAUS.

3. Wenn sich der Drucker entfernen lässt, können Sie ihn durch Auswählen und Tippen auf GERÄT ENTFERNEN vom PC löschen. Es lassen sich aber aktuell nicht alle Drucker löschen – die eingebauten »Drucker« von Microsoft (beispielsweise der PDF-Drucker und der XPS-Drucker) sind derzeit fest verankert.

10.4   Windows Update

Windows 10 macht, wie bereits seine Vorgänger Windows 8 und 8.1, das Drucken unglaublich einfach. Sie müssen sich praktisch nur noch darum kümmern, den Drucker mit Strom, Papier und Tinte bzw. Toner zu versorgen; und nach dem Anschluss an Ihren PC ist er dann in aller Regel auch schon druckbereit. Was aber, wenn sich einmal etwas am Treiber verändert, eventuell gar verbessert?

Dank des neuen Klassentreibermodells in Windows 10 müssen Sie sich zunächst gar nicht um die Installation eines Treibers kümmern. Die relativ wenigen Treiber, die Windows 10 benötigt, um sehr viele Drucker ansprechen zu können, müssen aber hin und wieder auch aktualisiert werden. Spätestens, wenn es neue Geräteklassen gibt, für die ein Treiber bereitgestellt werden soll, wird ein Update fällig. Diese Updates geschehen ebenso unauffällig wie die Installation selbst; sie erfolgen über Windows Update vollautomatisch. In Windows RT-Installationen ist dies die einzige Methode, wie Sie einen Drucker-Klassentreiber aktualisieren können.

Einzig Ihre möglicherweise von Hand installierten v3-Druckertreiber, die Sie vom Hersteller bezogen haben, müssen Sie noch manuell updaten. Das geschieht in der Regel durch die Installation eines neueren Treibers, den Sie zuvor heruntergeladen haben.

10.5   Network Location Aware Printing

Gerade mit Windows 10 und den smarten Windows-Tablets verändert sich der Standort des Computers öfter als früher, und Sie drucken vermehrt an verschiedenen Orten. Damit Sie nicht stets manuell den richtigen Drucker für den jeweiligen Standort wählen müssen, zeigen wir Ihnen, wie *Network Location Aware Printing* (den Netzwerkort erkennendes Drucken) funktioniert und Sie bei der Auswahl der Drucker unterstützt, die Sie am häufigsten nutzen.

Um Ihren bevorzugten Drucker an jeweils verschiedenen Standorten automatisch zugewiesen zu bekommen, müssen Sie bei Windows 10 nicht viel machen. Nehmen wir an, Sie haben ein Windows-Tablet, das Sie im Büro und zu Hause nutzen wollen. Im Büro haben Sie einen HP-Drucker, zu Hause einen Epson-Drucker – so, wie in diesem Kapitel auch im zurückliegenden Beispiel gezeigt wurde.

Zunächst müssen Sie im Büro eine Verbindung zu Ihrem HP-Drucker herstellen. Entweder Sie schließen das USB-Kabel an Ihr Tablet an, oder Sie verbinden den Drucker drahtlos oder kabelgebunden mit dem Netzwerk. Dieser Drucker wird jetzt für diesen Standort automatisch zum *Standarddrucker*. Wenn Sie zu Hause Ihren Epson-Drucker anschließen, wird dieser nach der kaum merkbaren Installation des v4-Treibers ebenfalls zum *Standarddrucker*. Windows 10 ist jetzt so klug, immer dann den richtigen Standarddrucker einzustellen, wenn Sie sich im Bereich eines der beiden Netzwerke befinden. Sie müssen nichts mehr unternehmen.

Es wird aber sicher auch einmal vorkommen, dass Sie die Drucker manuell einem Standort zuweisen möchten oder den Standarddrucker gar nicht wechseln lassen möchten. In den Einstellungen zu Geräten und Druckern, die Sie am schnellsten mit ⊞ + X und dort über die Systemsteuerung erreichen, können Sie im Menüpunkt Standarddrucker verwalten (Abbildung 10.18) entscheiden, wie Sie mit den Druckern umgehen möchten (Abbildung 10.19).

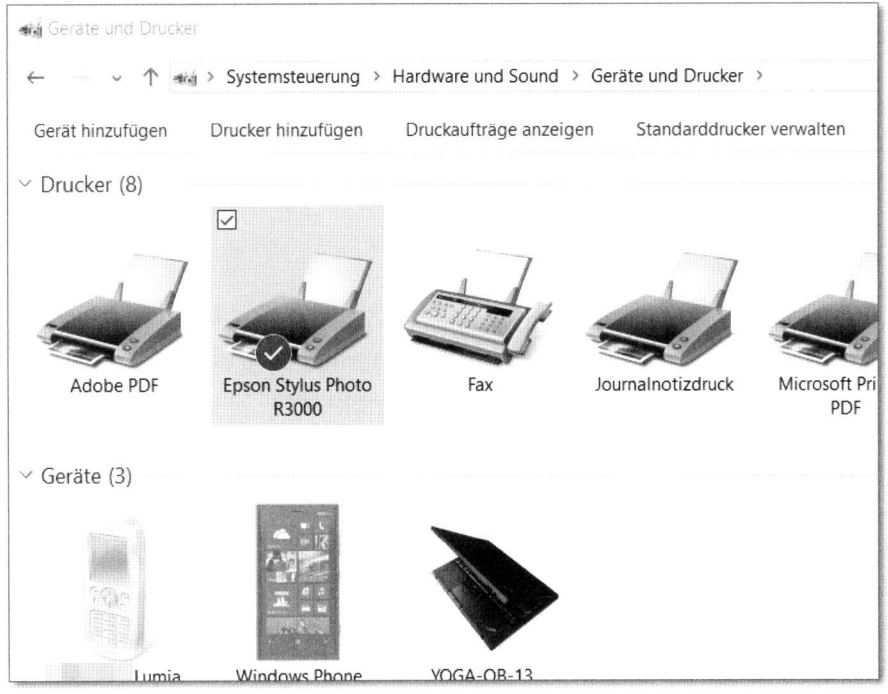

Abbildung 10.18 Das Menü zur Verwaltung der Standarddrucker

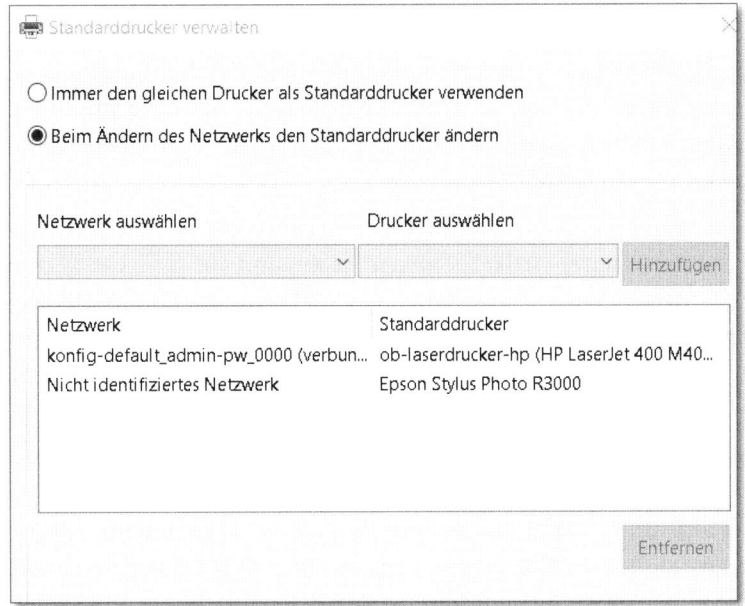

Abbildung 10.19 Verwaltung von Standarddruckern

Hier können Sie wählen, ob immer der gleiche Drucker standardmäßig gewählt werden soll bzw. welcher Drucker in welchem Netzwerk als Standarddrucker definiert werden soll. In diesem Fenster sehen Sie auch, dass der Epson-Drucker am Netzwerk NICHTIDENTIFIZIERTES NETZWERK hängt und der HP-Drucker (*ob-laserdrucker-hp (HP LaserJet 400 M40...)* am KONFIG-DEFAULT_ADMIN-PW0000-Netzwerk angeschlossen ist.

10.6   Drucken in Universal Apps

Auch wenn das Drucken unter Windows 10 an einigen Stellen deutlich anders funktioniert als in Vorgängerversionen, ist der reine Vorgang des Ausdruckens in den Desktop-Anwendungen sehr vertraut. Anders sieht es beim Drucken aus Apps heraus aus. In den funktionsreduzierten und optisch sehr aufgeräumten Apps findet sich keine Druck-Schaltfläche, wie man sie vielleicht erwarten würde. Aber dennoch kann man natürlich aus vielen Apps heraus drucken.

Eine häufige Druckaufgabe dürfte das Drucken von Mails sein (auch wenn wir das aus Gründen der Umweltschonung nicht unbedingt gutheißen). Öffnen Sie hierzu zunächst die *Mail-App*, und in dieser App klicken Sie im POSTEINGANG auf eine beliebige E-Mail. Um sie ausdrucken zu können, klicken Sie jetzt in der oberen rechten Bildschirmecke auf das ...-Menü und dort auf DRUCKEN. Noch schneller drucken Sie aus Universal Apps, indem Sie [Strg] + [P] drücken – die gleiche Tastenkombination funktioniert auch im Desktop-Modus.

Im hier erscheinenden Druckdialog (Abbildung 10.20) können Sie alle wesentlichen Einstellungen für den Ausdruck vornehmen. Er ist genauso übersichtlich wie alles andere in der Modern UI. Bei Druckern, die mit einem v4-Treiber angebunden sind, erhalten Sie innerhalb der Modern UI auch eingeblendete Hinweise, wenn das Papier ausgeht oder der Tintenstand niedrig ist. Aufwendige Informationsfenster oder -menüs entfallen bei v4-getriebenen Druckern und innerhalb der Modern UI generell.

Leider können Sie nicht aus allen Apps heraus unmittelbar drucken. Wenn Sie beispielsweise in der *Finanzen-App* einen interessanten Artikel gefunden haben und auf [Strg] + [P] drücken bzw. nach einem DRUCKEN-Button suchen (Abbildung 10.21), wird Ihnen kein Drucker angeboten. Hier hilft wohl nur ein Bildschirmfoto, das Sie mit [⊞] + [Druck] erstellen können und das dann in der *Fotos-App* in der SAMMLUNG oder im DESKTOP in der *Bilder*-Bibliothek im Ordner *Screenshots* wiederzufinden ist.

Ob Sie aus einer Universal App heraus drucken können oder nicht, hängt vom Programmierer der betreffenden App ab. Sie können zwei schnelle Tests machen – drücken Sie [Strg] + [P], um den Druckdialog aufzurufen, wenn das nicht hilft, suchen Sie nach dem ...-Menü oben rechts in der App (Abbildung 10.21), die gegebenenfalls einen Druckdialog bereithält. Manche noch nicht an die Windows 10-Optik angepasste Apps haben auch noch ein kleines kreisrundes *Drucken*-Icon in der Fußleiste.

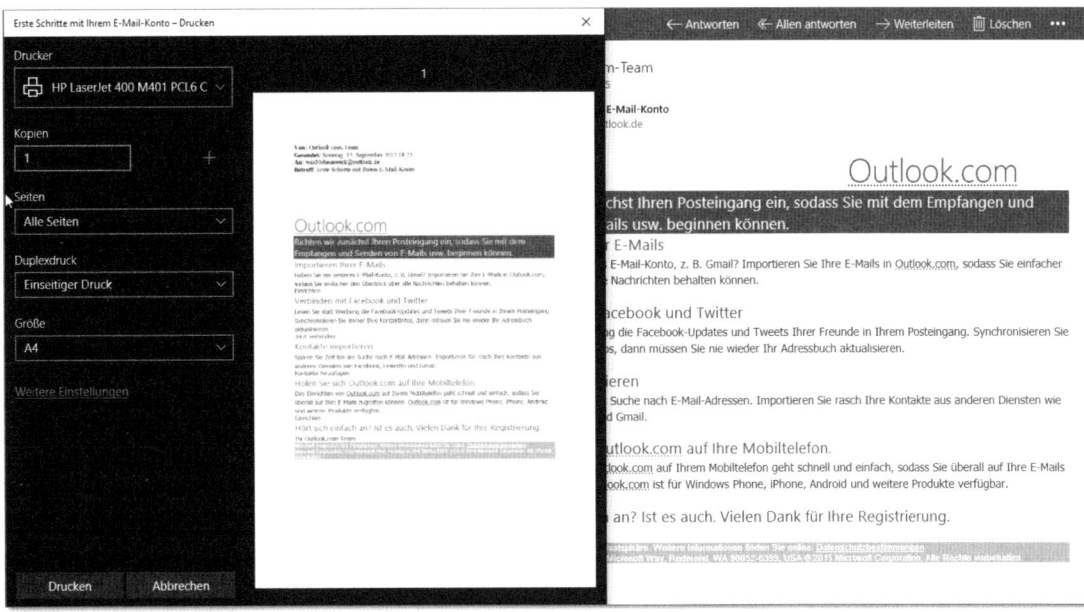

Abbildung 10.20 Der Druckdialog im Tablet-Modus

Abbildung 10.21 Das …-Menü mit Druckdialog

10.7   Netzwerkdrucker einbinden

Nicht nur im Firmenumfeld gibt es Netzwerkdrucker – sie erobern das zunehmend automatisierte Heim. Egal, ob der Drucker per WLAN angesprochen wird oder konventionell per Ethernet-Kabel, Drucken über das Netzwerk ist sehr komfortabel, gerade dann, wenn mehrere Geräte drucken möchten. Wir zeigen Ihnen, wie Sie einen Drucker per Netzwerk ansprechen.

10.7.1   Drucken im Heimnetzwerk

Wenn Sie in Ihrer Heimnetzgruppe einen Drucker freigegeben haben, können Sie diesen auch mit anderen Geräten in Ihrer Heimnetzgruppe teilen. Wie Sie eine Heimnetzgruppe einrichten, beschreiben wir in Kapitel 26, »Netzwerk – Grundlagen und Besonderheiten«.

Voraussetzung für das Drucken in der Heimnetzgruppe ist ein Drucker, der innerhalb des Heimnetzes bereitsteht und der freigegeben ist. Sobald der Drucker freigegeben ist, sehen Sie ihn in allen an der Heimnetzgruppe teilnehmenden Windows-PCs (mindestens ab Version 7), ohne dass Sie noch irgendwelche Einstellungen vornehmen müssen. Wenn Sie beispielsweise aus der Mail-App heraus auf einem Heimnetzwerkdrucker drucken möchten, der nicht an Ihrem PC angeschlossen ist, wählen Sie mit $\boxed{\text{Strg}}$ + $\boxed{\text{P}}$ nur noch den richtigen Drucker aus und drucken. Sie erkennen entfernte Drucker leicht an der Beschreibung: »*Druckername an Rechnername*«, hier im Beispiel »*ob-laserdrucker-hp an WIN81-PC3*«.

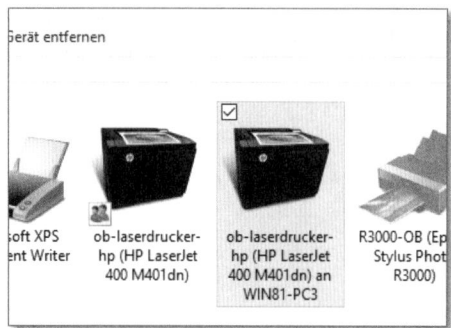

Abbildung 10.22 Heimnetzwerk: Drucker auswählen und erkennen

10.7.2   Drucker im Netzwerk freigeben

Sie können einen lokalen Drucker durch Klick auf die rechte Maustaste auch freigeben, um ihn gemeinsam nutzen zu können. Voraussetzung hierfür ist natürlich, dass Sie in einem Netzwerk mit anderen Computern verbunden sind, die von Ihrer Freigabe profitieren können.

1. Um einen Drucker unter Windows 10 freizugeben, wählen Sie zuerst den gewünschten Drucker aus der SYSTEMSTEUERUNG • HARDWARE UND SOUND • GERÄTE UND DRUCKER mit der rechten Maustaste aus und klicken auf DRUCKEREIGENSCHAFTEN.

2. Wählen Sie jetzt, wie in Abbildung 10.23 zu sehen, den Reiter FREIGABE, und setzen Sie ein Häkchen bei DRUCKER FREIGEBEN.

3. Geben Sie dem freizugebenden Drucker einen möglichst sprechenden Namen.

4. Wenn Sie auf DRUCKAUFTRAGSBEARBEITUNG AUF CLIENTCOMPUTERN DURCHFÜHREN klicken, wird der Druckauftrag nicht auf dem PC gerechnet, an dem der Drucker angeschlossen ist, sondern auf dem PC, der den Druckauftrag absendet. Das entlastet Ihren PC (insbesondere im Heimnetzwerk).

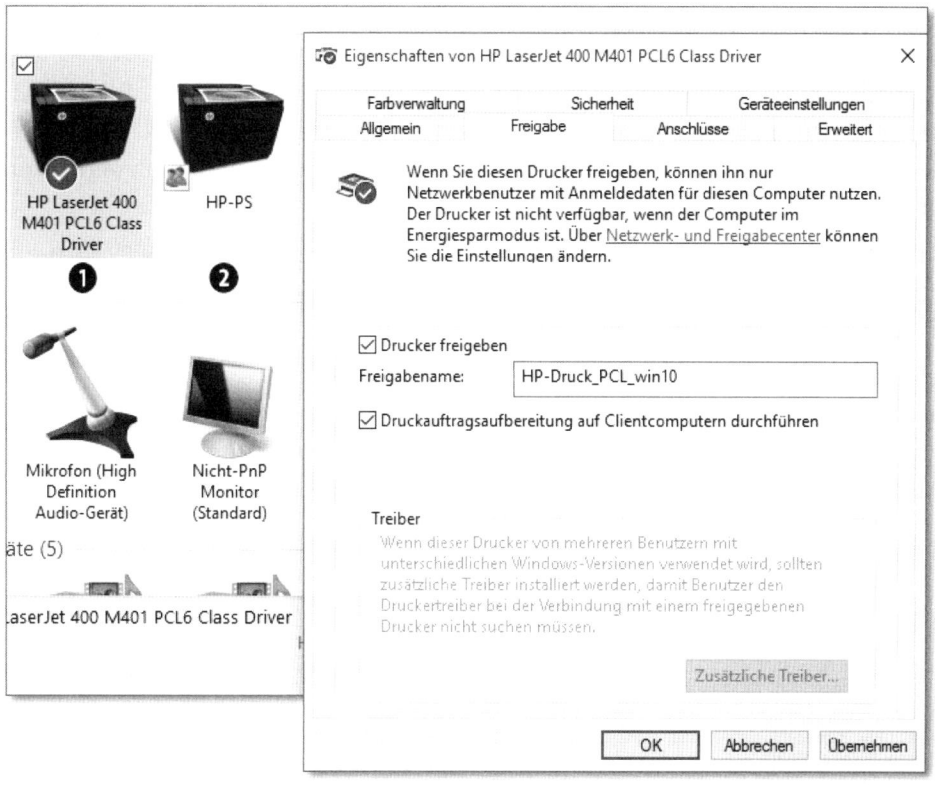

Abbildung 10.23 Drucker-Freigabeeinstellungen

Jetzt steht Ihr Drucker für die Nutzung in der Heimnetzgruppe zur Verfügung. Sie können in der Heimnetzgruppe übrigens nur das Freigeben aller Drucker ein- oder abstellen, nicht aber einzelner Drucker. Am Freigabe-Symbol unten am Drucker ❷ können Sie übrigens auch schon auf einen Blick erkennen, welcher Drucker freigegeben ist.

Die Sache hat aber einen kleinen Haken: Haben Sie einen freigegebenen Drucker auch als Standarddrucker bei sich eingerichtet, erscheint nur noch das Symbol für den Standarddrucker ❶.

10.7.3   Kabelgebundene Netzwerkdrucker einrichten

Immer mehr Drucker bringen neben einer USB-Schnittstelle auch eine Netzwerkschnittstelle mit Ethernet-Anschluss mit. Sie können diese Drucker entweder per DHCP mit Ihrem Netzwerk verbinden (sofern Sie DHCP einsetzen), oder Sie können die IP-Adressen in Ihrem Netzwerk auch manuell verwalten. In letzterem Fall müssen Sie Ihrem per Ethernet-Kabel angeschlossenen Drucker auch eine gültige und in Ihrem Netzwerk einmalige TCP/IP-

Adresse geben, damit Sie ihn im Netzwerk ansprechen können. Wir zeigen Ihnen, wie Sie einen solchen Drucker mit Ihrem PC verbinden können.

Nehmen wir dazu an, Ihr Netzwerk hat den IPv4-Adressbereich 192.168.111.0/24. Ihr PC hat die Adresse 192.168.111.10/24, und Ihr Drucker hat die Adresse 192.168.111.55/24. Alles Wichtige über Netzwerke und TCP/IP erklären wir Ihnen genauer in Kapitel 26, »Netzwerk – Grundlagen und Besonderheiten«.

Um eine Verbindung mit diesem Drucker herzustellen, öffnen Sie über die SYSTEMSTEUERUNG • HARDWARE UND SOUND • GERÄTE UND DRUCKER die Druckerverwaltung und klicken im Menü auf DRUCKER HINZUFÜGEN.

Der Assistent versucht nun zuerst, »sichtbare« Drucker anzuzeigen. Jedoch dürfte Ihr Drucker – in unserem Beispiel der HP 401-Laserdrucker mit der IP-Adresse 192.168.111.55 – hier nicht erscheinen. Klicken Sie auf DER GEWÜNSCHTE DRUCKER IST NICHT IN DER LISTE ENTHALTEN (Abbildung 10.24).

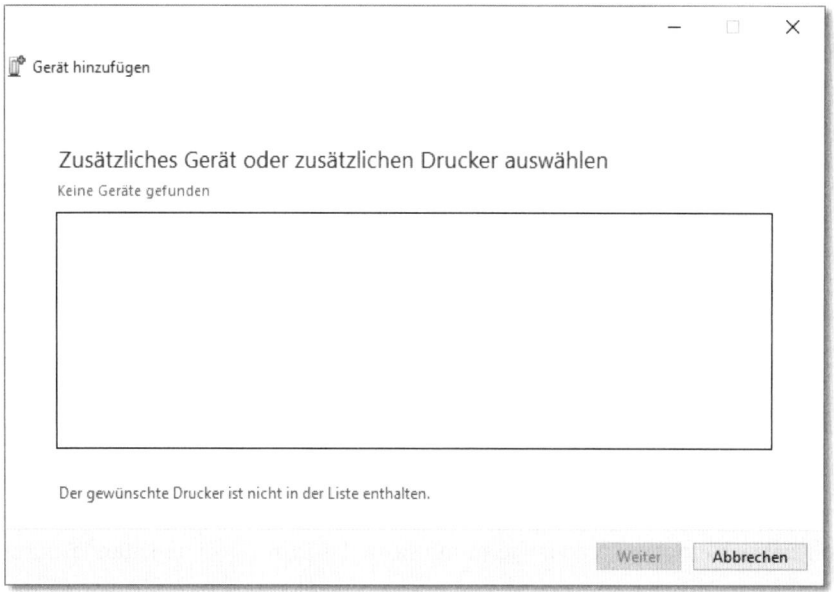

Abbildung 10.24 Suchfenster für verfügbare Drucker

Um den Drucker »sichtbar« zu machen, müssen Sie einen neuen TCP/IP-Anschluss mit der richtigen Adresse erstellen. Wählen Sie LOKALEN DRUCKER ODER NETZWERKDRUCKER MIT MANUELLEN EINSTELLUNGEN HINZUFÜGEN aus, und klicken Sie auf WEITER (Abbildung 10.25).

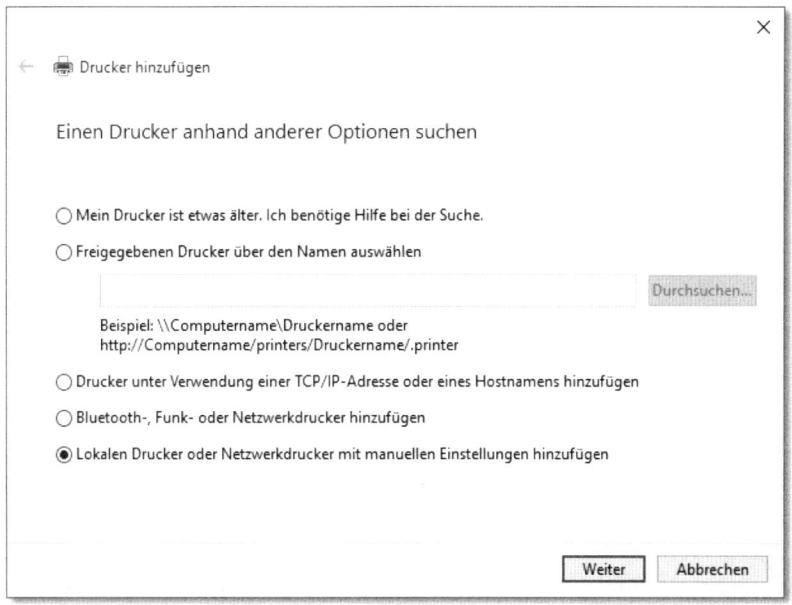

Abbildung 10.25 Lokalen Drucker hinzufügen

Erstellen Sie jetzt mit NEUEN ANSCHLUSS ERSTELLEN einen neuen Anschluss vom Typ STAN-
DARD TCP/IP PORT, und klicken Sie auf WEITER (Abbildung 10.26).

Abbildung 10.26 Einen neuen TCP/IP-Anschluss erstellen

Jetzt geben Sie noch die IP-Adresse Ihres Druckers an, benennen den Anschluss, wenn Sie
möchten, neu und klicken erneut auf WEITER (Abbildung 10.27).

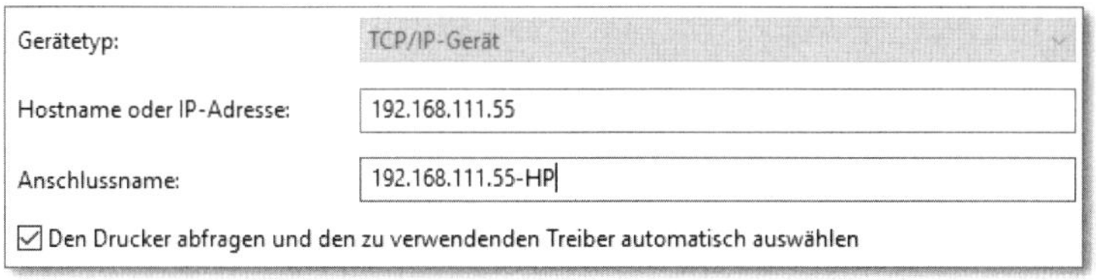

Gerätetyp:	TCP/IP-Gerät
Hostname oder IP-Adresse:	192.168.111.55
Anschlussname:	192.168.111.55-HP
☑ Den Drucker abfragen und den zu verwendenden Treiber automatisch auswählen	

Abbildung 10.27 Einstellungen für den TCP/IP-Anschluss

Schließlich wählen Sie noch einen passenden Druckertreiber für das Gerät aus der Liste aus
und klicken erneut auf WEITER (Abbildung 10.28).

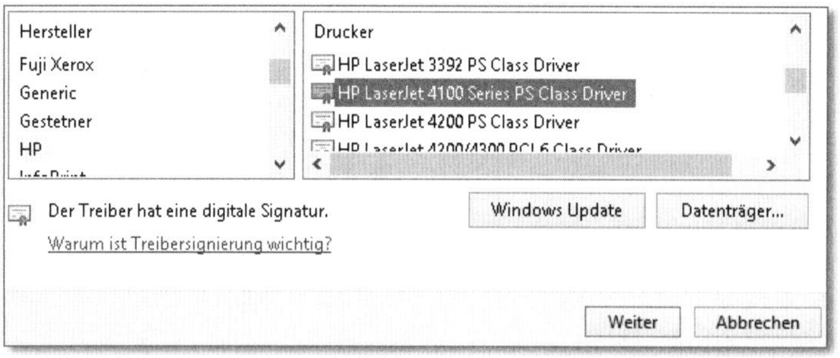

Abbildung 10.28 Auswahl des Druckertreibers

Druckertreiber

An der Beschreibung des Druckertreibers, wie sie in Abbildung 10.28 gezeigt ist, sehen Sie auch, ob Sie einen v4-Treiber auswählen oder nicht. Hier beispielsweise sehen Sie an »Class Driver«, dass es sich um den v4-Klassentreiber handelt.

Wenn Sie Ihren Drucker in der Auswahl gar nicht finden, können Sie auch auf WINDOWS UPDATE klicken und damit Windows anweisen, nach aktualisierten Druckertreibern zu suchen. Diese Suche kann einige Minuten dauern.

Im nächsten Schritt haben Sie die Möglichkeit, den Namen des Druckers zu ändern – Sie können den vorgeschlagenen Namen auch übernehmen. Mit WEITER kommen Sie zum letzten Schritt, der Freigabe des Druckers (Abbildung 10.29).

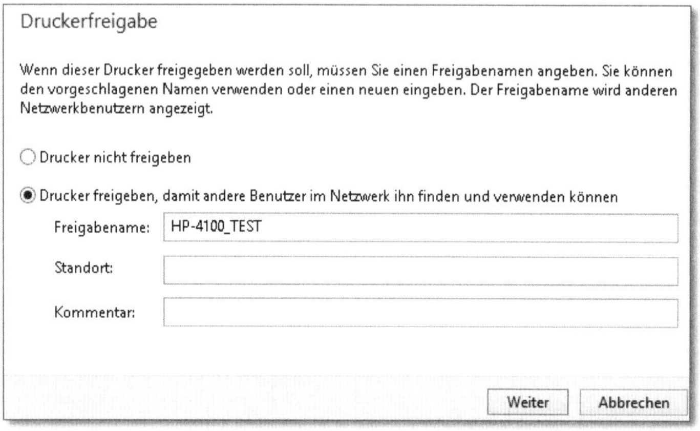

Abbildung 10.29 Freigabe eines Druckers während der Einrichtung

Wenn Sie Ihren Netzwerkdrucker freigeben möchten, klicken Sie auf DRUCKER FREIGEBEN und geben dem Drucker einen für Sie sinnvollen und passenden FREIGABENAMEN. Außerdem können Sie noch den STANDORT des Druckers und einen KOMMENTAR angeben. Mit einem Klick auf WEITER sind Sie fertig.

10.7.4   Kabellose Drucker einrichten

Die *WiFi*-Technik, die im Deutschen eher unter *WLAN* geläufig ist, ist heutzutage allgegenwärtig und eignet sich auch gut für das Drucken. Die Installation eines WLAN-Druckers, der im selben Heimnetzwerk wie der PC steht, ist unter Windows 10 sehr einfach.

Voraussetzung für das drahtlose Drucken ist, dass der Drucker in dasselbe WLAN eingebunden ist wie der Computer, der auf ihm drucken soll. Sobald das erfüllt ist, sendet der WLAN(WiFi)-fähige Drucker sogenannte *WDS-Hello*-Nachrichten ins Netzwerk aus, was wir in Abschnitt 10.7.5 näher beschreiben.

Ihr Computer horcht im Netzwerk nach solchen *Hello*-Rufen und nimmt Ihren Drucker schon jetzt in die Liste seiner verfügbaren Drucker auf. Ist für diesen Drucker ein v4-Druckertreiber verfügbar, können Sie bereits drucken.

Falls Sie den Drucker in der Druckerliste noch nicht sehen (schauen Sie mit ⊞ + ☒ • SYSTEMSTEUERUNG • HARDWARE UND SOUND • GERÄTE UND DRUCKER nach), klicken Sie auf DRUCKER HINZUFÜGEN. Windows 10 sucht jetzt im Netzwerk nach Druckern und findet unser Gerät, wie Abbildung 10.30 zeigt.

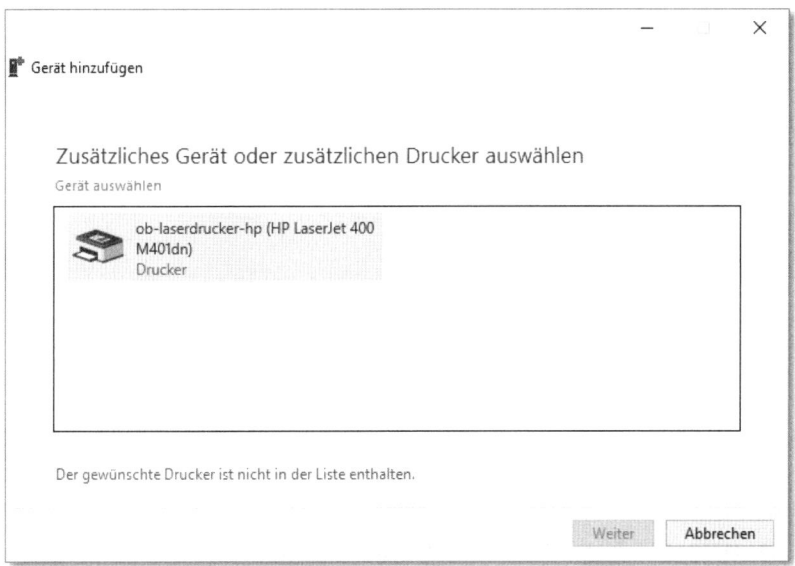

Abbildung 10.30 Gefundener Netzwerkdrucker

Wählen Sie jetzt den Drucker OB-LASERDRUCKER-HP aus, und klicken Sie auf WEITER. Jetzt können Sie noch entscheiden, ob dieser Drucker Ihr Standarddrucker werden soll oder nicht. Anschließend ist der Drucker direkt einsatzbereit. Dass der eben hinzugefügte Drucker über WSD angeschlossen ist, sehen Sie nur noch in den Druckereigenschaften. Klicken Sie mit der rechten Maustaste auf den eben installierten Drucker, oder tippen Sie mit längerem Fingerdruck darauf, und wählen Sie DRUCKEREIGENSCHAFTEN aus. Hier wählen Sie den Reiter

ANSCHLÜSSE und sehen dort, wie in Abbildung 10.31 dargestellt, dass Ihr Drucker am WSD-Anschluss WSD-7ECB8355-C0B6-... verbunden wurde.

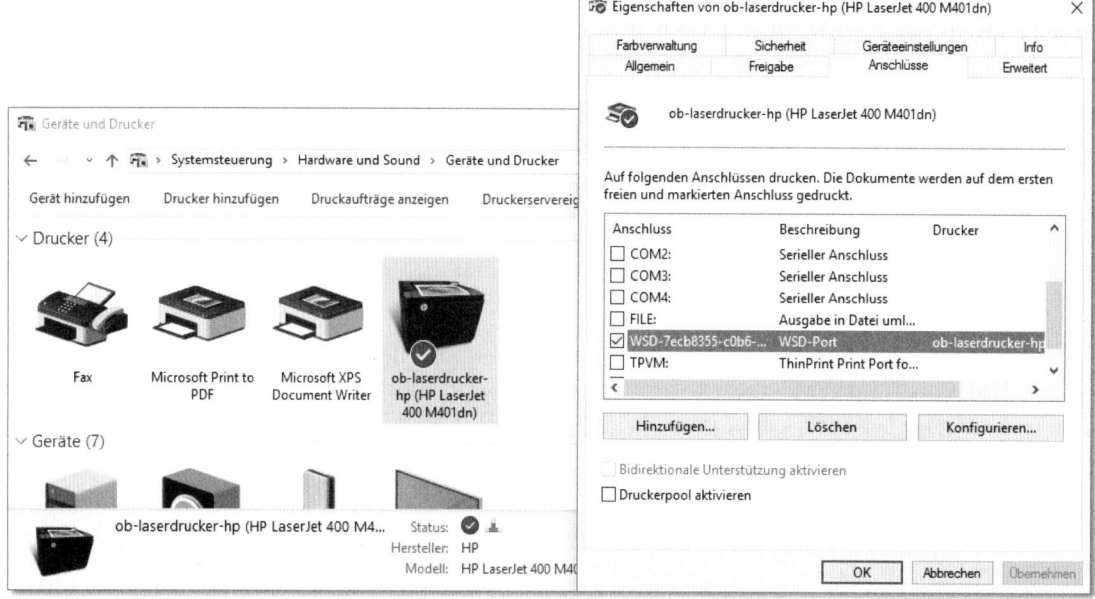

Abbildung 10.31 Angeschlossener WSD-Drucker

10.7.5   Web Services on Devices (WSD)

Um das Drucken auf drahtlosen Geräten stark zu vereinfachen, gibt es seit Windows Vista die sogenannten *WSD* (*Web Services on Devices* – Internetdienste auf Geräten).

Sie machen die Installation von drahtlosen Druckern so einfach wie die Installation von USB-Druckern. Auch in Windows 10 steht Ihnen der WSD-Druckermonitor zur Verfügung.

WSD ist kein Dienst oder Port, sondern ein Monitor, der den TCP/IP-Verkehr analysiert. Über WSD können Drucker ihre Funktionen und Dienste via TCP/IP an Netzwerkgeräte übermitteln. Damit kann das Drucken auf einem drahtlos angeschlossenen Drucker ebenso komfortabel und konfigurationsarm sein wie das Drucken per USB-Anschluss.

WSD erfüllt dabei vier wesentliche Aufgaben:

1. das Erkennen und Verbinden von WSD-basierten Netzwerkdruckern

2. das Senden von Druckaufträgen an WSD-Drucker

3. die Überwachung und Konfiguration des Status von WSD-Druckern und die entsprechende Aktualisierung der Druckerstatusanzeige

4. das Beantworten von bidirektionalen Anfragen von WSD-Druckern

WSD-fähige Drucker nutzen für ihre Überwachung und Kommunikation standardmäßig den *WSD-Druckermonitor* – auch dann, wenn es einen *TCP/IP-Monitor* für diesen Drucker gibt.

Wenn ein WSD-fähiger Drucker im Netzwerk angeschlossen wird, sendet er eine sogenannte *Hello*-Message aus. Dies geschieht per UDP an Port 3702. Der Drucker ruft dieses *Hello* buchstäblich ins Netzwerk hinein. Er teilt damit dem Netzwerk seine Bereitschaft und Anwesenheit mit. Windows 10-Computer lauschen auf solche *Hello*-Nachrichten, und wenn sie eine solche Nachricht »hören«, fügen sie diesen Drucker ihrer Liste der verfügbaren Drucker hinzu. Wird der Drucker ordentlich wieder vom Netzwerk getrennt, sendet er eine *Bye*-Nachricht (Tschüss), um anzukündigen, dass er nicht mehr verfügbar ist.

Windows 10-Computer können darüber hinaus aber auch aktiv nach WSD-Druckern suchen, indem sie eine *Probe*-Nachricht aussenden. Diese beschreiben wir für alle an weitergehenden technischen Informationen interessierten Leser in Abbildung 10.32 sowie in den erläuternden Textpassagen.

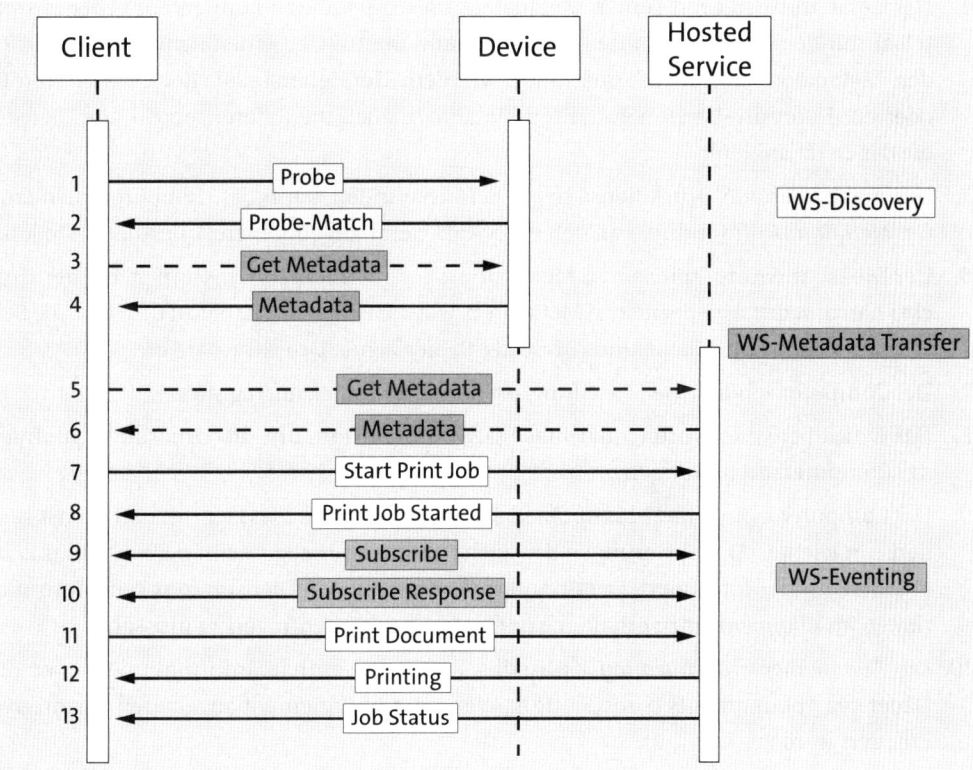

Abbildung 10.32 WSD-Kommunikationsablauf

Die WSD-Kommunikation zwischen dem Computer und dem Drucker ist recht aufwendig. Mit dem Schaubild aus Abbildung 10.32 möchten wir diese Kommunikation verdeutlichen.

In diesen 13 Schritten geschieht Folgendes:

1. Um den Drucker zu finden, sendet der Computer eine *Multicast-Anfrage* (Multicast-Probe). Diese Anfrage bedeutet, dass der Computer nach einem Druckdienst sucht. Die Anfrage gibt außerdem zu verstehen, ob der Computer bestimmte Sicherheitskriterien erfüllt haben möchte oder nicht.

2. Das WSD-fähige Gerät lauscht im Netzwerk nach Anfragenachrichten und antwortet sofort mit einer Anfragebestätigung, wenn ein anfragender Client einen Druckdienst anbietet.

3. Um mehr über das WSD-Gerät herauszufinden und um festzustellen, welche Dienste ein WSD-Gerät anbietet, sendet der Computer eine *Metadaten-Abfrage*(Get Metadata)-Nachricht direkt per Unicast an das Gerät. Noch vor dieser Abfrage kann der Computer auch eine Namensauflösungsanfrage (Resolve Message) an das WSD-Gerät senden, wenn dessen Name bekannt ist.

4. Das Gerät antwortet mit seinen Metadaten. Diese Metadaten können entweder unmittelbar mit der Antwort kommen, oder das Gerät übermittelt einen *Hinweis* (Pointer) zu den Metadaten. Neben Informationen wie dem Gerätehersteller, der Seriennummer oder der Firmware-Version enthalten Metadaten auch die Referenzen für alle Dienste, die das Gerät anbietet.

5. Um mehr über den Druckdienst selbst herauszufinden, kann der Computer auch eine *Get Metadata*-Anfrage direkt an den vom WSD-Gerät angebotenen Druckdienst stellen.

6. Der Dienst antwortet mit seinen Metadaten. Diese beinhalten Funktionen, die der Drucker hat, und druckerspezifische Metadaten, wie die Fähigkeit, farbig zu drucken, die Seitenzahl pro Minute, Menge und Größe der Papierfächer, Druckformate etc.

7. Der Computer sendet eine Mitteilung, dass er einen Druckauftrag starten wird.

8. Der Druckdienst antwortet mit einer Statusinformation, um die Druckauftraganfrage des Computers zu bestätigen.

9. Der Computer kann eine *Subskriptionsnachricht* (Subscribe Message) an den Dienst senden, um leichter Aktualisierungen des Jobstatus oder des allgemeinen Druckerstatus zu erhalten. Anders formuliert: Der Computer kann quasi den Dienst bitten, seine Informationen im *Abonnement* zu erhalten, statt stets einzeln nachfragen zu müssen.

10. Die *Abonnementsrückmeldung* (Subscribe Response) enthält Informationen über die Dauer des Abonnements (Subscription). Wenn das Abonnement abgelaufen ist, muss es erneuert werden.

11. Der Computer sendet den eigentlichen Druckjob zum Druckdienst. Dabei verpackt er große *Dateiabbilder* als Anhang an diese Meldung. Diese Anhänge stellen eine optimale Übermittlung für *SOAP*-Nachrichten dar.

12. Der Druckdienst antwortet, um mitzuteilen, dass der Druckauftrag angenommen wurde.

13. Der Druckservice sendet einen sogenannten *Event* an den Computer, um diesen beispielsweise über eine Änderung im Druckauftrag, die Anzahl der Seiten, einen Papierstau, die Fertigstellung des Druckauftrags o. Ä. zu informieren.

SOAP

Das *Simple Object Access Protocol* (SOAP) ist ein Protokoll, das zum Austausch von Daten zwischen verschiedenen Systemen verwendet wird und das sogenannte *Remote Procedure Call* durchführt. Standardisiert ist SOAP durch das W3C, das Standardisierungsgremium des World Wide Web (WWW).

SOAP vollständig zu erläutern sprengt den Rahmen dieses Buches. Interessierte finden aber gute Artikel bei Wikipedia (*http://de.wikipedia.org/wiki/SOAP*). Gleiches gilt für vertiefende Studien zum Remote Procedure Call (RPC); hier bietet sich z. B. *http://de.wikipedia.org/wiki/Remote_Procedure_Call* an.

Noch ein Wort zu den Protokollen und Ports: Bei der Fehlersuche ist es hilfreich, zu wissen, dass *Hello-*, *Bye-*, *Resolve-* und *ResolveMatch*-Nachrichten über einen UDP-Multicast an Port 3702 gesendet werden.

Get- und *GetResponse-Metadaten*-Nachrichten erscheinen über HTTP am TCP-Port 5357 bzw. über HTTPS am TCP-Port 5358.

Probe- und *ProbeMatch*-Nachrichten werden wiederum auf UDP-Port 3702 gesendet, außer sie sind *directed messages*; diese werden über dieselben Ports wie die *Get-* und die *GetResponse-Metadaten*-Nachrichten gesendet.

Um die WSD-Netzwerkerkennung zu erlauben, müssen Sie sicherstellen, dass diese Ports in der Windows-Firewall erlaubt sind. Standardmäßig ist das bei Windows 10 der Fall, beachten Sie aber gegebenenfalls installierte Firewalls (gerne auch als Bestandteil von Antivirusprodukten) von Drittanbietern, die Sie auf dem PC haben könnten.

Kapitel 11
Anzeige und Darstellung

Arbeitsplatzergonomie endet nicht bei der richtigen Justierung des Schreibtischstuhls. Rund um den Monitor gibt es jede Menge einzustellen. Durch Ändern des Desktop-Hintergrunds, des Bildschirmschoners oder gar des ganzen Windows-Designs lässt sich der virtuelle Schreibtisch nach Ihrem Geschmack gestalten und bekommt so ein individuelles Gesicht, das genau Ihren Wünschen und Bedürfnissen entspricht – und das sogar synchron mit allen PCs, an denen Sie mit dem gleichen Microsoft-Konto angemeldet sind.

In diesem Kapitel werden wir Ihnen zeigen, wie Sie Ihren Monitor bzw. Ihre Monitore richtig und genau nach Ihren Bedürfnissen einstellen. Gute Monitor-, Farb- und Kontrasteinstellungen und gute Schriftdarstellungen können Ihnen dabei helfen, lange und ermüdungsarm an einem Bildschirmarbeitsplatz zu arbeiten. Da der Trend bei der Computernutzung derzeit in zwei Richtungen geht, nämlich in Richtung

▶ Tablets bzw. Hybride (Tablet und Notebook in einem) und

▶ PCs mit mehr als einem Monitor,

zeigen wir Ihnen auch, wie Sie mehrere Monitore sinnvoll einsetzen können.

11.1   Bildschirmauflösung

Grundsätzlich unterscheiden wir hier zwei Gattungen von Anzeigegeräten: einerseits den aus der Mode gekommenen *CRT-Monitor*, gemeinhin als *Röhrenmonitor* bekannt, und die Klasse der Matrix-Monitore, die landläufig mit dem Begriff des *TFT-Bildschirms* bezeichnet werden.

Beim *CRT-Monitor* wird ein Kathodenstrahl pro Farbe (Rot, Grün, Blau) magnetisch abgelenkt und zeilenweise auf eine phosphoreszierende Schicht (Mattscheibe) gerichtet. Dieser zeilenweise abgelenkte Strahl wird durch eine hinter der Mattscheibe liegende Loch- oder Streifenmaske geordnet (Abbildung 11.1). Der Kathodenstrahl ist immer gleich dick, und somit können – eine ausreichend kleine Loch- oder Streifenmaske vorausgesetzt – quasi verlustfrei auch größere Auflösungen dargestellt werden, indem der Kathodenstrahl einfach einen größeren Bereich ausleuchtet als bei einer kleineren Auflösung.

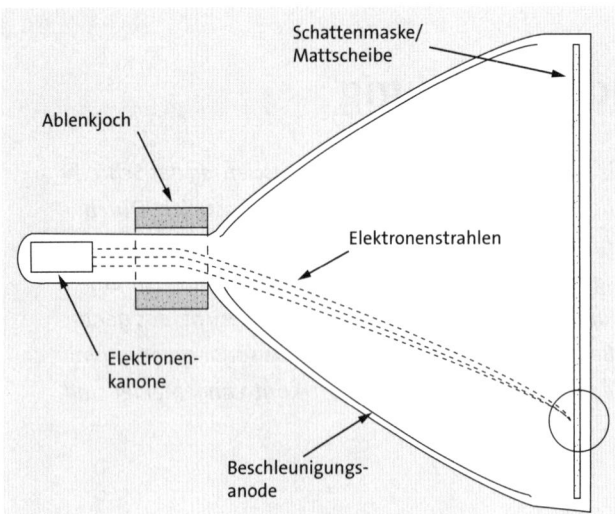

Abbildung 11.1 Schematischer Aufbau eines Röhrenmonitors

Der *Matrix-Monitor,* umgangssprachlich *TFT-Monitor* genannt, funktioniert gänzlich anders. Hier sind in einer Matrix Flüssigkristall-Transistoren für die Farbdarstellung von Rot, Grün und Blau angeordnet. In ganz modernen Anzeigen können das auch winzige LEDs sein (Abbildung 11.2, Abbildung 11.3). Jeweils ein Satz aus allen drei Farben gilt als *Pixel*, was ein Akronym für das englische Wort *Picture Elements*, also *Bildpunkte*, ist. Je mehr solcher Pixel in einem Matrix-Monitor verbaut wurden, desto höher ist die maximal erreichbare *Auflösung*, die man in *Pixel/Zoll*, also in Bildpunkten pro Zoll, misst.

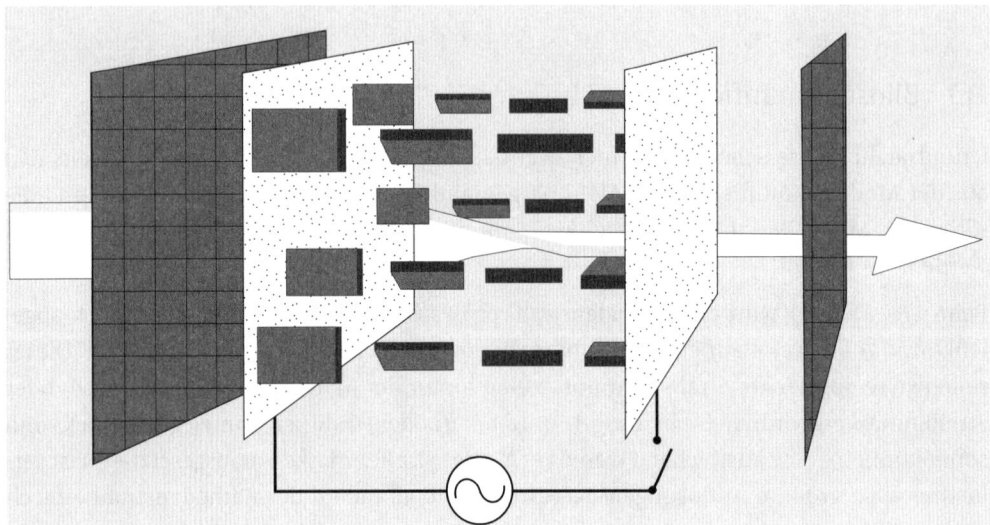

Abbildung 11.2 Prinzip des TFT-Monitors – Pixel wird durchgelassen.

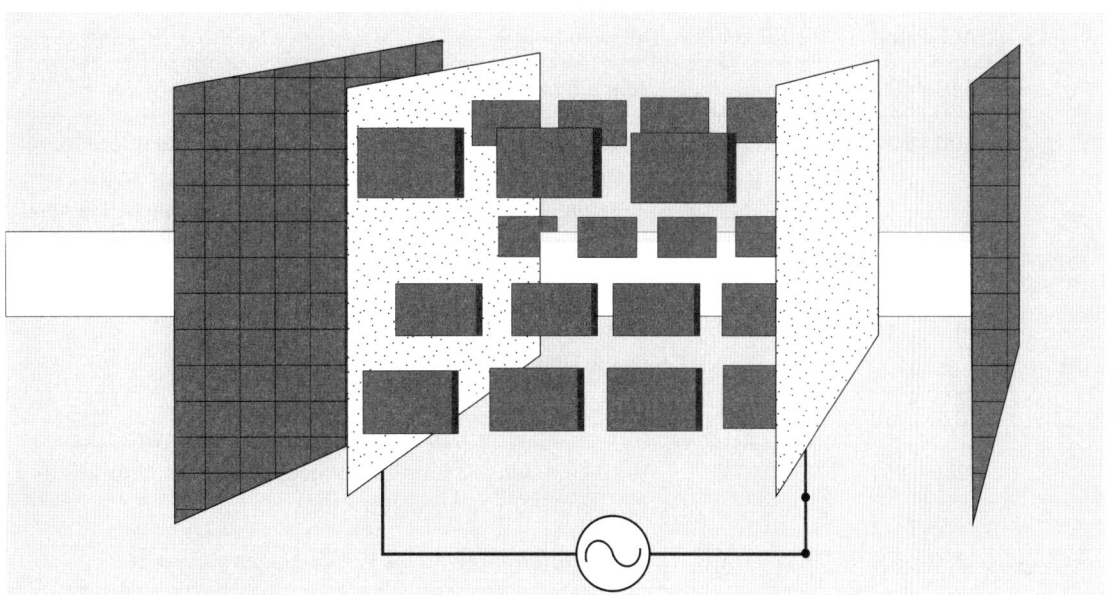

Abbildung 11.3 Prinzip des TFT-Monitors – Pixel wird blockiert.

Bei dieser Klasse von Monitoren, also Matrix- bzw. TFT-Monitoren, ist die Auflösung durch die fest verbaute Matrix physikalisch vorgegeben und sollte auch entsprechend eingestellt werden. Dagegen kann bei den alten Röhrenmonitoren die Auflösung dynamisch verändert werden, wodurch unterschiedliche Auflösungen in einer relativ guten Qualität möglich sind.

Ein Pixel in einem TFT-Monitor ist hingegen immer gestochen scharf, weil die Matrix-Maske und die separate Ansteuerung jedes Bildpunkts scharfe Kanten für jedes Pixel vorgeben, während die Darstellung auf einem Röhrenmonitor bei genauerer Betrachtung immer etwas unscharf ist, da der Kathodenstrahl wegen seiner festen Strahlstärke und der variablen Ablenkung nicht immer genau nur ein Loch der Lochmaske ausleuchtet, sondern oft mehrere Löcher oder andere nur zur Hälfte streift. Der Strahl wird analog abgelenkt, während das TFT-Display digital angesprochen wird. Daher gibt es beim TFT-Monitor keinen Wert zwischen zwei Pixeln, beim Röhrenmonitor dagegen schon.

Welche Auflösung Ihr Monitor physikalisch hat, erkennt Windows 10 in der Regel von allein. Viele Monitore melden ihre feste Auflösung auch beim Einschalten. Sie können sie im Handbuch nachlesen oder im Internet recherchieren. Oft stößt man hier auf seltsame Abkürzungen wie XVGA, die die Bildschirmauflösung angeben. Was diese Abkürzungen bedeuten, sehen Sie in Tabelle 11.1. Bitte beachten Sie, dass es sich hier nur um einen Auszug handelt.

Auflösung	Kürzel	Verwendung
640 × 480	VGA	sehr alt, nicht für Windows 10 geeignet
800 × 600	SVGA	selten, einfache Monitore und Tablets (Minimalanforderung für Windows 10; möglicherweise eingeschränkte App-Nutzung) Diese Auflösung mag aber für kommende kleinere Windows 10-Tablets wieder eine höhere Verbreitung erlangen.
1024 × 600	SXGA	kleine Anzeigen; Standard bei 8,9"-Monitoren (keine Universal Apps)
1024 × 768	XGA	klassische 4:3-Auflösung ab 10"-Monitoren
1280 × 854	WXGA	WXGA werden alle Breitbildformate genannt mit Auflösungen von 1280 × 768 bis 1280 × 1023.
1280 × 800	WXGA	16:10-Bildformat (wird bis 15,1"-Anzeigen verwendet)
1280 × 768	WXGA	17:10-Bildformat (wird extrem selten verwendet)
1280 × 1024	SXGA	wird sehr oft verwendet, für 5:4-Anzeigen
1366 × 768	WXGA	minimale Windows 8.1-Auflösung für Universal Apps
1440 × 900	WXGA	16:10-Format
1400 × 1050	SXGA+	4:3-Format
1600 × 1200	UXGA	4:3-Format für große Anzeigen (> 15,1")
1680 × 1050	WSXGA	16:10-Format für große Anzeigen (> 15,4")
1920 × 1200	WUXGA	16:10-Format für hochauflösende große Anzeigen (> 15,1")
1920 × 1080	FullHD	für Fernseher und Monitore mit dem Full HD-Standard
3840 × 2160	UHD	Standard für den sogenannten *4k-Fernsehstandard*, der acht Millionen Pixel Mindestauflösung fordert. Die Detailauflösung variiert je nach Seitenverhältnis des Bildschirms.
4096 × 2304	4k2k	vor der Standardisierung von UHD gebräuchliches Format, wobei 4k2k besagt, dass etwa 4000 × 2000 Pixel dargestellt werden können

Tabelle 11.1 Tabelle häufiger Monitorauflösungen

Sie sollten jetzt also wissen, welche Auflösung Sie von Ihrem Monitor erwarten können. Bei CRT-Monitoren können Sie sich eine vom Bildschirm technisch machbare Auflösung aussuchen, beim Matrix-Monitor empfehlen wir Ihnen, stets die feste physikalische Auflösung des Bildschirms einzustellen.

In Windows 10 haben Sie verschiedene Möglichkeiten, die Bildschirmauflösung einzustellen:

▶ Aus dem Desktop-Modus heraus geht es sehr einfach durch einen Rechtsklick im Desktop-Hintergrund und dort auf ANZEIGEEINSTELLUNGEN und danach auf ERWEITERTE ANZEIGEEINSTELLUNGEN (Abbildung 11.4).

Abbildung 11.4 Anzeigeeinstellungen – erweiterte Anzeigeeinstellungen

▶ Oder, besonders geeignet im Tablet-Modus, Sie wischen von rechts in den Bildschirm oder tippen auf das Info-Center (▤) unten rechts und tippen dann auf ALLE EINSTELLUNGEN • BILDSCHIRM • ERWEITERTE ANZEIGEEINSTELLUNGEN (Abbildung 11.5).

▶ Alternativ können Sie auch START (▦) anklicken, dann auf EINSTELLUNGEN • BILDSCHIRM • ERWEITERTE ANZEIGEEINSTELLUNGEN.

▶ Und wenn Sie es konservativ mögen, können Sie auch in der klassischen Systemsteuerung die Bildschirmauflösung einstellen: ▣ + X • SYSTEMSTEUERUNG • DARSTELLUNG UND ANPASSUNG • BILDSCHIRMAUFLÖSUNG ANPASSEN (Abbildung 11.6). Fraglich ist allerdings, wie lange es diese Variante noch geben wird.

Abbildung 11.5 Alle Einstellungen im Info-Center auswählen

Sie kommen auf all diesen Wegen zum Menü für die Bildschirmauflösung.

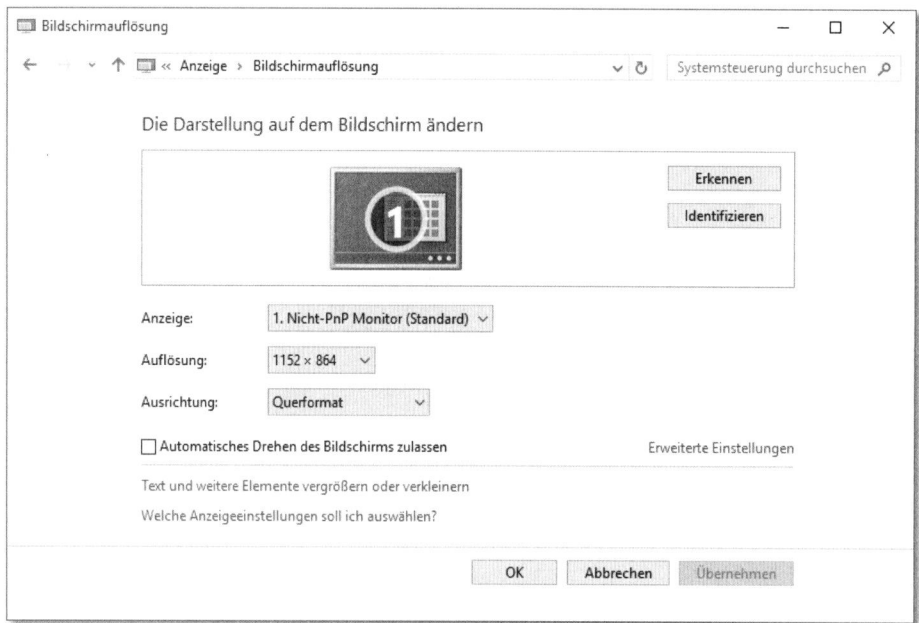

Abbildung 11.6 Einstellung der Bildschirmauflösung in der Systemsteuerung

Hier sehen Sie Ihre aktuelle Bildschirmauflösung. Sie können die Auflösung ändern, indem Sie auf das Dropdown-Feld AUFLÖSUNG klicken oder tippen. Wir empfehlen Ihnen aber, die Auflösung nur dann zu ändern, wenn sie nicht zur physikalischen Auflösung Ihres Monitors passt (bzw. wenn Sie einen CRT-Monitor einsetzen und eine andere Auflösung wünschen).

In unserem Beispiel haben wir uns für 1152 × 864 Pixel als Standardauflösung entschieden, ab der auf jeden Fall alle Funktionen von Windows 10 nutzbar sind. Zwar gilt bei Microsoft inzwischen offiziell die XGA-Auflösung mit 800 × 600 Pixel als minimale Anforderung; bei XGA wird allerdings die Nutzung von Apps leicht eingeschränkt, weil die zur Verfügung stehende Bildschirmfläche sehr klein ist. Da XGA aber auf vielen 7"-Tablets die Standardauflösung ist, können Sie Windows 10 auch auf kleineren Tablets benutzen.

High DPI-Skalierung

Wenn Sie einen modernen hochauflösenden Monitor (Monitor mit *High DPI* – vielen *dots per inch*, also mit vielen *Bildpunkten pro Zoll*) mit Ihrem Windows 10-System betreiben, kann es sein, dass die Darstellung der Desktop-Elemente extrem klein ausfällt. Normalerweise erkennt Windows 10 solche Monitore und korrigiert automatisch die Skalierung der Anzeige. Sollte das einmal nicht von selbst geschehen, können Sie die Skalierung auch selbst einrichten. Gehen Sie zu START • EINSTELLUNGEN • SYSTEM • BILDSCHIRM, und verschieben Sie den REGLER unter GRÖSSE VON TEXT, APPS, ANDEREN ELEMENTEN ÄNDERN nach rechts. Sie können die Bildschirmdarstellung bis zu 200 % vergrößern.

11

11.2   Anpassen

Neben der Auflösung Ihres Monitors können Sie in Windows 10 (wie schon in allen Vorgängerversionen) einiges an der Darstellung Ihres Windows anpassen. Um das Fenster für die Einstellung der Anpassungen aufzurufen,

▶ klicken Sie im Desktop mit der rechten Maustaste in den freien Bereich und dann auf ANPASSEN,

▶ wählen START • EINSTELLUNGEN • PERSONALISIERUNG

▶ oder wischen im Tablet-Modus von rechts in den Bildschirm, tippen auf ALLE EINSTELLUNGEN (Abbildung 11.5) und anschließend auf SYSTEM • PERSONALISIERUNG (Abbildung 11.7).

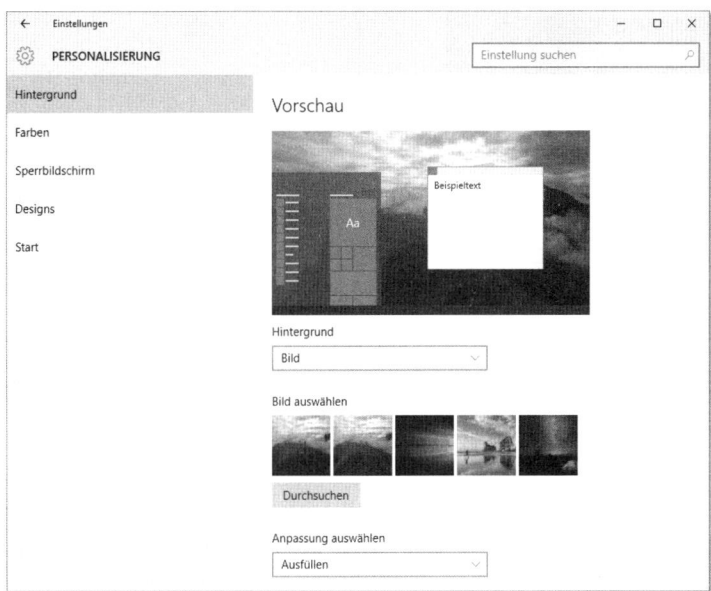

Abbildung 11.7 Anpassen der Darstellung in Windows 10

Im Folgenden möchten wir Sie mit den Anpassungen

- am HINTERGRUND,
- an den FARBEN,
- am SPERRBILDSCHIRM, BILDSCHIRMSCHONER und BILDSCHIRMTIMEOUT,
- an den DESIGNS mit SOUND- und MAUSZEIGEREINSTELLUNGEN sowie
- am START-Menü

vertraut machen.

11.2.1 Hintergrund

Wenn Sie auf die Schaltfläche HINTERGRUND klicken, können Sie einen eigenen Desktop-Hintergrund einstellen. Hier können Sie im Dropdown-Menü HINTERGRUND zwischen einem BILD als Desktop-Hintergrund, einer VOLLTONFARBE als einfarbigem Hintergrund für den Desktop und einer DIASHOW Ihrer Bilder wählen (Abbildung 11.8).

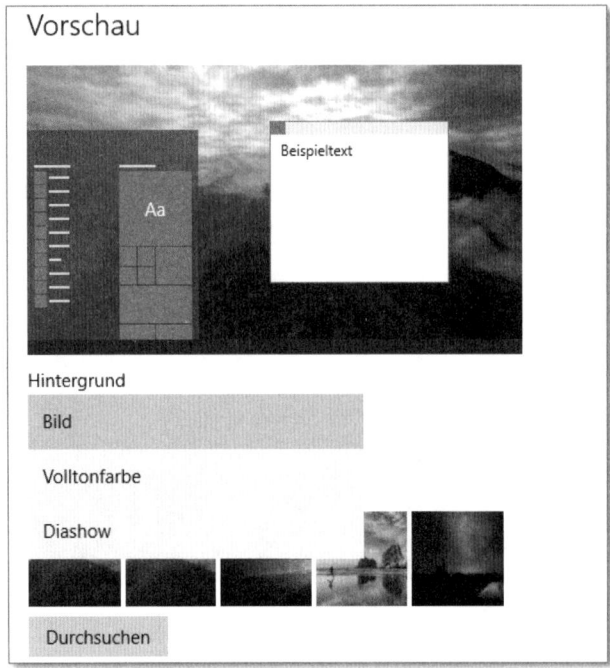

Abbildung 11.8 Einstellen des Hintergrundbildmotivs

Gerade Letzteres klingt verlockend. Sie sollten aber darauf achten, dass die Bilder, die Sie für Ihren Desktop-Hintergrund verwenden, nicht ungewollt zu Unübersichtlichkeit führen. Klare, ruhige und wenig gemusterte Hintergründe erleichtern das Betrachten und die Orientierung auf Ihrem Desktop.

Wenn Sie mehrere Monitore an Ihrem System angeschlossen haben, können Sie das Hintergrundbild sogar über alle Monitore hinweg erscheinen lassen. Idealerweise passt das Motiv zur Anordnung und Auflösung Ihrer Monitore, sonst wird das Bild pixelig, also grob in der Darstellung. Wählen Sie hierzu nach dem Auswählen eines Bildes für den Hintergrund (oder auch einer Galerie für eine Diashow) das Bild bzw. die Bilder aus, die Sie verwenden möchten, und stellen Sie in diesem Dialog unten bei BILDPOSITION die Option STRECKEN ein. Jetzt erstrecken sich Ihr Bild bzw. Ihre Bilder über alle Monitore. Ist das von Ihnen gewünschte Bild für die Darstellung über alle Monitore zu klein, probieren Sie doch einfach die anderen Optionen des BILDPOSITION-Dialogs aus, bis Sie das für Sie ideale gefunden haben.

11.2.2 Farbe

Wenn Sie die Fensterfarben Ihres Windows einstellen möchten, können Sie im Hauptmenü PERSONALISIERUNG auf FARBE (siehe Abbildung 11.7) klicken und dort einstellen, in welchem Design Ihre Fensterrahmen oder die Taskleiste erscheinen sollen (Abbildung 11.9). Neben der Einstellung AUTOMATISCH können Sie aus 15 weiteren Farben wählen oder durch Klicken auf FARBMIXER EINBLENDEN Ihre ganz persönliche Farbe kreieren.

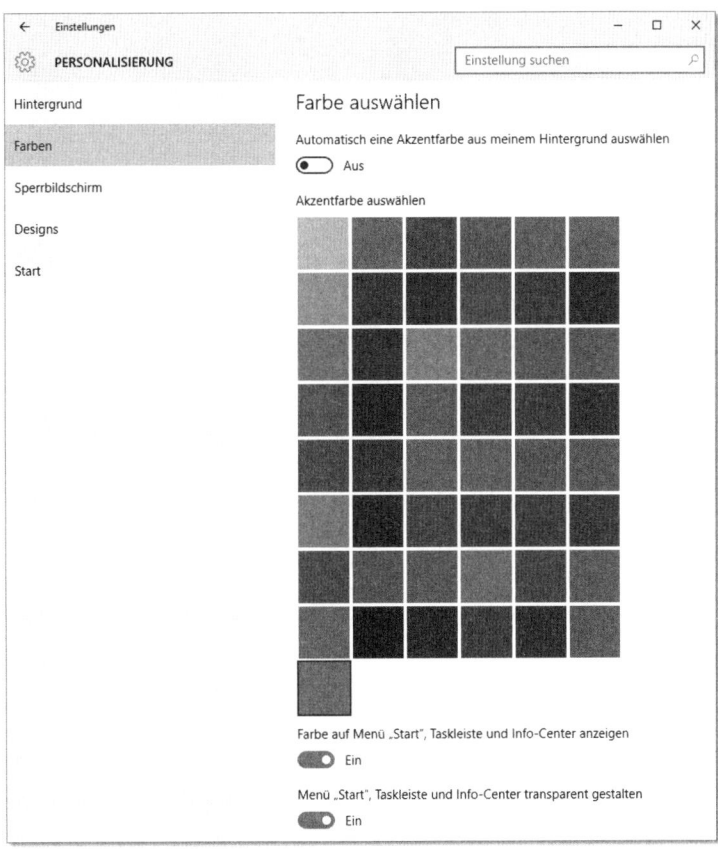

Abbildung 11.9 Farben automatisch (oder hier manuell) einstellen

11.2.3   Sound

Wie Sie es von älteren Windows-Versionen vielleicht schon lange gewohnt sind, können Sie auch in Windows 10 Ihre persönlichen Klangereignisse einstellen, indem Sie auf START • EINSTELLUNGEN • PERSONALISIERUNG • DESIGNS • ERWEITERTE SOUNDEINSTELUNGEN klicken.

Die Sound-Einstellungen bestehen aus vier Registerkarten (Abbildung 11.10): WIEDERGABE, AUFNAHME, SOUNDS und KOMMUNIKATION.

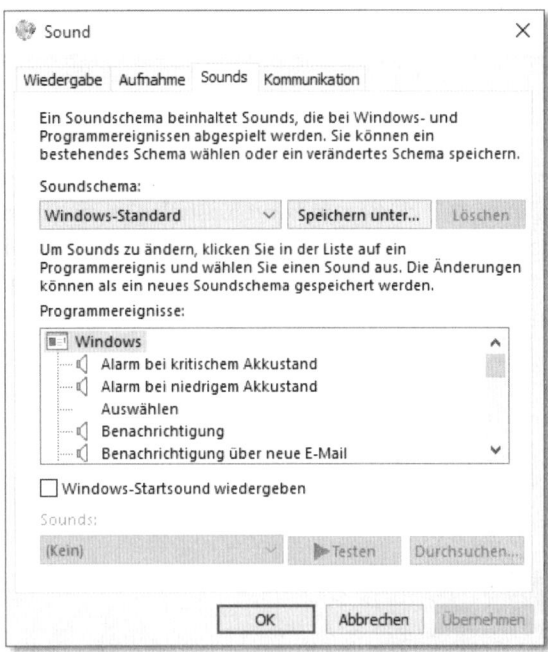

Abbildung 11.10 Die Registerkarte der Sound-Einstellungen

Im WIEDERGABE-Register können Sie sehen, welche Wiedergabegeräte Sie am PC installiert haben, und diese dort auch konfigurieren.

Das Gleiche gilt für das AUFNAHME-Register. Hier können Sie Ihre Aufnahmegeräte sehen und einstellen.

Im Register SOUNDS können Sie die meisten Einstellungen vornehmen. Sie können für viele Windows-Ereignisse einen Klang bestimmen, der abgespielt werden soll. Sie können dort natürlich auch bereits eingestellte Klänge deaktivieren. Bei der Auswahl der Klänge können Sie entweder die zum jeweiligen Design gehörenden vorgeschlagenen Windows-Klänge verwenden, indem Sie zu einem Ereignis unter SOUNDS einen Klang wählen, oder Sie entscheiden sich für einen ganz anderen Ton und klicken auf DURCHSUCHEN... Dann können Sie sich eine eigene Wave-Datei (.*wav*) aussuchen und sie in Ihren Einstellungen durch ÜBERNEHMEN speichern.

Schließlich können Sie noch im Register KOMMUNIKATION festlegen, ob oder wie sehr der gerade wiedergegebene Ton abgesenkt werden soll, wenn ein Kommunikationsereignis eintritt – wenn also beispielsweise ein Telefonanruf auf dem PC eingeht.

11.2.4 Bildschirmschoner und Bildschirmtimeout

Ein Bildschirmschoner hat traditionell zwei Aufgaben: Einerseits soll er den Bildschirm vor dem Einbrennen von Bildern schützen; andererseits soll er den Bildschirm nach einer zu bestimmenden Zeit sperren und dessen Inhalt verdecken.

Eine dritte Funktion wäre die, den Benutzer während seiner Inaktivität am PC mit bunten Inhalten oder Diashows der eigenen Bilder zu unterhalten. Nicht zuletzt kann der Bildschirmschoner, in Windows 10 heißt diese Funktion *Bildschirmtimeout*, aber auch beim Energiesparen helfen. Lesen Sie dazu Abschnitt 23.7, »Energieverwaltung«.

Die Verwendung von CRT-Bildschirmen (Röhrenmonitoren) ist gerade bei neueren Windows-PCs sehr selten, sodass die Gefahr des Bildschirmeinbrennens durch lange gleich bleibende Darstellungen kaum noch gegeben ist. Wenn Sie jedoch noch einen älteren CRT-Bildschirm benutzen, sollten Sie auf jeden Fall einen Bildschirmschoner verwenden. Einbrennen bei CRT-Bildschirmen beschreibt einen Effekt, der eintritt, wenn Sie über längere Zeit einen unveränderten Bildschirminhalt darstellen. Durch die physikalischen Eigenschaften der Bildröhre kann eine dauerhaft gleich bleibende Bestrahlung derselben Bildpunkte mit dem Kathodenstrahl zu einem irreversiblen Bildabdruck führen, dem *Einbrennen*. Dazu müssen Sie zwar das Bild schon wirklich lange unverändert lassen, es können aber auch Bildteile genügen, die mehr oder weniger unverändert sind, wie beispielsweise die Taskleiste, die fast immer sehr ähnlich eingeblendet wird. Diese kann dann am unteren Bildrand des CRT-Monitors einbrennen.

Wenn wir also davon ausgehen, dass die CRT-Monitore auf dem Rückzug sind und die Verbreitung von TFT- und LCD-Monitoren schon sehr weit fortgeschritten ist, verwundert es nicht, dass die Einstellungen für den Bildschirmschoner auch in Windows 10 nur noch recht mager ausfallen und sich seit Windows XP kaum noch verändert haben (Abbildung 11.11). Sie erreichen die Einstellungen für den Bildschirmschoner und das Bildschirmtimeout über die neue Option START • EINSTELLUNGEN • PERSONALISIERUNG • SPERRBILDSCHIRM und auf der rechten Seite weiter unten bei EINSTELLUNGEN FÜR DEN BILDSCHIRMSCHONER.

Sinnvollerweise befindet sich im Einstellungsregister des Bildschirmschoners ein Link zu ENERGIEEINSTELLUNGEN ÄNDERN, um diese anzupassen. Beachten Sie beim Bildschirmschoner auch die Option ANMELDESEITE BEI REAKTIVIERUNG. Wenn Sie diese Option anhaken, müssen Sie sich anmelden, wenn Sie den PC nutzen wollen, nachdem der Bildschirmschoner aktiv geworden ist. Das stellt ein gutes und wichtiges Sicherheitsmerkmal gegen unbefugte Nutzung Ihres PCs dar.

Abbildung 11.11 Einstellungen des Bildschirmschoners

Moderne PCs schalten in der Auslieferungseinstellung nach einer bestimmten Zeit im Rahmen ihres voreingestellten Energiesparplans den Bildschirm ab (genauer: auf *Standby*). Im Unternehmenskontext verlangt der Bildschirmschoner in der Regel nach dessen Reaktivierung ein Kennwort vom Benutzer. Eine ungewollte Benutzung des PCs durch Fremde oder das Preisgeben vertraulicher Informationen auf dem Bildschirm sind damit schon gut eingedämmt. In Firmencomputern kann diese automatische Bildschirmsperre mit Kennwortschutz gar eine Vorgabe des Datenschutzes oder der IT-Sicherheitsverantwortlichen sein.

11.3 Designs

Designs sind Sammlungen von Einstellungen, die das Erscheinungsbild Ihres Windows Desktop-Modus ausmachen. Neben dem allgemeinen Erscheinungsbild, das hier unter DESIGNS angepasst werden kann, gehören in den Windows 10-Designeinstellungen auch Anpassungen wie die in Abschnitt 11.2.3 beschriebenen ERWEITERTEN SOUNDEINSTELLUNGEN, die DESKTOPSYMBOLEIGENSCHAFTEN sowie die MAUSZEIGEREINSTELLUNGEN dazu.

Nach dem ersten Start von Windows 10 wird Ihnen das Windows-Standarddesign angeboten. Dieses können Sie, wie in diesem Kapitel beschrieben, durch Anpassen individualisieren und, wenn Sie mögen, als eigenes Design speichern.

Neben den mitinstallierten und Ihren eigenen Designs können Sie auch weitere Designs von der Microsoft-Webseite (*http://windows.microsoft.com/de-de/windows/themes*) herunterladen.

Sie können aber auch im klassischen Startmenü neue Windows-Designs online auswählen. Drücken Sie dazu ⊞ + Ⓧ, und wählen Sie SYSTEMSTEUERUNG • DARSTELLUNG UND ANPASSUNG • ANPASSUNG (Abbildung 11.12).

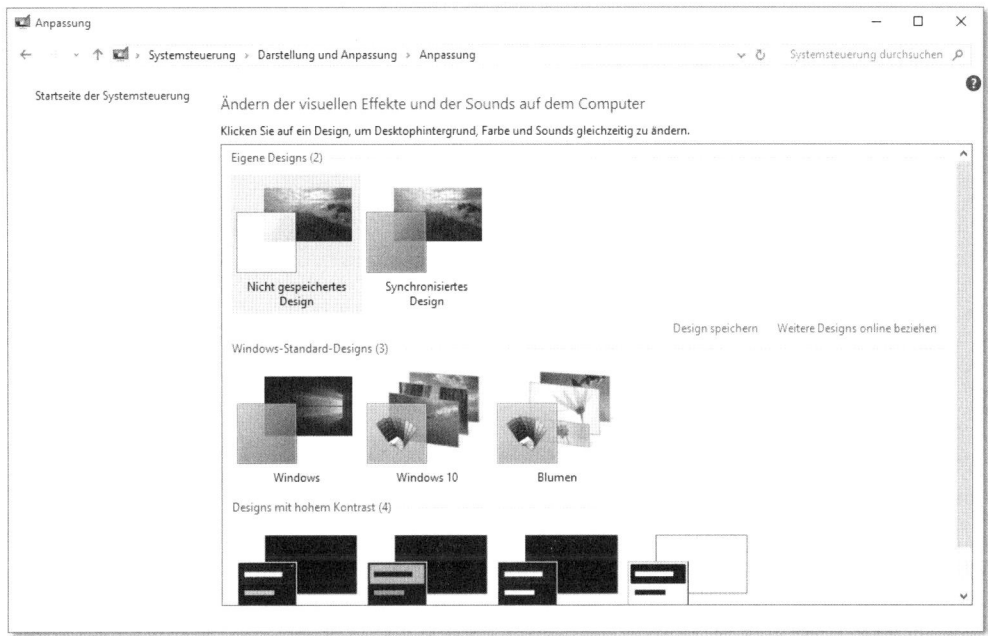

Abbildung 11.12 Online weitere Designs beziehen

Klicken Sie hier auf WEITERE DESIGNS ONLINE BEZIEHEN, und suchen Sie sich eines der zahlreichen Designs auf der Website aus. Dort können Sie das Design HERUNTERLADEN (Abbildung 11.13).

Bei Drucklegung dieses Buches gab es aber leider noch einige Inkonsistenzen, was das Onlinenachladen von Designs angeht. Während Sie über die Systemsteuerung Designs aus der Windows 8-Ära beziehen (betrachten Sie einmal die eingeblendete URL genauer: *http://windows.microsoft.com/de-de/windows/themes?ocid=W8_client_themes*), die auch funktionieren, erreichen Sie über den in diesem Abschnitt zuerst genannten Weblink bereits die neue Seite für Windows 10-Designs. Aus Windows 10 heraus erreichen Sie diese aktuelleren Designs allerdings über die Menüs noch nicht.

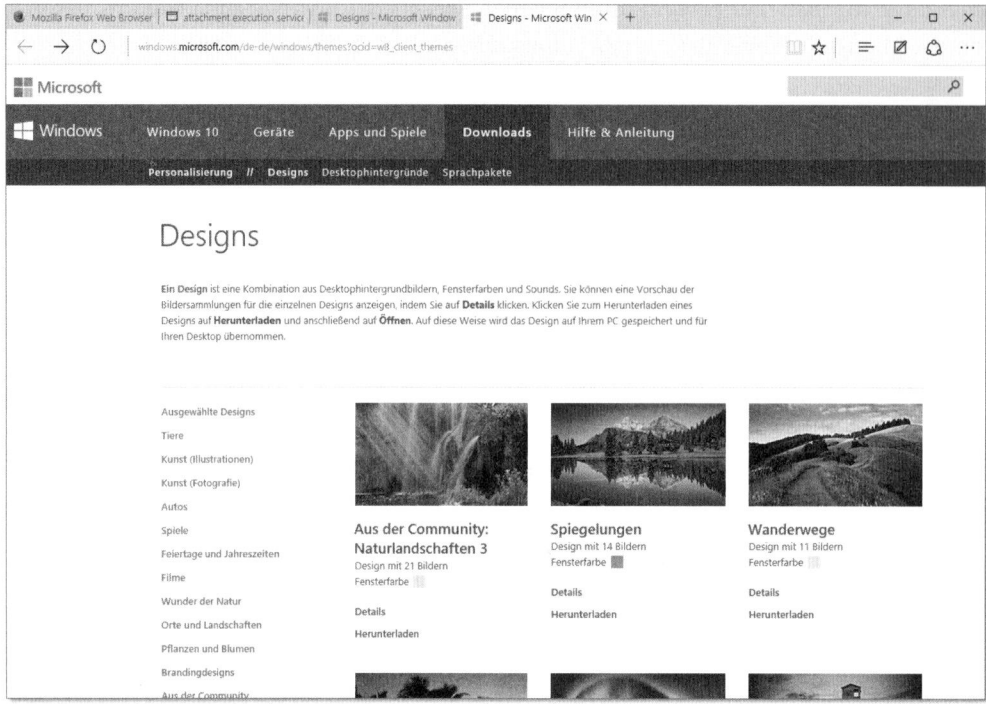

Abbildung 11.13 Ein Design online beziehen und installieren

Während Sie bis zu Windows 7 Ihr Design (und einiges mehr) nur von einem Benutzerkonto zu einem anderen »mitnehmen« konnten, solange sich beide Konten in derselben Windows-Domäne befanden und dort servergespeicherte Profile aktiviert waren, können Sie dank der mit Windows 8 eingeführten Roaming-Profile auch in Windows 10 Ihr Design auf alle PCs »mitnehmen«, an denen Sie sich mit Ihrem Microsoft-Konto anmelden. Das können Sie einrichten, wenn Sie an Ihrem (ersten) PC im Startmenü die Synchronisation des Designs einschalten.

Das geht so: Wählen Sie START • EINSTELLUNGEN • KONTEN • EINSTELLUNGEN SYNCHRONISIEREN. Schalten Sie jetzt die SYNCHRONISIERUNGSEINSTELLUNGEN ein, und im Anschluss daran aktivieren Sie DESIGN. Jetzt steht Ihnen Ihr Design auf weiteren PCs zur Verfügung, wenn Sie dort mit demselben Microsoft-Konto angemeldet sind.

Wenn Sie sich jetzt an einem zweiten PC, auf dem mindestens Windows 10 installiert ist, mit Ihrem Microsoft-Konto anmelden, hat sich nach wenigen Sekunden das Design auf Ihren zweiten PC synchronisiert, und das Erscheinungsbild gleicht dem Ihres ersten Windows 10-PC. Außerdem stehen Ihnen auch alle heruntergeladenen Designs in Ihrem Roaming-Profil zur Verfügung. Auch wenn Sie eigene Einstellungen am *Sperrbildschirm*, an der *Startseite* oder Ihrem *Profilbild* vorgenommen haben, werden diese über die Cloud-Dienste von One-Drive in Ihrem Roaming-Profil gespeichert und stehen Ihnen bei der Anmeldung an einem anderen PC mit Ihrem Microsoft-Konto überall zur Verfügung. Mehr zur *Cloud* und zu *Roaming-Profilen* lesen Sie in Kapitel 19, »Was ist die Cloud?«.

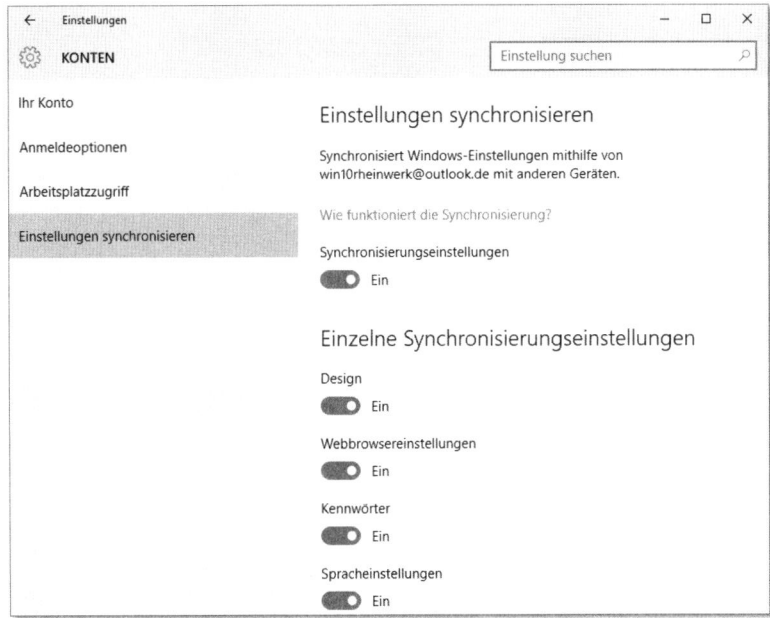

Abbildung 11.14 Designsynchronisierung bei Windows 10

11.4   Text und weitere Elemente einstellen

Außer mit den Farben, Hintergründen, Klängen und dem Bildschirmschoner können Sie das Erscheinungsbild Ihres Windows 10-Desktops auch noch anderweitig sehr individuell gestalten. Gerade bei Flachbildschirmen stehen Anwender oft vor dem Dilemma, dass sie die Bildschirmauflösung nicht vergrößern wollen, weil darunter die Anzeigequalität leidet, aber ihnen dennoch – insbesondere bei den sich stark verbreitenden feinauflösenden Bildschirmen – die Darstellung von Icons und Text viel zu klein erscheint. Windows 10 begegnet dieser Problematik in aller Regel so, dass es automatisch bei Erkennen einer feinauflösenden Anzeige die Skalierung erhöht, sodass Sie trotz einer sehr hohen Auflösung einen gut nutzbaren Desktop vorfinden. Sehen Sie hierzu auch den Infokasten »High DPI-Skalierung« in Abschnitt 11.1, »Bildschirmauflösung«. In vielen Vorgängerversionen von Windows war die Einstellung von größeren Texten für Titelleisten, Menüs, Meldungsfelder etc. recht umständlich und auch schwer zu finden.

Windows 10 vereinfacht diese Einstellungen erheblich. Drücken Sie ⊞ + X , um in die klassische Systemsteuerung zu gelangen, wählen Sie hier SYSTEMSTEUERUNG • DARSTELLUNG UND ANPASSUNG • ANZEIGE (Abbildung 11.15).

Abbildung 11.15 Einstellung der Anzeige von Text und Elementen

In diesem übersichtlichen Dialog können Sie alles einstellen, was zu einer größeren oder auch kleineren Darstellung des allgemeinen Desktop-Erscheinungsbildes beiträgt. Am einfachsten können Sie die Elementgröße verändern, indem Sie auf hier in der Rubrik ELEMENT-GRÖSSE ÄNDERN auf den Link VERWENDEN SIE DIESE ANZEIGEEINSTELLUNGEN klicken. Alternativ erreichen Sie diese Einstellungen, die sich in der neuen Windows 10 Systemsteuerung namens *Einstellungen* befindet, auch über START • EINSTELLUNGEN • BILDSCHIRM (Abbildung 11.16).

Abbildung 11.16 Manuelles Anpassen der Darstellungsgröße

Hier haben Sie die Möglichkeit, die Skalierung der Bildschirmdarstellung auf bis zu 200 % zu erhöhen. Wenn Ihnen die Einstellung hier nicht reicht, können Sie noch in der Systemsteuerung in der Rubrik ELEMENTGRÖSSE ÄNDERN auf den Link EINE BENUTZERDEFINIERTE SKALIERUNGSSTUFE FESTLEGEN (Abbildung 11.17) klicken.

Dort können Sie zunächst bis zu 200 % auswählen. Wenn diese 200 % nicht reichen, können Sie mit der Maus oder dem Finger auf dem Lineal die Skalierung durch Ziehen verändern. Die entsprechenden Prozentwerte und eine Schriftvorschau werden direkt angezeigt. So können Sie eine maximale Vergrößerung von 500 % erreichen. Das ist enorm groß.

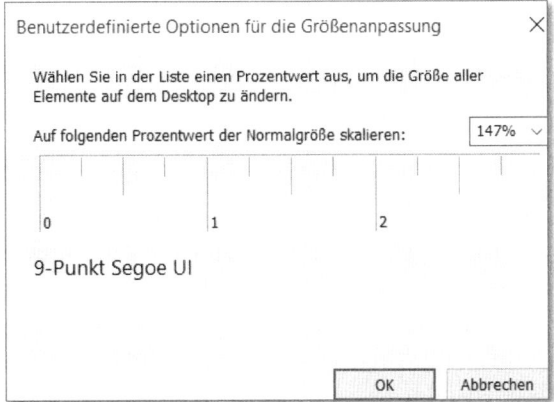

Abbildung 11.17 Darstellungsanpassung mit dem Lineal

Als Beispiel haben wir für Sie in Abbildung 11.18 einmal die Vergrößerung auf riesige 300 % eingestellt. Bei der Vergrößerung der Anzeige sollten Sie aber beachten, dass zum einen bei starker Vergrößerung irgendwann der verfügbare Bildschirmplatz rar wird und zum anderen die Lesbarkeit und Übersichtlichkeit unter den sehr großen Elementen leiden können. Wenn Sie die Elementgrößen verändern, sollten Sie auch die Textgrößen anpassen. Hier sind nicht die Texte in Ihrer Textverarbeitung (wie Word) gemeint, sondern die Texte, die Windows 10 selbst anzeigt, also z. B. Menüs, Palettentitel, Symbole oder QuickInfos. Klicken Sie dazu auf das Auswahlmenü in der Rubrik NUR DIE TEXTGRÖSSE ÄNDERN (Abbildung 11.15), und wählen Sie das jeweilige Element, dessen Textdarstellung Sie vergrößern wollen. Diese Einstellungen müssen Sie für alle relevanten Elemente einzeln vornehmen. Klicken Sie abschließend auf ÜBERNEHMEN. Die neuen Einstellungen werden nach einer erneuten Anmeldung wirksam und sichtbar.

Diese Anpassungen der Anzeige gelten übrigens nur für die Desktop-Ansicht. Im Tablet-Modus erscheint allenfalls noch der Mauszeiger in der Größe, auf die Sie skaliert haben, die Kacheln jedoch sind verschwunden. Dafür werden die Einstellungen, die Sie für die Anzeige vorgenommen haben, im Roaming-Profil Ihres Microsoft-Kontos in der Cloud gespeichert. Sie stehen Ihnen dann also praktisch immer zur Verfügung.

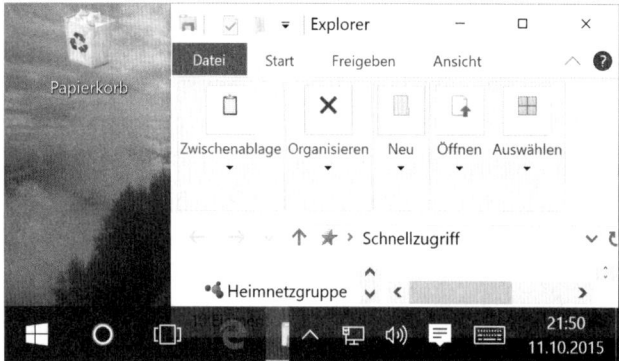

Abbildung 11.18 Um 300 % skalierte Anzeige bei 1366 × 768 Pixeln

11.4.1   Schriftenglättung mit ClearType

Die meisten Deutschen wurden in der Schule nach der analytischen und nicht nach der synthetischen Leselernmethode unterrichtet. Das bedeutet, viele von uns erfassen Wörter nicht durch das Zusammensetzen der einzelnen Buchstaben, sondern lesen jedes Wort als Ganzes und analysieren die Bildinformation. So stört es uns auch kaum, wenn Buchstaben vertauscht werden, da die Bildinformation sehr ähnlich bleibt. »Bundesverband« liest sich genauso flüssig wie das fehlerhafte »Bundesvreband«.

Da der optische Eindruck von Schriften für unser Leseerlebnis so entscheidend ist, gibt es in Windows 10 die *ClearType*-Technik. Sie versucht Schriften am Bildschirm so glatt und rund darzustellen, dass wir den Eindruck von gedruckter Schrift erhalten.

Schlecht dargestellte Schriften, die sehr unscharf sind oder extrem scharf mit Treppchen-effekt abgebildet werden, stören den Lesefluss. Genauso wie schlecht dargestellte Schriften stören auch ungeeignete Schmuckschriftarten den Lesefluss, denn das Zuviel an Design lässt den grafischen Gesamteindruck des Wortes verschwinden.

Während bei gedruckten Texten die *Serifenschrift* als besser lesbar empfunden wird (dieses Buch ist deshalb auch in Serifenschrift gesetzt und gedruckt), liest sich am Bildschirm eine *serifenlose Schrift* generell besser. Die Schriftart *Verdana* aus dem Beispiel in Abbildung 11.19 wurde speziell für das Lesen von Texten am Bildschirm entwickelt und eignet sich daher auch besonders für diesen Zweck.

Abbildung 11.19 Verschiedene Beispielschriftarten

ClearType ist in Windows 10 standardmäßig aktiviert. Wenn Sie allerdings den Eindruck haben, Ihre Schriftendarstellung ist unsauber, verschwommen oder schlicht schlecht lesbar, obwohl die Zeichengröße in Ordnung ist, sollten Sie Ihr ClearType einmal kalibrieren.

1. Öffnen Sie die ClearType-Anpassung entweder mit ⊞ + Q und durch Eingabe von cleart, gefolgt von ⏎, oder klicken Sie auf START • EINSTELLUNGEN • SYSTEM • BILD-SCHIRM • ERWEITERTE ANZEIGEEINSTELLUNGEN und wählen hier CLEARTYPE-TEXT aus. Sie erreichen die ClearType-Einstellungen auch, indem Sie ⊞ + X eingeben und dort SYSTEMSTEUERUNG • DARSTELLUNG UND ANPASSUNG • SCHRIFTARTEN • CLEARTYPE TEXT ANPASSEN auswählen.

2. Nachdem Sie auf CLEARTYPE-TEXT ANPASSEN (Abbildung 11.20) geklickt haben, öffnet sich der ClearType-Textassistent.

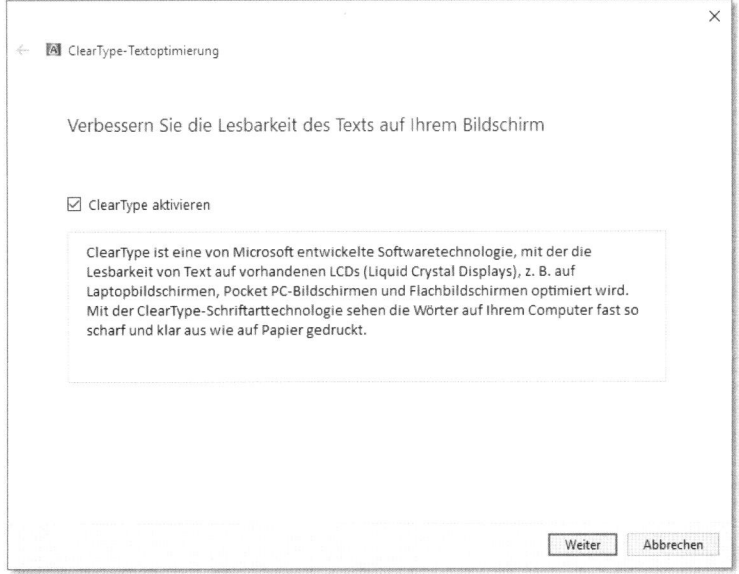

Abbildung 11.20 ClearType-Textoptimierung

Alternativ erreichen Sie die ClearType-Anpassung auch über ⊞ + R und die Eingabe von cttune.exe und ⏎.

In diesem Dialog können Sie entweder ClearType aktivieren oder deaktivieren, aber durch Klicken auf WEITER können Sie auch einen Assistenten öffnen, der Ihnen in wenigen Schritten hilft, eine optimale Darstellung für Schriften zu finden. Wenn Sie mehrere Bild-schirme angeschlossen haben, müssen Sie diesen Assistenten für jeden aktiven Monitor durchführen.

Leider ist *ClearType* kein Garant für eine immer perfekte Darstellung von Schriften am Bild-schirm. Wenn Sie mit dem Ergebnis der ClearType-Textoptimierung nicht zufrieden sind, können Sie den ClearType-Assistenten erneut durchführen – oder auch ClearType abschalten und hoffen, dass Ihre Schriften jetzt besser dargestellt werden.

Es gibt auch sehr unterschiedliche Schriften, und nicht alle sind für die Zusammenarbeit mit ClearType geeignet. Manche Programme verwenden eigene Techniken für die Schriftenglättung, sodass ClearType stets nur ein Hilfsmittel ist, aber keine Wunderwaffe gegen schlecht lesbare Schriften.

Sollten Sie einmal die Schriftenglättung in Windows gänzlich abschalten wollen, klicken Sie auf ⊞ + Q und geben erweiter, gefolgt von ↵, ein. Wählen Sie aus den Cortana-Suchergebnissen ERWEITERTE SYSTEMEINSTELLUNGEN ANZEIGEN durch Klicken aus. Hier müssen Sie Administratorrechte haben oder sich gegebenenfalls mit einem Administratorkonto autorisieren. Wählen Sie jetzt im Kasten LEISTUNG die Schaltfläche EINSTELLUNGEN... aus, und entfernen Sie im nächsten Dialog auf dem Register VISUELLE EFFEKTE das Häkchen bei KANTEN DER BILDSCHIRMSCHRIFTARTEN VERFEINERN. Bestätigen Sie mit OK, und schließen Sie die SYSTEMEIGENSCHAFTEN ebenfalls mit OK (Abbildung 11.21).

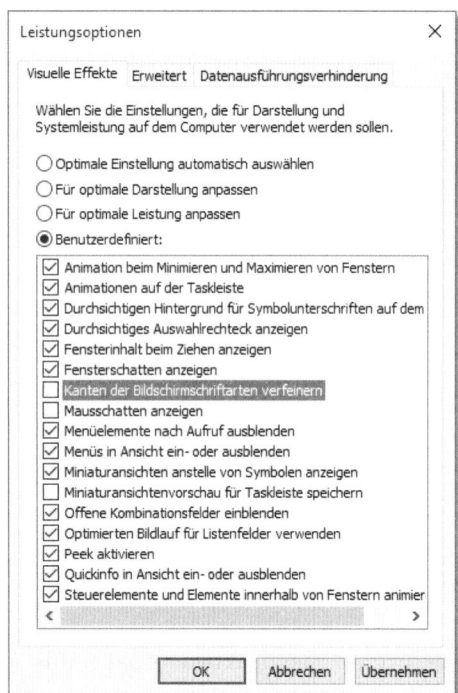

Abbildung 11.21 Schriftartenglättung abschalten

Durch diese Einstellung haben Sie die Schriftenglättung so weit wie möglich abgeschaltet. Dennoch gibt es Programme, die sich der Schriftenglättung weiterhin bedienen oder gar eine eigene Schriftenglättung mitbringen. Eine Regel für die Frage, wann Schriften geglättet werden und wann nicht, haben wir nicht finden können. Das Beispiel in Abbildung 11.22 zeigt wohl auch, warum: Bei abgeschaltetem ClearType und deaktivierter Kantenglättung ist ein Großteil des EINSTELLUNGEN-Fensters noch geglättet, das Menü von ⊞ + X unten rechts indes nicht. Um das hier darzustellen, haben wir die Bildschirmlupe zu Hilfe genommen, die Sie mit ⊞ und + aufrufen können.

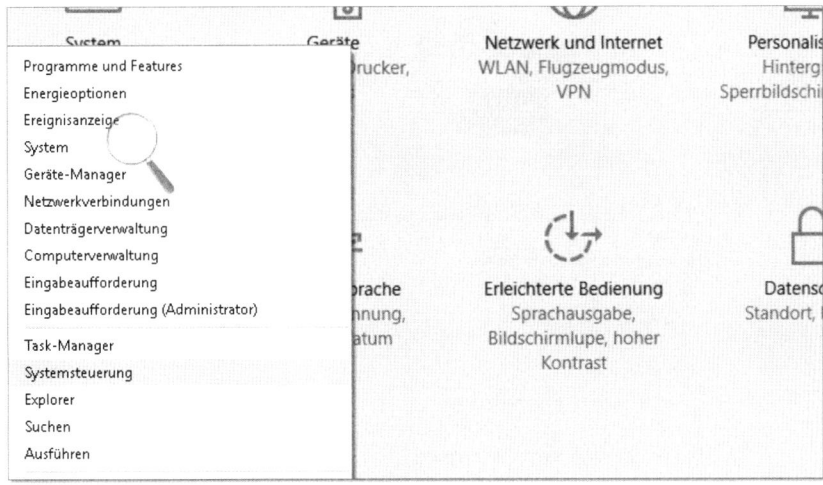

Abbildung 11.22 Inkonsistenzen bei der Schriftenglättung

11.5   Arbeiten mit mehreren Monitoren

Neben dem aktuellen Trend hin zu Tablet-Computern verändern sich auch die seltener werdenden Desktop-PCs. Hatte man früher stets nur einen Bildschirm, erfreut sich in modernen Arbeits- und Heimumgebungen der Zweit- oder gar Drittmonitor immer größerer Beliebtheit. Ein Monitor wird dann gerne für das Mailprogramm reserviert – um stets alle neuen Mails auf einen Blick zu haben, während auf dem anderen Monitor gearbeitet wird. Aber auch für Präsentationen beim Kunden oder auf einer Feier ist der zweite Bildschirm rasch eine wichtige Anforderung, wenn Sie auf dem einen Schirm etwas zeigen wollen und die Präsentation vom anderen Bildschirm aus steuern oder im Blick behalten möchten.

Mit Windows 10 ist es sehr leicht geworden, mehrere Monitore an den PC anzuschließen und dafür die richtige Einstellung zu finden. Windows 10 erkennt Ihren zweiten oder dritten Monitor automatisch und stellt ihn für Sie bereit. Sie müssen allenfalls noch entscheiden, wie Ihre Monitore räumlich angeordnet sind. Wir haben für unser Beispiel drei Bildschirme angeschlossen (Abbildung 11.23). Nach dem Hochfahren stehen auch sofort alle drei Monitore zur Verfügung. Damit das gelingt, achten Sie darauf, dass Sie den richtigen und möglichst aktuellen Grafikkartentreiber installiert haben. Die Monitore lassen sich beliebig anordnen. So steht beispielsweise Monitor 1 steht rechts oben, darunter Monitor 3 und links darüber Monitor 2. Genau so ordnen wir die Monitore in START • SYSTEM • BILDSCHIRM an (Abbildung 11.23).

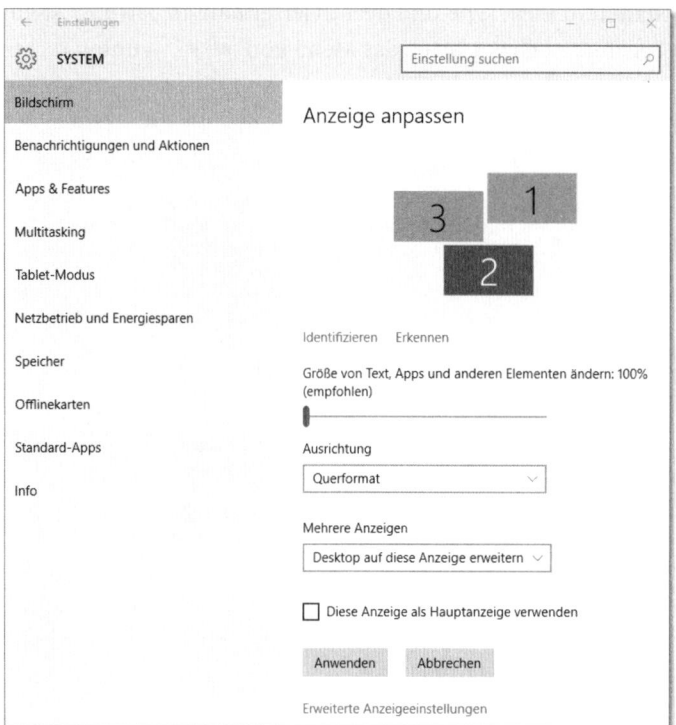

Abbildung 11.23 Anordnung mehrerer Monitore – so, wie sie auch tatsächlich aufgestellt wurden

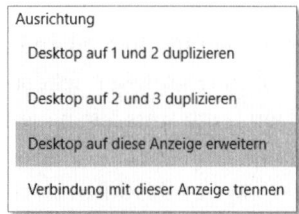

Abbildung 11.24 Ausrichtung der Inhalte mehrerer Monitore

Jetzt stellt sich noch die Frage, was Sie auf den einzelnen Monitoren anzeigen möchten und welcher der Monitore die Hauptanzeige werden soll.

Sie können, je nachdem, welchen Monitor Sie anklicken, entscheiden, ob die Anzeige (des Windows-Desktops) auf den Monitor erweitert werden soll, ob eine Anzeige auf eine andere dupliziert werden soll und welcher Monitor die Hauptanzeige sein soll (Abbildung 11.23). Wählen Sie dazu beispielsweise zwischen DESKTOP AUF 1 UND 2 DUPLIZIEREN, DESKTOP AUF 2 UND 3 DUPLIZIEREN, DESKTOP AUF DIESE ANZEIGE ERWEITERN oder VERBINDUNG MIT DIESER ANZEIGE TRENNEN (Abbildung 11.24).

Desktop-Modus oder Tablet-Modus starten mit Windows 10

Seit Windows 10 und dem wiedergekehrten Startmenü startet Windows jetzt von sich aus in dem für den Gerätetyp geeigneten Modus. Erkennt Windows einen Desktop oder einen Laptop, wird automatisch der Desktop als Startbildschirm angezeigt, erkennt Windows 10 ein Tablet, startet es im Tablet-Modus. Sie können das aber auch manuell beeinflussen. Wenn Sie im Info-Center den Modus wechseln (Tablet-Modus oder Desktop-Modus), startet Windows beim nächsten Mal wieder in diesem Modus. Volle Kontrolle über den Startmodus erhalten Sie in der dafür eigens geschaffenen Einstellung: Klicken Sie auf START • EINSTELLUNGEN • SYSTEM • TABLET-MODUS. Hier können Sie insbesondere für hybride Geräte (Laptop und Tablet in einem) festlegen, wann welcher Modus automatisch eingestellt wird. Diese Einstellungen sind sehr hilfreich für Laptops und Hybride – so macht auch der Tablet-Modus auf solchen Geräten richtig Spaß (Abbildung 11.25).

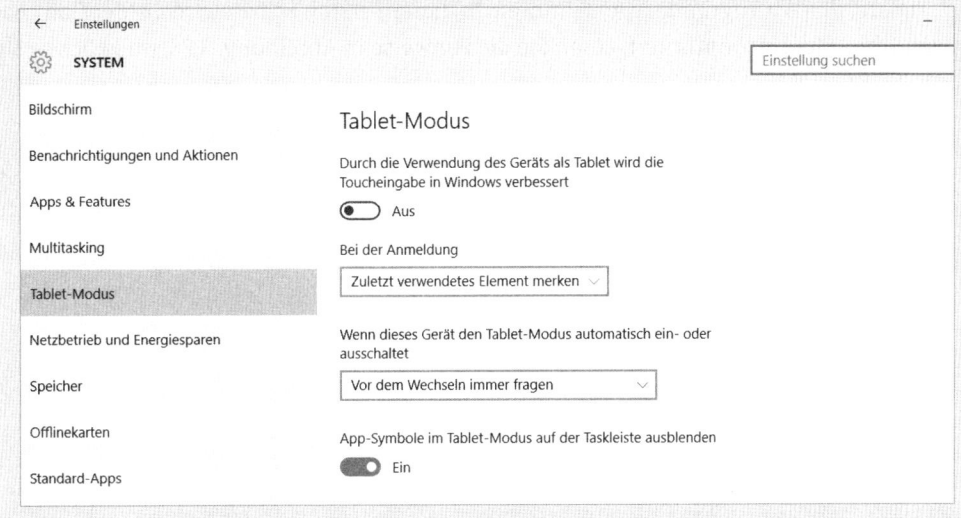

Abbildung 11.25 Einstellungen der Startseite und Navigation

11.6   Farbkalibrierung des Monitors

Auch wenn die in Windows 10 mitgelieferte *Farbkalibrierung* für Monitore keine echte Kalibrierung mit einem *Densitometer* (das ist ein spezieller Farbdichtemesser) ersetzt, können Sie Ihren Monitor oder auch mehrere angeschlossene Monitore mithilfe der Farbkalibrierung relativ gut für ein farbsicheres und kontrastreiches Arbeiten einstellen:

1. Um die Farbkalibrierung zu öffnen, drücken Sie ⊞ + Q und geben kalibr, gefolgt von ↵, ein. Wählen Sie nun BILDSCHIRMFARBE KALIBRIEREN aus. Bestätigen Sie die *UAC-*

Abfrage, bzw. geben Sie einen Benutzer mit administrativen Rechten ein, um fortfahren zu können.

Alternativ können Sie auch auf START klicken, anschließend SYSTEM • BILDSCHIRM • ERWEITERTE ANZEIGEEINSTELLUNGEN wählen und hier auf FARBKALIBRIERUNG klicken.

2. Ein moderierter Kalibrierungsdialog erscheint, in dessen Verlauf Sie Ihren Monitor bis zu einem gewissen Grad kalibrieren können. Ziehen Sie bei mehreren angeschlossenen Monitoren dieses Fenster auf jenen Monitor, den Sie aktuell kalibrieren möchten. Führen Sie alle folgenden Schritte gegebenenfalls für jeden einzelnen zu kalibrierenden Monitor durch.

3. Im ersten Schritt werden Sie gebeten, Ihren Bildschirm richtig einzustellen. Bitte haben Sie Verständnis, dass wir in diesem Buch nicht beschreiben können, wo sich auf Ihrem Bildschirm die entsprechenden Tasten oder Menüeinträge befinden – es gibt hier keinen Standard, den wir zugrunde legen könnten. In diesem ersten Schritt wird die der Gamma-wert Ihres Monitors optimiert. Lesen Sie die Hinweise in Abbildung 11.26, und klicken Sie auf WEITER.

4. Es folgt der Beschreibungsbildschirm für die *Gammawert*-Einstellung.

5. Lesen Sie die Hinweise zur richtigen Bestimmung des Gammawertes, und klicken Sie erneut auf WEITER.

6. Setzen Sie den aus Ihrer Sicht optimalen Gammawert, und klicken Sie auf WEITER (Abbildung 11.26).

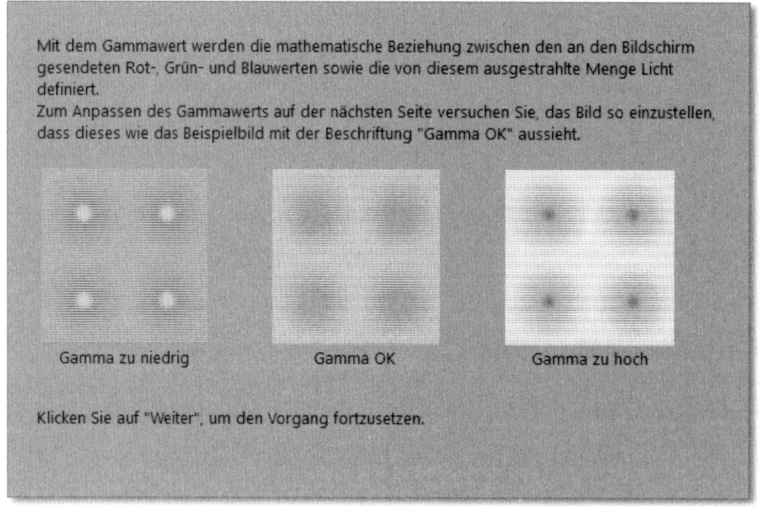

Abbildung 11.26 Justierung des Gammawertes Ihres Bildschirms

Im nächsten Schritt werden die *Helligkeitseinstellungen* für den Bildschirm angepasst (Abbildung 11.27).

7. Lesen Sie die Hinweise, die jetzt erscheinen, und wählen Sie WEITER, wenn Sie die Werte anpassen möchten.

8. Jetzt erscheinen drei Bilder (Abbildung 11.27), die Sie sich gut ansehen sollten. Nach Klicken auf WEITER wird Ihnen ein Bild angezeigt, das idealerweise dem mittleren der drei Bilder ähneln sollte. Tut es das nicht, justieren Sie den Monitor selbst in seinem Menü so lange, bis das Bild dem mittleren des letzten Bildschirms möglichst genau entspricht. Klicken Sie anschließend auf WEITER.

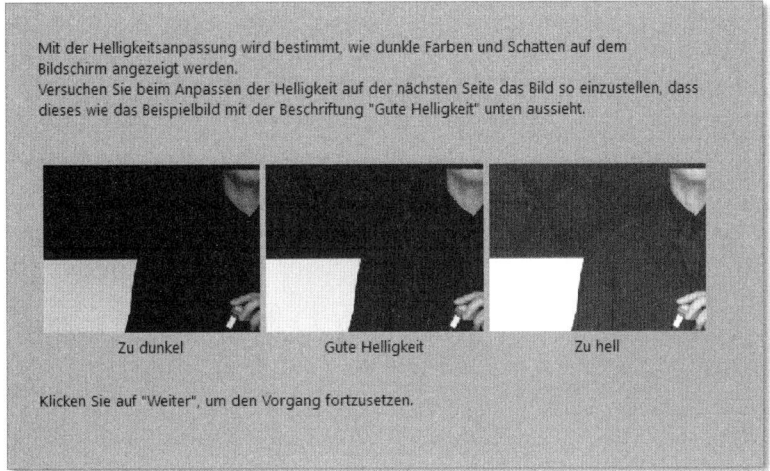

Abbildung 11.27 Helligkeitseinstellungen des Bildschirms

Der nächste Schritt ist die *Kontrasteinstellung* (Abbildung 11.28).

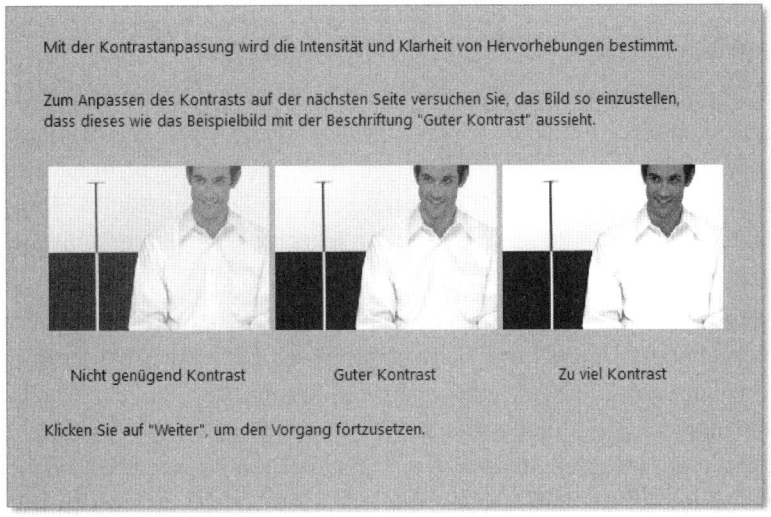

Abbildung 11.28 Kontrasteinstellung des Bildschirms

9. Sie erhalten erneut drei Bilder, wobei wieder das mittlere das Referenzbild ist, das Sie nach einem Klick auf WEITER erreichen. Sollte das Bild jetzt nicht die erwarteten Kontraste liefern, justieren Sie erneut am Monitor selbst, bis das Bild möglichst genau seinem Referenzbild entspricht. Klicken Sie erneut auf WEITER.

10. Abschließend gilt es, die Farbstiche aus den Grautönen zu beseitigen (siehe Abbildung 11.29).

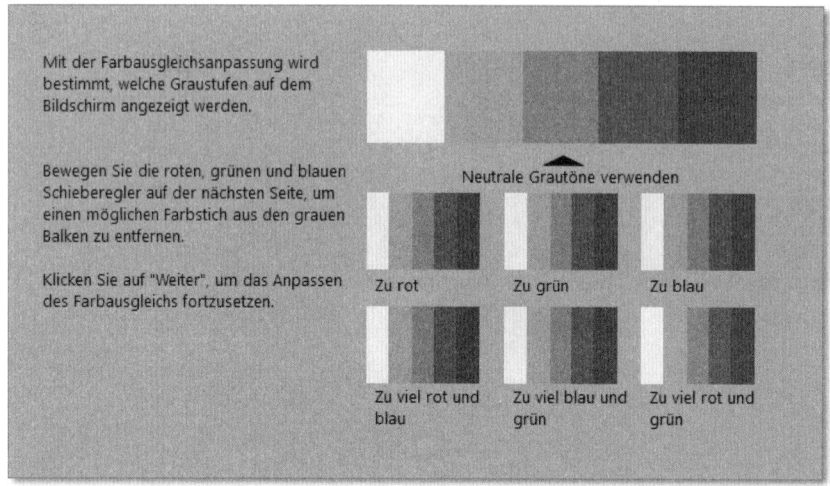

Abbildung 11.29 Farbausgleichseinstellungen des Bildschirms

Beachten Sie, liebe Herren, hier eine potenzielle Rot-Grün-Schwäche Ihrerseits, die bei Männern viel verbreiteter ist als bei Frauen. Mit dem Klick auf WEITER werden Ihnen ein *Graukeil* und sechs *Farbkeile* präsentiert, und Sie sollen den Graukeil durch Verschieben der Farbregler unten von allen störenden Farbeinflüssen befreien.

Bei einfacheren Anzeigen oder wenn Sie nicht den optimalen Bildschirmtreiber geladen haben, kann es sein, dass Sie mit einer etwas einfacheren Farbkorrektur arbeiten müssen. Sie werden bei nicht optimal zu Windows 10 passenden Monitoren nicht nach einer Gammakorrektur gefragt, Helligkeit und Kontrast werden ähnlich eingestellt wie bei gut angepassten Bildschirmen, die RGB-Farbanpassung jedoch besteht unter Umständen nur aus einem Graukeil (Abbildung 11.30).

11. Ist auch diese Einstellung erfolgt, klicken Sie erneut auf WEITER, um die Kalibrierung abzuschließen. Im letzten Dialog werden Sie gefragt, ob Sie die aktuelle Kalibrierung mit der vorherigen vergleichen möchten, und gegebenenfalls auch, ob Sie den *ClearType-Tuner* starten möchten, um die Darstellung von Schriften zu verbessern. Wir empfehlen, den *ClearType-Tuner* auszuführen, damit Sie am Ende der Kalibrierung ein möglichst optimal lesbares Monitorbild erhalten. Klicken Sie jetzt auf FERTIG STELLEN, um die Kalibrierung abzuschließen. Den ClearType-Tuner haben wir bereits in Abschnitt 11.4.1, »Schriftenglättung mit ClearType« beschrieben.

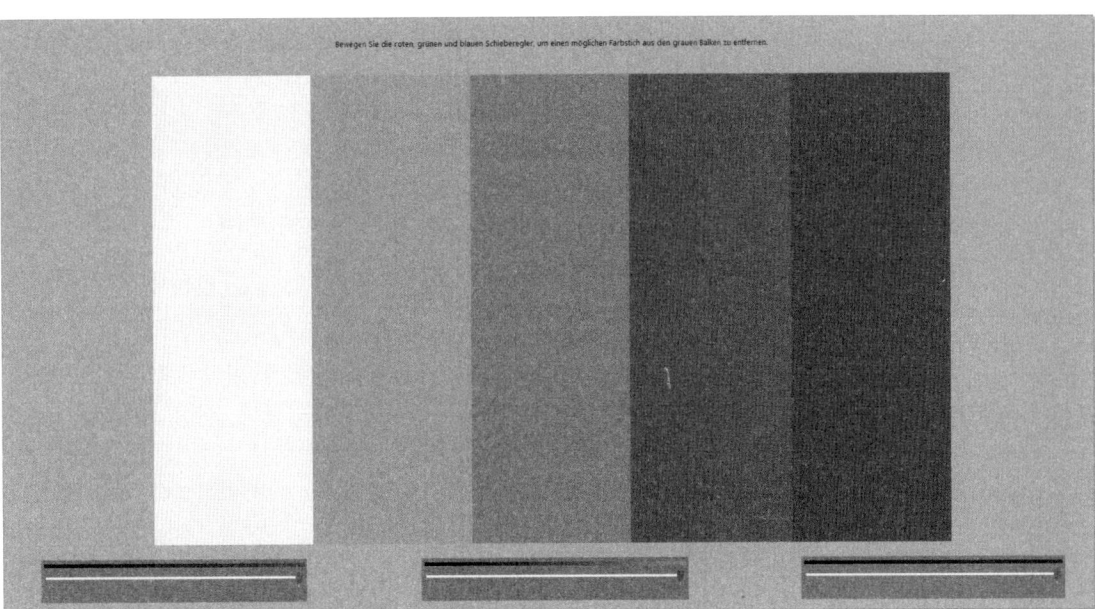

Abbildung 11.30 RGB-Korrektur an einfachen Monitoren mit Graukeil

Kapitel 12
Eingabegeräte

Damit Sie mit dem Computer arbeiten können, brauchen Sie Ein- und Ausgaben. Dazu verwenden Computer Geräte. Solche Geräte für die Ein- und Ausgabe gibt es reichlich, und in diesem Kapitel möchten wir Ihnen die wichtigsten zeigen, mit denen Sie Windows 10 steuern können.

Um dem Computer Befehle zu erteilen, gibt es etliche Mittel. Das gängigste ist sicherlich die Tastatur. Es dürfte die Maus folgen. Neben diesem klassischen Duo bieten sich aber noch andere Geräte für die Befehlseingabe an, und seit Windows 10 kommt auch die menschliche Hand hinzu. Zwar gab es auch unter früheren Windows-Betriebssystemen die Möglichkeit, mit einem berührungsempfindlichen Bildschirm – auf Neudeutsch *Touchscreen* – zu arbeiten, aber erst in Windows 10 wird die Gestensteuerung zum Vergnügen, gerade beim Arbeiten mit den Universal Apps im Tablet-Modus.

12.1 Eingabe mit dem Finger

Die Steuerung von Windows oder von Teilen von Windows mit dem Finger wurde in Windows 10 basierend auf den Erfahrungen mit Windows 8 und vor allem 8.1 weiter optimiert. Seit der Einführung von Windows 8 haben sich auch spezielle Gerätegattungen gebildet, die darauf ausgelegt sind, überwiegend mit der Hand bedient zu werden. Diese Eingabemethode ist auch sehr angenehm, denn Sie brauchen außer dem Gerät nichts weiter, um mit dem Computer arbeiten zu können. Für viele Tätigkeiten (wie Mail lesen, Fotos betrachten, Videos schauen, skypen oder in sozialen Netzwerken stöbern) benötigen Sie bei genauer Betrachtung auch selten eine Maus – sie lassen sich allesamt hervorragend mit dem Finger durchführen. Am allerbesten lassen sich die Apps im Tablet-Modus mit dem Finger bedienen.

Die Fingereingabe nimmt seit Windows 8 immer mehr an Bedeutung zu. Es kommen zunehmend Tablet-PCs oder *Hybride* (Tablet und Notebook in einem) auf den Markt, die förmlich mit dem Finger bedient werden wollen. Gerade diesen Geräten kommt Windows 10 mit der jetzt optimierten Fingereingabe sehr entgegen.

Es gibt in Windows 10 eine ganze Reihe von Gesten, die wir für Sie bereits in Abschnitt 5.5, »Bedienung mit Gesten«, und dort detailliert in Tabelle 5.1 aufgeführt haben. Auf eine nochmalige tabellarische Übersicht über die Gestensteuerung möchten wir daher an dieser Stelle verzichten.

12.2   Tastaturen

Die Tastatur ist, wie eingangs erwähnt, noch vor der Maus das traditionelle Standardeingabegerät. Durch die zunehmende Nutzung von Tablets wird ihre Bedeutung in den nächsten Jahren zunehmend schwinden. Aber gerade für die Nutzung am Arbeitsplatz oder im Heimbüro ist eine Tastatur oft immer noch eine sinnvolle Ergänzung zum vielleicht auch vorhandenen Touchscreen. Das zeigt sich auch bei sogenannten *Hybridgeräten*. Diese sind eine Mischung aus Tablet und Notebook; sie bieten eine vollständige Tastatur, können aber auch als vollwertige Tablets genutzt werden. Beim Arbeiten auf Hybriden gewöhnt man sich sehr schnell daran, zwar auf der Tastatur Text zu tippen, aber gleichzeitig Gesten auf dem Touchscreen auszuführen. Gerade auf diesen Geräten macht das Arbeiten seit den Optimierungen in Windows 10 reichlich Spaß. Der Griff zur Maus wird sehr selten, teilweise sogar überflüssig.

Tastatur ist nicht gleich Tastatur. Wie eine Standardtastatur zu benutzen ist, dürfte inzwischen allen Computerbenutzern bekannt sein. Die Buchstaben erklären sich von selbst, und ob man die Taste ⌨Strg »Steuerung«, »String« oder »Strong« nennt, ändert nichts an ihrer Funktion. Antwort A – »Steuerung« ist übrigens richtig, auf Englisch heißt diese Taste ⌨Ctrl bzw. vollständig ausgesprochen »Control«. Während wir die Standardtastatur als bekannt voraussetzen, möchten wir nun an einem Beispiel eine Funktionstastatur mit Sondertasten beleuchten.

Für unser Beispiel haben wir eine ergonomisch geformte Tastatur von Microsoft gewählt, die neben einer gesünderen Bauform auch einige Sondertasten mitbringt, die sich mit eigenen Funktionen belegen lassen. Windows erkennt zwar die Tastatur sofort, stellt aber in diesem Beispiel von Haus aus keine Werkzeuge bereit, um die Tastatur zu konfigurieren.

Um die Sonderfunktionen nutzen zu können, müssen Sie zuerst die passende Software installieren. Diese liegt entweder der Tastatur in Form einer traditionellen CD bei, oder Sie suchen nach der aktuellen Fassung der Software und Treiber auf der Webseite des Herstellers.

Dazu drücken Sie entweder ⊞ + ⌨Q, oder Sie tippen in der Taskleiste unten links auf die Lupe (🔍) bzw. das Eingabefenster WEB UND WINDOWS DURCHSUCHEN. In das SUCHFELD geben Sie Microsoft Tastatur ein (Abbildung 12.1).

Entscheiden Sie sich für MICROSOFT-MAUS- UND TASTATUR-CENTER, denn das klingt am ehesten nach dem richtigen Treffer (und ist in der Abbildung auch der einzige – das muss aber nicht so sein). Im Fenster des Suchergebnisses werden einige Links angeboten, darunter einer, der direkt zum Download des Maus- und Tastatur-Centers von Microsoft führt ❶ (im rechten Teil der Abbildung 12.2 zu sehen).

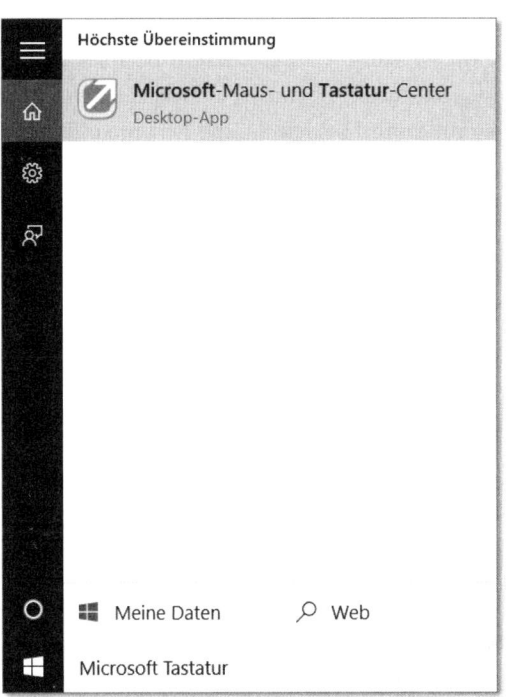

Abbildung 12.1 Suche nach Tastatursoftware

Abbildung 12.2 Angebotene Software

Nach dem Klicken auf die gewünschte Seite öffnet sich die Seite mit der herunterzuladenden Software. Dass nicht jede Webseite gut aufgebaut ist, sieht man an diesem Beispiel (Abbildung 12.3), in dem der richtige Link ❷ zum Download kaum zu finden ist. Klicken Sie auf ❷, und wählen Sie hier die Option Ausführen (Abbildung 12.4), da Sie die Downloaddateien nicht zwingend auf dem PC speichern müssen.

Abbildung 12.3 Downloadseite der Tastatursoftware

Abbildung 12.4 Dialog für den Download

Installieren Sie die jetzt heruntergeladene Software, und bestätigen Sie, dass Sie die Lizenzbedingungen akzeptieren. Wählen Sie die für Sie besten Optionen. Nachdem die Software installiert ist, können Sie sie mit ⊞ + Q und durch Eingabe des Namens der Software plus ↵ wiederfinden und öffnen. Anschließend können Sie Ihre Tastatur nach Ihren Wünschen und entsprechend den bereitgestellten Möglichkeiten konfigurieren.

12.3 Stifteingabe am Tablet-PC

Auf dem PC- und Tablet-Markt sind neue Geräteklassen aufgetaucht, die mit einem sogenannten *Digitizer* ausgestattet sind. Digitizer sind im Tablet eingebaute Eingabeflächen, die mit einem Stift bedient werden können. Diese Stifte sind je nach Hersteller recht unter-

schiedlich. Die besseren bieten sogar Druck- und Neigungsempfindlichkeit und eine Radierspitze, ähnlich wie beim klassischen Bleistift, mit der Sie Eingaben wieder löschen können.
Stifteingaben können einerseits die Eingabe am Touchbildschirm unterstützen, aber auch
ein sehr hilfreiches Eingabegerät für Architekten oder Grafiker sein, die mithilfe eines Stifts
Zeichnungen oder Abbildungen digitalisieren, indem sie sie buchstäblich abmalen. Daher
stammt auch der Begriff des Digitizers. Schließlich ist ein externer Digitizer für die Nutzung
der Handschrifterkennung sinnvoll, weil man beim Schreiben nicht gleichzeitig mit dem
Handballen auf den Bildschirm tippt und wischt, ohne dies wirklich zu wollen.

12.3.1   Tablets mit eingebautem Digitizer

Die grundlegende Steuerung der Stifteingaben erfolgt in der Systemsteuerung. Rufen Sie
diese entweder mit ⊞ + ⟨X⟩ und einem Klick auf SYSTEMSTEUERUNG auf oder, im Tablet-
Modus, durch Tippen auf die LUPE unten links in der Taskleiste und Eingabe von system-
steuer, gefolgt von ⟨↵⟩ auf der Bildschirmtastatur. In der Systemsteuerung klicken oder
tippen Sie auf HARDWARE UND SOUND und hier auf STIFT- UND FINGEREINGABE. Wenn Ihr
Digitizer bzw. Stift richtig von Windows erkannt wurde, sehen Sie das Einstellmenü aus
Abbildung 12.5.

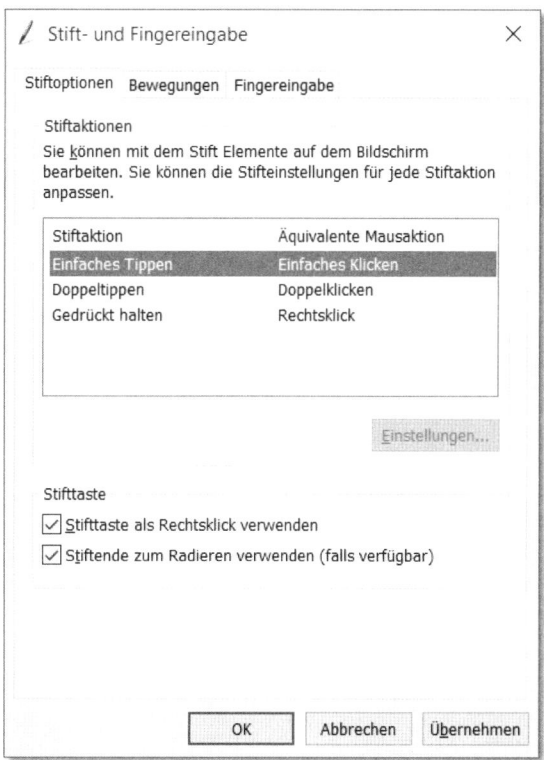

Abbildung 12.5 Optionen zur Stift- und Fingereingabe

Während bei Systemen ohne erkannte Stifteingabegeräte an dieser Stelle lediglich Optionen zur FINGEREINGABE zu sehen sind, können Sie hier Ihre STIFT- und BEWEGUNGSfunktionen konfigurieren. Stellen Sie die benötigten Stiftaktionen ein.

Sie können beispielsweise die Option für GEDRÜCKT HALTEN ändern, wenn Sie nicht möchten, dass jedes Mal, wenn Sie mit dem Stift länger als eine Sekunde auf den Bildschirm getippt haben, sofort ein Kontextmenü aufgeht, was einem rechten Mausklick entspricht. Das ist insbesondere dann interessant, wenn Sie einen Stift zu Ihrem Gerät haben, der über eine eigene Taste verfügt, der bereits die Funktion RECHTSKLICK zugewiesen ist. Sie können hier auch die gegebenenfalls vorhandene Radierfunktion Ihres Stifts abschalten, indem Sie die Option STIFTENDE ZUM RADIEREN VERWENDEN abwählen. Dies ist hilfreich, wenn Sie beim Arbeiten oft mit dem Stift in der Hand spielen und so häufig versehentlich mit der Radiererseite arbeiten und ungewollt Text löschen. Schließlich können Sie hier auch Ihre STIFTTASTE, so vorhanden, für den Rechtsklick einstellen. Das hebt allerdings nicht die Option des Rechtsklicks bei GEDRÜCKT HALTEN auf.

Besonders interessant ist der Reiter BEWEGUNGEN (Abbildung 12.6). Hier können Sie Ihrem Stift nützliche Zusatzfunktionen geben, die die Arbeit am Touchscreen erleichtern können. Es erfordert allerdings einige Übung, bis man mit diesen zusätzlichen Bediengesten zurechtkommt.

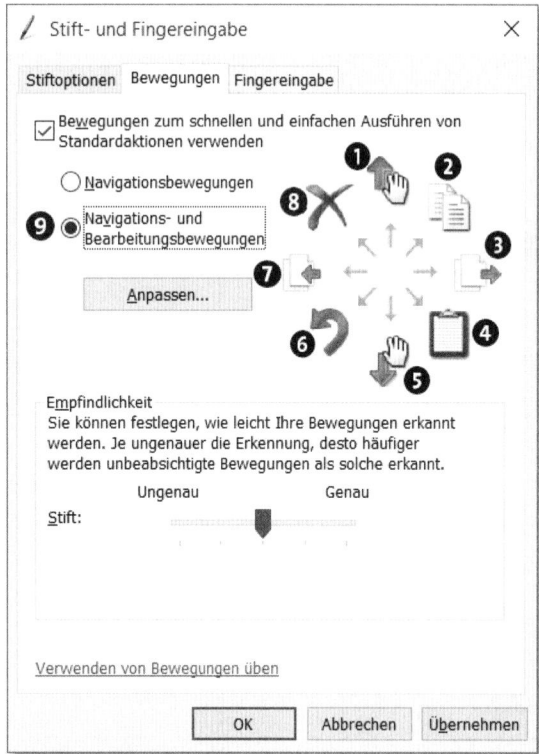

Abbildung 12.6 Optionen für Stiftbewegungen

In der Bewegungssteuerung für Ihren Stift können Sie folgende Einstellungen vornehmen (Abbildung 12.6): NACH OBEN ZIEHEN ❶, KOPIEREN ❷, VORWÄRTS ❸, EINFÜGEN ❹, NACH UNTEN ZIEHEN ❺, RÜCKGÄNGIG ❻, ZURÜCK ❼ und LÖSCHEN ❽. Wenn Sie lieber andere Funktionen mit dem Stift ausführen möchten, können Sie diese sogar ANPASSEN ❾.

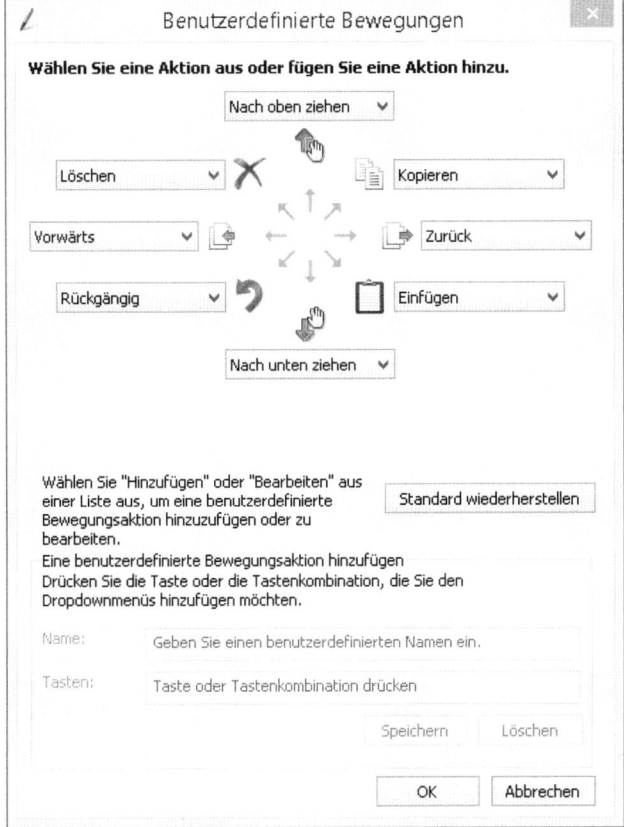

Abbildung 12.7 Benutzerdefinierte Bewegungen des Stifts

Im Dialog aus Abbildung 12.7 finden Sie für alle acht Bewegungsrichtungen, die Stifte unterstützen, folgende mögliche Aktionen:

▶ (Hinzufügen), um eigene Tastenkombinationen zu speichern

▶ (Keine), um keine Tastenaktion zu speichern

▶ ALT GR (STRG+ALT) umschalten

▶ ALT umschalten

▶ Ausschneiden (Zwischenablage)

▶ Bildlauf nach oben

▶ Bildlauf nach unten

- ▶ Drucken

- ▶ Einfügen (aus der Zwischenablage)

- ▶ Kopieren (in die Zwischenablage)

- ▶ Löschen (Entfernen-Taste)

- ▶ Nach oben ziehen

- ▶ Nach unten ziehen

- ▶ Öffnen

- ▶ Rückgängig

- ▶ Speichern

- ▶ STRG umschalten

- ▶ UMSCHALT umschalten

- ▶ Vorwärts

- ▶ Wiederholen

- ▶ Windows-Taste umschalten

- ▶ Zurück

Wir haben hier bewusst mit den Originalformulierungen aus dem Konfigurationsdialog gearbeitet, damit Sie sich leichter orientieren können. »Umschalten« in dieser Auflistung bedeutet so viel wie »Taste drücken«. Sollte Ihnen beim Personalisieren dieser Einstellungen alles durcheinanderkommen, können Sie durch Klicken auf STANDARD WIEDERHERSTELLEN alles wieder zurücksetzen.

Manche Hersteller verbauen in ihren Tablet-PCs oder Hybriden bereits ab Werk recht professionelle Eingabestifte, die dann auch ein eigenes Menü zum Einstellen mitbringen. In unserem Beispiel ist es ein Wacom-Stift in einem Lenovo-Yoga-Hybridlaptop. Sie können mit der Tastenkombination ⊞ + X die SYSTEMSTEUERUNG aufrufen und finden dort unter HARDWARE UND SOUND eine Einstellung für den WACOM PEN (Abbildung 12.8).

Hier haben Sie stiftspezifische Einstellmöglichkeiten, wie die Druckempfindlichkeit der Spitze oder des Radierers, Eigenschaften für den Doppelklick oder die Belegung einer Taste am Stift. Außerdem sind Einstellungen wie im Beispiel gezeigt möglich, so z. B. Spezialfunktionen für den Sperrbildschirm von Windows 10 (KURZNOTIZ AUF SPERRBILDSCHIRM). So kann die Kurznotiz-Funktion im Sperrbildschirm aktiviert werden, wenn Sie die Seitentaste des Wacom-Stifts drücken – und zwar ohne, dass Sie vorher den Rechner entsperren müssen. Eine sehr kluge Idee, wie wir finden. Weitere Funktionen und Optionen sind denkbar, sie variieren allesamt von Hersteller zu Hersteller.

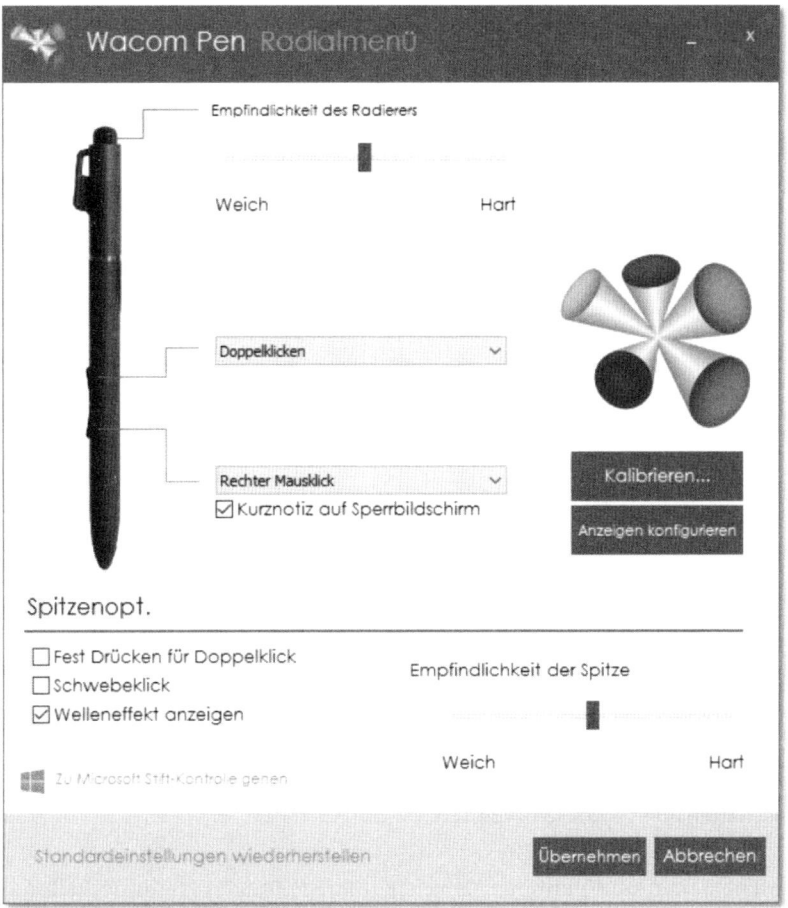

Abbildung 12.8 Einstellungen für einen Wacom-Stift im Hybrid-PC

12.3.2   PC mit einem externen Digitizer

Neben Stiften, die bei bestimmten Windows-Tablet-Geräten im Lieferumfang enthalten sind, gibt es schon seit vielen Jahren externe Digitizer oder auch Grafiktablets. Externe Grafiktablets bieten den Vorteil, dass Sie auch an solchen Geräten mit der Stifteingabe arbeiten können, die werkseitig nicht dafür vorgesehen waren; und aktuelle professionelle Grafiktablets bieten für viele Einsatzzwecke nützliche Zusatzfunktionen an, die ein einfacher Stift für den Touchscreen nicht bieten kann. Ein Blick auf die Einstellungen für ein solches Tablet zeigt bereits, dass eine Vielzahl von weiteren Optionen für die Stiftbenutzung angepasst werden kann (Abbildung 12.9).

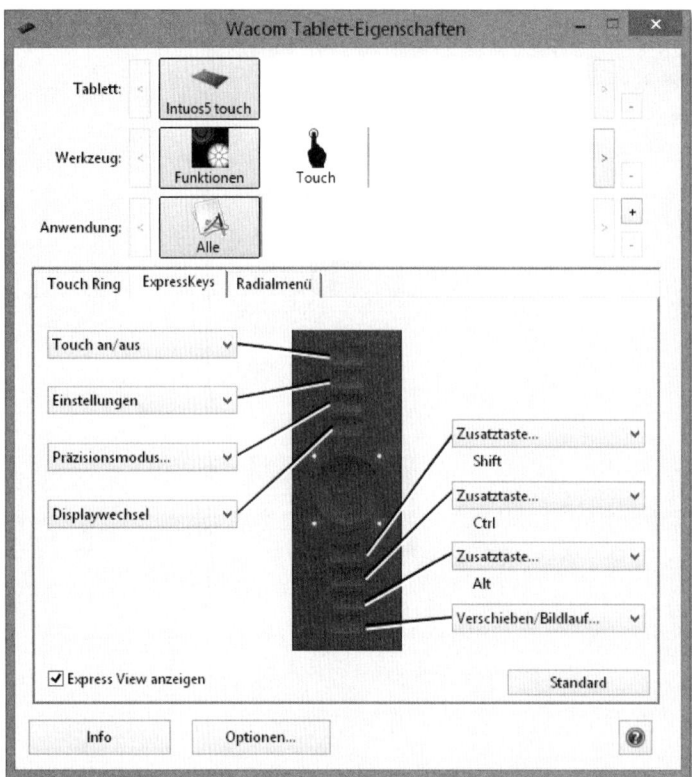

Abbildung 12.9 Eigenschaften eines externen Digitizers

Neben den recht bescheidenen und dennoch hilfreichen Einstellungen, die innerhalb der *Windows-Systemsteuerung* möglich sind, können Sie bei einem professionellen externen Digitizer wesentlich mehr anpassen – Sie können sogar für unterschiedliche Anwendungen eigene Funktionsprofile erstellen.

12.4   Handschrifterkennung

Windows ist bereits seit Windows 7 in der Lage, Handschriften zu erkennen. Diese Funktion bietet sich besonders bei Tablet-PCs und Hybriden an oder im Zusammenspiel mit externen Digitizern, die die Handschrifteingaben schon länger unterstützen, allerdings meist mit eigener Software. Die Handschrifterkennung von Windows kann entweder mit dem Finger bedient werden oder auch mit einem Stift auf dem Touchbildschirm bzw. einem externen Grafiktablet. Bei der Nutzung eines externen Grafiktablets treten die mitunter störenden Effekte der Tablet-Bedienung nicht auf, weil man nicht versehentlich mit dem Handballen oder anderen Fingern auf die Touchoberfläche tippt oder wischt, während man mit dem Stift zu schreiben versucht.

12.4.1   Handschrifterkennung mit dem Stift

Um die Handschrifterkennung zu aktivieren, müssen Sie zunächst die Bildschirmtastatur aufrufen, wenn sie nicht ohnehin bereits erschienen ist. Dazu klicken oder tippen Sie im Desktop in der Taskleiste unten rechts auf das kleine Tastatur-Symbol (Abbildung 12.10).

Abbildung 12.10 Die Bildschirmtastatur aus der Taskleiste öffnen

In der Regel erscheint jetzt die einfache Bildschirmtastatur, mit der Sie auch am Tablet-PC schreiben (Abbildung 12.11).

Abbildung 12.11 Die einfache Bildschirmtastatur

In dieser einfachen Bildschirmtastatur können Sie durch Klicken auf das Tastatur-Symbol unten rechts (Abbildung 12.11) zur Handschrifterkennung wechseln.

Abbildung 12.12 zeigt die verschiedenen Tastaturmodi: NORMALE TASTATUR ❶, GETEILTE TASTATUR ❷, HANDSCHRIFTERKENNUNG ❸ und ERWEITERTE TASTATUR ❹. Darüber hinaus finden Sie hier auch einen Link zur SPRACHEINSTELLUNG, falls Sie in einer anderen Sprache weiterarbeiten möchten. Wählen Sie hier die HANDSCHRIFTERKENNUNG ❸ aus. Die Darstellung der Tastatur verändert sich, und es wird Ihnen der einzeilige Eingabebereich der Handschrifterkennung angezeigt (Abbildung 12.13).

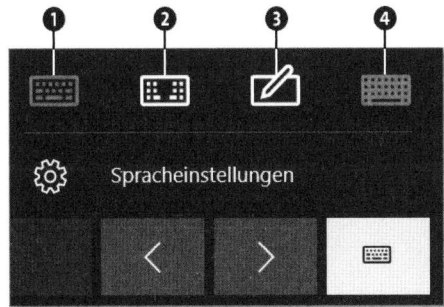

Abbildung 12.12 Auswahl der Tastaturdarstellung

Abbildung 12.13 Handschrifterkennungstastatur

Dieser Eingabebereich bietet nicht nur eine lange Zeile, in die Sie Ihren Text schreiben können, sondern auf der rechten Seite noch ein paar virtuelle Tasten, die Sie bei der Handschrifteingabe unterstützen können: eine Löschtaste ❺, eine Eingabe- bzw. ⏎-Taste ❻ und eine
Leertaste ❼. In Windows 8.1 gab es noch virtuelle Tasten für Sonderzeichen, zur Navigation
und eine Tabulatortaste, die leider in Windows 10 allesamt verschwunden sind, zumindest
was die diesem Buch zugrunde liegende Build 10240 anbelangt. Aber dafür hat sich die Handschrifterkennung deutlich verbessert, wie wir an zwei Beispielen zeigen wollen. Einerseits
haben wir einmal das Wort »Rheinwerk« geschrieben (Abbildung 12.14), oder eher gekritzelt,
und ein paar Sonderzeichen mit dem Stift in die Eingabezeile geschmiert (Abbildung 12.15),
die aber dennoch erstaunlich schnell richtig erkannt wurden ❽.

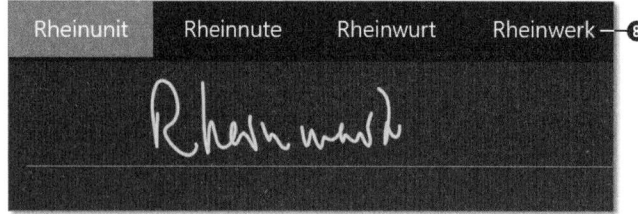

Abbildung 12.14 Handschrifteingabe des Wortes »Rheinwerk«

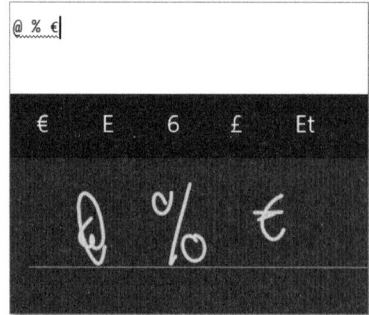

Abbildung 12.15 Handschrifteingabe der Sonderzeichen »@«, »%« und »€«

Zahlen und Sonderzeichen können Sie also auch während der normalen Handschrifteingabe mitschreiben. Es erfordert mitunter nur etwas Übung, bis Windows sicher zwischen einer *Eins* und einem »*I*« unterscheiden kann. Dafür ist es kein so weiter Weg mehr, bis Sie in der Lage sind, ein erkennbares kaufmännisches &-Zeichen zu schreiben.

Hier erhalten Sie Hilfsfunktionen zum Korrigieren, Löschen, Teilen und Verknüpfen von Wörtern. Klicken Sie einmal auf die einzelnen Hilfsfunktionen, und kleine Animationen zeigen Ihnen, wie sie funktionieren.

Gut gerüstet können Sie jetzt mit der Handschrifteingabe beginnen. Bei der Nutzung eines Stifts sehen Sie am oberen Rand der Eingabezeile sofort die von der Handschrifterkennung erkannten Worte – und damit sehen Sie direkt, ob Sie ein Wort wiederholen müssen oder ob es in der Auswahl dabei ist. Die Art und Technik der Worteingabe ist hier extrem ähnlich der am Windows Phone, nur dass Sie dort Buchstaben auf dem Touchscreen tippen. Oft vertippt man sich dabei auch, und Windows versucht dann das gewünschte Wort zu erraten, auch im Kontext der vorhergegangenen Worte – was nach unserer Beobachtung nach meist sehr gut gelingt. Selbst das Beispiel aus Abbildung 12.16 wird von Windows noch richtig erkannt.

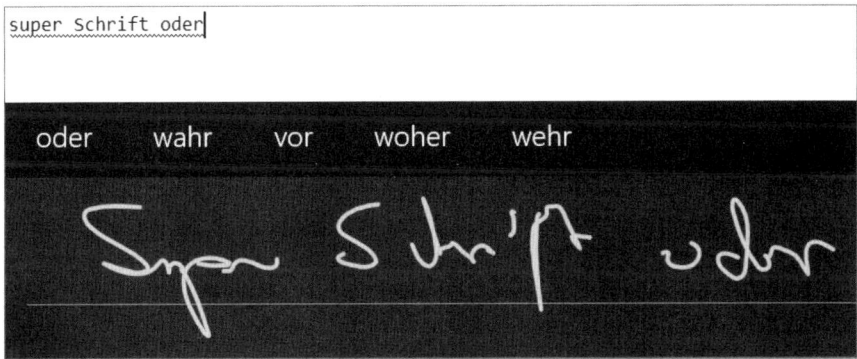

Abbildung 12.16 Eingabe mit Korrekturvorschlägen

Sie sehen hier, wie die Handschrifterkennung in der Praxis aussehen kann. Oberhalb der handgeschriebenen Worte finden Sie die ermittelten Wortvorschläge von Windows. Wählen Sie nichts anderes aus, wird der erste Vorschlag beim Weiterschreiben übernommen. Es ist sicher nicht so, dass jemand von Ihnen verlangt, diese Handschrift zu entziffern, das kann Windows selbst sehr gut, aber vergleichen Sie doch einmal den geschriebenen Text mit den ermittelten Ergebnissen – das ist schon eine enorm gute Wiedererkennungsleistung von Windows! Wenn Sie sich verschrieben haben oder merken, dass das Geschriebene schwer oder nicht lesbar ist, können Sie es mit dem Stift von rechts nach links durchstreichen, und die Eingabe verschwindet.

Oft passiert es auch, dass Sie ein Wort wie »Handschrifterkennung« schreiben, aber nach »Handschrift« absetzen müssen, um den Stift nachzuführen. Wenn Sie jetzt »erkennung«

schreiben, macht Windows daraus unter Umständen zwei Wörter. Idealerweise schlägt Windows aber auch oberhalb der Eingabe aus den beiden letzten Wörtern ein zusammenge- schriebenes vor, wenn es das im Wortschatz von Windows gibt. Kommt Windows nicht auf die Idee, aus zwei Wörtern eines zu machen, können Sie mit dem Stift eine Art Verbindungs- linie zwischen den zu verbindenden Wörtern zeichnen, von rechts nach links. Windows ver- sucht dann diese beiden Wörter in eines zu packen. Der Windows-Wortschatz bzw. Ihr Windows-Wortschatz wächst übrigens mit der Nutzung der Handschrifterkennung – sofern Sie mit einem Microsoft-Konto angemeldet sind. Jetzt sammelt Cortana Informationen über Ihre Handschrift und Ihre häufig verwendeten oder speziellen Worte und kann aufgrund dessen nach kurzer Zeit noch besser Wörter erkennen.

Da Sie wahrscheinlich selten im relativ simplen *Microsoft Editor* schreiben werden, sondern eher in einem Textverarbeitungsprogramm wie *Microsoft Word* oder in einem Mail-Pro- gramm, wie der *Mail*-App oder *Microsoft Outlook,* werden Sie zusätzlich durch die Anwen- dungsprogramme und deren Rechtschreibkorrektur unterstützt.

12.4.2   Eingaben mit dem Finger

Grundsätzlich funktioniert die Handschrifterkennung auch mit dem Finger. Die Funktionen und die Darstellung der Tastatur sind genau gleich wie bei der Stifteingabe. Voraussetzung ist allerdings, dass Sie über einen Touchscreen verfügen, da ansonsten keine Fingereingaben angenommen werden können.

Der wesentliche Unterschied zwischen der Handschrifteingabe mit dem Stift und mit dem Finger ist die optische Rückmeldung, die beim Stift präziser ist und sich viel gewohnter anfühlt. Der Finger hat eine recht breite Auflagefläche, und daher sieht das Schriftbild bei der Eingabe auch eher so aus, als hätten Sie einen besonders breiten Edding-Stift für die Beschrif- tung eines Post-it-Zettels verwendet. Aber keine Sorge: Es geht, sogar sehr gut, nur ist die Rückmeldung nicht ganz so präzise. Je nach Qualität des Eingabestifts könnten Sie auch die Drucksensitivität der Eingabe vermissen – aber sie hilft nicht bei der Handschrifterkennung. Bessere Eingabestifte unterscheiden die Andruckstärke auf dem Bildschirm oder Tablet und können damit dickere oder dünnere Linien zeichnen. Es gibt aber auch bereits Bildschirme, die in der Lage sind, die Andruckstärke des Fingers zu ermitteln – und somit auch druck- sensitiv sein können.

12.5   Power-Notizen mit Windows-Journal

Ein eher im Verborgenen weilendes Programm, das Windows 10 beiliegt, ist das *Windows- Journal.* Der Name ist irreführend, denn es ist in Wirklichkeit ein sehr guter Notizblock, der insbesondere im Zusammenspiel mit einem Eingabestift oder einem externen Grafiktablet eine enorm gute Figur macht.

Öffnen Sie *Windows-Journal* wie folgt:

▸ Drücken Sie ⊞ + ⒬, geben Sie Windows Journal ein, und drücken Sie dann ⏎.

▸ Oder tippen Sie im Tablet-Modus auf die Lupe unten links, wo Sie ebenfalls Windows Journal eingeben und dann auf das Ergebnis tippen, das unter der Suche angezeigt wird.

Nachdem Windows-Journal gestartet ist, werden Sie zunächst gefragt, ob Sie den Windows-Journalnotizdruck installieren möchten (Abbildung 12.17).

Abbildung 12.17 Sie müssen noch den Treiber für Journalnotizdruck installieren.

Dieser Drucker sollte installiert werden, da es ansonsten zu Problemen beim Druck der Journalnotizen kommen kann. Gerade in älteren Windows-Versionen war dies oft der Fall.

Klicken Sie auf INSTALLIEREN und im folgenden Dialog der Benutzerkontensteuerung auf JA. Nach erfolgreicher Installation klicken Sie auf SCHLIESSEN (Abbildung 12.18).

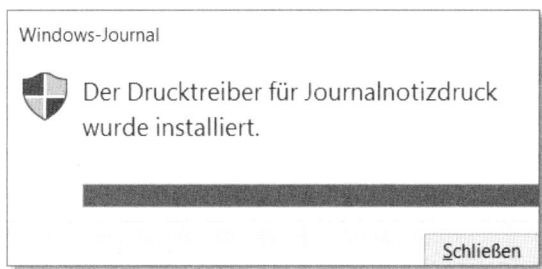

Abbildung 12.18 Erfolgreiche Installation des Journalnotizdruckertreibers

Windows-Journal bietet eine sehr schlichte und gerade bei Stifteingabe sehr direkte und verzögerungsfreie Zeichenoberfläche, mit der sich sehr gut einfache Skizzen und Zeichnungen anfertigen lassen (Abbildung 12.19).

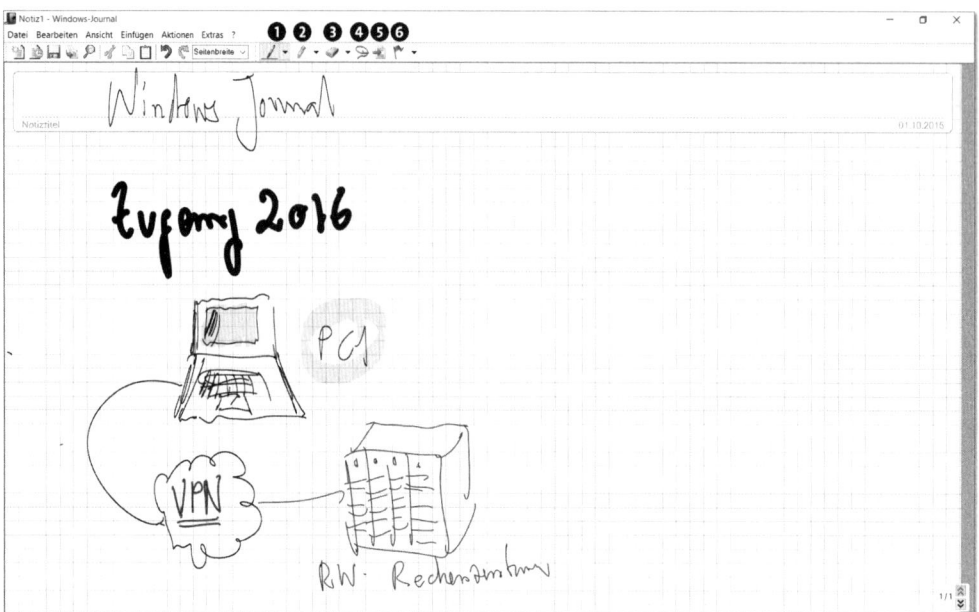

Abbildung 12.19 Eine Notiz in Windows-Journal

Die Palette an Werkzeugen ist zwar sehr begrenzt, aber reicht für Notizen allemal aus. Sie können zwischen verschiedenen Stifttypen ❶ und verschiedenen Textmarkern ❷ wählen, die Sie sogar selbst in Farbe und Stärke nach Ihren Bedürfnissen konfigurieren können. Darüber hinaus bietet das Journal einen Radierer ❸, ein Pfadauswahlwerkzeug ❹, ein Tool zum Einfügen von Abständen ❺ und die Möglichkeit, Markierungen ❻ zu setzen.

Sowohl der Stift als auch der Textmarker haben fünf verschiedene Voreinstellungen, die Sie auswählen (Abbildung 12.20) oder – wenn Sie Ihnen nicht gefallen – auch ändern können (Abbildung 12.21).

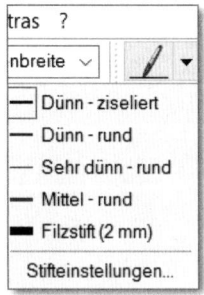

Abbildung 12.20 Auswahl aus fünf verschiedenen Stiften

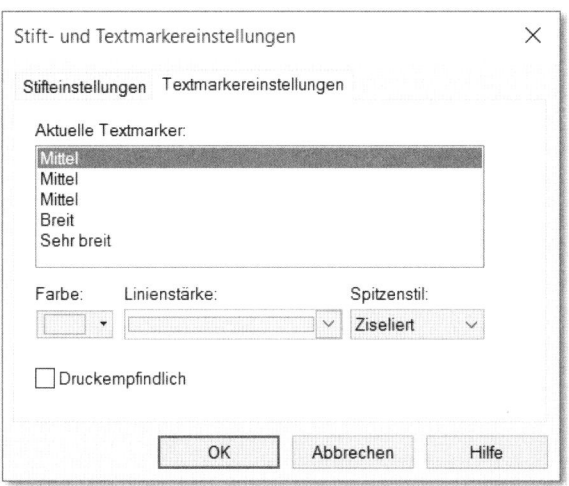

Abbildung 12.21 Anpassung von Stift oder Textmarker

Notizen, die Sie mit Windows-Journal angefertigt haben, können Sie im Menü DATEI (Abbildung 12.22) speichern oder drucken und mit EXPORTIEREN ALS... auch in eine TIFF-Datei speichern, die Sie in anderen Programmen einbetten können. Im Menü DATEI verbirgt sich noch eine kleine Zugabe: Sie können auch eine neue Notiz aus einer Vorlage öffnen. Vorlagen gibt es für Aufgaben, Kalender etc., und sie machen beispielsweise das Skizzieren von Dienstplänen auf dem Touchpad mit dem Stift sehr einfach – Sie müssen den Plan danach nur noch ausdrucken, und schon sind Sie fertig. Dieser Dienstplan wirkt zudem noch viel sympathischer, weil er wie von Hand geschrieben aussieht.

Abbildung 12.22 Das Menü »Datei« im Windows-Journal

12.6   Eingabe mathematischer Formeln

Gerade für die Erfassung mathematischer Formeln eignet sich die Stifteingabe. Wir werden hier keinen Kursus in höherer Mathematik starten, aber an einem Beispiel zeigen, wie einfach und gut sich mit einem Stift mathematische Formeln erstellen lassen.

1. Öffnen Sie zunächst den *Mathematik-Eingabebereich*, indem Sie auf ⊞ + Q klicken bzw. in das Suchfeld unten in der Taskleiste bzw. direkt die Cortana-Lupe anklicken.

2. Geben Sie `Mathematik Eingabe` ein, wenn Sie die Tastatur nutzen, und bestätigen Sie mit ↵.

3. Im Tablet-Modus können Sie direkt auf die Lupe in der Taskleiste unten links klicken oder tippen und dort `Mathematik Eingabe` eingeben. Wählen Sie in den Suchergebnissen den MATHEMATIK EINGABEBEREICH aus. (Wenn Sie den Bereich mit der Tastatur ausgewählt haben und ↵ gedrückt haben, ist er bereits geöffnet, Abbildung 12.23).

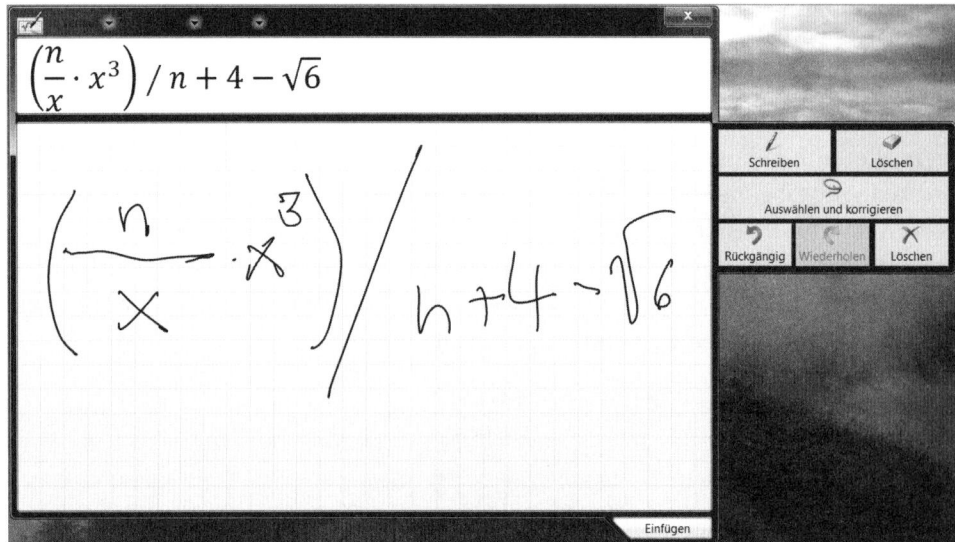

Abbildung 12.23 Der »Mathematik Eingabebereich«

Hier können Sie (mathematische Kenntnisse und ein wenig Übung sind natürlich hilfreich) Formeln so mit dem Stift schreiben, wie Sie sie auch auf Papier niedergeschrieben hätten.

Ihnen stehen verschiedene Werkzeuge zur Verfügung, mit denen Sie die Eingabe präzisieren oder korrigieren können: ein Umschalter zwischen SCHREIBEN und LÖSCHEN, ein Schalter zum AUSWÄHLEN UND KORRIGIEREN, die Tasten RÜCKGÄNGIG und WIEDERHOLEN sowie LÖSCHEN. Am unteren Rand gibt es noch die Schaltfläche EINFÜGEN. Wenn Sie einen Stift besitzen, der eine eingebaute Radierspitze hat, können Sie auch damit löschen und müssen nicht umschalten. Der Schalter AUSWÄHLEN UND KORRIGIEREN bietet Ihnen Vorschläge zu dem Teil der Formel an, den Sie zuvor mit diesem Werkzeug eingekreist haben (Abbildung 12.24).

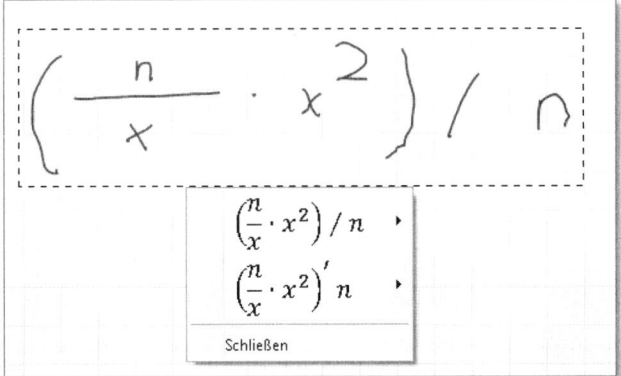

Abbildung 12.24 Ausgewählter Korrekturbereich mit Vorschlägen

12

Ist Ihre Formel fertig erstellt, können Sie diese beispielsweise in Microsoft Word einfügen. Öffnen Sie dazu Word, klicken Sie im Menüband (*Ribbon*) EINFÜGEN auf FORMEL, und klicken Sie dann im MATHEMATIK EINGABEBEREICH auf EINFÜGEN (Abbildung 12.25). Ihre Formel ist jetzt in Word und kann dort weiterverwendet werden.

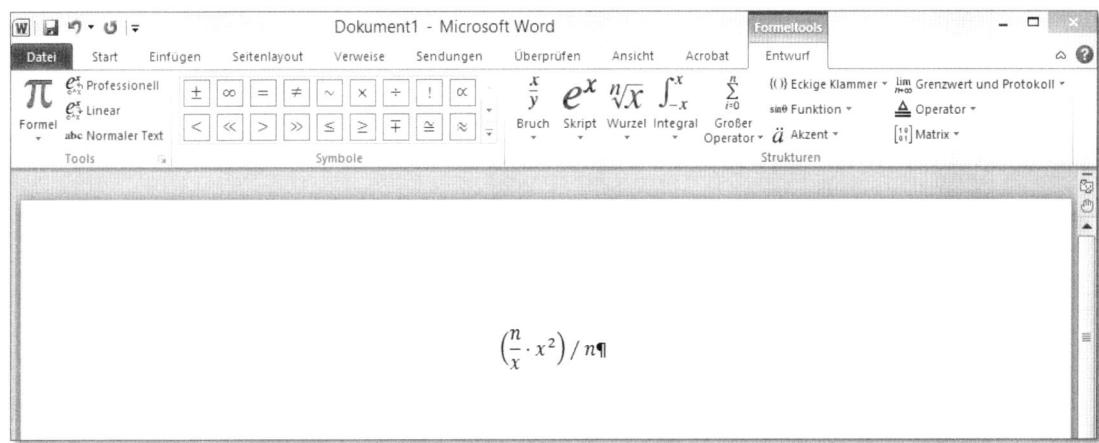

Abbildung 12.25 Hier haben wir die erstellte Formel in Word eingefügt.

12.7   Sprachsteuerung

Vielleicht ist Ihnen der Begriff *HID* schon einmal im Geräte-Manager von Windows aufgefallen. HID steht für *Human Interface Device*, also für *menschliches Eingabegerät*. Und welche Eingabegeräte könnten menschlicher sein als unser Körper (also Hände, Arme, Beine etc.) oder die menschliche Stimme? Im Geräte-Manager sind unter HID somit alle Eingabegeräte gemeint, die als Schnittstelle zwischen Mensch und Computer dienen: Tastaturen, Mäuse etc. Windows 10 bietet weiterhin, neben der neuen Sprachassistentin Cortana, die weit mehr ist als nur eine Spracheingabe oder Sprachausgabe, auch eine separate Spracheingabefunktion an. Diese befand sich zur Drucklegung dieses Buches zwar immer noch auf dem Evolutionsstand von Windows Vista, ist jedoch schon relativ ausgewachsen. Eher drängt sich in Windows 10 der Eindruck auf, die Spracheingabe könnte Cortana bald gänzlich weichen. Hier zeigen wir Ihnen, wie Sie Ihren Computer mit der Sprache steuern, ihm Befehle innerhalb von Anwendungen erteilen oder gar diktieren können. Vor allem stellen wir Ihnen die wichtigen und guten Assistenten vor, mit deren Hilfe Windows Sie besser verstehen lernt.

Mikrofon einrichten

Damit Windows Sie optimal versteht, empfehlen wir Ihnen, das Lernprogramm für die Spracherkennung zu absolvieren.

Starten Sie es, indem Sie ⊞ + Q drücken, Spracher eingeben und dann ↵ drücken. Alternativ können Sie den Begriff Spracher im SUCHFELD der Taskleiste eingeben (Abbildung 12.26).

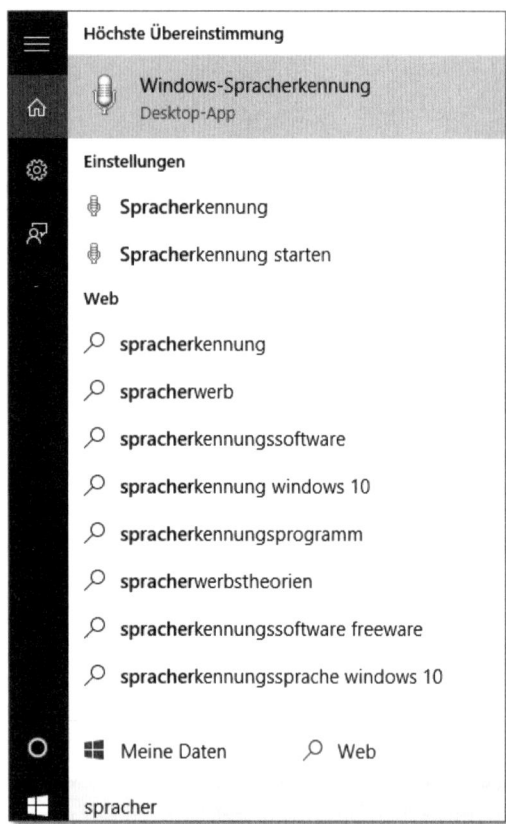

Abbildung 12.26 Öffnen der Spracherkennung

Klicken Sie im Startdialog des Einleitungsfensters SPRACHERKENNUNG EINRICHTEN auf WEITER, und wählen Sie in der folgenden Auswahl Ihren Mikrofontyp aus (Abbildung 12.27).

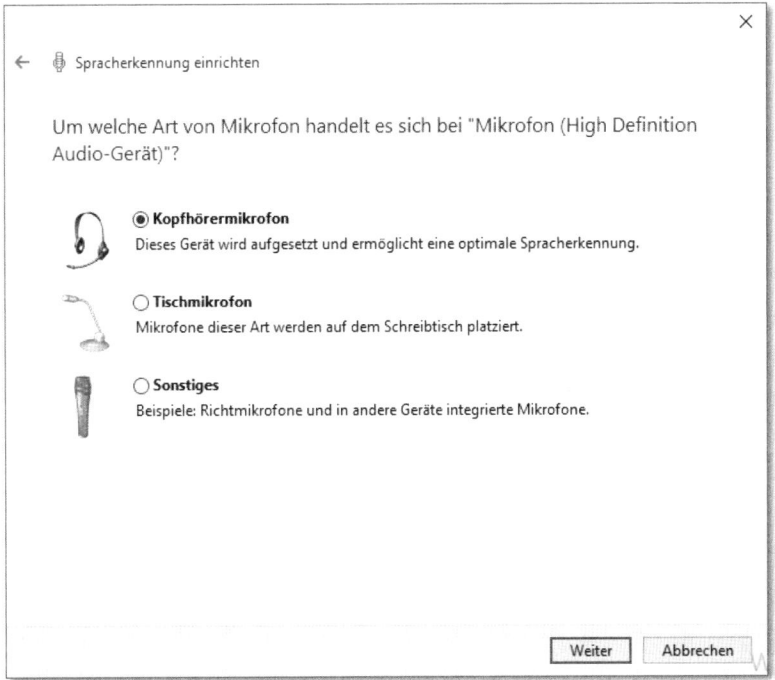

Abbildung 12.27 Auswahl des Mikrofons

Idealerweise sollten Sie für die Spracheingabe ein KOPFHÖRERMIKROFON, landläufig *Headset* genannt, verwenden.

Wenn Sie ein im Laptop oder Tablet eingebautes Mikrofon verwenden möchten, empfiehlt sich die Auswahl von TISCHMIKROFON.

Klicken Sie nach der Auswahl auf WEITER. Im nächsten Schritt testet die Spracherkennung, ob Ihr Mikrofon empfindlich genug ist, um sich für die Spracheingabe zu eignen (Abbildung 12.28).

Positionieren Sie Ihr Kopfhörermikrofon bzw. Ihr Notebook/Tablet so, dass Sie sich nicht zu weit vom Mikrofon entfernt befinden. Optimal bei Headsets sind ca. 3 bis 5 cm, also so, wie Sie es vielleicht von Freisprechsets für das Handy kennen. Das im Tablet oder Notebook eingebaute Mikrofon ist für die Verwendung vor Ihnen auf dem Tisch optimiert. Hier passt die Entfernung, die Sie naturgemäß zum Laptop oder Tablet haben, um die Tastatur noch erreichen zu können.

Sprechen Sie jetzt den in Anführungszeichen abgebildeten Satz in das Mikrofon. Wenn die Qualität ausreicht, wird die Schaltfläche WEITER aktiv, die Sie dann auch auswählen sollten.

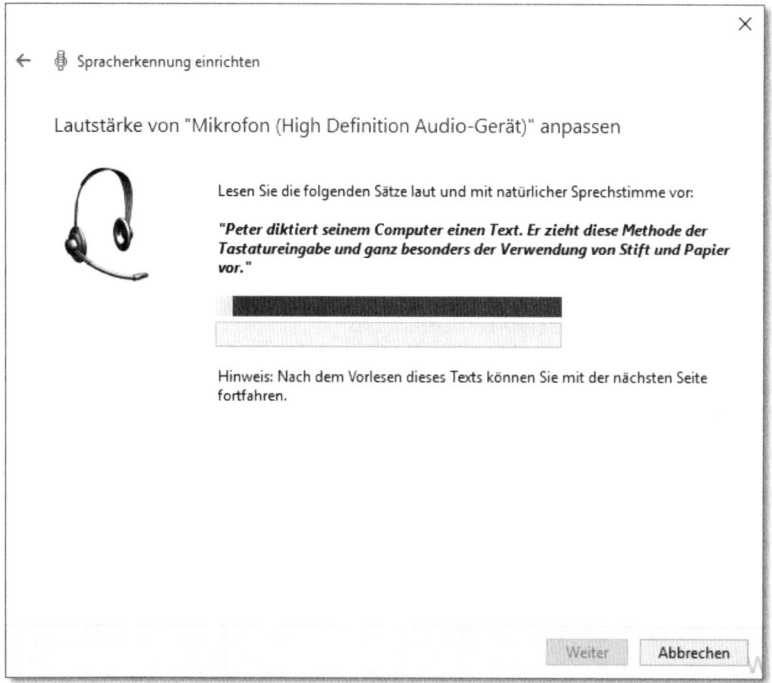

Abbildung 12.28 Empfindlichkeitstest für das Mikrofon

Falls es Probleme gibt, prüfen Sie, ob Ihr Mikrofon korrekt angeschlossen ist. Es eignen sich auch nicht alle Geräte, die im Einzelhandel *Mikrofon* heißen. Die Qualitätsunterschiede sind enorm; und etwas teurere Geräte sind oft auch besser als die billigeren. Wenn Sie sicher sind, dass Ihr Mikrofon richtig eingesteckt ist und es sich zudem um ein qualitativ gutes Gerät handelt, könnte es eventuell noch deaktiviert sein. Klicken Sie mit der rechten Maustaste auf das Lautsprecher-Symbol in der Taskleiste des Desktops, und wählen Sie hier AUFNAHME-GERÄTE (Abbildung 12.29).

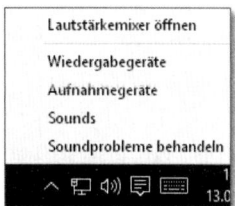

Abbildung 12.29 Öffnen der Eigenschaften für Aufnahmegeräte

Im Dialog aus Abbildung 12.30 prüfen Sie zunächst, ob überhaupt Aufnahmegeräte angezeigt werden. Ist dies nicht der Fall, wurde Ihr Mikrofon von Windows 10 nicht erkannt. Wie Sie Hardware zu Windows 10 hinzufügen, zeigen wir Ihnen in Kapitel 24. Schauen Sie dennoch unter EIGENSCHAFTEN ❷, ob Ihr Mikrofon vielleicht nur deaktiviert ist.

Abbildung 12.30 Eigenschaften für Aufnahmegeräte und Mikrofondetails

In diesem Fenster (in der rechten Hälfte von Abbildung 12.30) sehen Sie die EIGENSCHAFTEN VON MIKROFON. Falls hier GERÄT NICHT VERWENDEN (DEAKTIVIERT) ❸ steht, klicken Sie auf die GERÄTEVERWENDUNG und aktivieren Ihr Mikrofon. Klicken Sie dann auf ÜBERNEHMEN bzw. OK. Jetzt sehen Sie in der rechten Hälfte von Abbildung 12.30 Ihr aktiviertes Mikrofon – das auch schon Pegelausschläge ❶ zeigen dürfte, wenn Sie sprechen. Schließen Sie das Fenster SOUND, indem Sie auf OK klicken oder tippen.

Nachdem Sie den ersten Probesatz für die Spracheingabe erfolgreich aufgesprochen und auf WEITER geklickt haben, ist Ihr Computer grundsätzlich für die Spracheingabe eingerichtet. Windows quittiert die Bereitschaft Ihres Mikrofons mit dieser Meldung: DAS MIKROFON IST NUN EINGERICHTET (Abbildung 12.31).

Abbildung 12.31 Erfolgreiche Mikrofoneinrichtung

Sie können im folgenden Dialog LERNPROGRAMM ÜBERSPRINGEN anklicken, was wir aber nicht empfehlen, oder auf WEITER klicken, um Ihren Computer mit Ihrer Stimme vertraut zu machen und die ersten Übungen für die Spracheingabe durchzuführen.

Im nächsten Schritt fragt die Windows-Spracherkennung, ob Sie Ihre lokal gespeicherten Dokumente scannen lassen möchten, damit eine Art Wörterbuch angelegt werden kann, das Begriffe enthält, die Sie in Ihren Dokumenten verwendet haben (Abbildung 12.33).

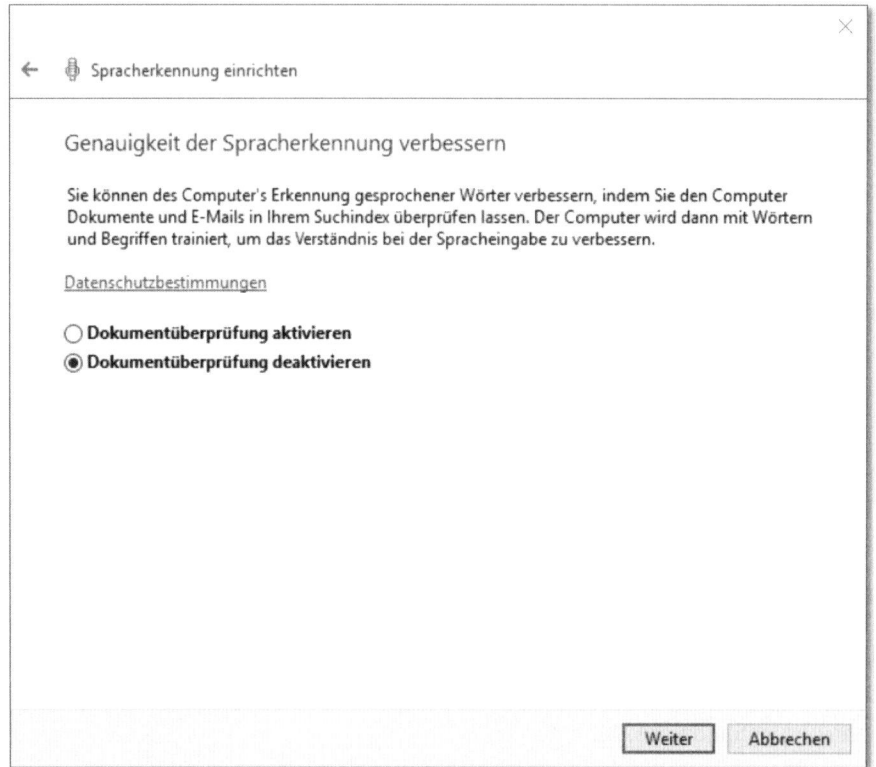

Abbildung 12.32 Dokumentüberprüfung aktivieren oder deaktivieren

Wenn Sie damit einverstanden sind, klicken Sie auf WEITER, ansonsten deaktivieren Sie die Dokumentüberprüfung und klicken dann auf WEITER. Jetzt werden Sie gefragt, wie Sie die Spracherkennung aktivieren möchten (Abbildung 12.33).

▶ Wählen Sie MANUELLEN AKTIVIERUNGSMODUS VERWENDEN, wenn Sie die Spracherkennung mit Tastatur, Maus oder Touchgeste aktivieren möchten.

▶ Wählen Sie STIMMAKTIVIERUNGSMODUS VERWENDEN, wenn Sie die Spracherkennung per Sprache aktivieren möchten.

Nach getroffener Auswahl klicken oder tippen Sie auf WEITER.

Abbildung 12.33 Die Art der Spracherkennungsaktivierung wählen

Im nächsten Schritt bietet die Windows-Spracherkennung Ihnen an, eine *Referenzkarte* mit allen von Windows erkannten Sprachbefehlen auszudrucken. Wenn Sie dies wünschen, klicken Sie auf REFERENZBLATT ANZEIGEN und drucken sich dieses Referenzblatt aus. Wählen Sie anschließend in diesem Assistenten WEITER.

Jetzt werden Sie noch gefragt, ob die Spracherkennung beim Start von Windows ausgeführt werden soll. Beantworten Sie diese Frage Ihren Bedürfnissen entsprechend, und klicken Sie auf WEITER. Geschafft – der erste Assistent für die Spracherkennung ist absolviert! Sie können von hier aus jetzt direkt das ca. 45-minütige Lernprogramm starten, indem Sie auf die Schaltfläche LERNPROGRAMM STARTEN klicken. Sie können das Lernprogramm aber auch überspringen.

Das Sprachlernprogramm ausführen

Wenn Sie nicht unmittelbar aus dem Assistenten für die Einrichtung des Mikrofons kommen, können Sie das *Sprachlernprogramm* auch jederzeit manuell starten. Öffnen Sie dazu die Startseite der *Spracherkennung,* indem Sie auf ⊞ + Q klicken, Spracherk eingeben und dann ↵ drücken (Abbildung 12.34). Alternativ können Sie auch spracherk im SUCHFELD der Taskleiste eingeben und dort die SPRACHERKENNUNG auswählen.

Im Menü aus Abbildung 12.34 steuern Sie alles rund um die *Spracherkennung.* Sie können sie starten ❶ und den Assistenten zur Einrichtung des Mikrofons öffnen ❷. Sie können das SPRACHLERNPROGRAMM AUSFÜHREN ❸; Sie können den COMPUTER TRAINIEREN, DAMIT ER SIE BESSER VERSTEHT ❹, und Sie können auch von hier aus die SPRACHREFERENZKARTE ÖFFNEN ❺, die alle von Windows erkannten Sprachbefehle auflistet.

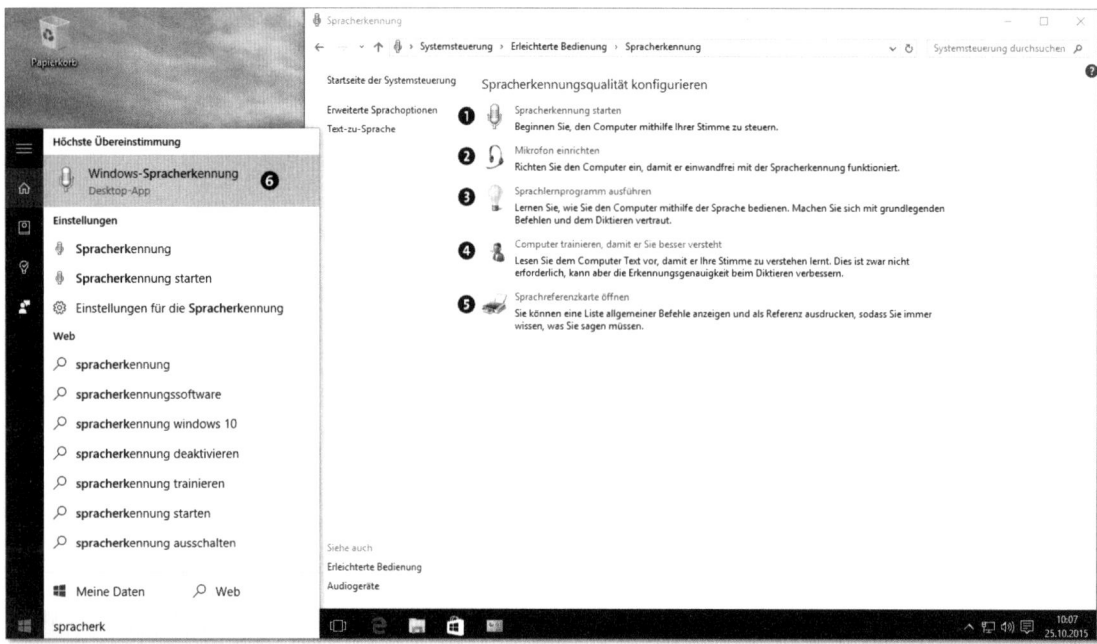

Abbildung 12.34 Starten der Spracherkennung

Klicken oder tippen Sie auf SPRACHLERNPROGRAMM AUSFÜHREN, und starten Sie das *Sprach-lernprogramm*. Zur Drucklegung dieses Buches war diese Funktion für Windows 10 RTM leider nicht verfügbar, allerdings war sie in der Preview-Version von Windows 10 vorhanden und wird möglicherweise überarbeitet (Abbildung 12.35).

Abbildung 12.35 Startseite des Lernprogramms für die Spracherkennung

Zur Drucklegung des Buches stammte das Sprachlernprogramm noch aus Windows Vista-Zeiten, was sich an verschiedenen Übungen innerhalb des ca. 45-minütigen Programms zeigt. Es waren auch einige Fehler im Sprachlernprogramm vorhanden. Dennoch ist es wichtig und hilfreich, den Computer an Ihre Stimme zu gewöhnen. In der diesem Buch zugrunde liegenden Version gibt es das Sprachlernprogramm zwar noch, aber es lässt sich mitunter nur im Anschluss an die Konfiguration der Spracherkennung aufrufen. Vermutlich verschwindet es bald ganz und geht in der neuen Windows-Systemsteuerung Einstellungen unter, in der es bereits Ansätze für die Spracheingabe gibt. Unter Start • Einstellungen • Zeit und Sprache • Sprachein-/ausgabe findet sich schon ein Ansatz für die Sprachsteuerung (Abbildung 12.36).

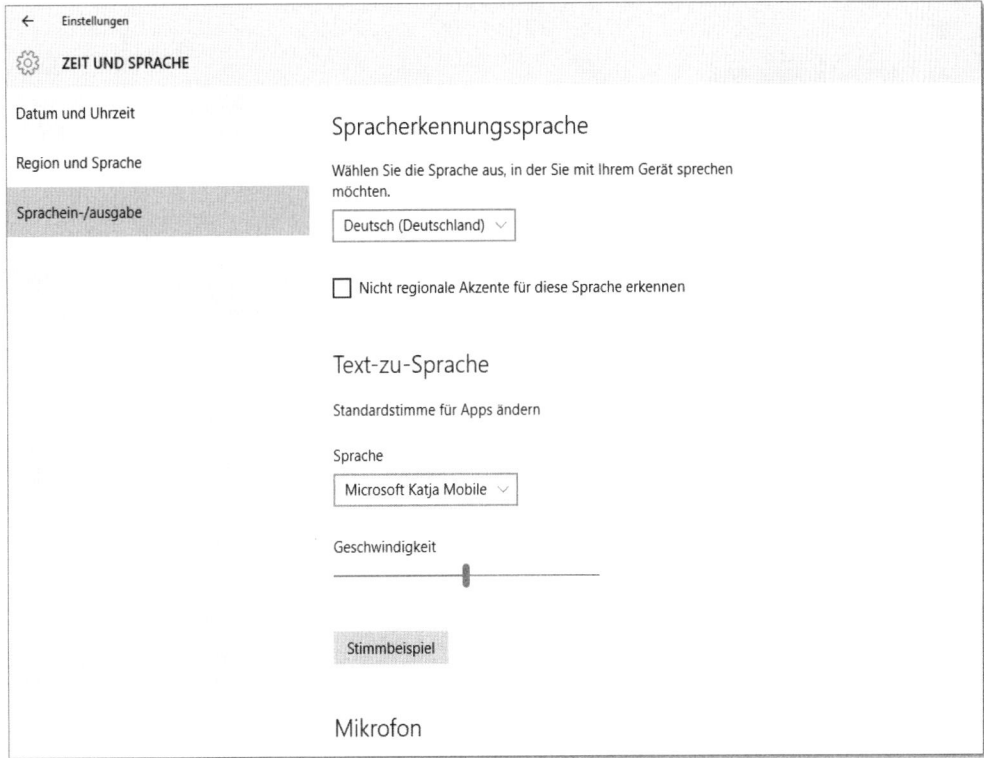

Abbildung 12.36 Die neue Steuerung der Spracheingabe und Sprachausgabe

Klicken Sie in diesem Bildschirm auf Weiter – und lesen Sie zunächst einmal im nächsten Bildschirm die Grundlagen durch. Klicken Sie anschließend erneut auf Weiter. Es folgt eine Seite (Abbildung 12.37), die mit Ein- und Ausschalten überschrieben ist. Lesen Sie die Anleitungen für die Steuerung des Mikrofons aufmerksam durch, schalten Sie die Spracheingabe ein, indem Sie auf das im Assistenten gezeigte Mikrofon klicken, und klicken Sie anschließend auf Weiter.

Abbildung 12.37 Ein- und Ausschaltinformationen der Spracheingabe

Das Sprachlernprogramm ist ein komplexes Lernprogramm, das Sie durch verschiedene Abschnitte führt. Zunächst werden Sie mit den grundlegenden Spracheingaben vertraut gemacht. In weiteren Abschnitten wird Ihnen das Korrigieren von gesprochenem Text gelehrt; Sie lernen Briefe zu diktieren, das Navigieren in Ihrem Windows wird geübt; Ihnen wird gezeigt, wie Sie dem Computer per Sprache Befehle geben und wie Sie Windows-Funktionen per Sprache steuern können.

Insgesamt ist dies ein sehr aufwendiges und umfangreiches Programm, das Sie und Ihren Computer trainiert, damit Sie die Spracheingabe zuverlässig und effizient nutzen können. Wegen der doch recht hohen Komplexität verzichten wir hier auf schrittweise Anleitungen, zumal das Sprachlernprogramm Sie sehr detailliert und einfach durch jeden Schritt führt.

Spracherkennung starten

Nachdem Sie die ersten Schritte in Sachen Spracherkennung getan haben, möchten wir Ihnen in diesem Abschnitt nun noch zeigen, wie Sie die Spracherkennung im täglichen Betrieb starten können. Entweder klicken Sie auf SPRACHERKENNUNG STARTEN (Abbildung 12.34), oder Sie starten die Spracherkennung, indem Sie ▦ + Q drücken bzw. indem Sie in das SUCHFELD in der Taskleiste Spracherk eingeben oder auf ❻ in Abbildung 12.34 tippen. Wenn Sie zuvor Ihr Mikrofon erfolgreich eingerichtet haben, erscheint jetzt die Spracherkennung oben mittig auf Ihrem Bildschirm (Abbildung 12.38). Sie ist zunächst noch ausgeschaltet.

Abbildung 12.38 Geöffnete, noch nicht gestartete Spracherkennung

Wie schon im Sprachlernprogramm klicken oder tippen Sie auf das *Mikrofon-Symbol*, damit Ihnen die Spracherkennung auch zuhört. Ist das Mikrofonsymbol blau hinterlegt, steht ZUHÖREN dort in der Anzeige der Spracherkennung, wo zuvor AUS stand. Jetzt ist die Spracherkennung ganz Ohr und wartet auf Ihre Eingaben und Befehle. Wenn die Spracherkennung Sie kaum oder gar nicht versteht, sollten Sie das Sprachlernprogramm unbedingt durchlaufen. Es hilft enorm, damit Windows Ihre Stimme verstehen kann. Wenn das nicht reicht, starten Sie mit COMPUTER TRAINIEREN, DAMIT ER SIE BESSER VERSTEHT den Assistenten, der im folgenden Abschnitt besprochen wird.

Computer trainieren, damit er Sie besser versteht

Öffnen Sie den Assistenten, der Ihren Computer trainiert, um Sie besser zu verstehen, indem Sie

▶ entweder auf ⊞ + Q klicken, im SUCHFELD Spracherk eingeben, ↵ drücken und SPRACHERKENNUNG STARTEN wählen

▶ oder indem Sie im SUCHFELD in der Taskleiste Spracherk eingeben, um die SPRACHERKENNUNG zu öffnen.

In der Startseite der Spracherkennung (Abbildung 12.34) klicken oder tippen Sie auf COMPUTER TRAINIEREN, DAMIT ER SIE BESSER VERSTEHT ❹. Lesen Sie die ersten Hinweise des Assistenten STIMMTRAINING FÜR DIE SPRACHERKENNUNG (Abbildung 12.39) durch, und klicken Sie auf WEITER.

Abbildung 12.39 Stimmtraining für die Spracherkennung

Im jetzt gestarteten Assistenten werden Sie durch einige Trainingstexte geleitet, die Sie dem Stimmtrainingsassistenten vorlesen sollten. Sprechen Sie dabei nicht zu langsam, natürlich, aber deutlich und möglichst akzentfrei. Stellen Sie sich vor, Sie würden die Tagesschau moderieren.

Der Assistent besteht aus mehreren Seiten mit jeweils einem bis zwei Sätzen. Nach jedem Abschnitt, den Sie erfolgreich aufgesprochen haben, klicken Sie auf WEITER.

Mitunter stockt der Assistent, Sie können ihn dann durch Klicken oder Tippen auf PAUSE anhalten, einen kurzen Moment warten und durch FORTSETZEN wieder starten. In der Regel funktioniert er dann wieder einwandfrei.

Am Ende dieses Assistenten wird Ihnen ein zweiter Trainingsabschnitt (Abbildung 12.40) angeboten, den Sie idealerweise auch durchlaufen sollten.

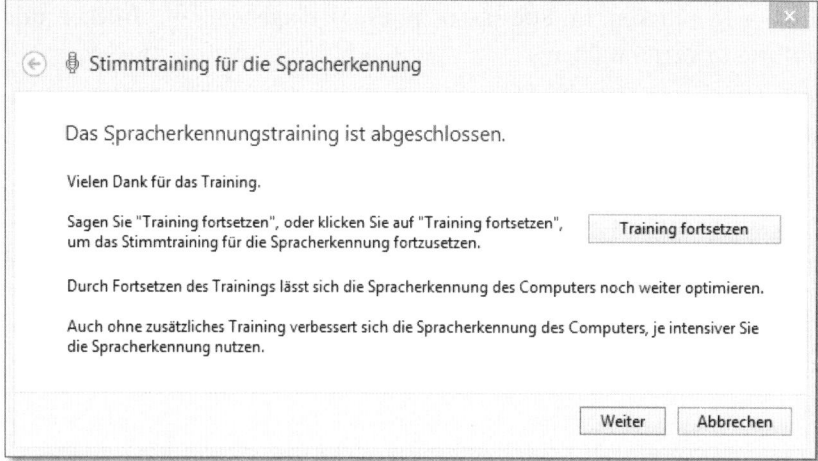

Abbildung 12.40 Fortsetzen des Stimmtrainings

Klicken Sie hier auf WEITER, wenn Sie Ihr Stimmtraining um die zweite Lektion erweitern möchten, oder auf ABBRECHEN. Sie können das Stimmtraining jederzeit wiederholen. Wenn Sie sich für WEITER entschieden haben, wird der Stimmtrainingsassistent in gleicher Weise mit Ihnen weitertrainieren – mit anderen Sätzen, die Sie wiederum jeweils mit WEITER bestätigen, um zum nächsten Satz zu gelangen. Am Ende des zweiten Trainingslaufs sollten Sie ABBRECHEN wählen, denn sonst fängt das Stimmtraining von vorn an.

Sprachreferenzkarte öffnen

Die *Sprachreferenzkarte* kann ein hilfreiches Instrument sein, wenn Sie beginnen, die Spracheingabe intensiver zu nutzen. Hier finden Sie alle Windows-Befehle, die Windows 10 versteht, und mithilfe der Referenzkarte können Sie diese Befehle trainieren oder auch schlicht nachschlagen. Die Liste können Sie öffnen und dann ausdrucken.

Sie erreichen die *Sprachreferenzkarte*, indem Sie

▶ entweder ⊞ + Q drücken, im SUCHFELD Spracherk eingeben, ↵ drücken und SPRACH-ERKENNUNG STARTEN wählen

▶ oder indem Sie im SUCHFELD in der Taskleiste Spracherk eingeben, um die SPRACHERKEN-NUNG zu öffnen.

In der Startseite der Spracherkennung (Abbildung 12.34) klicken oder tippen Sie auf SPRACH-REFERENZKARTE ÖFFNEN ➎. Diese Karte können Sie jetzt auch ausdrucken.

TEIL III

Sicherheit – ganz einfach

Kapitel 13
Die Windows-Firewall sinnvoll einsetzen

Die Windows-Firewall hält – richtig konfiguriert – ungebetene Gäste fern und hindert ET daran, ungefragt nach Hause zu telefonieren.

Praktisch seit es Computer gibt, versuchen heimtückische Eindringlinge, unbefugt fremde Rechner zu kompromittieren. Ein erfolgreicher Angriff hat in der Regel schwerwiegende Folgen: vom simplen Klau der persönlichen Unterlagen über Funktionsstörungen des Rechners und Manipulation bis hin zu blinder Zerstörung der gespeicherten Daten – die Einschränkungen für den leidtragenden Benutzer können beträchtlich sein.

Die Windows-Firewall hat seit ihrer Einführung in Windows XP eine beachtliche Entwicklung hingelegt. Mit ein- und ausgehenden Regelwerken kontrollieren Sie den Datenverkehr ganz nach Ihren Bedürfnissen und wenden dabei die Windows-eigenen Netzwerkprofile als übergeordnete Filter an. Durch vorkonfigurierte Regelgruppen steuern Sie komplexe Regelwerke einfach und sicher, und die Protokollierung informiert Sie jederzeit darüber, welche Pakete durch Ihre Netzwerkschnittstelle gesendet werden.

13.1   Neuerungen in der Windows-Firewall

Die Windows-Firewall galt bereits unter Windows 7 als eine für ihre vorgesehenen Zwecke sehr ausgereifte Anwendung. In Windows 8 wurden nur noch punktuell Änderungen implementiert, und auch unter Windows 10 finden sich Neuerungen, die eher für Power-User, Administratoren und in Unternehmensnetzwerken interessant sind. Diese Änderungen umfassten:

13.1.1   Umgang mit Windows Store-Apps

Bereits in Windows 8 hielten die sogenannten *Windows Store-Apps* Einzug auf Ihrem Rechner. Daher beherrscht auch die Windows-Firewall den Umgang mit diesen Apps. Firewall-Regeln können gezielt auf bestimmte App-Pakete (z. B. die Fotos-App) angewendet werden (Abbildung 13.1). Als erweiterte Filterbedingungen kommen fein granulierte App-Funktionen, wie z. B. der Zugriff auf die Dokumentenbibliothek, zum Einsatz.

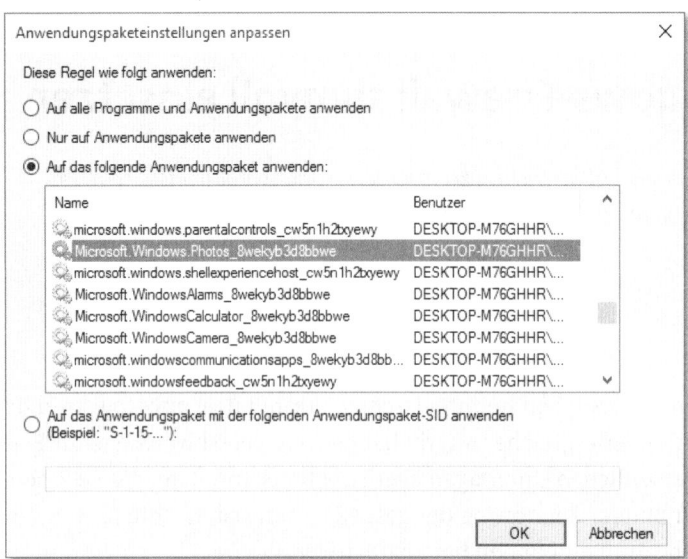

Abbildung 13.1 Unterstützung für Windows Store-Apps als Filter

13.1.2   Unterstützung von IKEv2

Das Protokoll IKE (*Internet Key Exchange*) ist ein Bestandteil der IPsec-Implementierung. IPsec ist ein ganzer Protokollstapel, der es Rechnern ermöglicht, sicher untereinander zu kommunizieren. Um verschlüsselte Daten austauschen zu können, benötigen beide Kommunikationspartner einen Schlüssel. Dieser Schlüssel wird entweder manuell eingetragen oder mithilfe mathematischer Algorithmen auf beiden Seiten errechnet. Diese Berechnung ist Bestandteil von IKE.

Bis Windows 7 wurde in der Windows-Firewall IKE Version 1 unterstützt. Die Nachfolgeversion IKE Version 2 (IKEv2) verschlankt das IKE-Protokoll hinsichtlich seiner Komplexität deutlich und fügt einige Funktionen hinzu. So werden z. B. bei IKEv2 nur noch vier statt acht initiale Nachrichten ausgetauscht, die Überquerung von NAT-Routern wird unterstützt, und Mobilitätsfunktionen (MOBIKE) wurden hinzugefügt. Windows 7 unterstützte IKEv2 bereits mit seiner VPN-Reconnect-Funktionalität, die es ermöglicht, unterbrochene VPN-Verbindungen automatisch wieder aufzunehmen – jedoch nicht in IPsec-gesicherten Verbindungen, die mithilfe der Firewall gesteuert werden.

Mithilfe der Windows-Firewall können Sie IPsec-geschützten Datenverkehr zwischen Rechnern ohne VPN (*Virtual Private Network*) realisieren, indem Sie bestimmte Computer oder Dienste mithilfe spezieller Regeln auffordern oder gar zwingen, IPsec zu nutzen. Diese Regeln werden als *Verbindungssicherheitsregeln* bezeichnet. Seit Windows 8 beherrscht das System nun auch die Funktionalität der IKE Version 2 in seiner Firewall.

IKEv2-Verbindungssicherheitsregeln können derzeit nur mit der PowerShell-Kommandozeile erstellt werden. Die Implementierung von IPsec-Regeln zu erklären, würde den Umfang eines Anwenderhandbuchs sprengen; wir verzichten daher hier darauf. Jedoch stellen wir Ihnen das Kapitel »Eine Einführung in die Verbindungssicherheit mit IPSec« als Bonus-Content unter der Internetadresse *http://win10buch.lernschmiede.de* sowie auf der Bonus-Seite zum Buch auf der Verlagswebsite zur Verfügung.

13.1.3   PowerShell-Unterstützung

Die Windows PowerShell ist ein sehr leistungsfähiger Kommandozeileninterpreter. Eine Einführung in die Windows PowerShell finden Sie in Kapitel 25. Wie Sie in Abbildung 13.2 sehen, ist es seit Windows 8 nun auch möglich, die Windows-Firewall mit der PowerShell zu verwalten. Einige erweiterte Funktionen sind sogar ausschließlich mit der PowerShell zu konfigurieren. Eine Übersicht der angebotenen Cmdlets können Sie in einer PowerShell mit dem Kommando

```
Get-Command -Noun *firewall*
```

aufrufen.

```
Windows PowerShell
PS C:\> get-command -Noun *firewall*

CommandType     Name                                    Version     Source
-----------     ----                                    -------     ------
Function        Copy-NetFirewallRule                    2.0.0.0     NetSecurity
Function        Disable-NetFirewallRule                 2.0.0.0     NetSecurity
Function        Enable-NetFirewallRule                  2.0.0.0     NetSecurity
Function        Get-NetFirewallAddressFilter            2.0.0.0     NetSecurity
Function        Get-NetFirewallApplicationFilter        2.0.0.0     NetSecurity
Function        Get-NetFirewallInterfaceFilter          2.0.0.0     NetSecurity
Function        Get-NetFirewallInterfaceTypeFilter      2.0.0.0     NetSecurity
Function        Get-NetFirewallPortFilter               2.0.0.0     NetSecurity
Function        Get-NetFirewallProfile                  2.0.0.0     NetSecurity
Function        Get-NetFirewallRule                     2.0.0.0     NetSecurity
Function        Get-NetFirewallSecurityFilter           2.0.0.0     NetSecurity
Function        Get-NetFirewallServiceFilter            2.0.0.0     NetSecurity
Function        Get-NetFirewallSetting                  2.0.0.0     NetSecurity
Function        New-NetFirewallRule                     2.0.0.0     NetSecurity
Function        Remove-NetFirewallRule                  2.0.0.0     NetSecurity
Function        Rename-NetFirewallRule                  2.0.0.0     NetSecurity
Function        Set-NetFirewallAddressFilter            2.0.0.0     NetSecurity
Function        Set-NetFirewallApplicationFilter        2.0.0.0     NetSecurity
Function        Set-NetFirewallInterfaceFilter          2.0.0.0     NetSecurity
Function        Set-NetFirewallInterfaceTypeFilter      2.0.0.0     NetSecurity
Function        Set-NetFirewallPortFilter               2.0.0.0     NetSecurity
Function        Set-NetFirewallProfile                  2.0.0.0     NetSecurity
Function        Set-NetFirewallRule                     2.0.0.0     NetSecurity
Function        Set-NetFirewallSecurityFilter           2.0.0.0     NetSecurity
Function        Set-NetFirewallServiceFilter            2.0.0.0     NetSecurity
Function        Set-NetFirewallSetting                  2.0.0.0     NetSecurity
Function        Show-NetFirewallRule                    2.0.0.0     NetSecurity
```

Abbildung 13.2 Windows-Firewall-Verwaltung mit der PowerShell

In Windows 10 stehen viele vordefinierte App-Paketregeln bereit, die eingehende Verbindungen zu den von Microsoft bereitgestellten Apps zulassen. Ansonsten beschränkt sich die Firewall in Windows 10 auf Kosmetik – wenn auch sehr auffällige: Während in früheren Versionen die Inaktivität einer Regel durch eine abgeblendete »ausgegraute« Farbschraffierung angezeigt wurde, sind deaktivierte Regeln in Windows 10 nunmehr weiß, wie in Abbildung 13.3 dargestellt. Somit kommen aktivierte Regeln mit einem grünen Icon wesentlich besser zur Geltung.

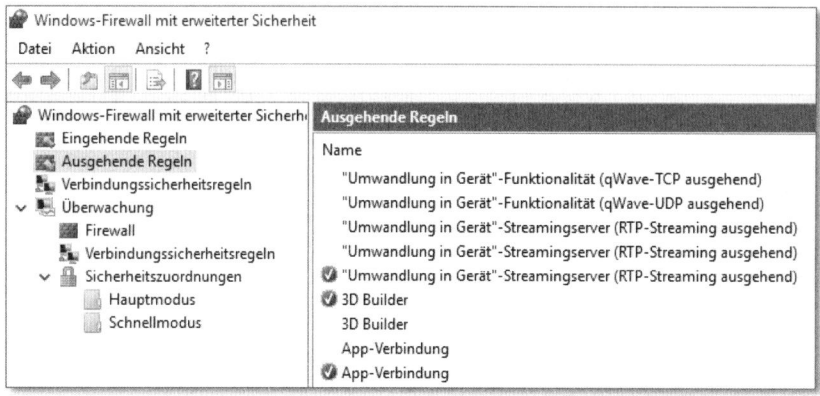

Abbildung 13.3 Aktivierte und deaktivierte Regeln werden in Windows 10 deutlicher dargestellt.

Da Microsoft das Betriebssystem in den ausgerufenen Zeiten des *Rapid Development* (dt. *rasante Entwicklung*) immer schneller anpasst, ist die genaue Definition der vordefinierten Regeln und neu hinzugekommenen Regeln zeitpunktabhängig und bei Erscheinen dieses Buches unter Umständen nicht mehr aktuell. Im Falle eigens angepasster Regelwerke bedeutet dies, nach jedem Update und jeder Installation die Firewall-Einstellungen auf neu hinzugefügte Firewall-Regeln zu überprüfen. Das mag unrealistisch anmuten, ist aber der einzige Weg, unerwünschte Regeln durch Applikationen und Feature-Updates in Schach zu halten.

13.2   Wie funktioniert eine Firewall?

Das Bundesamt für Sicherheit in der Informationstechnik (*https://www.bsi.bund.de/DE/Themen/ITGrundschutz/ITGrundschutzKataloge/Inhalt/_content/baust/b03/b03301.html*) definiert eine Firewall wie folgt:

> *»Ein Sicherheitsgateway (oft auch Firewall genannt) ist ein System aus soft- und hardwaretechnischen Komponenten, um IP-Netze sicher zu koppeln. Dazu wird die technisch mögliche auf die in einer IT-Sicherheitsleitlinie ordnungsgemäß definierte Kommunikation eingeschränkt. Sicherheit bei der Netzkopplung bedeutet hierbei die ausschließliche Zulassung erwünschter Zugriffe oder Datenströme zwischen verschiedenen Netzen.«*

Diese doch eher abstrakte Definition einer Firewall beschreibt – vereinfacht gesagt – zwei Dinge:

▶ Eine Firewall regelt den Datenverkehr von und zu einem einzelnen Rechner.

▶ Eine Firewall regelt den Datenverkehr zwischen unterschiedlichen Netzwerken.

Firewall-Begrifflichkeiten

Aus unserer Sicht ist der Begriff *Firewall* nicht unbedingt an IP-Netze gekoppelt. Die Filterung von Datenverkehr betrachten wir eher als allgemeines Konzept – unabhängig von der Verwendung eines konkreten Protokollstapels.

13.2.1   Firewall-Arten unterscheiden

Generell ist eine Firewall ein Programm, das genau für diesen einen Zweck – also das Regeln von Datenverkehr – geschrieben wurde. Das Firewall-Programm kann als eine von vielen Anwendungen auf einem vorhandenen Rechner-Betriebssystem (wie z. B. Windows 10) ausgeführt werden.

Firewalls verfolgen das Ziel, den Datenverkehr zwischen dem Rechner und den direkt angeschlossenen Netzwerken systematisch zu steuern sowie das Betriebssystem und dessen Programme vor unerwünschten eingehenden Verbindungen zu schützen. Firewalls, die direkt auf dem zu schützenden Rechner installiert sind, nennen wir *Personal Firewalls* (Abbildung 13.4).

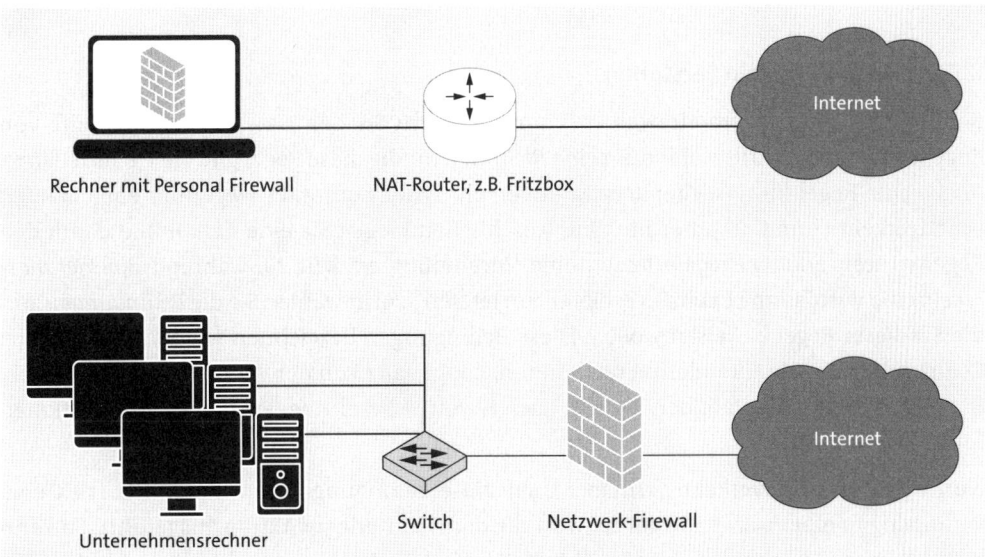

Abbildung 13.4 Vergleich zwischen Personal Firewall und Netzwerk-Firewall

Alternativ zur Personal Firewall, die nur eine Anwendung unter vielen auf dem PC ist, gibt es spezialisierte Rechner, deren Hauptaufgabe darin besteht, ein Firewall-Programm auszuführen. Diese Rechner führen im Allgemeinen speziell angepasste Betriebssysteme aus, und ihre Gehäuseform entspricht nicht zwingend den klassischen PC-Formaten. Die primäre Aufgabe dieser Geräte besteht in der Filterung des Datenverkehrs, der zwischen den unterschiedlichen Netzwerken unterwegs ist. Daher bezeichnen wir diese Produkte als *Hardware-* oder *Netzwerk-Firewall*. Netzwerk-Firewalls sind meist in Unternehmen anzutreffen, um viele PCs vor eingehenden Angriffen zu schützen, aber auch, um ausgehende Verbindungen zu kontrollieren. So verbieten viele Unternehmen ihren Benutzern z. B. den Zugriff auf soziale Netzwerke. Diese Richtlinien werden mithilfe von Firewalls durchgesetzt.

Falls Sie jetzt den Impuls verspüren sollten, loszugehen, um sich eine Netzwerk-Firewall gegen Angriffe aus dem Internet zu besorgen, warten Sie noch einen Augenblick. Ein Sonderfall sind sogenannte *Heimrouter* (z. B. FRITZ!Box), die in privaten Haushalten zumeist als Verbindungsgerät eingesetzt werden.

Heimrouter verstecken die privaten, internen IP-Adressen Ihrer Rechner und übersetzen diese in eine öffentliche IP-Adresse im Internet. Diese sogenannte *Quell-NAT-Funktion (Network Address Translation)* hat einen Nebeneffekt: Standardmäßig sind zwar alle ausgehenden Verbindungen ins Internet erlaubt, aber keine eingehenden Verbindungen vom Internet in Ihr Heimnetzwerk. Obwohl Heimrouter nicht explizit als Firewall-Systeme deklariert sind, wird die NAT-Funktion heute allgemein als Schutzfunktion gegen eingehende Verbindungen aus dem Internet akzeptiert. Weitere Filterfunktionen für die Kommunikation der intern am Heimrouter angeschlossenen Rechner untereinander sind hingegen meist nur sehr rudimentär oder gar nicht implementiert.

13.2.2   Firewall-Regeln verstehen

Bei der Arbeit mit einem Firewall-Programm steuern Sie den Datenverkehr mithilfe von Regeln. Im ersten Schritt wählen Sie eine *Richtung*, für die diese Regel gilt. Sie steuern damit, ob Sie eine Regel für ausgehenden Datenverkehr (vom Computer weg) oder eingehenden Datenverkehr (zum Computer hin) gilt. Anschließend legen Sie eine *Aktion* und damit den Regeltyp fest: *Erlaubnisregeln* lassen eine Verbindung explizit zu, während *Blockierungsregeln* eine Verbindung explizit verbieten. Im letzten Schritt wählen Sie die *Bedingungen* aus, die Sie dieser Regel zuweisen wollen. Diese Bedingungen bezeichnen wir als *Filter*. Welche Bedingungen Sie als Filter definieren können, hängt ganz von der verwendeten Firewall ab. In vielen Programmen können Sie z. B. nach IP-Adressbereichen, Ports oder Applikationen filtern (Abbildung 13.5).

Nun wird der Datenverkehr permanent auf diese Bedingungen hin überprüft. Trifft eine Bedingung in einer aktiven Regel zu, wird die darin hinterlegte Aktion ausgeführt. So kann z. B. der Datenverkehr von oder an eine bestimmte IP-Adresse erlaubt oder unterbunden werden, oder Sie können eine bestimmte Anwendung in der Netzwerkkommunikation einschränken.

Abbildung 13.5 Ein IP-Adressfilter als Bedingung

Wenn für eine Verbindung keine Bedingung zutrifft und somit keine Regel greift, kommt eine sogenannte *Standardregel* zum Einsatz. Standardregeln besprechen wir in Abschnitt 13.3.6.

13.3   Mit der Windows-Firewall arbeiten

Es gibt eine große Bandbreite an Personal Firewall-Programmen der unterschiedlichsten Anbieter. Eine Firewall gab es ab Windows XP SP1 – da war sie aber standardmäßig noch deaktiviert und musste erst manuell aktiviert werden. Erst mit SP2 wurde die Firewall funktional stark erweitert und ohne weiteres Zutun aktiv. Das war übrigens zur Zeit des prominenten Sasser-Wurms (ca. 2004). Damals waren Wählverbindungen ins Internet im Privathaushalt nicht unüblich. Da XP vor SP2 standardmäßig keine aktive Firewall hatte, hatten es Schädlinge oft leicht, Sicherheitslücken auszunutzen. Beim Sasser-Wurm äußerte sich das so, dass der befallene Rechner in einer Endlosschleife heruntergefahren wurde. Mit der Firewall aus SP2 war man vor dem Wurm sicher. Die Windows-Firewall wurde von Version zu Version verbessert und um Funktionen angereichert, sodass Ihnen in Windows 10 ein veritabler Grundschutz gegen unbefugte Verbindungen zur Verfügung steht.

13.3.1   Der Windows-Firewall-Dienst

Die Windows-Firewall basiert auf dem gleichnamigen Windows-Dienst (Abbildung 13.6), der während des Bootvorgangs automatisch gestartet wird. Wenn Sie diesen Dienst beenden, ist die Firewall nicht mehr funktionsfähig! Das bedeutet, Ihr Rechner ist nicht mehr vor eingehenden Verbindungen geschützt.

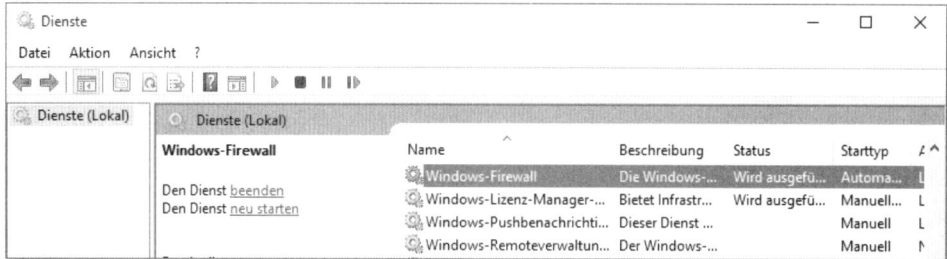

Abbildung 13.6 Der Windows-Firewall-Dienst

Beim Abstellen der Firewall erlischt der Support-Anspruch

Bei Problemen mit der Windows-Firewall, die u. a. daher rühren, dass Sie diesen Dienst abgeschaltet haben, besteht kein Anspruch auf Herstellerhilfe, da das Deaktivieren des Dienstes eine von Microsoft nicht unterstützte (»unsupportete«) Konfiguration darstellt.

Falls Sie die Firewall dennoch zu Zwecken der Diagnose oder Fehlersuche temporär deaktivieren wollen, werden wir im Verlauf des Kapitels das Abschalten der Firewall mithilfe der grafischen Verwaltungswerkzeuge besprechen. Damit können Sie die Firewall beenden, ohne den zugrunde liegenden Dienst abzuschalten.

13.3.2   Die beiden Windows-Firewall-Konsolen

Grundsätzlich konfigurieren Sie den Windows-Firewall-Dienst mit zwei verschiedenen grafischen Werkzeugen:

▸ WINDOWS-FIREWALL

▸ WINDOWS-FIREWALL MIT ERWEITERTER SICHERHEIT

Die Windows-Firewall

Mit dem Systemsteuerungselement WINDOWS-FIREWALL verwalten Sie eingehende Zugriffe auf Programme/Apps. Diese Oberfläche ist klar und verständlich und bietet übersichtliche Einstellmöglichkeiten. So rufen Sie die Firewall-Konsole auf:

▸ Drücken Sie die Taste ⊞, und geben Sie den Suchbegriff Firewall ein. Wählen Sie aus der Ergebnisliste WINDOWS-FIREWALL aus.

Die Windows-Firewall mit erweiterter Sicherheit

Wenn Sie eigene Regeln mit detaillierten Bedingungen erstellen möchten, verwenden Sie die Konfigurationsoberfläche WINDOWS-FIREWALL MIT ERWEITERTER SICHERHEIT. Neben umfangreichen Regelwerken bietet die erweiterte Konsole auch die Möglichkeit, Regeln für die gesicherte Kommunikation mithilfe des IPsec-Protokolls zu erstellen. Die beiden Konsolen sind in Abbildung 13.7 dargestellt.

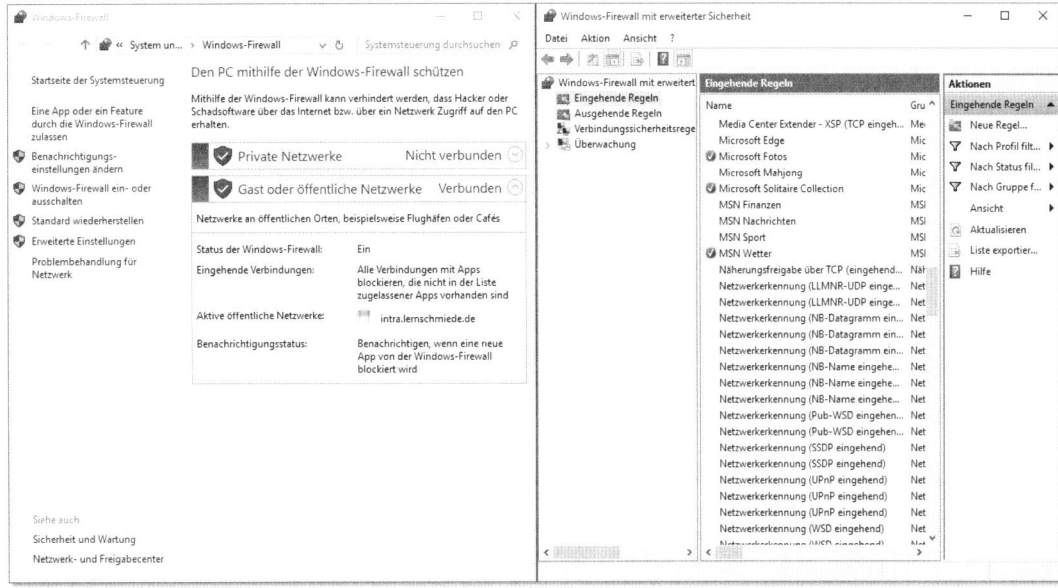

Abbildung 13.7 Vergleich zwischen der normalen und der erweiterten Firewall-Ansicht

Sie können die Firewall-Konsole auf unterschiedliche Arten aufrufen:

▶ Drücken Sie die Taste ⊞, um die Suche aufzurufen, und geben Sie Firewall ein. Wählen Sie den Punkt WINDOWS-FIREWALL MIT ERWEITERTER SICHERHEIT aus.

▶ Drücken Sie die Tastenkombination ⊞ + R, und geben Sie wf.msc ein. Bestätigen Sie Ihre Eingabe mit ↵.

▶ Rufen Sie mit der Tastenkombination ⊞ + X das Schnellstartmenü auf, und klicken Sie auf SYSTEMSTEUERUNG. Doppelklicken Sie auf WINDOWS-FIREWALL. Klicken Sie nun auf der linken Seite den Link ERWEITERTE EINSTELLUNGEN an.

13.3.3   Die Windows-Firewall kennenlernen

Öffnen Sie nun die Windows-Firewall, indem Sie mit der Tastenkombination ⊞ + X das Schnellstartmenü aufrufen, und klicken Sie hier auf SYSTEMSTEUERUNG. Wählen Sie den Link SYSTEM UND SICHERHEIT, und doppelklicken Sie auf WINDOWS-FIREWALL.

In der Konfigurationsoberfläche zur Windows-Firewall erkennen Sie auf den ersten Blick, ob Ihre Firewall aktiv ❶ ist, mit welchen Netzwerken Sie verbunden sind ❷ und ob Sie benachrichtigt werden möchten, wenn eine App durch die Firewall blockiert wurde ❸ (Abbildung 13.8).

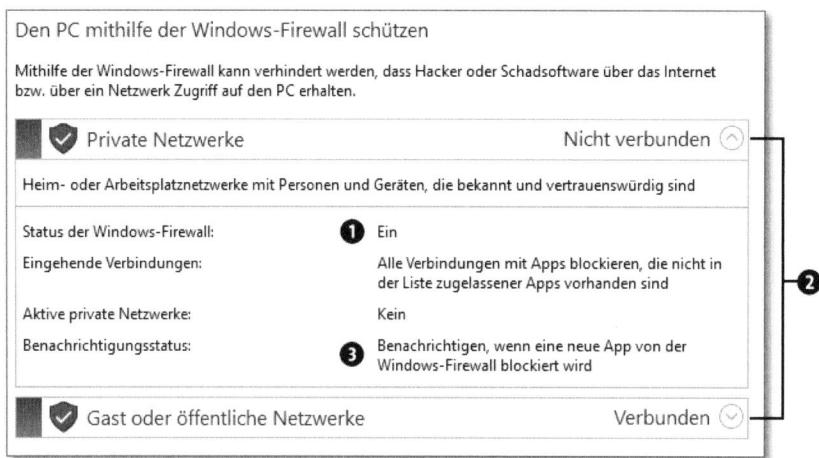

Abbildung 13.8 Übersichtsseite der Windows-Firewall

Firewall-Regeln sind mit mindestens einem oder sogar mit mehreren Windows-Netzwerk-profilen gleichzeitig verknüpft. Wenn Sie sich zum ersten Mal mit einem neuen Netzwerk verbinden, legen Sie entweder manuell fest, welches Netzwerkprofil für diese Verbindung (z. B. ein WLAN) gelten soll, oder Windows verknüpft Ihre Verbindung automatisch mit einem Netzwerkprofil. Windows bietet folgende Netzwerkprofile an:

▶ private Netzwerke

▶ Gast- oder öffentliche Netzwerke

▶ Domänennetzwerke

Private Netzwerke

Zu den privaten Netzwerken zählen sogenannte *Heimnetzwerke* und *Arbeitsplatznetzwerke*. Dieser Netzwerktyp kennzeichnet normalerweise einen gesicherten Bereich, z. B. das private Netzwerk zu Hause. In privaten Netzwerken vertrauen Sie auch den anderen Rechnern, die sich in diesem Netzwerk befinden. Regeln und Einstellungen, die sich auf private Netzwerk-profile beziehen, sind häufig weniger restriktiv. Einige der vorkonfigurierten Zulassungs-regeln der Windows-Firewall sind z. B. nur in privaten Netzwerkprofilen aktiviert.

Gast- oder öffentliche Netzwerke

Öffentliche Netzwerke kennzeichnen einen ungesicherten Bereich, z. B. ein WLAN am Flug-hafen oder einen sonstigen öffentlichen Hotspot. In diesem Bereich kennen Sie Ihre Nach-barrechner nicht und müssen somit mit potenziellen Angreifern rechnen. Daher sind die als öffentliche Profile kategorisierten Verbindungen bereits in der Grundkonfiguration sehr restriktiv eingerichtet. So ist beispielsweise in öffentlichen Netzwerken die ICMP-Zulas-sungsregel nicht aktiv, sprich: der Rechner ist nicht pingbar.

Domänennetzwerke

Nur der Vollständigkeit halber sei das Domänenprofil erwähnt. Dieses Profil wird automatisch angewendet, sobald Ihr Rechner Mitglied einer Windows-Domäne ist. Das Domänenprofil stellt in Verbindung mit der Windows-Firewall eine Grundkonfiguration für Firewall-Regeln im Unternehmensnetzwerk bereit und spielt somit für die private Nutzung keine Rolle.

Falls Sie sich einmal im Netzwerkprofil verklickt haben sollten, gehen Sie wie folgt vor:

1. Drücken Sie die Taste ⊞, geben Sie `Netzwerk- und Freigabecenter` ein, und drücken Sie ⏎.
2. Suchen Sie Ihr Netzwerk im Abschnitt AKTIVE NETZWERKE ANZEIGEN.
3. Klicken Sie auf den blauen Link (z. B. PRIVATES NETZWERK).
4. Wählen Sie nun das entsprechende Netzwerkprofil aus.

Weitere Informationen zum Thema Netzwerkprofile finden Sie in Kapitel 26, »Netzwerk – Grundlagen und Besonderheiten«.

13.3.4   Apps mit der Windows-Firewall steuern

Wählen Sie nun auf der linken Seite von Abbildung 13.9 den Konfigurationslink EINE APP ODER EIN FEATURE DURCH DIE WINDOWS-FIREWALL ZULASSEN. In diesem Fenster sehen Sie eine Liste der zugelassenen Apps. Die Liste ist etwas abgeblendet, das heißt, Änderungen sind nur als Administrator durchführbar. Dennoch können Sie durch die Liste der zugelassenen Apps nach unten scrollen, um sich einen Überblick über die aktuelle Konfiguration zu verschaffen.

Abbildung 13.9 Die App-Steuerung befindet sich in der linken Zugriffsleiste.

In der linken Spalte sehen Sie ZUGELASSENE APPS UND FEATURES – wobei diese Terminologie zunächst etwas missverständlich erscheint. Ein angewähltes Häkchen bedeutet, dass die

Windows-Firewall *eingehende Verbindungen* zu dieser App zulässt. Ist die App nicht angehakt (zugelassen), kann niemand eine Verbindung zu dieser App aufbauen (Abbildung 13.10).

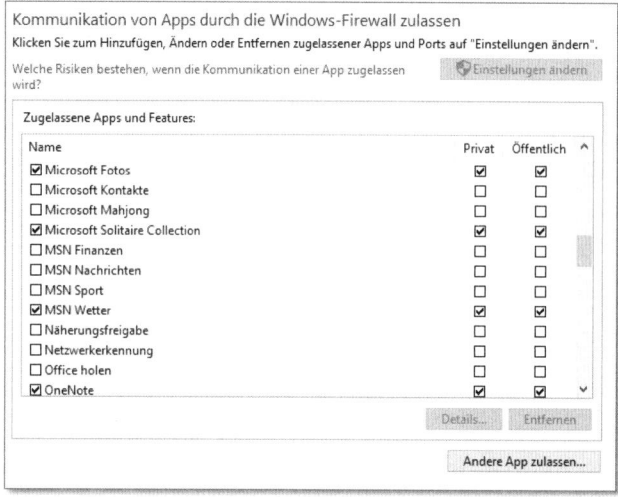

Abbildung 13.10 Die Zulassungsliste für Anwendungen

Ausgehende Verbindungen sind standardmäßig immer erlaubt und können in dieser Ansicht nicht umkonfiguriert werden. Weitere Informationen zu den Standardregeln finden Sie in Abschnitt 13.3.6, »Die Windows-Firewall mit erweiterter Sicherheit kennenlernen«.

Mit einem Doppelklick auf die Regel selbst oder einem Klick auf die Schaltfläche DETAILS werden Ihnen weitere Informationen zu der Regel angezeigt. Hier kann der Entwickler hinterlegen, welche Funktionalität diese Regel bereitstellt. In Abbildung 13.11 sehen Sie, dass wir mit dem Aktivieren dieser Regel eingehende Verbindungen für die Remoteunterstützung erlauben, falls wir diese anfordern sollten. Leider nutzen nicht alle Entwickler diese Möglichkeit, sodass häufig nur *Keine Beschreibung angegeben* angezeigt wird.

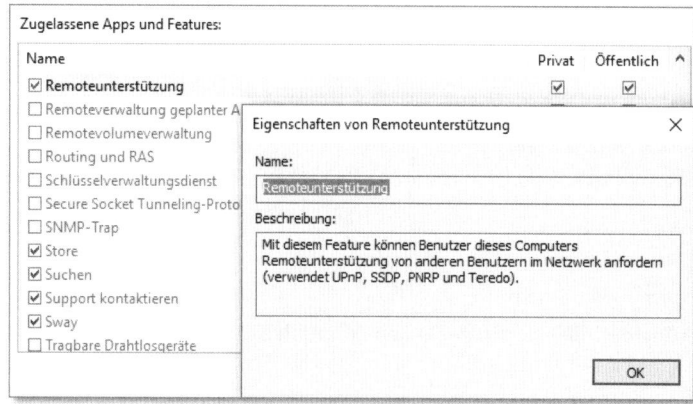

Abbildung 13.11 Beschreibungsfelder können nützlich sein.

Auf der rechten Seite von Abbildung 13.12 sehen wir die Netzwerkprofile, an die diese Regel gebunden ist. Es wird deutlich, dass einige Regeln zwar für private Netzwerke aktiv sind, für öffentliche Netzwerke jedoch nicht.

Abbildung 13.12 Die Kommunikation wird nach Netzwerkprofilen unterschieden.

Mit einem Klick auf die Schaltfläche EINSTELLUNGEN ÄNDERN wird die Konfiguration freigegeben. Falls Sie derzeit nicht als administrativer Account angemeldet sind, müssen Sie nun die Anmeldedaten eines administrativen Kontos eingeben. Nun können Sie eingehende Verbindungen für Apps freischalten und per Klick an Netzwerkprofile binden. Sollten Sie alle Netzwerkprofile abhaken, wird die Regel automatisch deaktiviert.

Die Kommunikation von Apps durch die Windows-Firewall zulassen

Sie fragen sich nun sicher, wie die unterschiedlichen Apps auf die Liste kommen. Es gibt vier unterschiedliche Möglichkeiten:

- durch vorkonfigurierte Regeln
- während der Installation
- »on the fly«
- manuell

Vorkonfigurierte Regeln

Auch wenn Sie Windows 10 frisch in Betrieb genommen und noch kein einziges Programm installiert haben, werden Sie diverse Programme in der Liste der zugelassenen Apps finden. Diese sind von Microsoft voreingestellt, stellen diverse Unterstützungsprotokolle für den Netzwerkbetrieb bereit und bieten einigen vorinstallierten Apps die Möglichkeit, ankommende Verbindungen anzunehmen.

Kernnetzwerk

Unter »Unterstützungsprotokolle für den Netzwerkbetrieb« verstehen wir z. B. ICMP (*Internet Control Message Protocol*), IGMP (*Internet Group Management Protocol*) oder Tunneling-Protokolle (IP-HTTPS, Teredo, 6to4, ISATAP). Die genaue Aufschlüsselung dieser Protokolle, die Microsoft unter der Regel »Kernnetzwerk« zusammenfasst, würde den Rahmen dieses Buches sprengen.

Während der Installation

Entwickler können in ihrer App festlegen, ob die App sich in die Liste der zugelassenen Apps einträgt und für welche Profile die eingetragene Regel gilt (Abbildung 13.13). Da eine Programminstallation in die Standardverzeichnisse normalerweise administrative Berechtigungen benötigt, kann in diesem Kontext auch gleich die Firewall-Regel erstellt werden. Also: Augen auf bei der Installation von Apps!

Abbildung 13.13 Die Installation eines Drittanbieter-Browsers generiert automatisch eine Firewall-Regel.

»On the fly«

Wenn eine App während der Ausführung eine eingehende Firewall-Regel benötigt, fragt Windows bei Ihnen nach, ob die Applikation eine Firewall-Regel erstellen darf. Dies kann z. B. bei einem Netzwerkspiel der Fall sein. Für das Erstellen der Regel benötigen Sie einen administrativen Account (Abbildung 13.14).

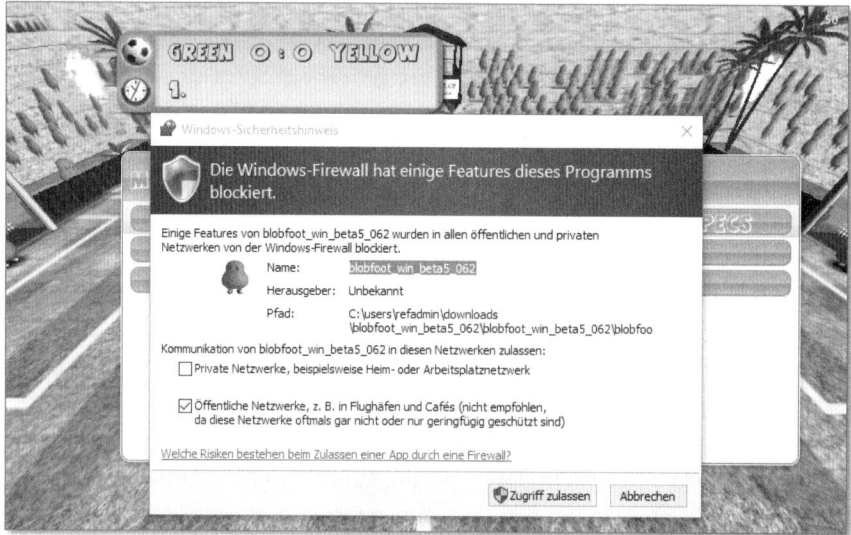

Abbildung 13.14 Anfrage für eine Ausnahmeregel in der Windows-Firewall

Manuelles Hinzufügen einer App

Falls Sie ein bestimmtes Programm auf die Liste der zugelassenen Apps setzen möchten, gehen Sie folgendermaßen vor:

1. Klicken Sie in der Windows-Firewall unter ZUGELASSENE APPS auf die Schaltfläche EIN-STELLUNGEN ÄNDERN.

2. Wählen Sie nun die Schaltfläche ANDERE APP ZULASSEN. In der Liste APP HINZUFÜGEN finden Sie einige Apps, die in der Windows-Firewall bereits registriert sind (Abbildung 13.15).

3. Ist die gewünschte App nicht dabei, können Sie mit der Schaltfläche HINZUFÜGEN die ausführbare Programmdatei (z. B. *.exe) im Dateisystem suchen. Häufig finden Sie die gesuchten Programme in Ihrem Benutzerprofil, in dem Sie das Programm abgespeichert haben, auf Ihrem Systemlaufwerk *(C:\)* unter *Programme* oder unter *Programme (x86)* oder aber unter *Windows\System32*.

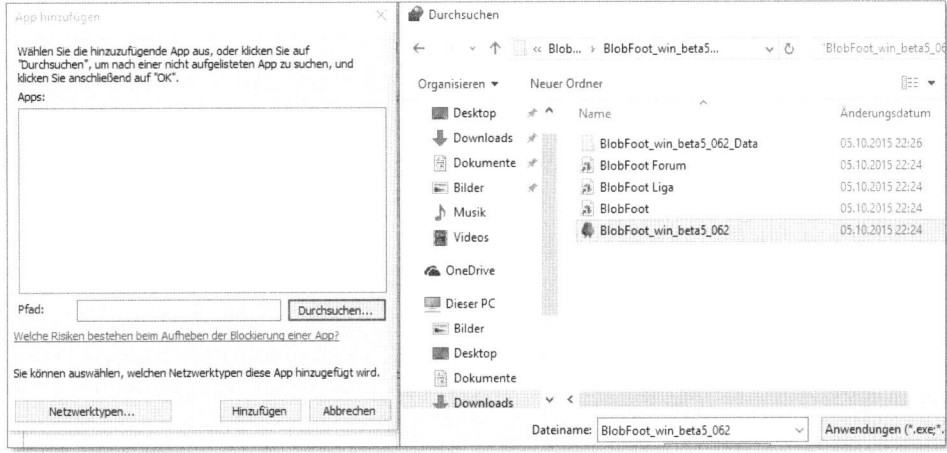

Abbildung 13.15 Eine App durch die Firewall zulassen

Nachdem Sie Ihre App ausgewählt haben, wählen Sie mit der Schaltfläche NETZWERKTY-PEN noch das gewünschte Netzwerkprofil aus, an das Sie diese Regel binden möchten (Abbildung 13.16).

Abbildung 13.16 Auswahl der Netzwerkprofile für diese Ausnahme

4. Bestätigen Sie die Aktion mit OK und HINZUFÜGEN. Nun sollte das gewünschte Programm in der Liste der zugelassenen Apps zu finden sein. Ab jetzt können andere Rechner eine Verbindung zu dieser App herstellen.

13.3.5   Die Windows-Firewall abschalten/alle eingehenden Verbindungen blockieren

In Abschnitt 13.3.1, »Der Windows-Firewall-Dienst«, haben wir bereits angesprochen, dass das Abschalten des Firewall-Dienstes eine nicht unterstützte Konfiguration darstellt. Dennoch ist es möglich, die Firewall in Windows zu deaktivieren. Eine komplette Deinstallation der Firewall ist hingegen nicht möglich. Auch Drittanbieter von Firewall-Programmen für Windows nutzen definierte Schnittstellen, um genau diejenigen Funktionen der Windows-Firewall zu deaktivieren, die ihr eigenes Produkt abdecken soll. Derlei Konfigurationsschritte laufen in der Regel automatisch während der Installation des Drittanbieterprogramms ab, sodass Sie die Firewall nicht manuell deaktivieren müssen. Bitte konsultieren Sie für Details die Dokumentation des entsprechenden Herstellers.

Generell ist das Abschalten der Windows-Firewall eine schlechte Idee, und wir empfehlen es nicht. Dennoch könnte es in Testumgebungen, bei der Fehlersuche oder bei Netzwerkproblemen notwendig sein, die Windows-Firewall kurzfristig zu deaktivieren. Gehen Sie dazu wie folgt vor:

1. Rufen Sie die Suche mit ⊞ auf, geben Sie Firewall ein, und wählen Sie WINDOWS-FIREWALL aus.

2. Wählen Sie auf der linken Seite den Konfigurationslink WINDOWS-FIREWALL EIN- ODER AUSSCHALTEN (Abbildung 13.9 und Abbildung 13.17).

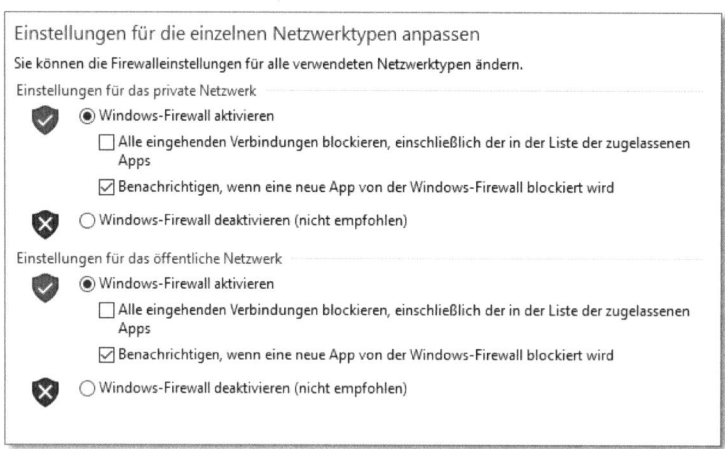

Abbildung 13.17 Auch wenn es hier geht: Die Windows-Firewall sollte nicht deaktiviert werden.

Standardmäßig ist die Windows-Firewall für alle Netzwerkprofile aktiv. Unterhalb einer aktiven Firewall-Einstellung können Sie eine *Rundum-Blockieren-Regel* aktivieren, die alle eingehenden Verbindungen abweist. Somit ist dieses Profil für keinen anderen Rechner im Netzwerk eingehend zu erreichen – was aber nicht bedeutet, dass dieser Rechner nun nicht mehr nutzbar wäre! Selbstverständlich können Sie weiterhin im Internet surfen, Mails empfangen etc. Wenn Sie testhalber Ihren Rechner eingehend »abdichten« möchten, ist diese Funktion nützlich. Falls eine App aufgrund des Blockierens der eingehenden Verbindung nicht mehr funktioniert, stellen Sie die »Generalblockierung« einfach an derselben Stelle wieder ab.

Wenn eine App während der Ausführung eine Firewall-Regel anlegen möchte, benachrichtigt Windows 10 den Benutzer und stellt die Möglichkeit bereit, »on the fly« eine Firewall-Regel anzulegen oder die Verbindung abzulehnen. Mit der Option BENACHRICHTIGEN, WENN EINE NEUE APP VON DER WINDOWS-FIREWALL BLOCKIERT WIRD stellen Sie dieses Verhalten ein. Aktivieren Sie das Häkchen, um weiterhin von Windows informiert zu werden, wenn eine App eine Regel anlegen möchte. Wenn Sie das Kästchen leer lassen, wird die Anfrage der App ignoriert. Somit wird keine Regel angelegt, und Sie haben Ihre Ruhe. Dies kann dazu führen, dass manche App aufgrund der fehlenden Regel nicht korrekt funktioniert. In diesem Fall legen Sie eine manuelle Regel an. Wir empfehlen, diese Einstellung gesetzt zu lassen. Leider können Apps, die im Administratorkontext installiert werden, auch Regeln ohne explizites Infofenster anlegen.

Wenn Sie WINDOWS-FIREWALL DEAKTIVIEREN anklicken, schalten Sie letztlich die Windows-Firewall ab. Sie müssen dann aber die Firewall für jedes Profil einzeln deaktivieren.

Achtung!

Die Firewall sollte nur dann, wenn es nicht anders geht, für kurze Zeit und in sicheren Netzwerken zu Wartungszwecken deaktiviert werden.

13.3.6   Die Windows-Firewall mit erweiterter Sicherheit kennenlernen

Die WINDOWS-FIREWALL MIT ERWEITERTER SICHERHEIT ist eine umfangreiche Konfigurationskonsole für den Windows-Firewall-Dienst. Ihre Optionen gehen weit über die Einstellungen hinaus, die wir in der Basiskonsole in der Systemsteuerung konfigurieren können (Abbildung 13.18). Sie haben folgende Möglichkeiten, um die erweiterte Ansicht zu öffnen:

► Drücken Sie die Taste ▦, geben Sie `Windows-Firewall` ein, und wählen Sie WINDOWS-FIREWALL MIT ERWEITERTER SICHERHEIT.

► In der Windows-Firewall klicken Sie im Linkmenü auf der linken Seite auf ERWEITERTE EINSTELLUNGEN.

► Wählen Sie im Schnellstartmenü (▦ + X) AUSFÜHREN, und geben Sie `wf.msc` ein. Bestätigen Sie Ihre Eingabe mit der ↵ -Taste.

561

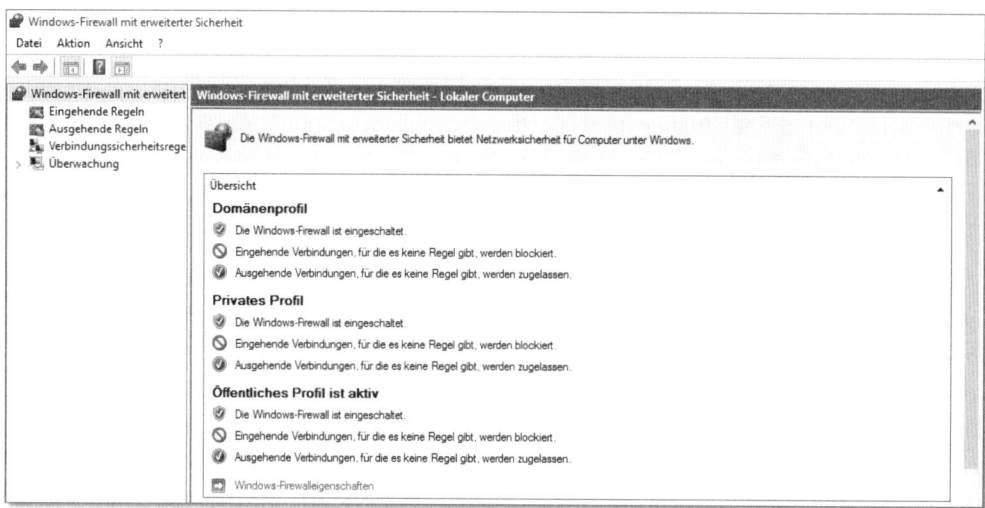

Abbildung 13.18 Die Übersichtsseite der erweiterten Firewall

Auf der Übersichtsseite finden Sie Informationen über die Standardregeln, Netzwerkprofile sowie den Status der Firewall. Anders als in der Basisansicht wird an dieser Stelle auch das Domänenprofil angezeigt. Auch wenn der Rechner nicht Mitglied in einer Domäne ist, können Sie Firewall-Regeln für das Domänenprofil erstellen. Dieses würde aber erst mit dem Beitritt zu einer Unternehmensdomäne aktiviert.

Im *Aktionsfenster* in der rechten Spalte finden Sie alle AKTIONEN, die Sie im jeweils angewählten Kontext durchführen können.

Wie Sie sich im Regeldschungel zurechtfinden

In der linken Spalte sehen Sie zwei Abschnitte: EINGEHENDE REGELN und AUSGEHENDE REGELN, die jeweils Verbindungen von und zu Ihrem Rechner kennzeichnen. Sie wählen an dieser Stelle bereits die Richtung der Verbindung aus – je nachdem, in welchem Abschnitt Sie eine Regel erstellen oder konfigurieren. Wählen Sie jetzt den Abschnitt EINGEHENDE REGELN.

Die Anzahl der vorkonfigurierten Regeln

Vielleicht wird Ihnen unwohl, wenn Sie zum ersten Mal die lange vorkonfigurierte Regelliste mit Dutzenden von Protokollen und Einstellungen sehen. Keine Angst – auch Profis kennen auf Anhieb nicht alle Regeln im Detail. Es geht bei der Firewall-Konfiguration um zwei Dinge:

▶ Achten Sie darauf, ob Sie einer Anwendung vertrauen, wenn diese eine Regel erstellen oder anpassen möchte.

▶ Und wenn Sie selbst aktiv werden: Eignen Sie sich die Kenntnisse rund um Ihr Vorhaben an, damit Sie Firewall-Regeln immer bewusst konfigurieren.

In diesem Abschnitt sehen Sie zunächst eine Vielzahl von vorkonfigurieren Regeln. Zwei Dinge fallen auf:

▶ **Viele Regeln scheinen auf den ersten Blick doppelt vorhanden zu sein.**

Einige der vorkonfigurierten Regeln gibt es doppelt, da sie an unterschiedliche Netzwerkprofile gebunden sind (Abbildung 13.19). Auch Sie müssen sich später entscheiden, ob Sie eine Regel an eine oder mehrere Profile binden wollen. So ist z. B. die Regel DATEI- UND DRUCKFREIGABE (ECHOANFORDERUNG – ICMPv4 EINGEHEND) einmal an das private und das öffentliche Netzwerkprofil gebunden und ein weiteres Mal an das Domänenprofil.

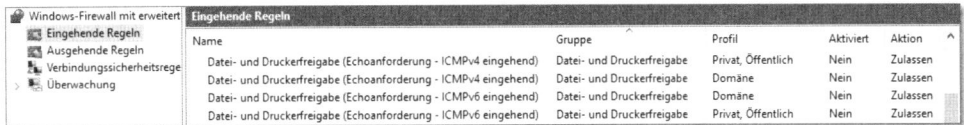

Abbildung 13.19 Die deaktivierte Firewall-Regel ist grau hinterlegt.

▶ **Einige Regeln sind grün, andere nicht.**

Grün markierte Regeln sind aktiv, und die hinterlegte Aktion ist *Zulassen* (Abbildung 13.20). Das bedeutet, die Filter in dieser Regel werden ausgewertet. Wenn eine Bedingung zutrifft oder keine Bedingung festgelegt wurde, wird die Verbindung zugelassen. Wenn die Regel (wie in Abbildung 13.19) ohne Icon und weiß hinterlegt ist, wird sie einfach übersprungen.

Sie können angewählte Regeln im Aktionsmenü entweder *aktivieren* oder *deaktivieren*. Eine Mehrfachanwahl mit der Steuerungstaste (Strg bzw. Ctrl) ist möglich.

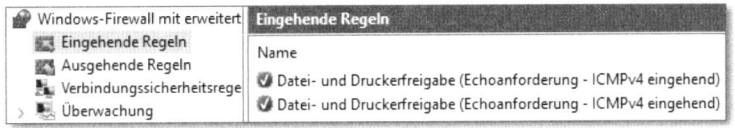

Abbildung 13.20 Eine aktivierte Zulassungsregel ist grün hinterlegt.

Auf einem frisch installierten System gibt es noch keine Blockierungsregeln. Falls Sie aber eine eigene Regel mit der Aktion BLOCKIEREN erstellen, wird diese farblich mit einem Verbotssymbol in der Übersicht dargestellt (Abbildung 13.21). So wird schnell deutlich, ob eine Regel aktiv ist und welche Aktion ausgeführt wird, falls eine Bedingung zutrifft.

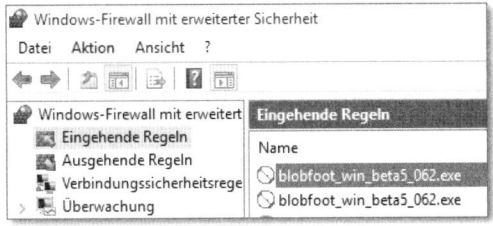

Abbildung 13.21 Eine aktivierte Blockierungsregel erkennen Sie am roten Verbotsschild.

Regeln sortieren

Eine grundsätzliche Sortierung können Sie mithilfe der Spalten durchführen (Abbildung 13.22). Wenn Sie auf den Namen einer Spalte klicken, wird die Regelliste nach deren Inhalt sortiert.

Abbildung 13.22 Schnell und einfach sortieren mithilfe von Spalten

Im Menü Aktion auf der rechten Seite können Sie mit dem Untermenüpunkt Ansicht weitere Spalten hinzufügen.

Weiterhin finden Sie im Menü Aktion zusätzliche Möglichkeiten, um die Firewall-Regeln zu filtern (Abbildung 13.23):

Abbildung 13.23 Weitere Filtermöglichkeiten

- ▶ Nach Profil filtern: Hiermit zeigen Sie die Regeln nach ihrer Zugehörigkeit zu einem Netzwerkprofil an.
- ▶ Nach Status filtern: Nutzen Sie diesen Filter, um sich nur aktivierte oder nur deaktivierte Firewall-Regeln anzeigen zu lassen.
- ▶ Nach Gruppe filtern: Für eine bestimmte Aktion müssen manchmal mehrere Regeln freigeschaltet werden, da unterschiedliche Protokolle zur Anwendung kommen. Microsoft hat deshalb einige Regeln in logischen Gruppen zusammengefasst, die Sie sich mit diesem Filter anzeigen lassen können.

Um die Filteroptionen wieder zurückzusetzen, wählen Sie im Menü Aktion den Punkt Alle Filter löschen (Abbildung 13.24).

Abbildung 13.24 Diese Schaltfläche stellt die Ausgangsansicht wieder her.

Aktive Firewall-Regeln überprüfen

Die Windows-Firewall bietet eine weitere komfortable Ansicht, die ausschließlich aktivierte Regeln anzeigt (Abbildung 13.25). In den Eigenschaften der Regeln finden Sie die wesentlichen Informationen.

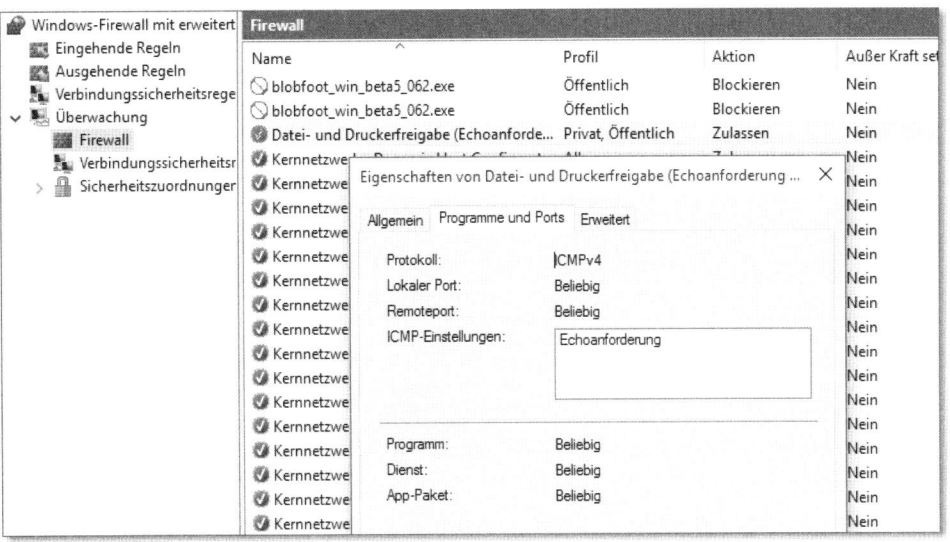

Abbildung 13.25 Aktive Firewall-Regeln

So rufen Sie die aktiven Regeln auf:

1. Rufen Sie die Windows-Firewall auf, indem Sie die Tastenkombination ⊞ + R drücken, wf.msc eingeben und Ihre Eingabe mit ⏎ bestätigen.

2. Erweitern Sie in der linken Spalte den Eintrag Überwachung, indem Sie auf das kleine Dreieck klicken, und wählen Sie Firewall an.

3. Sie sehen nun eine Übersicht der aktiven Regeln. Mit einem Doppelklick auf eine Regel werden Ihnen die Filterbedingungen und weitere Informationen angezeigt.

Eine Regelübersicht erstellen

Bei der Arbeit mit der Windows-Firewall kommt es immer wieder vor, dass eine von Ihnen durchgeführte Reageländerung nicht die gewünschten Ergebnisse erzielt. Wenn die Konfiguration komplexer war oder gar mehrere Regeln umfasst, bietet es sich an, den aktuellen Zustand in einer Liste zu speichern, um die unvermeidliche Frage »Wie war das vorher noch mal?« zuverlässig zu beantworten.

1. Rufen Sie die Windows-Firewall auf, indem Sie die Tastenkombination ⊞ + R drücken, wf.msc eingeben und Ihre Eingabe mit ⏎ bestätigen.

2. Wählen Sie in Eingehende Regeln *und* in Ausgehende Regeln im Menü Aktion die Schaltfläche Liste exportieren.

3. Wählen Sie einen Speicherort, und geben Sie der Liste einen aussagekräftigen Namen.

4. Klicken Sie auf Speichern.

Excel hilft bei der Darstellung

Leider ist die Ansicht von exportierten Daten im Editor etwas unübersichtlich. Um die Darstellung zu verbessern, können Sie Excel verwenden (Abbildung 13.26). Öffnen Sie die Exportdatei mit Excel, wählen Sie im Textkonvertierungsassistenten GETRENNT, und haken Sie auf der nächsten Seite LEERZEICHEN an. Nachdem Sie den Assistenten beendet haben, ist die Darstellung übersichtlich und mit den Mitteln von Excel sortierbar.

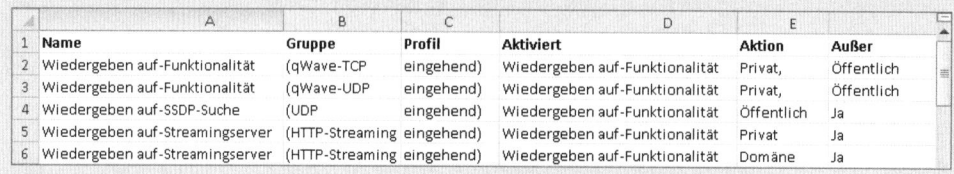

	A	B	C	D	E	
1	Name	Gruppe	Profil	Aktiviert	Aktion	Außer
2	Wiedergeben auf-Funktionalität	(qWave-TCP	eingehend)	Wiedergeben auf-Funktionalität	Privat,	Öffentlich
3	Wiedergeben auf-Funktionalität	(qWave-UDP	eingehend)	Wiedergeben auf-Funktionalität	Privat,	Öffentlich
4	Wiedergeben auf-SSDP-Suche	(UDP	eingehend)	Wiedergeben auf-Funktionalität	Öffentlich	Ja
5	Wiedergeben auf-Streamingserver	(HTTP-Streaming	eingehend)	Wiedergeben auf-Funktionalität	Privat	Ja
6	Wiedergeben auf-Streamingserver	(HTTP-Streaming	eingehend)	Wiedergeben auf-Funktionalität	Domäne	Ja

Abbildung 13.26 Verbesserte Darstellung des Exports mithilfe von Excel

Jetzt haben Sie einen Ist-Zustand, der alle Regeln mit ihren Einstellungen beschreibt. Sie können diese Liste nutzen, um eine geänderte Regel wieder in den Ausgangszustand zu bringen.

Was sind Standardregeln?

Die Windows-Firewall steuert den Datenverkehr mithilfe von Regeln und Aktionen, die aufgrund von Bedingungen ausgelöst werden. Was tun Sie aber, wenn auf eine untersuchte Verbindung keine Bedingung zutrifft und somit keine Regel aktiv wird? An dieser Stelle kommen die Standardregeln ins Spiel. Standardregeln werden immer dann abgearbeitet, wenn keine andere Regel zutrifft.

Es gibt sowohl für eingehende als auch für ausgehende Verbindungen eine Standardregel – und das wiederum für die drei Netzwerkprofile *Öffentlich*, *Privat* und *Domäne*. Wählen Sie in der Übersicht im mittleren Fenster den Link WINDOWS-FIREWALLEIGENSCHAFTEN, oder wählen Sie im Menü AKTION den Punkt EIGENSCHAFTEN.

Im Eigenschaftsfenster sehen Sie, dass sämtliche Grundeinstellungen für alle Profile separat vorgenommen werden (Abbildung 13.27). Die Dropdown-Menüs bei EINGEHENDE VERBINDUNGEN und AUSGEHENDE VERBINDUNGEN zeigen die Standardregeln an. Wie Sie sehen, sind alle eingehenden Verbindungen blockiert und alle ausgehenden Verbindungen erlaubt. Diese Vorgehensweise ist ein guter Kompromiss zwischen Sicherheit und Funktionalität.

Falls Sie sich jetzt fragen, warum Sie trotzdem problemlos im Internet surfen können, obwohl doch die eingehenden Verbindungen blockiert sind: Die zugehörige Technik nennt sich *Stateful Packet Inspection* (SPI) und basiert darauf, *wer* eine Verbindung initiiert. Vereinfacht gesagt, arbeitet eine SPI-Firewall nach dem Motto: »Wenn eine Verbindung aufgebaut wird und eine Regel dies erlaubt, darf die Antwort auf diese Verbindung auch ohne eine explizit vom Benutzer erstellte Regel wieder rein«.

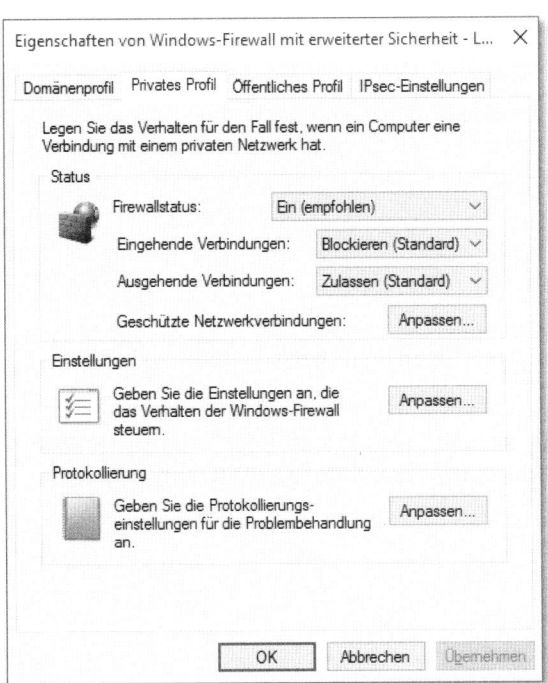

Abbildung 13.27 Standardregeln werden für jedes Profil einzeln festgelegt.

Diesen Fall sehen wir hier: Ausgehende Verbindungen sind mittels Standardregeln erlaubt, also darf die Antwort (z. B. auf eine Webseitenabfrage) auch wieder rein. Allerdings darf niemand von außen eine Verbindung zu Ihrem Rechner aufbauen, wenn keine konkrete Regel dafür existiert.

Verbotsregeln

Was passiert, wenn die Standardregel eine Verbindung erlaubt, Sie jedoch im Regelwerk eine explizite Verbotsregel erstellt haben? Kurz und knapp: Die Verbotsregel »gewinnt«.

Eine Standardregel bearbeiten

Sie können das schnell und einfach testen. Prüfen Sie zunächst, mit welchem Netzwerkprofil Sie verbunden sind:

1. Drücken Sie die Tasten ⊞, geben Sie im Suchfeld Netzwerk- und Freigabecenter ein, und bestätigen Sie Ihre Eingabe mit ⏎ .

2. Prüfen Sie, ob Sie mit einem *privaten*, *öffentlichen* oder einem *Domänennetzwerk* verbunden sind (Abbildung 13.28).

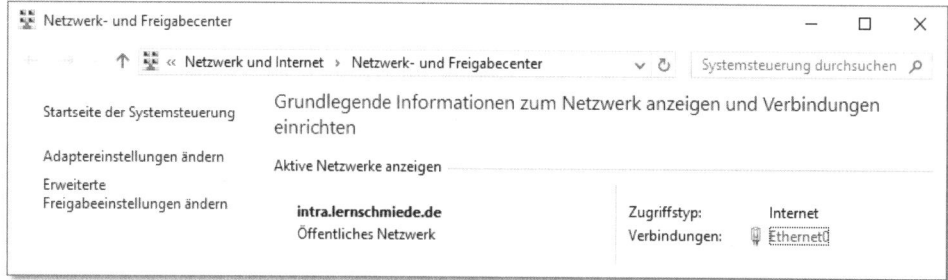

Abbildung 13.28 Überprüfung des Netzwerkprofils

3. Kehren Sie nun zur Firewall mit erweiterter Sicherheit zurück, und wählen Sie den Registerreiter desjenigen Profils aus, mit dem Sie verbunden sind (z. B. ÖFFENTLICHES PROFIL) (Abbildung 13.29). Wählen Sie nun im Dropdown-Menü von AUSGEHENDE VERBINDUNGEN die Option BLOCKIEREN.

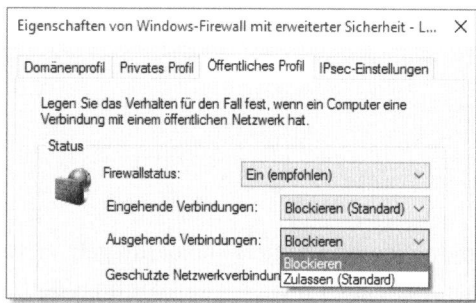

Abbildung 13.29 Ausgehende Standardregel blockieren

Nun sollten Sie keine Webseite mehr pingen können, und auch sonst sind viele ausgehende Verbindungen blockiert – und zwar all diejenigen, die keine explizite aktive ausgehende Erlaubnisregel besitzen (Abbildung 13.30).

Abbildung 13.30 Keine Internetverbindung

4. Machen Sie abschließend die Aktion wieder rückgängig, indem Sie im Dropdown-Menü von AUSGEHENDE VERBINDUNGEN den Auswahlpunkt ZULASSEN (STANDARD) auswählen. Bestätigen Sie mit ÜBERNEHMEN.

Jetzt sollten ausgehende Netzwerkverbindungen wieder möglich sein.

Wie Sie gleich sehen werden, liefert Microsoft auch bei den ausgehenden Regeln einige vordefinierte Zulassungsregeln mit. Alle anderen Programme und Verbindungen müssen Sie bei einer blockierten Standardregel für ausgehende Verbindungen explizit freischalten.

Eine Firewall-Regel aktivieren bzw. deaktivieren

Im nächsten Schritt testen wir die Funktionalität der Regeln, indem wir einen Ping (ein Netzwerkdiagnoseprogramm) von einem anderen Rechner im gleichen Netzwerk an unseren Rechner senden. Dazu müssen wir zunächst unsere IP-Adresse in Erfahrung bringen:

1. Drücken Sie die Tastenkombination ⊞ + Ⓡ, und geben Sie `ncpa.cpl` ein. Bestätigen Sie mit ↵. Doppelklicken Sie auf IHRE VERBINDUNG (z. B. Ethernet0), und klicken Sie auf die Schaltfläche DETAILS.

2. Notieren Sie sich den Wert der IPv4-ADRESSE. Alternativ dazu öffnen Sie eine PowerShell und geben den Befehl `Get-NetIPConfiguration | Format-Table -Property IPv4Address` ein.

Nun stellen wir sicher, dass die Ping-Regel deaktiviert ist:

1. Gehen Sie in die Windows-Firewall mit erweiterter Sicherheit, und wählen Sie in der linken Spalte EINGEHENDE REGELN. Stellen Sie sicher, dass die Regel DATEI- UND DRUCKFREIGABE (ECHOANFORDERUNG – ICMPv4 EINGEHEND) in den Profilen PRIVAT, ÖFFENTLICH weiß hinterlegt, also deaktiviert ist (Abbildung 13.31). Falls die Regel aktiviert sein sollte, deaktivieren Sie die Regel im Menü AKTION auf der rechten Seite.

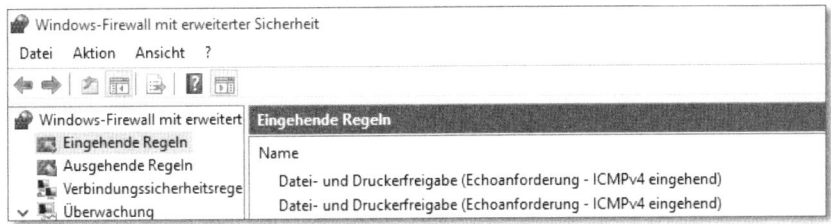

Abbildung 13.31 Die ICMP-Regeln sollten deaktiviert sein.

2. Gehen Sie nun zu einem anderen Rechner im gleichen Netzwerk, und geben Sie die Tastenkombination ⊞ + Ⓡ ein. Tippen Sie CMD ein, und klicken Sie auf OK. Nun pingen Sie den Rechner mit der zuvor notierten IP-Adresse an.

3. Geben Sie dazu in die Eingabeaufforderung den Befehl `ping [IP-Adresse]` ein. Eine Verbindungsaufnahme sollte aufgrund der deaktivierten Regel nicht möglich sein. Es kommt zu einer Zeitüberschreitung der Anforderung (Abbildung 13.32).

4. Wechseln Sie jetzt wieder zurück auf den anderen Rechner, und öffnen Sie die Windows-Firewall mit erweiterter Sicherheit. In den eingehenden Regeln aktivieren Sie die vorkonfigurierte Zulassungsregel DATEI- UND DRUCKFREIGABE (ECHOANFORDERUNG – ICMPv4

EINGEHEND) mit den Profilen PRIVAT, ÖFFENTLICH im Menü AKTION. Die Regel ist nun grün hinterlegt. Diese Regel hat als Filter einen Teil des sogenannten *ICMP-Protokolls* (*Internet Control Message Protocol*) hinterlegt (Abbildung 13.33). Der Befehl `ping` nutzt dieses Protokoll, um eine grundlegende Netzwerkfähigkeit eines Rechners zu prüfen.

```
C:\Windows\system32\cmd.exe

C:\>ping 192.168.0.1

Ping wird ausgeführt für 192.168.0.1 mit 32 Bytes Daten:
Zeitüberschreitung der Anforderung.
Zeitüberschreitung der Anforderung.
Zeitüberschreitung der Anforderung.
Zeitüberschreitung der Anforderung.

Ping-Statistik für 192.168.0.1:
    Pakete: Gesendet = 4, Empfangen = 0, Verloren = 4
    (100% Verlust),
```

Abbildung 13.32 Es kommt keine Verbindung zustande.

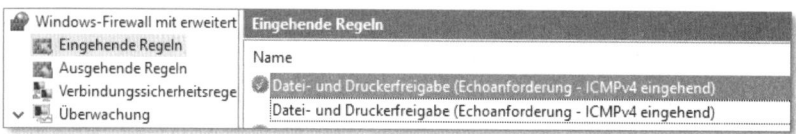

Abbildung 13.33 Aktivieren der ICMP-Regel

5. Wechseln Sie zum anderen Computer, und geben Sie den Befehl erneut ein ❶. Wenn Sie die Konsole noch nicht geschlossen haben, können Sie mit der ⬆-Taste den letzten Befehl erneut aufrufen. Jetzt sollte die zweite Ausgabe etwa so aussehen wie bei ❷ in Abbildung 13.34.

```
C:\Windows\system32\cmd.exe

C:\>ping 192.168.0.1

Ping wird ausgeführt für 192.168.0.1 mit 32 Bytes Daten:
Zeitüberschreitung der Anforderung.
Zeitüberschreitung der Anforderung.
Zeitüberschreitung der Anforderung.
Zeitüberschreitung der Anforderung.

Ping-Statistik für 192.168.0.1:
    Pakete: Gesendet = 4, Empfangen = 0, Verloren = 4
    (100% Verlust),

C:\>ping 192.168.0.1                                          ❶

Ping wird ausgeführt für 192.168.0.1 mit 32 Bytes Daten:
Antwort von 192.168.0.1: Bytes=32 Zeit<1ms TTL=128
Antwort von 192.168.0.1: Bytes=32 Zeit<1ms TTL=128           ❷
Antwort von 192.168.0.1: Bytes=32 Zeit<1ms TTL=128
Antwort von 192.168.0.1: Bytes=32 Zeit<1ms TTL=128

Ping-Statistik für 192.168.0.1:
    Pakete: Gesendet = 4, Empfangen = 4, Verloren = 0
    (0% Verlust),
Ca. Zeitangaben in Millisek.:
    Minimum = 0ms, Maximum = 0ms, Mittelwert = 0ms
```

Abbildung 13.34 Ein funktionierender Ping dank Zulassungsregel

6. Aufgrund der aktivierten Zulassungsregel sind nun eingehende Verbindungen für das Ping-Programm mit dem ICMP-Protokoll möglich. Bringen Sie abschließend die eben konfigurierte Firewall-Regel wieder in den Ausgangszustand.

Eine ausgehende Blockierungsregel erstellen

Da wir nun das Grundprinzip der Firewall-Regeln verstanden haben, kommen wir zu den Einstellungen in einer Regel. Eine ausgehende Blockierungsregel für den Internet Explorer soll uns als Beispiel dienen.

1. Öffnen Sie die Windows-Firewall mit erweiterter Sicherheit, und wählen Sie in der linken Spalte Ausgehende Regeln.

2. Wählen Sie im Aktionsmenü Neue Regel. Es öffnet sich ein Assistent, der Ihnen diverse Angebote für das Erstellen einer bestimmten Firewall-Regel unterbreitet (Abbildung 13.35).

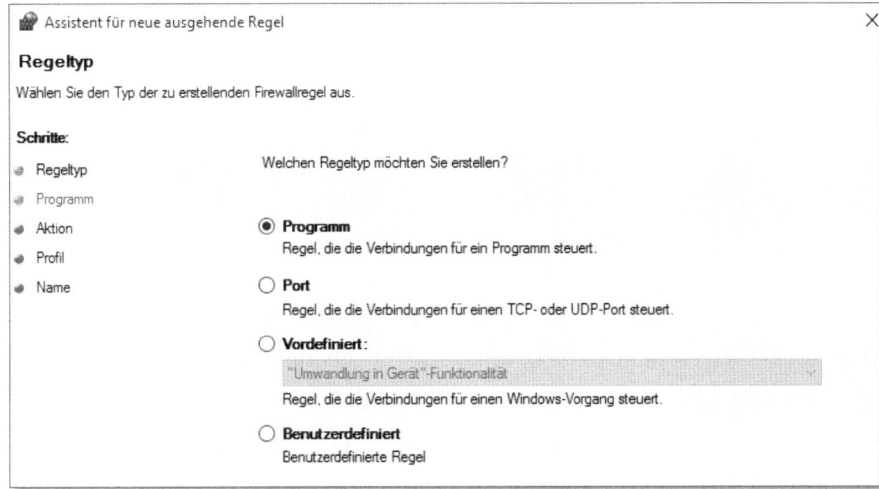

Abbildung 13.35 Einen Regeltyp auswählen

- Programm
  Hier können Sie eine Regel für eine bestimmte Anwendung auf dem Rechner erstellen.

- Port
  Anwendungen benötigen einen Quellport und einen Zielport, um eine Verbindung zu einer Anwendung im Netzwerk herstellen zu können. Hier können Sie konkrete Ports auswählen (z. B. Port 80 als Zielport für HTTP). Diese Regel würde dann für alle Anwendungen gelten, die diesen Zielport nutzen.

- Vordefiniert
  Manchmal sind für eine bestimmte Aufgabe mehrere Regeln nötig, um die komplette Funktionalität bereitzustellen. Microsoft hat diverse Regeln zu Gruppen zusammengefasst, aus denen die einzelnen Regeln komfortabel zusammengeklickt werden können.

- BENUTZERDEFINIERT

  Hier werden die meisten Abfragen gestellt, sodass Sie eine Kombination aus den vorhergehenden Filtern, also mehrere Bedingungen, erstellen können.

3. Wählen Sie PROGRAMM, und klicken Sie auf WEITER.

4. Im nächsten Fenster können Sie die Bedingung entweder für alle Programme anwählen oder gezielt für ein bestimmtes Programm (Abbildung 13.36).

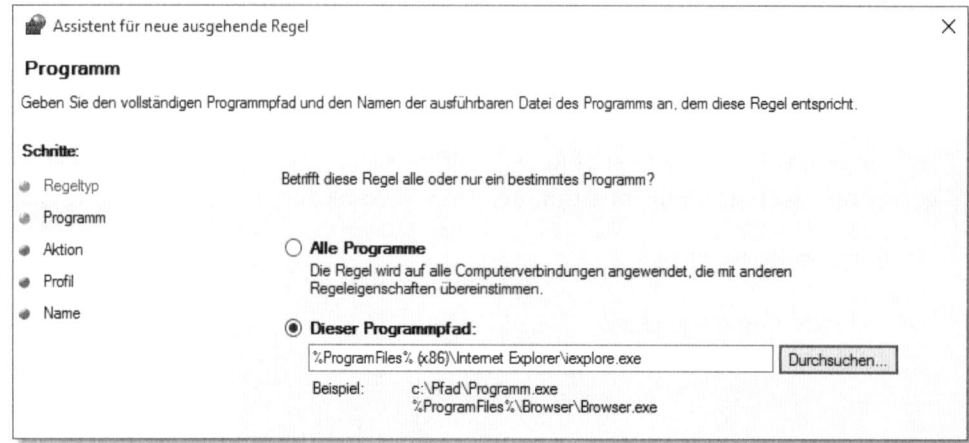

Abbildung 13.36 Ein bestimmtes Programm auswählen

5. Wir wollen ja nur den Internet Explorer blockieren und wählen daher DIESER PROGRAMMPFAD. Klicken Sie auf DURCHSUCHEN, und navigieren Sie zum folgenden Pfad:

   C:\Programme (x86)\Internet Explorer

   Hier wählen Sie die Datei *iexplore.exe* aus und bestätigen Ihre Auswahl mit DURCHSUCHEN oder einem Doppelklick (Abbildung 13.36).

6. Klicken Sie auf WEITER.

7. Im nächsten Fenster definieren wir die Aktion, die beim Zutreffen der Bedingung »Internet Explorer« ausgeführt wird. Neben VERBINDUNG ZULASSEN und VERBINDUNG BLOCKIEREN sehen Sie auch die Option VERBINDUNG ZULASSEN, WENN SIE SICHER IST. Diese Option bezieht sich auf eine gesicherte Verbindung mit IPsec (Abbildung 13.37).

8. Wählen Sie VERBINDUNG BLOCKIEREN, und klicken Sie auf WEITER.

9. Im vorletzten Schritt binden Sie die Regel an eines der drei Netzwerkprofile. In unserem Fall lassen wir alle drei Profile angewählt (Abbildung 13.38). Sie können beliebig kombinieren, solange mindestens ein Profil angewählt ist.

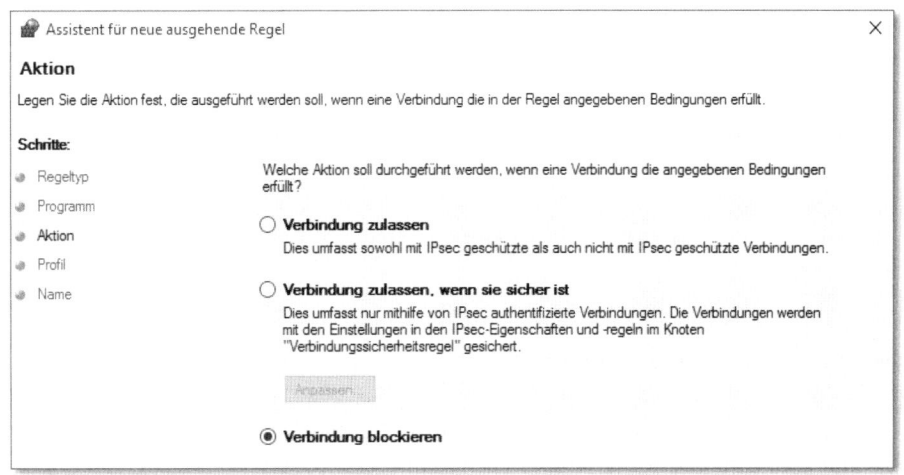

Abbildung 13.37 Die Verbindung wird von der Regel blockiert.

Abbildung 13.38 Auswahl der Netzwerkprofile

10. Klicken Sie auf WEITER.

11. Abschließend vergeben Sie noch einen aussagekräftigen Namen (Abbildung 13.39). Je sprechender der Name ist, desto leichter fällt Ihnen später die Zuordnung in einem Wust aus Dutzenden von Regeln.

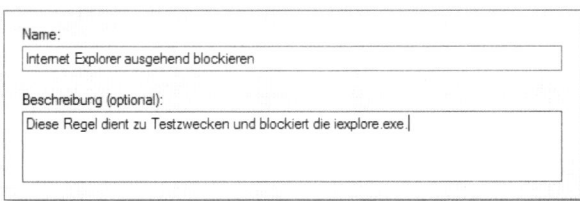

Abbildung 13.39 Sprechende Namen kommen der Übersicht zugute.

12. Geben Sie der Regel den Namen Internet Explorer ausgehend blockieren.

13. Klicken Sie auf FERTIG STELLEN. Nun sollte die eben erstellte Regel in den ausgehenden Regeln aufgeführt sein (Abbildung 13.40).

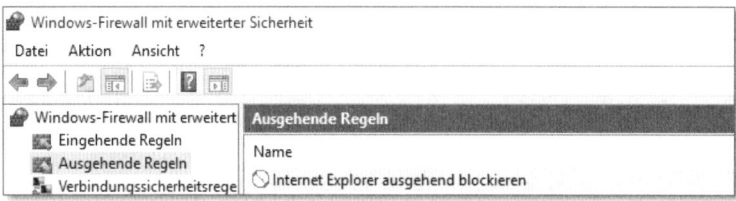

Abbildung 13.40 Die eben erstellte Blockierungsregel

14. Testen Sie, ob eine Verbindung mit dem Internet Explorer ins Internet möglich ist. Dies sollte nicht der Fall sein (Abbildung 13.41).

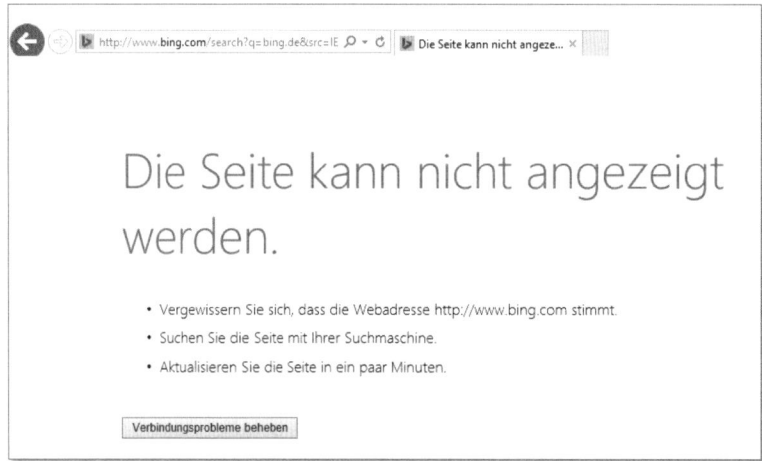

Abbildung 13.41 Keine Verbindung mit dem Internet Explorer

15. Deaktivieren Sie die Regel im Menü AKTION. Jetzt sollte der Internet Explorer wieder funktionieren (Abbildung 13.42).

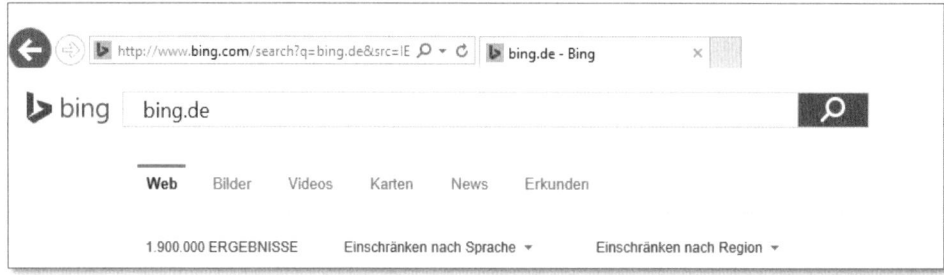

Abbildung 13.42 Ist die Blockierungsregel deaktiviert, funktioniert wieder alles.

Eine eingehende Erlaubnisregel erstellen

In diesem Beispiel werden wir eine eingehende Erlaubnisregel erstellen. Selbstverständlich möchten wir in diesem Buch keine Beispielübungen durchführen, die Ihnen ein Sicherheitsloch in die Firewall reißen. Daher erstellen wir eine Regel, die es in dieser Form auch schon als vordefinierte Regel gibt, und erweitern sie um einen Adressfilter. Das Ziel soll es sein, die Kommunikation zweier PCs mit dem Ping-Tool über die Firewall zu steuern. Die IP-Adressen in dieser Übung passen Sie bitte an Ihre Netzwerkstruktur zu Hause an. Abbildung 13.43 zeigt die Netzwerkstruktur, von der wir in diesem Beispiel ausgehen.

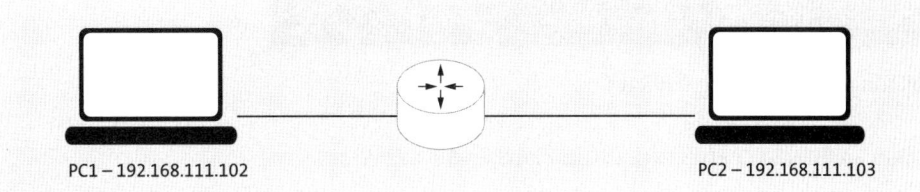

PC1 – 192.168.111.102   PC2 – 192.168.111.103

Abbildung 13.43 Übungsaufbau: PC1 und PC2

Wir konfigurieren nun die Firewall von PC1 und möchten sie so einstellen, dass am Ende nur Ping-Anfragen von PC2 zugelassen sind. Dabei gehen wir in mehreren Schritten vor. Zunächst prüfen wir, ob auf PC1 die Standardregel für eingehende Pings von Microsoft deaktiviert ist.

Danach erstellen wir eine Regel, die Ping-Anfragen außerhalb des Adressbereichs von PC2 zulässt, um zu testen, ob die Firewall-Regel die Anfrage von PC2 mithilfe unseres Filters abblockt. Anschließend nehmen wir die IP-Adresse von PC2 in unseren Filter auf. Danach sollte der Ping funktionieren.

1. Öffnen Sie die Windows-Firewall mit erweiterter Sicherheit auf PC1, indem Sie ⊞ + R drücken, `wf.msc` eingeben und ↵ drücken.

2. Prüfen Sie in den eingehenden Regeln, ob die Firewall-Regeln bei DATEI- UND DRUCKFREIGABE (ECHOANFORDERUNG – ICMPv4 EINGEHEND ZULASSEN) deaktiviert (weiß) sind. Wenn nicht, wählen Sie die Regeln an und deaktivieren sie über das Menü AKTION auf der rechten Seite.

3. Wechseln Sie nun zu PC2, drücken Sie ⊞ + R, geben Sie `CMD` ein, und bestätigen Sie Ihre Eingabe mit ↵. Geben Sie in der Eingabeaufforderung `ping 192.168.111.102` ein. Die Ausgabe sollte so aussehen wie in Abbildung 13.44.

   Das Ping-Paket wird von PC1 nicht angenommen, da keine eingehende Firewall-Regel existiert, die diese Verbindung zulässt.

4. Wechseln Sie zurück zu PC1 in die Windows-Firewall mit erweiterter Sicherheit. Im Abschnitt EINGEHENDE REGELN klicken Sie im Menü AKTION auf NEUE REGEL.

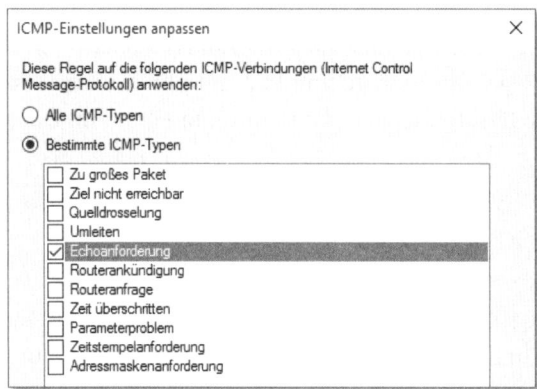

Abbildung 13.44 Der Ping schlägt fehl.

5. Wählen Sie BENUTZERDEFINIERT, und klicken Sie auf WEITER.

6. Im Abschnitt PROGRAMM lassen Sie alles so, wie es ist, und klicken auf WEITER.

7. Im Abschnitt PROTOKOLLE UND PORTS wählen Sie bei PROTOKOLLTYP die Option ICMPv4 aus. Nun klicken Sie im Abschnitt ICMP-EINSTELLUNGEN auf die Schaltfläche ANPASSEN. Im Fenster ICMP-EINSTELLUNGEN ANPASSEN wählen Sie BESTIMMTE ICMP-TYPEN und setzen ein Häkchen bei der Option ECHOANFORDERUNG (Abbildung 13.45). Bestätigen Sie mit OK, und klicken Sie auf WEITER.

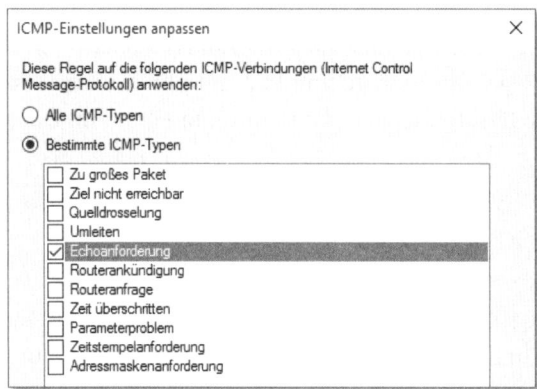

Abbildung 13.45 Erweiterte ICMP-Einstellungen

Diese Einstellungen erläutern wir im folgenden Abschnitt »Die erweiterten Regeldetails kennenlernen« genauer. Mit den eben gesetzten Optionen schalten wir die eingehende Ping-Anforderung frei.

8. Im Abschnitt BEREICH klicken Sie auf die *obere* Schaltfläche HINZUFÜGEN und tragen dort 192.168.111.102 ein. Wir definieren damit die Bedingung, dass diese Regel nur dann wirkt, wenn diese lokale IP-Adresse von PC1 angesprochen wird. Bestätigen Sie mit OK.

9. Klicken Sie nun auf die *untere* Schaltfläche HINZUFÜGEN, und tragen Sie dort die IP-Adresse 10.0.0.1 (Abbildung 13.46) ein. Diese Adresse ist kein Druckfehler! Wir testen mit dieser Pseudo-IP-Adresse, ob wir auch wirklich nur von den im Filter angegebenen Adressen aus pingen können. Die korrekte Adresse von PC2 tragen wir für den Gegentest in den nächsten Schritten nach. Bestätigen Sie mit WEITER.

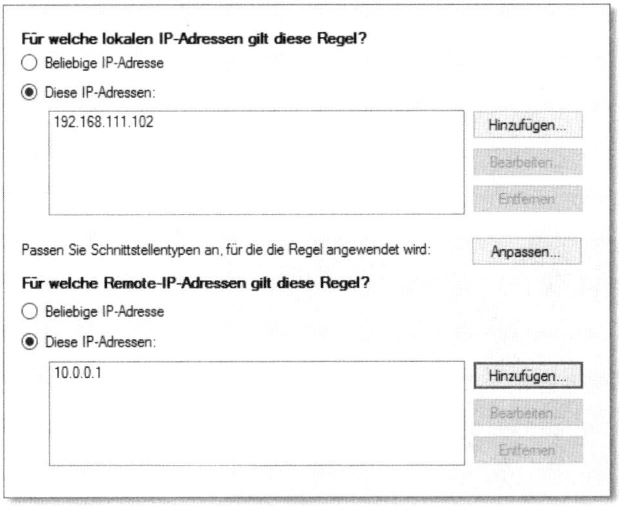

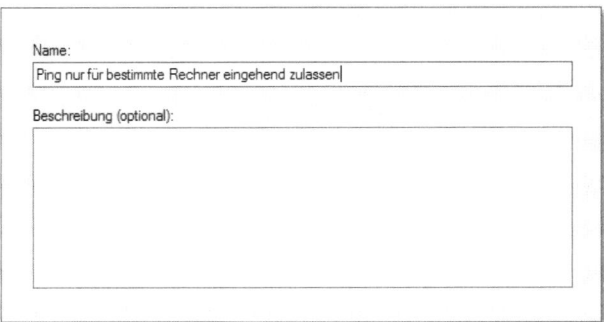

Abbildung 13.46 Zunächst tragen wir eine Pseudo-IP-Adresse als Remote-Adresse ein.

10. Im Abschnitt AKTION lassen Sie die bestehenden Optionen angewählt und klicken auf WEITER.

11. Auch im Abschnitt PROFIL lassen wir alle Optionen angewählt und klicken auf WEITER.

12. Geben Sie der Regel im Abschnitt NAME eine aussagekräftige Bezeichnung, und klicken Sie auf FERTIG STELLEN (Abbildung 13.47).

Abbildung 13.47 Geben Sie der Regel einen Namen.

Wie Sie in Abbildung 13.48 sehen, haben wir nun eine eingehende Firewall-Regel erstellt, die nur eingehende Ping-Pakete von einer bestimmten Adresse zulässt. Damit sollte ein neuerlicher Versuch von PC2 immer noch fehlschlagen.

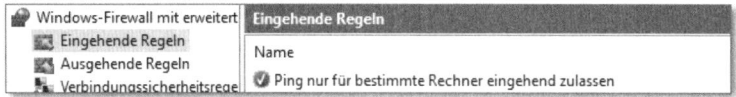

Abbildung 13.48 Die neue Firewall-Regel

1. Wechseln Sie zu PC2, und wiederholen Sie den Ping. Das Ergebnis sollte das gleiche sein (Abbildung 13.49).

```
C:\Windows\system32\cmd.exe

C:\>ping 192.168.111.102

Ping wird ausgeführt für 192.168.111.102 mit 32 Bytes Daten:
Antwort von 192.168.111.103: Zielhost nicht erreichbar.
Antwort von 192.168.111.103: Zielhost nicht erreichbar.
Antwort von 192.168.111.103: Zielhost nicht erreichbar.
Antwort von 192.168.111.103: Zielhost nicht erreichbar.

Ping-Statistik für 192.168.111.102:
    Pakete: Gesendet = 4, Empfangen = 4, Verloren = 0
    (0% Verlust),

C:\>ping 192.168.111.102

Ping wird ausgeführt für 192.168.111.102 mit 32 Bytes Daten:
Antwort von 192.168.111.103: Zielhost nicht erreichbar.
Antwort von 192.168.111.103: Zielhost nicht erreichbar.
Antwort von 192.168.111.103: Zielhost nicht erreichbar.
Antwort von 192.168.111.103: Zielhost nicht erreichbar.

Ping-Statistik für 192.168.111.102:
    Pakete: Gesendet = 4, Empfangen = 4, Verloren = 0
    (0% Verlust),

C:\>_
```

Abbildung 13.49 Wie erwartet: Es kommt keine Kommunikation zustande, da eine nicht zugelassene IP-Adresse pingt.

Nun tragen wir die korrekte IP-Adresse als Bedingung in unsere Firewall-Regel nach. Danach sollte der Ping wie gewünscht funktionieren.

2. Wechseln Sie zurück zu PC1. Wählen Sie die eben erstellte Regel an, und klicken Sie im Menü AKTION auf EIGENSCHAFTEN.

3. Rufen Sie den Registerreiter BEREICH auf. Im Abschnitt REMOTE-IP-ADRESSE klicken Sie auf 10.0.0.1 und anschließend auf BEARBEITEN. Löschen Sie 10.0.0.1, und tragen Sie anstelle dessen die IP-Adresse 192.168.111.103 ein (Abbildung 13.50). Damit ändern wir den Zulassungsfilter auf PC2. Bestätigen Sie mit OK, klicken Sie auf ÜBERNEHMEN, und klicken Sie erneut auf OK.

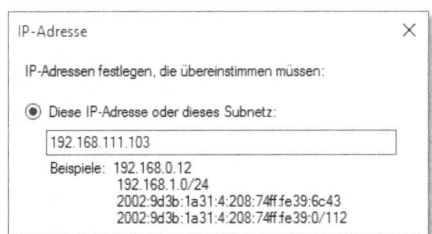

Abbildung 13.50 Nachtragen der korrekten IP-Adresse

4. Wechseln Sie jetzt zu PC2, und führen Sie den Ping ein drittes Mal durch. Jetzt sollte die Verbindung wie in Abbildung 13.51 klappen.

```
C:\Windows\system32\cmd.exe

C:\>ping 192.168.111.102

Ping wird ausgeführt für 192.168.111.102 mit 32 Bytes Daten:
Antwort von 192.168.111.103: Zielhost nicht erreichbar.
Antwort von 192.168.111.103: Zielhost nicht erreichbar.
Antwort von 192.168.111.103: Zielhost nicht erreichbar.
Antwort von 192.168.111.103: Zielhost nicht erreichbar.

Ping-Statistik für 192.168.111.102:
    Pakete: Gesendet = 4, Empfangen = 4, Verloren = 0
    (0% Verlust),

C:\>ping 192.168.111.102

Ping wird ausgeführt für 192.168.111.102 mit 32 Bytes Daten:
Antwort von 192.168.111.103: Zielhost nicht erreichbar.
Antwort von 192.168.111.103: Zielhost nicht erreichbar.
Antwort von 192.168.111.103: Zielhost nicht erreichbar.
Antwort von 192.168.111.103: Zielhost nicht erreichbar.

Ping-Statistik für 192.168.111.102:
    Pakete: Gesendet = 4, Empfangen = 4, Verloren = 0
    (0% Verlust),

C:\>ping 192.168.111.102

Ping wird ausgeführt für 192.168.111.102 mit 32 Bytes Daten:
Antwort von 192.168.111.102: Bytes=32 Zeit<1ms TTL=128
Antwort von 192.168.111.102: Bytes=32 Zeit<1ms TTL=128
Antwort von 192.168.111.102: Bytes=32 Zeit<1ms TTL=128
Antwort von 192.168.111.102: Bytes=32 Zeit<1ms TTL=128

Ping-Statistik für 192.168.111.102:
    Pakete: Gesendet = 4, Empfangen = 4, Verloren = 0
    (0% Verlust),
Ca. Zeitangaben in Millisek.:
    Minimum = 0ms, Maximum = 0ms, Mittelwert = 0ms

C:\>
```

Abbildung 13.51 Die Firewall-Regel funktioniert wie erwartet.

Damit haben wir eine eingehende Regel für Ping mit einem angepassten IP-Adressfilter erstellt.

Die erweiterten Regeldetails kennenlernen

Nun werfen wir noch einen Blick auf die restlichen Einstellmöglichkeiten in einer Firewall-Regel. Rufen Sie die Eigenschaften unserer eben erstellten Regel im Menü AKTION auf:

Das Register »Allgemein«

Im Register ALLGEMEIN finden Sie folgende Optionen (Abbildung 13.52):

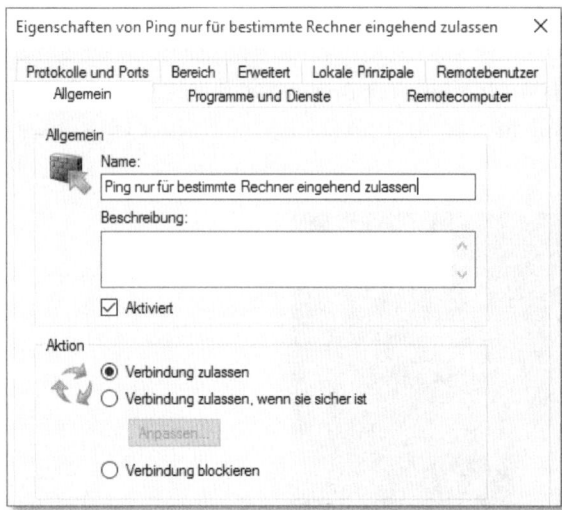

Abbildung 13.52 Das Register »Allgemein«

▶ NAME
Es sollte ein aussagekräftiger, sprechender Name für die Firewall-Regel verwendet werden.

▶ BESCHREIBUNG
Tragen Sie hier weitere Informationen zur Regel ein.

▶ AKTION
 – VERBINDUNG ZULASSEN: Sie erstellen eine explizite Erlaubnisregel.

 – VERBINDUNG BLOCKIEREN: Sie erstellen eine explizite Verbotsregel.

 – VERBINDUNG ZULASSEN, WENN SIE SICHER IST: Sie erstellen eine Erlaubnisregel, die durch weitere Bedingungen eingeschränkt ist. Hierzu ist es wichtig, die Begriffe *Integrität*, *Authentizität* und *Vertraulichkeit* zu kennen. *Integrität* bedeutet die Kenntlichmachung von veränderten Daten während des Transports. *Authentizität* bedeutet, dass die Kommunikationspartner auch wirklich diejenigen sind, für die sie sich ausgeben, und *Vertraulichkeit* stellt die Verschlüsselung von Daten sicher, um Unbefugten den Zugriff zu verwehren.

Mithilfe dieser Regeln ist es möglich, eine Verbindung nur dann zu akzeptieren, wenn sie mithilfe von IPsec gesichert ist. Damit diese Regeln funktionieren, sind entsprechende Verbindungssicherheitsregeln notwendig, die wir im Folgenden noch ansprechen werden. Sie haben hinter der Schaltfläche ANPASSEN die folgenden Möglichkeiten:

- NUR AUTHENTIFIZIERTE UND INTEGRITÄTSGESCHÜTZTE VERBINDUNGEN ZULASSEN: Eine Verschlüsselung ist hier nicht notwendig (ab Windows Vista).

- VERSCHLÜSSELTE VERBINDUNGEN ERFORDERLICH: zusätzlich zu den Anforderungen Integrität und Authentizität

- Die sogenannte NULLKAPSELUNG bildet die Variante *Authentizität* ohne die Notwendigkeit von Integrität und Verschlüsselung ab (ab Windows 7).

- BLOCKIERUNG AUSSER KRAFT SETZEN: Blockierungsregeln sind normalerweise höher priorisiert als Zulassungsregeln. Dieses Feld ermöglicht es Ihnen, Verbindungen zu erlauben, wenn sie authentifiziert sind. Durch eine höhere Anordnung in der Prioritätenliste als eine »normale« Blockierungsregel schaffen Sie hiermit praktisch eine Ausnahmeregel für Verbindungen, die nur dann zugelassen sind, wenn sie authentifiziert sind – selbst wenn sie mithilfe einer anderen Regel geblockt würden. Sie müssen jedoch einen autorisierten Computer oder eine Computergruppe im Register REMOTECOMPUTER angeben.

Das Register »Programme und Dienste«

Im Register PROGRAMME UND DIENSTE finden Sie die in Abbildung 13.53 dargestellten Optionen.

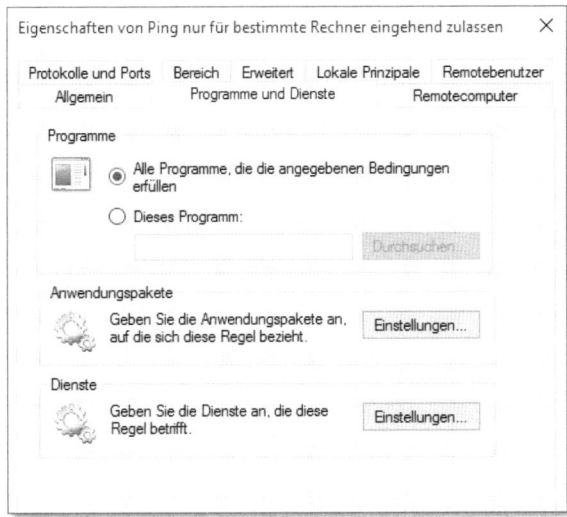

Abbildung 13.53 Das Register »Programme und Dienste«

Mithilfe dieser Bedingungen schränken Sie die Regel auf bestimmte Anwendungen ein:

▶ PROGRAMME: Wählen Sie eine *.exe-Datei im Dateisystem aus, oder legen Sie fest, dass dieser Filter alle *.exe-Programme umfasst.

▶ ANWENDUNGSPAKETE: Legen Sie Windows Store-Apps als Filter fest. Beachten Sie, dass Sie den Filter auf das App-Paket des richtigen Benutzers anwenden, da die Benutzer einzeln ausgewählt werden können.

▶ DIENSTE: Dienste sind Programme, die unabhängig vom derzeit angemeldeten Benutzer laufen. Sie können folgende Bedingungen einpflegen:

– ALLE PROGRAMME UND DIENSTE IM SYSTEM

– NUR DIENSTE IM SYSTEM

– EINEN BESTIMMTEN DIENST AUS EINER LISTE AUSWÄHLEN

– DEN DIENSTKURZNAMEN EINGEBEN

Vermeiden Sie es generell, sogenannte *Servicecontainer* oder Programme, die untergeordnete Dienste ausführen, in Firewall-Regeln zu verwenden (z. B. *SVCHOST.EXE*). Sie schlagen sich sonst unter Umständen ungewollt Löcher in Ihre Firewall.

Das Register »Remotecomputer«

Das Register REMOTECOMPUTER können Sie nur dann verwenden, wenn Sie im Register ALLGEMEIN unter AKTION den Menüpunkt DIE VERBINDUNG ZULASSEN, WENN SIE SICHER IST ausgewählt haben. Es spielt nur in Domänenumgebungen eine Rolle.

Sie finden hier folgende Optionen (Abbildung 13.54):

Abbildung 13.54 Das Register »Remotecomputer«

▶ AUTORISIERTE COMPUTER: Mit der Schaltfläche HINZUFÜGEN legen Sie die authentifizierten Domänencomputer oder -gruppen fest, die Sie als Filter verwenden möchten.

▶ AUSNAHMEN: Falls Sie bei den autorisierten Computern beispielsweise eine Computergruppe »Bürorechner« ausgewählt haben, deren Mitglieder die Computerkonten *PC1*, *PC2* und *PC3* sind, dann können Sie in der Ausnahme »PC2« eintragen, um ihn von dieser Regel auszunehmen.

Das Register »Remotebenutzer«

Das Register REMOTEBENUTZER können Sie nur dann verwenden, wenn Sie im Register ALLGEMEIN unter AKTION den Menüpunkt DIE VERBINDUNG ZULASSEN, WENN SIE SICHER IST ausgewählt haben. Es spielt nur in Domänenumgebungen eine Rolle.

Sie finden hier folgende Optionen (Abbildung 13.55):

▶ AUTORISIERTE BENUTZER: Mit der Schaltfläche HINZUFÜGEN legen Sie die authentifizierten Domänenbenutzer oder -gruppen fest, die Sie als Filter verwenden möchten.

▶ AUSNAHMEN: Falls Sie bei den autorisierten Benutzern beispielsweise eine Benutzergruppe *Marketing* ausgewählt haben, deren Mitglieder die Benutzerkonten *Michael*, *Rene* und *Erika* sind, können Sie in der Ausnahme `Erika` eintragen, für die diese Regel dann nicht gelten würde.

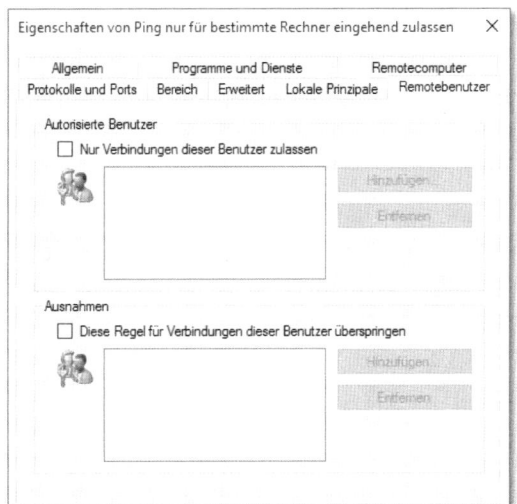

Abbildung 13.55 Das Register »Remotebenutzer«

Das Register »Lokale Prinzipale«

Im Register LOKALE PRINZIPALE legen Sie Filterbedingungen fest, die lokale Benutzer und Gruppen sowie Eigenschaften von Windows Store-Apps umfassen. Sie sehen die Optionen in Abbildung 13.56:

Abbildung 13.56 Das Register »Lokale Prinzipale«

▶ AUTORISIERTE BENUTZER: Wenn Sie auf HINZUFÜGEN klicken, finden Sie folgende Auswahlmöglichkeiten:

– LOKALER BENUTZER: Hier wählen Sie Benutzer und Gruppen aus, die nur auf diesem Computer existieren. Lokale Benutzer und Gruppen werden in Kapitel 23, »Systemverwaltung«, behandelt.

– ANWENDUNGSPAKETEIGENSCHAFTEN (App-Isolierung): Hiermit setzen Sie fein granulierte Filter, die bestimmte Eigenschaften Ihrer App auswerten. Entwickler von Apps können die Kommunikationswege ihrer Apps mit dem Netzwerk vorgeben. So kann z. B. eine bestimmte App nur mit dem lokalen Netzwerk kommunizieren, während eine weitere App Daten ins Internet senden darf. Ein Entwickler darf seine App standardmäßig mit den folgenden Netzwerktypen kommunizieren lassen:

– HEIMNETZWERK/ARBEITSPLATZNETZWERK: Die App darf ein- und ausgehend kommunizieren – jedoch nur, wenn der Rechner mit einem als Heimnetzwerk oder Arbeitsplatznetzwerk kategorisierten Profil verbunden ist. Eingehende Verbindungen auf kritische Ports werden jedoch generell blockiert. Weitere Informationen zu Netzwerkprofilen finden Sie in Abschnitt 13.3.3 und 13.3.4.

– INTERNET (CLIENT): Die App darf ausgehend mit Netzwerken kommunizieren, die als öffentliche Netze kategorisiert sind (z. B. offene WLANs an Flughäfen).

– INTERNET (CLIENT UND SERVER): Die Apps dürfen eingehend und ausgehend mit Netzwerken kommunizieren, die als öffentliche Netze kategorisiert sind. Auch hier werden eingehende Verbindungen auf kritische Ports jedoch generell blockiert.

– NAHFELDNÄHERUNG: Mit diesem furchtbaren Begriff können Entwickler ihre Apps so voreinstellen, dass diese nur mit sogenannten *NFC-Geräten* (*Near Field Communication*) kommunizieren dürfen. NFC-Geräte ermöglichen einen kontaktlosen Datenaustausch innerhalb einer sehr kurzen Distanz von wenigen Zentimetern. Einige moderne Smartphones sind bereits NFC-fähig.

Weiterhin darf eine App mit bestimmten Funktionen und Orten in Ihrem Windows 10-System interagieren. So böte es sich an, dass eine Webcam-App Zugriff auf Ihre Webcam bekommt und eine Bilder-App den Zugriff auf Ihre Bilderbibliothek. Nachfolgend finden Sie eine Auflistung der Zugriffe, die ein Entwickler seiner App auf Ihrem System gewähren kann:

▶ Internet (Client)

▶ Internet (Client und Server)

▶ Vernetzung von privaten und beruflichen Anwendungen

▶ Zugriff auf die Dokumentenbibliothek

▶ Zugriff auf die Bilderbibliothek

▶ Zugriff auf die Videobibliothek

▶ Zugriff auf die Musikbibliothek

▶ Windows-Standardanmeldeinformationen

▶ Wechselmedien

▶ freigegebene Benutzerzertifikate

▶ Ort

▶ Mikrofon

▶ Nahfeldnäherung

▶ Textnachrichten

▶ Webcam

▶ sonstige Geräte (durch GUIDs dargestellt)

Die App-Isolierung versetzt einen Administrator nun in die Lage, die Kommunikation der App anhand der eben beschriebenen Orte weiter einzuschränken und an seine Bedürfnisse anzupassen.

Mithilfe der Filter in diesem Register können Sie z. B. festlegen, dass eine App, die Zugriff auf Ihre Dokumentenbibliothek hat, für Verbindungen ins Internet geblockt wird (Abbildung 13.57). In den unterschiedlichen Filtern werden zum Teil die Verbindungsrichtung (ein- oder ausgehend), das Netzwerkprofil oder die Dateitypen vorgegeben.

Abbildung 13.57 Filter für Anwendungspaketfunktionen

In den Anwendungspaketeigenschaften wählen Sie nun die Funktion und/oder den Ort, den Sie als Bedingung für diese Regel definieren möchten.

Eine vollständige Erläuterung dieser Komponenten und ihrer Reichweite finden Sie unter der Adresse: *http://technet.microsoft.com/de-de/library/hh831418.aspx*

Das Register »Erweitert«

Im Register ERWEITERT finden Sie die Optionen aus Abbildung 13.58:

▶ PROFILE: Hier wählen Sie die entsprechenden Netzwerkprofile aus, an die diese Regel gebunden werden soll. Es muss mindestens ein Profil ausgewählt sein. Eine Mehrfachauswahl ist möglich.

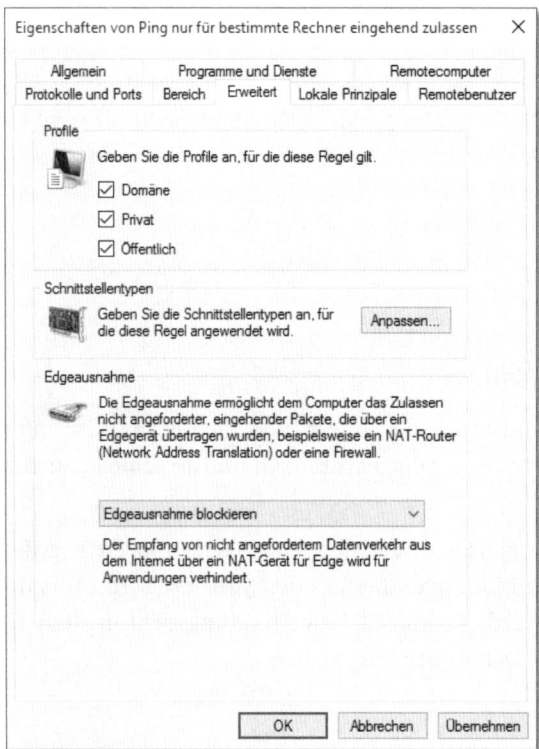

Abbildung 13.58 Das Register »Erweitert«

▶ SCHNITTSTELLENTYPEN: Hinter der Schaltfläche ANPASSEN finden Sie eine Liste mit Schnittstellenarten, an die diese Regel gebunden werden kann. Sie haben die Auswahl zwischen:

– LAN: drahtgebundene Schnittstellen, z. B. die lokale Netzwerkkarte

– DRAHTLOS: WLAN-Schnittstelle

– REMOTEZUGRIFF: Verbindungen über das Remote Desktop Protocol

- EDGEAUSNAHME: Die Edgeausnahme ist eine Sonderkonfiguration, die in Kombination mit dem Teredo-Protokoll zum Einsatz kommt. Mithilfe von Teredo sind Sie in der Lage, an IPv6-Kommunikation teilzunehmen, auch wenn Sie noch keinen nativen IPv6-Bereich von Ihrem Provider zugewiesen bekommen haben. Teredo bietet Ihnen:

  - die Teilnahme an IPv6-Kommunikation ohne nativ zugewiesene IPv6-Adresse vom Provider

  - das Tunneling von IPv6-Adressen: Da der Großteil der Internetkommunikation immer noch über IPv4 läuft und das Verbindungsgerät zum Internet (z. B. Ihr Heimrouter) in der Regel nur eine öffentliche IPv4-Adresse hat, ist es notwendig, die IPv6-Adresse in die IPv4-Adresse einzukapseln.

  - Verwendung des Tunneling-Mechanismus auf einem Host, der hinter einem NAT-Gerät sitzt: Dies ist in den meisten Heimnetzwerken der Fall. Andere Tunneling-Mechanismen müssen direkt an das Gerät gebunden sein, das die öffentliche IPv4-Adresse besitzt (z. B. bei 6to4). In diesem Fall muss der Heimrouter das Tunneling-Protokoll unterstützen.

Bei erfolgreichem Teredo-Tunneling sind Sie, wenn Sie einen IPv6-Client verwenden, prinzipiell mit einer IPv6-Adresse aus dem Internet ansprechbar. Damit setzen Sie die zu Beginn dieses Kapitels besprochene Schutzfunktion von NAT-Geräten praktisch außer Kraft. Microsoft spricht hierbei von »unaufgefordertem Datenverkehr«.

Die Edgeausnahme regelt nun diesen »unaufgeforderten Datenverkehr«. Die Firewall erkennt den Teredo-Datenverkehr, der vorher das NAT-Gerät überquert hat. Sie haben folgende Einstellmöglichkeiten:

- EDGEAUSNAHME BLOCKIEREN: Der Datenverkehr wird geblockt.

- EDGEAUSNAHME ERLAUBEN: Der Datenverkehr wird angenommen und entpackt, und der Inhalt wird mit den Firewall-Bedingungen abgeglichen.

- AUF BENUTZER ZURÜCKSTELLEN: Der Benutzer entscheidet, wie mit dem Datenverkehr umgegangen wird.

- AUF ANWENDUNG ZURÜCKSTELLEN: Das Programm entscheidet, ob der Datenverkehr angenommen wird.

Das Register »Bereich«

Im Register BEREICH setzen Sie IP-Adressfilter (Abbildung 13.59). Sie können sowohl einzelne IP-Adressen filtern als auch ganze IP-Adressbereiche in Ihre Bedingung aufnehmen:

- LOKALE IP-ADRESSE: Das sind die Adressen, die im eingehenden Datenpaket als Ziel definiert wurden, also in der Regel Ihre eigenen IP-Adressen.

- REMOTE IP-ADRESSE: Das sind die Adressen, die im eingehenden Paket als Quelladresse definiert sind, also in der Regel die Adressen, von denen das Paket stammt.

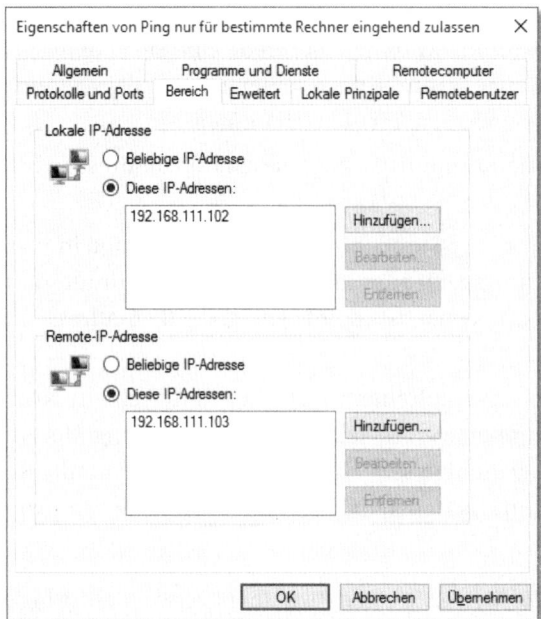

Abbildung 13.59 Das Register »Bereich«

Das Register »Protokolle und Ports«

Im Register PROTOKOLLE UND PORTS geht es ans Eingemachte, denn mit diesen Bedingungen filtern Sie den Datenverkehr anhand von Protokollinformationen (Abbildung 13.60).

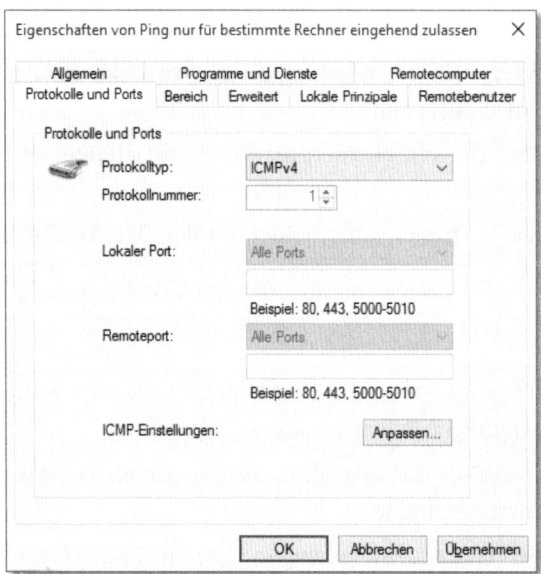

Abbildung 13.60 Das Register »Protokolle und Ports«

Achtung!

Wenn Sie diese Filter benutzen, ist eine genaue Kenntnis der verwendeten Protokolle unabdingbar! Die genaue Betrachtung allein der hier verwendeten Elemente füllt ganze Netzwerkbücher. Daher ist an dieser Stelle nur ein Blick aus der Vogelperspektive sinnvoll.

▶ PROTOKOLLTYP: Neben dem IP-Protokoll gibt es viele weitere Protokolle, die in Kombination mit IP an der Netzwerkkommunikation beteiligt sind. Diese Protokolle haben eine Protokollnummer. Eine vollständige Liste der Protokollnummern finden Sie unter:

http://www.iana.org/assignments/protocol-numbers/protocol-numbers.xml

Im Dropdown-Menü finden Sie einige vordefinierte Protokolle, die Sie in Ihrer Regel als Bedingung setzen können (Abbildung 13.61).

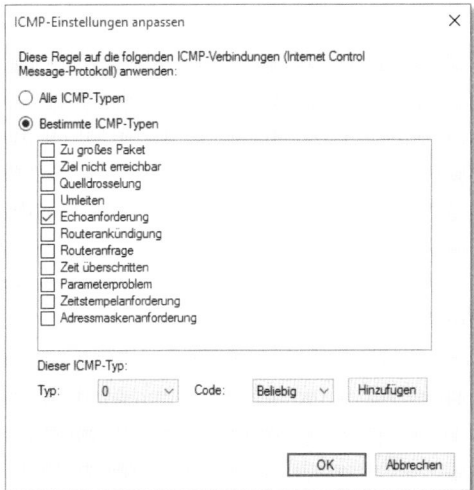

Abbildung 13.61 Erweiterte Protokolle für Firewall-Filter

▶ PROTOKOLLNUMMER: Dieses Feld steht erst zur Verfügung, wenn Sie im PROTOKOLLTYP die Option BENUTZERDEFINIERT ausgewählt haben. Danach können Sie die gewünschte Protokollnummer als Bedingung eintragen.

▶ LOKALER PORT: Ein Port ist im Prinzip eine numerische Abbildung der Applikation. Mit dieser Nummer werden die unterschiedlichen Programme adressiert, die hinter ein und derselben IP-Adresse bereitgehalten werden. Es gibt Ports in zwei Ausführungen: *Zielports* adressieren – wie der Name schon sagt – die Zielapplikation. Ein *Quellport* hingegen ist die Nummer, von der Ihre eigene Applikation die Anfrage stellt.

Viele Zielports sind standardisiert und bekannt. So wartet z. B. die Applikation »Webserver« in der Regel auf Port 80 auf eingehende HTTP-Verbindungen. Ein Internet Explorer (IE) adressiert ein IP-Paket an einen Webserver folglich mit dem Zielport 80 und schreibt zusätzlich seinen eigenen Quellport mit hinein, da die Antwort ja auch wieder an die korrekte Applikation (den IE) zurückgesendet werden muss. Quellports liegen meist im Bereich > 1024 und werden per Zufall vergeben.

Lokaler Port bei einer eingehenden Regel bedeutet, dass eine Applikation auf Ihrem Rechner mit der Portnummer, die Sie hier definieren, auf eine Verbindung aus dem Netzwerk wartet. Bei einer ausgehenden Regel ist an dieser Stelle der Quellport gemeint, den Ihre Applikation dynamisch generiert.

▶ REMOTEPORT: Bei den Remoteports ist das System umgekehrt. Bei einer eingehenden Regel ist mit Remoteport der Quellport einer eingehenden Verbindung gemeint. Bei einer ausgehenden Regel steht der Remoteport für den Zielport, den Sie mit Ihrer Applikation aufrufen möchten.

▶ ICMP-EINSTELLUNGEN: Die ICMP-Einstellungen sind nur konfigurierbar, wenn Sie im Abschnitt PROTOKOLLTYP die Option ICMPv4 ausgewählt haben. ICMP (*Internet Control Message Protocol*) ist ein Protokoll für Fehler- und Statusmeldungen im Netzwerk. So kann z. B. ein Router, der auf dem Weg zu einem Netzwerkgerät liegt, Sie benachrichtigen, dass das Zielnetzwerk nicht erreichbar ist.

Hinter der Schaltfläche ANPASSEN finden Sie eine detaillierte Konfigurationsmaske für ICMP. ICMP besteht aus den unterschiedlichsten Meldungsarten, die durch eine Typennummer und eine Codenummer spezifiziert sind. Die Typennummer definiert die grundsätzliche Art der Meldung (z. B. bedeutet *Typ3*, dass das Ziel nicht erreichbar ist). Die Codenummer spezifiziert den Typ nun noch genauer. So bedeutet *Typ3 Code1*, dass ein Paket zwar wohl an ein Zielnetzwerk gesendet werden kann – aber nicht an die adressierte Host-IP-Adresse.

Die bekannteste ICMP-Anwendung ist sicherlich *Ping*, mit dem eine grundsätzliche Netzwerkerreichbarkeit geprüft wird (Abbildung 13.62). Sie können dies in einer Eingabeaufforderung jederzeit mit `ping Zieladresse` (z. B. `ping www.lernschmiede.de`) testen. Der Ping, der im Übrigen auch als *Echo & Reply* bezeichnet wird, besteht aus den ICMP-Paketen *Typ8 Code0* (Echo) und *Typ0 Code0* (Reply).

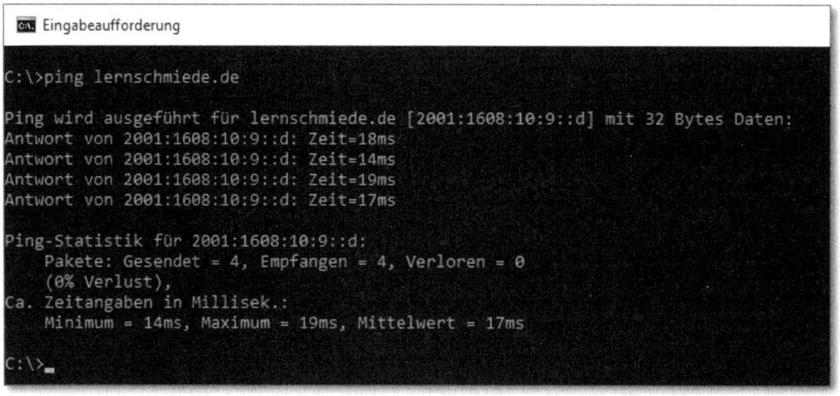

Abbildung 13.62 Ein ICMP-Paket Echo & Reply – auch bekannt als »Ping«

Sie sehen, man kann mit der Windows-Firewall die Verbindungen bei Bedarf sehr gezielt steuern.

Wählen Sie abschließend die zuvor erstellte Regel an. Klicken Sie im Aktionsmenü auf LÖSCHEN, und bestätigen Sie mit JA.

Wie Firewall-Regeln priorisiert werden

Wie Sie gesehen haben, sind viele Filter in Firewall-Regeln möglich. Irgendwann stellt sich die Frage: »Was passiert, wenn sich zwei Firewall-Regeln widersprechen?«

Daher ist es notwendig, zu verstehen, wie Windows die Firewall-Regeln abarbeitet. Zunächst sind alle Bedingungen mit einem logischen UND verknüpft. Das bedeutet, wenn Sie eine Bedingung *IP-Adresse* und eine Bedingung *Protokoll* haben, müssen beide Bedingungen erfüllt sein, damit die Regel aktiv wird. Danach wird folgendermaßen priorisiert, wobei Priorität 1 die höchste ist (Abbildung 13.63).

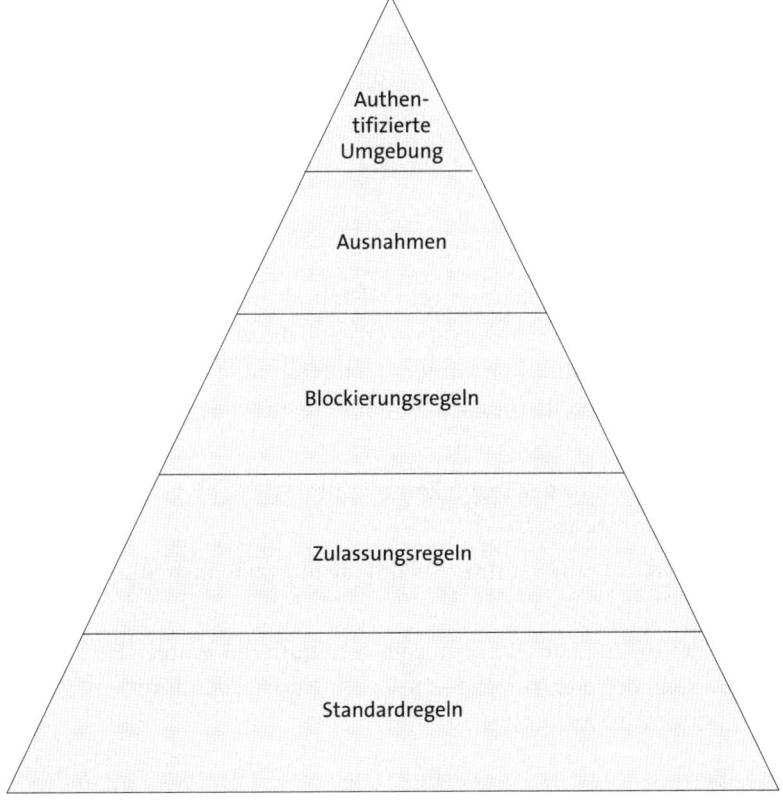

Abbildung 13.63 Regelpriorisierung in der Windows-Firewall

1. **Authentifizierte Umgehung**: Hiermit ist die Option REGELN ZUM BLOCKIEREN AUSSER KRAFT SETZEN im Registerreiter ALLGEMEIN • VERBINDUNG ZULASSEN, WENN SIE SICHER

IST gemeint. Diese Regel ist für spezielle Rechner im Netzwerk gedacht, die immer eine Verbindung benötigen, selbst wenn diese Rechner durch andere Firewall-Regeln blockiert werden.

2. **Ausnahmeregeln:** In den Registern LOKALE PRINZIPALE, REMOTEBENUTZER und REMOTE-COMPUTER können Sie Ausnahmen definieren, auf die die Aktion einer Regel nicht wirkt, selbst wenn dies z. B. über die Bedingung *Gruppenmitgliedschaft* der Fall sein sollte.

3. **Blockierungsregeln,** die Verbindungen verbieten

4. **Zulassungsregeln,** die Verbindungen erlauben

5. **Standardregeln**

13.4   Diagnose, Reparatur, Export und Reset

Gerade beim Windows-Firewall-Dienst kann eine Fehlkonfiguration schwerwiegende Folgen haben. Entweder sie verschafft unbefugten Verbindungen Zugriff, die keinen haben dürften, oder eine erwünschte Verbindung kommt nicht zustande und verhindert somit die korrekte Funktionsweise eines Programms. Die Bordmittel der Windows-Firewall unterstützen Sie zuverlässig bei der Fehlersuche und -behebung. Jedoch kann je nach Art des Fehlers profundes Wissen über Netzwerkprotokolle notwendig sein.

13.4.1   Die Firewall-Protokollierung konfigurieren

Die Windows-Firewall ist in der Lage, sämtliche eingehenden und ausgehenden Verbindungen zu protokollieren. Auch das Ergebnis der Operation (also ob die Verbindung erfolgreich oder fehlgeschlagen ist) kann mitgeschnitten werden. Standardmäßig ist die Protokollierung deaktiviert. Sie können die Protokollierung von Verbindungen für das Troubleshooting wie folgt aktivieren:

1. Öffnen Sie die Windows-Firewall mit der Tastenkombination ⊞ + R, geben Sie wf.msc ein, und bestätigen Sie Ihre Eingabe mit ⏎.

2. Klicken Sie im Menü AKTION auf EIGENSCHAFTEN, um die Firewall-Einstellungen aufzurufen.

3. Sie müssen die Protokollierung für jedes Profil einzeln konfigurieren. Wählen Sie das entsprechende Profil über sein Register aus (z. B. PRIVATES PROFIL), und klicken Sie im Abschnitt PROTOKOLLIERUNG auf ANPASSEN.

Standardmäßig protokolliert die Windows-Firewall ihre Daten in *%HOMEDRIVE%\Windows\System32\LogFiles\Firewall\pfirewall.log* (Abbildung 13.64). (Normalerweise ist *%HOMEDRIVE%* das *C:*-Laufwerk.)

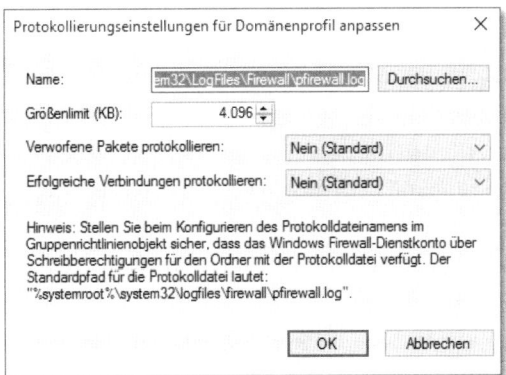

Abbildung 13.64 Die Protokollierungseinstellungen der Firewall

13.4.2   Firewall-Protokollierung auswerten

1. Reproduzieren Sie nach Aktivierung der Protokollierung das Problem, oder warten Sie so lange, bis einige Daten protokolliert sind.

2. Wenn Sie nun die *pfirewall.log* öffnen möchten, erhalten Sie eine Fehlermeldung, da Windows die Datei derzeit verwendet. Dennoch können Sie die Datei auf den Desktop kopieren.

3. Öffnen Sie nun die Datei mit dem *Editor*. Wie Sie in Abbildung 13.65 sehen, werden Ihnen sämtliche Zugriffe geordnet nach Datum, Protokoll, Quell-IP-Adresse, Ziel-IP-Richtung etc. angezeigt. Allerdings ist das Format nicht besonders schön.

```
pfirewall - Editor
Datei  Bearbeiten  Format  Ansicht  ?
#Version: 1.5
#Software: Microsoft Windows Firewall
#Time Format: Local
#Fields: date time action protocol src-ip dst-ip src-port dst-port size tcpflags tcpsyn tcpack tcpwin icmptype icmpcode info path


2015-10-06 00:10:41 ALLOW UDP 2001:470:7483:1:e48b:6cb2:7f0:12eb 2001:470:7483:1::3 53983 53 0 - - - - - - - SEND
2015-10-06 00:10:41 ALLOW UDP 2001:470:7483:1:e48b:6cb2:7f0:12eb 2001:470:7483:1::3 55504 53 0 - - - - - - - SEND
2015-10-06 00:10:41 ALLOW UDP 2001:470:7483:1:e48b:6cb2:7f0:12eb 2001:470:7483:1::3 54050 53 0 - - - - - - - SEND
```

Abbildung 13.65 Ein geöffnetes Firewall-Protokoll

4. Nun kontrollieren Sie die Verbindungen auf Unregelmäßigkeiten. Falls unerwünschte Verbindungen auftauchen, sehen Sie diese hier. Zum Beispiel sollte eine gehäufte Menge von geblockten Verbindungen Sie stutzig machen, und Sie sollten eventuell klären, woher diese Verbindungen kommen. Wenn Sie den Eindruck haben, dass unberechtigte Verbindungen zugelassen werden, gleichen Sie diese mit den entsprechenden Firewall-Regeln ab.

5. Stellen Sie die Protokollierungseinstellungen nach dem Troubleshooting wieder auf die Ausgangseinstellungen zurück.

Excel hilft bei der Darstellung

Um die Darstellung des Firewall-Logs zu verbessern, können Sie Excel verwenden. Öffnen Sie die Logdatei mit Excel, wählen Sie im Textkonvertierungsassistenten Getrennt, und setzen Sie auf der nächsten Seite ein Häkchen bei Leerzeichen. Nachdem Sie den Assistenten beendet haben, ist die Darstellung übersichtlich und kann mit den Mitteln von Excel sortiert werden (Abbildung 13.66).

	A	B	C	D	E	F	G	H	I	J	K	L	M	N	O	P	Q
1	#Version:	01. Mai															
2	#Software:	Microsoft	Windows	Firewall													
3	#Time	Format:	Local														
4	date	time	action	protocol	src-ip	dst-ip	src-port	dst-port	size	tcpflags	tcpsyn	tcpack	tcpwin	icmptype	icmpcode	info	path
5																	
6	06.01.2013	19:34:59	ALLOW	UDP		192.168.111.102 192.168.111.255	137	137	0	-	-	-	-	-	-	-	SEN
7	06.01.2013	19:34:59	ALLOW	UDP		192.168.111.102 192.168.111.1	57542	53	0	-	-	-	-	-	-	-	SEN
8	06.01.2013	19:34:59	ALLOW	UDP	127.0.0.1	127.0.0.1	59983	59983	0	-	-	-	-	-	-	-	SEN
9	06.01.2013	19:34:59	ALLOW	TCP		192.168.111.102 173.194.69.94	49634	80	0	-	0	0	0	-	-	-	SEN
10	06.01.2013	19:34:59	ALLOW	UDP		192.168.111.102 192.168.111.1	50808	53	0	-	-	-	-	-	-	-	SEN
11	06.01.2013	19:34:59	ALLOW	TCP		192.168.111.102 173.194.69.94	49636	80	0	-	0	0	0	-	-	-	SEN
12	06.01.2013	19:34:59	ALLOW	UDP	fe80::5d1b:391f:a23c:8d53	ff02::1:2	546	547	0	-	-	-	-	-	-	-	SEN
13	06.01.2013	19:34:59	ALLOW	TCP		192.168.111.102 213.199.181.12	49637	80	0	-	0	0	0	-	-	-	SEN

Abbildung 13.66 Die Protokolldarstellung mit Excel

13.4.3 Die Ereignisanzeige nutzen

Weitere hilfreiche Informationen können Sie der Ereignisanzeige entnehmen (Abbildung 13.67). Die Ereignisanzeige stellt Ihnen Informationen zur Firewall selbst zur Verfügung. Sie können hier u. a. nachvollziehen, wann eine Regel erstellt oder manipuliert wurde, ob die Protokollierungseinstellung aktiviert wurde oder ob eine Schnittstelle das Netzwerkprofil gewechselt hat. Während in Windows XP die Einträge der Firewall-Schnittstelle noch in der allgemeinen Ereignisanzeige zu finden waren, ist in den aktuellen Windows-Versionen ein exklusives Ereignisprotokoll für die Windows-Firewall vorgesehen (Abbildung 13.68).

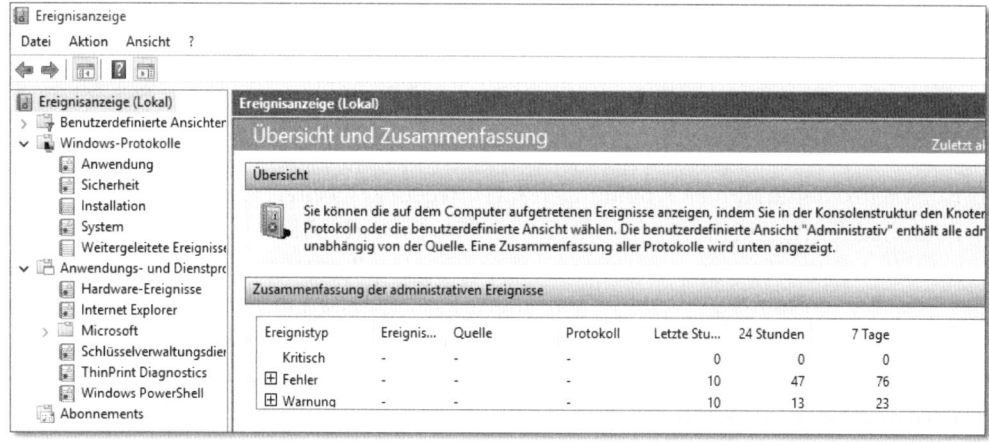

Abbildung 13.67 Die Ereignisanzeige

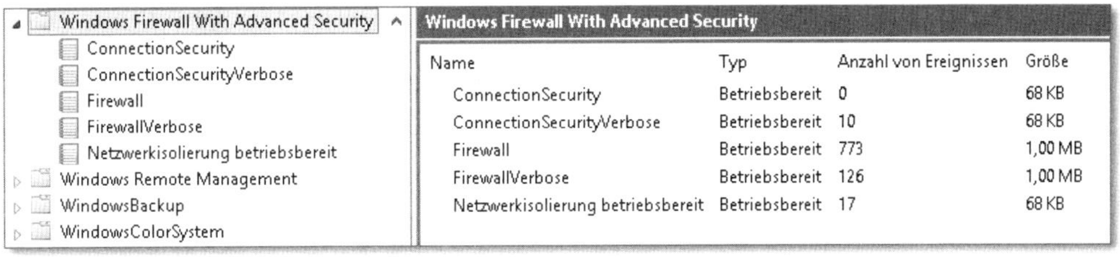

Abbildung 13.68 Ein eigener Abschnitt für die Windows-Firewall

Die Ereignisanzeige aufrufen

Sie rufen die EREIGNISANZEIGE wie folgt auf:

1. Drücken Sie die Tastenkombination ⊞ + X , und wählen Sie aus dem Schnellstartmenü EREIGNISANZEIGE aus.

2. Erweitern Sie auf der linken Seite den folgenden Pfad:

   Anwendungs- und Dienstprotokolle/Microsoft/Windows/Windows-Firewall With Advanced Security/Firewall

In der Windows-Firewall-Ereignisanzeige finden Sie fünf Abschnitte, die verschiedene Dinge protokollieren (Abbildung 13.68):

▶ CONNECTIONSECURITY: Dieses Log zeichnet Ereignisse auf, die von Verbindungssicherheitsregeln erstellt werden, z. B. wenn Sie eine gesicherte Verbindung mithilfe von IPsec aufbauen.

▶ CONNECTIONSECURITYVERBOSE: Dieses Log zeichnet ausführliche Ereignisse im »Operational State« auf. Es handelt sich praktisch um eine »Admin-Ansicht«, in der der Betriebszustand hinsichtlich der Verbindungssicherheitsregeln abgebildet wird. So wird z. B. angezeigt, welche kryptografischen Gruppen für die Verbindungssicherheitsregeln geladen werden. Diese Ansicht ist nur für sehr speziell gefasste Troubleshootings relevant und schreibt gegebenenfalls sehr viele Daten. Daher ist das Protokoll standardmäßig deaktiviert. Sie können das Protokoll im angewählten Zustand im Aktionsmenü aktivieren. Danach ist ein Neustart erforderlich. Nach erfolgreichem Troubleshooting empfiehlt es sich, dieses Log wieder zu deaktivieren.

▶ FIREWALL: In diesem Log finden Sie Ereignisse, die die Windows-Firewall aufzeichnet. Regeländerungen, Profiländerungen, Einstellungsänderungen etc. können Sie hier strukturiert nachvollziehen (Abbildung 13.69).

▶ FIREWALLVERBOSE: Dieses Log zeichnet ausführliche Ereignisse im »Operational State« auf. Es handelt sich praktisch um eine »Admin-Ansicht«, in der der Betriebszustand hinsichtlich der Firewall-Regeln abgebildet wird. So wird z. B. angezeigt, welche Firewall-Regeln beim Start des Firewall-Dienstes geladen werden. Diese Ansicht ist nur für sehr speziell gefasste Troubleshootings relevant und schreibt gegebenenfalls sehr viele Daten.

Daher ist das Protokoll standardmäßig deaktiviert. Sie können das Protokoll im angewählten Zustand im Menü AKTION aktivieren. Danach ist ein Neustart erforderlich. Nach erfolgreichen Troubleshooting empfiehlt es sich, dieses Log wieder zu deaktivieren.

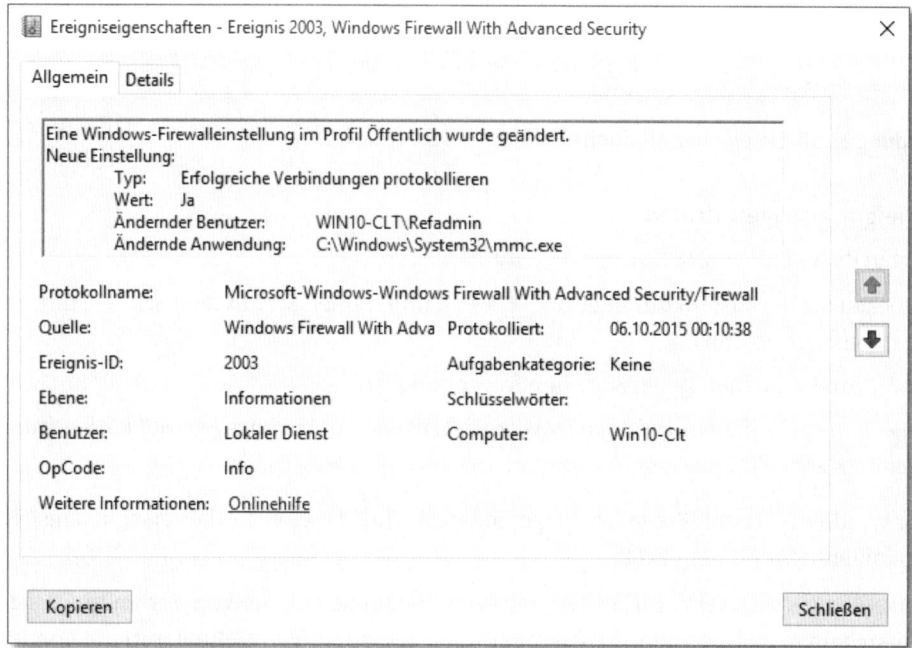

Abbildung 13.69 Ein Firewall-Ereignis

▶ NETZWERKISOLIERUNG BETRIEBSBEREIT: Die Firewall in Windows 10 lässt fein abgestimmte Filter zu, die sich auf Windows Store-Apps beziehen. Beispielsweise kann ein Filter alle Apps umfassen, die vom Entwickler aus Daten ins Internet senden dürfen. Um solche Filter zu realisieren, muss Windows feststellen, welche Netzwerk- und Adressbereiche *öffentlich* und welche *privat* sind. Die Einordnung wird anhand diverser Einstellungen vorgenommen. So wird z. B. der IP-Adressbereich eines PCs von Windows standardmäßig als PRIVAT deklariert. Wenn sich nun die Client-IP ändert, muss die Kategorisierung der Netzwerke neu vorgenommen werden, da eventuell sicherheitsrelevante Firewall-Regeln davon abhängen. Die Ergebnisse dieser Bemühungen können Sie in dieser Ereignisanzeige nachvollziehen

Diese Ansicht ist nur für sehr speziell gefasste Troubleshootings relevant und schreibt gegebenenfalls sehr viele Daten. Daher ist das Protokoll standardmäßig deaktiviert. Sie können das Protokoll im angewählten Zustand im Menü AKTION aktivieren. Danach ist ein Neustart erforderlich. Nach erfolgreichem Troubleshooting empfiehlt es sich, dieses Log wieder zu deaktivieren.

13.4.4   Regeln importieren und exportieren

Windows hat den Anspruch, selbst komplexeste Mechanismen für den Anwender handhabbar zu machen. Die Windows-Firewall bietet z. B.:

► vordefinierte Firewall-Regeln von Microsoft

► Konfiguration von Regeln zur Laufzeit, wenn ein Programm dies erfordert

► Standardregeln, die ausgehende Verbindungen erlauben und eingehende Verbindungen blockieren

Profis und Administratoren möchten vielleicht sogar ihr System so weit abdichten, dass nur noch explizit erlaubte Kommunikation durch die Windows-Firewall hindurchgelassen wird. Dies erfordert einigen Aufwand.

Aber auch bei normalen Anwendern, die ab und an einem Programm den Zugriff gewähren oder verweigern, entsteht so im Laufe der Zeit ein komplexes Regelwerk in der Firewall, das zu ihrem System passt.

Immer dann, wenn Sie Aktionen durchführen möchten, die Ihr Regelwerk automatisch verändern, empfiehlt es sich, einen Export des Regelwerks durchzuführen, und zwar aus zwei Gründen:

► Wenn Sie eine Reparaturaktion mit der Problembehandlung durchführen, werden eventuell Regeln umgeschrieben. Vielleicht entspricht das Ergebnis nicht Ihren Erwartungen, und Sie möchten wieder zum Ausgangszustand zurückkehren.

► Vielleicht haben Sie während eines Troubleshootings alle Regeln zurückgesetzt, aber der Fehler lag letztlich doch nicht bei der Firewall.

In solchen Fällen würde das Neuerstellen Ihres Regelwerks viel Zeit und Aufwand kosten. Windows 10 erlaubt es Ihnen, Ihre Firewall-Konfiguration (also die Richtlinien) in eine Datei zu exportieren oder früher exportierte Richtlinien in das aktuelle System einzubinden. Dies funktioniert auch zwischen unterschiedlichen Windows 10-Rechnern.

Achtung!

Ein Richtlinienimport ist ein Überschreibvorgang. Das heißt, es werden alle Regeln überschrieben, die Sie seit dem letzten Export erstellt bzw. konfiguriert haben!

Eine Firewall-Richtlinie exportieren und importieren

Um eine Firewall-Richtlinie zu exportieren, gehen Sie wie folgt vor:

1. Öffnen Sie die Windows-Firewall mit der Tastenkombination ⊞ + R, geben Sie wf.msc ein, und bestätigen Sie Ihre Eingabe mit ↵.

2. Wählen Sie im Menü AKTION auf der rechten Seite RICHTLINIE EXPORTIEREN.

3. Wählen Sie einen SPEICHERORT für die Exportdatei aus, und geben Sie der Datei einen aussagekräftigen Namen (Abbildung 13.70). Bestätigen Sie mit OK.

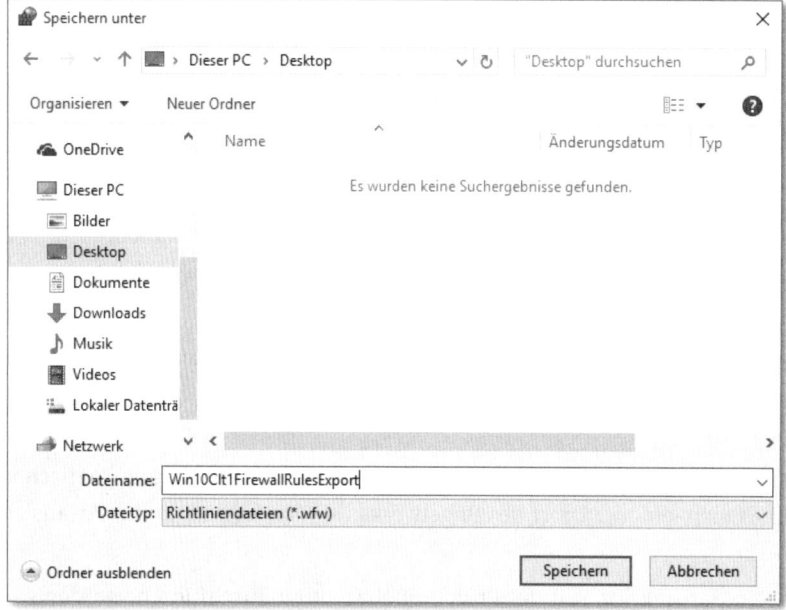

Abbildung 13.70 Richtlinienexport der Windows-Firewall

4. Kehren Sie zur Windows-Firewall zurück, und klicken Sie auf EINGEHENDE REGELN.

5. Klicken Sie im Menü AKTION auf der rechten Seite NACH GRUPPE FILTERN an, und wählen Sie NACH DATEI- UND DRUCKFREIGABE FILTERN aus.

6. Markieren Sie nun die ersten vier Regeln (ICMP... EINGEHEND) dieser Gruppe (Abbildung 13.71), und wählen Sie im Menü AKTION die Regel AKTIVIEREN.

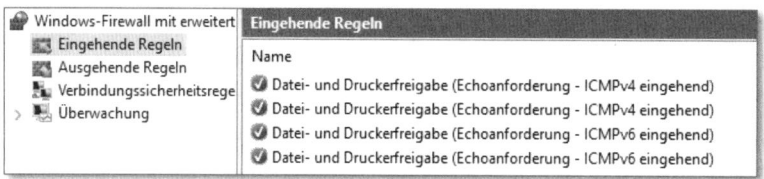

Abbildung 13.71 Testweise aktivierte Firewall-Regeln

7. Klicken Sie nun im Menü AKTION auf ALLE FILTER LÖSCHEN.

8. Klicken Sie in der linken Spalte auf WINDOWS-FIREWALL MIT ERWEITERTER SICHERHEIT, um die Startseite aufzurufen.

9. Im Menü AKTION wählen Sie RICHTLINIE IMPORTIEREN und bestätigen das Informationsfenster mit JA.

10. Wählen Sie die in Schritt 3 gespeicherte Richtliniendatei aus, und bestätigen Sie mit
    ÖFFNEN.

11. Bestätigen Sie mit OK.

12. Prüfen Sie nun in den eingehenden Regeln, dass die eben aktivierten Firewall-Regeln
    jetzt wieder im deaktivierten Zustand sind (Abbildung 13.72).

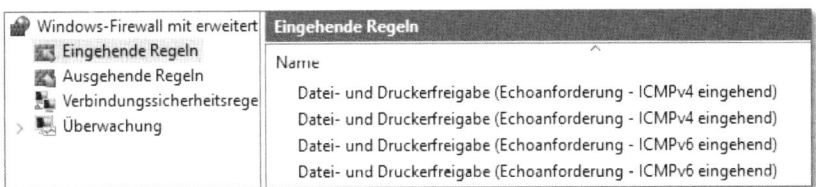

Abbildung 13.72 Nach dem Import sind die Regeln wieder zurückgesetzt.

Sie haben nun die Windows-Firewall auf den Stand der zuletzt exportierten Firewall-Richtlinie gebracht.

13.4.5   Hilfe – ich benötige den Ausgangszustand wieder!

Regelwerke können mit der Zeit unübersichtlich werden. Vielleicht haben Sie Standardre-
geln geändert, sich »verkonfiguriert«, oder Sie verspüren einfach das Bedürfnis nach einem
Reset der Firewall-Regeln. Für diesen Fall gibt es die Option STANDARDRICHTLINIE WIEDER-
HERSTELLEN.

> **Standardrichtlinie wiederherstellen**
>
> Achtung: Die Option STANDARDRICHTLINIE WIEDERHERSTELLEN setzt die Windows-Firewall
> auf den Herstellerzustand zurück! Alle Änderungen und erstellten Regeln inklusive der
> Standardregeln und Überwachungsrichtlinien werden zurückgesetzt bzw. gelöscht! Expor-
> tieren Sie daher Ihre aktuelle Firewall-Konfiguration sowie die Liste der Firewall-Regeln
> (siehe Abschnitt 13.3.4), um bei Bedarf den Ist-Zustand wiederherstellen zu können oder Ihr
> bisheriges Regelwerk Schritt für Schritt zu übertragen.

So setzen Sie die die Windows-Firewall auf die Standardrichtlinie zurück:

1. Rufen Sie die Windows-Firewall auf, indem Sie die Tastenkombination ⊞ + R drücken,
   wf.msc eingeben und Ihre Eingabe mit ⏎ bestätigen.

2. Klicken Sie im Menü AKTION auf STANDARDRICHTLINIE WIEDERHERSTELLEN.

3. Bestätigen Sie das Informationsfenster mit JA (Abbildung 13.73).

4. Klicken Sie auf OK.

Abbildung 13.73 Die Standardrichtlinie setzt die Firewall zurück.

Sie haben nun wieder ein jungfräuliches Firewall-System, wie nach einer Neuinstallation!

13.4.6   Die Problembehandlung aus der Windows-Firewall aufrufen und durchführen

Windows 10 hilft Ihnen mit der *Problembehandlungsplattform*, die unterschiedlichsten Fehler zu erkennen und zu beheben. Die Problembehandlungsplattform besteht aus den Abschnitten

► Programme,

► Hardware und Sound,

► Netzwerk und Internet sowie

► System und Sicherheit.

Über die Windows-Firewall haben Sie Zugriff auf den *Netzwerk und Internet*-Teil der Problembehandlungsplattform.

Wichtig

Bevor Sie die Problembehandlung ausführen, setzen Sie bitte einen Wiederherstellungspunkt, und führen Sie einen Export der aktuellen Firewall-Regeln durch!

Sie verwenden die Problembehandlungsplattform wie folgt:

1. Rufen Sie die Windows-Firewall auf, indem Sie die Tastenkombination ⊞ + R drücken, wf.msc eingeben und Ihre Eingabe mit ⏎ bestätigen.

2. Wählen Sie im Menü AKTION den Punkt DIAGNOSE/REPARATUR (Abbildung 13.74).

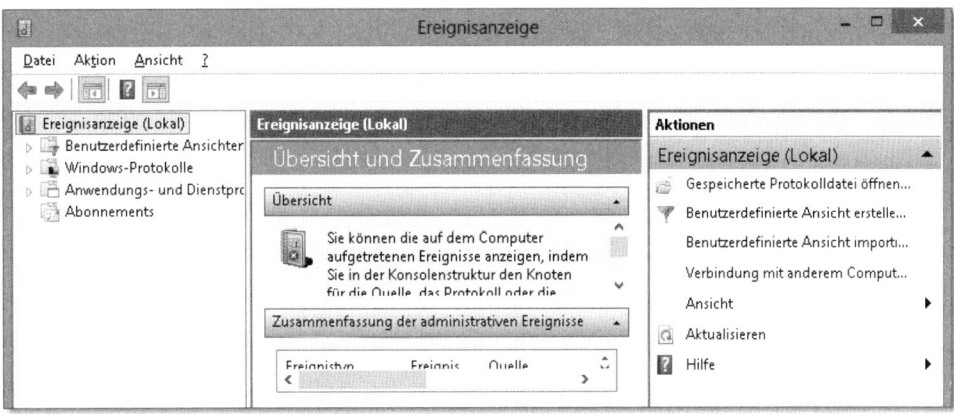

Abbildung 13.74 Arbeit mit der Problembehandlung

3. Im folgenden Fenster finden Sie Auswahlmöglichkeiten für unterschiedliche Verbindungsprobleme im Netzwerk. Der Abschnitt EINGEHENDE VERBINDUNGEN ist auch für die Windows-Firewall zuständig.

4. Wählen Sie nun die Option aus, die Ihr Problem am besten beschreibt (Abbildung 13.75).

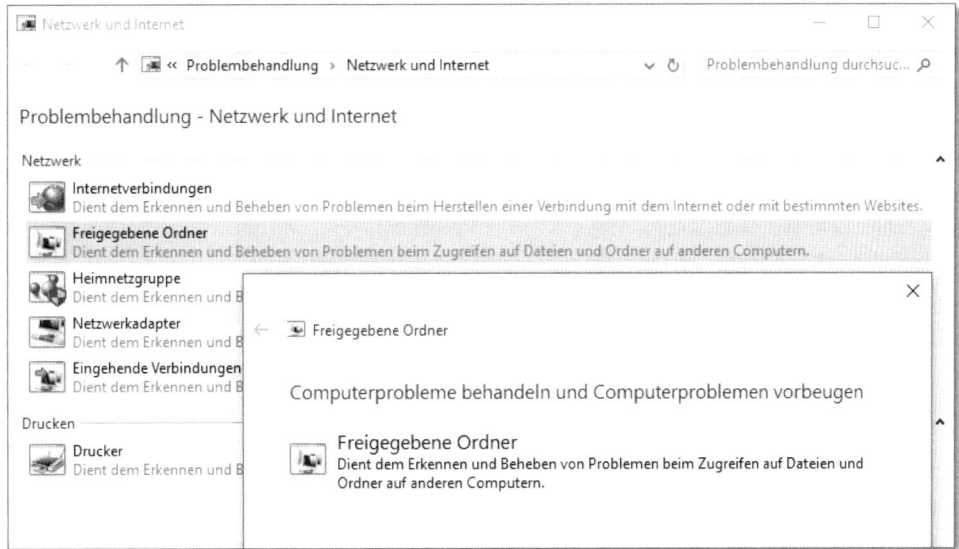

Abbildung 13.75 Verschiedene Problembehandlungsoptionen

5. Führen Sie jetzt den Assistenten aus, und prüfen Sie anschließend, ob das Problem behoben wurde.

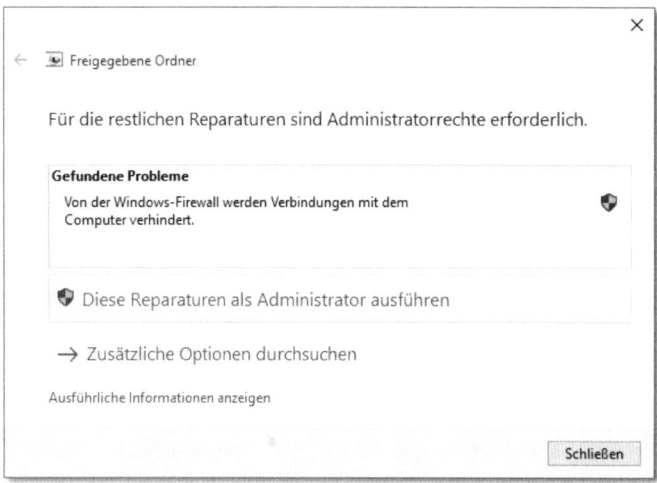

Abbildung 13.76 Die Problembehandlung kann nützlich sein.

Problembehandlungsplattform

Die Problembehandlungsplattform basiert auf vordefinierten PowerShell-Skripten, die die gängigsten Konfigurationsfehler in Windows 10 aufdecken und korrigieren sollen (Abbildung 13.76).

Aufgrund der Komplexität aktueller Systeme kann allerdings nur ein kleiner Teil der möglichen Fehler abgedeckt werden. Falls die Problembehandlungsplattform Ihr Problem nicht lösen sollte, ist nicht unbedingt von einer Ausnahme, sondern eher von der Regel auszugehen. Dennoch ist das Troubleshooting mit der Problembehandlung selbst für Profis immer einen Versuch wert, da durch den »Tunnelblick«, der sich im Laufe der Arbeit einstellt, häufig und gerade die trivialen Fehler außer Acht gelassen werden.

13.5   Best Practices im Umgang mit der Windows-Firewall

Bei Firewalls unterscheidet man zwischen *Netzwerk-Firewalls* und *Personal Firewalls*. Netzwerk-Firewalls filtern den Verkehr zwischen verschiedenen Netzen, z. B. zwischen dem Internet und dem internen Netz Ihrer Firma. Eine Personal Firewall filtert hingegen den Datenverkehr eines einzelnen Rechners. Bei der Windows-Firewall handelt es sich um eine Personal Firewall.

13.5.1   Vor- und Nachteile von Personal Firewalls

Sicherheit ist immer ein dynamischer Prozess, und der Einsatz der Windows-Firewall kann sicherlich einen Teil der Maßnahmen abdecken, mit deren Hilfe wir unsere Rechner absichern möchten. Sie werden im IT-Umfeld viele, teils konträre Aussagen zum Thema Personal Firewall vorfinden. Der eine Experte verteufelt Personal Firewalls als Scheinsicherheit, der nächste empfiehlt nachdrücklich ein bestimmtes Firewall-Produkt.

In der Summe bedeutet dies: Es gibt nicht *den* konkreten Handlungsleitfaden. Lassen Sie uns daher so beginnen: Die Windows-Firewall ist eine Personal Firewall. Personal Firewalls haben im Vergleich zu Netzwerk-Firewalls Vor- und Nachteile:

- **Vorteil**: Die Windows-Firewall wird auf dem lokalen Rechner ausgeführt.
- **Nachteil**: Die Windows-Firewall wird auf dem lokalen Rechner ausgeführt.

Betrachten wir diese zunächst ungewöhnliche Aussage etwas genauer. Eine Netzwerk-Firewall steht definitionsgemäß im Netzwerk. Dort steuert sie in der Regel den Datenverkehr zwischen dem internen Netzwerk und dem Internet oder anderen Netzwerksegmenten. Unser Umgang mit Netzwerken hat sich im Laufe der Jahre verändert:

- Wir haben hochmobile Mitarbeiter, die in den unterschiedlichsten Netzwerken arbeiten. Darunter sind auch Netzwerke, die sich der Kontrolle der Unternehmensadministration entziehen.
- BYOD (*Bring Your Own Device*) ist ein neuer Trend, der es ausdrücklich erlaubt, private Geräte im Firmennetzwerk zu nutzen.
- Gastzugänge erlauben fremden Benutzern und Ihren Geräten den temporären Zugriff für auf das eigene Netzwerk.

Diese Trends haben zur Folge, dass vermehrt potenzielle Angriffe von innen, also aus dem eigenen Netzwerksegment heraus, stattfinden können. Gegen solche Angriffe schützt natürlich keine Netzwerk-Firewall, da sie von diesem Datenverkehr (Traffic) gar nichts mitbekommt. Aus dieser Sicht ergibt die lokale Installation einer Firewall einen Sinn.

Demgegenüber steht die lokale Installation einer Firewall als unnützes Programm, das nur Scheinsicherheit und Komplexität auf den Rechner bringt. Nehmen wir an, Sie öffnen ein Programm aus einer infizierten Mail oder einer dubiosen Webquelle. Dieses Programm fragt Sie brav nach administrativen Berechtigungen für die Installation, die Sie in Unkenntnis der potenziellen Gefahren genehmigen. Das Programm könnte Folgendes machen:

- Es schaltet mithilfe Ihrer administrativen Rechte ganz offiziell Ihre Windows-Firewall ab und verschleiert diese Aktion.
- Es öffnet einen Port für eingehende Verbindungen.
- Es sendet eine Nachricht an einen Server im Internet.
- Ein Angreifer erhält diese Nachricht und verbindet sich mit dem nun ungeschützten Rechner, um ihn fernzusteuern und auszuspionieren.

Das Problem wird deutlich: Unter gewissen Umständen lassen *Sie selbst* »böse« Programme und Verbindungen Ihre Firewall passieren – ganz offiziell. Bei einer Netzwerk-Firewall wäre zumindest der nachfolgende Angriff nicht so einfach, da eine Malware mangels Konfigurationsmöglichkeit und Rechten die Filter der Netzwerk-Firewall nicht so einfach umgehen kann.

13.5.2   Schutz als Gesamtkonzept sehen

Das eben angeführte Beispiel verdeutlicht auch, dass eine Firewall für sich gesehen nur einen Teil eines Schutzkonzeptes darstellen kann. So hätte vermutlich der Virenscanner Alarm geschlagen; und wenn die Firewall ausgeschaltet wird, meldet hoffentlich auch die Komponenten Sicherheit und Wartung von Windows 10, dass etwas nicht in Ordnung ist.

Halten Sie sich für den Grundschutz Ihres Rechners an diese sechs einfachen Regeln:

1. Halten Sie Ihr Windows 10 aktuell, und nutzen Sie *Windows Update*.

2. Halten Sie Ihren Antivirenschutz aktuell, und nutzen Sie seine automatischen Update-Funktionen.

3. Nutzen Sie die angebotenen Sicherheits-Features von Windows 10. Deaktivieren Sie z. B. den SmartScreenfilter, die Windows-Firewall oder den geschützten Modus des Internet Explorers *nicht* ohne guten Grund.

4. Halten Sie Ihre Software aktuell. Denken Sie an Ihren PDF-Betrachter, Java etc.

5. Führen Sie keine Software aus nicht vertrauenswürdigen Quellen aus.

6. Wenn ein Programm eine Firewall-Ausnahme anfordert: Entscheiden Sie *bewusst*.

Sich an Punkt 6 zu halten fällt vielen Benutzern schwer. Dennoch können wir keinen anderen Rat geben: Beschäftigen Sie sich mit dem, was Sie tun. Wenn Sie ein Programm installieren und dieses Programm eine Firewall-Ausnahme anfordert, öffnen Sie durch Ihre Zustimmung eine eingehende Verbindung! Wenn Sie sich nicht vorstellen können, weshalb diese eingehende Verbindung notwendig sein sollte, lassen Sie die Firewall-Ausnahme im Zweifel nicht zu. Im schlimmsten Fall wird das Programm dann im Anschluss nicht oder in Teilen nicht richtig arbeiten. Ist dies der Fall, wird Ihnen einleuchten, warum jetzt eine eingehende Verbindung nötig ist. Sie können die Verbindung dann nachträglich freischalten, wie es in Abschnitt 13.3.4, »Apps mit der Windows-Firewall steuern« beschrieben wird.

Nach unserer Erfahrung verrichten die meisten Programme im Anwenderumfeld trotz abgelehnter Firewall-Ausnahme klaglos ihre Kernfunktion. Sie sollten allerdings die Windows-Firewall nun immer für das Troubleshooting im Hinterkopf behalten, falls eine Netzwerkfunktion in einem Programm nicht richtig funktioniert oder das Programm generell den Dienst quittiert.

13.5.3   Erhöhte Sicherheitskonfiguration mit der Windows-Firewall

Windows 10 wird mit einem vordefinierten Satz an Firewall-Regeln geliefert. Diese Firewall-Regeln haben sich als richtige Mischung erwiesen, wenn man zwischen Sicherheit und praktischer Arbeit abwägen muss. Im täglichen Betrieb sind vor allem zwei Dinge wichtig:

1. Muss ich für eine bestimmte Anforderung unbedingt eine Firewall-Regel für eingehende Verbindungen definieren – und wenn ja, welche Bedingungen schränken die Regel am effektivsten ein?

2. Warum fragt mich ein bestimmtes Programm nach einer Firewall-Ausnahme, und möchte ich diese gewähren?

Dennoch mag ein erhöhtes Sicherheitsbedürfnis den Ausschlag für weitere Einschränkungen geben.

Wenn Sie Ihr Windows 10 mithilfe der Firewall »abdichten« wollen, sind tiefer gehende Kenntnisse hinsichtlich der verwendeten Netzwerkprotokolle unerlässlich!

Arbeit mit Profilen

Wenn Sie Ihre Rechnerkommunikation komplett selbst steuern möchten, denken Sie auch an die Netzwerkprofile. Es bietet sich an, erste Gehversuche hinsichtlich einer Komplettsperrung nur mit dem öffentlichen Netzwerkprofil durchzuführen.

Vorbereitung

Stellen Sie immer sicher, dass Sie im Falle einer Fehlkonfiguration zum Ausgangszustand zurückkehren können:

1. Machen Sie ein Windows-Backup.

2. Exportieren Sie die derzeitigen Regeln (siehe Abschnitt 13.4.4, »Regeln importieren und exportieren«).

3. Zögern Sie nicht, die Standardregeln wiederherzustellen (siehe Abschnitt 13.4.5, »Hilfe – ich benötige den Ausgangszustand wieder!«).

Ausgehende Rechnerkommunikation komplett unterbinden

Wir werden in diesem Abschnitt die Rechnerkommunikation am Beispiel von ausgehenden Verbindungen komplett unterbinden. Normalerweise sind die ausgehenden Standardregeln freigeschaltet. Wir werden nun die Standardregeln ändern und die vorhandenen Regeln deaktivieren.

1. Führen Sie einen Export Ihres derzeitigen Regelwerks durch (siehe Abschnitt 13.4.4, »Regeln importieren und exportieren«).

2. Rufen Sie die Windows-Firewall auf, indem Sie die Tastenkombination ⊞ + R drücken, wf.msc eingeben und diese Eingabe mit ↵ bestätigen.

3. Wählen Sie im Menü AKTION den Menüpunkt EIGENSCHAFTEN.

4. Im Register DOMÄNENPROFIL wählen Sie im Abschnitt AUSGEHENDE VERBINDUNGEN das Element BLOCKIEREN (Abbildung 13.77).

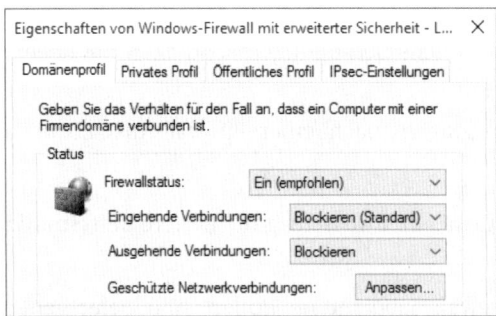

Abbildung 13.77 In jedem Profil werden die ausgehenden Verbindungen blockiert.

5. Wiederholen Sie Schritt 4 auch für das private und das öffentliche Profil.

6. Wechseln Sie nun auf der linken Seite des Firewall-Dialogs zum Element AUSGEHENDE REGELN.

7. Wählen Sie eine Regel an, und drücken Sie die Tastenkombination ⎡Strg⎤ + ⎡A⎤. Diese Tastenkombination wählt alle Regeln aus (Abbildung 13.78).

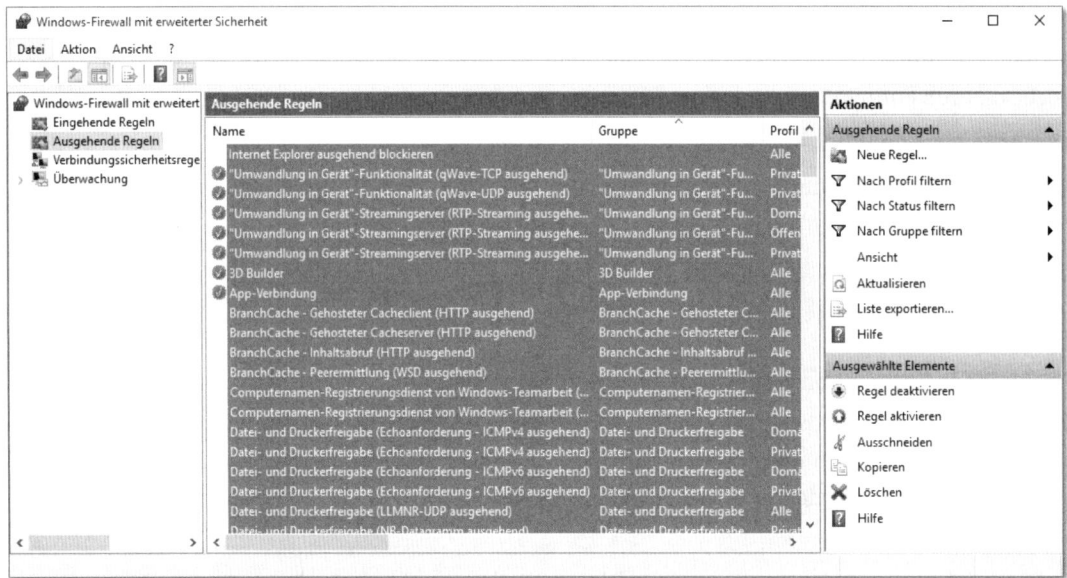

Abbildung 13.78 Alle Regeln markieren

8. Im Menü AKTION auf der rechten Seite wählen Sie nun REGEL DEAKTIVIEREN. Das Deaktivieren von so vielen Regeln kann eine kurze Zeit dauern.

9. Nun unterbinden Sie bereits sämtliche ausgehende Kommunikation von Ihrem Windows 10. Sie können das testen, indem Sie versuchen, mit Ihrem Browser ins Internet zu kommen. Die Aktion dürfte fehlschlagen.

10. Nun beginnt die eigentliche Arbeit. Sie müssen jetzt für jede ausgehende Verbindung eine Firewall-Regel aktivieren bzw. freischalten. Wir versuchen nun, den Internet Explorer in Betrieb zu nehmen. Folgende Fragen stellen sich:

   – Wenn wir nur den Internet Explorer freischalten, kann kein anderer Browser auf das Internet zugreifen. Möchten wir also nur das Programm oder gleich das Protokoll freischalten?

   – Wie hieße die Programmdatei? (*iexplore.exe*)

   – Wie hieße das Protokoll? (HTTP/HTTPS)

   – Gibt es bereits eine vordefinierte Regel, die man aktivieren kann, oder muss man eine neue Regel erstellen?

   – Gibt es weitere Protokolle, die für diese Funktion notwendig sind? (Das werden wir noch sehen.)

Wir entscheiden uns für eine Programmregel und schalten nun den Internet Explorer frei:

1. Wählen Sie in der Windows-Firewall AUSGEHENDE REGELN, und klicken Sie im Menü AKTION auf NEUE REGEL.

2. Wählen Sie PROGRAMM, und klicken Sie auf WEITER.

3. Klicken Sie im folgenden Fenster auf DURCHSUCHEN, und navigieren Sie zum Programmpfad *c:\programme (x86)\internet explorer*. Doppelklicken Sie auf IEXPLORE, und klicken Sie auf WEITER (Abbildung 13.79).

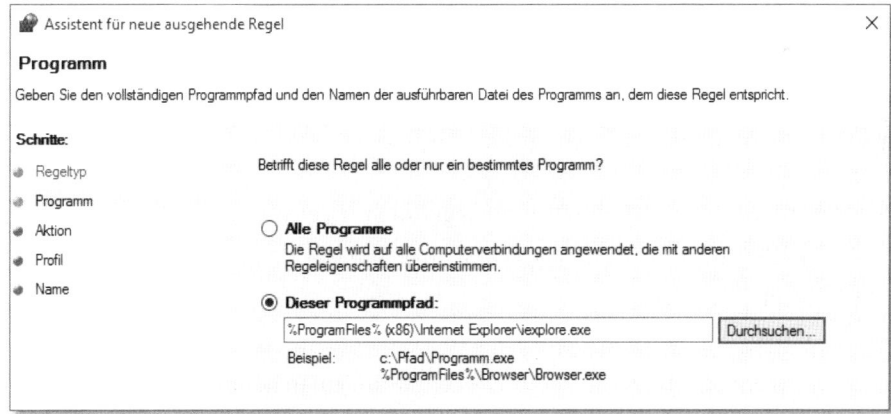

Abbildung 13.79 Auswahl der Datei »iexplore.exe«

4. Im nächsten Fenster wählen Sie VERBINDUNG ZULASSEN und klicken auf WEITER.

5. Lassen Sie alle drei Profile angewählt, und klicken Sie auf WEITER.

6. Vergeben Sie nun einen aussagekräftigen Namen, und klicken Sie auf FERTIG STELLEN (Abbildung 13.80).

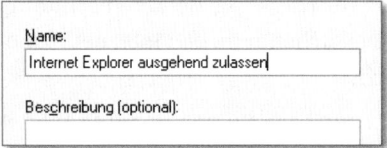

Abbildung 13.80 Vergeben Sie aussagekräftige Namen.

Testen Sie nun, ob Sie mit dem Internet Explorer die URL *http://lernschmiede.de* aufrufen können. Die Verbindung sollte *nicht* funktionieren, was daran liegt, dass der Internet Explorer zwar sehr wohl ins Internet darf, aber die Namensauflösung auf einer anderen Komponente, nämlich DNS, basiert (Abbildung 13.81). Wir müssen also auch noch DNS freischalten.

Abbildung 13.81 Die Kommunikation schlägt trotz freigeschalteter Regel fehl.

Für DNS gibt es bereits eine vorkonfigurierte Regel, die wir verwenden können:

1. Wählen Sie in den ausgehenden Regeln die Firewall-Regel KERNNETZWERK – DNS (UDP AUSGEHEND) an.

2. Wählen Sie nun im Menü AKTION die Regel AKTIVIEREN.

3. Testen Sie nun erneut, ob Sie *http://lernschmiede.de* aufrufen können. Nun sollte die Seite erreichbar sein (Abbildung 13.82).

Es ist unschwer nachzuvollziehen, dass Ihr ganz persönliches Regelwerk mit dieser Methode nur mit einigem Aufwand und permanenter Nacharbeit entstehen kann. Sie sollten also gute Gründe haben und weder Zeit noch Mühe scheuen, wenn Sie Ihre Rechnerkommunikation komplett in Eigenregie steuern möchten.

Benutzerdefiniertes Regelwerk für eingehende Verbindungen

Die benutzerdefinierte Einrichtung für eingehende Regeln erfolgt analog zur eben durchgeführten Übung mit ausgehenden Verbindungen. Diese Art der Einrichtung kommt häufig im Serverbereich vor, in dem wirklich nur die Protokolle freigeschaltet werden, die der Server auch anbietet (z. B. HTTP).

In Windows 10 ist selbstverständlich auch dies möglich, es gilt jedoch das Gleiche wie bei eingehenden Verbindungen: Sperren Sie Ihren Rechner nur dann komplett, wenn Sie wissen, was Sie tun, und den Aufwand einer permanenten Nacharbeit nicht scheuen.

Zum Schluss dieser Übung können Sie die zuvor exportierte Richtliniendatei wieder importieren oder die Standardrichtlinie wiederherstellen.

Abbildung 13.82 Erst die Kombination zweier Regeln ermöglicht den Aufruf einer Webseiten-URL.

Kapitel 14

Backups mithilfe des Dateiversionsverlaufs

Laut Microsoft nutzen weniger als 5 % der Anwender das integrierte Windows-Sicherungsprogramm. Zu kompliziert ist die Einrichtung, zu aufwendig die Wiederherstellung gelöschter Daten. Daher wurde bereits in Windows 8 mit dem Dateiversionsverlauf eine radikal vereinfachte Sicherung eingeführt. Kinderfotos, Urlaubsvideos, Uni-Referate ... – diese und andere Daten sind das Wertvollste auf dem Rechner. Wie Sie diese Zeitmaschine korrekt implementieren und warum Windows Backup doch noch nicht ganz von der Bildfläche verschwunden ist, erfahren Sie in diesem Kapitel.

Die Datensicherung ist ein Thema, mit dem sich die meisten Benutzer nicht gern beschäftigen. Warum eigentlich? Backup ist wie eine Versicherung. Man entrichtet einen Beitrag (periodisches Backup), um sich gegen einen Risikofall (Datenverlust) abzusichern. Klingt einfach und einleuchtend. Manchen Benutzern erschließt sich dieses Prinzip leider erst dann, wenn es zu spät ist – zumal die zehn Jahre alte Festplatte doch noch immer ihren Dienst tut.

Sie sollten regelmäßig Ihre Daten sichern – was zunächst kompliziert und aufwendig klingt: Sie benötigen zusätzlichen Speicherplatz zum Speichern der Sicherungen; zudem sollten Sie die Sicherung auch regelmäßig nachprüfen und periodische Wiederherstellungen durchführen, um zu prüfen, ob die wiederhergestellten Daten integer sind. Der Dateiversionsverlauf reduziert die Komplexität auf ein Minimum.

Bei dieser Backup-Variante geht es weder um die Sicherung des Windows-Betriebssystems noch um die Sicherung von Anwendungen. Es geht um das Wichtigste, das Sie besitzen: Ihre Nutzdaten. Daten, die einen ideellen Wert haben, Ihr geistiges Eigentum sind, aber auch Finanzdaten in der Tabellenkalkulation oder kurz: Daten, die sich nicht mehr oder nur sehr schwer wiederbeschaffen lassen. Denken Sie beispielsweise an Ihre Urlaubsfotos, Fotos von Ihren Kindern oder Ihrer Hochzeit, wichtige Schreiben, die Sie eventuell nachhalten müssen, selbst verfasste Texte, Ihre MP3- oder Videosammlung. Klick. Alles weg.

Ein kurzer Moment des Innehaltens führt bei den meisten Benutzern zu dem Ergebnis, dass man dieser potenziellen Situation Herr werden sollte, indem man rechtzeitig umfassende Gegenmaßnahmen ergreift. Wir zeigen Ihnen in diesem Kapitel, wie Sie dabei vorgehen sollten.

Backups in Unternehmen

Unternehmen sehen Backups sehr rational, ideelle Werte spielen eine eher untergeordnete Rolle – finanzielle eine umso größere. In welchem Umfang Sicherungen in einem Unternehmen durchgeführt werden, wird durch den Wert der Daten bestimmt.

▶ Welcher Verlust entsteht, wenn Daten unwiederbringlich weg sind? Wird eine nächtliche Sicherung der Daten durchgeführt und es kommt am Ende des Arbeitstages zu Datenverlust, ist ein ganzer Arbeitstag verloren. Aus der Arbeitszeit der betroffenen Mitarbeiter wird der finanzielle Verlust errechnet. Handelt es sich dabei um unersetzliche Daten, z. B. bei kreativer Arbeit, muss der ideelle Wert mit einberechnet werden.

▶ Welcher Verlust entsteht durch den Zeitraum, der benötigt wird, um verlorene Daten wiederherzustellen, und in dem eventuell nicht gearbeitet werden kann? Es sollte also eine Sicherungslösung gewählt werden, die die Daten schnell wiederherstellen kann.

▶ Welche Kosten entstehen aus der Informationspflicht, die gemäß dem Bundesdatenschutzgesetz besteht? Bei dauerhaften Datenverlusten von bestimmten Arten personenbezogener Daten müssen je nach Situation die Betroffenen, die Aufsichtsbehörden oder die Öffentlichkeit über den Datenverlust informiert werden.

14.1   Datensicherung mit Windows

Eine eingebaute Sicherungsfunktion in Windows ist nicht neu. Microsoft hatte 1997 erstmalig mit *Windows NT* die Funktion *NTBackup* vorgestellt. NTBackup hielt Einzug in *Windows 2000*, *Windows XP* und *Windows Server 2003* und wurde später ab *Windows Vista* und *Windows Server 2008* durch die *Windows-Sicherung* ersetzt.

Sowohl *NTBackup* als auch *Windows-Sicherung* sind im Vergleich mit anderen Sicherungsprogrammen eher spartanisch und wenig intuitiv zu bedienen, und so griffen viele Benutzer auf Drittanbieter-Sicherungsprogramme zurück. Manche Benutzer wussten sogar überhaupt nichts von der Existenz einer Windows-Sicherung. Die eingebaute Sicherungsfunktion war somit eher ein Exot und wurde nur selten eingesetzt. Wie eingangs bereits erwähnt, geht Microsoft anhand von Telemetriedaten davon aus, dass nur ca. 5 % der Benutzer die eingebaute Windows-Sicherung verwendet haben. Das ist nicht sehr viel, insbesondere wenn man überlegt, wie wichtig eine ordentliche Datensicherung ist.

14.2   Der Dateiversionsverlauf

Mit dem *Dateiversionsverlauf* werden kontinuierlich Sicherungen Ihrer persönlichen Daten gespeichert. Dabei werden alle Dateien, die in den Bibliotheken, auf dem Desktop, in den Favoriten und im *Kontakte*-Ordner gespeichert sind, auf einen externen Datenträger, eine zweite Festplatte im System oder eine Netzwerkfreigabe gespeichert. Jedes Mal, wenn Sie eine Änderung an einer Datei innerhalb der genannten Ordner vornehmen oder eine neue Datei hinzufügen, werden diese Daten zur Sicherung hinzugefügt, sobald das periodische Sicherungsintervall (standardmäßig jede 60 Minuten) gestartet wird.

Microsoft verfolgt dabei folgendes Konzept:

▶ **Sicher:** Jeder Windows-Benutzer soll darauf vertrauen, dass seine persönlichen Daten sicher aufbewahrt werden.

▶ **Einfach:** Die Einrichtung einer Sicherung muss einfach und unkompliziert sein.

▶ **Transparent:** Der Windows-Benutzer soll von der automatischen Sicherung nicht gestört werden. Der Vorgang soll im Hintergrund die Arbeit machen; der Benutzer braucht nicht einzugreifen.

▶ **Wiederherstellen:** Das Wiederherstellen von Dateien soll intuitiv, einfach und schnell sein.

14.2.1   Voraussetzungen

Damit Sie den Dateiversionsverlauf verwenden können, brauchen Sie lediglich Windows 10. Außerdem benötigen Sie zusätzlichen Speicher, auf dem ausreichend Speicherplatz für Ihre Sicherungskopien zur Verfügung steht. Dafür kommen beispielsweise ein USB-Stick, eine USB-Festplatte, eine zweite interne Festplatte, ein NAS (*Network Attached Storage*) oder eine Freigabe auf einem anderen Computer infrage.

14.2.2   Den Dateiversionsverlauf einrichten

Der Dateiversionsverlauf ist so konzipiert, dass er sich leicht einrichten und bedienen lässt. Es bedarf keiner Installation, der Dateiversionsverlauf ist Teil der Windows-Installation.

Sie öffnen den Dateiversionsverlauf (Abbildung 14.1), indem Sie die ⊞-Taste drücken, Datei-versionsverlauf eingeben und dann ⏎ drücken.

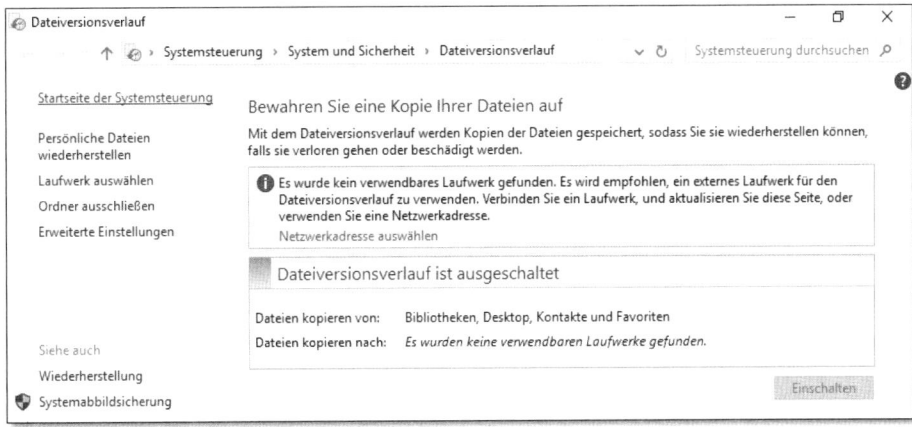

Abbildung 14.1 Den Dateiversionsverlauf aufrufen

Zunächst wählen Sie den Zielspeicher aus, auf den das System Ihre Daten sichern wird. Dazu durchsucht Windows Ihr System, ob Sie bereits entsprechenden Speicher vorhalten. Darauf basiert auch der Vorschlag, den Ihnen Windows anschließend im Abschnitt DATEN KOPIEREN NACH: unterbreitet. Im Buchbeispiel ist dies eine 60 GB große zweite Festplatte, die Windows erkennt und für den Dateiversionsverlauf nutzen möchte. Falls Sie einverstanden sind, klicken Sie auf EINSCHALTEN. Das war's! Windows kopiert jetzt Ihre persönlichen Daten auf den Sicherungsspeicher.

Falls Sie einen anderen Speicherort bevorzugen, rufen Sie auf der linken Seite den Link LAUFWERK AUSWÄHLEN auf. Hier finden Sie alle geeigneten Speicherorte für die Sicherung.

Falls Sie einen Netzwerkspeicher nutzen möchten, klicken Sie auf den blauen Link NETZWERKADRESSE HINZUFÜGEN und geben die Netzwerkadresse ein. Anschließend steht Ihnen in der Übersicht der eben eingefügte Netzwerkspeicherplatz zur Verfügung, wie in Abbildung 14.2 dargestellt.

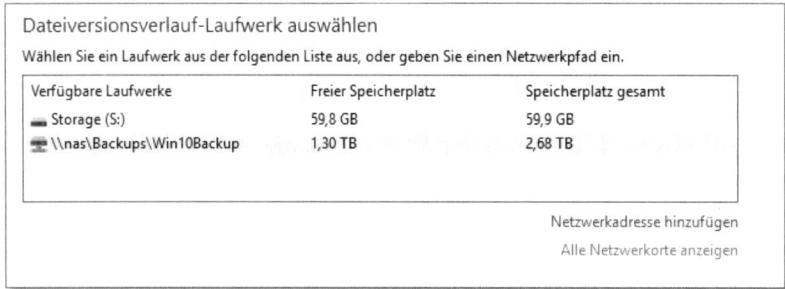

Abbildung 14.2 Einen Netzwerkspeicher nutzen

Falls bisher noch nicht geschehen, klicken Sie nun auf der Übersichtsseite des Dateiversionsverlaufs auf die Schaltfläche EINSCHALTEN. Glückwunsch! Ihre Sicherung wurde eingerichtet (Abbildung 14.3).

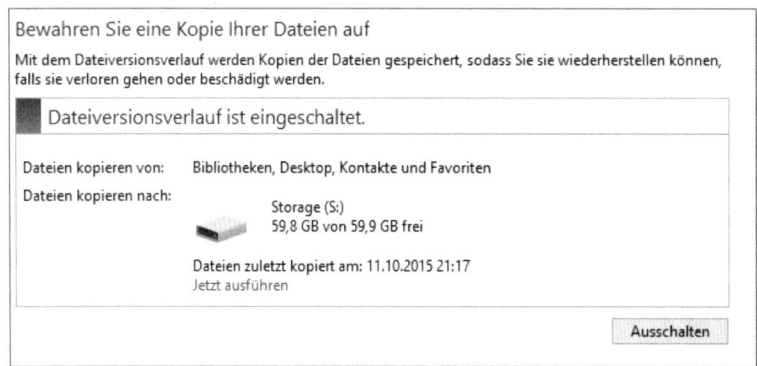

Abbildung 14.3 Hier ist der Dateiversionsverlauf eingeschaltet.

Ab sofort werden alle Dateien, die in *Bibliotheken*, auf dem *Desktop*, in *Kontakte* und *Favoriten* gespeichert sind, vom Dateiversionsverlauf gesichert. Es werden jedoch keine Betriebssystemdateien, Anwendungen oder Einstellungen gesichert. Der Dateiversionsverlauf prüft in der Standardeinstellung stündlich, ob Dateien verändert wurden. Wenn dies der Fall ist, wird eine Kopie auf das Dateiversionsverlauf-Laufwerk kopiert. Die Dateien und Ordner werden dabei mit einem Zeitstempel versehen, damit mehrere Versionen gespeichert werden können.

Sobald Sie auf EINSCHALTEN klicken, wird zunächst einmal eine initiale Kopie aller Dateien durchgeführt. Sie erkennen dies an der Meldung im Dateiversionsverlauf-Fenster: DER DATEIVERSIONSVERLAUF SPEICHERT ZUM ERSTEN MAL VOM KOPIEN VON DATEIEN. (Das »vom Kopien« ist bereits seit Windows 8 ein Übersetzungsfehler.) Das initiale Kopieren kann je nach Größe und Menge der Dateien einige Zeit in Anspruch nehmen. Sobald alle Daten kopiert sind, steht in dem Dateiversionsverlauf-Fenster DATEIEN ZULETZT KOPIERT AM: [*Zeitstempel*]. Anschließend wird in einem festgelegten Intervall geprüft und gesichert.

Sollte das Dateiversionsverlauf-Laufwerk temporär nicht zur Verfügung stehen, weil Sie die USB-Festplatte abgesteckt oder gerade keine Netzwerkverbindung zu der Netzwerkfreigabe haben, wird die Sicherung so lange auf der lokalen Festplatte gespeichert, bis wieder eine Verbindung besteht. Sobald die Verbindung wiederhergestellt ist, werden die Sicherungen übertragen.

Besser einfach – einfach besser, diesem Motto folgt der Dateiversionsverlauf seitens der Einrichtung und der Bedienung, aber es gibt zwei ungünstige Auswirkungen, die Sie kennen sollten:

▶ Wenn Sie eine Datei umbenennen, z. B. von *Praesentation_09.pptx* in *Praesentation_final.pptx*, wird ein neuer Verlauf für diese Datei erstellt. Demzufolge hat man zwei verschiedene Verläufe für eine Datei, obwohl der Inhalt identisch ist.

▶ Wenn Sie eine Datei löschen, beispielsweise *Foto01.jpg*, und Tage, Wochen oder Monate später in den gleichen Ordner eine andere Datei hinzufügen, die ebenfalls *Foto01.jpg* heißt, aber ein anderes Bild enthält, wird der Verlauf der ersten *Foto01.jpg*-Datei fortgeführt.

Seit Windows 8.1 ist der Dateiversionsverlauf auch in die Modern UI eingezogen. Um den Dateiversionsverlauf in der Modern UI zu öffnen, suchen Sie im Startmenü EINSTELLUNGEN, klicken auf UPDATE UND SICHERHEIT und dort auf der linken Seite auf SICHERUNG.

Hier können Sie den Dateiversionsverlauf ein- und ausschalten. Hinter dem Link WEITERE OPTIONEN lassen sich die Einstellungen nun wie in der Desktop-Version etwas spezieller anpassen. So können Sie hier etwa Ihre Sicherungsintervalle und den Aufbewahrungszeitraum konfigurieren.

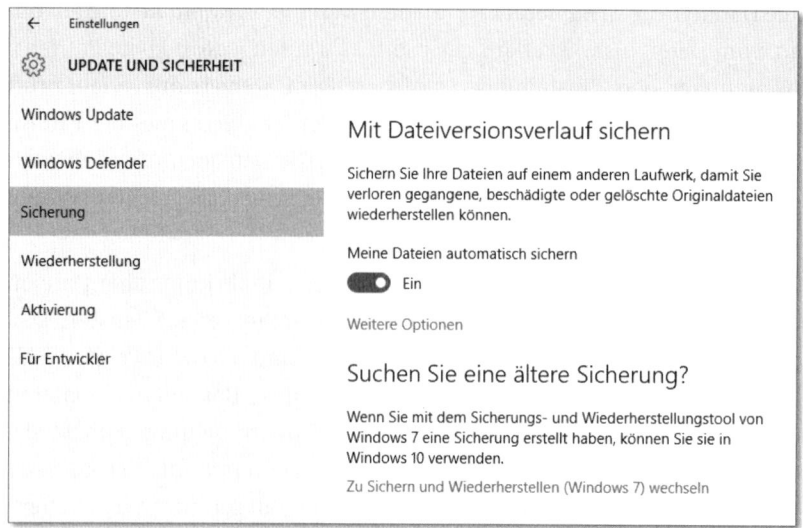

Abbildung 14.4 Der Dateiversionsverlauf in der Modern UI

Mit sanftem Druck möchte Sie Microsoft übrigens davon überzeugen, der Modern UI-Variante den Vorzug zu geben: Nur hier ist es mit Bordmitteln möglich, benutzerdefinierte Ordner von beliebigen Speicherplätzen dem Dateiversionsverlauf hinzuzufügen. Dazu klicken Sie auf das Plus-Symbol ORDNER HINZUFÜGEN und wählen das gewünschte Verzeichnis aus. Wie es über Umwege auch in der Desktop-Version klappt, beschreiben wir in Abschnitt 14.3.1.

Abbildung 14.5 Weitere Optionen in der Modern UI

14.2.3   Unter der Haube des Dateiversionsverlaufs

Die Einrichtung des Dateiversionsverlaufs ist wirklich leicht und vor allem sehr schnell. Aber was genau passiert im Hintergrund? Wie erkennt der Dateiversionsverlauf, ob Dateien geändert wurden?

Im Gegensatz zu anderen Sicherungsprogrammen werden nicht alle Dateien und Ordner gescannt und mit der bereits vorhandenen Sicherung verglichen. So etwas dauert nicht nur sehr lange, sondern kostet auch Systemressourcen.

Alle *NTFS-Datenträger* verwenden ein sogenanntes *NTFS-Änderungsjournal*. Jedes Mal, wenn eine Datei oder ein Ordner erstellt, modifiziert, gelöscht oder umbenannt wird, wird dies im *Änderungsjournal* protokolliert. Das macht sich der Dateiversionsverlauf zunutze. Er prüft in den festgelegten Intervallen das *Änderungsjournal* daraufhin, ob Änderungen an den zu sichernden Dateien stattgefunden haben. Auf Grundlage dessen wird die Sicherung durchgeführt.

Dateien und Ordner, die durch das Änderungsjournal protokolliert wurden, werden auf das Dateiversionsverlauf-Laufwerk kopiert. Im Gegensatz zu anderen Sicherungsprogrammen werden die Dateien nicht in Containern o. Ä. gespeichert, sondern werden 1:1 kopiert. Die Dateien werden hierbei mit einem Zeitstempel versehen, damit erkennbar ist, wann die Datei gesichert wurde, und mehrere Versionen einer Datei möglich sind. Wenn Sie das Dateiversionsverlauf-Laufwerk mit dem Explorer öffnen, werden Sie folgende Ordnerstruktur vorfinden:

▶ *FileHistory/Benutzername/Computername/Data*

▶ *FileHistory/Benutzername/Computername/Configuration*

Im Ordner *Data* wird die Ordnerstruktur der Quelle nachgebildet. Alle Dateien und Ordner, die durch den Dateiversionsverlauf gesichert werden, werden in diesem Ordner mitsamt Ordnerstruktur kopiert.

Der Ordner *Configuration* beinhaltet die Konfigurationsdateien *Config1.xml* und *Config2.xml* sowie *Catalog1.edb* und *Catalog2.edb*. Diese vier Dateien sind eine Kopie aus dem Ordner *C:\ Users\Benutzername\AppData\Local\Microsoft\Windows\FileHistory\Configuration*. In den *.xml*-Konfigurationsdateien werden alle Einstellungen gespeichert, die Sie über die GUI vornehmen. Die *.edb*-Dateien sind die Dateitypen der *Extensible Storage Engine (ESE)*. ESE ist eine Datenspeichertechnologie bzw. Datenbank, die im Microsoft-Ökosystem häufig zu finden ist.

ESE – Extensible Storage Engine

ESE ist beispielsweise das Herzstück von Active Directory, Exchange Server, der Zertifikatsdatenbank und der Windows-internen Datenbank etc. Microsoft verwendet diese Technologie auch für den Dateiversionsverlauf.

Der Dateiversionsverlauf speichert in den Dateien *Catalog1.edb* und *Catalog2.edb* einen *Index* über die gesicherten Dateien und Ordner. Wenn Sie also Ihre Sicherung mit dem Dateiversionsverlauf durchstöbern, suchen Sie in Wirklichkeit in einem Index. In dem Index sind dann *Zeiger* (*Pointer*) zu der Datei auf dem Dateiversionsverlauf-Laufwerk vorhanden. Das hat auch zur Folge, dass Sie Ihre Sicherung durchsuchen können, obwohl das Dateiversionsverlauf-Laufwerk (sprich: z. B. die USB-Festplatte oder der Netzwerkspeicher) physikalisch nicht verfügbar ist.

Damit es zu keinen Leistungseinbußen kommt, wurde der Dateiversionsverlauf so konzipiert, dass er den Betriebszustand oder die verwendeten Systemressourcen berücksichtigt. Dabei werden folgende Faktoren einbezogen:

- Ist der Benutzer angemeldet, und verwendet er aktiv das System?
- Läuft der Computer im Netz- oder im Akkubetrieb?
- Wann wurde das letzte Sicherungsintervall abgeschlossen?
- Wie viele Änderungen wurden an den zu sichernden Daten durchgeführt?
- Wie aktiv sind die Vordergrundprozesse?

Diese Faktoren werden alle zehn Sekunden überprüft, um die optimale Methode für die Sicherung der Daten zu wählen. Wenn sich die Faktoren ändern, wird das Kontingent des *Dateiversionsverlauf-Dienstes* (*fhsvc*) erhöht bzw. verringert oder je nach Zustand angehalten.

14.2.4   Dateien wiederherstellen

Es gibt viele Gründe, warum eine Datei wiederhergestellt werden muss. Vielleicht haben Sie eine Datei gelöscht (und den Papierkorb geleert), oder Sie möchten einen älteren Zustand einer Datei einsehen. Leider kann es auch vorkommen, dass Ihr Computer oder Ihre Festplatte einen Defekt hat und Sie alle Ihre persönlichen Dateien wiederherstellen müssen. Durch den Einsatz des Dateiversionsverlaufs haben Sie Ihre Daten geschützt und können Dateien schnell wiederherstellen.

Eine Datei wiederherstellen

Eine Datei können Sie über mehrere Wege wiederherstellen. Angenommen, Sie haben einen Ordner im Explorer geöffnet und vermissen eine Datei, dann können Sie im *Explorer-Menüband* auf VERLAUF klicken (Abbildung 14.6).

Es öffnet sich ein neues Fenster des Dateiversionsverlaufs, das alle vorhandenen Sicherungsdatensätze dieses Ordners anzeigt. Dort können Sie sehr komfortabel durch die verschiedenen Sicherungsdatensätze navigieren und nach der fehlenden Datei suchen. Durch Klicken auf den linken oder rechten Pfeil bzw. auf den linken oder rechten Fensterbereich (alternativ

Alt + ← oder Alt + →) können Sie zwischen älteren und neueren Sicherungsdatensätzen hin- und herscrollen.

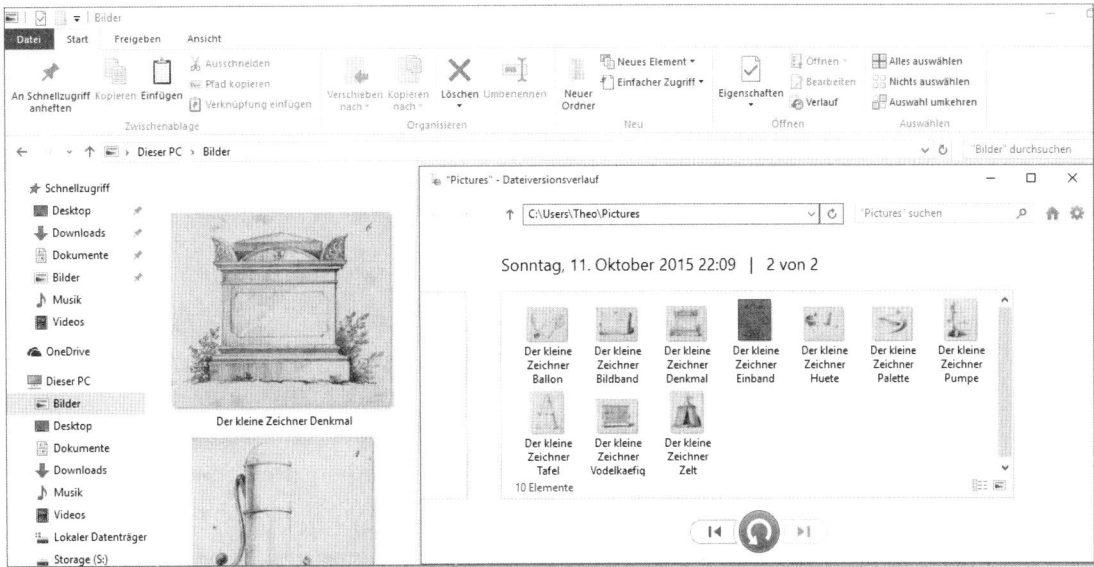

Abbildung 14.6 Datei aus dem Explorer wiederherstellen

Bei jedem Sicherungsdatensatz werden Ihnen das Erstelldatum und die Uhrzeit angezeigt, ebenso können Sie hier erkennen, um den wievielten Datensatz es sich handelt. Diese Informationen sind sehr hilfreich. Suchen Sie beispielsweise eine Datei von Februar, können Sie diese schnell finden.

Ebenso interessant ist die Angabe der Elemente, die sich in dem Sicherungsdatensatz befinden. Vergleichen Sie die Anzahl der Elemente in dem Ordner auf Ihrer Festplatte und die Anzahl der Elemente, die sich in dem Sicherungsdatensatz befinden. Je nachdem, was Sie suchen, kann das Aktivieren der Miniaturansicht helfen, manchmal aber auch die Detailansicht. Wenn Sie auf die kleine Schaltfläche in der unteren rechten Ecke klicken, können Sie die Ansicht wechseln.

Wenn Sie die Datei gefunden haben, die Sie wiederherstellen möchten, klicken Sie sie an. Drücken Sie anschließend den großen grünen Knopf mit dem kreisenden Pfeil, und die Datei wird am ursprünglichen Speicherort wiederhergestellt. Je nach Größe der Datei kann dies einige Zeit dauern, weil die Datei vollständig vom Sicherungslaufwerk kopiert werden muss.

Wenn Sie eine Datei wiederherstellen, die bereits am ursprünglichen Speicherort vorhanden ist, wird eine Meldung angezeigt, und Sie müssen entscheiden, ob die Datei am Ziel ersetzt wird, übersprungen wird oder ob Sie die Informationen beider Dateien vergleichen möchten (Abbildung 14.7).

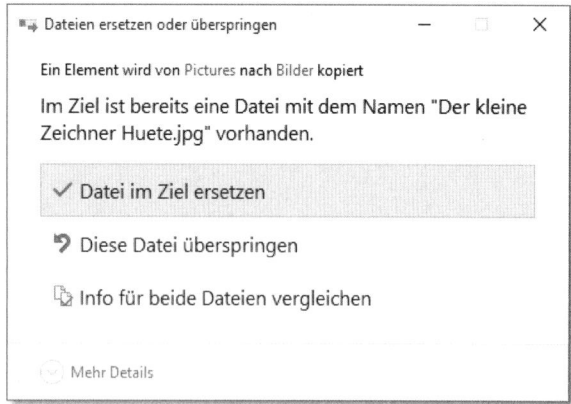

Abbildung 14.7 Die Datei ist bereits am Ziel vorhanden.

Wenn Sie sich nicht sicher sind, wählen Sie Info für beide Daten vergleichen. Anschließend wählen Sie einfach beide aus. Die Datei wird wiederhergestellt, und an ihren Dateinamen wird (2) angehängt, sodass beide Dateien am Ziel vorzufinden sind.

Besonders bei Bildern oder Textdokumenten (wie *PDF-*, *Word-*, *Excel-*, *PowerPoint-* oder auch **.txt*-Dateien) kann es helfen, die Dateien inhaltlich zu vergleichen. Doppelklicken Sie einfach auf die Datei in der Dateiversionsverlauf-Vorschau. Es wird eine größere Vorschau der Datei angezeigt, und Sie können (wie in der kleineren Ordner-Vorschau) zwischen den älteren und neueren Versionen der Datei hin- und herscrollen (Abbildung 14.8).

Abbildung 14.8 Die Dateiversionsverlauf-Vorschau

Es ist aber nicht immer sofort ganz klar, welche Datei oder welchen Ordner man wiederherstellen möchte, und so können Sie alle vorhandenen Sicherungsdatensätze eigenständig durchsuchen.

1. Öffnen Sie dazu den Dateiversionsverlauf.

2. Wählen Sie in dem Dateiversionsverlauf-Fenster PERSÖNLICHE DATEIEN WIEDERHERSTELLEN. Es öffnet sich ein neues Fenster, das Ihnen bereits vertraut ist (Abbildung 14.9). Der Unterschied ist hierbei allerdings, dass Sie sich im Stammverzeichnis befinden. Hier können Sie von der obersten Verzeichnisebene aus durch Ihre gesicherten Verzeichnisse navigieren.

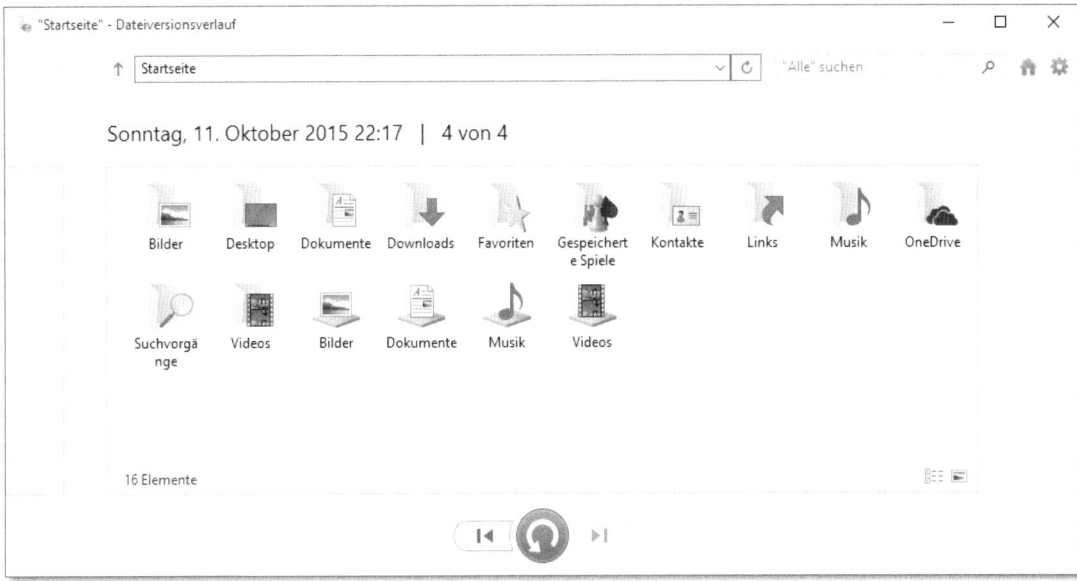

Abbildung 14.9 Das Stammverzeichnis im Dateiversionsverlauf

Verzeichnisse wiederherstellen

Sie haben auch die Möglichkeit, ganze Verzeichnisse wiederherzustellen. Wählen Sie dafür den gewünschten Ordner an, und klicken Sie danach wieder auf den grünen Pfeil. In Windows 8.1 bestand noch die Möglichkeit, via Kontextmenü des ausgewählten Verzeichnisses die Daten an einem anderen Ort wiederherzustellen. Diese Funktion gibt es in Windows 10 nicht mehr.

Den Explorer zur Suche verwenden

Menschen haben unterschiedliche Gewohnheiten, und wenn Sie lieber in Ihrem vertrauten *Explorer* nach Dateien suchen statt in der neuen Dateiversionsverlauf-Oberfläche, können

Sie dies tun. Öffnen Sie dafür einfach den Explorer mit ⊞ + Ⓔ und anschließend Ihre externe USB-Festplatte bzw. den Netzwerkspeicherort, auf dem die Sicherungen gespeichert werden. Dort befindet sich ein Ordner namens *FileHistory*. (Microsoft nennt den *Dateiversionsverlauf* auf Englisch *File History*.) Innerhalb dieses Ordners finden Sie Ihre gesicherten Dateien im folgenden Ordner wieder:

FileHistory/Benutzername/Computername/Data

Im Ordner *Data* sehen Sie eine eigene Ordnerstruktur, die der Struktur der gesicherten Verzeichnisse auf Ihrem Computer entspricht. Wie Sie in Abbildung 14.10 sehen können, sind die Dateinamen mit einem Zeitstempel versehen. Der Zeitstempel wurde zu dem Zeitpunkt erstellt, an dem die Datei gesichert wurde. Anhand dessen können Sie eine Datei von einem bestimmten Zeitpunkt wiederherstellen. Wenn Sie die Datei gefunden haben, die Sie wiederherstellen möchten, können Sie mit ganz normalen Bordmitteln die Datei an einen beliebigen Ort *kopieren* und somit wiederherstellen. Es empfiehlt sich übrigens nicht, die Datei aus der Sicherung auszuschneiden bzw. zu verschieben, weil Sie so den Sicherungsdatensatz verändern.

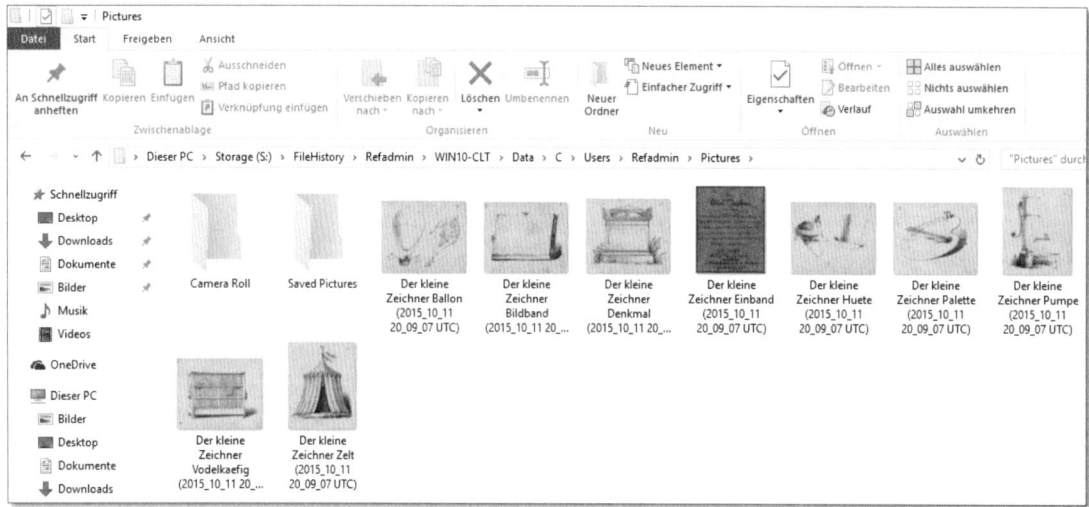

Abbildung 14.10 Sicherungen im Explorer

14.3   Konfiguration des Dateiversionsverlaufs

Der neue Dateiversionsverlauf lässt sich schnell und einfach durch zwei Handgriffe aktivieren:

1. Schließen Sie die USB-Festplatte an (oder wählen Sie das Netzlaufwerk aus), und

2. klicken Sie im Dateiversionsverlauf-Fenster auf EINSCHALTEN (Abbildung 14.1).

Das einfache Einrichten heißt aber nicht automatisch, dass Sie keine weiteren Konfigurationsmöglichkeiten hätten – die haben Sie.

14.3.1   Weitere Ordner durch den Dateiversionsverlauf sichern

Der Dateiversionsverlauf sichert alle Ordner und Dateien, die einer Bibliothek angehören bzw. die auf dem Desktop gespeichert sind, sowie Ihre Kontakte und Favoriten. Damit werden in den meisten Fällen alle persönlichen Daten von der Sicherung erfasst.

Möchten Sie, dass weitere Ordner vom Dateiversionsverlauf gesichert werden, müssen Sie den Ordner, den Sie sichern wollen, zu einer bestehenden Bibliothek hinzufügen oder eine neue Bibliothek erstellen. Beim nächsten Sicherungsintervall wird der Ordner vom Dateiversionsverlauf gesichert.

Nun wird eventuell der eine oder andere Leser anmerken, dass man durchaus Ordner hat, die man zwar sichern möchte, aber keiner bestehenden Bibliothek zuordnen kann oder möchte. Und für jeden Ordner eine eigene Bibliothek anzulegen, das gefällt Ihnen sicherlich nicht – uns auch nicht. Darum behelfen uns mit einer Sicherungs-Bibliothek, die alle Ordner aufnimmt, die durch den Dateiversionsverlauf gesichert werden sollen.

> **Ordner einfach zum Dateiversionsverlauf hinzufügen**
>
> Wenn Sie auf Bibliotheken keine Lust haben: In der Modern UI-Version des Dateiversionsverlaufs lassen sich schnell und einfach Verzeichnisse zum Dateiversionsverlauf hinzufügen. Begeben Sie sich in die Einstellungen • Update und Sicherheit • Sicherung • Weitere Optionen. Dort können Sie im Abschnitt Diese Ordner sichern via Plus-Symbol Ordner hinzufügen eigene Verzeichnisse in die Sicherung einpflegen.

Falls Sie die Bibliotheken vermissen: In Windows 10 sind diese standardmäßig ausgeblendet. Sie können die Bibliotheken wieder hervorzaubern, indem Sie im Windows Explorer auf der linken Seite in einen freien Bereich klicken, das Kontextmenü öffnen und Bibliotheken anzeigen auswählen (Abbildung 14.11).

1. Um eine neue Bibliothek zu erstellen, öffnen Sie den Windows Explorer mit ⊞ + E. Machen Sie einen Rechtsklick auf Bibliotheken im linken Fensterbereich, und wählen Sie neu und Bibliothek (Abbildung 14.12). Vergeben Sie einen Namen für die neue Bibliothek, z. B. Backup. Alle Ordner, die Sie dieser Bibliothek (wie auch jeder anderen Bibliothek) hinzufügen, werden vom Dateiversionsverlauf gesichert.

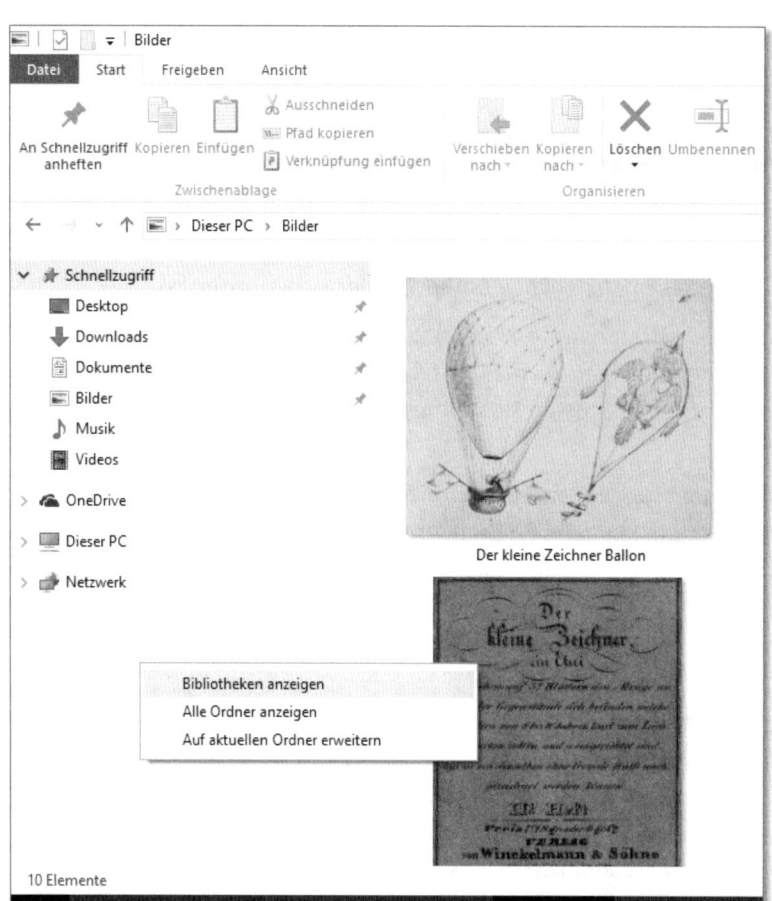

Abbildung 14.11 Die Bibliotheken anzeigen

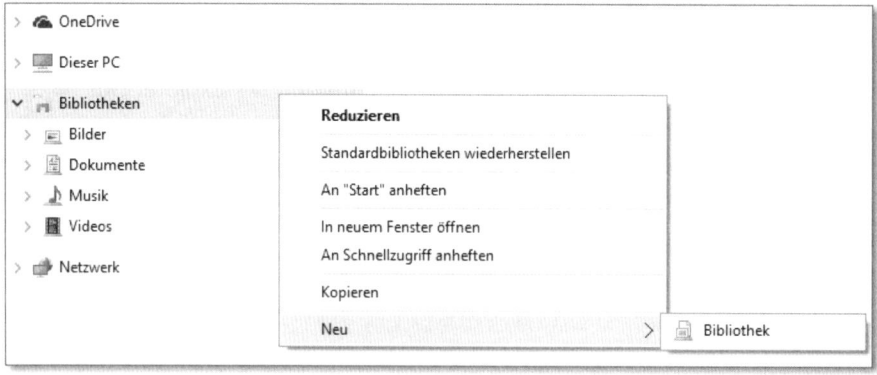

Abbildung 14.12 Neue Bibliothek hinzufügen

2. Da wir auf die Bibliothek nicht schnell über den Explorer zugreifen wollen, sondern sie lediglich als Hilfsmittel benutzen, machen wir einen Rechtsklick auf die neue Bibliothek und wählen NICHT IM NAVIGATIONSBEREICH ANZEIGEN. Damit entfernen wir die Bibliothek aus dem Navigationsbereich.

3. Als Nächstes wählen wir im linken Fensterbereich im Explorer BIBLIOTHEKEN an, um alle vorhandenen Bibliotheken anzuzeigen. Machen Sie einen Rechtsklick auf die neue Bibliothek *Backup*, und wählen Sie EIGENSCHAFTEN. Hier können Sie neue Ordner in die Bibliothek aufnehmen, indem Sie auf HINZUFÜGEN klicken (Abbildung 14.13). Wie wir bereits erwähnt haben, werden alle Ordner, die Sie in die Bibliothek aufnehmen, durch den Dateiversionsverlauf gesichert. Fügen Sie zu dieser Bibliothek also alle Ordner hinzu, die Sie durch eine Sicherung mit dem Dateiversionsverlauf erfassen wollen.

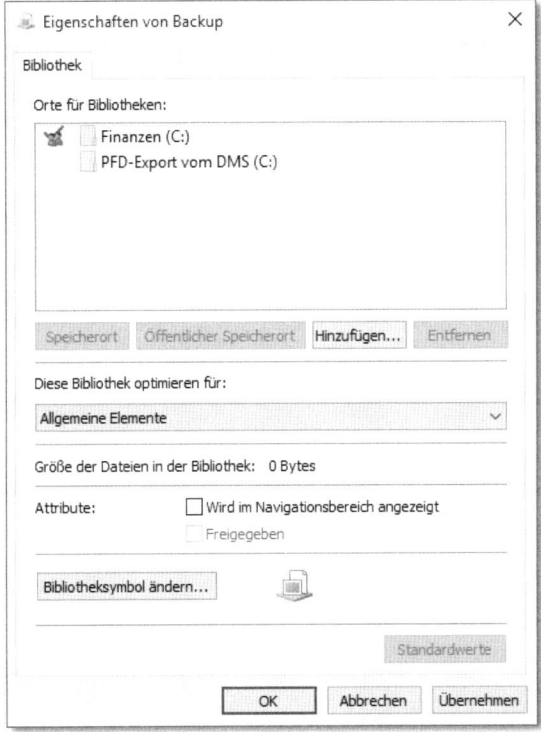

Abbildung 14.13 Ordner zu einer Bibliothek hinzufügen

14.3.2   Ordner von der Sicherung ausschließen

Unter Umständen möchten Sie nicht immer einen Ordner samt allen Unterordnern sichern, vor allem dann, wenn Sie eine sehr komplexe Ordnerstruktur haben. Wenn beispielsweise Ihr *Download*-Ordner in einem Ordner liegt, der einer Bibliothek angehört, wäre es sinnvoll, wenn dieser nicht mitgesichert wird. Oder Sie haben eine Sammlung von ISO-Dateien in einem Ordner gespeichert, die Sie jederzeit wieder aus dem Internet beschaffen können. Das würde nur unnötig viel Speicherplatz auf dem Sicherungslaufwerk wegnehmen.

Mit dem Dateiversionsverlauf haben Sie die Möglichkeit, Ordner und Bibliotheken auszuwählen, die von der Sicherung ausgeschlossen werden sollen. Gehen Sie dazu so vor:

1. Öffnen Sie den Dateiversionsverlauf.

2. Wählen Sie in dem Dateiversionsverlauf-Fenster ORDNER AUSSCHLIESSEN (Abbildung 14.1). In dem neuen Fenster werden Ihnen alle ausgeschlossenen Ordner und Bibliotheken angezeigt.

3. Durch Klicken auf HINZUFÜGEN können Sie einen neuen Ordner oder eine neue Bibliothek den Ausnahmen hinzufügen (Abbildung 14.14). Wenn Sie auf ENTFERNEN klicken, können Sie bereits vorhandene Ausnahmen entfernen.

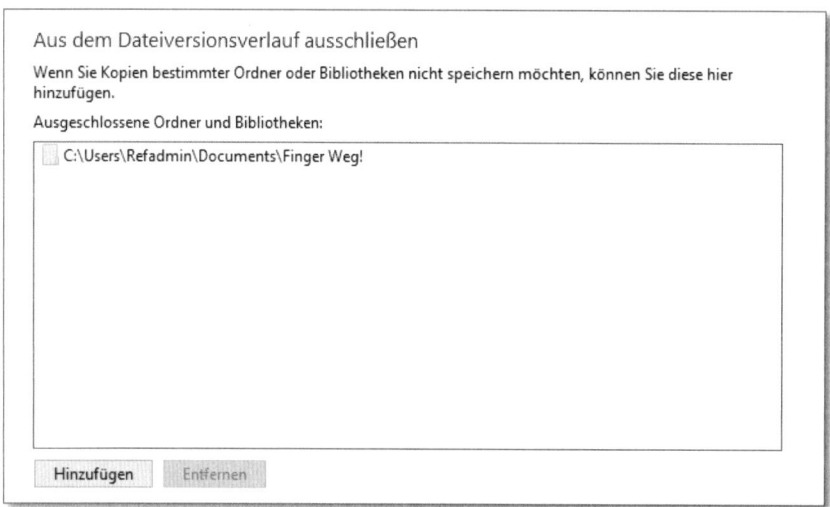

Abbildung 14.14 Ordner von der Sicherung ausschließen

14.3.3   Erweiterte Einstellungen

Wie zu Beginn erwähnt, hat jeder Einzelne individuelle Anforderungen an seine Sicherung. Manche Anwender möchten, dass ihre persönlichen Daten stündlich gesichert werden, anderen reicht es, wenn die Daten einmal am Tag gesichert werden. Diese und weitere Einstellungen können Sie in den erweiterten Einstellungen des Dateiversionsverlaufs konfigurieren (Abbildung 14.15).

1. Öffnen Sie dazu den Dateiversionsverlauf.

2. Wählen Sie auf der linken Seite den Link ERWEITERTE EINSTELLUNGEN.

Das Fenster ERWEITERTE EINSTELLUNGEN hat drei Bereiche, die wir uns im Folgenden genauer ansehen werden:

▶ Versionen

▶ Heimnetzgruppe

▶ Ereignisprotokolle

▶ Versionen bereinigen

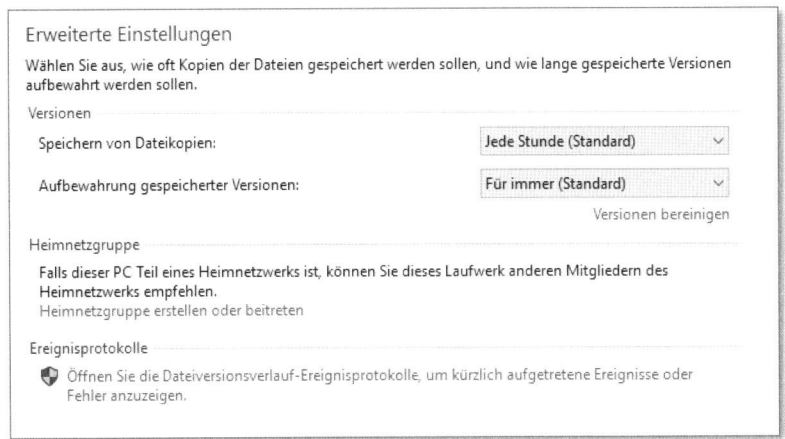

Abbildung 14.15 Erweiterte Einstellungen

Versionen

Im Bereich VERSIONEN können Sie folgende Punkte konfigurieren:

▶ SPEICHERN VON DATEIKOPIEN: Legen Sie fest, wie häufig Ihre persönlichen Dateien durch den Dateiversionsverlauf gesichert werden sollen. Im Auslieferungszustand geschieht dies jede Stunde. Wenn Sie besonders kritische Dateien sichern, sollten Sie den Wert verringern. Vergessen Sie dabei nicht, dass durch häufiges Sichern mehr Speicherplatz verbraucht wird. Es empfiehlt sich, einen Kompromiss zwischen ausreichendem Schutz und dem durch die Sicherungsdatensätze belegten Speicherplatz zu finden.

▶ AUFBEWAHRUNG GESPEICHERTER VERSIONEN: Durch diese Option legen Sie fest, wie lange Sicherungsdatensätze behalten werden. Die Standardeinstellung ist FÜR IMMER. Dadurch werden Sicherungen so lange auf das Dateiversionsverlauf-Laufwerk gespeichert, bis das Laufwerk voll ist. Sobald kein Platz mehr auf dem Dateiversionsverlauf-Laufwerk ist, informiert eine Warnmeldung Sie über diesen Zustand.

Wenn Sie möchten, dass automatisch alte Sicherungsdatensätze gelöscht werden, sobald kein Speicherplatz mehr auf dem Dateiversionsverlauf-Laufwerk frei ist, können Sie die Option BIS PLATZ BENÖTIGT WIRD wählen. Dabei sollten Sie allerdings im Hinterkopf behalten, dass automatisch Dateien aus der Sicherung gelöscht werden, ohne vorher eine Bestätigung von Ihnen einzuholen.

Außerdem gibt es Situationen, in denen man nur die letzten X Monate an Sicherungs-datensätzen behalten möchte. So würde beispielsweise eine Rotation entstehen, wie Sie es eventuell von anderen Sicherungslösungen kennen.

▶ VERSIONEN BEREINIGEN: Festplatten sind, was die Speicherkapazität anbelangt, endlich. Wenn der Fall eintritt und Ihr Dateiversionsverlauf-Laufwerk voll ist, werden Sie von einer Meldung informiert, die vom *Wartungscenter* erzeugt wird. Dann haben Sie die Möglich-keit, ältere Datei- und Ordnerversionen zu löschen.

Klicken Sie dafür auf VERSIONEN BEREINIGEN. In dem neuen Fenster können Sie festlegen, welche Sicherungsdatensätze gelöscht werden sollen (Abbildung 14.16). Dabei müssen Sie bestimmen, dass Dateien, die älter als X Monate sind, gelöscht werden sollen. Klicken Sie auf BEREINIGEN, um die Bereinigung älterer Versionen zu starten.

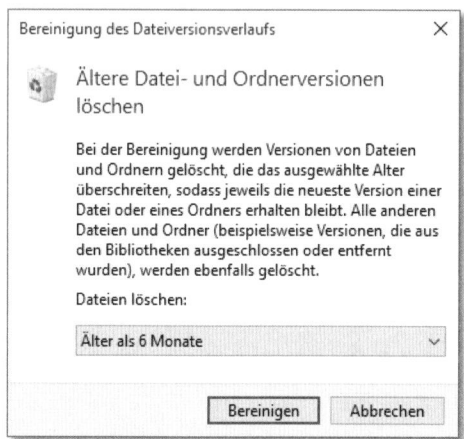

Abbildung 14.16 Versionen bereinigen

Heimnetzgruppe

Der Einsatz von *Heimnetzgruppen* ist in kleineren Umgebungen und besonders zu Hause durchaus nützlich. Auch der Dateiversionsverlauf macht sich dieses Feature zunutze. Wenn Sie Ihren Computer in einer *Heimnetzgruppe* betreiben, haben Sie die Möglichkeit, das Datei-versionsverlauf-Laufwerk, das Sie verwenden, für andere Mitglieder in der *Heimnetzgruppe* zu publizieren und zu empfehlen. Dabei spielt es keine Rolle, ob Sie eine USB-Festplatte oder einen Netzwerkspeicher verwenden.

1. Aktivieren Sie dafür die Option DIESES LAUFWERK EMPFEHLEN.

2. Nachdem Sie die Optionen aktiviert haben, starten Sie auf Ihrem anderen Computer, der Mitglied der Heimnetzgruppe ist, den Dateiversionsverlauf.

   Das empfohlene Laufwerk ist gleich ausgewählt, und Sie müssen nur noch auf EINSCHAL-TEN klicken. Das macht das Einrichten zum einen sehr einfach, und zum anderen werden die Sicherungen zentral gespeichert.

Falls Sie bereits Mitglied einer Heimnetzgruppe sind und erstmalig den Dateiversionsverlauf einschalten, werden Sie außerdem gefragt, ob Sie das Laufwerk für die Heimnetzgruppe empfehlen wollen (Abbildung 14.17).

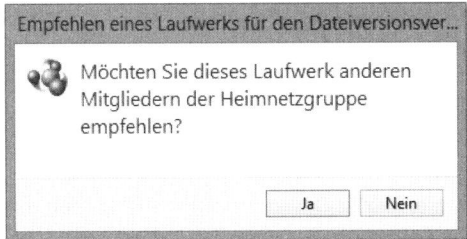

Abbildung 14.17 Sie können das Laufwerk in der Heimnetzgruppe empfehlen.

Ereignisprotokolle

Nobody is perfect – auch der Dateiversionsverlauf ist es nicht. Sollten Sie also Probleme mit dem Dateiversionsverlauf haben, sind Sie hier an der richtigen Stelle. Die *Ereignisanzeige* gibt aufschlussreiche Informationen über den Dateiversionsverlauf.

Wenn die Sicherung einmal nicht funktioniert oder Sie Dateien in den Sicherungsdatensätzen vermissen, die eigentlich vom Dateiversionsverlauf hätten erfasst werden sollen, dann hilft Ihnen die Ereignisanzeige.

Klicken Sie auf Öffnen Sie die Dateiversionsverlauf-Ereignisprotokolle, um kürzlich aufgetretene Ereignisse oder Fehler anzuzeigen, um die Ereignisanzeige zu öffnen. Es öffnet sich sogleich der Unterordner, in dem Ereignisse des Dateiversionsverlaufs protokolliert werden.

Den Dateiversionsverlauf zurücksetzen

Falls Sie in die missliche Lage kommen sollten, dass der Dateiversionsverlauf – aus welchem Grund auch immer – gar nicht mehr funktioniert oder wenn Sie den Dateiversionsverlauf einfach noch einmal auf 0 setzen und von vorn beginnen wollen, gibt es die Möglichkeit, dies zu tun.

► Schalten Sie den Dateiversionsverlauf aus. Alternativ können Sie auch den Dienst in einer Eingabeaufforderung mit Administratorrechten mit net stop fhsvc stoppen. (Wenn Sie den Dateiversionsverlauf ausschalten, wird übrigens im Hintergrund der *Dateiversionsverlauf-Dienst* gestoppt.)

► Öffnen Sie anschließend folgenden Ordner:

C:\Users\Benutzername\AppData\Local\Microsoft\Windows

► Löschen Sie im *Windows*-Ordner den Ordner *FileHistory*. Bitte seien Sie vorsichtig mit dieser Aktion. Führen Sie sie nur durch, wenn Sie sich absolut sicher sind, was Sie tun.

14.3.4   Mehrere Benutzer an einem Computer

Windows eignet sich sehr gut, um mit mehreren Benutzern an einem Computer zu arbeiten. Beachten Sie dabei allerdings, dass Sie den Dateiversionsverlauf nicht pauschal für alle Benutzer aktivieren können, sondern lediglich für jeden Benutzer einzeln. Das ist auch logisch, denn der Dateiversionsverlauf ist so konzipiert, dass er nur Ihre persönlichen Dateien sichert, die in Ihrem Benutzerordner gespeichert sind – und jeder Benutzer besitzt ein eigenes Benutzerprofil mit Verzeichnissen, auf das auch nur der jeweilige Benutzer Zugriff hat.

Es ist naheliegend, dass die Sicherung mit einem anderen Benutzer auf den gleichen Sicherungsdatenträger gespeichert wird, den auch die anderen Benutzer verwenden. Das ist auch gar kein Problem. Der Dateiversionsverlauf erstellt für jeden Benutzer einen eigenen Ordner, sodass die Sicherungen nebeneinanderliegen, ohne sich in die Quere zu kommen. Richten Sie einfach den Dateiversionsverlauf, wie Sie es in Abschnitt 14.2.2 gelernt haben, für weitere Benutzer ein.

Kapitel 15

Verschlüsseln Sie Ihre Daten – für noch mehr Sicherheit

Wer seine Daten vor dem Zugriff unbefugter Dritter schützen möchte, der verschlüsselt sie. Dafür bietet Ihnen Windows 10 zwei Verschlüsselungsmechanismen an: Encrypting File System und BitLocker.

Die Sicherheit bekommt in der Informationstechnologie eine stetig höhere Bedeutung – und dies zu Recht. Ein großer Teilbereich des Themas Sicherheit ist die Verschlüsselung sensibler Daten. Vor allem in der Welt der portablen Geräte (also Notebook, Smartphone und Tablet-Computer), in der kein räumlicher Zugriffsschutz besteht, ist es umso wichtiger, eine ausreichende Verschlüsselung auf den Geräten einzusetzen. Falls Sie Ihr Notebook in öffentlichen Verkehrsmitteln verlieren oder bestohlen werden, haben die Finder oder Diebe keinen Zugriff auf Ihre Daten, wenn Sie eine Datei- oder Festplattenverschlüsselung einsetzen.

Microsoft gibt Ihnen auch in Windows 10 altbekannte Werkzeuge an die Hand, mit denen Sie Ihre Daten verschlüsseln können. Mit dem *Encrypting File System* (EFS) haben Sie die Möglichkeit, einzelne Ordner und Dateien kinderleicht mit nur wenigen Klicks zu verschlüsseln und somit für Dritte nicht lesbar zu machen. Der große Bruder, *BitLocker*, verschlüsselt komplette Partitionen oder Festplatten und ist somit noch sicherer, aber ebenso leicht zu bedienen wie EFS.

Im Idealfall verschlüsseln Sie Ihre komplette Festplatte mit BitLocker, insbesondere bei mobilen Endgeräten. Möchten Sie nur einzelne Dateien oder Ordner verschlüsseln, können Sie Ihre sensiblen Daten (z. B. sensible Firmendaten, private Dokumente, Steuer- und Kontodaten, Rechnungen und andere geheime Informationen, die Unbefugten nicht in die Hände fallen sollten) mit EFS verschlüsseln.

15.1 Verschlüsselungsverfahren

Damit Sie dieses Kapitel besser verstehen, möchten wir Ihnen zunächst kurz die beiden Verschlüsselungsverfahren vorstellen: die *symmetrische* und die *asymmetrische Verschlüsselung*.

15.1.1 Symmetrisches Verschlüsselungsverfahren

Das *symmetrische Verschlüsselungsverfahren* verwendet für das Ver- und Entschlüsseln ein und denselben Schlüssel. Abbildung 15.1 stellt Ihnen das symmetrische Ver- und Entschlüsselungsverfahren schematisch dar.

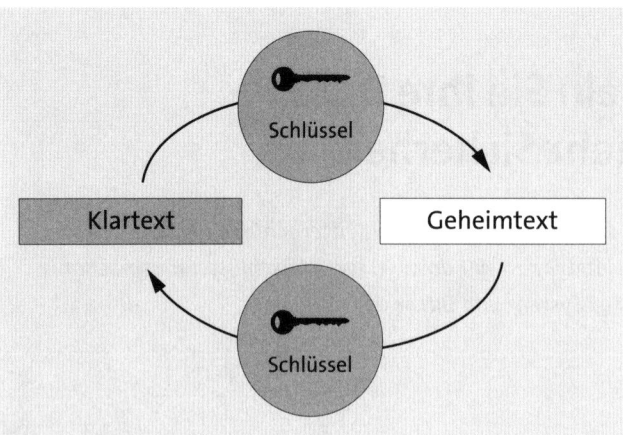

Abbildung 15.1 Symmetrisches Verschlüsselungsverfahren

Ein bekanntes Beispiel für ein symmetrisches Verschlüsselungsverfahren, das auch in EFS und BitLocker verwendet wird, ist *AES*, also der *Advanced Encryption Standard*. AES ist der Nachfolger von *DES* (*Data Encryption Standard*) und hat eine Schlüssellänge von 128, 192 oder 256 Bit, wogegen DES nur eine Schlüssellänge von 56 Bit hat. Unter anderem wird durch die größere Schlüssellänge ein höherer Schutz geboten.

15.1.2   Asymmetrisches Verschlüsselungsverfahren

Das *asymmetrische Verschlüsselungsverfahren*, auch *Public-Key-Verschlüsselungsverfahren* genannt, nutzt im Gegensatz zum symmetrischen Kryptosystem zwei Schlüssel bzw. ein *Schlüsselpaar* zum Ver- und Entschlüsseln.

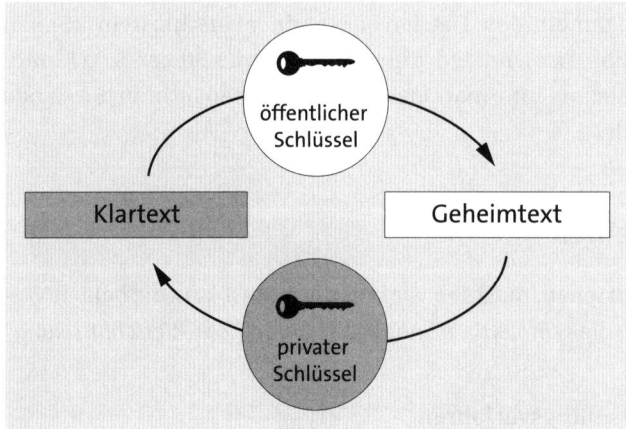

Abbildung 15.2 Asymmetrisches Verschlüsselungsverfahren

Es wird also ein Schlüsselpaar generiert, wobei ein Schlüssel, nämlich der sogenannte *öffentliche Schlüssel*, zum Verschlüsseln verwendet wird und der zweite Schlüssel, der sogenannte *private Schlüssel*, zum Entschlüsseln eingesetzt wird (Abbildung 15.2).

Klassische und bekannte Beispiele für asymmetrische Verschlüsselung sind *SSH* (*Secure Shell*) oder im Fall von E-Mail-Verschlüsselung *OpenPGP* oder *S/MIME*.

15.2   Encrypting File System

EFS ist nicht der nächste Euro-Rettungsschirm, sondern das *Encrypting File System* von Microsoft. EFS wird seit Windows 2000 auf allen Betriebssystem-Versionen als Windows-Feature mitgeliefert. Der Name ist leider ein wenig irreführend gewählt, denn es handelt sich hier *nicht* um ein Dateisystem wie *FAT32* oder *NTFS*, sondern um ein Betriebssystem-Feature.

NFTS und FAT32

NTFS steht für *New Technology File System*, das Dateisystem der aktuellen Windows-Versionen. FAT32 ist ein älteres Dateisystem, das z. B. noch auf USB-Sticks verwendet wird.

Mit EFS haben Sie die Möglichkeit, Dateien und Ordner auf NTFS-formatierten Datenträgern zu verschlüsseln. Dabei werden nur die Inhalte der Dateien verschlüsselt. Die Daten selbst sind noch vorhanden und im System wie jede andere Datei sichtbar und nicht versteckt (Abbildung 15.3). Wenn daher der Dateiname sensible Informationen enthält, sollte die Datei umbenannt werden oder es muss ein anderer Weg gefunden werden, um die Datei zu verstecken. Wird ein Computer von mehreren Benutzern verwendet, kann man sehr einfach sensible Daten auf Benutzerebene verschlüsseln.

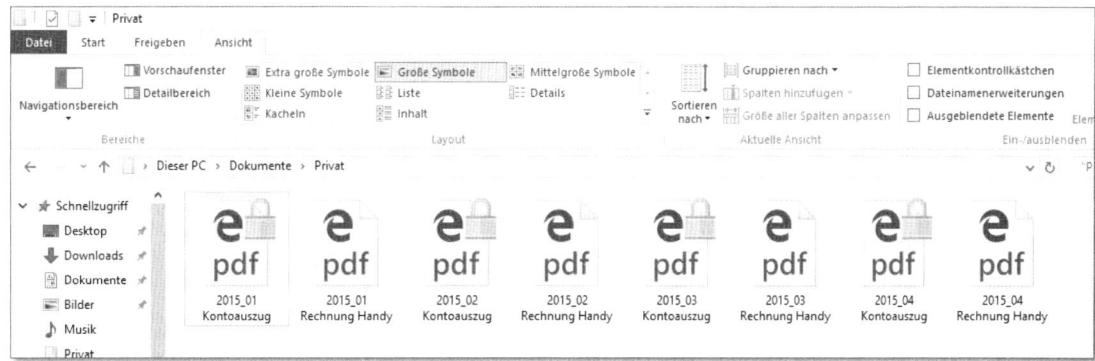

Abbildung 15.3 Mit EFS verschlüsselte Dateien

Seit *Windows XP Service Pack 1* werden Dateien mit der Verschlüsselungsmethode AES verschlüsselt, die gegenüber dem vorher verwendeten DES einen deutlich höheren Schutz bietet, da eine Schlüssellänge von 256 Bit oder höher verwendet wird.

EFS zeichnet sich dadurch aus, dass Sie es sehr leicht einsetzen können. Sie müssen keine zusätzliche Installation o. Ä. durchführen, da es bereits im Betriebssystem integriert ist. Darüber hinaus ist die Verschlüsselung für Sie sehr transparent. Lediglich eine Markierung des Ordners oder der Datei mit einem Schloss-Symbol deutet darauf hin, dass verschlüsselte Daten vorliegen, wie in Abbildung 15.3 gut zu erkennen ist.

Durch den Einsatz von EFS können Sie verhindern, dass andere Benutzer (auch der Administrator) auf Ihre Daten zugreifen können. Selbst wenn sie sogenannte *Low-Level-Disk-Tools* einsetzen, haben andere keinen Zugriff auf Ihre sensiblen Daten. Wird der NTFS-Datenträger auf einem anderen System eingebunden, um so die NTFS-Berechtigungen zu umgehen, sind die verschlüsselten Dateien nicht lesbar.

EFS benutzt eine Mischung aus symmetrischer und asymmetrischer Verschlüsselungsmethodik. Durch dieses hybride Verfahren werden die Vorteile beider Verfahren – nämlich Geschwindigkeit und Sicherheit – kombiniert.

Low-Level-Disk-Tools

Es gibt die Möglichkeit, die Sicherheitsmechanismen des Betriebssystems auf Dateisystemebene zu umgehen, indem man den Computer von einer sogenannten *Live-CD* startet. Dabei handelt es sich meist um schlanke Linux-Systeme, die Werkzeuge mitliefern, die dem Windows Explorer ähneln. Mithilfe dieser Tools können Sie Zugriff auf die Festplatte erhalten. Zugriffsberechtigungen, die unter Windows festgelegt wurden, sind damit nicht mehr gültig, und Sie haben vollen Zugriff auf alle Dateien.

Wenn Sie eine Datei verschlüsseln, geht EFS so vor, wie Abbildung 15.4 es in der oberen Hälfte schematisch zeigt: EFS generiert im Hintergrund einen *File Encryption Key* (FEK), also einen symmetrischen Schlüssel, der zum Ver- und Entschlüsseln benötigt wird. Der FEK wiederum wird in Verbindung mit dem öffentlichen Schlüssel des Benutzers verschlüsselt und gemeinsam und für diese Datei spezifisch gespeichert. EFS fügt ein bzw. mehrere *Data Decryption Fields* (DDF) und ein *Data Recovery Fields* (DRF) im Header der Datei hinzu. Im DDF wird der FEK gespeichert. Im DRF wird der *Data Recovery Agent* (DRA) gespeichert.

Wenn Sie später eine verschlüsselte Datei öffnen möchten, verwendet EFS den privaten Schlüssel des Benutzers, um den FEK zu entschlüsseln, und setzt anschließend den entschlüsselten FEK zum Entschlüsseln der Datei ein. Das Ganze passiert vollautomatisch und für Sie komplett unsichtbar im Hintergrund. Schematisch dargestellt sehen Sie diesen Vorgang in der unteren Hälfte von Abbildung 15.4.

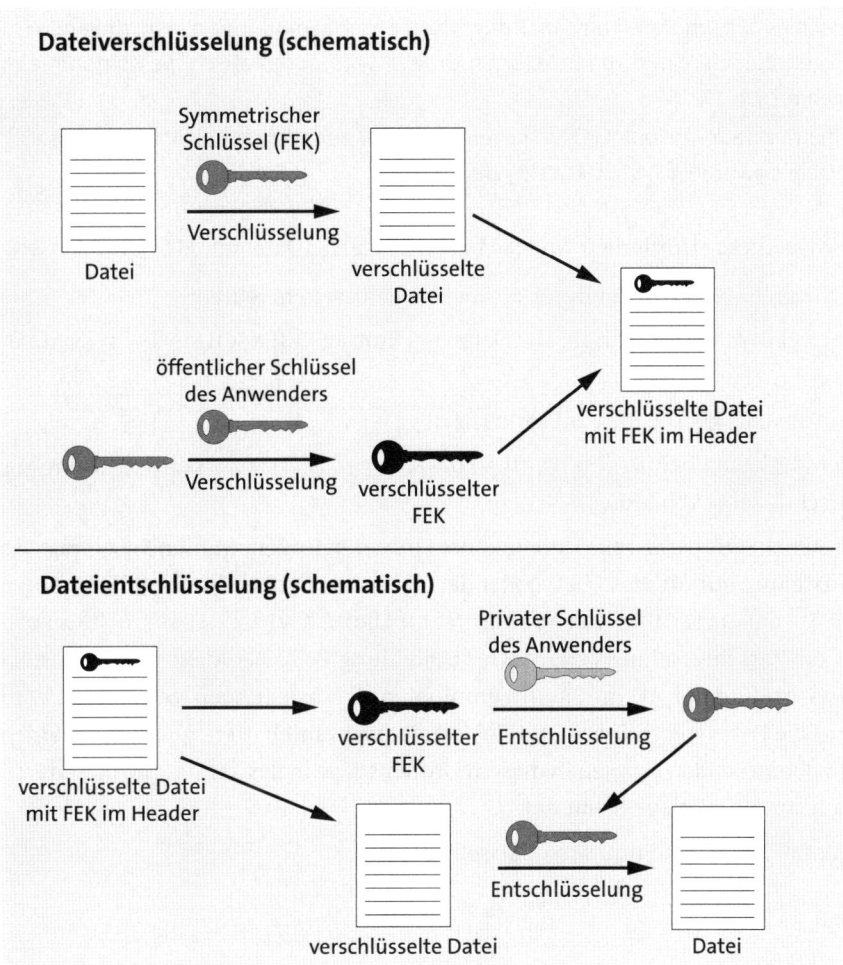

Dateiverschlüsselung (schematisch)

Dateientschlüsselung (schematisch)

Abbildung 15.4 Funktionsweise von EFS

15.2.1   Dateien und Ordner mit EFS verschlüsseln

Einer der Vorteile von EFS ist, dass Sie Ihre Dateien und Ordner mit sehr wenig Aufwand verschlüsseln können, da EFS sehr betriebssystemnah implementiert ist.

Voraussetzungen für den Einsatz von EFS

Einige wenige Voraussetzungen müssen erfüllt sein, damit Sie Ihre Dateien und Ordner erfolgreich verschlüsseln können:

▶ Der Datenträger, auf dem die zu verschlüsselnden Dateien gespeichert sind, muss NTFS-formatiert sein.

> ▶ Die zu verschlüsselnden Dateien oder Ordner dürfen nicht komprimiert sein. Angenommen, Sie verschlüsseln einen komprimierten Ordner, wird automatisch die Komprimierung aufgehoben.
>
> ▶ Dateien, die mit dem Attribut *SYSTEM* gekennzeichnet sind, können nicht verschlüsselt werden (beispielsweise: *%SYSTEMROOT%/cmd.exe*).

Es sind nur wenige Klicks erforderlich, und Sie haben Ihre erste Datei mit EFS verschlüsselt:

1. Navigieren Sie im Explorer zu der Datei, die Sie verschlüsseln möchten.

2. Wählen Sie nach dem Rechtsklick auf die Datei den Eintrag EIGENSCHAFTEN im Kontextmenü.

3. Im Reiter ALLGEMEIN klicken Sie auf ERWEITERT.

4. Setzen Sie ein Häkchen bei INHALT VERSCHLÜSSELN, UM DATEN ZU SCHÜTZEN, um die Datei zu verschlüsseln (Abbildung 15.5).

5. Sollten sich in dem Ordner bereits Dateien oder Ordner befinden, werden Sie gefragt, ob die Verschlüsselung nur für diese Datei oder den gesamten Ordner durchgeführt werden soll. Klicken Sie auf DATEI UND ÜBERGEORDNETEN ORDNER VERSCHLÜSSELN (EMPFOHLEN), damit die Verschlüsselung vererbt wird (Abbildung 15.6). Die Aussage des Fensters ist hier etwas irreführend. Wenn Sie die empfohlenen Einstellungen verwenden, wird trotzdem nur die Datei verschlüsselt, die Sie derzeit angewählt hatten. Allerdings werden alle **neu** hinzukommenden Dateien in diesem Ordner sowie in dessen Unterordner durch die Vererbung automatisch verschlüsselt.

6. Die Dateien und Ordner sind nun verschlüsselt.

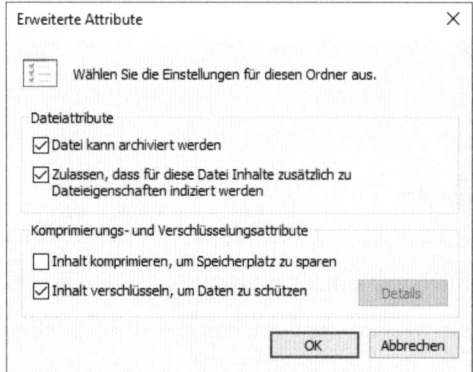

Abbildung 15.5 Inhalte verschlüsseln

Was ist bei diesem Vorgang im Hintergrund passiert? Die Datei wurde mit einem automatisch generierten und für diese Datei spezifischen FEK-Schlüssel verschlüsselt (symmetrische

Verschlüsselung) und im Header der Datei gespeichert. Der FEK wiederum wurde mit Ihrem öffentlichen Schlüssel verschlüsselt (asymmetrische Verschlüsselung). Das hat zur Folge, dass nur der Besitzer des passenden privaten Schlüssels – nämlich Sie – die Datei entschlüsseln und somit öffnen kann.

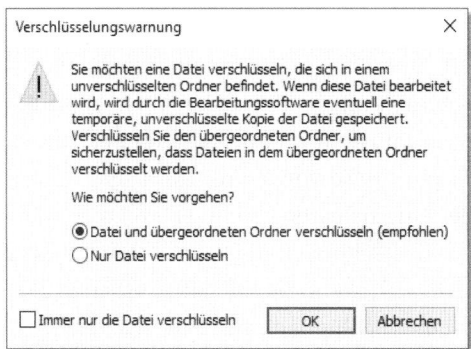

Abbildung 15.6 Änderungen übernehmen

Wenn Sie zum ersten Mal eine Datei verschlüsseln, wird ebenfalls das erforderliche Schlüsselpaar generiert und in Form eines Zertifikats im Zertifikatspeicher gespeichert. Eine Infoblase wie in Abbildung 15.7 informiert Sie in diesem Fall über das neu erstellte Zertifikat. Haben Sie bereits Dateien mit EFS verschlüsselt, wird Ihr bereits vorhandenes Zertifikat verwendet.

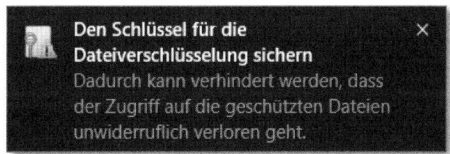

Abbildung 15.7 Benachrichtigung zum Sichern des Schlüssels

EFS für Power-User

Sie können Dateien und Ordner auch in der Eingabeaufforderung ver- und entschlüsseln. Damit haben Sie die Möglichkeit, die EFS-Verschlüsselung beispielsweise mithilfe von Batch-Dateien zu verarbeiten.

▶ Der folgende Befehl *verschlüsselt* alle Dateien und Ordner innerhalb des Ordners, in dem der Befehl abgesetzt wird:

```
cipher.exe /e
```

Durch den Schalter /s wird die Verschlüsselung rekursiv angewendet:

```
/s:C:\Rechnungen_2015
```

> ▶ Der folgende Befehl *entschlüsselt* alle Dateien und Ordner innerhalb des Ordners, in dem
> der Befehl abgesetzt wird:
>
> cipher.exe /d
>
> Durch den Schalter /s wird die Entschlüsselung rekursiv angewendet:
>
> /s:C:\Rechnungen_2015

Wenn Sie mit EFS arbeiten, sollten Sie eine Besonderheit im Hinterkopf behalten. Wenn Sie eine einzelne Datei statt einen ganzen Ordner verschlüsseln und diese Datei bearbeiten, wird von einigen Bearbeitungsprogrammen (beispielsweise von Word, Excel und Power-Point) eine temporäre und unsichtbare Kopie der Originaldatei erstellt. Diese Datei wäre, wenn Sie nicht den ganzen Ordner verschlüsseln, unverschlüsselt und wäre dadurch lesbar und nicht geschützt. Aus diesem Grund empfiehlt es sich, wenn Sie mit Office arbeiten, den ganzen Ordner zu verschlüsseln, um nicht durch dieses Schlupfloch durchzurutschen.

Wie Sie in den EFS-Voraussetzungen gelernt haben, wird EFS nur auf NTFS-Datenträgern unterstützt. Sollten Sie also eine mit EFS verschlüsselte Datei auf einen Nicht-NTFS-Datenträger kopieren (beispielsweise auf einen USB-Stick mit FAT32), erscheint eine Fehlermeldung. Sie haben dabei die Wahl, die Datei zu entschlüsseln und zu kopieren, die Datei zu überspringen oder den Kopiervorgang abzubrechen.

15.2.2   Sichern des EFS-Zertifikats

Wenn Sie Daten auf Ihrem Computer mit EFS verschlüsseln, brauchen Sie eine Möglichkeit, Ihre Daten zu retten, falls etwas mit Ihrem Zertifikat passieren sollte.

Angenommen, Ihr Zertifikat geht verloren oder die Zertifikatsdatei wird (zufällig) zerstört, dann sind Ihre Daten verloren, falls Sie keine Möglichkeit haben, das Zertifikat wiederherzustellen. Außerdem kann es passieren, dass Ihre Festplatte, auf der Ihr Betriebssystem installiert ist, kaputtgeht, die verschlüsselten Daten sind aber auf Ihrer Datenfestplatte gespeichert, die Sie weiterhin nutzen wollen. Oder stellen Sie sich vor, dass das Passwort eines Benutzers zurückgesetzt wird: Dann hat dieser anschließend keinen Zugriff mehr auf seine verschlüsselten Daten. Demnach sollten Sie Ihr Zertifikat exportieren und an einem sicheren Ort aufbewahren.

▶ Öffnen Sie das Startmenü, und geben Sie Dateiverschlüsselungszertifikate verwalten ein.

▶ Bestätigen Sie mit ⏎.

▶ Klicken Sie auf WEITER.

▶ Wählen Sie Ihr Zertifikat aus, und drücken Sie die Schaltfläche WEITER.

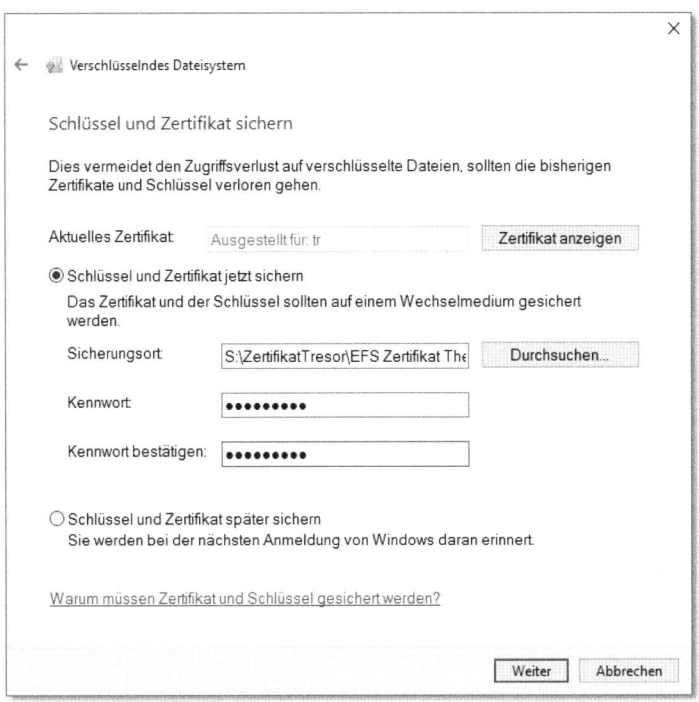

Abbildung 15.8 Sichern Sie Ihr Zertifikat an einem sicheren Ort.

▶ Geben Sie einen Speicherort und das Kennwort ein. Klicken Sie dann auf WEITER.

▶ Im Fenster BEREITS VERSCHLÜSSELTE DATEIEN AKTUALISIEREN bekommen Sie in einer Explorer-Ansicht die Möglichkeit, vorhandene Dateiverschlüsselungen mit Ihrem aktuellen Zertifikat zu aktualisieren. Wenn Sie hier ein Verzeichnis oder ein Laufwerk auswählen, werden **nicht** alle Dateien darin verschlüsselt, sondern bestehende Verschlüsselungen aktualisiert. Klicken Sie auf WEITER.

▶ Betrachten Sie das Ergebnis und gegebenenfalls den Report, und schließen Sie das Fenster.

Zertifikat sicher verwahren!

Es ist enorm wichtig, dass Sie das exportierte Zertifikat an einem sicheren Ort verwahren. Denn ohne Zertifikat haben Sie keinen Zugriff auf Ihre verschlüsselten Dateien! Das exportierte Zertifikat in Form der PFX-Datei brennen Sie am besten auf ein schreibgeschütztes Medium, oder Sie speichern die Datei auf einem USB-Stick.

Für den schnellen Export Ihres Zertifikats können Sie folgenden Befehl in der Eingabeaufforderung absetzen:

```
cipher.exe /x
```

15.2.3   Das EFS-Zertifikat wiederherstellen

Es gibt Situationen, in denen Sie Ihr Zertifikat zurücksichern müssen. Microsoft macht diesen Vorgang glücklicherweise leicht und führt Sie durch einen intuitiven Assistenten. Ihr Zertifikat muss lediglich im Dateiformat PFX vorliegen, und Sie haben in wenigen Schritten das Zertifikat importiert und somit wiederhergestellt.

1. Doppelklicken Sie auf die *.pfx*-Datei.

2. Wählen Sie Aktueller Benutzer.

3. Nehmen Sie im nächsten Fenster keine Änderung vor, sondern klicken Sie nur auf Weiter.

4. Geben Sie das Kennwort ein, das Sie beim Export festgelegt haben. Die anderen Import-Optionen können Sie unverändert lassen. Klicken Sie auf Weiter.

5. Wählen Sie Zertifikatspeicher automatisch auswählen (auf dem Zertifikat basierend).

6. Klicken Sie auf Fertig stellen.

Wenn alles korrekt verarbeitet wurde, wird der Prozess mit Der Importvorgang war erfolgreich quittiert.

15.2.4   Den Data Recovery Agent verwenden

Es muss nicht von jedem Benutzer einzeln das Zertifikat gesichert werden, um im Falle eines Zertifikatverlustes wieder Zugriff auf die verschlüsselten Daten zu bekommen. Microsoft bietet die Möglichkeit, einen *Data Recovery Agent* einzurichten. Der Benutzer, der das Zertifikat des Data Recovery Agents installiert hat, hat Zugriff auf alle verschlüsselten Daten des Computers. Demnach ist es völlig ausreichend, das Zertifikat des Data Recovery Agents zu sichern, um den Zugriff dauerhaft zu gewährleisten. Der Data Recovery Agent wird im Header der Datei, und zwar in den *Data Recovery Fields* (DRF), gespeichert. In Abbildung 15.9 wird ein Datei-Header einer verschlüsselten Datei schematisch dargestellt.

Um einen Data Recovery Agent anzulegen, müssen Sie als Administrator angemeldet sein. Gehen Sie wie folgt vor:

1. Öffnen Sie mit ⊞ + X die Eingabeaufforderung (Administrator).

2. Geben Sie `cipher /R:Recovery` ein (wobei `Recovery` der Name des Recovery-Zertifikats ist).

3. Geben Sie ein Passwort ein, das zum späteren Importieren des Zertifikats benötigt wird.

4. Es wurden jetzt zwei Dateien in dem Pfad erstellt, in dem der Befehl abgesetzt wurde: *Recovery.pfx* enthält den privaten Schlüssel und *Recovery.cer* enthält den öffentlichen Schlüssel.

DRA-Zertifikat

Denken Sie daran: Wenn Sie einen Data Recovery Agent einsetzen und ein Unbefugter in den Besitz des DRA-Zertifikats kommt, hat er Zugriff auf alle verschlüsselten Dateien von allen Benutzern auf Ihrem Computer. Aus diesem Grund ist es äußerst wichtig, das Zertifikat an einem sicheren Ort vor Unbefugten wegzuschließen. Brennen Sie eine DVD, oder speichern Sie das Zertifikat auf einem USB-Stick.

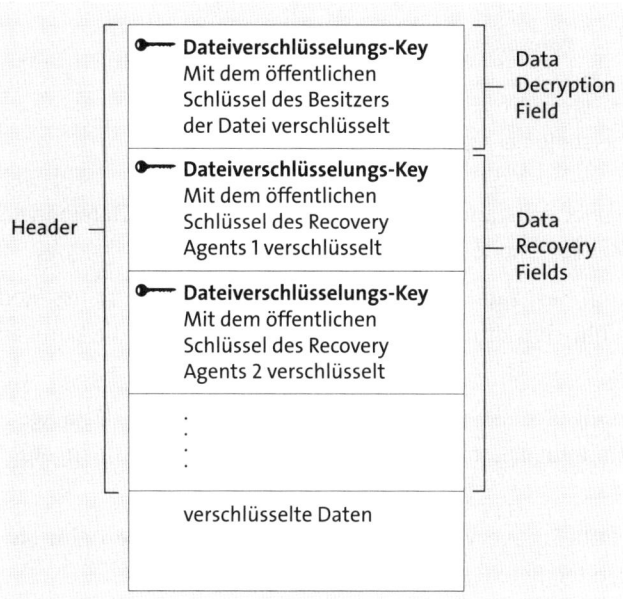

Abbildung 15.9 EFS-Datei-Header

Als Nächstes muss der Datenwiederherstellungsassistent der lokalen Sicherheitsrichtlinie hinzugefügt werden, wo der öffentliche Schlüssel gleich benötigt wird.

1. Öffnen Sie die lokale Sicherheitsrichtlinie mit ⊞ + R, der Eingabe von secpol.msc und ↵. Navigieren Sie nun zu RICHTLINIEN FÜR ÖFFENTLICHE SCHLÜSSEL • VERSCHLÜSSELNDES DATEISYSTEM.

2. Machen Sie einen Rechtsklick auf VERSCHLÜSSELNDES DATEISYSTEM, und wählen Sie DATENWIEDERHERSTELLUNGS-AGENTS HINZUFÜGEN (Abbildung 15.10).

3. Klicken Sie auf WEITER, und wählen Sie jetzt durch ORDNER WÄHLEN die gerade erstellte *Recovery.cer*-Datei.

4. Die Warnmeldung können Sie ignorieren und mit JA bestätigen.

5. Klicken Sie auf WEITER und FERTIG STELLEN.

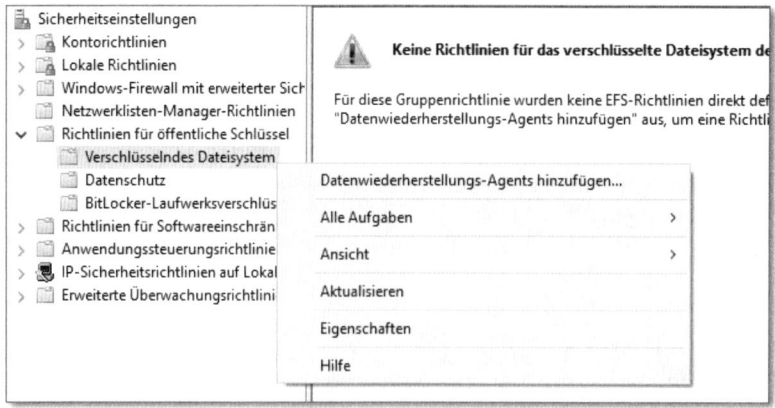

Abbildung 15.10 Einen Datenwiederherstellungs-Agenten hinzufügen

Der Data Recovery Agent (DRA) ist jetzt vollständig eingerichtet. Wenn Sie nun Dateien verschlüsseln, wird im Header der Datei der gerade konfigurierte DRA definiert.

Bitte beachten Sie, dass jeder, der im Besitz der *Recovery.pfx*-Datei ist, alle verschlüsselten Dateien auf Ihrem Computer entschlüsseln kann. Sie sollten aus diesem Grund die Datei an einem sicheren Ort aufbewahren.

Sollten Sie auf Ihrem Computer bereits Dateien verschlüsselt haben, müssen die Data Recovery Fields im Header der Dateien aktualisiert werden, damit der neue DRA hinzugefügt wird.

Dazu öffnen Sie, nachdem Sie den Data Recovery Agent erfolgreich definiert haben, eine Eingabeaufforderung und setzen folgenden Befehl ab:

```
cipher.exe /u
```

Sie können allerdings nur die Dateien aktualisieren, von denen Sie das entsprechende Zertifikat installiert haben, auf die Sie also zugriffsberechtigt sind. In den meisten Fällen muss demnach jeder Benutzer die Aktualisierung durchführen. Sollten Sie einen Data Recovery Agent einsetzen, empfehlen wir Ihnen, dies vor der ersten Verschlüsselung zu tun.

Um zu überprüfen, ob der DRA auch tatsächlich auf eine verschlüsselte Datei angewendet wurde, rufen Sie die Eigenschaften der Datei auf und klicken nun auf ERWEITERT • DETAILS. Dort sollte unter WIEDERHERSTELLUNGSZERTIFIKAT ein Eintrag zu finden sein (Abbildung 15.11).

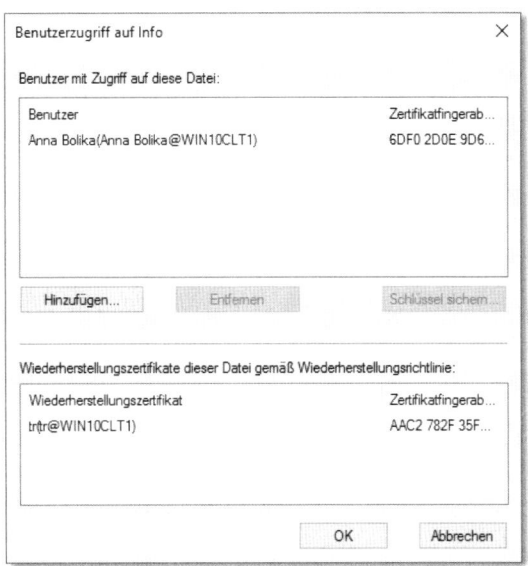

Abbildung 15.11 Data Recovery Agent

15.2.5   Zugriff auf verschlüsselte Dateien durch mehrere Benutzer

Sie haben Ihre Dateien erfolgreich verschlüsselt und möchten, dass weitere Benutzer auf Ihrem Computer (z. B. Geschäftspartner oder Lebensgefährten) ebenfalls auf die Dateien zugreifen können (Abbildung 15.12). Dafür müssen Sie einen zusätzlichen Benutzer der Datei als Zugriffsberechtigten hinzufügen.

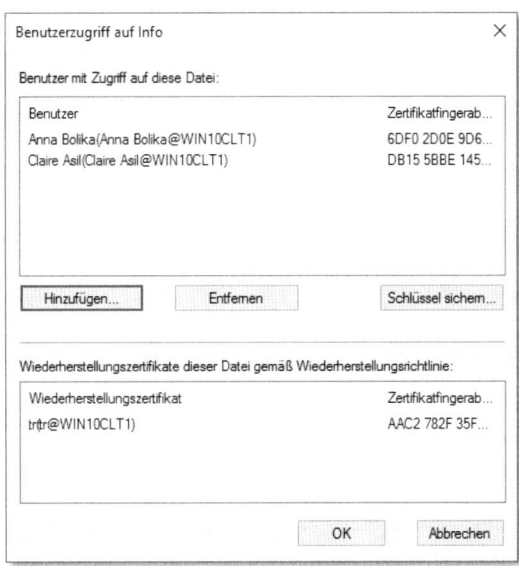

Abbildung 15.12 Übersicht über den Benutzerzugriff

Bitte beachten

Weiteren Benutzern können Sie immer nur dann Zugriff auf eine verschlüsselte Datei geben, wenn der Benutzer ein Zertifikat auf dem Computer installiert hat. Das Zertifikat wird automatisch erstellt, sobald ein Benutzer erstmalig Dateien verschlüsselt. Alternativ können Sie ein Zertifikat für den angemeldeten Benutzer erstellen, indem Sie eine Eingabeaufforderung öffnen und cipher.exe /k eingeben.

Um einem weiteren Benutzer Zugriff auf eine verschlüsselte Datei zu gewähren, gehen Sie wie folgt vor:

1. Führen Sie einen Rechtsklick auf die verschlüsselte Datei aus, und wählen Sie EIGEN-SCHAFTEN • ERWEITERT • DETAILS • HINZUFÜGEN.

2. Wählen Sie das Zertifikat des Benutzers aus, der Zugriff bekommen soll (Abbildung 15.13).

3. Der gewählte Benutzer hat jetzt ebenfalls die Möglichkeit, auf Ihre verschlüsselten Daten zuzugreifen.

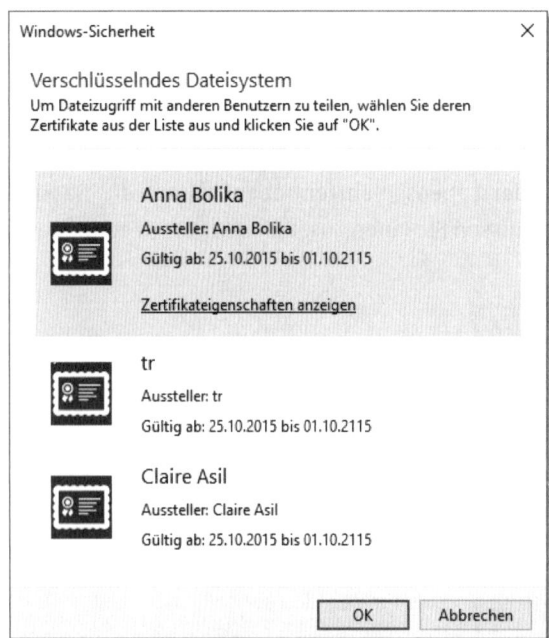

Abbildung 15.13 Benutzerauswahl

15.2.6   EFS auf Wechseldatenträgern

Sie haben die Möglichkeit, Dateien und Ordner auf Wechseldatenträgern (z. B. auf USB-Sticks) ebenfalls zu verschlüsseln. Dies können Sie durch einfaches Kopieren bereits verschlüsselter Daten erreichen. Außerdem können Sie auf dem Wechseldatenträger bereits vorhandene Dateien verschlüsseln, wie Sie es bereits kennengelernt haben.

Die verschlüsselten Daten können Sie zunächst nur auf Ihrem Computer wieder entschlüsseln, weil dort der erforderliche Schlüssel installiert ist. Möchten Sie die Daten auf einem anderen Computer entschlüsseln, müssen Sie Ihr Zertifikat exportieren und auf dem anderen Computer installieren bzw. importieren. Anschließend können Sie auch die verschlüsselten Daten auf dem Wechseldatenträger auf anderen Computern entschlüsseln.

Viele Wechseldatenträger (wie USB-Sticks) sind im Auslieferungszustand FAT32-formatiert. EFS kann nur auf NTFS-Datenträgern verwendet werden, und so können Sie Dateien und Ordner nicht verschlüsseln. Wenn Sie bereits verschlüsselte Dateien auf den mit FAT32 formatierten Wechseldatenträger kopieren wollen, erscheint eine Fehlermeldung.

Wie Sie sehen, kann EFS auch Dateien auf Wechseldatenträgern verschlüsseln. Weil aber das erforderliche Zertifikat mitgesendet werden muss, wird der Vorgang allerdings weniger praktikabel, und spätestens hier zeigt sich, dass EFS an seine Grenzen stößt und BitLocker mit *BitLocker To Go* für die Verschlüsselung von Wechseldatenträgern besser geeignet ist.

15.2.7 EFS im Netzwerk

EFS können Sie auch in Ihrem Windows-Netzwerk verwenden. Sie können also einen Ordner auf Ihrem Computer freigeben und verschlüsselte Dateien dort ablegen. Benutzer, die ebenfalls Zugriff auf den freigegebenen Ordner haben, können die Dateien nur öffnen, wenn sie das erforderliche Zertifikat installiert haben, was (ähnlich wie bei der Nutzung von EFS auf Wechseldatenträgern) wenig praktikabel ist.

Wir haben einen Test mit einer FritzBox durchgeführt. Dabei haben wir einen NTFS-formatierten USB-Stick an das Gerät angeschlossen und als Laufwerk eingebunden. Bei dem Versuch, verschlüsselte Dateien auf die Freigabe zu kopieren, wurde ein Warnhinweis erzeugt, der besagt, dass die Dateien erst entschlüsselt werden müssen, damit sie kopiert werden können und somit unverschlüsselt auf der NAS-Freigabe gespeichert werden. Mit EFS verschlüsselte Dateien auf einer NAS-Freigabe abzulegen funktioniert also (in dieser Testumgebung) nicht. Ein zweiter Test auf einem Enterprise-NAS (mit *Open-E Data Storage Software V6*) zeigte das gleiche Ergebnis.

Auf Windows-Freigaben ist eine Remoteverschlüsselung prinzipiell möglich – allerdings nicht mit Ihrem eigenen Zertifikat. Wenn Sie eine Datei mit EFS in einer Freigabe verschlüsseln, kommt das Zertifikat des Benutzers zum Einsatz, mit dessen Anmeldeinformationen Sie auf die Freigabe zugreifen – da der private Schlüssel im Benutzerprofil unter *AppData\ Roaming\Microsoft\Protect* aufbewahrt wird. Dieser lokale Schlüssel kommt immer zum Einsatz. Eine echte Remoteverschlüsselung ist nicht vorgesehen. Andersherum betrachtet können Sie auf Ihre lokal verschlüsselte Datei auch keinen Zugriff für Benutzer auf anderen

15

Arbeitsgruppenrechnern vergeben. Die Performance bei Netzwerkaktionen lässt sehr zu wünschen übrig, das System stockt häufig. Die Autoren raten von Remote-EFS in Arbeitsgruppen ab.

15.2.8   EFS vom Kontextmenü aus aktivieren und deaktivieren

Wenn Sie regelmäßig EFS einsetzen, kann es sehr mühselig sein, in die erweiterten Dateieigenschaften zu navigieren. Sie können mit einer Änderung in der *Windows Registry* die Verschlüsselung bzw. Entschlüsselung gleich im Kontextmenü vornehmen (Abbildung 15.14). Gehen Sie dazu so vor:

1. Drücken Sie ⊞ + R, und geben Sie regedit.exe ein.

2. Navigieren Sie zu *HKEY_LOCAL_MACHINE\SOFTWARE\Microsoft\Windows\CurrentVersion\Explorer\Advanced*.

3. Wählen Sie BEARBEITEN • NEU • DWORD-WERT (32-BIT).

4. Vergeben Sie als Name EncryptionContextMenu und als Wert 1. Gegebenenfalls müssen Sie Ihren Computer neu starten, damit die Änderung übernommen wird.

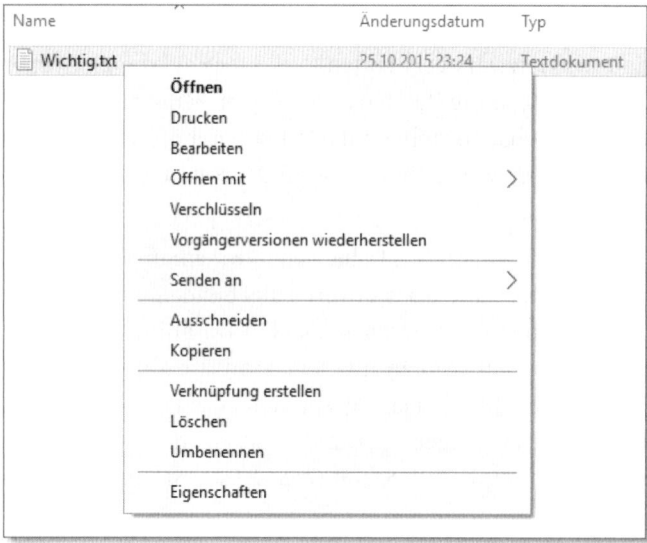

Abbildung 15.14 Direkt im Explorer-Kontextmenü verschlüsseln

15.3   BitLocker

BitLocker ist das Festplattenverschlüsselungs-Feature von Microsoft. Im Jahr 2007 hat Microsoft BitLocker mit *Windows Vista* auf den Markt gebracht. BitLocker war damals in den Ausführungen *Vista Ultimate* und *Vista Enterprise* erhältlich. Heute können Windows 10-Nutzer in der *Pro*- und *Enterprise*-Version von BitLocker Gebrauch machen.

Mit BitLocker haben Sie die Möglichkeit, einzelne Partitionen oder ganze Datenträger sowie Wechseldatenträger zu verschlüsseln und somit für Dritte unlesbar zu machen. Dabei spielt es keine Rolle, ob Sie die Systempartition verschlüsseln möchten, auf der das Betriebssystem installiert ist, oder Datenfestplatten. BitLocker verwendet im Auslieferungszustand als Verschlüsselungsalgorithmus den De-facto-Standard *AES* (*Advanced Encryption Standard*) mit einer Schlüssellänge von 128 Bit im CBC-Modus (*Cipher Block Chaining Mode*). Nachdem in Windows 8 der *Elephant*-Diffusor aus Gründen der Performance und Nichtkompatibilität mit dem US-Sicherheitsstandard FIPS herausgefallen war, bietet Bitlocker in Windows 10 die Möglichkeit, AES-XTS (*XEX-based tweaked-codebook mode with ciphertext stealing*) zu verwenden.

Diffusoren

Wenn Sie eine Datei mit einer Blockverschlüsselung verschlüsseln, werden die Daten in Blöcke gleicher Größe unterteilt und immer wieder mit dem gleichen Schlüssel verschlüsselt. Wenn also zwei Blöcke den gleichen Klartext beinhalten, kommt bei einer Verschlüsselung auch zwei Mal das gleiche Chiffrat heraus. Diese 1:1-Umwandlung bringt jedoch Probleme mit sich. So können Angreifer z. B. ein verschlüsseltes Bild wiederherstellen, ohne die Verschlüsselung an sich zu knacken. Das Bild ist dann durchaus nicht in Originalqualität, die Farben fehlen – aber der Inhalt kann aufgrund der Muster rekonstruiert werden! Tipp: Suchen Sie im Internet nach *ECB Penguin*.

Es gibt noch andere Angriffsszenarien bis hin zur Codeausführung durch die Injektion von Schadcode in die verschlüsselten Daten, der nach der Entschlüsselung ausgeführt wird. Die Erläuterung dieser Technik würde an dieser Stelle zu weit führen. Eine sehr gute Einführung in die Thematik hat der Hauptentwickler von BitLocker hier veröffentlicht: *http://css.csail.mit.edu/6.858/2012/readings/bitlocker.pdf*

Um diesen Schwachpunkten entgegenzuwirken, werden sogenannte *Diffusoren* eingesetzt. Deren Aufgabe ist es, den Klartext möglichst diffus – also ohne Muster im verschlüsselten Text – abzubilden. BitLocker brachte bis zu Windows 7 einen viel beachteten Diffusor namens *Elephant* mit, der vom BitLocker-Team entwickelt wurde. Dieser Diffusor war bei Erscheinen von Windows 8 und 8.1 verschwunden. Microsoft erklärte dies damit, dass die Performance von *Elephant* zu schwach gewesen sei und sich einige Geschäftskunden beklagt hätten. So sei der Diffusor nicht nach dem US-Sicherheitsstandard FIPS freigegeben und Kunden, die an diesen Standard gebunden seien, könnten deswegen BitLocker nicht einsetzen.

In Windows 10 haben Sie nun während der Erstverschlüsselung die Auswahl, ob Sie den klassischen AES-CBC nutzen möchten oder den AES-XTS-Modus, der die Schwächen von CBC eliminieren soll – in der Crypto-Community aber durchaus kontrovers diskutiert wird.

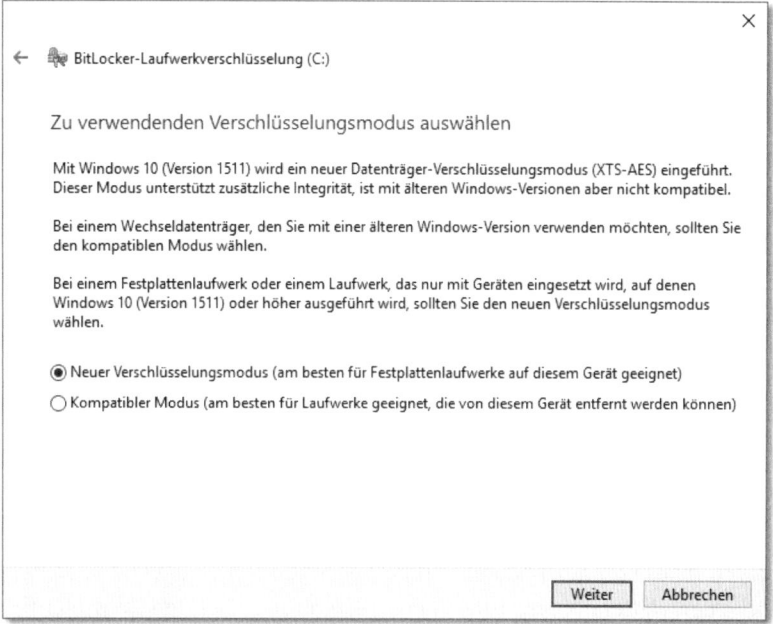

Abbildung 15.15 Neu in Windows 10: Auswahl zwischen AES-CBC und AES-XTS

BitLocker schützt vor *Offline-Angriffen*, bei denen entweder das installierte Betriebssystem deaktiviert oder umgangen oder die Festplatte physisch aus dem Computer entfernt wird, um die Daten separat anzugreifen. Wenn Sie Ihre Systemfestplatte mit BitLocker verschlüsseln, werden Sie vor dem eigentlichen Bootprozess aufgefordert, sich zu authentifizieren (*Pre-Boot Authentication*). Die Authentifizierung kann entweder durch ein Passwort, einen vorher konfigurierten USB-Stick oder durch eine Kombination aus beiden Möglichkeiten durchgeführt werden. So erhalten Sie eine mehrstufige Authentifizierung, die heute eine immer größere Bedeutung bekommt.

Am einfachsten anwenden, steuern und nutzen können Sie BitLocker, wenn Sie es in Verbindung mit einem *Trusted Platform Module* (TPM) ab der Version 1.2 einsetzen. TPM ist eine Hardwarekomponente, die von Computerherstellern in neueren Computern verbaut wird. Wenn in Ihrem Computer ein TPM vorhanden ist und Sie Ihre Festplatte mit BitLocker verschlüsselt haben, überprüft das TPM vor dem Bootvorgang die Systemintegrität. Das TPM enthält einen eindeutigen kryptografischen Schlüssel, und dieser Schlüssel wird zum Entschlüsseln der Festplatte benötigt. Ändert sich die Hardware, ändert sich auch der Schlüssel, und die Festplatte kann nicht mehr entschlüsselt werden. Wird die Festplatte ausgebaut und in einen anderen Computer eingebaut, um Zugriff auf die Daten zu erhalten, stimmt der Schlüssel ebenfalls nicht überein, und es ist kein Zugriff auf die Daten möglich.

TPM prüft also, ob die Hardware unverändert und somit vertrauenswürdig ist. Außerdem wird überprüft, ob die Boot-Konfigurationsdateien manipuliert wurden, beispielsweise durch Viren oder Rootkits. Schlägt eine dieser Prüfungen fehl, wechselt BitLocker automatisch in den Wiederherstellungsmodus, und Sie können nur nach erfolgreicher Eingabe des Wiederherstellungsschlüssels wieder auf die Daten zugreifen.

Hat Ihr Computer ein Trusted Platform Module (TPM)?

Um zu überprüfen, ob in Ihrem Computer ein TPM vorhanden ist, führen Sie folgenden Befehl aus. Beachten Sie, dass das TPM eventuell zuerst im BIOS aktiviert werden muss, damit es funktioniert.

Drücken Sie ⊞ + R, geben Sie tpm.msc ein, und bestätigen Sie Ihre Eingabe mit ↵.

Alternativ können Sie auch den Geräte-Manager aufrufen. Dort sollte ein Eintrag unter SICHERHEITSGERÄTE zu finden sein.

Im Auslieferungszustand von Windows 10 haben Sie zunächst nur dann die Möglichkeit, Ihre Systempartition mit BitLocker zu verschlüsseln, wenn in Ihrem Computer ein TPM verbaut ist. Nicht-Systempartitionen können Sie auch ohne TPM verschlüsseln, Wechseldatenträger selbstverständlich auch.

Wenn der Tag kommt, an dem Sie Ihre alte Festplatte recyceln, müssen Sie diese nicht durch aufwendige Löschprogramme bereinigen, sondern können die verschlüsselte Festplatte bedenkenlos entsorgen, da die Daten für Dritte nicht lesbar sind.

Außerdem sollten Sie wissen, dass es durch die Nutzung von BitLocker zu Leistungseinbußen im einstelligen Prozentbereich kommen kann.

15.3.1   BitLocker-Funktionen

Microsoft hat BitLocker kontinuierlich weiterentwickelt und einige nützliche Funktionen implementiert. Obwohl einige davon nur im Enterprise-Umfeld eingesetzt werden, möchten wir diese nicht unerwähnt lassen.

BitLocker-Bereitstellung

Früher war es nur möglich, BitLocker nach der Installation des Betriebssystems zu aktivieren. Das hatte zur Folge, dass die Verschlüsselung aufgrund der bereits vorhandenen Daten auf dem Datenträger mehr Zeit in Anspruch nahm. Durch den Einsatz eines vorher vorbereiteten *Windows Preinstallation Environment* (WinPE) haben Sie seit Windows 8 die Möglichkeit, BitLocker vor der eigentlichen Installation zu aktivieren und somit in Sekundenschnelle die Festplatte zu verschlüsseln. Der Einsatz dieser Methode ist allerdings nur dann empfehlenswert, wenn regelmäßig größere Bereitstellungsprozesse durchgeführt werden, wie das in größeren Enterprise-Umgebungen der Fall ist.

Nur verwendeten Speicherplatz verschlüsseln

Durch die Option, nur den verwendeten Speicherplatz einer Festplatte zu verschlüsseln, ist der Einsatz von BitLocker deutlich komfortabler, aber vor allem schneller geworden. Bei Windows 7 musste die komplette Festplatte verschlüsselt werden, was sehr viel Zeit in Anspruch genommen hat. Vor allem bei neuen Festplatten ist der Einsatz dieser Option eine lohnende Neuerung (Abbildung 15.16).

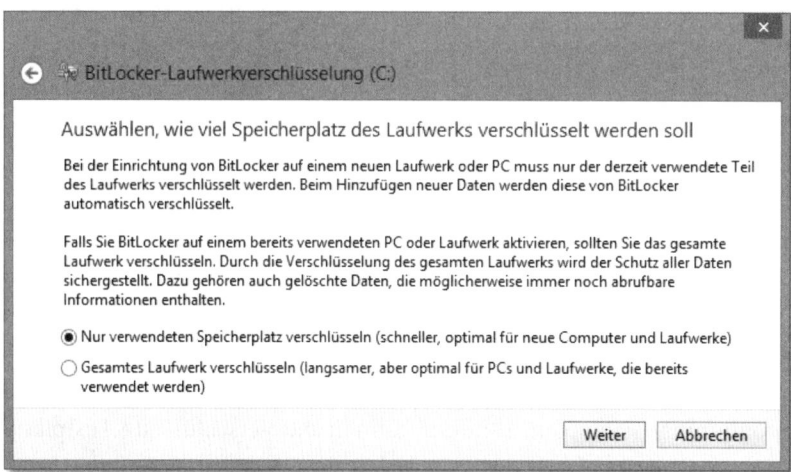

Abbildung 15.16 Auswahl von Speicherplatz zur Verschlüsselung

Standardbenutzer-PIN und Kennwortänderung

In der aktuellen BitLocker-Version kann man als Benutzer ohne Administratorrechte das Passwort ändern, das beim Start benötigt wird. Das ist insbesondere für Helpdesks erfreulich, weil so weniger Anfragen infolge vergessener Passwörter kommen, da Passwörter nach eigenen Gedächtnishilfen festgelegt werden können.

Netzwerkentsperrung

Eine sehr schöne Neuerung, die besonders in Unternehmen eingesetzt werden kann, ist die Netzwerkentsperrung. Damit sind Clients ab Windows 8 in Verbindung mit *Windows Server 2012* oder *Windows Server 20012 R2* und einem Domänennetzwerk in der Lage, die Betriebssystempartition automatisch zu entsperren, und zwar ohne Eingabe eines Passworts. Der Client muss dafür mit einem vertrauenswürdigen kabelgebundenen Unternehmensnetzwerk verbunden sein, und in der UEFI-Firmware der Client-Hardware muss ein DHCP-Treiber implementiert sein.

Unterstützung verschlüsselter Festplatten

Windows 10 unterstützt die hardwarebasierte Festplattenverschlüsselung, eine sogenannte *Full Disk Encryption* (FDE). Dabei werden alle Blöcke auf dem Laufwerk verschlüsselt, da der

Verschlüsselungsvorgang auf dem Speicher-Controller, sprich der Hardware, stattfindet. Durch dieses sogenannte *Offloading* wird eine effizientere und schnellere Verschlüsselung erreicht, und die CPU des Computers wird entlastet.

15.3.2   Upgrade von Windows

Wenn Sie ein Upgrade Ihres Windows 7, Windows 8 oder Windows 8.1 durchführen und Ihr Betriebssystemlaufwerk mit BitLocker verschlüsselt ist, müssen Sie vor dem Upgrade-Vorgang den BitLocker-Schutz anhalten. Das Anhalten des Schutzes bewirkt, dass auf die Daten des Laufwerks für die Dauer des Anhaltens mit einem Klartext-Schlüssel zugegriffen wird. Weiterhin ist keine Authentifizierung erforderlich, sodass die Windows 10-Installation Zugriff auf die Festplatte erhält. Nach dem Upgrade setzen Sie den Schutz wieder fort.

Den Schutz halten Sie in der Systemsteuerung unter BITLOCKER-LAUFWERKSVERSCHLÜSSE-LUNG an oder in einer Eingabeaufforderung mit Administratorrechten durch Eingabe von `manage-bde -pause %systemdrive%` bzw. `manage-bde -resume %systemdrive%`.

15.3.3   Voraussetzungen für die Nutzung von BitLocker

Es müssen einige wenige Hardwarevoraussetzungen für die Nutzung von BitLocker erfüllt werden:

▶ TPM, Version 1.2 oder 2.0 (Ein TPM ist für BitLocker nicht zwingend erforderlich, aber erhöht die Sicherheit durch Überprüfung der Systemintegrität vor dem Start.)

▶ *Trusted Computing Group*(TCG)-kompatible BIOS-Firmware

▶ Die Startreihenfolge muss so festgelegt sein, dass zuerst von der Festplatte gebootet wird.

▶ Das BIOS muss während des Starts auf Geräte zugreifen können, die per USB angeschlossen sind.

▶ Es müssen zwei Partitionen vorhanden sein (sie werden bei Bedarf automatisch erstellt).

15.3.4   BitLocker auf der Betriebssystempartition
mit TPM-Authentifizierung aktivieren

Wenn Sie einen Computer haben, der ein TPM enthält, können Sie in nur wenigen Schritten Ihre Betriebssystempartition mit BitLocker verschlüsseln. In der ersten BitLocker-Version unter Windows Vista musste der Benutzer eine zweite Partition manuell erstellen, damit Bit-Locker ordnungsgemäß installiert werden konnte. Dies passiert seit Windows 7 automatisch, sodass das Aktivieren von BitLocker sehr benutzerfreundlich geworden ist. **Bevor Sie mit der Verschlüsselung beginnen, sollten Sie gewährleisten, dass eine Sicherung Ihrer Daten vorliegt, damit es zu keinem Datenverlust kommt, falls bei der Verschlüsselung etwas schiefgehen sollte.** In diversen Praxistests lief die Verschlüsselung immer ohne Probleme durch, aber gegen das vorhandene Restrisiko sollten Sie sich besser schützen.

Sie aktivieren BitLocker wie folgt:

1. Öffnen Sie mit ⊞ + E den Windows Explorer, und wählen Sie das Laufwerk an, das Sie verschlüsseln möchten. Drücken Sie die rechte Maustaste, um das Kontextmenü zu öffnen, und wählen Sie BITLOCKER AKTIVIEREN (Abbildung 15.17).

2. Wenn Sie BitLocker zum ersten Mal verwenden, werden Sie aufgefordert, den Computer aus- und wieder einzuschalten, damit das TPM initialisiert werden kann. Bei der Initialisierung wird das TPM eingeschaltet, aktiviert, und es wird der Besitz des TPM übernommen. Klicken Sie auf HERUNTERFAHREN.

3. Wenn Sie den Computer wieder hochfahren und sich anmelden, startet BitLocker automatisch. Als Nächstes werden Sie gefragt, wie der Wiederherstellungsschlüssel gesichert werden soll (Abbildung 15.18).

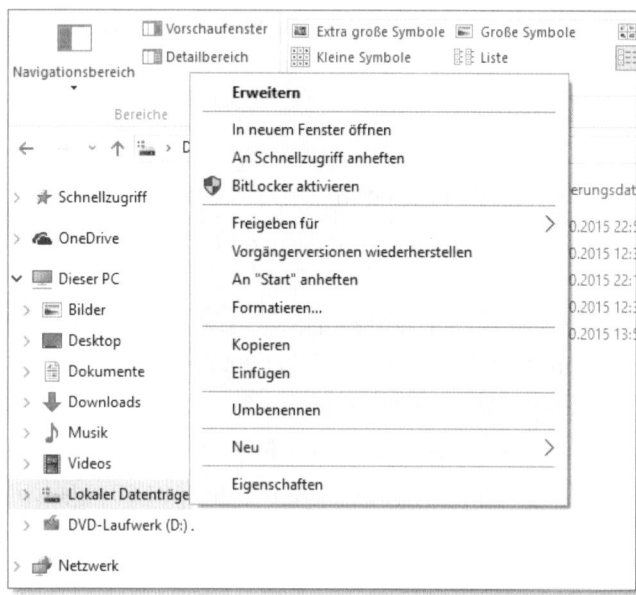

Abbildung 15.17 BitLocker aktivieren

Sie benötigen den Wiederherstellungsschlüssel, wenn die Integritätsprüfung, die TPM durchführt, fehlschlägt und Sie Ihr System nicht booten können. Dies ist z. B. dann der Fall, wenn Sie die Festplatte ausbauen und an einen anderen Computer anschließen. Microsoft empfiehlt die Speicherung in *OneDrive*. Unter der Voraussetzung, dass Sie mit Ihrem Microsoft-Konto angemeldet sind, wählen Sie IN MICROSOFT-KONTO SPEICHERN, um den Wiederherstellungsschlüssel in Ihrem OneDrive zu speichern. Prüfen Sie bitte, ob der Wiederherstellungsschlüssel in OneDrive gespeichert wurde, bevor Sie fortfahren.

Sollte dies nicht der Fall sein, wählen Sie bitte eine andere Methode. Eine weitere gute Methode ist es, den Wiederherstellungsschlüssel auszudrucken, denn Papier ist ja bekanntlich geduldig. Wenn Sie IN DATEI SPEICHERN wählen, können Sie die Datei nicht auf der Partition speichern, die verschlüsselt werden soll, allerdings ist es möglich, sie in einem Netzlaufwerk zu speichern.

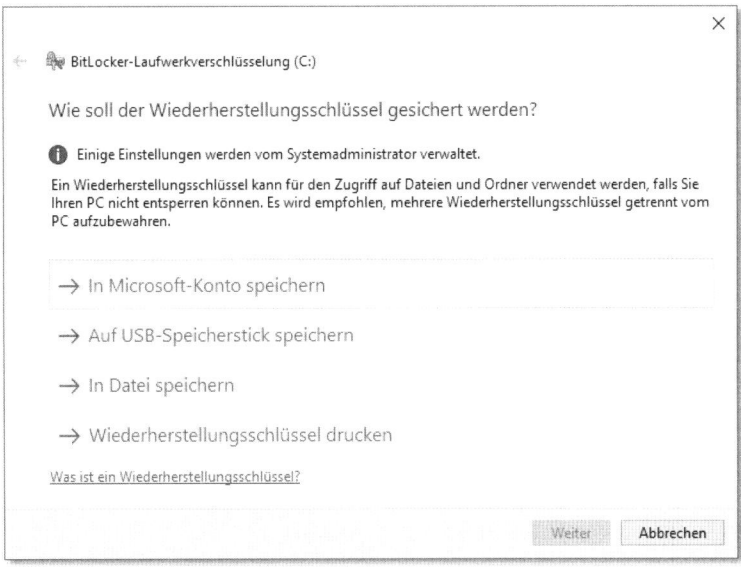

Abbildung 15.18 Wiederherstellungsschlüssel speichern

4. Nach dem Klick auf WEITER haben Sie die Wahl, ob nur der verwendete Speicherplatz oder ob das gesamte Laufwerk verschlüsselt werden soll (Abbildung 15.16). Haben Sie eine neue Festplatte in Betrieb genommen, empfiehlt es sich, nur den aktuell verwendeten Speicherplatz zu verschlüsseln. Dies geht eindeutig schneller als eine komplette Verschlüsselung des Laufwerks. Neu hinzugefügte Dateien werden automatisch verschlüsselt. Wenn Sie eine Festplatte verschlüsseln wollen, die bereits im Einsatz war, verschlüsseln Sie besser das gesamte Laufwerk. So ist gewährleistet, dass auch die Dateien verschlüsselt werden, die bereits gelöscht sind, sich aber mit einem Wiederherstellungswerkzeug eventuell wiederherstellen lassen. Eine Verschlüsselung kann bei dieser Option durchaus einen ganzen Tag in Anspruch nehmen.

5. Im letzten Schritt haben Sie die Wahl, eine BitLocker-Systemüberprüfung durchführen zu lassen (Abbildung 15.22). Dabei handelt es sich um einen Probelauf, bevor die Verschlüsselung beginnt. Dies dauert zwar länger, ist aber zu empfehlen, da die später verwendeten Schlüssel validiert werden.

6. Starten Sie Ihren Computer neu.

Nach erfolgter Anmeldung wird eine Infoblase auf dem Desktop eingeblendet, die Sie darüber informiert, dass das Laufwerk zurzeit verschlüsselt wird. Wenn Sie auf das dazugehörige Symbol in der Symbolleiste klicken, erhalten Sie weitere Informationen (Abbildung 15.19). Sie können, während die Festplatte verschlüsselt wird, wie gewohnt weiterarbeiten.

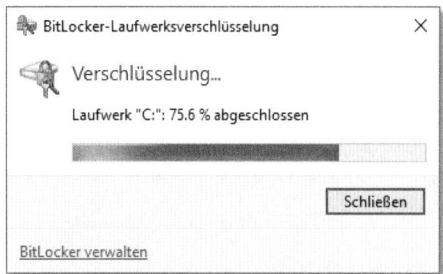

Abbildung 15.19 Fortschrittsbalken für die Verschlüsselung

Die vollständige Verschlüsselung kann, je nach Größe des Datenträgers, bis zu einigen Stunden dauern. Im Idealfall lassen Sie den Computer während des Verschlüsselungsvorgangs eingeschaltet, damit es zu keinen Komplikationen kommt. Sollten Sie den Computer doch ausschalten (müssen), wird der Vorgang nach dem nächsten Einschalten automatisch fortgesetzt.

Das Symbol des Datenträgers enthält jetzt ein geöffnetes Schloss (Abbildung 15.24). Daran erkennen Sie, dass das Laufwerk verschlüsselt und entsperrt ist.

Alternativer Weg in der Eingabeaufforderung

Wenn Sie gerne in der Eingabeaufforderung arbeiten und auf bunte Assistenten verzichten können, haben Sie die Möglichkeit, mithilfe des Befehlszeilenwerkzeugs *manage-bde* Ihre Laufwerke zu verschlüsseln. Öffnen Sie dafür eine Eingabeaufforderung mit Administratorrechten.

1. Drücken Sie ⊞ + X , und wählen Sie Eingabeaufforderung (Administrator).

2. Geben Sie `manage-bde -on %systemdrive%` ein.

3. Starten Sie nach der Eingabe des Befehls Ihren Computer neu. Sobald der Computer neu gestartet wurde und Sie sich angemeldet haben, beginnt die Verschlüsselung. Eine Infoblase wird Sie darüber informieren.

15.3.5 BitLocker auf der Betriebssystempartition ohne TPM-Authentifizierung aktivieren

Es gibt noch sehr viele Computer, in denen kein TPM verbaut wurde. Erfreulicherweise wendet Microsoft nicht die Brechstangenmethode an, und Windows 10-Benutzer können die Betriebssystempartition auch ohne ein TPM verschlüsseln. Dafür ist eine Änderung in den Gruppenrichtlinien erforderlich:

1. Drücken Sie ⊞ + R , und geben Sie `gpedit.msc` ein. Bestätigen Sie Ihre Eingabe mit ↵ .

2. Navigieren Sie zu COMPUTERKONFIGURATION • ADMINISTRATIVE VORLAGEN • WIN-
   DOWS-KOMPONENTEN • BITLOCKER-LAUFWERKVERSCHLÜSSELUNG • BETRIEBSSYSTEM-
   LAUFWERKE.

3. Öffnen Sie ZUSÄTZLICHE AUTHENTIFIZIERUNG BEIM START ANFORDERN
   (Abbildung 15.20).

4. Wählen Sie nun AKTIVIERT und BITLOCKER OHNE KOMPATIBLES TPM ZULASSEN.

5. Schließen Sie den Gruppenrichtlinien-Editor.

Sie haben nun auch gleichzeitig eine Authentifizierungspflicht beim Rechnerstart eingerichtet, die entweder mit einem eingesteckten USB-Stick oder einem Kennwort erfolgt, das Sie
während der BitLocker-Einrichtung vergeben.

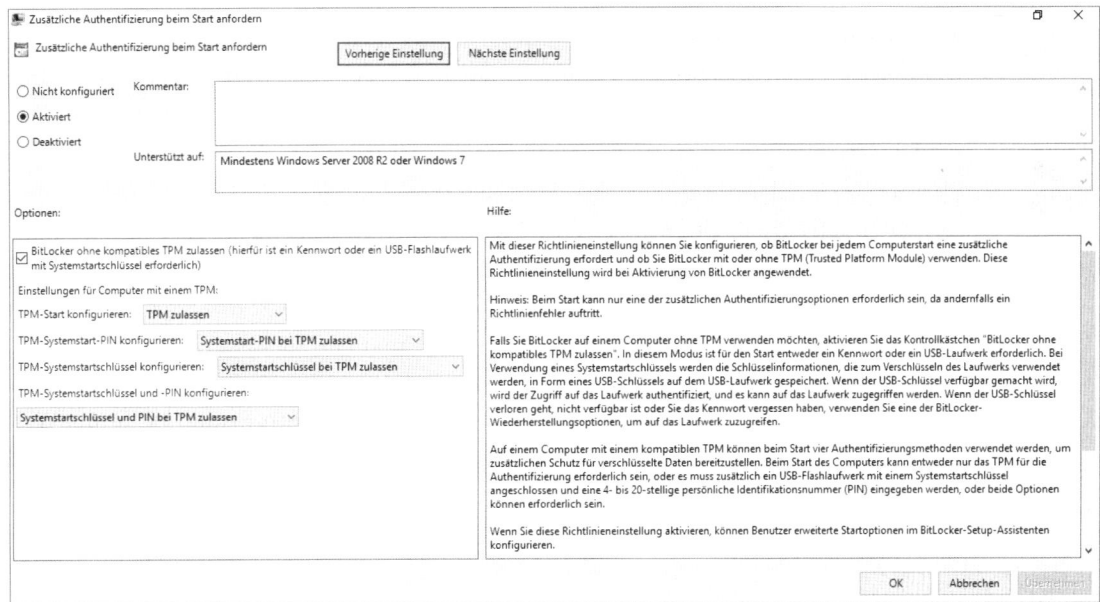

Abbildung 15.20 Gruppenrichtlinien-Editor – TPM deaktivieren

Nun lässt sich BitLocker auf der Betriebssystempartition auch ohne TPM aktivieren. Gegebenenfalls müssen Sie Ihren Computer neu starten, damit die Änderungen übernommen
werden.

Englisches Tastatur-Layout

Sollten Sie Ihre Betriebssystempartition mit einem Passwort schützen, beachten Sie bitte,
dass das Tastatur-Layout bei der Passwortabfrage vor dem Start in Englisch ist. Aus diesem
Grund sollten Sie keine Umlaute oder Sonderzeichen verwenden. So vermeiden Sie mögliche
Fehleingaben.

Jetzt sind nur noch wenige Schritte erforderlich, bis Ihre Betriebssystempartition verschlüsselt ist. Bevor Sie mit der Verschlüsselung beginnen, sollten Sie gewährleisten, dass eine Sicherung Ihrer Daten vorliegt, damit es zu keinem Datenverlust kommt, wenn bei der Verschlüsselung etwas schiefgehen sollte. In diversen Praxistests lief die Verschlüsselung immer ohne Probleme durch, aber gegen das vorhandene Restrisiko sollten Sie sich besser schützen.

1. Öffnen Sie das Startmenü, geben Sie `BitLocker verwalten` ein, und drücken Sie $\boxed{\leftarrow}$.

2. Wählen Sie BITLOCKER AKTIVIEREN (Abbildung 15.17).

3. Wählen Sie USB-SPEICHERSTICK ANSCHLIESSEN oder KENNWORT EINGEBEN.

4. Wenn Sie USB-SPEICHERSTICK ANSCHLIESSEN gewählt haben, stecken Sie jetzt einen USB-Stick ein und wählen diesen aus. Der USB-Stick muss bei jedem Startvorgang eingesteckt werden, damit der Computer gestartet werden kann.

5. Wenn Sie KENNWORT EINGEBEN gewählt haben, vergeben Sie jetzt ein Kennwort. Das Kennwort müssen Sie bei jedem Startvorgang eingeben, damit der Computer gestartet werden kann.

6. Als Nächstes werden Sie gefragt, wie der Wiederherstellungsschlüssel gesichert werden soll (Abbildung 15.18). Sie müssen den Wiederherstellungsschlüssel verwenden, wenn Sie Ihren Computer durch die vorher gewählte Entsperrmethode nicht mehr entsperren können.

Microsoft empfiehlt die Speicherung in *OneDrive*. Unter der Voraussetzung, dass Sie mit Ihrem Live-Konto angemeldet sind, wählen Sie IM MICROSOFT-KONTO SPEICHERN, um den Wiederherstellungsschlüssel in Ihrem OneDrive zu speichern. Prüfen Sie, ob der Wiederherstellungsschlüssel in OneDrive gespeichert wurde, bevor Sie fortfahren.

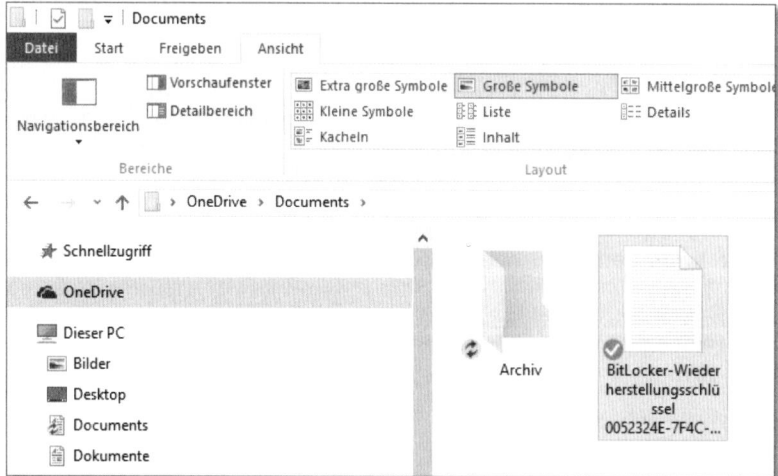

Abbildung 15.21 Der Wiederherstellungsschlüssel kann in OneDrive gespeichert werden.

Sollte dies nicht der Fall sein, wählen Sie bitte eine andere Methode. Eine weitere gute Methode ist es, den Wiederherstellungsschlüssel auszudrucken, denn Papier ist ja bekanntlich geduldig. Wenn Sie IN DATEI SPEICHERN wählen, können Sie die Datei nicht auf der Partition speichern, die verschlüsselt werden soll.

7. Nach dem Klick auf WEITER haben Sie die Wahl, ob nur der verwendete Speicherplatz oder ob das gesamte Laufwerk verschlüsselt werden soll (Abbildung 15.16). Haben Sie eine neue Festplatte in Betrieb genommen, empfiehlt es sich, nur den aktuell verwendeten Speicherplatz zu verschlüsseln. Dies geht eindeutig schneller als eine komplette Verschlüsselung des Laufwerks. Neu hinzugefügte Dateien werden automatisch verschlüsselt. Wenn Sie eine Festplatte verschlüsseln wollen, die bereits im Einsatz war, verschlüsseln Sie besser das gesamte Laufwerk. So ist gewährleistet, dass auch die Dateien verschlüsselt werden, die bereits gelöscht sind, sich aber mit einem Wiederherstellungswerkzeug eventuell wiederherstellen lassen. Eine Verschlüsselung kann bei dieser Option durchaus einen ganzen Tag in Anspruch nehmen.

8. Im letzten Schritt haben Sie die Wahl, eine BitLocker-Systemüberprüfung durchführen zu lassen. Dabei handelt es sich um einen Probelauf, bevor die Verschlüsselung beginnt. Dies dauert zwar länger, ist aber zu empfehlen, da die später verwendeten Schlüssel validiert werden (Abbildung 15.22).

9. Starten Sie Ihren Computer neu.

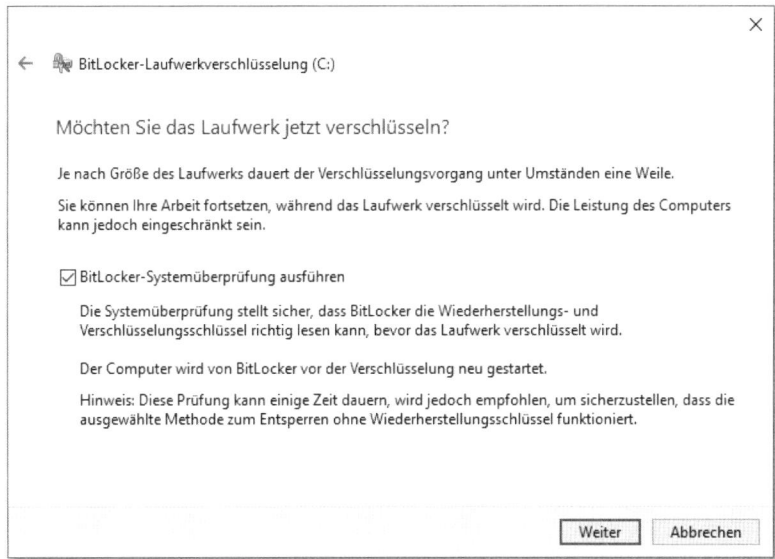

Abbildung 15.22 BitLocker-Systemüberprüfung

Ihr Computer startet neu, und Sie werden das erste Mal aufgefordert, das Passwort zum Entsperren des Computers einzugeben oder den USB-Stick mit dem enthaltenen Startschlüssel mit Ihrem Computer zu verbinden. An dieser Stelle haben Sie auch die Möglichkeit, durch Drücken von [Esc] den Verschlüsselungsprozess abzubrechen.

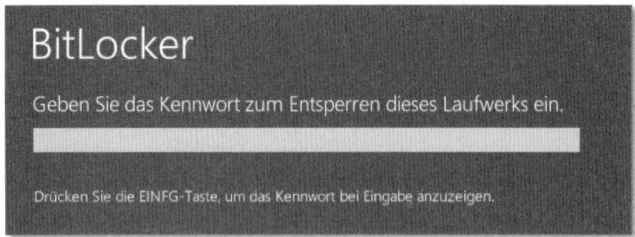

Abbildung 15.23 Die Entsperrung beim Systemstart

Wenn Sie das Passwort korrekt eingegeben haben oder der USB-Stick erkannt wurde, wird der Startvorgang wie gewohnt fortgesetzt. Nach erfolgter Anmeldung wird eine Infoblase auf dem Desktop eingeblendet, die Sie darüber informiert, dass das Laufwerk zurzeit verschlüsselt wird. Wenn Sie auf das dazugehörige Symbol in der Symbolleiste klicken, erhalten Sie weitere Informationen (Abbildung 15.19). Sie können, während die Festplatte verschlüsselt wird, wie gewohnt weiterarbeiten.

Die vollständige Verschlüsselung kann, je nach Größe des Datenträgers, bis zu einigen Stunden dauern. Im Idealfall lassen Sie den Computer während des Verschlüsselungsvorgangs eingeschaltet, damit es zu keinen Komplikationen kommt. Sollten Sie den Computer doch ausschalten (müssen), wird der Vorgang nach dem nächsten Einschalten automatisch fortgesetzt.

Das Symbol des Datenträgers enthält jetzt ein geöffnetes Schloss (Abbildung 15.24). Daran erkennen Sie, dass das Laufwerk verschlüsselt und entsperrt ist.

Abbildung 15.24 Entsperrte Betriebssystempartition

Alternativer Weg in der Eingabeaufforderung

Die Fans der Eingabeaufforderung haben noch eine zweite Möglichkeit, mithilfe des Befehlszeilenwerkzeugs *manage-bde* ihre Laufwerke zu verschlüsseln. Das setzt aber voraus, dass die erforderliche Änderung in der Gruppenrichtlinie durchgeführt wurde, die zu Beginn von Abschnitt 15.3.5 beschrieben wurde.

1. Öffnen Sie eine Eingabeaufforderung mit Administratorrechten.

2. Drücken Sie ⊞ + ⟨X⟩, und wählen Sie Eingabeaufforderung (Administrator).

3. Geben Sie `manage-bde -protectors -add -pw c:` ein. (Beim Startvorgang ist die Eingabe eines Passwortes erforderlich.)

4. Vergeben Sie ein Passwort.

5. Alternativ geben Sie `manage-bde –protectors –add c: -startupkey e:` ein. (Beim Startvorgang ist das Einstecken eines USB-Sticks erforderlich. `e:` ist hierbei der USB-Stick, auf dem der Schlüssel gespeichert wird. Der USB-Stick muss vor dem Absetzen des Befehls eingesteckt sein.)

6. Geben Sie `manage-bde -on c:` ein.

Starten Sie nach der Eingabe der Befehle Ihren Computer neu. Sobald der Computer neu gestartet wurde und Sie sich angemeldet haben, beginnt die Verschlüsselung. Eine Infoblase (Balloon-Tip) informiert Sie über den laufenden Verschlüsselungsvorgang. Wenn Sie auf den Balloon-Tip klicken, erhalten Sie einen Fortschrittsbalken

15.3.6   BitLocker auf einer Datenpartition oder Festplatte aktivieren

Microsoft bietet selbstverständlich auch die Möglichkeit, eine Datenpartition (also eine Nicht-Betriebssystempartition) mit *BitLocker* zu verschlüsseln. Dabei spielt es keine Rolle, ob Ihr Computer ein TPM hat oder nicht. Bevor Sie mit der Verschlüsselung beginnen, sollten Sie gewährleisten, dass eine Sicherung Ihrer Daten vorliegt, damit es zu keinem Datenverlust kommt, wenn bei der Verschlüsselung etwas schiefgehen sollte. In diversen Praxistests lief die Verschlüsselung immer ohne Probleme durch, aber gegen das vorhandene Restrisiko sollten Sie sich besser schützen.

1. Drücken Sie ⊞ + ⟨E⟩, und führen Sie einen Rechtsklick auf die gewünschte Partition aus. Wählen Sie dann BitLocker aktivieren (Abbildung 15.17).

2. Wählen Sie die Methode, mit der Sie die Partition entsperren wollen. Sie können ein Kennwort vergeben und/oder eine Smartcard für die Entsperrung verwenden. Außerdem haben Sie die Wahl, ob die Partition automatisch nach dem Systemstart entsperrt werden soll (Abbildung 15.25).

3. Als Nächstes werden Sie gefragt, wie der Wiederherstellungsschlüssel gesichert werden soll (Abbildung 15.18). Sie müssen den Wiederherstellungsschlüssel verwenden, wenn Sie die Partition durch die vorher gewählte Entsperrmethode nicht mehr entsperren können.

   Microsoft empfiehlt die Speicherung in *OneDrive*. Unter der Voraussetzung, dass Sie mit Ihrem Live-Konto angemeldet sind, wählen Sie Im Microsoft-Konto speichern, um den Wiederherstellungsschlüssel in Ihrem OneDrive zu speichern. Prüfen Sie, ob der Wiederherstellungsschlüssel in OneDrive gespeichert wurde, bevor Sie fortfahren.

Sollte dies nicht der Fall sein, wählen Sie bitte eine andere Methode. Eine weitere gute Methode ist es, den Wiederherstellungsschlüssel auszudrucken, denn Papier ist ja bekanntlich geduldig. Wenn Sie IN DATEI SPEICHERN wählen, können Sie die Datei nicht auf der Partition speichern, die verschlüsselt werden soll.

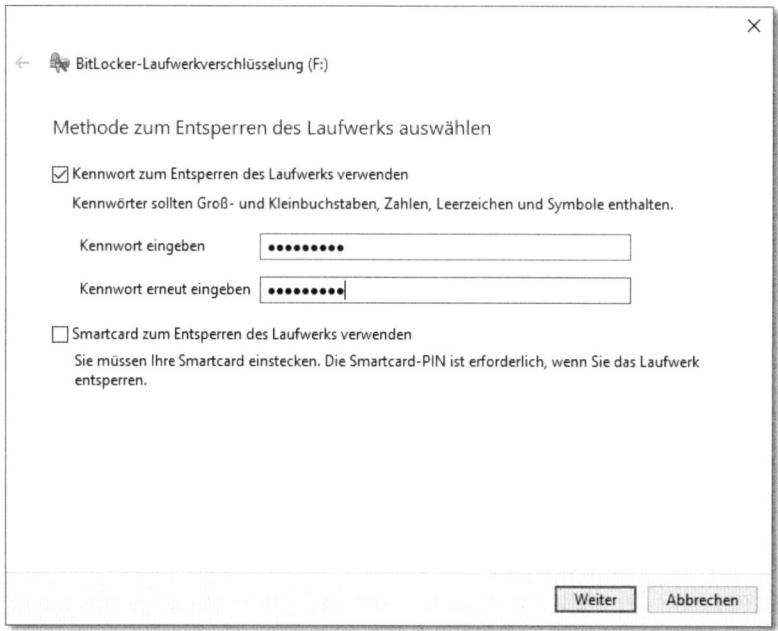

Abbildung 15.25 Entsperrmethode

4. Nach dem Klick auf WEITER haben Sie die Wahl, ob nur der verwendete Speicherplatz oder ob das gesamte Laufwerk verschlüsselt werden soll (Abbildung 15.16).

Wenn Sie eine neue Festplatte in Betrieb genommen haben, empfiehlt es sich, nur den aktuell verwendeten Speicherplatz zu verschlüsseln. Dies geht eindeutig schneller als eine komplette Verschlüsselung des Laufwerks. Neu hinzugefügte Dateien werden automatisch verschlüsselt.

Wenn Sie eine Festplatte verschlüsseln wollen, die bereits im Einsatz war, verschlüsseln Sie besser das gesamte Laufwerk. So ist gewährleistet, dass auch die Dateien verschlüsselt werden, die bereits gelöscht sind, sich aber mit einem Wiederherstellungswerkzeug eventuell wiederherstellen lassen. Eine Verschlüsselung kann bei dieser Option durchaus einen ganzen Tag in Anspruch nehmen.

5. Klicken Sie auf VERSCHLÜSSELUNG STARTEN.

Die vollständige Verschlüsselung kann, je nach Größe der Partition, bis zu einigen Stunden dauern. Im Idealfall lassen Sie den Computer während des Verschlüsselungsvorgangs eingeschaltet, damit es zu keinen Komplikationen kommt. Sollten Sie den Computer doch ausschalten (müssen), wird der Vorgang nach dem nächsten Einschalten automatisch fortgesetzt, sobald die Partition entsperrt wurde.

Das Symbol der Partition enthält jetzt ein geöffnetes Schloss (Abbildung 15.24). Daran erkennen Sie, dass die Partition verschlüsselt und entsperrt ist.

Wenn Sie während der Einrichtung die Option für die automatische Entsperrung der Partition nicht angewählt haben, ist die Partition nach dem nächsten Neustart gesperrt. Dies erkennen Sie an einem gelben Schloss. Versuchen Sie nun die Partition zu öffnen, werden Sie aufgefordert, das vorher festgelegte Entsperrpasswort einzugeben (Abbildung 15.26). Nach erfolgreicher Eingabe des Passworts können Sie wie gewohnt auf Ihre Partition zugreifen.

Alternativer Weg in der Eingabeaufforderung

Wenn Sie gerne in der Eingabeaufforderung arbeiten und auf bunte Assistenten verzichten können, haben Sie die Möglichkeit, mithilfe des Befehlszeilenwerkzeugs *manage-bde* Ihre Laufwerke zu verschlüsseln. Öffnen Sie dafür eine Eingabeaufforderung mit Administratorrechten.

1. Drücken Sie ▦ + X • EINGABEAUFFORDERUNG (ADMINISTRATOR).
2. Geben Sie `manage-bde -protectors -add -pw d:` ein (wobei `d:` der Laufwerksbuchstabe der Partition ist).
3. Vergeben Sie ein Passwort.
4. Geben Sie `manage-bde -on d:` ein.

Der Verschlüsselungsvorgang wird jetzt gestartet. Beachten Sie, dass Sie keine visuelle Rückmeldung bekommen, wie weit der Verschlüsselungsvorgang fortgeschritten ist.

Um dies zu überprüfen, stehen Ihnen zwei Befehle zur Verfügung:

`manage-bde -status d:` oder `fvenotify.exe`

15.3.7   BitLocker auf Wechseldatenträgern aktivieren – BitLocker To Go

Sie können BitLocker sehr komfortabel auf Wechseldatenträgern, wie z. B. USB-Sticks, anwenden. Der Vorteil beim Einsatz von verschlüsselten Wechseldatenträgern liegt auf der Hand: Portabilität. Mit BitLocker verschlüsselte Wechseldatenträger können Sie auch mit Windows XP und Windows Vista entschlüsseln. Bevor Sie mit der Verschlüsselung beginnen, sollten Sie gewährleisten, dass eine Sicherung Ihrer Daten vorliegt, damit es zu keinem Datenverlust kommt, wenn bei der Verschlüsselung etwas schiefgehen sollte. In diversen Praxistests lief die Verschlüsselung immer ohne Probleme durch, aber gegen das vorhandene Restrisiko sollten Sie sich besser schützen.

1. Drücken Sie ▦ + E, und führen Sie einen Rechtsklick auf den gewünschten Wechseldatenträger durch. Wählen Sie BITLOCKER AKTIVIEREN (Abbildung 15.17). Ziehen Sie

während des ganzen Vorgangs den USB-Stick nicht ab, ansonsten kann es zu Datenverlust kommen.

2. Wählen Sie die Methode, mit der Sie den Wechseldatenträger entsperren wollen. Sie können ein Kennwort vergeben und/oder eine Smartcard für die Entsperrung verwenden. Außerdem können Sie festlegen, ob der Wechseldatenträger automatisch nach dem Systemstart entsperrt werden soll (Abbildung 15.25).

3. Als Nächstes werden Sie gefragt, wie der Wiederherstellungsschlüssel gesichert werden soll (Abbildung 15.18). Sie müssen den Wiederherstellungsschlüssel verwenden, wenn Sie den Wechseldatenträger durch die vorher gewählte Entsperrmethode nicht mehr entsperren können.

    Microsoft empfiehlt die Speicherung in *OneDrive*. Unter der Voraussetzung, dass Sie mit Ihrem Live-Konto angemeldet sind, wählen Sie IM MICROSOFT-KONTO SPEICHERN, um den Wiederherstellungsschlüssel in Ihrem OneDrive zu speichern. Prüfen Sie, ob der Wiederherstellungsschlüssel in OneDrive gespeichert wurde, bevor Sie weitermachen.

    Sollte dies nicht der Fall sein, wählen Sie bitte eine andere Methode. Eine weitere gute Methode ist es, den Wiederherstellungsschlüssel auszudrucken, denn Papier ist ja bekanntlich geduldig. Wenn Sie IN DATEI SPEICHERN wählen, können Sie die Datei nicht auf den Wechseldatenträger speichern, der verschlüsselt werden soll.

4. Nach dem Klick auf WEITER haben Sie die Wahl, ob nur der verwendete Speicherplatz oder ob der gesamte Wechseldatenträger verschlüsselt werden soll (Abbildung 15.16). Haben Sie einen neuen Wechseldatenträger in Betrieb genommen, empfiehlt es sich, nur den aktuell verwendeten Speicherplatz zu verschlüsseln. Dies geht eindeutig schneller als eine komplette Verschlüsselung des Wechseldatenträgers. Neu hinzugefügte Dateien werden automatisch verschlüsselt. Wenn Sie einen Wechseldatenträger verschlüsseln wollen, der bereits im Einsatz war, verschlüsseln Sie besser den gesamten Wechseldatenträger. So ist gewährleistet, dass auch die Dateien verschlüsselt werden, die bereits gelöscht sind, sich aber mit einem Wiederherstellungswerkzeug eventuell wiederherstellen lassen.

5. Klicken Sie auf VERSCHLÜSSELUNG STARTEN.

Die vollständige Verschlüsselung kann, je nach Größe des Wechseldatenträgers, bis zu einigen Stunden dauern. Im Idealfall lassen Sie den Computer während des Verschlüsselungsvorgangs eingeschaltet, damit es zu keinen Komplikationen kommt. Sollten Sie den Computer doch ausschalten (müssen), wird der Vorgang nach dem nächsten Einschalten automatisch fortgesetzt, sobald der Wechseldatenträger entsperrt wurde.

Das Symbol des Wechseldatenträgers enthält jetzt ein geöffnetes Schloss. Daran erkennen Sie, dass der Wechseldatenträger verschlüsselt und entsperrt ist.

Wenn Sie während der Einrichtung die Option für die automatische Entsperrung des Wechseldatenträgers nicht angewählt haben, ist der Wechseldatenträger nach dem nächsten Neustart gesperrt. Dies erkennen Sie an einem gelben Schloss. Versuchen Sie nun den Wechseldatenträger zu öffnen, werden Sie aufgefordert, das vorher festgelegte Entsperrpasswort einzugeben (Abbildung 15.26). Nach erfolgreicher Eingabe des Passworts können Sie wie gewohnt auf Ihren Wechseldatenträger zugreifen.

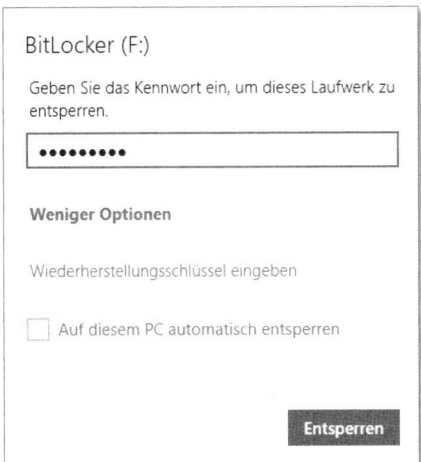

Abbildung 15.26 Passworteingabe zur Laufwerksentsperrung

Alternativer Weg in der Eingabeaufforderung

Wenn Sie gerne in der Eingabeaufforderung arbeiten und auf bunte Assistenten verzichten können, haben Sie die Möglichkeit, mithilfe des Befehlszeilenwerkzeugs *manage-bde* Ihre Laufwerke zu verschlüsseln. Öffnen Sie dafür eine Eingabeaufforderung mit Administratorrechten.

1. Drücken Sie ⊞ + ⌧, und wählen Sie EINGABEAUFFORDERUNG (ADMINISTRATOR).
2. Geben Sie `manage-bde -protectors -add -pw e:` ein (wobei `e:` der Laufwerksbuchstabe des Wechseldatenträgers ist).
3. Vergeben Sie ein Passwort.
4. Geben Sie `manage-bde -on e:` ein.

Der Verschlüsselungsvorgang wird jetzt gestartet. Bitte beachten Sie, dass Sie keine visuelle Rückmeldung bekommen, wie weit der Verschlüsselungsvorgang fortgeschritten ist.

Um dies zu überprüfen, stehen Ihnen zwei Befehle zur Verfügung:

`manage-bde -status e:` oder `fvenotify.exe`

15.3.8   Zusätzliche Authentifizierung beim Start

Um für noch höheren Schutz zu sorgen, können Sie eine mehrstufige Authentifizierung einrichten. Sie können dabei Authentifizierungsmethoden kombinieren, wie TPM, USB-Stick oder Passwort. Wenn Sie eine zweistufige Authentifizierung wählen, sind Sie sehr gut und ausreichend geschützt.

> **Englisches Tastatur-Layout**
>
> Falls Sie Ihre Betriebssystempartition mit einem Passwort schützen, beachten Sie bitte, dass das Tastatur-Layout bei der Passwortabfrage vor dem Start in Englisch ist. Aus diesem Grund empfiehlt es sich, keine Umlaute oder Sonderzeichen zu verwenden. So vermeiden Sie mögliche Fehleingaben.

Wenn Sie Ihre Betriebssystempartition mit TPM verschlüsseln, stehen Ihnen vier Methoden zur Verfügung (Microsoft empfiehlt die Verwendung von TPM und PIN):

▶ TPM

▶ TPM + PIN

▶ TPM + USB-Stick

▶ TPM + PIN + USB-Stick

Zunächst müssen Sie eine Anpassung in der Gruppenrichtlinie vornehmen:

1. Drücken Sie ⊞ + R. Geben Sie `gpedit.msc` ein, und drücken Sie ↵.

2. Navigieren Sie zu Computerkonfiguration • Administrative Vorlagen • Windows-Komponenten • BitLocker-Laufwerkverschlüsselung • Betriebssystemlaufwerke.

3. Öffnen Sie Zusätzliche Authentifizierung beim Start anfordern.

4. Wählen Sie nun aktiviert und BitLocker ohne kompatibles TPM zulassen.

5. Schließen Sie den Gruppenrichtlinien-Editor.

Nun können Sie zusätzliche Authentifizierungsmethoden konfigurieren. Diese Schritte müssen Sie mit dem Befehlszeilen-Tool *manage-bde* in der Eingabeaufforderung durchführen. Sie brauchen dafür Administratorberechtigungen. Gegebenenfalls müssen Sie Ihren Computer neu starten, damit die Änderungen übernommen werden.

> **Link-Tipp**
>
> Microsoft hat in seinem TechNet einen sehr übersichtlichen Artikel veröffentlicht, der Ihnen bei der Wahl der richtigen Authentifizierungsmethode helfen kann:
>
> *How Strong Do You Want the BitLocker Protection?* (*http://technet.microsoft.com/de-de/library/ee706531%28v=ws.10%29.aspx*)

TPM und PIN

Wenn Sie einem verschlüsselten Laufwerk mit TPM einen PIN hinzufügen möchten, der beim Start eingegeben werden muss, gehen Sie wie folgt vor:

1. Drücken Sie ⊞ + X, und wählen Sie Eingabeaufforderung (Administrator).

2. Geben Sie `manage-bde –protectors –add %systemdrive% -tpmandpin` ein.

TPM und USB-Stick

Wenn Sie einem verschlüsselten Laufwerk mit TPM einen USB-Stick hinzufügen möchten, der beim Start eingesteckt werden muss, gehen Sie wie folgt vor:

1. Drücken Sie ⊞ + ⊠, und wählen Sie • Eingabeaufforderung (Administrator).

2. Geben Sie `manage-bde –protectors –add %systemdrive% -tpmandstartupkey` ein.

TPM, PIN und USB-Stick

Für die maximale Sicherheit können Sie TPM, PIN und USB-Stick kombinieren. Gehen Sie wie folgt vor:

1. Drücken Sie ⊞ + ⊠, und wählen Sie Eingabeaufforderung (Administrator).

2. Geben Sie `manage-bde –protectors –add %systemdrive% -tpmandpinandstartupkey d:` ein (wobei `d:` der USB-Stick ist).

Wenn Sie BitLocker ohne TPM verwenden, haben Sie auch die Möglichkeit, weitere Authentifizierungsmöglichkeiten hinzuzufügen. Dabei handelt es sich allerdings nicht um eine Kombination der Möglichkeiten, sondern um eine zusätzliche Option zum Entsperren, wenn z. B. einmal der USB-Stick nicht zur Hand ist.

Hinzufügen eines Passworts

Um ein Passwort hinzuzufügen, gehen Sie wie folgt vor:

1. Drücken Sie ⊞ + ⊠, und wählen Sie Eingabeaufforderung (Administrator).

2. Geben Sie `manage-bde –protectors –add %systemdrive% -password` ein.

Hinzufügen eines USB-Stick

Um ein Passwort hinzuzufügen, gehen Sie wie folgt vor:

1. Drücken Sie ⊞ + ⊠, und wählen Sie Eingabeaufforderung (Administrator).

2. Geben Sie `manage-bde –protectors –add %systemdrive% -startupkey d:` ein (wobei `d:` der USB-Stick ist).

Link-Tipp

Für weitere Parameter des *manage-bde*-Befehlszeilen-Tools finden Sie im *Microsoft TechNet* eine ausführliche Dokumentation. Dabei handelt es sich um eine Dokumentation für Windows 7. Diese ist allerdings auch für Windows 10 gültig.

http://technet.microsoft.com/de-de/library/ff829849%28v=ws.10%29.aspx

15.3.9   Verwalten von mit BitLocker verschlüsselten Datenträgern

In der *BitLocker-Laufwerkverschlüsselungskonsole* haben Sie die schnelle Kontrolle und einen kompakten Überblick über Ihre verschlüsselten Laufwerke (Abbildung 15.27). Dort haben Sie die Möglichkeit, den Verschlüsselungsschutz temporär anzuhalten oder den Wiederherstellungsschlüssel erneut zu sichern. Außerdem können Sie das Passwort oder den PIN ändern oder den Systemstartschlüssel auf einen neuen USB-Stick kopieren. Möchten Sie den BitLocker-Schutz komplett deaktivieren, sind Sie hier ebenfalls an der richtigen Stelle. Außerdem können Sie die automatische Entsperrung aktivieren; so müssen Sie nicht jedes Mal das Kennwort eingeben, wenn Sie beispielsweise einen USB-Stick anschließen.

Um die BitLocker-Laufwerkverschlüsselungskonsole aufzurufen, gehen Sie wie folgt vor: Öffnen Sie das Startmenü, geben Sie `Bitlocker verwalten` ein, und drücken Sie die `⏎`-Taste.

Abbildung 15.27 Die BitLocker-Verwaltung

15.3.10   Die Schlüssellänge auf 256 Bit ändern

Das *Bundesamt für Sicherheit in der Informationstechnik* (BSI) empfiehlt die Verwendung von BitLocker mit einer Schlüssellänge von 256 Bit. BitLocker unterstützt Schlüssellängen von 128 Bit und 256 Bit, wobei 128 Bit die Standardschlüssellänge ist. Eine größere Schlüssellänge bietet eine höhere Sicherheit. Sie sind dadurch besser gegen Brute-Force-Angriffe geschützt, bei denen ein Angreifer durch Ausprobieren aller möglichen Fälle versucht, den Schlüssel herauszufinden. Jedoch leidet die Performance unter einer größeren Schlüssellänge, weil die Ver- und Entschlüsselung der Daten länger dauert, wenn auch nur marginal.

Um der Empfehlung des BSI nachzukommen und die Sicherheit zu erhöhen, möchten wir Ihnen zeigen, wie Sie diese Änderung vornehmen:

1. Drücken Sie ▣ + Ⓡ, und geben Sie gpedit.msc ein. Drücken Sie ⏎.

2. Navigieren Sie zu Computerkonfiguration • Administrative Vorlagen • Windows-Komponenten • BitLocker-Laufwerkverschlüsselung.

3. Öffnen Sie Verschlüsselungsmethode und Verschlüsselungsstärke für Laufwerke auswählen (Windows 10 Version 1511 und höher).

4. Wählen Sie nun aktiviert und XTS-AES-256-Bit (Abbildung 15.28).

5. Schließen Sie den Gruppenrichtlinien-Editor.

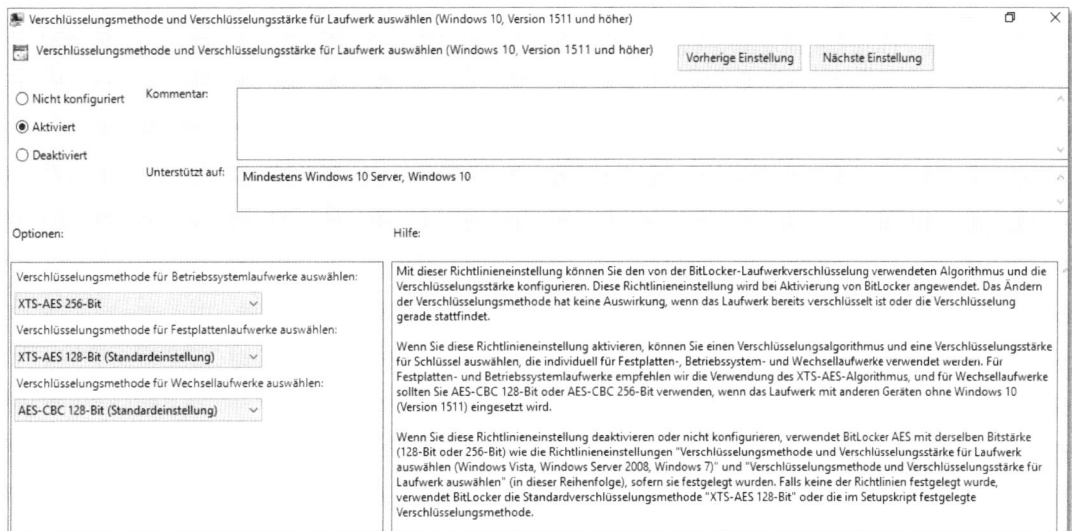

Abbildung 15.28 AES-Schlüssellänge konfigurieren

Ab sofort werden Ihre Laufwerke mit einer Schlüssellänge von 256 Bit verschlüsselt. Dabei ist zu beachten, dass die Änderung auf bereits verschlüsselte Laufwerke nicht angewendet wird. Demnach müssen Sie die Schlüssellänge ändern, bevor Sie Ihre Laufwerke verschlüsseln. Gegebenenfalls müssen Sie Ihren Computer neu starten, damit die Änderungen übernommen werden.

Kapitel 16

Microsoft Family Safety – individuelle Sicherheit für die ganze Familie

Reglementieren und kontrollieren Sie unter Zuhilfenahme von Aktivitäts-berichten die Computernutzung Ihrer Kinder. Beschränken Sie Websites, Kontakte, Spiele und Programme, die Ihre Kinder nutzen können, und legen Sie die Dauer der Computernutzung fest.

In diesem Kapitel zeigen wir Ihnen, wie Sie die PC-Nutzung Ihrer Kinder mithilfe der *Microsoft Family Safety* absichern können. Dabei geht es nicht nur darum, jugendgefährdende Websites zu blockieren, sondern auch darum, Nutzungszeiten und Nutzungsart des PCs zu definieren.

Microsoft Family Safety existiert im Rahmen von Microsofts kostenloser Programmsamm-lung *Windows Live Essentials* bereits seit 2009. In Windows 10 gibt es essenzielle Neuerun-gen: Die Familienmitglieder benötigen zwingend ein Microsoft-Konto, und die Verwaltung und die Überwachung werden in der Hauptsache in der Cloud erledigt. Die Konfigurations-möglichkeiten sind in Windows 10 nicht mehr ganz so granular wie in den Vorgängerversio-nen, was allerdings der Übersichtlichkeit zugute kommt.

16.1 Lokales Konto mit einem Microsoft-Konto verknüpfen

Damit Sie Microsoft Family Safety nutzen können, benötigen sowohl Sie als Administrator als auch Ihr Kind ein Microsoft-Konto. Um Ihr lokales Konto in ein Microsoft-Konto umzu-wandeln, führen Sie die nachfolgenden Schritte durch. Falls Sie bereits mit einem Microsoft-Konto angemeldet sind, überspringen Sie einfach den Abschnitt 16.2, »Ein Microsoft-Konto für Ihr Kind erstellen«.

▶ Öffnen Sie das Startmenü, und wählen Sie EINSTELLUNGEN.

▶ Klicken Sie auf KONTEN.

▶ Im Abschnitt IHRE E-MAIL-ADRESSE UND KONTEN klicken Sie auf den Link STATTDESSEN MIT EINEM MICROSOFT-KONTO ANMELDEN.

▶ Geben Sie Ihre Anmeldeinformationen des Microsoft-Kontos ein. Falls Sie noch kein Microsoft-Konto besitzen, können Sie gleich an Ort und Stelle eines erstellen. Klicken Sie dazu auf den Link ERSTELLEN SIE EIN KONTO! und folgen Sie den Anweisungen.

▸ Bestätigen Sie nach Aufforderung Ihre Identität, indem Sie das Passwort eingeben, und erstellen Sie optional eine PIN.

Sie haben jetzt Ihr lokales Konto in ein Microsoft-Konto umgewandelt – zumindest fast. In Wirklichkeit wurde das lokale Konto mit dem Microsoft-Konto verknüpft. Das Benutzerprofil ist nach wie vor das ursprüngliche.

16.2   Ein Microsoft-Konto für Ihr Kind erstellen

Auch Ihr Kind benötigt noch ein Microsoft-Konto. Falls dies bereits der Fall ist, können Sie diesen Abschnitt überspringen. Für dieses Beispiel werden wir ein Microsoft-Konto mit einer bereits vorhandenen GMX E-Mail-Adresse Ihres Kindes verknüpfen. Sie können während der Einrichtung des Kontos jedoch durchaus auch eine E-Mail-Adresse bei *Outlook.de* erstellen lassen. Die E-Mail-Adresse des Kindes lautet *TheosFilius@gmx.de*. Richten wir also das Microsoft-Konto für Theos Filius ein.

▸ Öffnen Sie einen Browser, und rufen Sie die URL *https://account.microsoft.com* auf.

▸ Klicken Sie auf KONTO ERSTELLEN.

▸ Geben Sie einen Vornamen und einen Nachnamen ein.

▸ Wählen Sie einen Benutzernamen für Ihr Kind.

▸ Klicken Sie jetzt auf den Link STATTDESSEN EINE VORHANDENE E-MAIL-ADRESSE VERWENDEN, und geben Sie die E-Mail-Adresse Ihres Kindes ein.

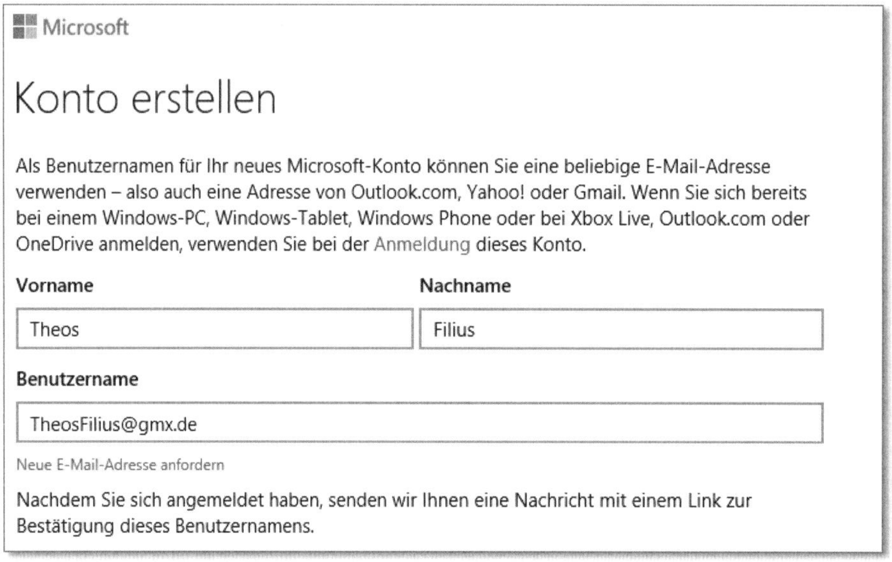

Abbildung 16.1 Erstellen eines Microsoft-Kontos für ein Kind

▶ Vergeben Sie ein Kennwort.

▶ Stellen Sie das Land ein.

▶ Tragen Sie das Geburtsdatum ein. **Achtung**: Das Geburtsdatum hat direkte Auswirkung auf die automatische Konfiguration der späteren Filtereinstellungen!

▶ Wählen Sie ein Geschlecht.

▶ Geben Sie eine Telefonnummer an – dies ist jedoch nicht zwingend.

▶ Tragen Sie den abgebildeten Sicherheitscode ein.

▶ Klicken Sie auf KONTO ERSTELLEN.

Sie erhalten jetzt gegebenenfalls eine Meldung, dass die E-Mail-Adresse verifiziert werden muss. Wechseln Sie zum E-Mail-Konto Ihres Kindes, und öffnen Sie die E-Mail von *Team von Microsoft-Konto*. Bestätigen Sie die E-Mail-Adresse mit einem Klick auf den Button THEOSFILIUS@GMX.DE ÜBERPRÜFEN.

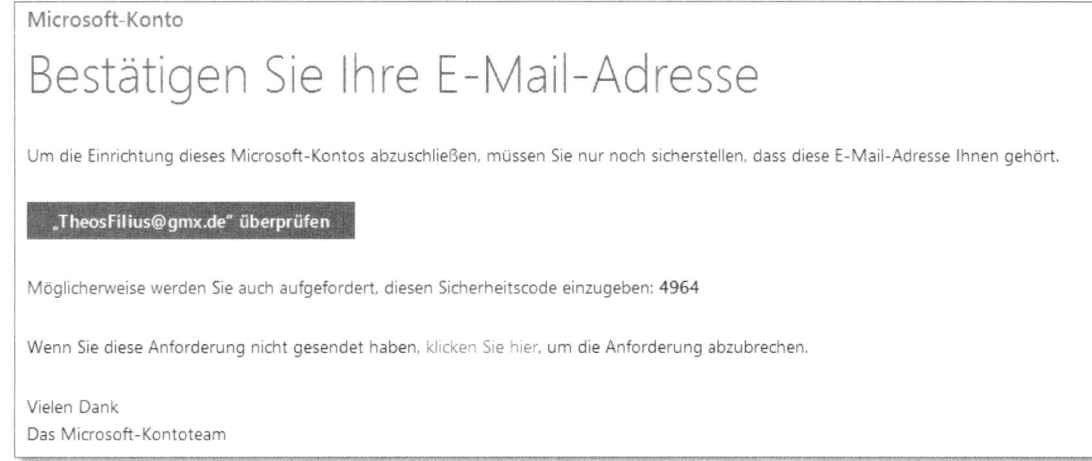

Abbildung 16.2 Eine E-Mail-Adresse verifizieren

Nach der Bestätigung ist das Microsoft-Konto für Ihr Kind eingerichtet.

Abbildung 16.3 Es hat geklappt: Das Microsoft-Konto ist erstellt.

16.3   Das Familienmitglied hinzufügen

Jetzt können Sie das Familienmitglied in den Einstellungen von Windows 10 hinzufügen. Auch hier bringt Windows 10 eine wichtige Neuerung mit. Nach dem erfolgreichen Hinzufügen Ihres Kindes steht das Konto nicht nur auf diesem einen Windows 10-Rechner zur Verfügung, sondern auf allen Rechnern, die Sie als Administrator mit Ihrem Microsoft-Konto verwalten. Die Cloud macht's möglich!

▶ Rufen das Startmenü auf, und klicken Sie auf EINSTELLUNGEN.

▶ Klicken Sie auf KONTEN.

▶ Wählen Sie auf der linken Seite den Abschnitt FAMILIE UND WEITERE BENUTZER.

▶ Im Abschnitt IHRE FAMILIE klicken Sie nun auf das Plus-Symbol FAMILIENMITGLIED HINZUFÜGEN.

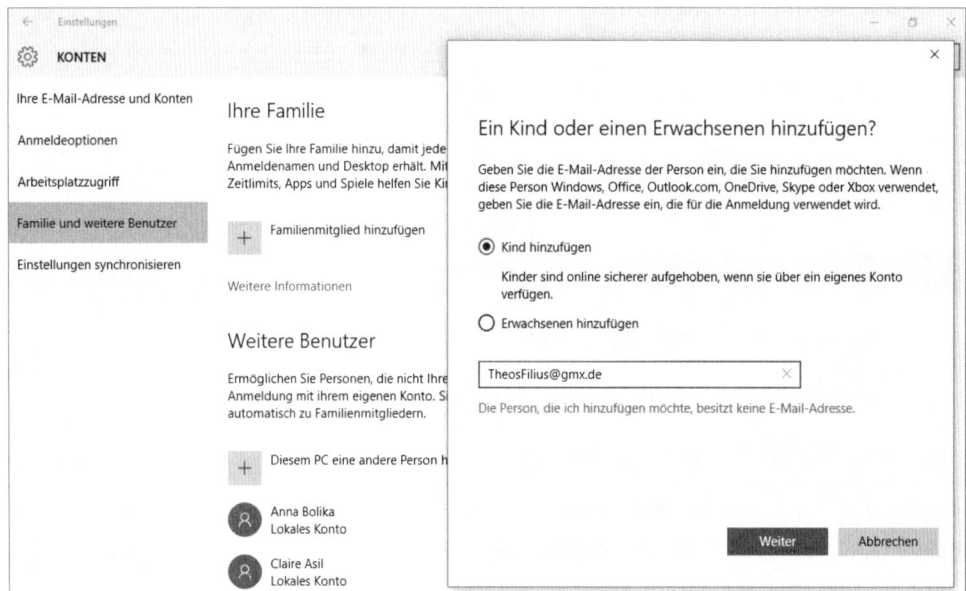

Abbildung 16.4 Hinzufügen eines Familienmitglieds

▶ Wählen Sie KIND HINZUFÜGEN.

▶ Geben Sie die E-Mail-Adresse Ihres Kindes ein, und klicken Sie auf WEITER.

Klicken Sie auf das Schaltfeld BESTÄTIGEN.

Die Komplexität steigt an dieser Stelle etwas an. Natürlich können Sie nicht x-beliebige Microsoft-Konten als Familienmitglied hinzufügen. Daher versendet Microsoft nun eine Einladung an die E-Mail-Adresse Ihres Kindes, die akzeptiert werden muss. Melden Sie sich daher am E-Mail-Konto Ihres Kindes an, und bestätigen Sie die Einladung in der E-Mail, die von Microsoft Family gesendet wurde.

Abbildung 16.5 Die Einladung zum Beitritt in die Familie kommt per E-Mail und muss bestätigt werden.

Danach werden Sie aufgefordert, sich mit dem Konto des Kindes anzumelden. Hier werden Ihre Familienmitglieder aufgelistet. Wenn Sie in Windows 10 die Familieneinstellungen erneut aufrufen, sollte Ihr Kind aufgelistet sein.

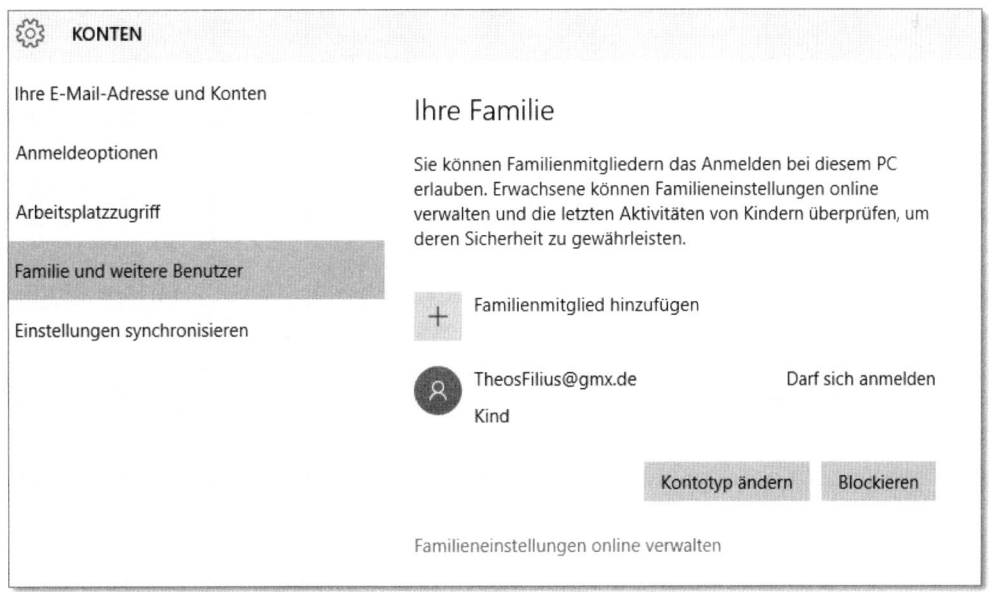

Abbildung 16.6 Geschafft: Das Kind ist in die Familie eingebunden.

16.4 Microsoft Family Safety – Grundkonfiguration

Microsoft Family Safety ist nach der Einrichtung bereits mit einer Grundkonfiguration ausgestattet. So werden auf Basis des Geburtsdatums, das im Microsoft-Konto hinterlegt wurde, der Webfilter und der Apps-Filter konfiguriert. Microsoft bedient sich unterschiedlicher Freigabesysteme, die von den diversen Organisationen gepflegt werden. Die einzelnen Organisationen und ihre Herkunft finden Sie in Tabelle 16.1.

Kürzel	Organisation	Herkunft
COB-AU	Classification Operations Board	Australien
CERO	Computer Entertainment Rating Organization	Japan
ESRB	Entertainment Software Rating Board	USA
FPB	Film and Publication Board	Südafrika
CSRR	Freigaberegeln für Computersoftware	China
GRB	Game Rating Board	Südkorea
DJCTQ	Justizministerium	Brasilien
OFLC-NZ	Office of Film and Literature Classification	Neuseeland
PEGI	Pan European Game Information	EU
PEGI-pt	Pan European Game Information Portugal	EU/Portugal
PEGI/BBFC	Pan European Game Information und British Board of Film Classification	EU/England
USK	Unterhaltungssoftware Selbstkontrolle	Deutschland

Tabelle 16.1 Microsoft Family Safety – Filtersysteme

Auf dem Rechner, auf dem Sie das Familienmitglied hinzugefügt haben, kann sich Ihr Kind standardmäßig auch anmelden. Auf anderen Systemen, auf denen Sie als Administrator arbeiten, müssen Sie die Anmeldung explizit zulassen. Sie finden die Einstellungen unter STARTMENÜ • EINSTELLUNGEN • FAMILIE UND WEITERE BENUTZER • IHRE FAMILIE. Hier können Sie die Anmeldung am System mit den entsprechenden Schaltflächen entweder BLOCKIEREN oder ZULASSEN.

Abbildung 16.7 In den Einstellungen kann die Anmeldung an Windows 10 gesteuert werden.

Wenn sich Ihr Kind an einem Rechner anmeldet, bekommt es via Info-Center zunächst die Information, dass dieser PC überwacht wird.

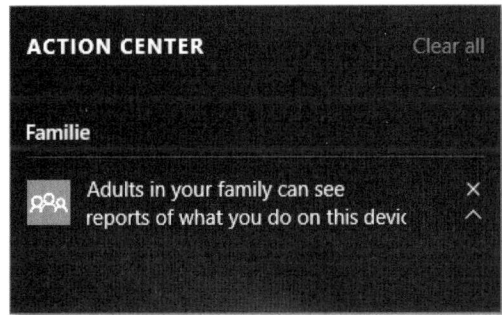

Abbildung 16.8 Ihr Kind wird benachrichtigt, dass der PC überwacht wird.

Der erste standardmäßig eingerichtete Filter ist der Webfilter. Auf Basis des angegebenen Geburtsdatums versucht Microsoft Family Safety den Jugendschutz bei aufgerufenen Websites durchzusetzen. Wenn Ihr Kind nun eine gefilterte Seite aufruft, wird es automatisch zu seinem Microsoft-Konto umgeleitet. Nach der Anmeldung bekommt Ihr Kind die Information, dass ein Erwachsener dem Aufruf der Website zustimmen muss. Zusätzlich besteht die Möglichkeit, bei Ihnen als Administrator per E-Mail um Erlaubnis zu bitten. Wenn Sie die Anfrage positiv beantworten, wird eine Filterausnahme im Konto Ihres Kindes hinterlegt.

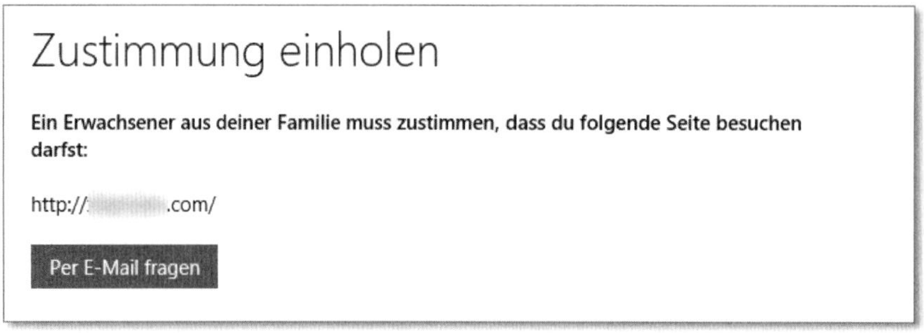

Zustimmung einholen

Ein Erwachsener aus deiner Familie muss zustimmen, dass du folgende Seite besuchen darfst:

http:// ████████ .com/

Per E-Mail fragen

Abbildung 16.9 Beim Aufruf verbotener Seiten muss eine Zustimmung eingeholt werden.

New website requests from TheosFilius@gmx.de

TheosFilius@gmx.de has asked for permission to visit a new website.

████████████

Allow

Abbildung 16.10 Sie können die Anfragen Ihres Kindes direkt per E-Mail erlauben.

Eine weitere Grundeinstellung ist *Bing SafeSearch*. Wenn Ihr Kind mit der Microsoft-Suchmaschine Inhalte sucht, filtert Bing anstößige Inhalte heraus. Bing SafeSearch hat drei Stufen:

▶ **Hoch**: Nicht jugendfreie Texte, Bilder und Videos werden gefiltert.

▶ **Mittel**: Nicht jugendfreie Bilder und Videos werden gefiltert, Texte hingegen nicht.

▶ **Aus**: keine Filterung

Die Standardstufe bei Microsoft Family Safety ist **Hoch**. Sucht Ihr Kind direkt nach anstößigen Inhalten, wird ihm ein erklärender Text angezeigt.

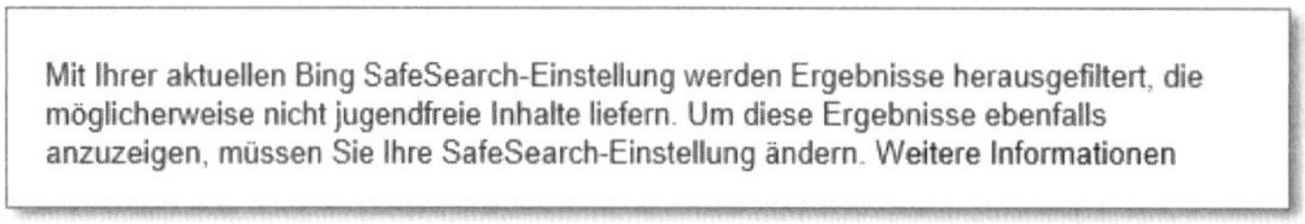

> Mit Ihrer aktuellen Bing SafeSearch-Einstellung werden Ergebnisse herausgefiltert, die möglicherweise nicht jugendfreie Inhalte liefern. Um diese Ergebnisse ebenfalls anzuzeigen, müssen Sie Ihre SafeSearch-Einstellung ändern. Weitere Informationen

Abbildung 16.11 Bing SafeSearch

Möchte Ihr Kind die Sucheinstellungen ändern, bekommt es eine verblüffende Erklärung: *»Wir haben SafeSearch auf die Einstellung ›Streng‹ gesetzt, weil der Browser die Einstellung für ein sicheres Webbrowsererlebnis kommuniziert hat.«* **Wichtig**: Andere Suchmaschinen als

Bing werden in der Grundkonfiguration nicht erfasst. Wenn Ihr Kind also mit Google anstößige Inhalte sucht, zieht der Filter weder bei der Anzeige der Suchergebnisse noch bei eventuell vorhandenen Bilder- oder Videovorschauen, sondern erst beim Aufruf der Seite selbst.
In der erweiterten Konfiguration von Microsoft Family Safety haben Sie jedoch die Möglichkeit, Listen mit Websites zu pflegen, die Ihr Kind aufrufen oder eben nicht aufrufen darf.

Ein ähnliches System gilt für den Umgang mit Windows Store Apps. Ihr Kind kann keine App
aus dem Store starten oder installieren, deren Altersfreigabe es nicht entspricht. Eine direkte
Bitte um Freigabe ist hier nicht möglich.

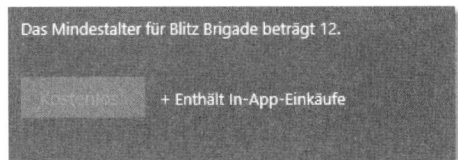

Abbildung 16.12 Noch nicht alt genug. Microsoft Family Safety
verhindert die Installation einer Store App.

Abschließend können Sie in der Grundeinrichtung noch den Kontotyp für Ihr Kind ändern.
Hier stehen der Standardbenutzer und der Administrator zur Auswahl. Selbst wenn Sie
Ihrem Kind administrative Rechte vergeben, bleiben die Restriktionen der Microsoft Family
Safety aktiv. Mit dem Vollzugriff auf das lokale System ist es aber kein Problem, den eigentli-
chen Wunsch der Eltern zu umgehen, z. B. durch das Anlegen eines lokalen Kontos. Die Auto-
ren dieses Buches halten das allerdings für keine gute Idee.

16.5 Microsoft Family Safety online verwalten

Mircrosoft Family Safety ist bereits nach der Grundkonfiguration mit einigen Filtern ausgestattet. Um die Filtereinstellungen granular zu konfigurieren und weitere Features zu nutzen, müssen wir uns auf die Microsoft Family Safety Website begeben. Sie haben einen
Direktzugriff aus Windows 10 heraus über STARTMENÜ • EINSTELLUNGEN • KONTEN • FAMI-
LIE UND WEITERE BENUTZER. Dort finden Sie auf der rechten Seite den Link FAMILIENEIN-
STELLUNGEN ONLINE VERWALTEN, der Sie direkt in Ihr Microsoft-Konto unter *https://
account.microsoft.com/family#/* führt.

16.5.1 Den Überblick verschaffen – mit Recent Activity

Auf der Hauptseite sehen Sie zunächst eine Übersicht über Ihre Familienmitglieder und an
welchen PCs diese im Einzelnen angemeldet waren. Außerdem werden angefragte Freigaben
für den Zugriff auf Websites aufgelistet. Sie können die Anfrage an dieser Stelle auch direkt
erlauben oder verweigern.

Abbildung 16.13 Die Einstiegsseite der Familienverwaltung

Mit einem Klick auf das Familienmitglied gelangen Sie in die erweiterte Konfiguration. Dort erwartet Sie zunächst ein weiteres Dashboard, das Ihnen einen Überblick über die letzten Aktivitäten des Familienmitglieds gibt. Der Bericht wird täglich aktualisiert.

Im oberen Bereich stellen Sie zunächst per Schieberegler ein, ob Sie die Aktivitäten Ihres Kindes generell überwachen möchten. Darunter können Sie mit einem Häkchen den wöchentlichen E-Mail-Report an- oder ausschalten.

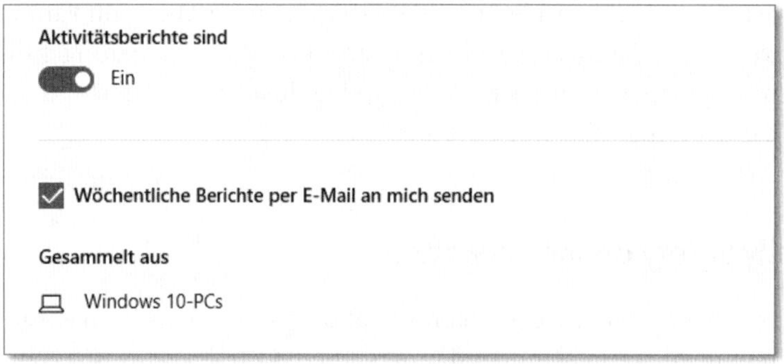

Aktivitätsberichte sind

⬤〇 Ein

☑ Wöchentliche Berichte per E-Mail an mich senden

Gesammelt aus

🖥 Windows 10-PCs

Abbildung 16.14 Erste Einstellungen in Microsoft Family Safety

Etwas weiter unten im Abschnitt WEBBROWSEN erkennen Sie zunächst, was Ihr Kind mit der Suchmaschine Bing gesucht hat. Andere Suchmaschinen werden nicht erfasst. Falls Webseitenaufrufe geblockt wurden, finden Sie auch diese Informationen hier. Schlussendlich bietet Ihnen die Übersicht noch eine Liste der zuletzt aufgerufenen Websites.

Im Abschnitt APPS UND SPIELEsehen Sie, welche Apps Ihr Kind genutzt hat – und wie lange. Falls Sie eine App nicht zulassen möchten, können Sie diese an Ort und Stelle blocken. Manche System-Apps lassen sich allerdings nicht blockieren.

Im Abschnitt COMPUTERZEIT sehen Sie die Nutzungsdauer Ihres Kindes auf den unterschiedlichen Geräten. Im Balkendiagramm wird die gesamte Nutzungsdauer angezeigt, und etwas weiter unten sehen Sie die Zeiten nach Gerät aufgeschlüsselt.

Apps und Spiele   Einstellungen ändern

Zuletzt verwendet (3)

›		
Microsoft Edge 2-Geräte	13 Min.	Blockieren nicht möglich

›		
Windows Store 1-Gerät	2 Min.	Blockieren

Abbildung 16.15 Apps lassen sich direkt auf der Übersichtsseite blockieren.

16.5.2   Webbrowsing-Einstellungen vornehmen

Im Abschnitt WEBBROWSEN pflegen Sie Ihre Filter rund um das Surfen im Internet. In der Rubrik UNGEEIGNETE WEBSITES BLOCKIEREN ganz oben stellen Sie die Webfilterung mithilfe eines Schiebereglers generell an oder aus.

Auf der rechten Seite werden Sie informiert, dass bei aktiviertem Webfilter gleichzeitig die restriktive Suche in Microsofts Suchmaschine Bing aktiviert ist. Dieses Verhalten lässt sich nicht ändern.

Ungeeignete Websites blockieren   Nicht jugendfreie Inhalte sind **blockiert**

⬤◯ Ein   Bing SafeSearch ist **aktiviert**

Abbildung 16.16 Hier schalten Sie den Webfilter ein oder aus.

In den nächsten beiden Abschnitten haben Sie die Möglichkeit, eine sogenannte *Whitelist*, d. h. eine Liste mit explizit erlaubten Websites, oder eine *Blacklist*, sprich eine Liste mit verbotenen Websites, zu pflegen. Falls Sie für Ihr Kind bereits eine per E-Mail angefragte Website-Freigabe durchgeführt haben, landen die Freigaben automatisch in den Webfilterlisten in diesem Abschnitt.

Unter NUR DIESE ZULASSEN pflegen Sie die Whitelist, also die Liste mit erlaubten Websites. Sie können hier alle Seiten eintragen, die unabhängig von der Kategorisierung durch den Jugendschutz aufgerufen werden dürfen. Geben Sie die URL direkt in die Adresszeile ein, und klicken Sie auf die Schaltfläche ZULASSEN. Im unteren Abschnitt unter DIESE IMMER BLOCKIEREN konfigurieren Sie die Blacklist. Seiten, die in dieser Liste stehen, werden von Ihrem Kind im Rahmen von Microsoft Family Safety nicht mehr abrufbar sein. Auch hier geben Sie die URL in das Adressfeld ein und klicken abschließend auf die Schaltfläche BLOCKIEREN.

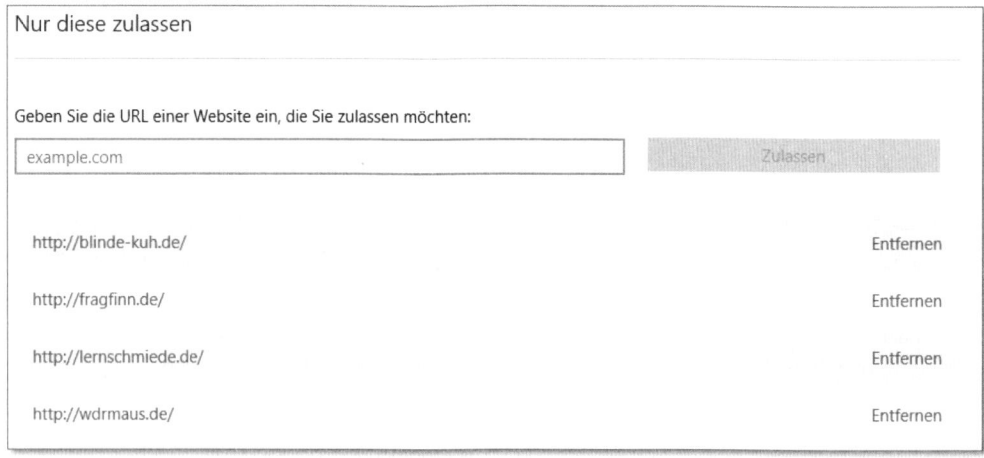

Abbildung 16.17 Die Erlaubnisliste im Webfilter

Die URLs umfassen die Top-Level-Domains inklusive der Subdomains. Wenn Sie also *Example.com* eintragen, wirkt der Filter sowohl bei *http://example.com* als auch bei *https://example.com* sowie bei *www.example.com* und *pictures.example.com*.

16.5.3 Apps verwalten

Im Abschnitt APPS, SPIELE UND MEDIEN AUS DEM WINDOWS STORE BESCHRÄNKEN konfigurieren Sie dem Grundsatz nach nur das Alter Ihres Kindes. Klicken Sie dazu auf das Dropdown-Menü, und wählen Sie das Alter aus. Im nächsten Segment werden Ihnen unter BEWERTUNGEN die vorgenommenen Einstellungen in den Kategorien APPS, FILME, SPIELE, FERNSEHEN und MUSIK angezeigt. Falls Sie bereits Apps auf der LETZTE AKTIVITÄT-Seite geblockt haben, werden diese hier aufgelistet.

Abbildung 16.18 Das Alter des Familienmitglieds bestimmen – den Rest regelt Microsoft Family Safety.

16.5.4   Nutzungsdauer des Rechners bestimmen

Wenn Sie die Nutzungszeiten Ihres Kindes genau steuern möchten, wählen Sie den Abschnitt COMPUTERZEIT an. Standardmäßig wird die Zeit nicht eingeschränkt. Sie ändern das mit dem obligatorischen Schalter ZEITLIMITS FÜR DIE GERÄTENUTZUNG MEINES KINDES FESTLEGEN. Wenn Sie die Einschränkung aktivieren, erscheint im unteren Bereich eine konfigurierbare Tabelle, mit der Sie die Zeitbeschränkung detailliert einstellen können.

In der ersten Spalte sehen Sie den Wochentag, den Sie gerade einstellen. In der zweiten Spalte definieren Sie den Von-Zeitraum, also ab wann Ihr Filius den Rechner nutzen darf. Im entsprechenden Dropdown-Menü legen Sie die Uhrzeit fest. Die dritte Spalte definiert den Bis-Zeitraum. Hier bestimmen Sie, ebenfalls via Dropdown-Menü, die Uhrzeit, bis wann der Rechner von Ihrem Kind genutzt werden darf. In der dritten Spalte legen Sie schließlich die Gesamtnutzungszeit für diesen Tag in Minuten oder Stunden fest. Sie können in dieser Spalte auch den ganzen Tag blockieren oder freischalten.

Zeiten auswählen, zu denen Theos Filius Geräte verwenden darf

	Um	Bis spätestens	Maximale Zeit pro Gerät
Sonntag	09:00	19:00	1 Stunde pro Tag
Montag	07:00	22:00	Zugriff ganztägig blockieren
Dienstag	16:00	19:00	0,5 Stunde pro Tag
Mittwoch	16:00	19:00	0,5 Stunde pro Tag
Donnerstag	16:00	19:00	0,5 Stunde pro Tag
Freitag	16:00	19:00	0,5 Stunde pro Tag
Samstag	09:00	19:00	1 Stunde pro Tag

Abbildung 16.19 Die Nutzungsdauer des Rechners kann detailliert eingestellt werden.

Die Restriktionen der Nutzungsdauer werden übrigens in Echtzeit durchgesetzt. Wenn die Zeit abgelaufen ist, wird Ihr Kind während des laufenden Betriebs abgemeldet. Dies gilt auch für die Einstellungen, die Sie online vornehmen. Falls Sie Ihrem Kind in der Onlineverwaltung die Nutzung des Rechners untersagen, wirkt die Einschränkung quasi sofort.

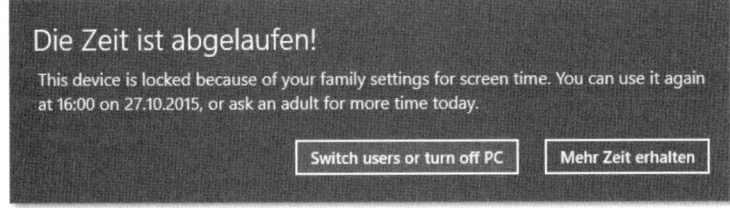

Abbildung 16.20 Wenn die Zeit abgelaufen ist, gibt es kein Entrinnen.

Wenn Ihr Kind ausgeloggt (oder erst gar nicht eingeloggt) wird, erhält es die Möglichkeit, um mehr Zeit zu bitten. Sie bekommen dann eine E-Mail und können bei Bedarf noch Zeit obendrauf packen. Ihre zuvor angelegten Standardfilter werden davon nicht beeinflusst.

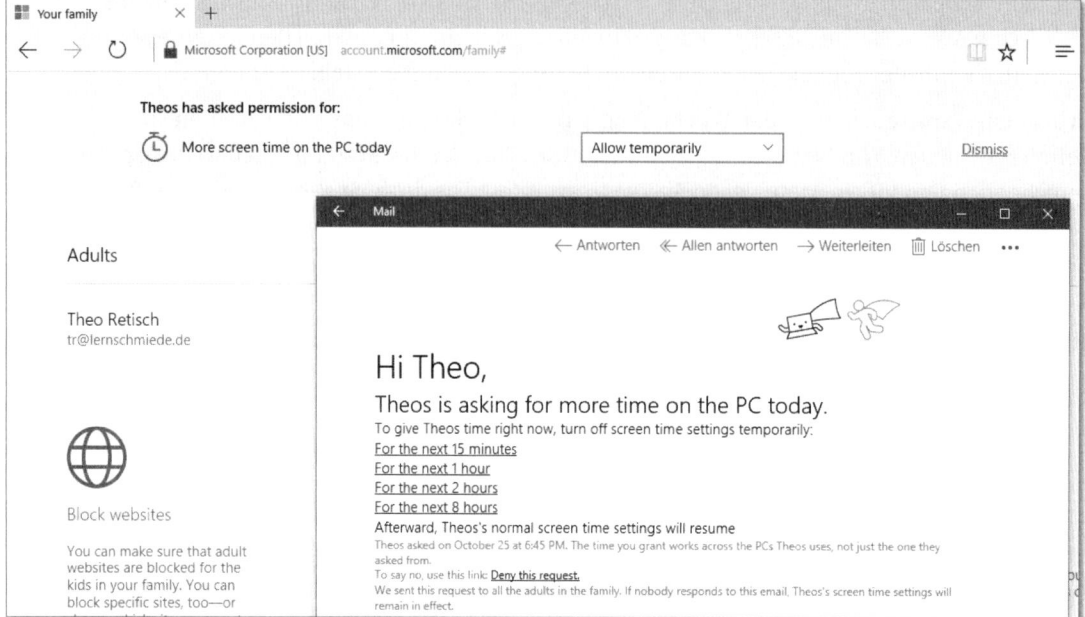

Abbildung 16.21 Sie können auf Nachfrage zusätzliche Nutzungszeit gewähren.

16.5.5   Einkäufe und Ausgaben

Die gute Nachricht zuerst: Wenn Ihr Kind nicht gerade Zugriff auf Ihre Kreditkartendaten oder die Anmeldeinformationen Ihres PayPal-Kontos hat, ist die Gefahr gering, dass sich ungewollte Kosten für Apps aus dem Windows Store ansammeln. Wenn Ihr Familienmitglied aus dem Store eine kostenpflichtige App erwerben oder einen In-App-Kauf tätigen möchte, benötigt es nämlich Zugriff auf eine dieser beiden Zahlungsvarianten.

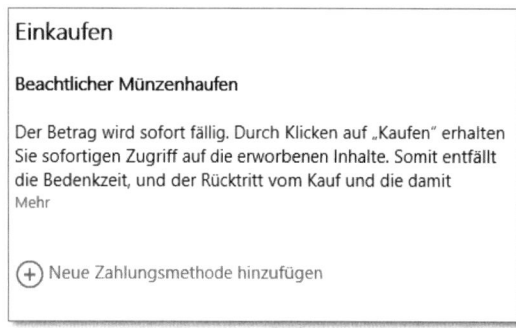

Abbildung 16.22 Ohne Zahlungsmethode keine App- oder In-App-Käufe

Wenn Sie Ihrem Kind den Erwerb von Inhalten aus dem Store ermöglichen wollen, klicken Sie links auf den Abschnitt EINKÄUFE UND AUSGABEN. Hier haben Sie die Möglichkeit, ein Store-Guthaben für Ihr Familienmitglied einzurichten. Falls bereits Einkäufe getätigt wurden, werden diese im unteren Abschnitt aufgelistet. Der prinzipielle Ablauf ist wie folgt:

▶ Klicken Sie auf den Link GUTHABEN PER GESCHENKGUTSCHEIN HINZUFÜGEN.

▶ Wählen Sie ein Design für die Geschenk-Guthabenkarte aus.

▶ Bestimmen Sie die Höhe des Guthabens, und tragen Sie Ihre Stammdaten ein.

Abbildung 16.23 Sie können Guthabenkarten für den Store verschenken.

▶ Fügen Sie Ihre Zahlungsinformationen ein.

▶ Schließen Sie die Bestellung ab.

Kapitel 17
Systemreparatur und Wiederherstellung

Wenn scheinbar nichts mehr geht, dann geht meist für den Profi doch noch was! Wir zeigen Ihnen, wie Sie Windows wieder an den Start bekommen! Was können Sie retten, und wie geht das? In diesem Kapitel gehen wir auf die Werkzeuge ein, mit denen Sie Ihr System wiederbeleben können. Das Spektrum reicht von der Nutzung von Wiederherstellungspunkten bis hin zum Zurücksetzen auf den Werkszustand.

Jedes Betriebssystem bekommt im Laufe der Zeit seine Zipperlein. Ob sich nun eine Anwendungsinstallation nicht so gut mit Ihrem Windows versteht, die Geschwindigkeit über die Zeit drastisch abnimmt oder ob Sie einfach nur den berüchtigten »Klick zu viel« durchgeführt haben – manchmal hat Windows eine kleine Erfrischungskur nötig.

17.1 Die Wiederherstellungsumgebung

Windows 10 verfügt über eine sehr leistungsfähige Wiederherstellungsumgebung, die dazu beitragen kann, defekte oder nicht mehr startfähige Systeme zu reparieren. Während in frühen Vorgängerversionen nur eine rudimentäre Wiederherstellungskonsole mit wenigen Befehlen implementiert war, hält Windows 10 die unterschiedlichsten Tools für die Systemrettung, -reparatur und -wiederherstellung bereit.

17.1.1 Basics – was ist die Wiederherstellungsumgebung?

Die Wiederherstellungsumgebung in Windows 10 basiert auf einem stark reduzierten Windows 10, das als *Windows PE (Preinstallation Environment)* bezeichnet wird. In deutschen Übersetzungen ist häufig auch von einer »Vorinstallationsumgebung« die Rede. Windows PE ist in einem startbaren Imageformat *(WIM = Windows Imaging)* gespeichert und wird dazu verwendet, eine erweiterbare Startumgebung bereitzustellen.

Wenngleich Sie Windows PE im täglichen Anwendereinsatz in aller Regel nur als Vorinstallationsumgebung für den Start von Windows Setup benötigen, ist es doch extrem flexibel, weil anpassbar. So kann PE mit den entsprechenden Werkzeugen *(WADK = Windows Assessment and Deployment Kit)* um optionale Komponenten erweitert werden, z. B. um eine Teilmenge des .NET Frameworks bereitzustellen, eine grafische HTML-Oberfläche anzubieten oder eben auch um Windows Setup aufzurufen.

Selbstverständlich bietet Ihnen dieses System auch Werkzeuge für die *Systemreparatur* und die *Wiederherstellung* in Windows PE an. Ein Windows PE mit den entsprechenden Reparaturtools bezeichnen wir als *Wiederherstellungsumgebung*.

Damit Windows PE im Alltag nicht als Betriebssystemersatz missbraucht wird, hat Microsoft das PE-System in seinem Funktionsumfang stark eingeschränkt. So steht z. B. nur eine Teilmenge der *APIs (Application Programming Interface)* für Entwickler zur Verfügung, Windows PE führt nach 72 Stunden automatisch einen Neustart durch oder glänzt durch die fehlende Unterstützung von Windows Installer-Dateien *(*.msi)*. Die vollständige Liste der Einschränkungen finden Sie unter der URL *http://technet.microsoft.com/de-de/library/ hh824964.aspx#WindowsPELimitations*.

17.1.2   Ein PE/viele PEs – die Namensgebung entknotet

Neben einem potenziell möglichen Eigenbau via WADK bietet Microsoft Windows PE in unterschiedlichen Varianten an. Basis ist immer eine Startumgebung, die die entsprechende WIM-Datei aufruft und deren Inhalt in einer RAM-Disk zur Verfügung stellt. Aus dieser RAM-Disk heraus wird Windows PE gestartet. Daher muss der verfügbare RAM-Speicher für Standard-PE-Systeme basierend auf Windows 10 mindestens 512 MB betragen. Um die Funktionalität den entsprechenden WIM-Dateien zuzuordnen, hat sich Microsoft folgende Bezeichner einfallen lassen:

▸ Windows PE für Windows Setup *(Preinstallation Environment)*

▸ Windows RE *(Recovery Environment)*
  Wiederherstellungsdatenträger/Systemreparaturdatenträger

▸ DaRT *(Diagnostics and Recovery Toolset)*

Windows PE für Windows Setup (Preinstallation Environment)

Die »klassische« *Windows PE (Preinstallation Environment)* liegt auf dem Startdatenträger (z. B. auf der Windows-DVD) in der Datei *boot.wim* und wird zum Starten der Betriebssysteminstallation verwendet (Abbildung 17.1). Es kann auch auf die Wiederherstellungstools zugegriffen werden.

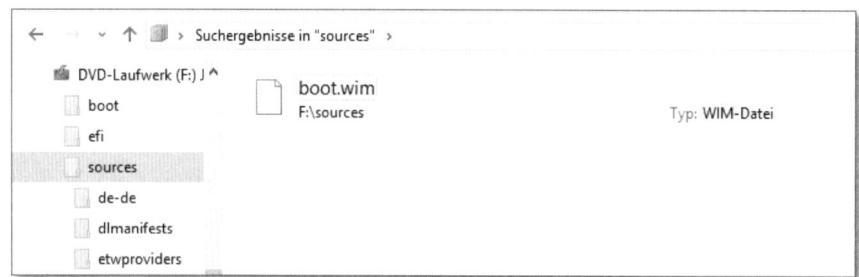

Abbildung 17.1 Windows PE auf der Windows-DVD

Windows RE (Recovery Environment)

Windows RE (Recovery Environment) wird als Rettungs-/Wiederherstellungsumgebung verwendet und während der Installation zunächst in das Verzeichnis *%Systemroot%\Windows\System32\Recovery* gespielt. Die Datei wird als *Winre.wim* erstellt (Abbildung 17.2). Hier kann man sie noch während der Installation mithilfe von Antwortdateien manipulieren. Abschließend wird die Datei auf BIOS-basierten Rechnern auf die systemreservierte 350-MB-Partition ohne Laufwerksbuchstaben übertragen.

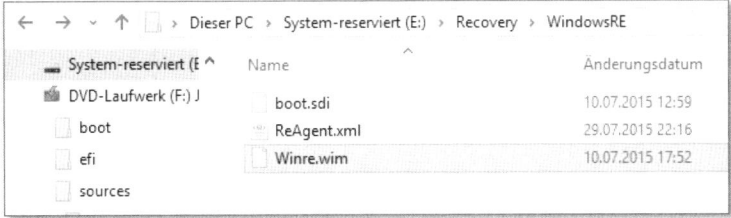

Abbildung 17.2 Die Rettungsumgebung ist auf der systemreservierten Partition gespeichert.

Das wesentliche Merkmal von Windows RE ist, dass nach dem Booten direkt die Reparaturtools gestartet werden.

Wiederherstellungslaufwerk

Für den flexiblen Zugriff auf die Wiederherstellungstools bietet Ihnen Windows die Möglichkeit, ein *Wiederherstellungslaufwerk* zu erstellen. Der Speicherplatz kann sich auf einem USB-Stick, einer DVD oder einer Festplatte befinden und dient zum direkten Starten der Wiederherstellungsumgebung.

DaRT (Diagnostics and Recovery Toolset)

Das *DaRT (Diagnostics and Recovery Toolset)* ist ausschließlich im Unternehmensumfeld zu finden und bietet viele Werkzeuge für die Fehlersuche und Behebung. DaRT kann aus dem *Microsoft Desktop Optimization Pack (MDOP)* für Software Assurance-Kunden bezogen werden und sei nur deshalb an dieser Stelle erwähnt, weil es die umfangreichen Möglichkeiten der Erweiterung von Windows PE aufzeigt.

Weitere PE-Varianten finden sich vor allem im Unternehmensumfeld, in dem die Startumgebung z. B. für die Installation von Windows von einem Bereitstellungsserver (Bereitstellungsdiensteclient) oder das Aufzeichnen von Abbildern von einem Masterbetriebssystem (Aufzeichnungsabbild) verwendet wird. Administratoren erstellen Ihr PE-System häufig selbst und passen es ihren Bedürfnissen an.

17.1.3   Was Ihnen die Wiederherstellungsumgebung bietet

Die Wiederherstellungsumgebung besteht aus einigen nützlichen Reparaturtools, die an dieser Stelle kurz beschrieben werden sollen. Im Verlauf des Kapitels werden wir die Funktionalität an verschiedenen Stellen ausführlicher beleuchten. Folgende Tools und Möglichkeiten bietet Ihnen die Wiederherstellungsumgebung:

► PC zurücksetzen

► System wiederherstellen

► Systemabbild-Wiederherstellung

► Automatische Reparatur

► Eingabeaufforderung

PC zurücksetzen

Die Funktion *Diesen PC zurücksetzen* wurde in Windows 8 unter dem Namen *PC auffrischen* eingeführt und dient dazu, den PC grundsätzlich wieder in einen betriebsneuen Zustand zu bringen. Hierbei haben Sie zwei Möglichkeiten: Entweder Sie behalten Ihre persönliche Daten, einige Systemeinstellungen sowie Windows Apps aus dem Store, oder Sie setzen Windows 10 wieder in den Originalzustand nach der Installation zurück.

System wiederherstellen

Unter dem Punkt *System wiederherstellen* verbirgt sich der Wiederherstellungsassistent für Wiederherstellungspunkte, die zu einem beliebigen Zeitpunkt im laufenden System erstellt wurden. Falls das System nicht mehr bootet, können Sie Ihr Windows 10 auf einen vorher gespeicherten Stand zurücksetzen.

Systemabbild-Wiederherstellung

Wenn gar nichts mehr geht, ein Wiederherstellungspunkt nichts mehr nutzt und Sie Ihre Desktop-Apps nicht durch eine Zurücksetzung verlieren möchten, ist vielleicht die *Systemabbild-Wiederherstellung* die richtige Option für Sie. Wenn Sie zu einem früheren Zeitpunkt ein Systemabbild mit der Windows-Datensicherung erstellt haben, können Sie dieses mit der Wiederherstellungsumgebung an Ort und Stelle wieder einspielen – von einer lokal angeschlossenen Festplatte oder auch aus dem Netzwerk.

Automatische Reparatur

Falls Ihr Windows 10 nicht mehr richtig starten möchte, lohnt sich ein Blick auf die *Automatische Reparatur*. Mithilfe dieses Tools führt Windows einige Standardtests aus und versucht, erkannte Probleme sofort zu beheben.

Eingabeaufforderung

Letztlich bringt Windows 10 noch eine Eingabeaufforderung mit, mit deren Hilfe weitere Applikationen bequem gestartet werden können. Sie wollen Notepad verwenden, um gleich während des Troubleshooting-Prozesses die Logdateien zu analysieren? Sie möchten Ihre aktuelle IP(*Internet Protocol*)-Konfiguration einsehen? Kein Problem (Abbildung 17.3)!

Eine Liste der verfügbaren Programme in Ihrer PE-Sitzung finden Sie mit dem Befehl:

```
dir /S /B /P x:\*.exe
```

Abbildung 17.3 An Anwendungen herrscht auch in der Wiederherstellungsumgebung kein Mangel.

17.1.4   Die Wiederherstellungsumgebung starten

Die Wiederherstellungsumgebung mit den Reparaturtools wird auf ganz unterschiedliche Weise gestartet. Was zunächst wie ein bisschen zu viel des Guten anmutet, ist bei genauerer Betrachtung häufig eine Notwendigkeit. Einerseits startet Windows in manchen Fällen die Wiederherstellungsumgebung automatisch, um auch dem unerfahrenen Benutzer ein Werkzeug an die Hand zu geben, wenn plötzlich Systemprobleme auftreten. Andererseits können erfahrene Benutzer die Wiederherstellungsumgebung direkt und auf unterschiedliche Art und Weise aus dem laufenden System anstoßen. Falls ein Bootproblem vorliegt, nutzt aber auch dies nichts mehr. Die Wiederherstellungsumgebung muss bereits vor dem Systemstart angewählt werden können – und das mit dem Medium, das Ihr Rechner unterstützt.

Der automatische Start der Wiederherstellungsumgebung

Windows startet die Wiederherstellungsumgebung in den folgenden Fällen automatisch:

▶ Ihr System hatte zweimal hintereinander einen Startfehler.

▶ Ihr System ist zweimal innerhalb von zwei Minuten nach dem Systemstart unerwartet heruntergefahren.

▶ Ein BitLocker-Fehler bei Geräten mit ausschließlicher Touchbedienung ist aufgetreten.

▶ Ein Startfehler in Kombination mit Secure Boot ist aufgetreten (außer bei Problemen mit *Bootmgr.efi*).

Start der Wiederherstellungsumgebung aus dem laufenden System

Aus dem laufenden System heraus starten Sie die Wiederherstellungsumgebung so:

1. Drücken Sie die ⊞-Taste.

2. Geben Sie `Wiederherstellungsoptionen` ein, und drücken Sie ↵.

3. Klicken Sie im Abschnitt ERWEITERTER START auf JETZT NEU STARTEN.

Das System arbeitet nun eine kurze Zeit. Anschließend klicken Sie auf die Schaltfläche PROBLEMBEHANDLUNG (Abbildung 17.4).

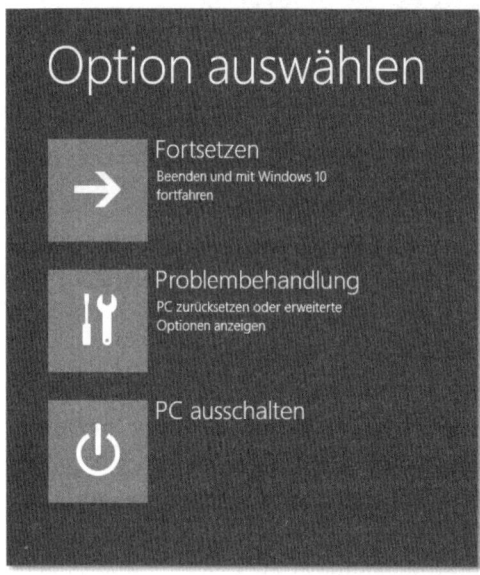

Abbildung 17.4 Zugriff auf die Problembehandlung in Windows 10

Nun haben Sie Zugriff auf die unterschiedlichen Tools der Wiederherstellungsumgebung.

Start der Wiederherstellungsumgebung für Profis

Viele Wege führen nach Rom bzw. zur Wiederherstellungsumgebung, mag sich Microsoft gedacht haben. Hier noch eine weitere Möglichkeit, die Wiederherstellungsumgebung aufzurufen:

Starten Sie mit ⊞ + ⌧ das Schnellstartmenü, und rufen Sie die EINGABEAUFFORDERUNG auf. Geben Sie nun den Befehl shutdown /r /o /t 0 ein, und bestätigen Sie mit ⏎.

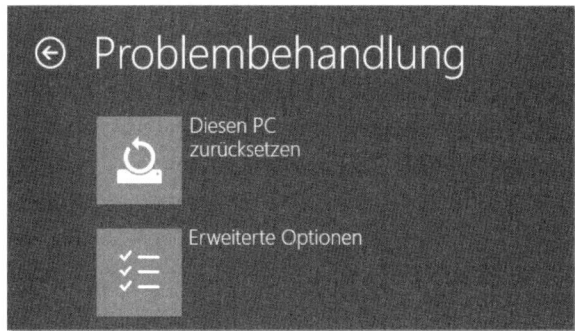

Abbildung 17.5 Die Wiederherstellungsumgebung

Abhängig von Ihrer Auswahl, wird das Betriebssystem neu gestartet und das ausgewählte Werkzeug geladen. Falls das Betriebssystem während des Startvorgangs Probleme hat, ist der Start der Wiederherstellungsumgebung aus dem laufenden System nicht mehr möglich. Daher bleiben folgende Möglichkeiten:

▸ Start der Wiederherstellungsumgebung aus den erweiterten Startoptionen

▸ Start der Wiederherstellungsumgebung von der Windows-DVD

▸ Erstellen eines Systemreparaturdatenträgers

Start der Wiederherstellungsumgebung aus den erweiterten Startoptionen

Während des Starts von Windows drücken Sie die Taste ⎡F8⎤, um die erweiterten Startoptionen aufzurufen. Die Wiederherstellungsumgebung befindet sich auf der zweiten Seite. Drücken Sie die Taste ⎡F10⎤, um auf die nächste Seite zu blättern. Mit der Taste ⎡F1⎤ gelangen Sie nun zur Wiederherstellungsumgebung (Abbildung 17.6).

Abbildung 17.6 Die Wiederherstellungsumgebung aus den erweiterten Startoptionen aufrufen.

Aufrufen des erweiterten Startmenüs mit »F8« klappt nicht

Falls Sie jetzt bereits zum dritten Mal erfolglos versuchen sollten, mithilfe von F8 die erweiterten Startoptionen aufzurufen, sei Ihnen gesagt: Sie sind nicht allein! Microsoft hat das Zeitfenster, in dem man die erweiterten Startoptionen aufrufen kann, auf sagenhafte 200 Millisekunden reduziert. Somit besteht eine gute Chance, den korrekten Zeitpunkt immer und immer wieder zu verpassen.

Entweder Sie rufen die erweiterten Startoptionen aus dem laufenden System auf (dann könnten Sie die Wiederherstellungsumgebung aber auch gleich dort starten), oder Sie nutzen einfach die Windows-DVD, um auf die Wiederherstellungsumgebung zuzugreifen.

Start der Wiederherstellungsumgebung von der Windows-DVD

Falls alle Stricke reißen, können Sie die Wiederherstellungsumgebung auch über die Windows-DVD starten. Legen Sie den Windows-Datenträger ein, und booten Sie von der DVD. Es wird automatisch WINDOWS SETUP gestartet. Klicken Sie hier auf WEITER. Im nächsten Fenster klicken Sie unten rechts auf COMPUTERREPARATUROPTIONEN (Abbildung 17.7).

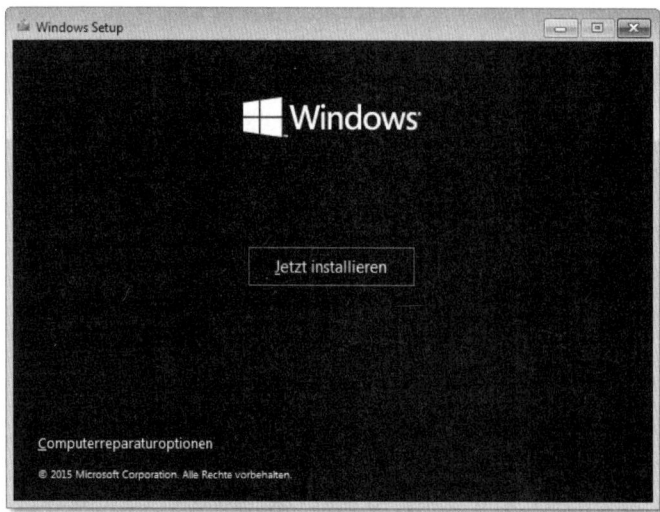

Abbildung 17.7 Auch von der Windows-DVD kann die Wiederherstellungsumgebung gestartet werden.

Nun können Sie auf die Wiederherstellungstools zugreifen.

Erstellen eines Systemreparaturdatenträgers

Falls Sie die Wiederherstellungsumgebung von der Windows-DVD starten möchten, bietet Ihnen Windows die Möglichkeit, einen Systemreparaturdatenträger auf DVD zu brennen. Dazu führen Sie folgende Schritte durch:

1. Legen Sie eine leere DVD in den Brenner.

2. Drücken Sie die Taste ⊞.

3. Tippen Sie Windows 7 (kein Druckfehler!) in das Suchfeld ein, und rufen Sie aus der Ergebnisliste SICHERN UND WIEDERHERSTELLEN (WINDOWS7) auf (Abbildung 17.8).

4. Wählen Sie in der linken Spalte den Link SYSTEMREPARATURDATENTRÄGER ERSTELLEN.

5. Klicken Sie nun auf DATENTRÄGER ERSTELLEN.

6. Klicken Sie auf OK.

Abbildung 17.8 Einen Systemreparaturdatenträger brennen

Sie haben nun eine Windows PE-Wiederherstellungsumgebung auf einer DVD zur Verfügung.

Ein USB-Wiederherstellungslaufwerk erstellen

Wie Sie sehen, gibt es einige Möglichkeiten, auf die Wiederherstellungsumgebung zuzugreifen. Was ist aber zu tun, wenn Sie keinen Windows-Datenträger zur Hand haben und das System den Start verweigert? Hier hilft das Abspeichern der Wiederherstellungsumgebung auf Ihrem eigenen USB-Wiederherstellungslaufwerk. So funktioniert es:

Stecken Sie zunächst einen USB-Stick mit mindestens 256 MB freiem Speicherplatz in den Rechner. Bitte beachten Sie: Alle Daten auf dem Stick werden gelöscht! Sichern Sie Ihre Daten! Rufen Sie anschließend die Suche mit ⊞ auf, und geben Sie den Begriff Wiederherstellungslaufwerk ein. Wählen Sie aus den Ergebnissen WIEDERHERSTELLUNGSLAUFWERK ERSTELLEN aus, und klicken Sie auf der ersten Seite des Assistenten auf WEITER. Nun markieren Sie den eben bereitgestellten Stick und klicken auf WEITER. Nach einer letzten Warnung, dass alle Daten auf diesem Datenträger gelöscht werden, klicken Sie jetzt auf ERSTELLEN.

Nach kurzer Zeit haben Sie Ihre Wiederherstellungsumgebung auf einem USB-Stick erstellt. Klicken Sie abschließend auf FERTIG STELLEN.

Nun können Sie von Ihrem Stick direkt in die Wiederherstellungsumgebung starten. Eventuell müssen Sie in den BIOS-Optionen Ihres Rechners den Start von einem USB-Gerät erst erlauben.

17.2   Wiederherstellungspunkte – einfach auf den Punkt gebracht

Wiederherstellungspunkte bieten Ihnen die Möglichkeit, das Rad der Zeit bis zu einem gewissen Punkt zurückzudrehen. Wiederherstellungspunkte haben einen definierten Einsatzbereich und sind leicht zu bedienen. Daher nutzt Windows auch selbst Wiederherstellungspunkte, z. B. wenn Sie Windows Update ausführen und der letzte Wiederherstellungspunkt bereits älter als sieben Tage ist. Dann erstellt Windows automatisch einen Wiederherstellungspunkt.

17.2.1   Was sind Wiederherstellungspunkte?

Wiederherstellungspunkte sind technisch gesehen Schnappschüsse von bestimmten Dateien, die auf der *VSS-Technologie (Volume Shadow Copy Service)* basieren. Die Daten werden für Wiederherstellungszwecke im Verzeichnis *%Systemroot%\System Volume Information* gespeichert. Dieses Verzeichnis ist versteckt. Den Zugriff darauf hat nur das System selbst, und das sollte auch so bleiben. VSS-Sicherungen werden auf Blockebene durchgeführt, sodass prinzipiell auch vom Betriebssystem geöffnete Dateien konsistent gesichert werden können.

Wenn Sie einen Wiederherstellungspunkt setzen, werden diverse von Windows vordefinierte Dateien gesichert. Darunter fallen z. B. die Registrierungsdatenbank, Systemdateien, Daten aus dem Benutzerprofil und ein Satz von Dateien, den Microsoft unter der URL *http://msdn.microsoft.com/en-us/library/aa378870(v=vs.85).aspx* beschreibt. Mithilfe dieser Daten können Sie zu einem bestimmten, als Wiederherstellungspunkt gespeicherten Stand zurückspringen und damit einige Systemeinstellungen zurückdrehen.

17.2.2   Möglichkeiten und Grenzen von Wiederherstellungspunkten

Vorab das Wichtigste: Ein Wiederherstellungspunkt ist keine Datensicherung! Im Gegenteil. Windows fasst Ihre persönlichen Dokumente nicht an. Wenn Sie ein Dokument löschen, kann es *nicht* mithilfe von Wiederherstellungspunkten zurückgespielt werden. Mit Wiederherstellungspunkten können Sie – einen vorher gesetzten Punkt vorausgesetzt – z. B.

- eine missglückte Treiberinstallation rückgängig machen,
- eine inkompatible Applikation vom System entfernen,
- ein verunglücktes Windows-Update zurückdrehen,
- einen Konfigurationsfehler ausbügeln.

Windows »merkt« sich allerdings nicht alle Dateien, sondern nur vordefinierte (Textdateien z. B. gehören nicht dazu). Dies hat zur Folge, dass Sie nach einem Zurücksetzen eventuell trotzdem alte Verzeichnisse mit Datenüberbleibseln vorfinden (Abbildung 17.9). Diese Daten stören nicht weiter, können jedoch auch manuell entfernt werden.

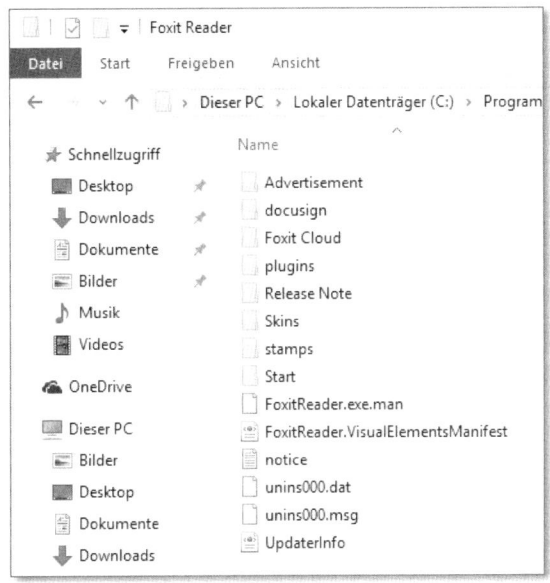

Abbildung 17.9 Überbleibsel nach dem Zurücksetzen eines Wiederherstellungspunktes auf den Stand vor der Installation

17.2.3   Wiederherstellungspunkte setzen

Die Konfigurationseinstellungen für Wiederherstellungspunkte finden Sie in den Systemeinstellungen unter dem Registerreiter COMPUTERSCHUTZ. Rufen Sie das Schnellstartmenü mit ⊞ + X auf, und wählen Sie den Punkt SYSTEM. In der linken Spalte wählen Sie COMPUTERSCHUTZ (Abbildung 17.10).

Im Abschnitt SCHUTZEINSTELLUNGEN sehen Sie, ob derzeit Wiederherstellungspunkte für Ihr System aktiviert sind. Sie können diese Funktionalität gesondert für unterschiedliche Partitionen aktivieren oder deaktivieren. Um die Wiederherstellungspunkte zu aktivieren, wählen Sie eine Partition aus und rufen die Schaltfläche KONFIGURIEREN auf.

Abbildung 17.10 Die Wiederherstellungspunkte
befinden sich im Registerreiter »Computerschutz«.

Im Fenster SYSTEMSCHUTZ FÜR LOKALER DATENTRÄGER aktivieren Sie nun die Wiederher-
stellungsfunktionalität (Abbildung 17.11).

Abbildung 17.11 Den Systemschutz aktivieren

Im Abschnitt SPEICHERPLATZBELEGUNG regeln Sie die Größe des Speicherplatzes, den Windows für die Wiederherstellungsdaten zur Verfügung stellt. Wird der Platz zu knapp, werden die Daten der ältesten Wiederherstellungspunkte überschrieben. Nachdem Sie den Computerschutz aktiviert haben, klicken Sie auf ÜBERNEHMEN.

Im Fenster SYSTEMEIGENSCHAFTEN wählen Sie nun die Schaltfläche ERSTELLEN. Vergeben Sie einen aussagekräftigen Namen, und klicken Sie auf ERSTELLEN (Abbildung 17.12).

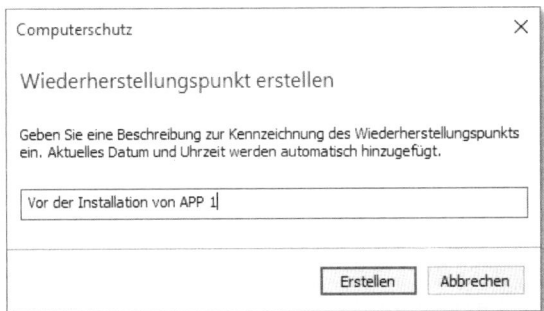

Abbildung 17.12 Einen Wiederherstellungspunkt erstellen

Nach einer kurzen Zeit sollte der Wiederherstellungspunkt erfolgreich erstellt worden sein. Sie können das Infofenster schließen.

Windows setzt Wiederherstellungspunkte nicht nur manuell, sondern mitunter auch automatisch. So wird z. B. ein Wiederherstellungspunkt bei der Installation von Windows-Updates gesetzt, falls der letzte Punkt älter als sieben Tage ist, bei einer Rücksetzaktion von Wiederherstellungspunkten aus dem laufenden System oder auch bei einer Installation mit dem Windows Installer.

Wenn Sie möchten, installieren Sie nun zum Testen eine Beispielapplikation.

17.2.4   Wiederherstellungspunkte aufrufen

Um einen Wiederherstellungspunkt aufzurufen, öffnen Sie den COMPUTERSCHUTZ und wählen die Schaltfläche SYSTEMWIEDERHERSTELLUNG. Daraufhin öffnet sich der Systemwiederherstellungsassistent. Sie haben die Wahl, direkt auf den letzten Wiederherstellungspunkt zu springen, indem Sie die Option SYSTEMWIEDERHERSTELLUNG RÜCKGÄNGIG MACHEN angewählt lassen (Abbildung 17.13).

Eine besondere Funktion verbirgt sich hinter dem Link NACH BETROFFENEN PROGRAMMEN SUCHEN. Damit sucht Windows nach Programmen und Treibern, die während des Wiederherstellungsvorgangs gelöscht werden (Abbildung 17.14). So können Sie bereits im Vorfeld die Auswirkungen des Wiederherstellungsprozesses auskundschaften.

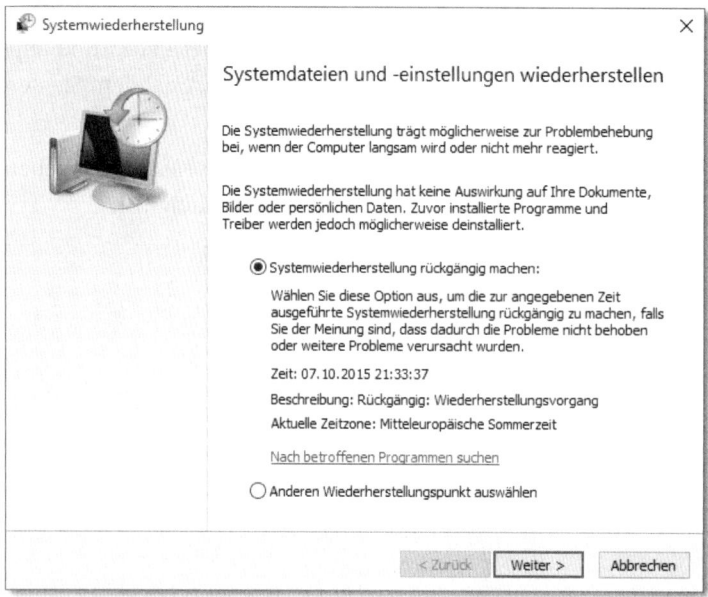

Abbildung 17.13 Der Wiederherstellungsassistent

Abbildung 17.14 Voransicht, welche Auswirkungen die Wiederherstellung haben wird

Im zweiten Punkt im Wiederherstellungsassistenten wählen Sie manuell einen beliebigen Wiederherstellungspunkt aus (Abbildung 17.15). Klicken Sie auf ANDEREN WIEDERHERSTELLUNGSPUNKT AUSWÄHLEN und anschließend auf WEITER.

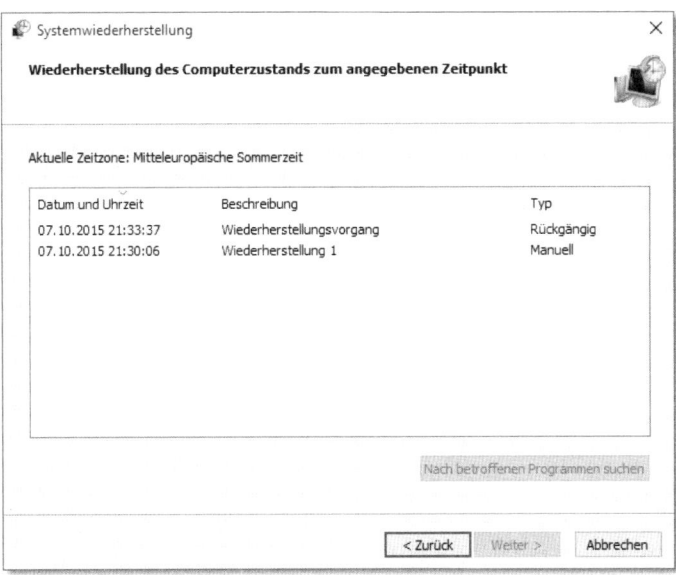

Abbildung 17.15 Auswahl eines Wiederherstellungspunktes

Nun können Sie einen Wiederherstellungspunkt auswählen. Wenn mehrere Wiederherstellungspunkte vorhanden sind, macht sich die Vergabe von sprechenden Namen schnell bezahlt. Auch an dieser Stelle lässt sich noch einmal nach betroffenen Programmen für den ausgewählten Wiederherstellungspunkt suchen. Klicken Sie anschließend auf WEITER.

Im vorletzten Fenster erhalten Sie nochmals eine Übersicht. Außerdem werden Sie darüber in Kenntnis gesetzt, dass abschließend ein Neustart fällig ist.

Klicken Sie nun auf FERTIG STELLEN.

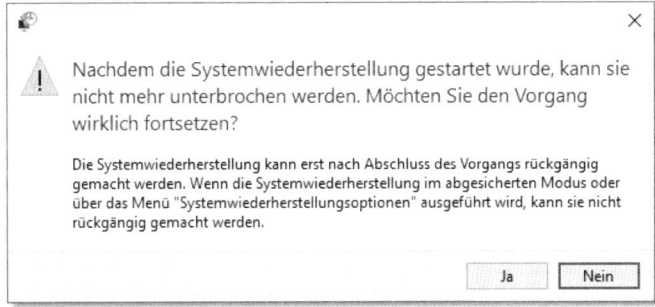

Abbildung 17.16 Zur Sicherheit wird automatisch ein Wiederherstellungspunkt vor dem Zurücksetzen erstellt.

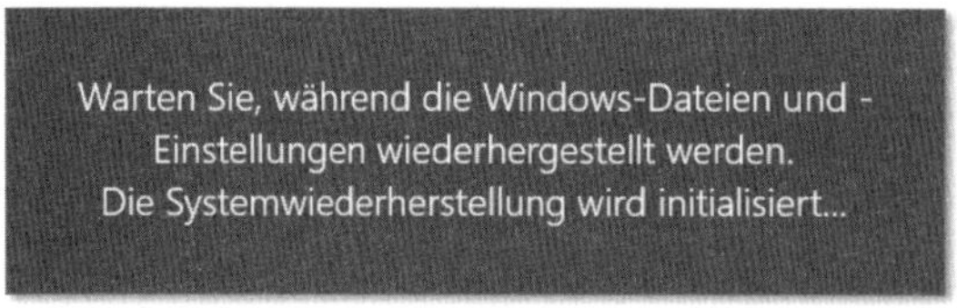

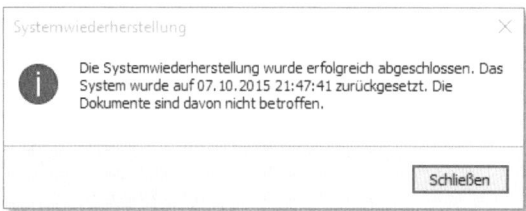

Abbildung 17.17 Ein Neustart ist während der Wiederherstellung nötig.

Nach der Anmeldung informiert Sie Windows darüber, ob die Wiederherstellung geklappt hat (Abbildung 17.18).

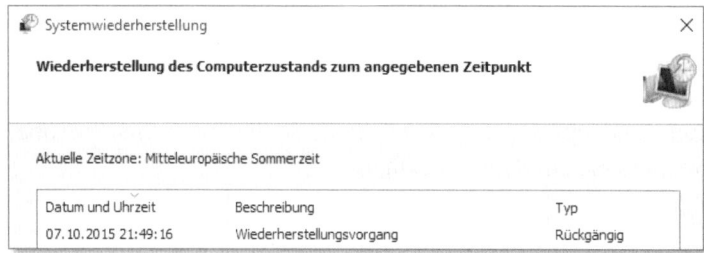

Abbildung 17.18 Die Wiederherstellung hat funktioniert.

Falls Sie bemerken, dass die Wiederherstellung doch nicht in Ihrem Sinne ist, können Sie den automatisch gesetzten Wiederherstellungspunkt aufrufen. Der Wiederherstellungspunkt wird von Windows automatisch mit dem Namen WIEDERHERSTELLUNGSVORGANG bezeichnet und dem Typ RÜCKGÄNGIG zugewiesen (Abbildung 17.19).

Abbildung 17.19 Das Zurücksetzen auf den Stand vor einer Wiederherstellung ist möglich.

Falls Ihr Windows 10 nicht mehr startet und Sie das System auf einen früheren Stand zurücksetzen möchten, haben Sie die Möglichkeit, die Wiederherstellungspunkte quasi »von außen« aus der Wiederherstellungsumgebung aufzurufen. Sie benötigen hierzu entweder eine Windows 10-DVD oder einen Wiederherstellungsdatenträger, wie in Abschnitt 17.1.4, »Die Wiederherstellungsumgebung starten«, beschrieben:

1. Starten Sie die Wiederherstellungsumgebung von der Windows-DVD oder dem Wiederherstellungsdatenträger.

2. Wählen Sie PROBLEMBEHANDLUNG (Abbildung 17.20).

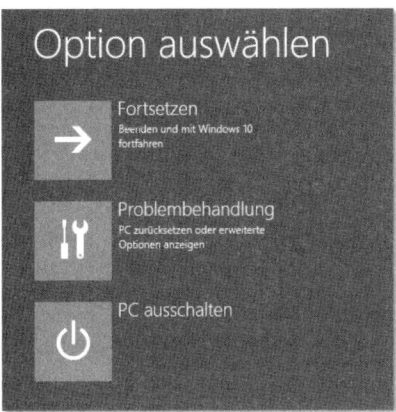

Abbildung 17.20 Die Problembehandlung starten

3. Starten Sie nun die ERWEITERTEN OPTIONEN (Abbildung 17.20).

4. Klicken Sie auf SYSTEM WIEDERHERSTELLEN.

5. Wählen Sie das Zielbetriebssystem aus, und klicken Sie auf WINDOWS 10.

6. Klicken Sie im Wiederherstellungsassistenten auf die Schaltfläche WEITER.

7. Wählen Sie den Wiederherstellungspunkt aus, auf den Sie das System zurücksetzen möchten. Überprüfen Sie gegebenenfalls mit der Schaltfläche NACH BETROFFENEN PROGRAMMEN SUCHEN, welche Auswirkungen das Zurücksetzen des Systems hat. Klicken Sie nun auf WEITER.

8. Im vorletzten Fenster überprüfen Sie nochmals alle Einstellungen (Abbildung 17.21). Klicken Sie auf FERTIG STELLEN.

Abbildung 17.21 Die Wiederherstellung starten

9. Beim Zurücksetzen aus der Wiederherstellungsumgebung wird kein automatischer Rückgängig-Punkt gesetzt. Um die Wiederherstellung zu starten, bestätigen Sie auch das letzte Fenster mit JA.

10. Ihr Windows 10 wird nun auf den von Ihnen angewählten Wiederherstellungspunkt zurückgesetzt.

17.2.5   Wiederherstellungspunkte löschen

Im Regelfall müssen Sie Ihre alten Wiederherstellungspunkte nicht manuell löschen. Die ältesten Daten werden nach dem FIFO-Prinzip (First in – First out) gelöscht, je nachdem, wie viel Speicherplatz Sie für die Wiederherstellungsdaten reserviert haben.

Falls bei der Arbeit mit Wiederherstellungspunkten Probleme auftreten, kann es jedoch helfen, Wiederherstellungspunkte zu löschen. Windows 10 bietet Ihnen keine Möglichkeit, gezielt einzelne Wiederherstellungspunkte zu löschen. Sie haben die Wahl zwischen nachstehenden Möglichkeiten:

▶ Sie können alle Wiederherstellungspunkte löschen oder

▶ alle Wiederherstellungspunkte bis auf den letzten löschen.

Alle Wiederherstellungspunkte löschen

Um alle Wiederherstellungspunkte zu löschen, öffnen Sie den Computerschutz mit ⊞ + [Pause] • linke Spalte COMPUTERSCHUTZ • Register COMPUTERSCHUTZ und klicken auf die Schaltfläche KONFIGURIEREN. Um alle Wiederherstellungspunkte zu entfernen, wählen Sie im unteren Abschnitt die Schaltfläche LÖSCHEN und bestätigen das Warnfenster mit FORTSETZEN (Abbildung 17.22).

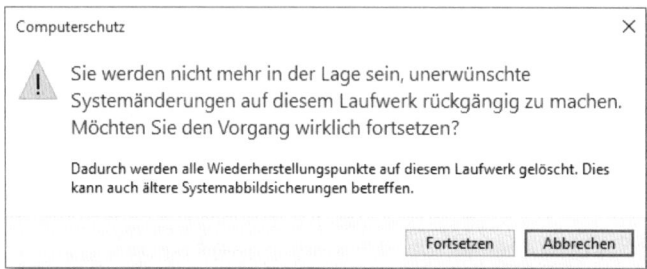

Abbildung 17.22 Alle Wiederherstellungspunkte löschen

Alle Wiederherstellungspunkte bis auf den letzten löschen

Wenn Sie alle Wiederherstellungspunkte bis auf den letzten löschen möchten, drücken Sie die Taste ⊞ und tragen in das Suchfeld Datenträgerbereinigung ein. Drücken Sie dann die ⏎-Taste.

Wählen Sie nun das Laufwerk mit Ihren Wiederherstellungspunkten aus (in der Regel *c:*), und bestätigen Sie mit OK. Das System arbeitet nun etwas und öffnet anschließend die Datenträgerbereinigung. Der Punkt, den wir suchen, wird allerdings nicht gleich angezeigt, sondern verbirgt sich hinter der Schaltfläche SYSTEMDATEIEN BEREINIGEN (Abbildung 17.23).

Abbildung 17.23 Die Datenträgerbereinigung

Wählen Sie jetzt erneut das Laufwerk mit den Wiederherstellungspunkten aus, und bestätigen Sie mit OK. Jetzt erscheint der zusätzliche Registerreiter WEITERE OPTIONEN, den Sie aufrufen (Abbildung 17.24).

Klicken Sie nun im Abschnitt SYSTEMWIEDERHERSTELLUNG UND SCHATTENKOPIEN auf die Schaltfläche BEREINIGEN. Windows 10 informiert Sie, dass nun alle Wiederherstellungspunkte bis auf den letzten gelöscht werden. Nach einem weiteren Klick auf LÖSCHEN legt das System los. *Achtung:* Windows 10 gibt keine Erfolgsmeldung oder dergleichen. Sie können das Ergebnis gleich anschließend unter SYSTEMEIGENSCHAFTEN • COMPUTERSCHUTZ überprüfen. Wenn Sie jetzt im Fenster DATENTRÄGERBEREINIGUNG auf OK klicken, werden alle Daten, die Sie im Registerreiter DATENTRÄGERBEREINIGUNG angehakt haben, gelöscht.

Wiederherstellungspunkte und Schattenkopien

Die Warnung in der Datenträgerbereinigung hinsichtlich des Löschens von Schattenkopien können Windows 10-Nutzer ignorieren, da dieses Feature durch den Dateiversionsverlauf ersetzt wurde. Der Dateiversionsverlauf wird durch das Löschen von Wiederherstellungspunkten nicht beeinträchtigt.

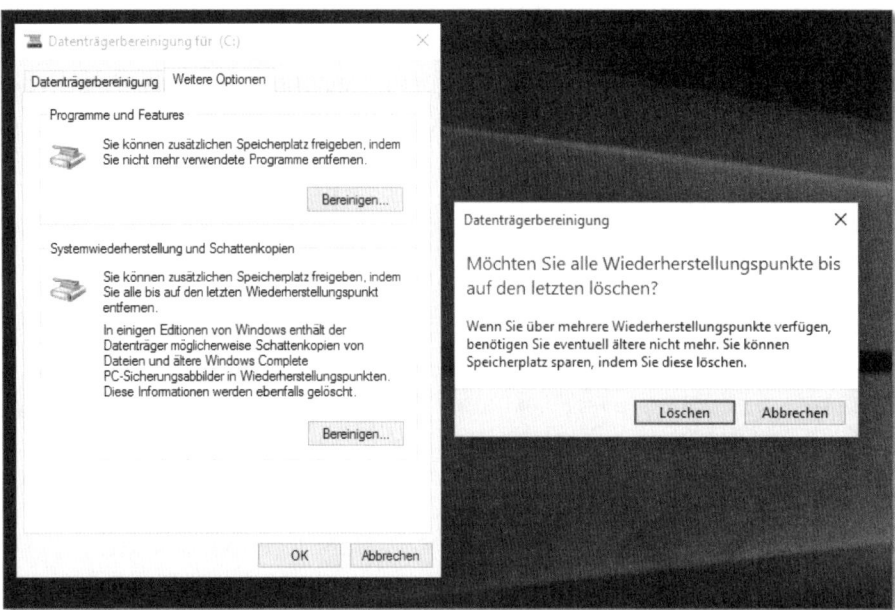

Abbildung 17.24 Die Datenträgerbereinigung mit weiteren Optionen

17.3   Den PC zurücksetzen: Probleme gehen, Daten bleiben

Die Funktion *Diesen PC zurücksetzen* wurde in Windows 8 als *PC auffrischen* eingeführt. Der Kerngedanke ist, PC-Anwendern bei Problemen wie z. B. nachlassender Geschwindigkeit oder bei generellen Systemproblemen ein Werkzeug an die Hand zu geben, das das Betriebssystem in einen funktionsfähigen Zustand zurücksetzt (und die Probleme damit hoffentlich löst), die persönlichen Daten aber nicht anrührt. Ein Zitat hierzu von Microsoft: »*Wouldn't it be great if you could just push a button and everything is fixed?*«

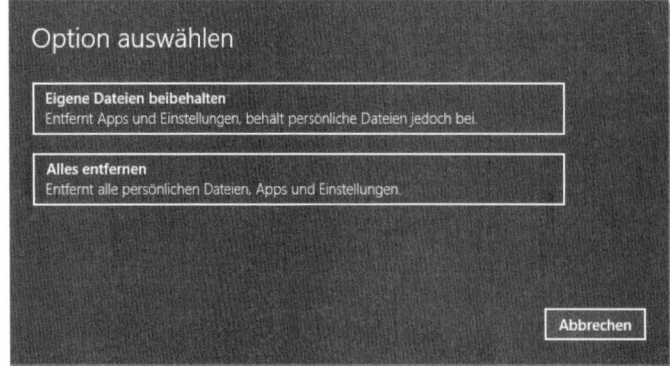

Abbildung 17.25 PC zurücksetzen in zwei Varianten

Wenn Sie einen PC zurücksetzen möchten, haben Sie zwei Optionen zur Auswahl: Sie können die eigenen Dateien und einige Systemeinstellungen beibehalten oder den PC in den Originalzustand nach einer frischen Windows 10-Installation zurücksetzen.

Im Folgenden lernen Sie zunächst die Variante EIGENE DATEIEN BEIBEHALTEN kennen. In Abschnitt 17.4 behandeln wir dann die Option ALLES ENTFERNEN.

17.3.1   Wie funktioniert das Zurücksetzen des PCs mit der Option »Eigene Dateien beibehalten«?

Im Grunde genommen ist das Zurücksetzen eines PCs zunächst mit einer Neuinstallation zu vergleichen – genauer gesagt ist es ein Imagingvorgang. Seit Windows Vista werden die Kerndateien in Imagedateien, den sogenannten *WIM-Dateien (Windows Imaging)*, vorgehalten. Diese Technik bietet einige Vorteile. Mithilfe von Single Instance Storage werden z. B. mehrfach vorhandene Dateien nur einmal je WIM-Datei abgespeichert und danach für unterschiedliche Editionen referenziert, was Platzersparnis bedeutet. Auch unterstützen WIM-Dateien starke Kompressionsalgorithmen.

Eine Neuinstallation ist praktisch ein Imagingvorgang auf Dateibasis, bei dem vordefinierte Inhalte einer WIM-Datei auf den Datenträger gespielt werden. Die WIM-Dateien befinden sich auf der Windows-DVD im Verzeichnis *Sources*:

▶ *boot.wim* enthält ein Windows PE und dient zum Bereitstellen einer Startumgebung.

▶ *install.wim* enthält die eigentlichen Windows 10-Dateien.

Beim Zurücksetzen des PCs mit EIGENE DATEIEN BEIBEHALTEN werden nun zuerst die Benutzerdateien und einige Systemeinstellungen in einen gesicherten Bereich des Datenträgers übertragen. Anschließend wird die Systempartition gelöscht und eine Neuinstallation durchgeführt. Hierzu muss Windows 10 auf die Datei *install.wim* zugreifen können. Nach der Neuinstallation werden die vorher gesicherten Dateien und Einstellungen zurückgespielt.

17.3.2   Welche Dateien werden überschrieben, welche Dateien bleiben erhalten?

Der wichtigste Tipp vorab: Sichern Sie Ihre persönlichen Daten trotzdem auf externen Medien. Auch wenn die Zurücksetzung des Rechners Ihre persönlichen Daten in Ruhe lässt, besteht grundsätzlich die Möglichkeit, dass während des Zurücksetzungsvorgangs etwas schiefgeht und Ihre Daten nur schwer wiederherstellbar oder gar verloren sind. Programme und Einstellungen sind bei einer Fehlfunktion schnell wiederhergestellt oder neu installiert. Eigene Dokumente hingegen nicht.

Was bleibt beim Zurücksetzen im »Eigene Dateien beibehalten«-Modus erhalten?

Es bleiben folgende Programme und Einstellungen erhalten:

▶ Benutzer und Gruppen, Kennwörter

▶ Modern Apps aus dem Windows Store (werden wieder heruntergeladen und installiert)

▶ WLAN-Verbindungen

▶ mobile Breitbandverbindungen

▶ BitLocker- und BitLocker To Go-Einstellungen

▶ Laufwerksbuchstaben-Zuordnungen

▶ personalisierte Einstellungen, wie z. B. das Hintergrundbild und das Benutzerbild

Was wird gelöscht?

Folgende Programme und Einstellungen werden bei einer PC-Zurücksetzung gelöscht:

▶ Desktop-Programme (normale Windows-Programme, z. B. MS Office)

▶ Modern Apps, die nicht aus dem Windows Store stammen (Sideloading)

▶ die Zuordnung von Dateitypen

▶ die Anzeigeeinstellungen

▶ die Windows Firewall-Einstellungen

17.3.3   Den PC zurücksetzen (»Eigene Dateien beibehalten«)

Den PC zurückzusetzen ist ganz einfach. Sie können entweder direkt aus dem laufenden System loslegen oder zunächst in die Wiederherstellungsumgebung booten. In diesem Beispiel setzen wir unser Windows 10 aus dem laufenden System heraus zurück.

1. Halten Sie gegebenenfalls den Windows 10-Datenträger bereit.

2. Drücken Sie ⊞, geben Sie in das Suchfeld Diesen PC zurücksetzen ein, und bestätigen Sie mit der ↵-Taste.

3. Im Abschnitt DIESEN PC ZURÜCKSETZEN klicken Sie auf LOS GEHT'S (Abbildung 17.26).

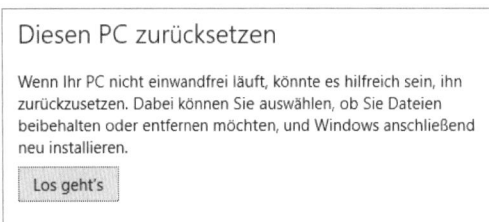

Abbildung 17.26 Start der Zurücksetzung

4. Wählen Sie aus den Optionen EIGENE DATEIEN BEIBEHALTEN aus (Abbildung 17.27).

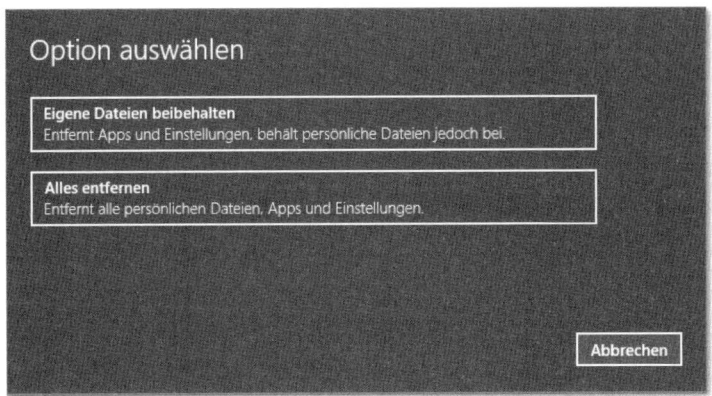

Abbildung 17.27 Auswahl der zwei unterschiedlichen Optionen der Funktion
»Diesen PC zurücksetzen«

5. Prüfen Sie, welche Daten nach dem Zurücksetzungsvorgang *nicht* mehr vorhanden sein werden, und klicken Sie auf WEITER.

6. Um die Zurücksetzung zu starten, klicken Sie auf die Schaltfläche ZURÜCKSETZEN.

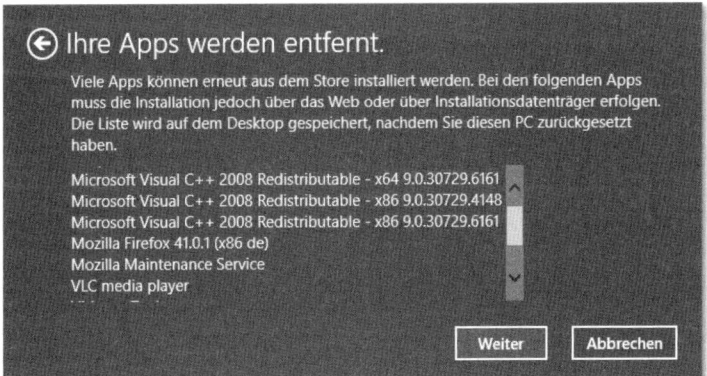

Abbildung 17.28 Prüfung, welche Daten nach der Zurücksetzung fehlen werden

Der Prozess kann einige Minuten dauern. Danach melden Sie sich wie gewohnt an.

Dateien nach dem Zurücksetzen wiederfinden und bereinigen

Während der Zurücksetzung speichert Windows Ihre komplette frühere Windows-Installation in einem Verzeichnis *Windows.old* in *%HOMEDRIVE%* (z. B. *c:*) ab. Sie können dort jederzeit Ihren alten Datenbestand durchsuchen.

Allerdings wird dieses Verzeichnis sehr groß und belegt einigen Speicher auf dem Datenträger. Wenn Sie das Verzeichnis nicht mehr benötigen, können Sie es mithilfe der Datenträgerbereinigung löschen.

Rufen Sie dazu die DATENTRÄGERBEREINIGUNG auf, und wählen Sie die Schaltfläche SYSTEMDATEN BEREINIGEN. Setzen Sie nun im Registerreiter DATENTRÄGERBEREINIGUNG unter ZU LÖSCHENDE DATEIEN *nur* bei der Option VORHERIGE WINDOWS-INSTALLATION(EN) ein Häkchen (Abbildung 17.29). Klicken Sie auf OK und dann auf DATEIEN LÖSCHEN. Nun wird die alte Windows-Installation entfernt.

Abbildung 17.29 Obwohl der Zurücksetzungsvorgang optimiert wurde, verbraucht die frühere Windows-Installation ordentlich Platz.

Wo ist die Möglichkeit, ein personalisiertes Image zu erstellen?

In Windows 8/8.1 gab es noch die tolle Möglichkeit, ein personalisiertes Image unter Beibehaltung sämtlicher Apps und Einstellungen zu erstellen. Dazu schuf man mit dem Kommandozeilentool *recimg.exe* ein Abbild des Live-Systems und wies dieses der Funktion *Diesen PC zurücksetzen* zu.

Damit hatte man einen komfortablen Weg, um auf den vorher definierten Zustand zurückzukehren. Leider hat Microsoft diese Funktion in Windows 10 ersatzlos gestrichen.

17.4   Den PC auf die Windows 10 Werkseinstellungen zurücksetzen

Manchmal ist es notwendig oder erwünscht, den Rechner vollständig zurückzusetzen und die Werkseinstellungen wiederherzustellen. Auch diese Möglichkeit ist in Windows 10 auf Knopfdruck vorgesehen.

Diese Einfachheit ruft geradezu nach einer klaren Ansage:

»Sichern Sie Ihre Daten auf einem externen Datenträger!«

Das technische Verfahren ist ähnlich dem der Option EIGENE DATEIEN BEIBEHALTEN. Sie entscheiden sich zunächst, ob Sie nur die Daten Ihres Windows-Laufwerks löschen möchten oder – falls vorhanden – auch die Daten von anderen Partitionen. (Die Laufwerke selbst bleiben bestehen.) Anschließend müssen Sie sich entscheiden, mit welchem Verfahren Sie die Daten löschen möchten. Windows bietet Ihnen »die schnelle« und »die sichere« Variante an. Bei der schnellen Variante *(Nur Dateien entfernen)* werden die ausgewählten Laufwerke lediglich formatiert, und das Betriebssystem wird neu eingespielt. Es sollte sich mittlerweile herumgesprochen haben, dass die Formatierung von Laufwerken nicht ausreicht, um Daten sicher zu löschen. Es gibt Dutzende Anwendungen, die diese vermeintlich gelöschten Daten in Windeseile wiederherstellen.

Daher bietet Ihnen Windows 10 auch ein sicheres Löschen *(Dateien entfernen und Laufwerk bereinigen)* an. Hierbei werden die ausgewählten Laufwerke in einem Durchgang mit Zufallsdaten überschrieben. Laut Microsoft sollte dies ausreichen, um alte Rechner z. B. zu spenden, ohne dass die Daten allzu leicht wiederhergestellt werden können. In Unternehmen schreiben häufig Sicherheitsrichtlinien vor, dass Datenträger in drei, fünf oder sogar noch mehr Durchläufen mit Zufallsdaten überschrieben werden müssen, bevor sie entsorgt werden. Allerdings dauert diese Variante teils Stunden oder sogar Tage, was nicht sehr praktikabel ist. Der einmalige Durchlauf bei der Auswahl von LAUFWERKE VOLLSTÄNDIG BEREINIGEN während eines Windows-Resets ist ein guter Kompromiss.

Um Ihr Windows 10-System vollständig zurückzusetzen, führen Sie folgende Schritte durch:

1. Drücken Sie die Taste ⊞, geben Sie PC zurücksetzen ein, und drücken Sie ↵.
2. Klicken Sie im Abschnitt DIESEN PC ZURÜCKSETZEN auf LOS GEHT'S (Abbildung 17.30).
3. Wählen Sie ALLES ENTFERNEN aus.

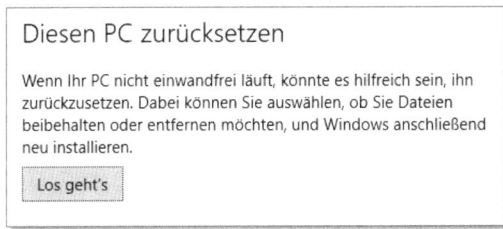

Abbildung 17.30 Den PC-Reset starten

4. Im Fall, dass Sie mehrere Partitionen haben, wählen Sie nun aus, ob Sie nur Ihr Windows-Laufwerk löschen möchten oder alle Laufwerke. Um zu sehen, welche Laufwerke betroffen sind, rufen Sie den Link LISTE DER BETROFFENEN LAUFWERKE ANZEIGEN auf. Klicken Sie anschließend auf die gewünschte Option.

5. Jetzt wählen Sie aus, ob Sie die Datenträger nur formatieren oder mit Zufallsdaten überschreiben möchten. Auch wenn hier nur ein einmaliger Durchlauf stattfindet, dauert der Vorgang im Vergleich zur einfachen Formatierung signifikant länger – aber bei Weitem nicht so lange wie Profilösungen mit vielen Durchläufen. Wählen Sie die gewünschte Option aus.

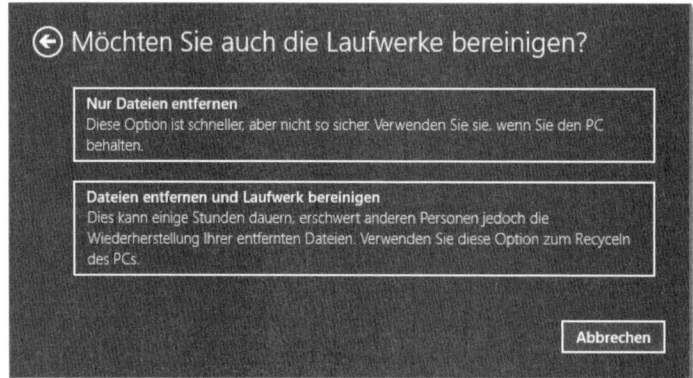

Abbildung 17.31 Schnell oder sicher? Das ist hier die Frage.

6. Nun wird Windows 10 die vorhandene Installation löschen und eine vollständige Neuinstallation durchführen.

Nach der Installation sind alle alten Daten weg, und auch ein *Windows.old*-Verzeichnis suchen Sie vergeblich. Richten Sie den Rechner nun vollständig neu ein.

17.5   Ein Systemimage erstellen und zurückspielen

Ein Systemimage ist eine Komplettsicherung Ihres Windows 10-Systems. Das Sicherungswerkzeug, mit dem sich komplette Abbilder Ihres Systems erstellen lassen, firmiert in Windows 10 unter dem ungelenken Namen *Sichern und Wiederherstellen (Windows 7)*. Laut Microsoft nutzten jedoch weniger als 5 % der Benutzer in früheren Windows-Versionen das integrierte Sicherungsprogramm, weshalb in Windows 8 als neues Werkzeug der Dateiversionsverlauf vorgestellt wurde. Nichtsdestotrotz steht die Windows-Sicherung immer noch zur Verfügung. Einige Unterschiede zwischen einem Systemabbild der Windows-Sicherung und einem angepassten Zurücksetzungsimage sind:

▶ Mit der Windows-Sicherung können sowohl einzelne Dateien als auch ganze Abbilder (Systemimages) gespeichert werden.

▶ Das Speicherformat von Systemimages ist *VHDX (Virtual Hard Disk)*, das auch in Hyper-V als virtueller Datenträger zum Einsatz kommt und zusätzlich direkt im Windows Explorer bereitgestellt werden kann.

▶ Man kann Systemabbilder lokal und ins Netzwerk speichern und auch wieder assistenten-gesteuert von dort herstellen.

Windows-Systemabbilder haben also durchaus ihren eigenen Anwendungsbereich.

17.5.1   Ein Systemimage erstellen

In diesem Praxisbeispiel erstellen wir ein vollständiges Image von Windows 10 und spei-chern es auf einer Netzwerkfreigabe ab. Wir führen folgende Schritte durch:

1. Drücken Sie die ▦-Taste, tippen Sie `Sichern und Wiederherstellen (Windows 7)` ein und drücken Sie dann die ⏎-Taste.

2. Klicken Sie auf der linken Seite auf den Link SYSTEMABBILD ERSTELLEN.

3. Wählen Sie nun aus, wo das Image gespeichert werden soll. In unserem Beispiel speichern wir das Image auf einem NAS (Network Attached Storage) im Netzwerk.

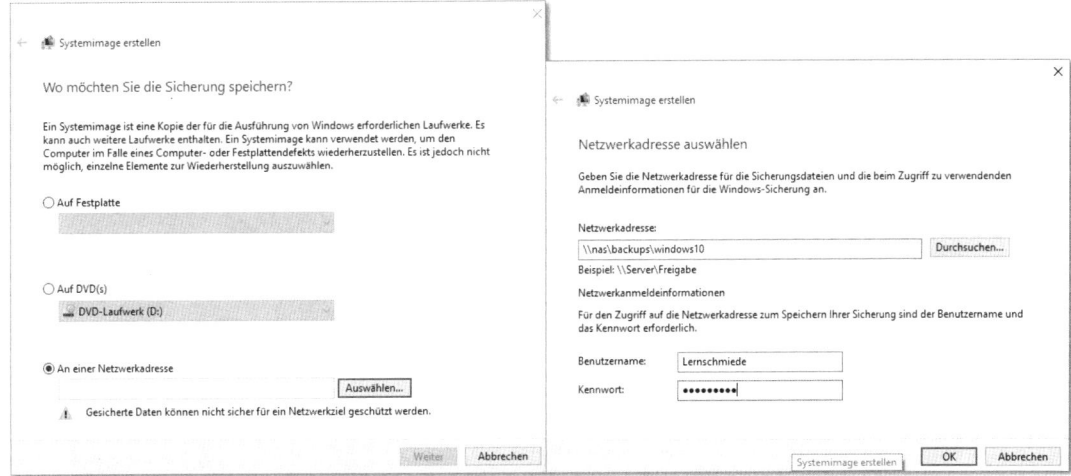

Abbildung 17.32 Speichern des Abbilds im Netzwerk

4. Geben Sie nun den Pfad und die Anmeldeinformationen ein, und klicken Sie auf OK.

5. Wählen Sie WEITER.

6. Drücken Sie die Schaltfläche SICHERUNG STARTEN.

Ihr Systemabbild wird nun im Netzwerk abgespeichert.

17.5.2   Eine Systemabbildsicherung mit der Kommandozeile erstellen

Für alle Freunde der Kommandozeile bietet Windows auch die Möglichkeit, ein Systemabbild in der Shell zu erstellen. Das Kommandozeilentool heißt *WBAdmin*. In diesem Beispiel werden wir ein Systemabbild von *C:* und der Systempartition auf eine zweite angeschlossene Festplatte mit dem Laufwerksbuchstaben *S:* erstellen:

1. Öffnen Sie mit ⊞ + X das Schnellmenü.

2. Wählen Sie EINGABEAUFFORDERUNG (ADMINISTRATOR).

Geben Sie den Befehl `wbadmin start backup -backuptarget:s: -include:c: -allcritical -quiet` ein, und drücken Sie `Enter`.

```
Administrator: Eingabeaufforderung
C:\Windows\system32>wbadmin start backup -backuptarget:s: -include:c: -allcritical -quiet
wbadmin 1.0 - Sicherungs-Befehlszeilentool
(C) Copyright 2013 Microsoft Corporation. Alle Rechte vorbehalten.

Volumeinformationen werden abgerufen...
Hierdurch wird "System-reserviert (500.00 MB),(C:)" auf "s:" gesichert.
Der Sicherungsvorgang in "S:" wird gestartet.
Eine Schattenkopie der für die Sicherung angegebenen Volumes wird erstellt...
Eine Schattenkopie der für die Sicherung angegebenen Volumes wird erstellt...
Von Volume "System-reserviert (500.00 MB)" wird eine Sicherung erstellt. Kopiert: (0%).
Die Sicherung von Volume "System-reserviert (500.00 MB)" wurde erfolgreich abgeschlossen.
Von Volume "(C:)" wird eine Sicherung erstellt. Kopiert: (1%).
Von Volume "(C:)" wird eine Sicherung erstellt. Kopiert: (8%).
Von Volume "(C:)" wird eine Sicherung erstellt. Kopiert: (15%).
Von Volume "(C:)" wird eine Sicherung erstellt. Kopiert: (22%).
Von Volume "(C:)" wird eine Sicherung erstellt. Kopiert: (29%).
Von Volume "(C:)" wird eine Sicherung erstellt. Kopiert: (35%).
Von Volume "(C:)" wird eine Sicherung erstellt. Kopiert: (40%).
Von Volume "(C:)" wird eine Sicherung erstellt. Kopiert: (45%).
Von Volume "(C:)" wird eine Sicherung erstellt. Kopiert: (49%).
Von Volume "(C:)" wird eine Sicherung erstellt. Kopiert: (54%).
Von Volume "(C:)" wird eine Sicherung erstellt. Kopiert: (58%).
Von Volume "(C:)" wird eine Sicherung erstellt. Kopiert: (62%).
Von Volume "(C:)" wird eine Sicherung erstellt. Kopiert: (67%).
 erstellt. Kopiert: (71%).
Von Volume "(C:)" wird eine Sicherung erstellt. Kopiert: (75%).
Von Volume "(C:)" wird eine Sicherung erstellt. Kopiert: (79%).
Von Volume "(C:)" wird eine Sicherung erstellt. Kopiert: (83%).
Von Volume "(C:)" wird eine Sicherung erstellt. Kopiert: (86%).
Von Volume "(C:)" wird eine Sicherung erstellt. Kopiert: (91%).
Von Volume "(C:)" wird eine Sicherung erstellt. Kopiert: (94%).
Von Volume "(C:)" wird eine Sicherung erstellt. Kopiert: (99%).
Die Sicherung von Volume "(C:)" wurde erfolgreich abgeschlossen.
Zusammenfassung des Sicherungsvorgangs:
------------------

Der Sicherungsvorgang wurde abgeschlossen.
Die Sicherung von Volume "System-reserviert (500.00 MB)" wurde erfolgreich abgeschlossen.
Die Sicherung von Volume "(C:)" wurde erfolgreich abgeschlossen.
Protokoll der gesicherten Dateien:
"C:\Windows\Logs\WindowsBackup\Backup-11-10-2015_21-26-08.log"
```

Abbildung 17.33 Die Systemabbilderstellung mit der Kommandozeile

Nun haben Sie ein Systemabbild mit der Kommandozeile erstellt. Die Protokolldateien finden Sie unter *C:\Windows\Logs\WindowsBackup*.

17.5.3   Ein vorhandenes Systemabbild wiederherstellen

Jeder IT-Mensch weiß: »*Sicherung ist das eine. Wiederherstellung etwas völlig anderes.*«

Die Systemabbild-Wiederherstellung wird wie die anderen Tools über die Wiederherstellungsumgebung gestartet. Wir können Abbilder direkt von lokal angeschlossenen Laufwerken zurückspielen oder auch direkt aus dem Netzwerk. Hierbei machen sich grundlegende Netzwerkinfrastrukturdienste wie z. B. DNS *(Domain Name System)* zur Auflösung von Namen und DHCP *(Dynamic Host Configuration Protocol)* zum automatischen Verteilen einer IP-Konfiguration ganz gut, die aber den meisten Heimnetzwerken durch den Internetrouter bereitgestellt werden dürften.

Im folgenden Praxisbeispiel stellen wir ein zuvor gesichertes Systemabbild her, das im Netzwerk abgespeichert wurde:

1. Geben Sie in das Suchfeld WIEDERHERSTELLUNG ein, und drücken Sie die ⏎-Taste.

2. Im Abschnitt ERWEITERTER START klicken Sie auf jetzt NEU STARTEN.

3. Alternativ rufen Sie die Wiederherstellungsumgebung mit Hilfe eines Windows 10 Installationsdatenträgers auf. Booten Sie vom Medium und rufen Sie auf dem ersten Willkommensbildschirm den Link REPARATUROPTIONEN in der linken Bildschirmhälfte auf.

4. Wählen Sie in der Wiederherstellungsumgebung die Problembehandlung aus.

5. Starten Sie die ERWEITERTEN OPTIONEN.

6. Wählen Sie nun den Punkt SYSTEMIMAGE-WIEDERHERSTELLUNG (Abbildung 17.34).

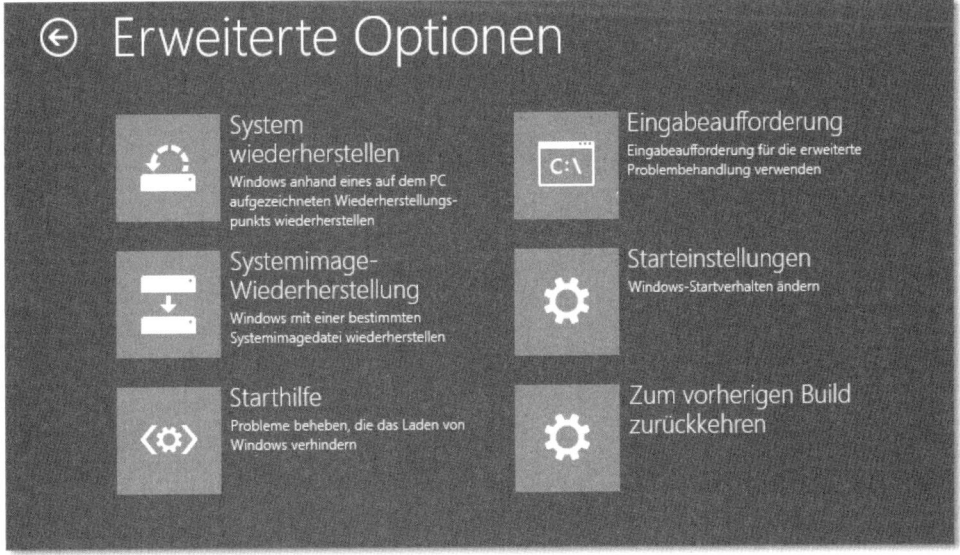

Abbildung 17.34 In den »Erweiterten Optionen« steckt die »Systemimage-Wiederherstellung«.

7. Wenn Sie die Wiederherstellung auf einem Rechner durchführen, auf dem bereits Windows 10 installiert ist, melden Sie sich nun mit Ihrem Benutzerkonto an. Falls Sie die Systemimage-Wiederherstellung auf einem leeren Datenträger durchführen, wird die Abfrage automatisch übersprungen.

8. Im nächsten Fenster kommt es darauf an, ob Sie die Datensicherung auf einem lokalen Datenträger durchgeführt haben oder ob die Sicherung im Netzwerk liegt. Lokale Sicherungen erkennt Ihr Windows auf Anhieb und bietet Ihnen an, das jüngste Abbild zurückzuspielen Sie können den Assistenten an dieser Stelle mit WEITER fortsetzen oder ein anderes SYSTEMABBILD AUSWÄHLEN. Wenn Sie mit WEITER fortfahren, können Sie direkt zu Schritt 15 in diesem Praxisbeispiel springen.

Abbildung 17.35 Lokal abgespeicherte Systemabbilder werden gleich erkannt.

9. Wenn die Sicherung im Netzwerk liegt, kann das System kein Abbild finden und meldet sich mit einem Warnfenster (Abbildung 17.36). Klicken Sie einfach auf ABBRECHEN.

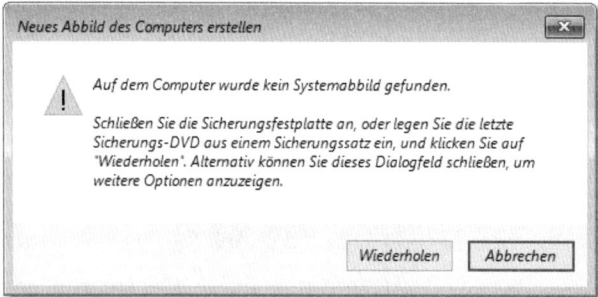

Abbildung 17.36 Windows teilt Ihnen mit, dass es keine lokal gespeicherte Sicherung findet.

10. In diesem Praxisbeispiel möchten wir eine zuvor erstellte Sicherung aus dem Netzwerk herstellen. Wählen Sie den Punkt SYSTEMABBILD AUSWÄHLEN, und klicken Sie auf WEITER.

11. Um das Abbild aus dem Netz zu fischen, klicken Sie auf ERWEITERT.

12. Im folgenden Schritt werden Sie gefragt, ob Sie ein Systemabbild im Netzwerk suchen oder einen Treiber installieren möchten. Die Treiberinstallation kann notwendig werden, wenn Sie zwar ein Image auf einem lokalen Speichergerät vorhalten, die Wiederherstellungsumgebung aber keinen Treiber dafür hat. Wählen Sie IM NETZWERK NACH EINEM SYSTEMABBILD SUCHEN.

13. Nun werden Sie gefragt, ob Sie den Netzwerkstack von Windows PE initialisieren möchten. Klicken Sie auf JA. Das System versucht nun, per DHCP eine IP(*Internet Protocol*)-Konfiguration aus dem Netz zu bekommen.

14. Geben Sie jetzt den UNC-Pfad *(Universal Naming Convention)* zu Ihrem Backup-Ordner im Netz an. In diesem Beispiel lautet der Rechnername mit der Sicherung im Netz *NAS* und die zuvor erstellte Freigabe *Backups\Windows10*. Der Pfad lautet also: *\\NAS\ Backups\Windows10*. Klicken Sie anschließend auf OK (Abbildung 17.37).

Abbildung 17.37 Der Pfad zum freigegebenen Sicherungsordner im Netzwerk

15. Nun authentifizieren Sie sich mit Ihrem Namen und einem Kennwort und klicken dann auf OK.

16. Jetzt wird das ausgewählte Systemabbild im Assistenten angezeigt. Klicken Sie noch einmal darauf, um es zu markieren, und klicken Sie anschließend auf WEITER (Abbildung 17.38).

17. Auch im nächsten Fenster wählen Sie das Abbild nochmals an und bestätigen mit WEITER.

18. Im vorletzten Fenster haben Sie noch folgende Möglichkeiten: Bei der Option DATENTRÄGER FORMATIEREN UND NEU PARTITIONIEREN ist der Name gleichzeitig Programm und steht nur dann zur Verfügung, wenn bereits ein Windows-System auf dem Datenträger liegt. Wenn Sie das Häkchen setzen, werden alle Daten gelöscht und die Festplatte gemäß den Inhalten Ihrer Systemimage-Wiederherstellung neu partitioniert. Falls Sie mehrere Datenträger/Partitionen im System vorhalten, ist mit der Option DATENTRÄGER AUSSCHLIESSEN ein Ausschluss möglich. Von den ausgeschlossenen Datenträgern

lässt die Sicherung dann die Finger. Falls die Datenträger nicht erkannt werden, besteht mit der Option TREIBER INSTALLIEREN nochmals die Möglichkeit, einen Treiber einzubinden. Mit der Schaltfläche ERWEITERT stellen Sie schließlich ein, ob das System nach dem Imagingvorgang automatisch gebootet werden soll und ob ein Checkdisk-Durchlauf stattfinden soll. Klicken Sie auf WEITER.

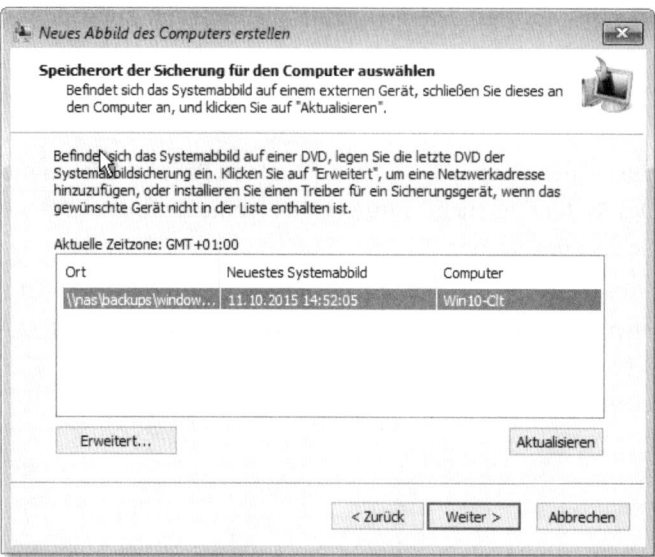

Abbildung 17.38 Das ausgewählte Systemabbild

19. Im letzten Fenster klicken Sie auf FERTIG STELLEN und bestätigen die Abfrage, dass alle Daten gelöscht werden, gegebenenfalls mit JA.

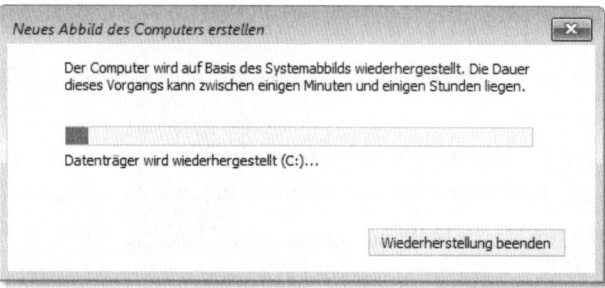

Abbildung 17.39 Die Wiederherstellung dauert einige Zeit.

Nach einigen Minuten haben Sie Ihr Systemabbild wiederhergestellt.

Systemimage aus dem Netzwerk klappt nicht – Troubleshooting für Profis

Die Wiederherstellung von Systemimages aus dem Netzwerk kann durchaus einiges Kopfzerbrechen bereiten. In der Regel sind es drei Fehlerursachen, die verhindern, dass Sie Ihr Systemimage finden: Treiberprobleme, Namensprobleme und Probleme mit der IP(*Internet Protocol*)-Konfiguration.

Treiberprobleme: Manchmal erkennt Windows PE den Datenträger oder die Netzwerkkarte mangels Treiber nicht. Laden Sie daher die korrekten Treiber auf einen USB-Stick. Da Sie in Windows PE kein Treiberinstallationsprogramm nutzen, entpacken Sie die Treiberdateien mit einem Entpacker-Tool (z. B. 7-Zip). Wenn Sie in PE auf die Schaltfläche TREIBER INSTALLIEREN klicken, wird ein Explorer-Fenster geöffnet, mit dessen Hilfe Sie zum Treiberordner navigieren können. Der USB-Stick sollte in der Regel erkannt werden. Suchen Sie nun die passende *.inf*-Datei, und klicken Sie auf ÖFFNEN. Jetzt wird der Treiber in einem weiteren Fenster angezeigt. Klicken Sie auf TREIBER HINZUFÜGEN, um den/die Treiber zu installieren.

Namensprobleme: Sie sind sich sicher, dass die von Ihnen angegebene Freigabe stimmt, die Berechtigungen korrekt gesetzt sind und die Anmeldeinformation korrekt eingegeben wurde? Dann kann es sein, dass Windows einfach nicht mit dem Namen zurechtkommt. Probieren Sie den UNC-Pfad zur Freigabe doch einfach mit der IP aus, z. B.: \192.168.0.5\backup.

Probleme mit der IP-Konfiguration: Falls Ihre IP-Konfiguration Probleme bereitet, probieren Sie es mit folgenden Tipps: Rufen Sie in Windows PE eine Eingabeaufforderung mit der Tastenkombination ⌂ + F10 auf. Geben Sie `ipconfig` ein, und überprüfen Sie das Ergebnis. Sollte keine IP-Konfiguration vorhanden sein, initialisieren Sie das Netzwerk mit dem Befehl `wpeutil initializenetwork`. Überprüfen Sie das Netzwerk erneut. Falls Sie eine IP aus dem Bereich 169.254.x.x bekommen haben, ist der DHCP-Dienst nicht erreichbar oder Sie arbeiten im Netzwerk mit statischen IPs.

Verwenden Sie für die nachfolgenden Befehle bitte das IP-Nummernschema aus Ihrem eigenen Netz. Um dem PE-Client z. B. eine statische IP 192.168.0.30 mit der Subnetzmaske 255.255.255.0 und dem Standard-Gateway 192.168.0.254 zu vergeben, geben Sie den folgenden Befehl ein: `netsh interface ipv4 set address name="ethernet0" static 192.168.0.30 255.255.255.0 192.168.0.254`. In Windows 10 wird die erste kabelgebundene Netzwerkkarte als ETHERNET0 ausgegeben. Im Zweifel rufen Sie den Befehl `netsh int show int` auf, um zu sehen, wie der Schnittstellenname heißt.

Testen Sie die Verbindung mit einem Ping auf die IP-Adresse des Netzwerkspeichergeräts. Nun sollte der Zugriff über den UNC-Pfad unter Angabe der IP-Adresse funktionieren.

17.6   Windows bei Startproblemen automatisch reparieren

Wenn der Systemstart nicht so möchte wie Sie, hilft Windows mit der automatischen Reparaturfunktion aus. Die Automatische Reparatur ist Teil der Wiederherstellungsumgebung und findet sich dort unter PROBLEMBEHANDLUNG • ERWEITERTE OPTIONEN.

Sie können die Automatische Reparatur manuell aus der Wiederherstellungsumgebung starten, aber auch ein automatischer Start bei Problemen ist vorgesehen.

Windows setzt beim Systemstart ein Flag in die Datei *bootstat.dat*, das jedoch vor der Anmeldung wieder gelöscht wird. Wenn der Startprozess abbricht, wird das Flag nicht gelöscht, und Windows erkennt beim nächsten Start, dass der vorherige Bootprozess fehlgeschlagen ist. Wenn der Start zweimal fehlschlägt, lädt Windows automatisch die Reparaturfunktion. Aber auch nach der Anmeldung behält Windows die Systemfunktionalität im Auge. Wenn Windows zweimal innerhalb von zwei Minuten nach der Anmeldung ungeplant herunterfährt, wird die Automatische Reparatur ebenfalls gestartet. (Abbildung 17.40) Dieser Prozess wird als *automatisches Failover* bezeichnet.

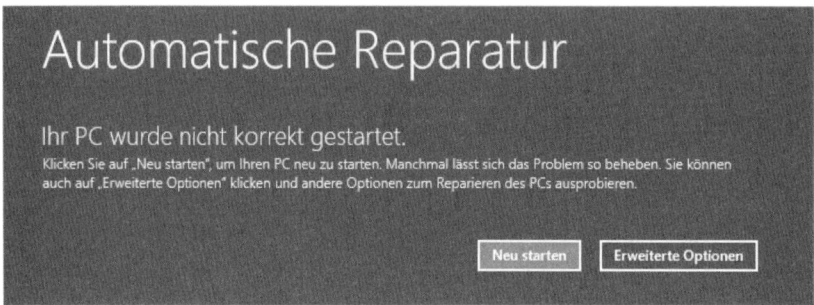

Abbildung 17.40 Beim automatischen Failover wird die Reparaturfunktion automatisch gestartet.

17.6.1   Die Automatische Reparatur – was steckt drin?

Seien wir ehrlich: Aufgrund der hohen Komplexität heutiger Systeme können nur einige vordefinierte Mechanismen ablaufen. Allerdings helfen diese Standardtasks bei den häufigsten Startproblemen – und das per Knopfdruck.

Windows überprüft bei der Automatischen Reparatur Folgendes:

► Registrierungsschäden

► fehlende oder beschädigte System- und Treiberdateien

► beschädigte Datenträger-Metadaten, z. B. MBR *(Master Boot Record)*, Partitionstabelle und Startsektor prüfen

► beschädigte Dateisystem-Metadaten

► Installation problematischer oder nicht kompatibler Treiber

► Installation nicht kompatibler Windows Service Packs und Patches

► beschädigte Startkonfigurationsdaten

► unzureichende Speicher- und Festplattenhardware (nur Erkennung)

Keine Chance hat die Automatische Reparatur hingegen bei Hardwarefehlern, Updates, die ordentlich installiert wurden, aber trotzdem Scherereien machen, bei Anmeldefehlern von Windows und bei Problemen durch Virenprogramme.

Vor der Reparatur führt Windows 13 Diagnosetasks aus, um dem potenziellen Fehler auf die Spur zu kommen. Darunter fallen z. B. die Überprüfung der Integrität des MBR, der Partitionstabelle und des Startsektors, die Kontrolle der Integrität der Registrierungsdatenbankdateien und die Überprüfung des Ereignisprotokolls. Je nachdem, ob und welche Fehler gefunden wurden, werden entsprechende Reparaturfunktionen ausgeführt. So können beispielsweise beschädigte Systemdateien ersetzt, falsche Berechtigungen auf die Startdateien zurückgesetzt oder die Startkonfigurationsdateien rekonstruiert werden.

Eine vollständige Liste der Diagnose- und Reparaturtasks finden Sie unter der URL *http:// technet.microsoft.com/de-de/library/cc722188(v=ws.10).aspx*.

17.6.2   Die Automatische Reparatur-Funktion ausführen

Wie in Abschnitt 17.6, »Windows bei Startproblemen automatisch reparieren«, bereits erwähnt, tritt die Reparaturfunktion bei Startfehlern automatisch in Aktion. Wir werden die Automatische Reparatur für dieses Beispiel jedoch manuell starten:

1. Starten Sie die Wiederherstellungsumgebung, und wählen Sie PROBLEMBEHANDLUNG • ERWEITERTE OPTIONEN.

2. Klicken Sie auf STARTHILFE.

3. Melden Sie sich an Ihrem Account an (Abbildung 17.41).

Abbildung 17.41 Anmeldung an der Installation

Abbildung 17.42 Zunächst werden Probleme diagnostiziert und dann repariert.

Das war's!

Nach der Reparatur können Sie unter *%systemroot%\windows\system32\logfiles\srt\Srt-Trail.txt* nachsehen, welche Reparaturen Windows durchgeführt hat.

Die gefürchtete Reparaturschleife bei der Automatischen Reparatur

Manchmal bekommt Windows 10 während der Automatischen Reparatur Schluckauf und startet in die gefürchtete Reparaturschleife. Bevor Sie nun frustriert eine Neuinstallation starten, probieren Sie folgende Tipps:

Rufen Sie die Wiederherstellungsumgebung von extern auf. Starten Sie die Kommandozeile mit Problembehandlung • Erweiterte Optionen • Eingabeaufforderung. Geben Sie nun folgende Befehle ein:

- ▶ bootrec /fixmbr – um den Master Boot Record (MBR) neu zu schreiben,
- ▶ bootrec /fixboot – um einen neuen Startsektor auf die Systempartition zu schreiben,
- ▶ bootrec /rebuildbcd – um die Datenträger nach Windows-Installationen zu durchsuchen und gegebenenfalls dem Startkonfigurationsspeicher hinzuzufügen,
- ▶ chkdsk /r c:
  chkdsk /r d:
  chkdsk /r e:
  chkdsk /r f: –
  um eventuelle Fehler im Dateisystem zu beheben.

Kapitel 18

UEFI und Secure Boot – Schutz von Anfang an

Das BIOS ist tot, es lebe das BIOS! UEFI, das Unified Extensible Firmware Interface, so heißt der BIOS-Nachfolger. Durch neue und immer vielfältigere Hardware ist das alte BIOS an seine Grenzen gekommen. Die neue Firmware bietet vielfältige und komfortable Möglichkeiten für den Systemstart. Wir stellen Ihnen hier UEFI vor und erläutern Ihnen, was sich hinter diesem Konzept verbirgt.

Sowohl das alte BIOS (Basic Input/Output System) als auch UEFI (Unified Extensible Firmware Interface) stellen die Firmware der Hauptplatine dar. Diese Firmware ist die Schnittstelle zwischen dem Betriebssystem und der Hardware (Abbildung 18.1).

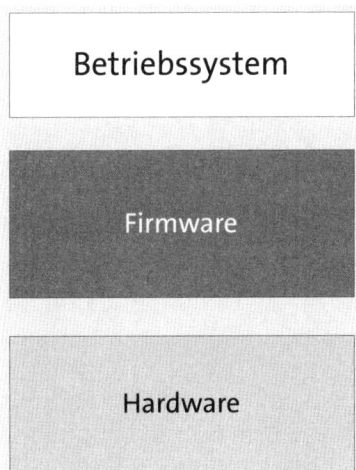

Abbildung 18.1 Bindeglied zwischen Hardware und dem Betriebssystem

Die Firmware ist der erste Programmcode, der von Ihrem System nach dem Einschalten (Kaltstart) ausgeführt wird. Das BIOS hat eine lange Geschichte (1982, IBM), die nun zu enden scheint. Das BIOS war für x86 PCs konzipiert und bot je nach Hersteller mal mehr, mal weniger Einstellmöglichkeiten (Abbildung 18.2).

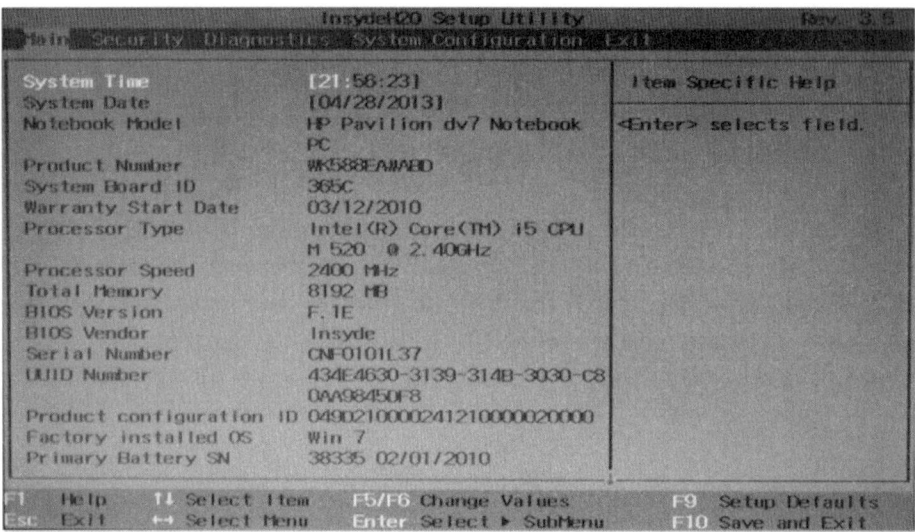

Abbildung 18.2 BIOS eines HP-dv7-Notebooks

Der Ruf nach einer neuen, leistungsstarken Firmware, die an 64-Bit-Prozessor-Architekturen angepasst ist und über eine komfortable Benutzeroberfläche verfügt, wurde laut.

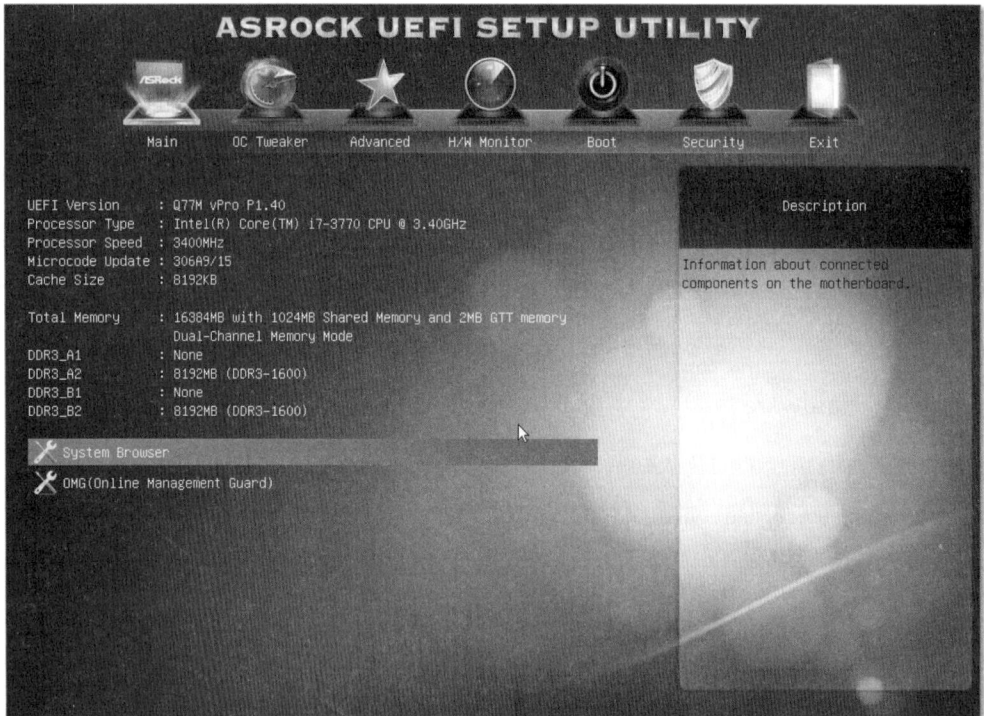

Abbildung 18.3 Moderne UEFI-Firmware eines ASROCK-Mainboards

UEFI ist der designierte Nachfolger des BIOS. 2006 schlossen sich namhafte Hard- und Softwarehersteller zusammen und gründeten das (U)EFI-Forum (*http://www.uefi.org*). Diesem Forum gehören momentan elf Unternehmen an: AMD, American Megatrends Inc., Apple Inc., Dell, Hewlett Packard, IBM, Insyde Software, Intel, Lenovo, Phoenix Technologies und Microsoft. Die hochauflösende Grafik und die Verfügbarkeit der Maus erleichtern die Bedienung ungemein. Sie haben gegebenenfalls sogar die Möglichkeit, Screenshots für Dokumentationszwecke zu machen (hier durch Betätigen von [F12]) und auf einen Datenträger abzuspeichern (Abbildung 18.3). Diese Verbesserungen der Oberfläche stellen jedoch nur einen Teil der Änderungen dar, die UEFI mit sich bringt. Die aktuelle UEFI-Version unterstützt den sogenannten *Secure Boot*. Diese neue Funktion ist, wie Sie in diesem Kapitel erfahren werden, für Windows 10 von großer Bedeutung.

18.1   Das »alte« BIOS und UEFI: eine Gegenüberstellung

Zunächst haben UEFI und das BIOS die gleichen Aufgaben. Sie initialisieren die Hardware und übergeben dann die Kontrolle an das Betriebssystem. Oft ist es erforderlich, dass der Startprozess BIOS konform abläuft, da neue Funktionen der UEFI-Firmware Probleme verursachen können. UEFI wird von Microsoft seit Einführung von Windows Server 2008 und im Client-Bereich ab Windows Vista Service Pack 1 unterstützt.

18.1.1   Aufgaben des BIOS

Ursprünglich war das BIOS in einem Festspeicher, einem sogenannten *EPROM*, auf der Hauptplatine beheimatet, und ein Upgrade, wenn überhaupt möglich, war nur durch einen Eingriff in die Hardware zu bewerkstelligen. Die Firmware moderner Systeme liegt in einem Flash-ROM, dessen Inhalt überschrieben werden kann. Somit werden BIOS-Upgrades, um z. B. neue Peripheriegeräte zu unterstützen, möglich. Dennoch schrecken viele Anwender vor einem solchen Eingriff zurück. Mit Recht, denn fehlgeschlagene BIOS-Upgrades können das System irreparabel beschädigen. Lassen Sie Vorsicht walten, denn an dieser Stelle sprechen wir aus Erfahrung!

Typische Aufgaben des BIOS:

1. Den POST (*Power On Self-Test*) initiieren
   - Testen des Prozessors
   - Überprüfen der Hauptplatine (Chipsatz)
   - Prüfen des Systemspeichers (RAM)
   - Testen der Grafikkarte
2. Initialisierung der Hardware
   - Typischerweise werden hier Ressourcen (Speicher und Interrupts) für die eingebauten Geräte und Steckkarten vergeben.

3. Benötigte Passworte erfragen
   - BIOS-Startpasswort (falls erforderlich)
   - Festplattenpasswort (falls erforderlich)
4. Dem Anwender ermöglichen, BIOS-Einstellungen vorzunehmen (Setup)
5. Aufruf von herstellerspezifischen Programmen
   - z. B. Abarbeitung der Firmware auf RAID-Controllern
6. Initiieren des Bootvorgangs

Der Bootvorgang wird über einen Interrupt ausgelöst (INT13h), der dafür sorgt, dass das System alle anderen Tätigkeiten einstellt und versucht, vom ersten im Setup konfigurierten Boot-Device zu starten. Im Erfolgsfall wird der Bootsektor in den Speicher geladen und das dort befindliche Programm (*Bootloader*) gestartet.

18.1.2   Vorteile der UEFI-Firmware

Viele Aufgaben des UEFI gleichen denen des BIOS. UEFI nimmt tatsächlich den Platz zwischen Hardware und Betriebssystem ein, doch es kann viel mehr als das alte BIOS.

UEFI zeichnet sich u. a. durch folgende Eigenschaften aus:

▸ hochauflösende Grafik: Die Setup- bzw. Konfigurationsoberfläche wird hochauflösend dargestellt, und die Unterstützung für die Maus ist gegeben.

▸ Unterstützung von 32-Bit- als auch von 64-Bit-Prozessoren

▸ Netzwerkverbindungen auf Firmware-Ebene: Die Möglichkeit, Netzwerkverbindungen unterhalb der Ebene des Betriebssystems aufzubauen, könnte durchaus ein Sicherheitsrisiko sein. UEFI verfügt aber über Schutzmechanismen, wie beispielsweise Secure Boot, die einen Schutz der Firmware gewährleisten sollen.

▸ Booten von einem EFI-File: UEFI bietet die Möglichkeit, in eine textbasierte Managementkonsole zu booten, die *UEFI-Shell*. Diese Option ist nicht in jedem UEFI eingebaut, notfalls lassen sich aber die benötigten Dateien auf einem externen Datenträger bereitstellen.

▸ Integration von Sicherheitsmechanismen, z. B. Secure Boot, Measured Boot

▸ Integration des Bootloaders in die Firmware

▸ Unterstützung großer Festplatten dank *GPT* (*GUID Partition Table*): GPT unterstützt u. a. Festplatten mit mehr als 2,2 TB

▸ schnelle Startmechanismen: Fast Boot und Ultra Fast Boot

▸ eine BIOS-Emulation zur Wahrung der Kompatibilität: Booten im Legacy Mode durch die *Compatibility Support Modules* (*CSM*)

Oft ist in diesem Zusammenhang mit neuen Eigenschaften von UEFI auch von *den UEFI-Spezifikationen* [*http://www.uefi.org*] zu lesen. Diese beschreiben die Schnittstelle (API) der eigentlichen Firmware zum Betriebssystem. Damit wird der Funktionsumfang, den UEFI dem Betriebssystem zur Verfügung stellt, klar definiert. Da die UEFI-Spezifikationen ein offener Standard sind, dem die Mitglieder des UEFI-Forums folgen, stellt das einen großen Fortschritt gegenüber den herstellerspezifischen Ansätzen beim alten BIOS dar.

18.2   UEFI, der Systemstart im Detail

Der Start eines UEFI-Systems erfolgt in drei Schritten. Zunächst wird die Hardware initialisiert. In der sogenannten *Pre-EFI-Initialisierung* (PEI) werden alle notwendigen Prozesse gestartet, um beispielsweise CPU, Speicher oder andere Standardkomponenten der Hardware nutzen zu können. Anschließend werden (U)EFI-Treiber und -Programme geladen (DXE – Driver Execution Environment) und gestartet (Abbildung 18.4). Da dies parallel geschehen kann, wird der Systemstart im Vergleich zum BIOS sehr beschleunigt. Zuletzt werden die Startlaufwerke ermittelt und der Bootloader entsprechend gestartet.

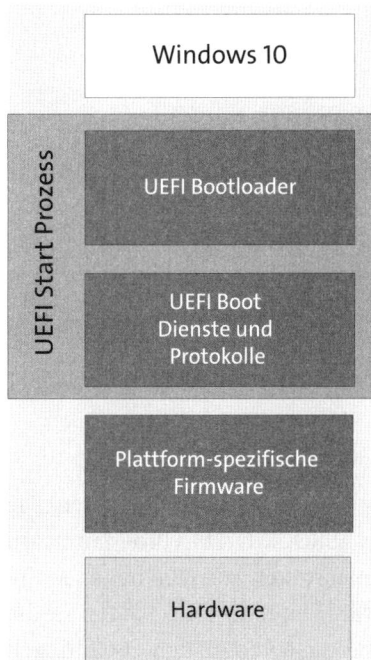

Abbildung 18.4 UEFI-Startprozess

Etwas komplexer gestaltet sich der Start, wenn das System im Kompatibilitätsmodus betrieben werden soll (Abbildung 18.5). Der Bootloader ist dann nicht mehr Teil der Firmware, sondern wird klassisch von einem Datenträger geladen. Außerdem kommen die sogenannten *Compatibility Service Modules* zum Einsatz.

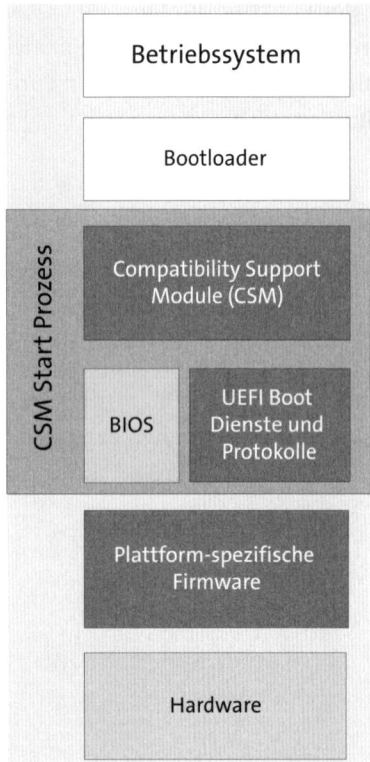

Abbildung 18.5 Start im Kompatibilitätsmodus

Dies ermöglicht es älteren Betriebssystemen, die nicht UEFI-kompatibel sind, zu starten. Auf vielen Mainboards ist der CSM(Legacy)-Modus zunächst als Standard eingestellt.

18.2.1   Den Systemstart beschleunigen

Neuere Mainboards bieten Ihnen die Möglichkeit, den Systemstart zu beschleunigen. Die folgende Beschreibung bezieht sich exemplarisch auf ein ASROCK Q77M vPro-Mainboard mit der Firmware-Version P1.40. Die beschriebenen Optionen sollten auf allen neuen Mainboards zur Verfügung stehen. Gegebenenfalls ist ein Firmware-Upgrade nötig. Sollten Sie die beschriebenen Optionen auf Ihrer Konfigurationsoberfläche, nicht wie auf den Abbildungen dargestellt, zu finden sein, konsultieren Sie bitte das Handbuch Ihres Mainboards, da hier herstellerspezifische Abweichungen möglich sind.

AHCI – Advanced Host Controller Interface

AHCI definiert einen Standard, der es ermöglicht, SATA-Festplatten zu betreiben, ohne auf spezielle Treiber angewiesen zu sein. Oft steht Ihnen noch die Option *IDE* (Integrated Device

Electronics) zur Verfügung (Abbildung 18.6). Diese auszuwählen ist dann sinnvoll, wenn Sie Betriebssysteme einsetzen wollen, die AHCI nicht unterstützen. Windows 10 unterstützt AHCI, daher sollten Sie diese Option problemlos nutzen können.

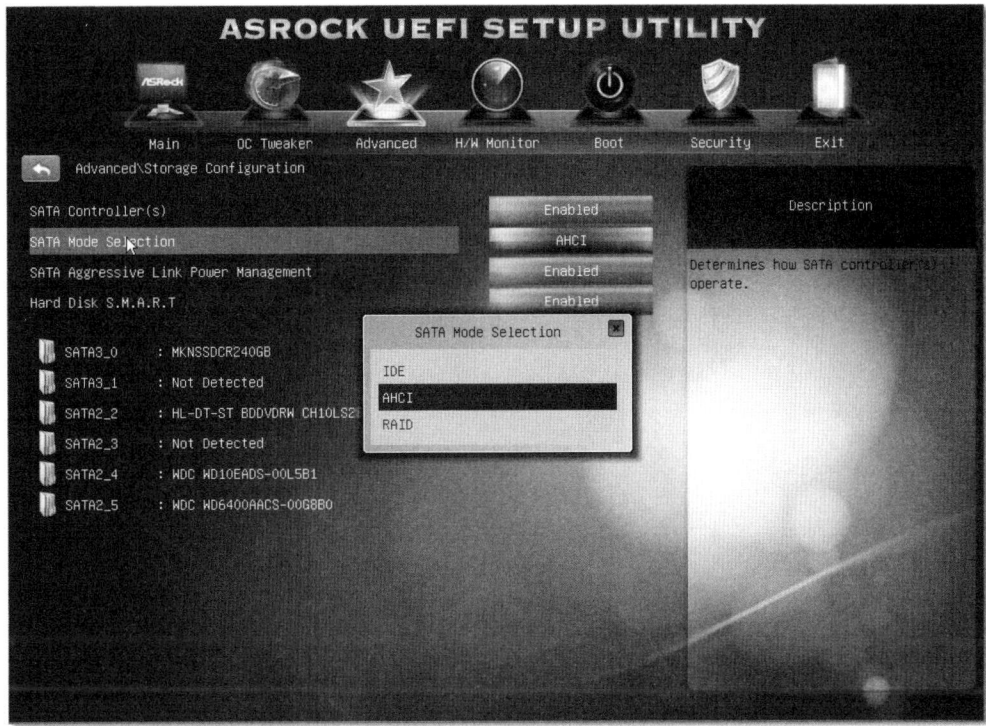

Abbildung 18.6 AHCI einschalten

Achtung!

Ein nachträgliches Aktivieren von AHCI auf Windows 7-Systemen kann zu Systemabstürzen führen. Windows 2000 und Windows XP unterstützen AHCI nicht ohne Weiteres.

Auf neuen Systemen sollte AHCI standardmäßig aktiviert sein. Sollten Sie Windows 10 auf einem System betreiben, das noch den IDE-Modus benutzt, können Sie die Einstellung nachträglich ändern. Bevor Sie die Einstellung in der Firmware ändern, müssen Sie in der Registry Ihres Windows 10-Systems zwei Schlüssel bearbeiten (Abbildung 18.7 und Abbildung 18.8). Öffnen Sie den Registry-Editor von Windows 10, indem Sie die Tastenkombination ⊞ + R betätigen. Geben Sie anschließend in das Eingabefeld regedit ein (Abbildung 18.7). Bestätigen Sie Ihre Eingabe durch Drücken der ⏎-Taste oder durch Klicken mit der Maus auf OK.

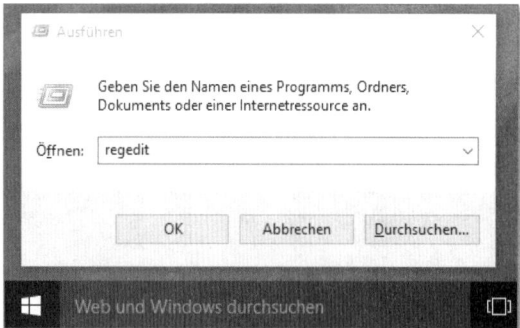

Abbildung 18.7 Den Registry-Editor öffnen

Sobald sich der Registry-Editor geöffnet hat, navigieren Sie zu folgendem Schlüssel:

`HKEY_LOCAL_MACHINE\SYSTEM\CurrentControlSet\Services\storahci`

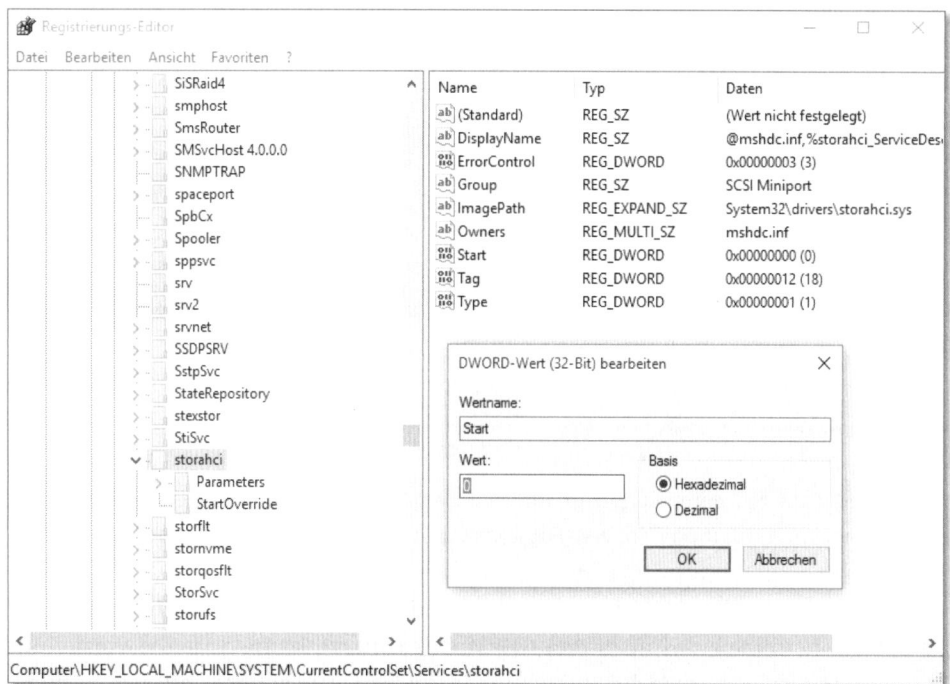

Abbildung 18.8 Den Wert für den Eintrag »Start« auf 0 setzen

Führen Sie an dieser Stelle einen Doppelklick auf den Eintrag START aus, und ändern Sie den Wert auf 0. Es kann durchaus sein, dass hier schon eine 0 eingetragen ist. Öffnen Sie anschließend den Schlüssel:

`HKEY_LOCAL_MACHINE\SYSTEM\CurrentControlSet\Services\storahci\StartOverride`

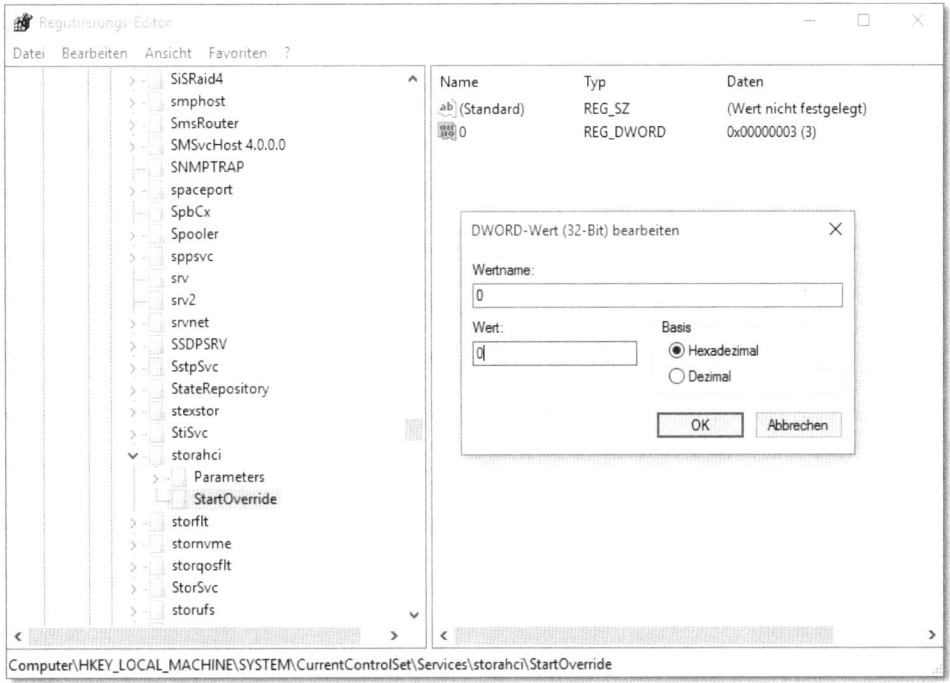

Abbildung 18.9 Den Wert für den Eintrag »0« auf 0 setzen

Ändern Sie den Wert für den Eintrag »0« auf 0. Der standardmäßig vergebene Wert ist hier typischerweise 3.

Führen Sie nun einen Neustart durch, und öffnen Sie die Firmware(UEFI)-Konfiguration. Stellen Sie nun den SATA-Modus auf AHCI um (Abbildung 18.6).

> **Achtung!**
>
> Ein nachträgliches Ändern der Einstellung kann dazu führen, dass Ihr System nicht mehr startet oder einen Bluescreen erzeugt. Es kann auch vorkommen, dass sich die Startreihenfolge der Bootgeräte ändert. Führen Sie daher sicherheitshalber ein Backup durch, und stellen Sie sicher, dass Sie Änderungen notfalls wieder rückgängig machen können. Es empfiehlt sich gegebenenfalls, bevor Sie mit Arbeiten an der Registry beginnen, einen Wiederherstellungspunkt anzulegen.

Falls es nach einer Änderung zu Problemen kommt, könnte folgende Vorgehensweise hilfreich sein:

1. Betätigen Sie den Netzschalter, und starten Sie den Computer neu.
2. Gehen Sie in die Firmware Ihres Systems, und stellen Sie den ursprünglichen Wert für den SATA-Modus (Abbildung 18.6) wieder her.

3. Übernehmen Sie die Änderungen, und starten Sie Ihren Computer neu.

   Sie können nun Ihren Computer neu starten – gegebenenfalls werden Ihnen einige Warnungen angezeigt, die Sie aber ignorieren können.

4. Öffnen Sie ein Konsolenfenster als Administrator, und geben Sie folgenden Befehl ein: `bcdedit /set {current} safeboot minimal`. Starten Sie nun den Computer neu, und gehen Sie in die Firmware Ihres Systems.

5. Ändern Sie den Wert für den SATA-Modus wie gewünscht.

6. Übernehmen Sie die Änderungen, und starten Sie das System neu. Eventuelle Warnungen können Sie an dieser Stelle ignorieren.

7. Windows wird nun in den *Abgesicherten Modus* starten.

8. Melden Sie sich am System an, und öffnen Sie ein Konsolenfenster. Geben Sie folgenden Befehl ein: `bcdedit /deletevalue {current} safeboot`

9. Starten Sie Ihr System neu. Die Änderung des SATA-Modus wurde erfolgreich übernommen.

Diese Vorgehensweise basiert darauf, dass die Systemtreiber beim Starten im abgesicherten Modus wieder neu initialisiert werden. Es sollte sogar möglich sein, den SATA-Modus auf RAID zu ändern. Der RAID-Modus (*Redundant Array of Independent Disks*) erlaubt es Ihnen, mehrere Festplatten in einem Verbund zu betreiben. Sollten Sie einen RAID-Verbund einsetzen wollen, empfehlen wir Ihnen den Kauf einer zusätzlichen RAID-Controller-Karte.

Fast oder Ultra Fast booten

Darf es ein bisschen schneller sein oder vielleicht sogar ultraschnell? Sie können den Systemstart extrem beschleunigen, indem Sie die Option Ultra Fast aktivieren (Abbildung 18.10). Die Option befindet sich gegebenenfalls im Unterbereich Boot des Konfigurationsmenüs. Sofern Sie die Option Fast wählen, können Sie anschließend nicht mehr von einem externen Datenträger, wie beispielsweise einem USB-Stick, booten. Bei Auswahl von Ultra Fast gibt es noch weitere Einschränkungen. Diese Option können Sie nur sinnvoll einsetzen, wenn Sie eine Windows-Version 8.x oder 10 benutzen. Die UEFI-Firmware forciert dabei die Nutzung eigener Treiber, wodurch der Startprozess der UEFI-Firmware und der von Windows 10 verschmelzen. Spezifische Treiber, die von Windows 10 benötigt werden, werden dabei später nachgeladen. Der Bootprozess soll sich so auf weniger als zehn Sekunden reduzieren lassen.

Achtung!

Die Grafikkarte Ihres Computers muss von UEFI unterstützt werden, damit Sie den Ultra Fast-Modus nutzen können. Prüfen Sie die Angaben des Grafikkartenherstellers, ob Ihre Grafikkarte UEFI-kompatibel ist und Sie den Ultra Fast-Modus nutzen können.

Achtung, »Ultra Fast«!

Sollten Sie diese Option wählen, können Sie nachträglich keine Änderungen an der UEFI-Konfiguration mehr vornehmen. Die Konfigurationsoberfläche steht Ihnen dann nicht mehr zur Verfügung, und Sie haben nur noch die Möglichkeit, mit einem Hardware-Reset (Betätigen eines Schalters oder Setzen eines Jumpers [*CLR_CMOS*] auf dem Mainboard) das UEFI zurückzusetzen. Im Handbuch Ihres Mainboards sollte die genaue Vorgehensweise dokumentiert sein. Bei Laptops kann leider oft nur noch der Hersteller weiterhelfen.

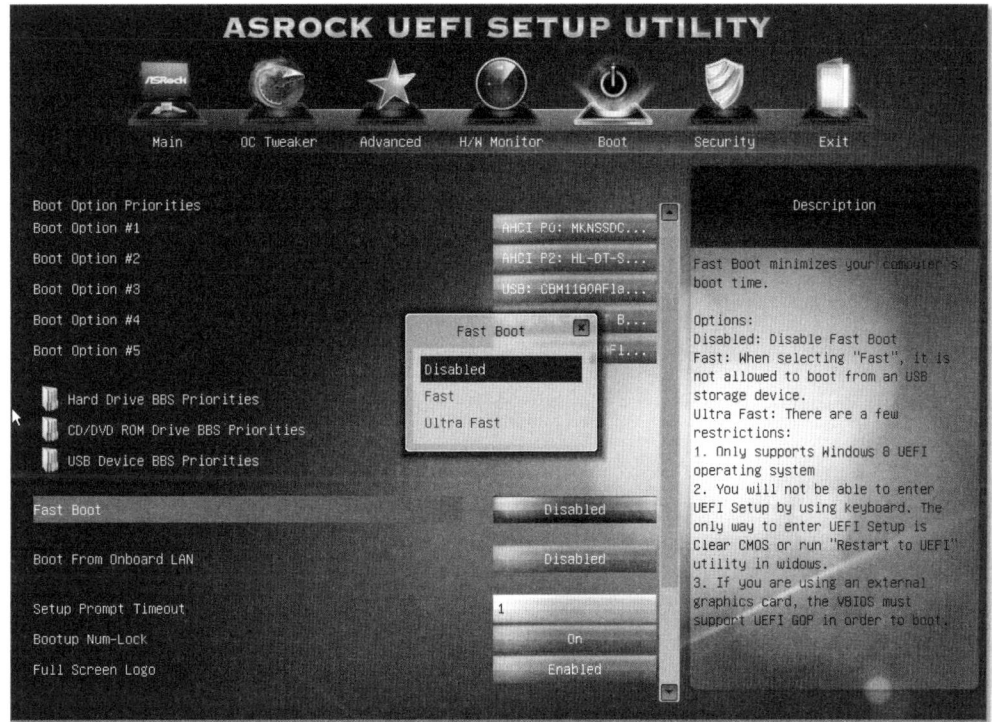

Abbildung 18.10 Schneller Systemstart

Den richtigen Treiber für Speichermedien wählen

Die UEFI-Firmware Ihres Mainboards verfügt über eingebaute Treiber, die den Zugriff auf die Hardware beschleunigen können. Sollten Sie im Konfigurationsmenü die Möglichkeit haben, Treiber für die eingebauten Speichermedien auszuwählen (Abbildung 18.11), prüfen Sie an dieser Stelle, ob der standardmäßig ausgewählte Treiber zu Ihrer Hardware passt.

Wählen Sie für SSDs (*Solid State Drives*) den entsprechenden Treiber. Dies optimiert den Zugriff auf den entsprechenden Datenträger und beschleunigt den Systemstart merklich. Dies gilt auch für ältere Windows 7- oder Windows 8.x-Systeme.

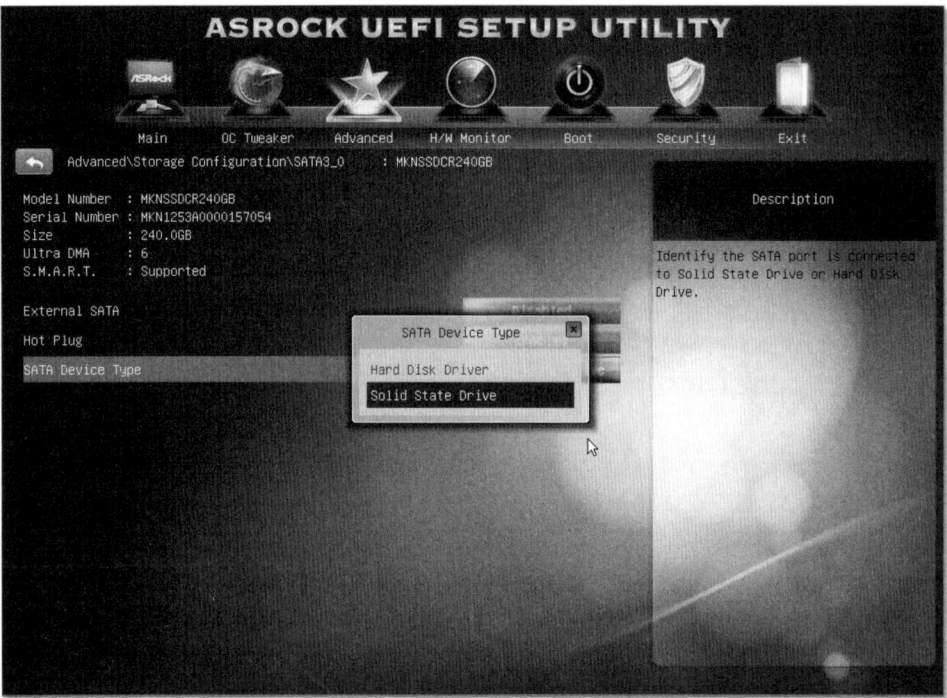

Abbildung 18.11 Den richtigen Treiber wählen – SSD oder HDD

18.3   Secure Boot – Vertrauen ist wichtig, schon beim Start

Seitdem die Firmware des Mainboards nicht mehr fest in EPROMs gebrannt wird, haben Malwareentwickler diese als Ziel entdeckt. Betriebssysteme können durch Antivirenprogramme gut gegen Angreifer geschützt werden, doch eine Update-fähige Firmware ist angreifbar. Ein bekannter Vertreter dieser Schadprogramme ist das CIH-Virus, das 1998 auftauchte und sich im BIOS von zahlreichen Computern einnistete. Secure Boot soll an dieser Stelle Abhilfe schaffen, indem es den Bootprozess gegen Malware schützt.

> **Das bietet Secure Boot**
> - einen sicheren Update-Prozess für die Firmware
> - eine Schlüsselverwaltung zur Prüfung von Treibern und Variablen. Nur digital signierte Programme dürfen beim Systemstart ausgeführt werden.
> - Nur signierte und somit vertrauenswürdige Software wird während des Bootprozesses ausgeführt (z. B. der Bootloader oder auch Treiber).

Die UEFI-Funktion *Secure Boot* ist relativ neu und wurde mit der UEFI-Version 2.3.1 eingeführt. Selbst neuere UEFI-Mainboards brauchen oftmals ein Firmware-Upgrade, um Secure

Boot-fähig zu werden. In Zukunft wird sich dieses aber ändern, da Mainboards, die das Windows-Logo ab Version 8.x tragen dürfen, zwingend über eine UEFI-Firmware mit eingeschalteter Secure Boot-Funktion verfügen müssen. Das bedeutet im Folgenden:

► eine UEFI-Version 2.3.1 (Errata B), die die Microsoft Windows-Zertifizierungsstelle in der UEFI-Signaturdatenbank enthält

► Secure Boot muss bei der Auslieferung standardmäßig aktiviert sein.

► Eine Datenbank für den Widerruf von Signaturen (Sperrliste) muss unterstützt werden.

► Es sind nur signierte Updates der Firmware zugelassen. Damit wird eine Manipulation des UEFI und der gespeicherten Signaturen verhindert.

Das bedeutet aber nicht, dass sich Secure Boot nicht nachträglich abschalten ließe. Ob Sie diese Möglichkeit haben, hängt unter Umständen vom Hersteller des Mainboards ab.

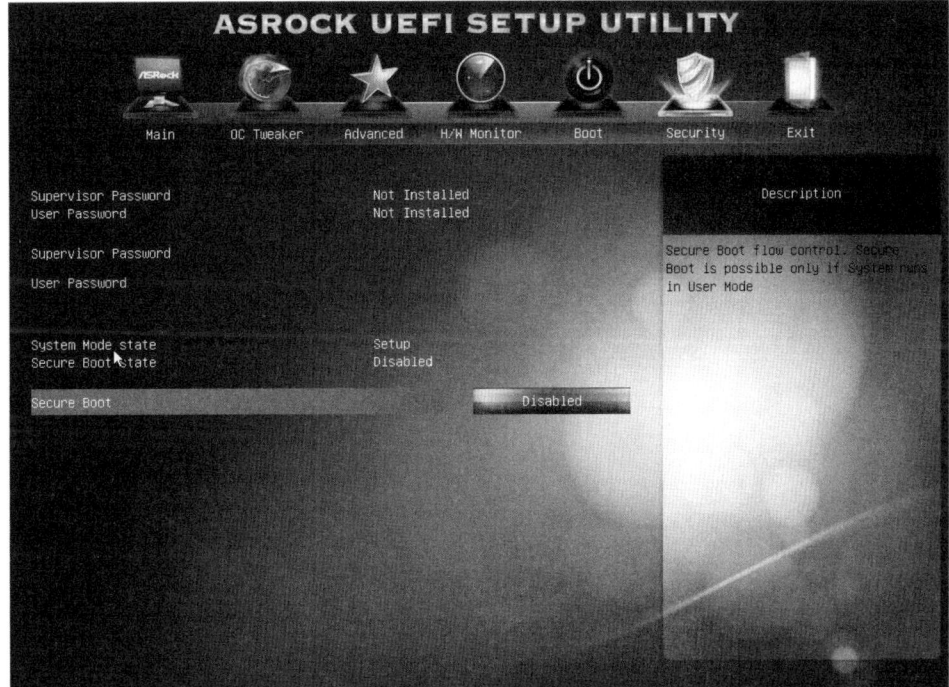

Abbildung 18.12 Secure Boot – Disabled

Es kann sogar wichtig sein, bei Desktop-Computern Secure Boot zu deaktivieren, da sonst ein Booten im Legacy Mode nicht mehr möglich ist. Als Anwender von Windows 10 sind Sie natürlich nicht davon betroffen. Falls Sie dennoch planen, UEFI Secure Boot nicht zu nutzen, sollten Sie sich im Vorfeld vergewissern, welche Einstellmöglichkeiten Sie im UEFI des entsprechenden Mainboards haben. Die vorinstallierte OEM-Version von Windows 10 wird dann wahrscheinlich nicht mehr starten. Allerdings muss jedes Windows 10-System (OEM), das mit eingeschaltetem Secure Boot ausgeliefert wird, auch über ein Recovery Image verfügen, sodass Sie im Schadenfall das System wieder in den Auslieferungszustand zurückversetzen können.

18.3.1   So aktivieren Sie Secure Boot

Die Secure Boot-Funktion finden Sie auf der Konfigurationsoberfläche im Untermenü SECU-RITY. Wenn Sie die Funktion aktivieren, wird Secure Boot initialisiert und in den User-Modus versetzt. Die Authenticated Variables, auch *UEFI-Variablen* genannt, werden gesetzt (Abbildung 18.13).

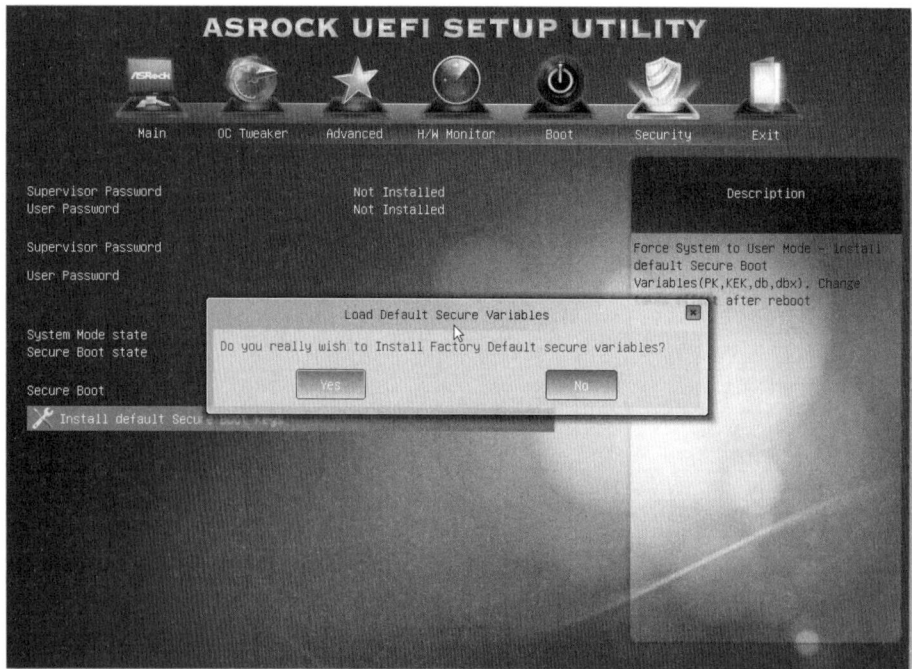

Abbildung 18.13 Secure Boot Default Keys

Alle von Secure Boot benötigten Schlüssel werden in den UEFI-Variablen hinterlegt. Diese Variablen können nur von Prozessen verändert oder erweitert werden (UEFI 2.3.1), die dazu autorisiert sind. Diese UEFI-Variablen befinden sich in der Secure Boot-Datenbank.

▶ **PK** – Plattform Key. Diese Variable enthält den Master Key. Es handelt sich um einen öffentlichen Schlüssel, der vom Hersteller des Mainboards vergeben wird. Andere UEFI-Variablen können nur verändert werden, sofern der Vorgang mit einer Signatur durch den privaten Schlüssel authentifiziert werden kann. Wenn die PK-Variable gelöscht wird, wird Secure Boot wieder in den Setup-Modus versetzt.

▶ **KEK** – Key Exchange Key. Hier werden Zertifikate hinterlegt, anhand derer geprüft werden kann, ob ein Update der Secure Boot-Datenbank erlaubt wird. Die KEK-Variable wird vom Hersteller des Mainboards gesetzt.

▶ **db** – Diese Variable enthält eine Liste von Schlüsseln, Signaturen oder auch Hash-Werten. Anhand dieser Werte kann während des Secure Boot-Prozesses die Authentizität von Softwarekomponenten wie Treibern oder Bootloadern geprüft werden.

▶ **dbx** – Sie umfasst die Negativliste zur db-Variablen. Hier finden sich Informationen zu unsicheren Softwarekomponenten. Die dbx-Variable ist im Auslieferungszustand normalerweise leer.

▶ **SetupMode** – Ist der Setup-Modus aktiviert (SetupMode = 1 und PK = 0), ist Secure Boot deaktiviert und UEFI-Variablen können gesetzt werden.

Bei der Aktualisierung der Secure Boot-Datenbank gilt Folgendes:

▶ Der Besitzer des Zertifikats (Besitzer des privaten Schlüssels) kann Werte in der Variable KEK verändern.

▶ Besitzer von Zertifikaten, die in der KEK-Variable hinterlegt sind, können die Variablen db und dbx verändern.

Das Deaktivieren von Secure Boot erfolgt analog zur Aktivierung (Abbildung 18.14). Rufen Sie hierzu im Konfigurationsmenü der Firmware den Punkt SECURE BOOT erneut auf, und löschen Sie die UEFI-Variablen. Secure Boot wird wieder in den Setup-Modus versetzt.

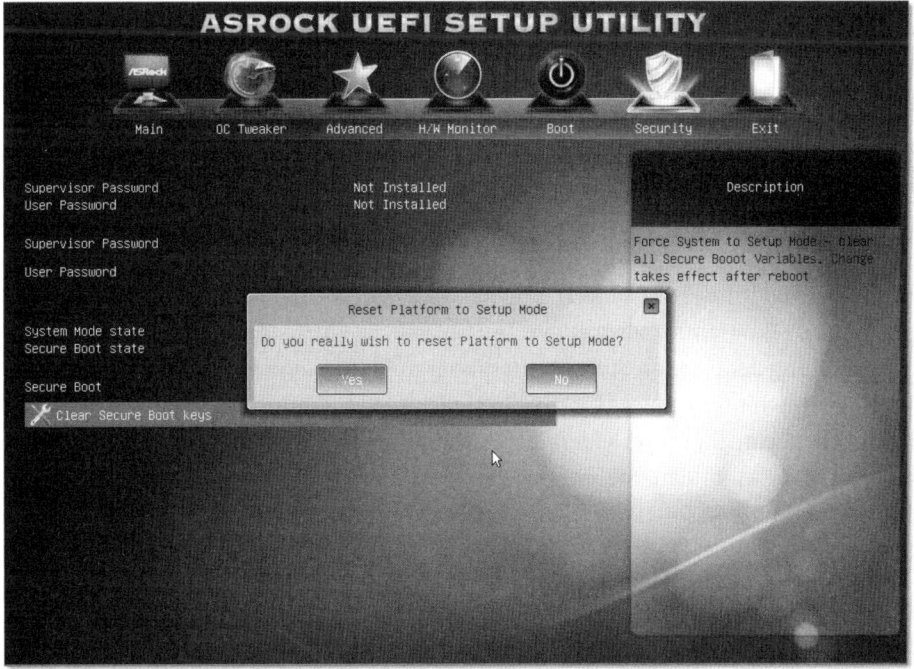

Abbildung 18.14 Secure Boot – Reset to Setup Mode

18.3.2   Secure Boot und Measured Boot

Measured Boot wird wie Secure Boot oft im Zusammenhang mit *Trusted Computing* genannt. *Measured Boot* setzt jedoch die Installation eines TPM-Chips (*Trusted Platform Module*) voraus. Bei vielen Desktop-Computern besteht häufig die Möglichkeit, ein solches Modul kostengünstig nachzurüsten. Bei neuen Geräten sieht Microsoft vor, dass TPM 2.0 verpflichtend ist. TPM kommt u. a. bei der Laufwerksverschlüsselung BitLocker zum Einsatz. In einem TPM ist ein eindeutiger Schlüssel (Endorsement Key [EK]) hinterlegt. TPM ist dabei an die Hardware gebunden und nicht an den Benutzer. Dies bedeutet im Unternehmensbereich einen zusätzlichen Schutz.

	Secure Boot	Measured Boot
Prüfen der Integrität der Firmware	Teilweise; vom Hersteller in die Firmware eingebaute Treiber benötigen keine Signatur. Integrale Bestandteile des CSM-Prozesses sind ebenfalls ausgenommen.	ja
Systemstart	Secure Boot überprüft den *Bootloader.*	Das Betriebssystem kann die Integrität der Firmware prüfen. Im TPM befindet sich eine Referenz mit Informationen über den Systemstart.
Hardware erforderlich	nein, Teil der UEFI Version 2.3.1	Ja, ein TPM-Chip ist erforderlich.
Windows 10-kompatibel	ja	ja

Tabelle 18.1 Secure Boot und Measured Boot

Im privaten Bereich wird TPM jedoch kritisch gesehen, da es Herstellern ermöglichen könnte, bestimmte Programme als nicht vertrauenswürdig einzustufen und so dem Anwender die Verwendung der eigenen Software zu diktieren. Außerdem wird die Systemkonfiguration im TPM-Chip hinterlegt, was eine nachträgliche Modifikation des Systems erschwert oder unmöglich macht. Eine gute, leider nur in englischer Sprache vorhandene Übersicht zu Windows 10 und TPM finden Sie hier: *http://www.uefi.org/sites/default/files/resources/ UEFI_Plugfest_May_2015%20Windows%2010%20Requirements%20for%20TPM,%20HVCI%20 and%20SecureBoot.pdf*

TEIL IV

Blick hinter die Kachel – Einsichten für Profis

Kapitel 19
Was ist die Cloud?

Die »Cloud« und »Cloud Computing« sind Begriffe, die heutzutage praktisch jeder zu kennen glaubt und benutzt. Doch wenn man fragt, was oder wo diese Cloud denn genau ist, schaut man oft in verlegene Gesichter. Dass die Cloud eine Wolke und kein Nebel ist, wollen wir Ihnen in diesem Kapitel erläutern und dabei auf Möglichkeiten und Risiken dieser Dienstesammlung namens Cloud hinweisen. Und um eventuelle Verwechslungen direkt im Vorfeld zu vermeiden: Es handelt sich hier um ein völlig unmeteorologisches Kapitel ...

Die *Cloud* ist ein Phänomen, das IT-Abteilungen und -Experten weltweit umtreibt und auch vor dem privaten Endanwender nicht haltmacht. Eigentlich ist die Beschreibung der Cloud relativ einfach: In der sogenannten *Cloud* werden an irgendeinem Ort der Welt Dienste bereitgestellt, die Endkunden nach ihren Bedürfnissen nutzen können, ohne die genutzten Dienste selbst betreiben zu müssen. Der Begriff *Cloud* leitet sich vom gängigen Symbol für das Internet ab, das in Strukturdiagrammen in der Informationstechnologie verwendet wird: der *Wolke*.

Dem Nutzer soll und kann es auf den ersten Blick egal sein, wo und worauf seine Daten verarbeitet oder gespeichert werden, welche Hard- und Software dafür wirklich eingesetzt wird, wo die Server, die diese Dienste zur Verfügung stellen, stehen, und wer sie betreibt. Der Fokus liegt auf dem *Nutzen* der einzelnen Dienste, egal, woher die Leistung kommt. Die großen Cloud-Anbieter betreiben weltweit verteilte Rechenzentren, in denen Server stehen, die in der Lage sind, *Cloud-Dienste* so gut und in ausreichender Menge bereitstellen zu können, wie der Anwender und Endkunde es benötigt.

Aber was bedeutet das denn, *Dienste* im Internet bereitzustellen? Welche Dienste werden bereitgestellt, wo werden sie betrieben, welche Leistungsfähigkeit haben sie? Welche Sicherheit und Verfügbarkeit kann der Nutzer erwarten? Dank der recht einfachen Definition des Begriffs *Cloud* entstehen Fragen. Wir wollen sie in diesem Kapitel beantworten.

19.1 Die Dienste in der Cloud

Es gibt in Wirklichkeit eine große Menge an *Diensten* – oder besser eine große Menge an Definitionen von Diensten. Im Wesentlichen werden aber die im Folgenden beschriebenen drei Dienste verwendet.

> ▶ *Infrastructure as a Service (IaaS)*,

> ▶ *Platform as a Service (PaaS)* und

> ▶ *Software as a Service (SaaS)*

Alles Weitere kann unter dem vierten Dienst *Everything as a Service (XaaS)*, der in Abschnitt 19.1.4 beschrieben wird, zusammengefasst werden. Bei diesen Diensten handelt es sich um Teilaspekte des *Cloud Computings*, die einzeln, aber auch in Kombination genutzt werden.

19.1.1 Infrastructure as a Service (IaaS)

Bei *Infrastructure as a Service (IaaS)*, zu Deutsch *Infrastruktur als Dienst*, werden ein ganzer Rechner, ganze Rechnergruppen oder Rechenzentren durch den Dienstanbieter virtuell bereitgestellt. Während ein PC außerhalb der Cloud noch physikalisch unter dem Tisch oder im Serverschrank steht und damit in der Größe und Ausstattung begrenzt ist, kann man bei IaaS Rechner, Cluster oder Serverfarmen selbst zusammenstellen und für die Zeit und in der Ausbaustufe mieten, wie man sie benötigt.

Sie müssen sich nicht darum kümmern, wie Sie den Hauptspeicher Ihres Rechners erweitern, Sie buchen ihn einfach hinzu. Sie bestimmen bei IaaS, wie Ihr virtuelles Rechenzentrum aussieht, welche Server darin mit welchen Ressourcen laufen. Sie installieren und betreiben auch die virtualisierten Server innerhalb Ihrer IaaS-Struktur. Dank IaaS können Sie einfach ein System aufsetzen, darauf etwas testen und es danach wieder löschen.

Als Basistechnologie für IaaS dient die Virtualisierungstechnologie, die auf Basis echter Hardware unterschiedliche virtuelle Systeme bereitstellen kann. Bei diesen virtuellen Systemen können sich mehrere virtuelle Rechner einen realen Prozessor oder die zur Verfügung gestellte Menge an Arbeitsspeicher teilen, und es wird nicht für jeden virtuellen Rechner ein kompletter Satz an Hardware fällig. Das spart Kosten und macht das Geschäftsmodell IaaS auch so attraktiv.

Beispiele für IaaS-Lösungen sind Microsoft Azure, Zimory oder Amazon EC2 und S3 (*EC* steht hier für *ECC* und heißt *Elastic Compute Cloud*, während *S* für *Storage*, also *Speicher*, steht). Falls Sie in Ihrer Umgebung Server virtualisiert anbieten, betreiben Sie diesen Cloud-Dienst *Infrastructure as a Service* bereits, ohne sich dessen vielleicht bewusst zu sein. Diese Umgebung kann dann als *Private Cloud* bezeichnet werden, weil sie keine Dienste im öffentlichen Internet bereitstellt, sondern nur innerhalb Ihres Netzwerkes sichtbar und somit *privat* ist.

19.1.2 Platform as a Service (PaaS)

Neben der Bereitstellung von Rechnern und Systemen in der Cloud können Sie auch *Dienste* wie bestimmte Entwicklungsplattformen in der Wolke einzeln und nach Ihren Bedürfnissen buchen. Hier seien Plattformen wie *Google App Engine*-Datenbanken oder auch Application Server wie Microsoft Azure, Tomcat oder GlassFish als Beispiele genannt. Sie müssen nicht mehr die Entwicklungsumgebung selbst aufsetzen, warten, aktualisieren und betreiben; Sie buchen bei *Platform as a Service* (*PaaS*) lediglich Rechenzeit auf den fix und fertig zur Verfügung gestellten Umgebungen Ihres Cloud-Anbieters. Reicht die Rechenleistung nicht aus, können Sie entweder auf eine performantere Cloud-Lösung ausweichen, oder Ihr Anbieter erweitert (in der Regel gegen Entgelt) die Leistung. Gerade bei Projekten, deren Tragweite Sie noch nicht einschätzen können, sind diese Dienste wertvoll, denn Sie müssen weder riskieren, eine unterdimensionierte Entwicklungsumgebung zu beschaffen, noch droht eine Überdimensionierung. Der PaaS-Anbieter kümmert sich um die Bereitstellung, Updates und Verfügbarkeit der Plattform, und Sie kümmern sich nur noch um Ihre tatsächliche Arbeit.

19.1.3   Software as a Service (SaaS)

Ein immer beliebter werdender Diensttyp in der Cloud ist *Software as a Service* (*SaaS*). Allerdings überwiegt die Begeisterung oft aufseiten der Anbieter, denn es bestehen große Gewinnerwartungen im SaaS-Dienst. *Software as a Service,* also *Programme als Dienst,* verändert die Art, wie Sie Software nutzen, vollkommen. Während Sie früher oder auch jetzt noch in der Regel eine Software kaufen und dafür einen Datenträger oder Installationsdateien und einen Lizenzschlüssel erhalten, sollen Sie bei *SaaS* künftig die gewünschte Software in der Cloud mieten und nutzen, solange Sie sie benötigen. Andere Ausprägungen von SaaS sehen so aus, dass Sie sich beim Anbieter ein Benutzerprofil einrichten müssen. Darin lizenzieren Sie die Nutzung der gewünschten Software. Die Software können Sie zwar herunterladen, aber die Verwaltung von Funktionen und Lizenzen wird über den Cloud-Softwareanbieter abgewickelt.

Das klingt zunächst einmal gut – zumal die Angebote auch finanziell verlockend aussehen. Aber SaaS hat ein paar Haken: Wenn Sie keinen Zugang zum Internet haben (oder haben wollen oder dürfen), können Sie manche SaaS-Lösungen eventuell nicht oder nur eingeschränkt verwenden, denn die Bereitstellung und gegebenenfalls die Legitimierung der Software finden mitunter über das Internet statt. Beim klassischen Softwareerwerb mit Datenträger und Lizenzschlüssel kann Ihnen niemand mehr die Software wegnehmen oder verändern, wenn Sie das nicht wollen. Sie installieren Ihr Programm und können es so lange nutzen, wie Sie möchten. Wenn Sie sich vom Internet trennen, kann auch kein Update mehr in Ihre gekaufte, bezahlte Software eingreifen. Oft bieten SaaS-Anbieter die per SaaS abonnierte Software jedoch auch zum Herunterladen an, damit Sie die Software innerhalb Ihres Aboplanes nutzen können, wenn Sie nicht mit dem Internet verbunden sind.

Bei SaaS-Angeboten könnte der Dienstanbieter jederzeit entscheiden, ob er ein Update bereitstellt oder Teile der Software abschaltet oder – im positiven Fall – das Programm um weitere Funktionen erweitert. Da Sie die Installation nicht mehr zwingend nur auf dem eigenen PC haben, sondern sich die Software mitunter auch teilweise aus dem Internet herunterladen bzw. komplett im Internet arbeiten, haben Sie bisweilen keine volle Handhabe mehr

19

über »Ihre« Software. In den Endbenutzer-Lizenzverträgen *(EULA – End User License Agreement)* lesen Sie auch immer öfter, dass Sie die Software lediglich zeitlich zur Nutzung lizenziert bekommen, aber keine weitergehenden Rechte an der Software haben, und dass eine Internetverbindung für die Nutzung der Software vorausgesetzt wird.

Einen großen Vorteil kann ein solches SaaS-Softwareabonnement allerdings haben. Während Sie bei Kauf-Software oft für jedes Versions-Update oder -Upgrade eine relativ hohe Gebühr entrichten müssen, versorgen viele Abonnementanbieter ihre regelmäßig zahlenden Kunden während der Abolaufzeit ohne zusätzlich entstehende Kosten mit Updates und Upgrades, sodass diese stets die aktuelle Version ihrer Software nutzen können.

Spannend wird SaaS beispielsweise bei Diensten, die Musik oder E-Books anbieten. Wenn der Anbieter hier entscheidet, einen bestimmten Titel nicht weiter zur Verfügung zu stellen, nimmt er ihn aus dem Netz, und Sie können fortan nicht mehr darauf zugreifen. Das betrifft in diesem Zusammenhang nur Angebote, die online bereitgestellt werden. Oft können Sie online erworbene Musik oder Bücher auch herunterladen, dann haben Sie mehr Regie über diese Inhalte. Bei der klassischen Schallplatte, der CD oder dem Buch haben Sie den Tonträger bzw. das Buch schließlich ebenfalls immer noch, auch wenn das Produkt selbst aus dem Handel genommen wurde.

Ein bizarres Beispiel von zurückgezogenen Inhalten in der Cloud hat ein großer Onlinebuchhändler 2009 geliefert: Dort wurde ohne Ankündigung u. a. das Buch *1984* von *George Orwell* aus dem amerikanischen Angebot genommen – und auf allen E-Book-Readern, auf die es heruntergeladen war, beim nächsten Kontakt mit dem Internet kommentarlos gelöscht (zumindest wurde der Kaufpreis erstattet). Gerade die Löschung dieses Buches hat für Aufsehen gesorgt. Wer es kennt, weiß, warum (als Stichwort sei der berühmte Satz genannt: »*Big brother is watching you*«). Das ist kein Einzelfall – gerade auf Smartphones werden immer wieder Apps von den Anbietern oder den Plattformbetreibern (Amazon, Apple, Alphabet etc.) zurückgezogen, ohne dass sich der Nutzer dagegen wehren kann. Immer dann, wenn das Angebot vom Vorhandensein und Funktionieren des Dienstes (Service) abhängig ist, können wir auch bei Musik, Videos oder E-Books von SaaS-Angeboten sprechen.

Bei Windows 10 ist mit dem Groove Player der *Groove Music Pass* hinzugekommen, ein SaaS-Musikangebot von Microsoft. Zunehmend werden auch Fernsehangebote als SaaS angeboten. In Windows 10 sogar ganz bequem über den Windows Store (siehe Kapitel 6, »Apps«). Für die Anbieter verlockend, denn so ist ein Bezahlsystem pro Nutzung möglich (Pay per View), während Sie Ihre gute alte DVD oder Blu-ray so oft schauen können, bis das Medium unbrauchbar oder die Abspielgeräte eines Tages nicht mehr verfügbar sind.

Anwendungen in der Cloud per SaaS bieten also zum einen eine sehr gute Skalierbarkeit, weil Sie beispielsweise ein Office 365-Paket rasch online erweitern oder minimieren können, zum anderen eine gute Flexibilität, weil Sie die SaaS-Angebote oft auf Monatsbasis buchen können.

Office 365

Office 365 ist ein Angebot von Microsoft, das aus einer Kombination eines Onlinedienstes mit einem Softwareabonnement-Modell und Office-Webanwendungen besteht. Der Onlinedienst besteht aus *Office Online*, mit den Produkten Word, Excel, PowerPoint, OneNote, Sway, E-Mail, Personen, Kalender, OneDrive und Docs.com.

Die Abonnementmodelle werden für verschiedene Nutzergruppen in unterschiedlichen Varianten, Microsoft nennt sie *Pläne*, angeboten. Ganz grob unterscheidet Microsoft zwischen Privatkunden, Unternehmen und Bildungseinrichtungen. Im Privatkundensegment gibt es Angebote für einzelne Personen (Office 365 Personal). Hier können Sie sich die Desktop-Versionen von Word, Excel, PowerPoint, OneNote, Outlook, Publisher und Access herunterladen und auf dem PC nutzen, und Sie dürfen Office bei diesem Aboplan auf einem PC/Mac und einem Smartphone nutzen. Zusätzlich erhalten Sie 1 TB Onlinespeicherplatz in OneDrive und 60 Gesprächsminuten für Skype. Der Plan für Familien (Office 365 Home) erlaubt Ihnen auch den Download und die Offlinenutzung von Word, Excel, PowerPoint, OneNote, Publisher und Access, Sie dürfen die Software auf fünf Desktops (PC/Mac), fünf Tablets und fünf Smartphones installieren und erhalten ebenfalls 1 TB Onlinespeicher bei OneDrive sowie 60 Minuten Skype-Guthaben. Im Unternehmensumfeld gibt es noch deutlich mehr Pläne. Sie werden in Office 365 Business- und Office 365 Enterprise-Pläne unterschieden. Sie reichen von einem einfachen Office 365 Business Essentials (ein E-Mail-Postfach bis 50 GB Speicherplatz, 1 TB Dateispeicher mit Freigabeoption, HD-Videokonferenzen und Office Online) bis zu einem Office 365 Enterprise E5-Plan, der Word, Excel, PowerPoint, Outlook, OneNote, Publisher, Skype for Business und Access enthält. Dazu noch zahlreiche Onlinedienste, wie z. B. Onlinekonferenzen, Meeting Broadcast, Festnetzkonferenzen, Analysetools und Teamwebsites. Abonnementpläne für Bildungseinrichtungen enthalten Pläne für Schüler und Studenten, Lehrer und Dozenten sowie Bildungseinrichtungen. Die Abonnementpläne für Bildungseinrichtungen (auch *Office 365 Education* genannt) können um Produkte und Dienste aus dem Enterprise-Bereich erweitert werden, wie Office 365 Pro Plus (berechtigt zur Nutzung auf bis zu fünf PCs/Macs, fünf Tablets und fünf Smartphones), Azure Rights Management (erlaubt eine Rechteverwaltung von Dokumenten und E-Mails für bestimmte Benutzer) oder Exchange Online für ehemalige Absolventen. Da die Office 365-Pläne alle sehr unterschiedlich und teilweise sehr komplex sind, empfiehlt es sich, sich sehr gut über den richtigen Plan zu informieren, am besten mit einem MLP-Partner (Microsoft Licensing Professional) von Microsoft. Die Nutzung der kostenlosen Angebote, wie beispielsweise Office Online oder Office 365 Education für Schüler/Studenten, sind hingegen einfach und können unkompliziert ausgewählt und genutzt werden. Gegebenenfalls benötigen Sie eine Nutzungsberechtigung (bei Education).

Darüber hinaus kann SaaS Unabhängigkeit von Plattformen und Geräten bieten, wenn die Software komplett im Browser oder in einer eigenen kompatiblen App läuft – Sie können dann Ihre SaaS-Software auf allen Geräten nutzen, die einen unterstützten Browser bzw. die passende App bereitstellen. Um das einmal bildlich zu verdeutlichen, haben wir für Sie von der Seite *office.com* einen Screenshot ausgeschnitten, der zeigt, auf welchen Geräten Office 365 läuft (Abbildung 19.1).

Abbildung 19.1 Geräte, auf denen Office 365 laufen kann

Nachteile von SaaS können sein, dass eine Anwendung nur bei bestehender Internetverbindung funktioniert (Arbeiten im Flugzeug z. B. wird damit sehr schwer). Viele SaaS-Anbieter fangen diese Nachteile jedoch durch sogenannte *Offline-Clients* ab, die die Arbeit auch dann ermöglichen, wenn keine Internetverbindung besteht. Ist nach getaner Arbeit das Internet wieder verfügbar, werden die Änderungen synchronisiert.

Gerade bei Gratisangeboten gestalten sich die Verfügbarkeit und der Funktionsumfang der Software oft nach der Gunst des Anbieters. Und schließlich sind Sie bei der Nutzung von SaaS-Angeboten auch darauf angewiesen, dass der Anbieter selbst in der Lage ist, Ihnen die gewünschten Dienste bereitzustellen – verschwindet ein Anbieter vom Markt, verschwinden womöglich auch die SaaS-Angebote, auf die Sie sich bereits voll verlassen und eingestellt haben. Sollten Sie bei einem solchen Anbieter persönliche Daten abgelegt haben, können auch diese ersatzlos verloren gehen.

19.1.4   Everything as a Service (XaaS)

Doch mit diesen Diensten ist es noch nicht genug. Das Cloud-Modell lässt sich scheinbar beliebig erweitern, und so entstand der Begriff des *Everything as a Service (XaaS* oder *EaaS)* oder auch *Anything as a Service (AaaS)*, was sich auf Deutsch mit »Alles als Dienst« bzw. »Irgendetwas als Dienst« übersetzen lässt. Diese Dienste sind oft im wissenschaftlichen Umfeld zu finden, wie *High Performance Computing as a Service (HPCaaS)*, bei dem es darum geht, sehr hohe Rechenleistungen als Dienst anzubieten und Anwendungen aus dem Grid Computing darzustellen, oder das *Data Intensive Computing as a Service (DICaaS)*, bei dem es vielmehr darum geht, enorme Datenmengen in der Cloud zu verarbeiten.

Aber im XaaS gibt es auch Exoten wie *Humans as a Service (HaaS)*, bei dem menschliche Arbeit als Dienst angeboten wird; nicht etwa Leiharbeit, sondern eher die menschliche Intelligenz wie ein Webdienst. Da können beispielsweise Menschen wie ein Computerdienst dazu eingesetzt werden, Bilder zu erkennen – was Computern naturgemäß schwerfällt. Da es hier nicht um eine komplexe Arbeit geht, sondern um sehr einfache geistige Tätigkeiten, die ausschließlich von Menschen ausgeführt werden können, werden diese Tätigkeiten als *HaaS* bezeichnet und angeboten.

Grid Computing

Das *Grid Computing* ist eine Art des verteilten Rechnens, bei der eine Gruppe (Cluster) von einzelnen, lose miteinander verbundenen Computern zu einem virtuellen Supercomputer zusammengeschaltet wird. Anders als beim klassischen Cluster sind die einzelnen Computer, die im Grid miteinander verbunden sind, wesentlich heterogener und loser angebunden. Auch können die teilnehmenden Computer am Grid geografisch weit verteilt sein.

19.2   Die Cloud in der praktischen Anwendung

Dass die Cloud aus Diensten besteht, haben Sie jetzt gelernt, aber wie setzen sich aus diesen Diensten praktische Anwendungen zusammen? Nutzen Sie gar schon Cloud-Anwendungen, ohne sich dessen bewusst zu sein? Wir zeigen Ihnen in diesem Abschnitt, welche Cloud-Anwendungen Windows 10 mitbringt und welche weiteren Anwendungen rund um die Cloud für Ihr Arbeiten von Interesse sein könnten. Dies ist kein vollständiger Abriss aller Cloud-Anwendungen, aber Sie werden lernen, eine Cloud-Anwendung von jenen zu unterscheiden, die ohne die Wolke auskommen.

19.2.1   Ihr Windows-Profil mit Microsoft-Konto

Wenn Sie sich entschieden haben, ein *Microsoft-Konto* für die Anmeldung an Ihrem Windows 10-PC zu erstellen, oder wenn Sie Ihr *Xbox-Profil* dafür verwendet haben (was auch nichts anderes als ein Microsoft-Konto ist), bietet Ihnen Microsoft mithilfe der Cloud einen sehr komfortablen Service. Sie können Ihr Benutzerprofil in der Cloud speichern und damit auf anderen Windows 10-PCs dasselbe Profil nutzen. Praktische Beispiele hierfür wären, dass Sie ein Notebook für die private Nutzung haben und einen Desktop-PC für Ihr Heimbüro. Zusätzlich haben Sie sich noch ein *Surface-Tablet* gekauft, um auf dem Sofa abends noch mal schnell und bequem Mails zu lesen oder online eine Pizza zu bestellen.

Windows 8 führte einst sogenannte *Roaming-Profile* ein, die über das Internet also, die Cloud, synchronisiert werden können. In Windows 10 werden diese Profile weiterhin für Ihr Microsoft-Konto eingesetzt. *Roaming* heißt so viel wie *Herumwandern*. Diese Roaming-Profile gab es bislang nur in geschlossenen Firmennetzwerken, aber nicht für den privaten Anwender. In Ihrem Roaming-Profil können Sie in Windows 10 Folgendes synchronisieren:

▶ DESIGN

▶ WEBBROWSEREINSTELLUNGEN

▶ KENNWÖRTER

▶ SPRACHEINSTELLUNGEN

▶ EINSTELLUNGEN ZUR ERLEICHTERTEN BEDIENUNG

▶ WEITERE WINDOWS-EINSTELLUNGEN

Diese Synchronisation können Sie in den Einstellungen unter START • EINSTELLUNGEN • KONTEN • EINSTELLUNGEN SYNCHRONISIEREN auch gänzlich ausschalten, indem Sie den Schieberegler bei SYNCHRONISIERUNGSEINSTELLUNGEN von EIN auf AUS schieben. In Abbildung 19.2 sehen Sie die Liste der synchronisierbaren Einstellungen und Funktionen, die seit Windows 8.1 über den Microsoft-Dienst *OneDrive* synchron gehalten werden.

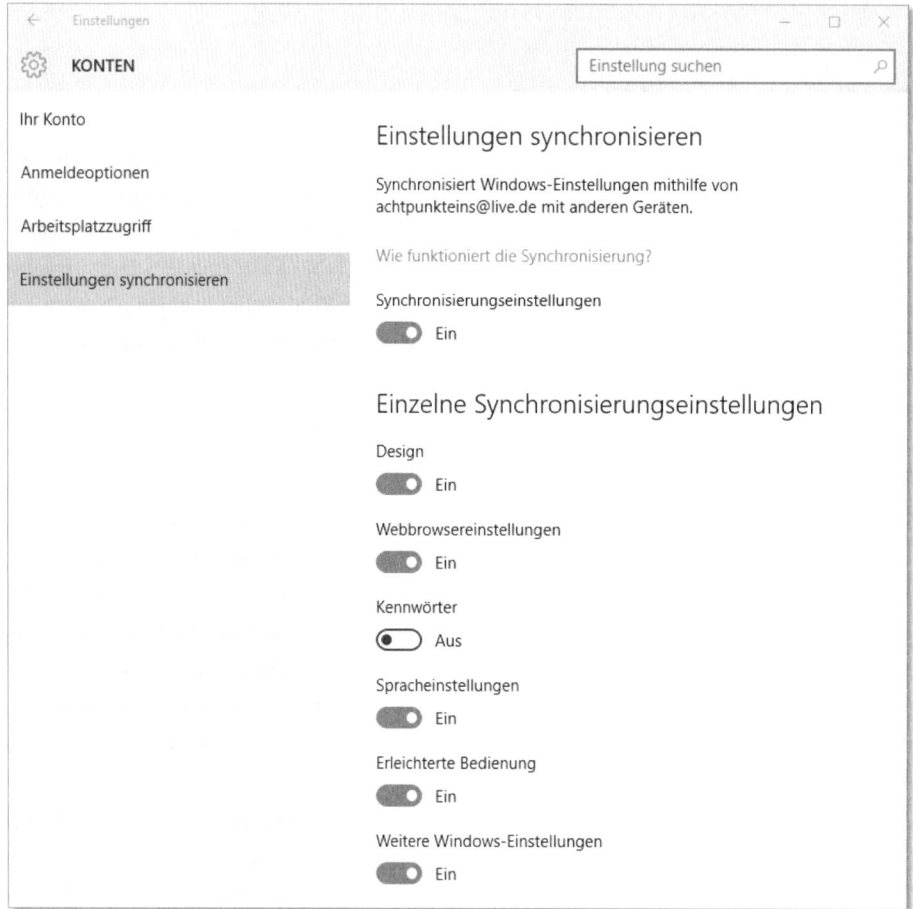

Abbildung 19.2 Synchronisierungseinstellungen in Windows 10

Jedes einzelne dieser Module können Sie für die Synchronisation an- oder abwählen. Das ist insbesondere bei den Kennwörtern wichtig. Die sollten Sie unserer Meinung nach nicht ohne Weiteres der Cloud, also irgendeinem Server im Internet, anvertrauen.

Noch ein Wort zur Synchronisierung von Kennwörtern: Microsoft hat sich durchaus Gedanken gemacht, trotz Cloud ein hohes Maß an Sicherheit bei der Bereitstellung von Roaming-Profilen anzubieten. Wenn Sie ein Roaming-Profil auf einem weiteren PC aufrufen möchten, müssen Sie dieses legitimieren. Dazu dient in der Regel die auf dem Microsoft-Konto hinterlegte Mobilfunknummer, an die eine SMS gesendet wird, deren Bestätigungscode Sie eingeben müssen. Erst wenn diese Bestätigung erfolgt ist, können Kennwörter in Roaming-Profilen über die Cloud per OneDrive synchronisiert werden (Abbildung 19.3).

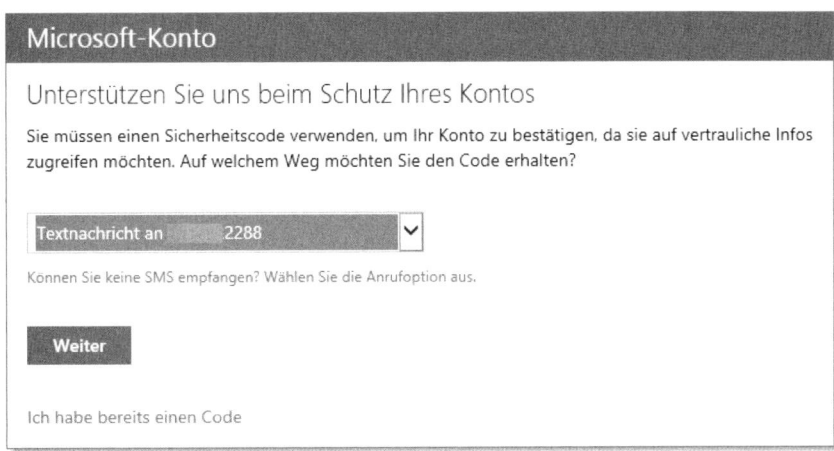

Abbildung 19.3 Bestätigung Ihres Microsoft-Kontos

19.2.2   OneDrive – ehemals SkyDrive

OneDrive von Microsoft ist eine umfangreiche Plattform, die auf Windows 10-Systemen automatisch mitinstalliert wird. Wenn Sie über ein Microsoft-Konto verfügen, haben Sie automatisch ein OneDrive zur Verfügung. OneDrive bietet einen 15 GB großen Onlinespeicher gratis, den Sie gegen Entgelt aber auch erweitern können. Diesen Speicherplatz hätten wir in der zuvor genannten Terminologie auch *Storage as a Service* nennen können. Was das OneDrive kann und welche Funktionen Sie dort nutzen können, beschreiben wir in Abschnitt 8.2.5. Und um der Vollständigkeit zu genügen, sei noch erwähnt, dass es in den Office 365-Angeboten für Organisationen einen Dienst namens *OneDrive for Business Online* gibt, den Sie sehr viel filigraner verwalten können. Er kann auch explizit auf Speichern innerhalb der EU gehostet werden, anders als der bei Windows 10 gratis beiliegende Cloud-Dienst OneDrive.

19.2.3   Office Online – ehemals Office Web App

Zugriff auf Office Online haben Sie, wenn Sie sich mit Ihrem Microsoft-Konto bei Office.com anmelden. Das kostenfreie Web-Office ist ein Bestandteil Ihres Microsoft-Kontos, wie auch zahlreiche weitere Microsoft-Cloud-Dienste, die Sie in Abbildung 19.4 sehen können.

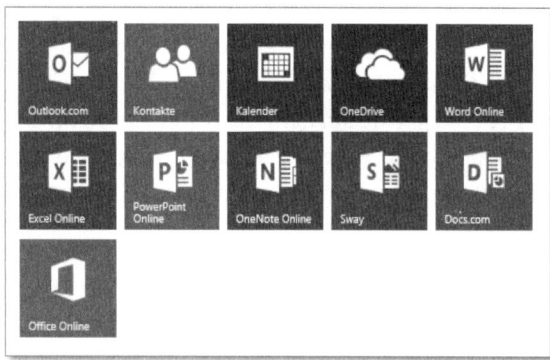

Abbildung 19.4 Cloud-Dienste Ihres Microsoft-Kontos

Wenn Sie online im Browser in *OneDrive* ein dort gespeichertes Office-Dokument wie beispielsweise eine Word-Datei öffnen, öffnet OneDrive diese zunächst in *Office Online*. Das ist sehr praktisch, denn Sie können somit ein Word-Dokument, das Sie per OneDrive bereithalten, quasi auf jedem Computer, Tablet oder Smartphone mit einem einigermaßen aktuellen Browser öffnen und bearbeiten – ohne dass auf diesem Gerät ein Microsoft Office-Paket installiert sein muss (Abbildung 19.5). Sie können sogar mit mehreren Nutzern gleichzeitig an diesem Dokument arbeiten! Die einzelnen Änderungen und Versionen finden Sie dann im Versionsverlauf von Office Online, indem Sie auf DATEI • INFORMATIONEN • VORHERIGE VERSIONEN klicken.

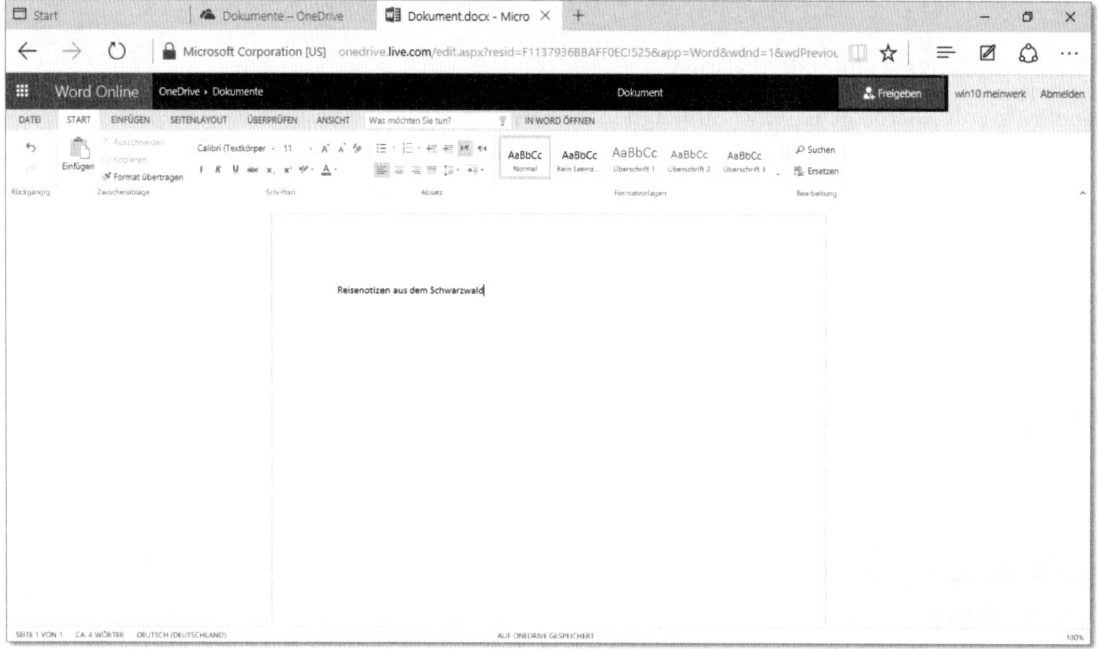

Abbildung 19.5 Onlinebearbeitung eines Word-Dokuments

19.2.4   Outlook.com

Der Dienst, der ehemals *Hotmail* hieß, hat sich unter seinem neuen Namen *Outlook.com* nicht nur klanglich verändert, sondern ist ein recht ausgereifter Webmail-Dienst geworden (Abbildung 19.6). Wenn Sie ein Microsoft-Konto besitzen, haben Sie auch automatisch ein *Outlook.com-Mailkonto*, OneDrive-Speicherplatz und weitere Cloud-Dienste von Microsoft in Ihrem Roaming-Profil zur Verfügung (Abbildung 19.4). Outlook.com-Mailkonten können Sie entweder in der Cloud nutzen, also über den Internetbrowser als Webmail-Dienst, Sie können sich das Outlook.com-Konto aber auch zu Ihrem Microsoft-Konto in der Windows 10-eigenen Mail-App einrichten, oder Sie können Ihre Mails, die Sie über Ihr Outlook.com-Konto abfragen und bearbeiten, auch auf anderen Geräten per IMAP *(Internet Message Access Protocol)* oder POP3 *(Post Office Protocol)* abfragen. Ebenso lässt sich das Outlook.com-Mailkonto mit allen Mobilgeräten verbinden, die *EAS (Exchange Active Sync)* beherrschen – mit den meisten Smartphones und Tablets also. Mit Outlook.com ist Ihre Mail-App von überall aus erreichbar. Ein weiteres Plus für Outlook.com ist der zunächst unbegrenzt große Speicherplatz für Mails, den Microsoft Ihnen anbietet. Wie lange das aber noch der Fall sein wird, wird sich, gerade beim Gratisangebot von Outlook.com, noch zeigen.

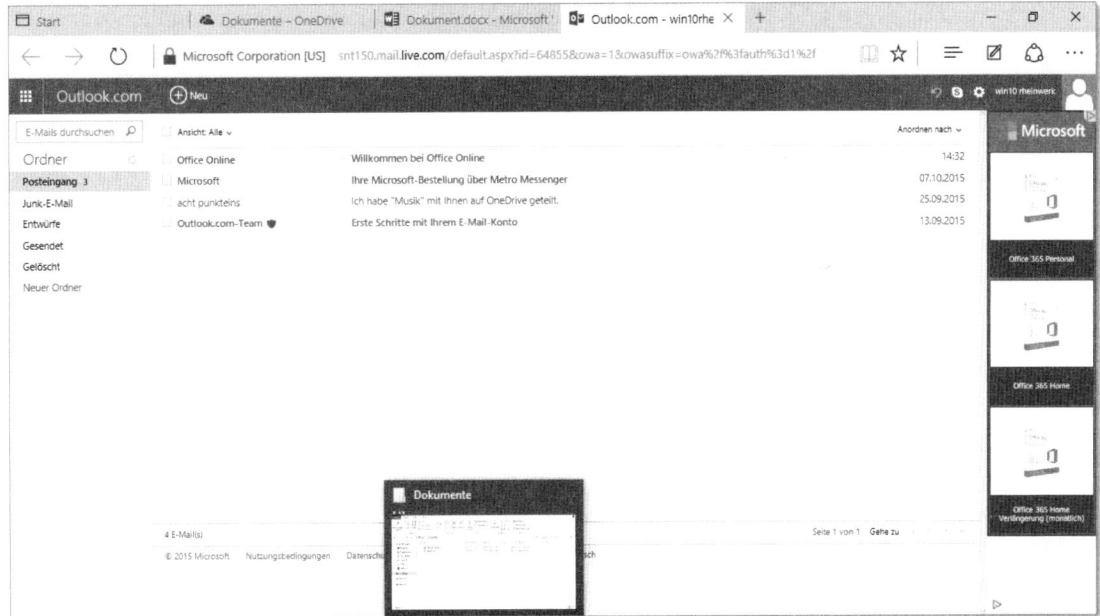

Abbildung 19.6 Outlook.com im Edge-Browser

19.2.5   Skype

Skype, ein sehr bekannter Onlinekommunikationsdienst, über den Sie telefonieren, Dateien austauschen und videotelefonieren können, ist seit geraumer Zeit ein Produkt von Microsoft und nicht zuletzt deshalb auch sehr gut in Windows 10 integrierbar. Seit Windows 8 gehört Skype mit einer eigenen App im Modern UI, in Windows 10 als Universal App, sogar zur Standardausstattung von Windows. Während diese App in Windows 8.1 bereits ungefragt mitinstalliert wurde, müssen Sie sie in Windows 10 selbst installieren – Ihnen wird aber unter START • ALLE APPS ein Programm oder genauer eine App angeboten, SKYPE HERUN-TERLADEN, womit Sie Skype auf Ihren PC herunterladen können. Allen Microsoft-Online-diensten gemein ist, dass Sie sich zunächst anmelden müssen – so auch bei Skype. Hier können Sie sich aber auch statt mit Ihrem Microsoft-Konto z. B. mit Ihrem Facebook-Login anmelden, oder Sie erstellen ein neues Login, das idealerweise ein Microsoft-Konto ist – wegen der vielen weiteren Dienste, die Sie mit diesem einen Konto nutzen können (Abbil-dung 19.4). Wie bei den meisten Cloud-Diensten ist Skype zwar zunächst auch gratis nutzbar, den vollen Funktionsumfang erhalten Sie aber erst, wenn Sie zur Zahlung bestimmter Ent-gelte bereit sind. So sind z. B. Verbindungen per Skype ins internationale Festnetz oder zu Mobiltelefonen gebührenpflichtig.

19.2.6   Weitere bekannte Cloud-Anwendungen

Neben den hier kurz beschriebenen Anwendungen möchten wir noch auf weitere Cloud-Anwendungen und -Dienste hinweisen, die teilweise schon so selbstverständlich sind, dass sie gar nicht mehr als »in der Cloud angeboten« wahrgenommen werden: Dropbox, Team-Viewer, Facebook, Twitter und vor allem die zahlreichen Webmailer gmail.com, gmx.de, web.de etc. sind Beispiele dafür, die vollständige Liste wäre ein eigenes Buch wert.

19.3   Sicherheit in der Cloud

Sicherheit ist eines der Kernthemen bei der Cloud-Nutzung. Den Cloud-Anwendern ist oft nicht bewusst, welche Daten in die Cloud wandern, wo diese Daten genau in der Cloud liegen und welche Konsequenzen ein Missbrauch dieser Daten haben kann. Verantwortlich für die Sicherheit in der Cloud sind alle Anwender, die Daten in der Cloud speichern. Damit Sie künf-tig sicher und richtig entscheiden können, welchem Cloud-Dienst Sie welche Daten auf welche Weise anvertrauen können, beleuchten wir in diesem Abschnitt gründlich den Sicherheitsaspekt der Cloud. Dabei möchten wir Ihnen keine Angst vor der Nutzung von Cloud-Diensten machen, Sie aber als Anwender auch für Sicherheitsaspekte sensibilisieren. Dieses Kapitel stellt übrigens keine Rechtsberatung dar und kann eine solche bei Bedarf nicht ersetzen.

19.3.1   Sind Ihre Daten in der Cloud sicher?

In diesem Kapitel haben Sie schon einiges über die Cloud gelernt. Neben viel Positivem wie hoher Verfügbarkeit, Skalierbarkeit von Diensten oder Kostenersparnis durch Virtualisie-rung gab es auch schon einen ersten Hinweis auf die Schattenseiten der Cloud: das Beispiel mit dem plötzlich vom E-Book-Reader gelöschten Orwell-Buch etwa. Dieses Beispiel zeigt, dass Sie schnell recht machtlos sind, wenn Sie Ihre Daten unbedacht der Cloud anvertrauen.

In dem Moment, in dem Sie Ihre Daten in die *Cloud heraus*geben – also Dienstanbietern im Internet anvertrauen, deren Serverstandorte, -qualität oder -sicherheit Sie nicht kennen –, in diesem Moment übergeben Sie die Regie einem Dritten. Achten Sie hier gegebenenfalls auf geeignete Verträge zwischen Ihnen und dem Anbieter der Dienste, damit Sie eine möglichst hohe Rechtssicherheit erlangen. Nun sind nicht alle Anbieter schlecht oder unsicher, nur weil sie Cloud-Dienste anbieten. Neben Versprechungen gibt es Normierungen, Zertifizierungen (z. B. ISO 27001) und Auditierungen für Unternehmen, die eine hohe Qualität und Sicherheit garantieren können. Wenn Sie aber Zweifel haben oder etwas mehr Sicherheit wünschen, sollten Sie versuchen, vertrauliche Daten so gut wie irgend möglich selbst zu schützen, und nicht nur allein den Zusicherungen des Dienstanbieters vertrauen. Was nutzt es, wenn Sie nach einem halben Jahr Cloud-Nutzung aus der Presse erfahren, dass Ihr Anbieter Opfer eines Betrugs oder von Trojanern geworden ist – Ihre Daten sind betroffen, und im schlechtesten Fall ist Ihr Ruf beschädigt. Sie selbst sind verantwortlich für Ihre Daten und insbesondere die Ihnen anvertrauten Daten Dritter, die Sie verwalten oder verarbeiten. Noch sensibler sollten Sie mit personenbezogenen Daten gemäß §3(1) BDSG (Bundesdatenschutzgesetz) umgehen, denn diese unterliegen auch noch recht konkreten gesetzlichen Regelungen. Heikel wird es übrigens, wenn Sie *besondere Arten personenbezogener Daten* nach §3(9) (liebevoll auch *Giftküche des BDSG* genannt) in der Cloud verarbeiten, denn diese unterliegen einem besonderen Schutz durch das BDSG.

Doch wir wollen hier keine Angst schüren – die Cloud ist weder von Grund auf böse noch ein Sammelplatz von Scharlatanen. Es ist lediglich eine gewisse Vorsicht geboten, wenn Sie Daten in der Cloud speichern oder verarbeiten. Kurzum: In dem Moment, wo Sie Daten nach draußen, an Dritte, in die Cloud geben, verlieren Sie die letzte Kontrolle über die Daten und deren Sicherheit, bleiben aber für die Daten und deren Integrität, Vertraulichkeit und Verfügbarkeit verantwortlich. Sie sollten daher an Schutzmechanismen denken, wenn Sie der Cloud schutzwürdige Daten überlassen wollen.

Es gibt aber neben den kostenlosen Cloud-Diensten auch eine Reihe kommerzieller Cloud-Angebote, die oft sicherer sind als die Gratisangebote. Wählen Sie hierbei einen Anbieter (Hoster) aus, der seinen Sitz in Deutschland hat, denn so steigt die Wahrscheinlichkeit, dass Sie es mit Speicherstandorten in der Europäischen Union (EU) zu tun haben, die in hinreichend gesicherten und zertifizierten Rechenzentren betrieben werden. Einen Blick in die AGB (Allgemeinen Geschäftsbedingungen) und den genauen Dienstleistungsvertrag sollten Sie dennoch nicht scheuen, denn nur das ist für Ihre Sicherheit und die Ihrer Daten ausschlaggebend. Kommerzielle Anbieter haben neben dem möglicherweise höheren Datenschutz noch einen weiteren Vorteil gegenüber Gratisdiensten wie Google und Co.: Die von Ihnen dort gebuchten Cloud-Dienste werden aller Wahrscheinlichkeit nach nicht nach Gutdünken des Anbieters abgeschaltet, sobald sich ein Dienst nicht mehr für die Gratisbereit-

19

stellung lohnt. Gerade Google hat mit dem quasi Deaktivieren des Dienstes *Google Sync* gezeigt, wie sehr man vom guten Willen des Anbieters abhängig sein kann – besonders im Gratisumfeld. Letztlich finanzieren viele Anbieter von kostenfreien Cloud-Angeboten ihre Leistungen auch mit Werbung – manch einer aber auch mit Ihren der Cloud anvertrauten Daten! Daten sind eine sehr begehrte Handelsware geworden, und so verwundert es nicht, wenn Cloud-Dienstanbieter in den Datenschutzbestimmungen einräumen, Ihre Daten für Werbezwecke auch an Partnerunternehmen weiterzugeben. Und hier wird es interessant. Gerade in Windows 10 können, je nach Einstellung der Privatsphäre-Optionen, Daten an Microsoft gesendet werden, die gesammelt, verarbeitet und auch weitergegeben werden.

Damit beispielsweise Dienste wie Cortana oder das Apple-Äquivalent Siri funktionieren, werden zahlreiche Daten über Sie gesammelt und zu einem persönlichen Profil zusammengefasst, auf dessen Basis dann Empfehlungen für Sie generiert werden. Ein Vorteil für den Anbieter: Gute persönliche Profile sind das A und O für gezielte und profitable Werbung und bares Geld wert. Sind Sie der Auffassung, dass gezielte Werbung grundsätzlich besser ist als eine Menge nutzloser Spam, dann seien Sie sich auch der möglichen Kehrseite bewusst: Viele für Sie möglicherweise interessante, aber noch nicht durch Ihr Profil erfasste Informationen werden Ihnen gegebenenfalls z. B. bei einer Suchmaschinenanfrage gar nicht mehr angezeigt. Ein wesentlicher Nutzen des Internets, der Zugang zu freiem Wissen, kann so erheblich eingeschränkt werden.

19.3.2   Wie können Sie Daten in der Cloud schützen?

Es gibt im kommerziellen Sektor einige Möglichkeiten, Daten ziemlich sicher in der Cloud zu speichern oder sie zu teilen. Diese zu besprechen würde den Rahmen dieses Buches sprengen. Wir fanden das Programm *Boxcryptor* (*https://www.boxcryptor.com*) gut und leicht bedienbar, ein Produkt aus Deutschland und in verschiedenen Varianten erhältlich von kostenfrei bis zur Teamlösung gegen Entgelt. Boxcryptor hat sich seit Windows 8.1 schon ziemlich gut etabliert, es gibt aber auch Alternativen. Da es diese Software für die unterschiedlichsten Plattformen und Dienste gibt, möchten wir hier anstelle einer detaillierten Beschreibung auf die informative Website des Anbieters hinweisen, auf der Sie sehen können, wie Boxcryptor funktioniert, womit und auf welchen Geräten bzw. Betriebssystemen: *https://www.boxcryptor.com/de/boxcryptor*.

Leider lassen Bordmittel von Windows 10 es nicht zu, dass Sie Ihre Daten verschlüsselt auf dem OneDrive speichern können. Zwar können Sie Ihre Daten lokal mit EFS *(Encrypting File System)* (siehe Abschnitt 15.2.1) verschlüsseln, sobald Sie diese aber auf Ihr OneDrive hochladen, werden sie wieder entschlüsselt. Das ist unseres Erachtens schade – aber wahrscheinlich den im Vergleich zur EU andersartigen Datenschutzbestimmungen der USA geschuldet. In diesem Markt ist aber nach dem Grundsatzurteil des EuGH zum Datenschutz durch *Safe Harbor* einiges an Bewegung zu erwarten.

Wenn Sie also besonders schützenswerte Daten im OneDrive speichern wollen, kann eine Verschlüsselung hilfreich sein – die behindert allerdings die komfortable gemeinsame Nutzung der Daten bei der Onlinezusammenarbeit mit anderen Benutzern.

19.3.3   Welche Daten sind schützenswert?

Bevor Sie jetzt alle Ihre Daten verschlüsseln, weil Sie Cloud-Speicher wie OneDrive nutzen wollen, möchten wir noch ein Wort über schützenswerte Daten verlieren. Es empfiehlt sich, zu unterscheiden, welchen Schutzbedarf bestimmte Dateien haben. So können Sie beispielsweise Ihre Musikdateien ohne große Sorge online speichern, denn sie enthalten ja keine persönlichen Merkmale – außer Ihrem Musikgeschmack. Ebenso können Sie allgemeine Dokumente wie E-Books, Handbücher etc. relativ bedenkenlos in der Cloud unterbringen. Ob Sie Ihre Fotos und persönlichen Videos in der Cloud speichern möchten, ist eine Frage des Vertrauens und der Vertraulichkeit. Wenn Sie Ihrem Anbieter vertrauen oder Ihre Bilddaten wenig über Sie oder Dritte aussagen, können Sie diese wahrscheinlich in der Cloud ablegen, aber nicht jeder möchte sich selbst auf Fotos von anderen beispielsweise in Facebook sehen. Es existiert in Deutschland ein Recht auf informationelle Selbstbestimmung (siehe *http://de.wikipedia.org/wiki/Informationelle_Selbstbestimmung*), das Sie neben dem BDSG auch grundsätzlich respektieren sollten.

Mehr Augenmerk verdienen personenbezogene Daten, denn diese unterliegen in der Europäischen Union Richtlinien zum Datenschutz, in der Bundesrepublik dem BDSG und weiteren Einzelgesetzen. Besondere Vorsicht ist hier bei der Verarbeitung von personenbezogenen Daten geboten, insbesondere, wenn Sie in einem gewerblichen Umfeld tätig sind. Da viele Cloud-Anbieter, die kostenlos oder sehr günstig sind, außerhalb der EU Rechenzentren betreiben, kann der notwendige Datenschutz dort nicht automatisch gewährleistet werden. Wollen Sie solche Anbieter nutzen, sollten Sie gemeinsam mit einem Datenschutzexperten beraten, auf welchem Weg eine gesetzeskonforme Nutzung möglich ist.

19

Personenbezogene Daten (gemäß BDSG)

Der Begriff *personenbezogene Daten*, der hier verwendet wird, bezieht sich auf die Formulierung aus dem Bundesdatenschutzgesetz §3(1): »Personenbezogene Daten sind Einzelangaben über persönliche oder sachliche Verhältnisse einer bestimmten oder bestimmbaren natürlichen Person (Betroffener)«. Ein *bestimmter* Personenbezug ist gegeben, wenn man Einzelangaben, wie z. B. Namen, Aussehen, Fahrzeug, einer Person eindeutig zuweisen kann. Als Beispiel: Hajo Neuenwarth fährt einen pink-silber-blauen Ford Taunus, Baujahr 1971. Neben dieser unmittelbaren Zuweisung von Merkmalen zu einer bestimmten Person kann der Bezug auch mittelbar erfolgen und eindeutig sein. Wenn Sie beispielsweise von der *ersten deutschen Bundeskanzlerin* sprechen, ist ganz ohne Namen oder Aussehen klar, wer gemeint ist: Angela Merkel. Das ist mit »bestimmbaren Personen« im Gesetz gemeint.

Neben diesen »einfachen« personenbezogenen Daten kennt das Gesetz noch »besondere Arten personenbezogener Daten«. Dazu zählen Gesundheitsdaten, rassische und ethnische Herkunft sowie die politische, philosophische, gewerkschaftliche, sexuelle oder religiöse Orientierung einer Person. Diese besonderen personenbezogenen Daten stehen unter dem besonderen Schutz von §3(9) BSDG. Für ihre Erhebung und Verarbeitung gelten besonders strenge Vorgaben.

Es empfiehlt sich bei der cloudbasierten Speicherung oder Verarbeitung von personenbezogenen Daten daher sehr, genauestens in den Lizenz- und Nutzungsbedingungen nachzuschauen, wo und unter welchen Datenschutzbestimmungen Ihre Daten gespeichert werden. Schließlich müssen Sie prüfen bzw. von Ihrem Datenschutzbeauftragten prüfen lassen, ob eine Auftragsdatenverarbeitung gemäß §11 BDSG vorliegt. Ist dies der Fall, so sind die technischen und organisatorischen Maßnahmen gemäß Anlage 1 §9 BDSG vor Beginn der Auftragsdatenübertragung und -verarbeitung entsprechend zu prüfen.

Nicht zuletzt haben uns die Enthüllungen von *Edward Snowden* gelehrt, mit allergrößter Sorgfalt und einem gesunden Maß an Misstrauen an Speicherorte im Internet heranzutreten. Jeder muss hier selbst Verantwortung übernehmen und sich und seine Daten entsprechend schützen.

Kapitel 20

Der Bootvorgang – allem Anfang wohnt ein Zauber inne

Ein System erwacht! Nach dem Einschalten bootet das System. Es laufen komplexe Prozesse ab, auf die wir hier näher eingehen werden. Lernen Sie, wie Sie den Startvorgang von Windows 10 analysieren und wie Sie den Boot-Konfigurations-Editor einsetzen können. In diesem Kapitel erhellen wir die dunklen Vorgänge bis zum Erscheinen des Windows-Logos.

Mit jeder Version von Windows hat Microsoft den Systemstart optimiert. Schon bei Windows 7 wurde der Start deutlich beschleunigt. Oft wurde der Bootprozess in der Vergangenheit als langwierig empfunden und forderte den Benutzern ein hohes Maß an Geduld ab. Durch die Nutzung von UEFI und neuer Startmechanismen, die mit Windows 8 eingeführt wurden, kann Windows 10 in Sekundenschnelle booten.

20.1 Ein System erwacht

Der klassische Systemstart (Kaltstart) (Abbildung 20.1) setzt sich aus drei Phasen zusammen. Nachdem das BIOS oder UEFI des Mainboards das System für den Start des Betriebssystems vorbereitet haben, beginnt die Initialisierung des Systems. In dieser Phase werden:

▶ alle notwendigen Treiber geladen,

▶ Dienste gestartet und

▶ die Kernelsession (Session 0) gestartet.

Die Initialisierungsphase des Systems endet mit dem Erscheinen des Login-Bildschirms. Mit dem Einloggen starten Sie die Initialisierung der Usersession (Session 1). Nach dem Laden der Benutzereinstellungen können Sie dann endlich mit der Arbeit beginnen.

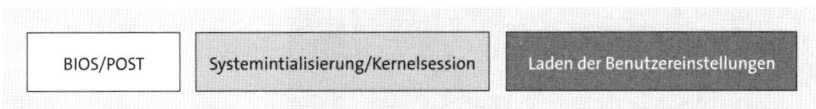

Abbildung 20.1 Klassischer Kaltstart

Schon in der Vergangenheit hatten Sie die Möglichkeiten, diesen Prozess etwas zu beschleunigen. So konnten Sie Ihr System in den Ruhezustand (Hibernation) oder Schlafmodus versetzen, um beim nächsten Systemstart die Initialisierungsphasen zu verkürzen. Der Trick besteht darin, dass es schneller ist, Sitzungsinformationen (Kernel-Usersession) aus einer Datei oder dem Speicher zu laden. Auch hat Microsoft schon bei Windows 7 das Laden von Treibern optimiert (parallele Initialisierung von Gerätetreibern).

20.1.1   »Hybrid Boot« – der Schnellstart von Windows 10

Windows 10 verfügt über den gleichen optimierten Startmechanismus, der schon bei Windows 8.x zum Tragen kam. Microsoft hat es sich dabei Folgendes zum Ziel gesetzt:

- ▶ Minimierung des Stromverbrauchs im ausgeschalteten Zustand
- ▶ Öffnen einer neuen Sitzung nach dem Einloggen des Benutzers
- ▶ schnellstmöglicher Systemstart

Beim Startvorgang in Windows 10 wird nun der Systemstatus aus einer Datei (*hiberfil.sys*) geladen. Das Initialisieren der Kernelsession wird dadurch stark verkürzt (Abbildung 20.2). Es müssen nur noch wenige Treiber nachgeladen werden.

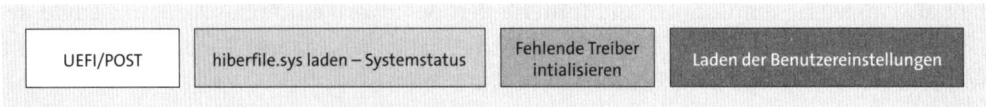

Abbildung 20.2 Windows 10 – Fast Boot

In der Datei *hiberfil.sys* (Abbildung 20.3) wird nach Beenden der Usersession der Systemstatus hinterlegt.

```
C:\WINDOWS\system32\cmd.exe                                    –  □  ✕

C:\Users\jan>cd \

C:\>dir /ah
Datenträger in Laufwerk C: ist OSDisk
Volumeseriennummer: BCB7-E886

Verzeichnis von C:\

06.08.2015  22:15    <DIR>          $RECYCLE.BIN
10.07.2015  13:00                 1 BOOTNXT
24.07.2009  22:14             8.192 BOOTSECT.BAK
10.07.2015  14:21    <JUNCTION>     Documents and Settings [C:\Users]
24.07.2015  11:47    <JUNCTION>     Dokumente und Einstellungen [C:\Users]
29.09.2015  21:12     2.986.782.720 hiberfil.sys
27.09.2015  14:29     4.026.531.840 pagefile.sys
07.08.2015  09:43    <DIR>          ProgramData
24.07.2015  11:47    <JUNCTION>     Programme [C:\Program Files]
06.08.2015  19:43    <DIR>          Recovery
27.09.2015  14:29       268.435.456 swapfile.sys
29.09.2015  20:15    <DIR>          System Volume Information
               5 Datei(en),  7.281.758.209 Bytes
               7 Verzeichnis(se), 469.174.923.264 Bytes frei

C:\>_
```

Abbildung 20.3 hiberfil.sys

Dieser Vorgang wird als *Hybrid Boot* bzw. *Hybrid Shutdown* bezeichnet. Im Gegensatz zu früheren Windows-Versionen werden nur noch die Daten der Kernelsession gespeichert. Beim Neustart entfällt deshalb eine vollständige Initialisierung der Dienste und Gerätetreiber. Unter Windows 7 wurden noch zahlreiche Speicherseiten des RAM gespeichert, die u. a. auch Applikationsdaten enthielten (klassischer Ruhezustand von Windows 7). Dadurch wurde die Datei *hiberfil.sys* auf Windows 7-Systemen teilweise sehr groß. Schreib- und Ladevorgänge der Datei waren deshalb sehr langwierig. Dieses Manko wurde in Windows 10 behoben, und ein uferloses Anwachsen der Datei sollte nicht mehr stattfinden. Dennoch kann es manchmal notwendig sein, das Startverhalten von Windows 10 zu beeinflussen (Abbildung 20.4).

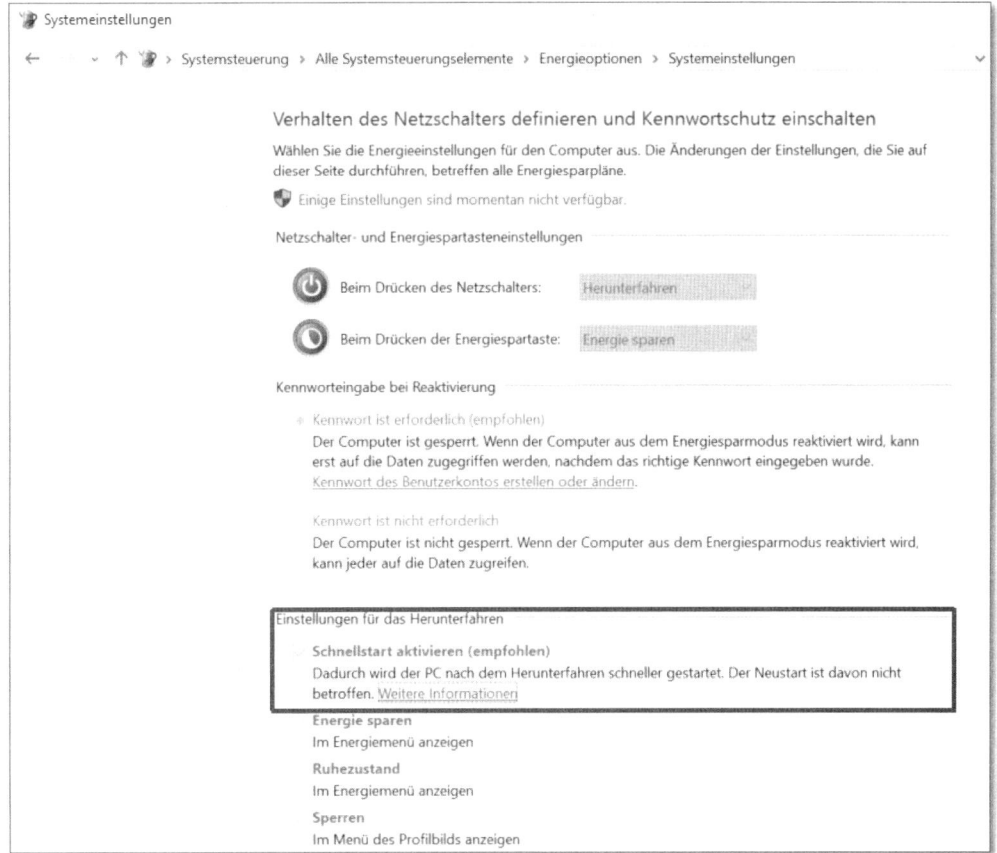

Abbildung 20.4 Einstellungen für das Herunterfahren

Sie können in der Systemsteuerung, unter Energieoptionen, den Eintrag Auswählen, was beim Drücken von Netzschaltern geschehen soll anwählen und dort festlegen, wie Ihr System starten bzw. herunterfahren soll.

Achtung!

Damit Sie den Hybrid Boot-Modus (Fast Boot-Schnellstart) nutzen können, muss die Firmware (UEFI) Ihres Computers diese Funktion unterstützen. Ob Ihr System Hybrid Boot unterstützt, können Sie leicht prüfen, indem Sie in einem Kommandozeilenfenster den Befehl powercfg /a eingeben (Abbildung 20.5). Es wird eine Zusammenfassung der unterstützten Energiesparmodi angezeigt. Hier finden Sie auch den Eintrag SCHNELLSTART.

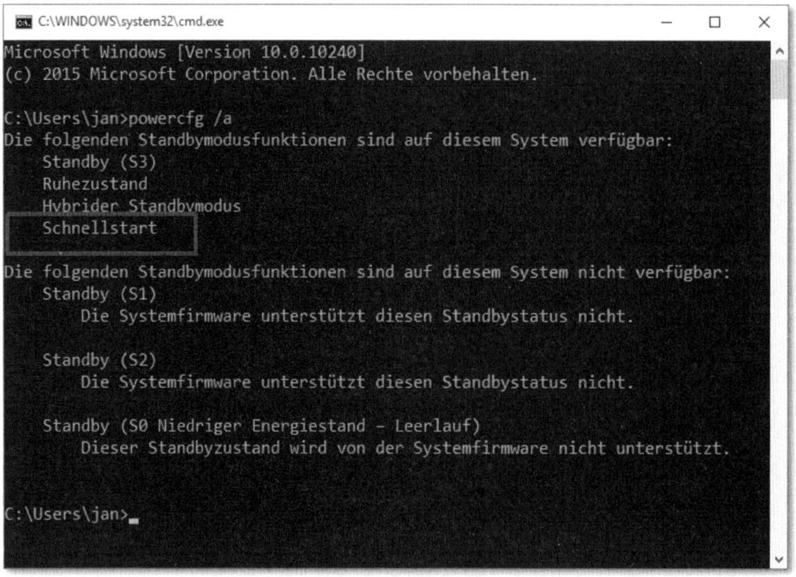

Abbildung 20.5 Unterstützte Energiesparmodi

Anmerkung

Die Angabe *hybrider Standbymodus* bezieht sich auf den klassischen Ruhezustand, mit dem Unterschied, dass hier einige Systemkomponenten stetig mit Energie versorgt werden. Der Systemstart wird zwar auch hier gegenüber dem klassischen Ruhezustand beschleunigt, aber auf Kosten des Energieverbrauchs.

Auch wenn Ihr System Hybrid Boot unterstützt, kann es auf manchen Systemen zu Problemen kommen.

Den Schnellstart (Hybrid Boot) konfigurieren

Es kann durchaus sinnvoll sein, den *Schnellstart* (*Hybrid Boot*) nicht zu nutzen. Falls Ihr System von einem Solid State Drive (SSD) startet, ist der Zeitgewinn durch den Schnellstart wahrscheinlich vernachlässigbar. Es empfiehlt sich ebenso, den Schnellstart zu deaktivieren, wenn Sie mehrere Betriebssysteme auf Ihrem PC installiert haben oder falls Sie Ihr System remote per »Wake On LAN« starten möchten.

Der Schnellstart wird über die Energiesparoptionen gesteuert. Um den Schnellstart zu konfigurieren, öffnen Sie zunächst ein Kommandozeilenfenster als Administrator. Mithilfe folgender Befehle können Sie den Schnellstart steuern.

► Den Schnellstart deaktivieren:
  `powercfg /h off`

► Den Schnellstart aktivieren:
  `powercfg /h on`

► Die Größe der Ruhezustand-Datei (*hiberfil.sys*) festlegen:
  `powercfg /h /size 100`

Der an den Parameter `/size` übergebene Wert kann zwischen 50 und 100 liegen. Dieser Wert gibt die prozentuale Größe des zu sichernden Hauptspeichers an und sollte nicht zu klein gewählt werden.

20.2   Windows 10 startet

Wenn man den Bootprozess beginnend mit dem Laden und Initialisieren des Kernels (Hauptbootprozess) betrachtet, fällt auf, dass es sich hierbei um den zeitaufwendigsten Prozess handelt. Es werden folgende Aufgaben abgearbeitet:

► die Initialisierung des Windows-Kernels

► das Laden der Plug&Play-Treiber

► das Laden der Registry

► das Anzeigen des Login-Bildschirms

► die Initialisierung des Desktops (Startbildschirm)

► der Start von Diensten

Letztendlich kann man diesen Prozess in vier Phasen aufteilen:

1. **Pre-Session**: Hier wird der Kernel initialisiert. Es werden Komponenten geladen und entsprechende Datenstrukturen aufgebaut.

2. **Session-Init (Session 0)**: Der Session-Manager-Prozess (*smss.exe*) startet und beginnt mit dem Laden der Registry. Es werden zusätzliche Treiber geladen und Dienste, die im Systemkontext laufen, gestartet. Die Initialisierung der Session 0 erfolgt mit dem Aufruf von *winlog.exe*.

3. **Winlogon-Init:** Der Login-Bildschirm erscheint, und die Login-Informationen werden verarbeitet. Richtlinien (z. B. Gruppenrichtlinien) werden verarbeitet und treten in Kraft. Der Windows Explorer (*explorer.exe*) wird gestartet.

20

759

4. **Explorer-Init:** Nach einem erfolgreichen Login wird der Desktop-Fenster-Manager gestartet. Der Startbildschirm erscheint, und der Benutzer kann nun mit dem System arbeiten.

Der Startvorgang gilt als abgeschlossen, sobald der Prozessor des Systems für zehn Sekunden zu 80% untätig (engl. *idle*) ist. Auch wenn der Startvorgang schon sehr schnell vonstattengeht, kann sich eine Analyse dennoch lohnen.

20.2.1 Analyse des Startvorgangs

Microsoft stellt Ihnen eine Werkzeugsammlung zur Analyse des Bootvorgangs zur Verfügung. Diese Werkzeuge sind im *Windows Software Development Kit (SDK) für Windows 10* enthalten (Abbildung 20.6). Das SDK enthält zahlreiche Werkzeuge zum Entwickeln und Testen von Applikationen für Windows 10. Unter anderem ist in dieser Werkzeugsammlung das *Windows Performance Toolkit für Windows 10* enthalten. Damit sind Sie in der Lage, den Startvorgang von Windows 10 zu analysieren. Das SDK befindet sich standardmäßig nicht auf Ihrem Computer und muss erst von der Microsoft-Webseite *https://dev.windows.com/de-de/downloads/windows-10-sdk* heruntergeladen werden (Abbildung 20.6). Auf der ARCHIVSEITE finden Sie auch Software Development Kits für ältere Windows-Versionen. Leider scheint das SDK momentan nur in englischer Sprache zur Verfügung zu stehen.

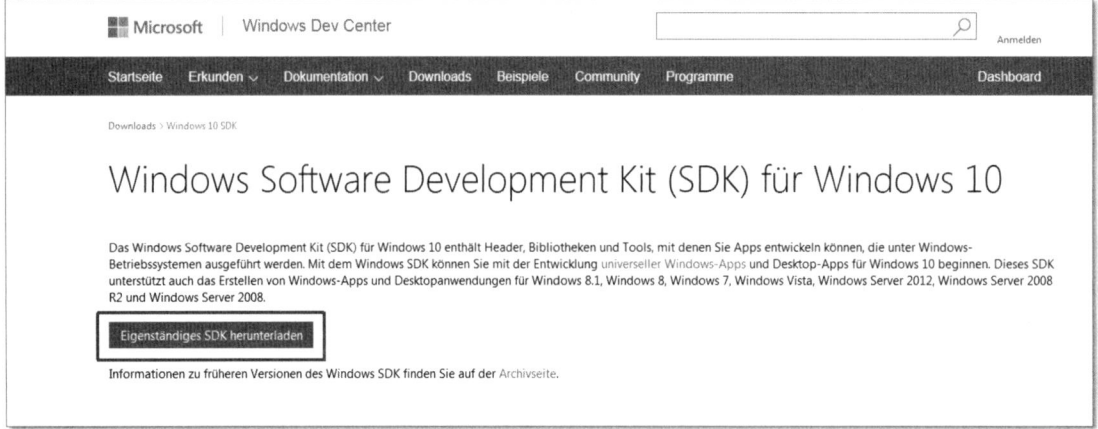

Abbildung 20.6 Das Windows 10 SDK herunterladen

Laden Sie das SDK herunter, indem Sie die Schaltfläche EIGENSTÄNDIGES SDK HERUNTERLADEN betätigen. Es wird eine Datei namens *sdksetup.exe* zum Download angeboten. Nachdem Sie die Datei gespeichert haben, können Sie die Installation des SDK durch einen Doppelklick auf die Datei starten. Während der Installation werden weitere Daten aus dem Internet heruntergeladen. Wählen Sie während der Installation den standardmäßig vorgegebenen Zielordner (Abbildung 20.7).

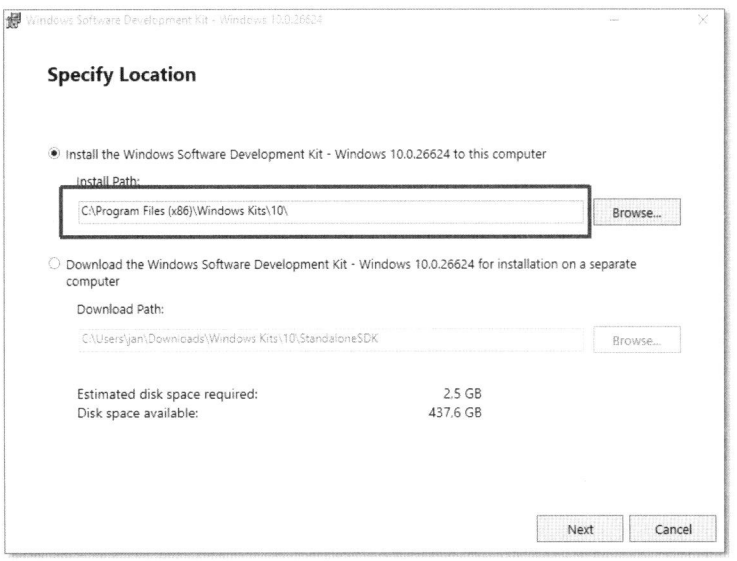

Abbildung 20.7 Windows 10 SDK – Standard -Installationspfad

Fahren Sie mit der Installation fort, indem Sie die Schaltfläche NEXT betätigen. Anschließend können Sie entscheiden, ob Sie anonymisierte Informationen zur Benutzung Ihres Computers an Microsoft übermitteln möchten (Abbildung 20.8).

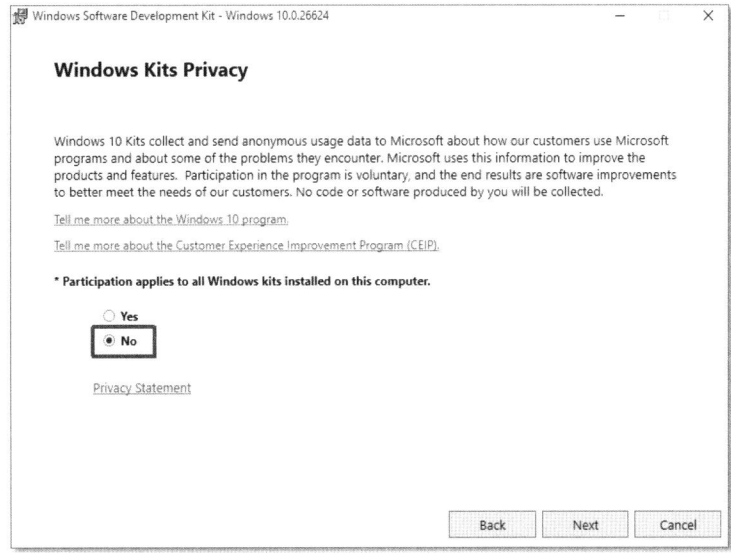

Abbildung 20.8 Informationen an Microsoft übermitteln

Sollten Sie sich entscheiden, keine Informationen an Microsoft zu übermitteln, dann achten Sie darauf, die Option NO anzuwählen, bevor Sie mit einem Klick auf die Schaltfläche NEXT fortfahren. Sie werden nun aufgefordert, Ihr Einverständnis zu den Microsoft-Lizenzbedingungen zur Nutzung des Windows 10 SDK zu geben. Sofern Sie die Nutzungsbedingungen akzeptieren, klicken Sie auf die Schaltfläche ACCEPT (Abbildung 20.9).

Abbildung 20.9 Nutzungsbedingungen des Windows 10 SDK

Bei der Auswahl der zu installierenden Werkzeuge entscheiden Sie sich nur für das WINDOWS PERFORMANCE TOOLKIT (Abbildung 20.10). Alle anderen Werkzeuge (*features*) werden nicht benötigt.

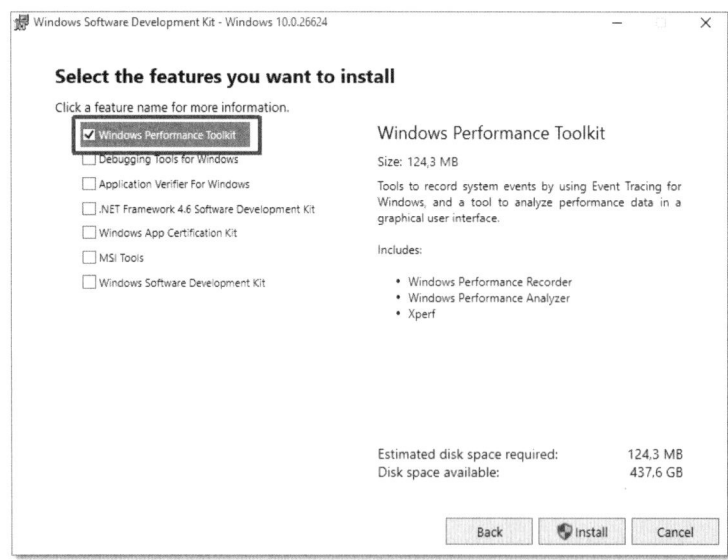

Abbildung 20.10 Auswahl der zu installierenden Werkzeuge

Fahren Sie fort, indem Sie die Schaltfläche INSTALL betätigen. Es kann sein, dass Sie anschlie-ßend einen Hinweis bekommen, dass diese App Änderungen an Ihrem PC vornehmen möchte. Bestätigen (per Klick auf OK) und schließen Sie die Installation durch Betätigen der Schaltfläche CLOSE ab.

Abbildung 20.11 Abschließen der Windows 10 SDK-Installation

Nach der Installation werden Ihnen die Applikationen des soeben installierten *Windows Per-formance Toolkit* im Startmenü unter *Alle Apps* angeboten (Abbildung 20.12).

Abbildung 20.12 Alle Apps – Windows Kits

Klicken Sie auf den Eintrag Windows Performance Recorder (*Windows-Leistungs-aufzeichnung*) (Abbildung 20.12), um mit der Aufzeichnung des Windows 10-Startprozesses zu beginnen. Die Applikation bietet Ihnen eine komfortable grafische Oberfläche (Abbildung 20.13), mit deren Hilfe Sie festlegen können, welche Informationen Sie erfassen möchten. Lassen Sie sich alle Optionen durch Klicken auf den Punkt More options anzeigen.

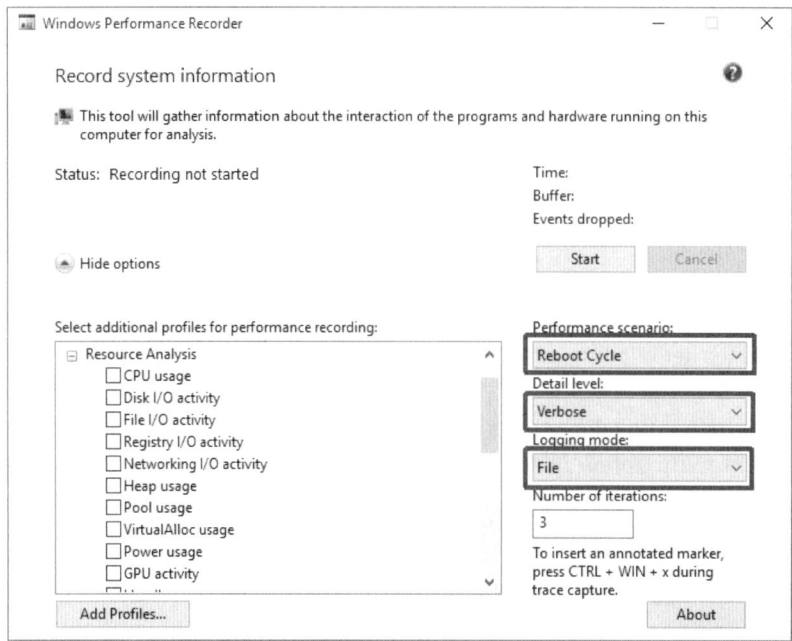

Abbildung 20.13 Auswahl und Konfiguration der durchzuführenden Tests

Sie haben die Möglichkeit, neben den vorgegebenen Leistungsszenarien auch benutzerdefinierte Tests durchzuführen. Um einen Eindruck zu gewinnen, wählen Sie unter folgenden Optionen aus (Abbildung 20.13):

► Performance scenario (Leistungsszenario): Reboot Cycle (Neustartzyklus)

► Detail Level (Detailstufe): Verbose (ausführlich)

► Logging mode (Protokollierungsmodus): File (Datei)

Sobald Sie die entsprechenden Optionen ausgewählt haben, können Sie den Vorgang starten. Sie werden nun aufgefordert, eine Beschreibung für den durchzuführenden Test einzugeben.

Unter Result Path (Abbildung 20.14) wird Ihnen angezeigt, wo die Logdatei, die während des Tests angelegt wird, gespeichert wird. Standardmäßig ist das Verzeichnis *C:\Users\<Benutzername>\Documents\WPR Files*. Sie haben hier die auch die Möglichkeit, den Ort und den Namen der Logdatei zu ändern. Setzen Sie den Test fort, indem Sie die Schaltfläche Save betätigen.

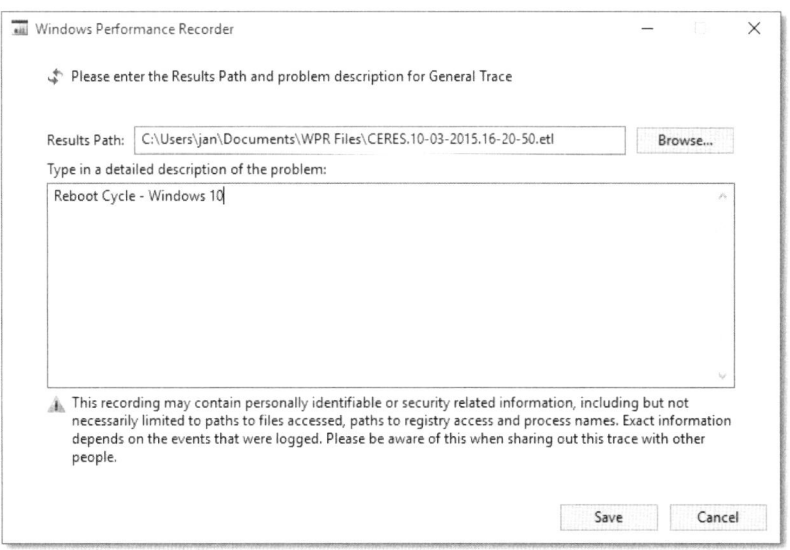

Abbildung 20.14 Beschreibung des Vorgangs

Sie erhalten noch einen Hinweis, dass das System neu gestartet werden muss. Außerdem haben Sie die Option, den Test an dieser Stelle abzubrechen (Abbildung 20.15). Wenn Sie auf OK klicken, wird Ihr System nun neu gestartet.

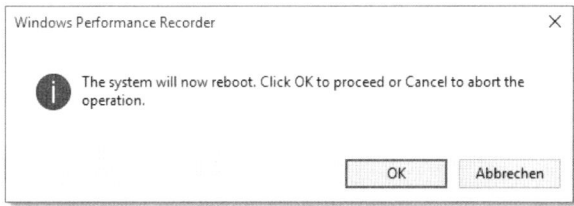

Abbildung 20.15 Ein Neustart wird erforderlich.

Melden Sie sich nun an Ihrem System an, und beobachten Sie den Fortschritt des Prozesses (Abbildung 20.16 und Abbildung 20.17). Um den Test abzuschließen, sind insgesamt drei Neustarts (Reboots) Ihres Systems erforderlich.

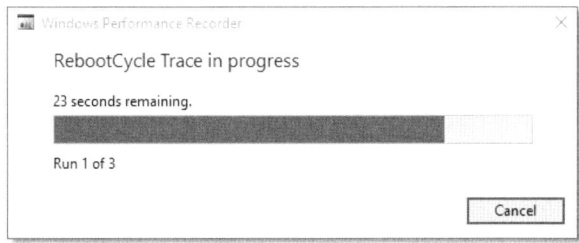

Abbildung 20.16 Neustartzyklus

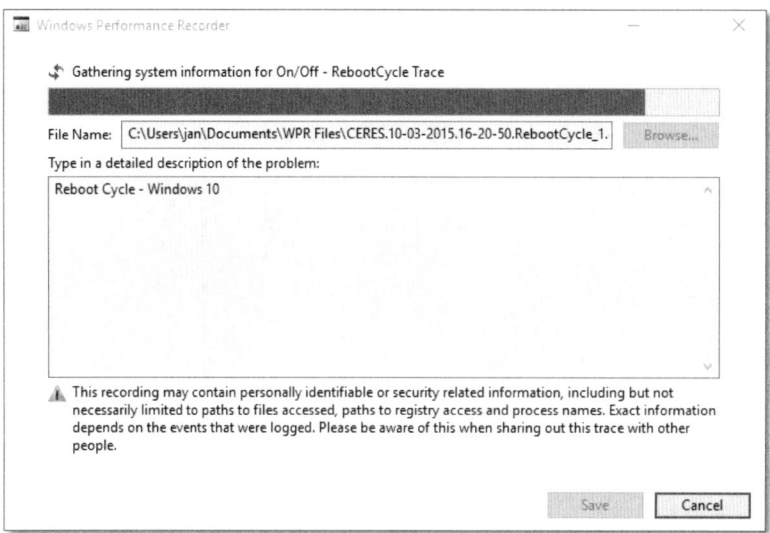

Abbildung 20.17 Fortschritt der Datenermittlung

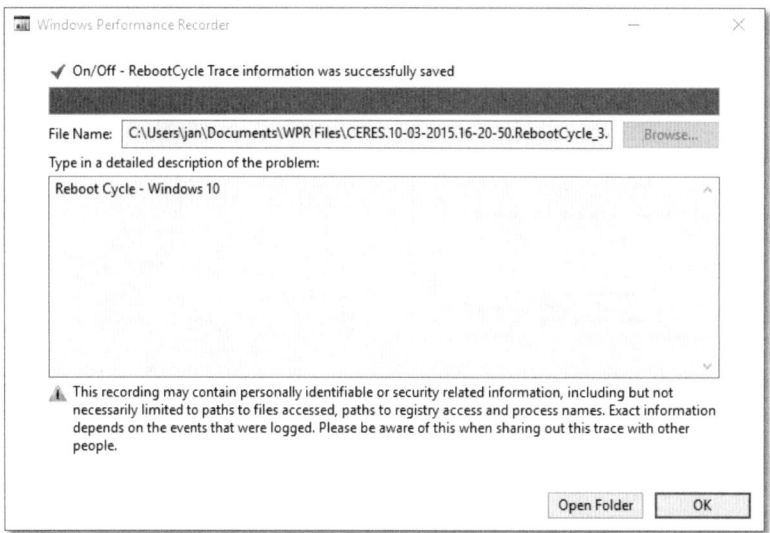

Abbildung 20.18 Ende der Aufzeichnung

Nachdem alle relevanten Informationen ermittelt und aufgezeichnet wurden, können Sie den Vorgang durch Betätigen der Schaltfläche OPEN FOLDER beenden und den Ordner mit den aufgezeichneten Logdateien öffnen (Abbildung 20.18). Es wurden mehrere Dateien angelegt, die Informationen zum *Boot-* und *Shutdown*-Prozess Ihres Systems enthalten (Abbildung 20.19). Die Namen der Dateien auf Ihrem System sind natürlich spezifisch, die Dateierweiterung ist jedoch immer *.etl*.

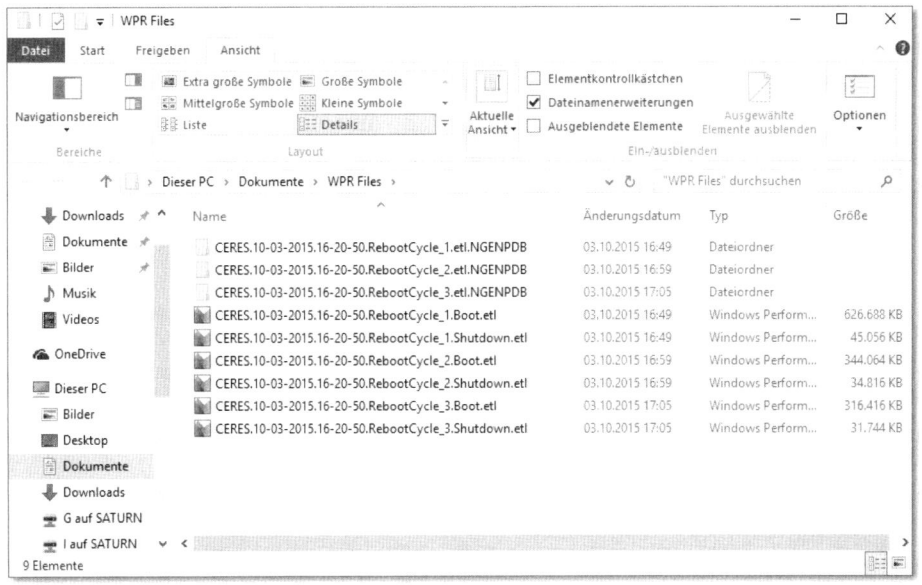

Abbildung 20.19 Logdateien des durchgeführten Tests

Sie können sich nun den Ablauf des Systemstarts visuell darstellen lassen. Öffnen Sie eine der Logdateien, die sich auf einen Bootvorgang beziehen. Ein Doppelklick auf die entsprechende Datei öffnet den WINDOWS PERFORMANCE ANALYZER (Abbildung 20.20).

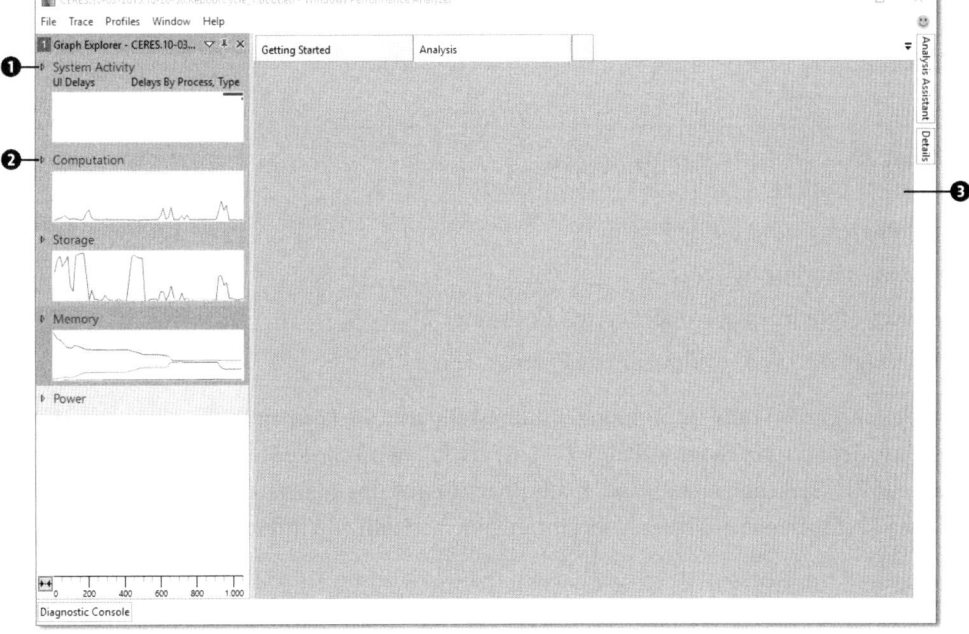

Abbildung 20.20 Der Windows Performance Analyzer

Der GRAPH EXPLORER gibt Ihnen eine schnelle Übersicht über die ermittelten Informationen. Um einen genaueren Überblick zu erhalten, expandieren Sie zunächst die Punkte SYSTEM ACTIVITY ❶ und COMPUTATION ❷. Dadurch werden Ihnen weitere Graphen angezeigt. Eine Analyse oder Visualisierung des Startvorgangs kann nun durch Vergleich verschiedener Graphen erfolgen (Abbildung 20.21). Ziehen Sie anschließend folgende Graphen in den Analysebereich ❸ des Windows Performance Analyzer.

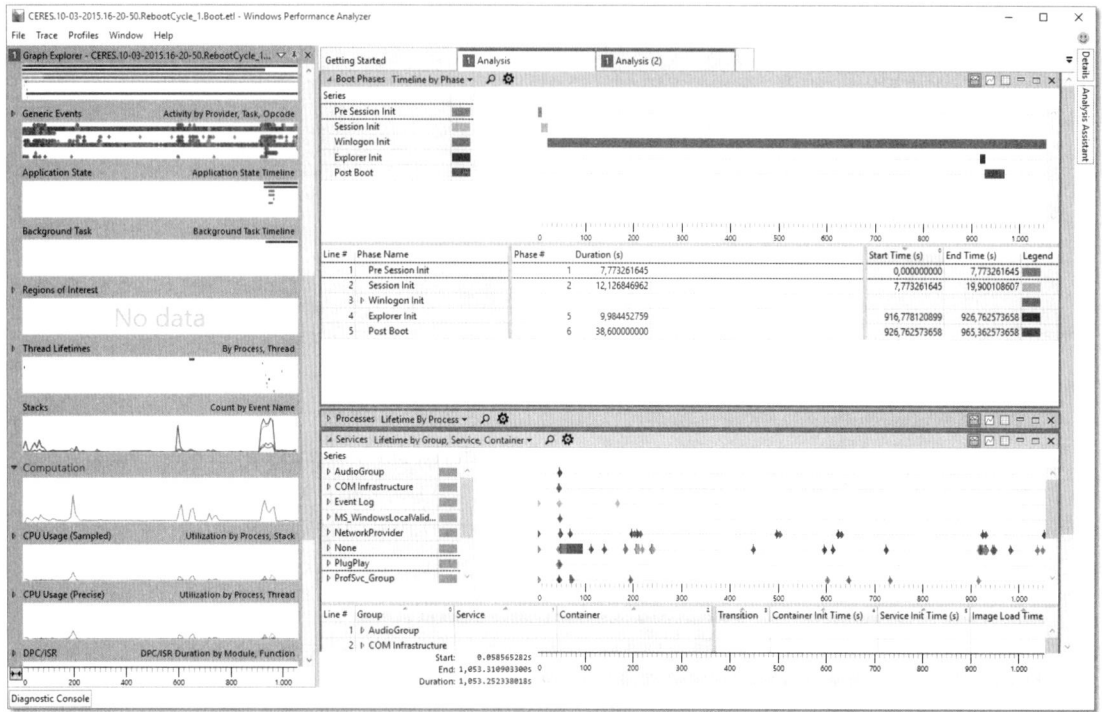

Abbildung 20.21 Analyse des Startvorgangs

▶ Boot Phases – Timeline by Phase

▶ Process – Lifetime by Process

▶ Services – Lifetime by Group, Service, Container

▶ CPU Usage (Precise) – Utilization by Process, Thread

Die Graphen werden nun untereinander dargestellt, und Sie können leicht erkennen, in welcher Phase des Startvorgangs welche CPU-Last erzeugt wird. Sie können genauso Analysen in Bezug auf die Speichernutzung oder die Zugriffe auf das Startlaufwerk vornehmen. Der Windows Performance Analyzer liefert Ihnen eine Vielzahl von Informationen und die Möglichkeit, diese in Bezug zueinander zu setzen. Der hier beschriebene Vergleich ist natürlich nur ein Beispiel und gibt nur einen kleinen Einblick in die Möglichkeiten des Windows Performance Analyzer.

20.2.2   Session 0-Isolation in Windows 10

Mit Windows Vista führte Microsoft eine strikte Trennung von Diensten ein. Es wird also nach Diensten, die vom System (Systemkontext) gestartet werden, und nach solchen, die im Benutzerkontext laufen, unterschieden. Dabei erhalten (nicht interaktive) Dienste, die vom System gestartet werden, die Session-ID 0. Diese Dienste können keine Nachrichten an Dienste oder Applikationen mit höherer Session-ID schicken. Das bedeutet u. a., dass diese Dienste keinen Zugriff auf das grafische Benutzerinterface haben. Die Isolierung der Session 0 soll u. a. verhindern, dass Schadsoftware weitreichende Berechtigungen im System (Systemkontext) erhält. Alle Applikationen, die von Benutzern gestartet werden, erhalten eine höhere Session-ID und sind somit von den Systemdiensten strikt getrennt. Dieses Konzept gilt natürlich auch für Windows 10. Dieses Verhalten lässt sich allerdings über einen Schlüssel in der Registry *[HKEY_LOCAL_MACHINE\SYSTEM\CurrentControlSet\Control\Windows]* steuern.

Abbildung 20.22 »NoInteractiveServices« steht standardmäßig auf 1.

Wenn Sie hier den Wert NoInteractiveServices auf 0 ändern (Abbildung 20.22), sind Sie anschließend in der Lage, den Dienst Erkennung interaktiver Dienste zu starten (Abbildung 20.23). Somit können Applikationen und Dienste, die mit der Session-ID 0 laufen, beispielsweise eine grafische Benutzeroberfläche anbieten.

In diesem Fall werden Sie vom Dienst ERKENNUNG INTERAKTIVER DIENSTE darüber benachrichtigt, dass ein Dienst mit der Session-ID 0 kommunizieren möchte. Da es sich um einen sicherheitsrelevanten Eingriff handelt, raten wir Ihnen von einer Veränderung dieser Einstellungen ab, sofern es nicht einen guten Grund geben sollte, die Trennung von Systemdiensten und Diensten im Benutzerkontext aufzuweichen.

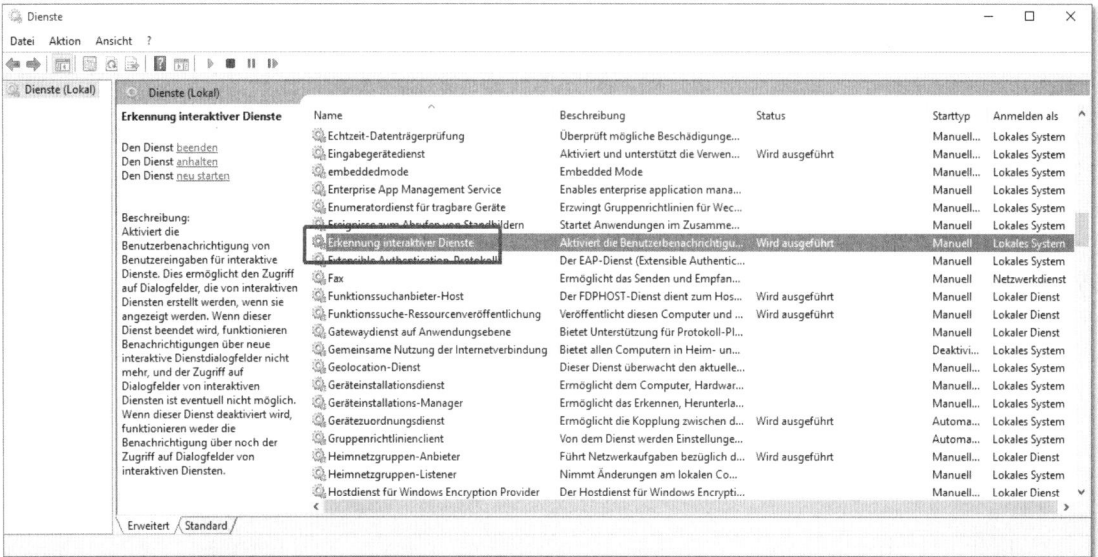

Abbildung 20.23 Erkennung interaktiver Dienste

20.2.3   Elegant in den abgesicherten Modus starten

Durch den stark beschleunigten Bootvorgang bei Windows 10 haben Sie kaum noch die Chance, mit [F8] in den abgesicherten Modus zu starten. Sobald der Startvorgang dreimal fehlschlägt, startet Windows 10 automatisch in den Windows-Reparaturmodus. Sie können jedoch den Start von Windows 10 auch aktiv beeinflussen. Beispielsweise können Sie einen Eintrag in der Startkonfiguration vornehmen, um per Bootoption in den abgesicherten Modus zu starten. Gehen Sie hierzu wie folgt vor:

1. Öffnen Sie eine Eingabeaufforderung als Administrator (Abbildung 20.24).

2. Lassen Sie sich die Startkonfiguration ausführlich anzeigen (Abbildung 20.25). Geben Sie hierzu den Befehl `bcdedit /enum /v` ein.

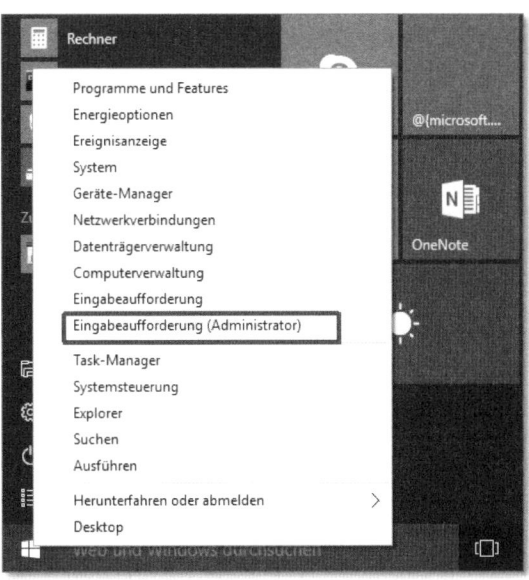

Abbildung 20.24 Eingabeaufforderung als Administrator

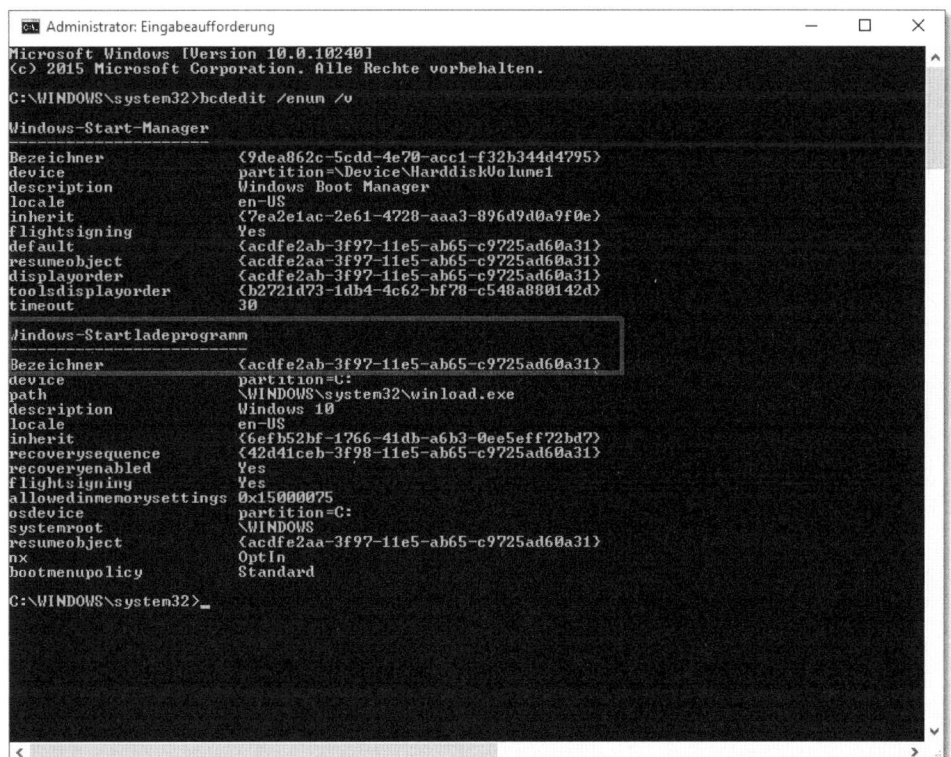

Abbildung 20.25 Anzeige der Startkonfiguration

3. Suchen Sie den BEZEICHNER für das WINDOWS STARTLADEPROGRAMM für Windows 10, und kopieren Sie diesen in die Zwischenablage.

4. Erstellen Sie einen zusätzlichen Eintrag für das Bootmenü durch Eingabe des Befehls bcdedit /copy {*Bezeichner*} /d "Windows 10 Abgesichert". Ersetzen Sie den Text *Bezeichner* durch den Wert, den Sie in die Zwischenablage kopiert haben (Abbildung 20.26).

```
C:\WINDOWS\system32>bcdedit /copy {acdfe2ab-3f97-11e5-ab65-c9725ad60a31} /d "Windows 10 Abgesichert"
Der Eintrag wurde erfolgreich in {222a1c55-69fe-11e5-80a8-000c298d8c86} kopiert.

C:\WINDOWS\system32>
```

Abbildung 20.26 Einen neuen Eintrag für das Bootmenü erzeugen

Achtung!

Vergessen Sie nicht die geschweiften Klammern, und wählen Sie den Beschreibungstext nicht zu lang. Es kann sonst zu Fehlermeldungen kommen.

5. Geben Sie den Befehl msconfig ein. Dieser ist Ihnen vielleicht noch aus früheren Versionen von Windows vertraut. Es öffnet sich nun das Fenster der SYSTEMKONFIGURATION (Abbildung 20.27).

6. Wählen Sie den Reiter START. Es wird der soeben angelegte Eintrag angezeigt. Klicken Sie auf den Eintrag WINDOWS 10 ABGESICHERT, und nehmen Sie die gewünschte Konfiguration für den Eintrag vor. Beispielsweise können Sie zusätzlich zu ABGESICHERTER START noch eine STARTPROTOKOLLIERUNG anfordern. Hier wurde zusätzlich noch die Checkbox für die BETRIEBSSYSTEM-STARTINFORMATIONEN gesetzt.

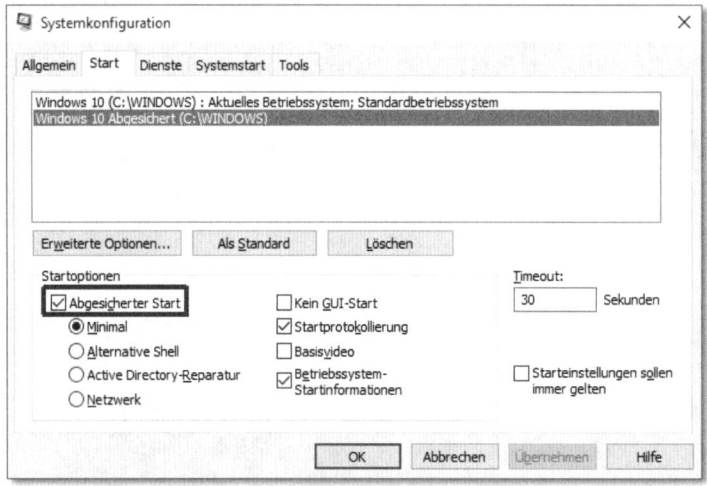

Abbildung 20.27 Systemkonfiguration – Reiter »Start«

7. Klicken Sie auf die Schaltfläche ÜBERNEHMEN, um die neue Konfiguration zu aktivieren.

Beim nächsten Neustart des Computers steht Ihnen der neue Eintrag im Bootmenü zur Verfügung (Abbildung 20.28).

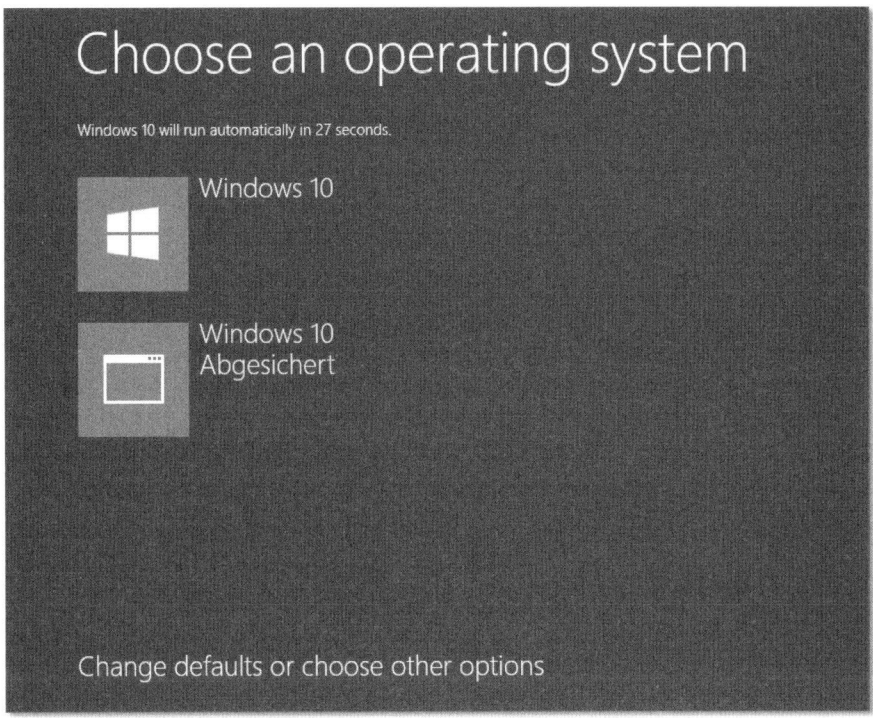

Abbildung 20.28 Neuer Bootmenü-Eintrag – »Windows 10 Abgesichert«

Natürlich gibt es auch noch andere Möglichkeiten, den Start in den abgesicherten Modus zu erzwingen. Mit dem Befehl shutdown /r /f /o /t 10 (Abbildung 20.29) starten Sie Ihr System nach Ablauf von zehn Sekunden neu und erzwingen die Anzeige der erweiterten Startoptionen (Abbildung 20.30).

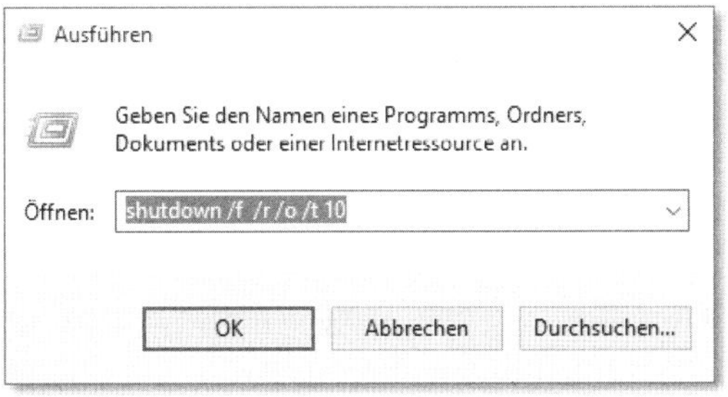

Abbildung 20.29 Neustart mit erweiterten Startoptionen erzwingen

Dabei steht der Parameter /r für einen Neustart. Der Parameter /f stellt sicher, dass laufende Applikationen beendet werden (ohne Vorwarnung). Die Angabe von /o erzwingt die Anzeige der erweiterten Startoptionen. Mit dem letzten Parameter /t geben Sie eine Wartezeit bis zum Neustart vor. Ist dieser Wert 0, wird der Neustart unverzüglich ausgeführt.

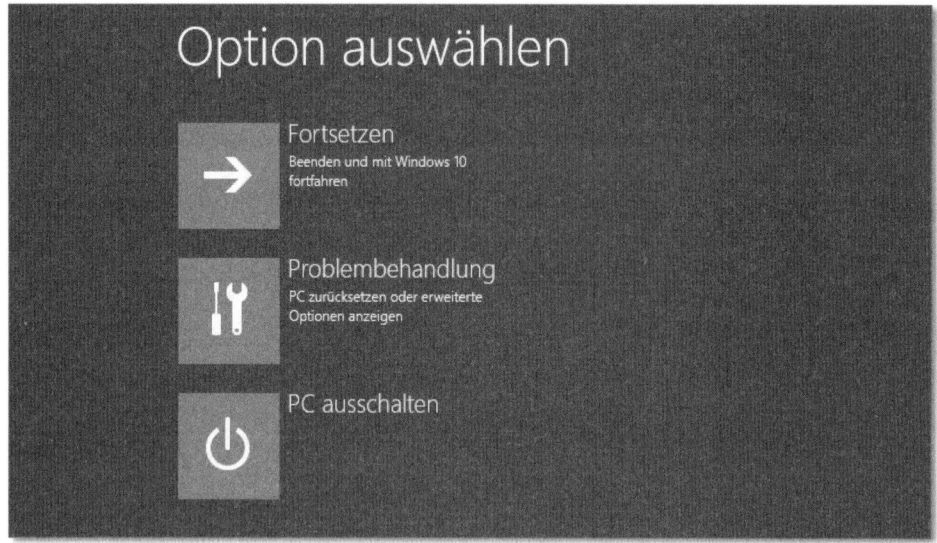

Abbildung 20.30 Erweiterte Startoptionen

Sie können anschließend über die Option PROBLEMBEHANDLUNG • ERWEITERTE OPTIONEN • STARTEINSTELLUNGEN ebenfalls einen Start in den abgesicherten Modus initiieren.

20.3   Den »Boot Configuration Data«-Editor nutzen

Der *Boot Configuration Data-Editor* ist ein Befehlszeilen-Tool, das seit Windows Vista Bestandteil von Windows ist. Sie können mit bcdedit.exe Einträge für das Bootmenü hinzufügen, ändern oder löschen. Das Kommando bcdedit muss zwingend mit Administratorrechten ausgeführt werden, damit Sie die Startkonfigurationsdateien bearbeiten können. Diese befinden sich bei BIOS-basierenden Systemen im Verzeichnis \boot\bcd der Systempartition und bei modernen, mit UEFI ausgestatteten Systemen in der EFI-Startpartition.

20.3.1   Die BCD-Editor-Schalter nutzen

Um sich einen ersten Überblick zu verschaffen, öffnen Sie eine Eingabeaufforderung als Administrator. Geben Sie nun bcdedit /? ein. Es werden Ihnen alle Parameter, die für das Kommando bcdedit zur Verfügung stehen, angezeigt. Detailliertere Informationen zu den einzelnen Parametern erhalten Sie, indem Sie den Parameter /? mit anderen Parametern kombinieren (Abbildung 20.31).

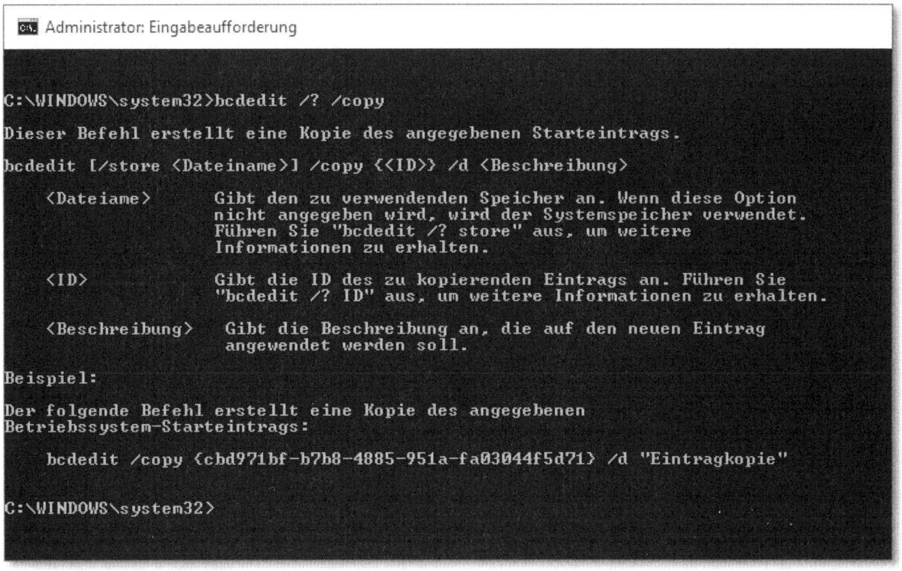

Abbildung 20.31 Hilfe zum »copy«-Parameter des »bcdedit«-Kommandos

In Kombination mit dem COPY-Parameter werden Ihnen alle möglichen Optionen und ein Beispiel für die korrekte Verwendung angezeigt.

Bevor Sie Änderungen vornehmen, sollten Sie die Konfiguration des Bootmanagers sichern. Sie können die aktuelle Konfiguration in eine Datei exportieren, indem Sie folgenden Befehl eingeben: bcdedit.exe /export *Dateipfad*. Mit bcdedit.exe /import *Dateipfad* lässt sich die gesicherte Konfiguration wiederherstellen. Der Dateipfad könnte beispielsweise *c:\backup_bcd* lauten. Lassen Sie sich nun detaillierte Informationen über die aktuelle Konfiguration anzeigen (Abbildung 20.32). Geben Sie hierzu den Befehl bcdedit.exe /enum /v ein.

Im Bereich WINDOWS-START-MANAGER befinden sich die Grundeinstellungen für den Bootmanager, so finden Sie hier beispielsweise den Eintrag TIMEOUT, der die Wartezeit für das Bootmenü angibt. In den Bereichen WINDOWS-STARTLADEPROGRAMM sind die Startinformationen (DEVICE, PATH etc.) zu den verwalteten Betriebssystemen hinterlegt. Zu jedem Eintrag ist ein BEZEICHNER hinterlegt. Dieser Bezeichner ist eindeutig und ermöglicht es Ihnen, gezielt Änderungen an bestimmten Bereichen durchzuführen. Wenn Sie den Text (DESCRIPTION) ändern möchten, unter dem ein Eintrag im Bootmenü erscheint, müssen Sie nur das entsprechende Feld in der Konfiguration ändern. Der dazu notwendige Parameter heißt /set. Die Änderung erfolgt dann durch Aufruf von bcdedit /set {*Bezeichner*} description *NeuerText*. Der Bezeichner muss immer in geschweiften Klammern angegeben werden.

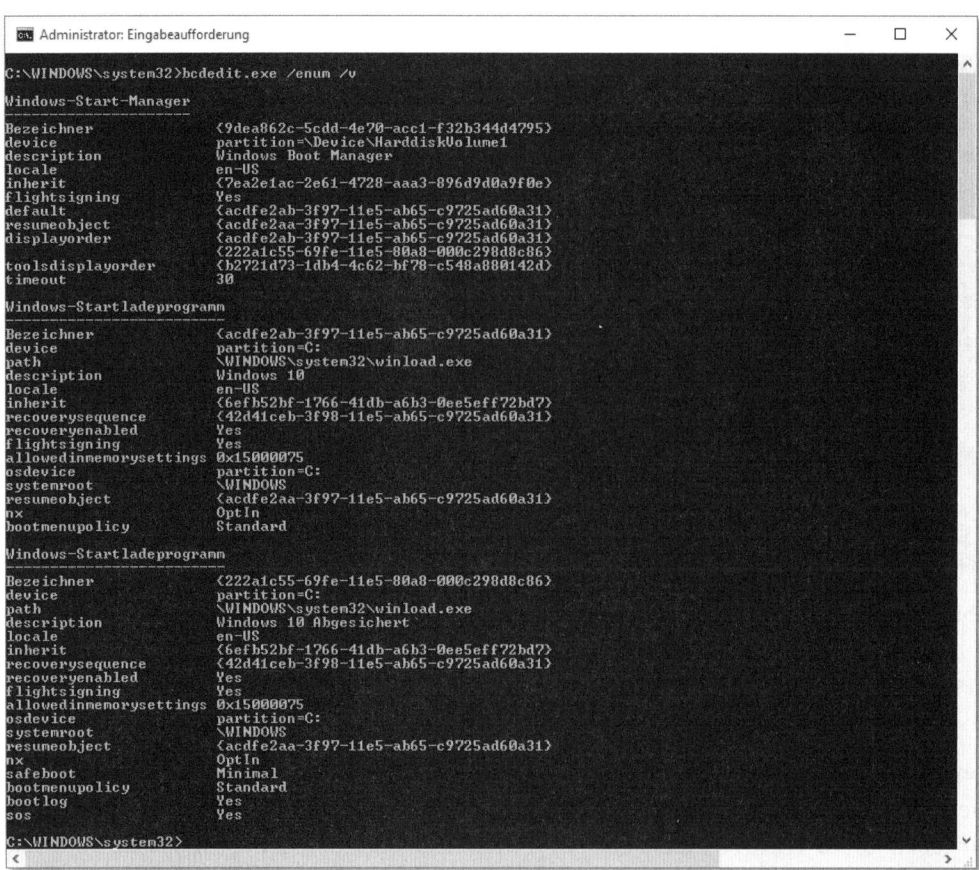

Abbildung 20.32 Anzeige der aktuellen Konfiguration

Kapitel 21
Windows Search – wer sucht, der findet

Die Windows-Suche hat sich im Laufe der Zeit zu einer sehr leistungsstarken Funktion entwickelt – für denjenigen, der die Feinheiten der Windows-Suche kennt! Wussten Sie z. B., dass die Windows-Suche auch zum Durchsuchen von Webanwendungen geeignet ist? Haben Sie bereits eigene Verzeichnisse in den Suchindex aufgenommen und so in Sekundenschnelle verfügbar gemacht? Falls nicht: Nach der Lektüre dieses Kapitels werden Sie Ihre Daten höchstwahrscheinlich mit anderen Augen suchen.

Bereits mit Windows Vista hat Microsoft seine Suche komplett überarbeitet und neue Suchfunktionen zur Verfügung gestellt. So wurde z. B. ein Suchindex hinzugefügt, mit dessen Hilfe Sie indexierte Dokumente in Windeseile auffinden, und die Suchtypen wurden mithilfe einer eigenen Suchsprache stark erweitert. Für Windows XP wurde diese Technologie unter dem Namen *Windows Desktop Search (WDS)* zum Download und als Windows-Update bereitgehalten. Die Fortentwicklung in Windows 8 beinhaltete zum größten Teil die Integration der Modern UI mit Apps und Kacheln in die Suche. In Windows 10 liegt der Suchfokus nun einerseits auf »Zurück zu den Wurzeln«, da die von Windows 7 her bekannte Suche via Startmenü wieder wie gewohnt funktioniert. Auf der anderen Seite sehen wir die »schöne neue Welt« durch das Einbinden der Assistenten-App *Cortana* in die Suchfunktion – mit der man auch sprechen kann. Der Schwerpunkt in diesem Kapitel liegt auf der indexbasierten Suche mit ihren Möglichkeiten und Filtern. Die Sprachassistentin Cortana wird in Abschnitt 6.10, »Cortana – sprich mit ihr«, genauer betrachtet.

21.1 Einführung in die Windows-Suche

Das Wichtigste gleich zu Beginn: Sie können die Windows-Suche auf zwei unterschiedliche Arten nutzen. Die indexbasierte Suche durchsucht ausschließlich eine Datenbank und zeigt Ihnen Ergebnisse, die im Vorfeld indexiert wurden. Hingegen durchsucht die dateibasierte Suche den kompletten Speicherort, aus dem Sie die Suche starten. Lassen Sie uns die Vor- und Nachteile in den nächsten Abschnitten erläutern.

21.1.1 Die indexbasierte Suche

Die indexbasierte Suche fußt, wie es der Name bereits impliziert, auf einem Index, der mithilfe einer Datenbank vorgehalten wird. Sie brauchen diese Datenbank weder zu installieren noch irgendwelche initialen Konfigurationsschritte zu unternehmen. Der Suchindex ist von Anfang an voll einsatzfähig und mit einer sinnvollen Grundkonfiguration ausgestattet. Falls Sie später den Suchindex anpassen möchten, stellt Ihnen Windows 10 eine komfortable grafische Oberfläche zur Verfügung.

Die Windows-Suche basiert auf einer *Extensible Storage Engine* (*ESE*, auch Jet Blue Engine) genannten Datenbank von Microsoft, die auch in Serverprodukten (z. B. Exchange Server) eingesetzt wird, sowie auf weiteren Indexdateien und Katalogen. Parallel dazu gibt es einen unabhängigen Entwicklungszweig mit dem Namen *Jet Red Engine*. Sie kommt z. B. in Microsoft Access zum Einsatz. Die Datenbankdateien der Windows-Suche finden Sie im Verzeichnis *C:\ProgramData\Microsoft\Search\Data\Applications\Windows* (Abbildung 21.1).

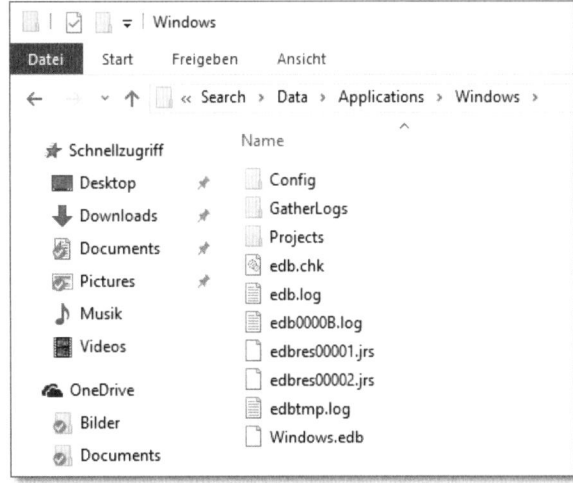

Abbildung 21.1 Die Eigenschaften werden in einer Jet Blue-Datenbank gespeichert.

Der physische Speicher der ESE-Datenbank
Standardmäßig besitzt nur das System den vollständigen Zugriff auf diesen Pfad. Sie müssen sich den Zugriff erst verschaffen und die Systemordner einblenden – wovon wir dringend abraten. Der Zugriff auf die Datenbankdatei ist in aller Regel nicht notwendig.

Der Vorteil der indexbasierten Suche liegt eindeutig in ihrer Geschwindigkeit. Sämtliche Suchergebnisse werden innerhalb von Sekundenbruchteilen angezeigt. Der Index wird bereits während des Eintippens durchforstet und listet auch Universal Apps und Systemeinstellungen auf. So stehen die Chancen gut, dass Ihnen das gewünschte Suchergebnis bereits beim Eintippen weniger Zeichen angezeigt wird. Im Index können Sie einstellen, ob nur die *Dateieigenschaften* oder auch der *Dateiinhalt* indiziert werden soll. Wenn Sie auch Inhalte indizieren, können Sie Dokumente schnell und einfach ohne weitere Suchparameter durchsuchen.

Zusätzlich können externe Produkte den Windows-Index verwenden. So basieren z. B. die Suche in Outlook und die Internet Explorer-Verlaufsvorschläge auf dem Windows-Index.

Selbstverständlich gibt die indexbasierte Suche nur diejenigen Dateien zurück, die zuvor in den Index aufgenommen wurden. Folgende Einschränkungen ergeben sich daraus:

▶ Der Index gibt nicht den vollständigen Datenbestand zurück. Werden jedoch zu viele Daten aufgenommen, enthält das Ergebnis vermehrt Datenmüll.

▶ Die Daten müssen zunächst indiziert werden, was bei großen Datenmengen durchaus dauern kann. Das bedeutet, die Suchergebnisse sind während dieser Zeit inkonsistent.

21.1.2   Die dateibasierte Suche

Die dateibasierte Suche ist die klassische Suche und wird über den Windows Explorer bedient. Dabei wird das Dateisystem, ausgehend vom Startverzeichnis, Datei für Datei durchsucht. Auch die untergeordneten Verzeichnisse werden im Suchvorgang standardmäßig ausgewertet.

Wenn Sie mit der Dateisuche arbeiten, dauert die Rückgabe der Ergebnisse in Abhängigkeit vom Datenbestand naturgemäß etwas länger. Der Suchvorgang wird mittels eines grünen Balkens in der Windows Explorer-Leiste visualisiert (Abbildung 21.2).

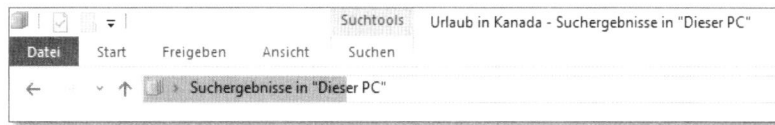

Abbildung 21.2 Die Dateisuche dauert etwas länger.

Die Vorteile der dateibasierten Suche in Windows 10 liegen in ihrer Flexibilität. Wenn Sie nur ein ganz bestimmtes Verzeichnis durchsuchen, wird das Suchergebnis nicht durch Daten aus anderen Teilen des Dateisystems verschlechtert. Selbstverständlich können Sie auch den gesamten Rechner durchsuchen und finden so auch Daten, die nicht im Index gespeichert sind.

Im Vergleich zu manch anderen (externen) Suchwerkzeugen wird auch in der dateibasierten Suche eine *Vorschlagsuche* durchgeführt, d. h., es wird gleich während des Eintippens mit dem Suchvorgang losgelegt. Allerdings lässt sich Folgendes feststellen:

▶ Das Suchergebnis ist im Vergleich zur indexbasierten Suche sehr viel langsamer.

▶ Die Suche taugt nicht zum schnellen Auffinden und Starten von Apps und nur bedingt zum Auffinden von Systemeinstellungen.

▶ Standardmäßig wird nur in den Dateieigenschaften, nicht aber in den Dateiinhalten gesucht. (Dieses Verhalten lässt sich ändern.)

▶ Intern assoziierte Eigenschaften von Apps werden nicht ausgewertet (siehe Abschnitt 21.2, »Schnelle Suche im Startmenü«).

21.1.3   Arbeit mit Dateieigenschaften

Dreh- und Angelpunkt in der Windows-Suche sind die Dateieigenschaften, denn sie sind die Andockpunkte, über die wir unsere Suche steuern. Je mehr Eigenschaften einer Datei ausgefüllt sind und je besser der Eigenschaftenbestand gepflegt wird, desto zielführender werden die Suchergebnisse sein – eine gut formulierte Suchanfrage vorausgesetzt. Die Pflege der Eigenschaften ist ein gewisser Aufwand, den Ihnen leider niemand abnehmen kann. Selbst ein Windows 10 kann noch nicht erkennen, ob ein Musikstück eine traurige Stimmung hat oder ein Video fünf Sterne wert ist.

Dateieigenschaften sind nicht neu. Die klassischen Dateieigenschaften wie etwa der *Dateiname*, die *Größe* oder die Kennzeichnung als *versteckte Datei* kommen seit MS DOS zum Einsatz. Beim Übergang von Windows XP zu Windows Vista wurden sowohl das Eigenschaftshandling als auch die Eigenschaften selbst ordentlich aufgebohrt. Unter dem Stichwort *Open Metadata* werden für den Benutzer viele neue Standardeigenschaften vorgehalten, der diese zum Teil auch bearbeiten kann. Diese Eigenschaften sind in der Datei selbst gespeichert, sodass sie auch beim Austausch über Laufwerke, Netzlaufwerke, E-Mail und sogar bei der Speicherung auf FAT *(File Allocation Table)*-Partitionen erhalten bleiben – sofern ein entsprechender Eigenschaftsfilter installiert ist.

So rufen Sie die Eigenschaften (Abbildung 21.3) einer Datei auf: Datei anwählen • Kontextmenü öffnen • Eigenschaften aufrufen • Registerreiter Details aufrufen.

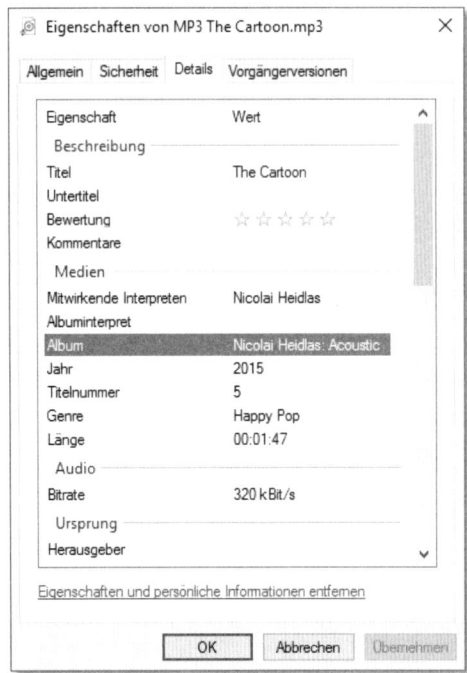

Abbildung 21.3 Diverse Dateieigenschaften

Außerdem können Sie die Eigenschaften schnell bearbeiten, wenn Sie im Explorer im Menüband ANSICHT den DETAILBEREICH aktivieren, wie in Abbildung 21.4 dargestellt. Allerdings werden Ihnen in der Detailansicht nicht alle Eigenschaften, sondern nur eine häufig verwendete Teilmenge angezeigt ❶.

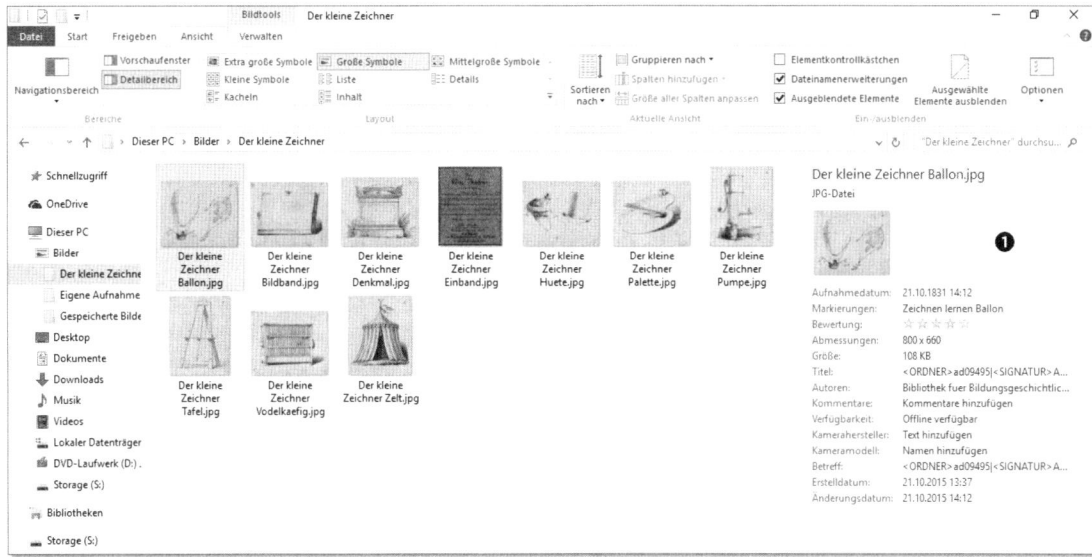

Abbildung 21.4 Dateieigenschaften im Windows Explorer

Das Windows-Eigenschaftensystem hält rund 30 Kategorien vor, in denen wiederum die einzelnen filterbaren Eigenschaften abgebildet sind. So werden z. B. unter der Kategorie *Musik* die Eigenschaften *Komponist*, *Genre* und *Stimmung* angeboten, während in der Kategorie *Videos* die Eigenschaften *Framerate* oder *Kompression* eine Rolle spielen könnten. Eine komplette Liste der Eigenschaften (in Englisch) finden Sie unter der Webadresse *http://msdn.microsoft.com/de-de/library/windows/desktop/dd561977(v=vs.85).aspx*.

Auch an eine wahlfreie Eigenschaft wurde gedacht. Unter der Eigenschaft *Markierungen* können Sie manche Dateitypen nach Herzenslust kategorisieren. Um die Eigenschaft einzutippen, klicken Sie einfach in der rechten Spalte auf das gewünschte Element, z. B. MARKIERUNG HINZUFÜGEN. Wenn Sie mehrere Werte vergeben möchten, trennen Sie sie mit einem Semikolon.

Tipp

Vergessen Sie nach dem Bearbeiten von Eigenschaften das *Speichern* nicht.

Welche Eigenschaften zu einer Datei im Explorer angezeigt werden, hängt neben dem passenden Eigenschaftsfilter von der registrierten Extension ab (z. B. *mp3*). Die Auswahl der angezeigten Eigenschaften wird vom Betriebssystem oder von dem Hersteller einer Applikation vorgegeben, die einen Filter für eine bestimmte Dateiendung registriert. So werden z. B. in Textdateien oder Rich-Text-Formaten nur die Standardeigenschaften angezeigt (Abbildung 21.5).

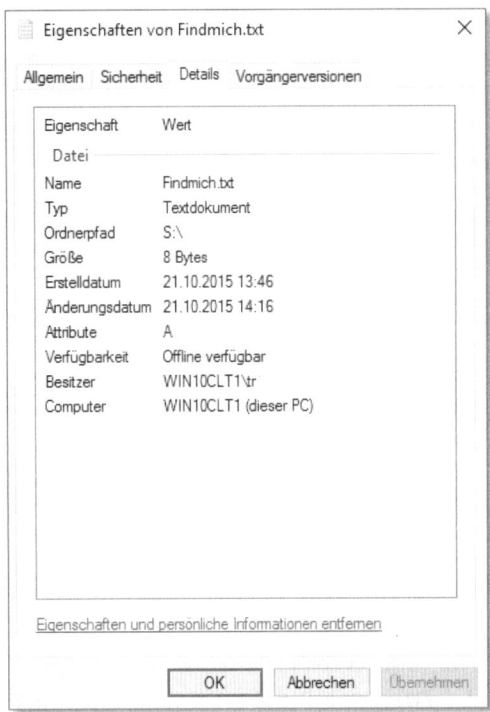

Abbildung 21.5 Standardeigenschaften in einer Textdatei

21.2   Schnelle Suche im Startmenü

Die schnelle Suche im Startmenü spielt sich vollständig indexbasiert ab. Eine dateibasierte Suche ist nicht vorgesehen. Standardmäßig ist das gesamte Benutzerprofil in den Index eingebunden. Auch aus diesem Grund sei es angeraten, mit den *Windows-Bibliotheken* oder persönlichen Ordnern zu arbeiten bzw. eigene Speicherorte in eine Bibliothek einzubinden. Aber auch der Desktop, Downloads und die restlichen Verzeichnisse des Benutzers sind im Index erfasst und können mit der Startmenü-Suche durchsucht werden. Sie rufen die Suche über folgende Möglichkeiten auf:

Egal, ob Sie sich im Desktop- oder im Tablet-Modus befinden, klicken Sie links unten auf das Windows-Symbol, und tippen Sie einfach los! Mit angeschlossener Tastatur drücken Sie die ⊞-Taste, um die indexbasierte Suche aufzurufen.

Was ist mit dem Suchfeld/Such-Symbol/Schnellmenü?

Sowohl das Suchfeld WEB UND WINDOWS DURCHSUCHEN in der Taskleiste bzw. das Lupen-Such-Symbol im Tablet-Modus als auch der Eintrag *Suchen* im Schnellmenü (⊞ + X̄) ruft die Sprachassistentin Cortana auf, die wir zunächst einrichten müssen. Wir geben Ihnen eine kurze Einführung zu Cortana im weiteren Verlauf dieses Kapitels.

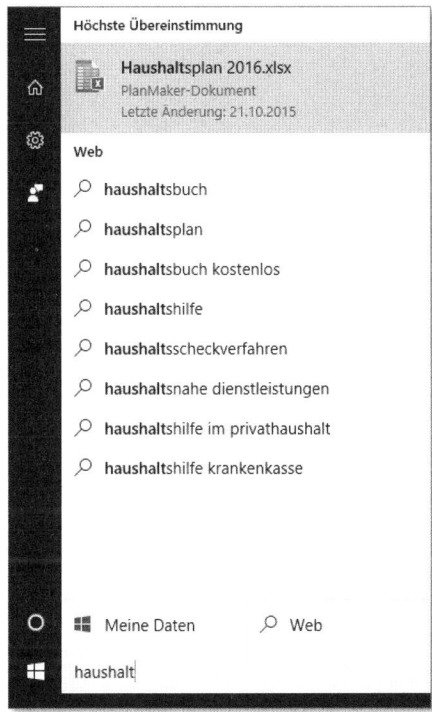

Abbildung 21.6 Die Suche mit dem Startmenü

Wenn Sie eine Suche starten, zeigt Ihnen Windows Ergebnisse aus dem Index an. Falls das gewünschte Ergebnis dabei ist, klicken Sie darauf und fertig. Die Trefferliste im Startmenü unterteilt Windows in unterschiedliche Kategorien. Diese Kategorisierung wird dynamisch anhand der Ergebnisse generiert und umfasst z. B. die Suche im Internet, Verzeichnisse, Apps oder Einstellungen. Falls die Kategorie passt, das gewünschte Ergebnis aber nicht dabei ist, können Sie auf den Kategorienamen klicken, um einen Filter zu setzen. Zwei dieser Filter sind immer vorhanden: MEINE DATEN und WEB.

Im Filterbildschirm MEINE DATEN stehen Ihnen nun einige Basisfilter zur Verfügung. Im oberen Abschnitt filtern Sie nach Relevanz oder absteigendem Datum. Außerdem können Sie das Suchergebnis auf Basis des Speicherorts, der Windows-Einstellungen oder nach Apps filtern.

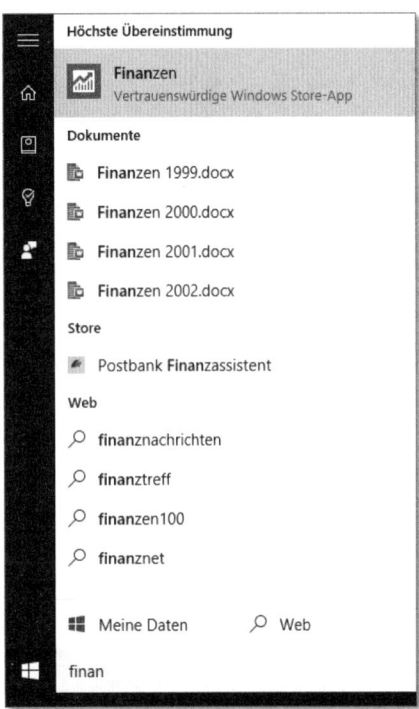

Abbildung 21.7 Es sind zwar einige Finanzdaten dabei, aber leider nicht die gewünschte.

Im Hauptabschnitt können Sie Ihre Ergebnisse erneut nach den Kategorie-Überschriften filtern, also z. B. nach Dokumenten. Falls Windows mehr Treffer hat, als es die Darstellung anzeigen kann, klicken Sie auf den blauen Link neben der Ergebnisliste.

Falls das Ergebnis nun immer noch nicht auftaucht, finden Sie im unteren Abschnitt weitere Suchlinks, die auf den Windows Explorer, auf OneDrive oder die Suche in den Einstellungen verweist. Der Suchbegriff wird hierbei gleich mit übergeben. Im Filterbildschirm WEB oder WEB DURCHSUCHEN öffnet sich Ihr Standardbrowser mit dem bereits eingetragenen Suchbegriff. Die Suche erfolgt standardmäßig mit Microsofts Suchmaschine Bing.

Websuche und Cortana mit Google nutzen

Bei der Suche mit Cortana oder mit dem Startmenü gibt es nicht nur eine Gelegenheit, mit Suchergebnissen aus dem Internet konfrontiert zu werden. Hier hat Microsoft seine Suchmaschine Bing voreingestellt. Dieses Verhalten lässt sich in den Windows-Einstellungen nicht anpassen. Dennoch hat vielleicht der eine oder andere Benutzer das Bedürfnis, Google für die Suchergebnisse aus dem Web zu nutzen. In diesem Fall gibt es einen Workaround mit Chrome.

Erstellen Sie zunächst einen Wiederherstellungspunkt. Laden Sie den Chrome Browser aus dem Netz herunter, und stellen Sie ihn als Standardbrowser ein. Laden Sie die eine Chrome

Extension herunter, die Bing nach Google umleitet, z. B. *Chrome2Bing* oder *Chrometana*. Nach der Aktivierung der Extension sollte die Websuche und Cortana (wenn sie eine Frage nicht direkt beantworten kann) auf Google umgeleitet werden.

Bitte beachten Sie: Mit dieser Methode ändern Sie den Standardbrowser, und es gibt derzeit nur Erweiterungen für die Google-Suchmaschine. Um alles rückgängig zu machen, deinstallieren Sie die Chrome-Erweiterung und setzen den Standardbrowser wieder zurück auf Ihr gewünschtes Produkt.

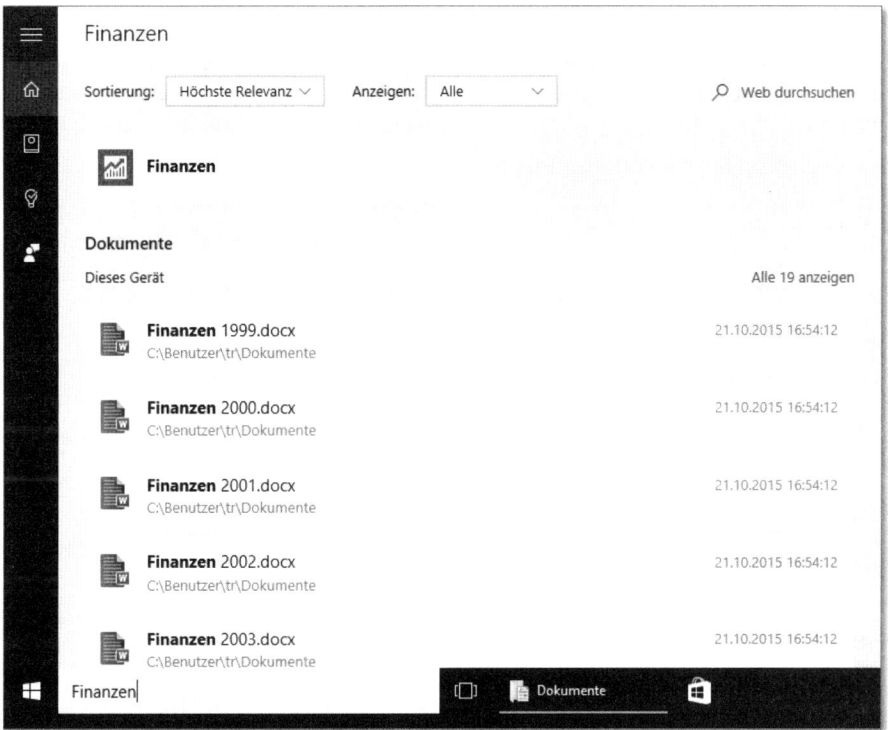

Abbildung 21.8 Weitere Filtermöglichkeiten in der indexbasierten Suche

In früheren Versionen von Windows konnten Sie auch mit der indexbasierten Suche direkt in den Eigenschaften von Dateien suchen. Leider scheint Microsoft diese Methode in Windows 10 noch nicht implementiert zu haben. Wenn Sie in einer Musikdatei die Eigenschaft *Stimmung* mit *Lustig* gekennzeichnet hatten, konnten Sie bisher in der Suche »STIMMUNG:LUSTIG« eintippen. Wenn die Datei indexiert wurde, kam auch der entsprechende Treffer. Im Windows Explorer funktioniert die Eigenschaftssuche hingegen noch einwandfrei. Dies können wir uns zunutze machen:

▶ Geben Sie in der Startmenü-Suche die Eigenschaft, die Sie suchen, mit einem Doppelpunkt getrennt vom Wert ein (z. B. Stimmung:Lustig).

▶ Es wird kein Treffer angezeigt. Klicken Sie jetzt auf MEINE DATEN.

▶ Klicken Sie nun auf den Link EXPLORER.

▶ Voilà, die gesuchte Datei ist da!

Natürlich muss eine Datei die entsprechende Eigenschaft besitzen und an einem indexierten Ort liegen (z. B. im Benutzerprofil).

Fragen Sie Dr. Windows!

Eine weitere Besonderheit in der Windows-Suche mit dem Startmenü ist die Suche nach artverwandten Themen. Sie können so Ihr Windows erkunden und Einstellungen finden, die von Microsoft mit bestimmten Themenblöcken assoziiert wurden (Abbildung 21.9). Hierbei muss der Suchbegriff nicht unbedingt mit einer App oder einer Datei übereinstimmen. So findet die Windows-Suche bei Eingabe des Begriffs *Dateien* die unterschiedlichsten Einstellungen, die mit diesem Thema verknüpft wurden.

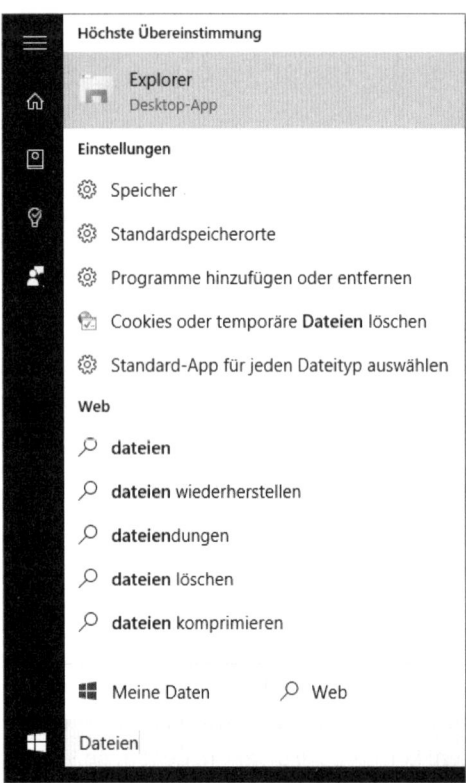

Abbildung 21.9 Ergebnisvorschläge mit assoziierten Begriffen

Testen Sie doch einfach aus, welche Einstellungsmöglichkeiten Windows 10 mit bestimmten Begriffen assoziiert, wie z. B.:

▶ Sicherheit

▶ Daten

▶ Schutz

▶ Internet etc.

Lassen Sie Ihrer Kreativität freien Lauf!

21.3   Suchen mit Cortana

In Windows 10 wurde die persönliche Sprachassistentin Cortana eingeführt. Die Suche ist nur eine Funktion der neuen App. Die zentrale Eigenschaft von Cortana ist die Verarbeitung von Befehlen in natürlicher Sprache. Die neue Funktion soll sich zur zentralen Interaktionsstelle in Windows 10 entwickeln. Mit ihr lassen sich von der Benutzerseite her Suchvorgänge durchführen, Apps öffnen, Erinnerungen erstellen, plauschen und mehr.

Die Software erlernt auf der anderen Seite Ihre Gewohnheiten, durchforstet Ihre Dokumente, E-Mails und Termine, lernt Ihre Aussprache kennen, merkt sich, was Sie schreiben, und versucht, die gewonnenen Informationen in nützliche Vorschläge für Ihren Alltag umzusetzen. Das Ganze klappt sowohl mit einem Mikrofon als auch per Tastatureingabe.

Die Software arbeitet geräteübergreifend und steht künftig auch auf mobilen Geräten zur Verfügung. Der zentrale Datenumschlagsplatz ist die Microsoft Cloud und Ihr Microsoft Konto.

Die Einrichtung und weitere Details beschreiben wir genauer in Abschnitt 6.10, »Cortana – sprich mit ihr«.

Sie rufen Cortana entweder im Sprachmodus oder im Tastaturmodus auf:

Tastaturmodus

▶ Klicken Sie in das SUCHFELD in der Taskleiste neben dem Windows-Symbol.

▶ Drücken Sie die Tastenkombination ⊞ + X , und wählen Sie SUCHEN.

▶ Drücken Sie die Tastenkombination ⊞ + S .

Sprachmodus

Für den Sprachmodus muss bereits ein Mikrofon am Rechner angeschlossen und Cortana erstkonfiguriert sein.

▶ Klicken Sie auf das MIKROFON im SUCHFELD in der Taskleiste neben dem Windows-Symbol.

21

▶ Sagen Sie Hey Cortana!. Falls Diese Variante nicht funktioniert, klicken Sie im geöffneten Cortana-Suchfeld links auf das Notizblock-Symbol und stellen die Funktion im
Abschnitt Cortana reagiert auf »Hey Cortana!« ein.

▶ Drücken Sie die Tastenkombination ⊞ + C.

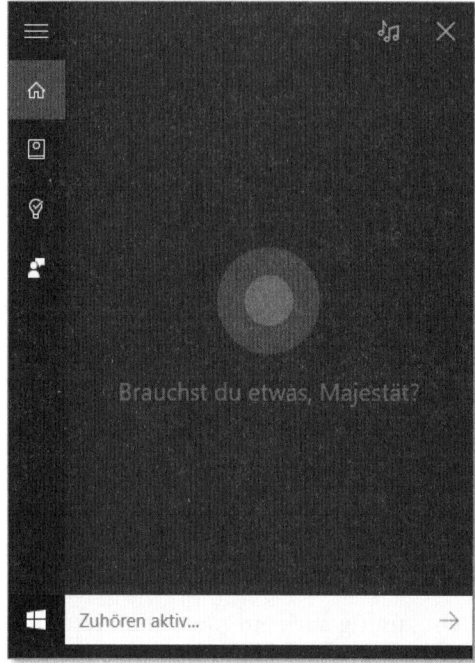

Abbildung 21.10 Cortana hört, was Sie wollen.

Nun können Sie mit der Suche loslegen – und wir werden uns daran gewöhnen, dass wir eben
Dinge nicht nur finden, sondern auch ausführen lassen können.

Werden Sie mit Cortana warm:

▶ Wie viel Uhr ist es?

▶ Wo wohnst du?

▶ Wie siehst du aus?

Suchen und Wissen mit Cortana:

▶ Suche Dokument Finanzen 2013

▶ Wie wird das Wetter morgen?

▶ Welcher Song läuft gerade?

▶ Wie viel ist 280 × 35?

▶ Wie steht der Kurs der Daimler-Aktie?

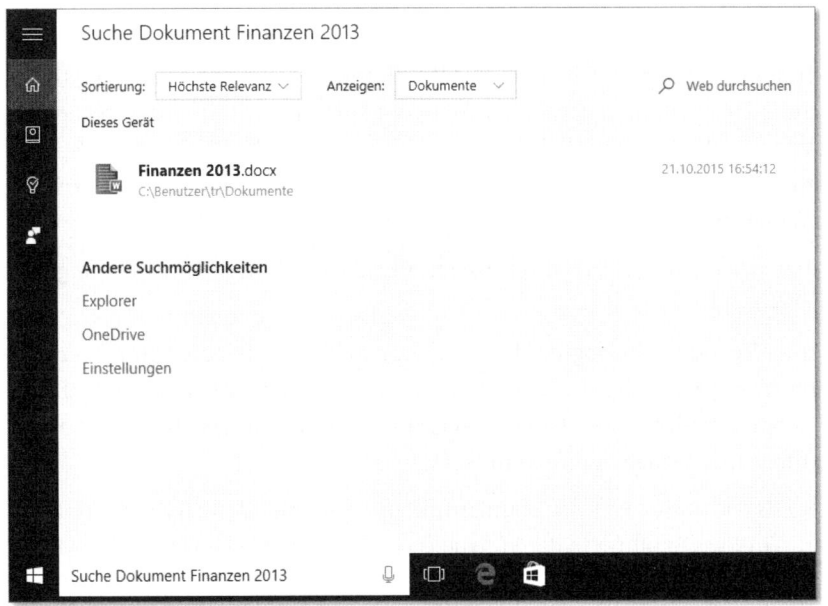

Abbildung 21.11 Cortana findet ein Dokument.

Geben Sie dem System Anweisungen:

▶ Öffne Edge.

▶ Schließe Edge.

▶ Öffne Einstellungen.

▶ Erstelle morgen von 19:00 bis 21:00 Uhr einen Termin, Betreff: Abendessen mit Erik. (Mit Ja bestätigen.)

▶ Stelle den Wecker auf 06:15 Uhr.

Die Arbeit mit Cortana ist ein durchaus interessanter Ansatz. Aus Sicht der Autoren ist ein produktives Arbeiten zu diesem frühen Zeitpunkt (Anfang 2016) jedoch noch nicht möglich. Allerdings wird Cortana fortlaufend weiterentwickelt und verbessert. Cortana *lebt* auch davon, Sie und Ihre Interessen immer besser und tiefer kennenzulernen. Hierzu ist ein umfangreicher Datenbestand nötig, der auf zentralen Servern im Internet vorgehalten werden muss, um geräteübergreifend verfügbar zu sein. Eine private Version von Cortana auf eigenen Servern gibt es nicht. Wenn Sie wissen möchten, was Cortana über Sie gespeichert hat, öffnen Sie die Website *https://www.bing.com/account/personalization*. Melden Sie sich mit Ihrem Microsoft-Konto an. Dort können Sie Ihre gespeicherten Orte, den Suchverlauf und weitere Informationen einsehen und bei Bedarf löschen. Falls Sie Cortana deaktivieren möchten, öffnen Sie das Suchfeld, klicken auf der linken Seite das Notizbuch-Symbol an und wählen Einstellungen. Im Abschnitt Cortana kann Vorschläge, Ideen, Erinnerungen Warnungen und vieles mehr anbieten stellen Sie den Schieberegler auf Aus.

21.4   Dateibasierte Suche mit dem Windows Explorer

Neben der indexbasierten Suche und Cortana bietet Windows 10 auch noch eine klassische, dateibasierte Suche an. Hier werden in Abhängigkeit vom Suchort alle Daten zurückgegeben – unabhängig davon, ob die Dateien indexiert sind oder nicht. Die dateibasierte Suche wird standardmäßig im Windows Explorer ausgeführt und umfasst ausgehend vom Suchort alle untergeordneten Verzeichnisse.

Wenn Sie den Dateinamen oder Teile davon kennen, können Sie ohne weitere Filterangaben direkt mit der Suche beginnen.

In früheren Windows-Versionen beklagten sich die Benutzer häufig über die kompliziert einzugebenden Suchformeln, wenn die Suche über eine reine Namenssuche hinausging. Daher bietet Windows 10 ein komplett überarbeitetes Suchinterface, das in das Menüband eingebettet ist und häufige Suchabfragen grafisch umsetzt.

Das Menüband SUCHTOOLS/SUCHEN ist standardmäßig ausgeblendet und erscheint erst dann, wenn Sie im Windows Explorer in das SUCHFELD oben rechts klicken (Abbildung 21.12).

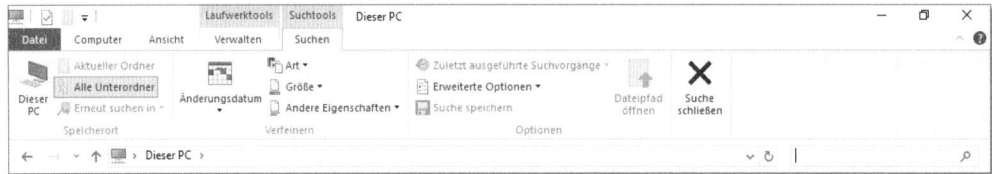

Abbildung 21.12 Übersicht über die Explorer-Suche

Das Suchmenü ist in drei Abschnitte untergliedert, die Sie bei der Auswahl des Suchorts, der Eingabe von Filtern und beim Nutzen von erweiterten Optionen unterstützen:

1. **Ort**
   Im alltäglichen Umgang mit der Suche läuft es in der Regel so, dass Sie sich im Windows Explorer bereits in einem Verzeichnis befinden oder dorthin navigieren, wo Sie das gesuchte Element am ehesten vermuten. Vergessen Sie nicht, dass wir nun mit der dateibasierten Suche arbeiten, die nicht auf den Index zurückgreift und daher lange dauern kann. Daher ist der Suchort eine wichtige Entscheidung hinsichtlich der Performance und der aufgefundenen Ergebnisse.

   Nun klicken Sie in das Suchfenster und geben die Suchabfrage ein. Standardmäßig durchsucht Windows nun das Verzeichnis, aus dem die Suche gestartet wurde, *und* alle darunterliegenden Verzeichnisse. Daher ist im Menüband die Option ALLE UNTERORDNER blau hinterlegt. Je nachdem, welcher Datenbestand in den Unterverzeichnissen vorgehalten wird, kann die Suche einige Zeit dauern.

Falls Sie sich sicher sind, dass sich das gesuchte Element im aktuellen Verzeichnis befindet, wählen Sie die Option AKTUELLER ORDNER an, um die Suche auf das aktuelle Verzeichnis zu begrenzen und damit zu beschleunigen.

Falls das genaue Gegenteil eintritt, nämlich dass Ihre Suche in einem bestimmten Verzeichnis nicht erfolgreich ist, können Sie mit einem Klick auf das Symbol DIESER PC den gesamten Rechner durchsuchen. Hierbei werden alle angeschlossenen Laufwerke und auch Netzlaufwerke durchsucht. Die Suche kann also durchaus etwas dauern.

Im Dropdown-Menü ERNEUT SUCHEN IN finden Sie weitere Suchorte, die eine Querverbindung zu anderen Suchorten und auch zu anderen Suchtechniken bieten. Auf einem neu installierten Windows 10 bietet Ihnen Windows die folgenden alternativen Suchorte an:

– **Heimnetzgruppe**

   Hier durchsuchen Sie freigegebene Dateien in der Heimnetzgruppe. Die Heimnetzgruppe wird in Kapitel 26, »Netzwerk – Grundlagen und Besonderheiten« behandelt. Dieser Eintrag erscheint nur, wenn Sie sich in einer Heimnetzgruppe befinden.

– **Bibliotheken**

   Mit einem Klick auf BIBLIOTHEKEN durchsuchen Sie Ihre Windows-Bibliotheken BILDER, DOKUMENTE, MUSIK und VIDEOS. Auch die Bibliotheken, die Sie selbst erstellt haben, werden durchsucht.

– **Suchkonnektoren**

   Windows bietet Ihnen die Möglichkeit, mit benutzerdefinierten Suchkonnektoren zu arbeiten. Suchkonnektoren geben Ihnen die Möglichkeit, eigene Suchorte zu definieren und sogar außerhalb Ihres Systems zu suchen. Wir besprechen diese Möglichkeit in Abschnitt 21.7, »Extern suchen mit der Verbundsuche/Federated Search«. Wenn Sie Microsoft Outlook installiert haben, wird Ihnen automatisch ein Suchkonnektor spendiert, der es Ihnen erlaubt, Ihre Mails via MAPI-Abruf *(Messaging Application Programming Interface)* zu durchsuchen. Auch eine Suche im Dateiversionsverlauf ist auf diese Weise möglich, falls Sie diese Funktion in Windows 10 aktiviert haben.

   Falls Sie eigene Suchkonnektoren erstellt haben, werden diese ebenso in diesem Dropdown-Menü angezeigt.

– **Internet**

   Die Schaltfläche INTERNET öffnet letztlich Edge und setzt den Suchbegriff an Ihre voreingestellte Suchmaschine ab. Falls Sie einen anderen Browser als bevorzugten Browser eingestellt haben, wird dieser hier angezeigt.

   Beim Wechsel zwischen den einzelnen Suchorten wird der Suchbegriff jeweils mit übernommen und muss nicht neu eingegeben werden.

21

Bibliotheken – oder keine Regel ohne Ausnahme

In der Zeit vor OneDrive & Co. waren Bibliotheken für Microsoft ein wichtiger, integraler Bestandteil von Windows. Daher werden die Bibliotheken auch in der Explorer-Suche via Index durchsucht, während alle anderen Verzeichnisse mit der klassischen Dateisuche durchforstet werden. Auch werden Inhalte in Bibliotheken bei der Indizierung priorisiert.

2. **Verfeinern**

   – Im Menüband-Abschnitt VERFEINERN fügen Sie Ihrer Suchabfrage eigene Filter komfortabel mit der grafischen Oberfläche hinzu. Unter der Schaltfläche ÄNDERUNGSDATUM (Abbildung 21.13) gibt das System einige symbolische Datumsfilter vor, mit denen Sie eine Suche auf einen konkreten Zeitraum eingrenzen.

Abbildung 21.13 Symbolische Datumsfilter

Die Schaltfläche ART hält hingegen die häufigsten Dateikategorisierungen vor. So können Sie Ihre Suche nach Dokumenten, Musik, Mails o. Ä. eingrenzen.

Im Dropdown-Menü GRÖSSE verfeinern Sie Ihre Suche durch die Angabe eines Dateigrößenfilters. Hierzu gibt das System einige vorkonfigurierte Filter vor. So bedeutet z. B. der Größenfilter *Mittel*, dass in Ihrem Suchergebnis alle Dateien zwischen 100 Kilobyte und einem Megabyte angezeigt werden.

Im Menü ANDERE EIGENSCHAFTEN finden Sie weitere Suchfilter, indem Sie z. B. nach Dateitypen, Namen, Ordnerpfaden oder eigens eingegebenen Markierungen filtern können. Wenn Sie einen dieser Filter auswählen, erscheint im eigentlichen SUCHFELD der entsprechende Filter, und Sie geben den Wert manuell ein. Falls Sie Bibliotheken durchsuchen, erkennt Windows die indizierten Eigenschaften und schlägt Ihnen praktischerweise gleich die entsprechenden Werte vor.

3. **Optionen**

   In den OPTIONEN finden Sie nützliche Elemente, um den Suchvorgang weiter zu steuern (Abbildung 21.12). Die Schaltfläche ZULETZT AUSGEFÜHRTE SUCHVORGÄNGE bietet Ihnen eine Suchhistorie, deren einzelne Suchanfragen Sie komfortabel per Mausklick erneut ausführen können. Daneben finden Sie in den OPTIONEN die Schaltflächen ERWEITERTE OPTIONEN sowie SUCHE SPEICHERN.

Die ERWEITERTEN OPTIONEN bieten Ihnen die drei Optionen DATEIINHALTE, SYSTEMDATEIEN und GEZIPPTE (KOMPRIMIERTE) ORDNER, die sich auf die Suche in Orten beziehen, die nicht im Suchindex erfasst sind (Abbildung 21.14).

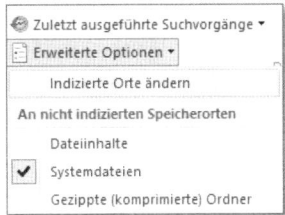

Abbildung 21.14 Erweiterte Suchoptionen im Explorer

– Mit der Option INDIZIERTE ORTE ÄNDERN rufen Sie die Indizierungsoptionen auf. Der Suchindex wird in Abschnitt 21.5, »Den Suchindex konfigurieren« ausführlich behandelt.

– **Dateiinhalte**
Windows kann mithilfe von Filtern sowohl Dateieigenschaften als auch Dateiinhalte erfassen. Im Index sind viele dieser Filter bereits aktiv, sodass Ihnen ohne weitere Suchoptionen auch die Eigenschaften oder Inhalte von Dateien angezeigt werden. An nicht indizierten Orten im Dateisystem müssen Sie zusätzliche Filter setzen. Standardmäßig werden bei der Dateisuche weder Inhalt noch Dateieigenschaften ausgewertet. Selbstverständlich können Sie trotzdem danach suchen – müssen aber den Filter manuell ins Suchfeld eintragen. Um z. B. Inhalte zu durchsuchen, setzen Sie den Filter *Inhalt:IhrgesuchterInhalt* im Suchfeld ein.

Wenn Sie die Option DATEIINHALTE aktivieren, sucht Windows auch bei der dateibasierten Suche alle Eigenschaften und Dateiinhalte ab. Da in diesem Fall sehr viel mehr Daten während der Suche ausgewertet werden müssen, wird diese Suche sehr viel länger dauern.

– **Systemdateien**
Mit der Option SYSTEMDATEIEN legen Sie fest, ob Sie auch Systemverzeichnisse in Ihre Suche miteinbeziehen. Wenn Sie diese Option deaktivieren, werden z. B. die Verzeichnisse *Windows* oder *Programme* nicht in den Suchvorgang einbezogen – auch wenn Sie den gesamten Computer durchsuchen. Dadurch wird die Suche über den gesamten Rechner beschleunigt, aber der Datenbestand nicht vollständig zurückgegeben. Daran sollten Sie denken, wenn Sie öfter nach Dateien in Systemverzeichnissen suchen.

– **Gezippte (komprimierte) Ordner**
Windows bietet Ihnen an, Dateien in einem ZIP-Archiv komprimiert, also verkleinert abzuspeichern. Sie können das ganz einfach ausprobieren, indem Sie einige Dateien

markieren, mit einem Rechtsklick das Kontextmenü öffnen, *Senden an* auswählen und die Option *Zip-komprimierte Ordner* auswählen. Neben der Komprimierung speichern Sie die ganzen Dateien auch in einer einzigen Containerdatei, was den Umgang mit ihnen (z. B. Versand per Mail) erleichtert.

Mit der aktivierten Option GEZIPPTE (KOMPRIMIERTE) ORDNER durchsuchen Sie mit der Windows-Suche auch diese Dateiarchive. Falls Sie keine riesigen Dateiarchive an einem prominenten Suchort haben, deren Inhalte Sie bei einer Suche ausschließen möchten, können Sie diese Option aktiviert lassen.

– **Suche speichern**
Unter OPTIONEN finden Sie zuletzt auch noch die Schaltfläche SUCHE SPEICHERN. Falls Sie einen bestimmten Suchvorgang häufiger durchführen, bietet es sich an, die Suche abzuspeichern. Wie wir in Abschnitt 21.6, »Erweiterte Dateisuche« noch sehen werden, können Sie Ihre Suchanfragen im Detail ausfeilen und verknüpfen. So sind auch sehr komplexe Abfragen möglich. Um solcherlei Abfragen immer wieder per Knopfdruck ausführen zu können, klicken Sie die Option SUCHE SPEICHERN an.

Vergeben Sie einen sprechenden Namen, und speichern Sie die Suche ab. Windows erstellt daraufhin ein Such-Icon, das Sie im Verzeichnis *c:\benutzer\<benutzername>\ Suchvorgänge* auffinden können. Von dort aus können Sie weitere Verknüpfungen erstellen, wie z. B. die Einbindung ins Startmenü.

Ein Klick auf die gespeicherte Suche – und der Suchvorgang wird erneut ausgeführt (Abbildung 21.15). Bitte beachten Sie, dass nicht die Suchergebnisse gespeichert werden, sondern die Suchabfrage selbst. Das bedeutet, wenn sich Ihr Datenbestand ändert, werden die geänderten Dateien in zukünftige Suchen einbezogen.

Abbildung 21.15 Eine gespeicherte Suche nach Musikdateien

Die Schaltfläche DATEIPFAD ÖFFNEN ist erst dann aktiv, wenn Sie einen Suchvorgang durchgeführt haben. Klicken Sie in den Suchergebnissen auf eine Datei oder ein Verzeichnis. Jetzt können Sie mithilfe der DATEIPFAD ÖFFNEN-Schaltfläche direkt in das Verzeichnis des ausgewählten Elements springen.

Schlussendlich beenden Sie mit der Schaltfläche SUCHE SCHLIESSEN die SUCHTOOLS/ SUCHEN-Optionen im Menüband des Windows Explorers.

21.5   Den Suchindex konfigurieren

Der Windows-Suchindex steht nach einer frischen Windows 10-Installation bereits fix und fertig konfiguriert für Sie bereit. Dennoch besteht vielleicht Ihrerseits der Bedarf, den Suchindex anzupassen oder neu erstellen zu lassen, auch wenn dies nicht allzu häufig vorkommen dürfte.

Rufen Sie den Suchindex wie folgt auf: Drücken Sie die ▉-Taste, geben Sie Indizierungsoptionen ein, und drücken Sie ⏎.

Im oberen Drittel der Indizierungsoptionen finden Sie den aktuellen Stand der Indizierung. Sie sehen Informationen darüber, ob die Indizierung im Augenblick läuft, was gerade indiziert wird oder ob die Indizierung abgeschlossen ist. Der Suchindex umfasst nach der Windows-Installation folgende Speicherorte:

▶ **Benutzer**

Der Benutzerordner befindet sich direkt im Systemlaufwerk *c:\Benutzer* (eigentlich: *c:\Users*) und umfasst sämtliche Benutzerprofile. Hierbei werden die Bibliotheken der Benutzer, der Desktop etc. in den Index eingeschlossen. Auch wenn der Index hier alle Benutzer umfasst, brauchen Sie nicht zu befürchten, dass ein anderer Benutzer, der an Ihrem Rechner angemeldet ist, plötzlich Ihre Dateien durchsuchen und aufrufen kann, da alle Sicherheitsbeschreibungen für die einzelnen Benutzer in der Datenbank abgelegt sind. Es sind nicht alle Verzeichnisse in *Benutzer* eingeschlossen. Die *AppData*-Verzeichnisse sind von der Indizierung ausgeschlossen.

▶ **Internet Explorer-Verlauf**

Der Internet Explorer-Verlauf ist etwas irreführend. Es handelt sich hierbei nicht um die Suche aufgerufener Internetseiten, sondern um eine »Kooperation« des Internet Explorers mit der Windows-Suche. Vielleicht haben Sie schon einmal bemerkt, dass der Internet Explorer bei der Eingabe einer Adresse in die Adresszeile diverse Vorschläge macht – darunter fallen auch bisher besuchte Seiten. Diese Seiten werden mithilfe des Index der Windows-Suche gespeichert, sodass die Daten praktisch in Echtzeit bei der Eingabe zur Verfügung stehen.

Sie können dieses Element nicht aus dem Index löschen. Wenn Sie jedoch die Funktionalität abschalten möchten, rufen Sie im Internet Explorer folgendes Fenster auf: Alt • EXTRAS • INTERNETOPTIONEN • INHALTE • EINSTELLUNGEN.

Wenn Sie in diesem Fenster das Häkchen bei WINDOWS SEARCH FÜR BESSERE SUCHERGEBNISSE herausnehmen, werden die Verlaufsdaten nicht mehr im Index gespeichert.

▶ **Offlinedateien**

In Unternehmensumgebungen wird viel mit Daten aus Netzwerkfreigaben gearbeitet. Administratoren können die Dateiverwaltung so konfigurieren, dass Benutzer die Daten offline abspeichern können. Offline bedeutet, dass Sie auch dann noch Zugriff auf die Daten haben, wenn keine Verbindung zum Server besteht. Diese heruntergeladenen Dateien werden standardmäßig indiziert.

21

► **Startmenü**

Dieser Indexeintrag umfasst den Pfad *C:\ProgramData\Microsoft\Windows\Start Menu* und damit das Startmenü. Die Einträge werden auch in der Modern UI noch abgebildet und indiziert.

Bevor Sie nun eigene Verzeichnisse in den Index aufnehmen, hier noch ein *Tipp*: Nehmen Sie die gewünschten Verzeichnisse einfach in eine Bibliothek auf! Öffnen Sie hierzu im Windows Explorer eine BIBLIOTHEK, und wählen Sie in der Ribbon-Leiste BIBLIOTHEKTOOLS VERWALTEN. Klicken Sie nun auf der linken Seite auf BIBLIOTHEK VERWALTEN. Im folgenden Fenster können Sie mit der HINZUFÜGEN-Schaltfläche eigene Verzeichnisse in die Bibliothek aufnehmen. Je nach Datenmenge kann die Indizierung etwas dauern. Nun steht der Inhalt der Bibliothek in der indexbasierten Suche zur Verfügung.

Wenn Sie eigene Verzeichnisse direkt dem Index hinzufügen möchten, rufen Sie in den Indizierungsoptionen die Schaltfläche ÄNDERN auf. In der Explorer-artigen Ansicht erweitern Sie nun die Verzeichnisse mithilfe des kleinen Dreiecks oder mit einem Doppelklick. Wenn Sie einen Häkchen in ein Kästchen vor dem Verzeichnis setzen, nehmen Sie das Verzeichnis in den Index auf, nachdem Sie mit der Schaltfläche OK bestätigt haben.

Viel hilft viel! – Oder doch nicht?

Vielleicht verspüren Sie den Reflex, einfach alle Partitionen anzuhaken, um sämtliche Daten in den Index aufzunehmen. Das ist eine schlechte Idee! Nehmen Sie wirklich nur die Verzeichnisse in den Index auf, deren Daten Sie auch später wiederfinden wollen.

In der Regel handelt es sich um persönliche Dokumente, Bilder und dergleichen. Bei falscher Konfiguration des Index erhalten Sie bei einer Suche nur noch massenweise Datenmüll zurück, in dem die gewünschten Ergebnisse nicht oder nur schwer auffindbar sind. Genau aus diesem Grund wollten Sie doch eine effektive Suche nutzen, oder?

Mithilfe der Schaltfläche ERWEITERT rufen Sie die erweiterten Optionen auf. Im Registerreiter INDEXEINSTELLUNGEN finden Sie die Abschnitte Dateieinstellungen, Indizierungsort und Dateitypen, die nachfolgend erläutert werden.

Dateieinstellungen

Im Abschnitt DATEIEINSTELLUNGEN finden Sie folgende Funktionen:

► VERSCHLÜSSELTE DATEIEN INDIZIEREN. Diese Funktion nimmt auch Dateien auf, die mithilfe von EFS *(Encrypting File System)* verschlüsselt wurden. Allerdings sollten Sie in diesem Fall *vorher* die BitLocker-Laufwerkverschlüsselung aktivieren, da der Index selbst nicht verschlüsselt ist und somit zu einer potenziellen Sicherheitslücke hinsichtlich Ihrer gespeicherten Daten wird (Abbildung 21.16). Anschließend wird der Index komplett neu erstellt.

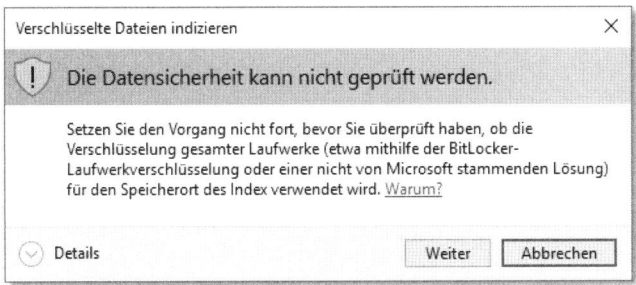

Abbildung 21.16 Wenn verschlüsselte Dateien indiziert werden,
sollte das gesamte Laufwerk geschützt sein.

▶ ÄHNLICHE WORTE, DIE DIAKRITISCHE ZEICHEN ENTHALTEN, ALS UNTERSCHIEDLICHE WORTE BEHANDELN. Diakritische Zeichen regeln die Betonung/Aussprache bzw. den Akzent eines Wortes. Wenn dieses Häkchen gesetzt ist, behandelt die Windows-Suche das Wort René und das Wort Rene als zwei unterschiedliche Wörter. Im Deutschen würde diese Einstellung z. B. auch Umlaute betreffen.

▶ INDEX LÖSCHEN UND NEU ERSTELLEN. Wenn Sie mit Ihren Suchergebnissen nicht mehr zufrieden sind oder vermuten, dass der Index eine Störung hat, können Sie mit der Schaltfläche NEU ERSTELLEN den gesamten Index neu einlesen. Bitte bedenken Sie, dass dieser Vorgang einige Zeit dauern kann. Allerdings ist dieser Vorgang ein probates Mittel, um Probleme in der Windows-Suche zu beheben. Ein *Tipp* der Autoren: Falls das Neuerstellen nicht auf Anhieb klappt, hilft es manchmal, den Dienst *Windows Search* neu zu starten.

Indizierungsort

Der Indizierungsort zeigt Ihnen den aktuellen Speicherort der Datenbank an. Mit der Schaltfläche NEU AUSWÄHLEN können Sie einen neuen Speicherort für die Datenbank auswählen. Wir empfehlen jedoch, die Datenbank an ihrem Standardspeicherort zu belassen.

Dateitypen

Im Registerreiter DATEITYPEN werden alle Dateitypen aufgeführt, die die Windows-Suche derzeit indizieren kann. Im unteren Bereich sind zwei Einstellungen möglich: NUR EIGENSCHAFTEN INDIZIEREN bedeutet, dass die Eigenschaften der ausgewählten Datei – also z. B. die Dateigröße oder der Dateiname – in den Index aufgenommen werden. Das Auswahlfeld EIGENSCHAFTEN UND DATEIINHALTE INDIZIEREN nimmt hingegen auch noch die Inhalte der Datei in den Index auf (Abbildung 21.17).

Falls ein bestimmter Dateityp nicht in der Liste vorhanden ist, können Sie die Extension über das Eingabefeld NEUE ERWEITERUNG IN DIE LISTE AUFNEHMEN hinzufügen.

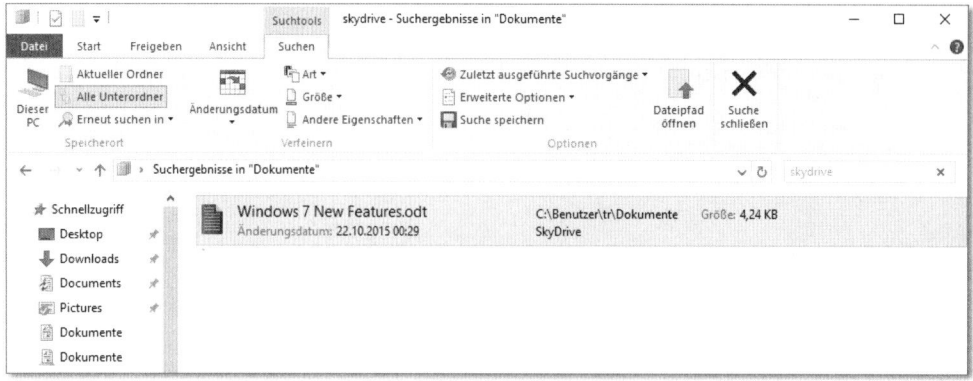

Abbildung 21.17 Eine Inhaltssuche nach dem Begriff »SkyDrive«

Windows kennt unterschiedliche Filter, um die Dateieigenschaften oder die Dateiinhalte durchsuchbar zu machen – die sogenannten *IFilter*. Viele dieser IFilter sind bereits an Bord. So können Sie in Windows 10 von Haus aus die Inhalte diverser Office-Formate, HTML-Daten oder PDF-Dateien durchsuchen (Abbildung 21.18). Falls kein IFilter registriert ist, kommt der sogenannte *Klartextfilter* zum Einsatz. Dieser Filter stellt dem Index den textlesbaren Anteil einer Datei zur Verfügung, indem er den Datenstrom auf Unicode-Markierungen überprüft. Auch für Binärdateien gibt es einen Filter, der sich aber nur auf wenige Dateieigenschaften beschränkt, die in den Index aufgenommen werden können.

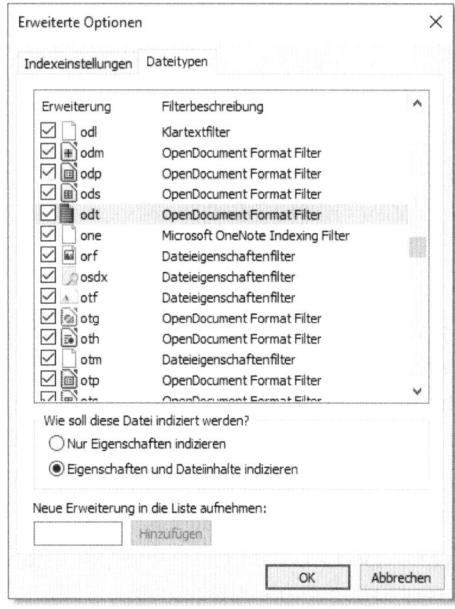

Abbildung 21.18 Windows bringt einige vordefinierte Suchfilter mit.

IFilter einbinden

Windows und Microsoft Office bringen bereits diverse Filter für die Inhaltssuche mit. Falls jedoch Ihr Dokumentenformat nicht durchsuchbar sein sollte, lohnt sich eine Suche im Internet. Viele Hersteller oder Drittanbieter stellen IFilter für Anwendungen zum Download zur Verfügung oder registrieren eigene Filter bei der Installation einer Anwendung.

Bestimmte Elemente von der Inhaltsindizierung ausschließen

Bei dieser Einstellung handelt es sich um eine Funktion, die die Arbeit mit der Suche in bestimmten Situationen vereinfacht. Nehmen wir an, Sie haben eine komplette Partition mit Hunderten von Dateien in den Index aufgenommen und die gewünschten Daten inklusive ihres Inhalts indiziert. Nun möchten Sie jedoch drei Dateien so indizieren, dass Sie zwar die Eigenschaften finden (z. B. den Dateinamen), der Inhalt aus Datenschutzgründen jedoch auf keinen Fall indiziert wird.

Diese Anforderung ist weder durch das Umsortieren von Verzeichnissen im Index noch durch Verschlüsselung abbildbar. Daher gibt es die Funktion ZULASSEN, DASS FÜR DIESE DATEI INHALTE ZUSÄTZLICH ZU DATEIEIGENSCHAFTEN INDIZIERT WERDEN (Abbildung 21.19).

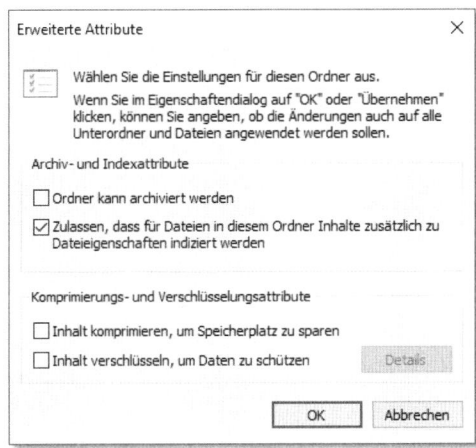

Abbildung 21.19 Deaktivieren der Inhaltsindizierung

Wenn Sie diese Einstellung *abwählen*, bewirken Sie, dass die Inhalte einer Datei nicht indiziert werden, auch wenn sie im Index stehen sollten und es einen Filter dafür gibt. Die Dateieigenschaften sind davon nicht betroffen. Sie finden diese Option an drei Orten:

▶ für einzelne Dateien: DATEI • EIGENSCHAFTEN • ERWEITERT

▶ für Verzeichnisse: VERZEICHNIS • EIGENSCHAFTEN • ERWEITERT

▶ für Partitionen: COMPUTER • PARTITION (z. B. *C:*) • Registerreiter ALLGEMEIN im unteren Drittel

Falls Sie die Inhaltsindizierung auf Verzeichnis- oder Partitionsebene ändern wollen, werden Sie gefragt, ob dies nur für den aktuellen Speicherort oder auch für untergeordnete Elemente gelten soll.

21.6   Erweiterte Dateisuche

Wir erstellen für diese Demonstration vier Dateien in einem Verzeichnis (Abbildung 21.20). Ob das Verzeichnis indexiert ist oder nicht, spielt keine Rolle:

Wann.txt | Wein.txt | Wenn.txt | Wien.txt

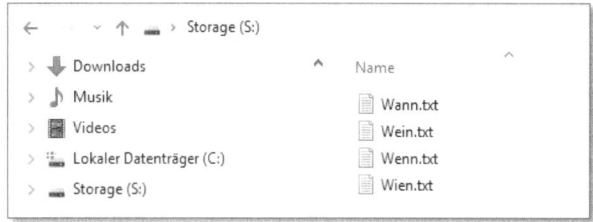

Abbildung 21.20 Einige Beispieldateien

21.6.1   Arbeit mit Platzhaltern

Windows unterstützt Platzhalter, das bedeutet, dass anstelle des Platzhalterzeichens ein beliebiges Zeichen oder eine beliebige Zeichenkette stehen kann. Der *Asterisk* (Sternchen) steht für eine beliebige Zeichenkette und das *Fragezeichen* für ein einziges Zeichen (Abbildung 21.21).

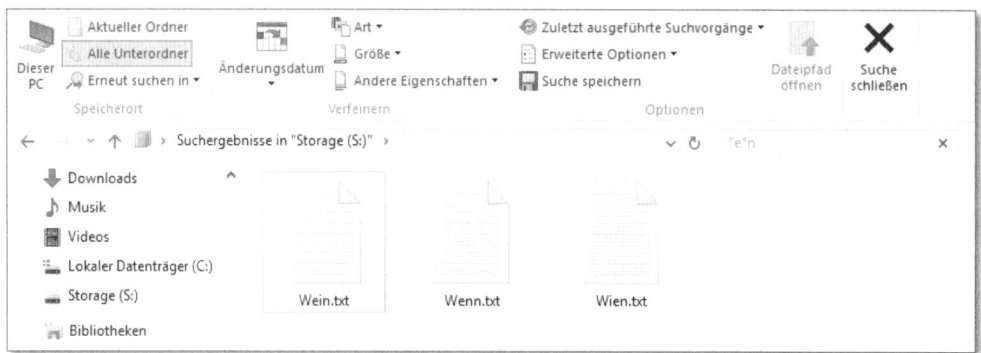

Abbildung 21.21 Suche mithilfe von Platzhaltern

Am Ende einer Zeichenkette müssen Sie den Asterisk nicht angeben, das passiert automatisch. In unserem Beispiel bedeutet dies:

Suchstring	Ergebnis
W	Wann, Wein, Wenn, Wien
We	Wenn, Wein
Wi	Wien

Tabelle 21.1 Suchstring ohne Asterisk

Der Platzhalter kann auch innerhalb oder am Anfang einer Zeichenkette angegeben werden. Am Anfang einer Zeichenkette setzt Windows *keinen* Platzhalter automatisch.

Suchstring	Ergebnis
nn	kein Ergebnis
*nn	Wann, Wenn
*n	Wann, Wein, Wenn, Wien
W*nn	Wann, Wenn
We*n	Wein, Wenn
*e*n	Wein, Wien, Wenn
?e*n	Wein, Wenn

Tabelle 21.2 Unterschiedliche Positionierung von Platzhaltern und ihre Ergebnisse

21.6.2   Suchfilter einsetzen

Wenn Sie etwas differenzierter suchen möchten, bietet Ihnen Windows die Möglichkeit, unterschiedliche Suchfilter zu verwenden (Abbildung 21.22). Die Grundsyntax ist folgende:

Filtereigenschaften:Filterwert (z. B. *Art:Bild*)

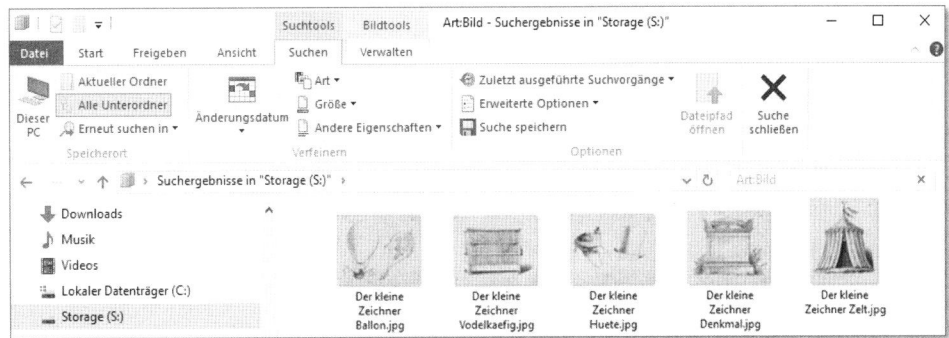

Abbildung 21.22 Eine Suche nach Bildern

Der Doppelpunkt schließt dabei die Filtereigenschaft ab.

21.6.3   Filtern nach Dateieigenschaften

Filter werden in einer von Microsoft als *AQS (Advanced Query Syntax)* bezeichneten Abfragesprache eingegeben. Damit Suchfilter korrekt funktionieren, müssen Sie mit den korrekten Filtereigenschaften und -werten suchen – von denen es eine ganze Menge gibt. Beginnen wir mit den Filtereigenschaften. Die sicherlich am häufigsten verwendeten Filter sind bereits in den Suchtools im Windows Explorer eingebaut. Sie finden hier das ÄNDERUNGSDATUM an prominenter Stelle sowie die Filtereigenschaft ART und GRÖSSE.

Im Dropdown-Feld ANDERE EIGENSCHAFTEN finden Sie weitere Eigenschaften, die Windows danach auswählt, in welchem Speicherort Sie gerade suchen. Wenn Sie also in einer Bilderbibliothek suchen und weitere ANDERE EIGENSCHAFTEN auswählen, wird Ihnen z. B. der Filter AUFNAHMEDATUM angezeigt. Falls Sie Ihre Suche aus der Musikbibliothek starten, stehen Ihnen ALBUM und INTERPRETEN als Suchfilter zur Verfügung.

Falls Ihr Suchfilter nicht aufgeführt ist, können Sie die unterstützten Suchfilter wie folgt anzeigen lassen:

1. Öffnen Sie den Windows Explorer mit der Tastenkombination ⊞ + Ⓔ.

2. Wählen Sie in der linken Spalte eine Bibliothek aus.

3. Rufen Sie mittels Kontextmenü SORTIEREN NACH • MEHR… auf.

In der nun erscheinenden Liste haben Sie alle verfügbaren Suchfilter im Überblick (Abbildung 21.23).

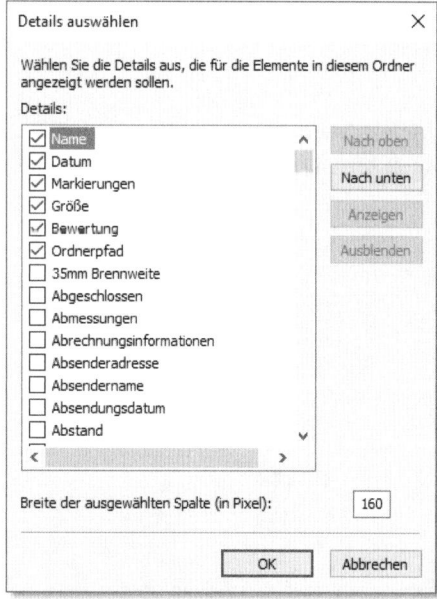

Abbildung 21.23 Es existiert eine Unmenge von Filtereigenschaften.

Sie können die entsprechenden Suchfilter direkt in das SUCHFELD eingeben und mit einem Doppelpunkt abschließen. Sobald Windows einen registrierten Filter erkennt, färbt sich die Eingabe blau (Abbildung 21.24).

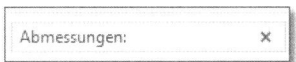

Abbildung 21.24 Eine blaue Einfärbung bedeutet: Windows hat den Filter erkannt.

Eine weitaus spannendere Aufgabe ist es, die Syntax für die unterstützten *Dateieigenschaften* herauszufinden. Während die Suche nach eigens vergebenen Eigenschaftswerten oder Dateiinhalten noch einigermaßen intuitiv ist (*Autoren:Theo*), kann die Syntax von anderen Eigenschaftswerten weitaus diffiziler sein. Wenn wir eine Bildgröße eingrenzen wollen, welche Syntax geben wir ein?

- ▶ Abmessungen:1024x768
- ▶ Abmessungen:1024 x 768
- ▶ Abmessungen:"1024x768"
- ▶ Abmessungen:"1024 x 768"

Wie Sie sehen, gibt es durchaus unterschiedliche Möglichkeiten, Dateieigenschaften zu beschreiben, aber nicht alle werden von Windows akzeptiert. Das Leerzeichen im Suchwert bildet innerhalb der Abfrage einen neuen Abschnitt. Daher müssen Zeichenketten mit einem Leerzeichen in Anführungszeichen eingeschlossen werden. Somit werden sie nicht als neuer Bestandteil der Abfrage interpretiert. Die nötigen Leerzeichen im Suchstring selbst hingegen muss man einfach kennen, daran kommt man nicht vorbei. Die richtige Lösung wäre übrigens *Abmessungen:"1024 x 768"*. Noch interessanter wird es bei Datumsangaben, die bis auf die Minute genau sein sollen. Und wie werden Dateien gesucht, die eine Vier-Sterne-Bewertung haben?

Symbolische Eigenschaftswerte

Windows bringt einige vordefinierte symbolische Eigenschaftswerte mit, bei denen ein Suchwert mit Leerzeichen nicht in Anführungszeichen gesetzt werden muss. So kann ein symbolischer Suchwert *Vor langer Zeit* auch ohne Anführungszeichen in eine Suchphrase: *Änderungsdatum:Vor langer Zeit* eingesetzt werden. Regeln ohne Ausnahmen, das wäre doch langweilig ...

An dieser Stelle erleichtern die *Windows-Bibliotheken* die Suche enorm. Alle Eigenschaften sind bereits indexiert und werden bei der Suchabfrage dahingehend ausgewertet, dass Ihnen gleich passende Werte zu Ihrer Eigenschaftssuche mitgeliefert werden (Abbildung 21.25).

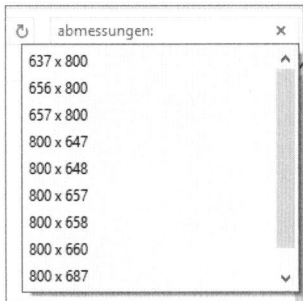

Abbildung 21.25 Windows hilft bei den Filterwerten.

Mit einem Klick auf den entsprechenden Wert wird auch gleich die korrekte Abfragesyntax formuliert (Abbildung 21.26) ❶.

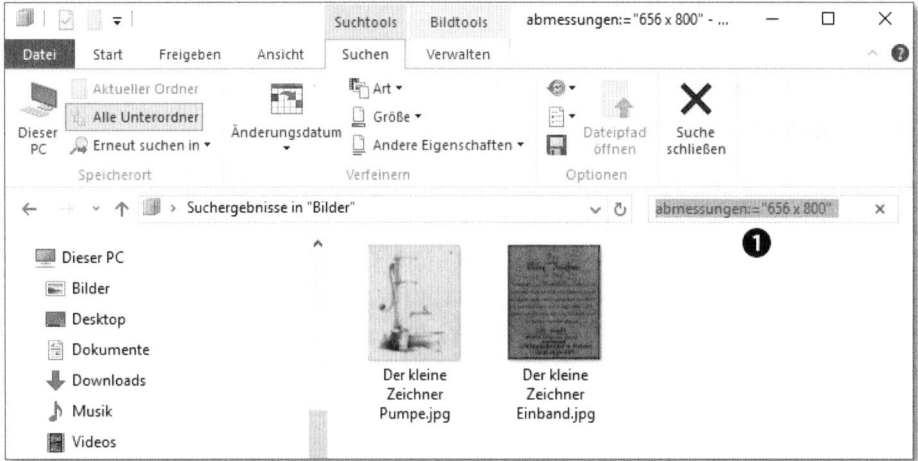

Abbildung 21.26 Suche nach Dateien mit bestimmten Abmessungen

Dieser Automatismus funktioniert auch mit selbst eingebundenen Bibliotheken. Die Autoren empfehlen explizit die Verwendung der Windows-Bibliotheken, da Microsoft leider keine vollständige Übersicht der korrekten Syntax für Eigenschaftswerte zur Verfügung stellt. Dadurch kann das Suchen ohne Vorschläge bedauerlicherweise zu einer »Versuch und Irrtum«-Aktion ausarten. Weiterhin gibt es noch speziell von Windows vordefinierte, symbolische Werte, auf die man im Leben nicht kommt, wie z. B. *Größe:Gigantisch* oder *Änderungsdatum:Vor langer Zeit*.

21.6.4   Feintuning mit Operatoren

Bisher haben wir den Filter mit einem Doppelpunkt abgeschlossen. Der Doppelpunkt hat keine spezielle Einschränkung und listet alle Dateien mit dem Filterwert auf. Allerdings wird die Reihenfolge der Eingabe berücksichtigt, der Doppelpunkt ist also kein *Enthält*-Operator. So wird bei der Sucheingabe

Name:We

folgendes Ergebnis geliefert: *Wenn.txt*, *Wein.txt*, *Weiher.txt* etc., aber keine Datei namens *Überweisung.txt*.

Häufig ist es notwendig, Suchergebnisse einzuschränken. Hier kommen sogenannte *Operatoren* ins Spiel. Mit Operatoren können Sie eine Suchabfrage definieren, die, natürlich gesprochen, etwa *»Finde alle Dateien, deren Dateigröße KLEINER als 1 Megabyte ist«* abbildet.

Nachfolgend einige Suchoperatoren:

Operatorzeichen	Bedeutung
=	ist gleich, exakte Sucheingabe
>	größer als
<	kleiner als
~= (oder ~~)	enthält
~<	beginnt mit
~>	endet mit (Achtung: nur brauchbar mit Extension)
~!	enthält nicht
<>	ist nicht
[]	kein Wert/Nullwert

Tabelle 21.3 Auswahl verschiedener Suchoperatoren

Nachfolgend einige Beispiele:

▶ Dateien mit der Eigenschaft *Abmessungen* und mit größeren Abmessungen als 800 × 600 Pixel finden:

Abmessungen:>"800 × 600"

▶ Dateien mit der Eigenschaft *Aufnahmedatum* und einem Aufnahmedatumsformat vor dem 30.3.2013 finden:

Aufnahmedatum:<30.03.2013

▶ Datei mit dem exakten Namen ansprechen (Abbildung 21.27)

Name:="Haushaltsplan 2015".xlsx

▶ Datei mit der Eigenschaft »Bittiefe« und einer Bittiefe größer oder gleich 16 Bit finden:

Bittiefe:>=16

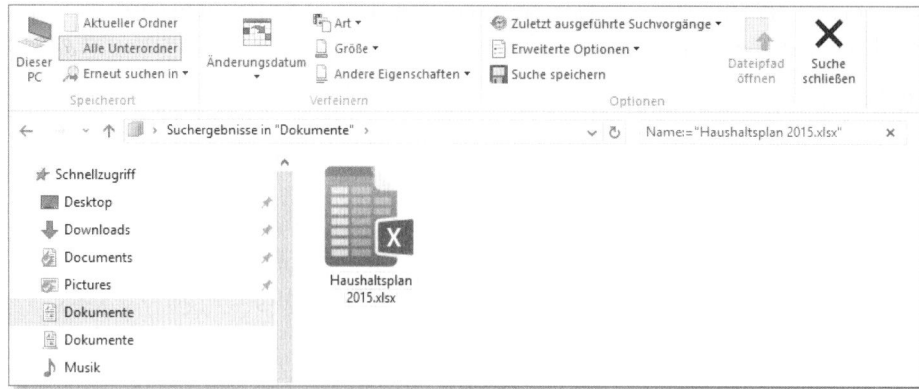

Abbildung 21.27 Suche nach einem exakten Namen

► alle Dateien ohne Bilder auflisten:
  Art:<>bild

► alle Dateinamen finden, die nicht die Zeichenkette »Haushalt« enthalten
  Name:~!Haushalt

► alle Dateien finden, die im Eigenschaftsfeld »Autoren« keinen Wert haben:
  Autoren:[]

► alle Dateien finden, die im Eigenschaftsfeld »Autoren« einen Wert haben (egal, welchen)
  Autoren:<>[]

Die Groß- und Kleinschreibung kann bei den Filtern und den Operatoren vernachlässigt werden.

21.6.5   Sucheingaben miteinander verknüpfen

Falls Sie recht große Datenbestände pflegen, wird vielleicht trotz der schon ziemlich genauen Angaben eine ganze Menge an Daten zurückgegeben. Je genauer der Suchfilter definiert ist, desto weniger müssen Sie später innerhalb der zurückgelieferten Ergebnisse suchen.

Daher bietet Ihnen Windows die Verknüpfung von Suchabfragen an, die eine noch genauere Beschreibung Ihrer Suche ermöglicht. Sie können die Suchanfragen mit folgenden booleschen Operatoren miteinander verknüpfen:

Verknüpfung	Bedeutung
UND	Alle Filterwerte müssen übereinstimmen.
ODER	Ein Filterwert muss übereinstimmen.
NICHT	Der Filterwert darf nicht übereinstimmen.

Tabelle 21.4 Die verschiedenen booleschen Operatoren

Wichtig: Die Eingabe der Verknüpfungen muss in Großbuchstaben erfolgen.

Lassen Sie uns einige Beispiele für verknüpfte Suchausdrücke erstellen:

▸ eine Suche, die Bilder *oder* Musikdateien enthält:

art:=bild ODER art:=musik

▸ Musik suchen, deren Eigenschaft Jahr *nicht* kleiner als 2008 ist:

art:=musik NICHT Jahr:<2008

▸ Videos mit Erstellungsdatum bis 2013 suchen, deren Bewertung 4 Sterne *und* mehr beträgt (Abbildung 21.28) ❶:

Art:Video UND Erstelldatum:<=2013 UND Bewertung:>=4 Sterne

Abbildung 21.28 Eine detailliertere Suche mit Angabe von »Sternen«

Bilder suchen, deren Änderungsdatum zwischen Mitte Januar und Ende März 2013 geändert wurde *und* kleiner als oder gleich 800 Kilobyte sind:

Art:Bild UND Änderungsdatum:=15.01.2013..31.03.2013 UND Größe:<=800 kB

Verknüpfungsoperatoren ODER und NICHT

Die Operatoren ODER und NICHT können nicht in einer Suchabfrage gemeinsam verwendet werden.

21.7   Extern suchen mit der Verbundsuche/Federated Search

Windows 10 bietet eine Suchfunktion an, mit deren Hilfe Sie Orte durchsuchen, die sich nicht auf dem lokalen System befinden. Mit sogenannten *Suchkonnektoren* durchsuchen Sie Websites, SharePoint-Seiten, Intranetseiten etc., ohne die gewohnte Windows-Oberfläche zu verlassen. Die Windows-Verbundsuche basiert auf der *Open Search*-Spezifikation, die ursprünglich von Amazon für seine Suchmaschine A9 entwickelt wurde.

Die Suchtechnik besteht auf der Client-Seite aus einer in XML *(Extensible Markup Language)* notierten Beschreibungsdatei, in der das Suchziel und weitere Metadaten festgehalten werden. Dieser Dateityp mit der Endung OSDX *(Open Search Description XML File)* ist in Windows 10 registriert und erstellt beim Aufruf einen Suchkonnektor (searchconnector-ms), den Sie zum Suchen aus dem Betriebssystem heraus verwenden können.

Auf der Serverseite benötigen Sie eine Webapplikation, die Suchanfragen via URL abnimmt, verarbeitet und die Ergebnisse im RSS(Rich Site Summary)- oder Atom-Format, erweitert um Open Search-Metadaten, zurückgibt. Somit können Sie leider nicht für jede beliebige Seite einen nativen Suchkonnektor erstellen, da Sie auf die Open Search-Funktionalität der Webapplikation auf Serverseite angewiesen sind.

21.7.1   Vordefinierte Suchkonnektoren

Um die Verbundsuche zu nutzen, benötigen wir zunächst die passenden OSDX-Beschreibungsdateien, mit deren Hilfe Windows 10 die entsprechenden Suchkonnektoren erstellt. Sie werden bei einer Suche im Internet generell fündig, aber auch Microsoft selbst hält einige OSDX-Dateien für bekannte Webdienste in einer Gallery vor (Abbildung 21.29). Sie finden die Vorlagen unter der URL:

http://blogs.technet.com/b/vedant/archive/2010/10/27/federated-search-connectors-for-enterprise-search.aspx

In diesem Beispiel verwenden wir den Suchkonnektor für die Wikipedia.

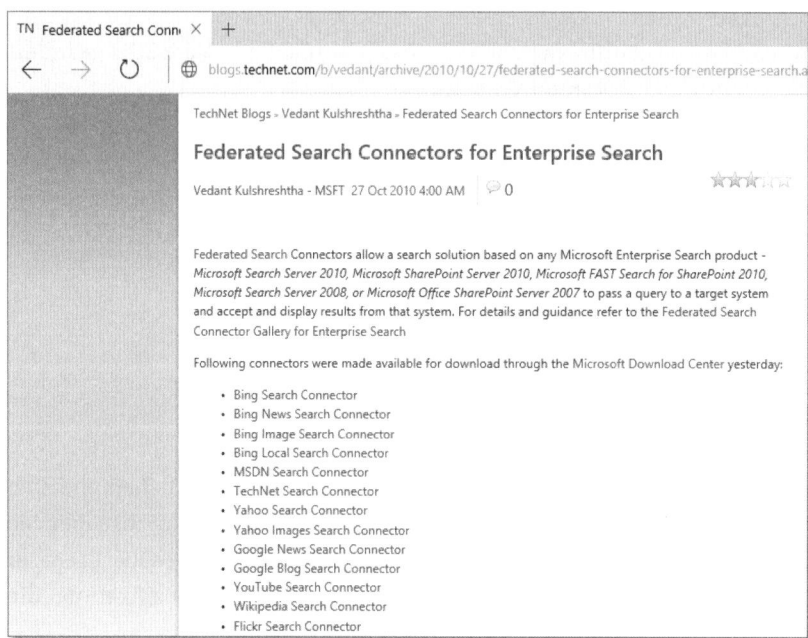

Abbildung 21.29 Einige vordefinierte Suchkonnektoren zum Download

Nach dem Download reicht ein einfacher Doppelklick auf die Datei, um den Suchkonnektor hinzuzufügen. Bestätigen Sie die Abfrage mit HINZUFÜGEN. Im Infofenster erkennen wir bereits, dass die Windows Live-Suche die Finger mit im Spiel hat (Abbildung 21.30).

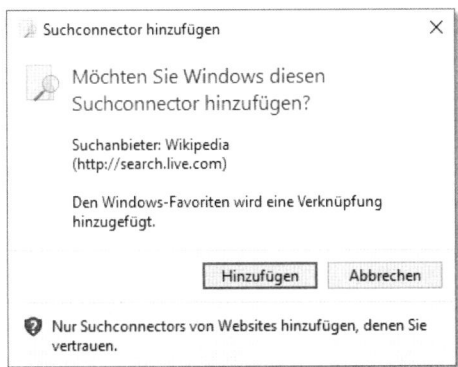

Abbildung 21.30 Hinzufügen eines Suchkonnektors

Der Suchkonnektor erscheint nun in den Favoriten, auf die Sie im Windows Explorer in der linken unteren Ecke zugreifen können. Der physische Speicherort der Suchkonnektoren liegt im Dateipfad *c:\Benutzer\<Benutzername>\Suchvorgänge*. Dort werden auch die gespeicherten Suchvorgänge vorgehalten.

Wenn Sie den Suchkonnektor anwählen, erscheint eine Suchmaske, deren Ergebnisfeld in der Mitte noch leer ist (Abbildung 21.31).

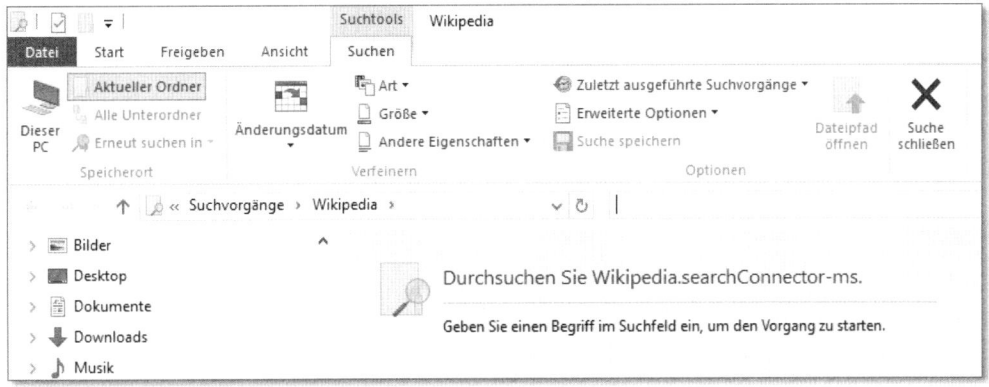

Abbildung 21.31 Den Suchkonnektor verwenden

Geben Sie nun Ihren Suchbegriff rechts oben in das SUCHFELD ein. Die Suchergebnisse werden in der Mitte angezeigt. Eine erste Suche offenbart, dass der Suchkonnektor die englische Wikipedia durchsucht, was uns die Gelegenheit gibt, den Suchkonnektor etwas genauer zu betrachten (Abbildung 21.32).

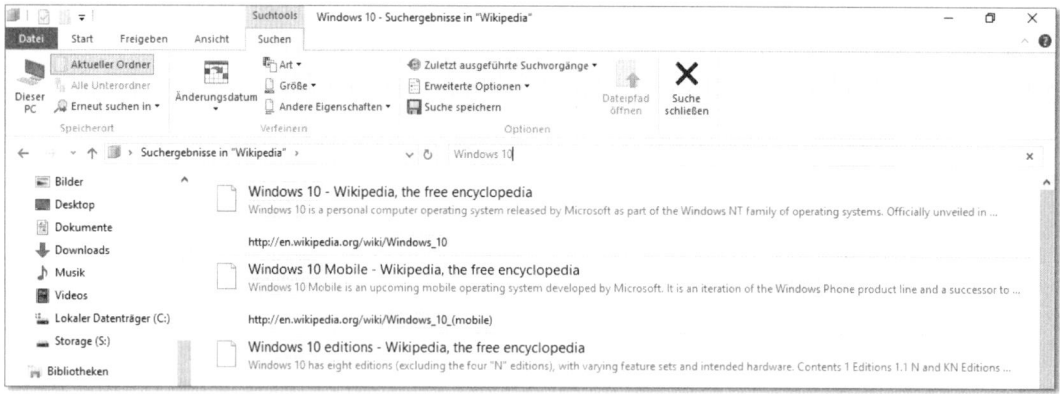

Abbildung 21.32 Eine erfolgreiche Suche – aber nur in Englisch

21.7.2   Suchkonnektoren anpassen

OSDX-Dateien sind Textdateien, die einfach mit dem Editor ausgelesen und bearbeitet werden können. Wir öffnen die eben heruntergeladene Wikipedia-OSDX-Datei über das Kontextmenü mit dem Editor.

Wenn wir die geöffnete Datei betrachten, sehen wir, dass die Wikipedia-Suche nicht auf einer nativen Wikipedia-Anfrage basiert, sondern die Suchmaschine Bing (ehemals Live Search) genutzt wird, um Wikipedia zu durchsuchen und die Ergebnisse anzuzeigen.

Wir passen nun die Suchanfrage etwas an, um die deutsche Wikipedia zu durchsuchen. Dafür setzen wir als Suchziel die deutsche Wikipedia ein und setzen den Gebietsschemaparameter auf Deutsch.

1. Drücken Sie im geöffneten Editor die Tasten ⌷Strg⌷ + ⌷H⌷, um den Suchen und Ersetzen-Dialog aufzurufen.

2. Geben die in das obere Feld *en.wikipedia.org* ein und in das untere Feld *de.wikipedia.org*. Klicken Sie nun auf die Schaltfläche ALLE ERSETZEN (Abbildung 21.33).

Abbildung 21.33 Einfaches Umformulieren des Suchziels

3. Löschen Sie beide Zeilen, und geben Sie nun in das obere Feld *en-us* ein und in das untere Feld *de-de*. Klicken Sie auf die Schaltfläche ALLE ERSETZEN.

4. Schließen Sie den Suchen und Ersetzen-Dialog, und klicken Sie auf DATEI • SPEICHERN UNTER.

5. Wählen Sie im Dropdown-Feld Dateityp die Option ALLE DATEIEN aus, und speichern Sie die Datei unter dem Namen *Wikipedia-de.osdx* ab.

6. Öffnen die die eben erstellte Datei, und fügen Sie den Suchkonnektor hinzu.

7. Führen Sie eine Testsuche aus. Die Ergebnisse sollten nun aus der deutschen Wikipedia geliefert werden (Abbildung 21.34).

Sie können die gewünschte Website mit einem Doppelklick aus der Ergebnisliste heraus aufrufen.

Abbildung 21.34 Erfolgreich: Die Suche wird auf der deutschen Seite durchgeführt.

21.7.3   Eigene Suchkonnektoren erstellen

Diesen »Trick«, nämlich eine fremde Suchmaschine für die eigene Suche zweckentfremden, können wir für beliebige Webseiten nutzen. Nachfolgend finden Sie eine grundlegende Beschreibungsdatei, die Sie sehr einfach und komfortabel anpassen können. Sie nutzen anschließend die Microsoft-Suche, um sich Ergebnisse von Ihrer eigenen Website anzeigen zu lassen:

```xml
<?xml version="1.0" encoding="UTF-8"?>
<OpenSearchDescription xmlns="http://a9.com/-/spec/opensearch/1.1/"
 xmlns:ms-ose="http://schemas.microsoft.com/opensearchext/2009/">
 <ShortName>Lernschmiede </ShortName>
<Description>OpenSearch in der Lernschmiede mit Hilfe von Bing / Live Search.
 </Description>
<Url type="application/rss+xml" template="http://search.live.com/results.aspx?q=
{searchTerms}+site%3Alernschmiede.de&amp;count=50&amp;format=rss"/>
</OpenSearchDescription>
```

Listing 21.1 Beschreibungsdatei zur Erstellung eines eigenen Suchkonnektors

Die fett markierten Bereiche passen Sie einfach an die Webseite an, die Sie durchsuchen möchten. Es handelt sich um:

1. den Namen, wie er in Windows angezeigt wird
2. eine Beschreibung
3. die Seite, die durchsucht werden soll
4. die Anzahl der angezeigten Ergebnisse

Anschließend speichern Sie die Datei mit der Endung *OSDX* ab und fügen sie im Explorer mit Rechtsklick als Suchkonnektor hinzu. Nun können Sie Ihre Webseite mithilfe Ihres eigenen Suchkonnektors direkt aus Windows heraus durchsuchen (Abbildung 21.35).

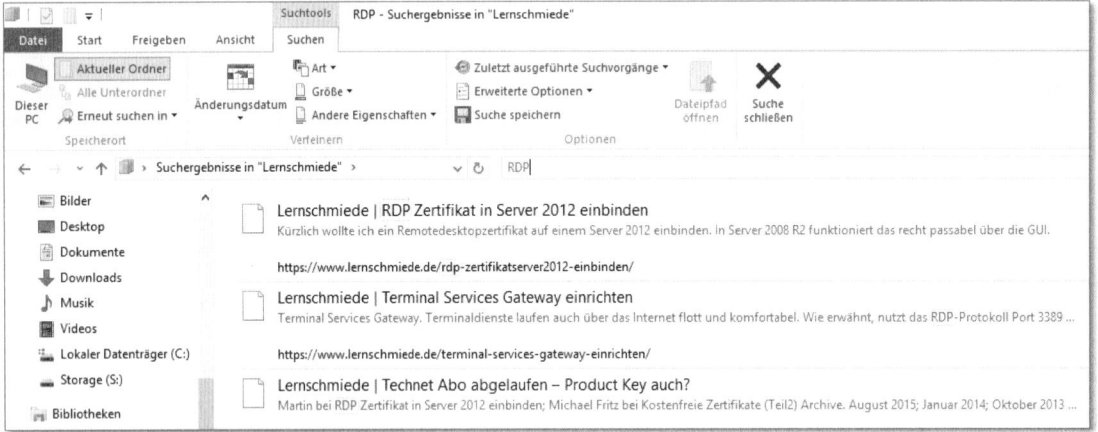

Abbildung 21.35 Die eigene Website mithilfe von Live Search durchsuchen

21.7.4   Suchkonnektoren entfernen

Wenn Sie die Suchkonnektoren wieder loswerden möchten, klicken Sie in der Favoritenleiste mit der rechten Maustaste auf den entsprechenden Konnektor und wählen *Entfernen*.

Beachten Sie, dass Sie mit dieser Aktion nur den Suchkonnektor aus den Favoriten entfernen. Möchten Sie den Konnektor dauerhaft löschen, browsen Sie im Dateisystem in das Verzeichnis *C:\Benutzer\<Benutzername>\suchvorgänge* und löschen den gewünschten Konnektor mit der ⌜Entf⌝-Taste.

Kapitel 22
Dateiverwaltung

Damit Sie Ihrer immer größer werdenden Bilder- oder Musiksammlung Herr werden, bringt Microsoft eine neue Speichertechnologie auf den Markt, die sogenannten Speicherplätze. Darüber hinaus zeigen wir Ihnen, wie Sie mit Wechseldatenträgern oder externen Medien umgehen, diese partitionieren und formatieren und wie Sie mit nur wenigen Klicks die Freigabe eines Ordners erstellen.

Ihre Bilder- oder Musiksammlung ist über die Jahre womöglich stetig gewachsen. Nicht nur, dass immer neue Bilder oder Musikstücke der Sammlung hinzugefügt wurden, noch gravierender ist es, dass die Dateien immer größer werden.

Früher war ein Foto Ihrer Digitalkamera vielleicht gerade einmal 2 MB groß, das heute, in Zeiten von 15-MP-Kameras, schnell auf 20 MB oder mehr anwachsen kann. Ähnliches gilt für Musikstücke. Viele Benutzer streben heute die bestmögliche bzw. verlustfreieste Qualität an. Da reicht eine Bitrate von 128 kBit/s jedoch nicht aus, sondern es dürfen auch gerne 320 kBit/s oder gar FLAC (*Free Lossless Audio Codec*) sein. Konnten wir in den letzten Jahren noch einen linearen Anstieg der Dateimenge beobachten, ist die Gesamtgröße inzwischen exponentiell angestiegen. In diesem Kapitel zeigen wir Ihnen, welche Mechanismen Windows 10 zur Dateiverwaltung für Sie bereithält.

22.1   Speicherüberblick mit Storage Sense

Die Storage Sense-Funktion kommt ursprünglich aus dem Bereich der mobilen Geräte. Auf diesen Geräteklassen ist Speicher ein knappes Gut und kann bestenfalls mithilfe von zusätzlichen Speicherkarten erweitert werden. Konträr zu dieser Ausgangslage stehen die genutzten Apps und Daten mit immer größerem Speicherplatzbedarf. So können Sie z. B. bei der Karten-App die verwendeten Karten zum Offlinegebrauch herunterladen. Ein solcher Download belegt schnell mehrere Gigabyte an lokalem Speicher. Wenn der Speicherplatz auf dem Gerät knapp wird, heißt es also aufräumen. Nur, wo liegen welche Daten? Welche App ist der Datenfresser?

Storage Sense bietet diese Kernfunktionen:

▶ Anzeigen, wie die Datenverteilung aussieht und welche App wie viel Speicher verbraucht

▶ Verschieben von Daten auf anderen Speicher

- Bestimmen eines neuen Standardspeicherorts für bestimmte Datenarten
- Deinstallieren der App

Vor Windows 10 gab es diese Funktion nur für mobile Geräte. Nun steht sie auch dem Desktop zur Verfügung.

Storage Sense firmiert im Deutschen unter dem schlichten Namen *Speicher*. Sie öffnen die Speicherfunktion so:

- Drücken Sie die ⊞-Taste.
- Klicken Sie im Startmenü auf EINSTELLUNGEN.
- Wählen Sie in den Einstellungen SYSTEM.
- Begeben Sie sich in den Abschnitt SPEICHER.

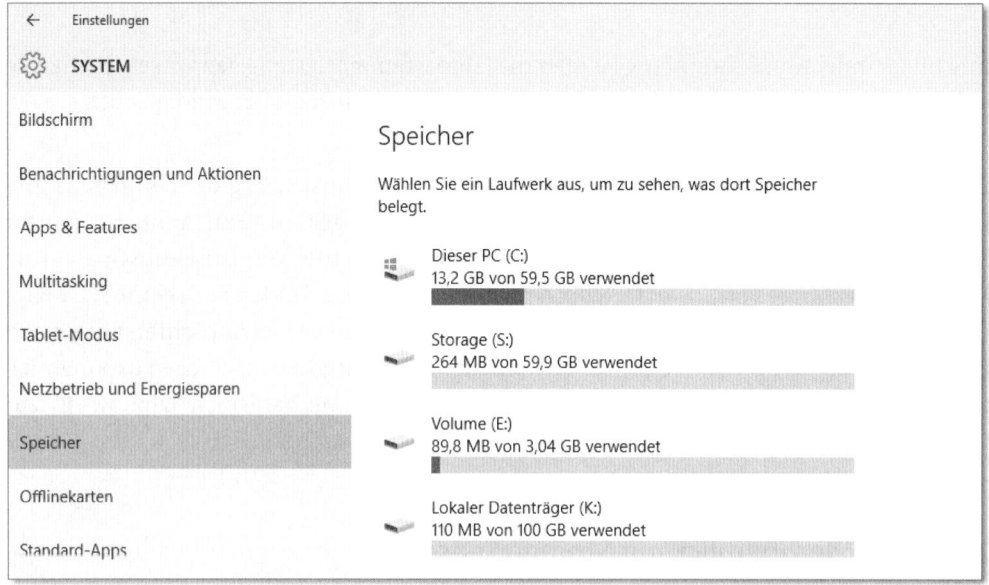

Abbildung 22.1 Die Funktion »Speicher« in Windows 10

Im Abschnitt SPEICHER sehen Sie Ihre angeschlossenen Datenträger. Das Balkendiagramm zeigt Ihnen, wie viel Speicherplatz bereits belegt ist. So sehen Sie auf einen Blick, wenn der Speicherplatz auf einem Datenträger knapp wird.

Im Abschnitt SPEICHERORTE sehen und konfigurieren Sie das Standardverhalten beim Speichern für bestimmte Datenarten. Mithilfe des Dropdown-Menüs können Sie die Einstellungen verändern. Der Datenträger, den Sie hier auswählen, wird zukünftig beim Abspeichern des entsprechenden Dokumenttyps als Vorschlag eingestellt. Weiterhin erstellt Windows auf diesem Datenträger eine kleine Verzeichnisstruktur, die aus dem Benutzernamen und den entsprechenden Unterordnern für die Dokumenttypen besteht.

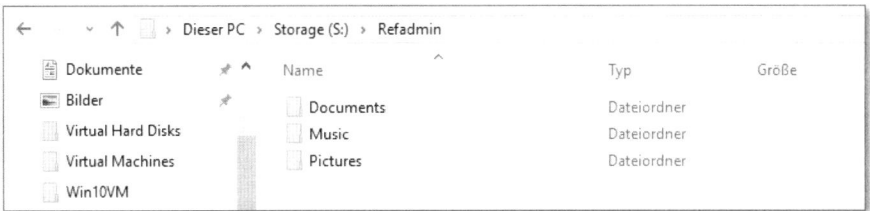

Abbildung 22.2 Neue Verzeichnisstruktur beim Ändern des Speicherverhaltens

Wenn Sie z. B. möchten, dass neue Bilder zukünftig auf einem Datenträger *Storage* mit dem Laufwerksbuchstaben *S:* gespeichert werden, klicken Sie im Abschnitt SPEICHERORTE unter SPEICHERT NEUE BILDER IN auf den Pfeil und wählen STORAGE (S:) aus.

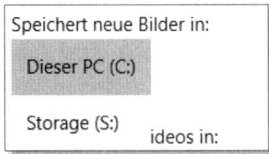

Abbildung 22.3 Mit dem Drowdown-Menü ändern Sie den Speicherortvorschlag.

In Zukunft wird dieser Datenträger beim Speichern von Bildern als Speicherort vorgeschlagen. Für Bilder und Dokumente haben Sie auch die Möglichkeit, die Dateien direkt im Microsoft-Cloud-Speicher *OneDrive* abzuspeichern.

22

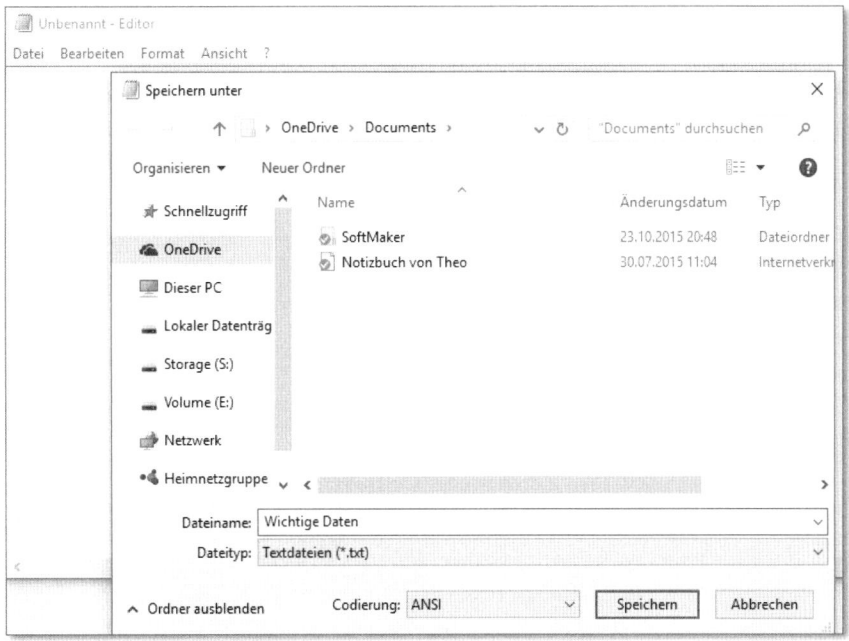

Abbildung 22.4 Geht schneller als gedacht: Speichern in der Cloud

Falls Sie sich wundern sollten, dass diese Einstellung vermeintlich automatisch gesetzt ist, haben Sie vielleicht während der Betriebssysteminstallation eine Einstellung übersehen, die Sie auf diese Einstellung hinweist. Sie müssen die Einstellung für das standardmäßige Speichern in der Cloud explizit deaktivieren. Dieser Mechanismus wirkt nur bei der Anmeldung mit einem Microsoft-Konto.

Abbildung 22.5 Ein schicker Link, Blau in Blau, mit großer Wirkung auf den Standardspeicherort

Im Abschnitt SPEICHER können Sie sich die Speicherplatzverteilung genauer ansehen. Klicken Sie einfach auf den gewünschten Datenträger. Im oberen Abschnitt sehen Sie die Speicherauslastung im Überblick. In den einzelnen Abschnitten darunter finden Sie die Speicherbelegung in Kategorien aufgeteilt.

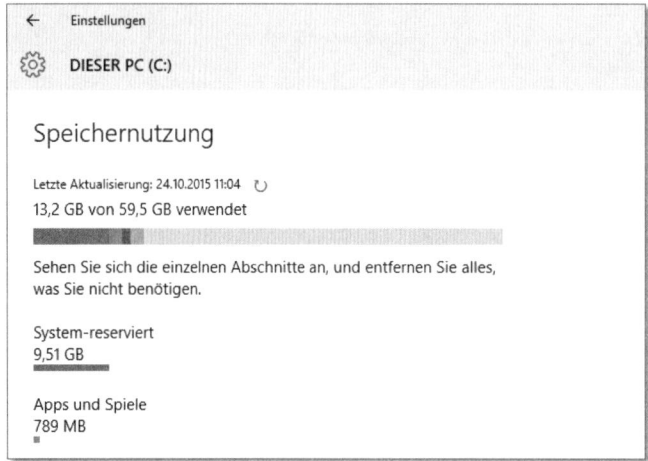

Abbildung 22.6 Die Speichernutzung

Die einzelnen Kategorien sind anklickbar. Sie finden hier:

1. SYSTEM-RESERVIERT: Hier finden Sie zunächst die Speichergröße der Dateien, die als *System* gekennzeichnet sind. Unter VIRTUELLER ARBEITSSPEICHER wird Ihnen die Größe der Auslagerungsdatei angezeigt. Die Auslagerungsdatei dient dazu, Daten zwischen dem RAM und der Festplatte hin- und herzuschieben, um eine optimale Auslastung des physischen Arbeitsspeichers zu gewährleisten oder schlicht, wenn für eine Operation zu wenig physischer RAM da ist. In die *Ruhezustandsdatei* wird der Inhalt des RAMs geschrieben, wenn Sie Ihr System in den Ruhezustand fahren. Falls Sie Wiederherstellungspunkte erstellt haben, wird Ihnen im Abschnitt SYSTEMWIEDERHERSTELLUNG die Größe der Daten angezeigt. Sie können von hier aus direkt zur Verwaltung der Wiederherstellungspunkte springen.

2. In APPS UND SPIELE ist der Name Programm: Hier sehen Sie im Abschnitt APPS & FEATURES die Verwendung des Speicherplatzes für die auf Ihrem System installierten Apps. Dies gilt nicht nur für Windows Store Apps, sondern auch für klassische Windows Desktop Apps. Im oberen Bereich können Sie die Ansicht komfortabel nach Namen, Größe oder Installationsdatum sortieren. Wenn Sie auf eine App klicken, haben Sie die Möglichkeit, die App zu deinstallieren oder an einen anderen Speicherort zu verschieben – wenn Windows 10 die Verschiebeoperation/Datenträger unterstützt. Das Verschieben einer App auf eine zweite Festplatte ist nicht möglich. Im unteren Abschnitt VERWANDTE EINSTELLUNGEN finden Sie einen Schnellzugriff auf Programme und Features.

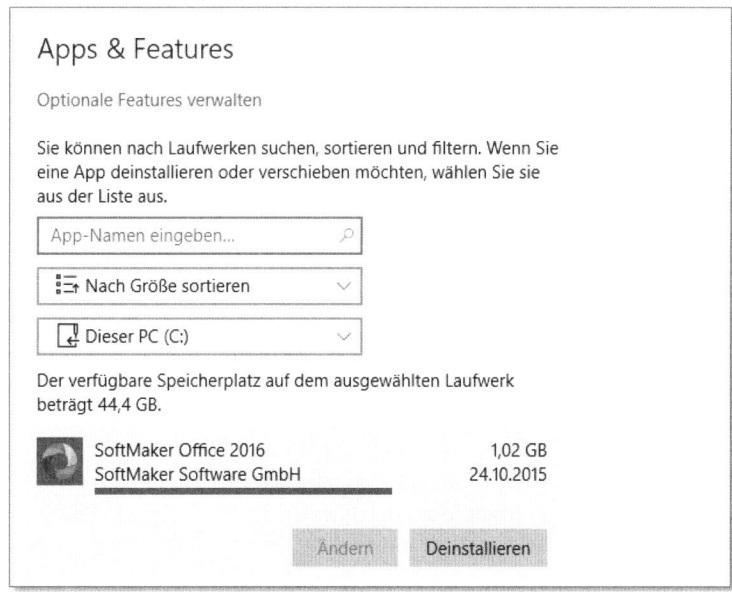

Abbildung 22.7 Den Speicherplatz von Apps und Features anzeigen

Die weiteren Abschnitte funktionieren alle nach demselben Muster (siehe Tabelle 22.1).

Speicherort	Erklärung	Aktion
Dokumente	Der jeweilige Abschnitt zeigt die Verteilung der Daten in den Pro- filordnern an.	Bietet den Schnellzugriff auf die jeweiligen Verzeichnisse
Bilder		
Musik		
Videos		
Desktop		
OneDrive	Zeigt die Dateien des Cloud-Spei- chers (siehe Abbildung 22.28)	Zugriff auf die Synchronisierungs- einstellungen von OneDrive
E-Mail	Speicherplatzbelegung der E-Mails	Schnellzugriff auf das Mail- programm
Karten	Anzeige der Größe der Offline- karten	Schnellzugriff auf die Karten- verwaltung
Weitere Benutzer	Belegung des Speichers von anderen Benutzern	Schnellzugriff auf die Benutzer- verwaltung
Temporäre Dateien	Anzeige der Speicherplatzbele- gung in den TEMP-Verzeichnis- sen des Benutzerprofils, des Downloadverzeichnisses im Pro- fil und des Papierkorbs	Temporare Dateien und Papierkorb können geleert werden, das Down- loadverzeichnis im Profil lässt sich aufrufen.
Weitere	Einige Verzeichnisse, die von Windows 10 nicht gekennzeich- net werden konnten	Mit Klick auf das Verzeichnis kön- nen Sie die Speicherplatzbelegung manuell prüfen.

Tabelle 22.1 Anzeige diverser weiterer Speicherplätze und Aktionen

---

Löschen temporärer Dateien in Storage Sense

Auch mehrmalige Versuche der Autoren, die Löschung der temporären Dateien via Storage Sense durchzuführen, waren zur Drucklegung des Buches nicht von Erfolg gekrönt. Als Alter- native kommt das Programm *Datenträgerbereinigung* in Betracht, mit dessen Hilfe Sie die unterschiedlichen temporären Daten ebenfalls löschen können.

Storage Sense ist eine flotte Neuerung in Windows 10 zum Anzeigen der Verteilung des Spei- chers, die Windows so bisher noch nicht an Bord hatte. Falls Ihnen der Sinn nach noch mehr Informationen zum Thema Speicherplatznutzung steht, empfehlen die Autoren das kosten- freie Utility *WinDirStat*, das Sie unter *https://windirstat.info/* herunterladen können.

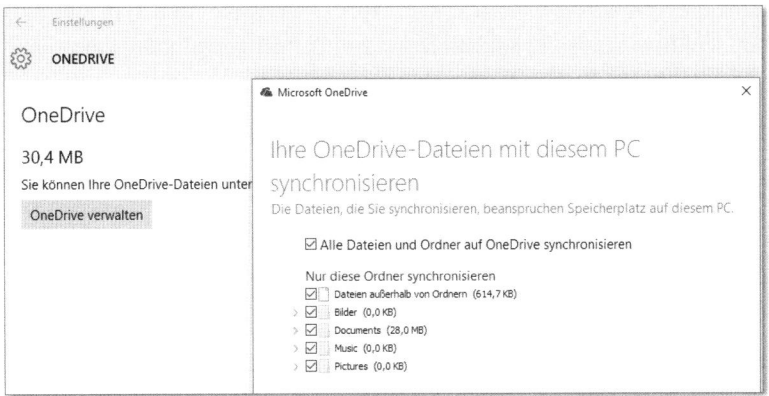

Abbildung 22.8 Schnellzugriff auf die Synchronisierungseinstellungen von OneDrive

22.2   Speicherplätze und Speicherpools

Auch wenn der *Windows Home Server* nicht das populärste Produkt von Microsoft ist bzw. war, hat es ein interessantes Feature: Den *Drive Extender*. Damit lassen sich sehr einfach und schnell mehrere Festplatten, egal, welcher Größe oder Anschlussart, zu einer großen, logischen Festplatte zusammenfassen. Noch bevor der Windows Home Server stillgelegt wurde, wurde der Drive Extender von Microsoft aus dem Programm genommen.

Mit *Windows 8* und *Windows Server 2012* hat Microsoft ein neues Feature vorgestellt, das dem *Drive Extender* sehr nahekommt, wobei die Technologie und der Unterbau komplett neu entwickelt wurden. Mithilfe des neuen Features *Speicherplätze* (*Storage Spaces*) können Sie physische Datenträger in sogenannten *Speicherpools* (*Storage Pools*) organisieren und durch das Hinzufügen von weiteren Datenträgern beliebig erweitern. Durch das Zusammenfassen mehrerer Festplatten zu einem *Speicherpool* haben Sie die Möglichkeit, eine oder mehrere virtuelle Festplatten, die sogenannten *Speicherplätze*, innerhalb dieses *Speicherpools* zu erstellen. So werden aus mehreren physikalischen Festplatten eine oder mehrere logische Festplatten. Die Größe der Festplatten oder die Anschlussart ist dabei irrelevant und kann auch gemischt betrieben werden. Sie können Festplatten vom Typ USB, SATA, eSATA, SCSI, iSCSI und SAS verwenden.

Speicherplätze sind nicht nur ein Zusammenschluss von *etlichen Festplatten (JBOD, Just a Bunch of Disks)*, sondern liefern noch einige Funktionen darüber hinaus, wie die *ressourcenschonende Bereitstellung* (Möglichkeit der Überbuchung) und die Ausfallsicherheit. Beim Anlegen eines Speicherplatzes bestimmen Sie, wie hoch die Ausfallsicherheit sein soll. Dafür gibt es verschiedene *Resilienztypen*, wobei durch einen der vier Resilienztypen keine Ausfallsicherheit erreicht wird. So können Sie einen einfachen Speicherplatz ohne Resilienz, eine *Zwei-Wege-*, eine *Drei-Wege-Spiegelung* (*Mirroring*) oder *Parität* (*Striping*) wählen.

Jeder Speicherplatz hat seinen eigenen Resilienztyp. So kann man z. B. einen Speicherplatz mit einer Zwei-Wege-Spiegelung und einen Speicherplatz mit Parität verwenden. Beide Speicherplätze befinden sich dabei auf dem gleichen Speicherpool, der aus den gleichen physikalischen Festplatten besteht (Abbildung 22.9).

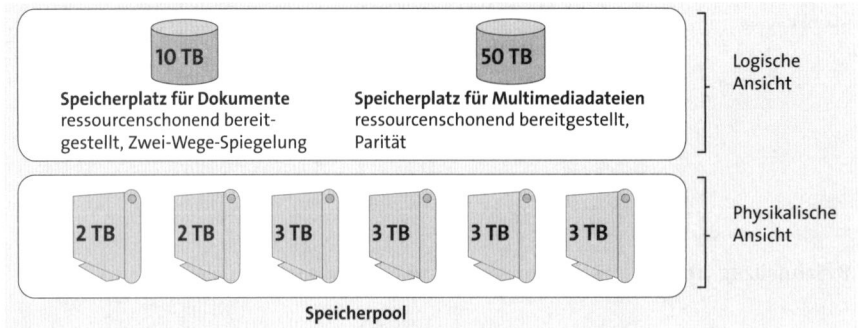

Abbildung 22.9 Speicherpool mit mehreren Speicherplätzen

Dem Benutzer soll es dabei möglichst einfach gemacht werden. Das Ziel sind eine einfache Konfiguration und die höchstmögliche Automatisierung der Organisation des Speicherplatzes. Vokabeln wie *RAID Level*, *Striping*, *Mirroring*, *Hot Spare*, *Degraded* oder *Rebuild* bleiben dem Benutzer verborgen, obwohl die verwendete Technik sehr ähnlich ist.

22.2.1   Der erste Speicherplatz im Speicherpool

Speicherplätze lassen sich über die *Speicherplatzverwaltung* hinzufügen, entfernen und verwalten. Bevor Sie einen Speicherplatz anlegen können, müssen Sie zuerst einen Speicherpool erstellen. Starten Sie dafür die Speicherplatzverwaltung mit ⊞, tippen Sie Speicherplätze ein, und drücken Sie ⏎.

Gehen Sie dann wie folgt vor:

1. Klicken Sie auf Neuen Pool und Speicherplatz erstellen, und bestätigen Sie die Benutzerkontensteuerung mit Ja (Abbildung 22.10).

Abbildung 22.10 Speicherplätze verwalten

2. Wenn Sie es nicht bereits getan haben, schließen Sie die Laufwerke an, die Sie für den neuen Speicherpool verwenden wollen. Es werden alle Laufwerke, die für einen Speicherpool verwendet werden können, in der Speicherplatzverwaltungskonsole angezeigt. Wählen Sie die Laufwerke aus, und klicken Sie auf POOL ERSTELLEN (Abbildung 22.11). Bitte beachten Sie, dass alle auf den Laufwerken befindlichen Daten verloren gehen und nicht wiederhergestellt werden können. Falls Sie bereits einen Datenträger mit vorhandenen Daten im System haben, wird dieser automatisch von Windows 10 ausgeklammert.

Abbildung 22.11 Neuen Speicherpool erstellen

3. Die Datenträger werden formatiert und ab diesem Zeitpunkt nicht mehr in der *Datenträgerverwaltung* angezeigt, da sie exklusiv für den Speicherpool verwendet werden. Im nächsten Dialog wird es interessant, denn Sie müssen den ersten Speicherplatz auf dem neuen Speicherpool anlegen. Hier können Sie einen Namen für den Speicherplatz vergeben. Sie weisen den Laufwerksbuchstaben zu, wählen den *Resilienztyp* und definieren die Größe des Speicherplatzes. Nachdem Sie alle Einstellungen getroffen haben, klicken Sie auf SPEICHERPLATZ ERSTELLEN (Abbildung 22.12). Der Speicherpool mit dem ersten Speicherplatz ist damit erstellt.

Der erste Speicherplatz wurde erstellt und wird mitsamt Laufwerksbuchstaben im Datei Explorer unter COMPUTER angezeigt. Ab hier verhält sich der Speicherplatz wie eine gewöhnliche Festplatte. Von dem darunterliegenden Festplattenverbund bemerken Sie im täglichen Betrieb nichts. Sie können den Speicherplatz z. B. ohne Probleme mit *BitLocker* verschlüsseln oder eine Freigabe erstellen.

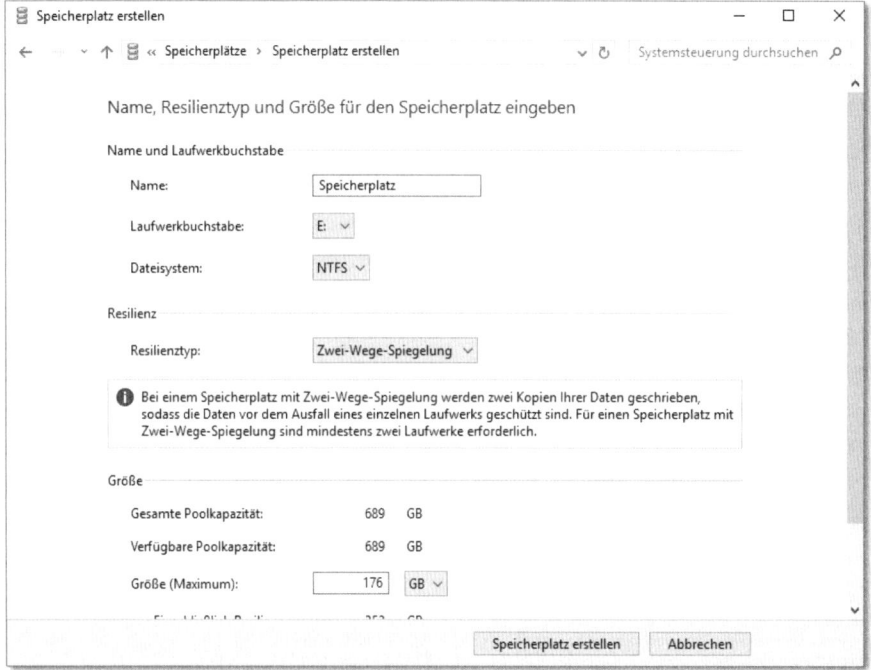

Abbildung 22.12 Neuen Speicherplatz erstellen

Speicherplätze sind nicht bootfähig, Sie können also kein Betriebssystem auf einem Speicherplatz installieren.

Die verschiedenen Resilienztypen

Bei der Wahl des Resilienztyps *Einfach* wird nur eine Kopie Ihrer Daten geschrieben. Ihre Daten sind somit nicht vor einem Festplattenausfall geschützt. Dieser Resilienztyp eignet sich für das Speichern von temporären oder wiederherstellbaren Daten. Für einen Speicherplatz mit dem Resilienztyp *Einfach* benötigen Sie nur eine Festplatte.

Bei der Verwendung von *Zwei-Wege-Spiegelung* sind mindestens zwei physikalische Festplatten erforderlich. Eine Datei wird immer auf beide Festplatten geschrieben. Fällt eine Festplatte aus, haben Sie eine Kopie Ihrer Daten auf der anderen Festplatte. Dies schützt Sie vor einem Ausfall von maximal einer Festplatte. In den meisten Fällen ist die *Zwei-Wege-Spiegelung* der beste Kompromiss zwischen Ausfallsicherheit und verfügbarem Speicherplatz und sollte standardmäßig verwendet werden.

Bei einer *Drei-Wege-Spiegelung* werden drei Kopien Ihrer Daten erstellt. Dafür werden mindestens fünf physikalische Festplatten benötigt. Daraus resultierend dürfen maximal zwei

Festplatten ausfallen, da drei Kopien der Daten gespeichert werden. Damit haben Sie die höchste Ausfallsicherheit, opfern dafür aber dreimal so viel Kapazität, wie Sie eigentlich verwenden können.

Wählen Sie den Resilienztyp *Parität*, sind für den *Speicherplatz* mindestens drei physikalische Festplatten erforderlich. Alle Daten werden mit *Paritätsinformationen* versehen. Sobald eine Datei auf die Festplatte geschrieben wird, wird eine Prüfsumme berechnet, mit deren Hilfe die Datei im Fall eines Ausfalls wiederhergestellt werden kann. Das Schreiben der Paritätsinformationen verlangsamt die Zugriffszeiten, die verfügbare Kapazität ist allerdings höher als bei einer *Zwei-Wege-* oder *Drei-Wege-Spiegelung*.

Jeder Resilienztyp erfordert unterschiedlich viel physikalische Speicherkapazität, was bei der Wahl berücksichtigt werden sollte. Ein 100-GB-Speicherplatz mit dem Resilienztyp *Zwei-Wege-Spiegelung* erfordert 200 GB Speicherkapazität – jede Datei wird schließlich zweimal geschrieben. Der gleiche Speicherplatz mit dem Resilienztyp *Drei-Wege-Spiegelung* braucht demzufolge 300 GB Speicherkapazität. Bei der Wahl des Resilienztyps *Parität* wird nur eine Speicherkapazität von 150 GB benötigt, was jedoch auf Kosten der Performance geht, da für jeden Schreibvorgang eine Prüfsumme berechnet wird.

Sie können durchaus Datenträger mit unterschiedlicher Größe einbauen. Dies kann sich aber ungünstig auf die Größe von Speicherplätzen auswirken, die mit Resilienz versehen sind. Im vorigen Beispiel haben wir drei Festplatten mit 60 GB, 120 GB und 512 GB Größe. Bei einer Zwei-Wege-Spiegelung sind nunmehr knapp 180 GB Speicherplatzgröße möglich, da nur der 60-GB- und der 120-GB-Anteil gespiegelt werden kann. Der restliche Speicher steht zwar im Pool zur Verfügung, aber eben nicht ausfallsicher.

Ressourcenschonende Bereitstellung

Speicherplätze bieten die Möglichkeit der sogenannten *Überbuchung* von real existierendem Speicher an. Microsoft nennt dies *ressourcenschonende Bereitstellung* (*Thin Provisioning*). Mithilfe dieser Technologie können Sie einen Speicherplatz mit einer höheren Speicherkapazität als die eigentliche physikalische Kapazität des Speicherpools anlegen. Beispielsweise können Sie einen Speicherplatz mit 2 TB auf einem Speicherpool erstellen, der nur 1 TB physikalische Speicherkapazität hergibt. Oder Sie können zwei Speicherplätze mit je 2 TB anlegen, der Speicherpool hingegen hat nur insgesamt 2 TB Speicherkapazität. Durch die Verwendung der ressourcenschonenden Bereitstellung kann die physische Kapazität im Speicherpool nach Bedarf gesteigert werden. Man erweitert den Computer einfach um eine weitere Festplatte und fügt diese dem Speicherpool hinzu. Die Größe des Speicherplatzes muss nicht mehr angepasst werden, weil diese ja bereits die erforderliche Größe hat. Der verwendete Speicherplatz wird nur dann reserviert, wenn er auch tatsächlich beansprucht wird, beispielsweise wenn Daten auf den Speicher kopiert werden. Sobald die Daten gelöscht werden, wird auch die Reservierung wieder freigegeben. Die Technik des *Thin Provisioning* kennen Sie vielleicht bereits vom Arbeiten mit *Hyper-V*. Bei der Nutzung der Speicherüberbuchung sollten Sie also Ihre reale Speicherkapazität immer im Auge behalten, um böse Überraschungen zu vermeiden. Nicht existieren den physischen Speicher zu nutzen beherrscht noch nicht einmal Windows 10. Die Autoren tendieren dazu, realen und logischen Speicher einander anzugleichen.

22.2.2   Verwalten von Speicherplätzen

Einen Überblick über Ihren Speicherpool und Ihre Speicherplätze erhalten Sie in der Speicherplatzverwaltung. (Abbildung 22.13). Hier können Sie verschiedene Verwaltungsaufgaben durchführen, wie beispielsweise neue Speicherplätze erstellen oder vorhandene löschen. Sie können Änderungen an den Speicherplätzen vornehmen, wie z. B. die Speicherplätze vergrößern, einen anderen Laufwerksbuchstaben wählen oder den Speicherplatz umbenennen. Außerdem sehen Sie die Auslastung der Speicherpoolkapazität sowie den Gesundheitszustand des gesamten Speicherpools und der einzelnen Festplatten.

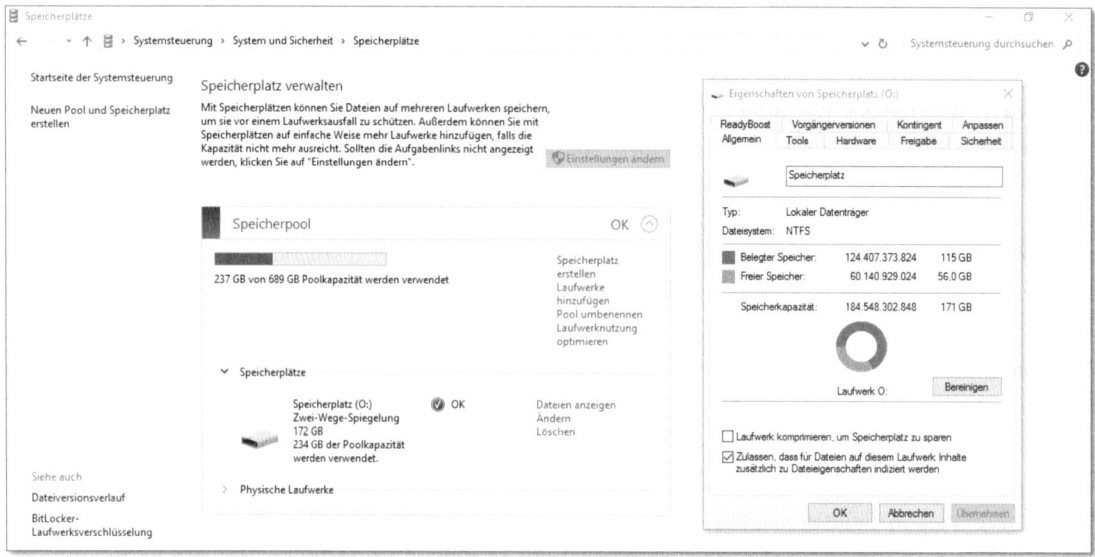

Abbildung 22.13 Neuer Speicherpool und Speicherplatz

Laufwerke hinzufügen

Wenn die Poolkapazität zur Neige geht, haben Sie die Möglichkeit, durch Hinzufügen weiterer Laufwerke die Kapazität zu erhöhen:

1. Wählen Sie in der Speicherplatzverwaltung EINSTELLUNG ÄNDERN, damit Sie Änderungen am Speicherpool vornehmen können. Bestätigen Sie mit JA.

2. Klicken Sie auf LAUFWERKE HINZUFÜGEN.

3. Im nächsten Fenster wählen Sie das Laufwerk aus, das Sie zu dem Speicherpool hinzufügen wollen. Bitte beachten Sie, dass alle Dateien, die auf dem Laufwerk gelöscht werden, nicht wiederhergestellt werden können, weil die Festplatte formatiert wird.

Der Speicherpool wurde um einen weiteren physikalischen Datenträger erweitert, und die Poolkapazität hat sich somit erhöht. Sie können den Vorgang wiederholen, um dem Speicherpool weitere Datenträger hinzuzufügen.

Weiteren Speicherplatz erstellen

Sie haben die Möglichkeit, mehrere Speicherplätze in einem Speicherpool zu verwenden. Ein Einsatzszenario könnte sein, dass Sie einen Speicherplatz für Ihre Dokumente mit einer Zwei-Wege-Spiegelung haben und einen weiteren Speicherplatz mit Parität, auf dem Ihre Multimediadateien gespeichert werden. Durch diesen Mischbetrieb erhalten Sie die beste Performance und höchste Ausfallsicherheit für die jeweiligen Dateien. Um einen neuen Speicherplatz in einem Speicherpool anzulegen, führen Sie die folgenden Schritte durch:

1. Wählen Sie in der Speicherplatzverwaltung EINSTELLUNG ÄNDERN, damit Sie Änderungen am Speicherpool vornehmen können. Bestätigen Sie mit JA.

2. Klicken Sie auf SPEICHERPLATZ ERSTELLEN.

3. Das nächste Fenster haben Sie bereits kennengelernt. Konfigurieren Sie den neuen Speicherplatz nach Ihren Wünschen, und klicken Sie auf SPEICHERPLATZ ERSTELLEN, um den neuen Speicherplatz anzulegen.

Der neue Speicherplatz wurde erstellt und wird unter SPEICHERPLÄTZE in der Speicherplatzverwaltung gelistet. Wie auch bei dem ersten Speicherplatz wird der neue Speicherplatz im Datei Explorer unter COMPUTER aufgeführt und kann wie ein normaler Datenträger verwendet werden.

Speicherplätze sind endlich

Durch den Einsatz der ressourcenschonenden Bereitstellungen müssen Sie die Poolkapazität immer im Auge behalten, weil der freie Speicherplatz, den Sie im Datei Explorer angezeigt bekommen, nicht der tatsächliche freie Speicherplatz ist, sondern lediglich die freie Kapazität des Speicherplatzes darstellt. In der Speicherplatzverwaltung wird die tatsächliche Kapazität des Speicherpools angezeigt.

Erfreulicherweise hat SICHERHEIT UND WARTUNG immer einen Blick auf die Speicherplätze und informiert Sie, falls die Kapazität knapp wird (Abbildung 22.14).

Wenn die Kapazität des Speicherpools restlos verbraucht ist, werden die Speicherplätze automatisch getrennt, und Sie haben keinen Zugriff mehr auf die Dateien. Klicken Sie auf ONLINE SCHALTEN, damit Sie wieder auf die Speicherplätze zugreifen können. Löschen Sie Dateien von den Speicherplätzen, oder fügen Sie dem Speicherpool idealerweise weitere Laufwerke hinzu.

22

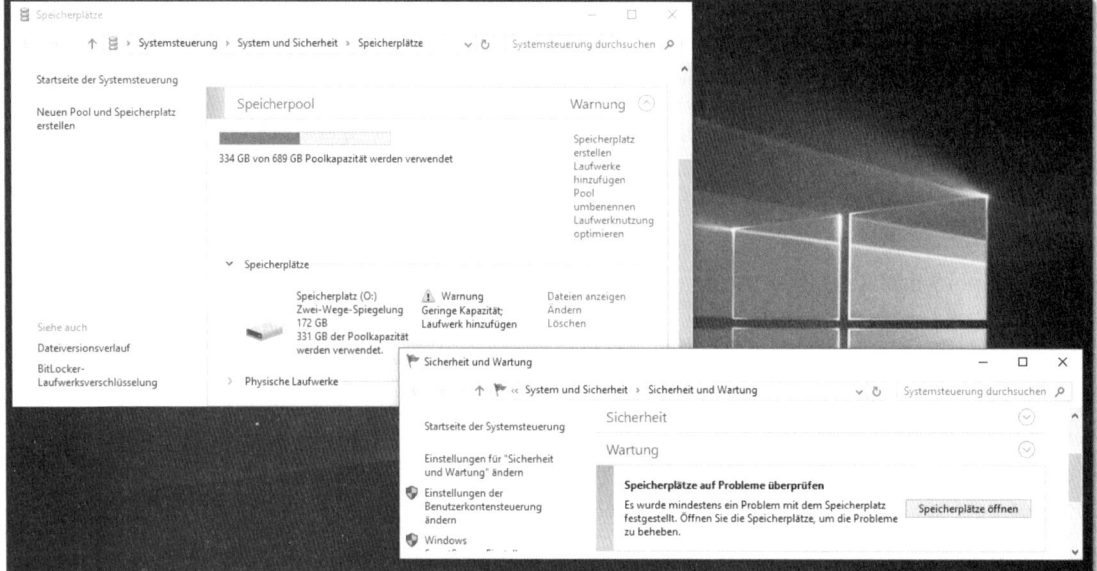

Abbildung 22.14 Wartungscenter »Speicherplätze auf Probleme überprüfen«

Festplatten sind auch endlich

Durch den Einsatz von Speicherpool und Speicherplätzen und des richtigen Resilienztyps (*Zwei-Wege-Spiegelung*, *Drei-Wege-Spiegelung* oder *Parität*) sind Sie gegen den Ausfall einer Festplatte (oder zwei) geschützt. Sobald eine Festplatte ausfällt oder physikalisch getrennt wird, informiert Sie das Wartungscenter mit einem Toast-Symbol (siehe Abschnitt 8.1.8, »Info-Center«) über den Ausfall (Abbildung 22.14). Öffnen Sie die Speicherplatzverwaltung, wird die ausgefallene Festplatte mit einem gelben Warndreieck gekennzeichnet. Der Speicherplatz wird ebenfalls mit einer Warnung markiert: *Verringerte Resilienz* (Abbildung 22.15). Durch die vorher gewählte Resilienz können Sie die ganze Zeit auf den Speicherplatz zugreifen. Das Laufwerk sollten Sie jedoch schnellstmöglich ersetzen.

Führen Sie folgende Schritte aus, wenn ein Laufwerk ausgefallen und der Speicherplatz mit *verringerter Resilienz* (*Downgraded*) gekennzeichnet ist:

1. Verbinden Sie ein neues Laufwerk mit Ihrem Computer.

2. Fügen Sie das neue Laufwerk dem Speicherpool hinzu. Sobald das neue Laufwerk dem Speicherpool hinzugefügt wurde, startet die Reparatur automatisch (*Rebuild*). Der Speicherplatz wird mit REPARATUR WIRD AUSGEFÜHRT markiert. Reparieren heißt, dass beispielsweise bei einer Zwei-Wege-Spiegelung die Dateien wieder auf die neue, zweite Festplatte geschrieben werden, um die Ausfallsicherheit wiederherzustellen.

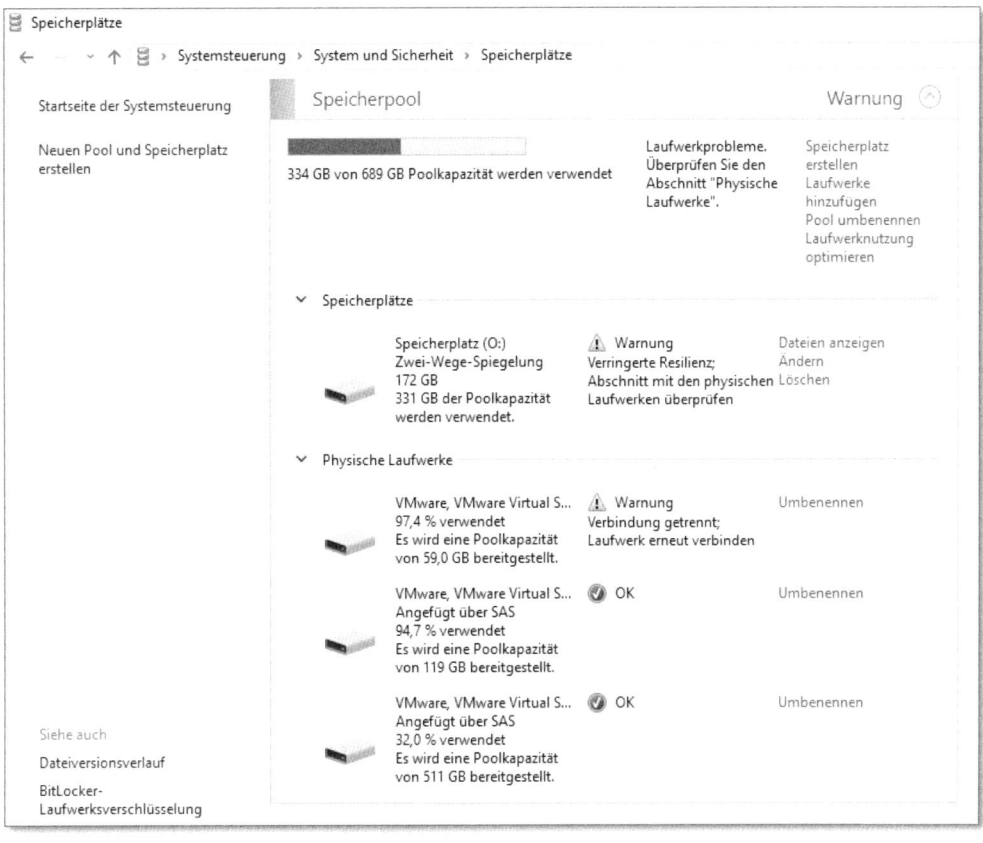

Abbildung 22.15 Festplatte ausgefallen

3. Entfernen Sie das defekte Laufwerk aus dem Speicherpool. Klicken Sie dafür auf ENTFER-NEN neben dem defekten Laufwerk.

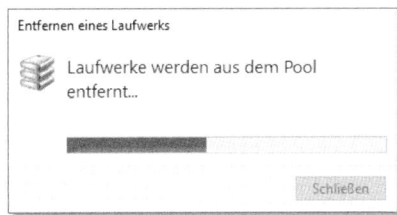

Abbildung 22.16 Laufwerk aus dem Pool entfernen

4. Bestätigen Sie im nächsten Fenster das Entfernen des Laufwerks. Klicken Sie auf LAUF-WERK ENTFERNEN.

Nachdem dem Speicherpool ein neues Laufwerk hinzugefügt wurde, der Speicherplatz repariert und das defekte Laufwerk aus dem Speicherpool entfernt wurde, werden der Speicherpool und der Speicherplatz wieder mit einem grünen Häkchen und OK gekennzeichnet.

Speicherplätze auf einen anderen Computer umziehen

Damit Sie Ihren Speicherpool mitsamt Speicherplatz auf einen anderen Computer umziehen können, müssen Sie keine weiteren Vorbereitungen treffen. Trennen Sie alle Verbindungen zu den teilnehmenden Festplatten auf dem alten Computer, und verbinden Sie die Festplatten wieder mit dem neuen Computer. Eine bestimmte Reihenfolge beim Anschließen muss nicht eingehalten werden. Sobald ausreichend Festplatten angeschlossen sind, beispielsweise bei einer Zwei-Wege-Spiegelung mindestens zwei Festplatten, werden der einzelne oder mehrere Speicherplätze als Laufwerk im Datei Explorer unter COMPUTER automatisch angezeigt.

Einen Speicherpool und Speicherplätze löschen

Um einen Speicherpool bzw. Speicherplätze zu löschen, gehen Sie wie folgt vor:

1. Öffnen Sie die *Speicherplatzverwaltung*.

2. Klicken Sie auf EINSTELLUNG ÄNDERN, um Änderungen an dem Speicherpool vornehmen zu können. Bestätigen Sie die Benutzerkontensteuerung mit JA.

3. Damit ein Speicherpool gelöscht werden kann, müssen zunächst alle Speicherplätze gelöscht werden. Klicken Sie auf LÖSCHEN, um den Speicherplatz zu löschen.

4. Im nächsten Dialogfenster wählen Sie SPEICHERPLATZ LÖSCHEN, um das Löschen des Speicherplatzes zu bestätigen (Abbildung 22.17). Bitte beachten Sie, dass alle Dateien, die sich auf dem Speicherplatz befinden, restlos gelöscht werden. Ein Wiederherstellen aus dem Papierkorb ist dabei nicht möglich, weil die Festplatten komplett formatiert werden.

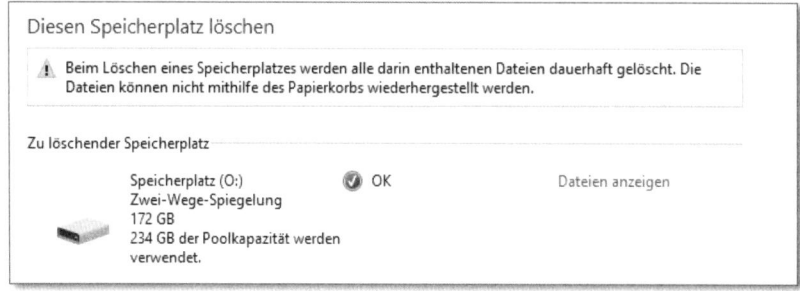

Abbildung 22.17 »Speicherplatz löschen« bestätigen

5. Der Speicherplatz wurde gelöscht, und die Speicherplatzverwaltung öffnet sich wieder. Wenn Sie auch Ihren Speicherpool löschen möchten, wählen Sie POOL LÖSCHEN (Abbildung 22.18).

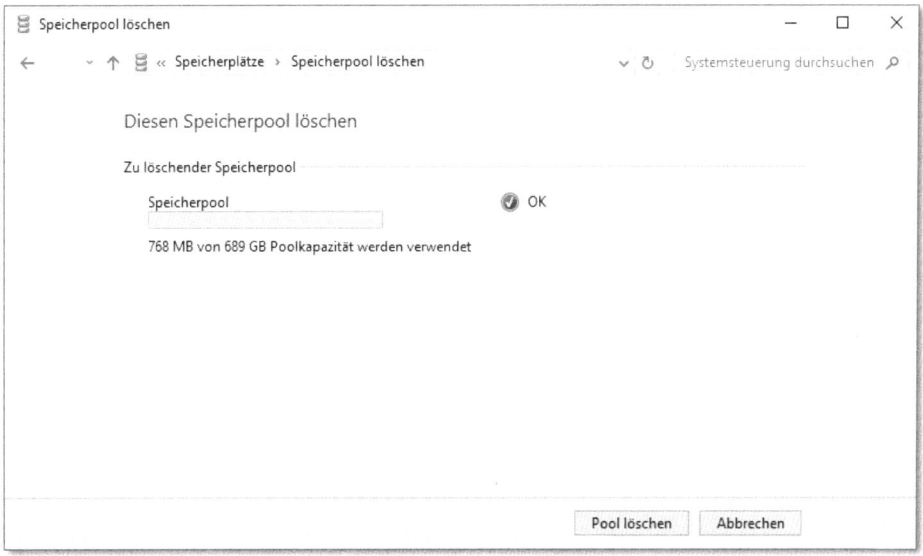

Abbildung 22.18 Speicherpool löschen

6. Das Löschen des Speicherpools müssen Sie ebenfalls bestätigen. Klicken Sie auf POOL LÖSCHEN, um den Speicherpool zu löschen. Die von dem Speicherpool verwendeten Festplatten werden nun wieder in der COMPUTERVERWALTUNG angezeigt und können für andere Zwecke verwendet werden.

Linktipp: Speicherplätze mit der PowerShell

Microsoft stellt PowerShell-Cmdlets zur Verfügung, mit denen Sie Ihren Speicherpool und Ihre Speicherplätze erstellen, konfigurieren und verwalten können. Unter folgendem Link erhalten Sie eine Auflistung der PowerShell-Cmdlets:

http://technet.microsoft.com/en-us/library/jj851254(v=wps.620).aspx

---

22.3   Datenträgerverwaltung

Ein Computer hat in der Regel einen oder mehrere Datenträger (Festplatten), auf denen Dateien gespeichert werden können. Eine herkömmliche Festplatte, die in den meisten Computern zum Einsatz kommt, beinhaltet 2,5" oder 3,5" große rotierende Scheiben, die übereinander auf einer Achse, auch *Spindel* genannt, montiert sind. Ein beweglicher Lese- und Schreibkopf, der an einem Arm montiert ist, magnetisiert winzige Bereiche der Scheibenoberfläche und schreibt somit Daten auf die Festplatte oder liest Dateien für eine Leseoperation. Diese Bauelemente und viele weitere kleine mechanische Bauteile sind in einem staubdichten Gehäuse eingeschlossen.

Einer immer größeren Beliebtheit erfreuen sich *Flash-Speicher*, genau genommen *SSD*-Festplatten (*Solid State Drive* oder *Solid State Disk*). SSD-Festplatten überzeugen nicht nur durch ihre Lautlosigkeit und ihre Robustheit, sondern hauptsächlich durch ihre deutlich höhere Geschwindigkeit bei Lese- und Schreibzugriffen. Das liegt u. a. daran, dass keine mechanischen Bauteile wie die rotierenden Scheiben oder der Lese- und Schreibkopf bewegt werden müssen, sondern die Daten im sogenannten *NAND-Flash* gespeichert werden. Ein NAND-Flash ist ein Halbleiterbaustein, ähnlich wie er beim Arbeitsspeicher (*RAM, Random-Access Memory*) zum Einsatz kommt. SSD-Festplatten werden meistens in 2,5"-Festplatten-Gehäusen verkauft.

Unabhängig von der zugrunde liegenden Datenträgerart oder dem Formfaktor ist die *Datenträgerverwaltung* dafür verantwortlich, die Datenträger in logische Bereiche aufzuteilen, mit einem Laufwerksbuchstaben zu versehen und dem Datei Explorer zu präsentieren. Beim täglichen Arbeiten bekommen Sie von der Datenträgerverwaltung nichts mit. Möchten Sie jedoch eine neue Festplatte in Betrieb nehmen oder die Einstellungen vorhandener Festplatten ändern, müssen Sie auf die Datenträgerverwaltung zurückgreifen. Unter Einsatz der Datenträgerverwaltung können Sie außerdem Datenträger initialisieren, Partitionen erstellen und Partitionen zu *FAT32-*, *exFAT-* und *NTFS*-Dateisystemen formatieren.

22.3.1 Partitionstabellen

Jeder Datenträger hat eine *Partitionstabelle*, in der festgehalten wird, welche und wie viele Partitionen ein Datenträger beinhaltet. Typischerweise wird die Partitionstabelle in Spur 0, Seite 0 und Sektor 1 des Datenträgers gespeichert – also an den Anfang des Datenträgers. In der Partitionstabelle wird u. a. beschrieben, welche Partition zum Starten verwendet werden soll, sprich: aktiv geschaltet ist, und in welchem Bereich auf dem Datenträger eine Partition beginnt und endet. Ist eine Partitionstabelle fehlerhaft oder fehlt sogar komplett, kann auf die vorhandenen Partitionen nicht mehr zugegriffen werden. Es gibt zahlreiche Tools, die eine Partitionstabelle wieder reparieren können und somit den Zugriff wieder ermöglichen.

MBR – Master Boot Record

Die am häufigsten vorkommende Partitionstabelle ist *MBR* (*Master Boot Record*) (Abbildung 22.19). Architekturbedingt kann ein Datenträger, der einen MBR enthält, nur Partitionen bis zu einer Größe von 2,2 TB tragen. Das liegt daran, dass ein 32-Bit-Wert, der den Startpunkt und die Länge der Partition in der Partitionstabelle beschreibt, für Partitionen, die größer als 2,2 TB sind, nicht ausreicht, da der 32-Bit-Höchstwert 4.294.967.295 ist. Darüber hinaus können nur maximal vier Partitionen in der Partitionstabelle des MBR aufgenommen werden. Wenn mehr als vier Partitionen erforderlich sind, muss eine sekundäre Struktur angelegt werden, eine sogenannte *erweiterte Partition*. Erweiterte Partitionen können in ein oder mehrere *logische Laufwerke* unterteilt werden, die somit weitere Partitionen abbilden. Durch den Einsatz von erweiterten Partitionen und logischen Laufwerken kann die MBR-Begrenzung auf vier Partitionen umgangen werden.

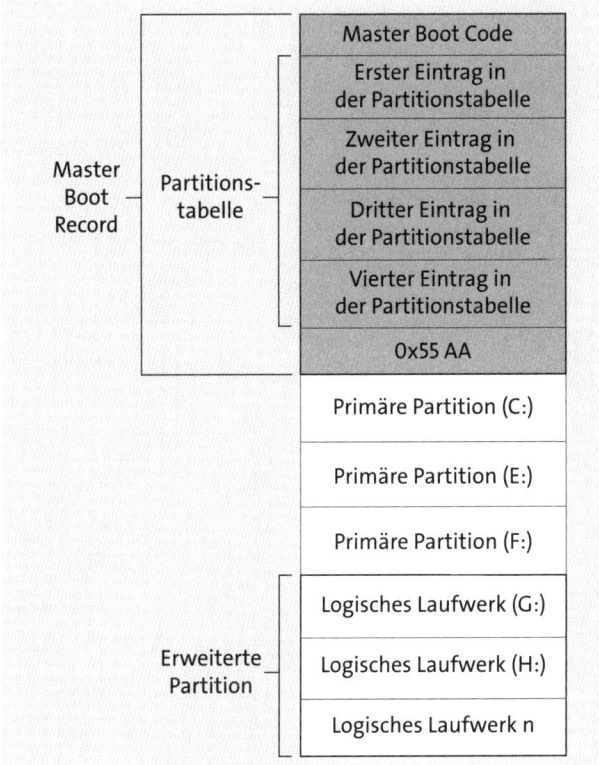

Abbildung 22.19 MBR-Partitionstabelle

GPT – GUID Partition Table

GPT (*GUID Partition Table*) ist der Nachfolger der MBR-Partitionstabellen (Abbildung 22.20). Durch die Verwendung von GPT-Datenträgern kann eine Partition zu einer deutlich höheren Größe anwachsen, weil der zuvor beschriebene 32-Bit-Wert durch einen 64-Bit-Wert ersetzt wurde. Die höchste Zahl, die mit einem 64-Bit-Wert dargestellt werden kann, ist 18.446.744.073.709.551.615. Daraus resultierend kann eine Partition maximal 9,4 Zettabyte (ZB) groß sein. Nicht nur, dass die Partitionen deutlich größer sein können, es können euch mehr Partitionen auf dem Datenträger erzeugt werden. Die Spezifikation von GPT definiert eine nahezu unbegrenzte Anzahl an Partitionen auf einem Datenträger. Microsoft hingegen limitiert die maximale Anzahl auf 128. Die Limitierung entsteht durch den Speicherplatz, der für die Einträge in der GPT-Partitionstabelle auf dem Datenträger reserviert wird.

Aus Gründen der Abwärtskompatibilität befinden sich wie beim MBR-Datenträger im ersten Sektor des Datenträgers eine MBR-Partitionstabelle und ein Eintrag, der den kompletten Datenträger als belegt kennzeichnet.

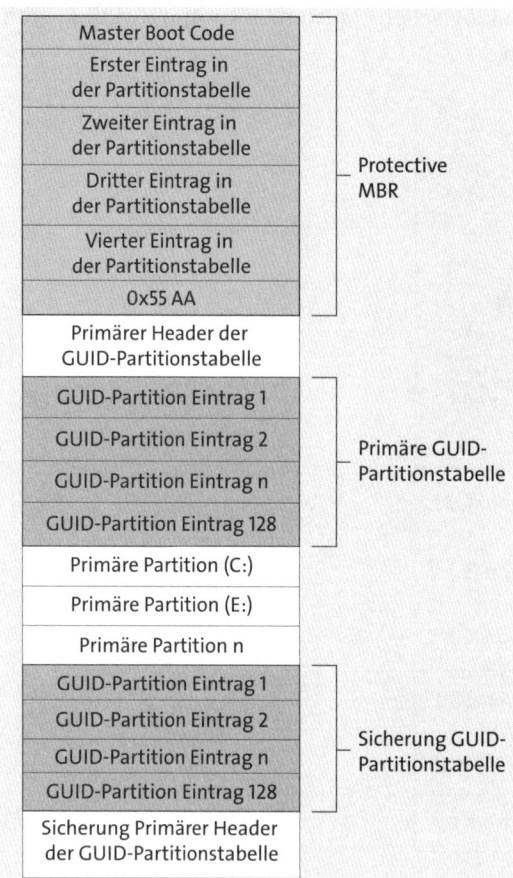

Abbildung 22.20 GPT-Partitionstabelle

Für ein Partitionierungs-Tool, das nur MBR-, aber keine GPT-Partitionstabellen lesen kann, erscheint der komplette Datenträger als belegt. Somit wird ein Schutz für die auf dem GPT-Datenträger befindlichen Daten gewährleistet, aus dem sich die englische Bezeichnung *protective MBR* ergibt. Ein weiterer Unterschied (und augenscheinlicher Vorteil!) gegenüber MBR ist, dass die Partitionstabelle redundant auf dem Datenträger gespeichert wird. Durch Berechnung von CRC32-Prüfsummen *(CRC – Cyclic Redundancy Check)* wird die Integrität der Partitionstabelle gewährleistet.

Partition oder Volume?

»Der Begriff »Partition« wird weder von Microsoft, noch in der Fachliteratur stets eindeutig verwendet: »[…] the distinction between volumes and partitions is somewhat murky.« (https://technet.microsoft.com/en-us/library/dd163559.aspx) Sehr häufig werden Sie auch das Wort Volume antreffen. Wenn die Rede von einem Volume ist, ist in den meisten Fällen eine Partition gemeint.

Einen Datenträger konvertieren: MBR und GPT

Welchen Partitionstabellentyp ein Datenträger verwendet, muss direkt bei der Initialisierung des Datenträgers festgelegt werden. Ein MBR-Datenträger kann nur zu einem GPT-Datenträger konvertiert werden und umgekehrt, wenn keine Partitionen auf dem Datenträger vorhanden sind. Diese sind also vorher zu löschen, vorausgesetzt, Sie haben die auf den Partitionen befindlichen Daten zuvor gesichert.

Wählen Sie den zu konvertierenden Datenträger mit einem Rechtsklick aus. Anschließend wählen Sie zu GPT-DATENTRÄGER KONVERTIEREN bzw. zu MBR-DATENTRÄGER KONVERTIEREN (Abbildung 22.21).

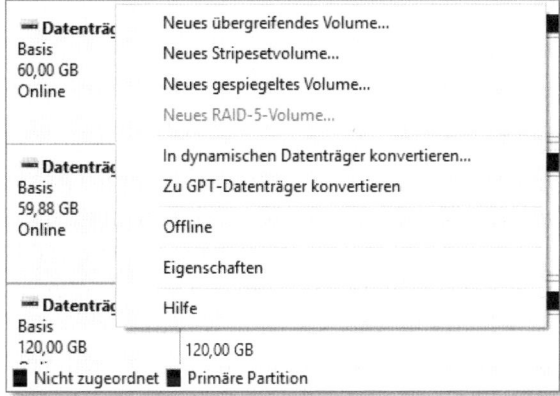

Abbildung 22.21 MBR- und GPT-Datenträger konvertieren

Wenn Sie einen Datenträger erstmalig mit Ihrem Computer verbinden und dieser noch mit keiner Partitionstabelle bespielt wurde, müssen Sie den Datenträger zunächst initialisieren. Initialisieren heißt nichts weiter, als eine Partitionstabelle, MBR oder GPT, auf den Datenträger zu schreiben (Abbildung 22.22).

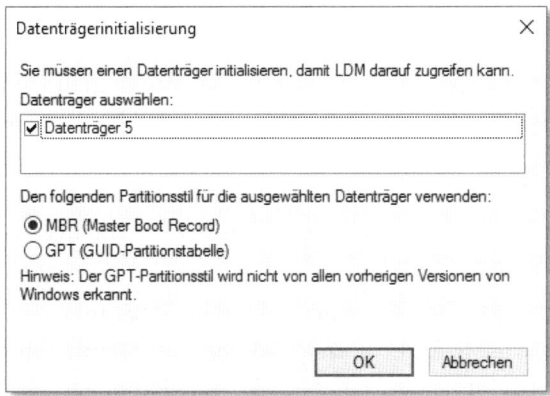

Abbildung 22.22 Datenträgerinitialisierung

22.3.2   Dateisysteme

Dateisysteme sind ein elementarer Bestandteil einer jeden Partition, denn sie sind die Schnittstelle zwischen Datenträger und Betriebssystem. Jede Partition muss, bevor sie für das Speichern von Daten eingesetzt werden kann, mit einem Dateisystem formatiert werden. Ein Dateisystem ist dafür zuständig, die Dateien auf einem Datenträger zu organisieren. Es muss wissen, wo welche Dateien und Ordner vorhanden sind bzw. gespeichert wurden. Um diese Aufgabe zu bewerkstelligen, erstellt das Dateisystem eine Art Tabelle, in der dokumentiert wird, wo Dateien und Ordner auf welchem Bereich der Partition (Spur, Block, Sektor der Festplatte) gespeichert werden. Darüber hinaus fügt das Dateisystem jeder Datei und jedem Ordner sogenannte *Metadaten* wie beispielsweise das Erstellungsdatum, das Änderungsdatum oder den letzten Zugriff hinzu. Sind auf einem Datenträger mehrere Partitionen vorhanden, können diese ohne Weiteres mit verschiedenen Dateisystemen formatiert sein. Ein Mischbetrieb stellt also kein Problem dar.

Zu den gebräuchlichsten Dateisystemen in der Windows-Welt gehören *FAT* (*File Allocation Table*), *FAT32* und *NTFS* (*New Technology File System*). (FAT ist genau genommen *FAT16*. Microsoft verwendet jedoch ausschließlich FAT, und so ist im weiteren Verlauf dieses Kapitels FAT16 gemeint, wenn die Rede von FAT ist.) Erstmalig kam NTFS unter *Windows NT 3.1* zum Einsatz. Seit *Windows Vista* wird das Betriebssystem standardmäßig auf NTFS-formatierten Partitionen installiert. Mit dem Erscheinen von *Windows 8* und *Windows Server 2012* wurde ein neues Dateisystem vorgestellt: *ReFS (Resilient File System)*. Leider setzt ReFS Windows Server 2012 voraus und kann unter Windows 10 nicht eingesetzt werden. Ein weiteres Dateisystem, das durchaus unter Windows zum Einsatz kommt, ist *exFAT (Extended File Allocation Table)*. exFAT wurde 2006 mit *Windows CE 6.0* eingeführt, wird ab *Windows Vista Service Pack 1* unterstützt und kommt vorwiegend auf Flash-Speichern wie USB-Sticks zum Einsatz. Weitere bekannte Dateisysteme, die allerdings nicht von Windows unterstützt werden, sondern hauptsächlich unter Linux oder Unix-artigen Betriebssystemen verwendet werden, sind *ext2* (*Second Extended File System*), *ext3* (*Third Extended File System*), *ext4* (*Fourth Extended File System*), *ReiserFS* (*Reiser File System*), *XFS*, *ZFS* (*Zettabyte File System*) und *btrfs* (*B-tree File System*).

Die merkbaren Unterschiede der Dateisysteme FAT, FAT32 und NTFS sind Einschränkungen und Limitierungen hinsichtlich der Dateigröße, der Dateinamenlänge und Partitionsgröße sowie der maximalen Anzahl an Dateien auf einer Partition. Diese Limitierungen werden in den folgenden Tabellen dargestellt. Bitte beachten Sie, dass die angegebenen Werte mit Windows-Bordmitteln zu erreichen sind. Eventuell können durch den Einsatz von Zusatz- oder Spezialtools höhere Werte erreicht werden.

Beim Schreiben einer Datei auf eine Partition wird eine Datei in viele kleine Blöcke aufgeteilt, sogenannte *Cluster*. Wie groß dieser Block ist, wird im Vorfeld bei der Formatierung des Dateisystems bestimmt. Die Standardgröße eines Blocks einer NTFS-formatierten Partition ist 4 kB, die des Blocks einer FAT32-Partition 16 kB. Daraus ergibt sich nun folgendes interessante Bild: Angenommen, Sie schreiben eine 8 kB große Datei auf eine NTFS-Partition, werden genau zwei Blöcke à 4 kB verwendet. Schreiben Sie konträr dazu die gleiche 8-kB-Datei auf eine FAT32-formatierte Partition, wird ein Block à 16 kB verwendet. Dadurch werden 16 kB Speicherplatz auf der Partition verbraucht, obwohl die Datei lediglich 8 kB groß war. Folglich wird der Speicherplatz einer NTFS-Partition deutlich effizienter genutzt.

Beschreibung	Limitierung
maximale Dateigröße	2 GB
maximale Partitionsgröße	2 GB
maximale Anzahl an Dateien einer Partition	65.536

Tabelle 22.2 FAT-Limitierungen

Beschreibung	Limitierung
maximale Dateigröße	4 GB
maximale Partitionsgröße	32 GB
maximale Anzahl an Dateien einer Partition	268.435.456

Tabelle 22.3 FAT32-Limitierungen

Beschreibung	Limitierung
maximale Dateigröße	16 TB ab Windows 8 und Windows Server 2012 256 TB
maximale Partitionsgröße	256 TB
maximale Anzahl an Dateien einer Partition	4.294.967.295

Tabelle 22.4 NTFS-Limitierungen

Im Gegensatz zum FAT- und FAT32-Dateisystem bietet NTFS die Möglichkeit einer Komprimierung der Daten an. Es können entweder einzelne Dateien oder Ordner komprimiert werden oder die komplette Partition. Von Vorteil dabei ist, dass der Komprimierungsvorgang beim täglichen Arbeiten vollautomatisch im Hintergrund abläuft und kein Eingreifen durch den Benutzer erforderlich ist. Des Weiteren hat NTFS die Fähigkeit, mithilfe des *Encrypting File Systems* Dateien und Ordner zu verschlüsseln. Es ist jedoch zu beachten, dass eine gleichzeitige Komprimierung und Verschlüsselung nicht möglich ist.

22

22.3.3   Basisdatenträger und dynamische Datenträger

Windows unterscheidet zwischen zwei Datenträgertypen: *Basisdatenträger* und *dynamische Datenträger*.

Ein MBR-Basisdatenträger verwendet *primäre Partitionen, erweiterte Partitionen* und *logische Laufwerke*. Durch die Verwendung von Partitionen wird der Datenträger in separaten und logischen Einheiten organisiert. Damit Daten auf einen Datenträger gespeichert werden können, muss der Datenträger einleitend partitioniert und formatiert werden. Wenn ein Datenträger partitioniert wird, wird ein Bereich auf dem Datenträger mit einem Dateisystem formatiert und mit einem Buchstaben versehen. Die wohl bekannteste Partition unter Windows ist *C:*. Sehr viele Anwender haben lediglich eine große Partition, die der kompletten Größe der Festplatte entspricht. Andere wiederum trennen die Betriebssystemdateien von den persönlichen Dateien, indem sie eigene Partitionen für die jeweiligen Daten erstellen. Ein Vorteil der Trennung ist, dass bei einer Neuinstallation des Betriebssystems die anderen Daten unberührt bleiben.

Ein besonderes Merkmal einer primären Partition ist, dass man von ihr ein Betriebssystem starten kann. Unter Windows kann ein Basisdatenträger entweder bis zu vier primäre Partitionen besitzen oder drei primäre Partitionen und eine erweiterte Partition. Die ersten drei Partitionen, die Sie erstellen, ohne eine Änderung an der Datenträgerkonfiguration vorzunehmen, sind primäre Partitionen. Wenn Sie eine vierte Partition erstellen, wird der restliche freie Bereich der Festplatte zu einer erweiterten Partition konvertiert, und die vierte, gerade erstellte Partition wird zu einem logischen Laufwerk. Dadurch kann die Beschränkung der maximalen Anzahl der Partitionen auf einem Basisdatenträger umgangen werden.

Eine erweiterte Partition ist ein Container, der eine oder mehrere logische Laufwerke beinhalten kann, jedoch nicht zum Starten eines Betriebssystems verwendet werden kann. Windows unterstützt bis zu 128 logische Laufwerke und bietet somit die Möglichkeit, deutlich mehr als die vier primären Partitionen zu erstellen.

Im Vergleich zu einem MBR-Basisdatenträger verwendet ein GPT-Basisdatenträger ausschließlich primäre Partitionen, denn es besteht keine Limitierung hinsichtlich der maximalen Anzahl an primären Partitionen.

Der zweite mögliche Festplattenkonfigurationstyp in Windows neben dem Basisdatenträger ist der *dynamische Datenträger*. Unabhängig davon, ob es sich um einen MBR- oder einen GPT-Datenträger handelt, können auf dynamischen Datenträgern bis zu 2.000 Partitionen, sogenannte *einfache Volumes*, eingesetzt werden. Mehrere dynamische Festplatten können zu einem einzigen dynamischen Volume kombiniert werden (*Spanning*), Daten für eine höhere Leistung auf mehrere Festplatten verteilt (*Striping*) oder für eine verbesserte Verfügbarkeit auf mehreren Festplatten dupliziert (*Spiegeln*) werden. Dynamische Datenträger werden in erster Linie im Geschäfts- und Unternehmensumfeld eingesetzt und finden keinen echten Anwendungszweck auf einem Heimcomputer.

Basisdatenträger zu dynamischem Datenträger konvertieren

Ähnlich einfach wie die Konvertierung zwischen MBR- und GPT-Datenträgern ist die Konvertierung zwischen Basisdatenträgern und dynamischen Datenträgern. Machen Sie einen Rechtsklick auf den Datenträger, den Sie konvertieren wollen, und wählen Sie IN DYNAMISCHEN DATENTRÄGER KONVERTIEREN. Für den umgekehrten Weg steht Ihnen IN EINEN BASISDATENTRÄGER KONVERTIEREN zur Verfügung.

22.3.4 Die Datenträgerverwaltung öffnen

Der schnellste Weg, die Datenträgerverwaltung zu öffnen, führt über das neue Windows-Schnellstartmenü:

▶ Drücken Sie die Tastenkombination ⊞ + X , und klicken Sie auf DATENTRÄGERVERWALTUNG, oder

▶ geben Sie ⊞ + X • V ein.

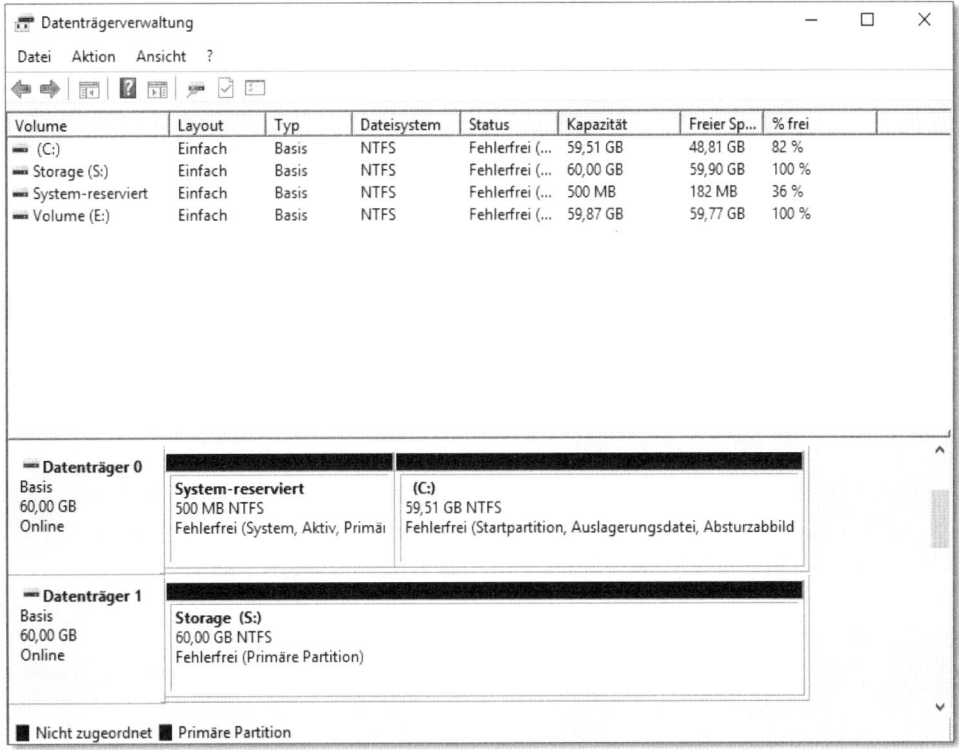

Abbildung 22.23 Die Datenträgerverwaltungskonsole

Die Datenträgerverwaltungskonsole hat sich in Windows 10 nicht geändert (Abbildung 22.23). In der zweigeteilten Ansicht werden oben die logischen Laufwerke und unten die physischen Datenträger angezeigt. In der oberen Hälfte erhalten Sie einen Überblick über alle Laufwerke, genau genommen Partitionen, die ebenfalls im Datei Explorer zu sehen sind. Die untere Hälfte führt alle physikalisch angeschlossenen Geräte auf. Mithilfe grafischer Aufteilungen sehen Sie in der unteren Hälfte, wie viele Partitionen die jeweiligen Datenträger haben und wie groß diese sind. In der oberen Hälfte der Datenträgerverwaltung erhalten Sie diese und weitere Informationen in einer tabellarischen Ansicht.

Unterschied Formatierung und Schnellformatierung

Unabhängig von dem zu formatierenden Dateisystem gibt es zwei unterschiedliche Methoden, eine Partition zu formatieren: die *(Normal)Formatierung* und die *Schnellformatierung*. Bei einer Normalformatierung wird nicht nur die Dateisystem-Zuordnungstabelle gelöscht und mit einer neuen versehen, sondern die Partition wird zunächst nach fehlerhaften Sektoren durchsucht. Die Suche nach fehlerhaften Sektoren entspricht dem Befehl chkdsk /r, der auch jederzeit in einer Eingabeaufforderung manuell ausgeführt werden kann. Dieser Schritt nimmt die meiste Zeit der Normalformatierung in Anspruch. Seit *Windows Vista* wird bei einer Normalformatierung zusätzlich noch die komplette Partition physisch mit Nullen beschrieben. Durch diesen Vorgang werden die Daten permanent und unwiderruflich gelöscht.

Die Schnellformatierung hingegen löscht lediglich das Inhaltsverzeichnis, sprich die Dateisystem-Zuordnungstabelle. Das hat zur Folge, dass mit dem entsprechenden Spezialwerkzeug zwar einzelne Dateien, jedoch keine Ordner wiederhergestellt werden können. Bei den meisten Einsatzzwecken ist das aber nicht weiter schlimm. Wenn Sie allerdings Ihre Festplatte weiterverkaufen, ist eine Schnellformatierung nicht ausreichend. Da sollten Sie besser auf die Normalformatierung zurückgreifen, um eine mögliche Wiederherstellung von Dritten zu unterbinden.

22.3.5   Das Arbeiten mit Partitionen

Spätestens wenn Sie eine neue Festplatte kaufen und diese in Betrieb nehmen wollen, müssen Sie zwangsläufig eine Partition erstellen. Windows führt Sie durch einfach zu verstehende Assistenten und hilft bei den anfallenden Arbeiten mit Festplatten.

Eine neue Partition erstellen

Um eine neue Partition zu erstellen, gehen Sie folgendermaßen vor:

1. Öffnen Sie die Datenträgerverwaltung.
2. Machen Sie einen Rechtsklick auf den Bereich Nicht zugeordnet des entsprechenden Datenträgers, und wählen Sie Neues einfaches Volume.
3. Wenn die Willkommensmeldung erscheint, können Sie mit Weiter fortfahren.
4. Legen Sie die Größe der Partition in Megabyte (MB) fest, und klicken Sie auf Weiter.

5. Im folgenden Fenster müssen Sie für die neue Partition einen Laufwerksbuchstaben vergeben. Dabei haben Sie die Wahl zwischen Buchstaben von A bis Z. Jedoch darf jeder Buchstabe nur einmal verwendet werden. Außerdem haben Sie die Möglichkeit, die neue Partition in einem leeren NTFS-Ordner auf einer bereits vorhandenen Partition bereitzustellen. Ferner gibt es die Möglichkeit, keinen Laufwerksbuchstaben zu vergeben, wenn Sie das beispielsweise zu einem späteren Zeitpunkt vornehmen wollen. Das hätte allerdings zur Folge, dass Sie die Partition nicht verwenden können. Nachdem Sie die gewünschte Option ausgewählt haben, klicken Sie auf WEITER (Abbildung 22.24).

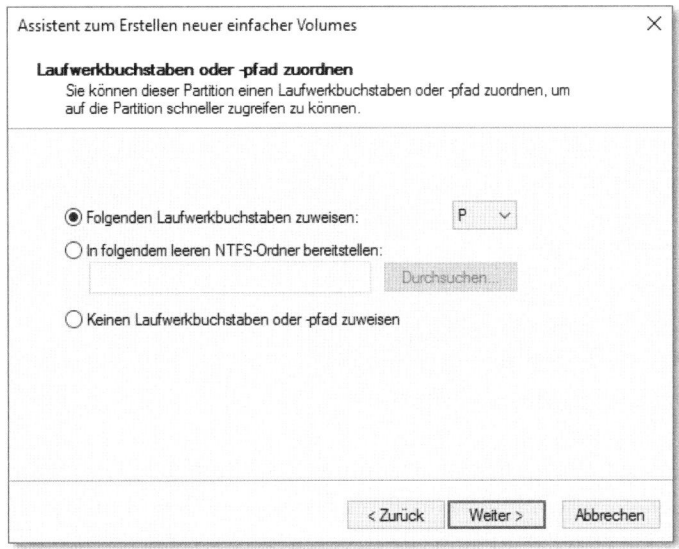

Abbildung 22.24 Zuordnung Laufwerksbuchstabe

6. Unabhängig davon, welche Option Sie im vorangegangenen Fenster ausgewählt haben, haben Sie die Möglichkeit, die neue Partition mit einem Dateisystem zu formatieren. Das ist auch zwingend erforderlich, denn ansonsten können Sie keine Daten auf die Partition speichern.

NTFS (*New Technology File System*) ist das Standard- und bevorzugte Dateisystem seit *Windows NT* aufgrund der erhöhten Geschwindigkeit, Sicherheit und Fehlertoleranz und sollte daher auch in den meisten Fällen gewählt werden. *FAT* und *FAT32* (*File Allocation Table*) sind die beiden anderen Dateisysteme, die zur Auswahl stehen. Bei der GRÖSSE DER ZUORDNUNGSEINHEIT wählen Sie in der Regel STANDARD.

Vergeben Sie im Feld VOLUMEBEZEICHNUNG einen Namen, der im Idealfall Aufschluss darüber gibt, welche Daten dort abgelegt werden.

Normalerweise ist die *Schnellformatierung* ausreichend. Lassen Sie also das Häkchen in SCHNELLFORMATIERUNG DURCHFÜHREN aktiviert.

Wenn Sie möchten, können Sie die Komprimierung für Dateien und Ordner auf Partitionsebene statt auf Datei- bzw. Ordnerebene aktivieren.

Klicken Sie, nachdem Sie alle Einstellungen getroffen haben, auf WEITER (Abbildung 22.25).

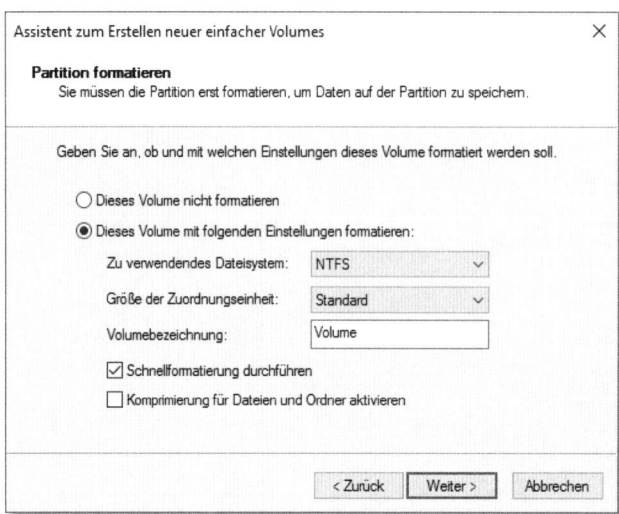

Abbildung 22.25 Partition mit Dateisystem formatieren

7. Im letzten Fenster wird Ihnen eine Übersicht über die zuvor getroffenen Einstellungen angezeigt. Wenn Sie mit allen Einstellungen einverstanden sind, wählen Sie FERTIG STELLEN, damit die neue Partition erstellt wird und einsatzbereit ist.

Eine vorhandene Partition löschen

Eine vorhandene Partition löschen Sie folgendermaßen:

1. Öffnen Sie die Datenträgerverwaltung.

2. Machen Sie einen Rechtsklick auf die Partition, die Sie löschen wollen, und wählen Sie VOLUME LÖSCHEN.

3. Bestätigen Sie die Warnmeldung mit JA, um die Partition zu löschen. Bitte beachten Sie, dass alle Daten, die sich auf der Partition befinden, unwiderruflich gelöscht werden. Sie sollten also vorher eine Sicherung anlegen, wenn Sie die Daten behalten möchten.

Vorsicht beim Vergrößern oder Verkleinern!

Auch wenn es in den allermeisten Fällen zu keinen Problemen kommt, wenn Sie eine Partition vergrößern oder verkleinern, sollten Sie, um auf Nummer sicher zu gehen, eine Sicherungskopie Ihrer Daten erstellen. Eine Vergrößerungs- oder Verkleinerungsoperation sollte ebenfalls niemals abgebrochen werden. Andernfalls kann es zu unwiderruflichem Datenverlust kommen.

Eine Partition vergrößern

Um eine Partition zu vergrößern, gehen Sie wie folgt vor:

1. Öffnen Sie die Datenträgerverwaltung.

2. Machen Sie einen Rechtsklick auf die Partition, die Sie vergrößern wollen, und wählen Sie VOLUME ERWEITERN (Abbildung 22.26).

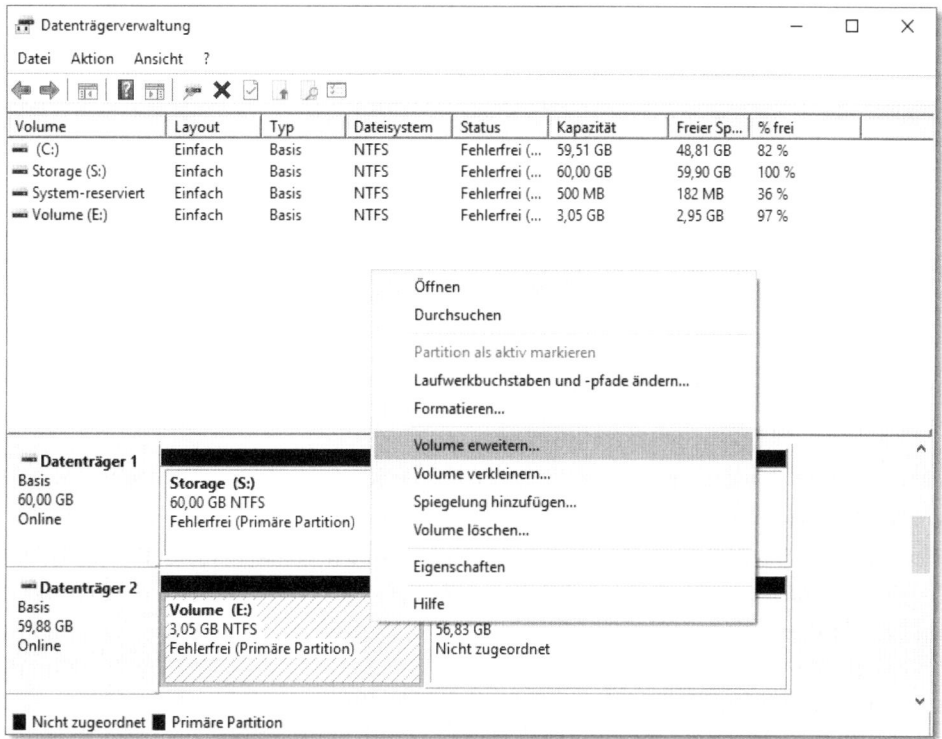

Abbildung 22.26 Partition verkleinern oder vergrößern

3. Wenn die Willkommensmeldung erscheint, können Sie mit WEITER fortfahren.

4. Im nächsten Dialogfenster müssen Sie festlegen, um wie viel Megabyte die Partition vergrößert werden soll. Klicken Sie anschließend auf WEITER. Die Felder GESAMTGRÖSSE DES VOLUMES IN MB und MAXIMAL VERFÜGBARER SPEICHERPLATZ IN MB helfen, die passende Größe zu finden. Klicken Sie auf WEITER (Abbildung 22.27).

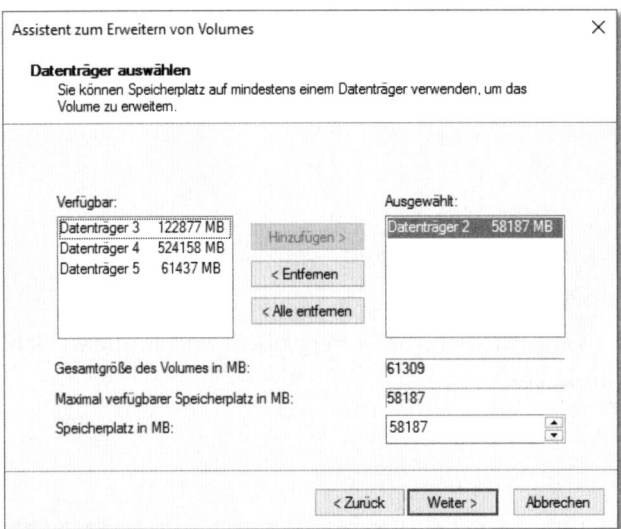

Abbildung 22.27 Partition vergrößern

5. Das letzte Fenster zeigt Ihnen eine Übersicht über die getroffenen Einstellungen. Klicken Sie auf FERTIG STELLEN, um die Partition zu vergrößern.

Eine Partition verkleinern

Sie verkleinern eine Partition wie folgt:

1. Öffnen Sie die Datenträgerverwaltung.

2. Machen Sie einen Rechtsklick auf die Partition, die Sie verkleinern wollen, und wählen Sie VOLUME VERKLEINERN.

3. Im nächsten Dialogfenster müssen Sie festlegen, um wie viel Megabyte die Partition verkleinert werden soll. Die anderen Felder geben Aufschluss über die Gesamtgröße der Partition, darüber, wie viel Speicherplatz zur Verkleinerung zur Verfügung steht, und über die Gesamtgröße nach der Verkleinerung. Klicken Sie auf WEITER, um die Verkleinerung durchzuführen.

Einen Laufwerksbuchstaben ändern

Um einen Laufwerksbuchstaben zu ändern, gehen Sie folgendermaßen vor:

1. Öffnen Sie die Datenträgerverwaltung.

2. Machen Sie einen Rechtsklick auf die Partition, bei der Sie den Laufwerksbuchstaben ändern möchten. Wählen Sie LAUFWERKBUCHSTABEN UND -PFADE ÄNDERN.

3. Wählen Sie in dem neuen Fenster ÄNDERN (Abbildung 22.28).

4. Wählen Sie in dem Dropdown-Menü den neuen Laufwerksbuchstaben aus, und bestätigen Sie die Auswahl mit OK.

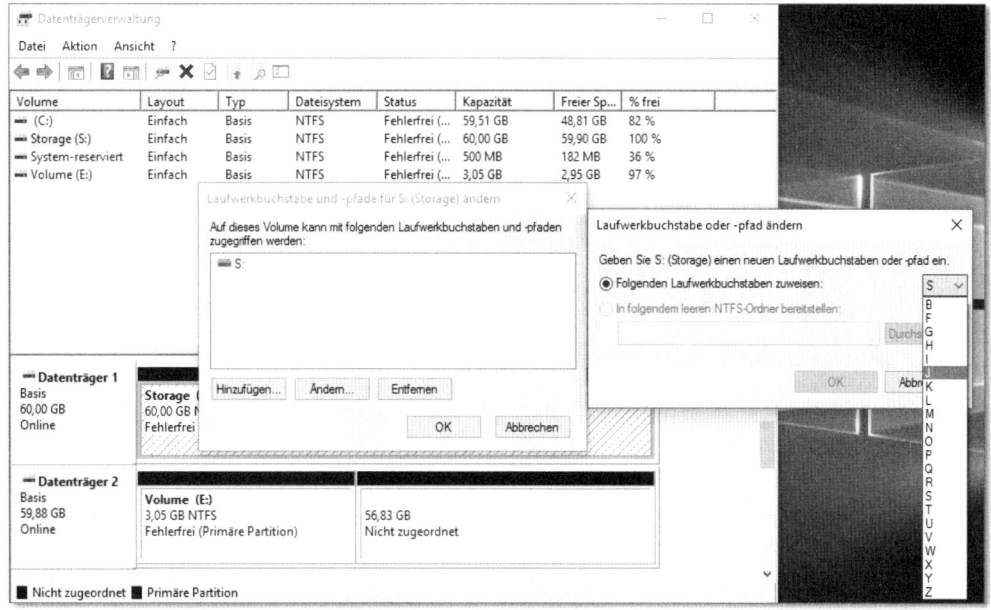

Abbildung 22.28 Ändern des Laufwerksbuchstabens

5. Eine Warnung unterrichtet Sie darüber, dass Programme, die auf Laufwerksbuchstaben angewiesen sind, nach der Änderung eventuell nicht mehr ordnungsgemäß funktionieren. Bestätigen Sie die Warnung mit JA, um den Laufwerksbuchstaben abschließend zu ändern.

DiskPart-Datenträgerverwaltung in der Eingabeaufforderung

Bei *DiskPart* handelt es sich um das kommandozeilenbasierte Pendant zur Datenträgerverwaltung. DiskPart gehört zum Lieferumfang von Windows seit *Windows 2000* und ersetzte das Programm *fdisk*, das unter *MS-DOS*-basierten Betriebssystemen zum Einsatz kommt. Mithilfe von DiskPart können Sie die gleiche Arbeit an einem Datenträger verrichten – und noch mehr als mit der Datenträgerverwaltung. Des Weiteren unterstützt DiskPart die Verwendung von Skripten. Dadurch können Abläufe in der Datenträgerverwaltung automatisiert werden.

DiskPart ist ein sehr mächtiges und zugleich gefährliches Werkzeug. Wenn Sie nicht genau wissen, was Sie tun, sollten Sie besser auf die grafische Oberfläche und die Datenträgerverwaltung zurückgreifen. Da DiskPart sehr vielseitig einzusetzen ist, können wir Ihnen nur einige wenige Handgriffe exemplarisch zeigen, was aber dennoch helfen sollte, ein Grundverständnis für die Einsatzmöglichkeiten zu bekommen.

Öffnen Sie eine Eingabeaufforderung mit Administratorrechten mit ⊞ + ⊠ • EINGABEAUF-FORDERUNG (ADMINISTRATOR).

Starten Sie DiskPart, indem Sie den Befehl `diskpart` absetzen. Dadurch sind Sie im *DiskPart-Modus*, bis Sie `exit` eingeben (Abbildung 22.29).

Abbildung 22.29 DiskPart in der Eingabeaufforderung

Durch Eingabe von `help` wird Ihnen eine Liste aller zur Verfügung stehenden Befehle angezeigt. Wenn Sie weiterführende Hilfe für einen Befehl benötigen, können Sie `help`, gefolgt vom Befehl, eingeben (beispielsweise `help create`) (Abbildung 22.30).

```
Administrator: Eingabeaufforderung - diskpart                                    —   ☐   ✕
OFFLINE     - Schaltet ein Objekt offline, das derzeit als online
              gekennzeichnet ist.
RECOVER     - Aktualisiert den Status aller Datenträger im ausgewählten Paket.
              Versucht die Wiederherstellung auf Datenträgern im ungültigen
              Paket und synchronisiert gespiegelte Volumes und
              RAID5-Volumes mit veralteten Plex- oder Paritätsdaten erneut.
REM         - Keine Aktion. Wird für Skriptkommentare verwendet.
REMOVE      - Entfernt einen Laufwerkbuchstaben oder eine
              Bereitstellungspunktzuordnung.
REPAIR      - Repariert ein RAID-5-Volume mit einem fehlerhaftem Mitglied.
RESCAN      - Überprüft den Computer erneut auf Datenträger und Volumes.
RETAIN      - Setzt eine beibehaltene Partition unter ein einfaches Volume.
SAN         - Zeigt die SAN-Richtlinie für das derzeit geladene Betriebssystem
              an oder legt sie fest.
SELECT      - Verschiebt den Fokus auf ein Objekt.
SETID       - Ändert den Partitionstyp.
SHRINK      - Verkleinert die Größe des ausgewählten Volumes.
UNIQUEID    - Dient zum Anzeigen oder Festlegen des Bezeichners der GUID-
              Partitionstabelle (GPT) oder der MBR-Signatur (Master
              Boot Record) eines Datenträgers.

DISKPART> help create

Microsoft DiskPart-Version 10.0.10565

PARTITION   - Erstellt ein Partition.
VOLUME      - Erstellt ein Volume.
VDISK       - Erstellt eine Datei für virtuelle Datenträger.

DISKPART>
```

Abbildung 22.30 DiskPart-Hilfe

Wenn Sie einen Datenträger oder eine Partition bearbeiten wollen, geben Sie zunächst den Befehl `list disk` ein, der alle vorhandenen physikalischen Datenträger listet. Mit `select disk`, gefolgt von der Zahl, also beispielsweise `select disk 1`, wählen Sie den Datenträger aus, den Sie bearbeiten möchten (Abbildung 22.31).

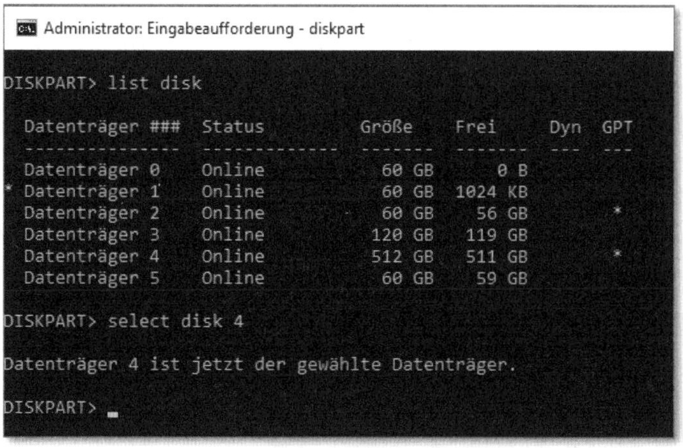

Abbildung 22.31 Datenträger auswählen mit »select disk«

Wollen Sie weiterführende Informationen über den ausgewählten Datenträger erhalten, können Sie den Befehl `detail disk` verwenden (Abbildung 22.32).

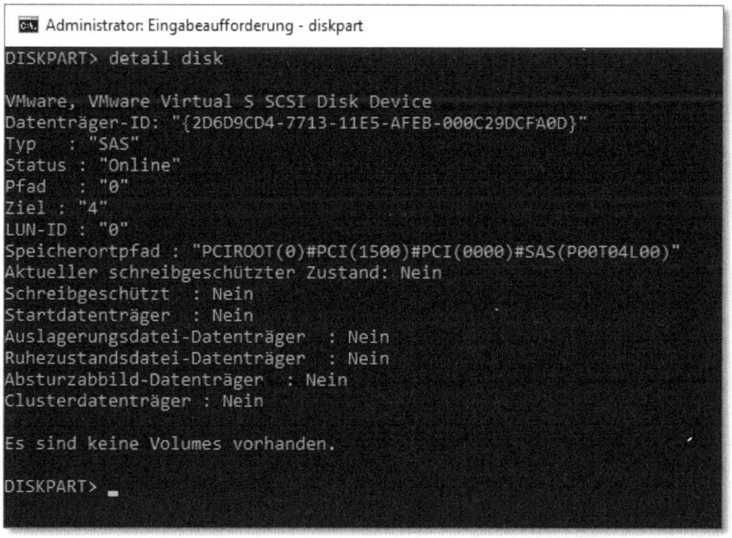

Abbildung 22.32 Detaillierte Informationen des Datenträgers

Mit `list partition` werden Ihnen alle vorhandenen Partitionen auf dem ausgewählten Datenträger angezeigt. Folglich können Sie mit `select partition`, gefolgt von der Partitionsnummer, eine Partition zum Bearbeiten auswählen. Auch hier können Sie mit `detail partition` weitere Informationen über die ausgewählte Partition erhalten.

Auch wenn häufig mit *Partition* und *Volume* das Gleiche gemeint ist, unterscheidet DiskPart diese beiden Vokabeln. Ein Volume ist eine Partition mit einem Laufwerksbuchstaben und somit unter Windows zugreifbar.

Möchten Sie nun eine Partition mithilfe von DiskPart erstellen, wählen Sie zunächst den Datenträger, auf dem die Partition erstellt werden soll, mit `select disk` an. Um eine neue Partition zu erstellen, geben Sie den Befehl `create partition primary size=102400`. Mit diesem Befehl wird eine 100 GB große primäre Partition erstellt. Die Größe muss dabei in Megabyte angegeben werden. Wenn Sie keine Größe angeben, verwendet DiskPart den verbleibenden freien Speicherplatz auf der Festplatte.

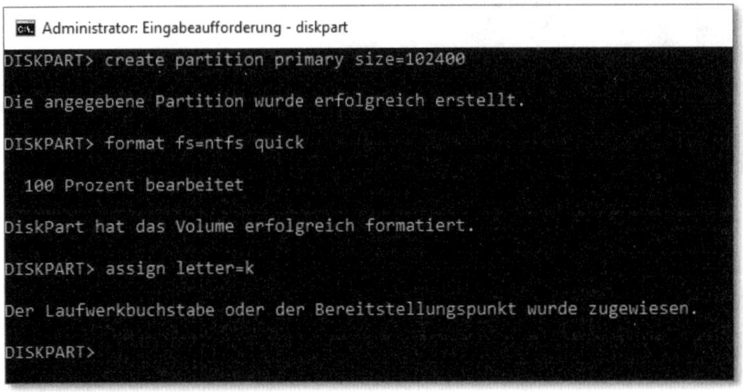

Abbildung 22.33 Neue Partition erstellen

Die gerade erstellte Partition ist auch gleich ausgewählt. Ein `select partition` ist also nicht erforderlich. Damit die Partition mit Daten beschrieben werden kann, muss sie mit einem Dateisystem formatiert werden. `format fs=ntfs quick` führt eine Schnellformatierung mit dem Dateisystem NTFS durch (Abbildung 22.33). Wenn Sie möchten, können Sie mit `label=` einen Namen für die Partition vergeben.

Damit die neue Partition im Windows Explorer aufgeführt wird, benötigt sie einen Laufwerksbuchstaben. Geben Sie `assign letter=k` ein. Der Laufwerksbuchstabe kann natürlich frei gewählt werden, darf allerdings nicht bereits vergeben sein.

Für weiterführende Informationen und Befehle empfehlen wir den folgenden Link: *http:// technet.microsoft.com/de-de/library/cc766465%28v=ws.10%29.aspx*.

22.3.6 Virtuelle Datenträger verwalten

Die Datenträgerverwaltung bietet nicht nur die Möglichkeit, physikalische Datenträger zu verwalten, sondern auch *virtuelle Datenträger* in dem Dateiformat *VHD* und *VHDX*. Virtuelle Datenträger sind beispielsweise die Grundlage *virtueller Maschinen* von *Hyper-V*, denn sie dienen als virtuelle Festplatte, die für den Einsatz einer virtuellen Maschine erforderlich ist.

Ein virtueller Datenträger ist letztlich eine Art Containerdatei, die mithilfe der Datenträgerverwaltung in Betrieb genommen werden kann (engl. *mounten*), sich wie eine normale Festplatte verhält und auf der demnach Dateien gespeichert werden können.

Die virtuellen Datenträgerformate: VHD und VHDX

Mit Windows 8 wurde ein neues Dateiformat für virtuelle Datenträger eingeführt: *VHDX*. Virtuelle Datenträger können mit dem neuen VHDX-Dateiformat bis zu einer Größe von 64 TB anwachsen. Mit dem alten VHD-Format konnte ein virtueller Datenträger nur 2 TB groß sein. Darüber hinaus ist VHDX deutlich robuster hinsichtlich der Ausfallsicherheit. VHDX-Datenträger verwenden eine Logdatei. Kommt es zu einem Ausfall des Computers oder wurde der Computer nicht ordnungsgemäß heruntergefahren, kann die VHDX mithilfe dieser Logdatei wieder in einen *sauberen Zustand* (*Clean State*) gebracht werden.

Einen virtuellen Datenträger erstellen

Um einen virtuellen Datenträger zu erstellen, gehen Sie wie folgt vor:

1. Öffnen Sie die Datenträgerverwaltung.
2. Wählen Sie im Menü Aktion • Virtuelle Festplatte erstellen (Abbildung 22.34).

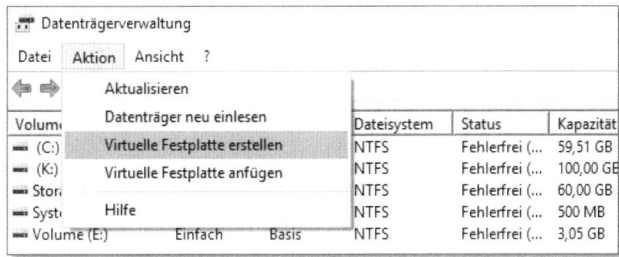

Abbildung 22.34 Virtuelle Festplatte erstellen

3. Im nächsten Dialogfenster legen Sie den Speicherort der virtuellen Festplatte fest. Klicken Sie dafür auf Durchsuchen, und wählen Sie einen geeigneten Speicherort. Bedenken Sie dabei, dass ausreichend freier Speicherplatz vorhanden sein muss. Definieren Sie die Grösse der virtuellen Festplatte. Mithilfe des Dropdown-Menüs können Sie zwischen MB, GB und TB wechseln.
4. Wählen Sie das Format der virtuellen Festplatte aus. Es empfiehlt sich, das neue Format *VHDX* auszuwählen. Des Weiteren wählen Sie die Art der virtuellen Festplatte. Durch die Wahl von Dynamisch erweiterbar wird nur so viel Platz durch die virtuelle Festplatte verbraucht, wie auch wirklich verwendet wird, was deutlich platzsparender ist. Feste Grösse reserviert gleich die komplette Größe der virtuellen Festplatte. Nachdem Sie alle Einstellungen getroffen haben, klicken Sie auf OK (Abbildung 22.35).

Abbildung 22.35 Einstellung der neuen virtuellen Festplatte

Die neue virtuelle Festplatte wurde erstellt und der Datenträgerverwaltung hinzugefügt. Wie jede fabrikneue Festplatte muss diese zunächst initialisiert werden. Machen Sie dafür einen Rechtsklick auf die neue virtuelle Festplatte, und wählen Sie Datenträgerinitialisierung (Abbildung 22.36). Das restliche Arbeiten mit einem virtuellen Datenträger verhält sich wie das mit einem herkömmlichen physikalischen Datenträger. Zu beachten ist jedoch, dass ein virtueller Datenträger nach einem Neustart neu verbunden werden muss. Dafür müssen Sie lediglich einen Doppelklick auf die virtuelle Datenträgerdatei ausführen.

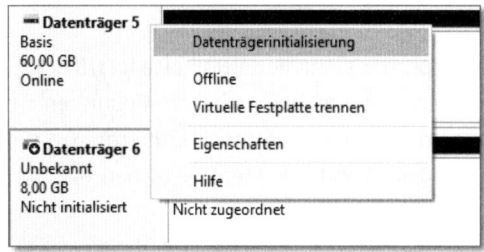

Abbildung 22.36 Virtuellen Datenträger initialisieren

22.3.7   Externe Datenträger, Wechselmedien und USB-Sticks

Aufgrund ihrer Portabilität und des komfortablen Anschließens und Entfernens finden *externe Datenträger* wie *USB-Sticks* und *externe Festplatten* immer mehr Anwendung. USB-Sticks werden unter Windows als *Wechselmedien* (oder auch *Wechseldatenträger*) erkannt.

Eine externe Festplatte hingegen wird als normaler Datenträger in der Datenträgerverwaltung und im Datei Explorer erkannt. Ein gemeinsames Merkmal verbindet jedoch USB-Sticks mit externen Festplatten: die sogenannte *Entfernungsrichtlinie*.

Hardware sicher entfernen oder nicht?

Jeder Datenträger verfügt über einen sogenannten *Schreibcache*. Der Schreibcache ist ein Zwischenpuffer einer Festplatte. Bei einem Schreibvorgang werden (vorausgesetzt, der Schreibcache ist aktiviert) die Dateien zuerst auf den meist schnelleren Cache geschrieben und erst im zweiten Schritt auf die tatsächliche Festplatte. Dadurch wird eine höhere Schreibgeschwindigkeit erreicht, weil der Schreibvorgang aus Sicht des Systems als abgeschlossen gilt, sobald die Dateien auf den Cache geschrieben wurden. Je nach Festplattenmodell ist ein Cache 8 bis 128 MB groß.

Einen Haken hat ein Schreibcache jedoch. Wenn es zu einem Stromausfall kommen sollte und die Dateien noch nicht von dem Schreibcache auf die eigentliche Festplatte geschrieben wurden, sind diese Dateien verloren.

Externe Datenträger verfügen ebenfalls über einen Schreibcache. Aufgrund ihrer Eigenschaft, nicht fest verbaut zu sein und somit jederzeit vom Computer getrennt werden zu können, ist der Schreibcache jedoch deaktiviert. Das ergibt auch durchaus Sinn, denn wenn Sie den externen Datenträger von Ihrem Computer trennen, während sich Dateien eventuell noch im Schreibcache befinden und noch nicht auf die Festplatte geschrieben wurden, würde es zu einem Datenverlust kommen. Der deaktivierte Schreibcache ist also nichts weiter als eine willkommene Schutzmaßnahme.

Wenn Sie einen externen Datenträger anschließen, erscheint in der Taskleiste im Infobereich ein Symbol, mit dessen Hilfe Sie einen externen Datenträger *sicher entfernen* können. Bei diesem Vorgang geschieht nichts anderes, als dass der Schreibcache des externen Datenträgers geleert wird. Wenn Sie sich also fragen, ob Sie einen externen Datenträger sicher entfernen sollen oder nicht, hängt das nur davon ab, ob bei dem Datenträger der Schreibcache aktiviert ist oder nicht.

Entfernungsrichtlinie

Um zu überprüfen, welche Entfernungsrichtlinie bei Ihrem externen Datenträger konfiguriert ist, rufen Sie zunächst die Datenträgerverwaltung auf. In der unteren Hälfte der Datenträgerverwaltungskonsole werden die physikalisch angeschlossenen Geräte aufgeführt. Machen Sie einen Rechtsklick auf den externen Datenträger, wählen Sie EIGENSCHAFTEN und den Reiter RICHTLINIEN. Die Option SCHNELLES ENTFERNEN (STANDARD) deaktiviert den Schreibcache; und wie der Name schon sagt, können Sie einen externen Datenträger einfach vom Computer trennen, ohne den Umweg über HARDWARE SICHER ENTFERNEN gehen zu müssen.

Möchten Sie den Schreibcache aktivieren, wählen Sie die Optionen BESSERE LEISTUNG und SCHREIBCACHE AUF DEM GERÄT AKTIVIEREN.

Das Removable Media Bit

Eine hervorzuhebende Eigenschaft eines USB-Sticks ist nicht nur der sehr kleine Formfaktor, sondern vielmehr auch das *Removable Media Bit*. Das Removable Media Bit kennzeichnet einen USB-Stick als solchen. Wenn es den Wert 1 hat, erkennt Windows den Datenträger als USB-Stick. Das Removable Media Bit wird von den Herstellern der USB-Sticks auf den Controller programmiert und lässt sich nur mit Spezialwerkzeug ändern. Erkennt Windows Ihren Datenträger als USB-Stick, können Sie diesen nur als Basisdatenträger, nicht als dynamischen Datenträger betreiben und außerdem nur eine Partition erstellen. Mehrere Partitionen auf einem USB-Stick zu erstellen ist also nicht möglich.

22.4   Freigaben

Möchten Sie Dateien und Ordner für andere Computer in Ihrem Netzwerk freigeben, macht es Ihnen Windows 10 sehr einfach. Das Datei Explorer-Menüband wurde um eine Registerkarte erweitert, und Freigaben können praktisch mit einem Klick erstellt werden.

22.4.1   Eine neue Freigabe erstellen

Eine neue Freigabe erstellen Sie, wie nachfolgend beschrieben:

1. Öffnen Sie den Datei Explorer mit ⊞ + E, und wählen Sie den Ordner an, den Sie freigeben wollen.

2. Klicken Sie im Datei Explorer-Menüband auf die Registerkarte FREIGEBEN (Abbildung 22.37).

Abbildung 22.37 Registerkarte »Freigeben«

3. Sie haben jetzt mehrere Möglichkeiten, den Ordner freizugeben. Wenn Ihr Computer Mitglied einer *Heimnetzgruppe* ist, können Sie durch einen Klick auf HEIMNETZGRUPPE (ANZEIGEN) einen lesenden Zugriff für die anderen Mitglieder der Heimnetzgruppe einrichten oder durch einen Klick auf HEIMNETZGRUPPE (ANZEIGEN UND BEARBEITEN) einen lesenden und schreibenden Zugriff.

Alternativ können Sie ein Benutzerkonto für den Zugriff auf die Freigabe auswählen. Wenn Sie auf den Namen des Benutzerkontos klicken, erhält der Benutzer lesenden

Zugriff. Durch das Wählen von BESTIMMTE PERSONEN... können Sie die Freigabe gleich für mehrere Benutzer erstellen. Die Benutzer können Sie in einem Dropdown-Menü auswählen und HINZUFÜGEN. Dabei haben Sie auch die Möglichkeit, die BERECHTIGUNGSEBENE von LESEN auf LESEN/SCHREIBEN zu ändern (Abbildung 22.38).

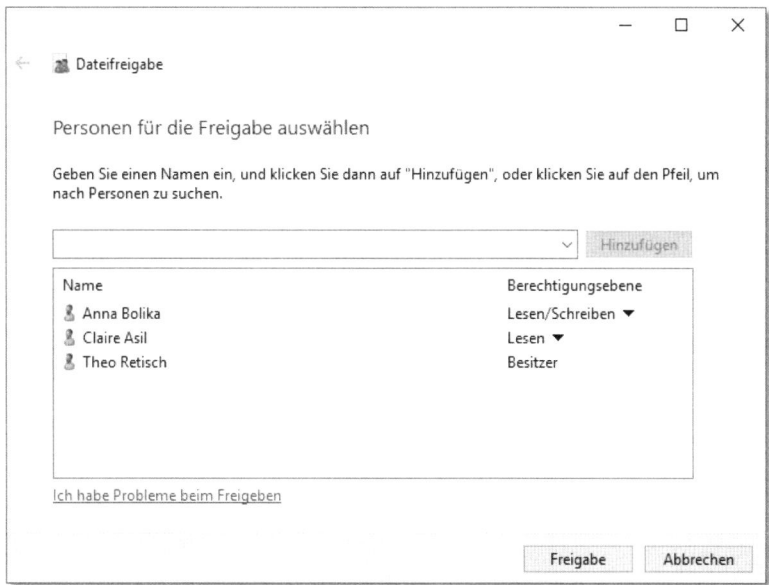

Abbildung 22.38 Freigabe für bestimmte Personen

Wählen Sie FREIGABE, wenn Sie die Berechtigungen Ihren Wünschen entsprechend vergeben haben. Die Freigabe wird erstellt, und es öffnet sich ein Fenster, das durchaus hilfreich ist. Sie erhalten eine Zusammenfassung des Ordners, den Sie freigegeben haben, und können den Link zu der Freigabe per E-Mail versenden oder in die Zwischenablage kopieren, um ihn in einem anderen Programm weiterzuverwenden. Klicken Sie auf FERTIG, um das Fenster zu schließen.

Die Gruppe »Jeder«

Viele stolpern über die Gruppe *Jeder*, denn sie glauben, dass, wenn sie eine Freigabe erstellen und der Gruppe *Jeder* Berechtigungen vergeben, ohne Authentifizierung auf die Freigabe zugegriffen werden kann. Dem ist nicht so. Mit *Jeder* sind alle Benutzerkonten des Rechners, auf dem die Freigabe erstellt wird, gemeint. Sie müssen sich also mit einem vorhandenen Benutzerkonto authentifizieren, um auf die Freigabe zugreifen zu können.

Die Freigabe können Sie wieder beenden, indem Sie im Menüband unter der Registerkarte FREIGEBEN auf FREIGABE BEENDEN klicken.

Kennwortgeschützte Freigabe deaktivieren

Wie Sie gelernt haben, benötigt man, um auf eine Freigabe zugreifen zu können, ein gültiges Benutzerkonto des Computers, auf dem die Freigabe beheimatet ist. Das ist nicht in allen Szenarien praktikabel, und so gibt es die Möglichkeit, dies zu deaktivieren.

Führen Sie dazu folgende Schritte durch:

1. Öffnen Sie die erweiterten Freigabeeinstellungen mit ⊞, und tippen Sie `Erweiterte Freigabeeinstellungen`, und drücken Sie ⏎.

2. Klappen Sie Alle Netzwerke auf.

3. Scrollen Sie ganz nach unten, und wählen Sie Kennwortgeschütztes Freigeben ausschalten an (Abbildung 22.39).

4. Klicken Sie auf Änderungen speichern.

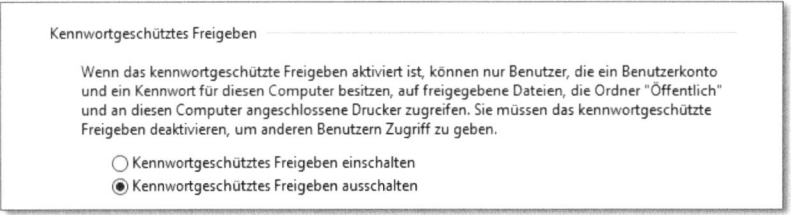

Abbildung 22.39 Erweiterte Freigabeeinstellungen

Sobald Sie jetzt eine Freigabe über den in diesem Abschnitt beschriebenen Weg einrichten und der Gruppe *Jeder* mindestens die Berechtigung *Lesen* erteilen, wird beim Zugriff auf die Freigabe kein Benutzername und Passwort mehr abgefragt.

Bitte beachten Sie, dass, je nachdem, wie Ihre erweiterten Freigabeeinstellungen konfiguriert sind, so alle Teilnehmer in Ihrem Netzwerk ohne jegliche Authentifizierung Zugriff auf Ihre öffentlichen Ordner hätten. Um dies zu unterbinden, wählen Sie Freigabe des öffentlichen Ordners deaktivieren aus.

22.4.2   Freigabe im Netzwerk öffnen

Für den Fall, dass Sie einer Heimnetzgruppe angehören, haben Sie es besonders leicht, auf eine Freigabe zugreifen zu können. Öffnen Sie den Datei Explorer, und wählen Sie im linken Navigationsbereich Heimnetzgruppe an. Jetzt werden Ihnen alle Mitglieder der Heimnetzgruppe angezeigt. Machen Sie einen Doppelklick auf das Mitglied, das die Freigabe bereitstellt. Es werden Ihnen alle Freigaben angezeigt, und Sie können auf den freigegebenen Ordner zugreifen (Abbildung 22.40).

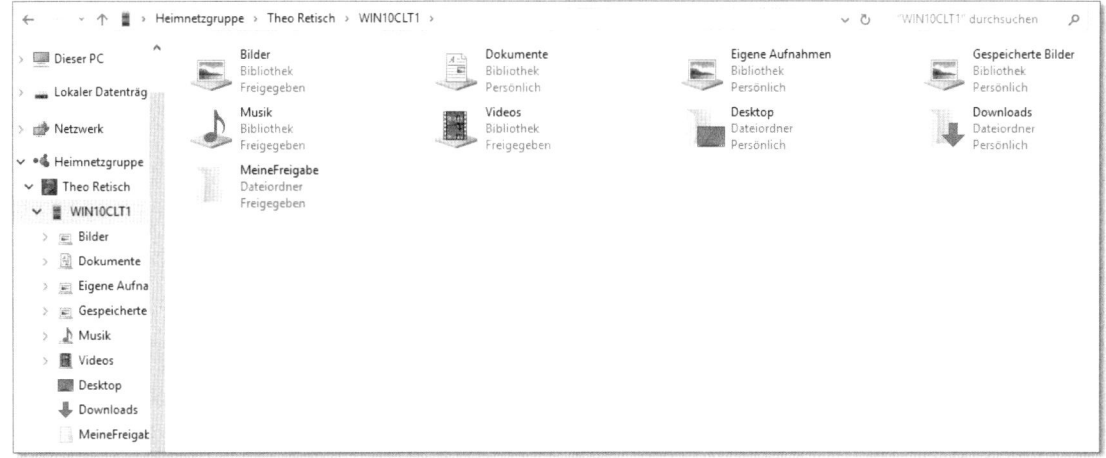

Abbildung 22.40 Freigabe in einer Heimnetzgruppe

Sie müssen aber nicht zwingend Mitglied einer Heimnetzgruppe sein, um auf Freigaben zugreifen zu können. Öffnen Sie den Datei Explorer, und wählen Sie im linken Navigationsbereich NETZWERK. Hier können Sie einen Doppelklick auf den Computer ausführen, der die Freigabe bereitstellt. Sie werden aufgefordert, Benutzername und Kennwort einzugeben. Dies muss ein Benutzer aus der Benutzerdatenbank des Computers sein, der die Freigabe bereitstellt, und nicht das Benutzerkonto Ihres Computers, von dem Sie auf die Freigabe zugreifen wollen. Nachdem Sie sich erfolgreich authentifiziert haben, werden Ihnen alle Freigaben des Computers angezeigt. Öffnen Sie die Freigabe mit einem Doppelklick.

Alternativ können Sie in die Adresszeile des Datei Explorers

▶ *Computername*

▶ *Computername**Freigabename*

▶ *IP-Adresse*

▶ *IP-Adresse**Freigabename*

eingeben, um sich die Freigaben anzeigen zu lassen und direkt anzusteuern. Dies ist die sogenannte *UNC-Adresse* (*Uniform Naming Convention* oder *Universal Naming Convention*).

22.4.3   Ein Netzlaufwerk verbinden

Sie haben die Möglichkeit, eine Freigabe als *Netzlaufwerk* zu verbinden. Die Freigabe wird mit einem Laufwerksbuchstaben im Datei Explorer unter COMPUTER hinzugefügt, sodass Sie die Freigabe im schnellen Zugriff haben. Dies ist beispielsweise dann besonders zu empfehlen, wenn Sie auf eine bestimmte Freigabe regelmäßig zugreifen. Darüber hinaus können einige Programme, die normalerweise nicht netzwerkfähig sind, von dem Netzlaufwerk Gebrauch machen. Gehen Sie wie folgt vor:

1. Öffnen Sie den Datei Explorer mit ⊞ + Ⓔ.

2. Klicken Sie links auf DIESER PC.

3. Wählen Sie im Menüband NETZLAUFWERK VERBINDEN (Abbildung 22.41).

Abbildung 22.41 Menüband »Netzlaufwerk verbinden«

4. In dem neuen Fenster können Sie einen Laufwerksbuchstaben für das Netzlaufwerk auswählen und entscheiden, ob das Netzlaufwerk beim nächsten Start wiederhergestellt werden soll und ob andere Anmeldeinformationen verwendet werden sollen (Abbildung 22.42). In das Feld ORDNER tragen Sie die UNC-Adresse der Freigabe ein, oder Sie klicken auf DURCHSUCHEN, um sich alle Computer und Freigaben im Netzwerk anzeigen zu lassen. Wenn Sie alle Einstellungen getroffen haben, klicken Sie auf FERTIG STELLEN, um den Vorgang abzuschließen.

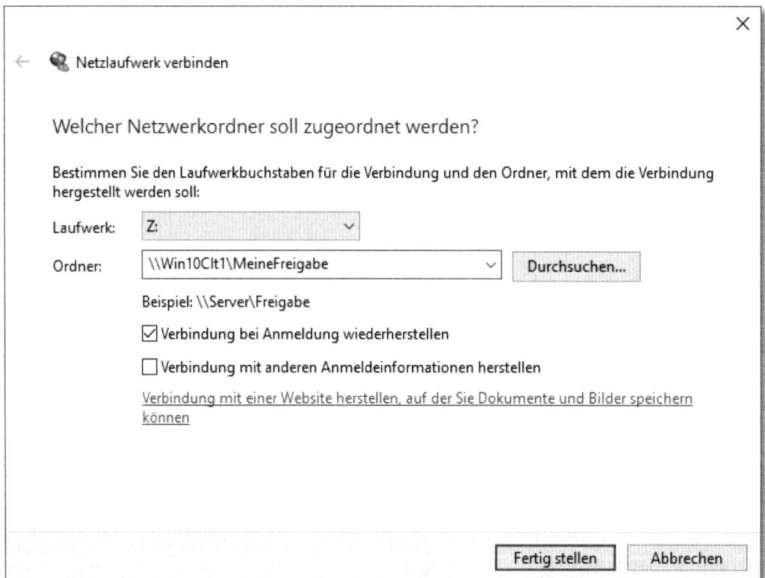

Abbildung 22.42 Neues Netzlaufwerk verbinden

Das neue Netzlaufwerk wurde verbunden und kann jetzt über den Datei Explorer verwendet werden (Abbildung 22.43).

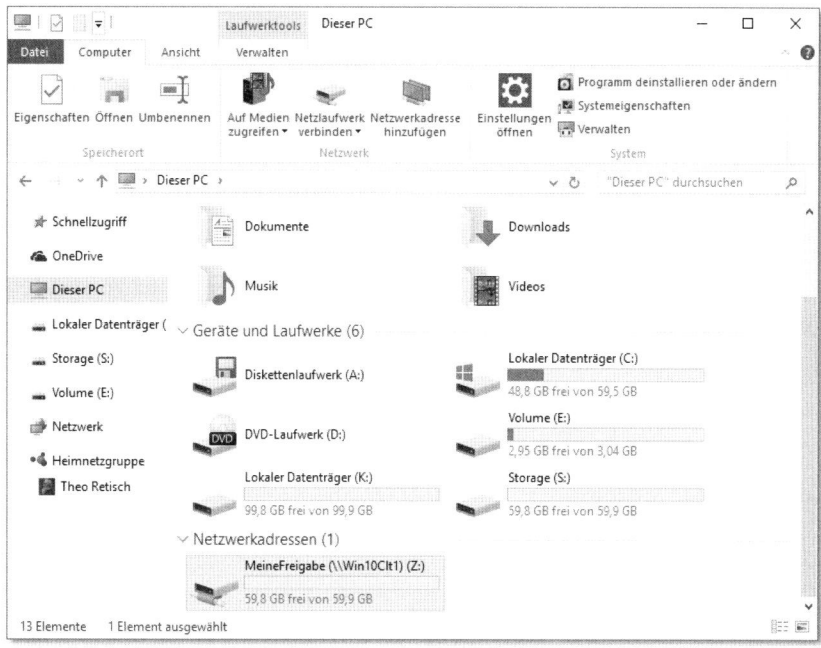

Abbildung 22.43 Verbundenes Netzlaufwerk

Als alternativen Weg, ein Netzlaufwerk zu verbinden, können Sie den freigebenden Computer über *Computername* oder *IP-Adresse* im Datei Explorer ansteuern (z. B. *Win10Clt1*). Anschließend machen Sie einen Rechtsklick auf die Freigabe, die Sie verbinden möchten, und wählen NETZLAUFWERK VERBINDEN (Abbildung 22.44). Den nächsten Dialog können Sie, wenn Sie keine Änderungen vornehmen wollen, durch einen Klick auf FERTIG STELLEN schließen.

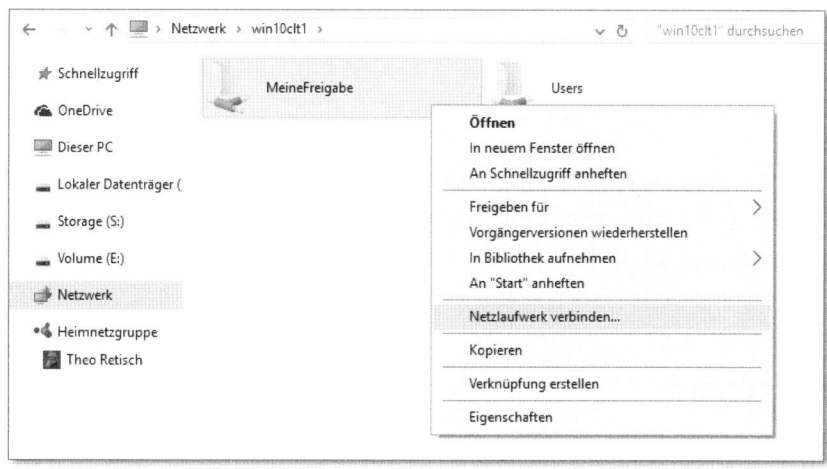

Abbildung 22.44 Im Kontextmenü »Netzlaufwerk verbinden«

> **Maximale Anzahl gleichzeitiger Verbindungen**
>
> Die Anzahl der gleichzeitigen Verbindungen in Windows wurde im Laufe der Zeit bis auf 20 erhöht.

22.4.4   Anzeigen aller Freigaben Ihres Computers

Wenn Sie sich vergewissern möchten, welche Freigaben auf Ihrem Computer vorhanden sind, hilft Ihnen die *Computerverwaltung*. In der Computerverwaltung erhalten Sie eine Auflistung aller freigegebenen Ordner. Dazu gehen Sie wie folgt vor:

1. Öffnen Sie die Computerverwaltung mit ⊞ + X • COMPUTERVERWALTUNG.

2. Wählen Sie im linken Navigationsbereich FREIGEGEBENE ORDNER aus.

3. Durch einen Klick auf FREIGABEN werden Ihnen die Freigaben Ihres Computers angezeigt (Abbildung 22.45).

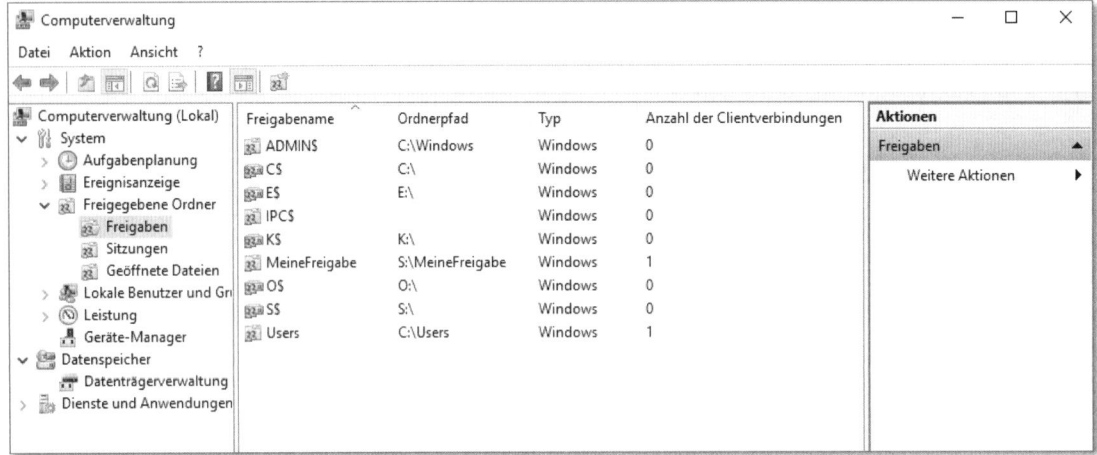

Abbildung 22.45 Alle Freigaben des Computers

Standardmäßig hat Ihr Computer sogenannte *administrative Freigaben*. Diese werden für alle Stammverzeichnisse der Datenträger und für *C:\Windows* angelegt. An den Freigabenamen wird ein $ angehängt. Dadurch ist die Freigabe unsichtbar und kann nur geöffnet werden, wenn Sie direkt angesteuert wird (z. B. *\\Win10Clt1\c$*).

22.4.5   Erweiterte Freigaben

Durch den Einsatz von *erweiterten Freigaben* haben Sie deutlich mehr Konfigurationsmöglichkeiten im Vergleich zu den einfachen Freigaben, die wir zu Beginn kennengelernt haben.

So können Sie beispielsweise einen anderen Freigabenamen festlegen oder sogar eine Freigabe unsichtbar machen. Außerdem besteht die Möglichkeit, auf einem Ordner gleich mehrere Freigaben mit unterschiedlichen Namen und Berechtigungen festzulegen.

Wählen Sie dazu den Ordner, den Sie freigeben wollen, mit einem Rechtsklick an. Gehen Sie dann zu Eigenschaften und zum Reiter Freigabe. Wählen Sie hier Erweiterte Freigabe… (Abbildung 22.46).

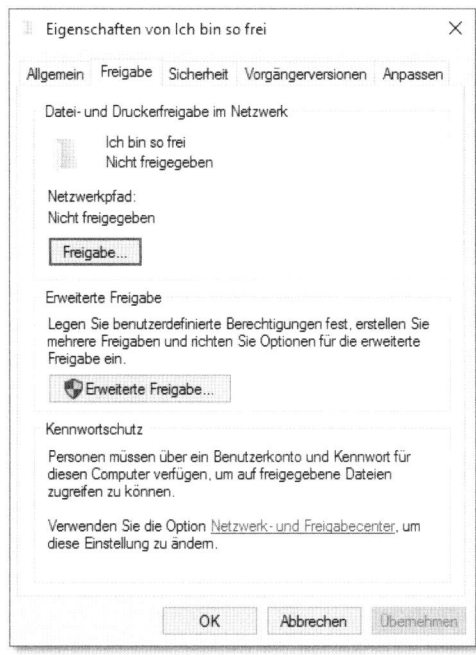

Abbildung 22.46 Eigenschaftenmenü – Reiter »Freigabe«

In dem sich öffnenden Fenster setzen Sie ein Häkchen bei Diesen Ordner freigeben. Theoretisch könnten Sie jetzt das Fenster mit OK wieder schließen, und die Freigabe würde funktionieren. Aber wir sind ja hier, um weitere Einstellungen an der Freigabe vorzunehmen.

Durch das Setzen des Häkchens werden die vorher grauen Felder nun editierbar (Abbildung 22.47). Sie können einen Freigabenamen nach Ihren Wünschen festlegen. Standardmäßig steht hier der Name des Ordners. Wenn Sie möchten, dass Ihre Freigabe unsichtbar ist, hängen Sie einfach ein $ an das Ende des Freigabenamens. Dann wird die Freigabe nicht im Datei Explorer angezeigt und lässt sich nur über Ihre UNC-Adresse ansteuern.

Wenn Sie gleichzeitige Benutzerzugriffe auf die Freigabe begrenzen möchten, können Sie unter Zugelassene Benutzeranzahl einschränken auf den gewünschten maximalen Wert eingeben.

Abbildung 22.47 Erweiterte Freigabe

Nicht unwesentlich ist die Schaltfläche BERECHTIGUNGEN. Hier bestimmen Sie, wer auf die Freigabe Zugriff erhält und wer nicht. Jede neue Freigabe hat zunächst die Gruppe *Jeder* mit der Berechtigungsstufe LESEN … ZULASSEN konfiguriert. Möchten Sie den Zugriff nur für einzelne Benutzer oder Gruppen konfigurieren, entfernen Sie die Gruppe *Jeder,* indem Sie auf ENTFERNEN klicken. Anschließend wählen Sie HINZUFÜGEN... und geben den Namen des Benutzers oder der Gruppe ein, den Sie für die Freigabe hinzufügen wollen. Wenn Sie sich hinsichtlich der Schreibweise des Benutzers oder der Gruppe nicht sicher sind, klicken Sie auf ERWEITERT... und in dem neuen Fenster auf JETZT SUCHEN. Dadurch werden Ihnen alle Benutzer und Gruppen des Computers angezeigt. Nachdem Sie den Benutzer oder die Gruppe hinzugefügt haben, müssen Sie lediglich die Berechtigungsstufe bestimmen, indem Sie VOLLZUGRIFF, ÄNDERN und LESEN entweder ZULASSEN oder VERWEIGERN (Abbildung 22.48). Nachdem Sie die benötigten Einstellungen an den Berechtigungen vorgenommen haben, schließen Sie alle Fenster mit OK, und die Freigabe wurde erstellt.

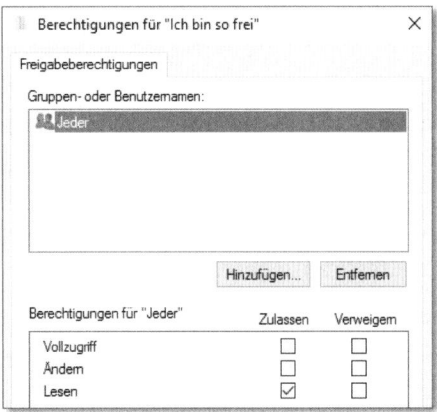

Abbildung 22.48 Freigabeberechtigungen

Angenommen, Sie möchten, dass jeder auf die Freigabe zugreifen darf mit Ausnahme eines bestimmten Benutzers. Dann gibt es dafür eine elegante Lösung. Es könnte ziemlich mühselig sein, alle Benutzer zu der Freigabe hinzuzufügen und den besagten Benutzer auszulassen. Einfacher ist es, die Gruppe *Jeder* zu den Freigabeberechtigungen hinzuzufügen. Anschließend fügen Sie den ungewollten Benutzer ebenfalls hinzu, legen für diesen aber die Berechtigung VOLLZUGRIFF … VERWEIGERN fest. Die Berechtigung *Verweigern* trumpft immer die Berechtigung *Zulassen*. Und so wird der besagte Benutzer aus der Freigabe ausgesperrt, obwohl er Mitglied der Gruppe *Jeder* ist und diese die Berechtigung *Zulassen* hat.

Warum vergeben auch Profis die Freigabeberechtigung »Vollzugriff«?

Es ist wichtig, den Unterschied zwischen Freigabeberechtigung und Sicherheitsberechtigung zu kennen: Freigabeberechtigungen wirken auf Verbindungen aus dem Netzwerk, konkret auf Verbindungen, die via UNC hergestellt werden (z. B. \\Win10Clt1\MeinFreigabe). Diese Freigabe finden Sie in den Eigenschaften eines Verzeichnisses auf dem Registerreiter FREIGABE mit der Schaltfläche BERECHTIGUNGEN.

Es gibt aber noch eine zweite Berechtigungsart: die Sicherheitsberechtigungen. Sie wirken auf die Datei oder das Verzeichnis direkt – unabhängig davon, von wo Sie den Aufruf starten (also z. B. auch dann, wenn Sie direkt auf dem lokalen System im Windows Explorer arbeiten). Sie finden diese Berechtigung im Registerreiter SICHERHEIT.

Was Sie nun wissen müssen, ist: Freigabeberechtigungen und Sicherheitsberechtigungen verhalten sich restriktiv zueinander, d. h., die kleinste Berechtigung zählt. Wenn Sie nun also eine Freigabeberechtigung mit Vollzugriff erstellen, in der Sicherheitsberechtigung aber für Benutzer 1 nur eine Leseberechtigung vergeben, dann hat bei Zugriffen via UNC Benutzer 1 nur einen Lesezugriff auf das freigegebene Verzeichnis. Somit wird ein bisschen Faulheit nicht gleich bestraft.

Dennoch sollten auch Profis am *Prinzip der kleinsten Berechtigung* festhalten, was sie allerdings häufig vergessen.

Wenn Sie übrigens die Freigabe mit dem Assistenten *Freigeben für* durchführen, werden Freigabeberechtigungen und Sicherheitsberechtigungen in einem Zug vergeben. In diesem Fall raten die Autoren eine Nachkontrolle in den Eigenschaften der Freigabe an. Der Assistent ist sehr großzügig mit Berechtigungen. So wird z. B. aus der Berechtigung *Lesen/Schreiben* am Ende ein Vollzugriff mit umfassenden Rechten.

Sie haben auch die Möglichkeit, einen Ordner gleich mehrmals freizugeben. Fügen Sie einfach eine weitere Freigabe über den gerade beschriebenen Weg hinzu, und vergeben Sie einen anderen Namen und womöglich andere Berechtigungen. Sobald Sie mehrere Freigaben erstellt haben, können Sie im Dropdown-Menü zwischen den Freigaben wechseln, um Änderungen an den Freigaben vorzunehmen.

22.4.6   Öffentliche Ordner

Öffentliche Ordner sind nicht per se eine Freigabe, sondern dienen in erster Linie dem Austausch von Dateien auf ein und demselben Computer. Jeder Benutzer hat Vollzugriff auf die öffentlichen Ordner. Im Auslieferungszustand gibt es *Öffentliche Bilder*, *Öffentliche Dokumente*, *Öffentliche Musik* und *Öffentliche Videos*, die alle den jeweiligen Bibliotheken untergeordnet sind (Abbildung 22.49).

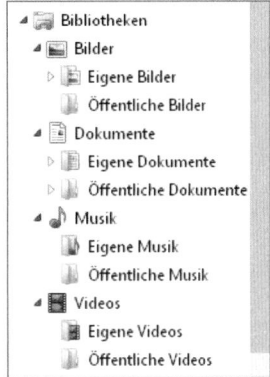

Abbildung 22.49 Öffentliche Ordner

Möchten Sie also Ihre Filmesammlung allen Benutzern auf Ihrem Computer zur Verfügung stellen, brauchen Sie nichts weiter zu tun, als die Filme in *Öffentliche Videos* zu speichern.

Alle öffentlichen Ordner werden in folgendem Pfad gespeichert: *C:\Users\Public*. Dort können Sie, wenn Bedarf besteht, problemlos weitere Ordner erstellen.

Wenn Sie einer Heimnetzgruppe beitreten, müssen Sie festlegen, welche Bibliotheken für andere Mitglieder der Heimnetzgruppe freigegeben werden. Angenommen, Sie geben die Bibliothek *Bilder* frei, können die anderen Mitglieder der Heimnetzgruppe alle Dateien im Ordner *Eigene Bilder* lesen und alle Dateien im Ordner *Öffentliche Bilder* lesen, schreiben, verändern und löschen. Öffentliche Ordner lassen sich also mit sehr wenig Konfigurationsaufwand als dezentraler Speicherort einsetzen.

22.4.7   Kleiner Exkurs: Server Message Block (SMB)

Server Message Block (SMB) ist das Protokoll, das beim Zugriff auf freigegebene Dateien, Ordner und Drucker sowie für weitere Ressourcen für die Kommunikation zwischen Client und Server verwendet wird. Im OSI-Schichtenmodell befindet sich SMB auf der Anwendungsschicht. SMB kann als *Netzwerkdateisystem* beschrieben werden, das größtenteils unabhängig von dem zugrunde liegenden Dateisystem des Servers operiert.

SMB wurde ursprünglich 1983 von IBM entworfen, seitdem stetig weiterentwickelt und liegt heute in mehreren Versionen vor:

- SMB 1.0 – *Windows 2000, Windows XP, Windows Server 2003* und *Windows Server 2003 R2*

- SMB 2.0 – *Windows Vista SP1* und *Windows Server 2008*

- SMB 2.1 – *Windows 7* und *Windows Server 2008 R2*

- SMB 3.0 – *Windows 8* und *Windows Server 2012*

- SMB 3.0.2 – *Windows 8.1* und *Windows Server 2012 R2*

- SMB 3.1.1 – *Windows 10* und *Windows Server 2016*

Alle Betriebssysteme sind abwärtskompatibel bei der Kommunikation über SMB. Demzufolge verwendet beispielsweise der Windows 7-Client bei einem Zugriff auf eine Freigabe, die durch einen Windows Server 2012 bereitgestellt wird, SMB 2.1 und nicht 3.0.

Mit dem Erscheinen von Windows 8 und Windows Server 2012 wurde auch die neue Version SMB 3.0 mit einigen Neuerungen vorgestellt. Viele der neuen SMB-Funktionen sind speziell für Serveranwendungen entwickelt worden, die ihre Daten für gewöhnlich in einem Speichernetzwerk speichern, wie z. B. Microsoft SQL Server oder Hyper-V. Durch die neue SMB-Version können diese Anwendungen ihre Daten auf SMB-Freigaben speichern, weil diese inzwischen ausreichend performant und zuverlässig sind und im Vergleich zu traditionellen Speichernetzwerk-Technologien wie Fibre Channel deutlich günstiger und einfacher zu implementieren sind. Zu den Neuerungen zählen:

- SMB Scale Out – Durch die Verwendung freigegebener Clustervolumes der Version 2 (*Cluster Shared Volumes*, *CSV*) können Administratoren Dateifreigaben erstellen, die gleichzeitigen Zugriff auf Datendateien bieten, mit direkter E/A und über alle Knoten in einem Dateiservercluster. Dadurch wird die Ausnutzung der Netzwerkbandbreite verbessert und ein besserer Lastausgleich auf den Dateiserverclients erreicht sowie die Leistung für Serveranwendungen optimiert.

- SMB Transparent Failover – ermöglicht es Administratoren, Hardware- oder Softwarewartungen von Knoten in einem Dateiservercluster durchzuführen, ohne Serveranwendungen zu unterbrechen, die Daten in diesen Dateifreigaben speichern. Wenn ein Hardware- oder Softwarefehler in einem Clusterknoten auftritt, stellen die SMB-Clients zudem die Verbindung zu einem anderen Clusterknoten transparent her, ohne Serveranwendungen zu unterbrechen, die Daten in diesen Dateifreigaben speichern.

- SMB Multichannel – ermöglicht die Aggregation von Netzwerkbandbreite und Netzwerkfehlertoleranz, wenn mehrere Pfade zwischen dem SMB 3.0-Client und dem SMB 3.0-Server verfügbar sind. Auf diese Weise können Serveranwendungen die verfügbare Netzwerkbandbreite voll ausnutzen und sind unempfindlich gegen Netzwerkausfälle.

- SMB Direct – unterstützt die Verwendung von Netzwerkadaptern mit RDMA-Fähigkeit (*Remote Direct Memory Access*) und kann bei maximaler Geschwindigkeit mit sehr niedriger Latenz arbeiten, und das bei sehr geringer CPU-Nutzung. Für Arbeitsauslastungen wie Hyper-V oder Microsoft SQL Server bedeutet dies, dass ein Remotedateiserver einem lokalen Speicher gleichkommt.

22

▶ SMB-Verschlüsselung – sorgt für End-to-End-Verschlüsselung von SMB-Daten und schützt Daten vor Lauschangriffen in nicht vertrauenswürdigen Netzwerken. Erfordert keine weiteren Bereitstellungskosten und keine Internet Protocol-Sicherheit (*IPsec*), spezielle Hardware oder WAN-Beschleuniger. Sie kann auf Freigabebasis oder für den gesamten Dateiserver konfiguriert und für eine Vielzahl von Szenarien aktiviert werden, bei denen Daten über nicht vertrauenswürdige Netzwerke übertragen werden. In SMB 3.1.1 wird die Integrität während der Aushandlung und des Sitzungsaufbaus mithilfe von SHA-512-Hash-Werten sichergestellt.

▶ Im Falle einer Verschlüsselung wurde in SMB3 bisher der feste Algorithmus AES-128-CCM vorgegeben. In Windows 10 wurde der Algorithmus AES-128-GCM hinzugefügt, da dieser in diversen Testszenarien eine bis zu zweimal höhere Performance aufzeigte. Der neue Algorithmus wird ab Windows 10 bevorzugt – jedoch können ältere Betriebssysteme während der Aushandlung auch noch den CCM-Modus wählen.

(Quelle SMB-Neuerungen: *http://technet.microsoft.com/de-de/library/hh831795.aspx* und *http://blogs.technet.com/b/josebda/archive/2015/05/05/what-s-new-in-smb-3-1-1-in-the-windows-server-technical-preview-2.aspx*)

Linktipp SMB-Verwaltung mit der PowerShell

Eine wirklich hilfreiche Neuerung sind die PowerShell-Cmdlets für SMB Shares. Damit haben Sie die Möglichkeit, SMB-Freigaben über die PowerShell zu erstellen, zu steuern und zu verwalten.

Unter folgendem Link erhalten Sie eine Auflistung der PowerShell-Cmdlets:

http://technet.microsoft.com/en-us/library/jj635726(v=wps.620).aspx

---

Kapitel 23
Systemverwaltung

Neben der Benutzung des PCs gibt es noch jede Menge »Hausarbeit« zu verrichten. Sie wollen Ihren PC aktuell halten, Energie sparen und Aufgaben selbstständig ausführen lassen? Dann helfen Ihnen die Systemverwaltungs- werkzeuge weiter. Hier zeigen wir Ihnen, wo Sie im Desktop und in der Universal App das System steuern können, wie Sie die Energie Ihres Akkus in den Griff bekommen und den Geräte-Manager sowie die weiteren Verwaltungs- werkzeuge, die Windows 10 mitbringt, handeln.

Windows ist ein sehr umfangreiches und professionelles Betriebssystem, das bei richtigen Verwaltungseinstellungen sehr gut für Ihre Aufgaben gerüstet ist. Sei es, dass Sie Ihr System optimal auf Präsentationen einstellen möchten oder auf einem PC mit mehreren Benutzern arbeiten wollen, wir zeigen Ihnen hier, welche Verwaltungsaufgaben wichtig und nützlich sind und wie Sie aus *Windows 10* Ihr optimales System machen.

23.1   Die Systemsteuerung allgemein

Die Windows-Systemsteuerung ist schon seit Windows 1.0 ein integraler Bestandteil des Windows-Betriebssystems. In diesem Buch haben wir daher der Systemsteuerung ein eige- nes Kapitel (Kapitel 7, »Einstellungen – die andere Art der Systemsteuerung«) gewidmet, das Ihnen die aktuelle *Einstellungen*-App von Windows 10 näherbringt. Die grundlegenden Auf- gaben der Systemsteuerung sind die Einstellung und die Steuerung aller mit dem PC zu- sammenhängenden Komponenten. Sie steuern, wie Ihr Bildschirm funktionieren soll, Sie können Ihre Maus auf den Betrieb für Linkshänder einstellen, Sie passen Audio-Aus- und -Eingaben an, regeln alle angeschlossenen Geräte und vieles mehr. Wie Sie vielleicht schon erahnen, gibt es in Windows 10 jetzt auch noch zwei »Orte«, an denen Sie das System steuern und verwalten können. Einerseits gibt es noch die altbekannte Systemsteuerung im Desk- top, die Sie vielleicht schon aus älteren Windows-Versionen kennen, andererseits wandern immer mehr Funktionen in die Universal App *Einstellungen*.

23.2   Die Benutzerverwaltung

In den Anfangsjahren der PCs und zu Zeiten von MS-DOS gab es im Microsoft-Umfeld keine Systeme, auf denen man sich mit mehreren Benutzern anmelden konnte. Alle auf MS-DOS basierenden Betriebssysteme konnten nur für einen Benutzer eingerichtet werden. Seit der Windows NT-Ära gibt es aber die Möglichkeit, sich einen Windows-Computer mit mehreren Benutzern zu teilen. Jeder Benutzer bekommt ein eigenes Benutzerkonto und kann auf einem gemeinsamen PC eigene Einstellungen, Kennwörter oder auch Netzwerklaufwerke haben. Das alles ist ganz ohne einen separaten Server möglich. Seit Windows 8 ist es möglich, ein solches Benutzerkonto mit seinen Einstellungen, die wir *Benutzerprofil* nennen, auch über das Internet zwischen mehreren PCs synchron zu halten. Es gibt aber auch weiterhin die bekannten lokalen Benutzer mit den nur lokal auf dem PC gespeicherten Benutzerprofilen.

23.2.1   Lokale Benutzer

Der lokale Benutzer ist ein Benutzer, der sich an einem PC lokal anmelden darf. Lokal (von lat. *locus* = Ort, Platz, Stelle) meint hier, dass er sich nur an diesem einen Gerät anmelden kann, aber nicht an einem PC, der an einem anderen Ort ist. Sein Konto befindet sich auf dem jeweiligen PC auf der Systempartition des verbauten Massenspeichers (z. B. Festplatte). Bei Windows 10 ist dieser Speicherort *c:\Benutzer\<Benutzername>* bzw. *c:\Users\<Benutzername>*. Ein Beispiel wäre: *c:\Benutzer\admin*. Das Verzeichnis *Benutzer* ist hier nur Kosmetik, da der Ordner in Wirklichkeit *Users* heißt.

Jedes Windows-System vor Version 8 kannte schon mindestens einen lokalen Benutzer. Erst seit Windows 8 ist es möglich, als ersten Benutzer statt eines lokalen Kontos direkt ein Microsoft-Konto als Benutzerkonto anzugeben. Allen Windows-Versionen gemein ist, dass der erste Benutzer, der in einem Windows-System angelegt wird, auch stets volle Administratorrechte an dem System hat. Ihr Windows 10 PC kennt aber auch dann, wenn Sie sich für das Arbeiten mit einem Microsoft-Konto entschieden haben, bereits zwei lokale Benutzerkonten, die Ihnen aber zunächst nicht angezeigt werden, weil sie deaktiviert sind. Diese Konten heißen GAST und ADMINISTRATOR (Abbildung 23.1).

Name	Vollständiger Name	Beschreibung
Admin	Admin	
Administrator		Vordefiniertes Konto für die Verwaltung des Computers bzw. der Domäne
DefaultAccount		Ein vom System verwaltetes Benutzerkonto.
Gast		Vordefiniertes Konto für Gastzugriff auf den Computer bzw. die Domäne
Kind		
LokalAdmin		
LokalUser		

Abbildung 23.1 Vordefinierte deaktivierte lokale Benutzerkonten

Bei der Installation von Windows 10 versucht Windows, Sie mit einem Microsoft-Konto anzumelden. Wenn Sie aber keinen Zugriff auf das Internet haben oder sich beim Erstellen eines Microsoft-Kontos dafür entscheiden, ohne Microsoft-Konto zu arbeiten, wird Ihnen auch angeboten, sich mit einem lokalen Benutzerkonto anzumelden. Das empfiehlt Microsoft zwar nicht, aber es ist Ihre Entscheidung. Um den vollen Funktionsumfang nutzen zu können, sollten Sie ein Microsoft-Konto verwenden.

Bei der Installation prüft Windows, ob es eine bestehende Internetverbindung findet. Ist dies der Fall, schlägt es zunächst einzig vor, dass Sie sich mit Ihrem bereits bestehenden Microsoft-Konto anmelden oder dass Sie ein Microsoft-Konto erstellen. Auch wenn Sie ein lokales Konto wünschen, führt der Weg zunächst über den Dialog GANZ IHRS! Hier haben Sie die Möglichkeit, sich mit Ihrem Microsoft-Konto anzumelden, wenn Sie bereits eines besitzen. Wenn Sie kein Microsoft-Konto haben, können Sie es über den Punkt ERSTELLEN SIE EIN KONTO (Abbildung 23.2) erstellen. Für ein lokales Konto wählen sie DIESEN SCHRITT ÜBERSPRINGEN.

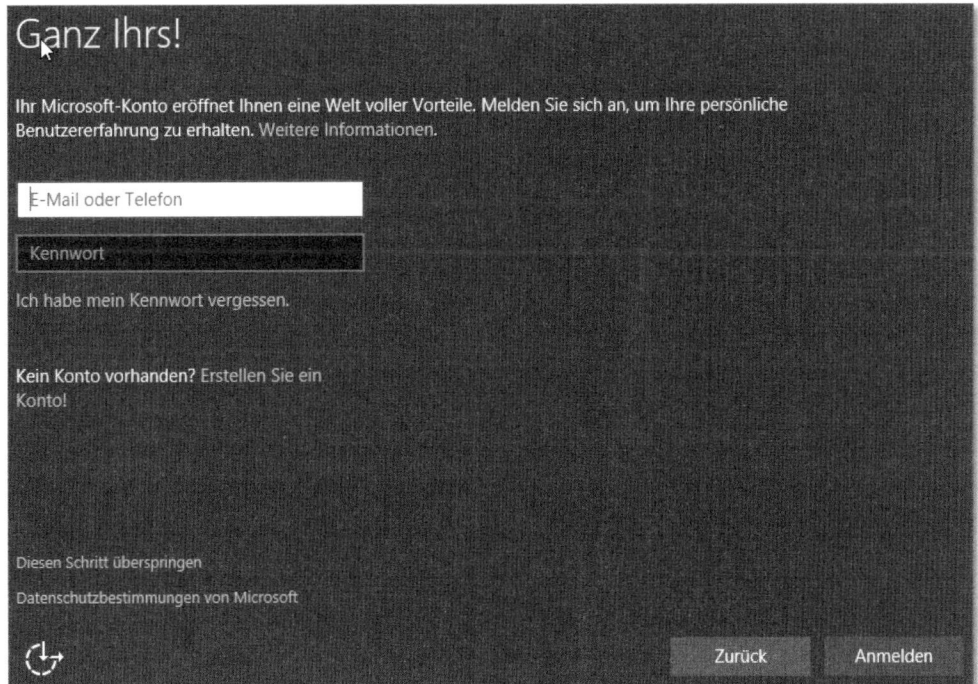

Abbildung 23.2 Erster Benutzerkonten-Dialog bei der Installation

Hier finden Sie, etwas versteckt, im unteren Teil die Option BENUTZER OHNE MICROSOFT-KONTO HINZUFÜGEN. Klicken Sie hier, um ein lokales Konto anzulegen (Abbildung 23.3).

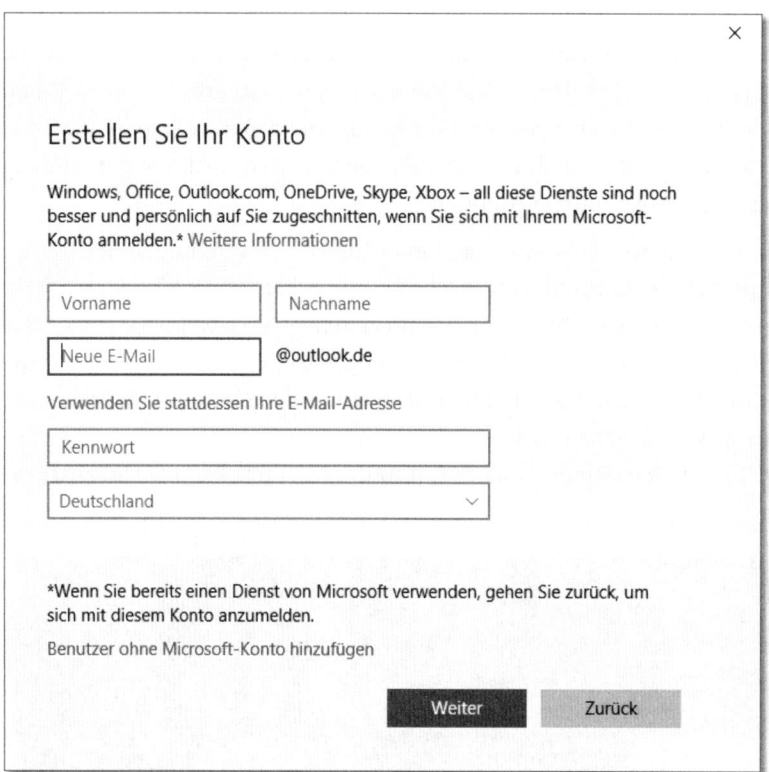

Abbildung 23.3 Benutzer ohne Microsoft-Konto hinzufügen

Klicken Sie also auf BENUTZER OHNE MICROSOFT-KONTO HINZUFÜGEN, und füllen Sie den folgenden Dialog aus. Geben Sie einen Benutzernamen an, der maximal 20 Zeichen lang sein darf – dafür dürfen Sie viele Sonderzeichen wie Umlaute oder Leerschritte verwenden, was Sie allerdings möglichst vermeiden sollten. Das Kennwort, das Sie sich aussuchen, sollte idealerweise stark genug sein – also nicht »*123456*« oder »*Passwort*« lauten und schon gar nicht leer gelassen werden. Gute Kennwörter haben mindestens acht Stellen, bestehen aus Wörtern, die nicht im Wörterbuch stehen, enthalten Sonderzeichen oder Ziffern und nutzen die Groß- und Kleinschreibung. *Wdkw20$"ka3l4"afkDEDk!* wäre ein technisch gutes, aber kaum realistisches Beispiel.

Für ein Microsoft-Konto muss Ihr Kennwort mindestens acht Zeichen umfassen und zumindest zwei der folgenden Elemente enthalten: Großbuchstaben, Kleinbuchstaben, Zahlen, Sonderzeichen. Der Kennworthinweis sollte nur Ihnen weiterhelfen und nicht beispielsweise »mein Vorname« lauten, wenn Sie Ihren Vornamen als Kennwort verwendet haben. Übrigens ebenfalls ein sehr schwaches Kennwort, kaum besser als gar kein Kennwort (Abbildung 23.4).

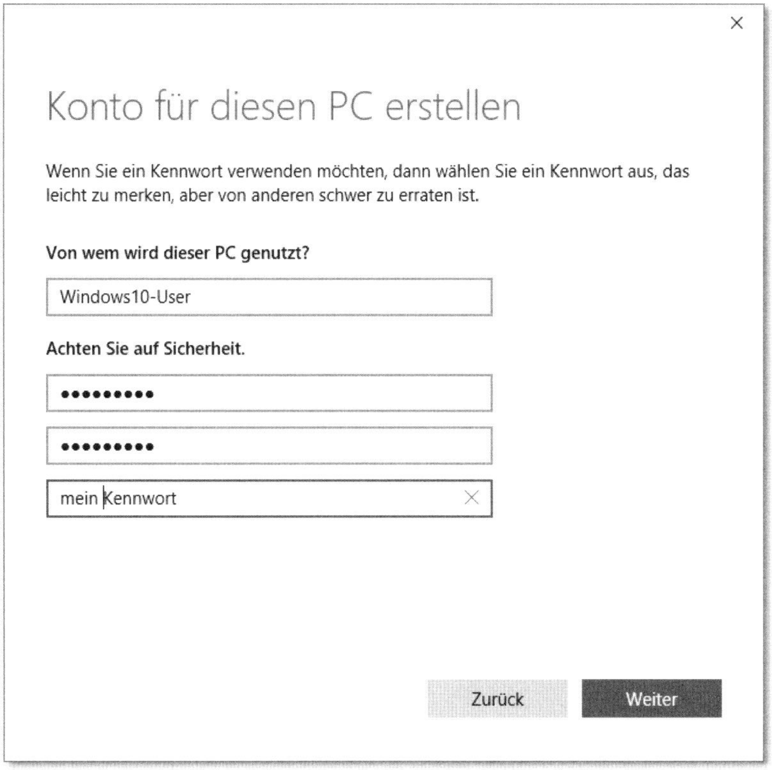

Konto für diesen PC erstellen

Wenn Sie ein Kennwort verwenden möchten, dann wählen Sie ein Kennwort aus, das leicht zu merken, aber von anderen schwer zu erraten ist.

Von wem wird dieser PC genutzt?

Windows10-User

Achten Sie auf Sicherheit.

•••••••••

•••••••••

mein Kennwort

Zurück   Weiter

Abbildung 23.4 Angaben für ein lokales Konto

23.2.2   Zugewiesener Zugriff

Seit Windows 8.1 gibt es die Option, ein lokales Konto für den zugewiesenen Zugriff einzurichten. Diese Option ist geeignet, beispielsweise im *Kiosk-Modus*, in dem der Anwender nur ganz wenige bestimmte Anwendungen ausführen darf, einem lokalen Konto zu erlauben, eine einzelne Windows Store-App auszuführen. Wenn Sie ein lokales Konto für den zugewiesenen Zugriff einrichten möchten, öffnen Sie die Benutzerverwaltung in *Einstellungen*. Gehen Sie zu Konten • Familie und weitere Konten • Zugewiesener Zugriff einrichten. Wählen Sie hier ein bereits eingerichtetes lokales Konto aus (Abbildung 23.5).

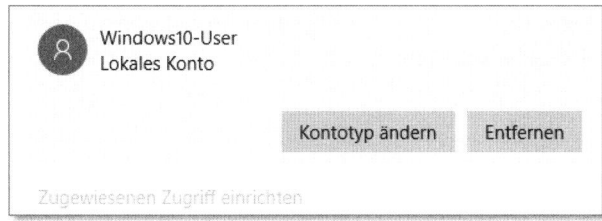

Abbildung 23.5 Zugewiesenen Zugriff einrichten

Wählen Sie KONTO FÜR ZUGEWIESENEN ZUGRIFF AUSWÄHLEN • KONTO AUSWÄHLEN. Im folgenden Fenster können Sie ein Konto für den zugewiesenen Zugriff einrichten (Abbildung 23.6).

Abbildung 23.6 Einstellungen für den zugewiesenen Zugriff

Hier wählen Sie zunächst das gewünschte lokale Konto aus, das für den zugewiesenen Zugriff genutzt werden soll. Im nächsten Schritt wählen Sie die App, auf die das Konto Zugriff haben soll. Nach einem Neustart des PCs hat der zugewiesene Benutzer nur noch Zugriff auf die entsprechende App. Es bleibt zu hoffen, dass Sie hier in Zukunft auch Desktop-Apps auswählen können, denn sonst sind Sie für den Betrieb von Kiosk-PCs weiterhin auf Drittanbieter-Software angewiesen, um dem Anwender nur ein ganz bestimmtes Angebot an Programmen zu erlauben. Bei unserem System standen nur OneNote und Skype Video zur Verfügung. Wir hätten mindestens noch Microsoft Edge zur Auswahl erwartet. Leider ist dem noch nicht so. Wohin genau die Reise bei dieser Funktion geht, ist zum jetzigen Zeitpunkt nicht eindeutig zu erkennen.

Apps und lokale Benutzer

Beachten Sie beim Einrichten eines zugewiesenen Zugriffs, dass Sie zum Herunterladen und Installieren von Apps aus dem Windows Store zwingend ein Microsoft-Konto benötigen. Ohne dieses können Sie keine Apps laden oder benutzen.

23.2.3   Benutzer mit Microsoft-Konto

Neben dem auch aus früheren Versionen von Windows bekannten lokalen Benutzerkonto bietet Microsoft seit Windows 8 auch Benutzerkonten mit Microsoft-Konto für die Anmeldung am System an. Diese bieten eine Reihe von Vorteilen zur lokalen Anmeldung, aber es gibt natürlich auch eine Schattenseite bei der Anmeldung mit dem Microsoft-Konto. Zunächst überwiegen aber die Vorteile. Wenn Sie sich bei der Anmeldung für ein Microsoft-Konto entschieden haben, steht Ihnen das mit dieser Anmeldung verbundene Benutzerprofil überall dort zur Verfügung, wo Sie Zugriff aufs Internet und auf einen Windows 10-PC haben. Voraussetzung ist hier noch, dass Sie auf diesem PC über ein eingerichtetes Microsoft-Konto verfügen. Über sogenannte *Roaming-Profile* können Sie Einstellungen, die Sie an einem Microsoft-Konto getätigt haben, auf allen Rechnern, an denen Sie sich mit demselben Konto anmelden, wieder nutzen, ohne dass Sie das System erneut nach Ihren Vorstellungen einrichten müssen.

Ihr Benutzerprofil wird in der Cloud auf Microsoft-Servern gespeichert und ist Bestandteil der Microsoft *OneDrive*-Architektur. OneDrive ist das Bindeglied zwischen verschiedenen PCs oder auch kompatiblen Mobiltelefonen, Ihren Daten und Einstellungen. In OneDrive können Sie nicht nur Dokumente, Bilder etc. speichern, OneDrive synchronisiert auf Wunsch auch Ihr Benutzerprofil zwischen verschiedenen Rechnern. Das kann sehr hilfreich sein, wenn Sie mehrere PCs besitzen und auf allen eine ähnliche, Ihnen vertraute Umgebung wiederfinden möchten. Sie können in diesen Roaming-Benutzerprofilen sogar Kennwörter zwischen mehreren PCs synchron halten. OneDrive synchronisiert in Ihrem Roaming-Profil auch Ihre im Windows Store erworbenen Apps zwischen zehn Geräten.

23.2.4 Benutzer wechseln

Egal, ob Sie mit einem lokalen oder mit einem Microsoft-Konto angemeldet sind, wenn Sie mehrere Konten auf Ihrem PC eingerichtet haben, können Sie sich auch an diesem System mit wechselnden Benutzern anmelden. Das ist besonders praktisch, wenn Sie in der Familie zwei oder drei PCs bzw. Notebooks oder Tablets besitzen und mit Microsoft-Konten arbeiten. In diesem Fall kann sich jedes Familienmitglied an jedem Gerät mit seinem Konto anmelden und in seiner vertrauten Umgebung arbeiten – egal, welches Gerät gerade genutzt wird.

Da Windows 10 nicht täglich heruntergefahren werden muss, sondern oft einfach schlafen gelegt wird, müssen Sie sich, um den Benutzer zu wechseln, abmelden bzw. einfach zusätzlich mit einem anderen Benutzer anmelden.

Im Startmenü können Sie am schnellsten oben auf den Benutzer klicken oder tippen, den Sie abmelden möchten. Wählen Sie hier entweder Abmelden oder Einen anderen Benutzer anmelden (Abbildung 23.8). In unserem Beispiel ist der Benutzer LokalAdmin angemeldet, und alle anderen angezeigten Konten sind ebenfalls angemeldet. Sie könnten diesen Benutzer abmelden, dessen Arbeitsstation sperren oder sich mit einem der anderen Benutzer anmelden. Außerdem haben Sie hier die Möglichkeit, das Profilbild Ihres gerade angemeldeten Kontos zu ändern. Solange Sie einen Benutzer nicht abmelden, bleibt er angemeldet. Seine Anwendungen laufen im Hintergrund weiter. Das sehen Sie auch, wenn Sie sich im Task-Manager die Benutzeransicht ansehen (Abbildung 23.7).

23

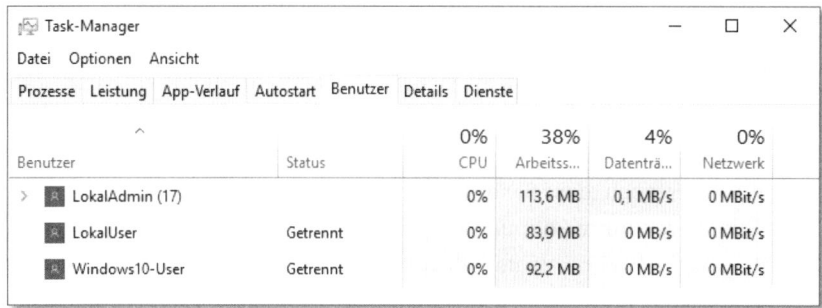

Abbildung 23.7 Benutzeransicht des Task-Managers

Abbildung 23.8 Benutzer wechseln oder abmelden

Hier sehen Sie, dass für alle angemeldeten Benutzer CPU *(Central Processing Unit)* und ARBEITSSPEICHER bereitgestellt werden, auch wenn außer LOKALADMIN alle Benutzer GETRENNT sind. *Getrennt* meint hier Benutzer, die nicht abgemeldet sind, mit denen Sie aber gerade nicht arbeiten.

Sie können den Benutzerwechsel aber auch im Desktop durchführen, indem Sie den Windows-typischen sogenannten *Affengriff* Strg + Alt + Entf drücken. Hier erhalten Sie die Auswahl zwischen SPERREN, BENUTZER WECHSELN, ABMELDEN und TASK-MANAGER. Wählen Sie hier BENUTZER WECHSELN, und wechseln Sie zum gewünschten Benutzer. Im *Schnellstartmenü* ⊞ + X von Windows 10 können Sie sich als Benutzer lediglich *abmelden*, aber nicht den Benutzer wechseln.

Wenn Sie mit einem Benutzer nicht weiterarbeiten wollen, sollten Sie ihn auch abmelden und nicht einfach zum nächsten Benutzer wechseln. Erst, wenn ein Benutzer abgemeldet ist, kann sichergestellt werden, dass beim Herunterfahren oder Neustarten des Systems kein Datenverlust durch noch geöffnete Anwendungen auftritt. Sollten Sie einmal vergessen, alle angemeldeten Benutzer abzumelden, erhalten Sie die in Abbildung 23.9 dargestellte Warnmeldung.

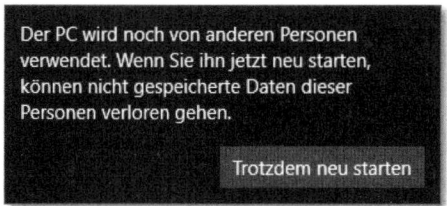

Abbildung 23.9 Warnmeldung bei noch angemeldeten Benutzern

23.2.5   Benutzer in der Systemsteuerung verwalten

In der klassischen Systemsteuerung können Sie, allerdings nur sehr eingeschränkt, ebenfalls Einstellungen an Benutzern vornehmen. Öffnen Sie dafür die Systemsteuerung, und wählen Sie anschließend BENUTZERKONTEN aus.

Alternativ drücken Sie die ⊞-Taste, tippen in das SUCHFELD das Wort benutzer ein und wählen anschließend BENUTZERKONTEN aus.

An dieser Stelle mischt sich gegenwärtig die Bedienung in der Universal App EINSTELLUNGEN und dem Desktop relativ stark, und so können Sie manche Einstellung in den BENUTZERKONTEN in der Systemsteuerung vornehmen, werden allerdings bei anderen Einstellungen in die EINSTELLUNGEN umgeleitet.

Im rechten Bereich erhalten Sie in einem blau hinterlegten Fenster eine Übersicht, mit welchem Benutzer Sie gerade angemeldet sind, um welchen Kontotyp es sich handelt, STANDARD oder ADMINISTRATOR, und ob Ihr Benutzer KENNWORTGESCHÜTZT ist (Abbildung 23.10). Dass Sie mit einem Microsoft-Konto angemeldet sind, erkennen Sie daran, dass Ihre E-Mail-Adresse angezeigt wird. Andernfalls wird Ihr Konto mit LOKALES KONTO gekennzeichnet.

Abbildung 23.10 Systemsteuerung Benutzerkonten

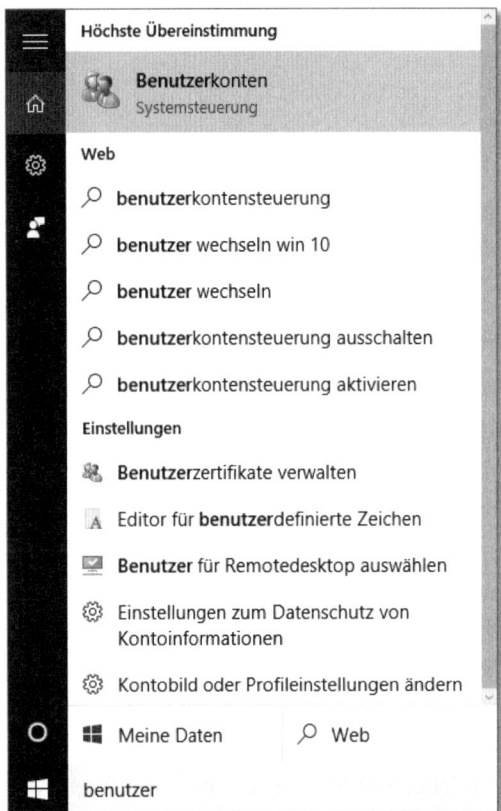

Abbildung 23.11 Benutzerkonten öffnen

Änderungen am eigenen Konto in der PC-Einstellung vornehmen

Dies ist auch gleich der erste Bruch. Wenn Sie Änderungen am eigenen Konto vornehmen wollen, werden Sie gleich in die PC-Einstellung geleitet. Eine weiterführende Beschreibung dieser Einstellmöglichkeiten finden Sie in Kapitel 7.

Eigenen Kontotyp ändern

Microsoft unterscheidet zwischen zwei Kontotypen: *Standard* und *Administrator*. Die Empfehlung von Microsoft können Sie sich sicherlich denken. Arbeiten Sie in der Regel, insbesondere wenn Sie ein unerfahrener Benutzer sind, mit einem Standardkonto. Wenn Sie mit einem Standardkonto arbeiten, besteht keine Gefahr, dass Sie versehentlich Dateien löschen, die für die Nutzung des Computers erforderlich sind. Solange Sie keine Programme installieren möchten oder Änderungen vornehmen, die das ganze System betreffen und nicht nur Ihren Benutzer, ist ein Standardkonto vollkommen ausreichend. Wenn Sie dann in eine Situation kommen, in der Sie beispielsweise ein Programm installieren möchten, müssen Sie lediglich die Benutzerdaten eines Administratorkontos eingeben. Ein Wechseln des Benutzers ist nicht erforderlich.

Ein Administratorkonto hingegen kann Programme installieren und weitreichende Änderungen am System vornehmen, die alle Benutzer betreffen. Bitte seien Sie vorsichtig, wenn Sie ein Administratorkonto verwenden.

Für das tägliche Arbeiten ist ein Standardkonto völlig ausreichend und trägt maßgeblich zur Sicherheit Ihres Computers bei.

Wählen Sie in dem sich öffnenden Fenster den Kontotyp aus, den Sie Ihrem Benutzer zuordnen wollen. Klicken Sie im Anschluss auf KONTOTYP ÄNDERN, um den Kontotyp zu ändern (Abbildung 23.12).

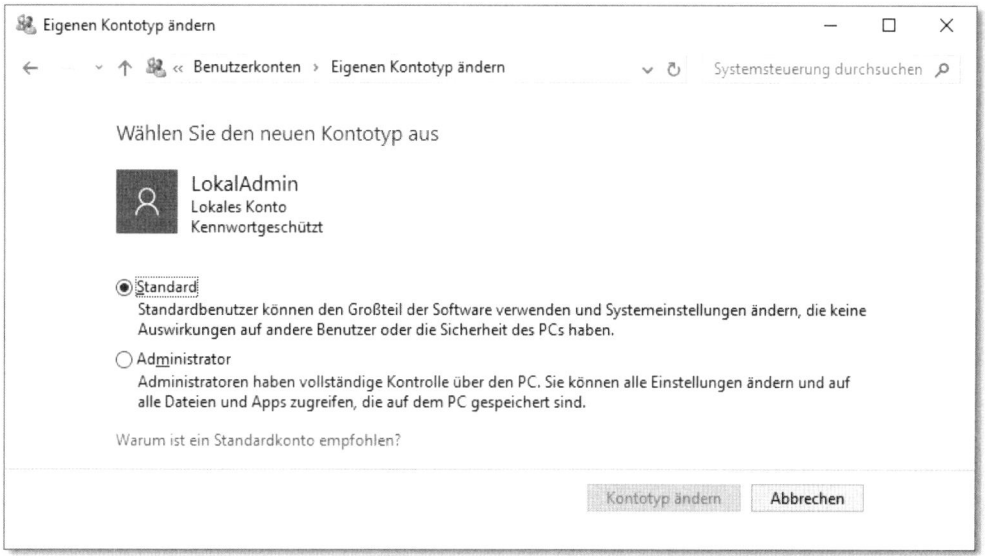

Abbildung 23.12 Kontotyp des eigenen Kontos ändern

Anderes Konto verwalten

Möchten Sie Einstellungen an einem anderen Benutzerkonto als Ihrem eigenen vornehmen, wählen Sie ANDERES KONTO VERWALTEN aus. Hier müssen Sie zunächst das Konto auswählen, an dem Sie eine Änderung vornehmen wollen (Abbildung 23.13).

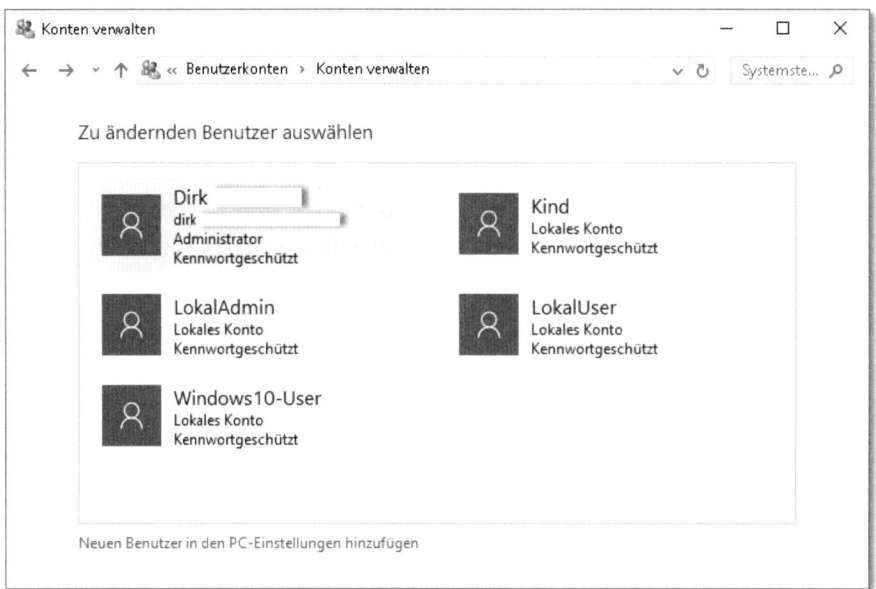

Abbildung 23.13 Auswahl anderes Konto verwalten

Jetzt haben Sie die Möglichkeit, den Kontotyp zu ändern oder das Konto mit einem Klick auf Konto löschen vom Computer zu löschen (Abbildung 23.14).

Abbildung 23.14 Anderes Konto verwalten

Wenn es sich um ein lokales Konto handelt, können Sie außerdem den Kontonamen ändern oder das Kennwort ändern.

Durch einen Klick auf Neuen Benutzer in den PC-Einstellungen hinzufügen können Sie einen neuen Benutzer erstellen (Abbildung 23.13). Wie Sie weiter vorgehen, um einen neuen Benutzer zu erstellen, können Sie in Kapitel 7 nachschlagen.

Einstellungen der Benutzerkontensteuerung ändern

Die *Benutzerkontensteuerung* (*User Account Control, UAC*), die mit *Windows Vista* von Microsoft eingeführt wurde, benachrichtigt Sie, sobald Änderungen an Ihrem Computer vorgenommen werden, die Administratorberechtigungen erfordern. Führen Sie also eine Aktion durch, die die Sicherheit oder die Stabilität Ihres Systems beeinträchtigen kann oder, anders gesagt, Administratorberechtigung benötigt, wie beispielsweise die Installation eines Programms, werden Sie aufgefordert, die Benutzerdaten eines Administratorkontos einzugeben. Wenn Sie schon als Administrator angemeldet sind, wird die Aktion so lange nicht durchgeführt, bis Sie den Benutzerkontensteuerungsdialog mit JA bestätigen (Abbildung 23.15). Sehr wichtig ist, dass Sie die Meldung der BENUTZERKONTENSTEUERUNG lesen und sich sicher sind, was ausgeführt wird, und diesem auch vertrauen.

Abbildung 23.15 Benutzerkontensteuerung

In den EINSTELLUNGEN FÜR BENUTZERKONTENSTEUERUNG können Sie festlegen, in welcher Situation der Benutzerkontensteuerungsdialog angezeigt werden soll. Dabei haben Sie die Auswahl zwischen vier verschiedenen Stufen, wobei die niedrigste Stufe Sie nie informiert und die Benutzerkontensteuerung praktisch ausstellt und die höchste Stufe Sie bei allen Änderungen, die Sie am System vornehmen, informiert, egal, ob Sie Windows-Einstellungen ändern oder Programme installieren.

Die Standardeinstellung der Benutzerkontensteuerung, bei der Sie nicht benachrichtigt werden, wenn Sie Änderungen an den Windows-Einstellungen vornehmen, wohl aber, wenn Sie ein Programm installieren möchten, ist ein guter Kompromiss zwischen Sicherheit und Komfort (Abbildung 23.16).

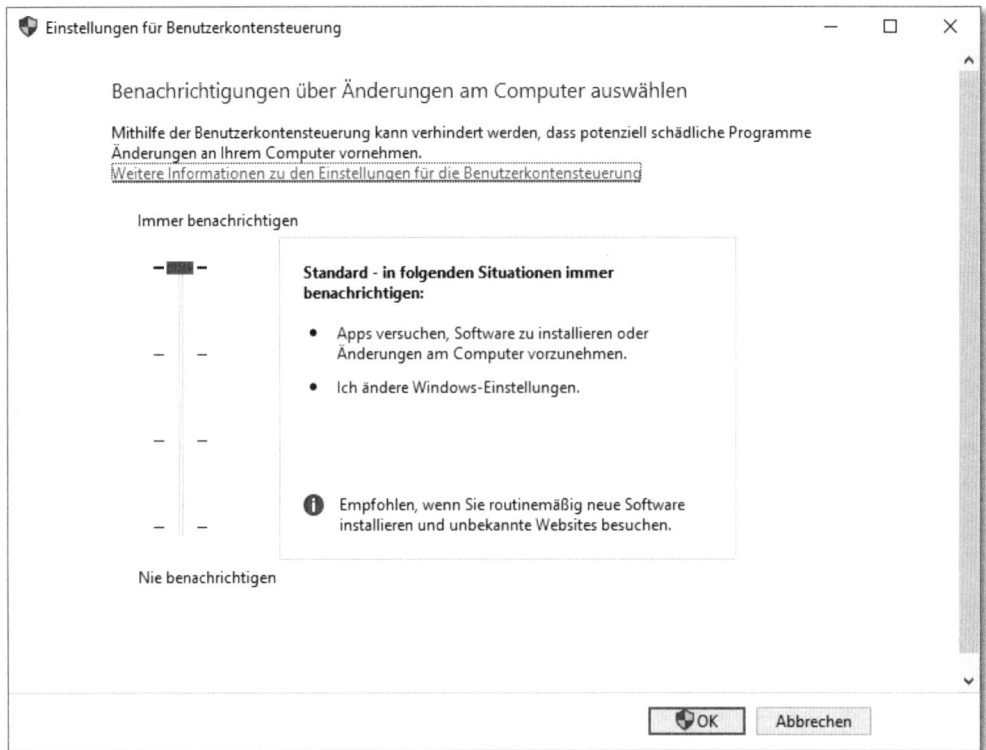

Abbildung 23.16 Einstellungen der Benutzerkontensteuerung

Eigene Anmeldeinformationen verwalten

Die *Anmeldeinformationsverwaltung* ist eine Art Tresor, in dem Ihre Benutzerdaten von verschiedenen Webseiten und Applikationen gespeichert werden, vorausgesetzt natürlich, Sie haben bei der ursprünglichen Eingabe Ihrer Benutzerdaten ausgewählt, dass Ihre Benutzerdaten gespeichert werden sollen. Hier finden Sie beispielsweise Ihre gespeicherten Benutzerdaten von *Mail*, *Kalender* und *Kontakte* sowie *Skype* und Netzwerkspeichern.

Im Groben wird zwischen WEBANMELDEINFORMATIONEN und WINDOWS-ANMELDEINFORMATIONEN unterschieden (Abbildung 23.17). Die Anmeldeinformationsverwaltung verschafft Ihnen einen guten Überblick, mit welchen Benutzerdaten Sie bei welchem Dienst angemeldet sind. Die gespeicherten Anmeldeinformationen können angezeigt und entfernt werden. Bei den Webanmeldeinformationen können Sie sogar das verwendete Passwort einblenden lassen (Abbildung 23.18).

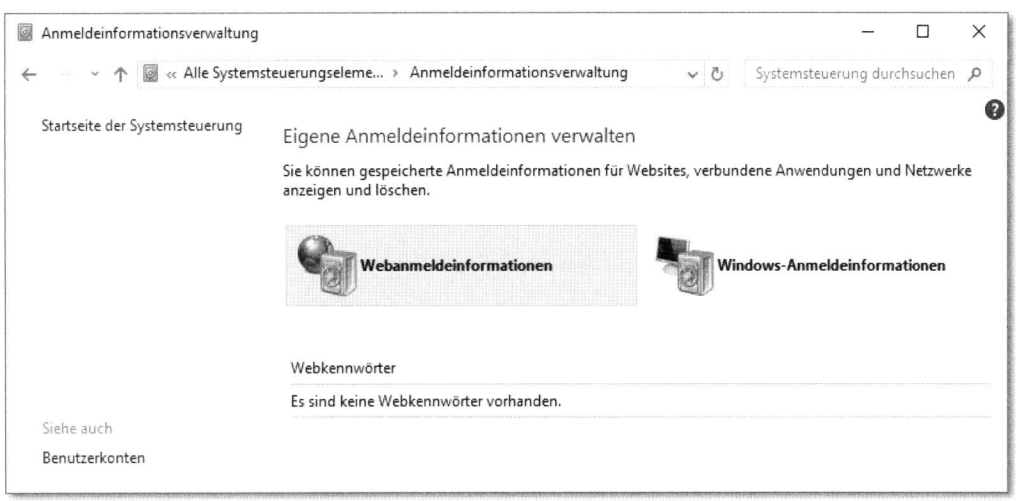

Abbildung 23.17 Die Anmeldeinformationsverwaltung

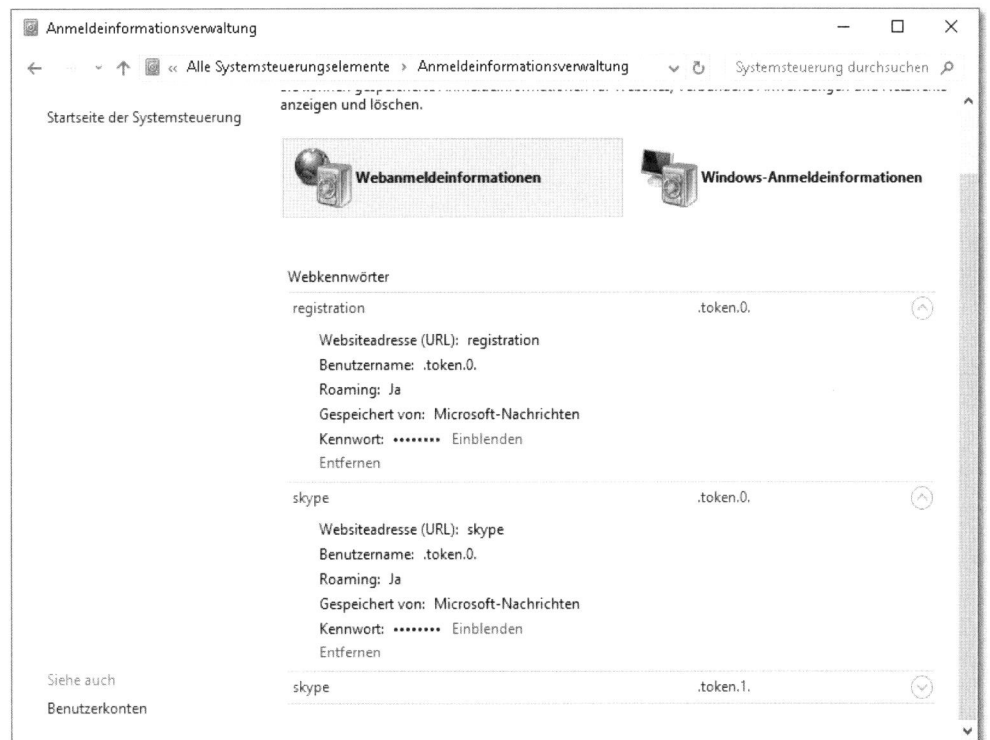

Abbildung 23.18 Webkennwörter verwalten und anzeigen

Bei den Windows-Anmeldeinformationen können Sie dies nicht, können aber beispielsweise für einen Netzwerkspeicher neue Benutzerdaten eingeben, um sich zukünftig mit diesen zu authentifizieren. Darüber hinaus haben Sie die Möglichkeit, die Windows-Anmeldeinformationen zu sichern, d. h. zu exportieren, und auf einem anderen Computer wiederherzustellen, also zu importieren (Abbildung 23.19).

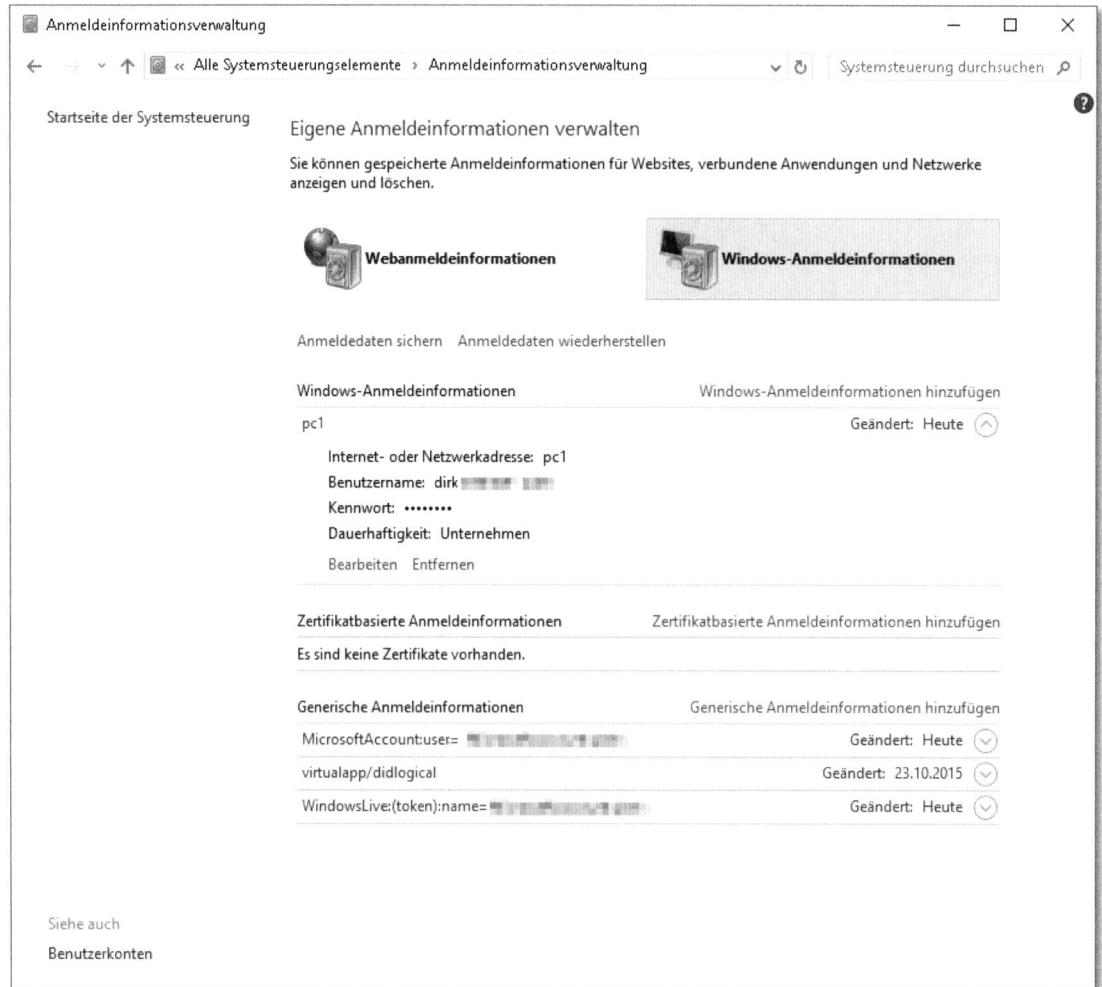

Abbildung 23.19 Windows-Anmeldeinformationen verwalten

Dateiverschlüsselungszertifikate verwalten

Mithilfe der Konsole DATEIVERSCHLÜSSELUNGSZERTIFIKATE VERWALTEN können Sie ein neues selbst signiertes Zertifikat erstellen oder Ihre vorhandenen Zertifikate verwalten. Wenn Sie ein neues Zertifikat erstellen möchten, werden Sie durch einen Assistenten geführt, mit dem Sie ein Zertifikat erstellen, das Zertifikat anschließend sichern und, wenn vorhanden, eine Smartcard einrichten. Darüber hinaus haben Sie die Auswahlmöglichkeit, Dateien mit dem Assistenten zu verschlüsseln.

23.3   Windows-Mobilitätscenter

Wenn Sie das *Windows-Mobilitätscenter* bis heute noch nicht einsetzen, ist es allerhöchste Zeit, damit zu beginnen. Das Windows-Mobilitätscenter bietet Nutzern von Tablets und Notebooks einen schnellen Zugriff auf wichtige und regelmäßig vorzunehmende Einstellungen, ohne mühselig durch die Systemsteuerung klicken zu müssen.

23.3.1   Das Windows-Mobilitätscenter öffnen

Das Windows-Mobilitätscenter lässt sich am einfachsten über das neue Windows-Schnell-startmenü mit ⊞ + X und einem Klick auf MOBILITÄTSCENTER öffnen. Da das Mobilitäts-center häufig auf Tablets ohne angeschlossene Tastatur zum Einsatz kommt, sollten Sie auch den Weg über die Fingereingabe wissen: Tippen Sie auf das Windows-Symbol in der Taskleiste und suchen nach mobilit und wählen anschließend WINDOWS-MOBILITÄTSCEN-TER aus (Abbildung 23.20).

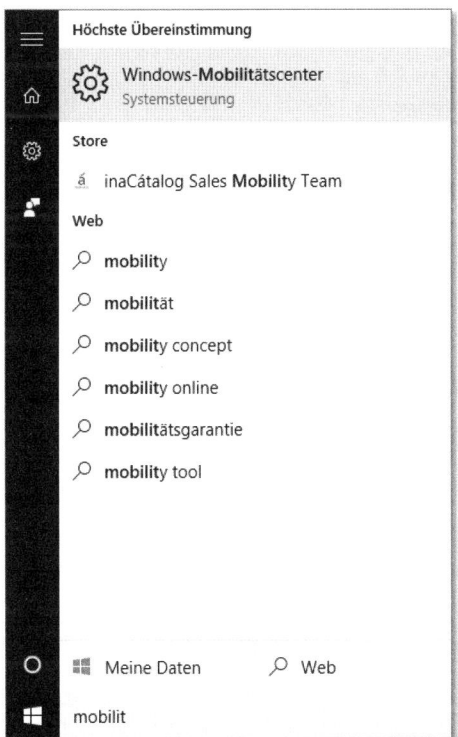

Abbildung 23.20 Windows-Mobilitätscenter öffnen

Selbstverständlich finden Sie das Windows-Mobilitätscenter auch in der Systemsteuerung wieder und können es von hier öffnen.

Je nachdem, von welchem Hersteller Ihr Gerät ist, hängen sich Drittanbieter-Programme hier mit rein, mit deren Hilfe Sie beispielsweise das Tastaturlicht einschalten oder einen Festplattenschutz gegen Erschütterung aktivieren können. Die Einstellungen, die Sie über das Mobilitätscenter vornehmen können, sind die gleichen Einstellungen, wie die, die Sie in der Systemsteuerung vorfinden, jedoch mit reduzierten Einstellmöglichkeiten.

Abbildung 23.21 Das Windows-Mobilitätscenter

23.3.2 Einstellungen im Windows-Mobilitätscenter

Die Auswahl der zu treffenden Einstellungen beschränkt sich, wie gesagt, nur auf das Nötigste und dient in erster Linie dem schnellen Zugriff auf bestimmte Einstellungen: So können Sie mit einem Schieberegler die HELLIGKEIT einstellen, um den Bildschirm Ihren Lichtverhältnissen anzupassen. Sie können die LAUTSTÄRKE ein- und ausschalten und haben die verschiedenen *Energiesparpläne* wie *Ausbalanciert*, *Energiesparmodus* und *Höchstleistung* im Schnellzugriff, um den AKKUSTATUS zu regulieren.

Besonders für Präsentationen sind die Kacheln BILDSCHIRMAUSRICHTUNG, EXTERNER MONITOR und PRÄSENTATIONSEINSTELLUNGEN interessant und werden in mancher Fachliteratur als Geheimtipp geführt. Mithilfe dieser Einstellungen können Sie die Bildschirmausgabe drehen, wenn z. B. der Projektor falsch ausgerichtet ist, oder einen angeschlossenen Monitor und Projektor ansteuern. Der *Präsentationsmodus* ist für Benutzer interessant, die regelmäßig Präsentationen halten. Er ist eine wirklich hilfreiche und doch sehr versteckte Funktion. Damit wird verhindert, dass der Computer sich wegen Inaktivität ausschaltet oder in den Ruhemodus geht. Und die Systembenachrichtigungen werden deaktiviert, damit Ihre Präsentation nicht unerwartet gestört wird.

Sie können bei jeder Kachel auf das kleine Symbol in der oberen linken Ecke klicken, um erweiterte Einstellungen zu öffnen. Bei dem Präsentationsmodus können Sie den Bildschirmschoner ausschalten, eine feste Lautstärke definieren und einen Bildschirmhintergrund festlegen, der bei aktiviertem Präsentationsmodus verwendet werden soll (Abbildung 23.22). Hier würde sich beispielsweise ein schlichter Hintergrund anbieten oder das Wappen Ihres Lieblingsfußballvereins.

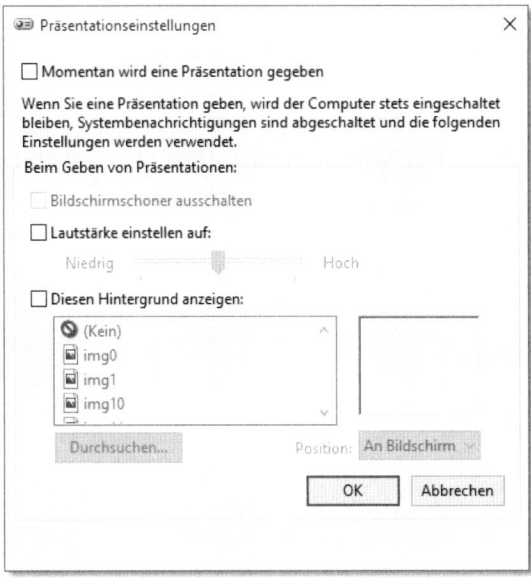

Abbildung 23.22 Präsentationseinstellungen

Klicken Sie bei den anderen Einstellungen im Mobilitätscenter auf das kleine Symbol in der oberen linken Ecke, öffnet sich das jeweilige Systemsteuerungselement, das Sie auch regulär über die Systemsteuerung öffnen können. Hier können Sie dann weitere Einstellungen vornehmen, auf die Sie im Mobilitätscenter keinen Zugriff haben.

23.4   Windows Update

Updates sind heutzutage genauso wichtig wie gute und geheime Kennwörter. Viele Bedrohungen aus dem Internet oder auch aus dem Heimnetz haben gerade dann ein leichtes Spiel, wenn Sie mit nicht aktueller Software arbeiten. Fast immer stopft ein Update eine *Sicherheitslücke* oder verhindert das Abfischen von Daten von Ihrem System (*Phishing*), nur in ganz seltenen Fällen ist ein Update fehlerhaft und damit für Sie nicht hilfreich. Daher sollten Sie stets alle Updates, die das Betriebssystem betreffen, aber auch Updates für wichtige Technologien wie den *Adobe Reader* oder *Java* von *Oracle*, auf Ihrem System einpflegen. Windows selbst ist von Haus aus so eingestellt, dass es sich regelmäßig aktualisiert und dabei auch manche Drittanbieter-Software aktualisiert wie den Adobe Flash Player, der seit Windows 8 in den *Internet Explorer* eingebettet ist.

23.4.1   Einstellung

Das Windows Update Ihres Windows 10 ist vollständig in die *Einstellungen* gewandert und ist über die Systemsteuerung nicht mehr zu finden. Dies haben wir in Abschnitt 7.1.8 bereits ausführlich beschrieben (Abbildung 23.23). Wenn Sie etwas tiefer in die Verwaltung der Windows Updates einsteigen möchten, sollten Sie dies in den Windows Updates-Einstellungen der Desktop-Systemsteuerung tun, die wir Ihnen im Folgenden beschreiben.

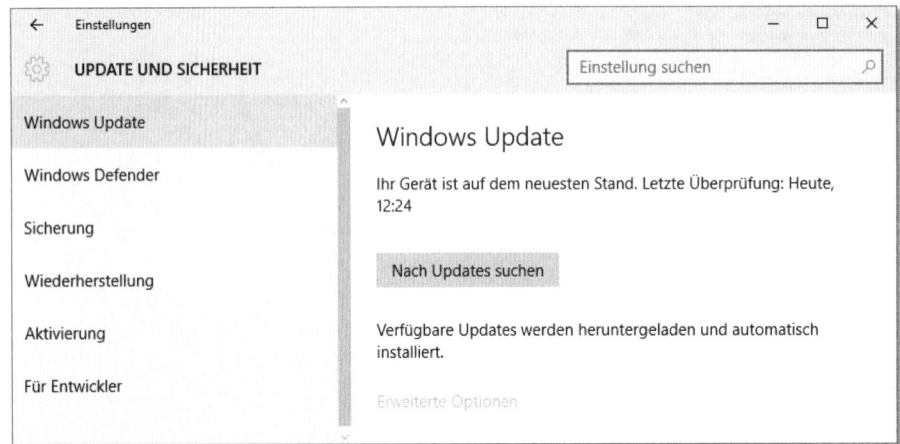

Abbildung 23.23 Windows Update

Mit Windows 10 schafft Microsoft den klassischen *Patchday* ab. Da Windows 10 als *Windows as a Service* angeboten wird, der auch kontinuierliche Updates mit sich bringt, entfällt somit der *Patchday*.

Microsoft dokumentiert alle Updates in sogenannten *Knowledgebase*-Artikeln. Jedes Update hat eine Referenznummer, mit der es eindeutig identifiziert werden kann. Ein Sicherheits-Update für den Internet Explorer Flash Player hat beispielsweise die Referenznummer KB2886439.

Windows verbindet sich täglich mit dem *Windows Update Server* im Internet und fragt ab, ob neue Windows Updates zur Verfügung stehen. Die Kommunikation findet über *HTTPS* (*HyperText Transfer Protocol Secure*) und somit über Port 443 statt. Windows führt im Hintergrund ein Protokoll über die Tätigkeit des Windows Update-Dienstes. Dieses können Sie sich mit der PowerShell und dem Befehl `Get-WindowsUpdateLog` anzeigen lassen.

Nach Updates suchen

Wenn Sie manuell nach Updates suchen möchten, öffnen Sie Windows Update in der Systemsteuerung und klicken auf NACH UPDATES SUCHEN. Dieser Vorgang kann je nach Internetverbindung einige Zeit in Anspruch nehmen. Neue Updates werden heruntergeladen und installiert, sobald sie zur Verfügung stehen (Abbildung 23.24).

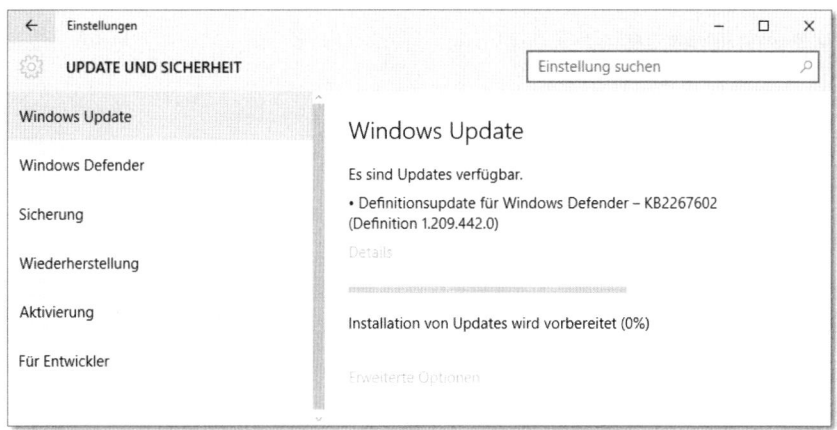

Abbildung 23.24 Neue Updates für die Installation verfügbar

Update-Verlauf anzeigen

Um eine Update-Historie nachvollziehen zu können, können Sie unter ERWEITERE OPTIONEN auf UPDATEVERLAUF ANZEIGEN klicken. Hier werden Ihnen alle Updates angezeigt, deren Installation versucht wurde.

Unter dem jeweiligen Update steht der Status der Installation sowie das Installationsdatum (Abbildung 23.25). Durch einen Klick auf einen Eintrag im Update-Verlauf ERFOLGREICH INSTALLIERT AM erhalten Sie weitere Informationen. Dies ist besonders interessant bei fehlgeschlagenen Updates, da Sie hier unter FEHLERDETAILS den Fehlercode angezeigt bekommen, der Aufschluss über die Fehlerursache geben kann (Abbildung 23.26).

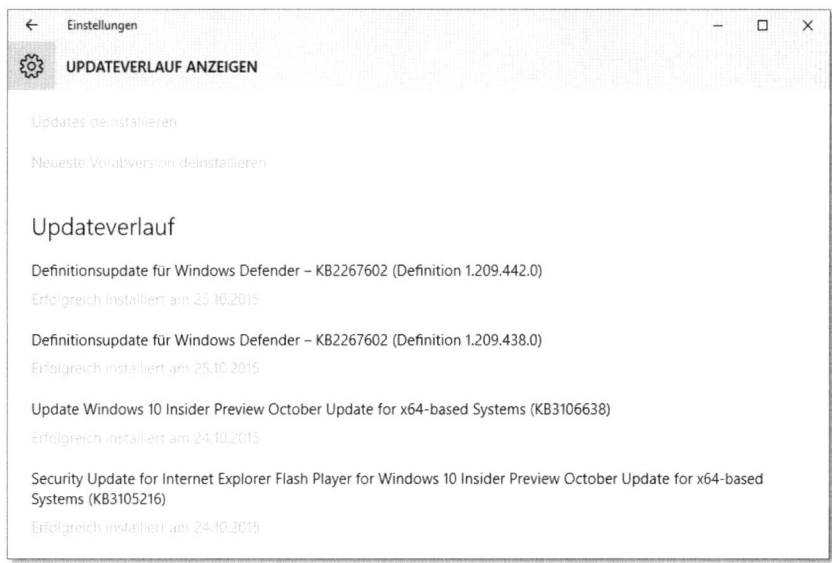

Abbildung 23.25 Update-Verlauf

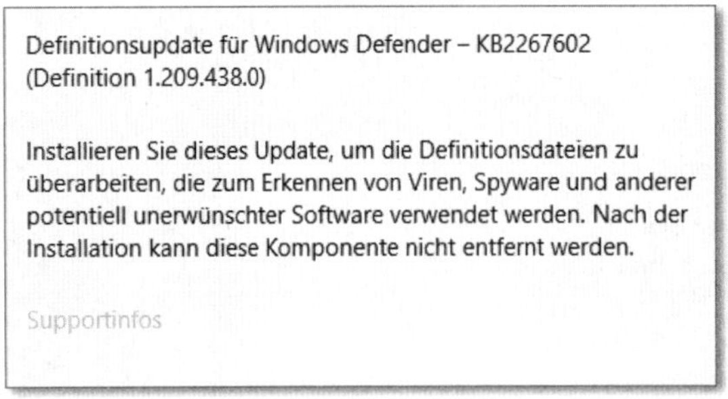

Definitionsupdate für Windows Defender – KB2267602
(Definition 1.209.438.0)

Installieren Sie dieses Update, um die Definitionsdateien zu
überarbeiten, die zum Erkennen von Viren, Spyware und anderer
potentiell unerwünschter Software verwendet werden. Nach der
Installation kann diese Komponente nicht entfernt werden.

Supportinfos

Abbildung 23.26 Details zur Installation eines Updates

Installierte Updates anzeigen und Updates deinstallieren

Angenommen, ein installiertes Update führt zu Fehlfunktionen oder anderen unvorher-
gesehenen Aktionen, dann haben Sie die Möglichkeit, es wieder zu deinstallieren. Alle
installierten Updates können Sie sich unter INSTALLIERTE UPDATES anzeigen lassen (Abbildung 23.27).

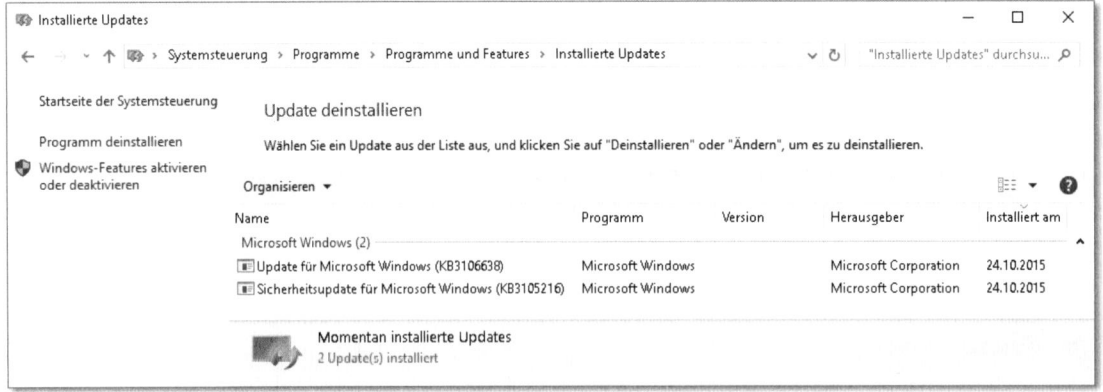

Abbildung 23.27 Installierte Updates anzeigen

Hier werden die Updates tabellarisch gelistet und in Produktgruppen zusammengefasst. Ein
ungewünschtes Update lässt sich schnell deinstallieren. Wählen Sie dafür das Update aus,
und klicken Sie auf DEINSTALLIEREN. Eine Warnung erscheint, die Sie mit JA bestätigen müssen (Abbildung 23.28).

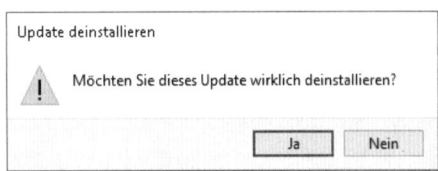

Abbildung 23.28 Warnung »Update deinstallieren«

Je nach Größe des Updates kann der Vorgang einige Zeit in Anspruch nehmen. Ein Fortschrittsbalken informiert Sie über den aktuellen Fortschritt (Abbildung 23.29).

Abbildung 23.29 Fortschrittsbalken Update-Deinstallation

Eventuell werden Sie aufgefordert, Ihren Computer neu zu starten, um den Vorgang vollständig abzuschließen.

23.4.2   Der Platzfresser: WinSxS

Einige Windows-Benutzer sind schon einmal mit dem *WinSxS*-Ordner konfrontiert worden. In dem WinSxS-Ordner, der im Verzeichnis *C:\Windows* liegt, werden die Installationsdateien der installierten Windows Updates gespeichert. Windows tut dies, um die Möglichkeit zu haben, diese zu einem späteren Zeitpunkt wieder zu deinstallieren. Wie Sie sich sicherlich denken können, kann die Anzahl der installierten Windows Updates im Laufe eines Computerlebens sehr hoch werden. Das führt letztlich dazu, dass der WinSxS-Ordner immer größer wird und den (kostbaren) Speicherplatz z. B. Ihrer SSD (*Solid State Disk*) frisst.

Microsoft hat im Oktober 2013 ein Update für *Windows 7 SP1* veröffentlicht (KB2852386), mit dem eine Funktion nachgerüstet wird, die diesen Ordner aufräumen und somit Speicherplatz freigeben kann. Für Windows 10 ist dieses Update nicht erforderlich, denn Microsoft hat diese Funktion gleich in das neue Betriebssystem eingebaut.

Möchten Sie den WinSxS-Ordner leeren, müssen Sie die Datenträgerbereinigung öffnen. Der schnellste Weg dafür führt über Ausführen mit ⊞ + R, die Eingabe von cleanmgr und ↵ (Abbildung 23.30).

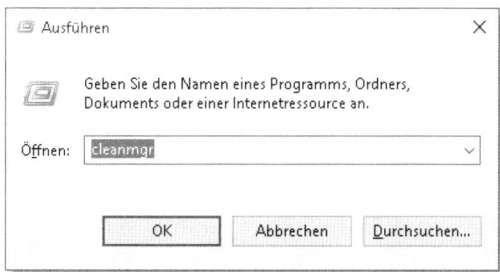

Abbildung 23.30 Ausführen und »cleanmgr«

Wählen Sie in dem neuen Fenster Systemdateien bereinigen (Abbildung 23.31). Alle anderen Einstellungen können Sie unverändert lassen.

Abbildung 23.31 Datenträgerbereinigung

Jetzt gilt es, nur Protokolldateien für Windows-Updates zu aktivieren. Bei allen anderen Einträgen entfernen Sie bitte das Häkchen (Abbildung 23.32).

Abbildung 23.32 Windows Update-Bereinigung

Bitte beachten Sie, dass Sie, wenn Sie die Update-Installationsdateien bereinigen und entfernen, keine Möglichkeit haben, ein Update zu einem späteren Zeitpunkt zu deinstallieren. Damit die Bereinigung der Windows Updates und somit das Leeren des WinSxS-Ordners gestartet wird, drücken Sie auf OK.

Damit der Vorgang gestartet wird, müssen Sie die Warnmeldung mit einem Klick auf DATEIEN LÖSCHEN bestätigen (Abbildung 23.33).

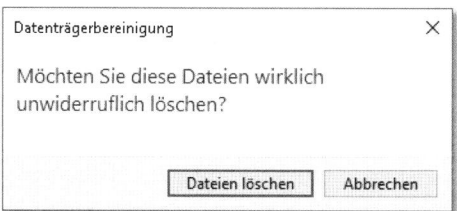

Abbildung 23.33 Warnmeldung »Datenträgerbereinigung«

Je nachdem, wie viele Updates bereits auf Ihrem Computer installiert sind, kann das Bereinigen der Installationsdateien der Updates einige Zeit in Anspruch nehmen. Der Vorgang kann durch ABBRECHEN jederzeit beendet werden (Abbildung 23.34).

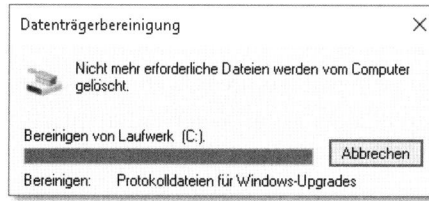

Abbildung 23.34 Windows Updates werden bereinigt.

23.5   Windows Defender

Der Volksmund weiß zu berichten, dass Windows-Betriebssysteme generell unsicher seien, schließlich gäbe es dafür auch die meisten Viren und Trojaner. Das ist allerdings eine sehr gewagte These, denn Windows ist auch noch das mit Abstand am meisten eingesetzte Betriebssystem für PCs und damit auch das Nummer-eins-Ziel für Entwickler von Schadcode. Wer würde sich die Mühe machen, einen Virus für ein Betriebssystem zu schreiben, das nur 5 % Marktanteil hat? Und obwohl Windows weitaus sicherer ist, als bisweilen sein Ruf vermuten lässt, bietet die Microsoft-Landschaft einige Einfallstore, die besonders durch ungeschulte und unaufmerksame Anwender aufgestoßen werden. Wer auf einem aktuellen Windows mit einem uralten Internet Explorer im Internet unterwegs ist, darf sich nicht wundern, wenn er deutlich gefährdeter ist als jemand, der mit einem aktuellen Windows, mit allen Updates des Betriebssystems, allen installierten Programmen und Apps und dem aktuellen Internet Explorer surft. Updates sind die wesentliche Maßnahme zum Schutz vor Angriffen gegen PCs. Sie fahren ein neues Auto ja auch nicht gern mit alten, abgefahrenen Reifen. Dennoch versuchen böse Menschen tagein, tagaus Lücken im Betriebssystem oder Lücken bei der Aufmerksamkeit der Anwender zu finden, um an deren Geld zu kommen – oder an deren Daten, die sie anschließend zu Geld machen wollen. Aufmerksamkeit und Gegenwehr sind also zwingend geboten. Übrigens nicht nur bei Windows.

23.5.1 Was ist Schadcode?

Als *Schadcode* (engl. *Malware* oder *Evilware*) wird generell all jene Software bezeichnet, die programmiert wurde, um auf Computersystemen Schaden anzurichten. Computersysteme darf hier weit gefasst werden – das Smartphone ist ebenso eines wie die Ampelsteuerung oder der Großrechner im Rechenzentrum. Über Schadcode kann man ein eigenes Buch schreiben, daher wollen wir hier nur kurz gängigen Schadcode nennen und komprimiert beschreiben. Während wir auf Deutsch gern landläufig von *Viren* sprechen, kommt aktueller Schadcode eher in Gestalt von Trojanern, auch *trojanische Pferde* genannt, daher. Viren machen nur noch einen Anteil von ca. 16 % allen Schadcodes aus. Trojaner hingegen haben einen Anteil von ca. 70 % aller Schadsoftware.

Ein *Virus* ist die Urform der Schadsoftware. Viren sind Software, die sich verbreitet, indem sie sich selbstständig in Form von Kopien in Programmen oder Dokumenten wie Word- oder Excel-Dokumenten einnistet. Viren müssen sich nicht zwingend verbreiten, ähnlich wie im richtigen Leben gibt es auch Viren, die nicht von PC zu PC oder Datenträger zu Datenträger überspringen.

Der *Trojaner* besteht aus einer Wirtssoftware (bildlich gesehen wäre das das Pferd) und aus darin versteckter schädlicher Software (in unserem Bild wären das die trojanischen Krieger). Die Wirtssoftware wirkt, um von Ihnen installiert zu werden, erst einmal harmlos und nützlich. Ähnlich wie das Pferd, das ja nicht so bedrohlich aussieht wie die darin versteckten Krieger. Mehr zum Motiv des Trojanischen Pferdes in der griechischen Mythologie können Sie z. B. bei Wikipedia nachlesen: *http://de.wikipedia.org/wiki/Trojanisches_Pferd*. Trojaner verbreiten sich nicht selbst, sie werden uns förmlich untergejubelt in Gestalt von E-Mail-Anhängen (z. B. *»Sie haben im Lotto gewonnen, klicken Sie hier«*) oder als Downloads im Internet (z. B. *»get free Software here«*). Trojaner könnten aussterben, wären wir nicht so neugierig und gutgläubig.

Backdoor nennt man Schadcode, der das System über eine Hintertür für den Schadcode öffnet. Backdoors kommen über Viren, Trojaner oder Würmer ins System. Backdoors können die üblichen Sicherheitseinrichtungen von Computersystemen unterlaufen und dienen hauptsächlich zur Verbreitung von Spams (also unerwünschter Werbe-Mails) oder dazu, *DoS*-Angriffe durchzuführen. DoS-Angriffe (*Denial of Service* – Dienstverweigerung) bombardieren andere Systeme mit Anfragen, bis diese aus Überlastung ganz oder teilweise ausfallen. Während dieses Ausfalls sind die Administratoren des kompromittierten Systems mit dessen Reparatur beschäftigt, und der Angreifer kann seinen eigentlichen Angriff auf dieses oder andere Systeme relativ unbemerkt starten.

Spyware ist ebenfalls ein beliebter Schadcode. Das englische Verb *to spy* (dt. *spionieren*) beschreibt schon gut, was Spyware im Schilde führt. Dabei versucht Spyware (die als positive Anwendung auch *Adware* genannt wird) Nutzerdaten auszuspionieren und diese guten oder bösen Nutzern im Internet mitzuteilen. Sie werden dabei nicht gefragt, ob Ihre Nutzerdaten einem Dritten gesendet werden sollen, Spyware macht das völlig selbstständig. Das Ergebnis ist im besten Fall, dass Sie auf einmal sehr gut auf sich personalisierte Werbung im Browser sehen und sich fragen, woher Ihr Computer Sie plötzlich so gut zu kennen scheint. Der Übergang von Spyware zu Adware ist fließend. Da Adware zu Marketingzwecken nach Ihrem Nutzerverhalten forscht, gilt sie als positiver als Spyware. Gefragt werden Sie aber dennoch nicht. Oft kommen Spy- und Adware mit Software, die Sie selbst installieren und die auch nicht schlecht oder böse sein muss. Google, Amazon und Co. leben davon, herauszufinden, wer Sie sind und was Sie interessiert, denn je präziser sie Ihnen die Seiten zeigen, die Sie zu interessieren scheinen, desto besser klappt die Werbung auf den Seiten dieser Anbieter. Dazu nutzen Amazon und Google derzeit keine Adware, aber über Cookies und Ihr Nutzerverhalten erfahren sie eine Menge über Sie.

Scareware wollen wir als letzte Gruppe von Schadcode erwähnen, denn sie ist in Deutschland schon des Öfteren durch die Medien gegangen. Scareware versucht, Sie zu verunsichern, indem sie Ihnen bedrohliche Meldungen auf den Bildschirm bringt, Ihr System sei gefährdet und müsse durch Klicken auf z. B. »Bereinigen« gesäubert werden. Oder Ihnen wird mit hohen Kosten gedroht, wenn Sie nicht auf einen bestimmten Button klicken.

Schließlich gibt es oft auch Kombinationen dieser Schadcodetypen. Wir erinnern uns alle an den sogenannten *BKA-Trojaner*. Hier kam eine Mischung aus Scareware und Trojaner zum Einsatz. Über einen Trojaner wurde das System infiziert, und durch üble Drohungen, die vermeintlich vom Bundeskriminalamt stammten, wurde versucht, Geld von den Betroffenen zu ergaunern.

23.5.2   So schützt Sie der Windows Defender

Seit *Windows Vista* hat Microsoft Werkzeuge an Bord, die helfen sollen, Schadcode zu verringern. Die Optik erinnert an das seit 2009 kostenlos ladbare Programm Microsoft Security Essentials, das in Windows 10 im Windows Defender aufgegangen ist. Es bietet einen *Echtzeitschutz* gegen Schadcode und *Plugins* für den Microsoft Internet Explorer.

Um den Windows Defender zu öffnen, geben Sie ⊞ + Q und defend ein. Klicken oder tippen Sie auf WINDOWS DEFENDER (Abbildung 23.35).

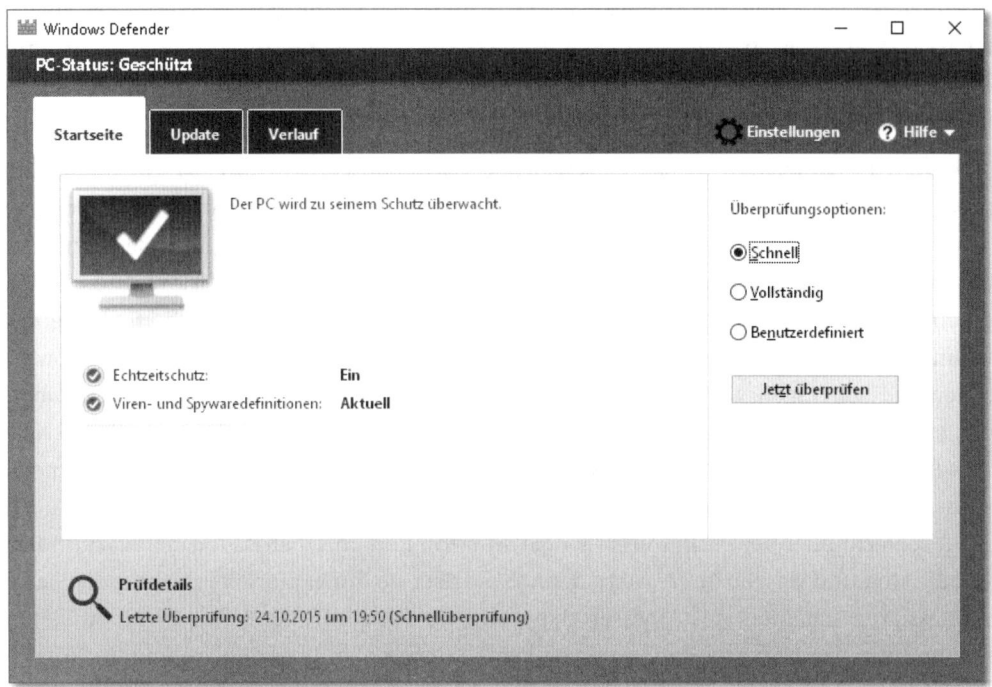

Abbildung 23.35 Windows Defender-Startbildschirm

Im Startbildschirm des Windows Defenders sehen Sie ähnliche Elemente, wie Sie sie vielleicht von anderen Antivirenprogrammen kennen. Zunächst sehen Sie einen grünen Bildschirm mit einem Häkchen darin. Das ist gut, der Defender ist in Betrieb, aktuell und hat keine akuten Bedrohungen gefunden. Außerdem sehen Sie, ob der ECHTZEITSCHUTZ eingeschaltet ist und ob die VIREN- UND SPYWAREDEFINITIONEN aktuell sind.

In diesem Startbildschirm können Sie auch direkt aktiv mit einer *Überprüfung* Ihres Systems beginnen, indem Sie auf JETZT ÜBERPRÜFEN klicken. Sie können oberhalb davon noch auswählen, wie intensiv gesucht werden soll. Wenn Sie den Verdacht haben, sich einen Schadcode eingefangen zu haben, wählen Sie sicherheitshalber VOLLSTÄNDIG. In der oberen Navigationsleiste sehen Sie Reiter für die STARTSEITE, UPDATE und VERLAUF sowie das Zahnrad mit den EINSTELLUNGEN. Nach einer manuellen Überprüfung des Systems sehen Sie im Startbildschirm des Windows Defenders im unteren Bereich auch die Ergebnisse der Prüfung in den PRÜFDETAILS.

Wenn Sie im Startbildschirm (Abbildung 23.35) des Windows Defenders auf den Reiter UPDATE klicken oder tippen, sehen Sie den Aktualitätsstatus Ihres Windows Defenders (Abbildung 23.36). Sollten hier die VIREN- UND SPYWAREDEFINITIONEN nicht AKTUELL sein, empfiehlt es sich, den Button AKTUALISIEREN zu drücken, damit Windows Defender Updates der Antivirendefinitionen aus dem Internet lädt.

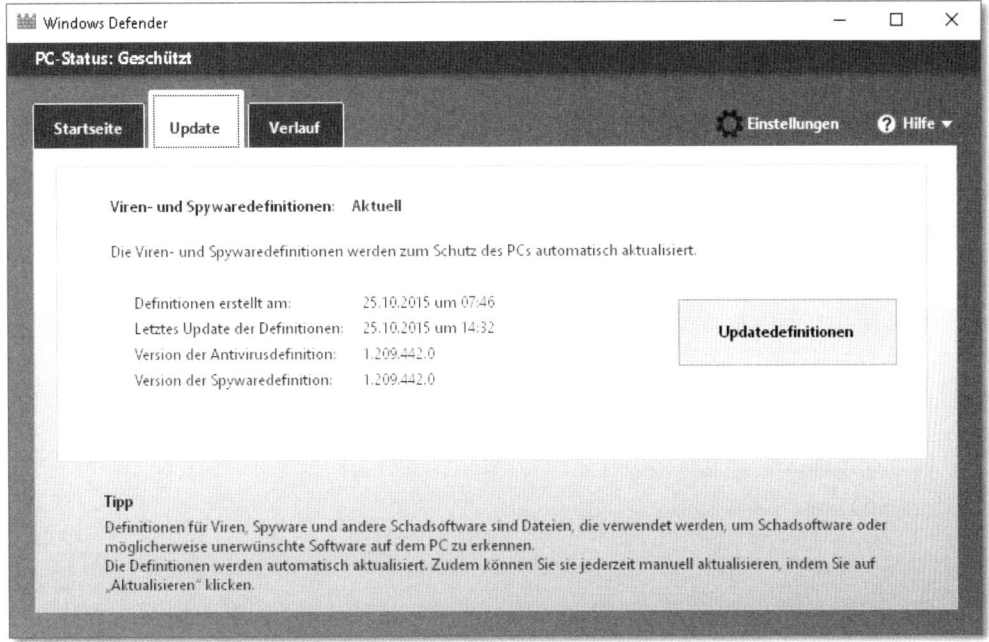

Abbildung 23.36 Update-Seite des Windows Defenders

Sollten Sie einmal Schadcode auf dem System haben, können Sie sich diesen im Reiter VERLAUF ansehen. Wählen Sie dazu die Reiterkarte VERLAUF aus, und klicken oder tippen Sie auf ALLE ERKANNTEN ELEMENTE (Abbildung 23.38). Anschließend klicken Sie auf DETAILS ANZEIGEN, und jetzt sehen Sie, welche Bedrohungen Windows Defender erkannt hat und was mit dem Schadcode passiert ist.

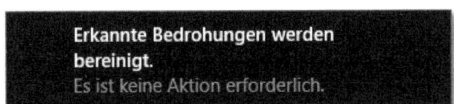

Abbildung 23.37 Windows Defender-Virenfundmeldung

Im Beispiel haben wir den *Eicar-Virus* heruntergeladen, einen Testvirus, um die Funktion zu demonstrieren. Schon während des Downloads wies der Internet Explorer auf den Virenfund hin (Abbildung 23.37).

Diesen Eicar-Virus können Sie auch selbst zu Testzwecken herunterladen, er ist absolut unschädlich. Sie finden ihn unter *http://www.eicar.org/85-0-Download.html*.

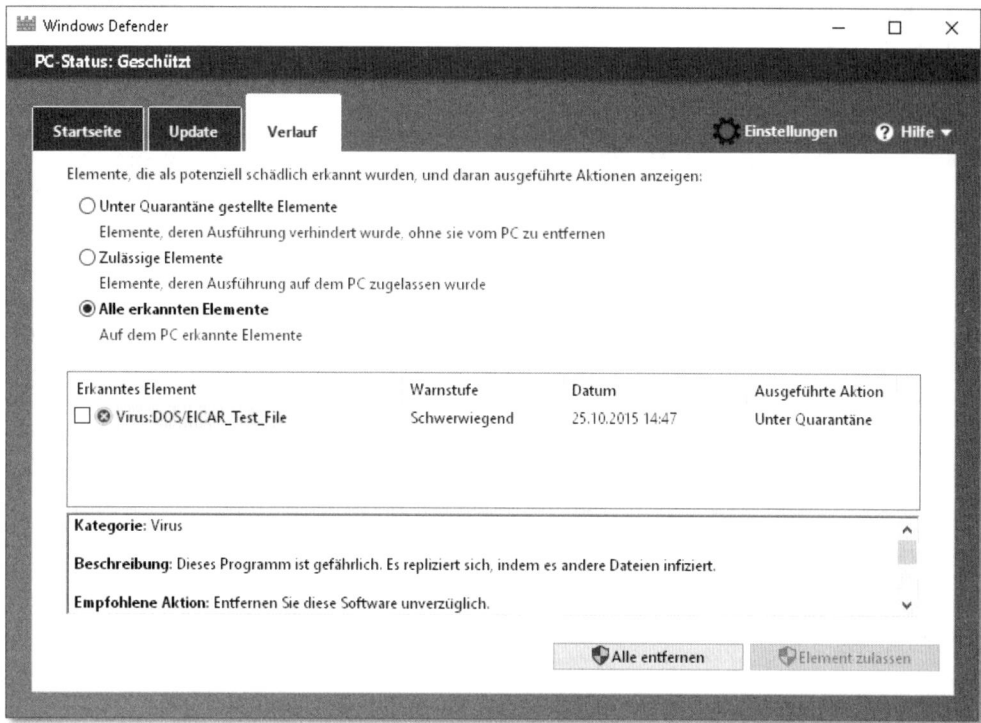

Abbildung 23.38 Der Defender-Verlauf mit gefundenem Virus

In den Details des Verlaufs sehen Sie auch, dass der Schadcode UNTER QUARANTÄNE gestellt wurde. Das bedeutet, dass die schädliche Software nicht direkt gelöscht, sondern im Quarantänebereich von Windows Defender abgelegt wurde. Von dort aus kann der Schadcode keinen Schaden mehr anrichten. Aus dem Verlauf heraus können Sie gefundenen Schadcode entfernen, indem Sie auf die Schaltfläche ALLE ENTFERNEN klicken oder tippen. Sind Sie sich sicher, dass es sich nicht um Schadcode handelt, können Sie den vermeintlichen Virenfund auch anklicken und mit ELEMENT ZULASSEN wieder freigeben. Wenn Sie auf UNTER QUA-RANTÄNE GESTELLTE ELEMENTE klicken oder tippen, sehen Sie alle Dateien, die unter Schad-codeverdacht unter Quarantäne gestellt wurden. Von hier aus können Sie sie auch entweder ALLE ENTFERNEN, EINZELN ENTFERNEN oder WIEDERHERSTELLEN. Mit dem Wiederherstellen sollten Sie sehr vorsichtig sein und eigentlich niemals Schadcode, der als SCHWERWIEGEND gekennzeichnet wurde, restaurieren. Die mittlere Option ZULÄSSIGE ELEMENTE ist für Dateien gedacht, die Sie bei ALLE ERKANNTEN ELEMENTE als ZULASSEN gekennzeichnet haben. Im Bereich ZULÄSSIGE ELEMENTE können Sie solche Objekte jetzt, sofern sie nicht als SCHWERWIEGEND gekennzeichnet wurden, wiederherstellen.

Widmen wir uns abschließend den EINSTELLUNGEN für den Windows Defender. In diesem Reiter können Sie Ihren Windows Defender konfigurieren (Abbildung 23.39).

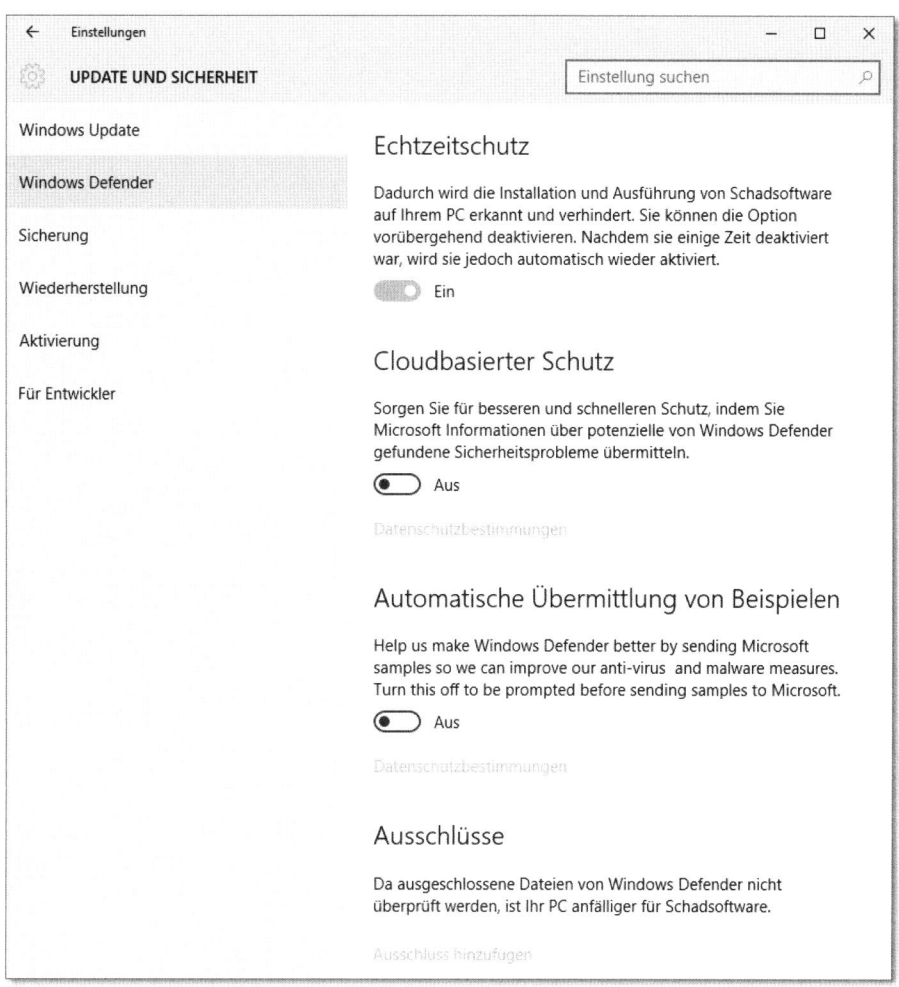

Abbildung 23.39 Einstellungen im Windows Defender

Echtzeitschutz aktivieren

Zuerst wird Ihnen angeboten, den ECHTZEITSCHUTZ ein- bzw. auszuschalten. Natürlich empfehlen wir Ihnen, den Echtzeitschutz zu aktivieren. Beim Echtzeitschutz werden alle eingehenden Dateien auf Schadcode überprüft.

Außerdem können Sie in den Einstellungen Dateien, Dateitypen oder Prozesse von der Schadcodeprüfung ausschließen. Wenn Sie beispielsweise ein Fernwartungsprogramm auf Ihrem System installiert haben, das von Windows Defender als Spyware erkannt wurde, das aber eine vollkommen saubere und legale Software ist, können Sie dieses Programm oder auch den Prozess, in dem dieses Programm läuft, von der Überprüfung ausschließen. Ein Blick in die Option AUSSCHLUSS HINZUFÜGEN in den Einstellungen ist durchaus ratsam (Abbildung 23.40).

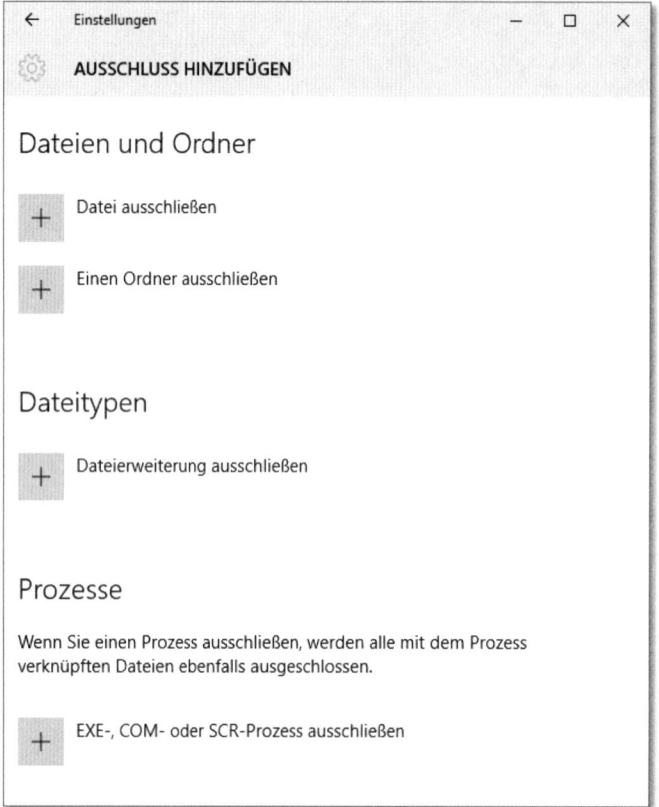

Abbildung 23.40 Windows Defender – »Ausschluss hinzufügen«

23.5.3   Schadcodeschutz von Drittanbietern

Einen wichtigen Hinweis möchten wir Ihnen an dieser Stelle noch geben. Auf vielen PC-Systemen, die Sie neu erwerben, ist bereits eine Antivirenlösung eines *Drittanbieters* wie z. B. *McAfee, Sophos, Avira* oder *G Data* oder ähnlichen Anbietern vorinstalliert oder wird zur Nutzung empfohlen. Diese können sie meist einen gewissen Zeitraum (zwischen 30 und 90 Tagen) kostenlos nutzen und müssen danach kostenpflichtig gekauft oder abonniert werden. Vielleicht haben Sie aber auch selbst eine Antivirensoftware im Handel erworben und möchten lieber diese einsetzen. Gründe für den Einsatz einer Drittanbieter-Software sind sicherlich schnell gefunden. Zwar gibt Microsoft den Windows Defender gratis zu allen Windows 10-Installationen dazu, aber der Windows Defender ist in der Fachwelt und bei Tests noch nie als besonders guter Schädlingsschutz aufgefallen. Es ist eher ein Grundschutz, der zwar besser als gar kein Virenschutz ist, aber nicht der Weisheit letzter Schluss. Sollten Sie also zu einem Drittanbieter-Produkt greifen, achten Sie unbedingt darauf, vor oder im Verlauf des Installationsprozesses des Antivirenprodukts den Windows Defender mindestens zu deaktivieren, wie wir es hier beschrieben haben. Mehrere Virenscanner auf einem System kommen sich oft gegenseitig in die Quere, weil sie Programmbestandteile des jeweils anderen Scanners für Schadcode halten. Damit ist dann allenfalls den Viren, Trojanern und Würmern geholfen, nicht aber Ihnen.

23.6 Stifteingabe am Tablet-PC

Die Benutzung von Windows 10 mit einem Stift ist nicht nur eine praktische Ergänzung zur Touchbedienung, sondern bietet darüber hinaus auch noch viel differenziertere und genauere Steuerungsmöglichkeiten. Wie Sie Ihren Stift nach Ihren Wünschen und Bedürfnissen einrichten können, zeigen wir Ihnen in Kapitel 12, in dem wir generell auf alle Eingabegeräte eingehen. Dort erklären wir nicht nur die Nutzung von eingebauten Stiften in Tablets, wir gehen auch auf die Nutzung von externen Stiften, den sogenannten *Digitizern*, ein.

23.7 Energieverwaltung

Die Energieverwaltung ist nicht nur bei mobilen Geräten, die mit einem Akku betrieben werden, sinnvoll. Auch für stationäre Geräte, die mit dem Stromnetz dauerhaft verbunden sind, finden Sie hier Verwaltungseinstellungen, die nützlich sein können.

Um die Energieverwaltung zu öffnen, haben Sie wieder mehrere Möglichkeiten. Entweder Sie klicken mit der rechten Maustaste auf das *Windows-Logo*, oder Sie tippen mit dem Finger länger auf das *Windows-Logo* und wählen SYSTEMSTEUERUNG. Natürlich geht es auch mit ⊞ + X̲, oder Sie geben ⊞ ein und tippen Energieop und bestätigen mit ↵. Die Energieoptionen sind in verschiedene Themenbereiche gegliedert. Auf der Startseite der Energieoptionen sehen Sie stets die Auswahl des aktuellen Energiesparplans (Abbildung 23.41).

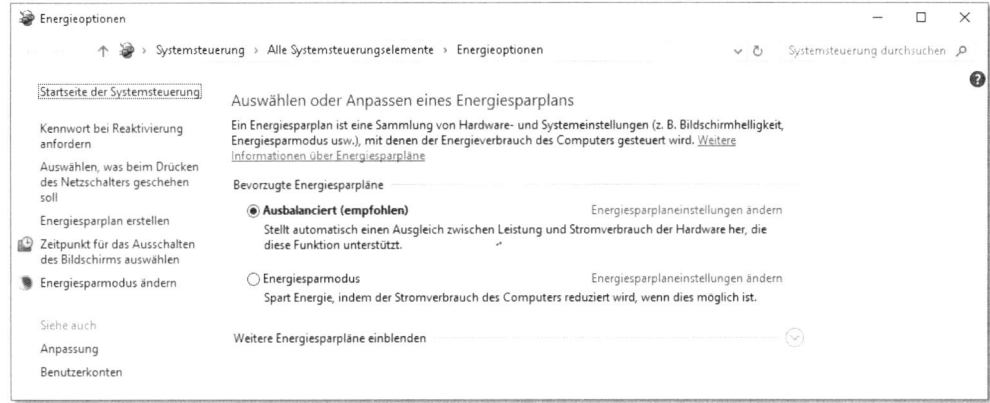

Abbildung 23.41 Startseite der Energieverwaltung

Widmen wir uns zunächst den Kategorien der Energieverwaltung.

23.7.1   Kennwort bei Reaktivierung anfordern

Diese Option, die in den meisten Firmen über eine Gruppenrichtlinie durch die IT-Abteilung geregelt ist, ist auch für den privaten PC durchaus sinnvoll und empfehlenswert. In diesem Dialogfenster stellen Sie neben dem Punkt, ob Sie zum Wecken des PCs aus dem Energiesparmodus ein Kennwort benötigen, auch ein, was beim Drücken des Netzschalters bzw. beim Notebook oder Tablet mit Tastatur beim Zuklappen geschehen soll (Abbildung 23.42). Beim Punkt KENNWORTEINGABE BEI REAKTIVIERUNG haben Sie die Möglichkeit, das Kennwort ein- oder auszuschalten, und Sie können hier auch das Kennwort für Ihr Benutzerkonto erstellen bzw. ändern. Bei den NETZSCHALTEREINSTELLUNGEN können Sie festlegen, ob Ihr PC beim Drücken auf den Netzschalter in den Energiesparmodus oder Ruhezustand versetzt wird, ob er heruntergefahren wird oder ob nichts weiter passiert, wenn Sie den Netzschalter drücken. Das gleiche bei der Option BEIM ZUKLAPPEN für einen Laptop.

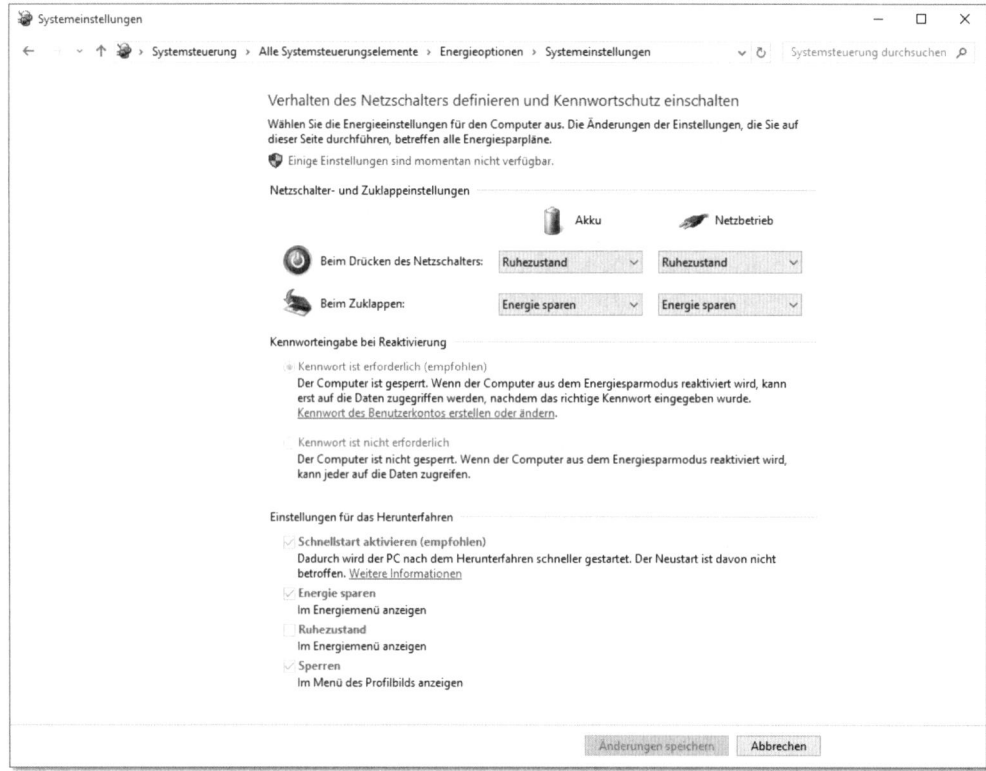

Abbildung 23.42 Reaktivierungskennwort und Netzschalteroptionen

23.7.2   Energiesparplan erstellen

Bei mobilen Geräten wie Notebooks oder Tablet-PCs ist die richtige und passende Einstellung des Energiesparplans elementar. Aber auch auf einem Desktop-PC, der im Büro steht, lassen sich einige sinnvolle Energiesparpläne entwerfen. Sie können aber auch die drei vorhandenen Energiesparpläne verwenden. In Abbildung 23.43 sehen Sie die mitgelieferten Energiesparpläne von Windows 10.

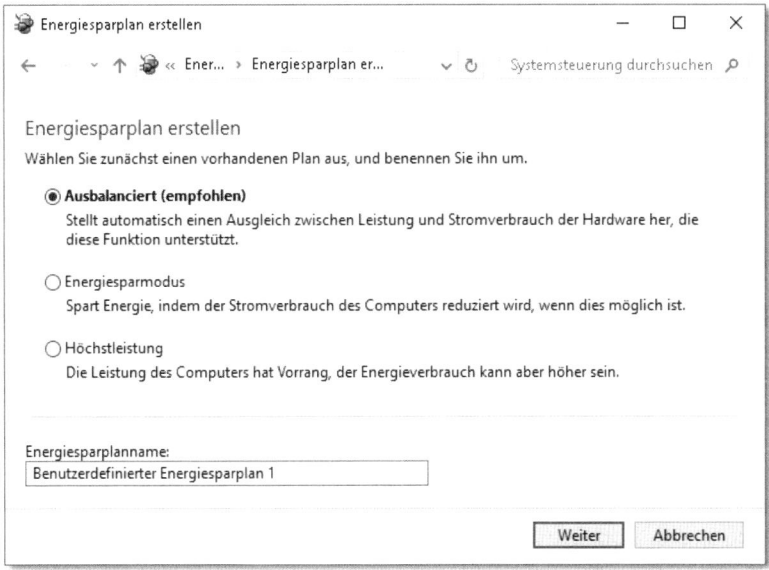

Abbildung 23.43 Auswahl und Erstellen von Energiesparplänen

Der Modus Ausbalanciert, der standardmäßig empfohlen wird, bietet einen Kompromiss zwischen guter Systemleistung und langer Akkulebensdauer. Dieser Plan ist auch der Standardplan für Desktop-PCs, auch wenn diese keinen Akku besitzen. Aber auch hier kann ein ausbalancierter Energiesparplan sinnvoll sein, denn er schaltet den Bildschirm nach 15 Minuten ab, stoppt die Festplatten nach 20 Minuten und versucht allgemein, Strom zu sparen – was auch bei Desktop-PCs sinnvoll ist.

Wählen Sie den Energiesparmodus, wenn Sie mit einem tragbaren Gerät oder mit einem schwachen Akku arbeiten. Der Modus Höchstleistung lässt vermuten, dass in dieser Gangart Windows den Monitor nicht mehr abschaltet, die Festplatte durchläuft etc. Aber das ist leider nicht so. Auch hier wird der Monitor nach 15 Minuten abgeschaltet, die Festplatte nach 20 Minuten. Das ist gerade bei Präsentationen oder Diashows nicht hilfreich.

Sie sollten für solche Zwecke einen eigenen Energiesparplan erstellen. Für unser Beispiel nehmen wir den Namen »Präsentation«, den Sie bei Energiesparplanname eintragen. Wählen Sie dann Weiter. Sie werden jetzt gefragt, welche Zeiten Sie für das Ausschalten des Bildschirms und für das Einleiten des Energiesparmodus einstellen möchten. Wählen Sie in beiden Fällen Niemals. Klicken oder tippen Sie anschließend auf Erstellen. Jetzt wird Ihnen der neue Energiesparplan Präsentation in der Startseite der Energieoptionen angezeigt.

Diesen Plan können Sie jetzt noch weiter konfigurieren, wenn Sie auf Erweiterte Einstellungen ändern klicken oder tippen (Abbildung 23.45).

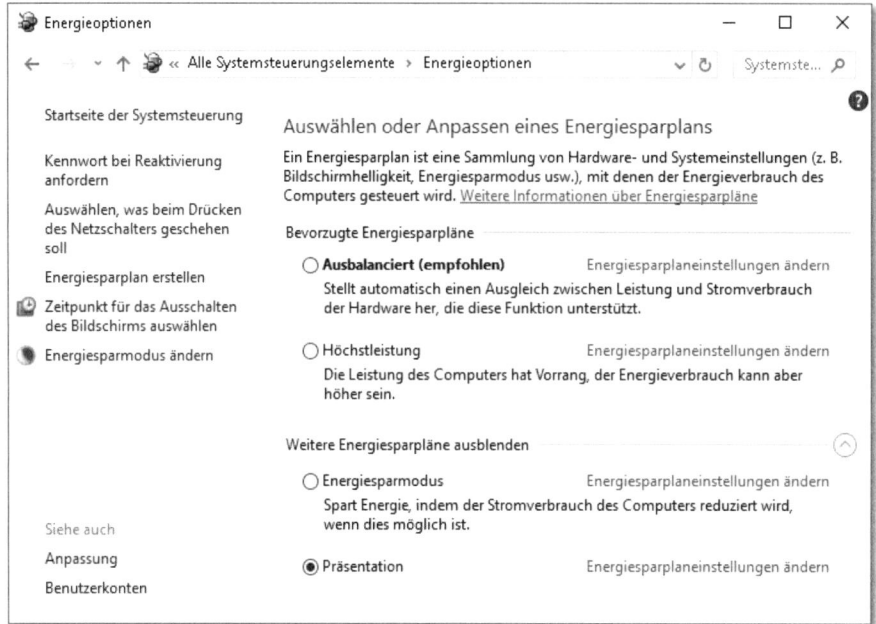

Abbildung 23.44 Startseite mit eigenem Energiesparplan

23.7.3   Zeitpunkt für das Ausschalten des Bildschirms auswählen

Gerade wenn Sie Ihr Gerät für eine Präsentation oder ein System zum Betrachten von Bildern oder Videos nutzen wollen, ist die richtige Einstellung für das Ausschalten des Bildschirms zu treffen. In diesem Dialog können Sie einfach und übersichtlich einstellen, nach welcher Zeit Ihr Bildschirm ausgeschaltet wird oder ob er gar nicht vom System ausgeschaltet wird (Abbildung 23.45).

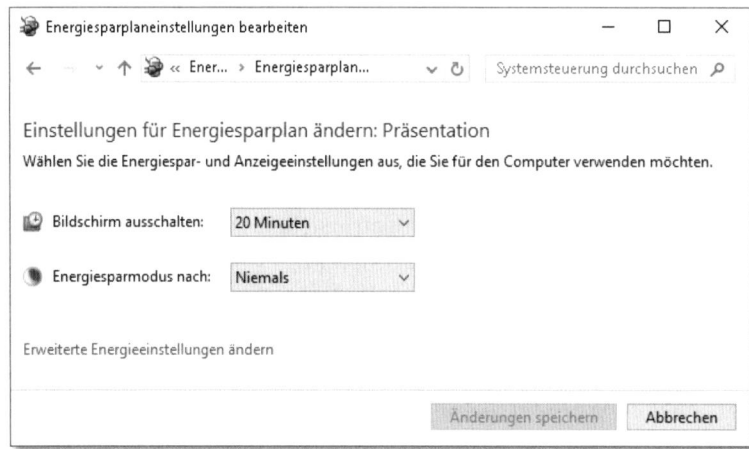

Abbildung 23.45 Bildschirm- und Energiesparmodus einstellen

Klicken oder tippen Sie auf das Zeitauswahlfeld, um die für Sie optimale Zeit einzustellen, nach der Ihr Bildschirm abgeschaltet wird. Voraussetzung dafür ist, dass Ihr Monitor gemäß dem amerikanischen *EnergyStar* oder dem schwedischen *TCO99* zertifiziert ist.

Außerdem können Sie in diesem Dialog, der übrigens derselbe ist wie der, den Sie unter dem Punkt ENERGIESPARMODUS ÄNDERN sehen, auch den Energiesparmodus einstellen. Wählen Sie dazu im Zeitauswahlfeld die Zeit aus, nach der Ihr PC in den Energiesparmodus gehen soll. Etwas versteckt, aber sehr nützlich, ist der Einstelldialog für die ERWEITERTEN ENERGIE-EINSTELLUNGEN ÄNDERN. Wenn Sie diesen Dialog öffnen, können Sie die Energieeinstellungen für alle Ihre Energieprofile einzeln und für viele Komponenten des PCs und des Betriebssystems einstellen (Abbildung 23.46).

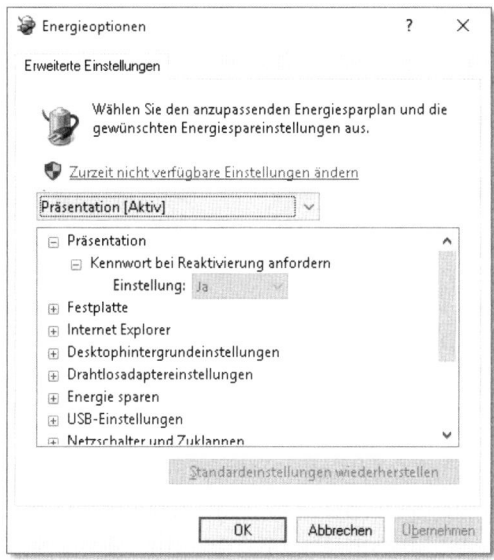

Abbildung 23.46 Erweiterte Energieeinstellungen

23.7.4 Energiesparmodus ändern

Hier öffnet sich derselbe Dialog wie bei ZEITPUNKT FÜR DAS AUSSCHALTEN DES BILD-SCHIRMS AUSWÄHLEN. Das Ändern des Energiesparmodus wird in Abschnitt 23.7.2 besprochen (Abbildung 23.45).

23.7.5 Energiesparmodus in der Universal App »Einstellungen«

In Windows 10 gehen immer mehr Systemverwaltungswerkzeuge in die Universal App EIN-STELLUNGEN über. Aktuell stehen aber für die Energieoptionen unter SYSTEM • NETZBETRIEB UND ENERGIESPAREN lediglich die Ausschaltzeit für den BILDSCHIRM sowie der STANDBYMO-DUS zur Verfügung (Abbildung 23.47). Wenn Sie auf ZUSÄTZLICHE ENERGIEEINSTELLUNGEN kli-cken, landen Sie wieder in den ENERGIEOPTIONEN in der SYSTEMSTEUERUNG (Abbildung 23.44).

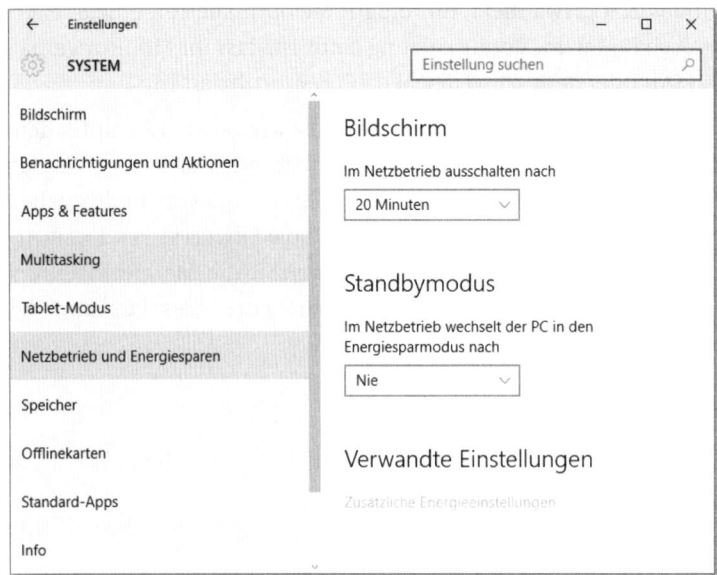

Abbildung 23.47 Energieoptionen in der Universal App

23.8   Das Multilingual User Interface: Sprachpakete für Windows 10

Seit Windows 2000 verfügt Microsoft über die Technologie *MUI (Multilingual User Interface).*
Es ist in Windows 10 einfacher als je zuvor, das System auf die Sprache umzustellen, die der
Anwender bevorzugt. Microsoft hat seinen Fokus auf die Systemsprache von einem »lokalen
Merkmal« (bis Windows 7) zu einem »Merkmal für jeden überall« verändert. Mehrsprachig-
keit ist ein modernes Phänomen, dem die neue Version des MUI gerecht werden will.
Schließlich gibt es 347 verschiedene Sprachen, die von mindestens einer Million Menschen
gesprochen werden. Das Konzept von MUI sieht dabei die Trennung von Anwendungscode
und Sprachdaten vor. Während die Anwendung selbst möglichst sprachneutral program-
miert wird, findet eine Zuordnung zu einer Benutzersprache separat in einer Sprachdatei
statt, die zusammen mit der Anwendung das Programm in der jeweiligen Sprache darstellt.
Dieses Konzept eignet sich für Anwendungsfälle, in denen ein nativer deutscher Sprecher
Teile seiner Umgebung auf Englisch nutzen möchte, allerdings nicht, wenn der englische
Native Speaker mit einer deutschen Installation und einem englischen Sprachpaket arbeitet.
MUI ist ein Werkzeug für die Verwendung mehrerer Sprachumgebungen, es ersetzt aber
nicht die Installation des Systems in der Muttersprache. Diese ist weitaus drastischer über-
setzt und nicht nur ein Werkzeug zum Regionalisieren von Anwendungen wie das MUI.

Öffnen Sie die Windows-Systemsteuerung, indem Sie ⊞ + X drücken oder indem Sie mit
der rechten Maustaste auf den Start-Button klicken bzw. länger mit dem Finger darauf tippen. In der Systemsteuerung gehen Sie zu SPRACHE • SPRACHE HINZUFÜGEN um eine weitere
Sprache einzustellen (Abbildung 23.48).

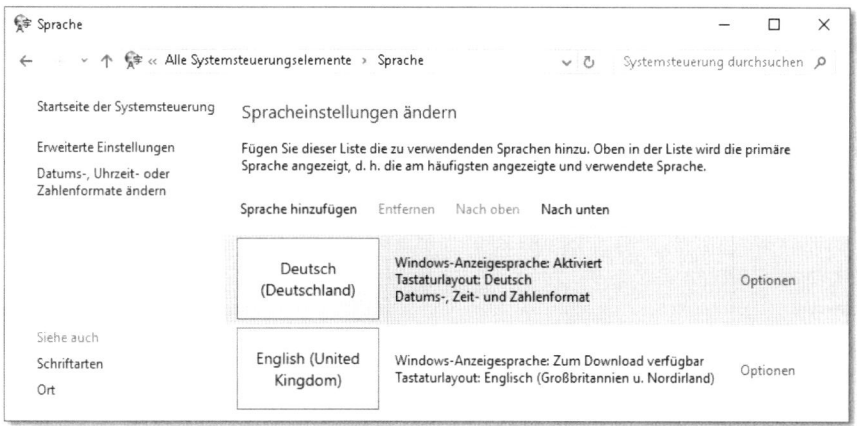

Abbildung 23.48 Spracheinstellungen ändern

Unter SPRACHE HINZUFÜGEN können Sie zunächst die SPRACHFAMILIE wählen, z. B. ENG-LISCH, und dann im nächsten Schritt die Untergruppe der Sprache, z. B. UNITED KINGDOM (Abbildung 23.49).

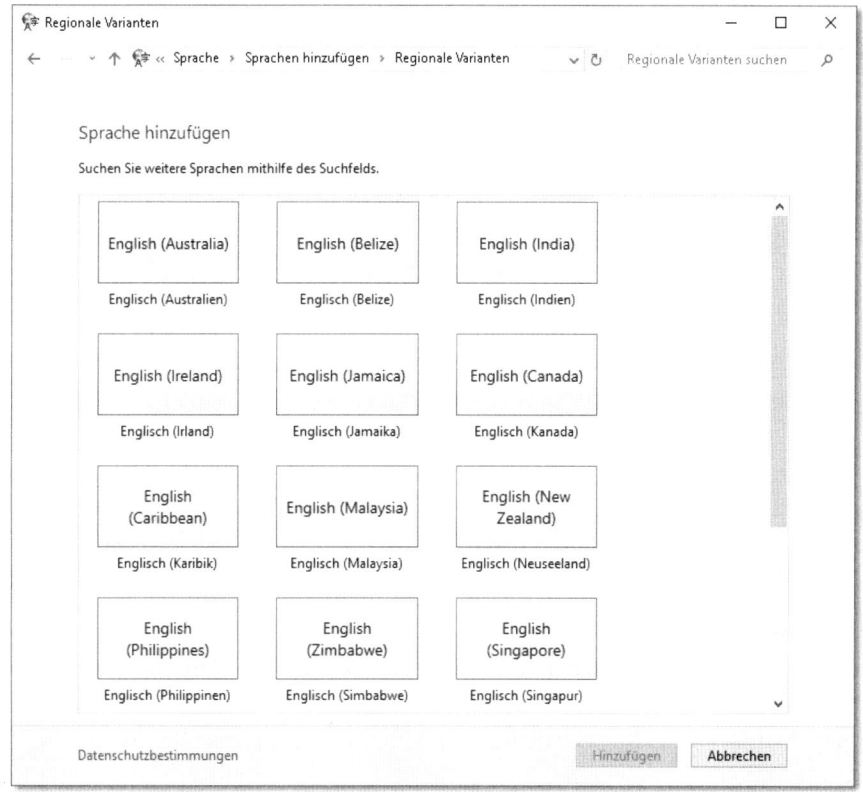

Abbildung 23.49 Sprache aus Sprachfamilie auswählen

Schließlich müssen Sie auf OPTIONEN (Abbildung 23.48) klicken. Jetzt wählen Sie SPRACH-PAKET HERUNTERLADEN UND INSTALLIEREN (Abbildung 23.50) aus, um das Sprachpaket herunterzuladen.

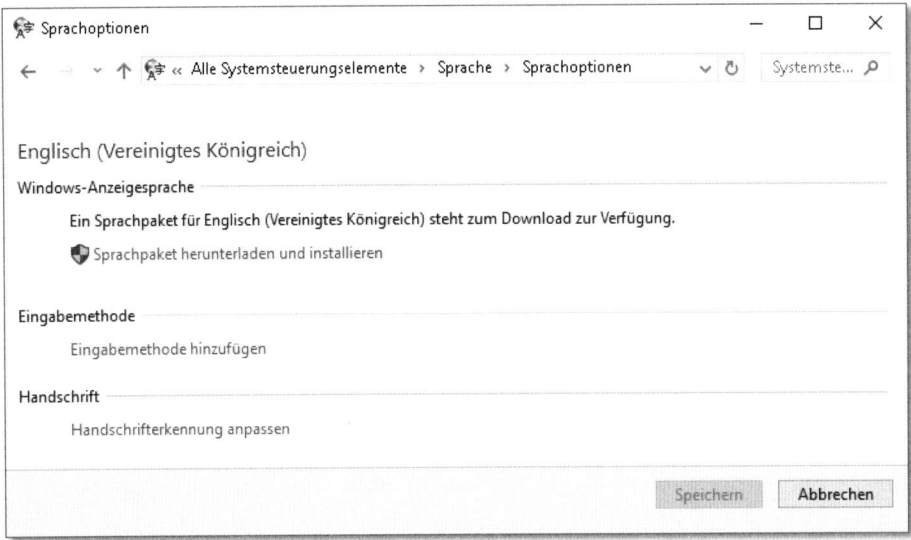

Abbildung 23.50 Sprachpaket herunterladen und installieren

In diesem Dialog haben Sie je nach Sprache auch die Möglichkeit, die Art der verwendeten Rechtschreibung und das Verhalten von Akzenten zu bestimmen. Manche Sprachen werden in der Sprachauswahl zwar angeboten, stehen aber nicht zur Verfügung. Das sähen Sie auch erst in diesem Dialog. Aktuell ist beispielsweise ALBANISCH zwar auswählbar, wenn Sie aber auf OPTIONEN klicken, sehen Sie dort, dass diese Sprache nicht zur Verfügung steht.

Nach Beendigung des Herunterladens und einem obligatorischen Neustart des Systems steht Ihnen die zweite Sprache zur Verfügung.

Der Wechsel zwischen den installierten Sprachen ist jetzt sehr einfach. Sie sehen jetzt in der Desktop-Ansicht in der Taskleiste links neben Datum und Uhrzeit eine kleine MUI-Info mit der Sprache, die aktuell eingestellt ist, DEU für Deutsch (sogar für verschiedene Länder) und ENG für Englisch (Abbildung 23.51). Sie können entweder mit der Maus auf diese MUI-Info klicken und dort die Sprache wechseln oder aber – viel schneller – mit der Tastenkombination ⊞ + Leertaste.

Diese Schnellumschaltung betrifft zunächst das Tastaturlayout. Um auch die Windows-Oberfläche in der anderen Sprache darzustellen, müssen Sie auf die MUI-Info klicken oder tippen und dort auf SPRACHEINSTELLUNGEN, wo Sie OPTIONEN der Sprache wählen, die Sie für die Windows-Oberfläche einstellen möchten. Hier können Sie die jeweilige Sprache auswählen und ALS STANDARD festlegen (Abbildung 23.52).

Abbildung 23.51 Umschalten der Systemsprache

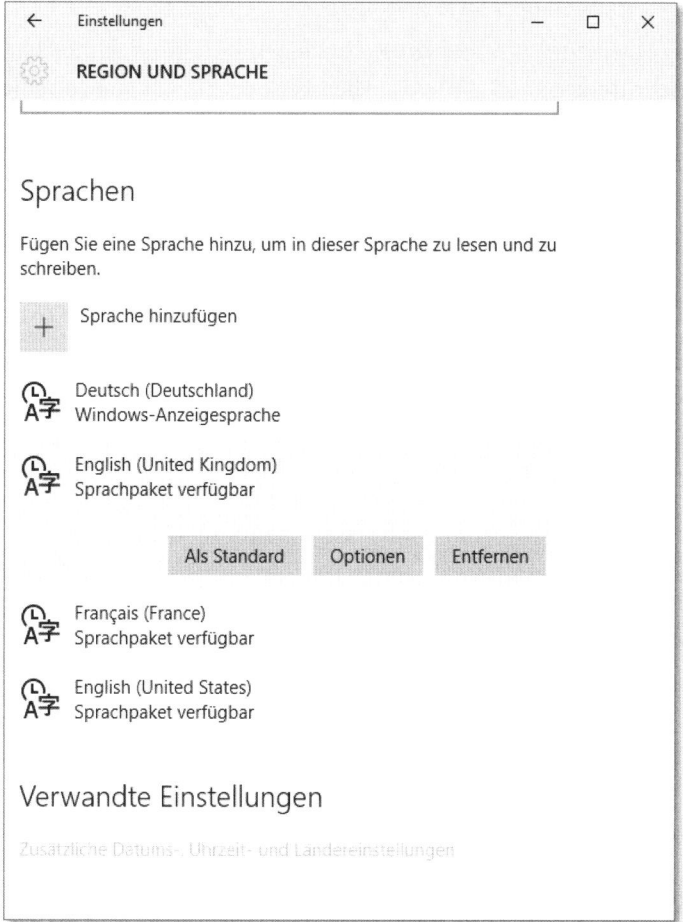

Abbildung 23.52 Standardsprache festlegen

Nach einer neuen Anmeldung in Windows hat Ihre Windows-Oberfläche die gewählte Sprache samt Tastaturlayout übernommen. In den Optionen können Sie außerdem auch ein nicht mehr benötigtes SPRACHPAKET ENTFERNEN. Des Weiteren haben Sie die Möglichkeit, unter OPTIONEN ein SPRACHPAKET HERUNTERLADEN zu können, oder Sie können die HANDSCHRIFT SPRACHERKENNUNG ANPASSEN. Unter TASTATUREN stellen Sie ein, für welche Sprache das Bildschirmtastatur-Layout eingestellt werden soll.

Darüber hinaus können Sie auch Kombinationen aus zwei Spracheinstellungen erstellen, indem Sie beispielsweise in der Einstellung für Deutsch das Tastaturlayout auf Englisch (QWERTY) ändern. Klicken Sie dazu auf die MUI-Info, dann auf SPRACHEINSTELLUNGEN und für dieses Beispiel auf DEUTSCH. Unter OPTIONEN wählen Sie TASTATUR HINZUFÜGEN und entscheiden sich hier für das Tastaturlayout Ihrer Wahl, z. B. ENGLISH UK. Eine solche Umgebung sieht dann etwa so aus, wie in Abbildung 23.54 gezeigt.

Wenn Sie Ihr System auch per HANDSCHRIFTERKENNUNG bedienen sollten, ist ein Blick in die Optionen für die Handschrifterkennung sinnvoll. Hier können Sie für die jeweilig gewählte Sprache eigene Trainings für die Handschrifterkennung starten (Abbildung 23.53).

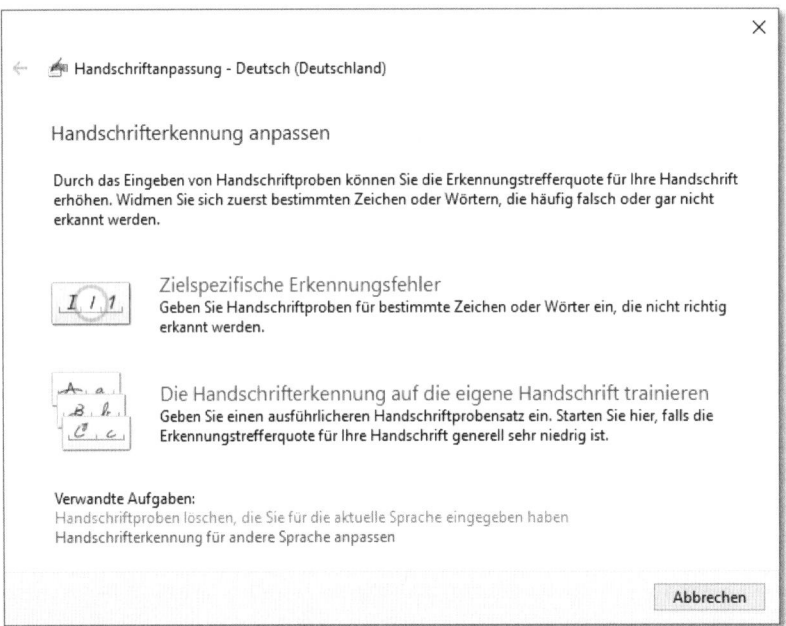

Abbildung 23.53 Anpassung der Handschrifterkennung

Das ergibt Sinn, denn in anderen Sprachen gibt es oft auch andere Buchstaben, die Sie mit der Handschrifterkennung für Deutsch gar nicht mittrainieren könnten.

Abbildung 23.54 Gemischte Spracheinstellungen vornehmen

23.9 Aufgabenplanung

Die *Aufgabenplanung* (in der Praxis eher bekannt als *Task Scheduler*) ist die Automatisierungs-
zentrale von Windows. Nahezu alle Programme, die auf Ihrem PC ohne Ihr Zutun aktiv werden,
verwenden die Aufgabenplanung für ihre Aktionen. Der Vorteil daran ist, dass die Programme
nicht permanent im Hintergrund laufen müssen und damit Systemressourcen verschwenden,
sondern kurz gestartet werden, um ihren Zweck zu erfüllen, und sich dann selbst wieder beenden. Dabei lässt sich vollkommen frei konfigurieren, was wann wie passiert. Wann immer Sie
etwas automatisieren wollen, sollten Sie den Weg über die Aufgabenplanung wählen.

Wenn Sie sich die Aufgabenplanung das erste Mal ansehen, werden Sie feststellen, dass sich
Windows selbst sehr rege der Aufgabenplanung bedient. So werden beispielsweise die Suche
nach Windows Updates und die Zeitsynchronisation über die Aufgabenplanung gesteuert.

Die drei Möglichkeiten, um die Aufgabenplanung zu öffnen

▶ [⊞] + [R] • taskschd.msc
▶ Windows-Suche • Aufgabe
▶ Schnellstartmenü • COMPUTERVERWALTUNG • AUFGABENPLANUNG

Abbildung 23.55 Aufgabenplanung mit aufgeklapptem Aufgabenbaum

23.9.1   Voraussetzungen für das Automatisieren von Aufgaben

Damit Aufgaben erfolgreich automatisiert werden können, gibt es eine zwingende Voraussetzung: Die Aufgabe muss ohne Benutzerinteraktion ausgeführt werden können. Wenn es also notwendig ist, dass Sie per Mausklick oder Tastendruck den Start des Programms bestätigen müssen, lässt sich dieses Programm nicht vollständig automatisieren. Bei vielen Programmen lässt sich das Verhalten jedoch auf der Kommandozeile vollständig vorgeben. Und auch Sicherheitsabfragen auf der Kommandozeile lassen sich in der Regel umgehen, wenn man den Programmstart in einem Skript verpackt.

23.9.2   Eine Aufgabe erstellen

Um Ihnen die Verwendung und Konfiguration der Aufgabenplanung näherzubringen, führen wir diese an einem einfachen Beispielszenario exemplarisch durch und erläutern dabei die entsprechenden Konfigurationsoptionen. Das Ziel ist es, dass sich der PC zum Zeitpunkt X selbstständig abschaltet.

Um eine solche Aufgabe zu erstellen, wählen Sie Aufgabe erstellen aus dem Aktionsbereich an der rechten Seite der Aufgabenplanung. Die Funktion einfache Aufgabe erstellen unterscheidet sich von Aufgabe erstellen durch einen reduzierten Optionsumfang und einen Assistenten, der durch die einzelnen Parameter führt.

Allgemein

Im Register ALLGEMEIN von AUFGABE ERSTELLEN müssen Sie Ihrer Aufgabe zunächst einen Namen geben (Abbildung 23.56). Ohne einen Namen und mindestens eine Aktion ist es nicht möglich, die Aufgabe zu speichern. Das Eintragen einer Beschreibung ist Ihnen freigestellt, bietet sich aber an, um nach Jahren der Nutzung den Zweck der Aufgabe schnell zu identifizieren. Bei den Sicherheitsoptionen gilt es dann, die ersten Klippen zu umschiffen. Alle Aufgaben werden im Kontext des aktuell angemeldeten Benutzers erstellt. Wenn Sie mit Ihrem Benutzerkonto eine Aufgabe erstellen und die Option NUR AUSFÜHREN, WENN DER BENUTZER ANGEMELDET IST aktiviert ist, wird diese Aufgabe unter einem anderen Benutzerkonto nicht ausgeführt. Wählen Sie stattdessen die Option UNABHÄNGIG VON DER BENUTZERANMELDUNG AUSFÜHREN, wird die Aufgabe ausgeführt, egal, ob ein Benutzer angemeldet ist oder nicht, und egal, welcher Benutzer angemeldet ist. Gleichzeitig bewirkt die Option aber auch, dass der Task nicht sichtbar ausgeführt wird. Wenn Sie dementsprechend ein Programm starten wollen, das über eine GUI (grafische Benutzeroberfläche) verfügt und für jeden angemeldeten Benutzer ausgeführt werden soll, dürfen Sie diese Option nicht verwenden. Stattdessen sollten Sie über BENUTZER ODER GRUPPE ÄNDERN das Benutzerkonto ändern und dort Benutzer eingeben (in der Aufgabe erscheint dann VORDEFINIERT\BENUTZER). Dies ist eine vordefinierte Benutzergruppe, in der alle Benutzer des PCs zusammengefasst werden. Somit würde die Aufgabe ausgeführt werden, wenn irgendein Benutzer angemeldet ist.

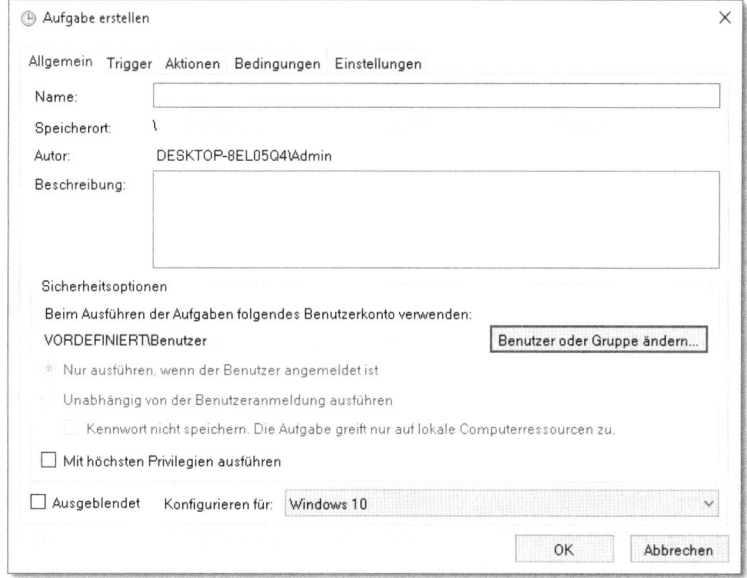

Abbildung 23.56 Aufgabenplanung – Registerkarte »Allgemein«

Die Option MIT HÖCHSTEN PRIVILEGIEN AUSFÜHREN bedeutet, dass die Aufgabe mit erhöhten Rechten ausgeführt wird. Dazu muss die Aufgabe von einem Mitglied der Administratorgruppe erstellt werden (es reicht nicht, dass Sie über BENUTZER ODER GRUPPE ÄNDERN ein Administratorkonto auswählen). Die Option AUSGEBLENDET wird oft falsch interpretiert. Diese Option bewirkt nicht, dass die Aufgabe »unsichtbar« ausgeführt wird, sondern dass die Aufgabe nicht in der Aufgabenliste angezeigt wird. Ausgeblendete Aufgaben lassen sich über ANSICHT • AUSGEBLENDETE AUFGABEN EINBLENDEN wieder anzeigen.

Die letzte Option KONFIGURIEREN FÜR definiert den Funktionsumfang der Optionen. Die auswählbaren Möglichkeiten entsprechen immer einer Betriebssystemgeneration. Wenn Sie den vollen Funktionsumfang der Aufgabenplanung ausschöpfen wollen und sich keine Gedanken um eine Abwärtskompatibilität machen möchten, sollten Sie die jeweils neueste Generation (in diesem Fall WINDOWS 10) auswählen. Wenn Sie eine der vergangenen Generationen auswählen, werden einige der Optionen in den anderen Reitern nicht auswählbar sein.

Trigger

In der Registerkarte TRIGGER stellen Sie ein, *wodurch* Ihre Aufgabe ausgelöst wird (Abbildung 23.57). Dabei stehen die folgenden Optionen zur Verfügung:

- Nach einem Zeitplan
- Bei Anmeldung (eines Benutzers)
- Beim Start (des PCs)
- Im Leerlauf
- Bei einem Ereignis
- Bei Aufgabenerstellung/-änderung
- Bei Verbindung mit Benutzersitzung
- Bei Trennung von Benutzersitzung
- Bei Arbeitsstationssperre
- Beim Aufheben der Arbeitsstationssperre

Den Auslösemöglichkeiten sind somit fast keine Grenzen gesetzt. Die einfachste Variante ist dabei der Zeitplan. Dabei legen Sie einen bestimmten Zeitpunkt fest, zu dem Ihre Aufgabe ausgeführt werden soll. Der Zeitplan kann eine einmalige Ausführung genauso wie periodische Ausführungen auslösen.

Eine weitere sehr häufig genutzte Trigger-Variante ist die Auslösung BEI EINEM EREIGNIS. Viele Programme und Systemdienste verewigen ihre Aktionen in der Ereignisanzeige (siehe Abschnitt 24.4). So schreibt der Windows Defender nach Abschluss eines Scans ein entsprechendes Ereignis in das Event-Log unter ANWENDUNGS- UND DIENSTPROTOKOLLE • MICRO-SOFT • WINDOWS • WINDOWS DEFENDER • OPERATIONAL mit der Ereignis-ID 1001. Diesen Eintrag kann man dann als Trigger verwenden, um weitere Aktionen, wie z. B. einen Shutdown des PCs, auszuführen. Dazu müssen Sie nur das entsprechende Protokoll, die Quelle und die Ereignis-ID herausfinden und als Trigger eintragen (Abbildung 23.58).

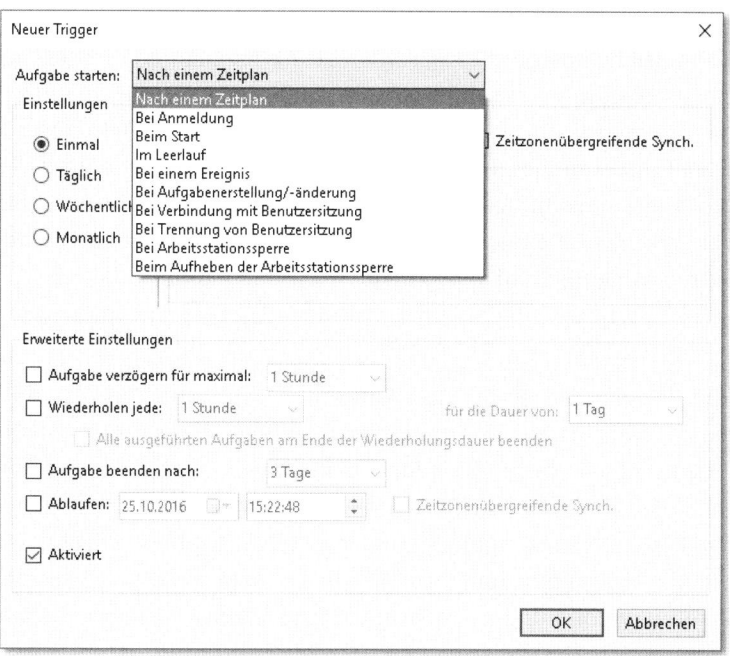

Abbildung 23.57 Auswahlmenü Trigger

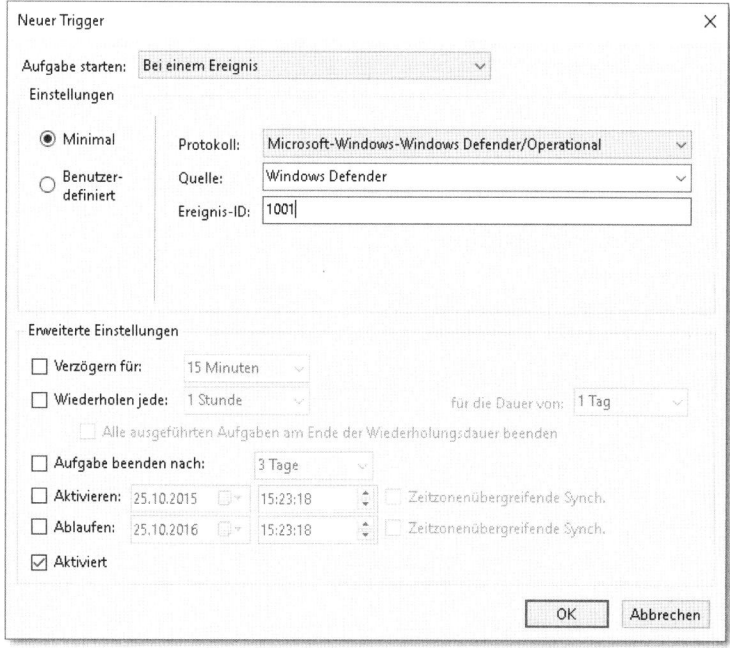

Abbildung 23.58 Windows Defender-Ereignis als Trigger

Aktionen

Wie eingangs bereits erwähnt (siehe Abschnitt 23.9), sollten die Aktionen ihren Dienst ohne weitere Interaktion Ihrerseits ausführen (es sei denn, es ist anders gewollt). Bei den meisten (Windows-)Dienstprogrammen lassen sich daher auch alle denkbaren Optionen als Kommandozeilenbefehl ausführen. In diesem Fall können Sie im Register AKTIONEN der zu planenden Aufgabe das Programm eintragen und die Kommandozeilenparameter unter ARGUMENTE HINZUFÜGEN (OPTIONAL) eingeben. Wenn die Aufgabe komplizierter wird, müssen Sie diese in ein Skript einbetten und dieses in der Aufgabenplanung aufrufen.

Bedingungen

Im Register BEDINGUNGEN können Sie in den drei Kategorien LEERLAUF, ENERGIE und NETZWERK das Ausführen der Aufgabe an die vorhandenen Bedingungen knüpfen (Abbildung 23.59). Die Leerlaufbedingungen bieten sich für arbeitsintensive Aufgaben an bzw. immer dann, wenn Sie während Ihrer Arbeit am PC keine Performance-Einbußen durch die Aufgaben haben möchten. Die Energiebedingungen sind speziell für Laptops gedacht, um den Akku zu schonen. Und die Netzwerkbedingungen lassen sich sehr gut dazu einsetzen, um eine vorhandene Mobilfunkverbindung zu entlasten (beispielsweise Windows Update nur bei LAN-Verbindung).

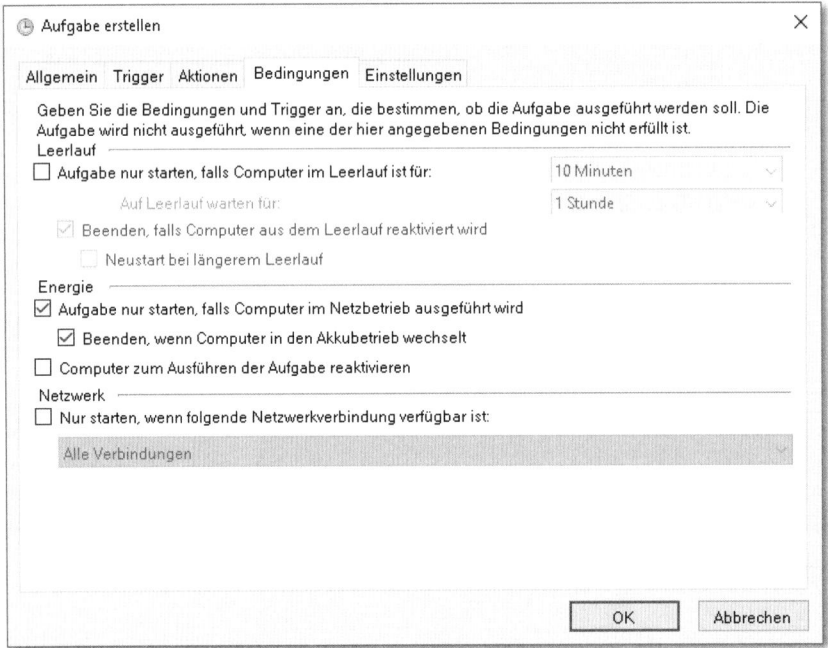

Abbildung 23.59 Aufgabenplanung – Bedingungen

Einstellungen

Die letzten Punkte, in denen Sie Ihre Aufgabe beeinflussen können, finden Sie im Register EINSTELLUNGEN (Abbildung 23.60). Dabei ist die erste Einstellung nicht ganz selbsterklärend. AUSFÜHRUNG DER AUFGABE BEI BEDARF ZULASSEN bedeutet, dass Sie in der Aufgabenübersicht mit einem Rechtsklick auf die Aufgabe den Punkt AUSFÜHREN auswählen können und damit die Aufgabe sofort ausführen. Sehr praktisch ist auch die zweite Einstellung AUFGABE SO SCHNELL WIE MÖGLICH NACH EINEM VERPASSTEN START AUSFÜHREN bei Aufgaben, die über einen Zeitplan gesteuert werden. Wenn Sie beispielsweise eine Aufgabe zu einer festen Uhrzeit geplant haben, stellt diese Einstellung sicher, dass die Aufgabe nachgeholt wird, wenn der PC zum geplanten Zeitpunkt nicht eingeschaltet war. Die weiteren vorhandenen Einstellungen sind selbsterklärend.

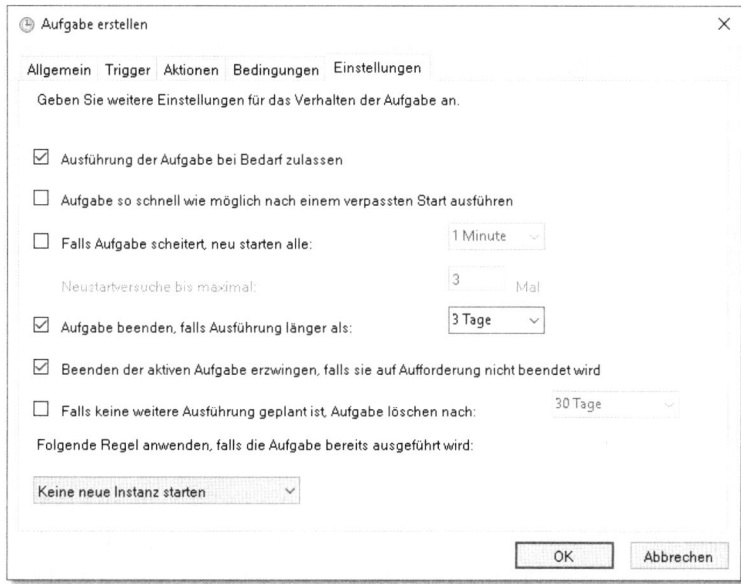

Abbildung 23.60 Aufgabenplanung – Einstellungen

23.10   Der Geräte-Manager

Der Geräte-Manager ist die zentrale Verwaltungsschnittstelle für alle Hardwaregeräte, die in Ihrem PC vorhanden sind oder an Ihren PC angesteckt werden (Abbildung 23.61).

Drei Möglichkeiten, um den Geräte-Manager zu öffnen

▶ ⊞ + R • devmgmt.msc
▶ Windows-Suche • Geräte-Manager
▶ Schnellstartmenü • GERÄTE-MANAGER

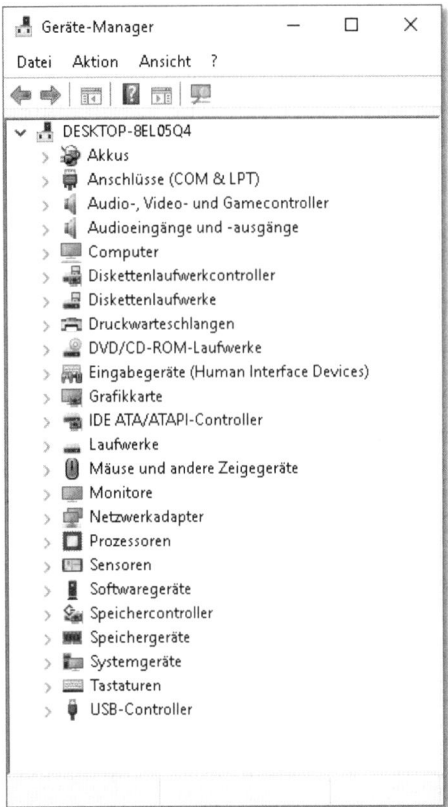

Abbildung 23.61 Der Geräte-Manager

Bei einem funktionierenden System wird der Geräte-Manager nie in Erscheinung treten. Selbst beim Anschließen von neuer Hardware werden Sie ihn nur in den seltensten Fällen benötigen, da ein Großteil der aktuellen Hardware von Windows erkannt wird und bei Neugeräten in der Regel eine Treiber-CD vorhanden ist bzw. ein aktueller Treiber auf der Webseite des Herstellers zum Download bereitsteht (es empfiehlt sich, nach Möglichkeit den aktuellen Treiber aus dem Internet zu verwenden).

23.10.1   Treibermanagement

Der Geräte-Manager beinhaltet auch eine Funktion zum Treibermanagement. Sie können über den Geräte-Manager bequem den vorhandenen Treiber aktualisieren. Diese Funktion findet besonders dann Verwendung, wenn Sie nicht das gesamte Softwarepaket installieren wollen, das mit so manchem Treiber gekoppelt ist (z. B. bei vielen Druckern), sondern nur den reinen Treiber. Einige Hersteller bieten auch den reinen Gerätetreiber einzeln an (meistens sind diese Treiber auf der Downloadseite als »für den professionellen Einsatz« oder »für die Netzwerkinstallation« gekennzeichnet). Diese Treiberpakete enthalten in der Regel keine ausführbare Setup-Datei. Über die Funktion TREIBERSOFTWARE AKTUALISIEREN aus dem Kontextmenü des Geräte-Managers oder auf der Registerkarte TREIBER in den Geräteeigenschaften können Sie mithilfe eines Assistenten den neuen Treiber aussuchen und installieren (Abbildung 23.62).

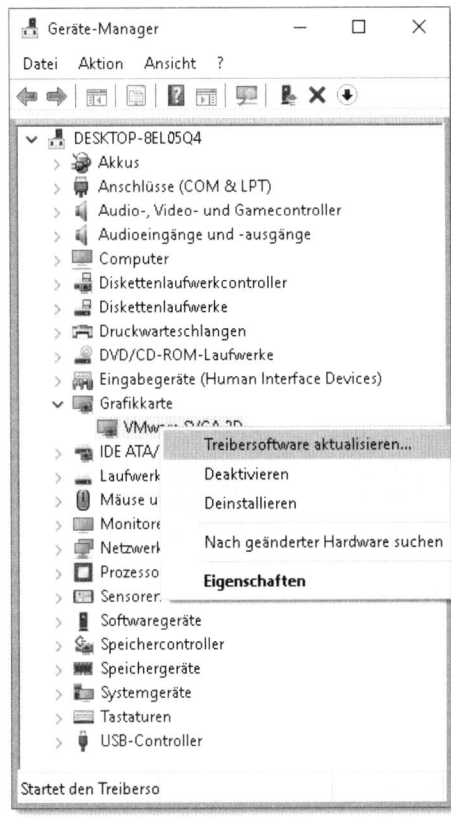

Abbildung 23.62 Kontextmenü des Geräte-Managers

Im Rahmen des Treibermanagements können Sie auch auf einen alten Treiber wechseln. Das ist besonders nützlich, wenn Sie einen neuen Treiber installieren und dann feststellen, dass das Gerät nicht mehr ordnungsgemäß funktioniert. Der Geräte-Manager gibt Ihnen dann die Möglichkeit, auf die vorherige Version zurückzuwechseln, ohne vorher nach dem alten Treiber im Internet suchen zu müssen. Dazu rufen Sie im Geräte-Manager mit einem Rechtsklick auf das gewünschte Gerät die Eigenschaften auf und wechseln auf die Registerkarte TREIBER. Dort können Sie mit einem Klick auf VORHERIGER TREIBER zum letzten Treiber zurückwechseln (Abbildung 23.63; die Schaltfläche ist hier ausgegraut, da kein vorheriger Treiber zur Verfügung steht).

Abbildung 23.63 Treiberdetails im Geräte-Manager

Selbstverständlich lassen sich die Treiber nicht nur installieren und aktualisieren, sondern auch entfernen. Wie Ihnen aber sicherlich bereits aufgefallen ist, zeigt der Geräte-Manager standardmäßig nur die Geräte an, die gerade angeschlossen sind. Um die übrigen Geräte anzuzeigen, wählen Sie im Geräte-Manager ANSICHT • AUSGEBLENDETE GERÄTE ANZEIGEN. Jetzt können Sie das entsprechende Gerät über DEINSTALLIEREN (per Kontextmenü oder Geräteeigenschaften) entfernen. Wenn Sie bei der Sicherheitsfrage die Checkbox DIE TREIBERSOFTWARE FÜR DIESES GERÄT LÖSCHEN anhaken, wird nicht nur das Gerät entfernt, sondern auch der Treiber vom PC gelöscht.

23.10.2   Unbekannte Geräte

Das typische Szenario, in dem der Geräte-Manager zum Einsatz kommt, ist die Neuinstallation von Windows. Nach der Installation von Windows und der Treiber für die bekannten Geräte kann man im Geräte-Manager überprüfen, ob sämtliche Hardware von Windows erkannt wurde. Für den Fall, dass Windows ein Gerät nicht erkennen oder keinen Treiber für ein Gerät bereitstellen konnte, wird das Gerät mit einem schwarzen Ausrufezeichen vor gelbem Hintergrund dargestellt. Im besten Fall konnte Windows zumindest noch erkennen, um welches Gerät es sich handelt. Im schlimmsten Fall lautet der Eintrag »Unbekanntes Gerät«, und dann hilft auch alles Raten nichts, um das Gerät ans Laufen zu bringen. Sie können zwar versuchen, alle denkbaren Treiber herunterzuladen und zu installieren, die Erfolgsaussichten dafür sind aber denkbar gering, und gleichzeitig belasten Sie Ihre frische Installation mit einem Haufen unnötiger Treiber.

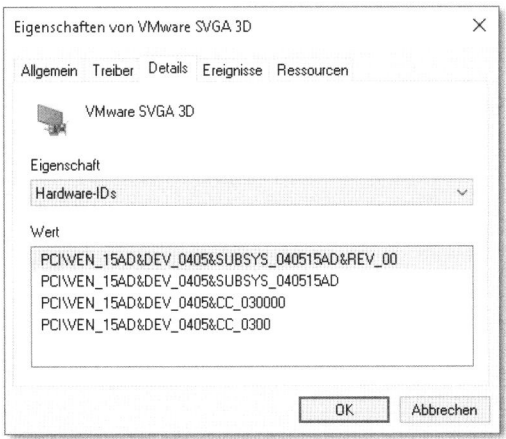

Abbildung 23.64 Gerätedetails anzeigen – Hardware-IDs

Der elegantere Weg führt über die Eigenschaften des Geräts. Machen Sie einen Rechtsklick auf das nicht korrekt installierte Gerät, und wählen Sie die EIGENSCHAFTEN aus. Dort wechseln Sie auf die Registerkarte DETAILS und wählen im Bereich EIGENSCHAFTEN die HARDWARE-IDs aus (Abbildung 23.64). In unserem Beispiel zeigt Windows die Hardware-ID PCI\ VEN_15AD&DEV_0405&SUBSYS_00515AD&REV_00 und noch weitere. Wenn Sie diese ID in eine Suchmaschine eingeben, stehen die Chancen sehr gut, dass Sie das Gerät auf Anhieb identifizieren können und einen passenden Treiber dafür finden. Sie sollten dabei auch nicht davor zurückschrecken, den Treiber bei einem fremden Hersteller herunterzuladen. Wenn Sie beispielsweise einen PC vom Hersteller A haben und nur einen Treiber beim Hersteller B finden, versuchen Sie es ruhig mit dem Treiber von Hersteller B (und kaufen beim nächsten Mal dort Ihren PC wegen des besseren Treiber-Supports). Die PC-Hersteller bedienen sich oftmals beim Design ihrer Geräte an vorgefertigten Modulen oder Chips, die am Markt verfügbar sind. Daher ist es nicht ungewöhnlich, wenn man die gleichen Bauteile in PCs verschiedener Hersteller wiederfindet.

Treibermanagement auf der Kommandozeile

Selbstverständlich können Sie Ihre Treiber auch von der Kommandozeile aus verwalten. Das dazu notwendige Tool heißt `pnputil.exe`. Die wichtigsten Kommandozeilenparameter sind:

- `-a` (add – hinzufügen)
- `-i` (install – installieren)
- `-d` (delete – löschen)
- `-?` (Hilfe)

`pnputil -a -i C:\Treiber\MeinTreiber.inf` fügt den angegebenen Treiber hinzu und installiert ihn.

Kapitel 24

Problembehandlung und Leistungs- überwachung

Microsoft lässt Sie bei Problemen nicht im Regen stehen und liefert verschiedene Diagnose- und Analysewerkzeuge gleich mit. Mit Tools wie der Ereignisanzeige und dem Ressourcenmonitor können Poweruser den Gesundheitszustand ihres Computers schnell überprüfen. Troubleshooting für jedermann!

Die Fehlersuche und -behebung bei einem Windows-Problem gleicht so manches Mal einem großen Irrgarten. Ob Sie unverständliche und kryptische Fehlermeldungen angezeigt bekommen, das Netzwerk nicht mehr funktioniert oder die Systemgeschwindigkeit bis an die Schmerzgrenze nachlässt: Fehler können beliebig viele Ursachen haben und die Lösungen bisweilen unkonventionell sein.

Windows 10 versucht Sie dabei zu unterstützen, den Ursachen für Systemprobleme auf die Schliche zu kommen, diese zu beheben und im besten Fall erst gar nicht entstehen zu lassen.

24.1 Sicherheit und Wartung

Sicherheit und Wartung soll Probleme in Windows abwenden – am besten *bevor* sie auftreten. Dazu überwacht sie bis zu 19 Sicherheits- und Wartungsfunktionen und meldet sich via Pop-up-Fenster und im Info-Center, wenn etwas nicht in Ordnung ist, wie in Abbildung 24.2 dargestellt. Daraufhin wird der Benutzer zu einer Aktion aufgefordert. (Abbildung 24.1)

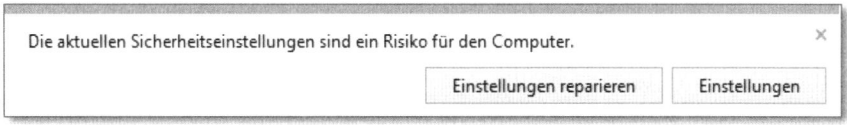

Abbildung 24.1 Eine Aufforderung, sicherheitsrelevante Einstellungen vorzunehmen

Sie öffnen SICHERHEIT UND WARTUNG mit der Tastenkombination ⊞ und der Eingabe von Sicherheit und Wartung.

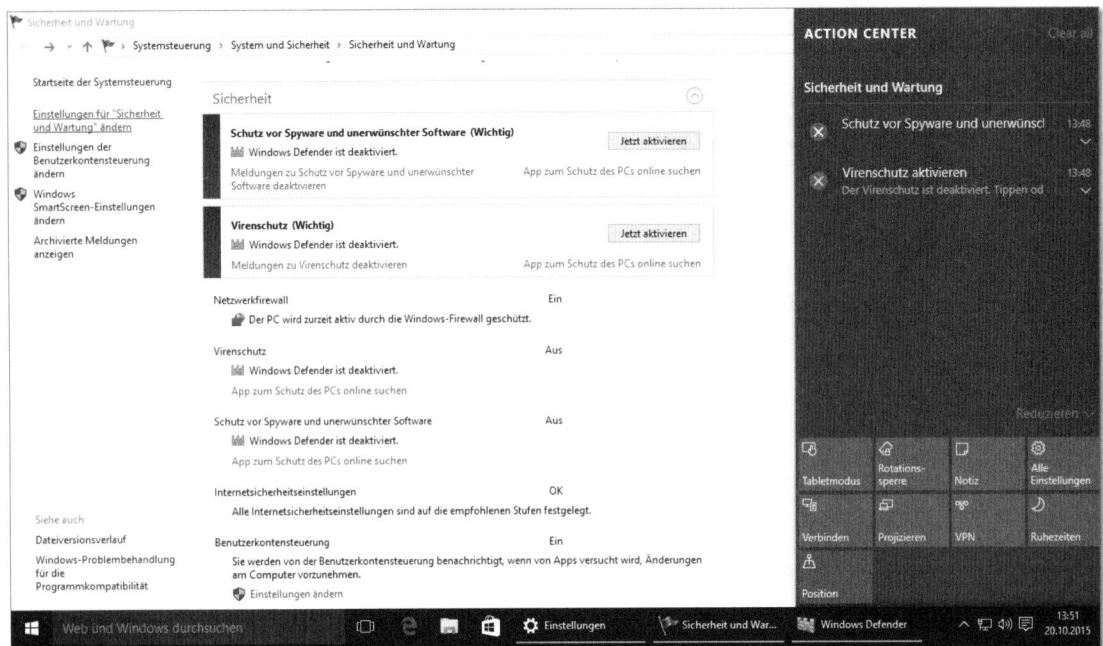

Abbildung 24.2 Sicherheit und Warnung erkennt riskante Einstellungen.

24.1.1   Was wird überwacht?

Die Systemüberwachung durch Sicherheit und Wartung gliedert sich in zwei Teile:

▶ *Sicherheitsmeldungen* weisen Sie auf sicherheitsrelevante Probleme hin, z. B. falls kein Firewall-Schutz aktiv ist oder der Virenschutz veraltet ist.

▶ *Wartungsmeldungen* hingegen informieren Sie über Einstellungen, die Microsoft zum stabilen Systembetrieb für wichtig erachtet. Sie erhalten z. B. einen Hinweis, falls Sie das System über einen längeren Zeitraum nicht gesichert haben oder ein Gerät mangels eines korrekten Treibers nicht richtig funktioniert.

Die folgenden Einstellungen überwacht Sicherheit und Wartung im Abschnitt Sicherheit:

▶ *Netzwerkfirewall:* Windows überwacht die korrekte Funktionalität eines Firewall-Programms (Abbildung 24.3). Standardmäßig ist die Windows-Firewall an Bord, die Ihren PC vor eingehenden Verbindungen schützt (siehe Kapitel 13). Die Schnittstellen zu Sicherheit und Wartung liegen für Drittanbieter offen. Wenn Sie also ein unterstütztes Firewall-Programm von einem Hersteller für Sicherheitssoftware erwerben, erkennt Sicherheit und Wartung die Funktionalität des Programms – auch wenn die Windows-eigene Firewall durch die neue Anwendung ersetzt wird.

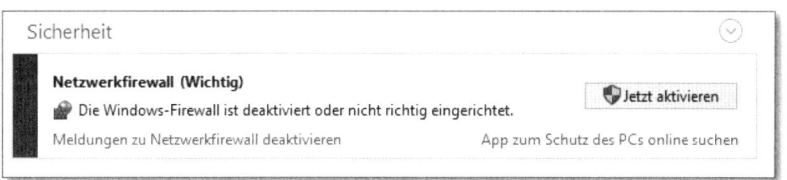

Abbildung 24.3 Ist die Firewall deaktiviert, meldet sich Sicherheit und Wartung.

▶ *Windows Update:* Mit dieser Funktion überwacht Windows die Funktionalität von Windows Update. Sicherheit und Wartung ist nur dann zufrieden, wenn Sie die automatischen Updates so eingestellt haben, dass neue Updates automatisch heruntergeladen und installiert werden. Dieses Fenster werden Sie jedoch nur selten zu Gesicht bekommen. Seit Windows 10 gilt: Benutzer der Home-Edition können das automatische Update überhaupt nicht mehr abstellen. Windows 10 Pro-Benutzer nur bedingt. Im Zuge von *Windows as a Service* soll Windows 10 die letzte Hauptversion auf dem Markt sein. Funktionserweiterungen werden mithilfe von Windows Update als *Upgrades* verteilt, während der gewohnte Zyklus mit Sicherheits-Updates wie gewohnt weiterläuft. Windows 10 Pro-Benutzer haben nun die Möglichkeit, Upgrades, also die Funktionserweiterungen, zurückzustellen. Dieses Zurückstellen firmiert unter dem Namen *Current Branch for Business*. Der Zeitraum für die Zurückstellung beträgt etwa acht Monate. Danach werden die neuen Funktionen auch für diese Benutzer verteilt. Die für dieses Buch durchgeführte Abschaltung der automatischen Updates via lokaler Richtlinien zeigte bei den Tests der Autoren keine Wirkung. Die Warnungseinstellung in Sicherheit und Wartung lässt sich für Windows Update nicht deaktivieren.

Die Spezial-Edition LTSB

Für Geschäftskunden stellt Microsoft eine spezielle Windows-Variante der Enterprise-Edition zur Verfügung: *Long Term Servicing Branch* (*LTSB*). In dieser Version liegt der Schwerpunkt auf Sicherheits-Updates. Neue Funktionen kommen in den LTSB-Varianten nur alle zwei bis drei Jahre hinzu. Geschäftskunden können neue LTSB-Varianten innerhalb des Support-Zeitraums überspringen und somit neue Funktionen aus dem Geschäftsbetrieb heraushalten. Die LTSB-Aktualisierung erfolgt grundsätzlich über *Windows Server Update Services* (*WSUS*).

▶ *Virenschutz:* Die korrekte Funktionalität des Virenschutzes umfasst nicht nur das bloße Vorhandensein eines Virenscanners, sondern auch die Aktualität der Signaturen und den regelmäßigen Scan (Abbildung 24.4). Bis Windows 7 musste ein zusätzliches Virenschutzprogramm installiert werden, z. B. die Microsoft Security Essentials. In Windows 10 übernimmt die Systemkomponente *Windows Defender* auch den Virenschutz. Sie können selbstverständlich weiterhin für Windows 10 zertifizierte Virenschutzprogramme von Drittanbietern verwenden. Diese Programme registrieren sich dann automatisch bei Sicherheit und Wartung.

Abbildung 24.4 Die Überwachung des Virenschutzes

▶ *Schutz vor Spyware und unerwünschter Software:* Das weit gefasste Feld der sogenannten *Spyware* umfasst das Ausspionieren des Benutzers und seines Systems mithilfe von unerwünschten, verschleierten, teils heimlich nachgeladenen Programmen. So können z. B. Tastaturanschläge, Webseitenaufrufe oder generell das persönliche Nutzungsverhalten mitgeloggt und dem Angreifer über das Internet zugespielt werden. Die Schadenswirkung überschneidet sich teilweise mit der von Viren, wobei Viren in erster Linie das Ziel der Selbstreproduktion verfolgen. Die Viren- und Spywareschutz-Funktionalität wird in Windows in der Systemkomponente *Windows Defender* vereint und mithilfe von Sicherheit und Wartung überwacht (Abbildung 24.5).

Abbildung 24.5 Auch die Spywareschutz-Funktionalität wird von Windows Defender ausgeführt und von Sicherheit und Wartung kontrolliert.

▶ *Internetsicherheitseinstellungen:* An dieser Stelle überwacht Sicherheit und Wartung die Sicherheitseinstellungen des Internet Explorers. Falsche Interneteinstellungen, wie z. B. das Aktivieren von nicht sicheren ActiveX-Elementen in der Internetzone, können schnell großen Schaden anrichten. Sicherheit und Wartung überwacht die empfohlenen Einstellungen, die Sie unter ▣ • Internetoptionen • Registerreiter SICHERHEIT • STUFE ANPASSEN entsprechend konfigurieren können (Abbildung 24.6).

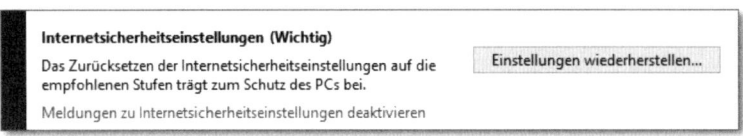

Abbildung 24.6 Falsche Interneteinstellungen bergen Gefahren.

▶ *Benutzerkontensteuerung:* Zusätzlich zum bestehenden Berechtigungskonzept in Windows wurde in Vista eine zusätzliche Sicherheitsschicht eingeführt. Prozesse oder »gelabelte Objekte« (z. B. Verzeichnisse) laufen in einer definierten Integritätsstufe. Normale Benutzer laufen in der *Integritätsstufe Mittel*. Für viele Prozesse in Windows ist die *Integritätsstufe Hoch* erforderlich. Diese Stufe hat standardmäßig aber nur das integrierte Administratorkonto, das in Windows 10 deaktiviert ist. Selbst Mitglieder der Gruppe der

Administratoren laufen unter mittlerer Integrität. Wenn Sie nun einen Task ausführen möchten, der die hohe Integrität fordert, generiert Windows zur Laufzeit ein Token mit hoher Integrität. Dem Benutzer mit Administratorrechten wird zur Information ein Bestätigungsfenster angezeigt (Abbildung 24.7).

Abbildung 24.7 Warnfenster beim Wechsel der Integritätsstufe

Ein normaler Benutzer muss zusätzlich den Benutzernamen und das Kennwort eines administrativen Kontos eingeben. Die Benachrichtigung über den Wechsel der Integritätsstufe steuern Sie mit der Benutzerkontensteuerung. Sie rufen die Benutzerkontensteuerung mit der Tastenkombination ⊞ und der Eingabe von UAC oder direkt aus *Sicherheit und Wartung* auf. Im Vergleich zu früheren Versionen muss die Benutzerkontensteuerung nicht mehr komplett deaktiviert werden, um sämtliche Meldungen zu unterdrücken. Somit ist auch kein Neustart mehr nötig. Sicherheit und Wartung informiert Sie über den aktuellen Zustand der Benutzerkontensteuerung (Abbildung 24.8).

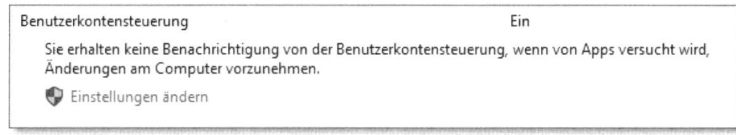

Abbildung 24.8 Die Einstellung der Benutzerkontensteuerung wird nur angezeigt.

24.2   Windows SmartScreen

Der *SmartScreen-Filter* war ursprünglich Bestandteil des *Internet Explorer 8* und dient dazu, besuchte Webseiten mit einer globalen Microsoft-Liste erlaubter sowie gefährlicher Websites abzugleichen, wobei auf Ihrem Windows 10 eine *Whitelist*, also eine Liste mit »als sicher bekannten« Websites, liegt. Außerdem scannt der Dienst Webseiten nach »verdächtigem Verhalten« und zeigt dem Benutzer im Zweifel eine Warnung an.

Die lokale Liste mit den erlaubten Websites wird täglich automatisch aktualisiert. Rufen Sie mit dem Internet Explorer eine Website auf, deren Status dem SmartScreen-Dienst unbekannt ist, wendet sich dieser automatisch an den *URL Reputation Service* von Microsoft (Abbildung 24.9).

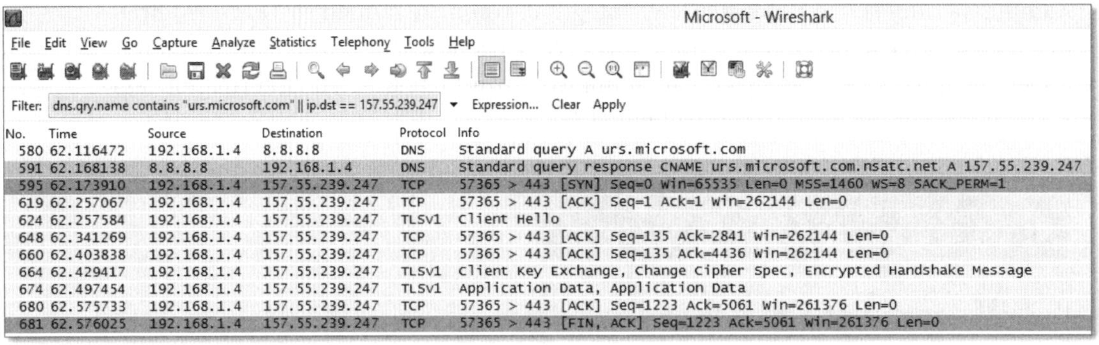

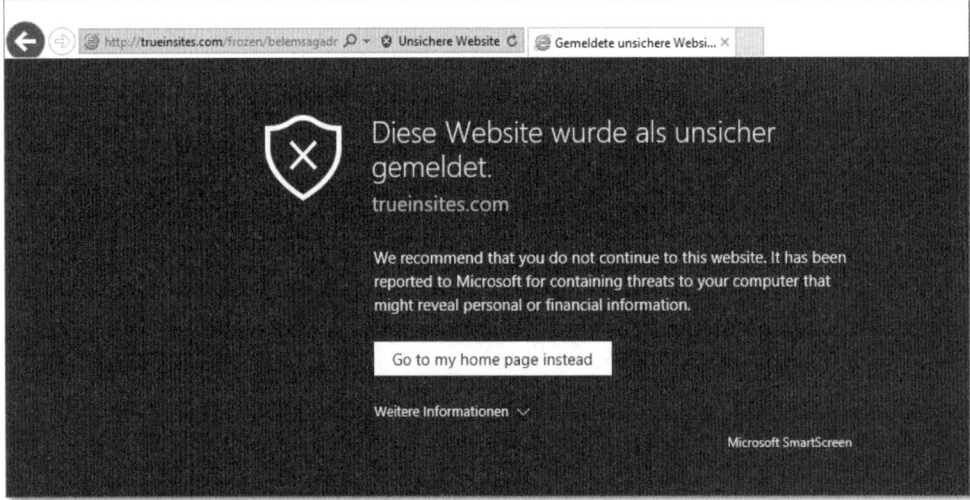

Abbildung 24.9 Netzwerkmitschnitt einer Kontaktaufnahme zum URL-Reputationsdienst während des Aufrufs einer Phishing-Website

Während dieses Prozesses wird geprüft, ob sich die aufgerufene URL *(Uniform Resource Locator)* auf dem Index befindet. Ist dies der Fall, wird dem Benutzer eine Warnung angezeigt (Abbildung 24.10).

Abbildung 24.10 Aufruf einer Phishing-Website

Auch bei einem Softwaredownload von einer Website, die vom URL-Reputationsdienst als gefährlich eingestuft wurde, erhält der Benutzer eine deutliche Warnung im Internet Explorer. Der Reputationsdienst unterstützt seitens des Browsers zwar die Antivirenprogramme auf Ihrem System, dient aber nicht als deren Ersatz.

Andere Browserhersteller bringen jeweils ihre eigenen Reputationsdienste mit. Für den Fall der potenziellen Lücke, in der eine Website gekapert wurde, aber aktuell noch bis zum nächsten SmartScreen-Update auf Ihrer Whitelist steht, bietet Ihnen der Internet Explorer eine manuelle Überprüfung der Website an:

1. Auf einer geöffneten Website im Internet Explorer klicken Sie auf das Zahnrad-Symbol in der rechten oberen Ecke.

2. Navigieren Sie zum Abschnitt SICHERHEIT.

3. Klicken Sie auf DIESE WEBSITE ÜBERPRÜFEN.

Im selben Abschnitt können Sie dem SmartScreen-Dienst auch eine verdächtige Website melden, indem Sie auf UNSICHERE WEBSITE MELDEN klicken. Leider müssen Sie sich dazu auf der zu meldenden, potenziell attackierenden Website befinden, die URL wird dann automatisch und unveränderlich in die Nachricht eingebunden (Abbildung 24.11). Einen eigenen Dienst, auf dem Sie unabhängig von der aktuell besuchten Website eine Meldung machen können, gibt es derzeit nicht.

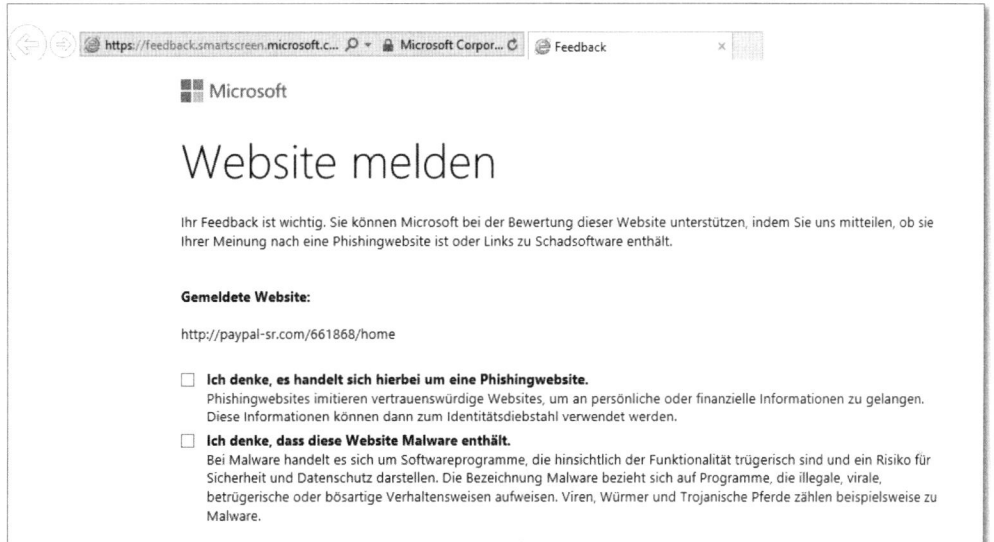

Abbildung 24.11 Dem SmartScreen-Dienst eine Website melden

Im Zuge der Weiterentwicklung wurde die Liste zusätzlich auch auf die herunterladbaren Programme selbst und nicht nur auf deren Quelle, also die Webadresse, ausgedehnt. Allerdings galt der SmartScreen-Filter immer nur für Programme, die mit dem Internet Explorer heruntergeladen wurden – nicht für andere Browserhersteller bzw. für das Betriebssystem im Gesamten.

Seit Windows 8 wurde der SmartScreen-Filter in puncto Downloads vom Browser gelöst und in das Betriebssystem integriert. Hierbei werden beim Ausführen eines aus dem Internet heruntergeladenen Programms Informationen an den Microsoft-SmartScreen-Dienst geschickt und ausgewertet. Ist der Download im SmartScreen-Dienst als gefährlich eingestuft, wird dem Benutzer eine Warnung angezeigt (Abbildung 24.12).

eicar.com wurde als unsicherer Download gemeldet und vom SmartScreen-Filter blockiert.   Downloads anzeigen   ✕

Abbildung 24.12 Unabhängig, mit welchem Browser die Datei geladen wurde: Der SmartScreen-Dienst prüft Programme beim Ausführen.

SmartScreen und der Datenschutz: Lesen lohnt sich

Was, mein Windows 10 sendet Informationen zu meinen heruntergeladenen Programmen generell an Microsoft? Um es kurz zu machen: ja! Mit Nutzung der Windows-Dienste akzeptieren Sie eine umfangreiche Datenübermittlung von Ihrem PC an Microsoft.

Im Fall des SmartScreen-Dienstes werden z. B. für jede heruntergeladene Datei ein Hash-Wert, der Dateiname, weitere und nicht näher spezifizierte »Standardcomputerinformationen« sowie eine Ihrem PC zugeordnete Zufallsnummer (GUID) übermittelt. Die spezielle Datenschutzerklärung für den Windows 10-SmartScreen-Dienst verweist zum Zeitpunkt der Drucklegung dieses Buches noch auf die Bestimmungen von Windows 8. Sie finden diese unter der URL: *http://windows.microsoft.com/de-DE/windows-8/windows-8-privacy-statement*. Klicken Sie oben rechts auf das Dropdown-Feld MEHR, und wählen Sie ERGÄNZUNG ZU FUNKTIONEN aus. Hier beschreibt Microsoft alle Funktionen und welche Daten gesammelt werden, u. a. auch vom SmartScreen-Dienst.

Die allgemeinen Datenschutzbedingungen von Windows 10 finden Sie hier: *http://www.microsoft.com/de-de/servicesagreement/*. Durchlesen lohnt sich! Wenn Sie die Datenübermittlung des SmartScreen-Dienstes unterbinden möchten, bleibt Ihnen nur die Deaktivierung des gesamten Dienstes übrig.

Selbstverständlich nutzt auch der in Windows 10 hinzugekommene Browser Edge den SmartScreen-Dienst.

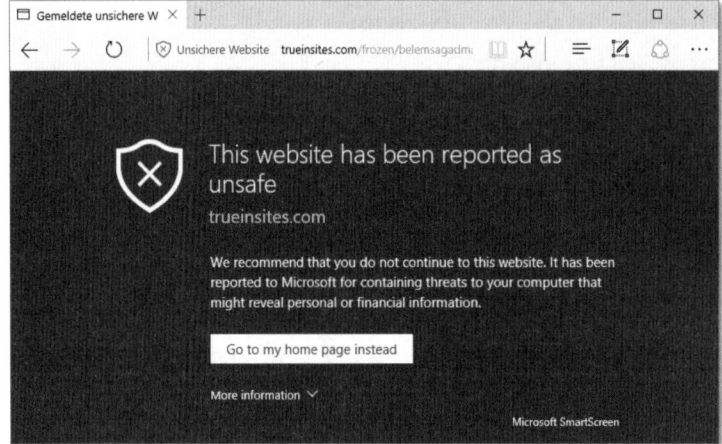

Abbildung 24.13 Auch im Edge Browser ist SmartScreen standardmäßig aktiv.

Sie haben drei Möglichkeiten, den SmartScreen-Dienst zu nutzen (Abbildung 24.14). Drücken Sie dazu die Tastenkombination ⊞, geben Sie `SmartScreen` ein, betätigen Sie die ⏎-Taste, und klicken Sie auf WINDOWS SMARTSCREEN EINSTELLUNGEN ÄNDERN.

Abbildung 24.14 Die SmartScreen-Konfigurationsmöglichkeiten

Die Standardeinstellung ist VOR DEM AUSFÜHREN UNBEKANNTER APPS AUS DEM INTERNET DIE GENEHMIGUNG DES ADMINISTRATORS ANFORDERN. Wenn Sie diese Option angewählt haben, ist der SmartScreen-Dienst aktiv. Beim Ausführen einer unbekannten App wird eine Warnung eingeblendet. Diese Warnung kann zwar übergangen werden – aber nur mithilfe der Benutzerkontensteuerung, die eine Administratorinteraktion einfordert.

Auch die zweite Einstellung VOR DEM AUSFÜHREN UNBEKANNTER APPS WARNEN, ABER KEINE ADMINISTRATORGENEHMIGUNG ERFORDERLICH MACHEN lässt Ihnen die Möglichkeit, ein unbekanntes heruntergeladenes Programm auszuführen – jedoch ohne Interaktion eines Administratorkontos.

Die letzte Option KEINE AKTION deaktiviert schließlich den SmartScreen-Dienst. Im selben Moment öffnet sich ein Warnfenster von Sicherheit und Wartung, das Sie, falls gewünscht, in Sicherheit und Wartung unterdrücken können.

Falls Sie den SmartScreen-Dienst (nicht empfohlen!) auf Anwendungsebene deaktivieren möchten, gehen Sie wie folgt vor:

Für den Internet Explorer:

1. Rufen Sie den Internet Explorer auf.

2. Klicken Sie auf das Zahnrad-Symbol.

3. Wählen Sie die INTERNETOPTIONEN aus.

4. Wechseln Sie zum Registerreiter SICHERHEIT.

5. Klicken Sie auf die Schaltfläche STUFE ANPASSEN.

6. Im Abschnitt VERSCHIEDENES finden Sie den Punkt SMARTSCREEN FILTER VERWENDEN.

Hier können Sie den SmartScreen-Filter aktivieren oder deaktivieren.

Für den Edge Browser:

1. Öffnen Sie Edge.

2. Klicken Sie auf das Drei Punkte-Symbol oben rechts.

3. Wählen Sie EINSTELLUNGEN.

4. Scrollen Sie nach unten bis zum Punkt ERWEITERTE EINSTELLUNGEN, und drücken Sie die Schaltfläche ERWEITERTE EINSTELLUNGEN ANZEIGEN.

5. Scrollen Sie nach unten bis zum Abschnitt MEINEN PC MIT SMARTSCREEN-FILTER VOR SCHÄDLICHEN WEBSITES UND DOWNLOADS SCHÜTZEN.

Dort können Sie den SmartScreen-Filter ein- oder ausschalten.

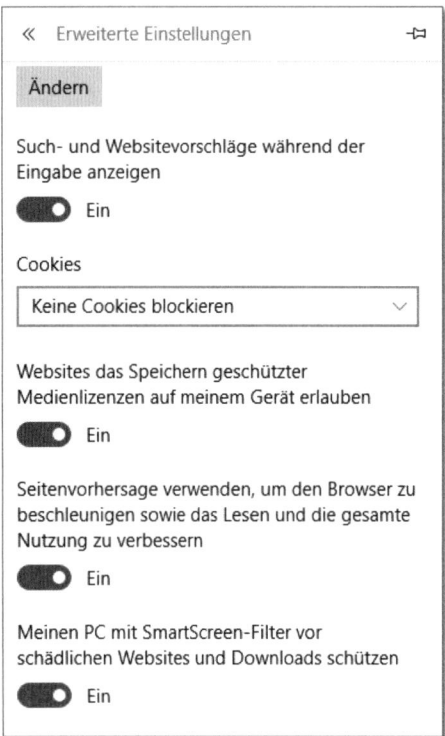

Abbildung 24.15 Den SmartScreen-Filter in Edge aktivieren oder deaktivieren

24.3   Die Windows-Problembehandlungsplattform

Wenn der Computer nicht mehr richtig funktioniert, ein angeschlossenes Gerät nicht so möchte wie Sie oder das Netzwerk nicht mehr zum Netzwerken bereit ist, kommen dafür ungefähr eine Million Gründe in Betracht. Insbesondere Benutzer ohne technisches Detail-

wissen werden hier mitunter vor unlösbare Probleme gestellt. Windows 10 bringt die sogenannte *Problembehandlungsplattform* mit, mit deren Hilfe Sie Standardprobleme schnell
und sicher in den Griff bekommen sollten.

Windows bietet Ihnen unterschiedliche Möglichkeiten: Sie können die Problembehandlung
»on the fly« starten, während das Problem auftritt, oder es gibt einen Problembehandlungs-
knopf in dem Fenster, in dem Sie sich gerade befinden. Wenn Sie z. B. eine falsche Netzwerk-
konfiguration haben und den Internet Explorer aufrufen, finden Sie die Schaltfläche
VERBINDUNGSPROBLEME BEHEBEN, die die Problembehandlung für Netzwerke startet
(Abbildung 24.16).

Abbildung 24.16 Direkter Zugriff auf die Netzwerkdiagnose während eines Problems

Technisch gesehen ist die Problembehandlungsplattform eine PowerShell-Skriptsammlung,
die sich unter *%systemroot%\diagnostics* befindet (Abbildung 24.17). Bei aller Mühe, die sich
Microsoft mit der Problembehandlung gibt: Selbstverständlich kann mit vordefinierten
Skripten immer nur ein Teil realer Problemszenarien abgebildet werden. Dennoch: Auch für
versierte Benutzer besteht die Gefahr, die einfachen Fehler und die Standardlösungen zu
übersehen! Daher ist die Problembehandlung immer einen Versuch wert.

In der Systemsteuerung finden Sie die Problembehandlung als zentrale Anlaufstelle. Um die
Problembehandlung aufzurufen, öffnen Sie das Suchfeld mit ⊞, geben Problembehandlung
ein und drücken Sie ↵.

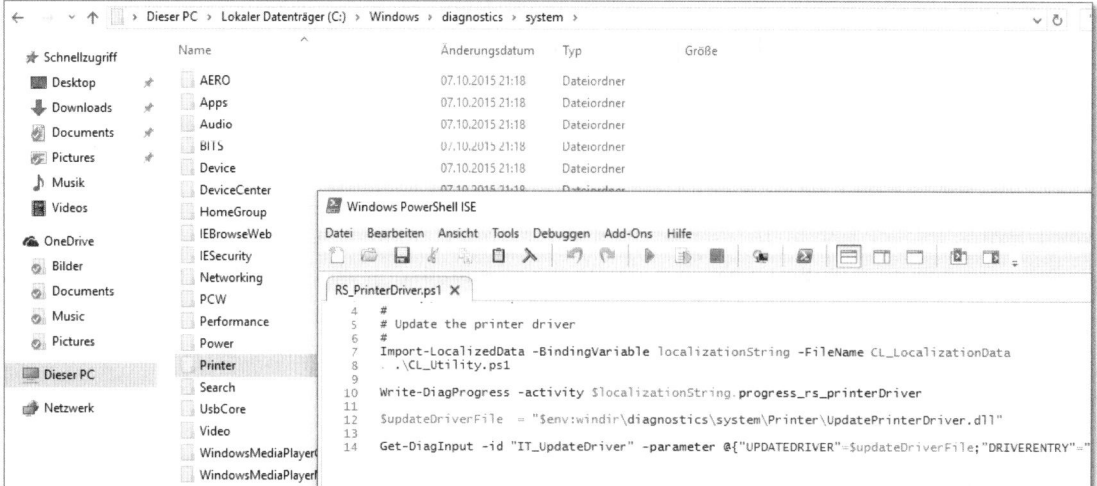

Abbildung 24.17 Die Problembehandlung basiert auf PowerShell-Skripten.

Die Problembehandlung teilt sich in vier große Kategorien auf, die wiederum in weitere konkrete Problemfelder unterteilt sind (Abbildung 24.18).

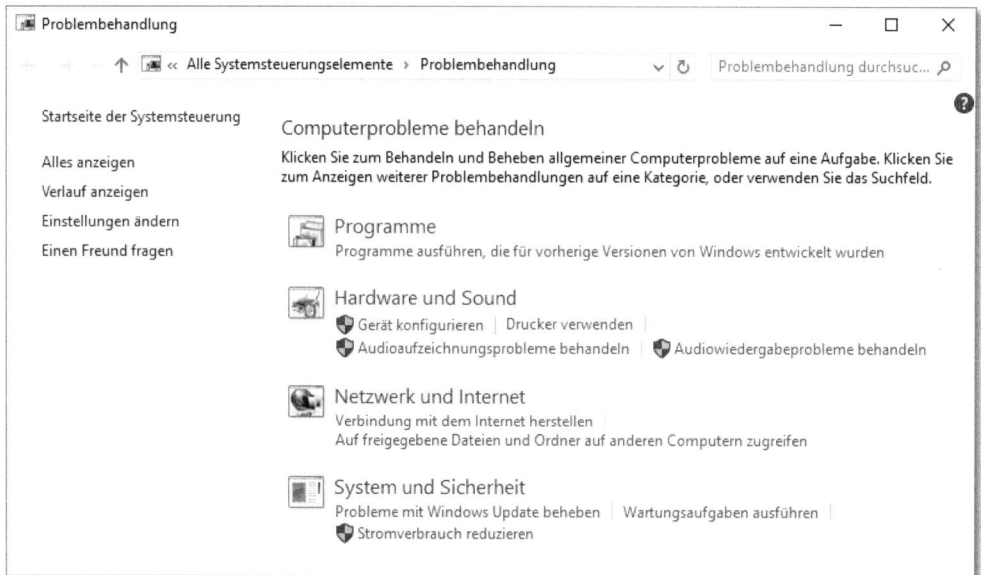

Abbildung 24.18 Die Windows-Problembehandlung

Die prinzipielle Funktionsweise der Problembehandlung können Sie gefahrlos mit einem einfachen Problem nachstellen. In dieser Übung werden wir zunächst den Audiodienst beenden und anschließend von der Problembehandlung reparieren lassen. Folgende Schritte sind notwendig:

1. Rufen Sie die Tastenkombination ⊞ + Ⓡ auf, geben Sie Services.msc ein, und bestätigen Sie mit OK.

2. Suchen Sie in der Liste der Dienste nach dem Dienst WINDOWS-AUDIO.

3. Markieren Sie den Dienst WINDOWS-AUDIO.

4. Klicken Sie mit links auf den Link DEN DIENST BEENDEN (Abbildung 24.19).

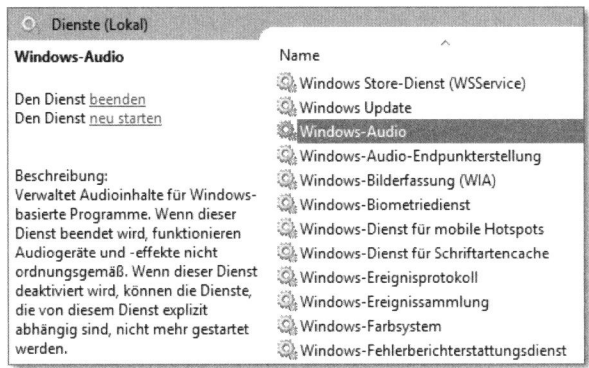

Abbildung 24.19 Den Windows-Audiodienst beenden

Nun haben Sie den Audiodienst beendet, es sollte kein Ton mehr ausgegeben werden. Das Lautsprecher-Symbol in der Taskleiste ist jetzt mit einem roten Kreuz unterlegt. Lassen wir nun die Problembehandlung ihren Dienst verrichten:

1. Rufen Sie die Problembehandlung auf.

2. Wählen Sie den Link HARDWARE UND SOUND.

3. Wählen Sie die Option WIEDERGEBEN VON AUDIODATEIEN, um die Problembehandlung für die Audiowiedergabe zu starten.

4. Klicken Sie auf WEITER.

   In Abhängigkeit von Ihrer Hardware bietet Ihnen Windows nun unterschiedliche Optionen an. Spielen Sie den Assistenten bis zum Ende durch. Der Audiodienst wird dann vollautomatisch gestartet und die Audiowiedergabe funktioniert wieder (Abbildung 24.20).

Falls die Problembehandlung den Audiodienst wider Erwarten nicht automatisch aktiviert hat, wiederholen Sie die Schritte 1 bis 3 und klicken in Schritt 4 auf DEN DIENST STARTEN.

Wie Sie sehen, ist die Problembehandlung ein nützliches, einfach zu bedienendes Werkzeug für die unterschiedlichsten Probleme. Geben Sie der Problembehandlung eine Chance, wenn Sie Fehlersuche und -behebung betreiben. Die Vorgehensweise für die einzelnen Module entspricht grundsätzlich der zuvor beschriebenen.

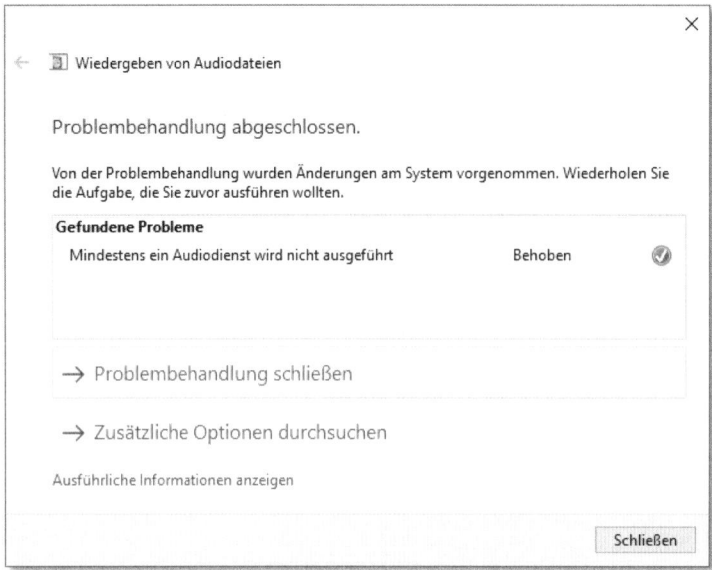

Abbildung 24.20 Die Problembehandlung war erfolgreich.

24.4   Die Ereignisanzeige – Fehlersuche für Profis

Die *Ereignisanzeige* ist ein Profiwerkzeug zum Aufspüren und Diagnostizieren von Problemen mit Anwendungen, Hardware und dem Betriebssystem. Wenn alle Standardtasks versagen, birgt vielleicht die Ereignisanzeige Hinweise auf die Lösung.

24.4.1   Grundsätzliches über Ereignisse

Was sind Ereignisse? Ereignisse sind Informationen, die vom Betriebssystem oder den darauf laufenden Programmen in eine Protokolldatei, das *Ereignisprotokoll*, geschrieben werden.

Ereignisse enthalten unterschiedliche Informationen, die bei der Einordnung und späteren Recherche hilfreich sein können (Abbildung 24.21). Der PROTOKOLLNAME beschreibt, in welchem Protokoll ein Fehler aufgetreten ist, und hilft Ihnen bei einer ersten Einordnung des Fehlers, da die unterschiedlichen Protokolle auch unterschiedliche Problemfelder behandeln.

Die QUELLE des Ereignisses spezifiziert nun genauer, wer oder was das Ereignis geschrieben hat. So kommen z. B. konkrete Applikationen, Komponenten von Windows oder auch Dienste in Betracht.

Die EREIGNIS-ID ist eine der wichtigsten Informationen eines Ereignisses, denn anhand dieser ID lässt sich eine gezielte Fehlerrecherche im Internet durchführen.

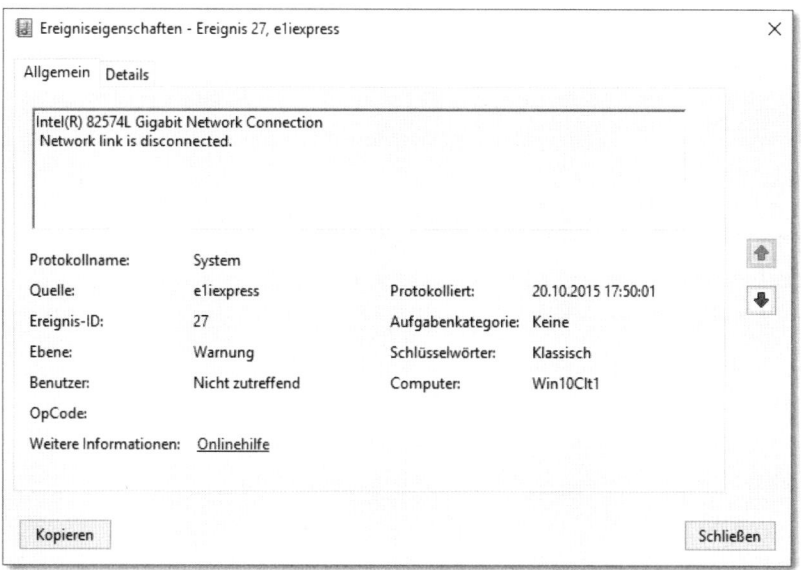

Abbildung 24.21 Ein Ereignis

Die EBENE des Ereignisses gibt Ihnen eine erste Auskunft über den Schweregrad des Ereignisses. Sie erkennen auf einen Blick, ob für ein Ereignis ein akuter Handlungsbedarf besteht oder ob Windows Sie nur über ein Geschehnis informieren möchte.

Auch die Information, ob das Ereignis auf einen bestimmten BENUTZER oder einen bestimmten COMPUTER zutrifft, können Sie den Ereignisdetails entnehmen.

Weiterhin erhalten Sie in einem Ereignis Informationen über den OPCODE (*Operation Code*), die AUFGABENKATEGORIE und die Schlüsselwörter. Diese Informationen können Entwickler nutzen, um die Ereignisse ihrer Anwendung zu konkretisieren – mit Betonung auf *können*. Oft genug bleiben diese Felder jedoch leer und bieten keinen weiteren Ansatz zur Fehlerrecherche.

Grundsätzlich haben wir als Benutzer nur begrenzte Möglichkeiten, festzulegen, ob und welche Ereignisse mitgeschrieben werden, denn das bestimmen die Entwickler der Applikationen und des Betriebssystems selbst. Allerdings können Benutzer *Diagnoseprotokollfunktionen* aktivieren, die zum Teil standardmäßig nicht aktiviert sind. Weiterhin können Sie selbst definierte Überwachungseinträge im Sicherheitsprotokoll mitschreiben lassen.

Die Protokolldateien befinden sich in *%SystemRoot%\System32\Winevt\Logs* und sind im **.evtx*-Format abgespeichert. Die grafische Oberfläche für die Anzeige der Ereignisprotokolle rufen Sie wie folgt auf: Drücken Sie die Tastenkombination ⊞ + X , und klicken Sie auf EREIGNISANZEIGE.

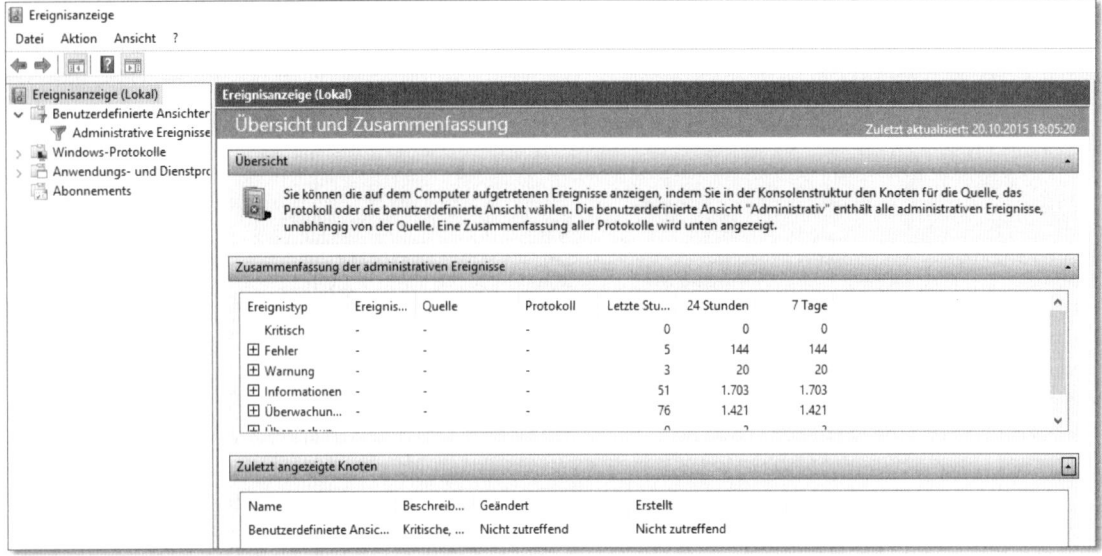

Abbildung 24.22 Die Ereignisanzeige

24.4.2   Den Schweregrad mit Ereignisebenen kategorisieren

Ereignisse werden Ebenen zugeordnet und mit Symbolen gekennzeichnet, um den Benutzer kurz und bündig auf den Schweregrad des auftretenden Ereignisses hinzuweisen. Es gibt die folgenden Ereignisebenen:

▶ *Informationen:* Informationsereignisse zeigen Ihnen eine Änderung an, wenn Sie z. B. einen Dienst gestartet haben, ein Update installiert wurde oder eine Problembehandlung abgeschlossen wurde.

▶ *Warnung:* Hier heißt es bereits: Augen auf! Warnungen haben keinen direkten Einfluss auf die Systemstabilität, können aber weitere Fehler verursachen, wenn die Ursache nicht behoben wird.

▶ *Fehler:* Fehler weisen bereits auf Ereignisse hin, die durchaus eine Systeminstabilität verursachen können – oder bereits verursacht haben. Beispiele wären ein abgestürzter Treiber oder ein abgestürztes Programm.

▶ *Kritisch:* Diese Ebene weist auf kritische Fehler hin, bei denen das System die Waffen gestreckt hat und sich nicht mehr selbst helfen konnte. Die berüchtigtste Fehlermeldung ist wohl das Kernel-Power-Ereignis nach einem Systemabsturz.

Ein Spezialfall ist das *Sicherheitsprotokoll.* Im Sicherheitsprotokoll werden sogenannte *Überwachungseinträge* gespeichert. Hier werden z. B. Anmeldeereignisse mitprotokolliert. Sie können auch eigene Überwachungseinträge generieren, z. B. um die Kontenverwaltung oder Zugriffe auf Daten mitzuloggen. In diesem Protokoll werden die Ereignistypen *Erfolgreich* und *Fehlgeschlagen* geschrieben (Abbildung 24.23).

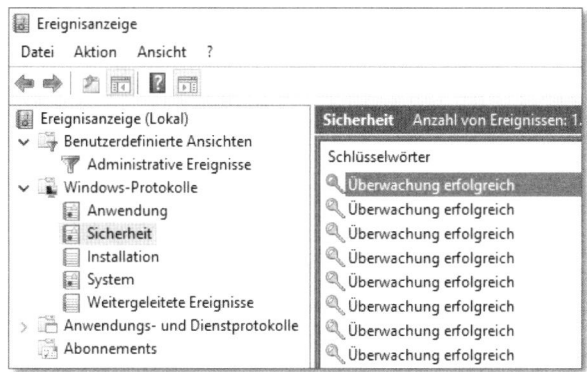

Abbildung 24.23 Im Sicherheitsprotokoll werden erfolgreiche und fehlgeschlagene Überwachungseinträge generiert.

Während in frühen Windows-Versionen nur drei unterschiedliche Ereignisprotokolle vorhanden waren, gibt es in aktuellen Systemen Hunderte unterschiedlicher Logs, die eine Strukturierung und leistungsstarke Filterfunktionen unabdingbar machen.

Die Ereignisanzeige ist in die vier größeren Abschnitte *Benutzerdefinierte Ansichten*, *Windows-Protokolle*, *Anwendungs- und Dienstprotokolle* und *Ereignisabonnements* unterteilt, die wir im Folgenden Schritt für Schritt besprechen.

24.4.3   Benutzerdefinierte Ansichten

Unter *Benutzerdefinierte Ansichten* verbirgt sich ein leistungsfähiges Filter- und Anzeigesystem, das es Ihnen erlaubt, bestimmte Ereignisse aus dem Wust von Protokollen und Ereignissen herauszufiltern. Microsoft hat damit bereits dem Umstand Rechnung getragen, dass der Benutzer durch die Vielzahl der neu hinzugekommenen Protokolle leicht den Überblick verlieren kann bzw. es außerordentlich schwierig ist, Wichtiges von Unwichtigem zu unterscheiden. Daher gibt es ein vordefiniertes Protokoll *Administrative Ereignisse*, dem Sie höchste Beachtung schenken sollten. Dieses Protokoll speichert ausschließlich Warnungen, Fehler und kritische Ereignisse aus administrativen Protokollen. Salopp gesagt: »*Hier steppt der Bär*«, denn reine Informationsereignisse werden Sie in dieser gefilterten Ansicht nicht finden.

Selbstverständlich können Sie auch eigene, benutzerdefinierte Protokolle erstellen. Dies kann zur Fehlersuche, zur Einschätzung der Häufigkeit eingetretener Ereignisse und nicht zuletzt aus Übersichtsgründen hilfreich sein. Im folgenden Beispiel erstellen Sie eine benutzerdefinierte Ansicht, die Ihnen die Probleme mit hängenden Anwendungen aufzeigt. Dazu gehen Sie folgendermaßen vor:

1. Rufen Sie die Ereignisanzeige auf.
2. Wählen Sie auf der linken Seite BENUTZERDEFINIERTE ANSICHTEN aus, und klicken Sie im AKTIONSMENÜ auf der rechten Seite auf BENUTZERDEFINIERTE ANSICHT ERSTELLEN.

3. Haken Sie im Registerreiter FILTER die Option FEHLER an.

4. Klicken Sie im Registerreiter FILTER auf die Schaltfläche PER QUELLE, und wählen Sie aus dem Dropdown-Menü die Quelle APPLICATION HANG aus (Abbildung 24.24).

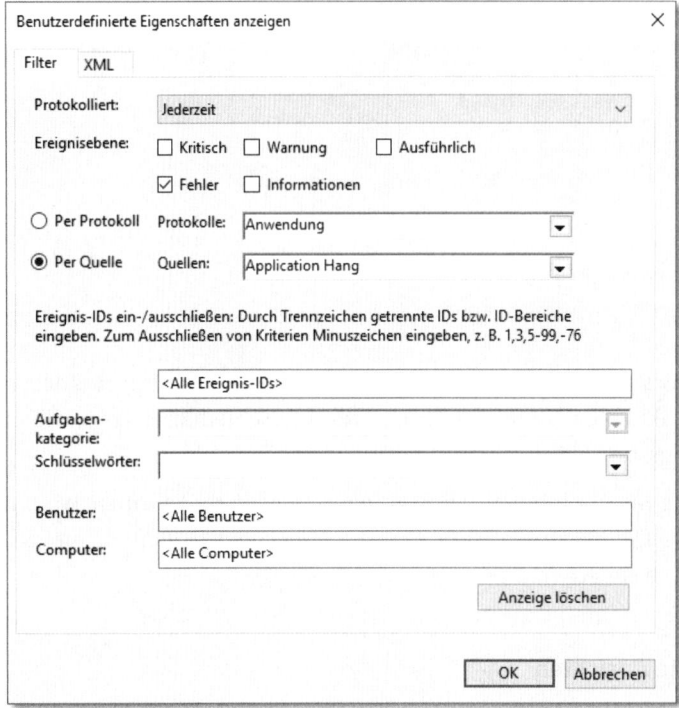

Abbildung 24.24 Auf der Suche nach hängenden Applikationen

5. Klicken Sie nun auf OK.

6. Geben Sie dem Filter einen aussagekräftigen Namen, wie z. B. *Programme, die sich aufgehängt haben*.

Geschafft, Sie haben nun einen Filter erstellt, der Ihnen Auskunft darüber gibt, wie stabil diverse Programme laufen (Abbildung 24.25). Rufen Sie den Filter unter BENUTZERDEFINIERTE ANSICHTEN auf.

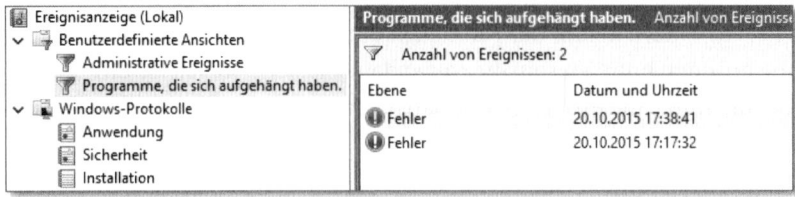

Abbildung 24.25 Zwei Mal Applikations-Hänger

Mithilfe dieser Ansicht lässt sich nun eine gezielte Fehleranalyse betreiben – ohne wildes Herumscrollen in einer endlosen Ereignisliste.

24.4.4   Windows-Protokolle

Die *Windows-Protokolle* umfassen neben den klassischen Protokollen ANWENDUNG, SICHERHEIT und SYSTEM noch die zwei neueren Protokolle INSTALLATION und WEITERGELEITETE EREIGNISSE. Im *Anwendungsprotokoll* sind Sie richtig, wenn Sie Informationen suchen, die Programme geschrieben haben. Im *Sicherheitsprotokoll* finden Sie Überwachungseinträge, z. B. bei Anmeldeereignissen. Das *Installationsprotokoll* zeigt Ihnen Ereignisse rund um Installationsmechanismen innerhalb von Windows auf, also z. B. Windows-Updates oder Feature-Installationen. Das *Systemprotokoll* rufen Sie auf, um Ereignisse von Windows-Systemkomponenten zu analysieren – z. B. fehlgeschlagenes Laden eines Gerätetreibers. In den *Weitergeleiteten Ereignissen* landen standardmäßig Ereignisse, die Sie mit der Ereignisabonnement-Funktion von anderen Rechnern abholen.

Ereignisse durchsuchen

Benutzerdefinierte Ansichten lassen sich am ehesten für eine strukturierte Datenanalyse verwenden. Manchmal stellt sich jedoch der Bedarf nach einer Volltextsuche innerhalb der Ereignisse ein. Hier hilft die Ereignissuche.

Wählen Sie in einem Ereignisprotokoll aus dem Aktionsmenü die Schaltfläche SUCHEN. Tippen Sie nun den Begriff ein, den Sie suchen möchten, und anschließend auf WEITERSUCHEN. Bei einem Treffer springt die Suche direkt zum entsprechenden Ereignis (Abbildung 24.26). Sie können die Suche fortsetzen, indem Sie immer wieder den WEITERSUCHEN-Knopf anwählen.

24

Abbildung 24.26 Eine Volltextsuche in Ereignissen mit Treffer

24.4.5 Anwendungs- und Dienstprotokolle

In den Anwendungs- und Dienstprotokollen finden sich über 200 Ereignisprotokolle, in denen Ereignisse je nach installierten Anwendungen/Komponenten/Diensten festgehalten werden. Diese Protokolle halten Ereignisse fest, die keine systemweiten Auswirkungen haben (Abbildung 24.27). Um alle Protokolle aufzulisten, rufen Sie eine administrative Power-Shell auf und geben den Befehl `Get-WinEvent -ListLog * | Sort-Object LogName` ein.

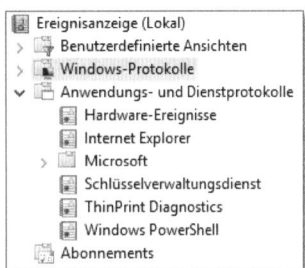

Abbildung 24.27 Die Anwendungs- und Dienstprotokolle

Der Name dieses Protokollsammelsuriums ist etwas unscharf. Weder trägt jede Anwendung bzw. jeder Dienst an dieser Stelle ein eigenes Protokoll ein, noch verbirgt sich hinter den einzelnen Protokollen immer genau das, was es auf den ersten Blick zu sein scheint.

So zeichnet das Protokoll HARDWARE-EREIGNISSE nicht etwa diverse Ereignisse Ihres PCs auf (z. B. Festplatte abschalten, WLAN einschalten), sondern bietet eine Logschnittstelle zum *Baseboard Management Controller*, einem Bestandteil des *Intelligent Platform Management Interface (IPMI)*, der zur Fernverwaltung von Rechnern, in der Regel von Servern, eingesetzt wird. Auch das *Internet Explorer*-Log dient nicht zum Aufzeichnen von Standard-Browserereignissen oder gar Abstürzen, sondern zum Testen der Kompatibilität von Webanwendungen und -seiten mit dem Internet Explorer. Diese Tests führen Sie im Softwareframework *Application Compatibility Toolkit (ACT)* durch, das Microsoft zum kostenfreien Herunterladen bereitstellt.

Ist das wirklich so kompliziert?

Kurz gesagt: Ja, aber das ist nicht besonders schlimm. Viele Ereignisprotokolle dienen sehr speziellen Anwendungsszenarien, die auch professionelle Benutzer unter Umständen nie zu Gesicht bekommen.

Aufgrund der Vielzahl der vorhandenen Protokolle wäre es für Anwender geradezu töricht, alle Ereignisprotokolle im Detail kennen oder gar auswerten zu wollen. Sinnvoll ist hingegen folgendes Vorgehen:

▶ Behalten Sie die administrativen Ereignisse im Auge.

▶ Kümmern Sie sich mithilfe der Ereignisanzeige gezielt um auftretende Probleme.

▶ Filtern Sie Ereignisse, um den Überblick zu behalten.

Die Anwendungs- und Dienstprotokolle lassen sich zur gezielten Fehlersuche nutzen. Microsoft hat innerhalb der Anwendungs- und Dienstprotokolle vier Protokolltypen definiert:

1. **Verwaltungsprotokolle**

   Diese Ereignisse richten sich hauptsächlich an Endbenutzer, Administratoren und Support-Personal. Die Ereignisse in den administrativen Kanälen zeigen ein Problem und eine genau definierte Lösung an, die ein Administrator durchführen kann. Ein Beispiel dafür ist ein Ereignis, das auftritt, wenn eine Anwendung keine Verbindung mit einem Drucker aufnehmen kann. Diese Ereignisse sind entweder gut dokumentiert oder mit einer Meldung verknüpft, sodass Sie Anweisungen erhalten, wie Sie das Problem lösen können.

2. **Betriebsprotokolle**

   Betriebsereignisse werden für die Analyse und Diagnose eines Problems oder Umstands verwendet. Sie können benutzt werden, um je nach Problem oder Umstand bestimmte Tools oder Aufgaben auszulösen. Ein Beispiel dafür ist ein Ereignis, das auftritt, wenn ein Drucker zu einem System hinzugefügt oder aus ihm entfernt wird.

3. **Analytische Protokolle**

   Analytische Ereignisse werden in großen Mengen veröffentlicht. Sie beschreiben Programmoperationen und zeigen Probleme an, die sich durch einen Benutzereingriff nicht lösen lassen.

4. **Debug-Protokolle**

   Debug-Ereignisse werden von Entwicklern verwendet, um Probleme in ihren Programmen zu beheben. Quelle: *http://technet.microsoft.com/de-de/library/cc722404.aspx#BKMK_ApplicationAndServicesLogs*

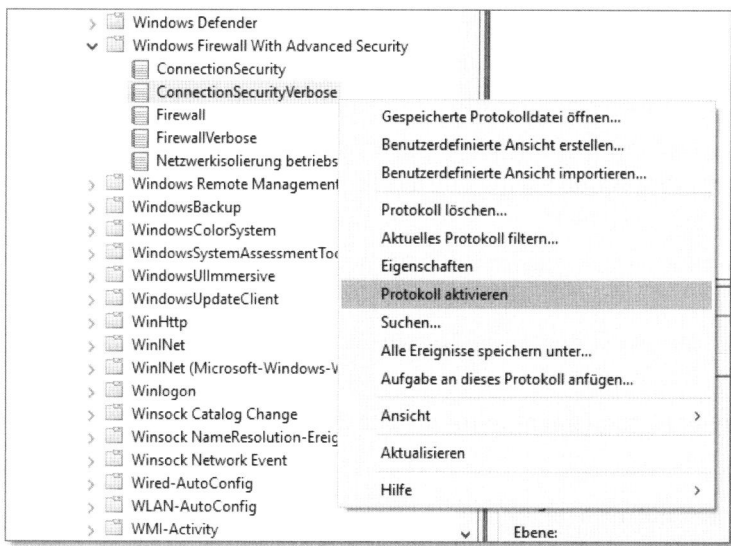

Abbildung 24.28 Ein deaktiviertes Protokoll wird aktiviert.

Manche Protokolle schreiben eine Unmenge von Daten und sind deshalb von vornherein deaktiviert. Diese Protokolle werden zur Fehlersuche und Analyse kurzfristig aktiviert und anschließend wieder abgeschaltet. Um ein deaktiviertes Protokoll zu aktivieren, rufen Sie das betreffende Protokoll mit der rechten Maustaste auf und klicken, wie in Abbildung 24.28 dargestellt, auf PROTOKOLL AKTIVIEREN. Nach der Fehlersuche sollten Sie das Protokoll auf die gleiche Weise wieder deaktivieren.

24.4.6 Ereignisabonnements

Mithilfe der Windows-Ereignisabonnements können Sie Ereignisse von anderen Rechnern regelmäßig abholen – also abonnieren – und auf Ihrem Sammlungscomputer auswerten. Ereignisabonnements basieren auf dem WinRM-Dienst (Windows Remoting). *WinRM* ist die Microsoft-Implementierung des WSMan-Standards (Web Services Management) und erlaubt es, Nachrichten zur Systemverwaltung über das Netzwerk zu übertragen. Das Protokoll arbeitet Firewall-freundlich mit HTTP/HTTPS, läuft jedoch seit Windows 7 standardmäßig über die Ports 5985/5986 und nicht mehr über die Ports 80/443.

Ereignisabonnements sind für größere Netzwerke konzipiert, insbesondere das Zusammenspiel mit der Authentifizierung im *Active Directory* macht die Implementierung sinnvoll und komfortabel. In Heimnetzwerken übersteigt der Aufwand der Einrichtung von Ereignisabonnements den Nutzen in der Regel deutlich, und die Beschreibung würde den Rahmen des Buches an dieser Stelle sprengen.

Der prinzipielle Ablauf der Einrichtung eines Ereignisabonnements ist folgender:

- Auf dem Zielcomputer, auf dem die Ereignisprotokolle eingesammelt werden, aktivieren Sie WinRM mit dem Befehl `WinRM Quickconfig`. Hierbei wird der passende Dienst gestartet, ein HTTP-Listener erstellt und eine Firewall-Ausnahme generiert. Zusätzlich fügen Sie eine Firewall-Ausnahme *Remote-Ereignisprotokollverwaltung* auf dem Zielrechner hinzu.
- In der Windows-Firewall legen Sie in der WinRM-Regel die IP-Bereiche fest, von denen auf diesen Computer zugegriffen werden darf, um die Protokolle einzusammeln (IP des Sammlungsrechners).
- Auf dem Zielrechner muss ein administratives Konto Mitglied der Ereignisprotokoll-Lesergruppe sein.
- Auf dem Sammlungsrechner aktivieren Sie die *Trusted Host List* mithilfe des Befehls `winrm set winrm/config/client @{TrustedHosts="<Zielrechner>"`.
- Richten Sie nun das Ereignisabonnement unter Angabe des entsprechenden Kontos auf dem Zielrechner ein.

Wie Sie sehen, ist die Einrichtung nicht gerade trivial. Eine vollständige Anleitung finden Sie als Bonuskapitel unter der URL *http://Win10Buch.lernschmiede.de*.

24.4.7   Vorgehen bei der Fehlersuche

Um eine konkrete Fehlersuche mit der Ereignisanzeige zu starten, gibt es unterschiedliche Möglichkeiten. Im besten Fall sagt Ihnen das Ereignis selbst, was Sie zu tun haben. Lesen Sie den Beschreibungstext aufmerksam durch, und prüfen Sie, ob Sie den Fehler beheben können (Abbildung 24.29).

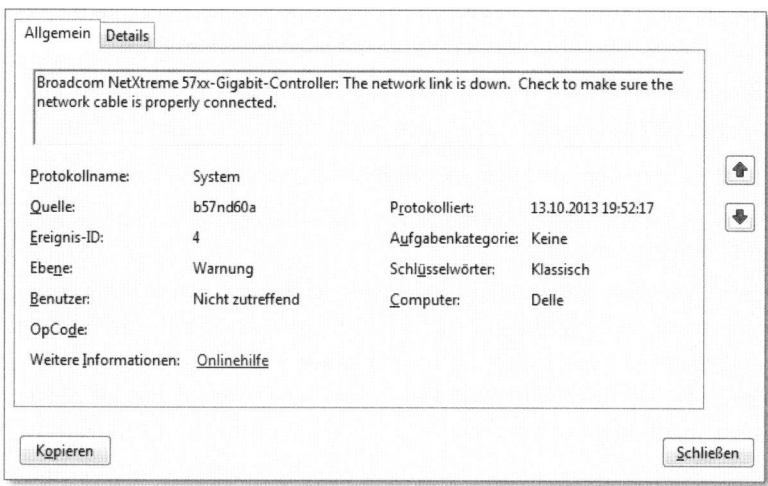

Abbildung 24.29 Kryptische Quelle, aber eindeutige Aussage:
Die Netzwerkkarte hatte keine Verbindung.

Bringt dies keinen Erfolg, sollten Sie nachsehen, ob zu Ihrem Fehler eine Infoseite von Microsoft eingerichtet wurde. Dazu öffnen Sie ein Ereignis mit einem Doppelklick und klicken im Abschnitt WEITERE INFORMATIONEN auf den Link ONLINEHILFE. Bestätigen Sie das Infofenster mit JA. Leider kann auch Microsoft nicht alle Fehler aller Anwendungen kennen, und die Onlinehilfe ist in diesem Fall keine.

Ein weiterer vielversprechender Weg ist die Internetrecherche. Unter der URL *http://www.eventid.net* finden Sie die größte Datenbank rund um Windows-Protokolle. Diese Seite ist *nicht* von Microsoft, aber aus Sicht der Autoren seit über zehn Jahren *die* Anlaufstelle für Probleme, die in Ereignisprotokollen geschrieben wurden. Geben Sie in das Suchfenster auf der Website im linken Feld EVENT ID die Nummer des Ereignisprotokolls ein. Im rechten Feld EVENT SOURCE tippen Sie die Bezeichnung ein, die Sie im Ereignis unter QUELLE finden (Abbildung 24.30).

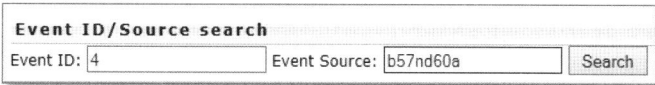

Abbildung 24.30 Suche nach einem Ereignis auf der Website »eventid.net«

Aber auch das kann – wie in diesem Beispiel – fehlschlagen. Leider führt die Suche nicht zum Erfolg. Jetzt bleibt Ihnen noch ein letzter Versuch. Suchen Sie in einer Suchmaschine das Ereignis mit folgender Syntax:

```
event id 4 source b57nd60a
```

Und siehe da: Der erste Treffer verweist wiederum auf *http://www.eventid.net*. Das ganze Geheimnis war, dass die Quelle unterschiedliche Endungen aufweisen kann und daher von der Website unter der Quelle *b57nd60* ohne das *a* geführt wird.

Die Suche mit Suchmaschinen ist unserer Erfahrung nach die effizienteste Methode, da vielleicht andere Support-Foren, Herstellerseiten oder auch Blogs eine Lösung parat haben.

Die effizientesten Ergebnisse erzielten die Autoren mit der Suchmaschine Google.

Hilfen aus dem Internet anwenden?

Eine berechtigte Frage ist: Kann ich bedenkenlos Lösungen (z. B. Registrierungseinträge setzen) aus dem Internet anwenden? Diese Frage ist gar nicht so einfach zu beantworten. Prinzipiell gilt immer: Vorsicht ist ein guter Ratgeber, und Sie haben in der Regel im Fall eines System-GAUs durch eine »Hilfe« aus dem Internet keine Ansprüche gegen jemanden (oder sie lassen sich nur schwer durchsetzen).

Vorschlag: Lassen Sie sich nicht dazu verleiten, irgendeine »Lösungssoftware« zu installieren, die Ihnen am Ende nur Malware ins System bringt. Letztlich bleibt es Ihre Entscheidung. Aber eines sollten Sie vor der Anwendung irgendwelcher Lösungsansätze immer beachten: *Sichern Sie Ihre Daten für den Notfall!* Wenn Sie sich unsicher sind, rufen Sie einen kompetenten Dienstleister an, der dann zwar kostenpflichtig, aber eben auch vor Ort und verantwortlich ist.

24.5   Die Schrittaufzeichnung

Manchmal ist ein Problem oder ein Fehler so verzwickt, dass man selbst nicht mehr weiterkommt. Hier bietet es sich an, Hilfe »von außen« zu holen – wobei »außen« selbstverständlich auch ein Freund oder ein Kollege sein kann.

24.5.1   Wozu Probleme aufzeichnen?

Sie werden es vielleicht nicht glauben, aber viele Problemstellungen bleiben nicht aufgrund ihrer Komplexität ungelöst, sondern weil sich die Kommunikationspartner – also derjenige, der um Hilfe bittet, und derjenige, der Hilfe anbietet – nicht verstanden haben.

▶ *»Wie? In welchem Fenster jetzt?«*

▶ *»Warum? Nein – der andere Knopf ... nicht der Startknopf ...«*

▶ *»Rechtsklick und Kontextmenü ... Kontextmenü! Warum ist da kein Kontextmenü? Nicht in der Modern UI!«*

Wenn Sie bereits selbst einmal Unterstützung bei Windows-Problemen geleistet haben, wissen Sie, wie wichtig es ist, einen Fehler und dessen Kontext so genau wie möglich beschrieben zu bekommen.

Windows 10 bietet Ihnen mit der SCHRITTAUFZEICHNUNG ein Tool an, mit dem Sie Fehler visualisieren können. Sozusagen ein automatisiertes Snipping Tool de luxe mit Zusatzfunktionen, denn: Bilder sagen mehr als tausend Worte. Im ersten Schritt zeichnen Sie Ihren Fehler auf. Dabei werden in allen relevanten Schritten automatisch Bildschirmaufnahmen gemacht. Nach Beendigung Ihrer Aufzeichnungssitzung speichern Sie die Problemaufzeichnung ab und senden sie Ihrem Hilfepartner. Dieser kann nun Schritt für Schritt nachvollziehen, was Ihr Problem ist, und vielleicht Tipps und Hinweise geben, die zur Lösung beitragen.

24.5.2   Einen Fehler mit der Schrittaufzeichnung aufnehmen

In diesem Beispiel nehmen wir an, Sie haben das Problem, dass Sie nicht mehr auf Ihre *eigenen Dateien* zugreifen können. Sie haben sich im Vorfeld informiert, dass Sie in neueren Windows-Systemen *versteckte* Dateien und *Systemdateien* in den Ordneroptionen sichtbar machen müssen, um auf Ihre eigenen Dateien zugreifen zu können. Sie haben sich an einer Anleitung aus einem Forum entlanggearbeitet und sehen nun das Verzeichnis *Eigene Dateien* wieder – können aber immer noch nichts abspeichern. Also beschließen Sie, einen Freund um Hilfe zu bitten:

1. Starten Sie die Windows-Suche mit ⊞, geben Sie Schrittaufzeichnung ein, und drücken Sie die ↵-Taste. Es öffnet sich das Fenster SCHRITTAUFZEICHNUNG (Abbildung 24.31).

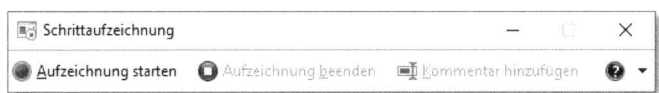

Abbildung 24.31 Die Schrittaufzeichnung

2. Klicken Sie nun auf AUFZEICHNUNG STARTEN.
3. Sie reproduzieren nun Ihr Problem, indem Sie den Windows Explorer öffnen, Ihr Benutzerprofil auswählen und versuchen, EIGENE DATEIEN auszuwählen (Abbildung 24.32).

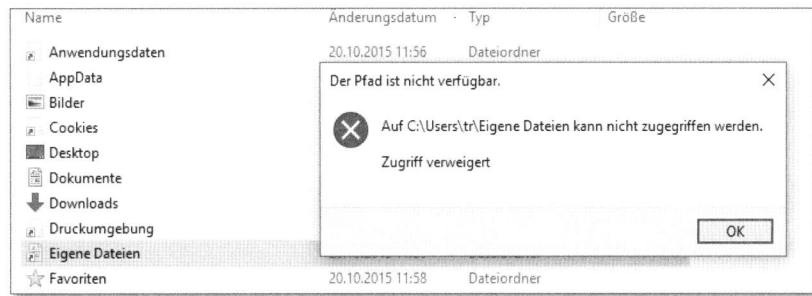

Abbildung 24.32 Der Fehler wird reproduziert, während die Schrittaufzeichnung mitläuft.

PSR – Kommentarfunktion, Bilder und Speicherpfad

Sie können in jedem Schritt weitere Informationen hinzufügen, indem Sie auf KOMMENTAR HINZUFÜGEN klicken und Anmerkungen in das Kommentarfeld schreiben. Die Kommentare werden später in den aufgezeichneten Schritten angezeigt.

Standardmäßig sind Bildschirm-Screenshots aktiviert und umfassen bis zu 25 Bilder. Falls Sie mehr Schritte, also Bilder, aufnehmen möchten, klicken Sie in der Problemaufzeichnung oben rechts auf das Fragezeichen-Symbol und dort auf EINSTELLUNGEN. Nun können Sie die maximale Anzahl der aufzunehmenden Bilder erhöhen, reduzieren oder ganz deaktivieren. In diesem Einstellungsfester können Sie auch den Speicherpfad für die Ausgabedateien festlegen.

---

4. Nachdem Sie Ihr Problem reproduziert haben, klicken Sie auf AUFZEICHNUNG BEENDEN.

Nun öffnet sich automatisch das eben aufgezeichnete Dokument mit den eingebetteten Aufnahmen (Abbildung 24.33). Windows dokumentiert jeden Schritt, den Sie durchgeführt haben. Prüfen Sie nach, ob alle Informationen enthalten sind. Gegebenenfalls können Sie die Aufzeichnung auch einfach schließen und das Problem erneut reproduzieren. Um ein Bild zu vergrößern, klicken Sie einfach darauf.

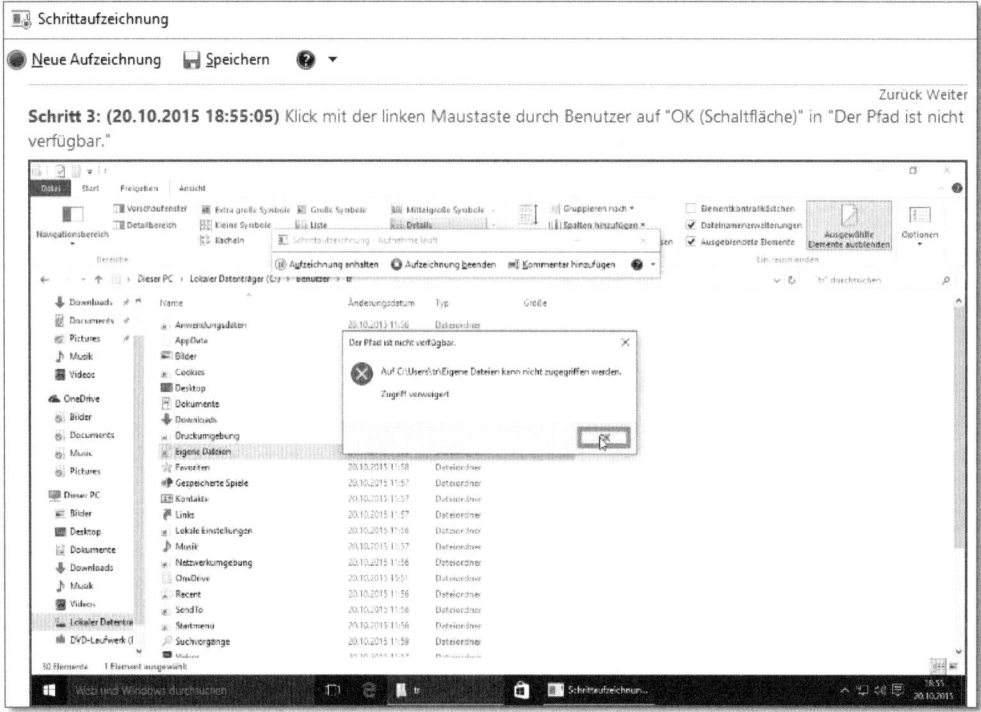

Abbildung 24.33 Die aufgezeichneten Schritte

Wenn Sie mit der Aufzeichnung zufrieden sind, können Sie das Dokument als ZIP-Datei z. B. auf dem USB-Stick abspeichern, um es weiterzugeben, oder per E-Mail versenden.

5. Klicken Sie auf SPEICHERN.

6. Wählen Sie einen Speicherpfad aus, vergeben Sie einen aussagekräftigen Namen, und klicken Sie auf SPEICHERN.

Jetzt können Sie das gespeicherte Dokument Ihrem Hilfepartner schicken.

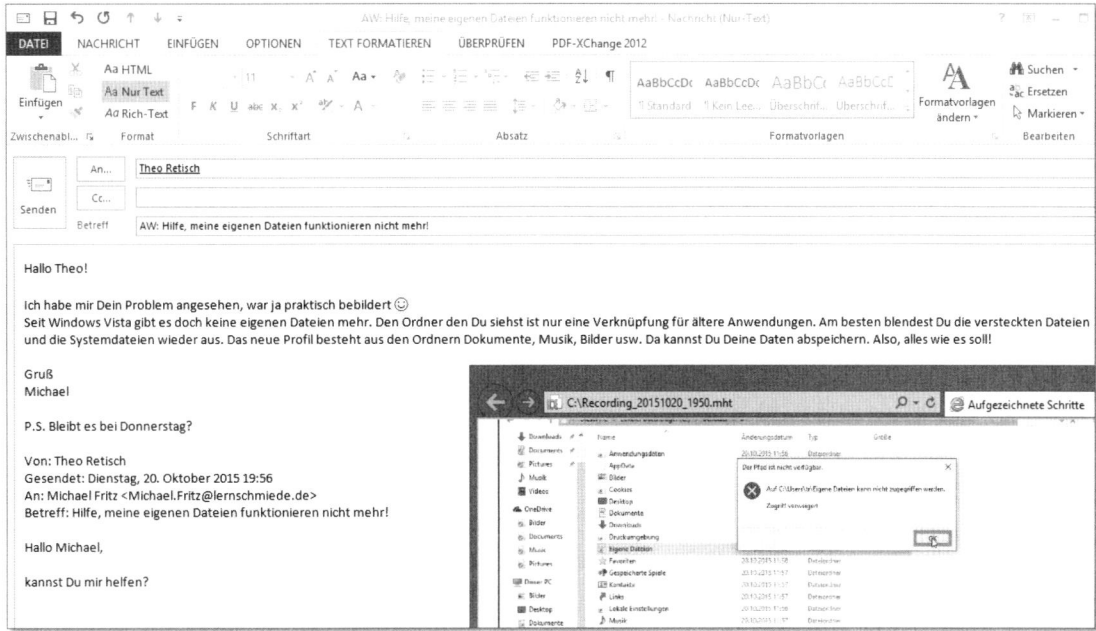

Abbildung 24.34 Problemlösung in Aktion

24.6   Leistungs- und Stabilitätsproblemen auf die Schliche kommen

Wenn Ihr Windows 10 allmählich langsamer werden sollte, sind die Ursachen und Lösungsansätze vielfältig: Vielleicht liegt ein Hardwaredefekt vor, ein Programm ist außer Rand und Band geraten, oder Ihre Hardware ist vielleicht tatsächlich zu schwach für die gewünschten Aufgaben. Bevor Sie Wiederherstellungsmaßnahmen wie etwa den PC zurücksetzen oder gar eine Neuinstallation erwägen, lohnt sich ein Blick auf die Tools, die Windows 10 zur Leistungsüberwachung mitbringt.

24.6.1   Was ist die Leistungsüberwachung?

Die Leistungsüberwachung bietet Ihnen vielfältige Möglichkeiten, Ihr Windows zu überwachen und auszuwerten. Sie rufen die Leistungsüberwachung direkt auf, indem Sie die Tastenkombination ⊞ + R drücken, perfmon eingeben und die ↵-Taste betätigen (Abbildung 24.35).

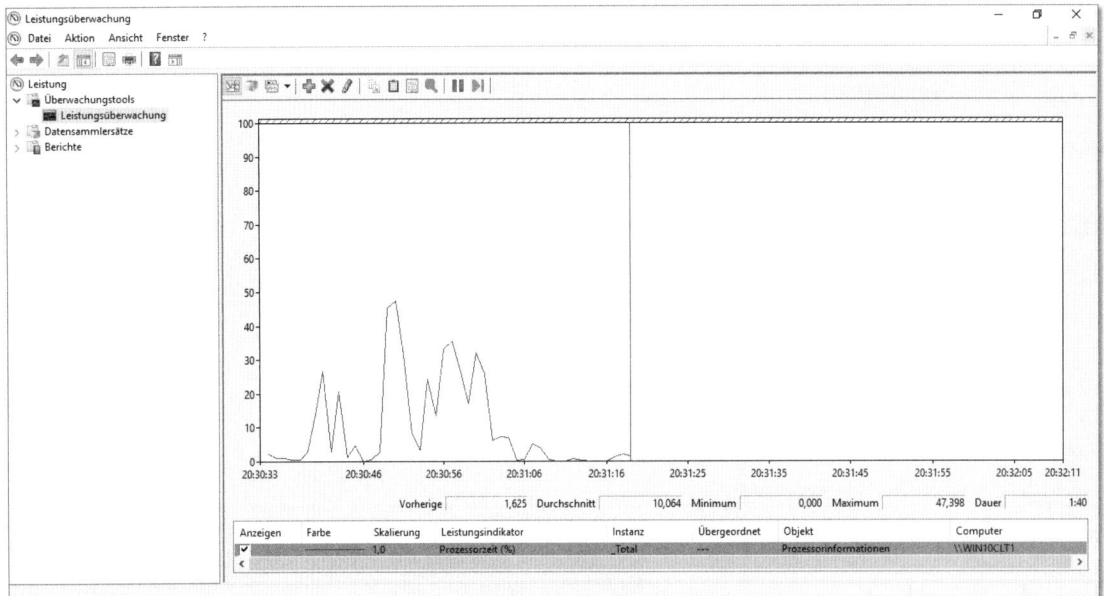

Abbildung 24.35 Die Leistungsüberwachung mit geöffnetem Systemmonitor

Die Leistungstools bestehen aus einigen unterschiedlichen Komponenten. Im Abschnitt ÜBERWACHUNGSTOOLS • LEISTUNGSÜBERWACHUNG befindet sich der SYSTEMMONITOR.

24.6.2   Was macht der Systemmonitor?

Der Systemmonitor ist eine Live-Anzeige, mit deren Hilfe Sie unterschiedliche Messparameter in Echtzeit beobachten können. Diese Messparameter werden als *Leistungsindikatoren* bezeichnet. Sie können dem Systemmonitor Leistungsindikatoren hinzufügen, indem Sie auf das grüne Plus-Symbol klicken. Zur besseren Übersicht sind Leistungsindikatoren in Gruppen zusammengefasst. Unterhalb einer Gruppe befinden sich die einzelnen Leistungsindikatoren.

Unter der Gruppe Prozessor befinden sich z. B. die Leistungsindikatoren *Prozessorzeit, Leerlaufzeit* und *Interrupts* (Abbildung 24.36). Diese Indikatoren lassen sich zum Systemmonitor hinzufügen. Dort können Sie anschließend in einem Graphen die Ausschläge der Indikatoren beobachten.

Sie sollten den Aufwand der Messung von Windows-Leistungsdaten mit dem Systemmonitor nicht unterschätzen. Dreh- und Angelpunkt einer erfolgreichen Messung ist:

1. Die Auswahl der korrekten Indikatoren und das Wissen um ihre Bedeutung. Windows bringt Hunderte Indikatoren mit – teilweise mit zunächst unverständlichen Bezeichnungen (z. B. *DPC-Zeit*). Sie können sich im Fenster LEISTUNGSINDIKATOREN HINZUFÜGEN im unteren Abschnitt einen Beschreibungstext für jeden Indikator anzeigen lassen. Es ist wichtig, zu verstehen, was genau Sie messen, ansonsten wird jede Interpretation sinnlos.

2. Die Interpretation der Ergebnisse. Sie haben also nun *40 C-1-Übergänge je Sekunde* für einen bestimmten Zeitraum gemessen. Aber ist der Wert 40 nun viel oder wenig?

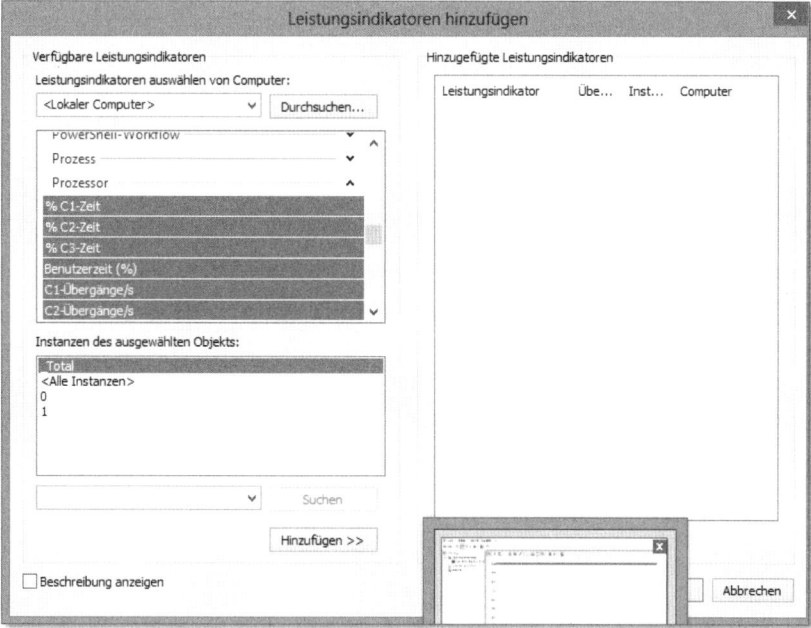

Abbildung 24.36 Leistungsindikatoren unter der Prozessor-Gruppe

Wie Sie sehen, kann die Interpretation von Leistungsdaten sehr zeitaufwendig sein – insbesondere wegen der aufgewendeten Zeit für die Recherche der Messparameter und deren Ergebnisse. Auch Profis haben weder alle Parameter im Kopf, noch wissen sie um jede Bedeutung. Daher wird der Systemmonitor eher für spezialisierte Aufgaben eingesetzt, beispielsweise wenn in einem Dokument der Leistungsindikator und die Messspanne konkret beschrieben sind und eine Messung anhand von Ergebnistabellen eingeordnet werden kann.

Für die wichtigsten Leistungsindikatoren bietet Ihnen Windows 10 ein komfortables Tool, das die Informationen ansprechend visualisiert und ebenfalls in Echtzeit anzeigt: den *Ressourcenmonitor*. Wir behandeln den Ressourcenmonitor in Abschnitt 24.7 ausführlich.

24.6.3   Komfortable Messung: Datensammlersätze

Um der nicht zu ignorierenden Komplexität von Leistungsmessungen Herr zu werden, bietet Ihnen Windows 10 sogenannte *Datensammlersätze* an (Abbildung 24.37). Mit Datensammlersätzen erstellen Sie entweder Datenprotokolle, die Sie in grafisch ansprechenden Berichten analysieren können, oder Leistungswarnungen, mit deren Hilfe Sie beim Über-/Unterschreiten eines bestimmten Werts von zuvor definierten Leistungsindikatoren eine Aktion durchführen können.

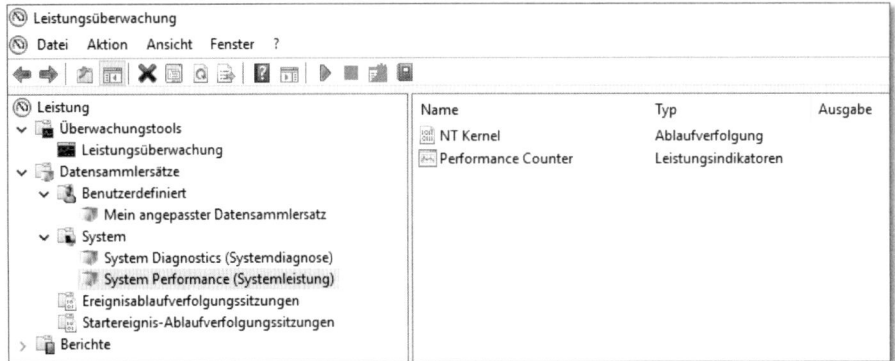

Abbildung 24.37 Datensammlersätze bieten eine einfach zu konfigurierende Leistungsmessung.

Datenprotokolle speisen sich aus drei unterschiedlichen Bestandteilen, die entweder in Vorlagen von Microsoft bereits vorkonfiguriert sind oder die Sie manuell auswählen können (Abbildung 24.38):

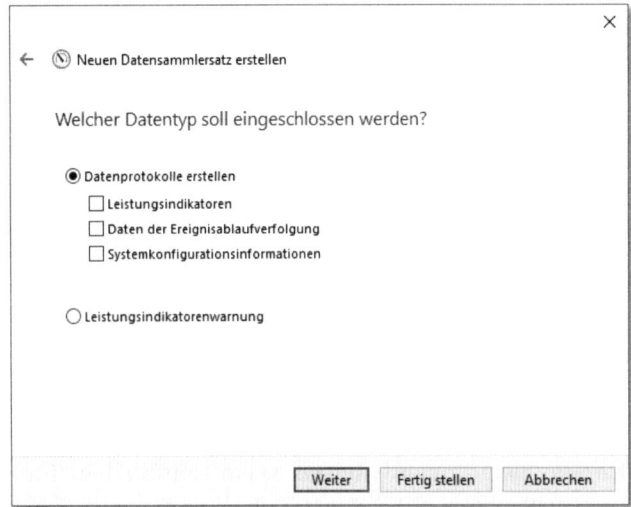

Abbildung 24.38 Beim Erstellen eines neuen Datensammlersatzes können verschiedene Datentypen ausgewählt werden.

▶ *Leistungsindikatoren* erfassen bestimmte Leistungsparameter, wie z. B. die Prozessorzeit, empfangene Bytes auf der Netzwerkschnittstelle oder verfügbare Megabytes im Arbeitsspeicher.

▶ *Systemkonfigurationsinformationen* lesen Registrierungsschlüssel oder WMI-Klassen aus. Insbesondere mit der Windows Management Instrumentation (WMI) haben Sie praktisch Vollzugriff auf sämtliche Windows- und Hardwarekomponenten, deren Bestandteile via WMI ausgelesen werden können.

▶ *Ereignisablaufverfolgungen* stellen sehr detaillierte Daten von Anwendungen und Gerätetreibern bereit, die durch ein seit Windows 2000 implementiertes Puffer- und Protokollsystem im Benutzer-/Kernelmodus des Betriebssystems geliefert werden.

24.6.4 So analysieren Sie Ihren Rechner mit einem Datensammlersatz

Wenn Sie den Eindruck haben, dass Ihr Rechner schwächelt, führen Sie am besten den Systemperformance-Datensammlersatz aus. Dieser Satz enthält einige vordefinierte Leistungsindikatoren. Am Ende der Messung werden Ihnen die Ergebnisse in Berichtsform präsentiert. Führen Sie dazu die folgenden Schritte durch:

1. Starten Sie die Leistungsüberwachung, indem Sie die Tastenkombination ⊞ + Ⓡ drücken, perfmon eingeben und anschließend die ⏎-Taste betätigen.

2. Erweitern Sie die Abschnitte LEISTUNG • DATENSAMMLERSÄTZE • SYSTEM.

3. Klicken Sie mit der rechten Maustaste auf SYSTEM PERFORMANCE, und wählen Sie STARTEN aus (Abbildung 24.39).

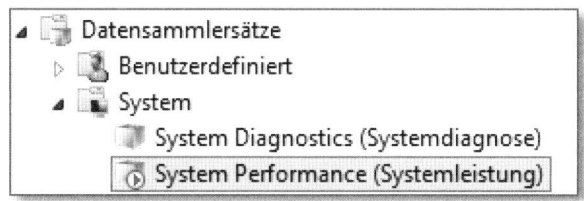

Abbildung 24.39 Ein gestarteter Datensammler

Standardmäßig läuft der Systemperformance-Datensammlersatz 60 Sekunden. Nach dem Start wird im Abschnitt BERICHTE • SYSTEM PERFORMANCE automatisch ein Bericht im Format *IhrPCName_HeutigesDatum_FortlaufendeNummer* erstellt. Nach 60 Sekunden ist der Bericht fertig (Abbildung 24.40).

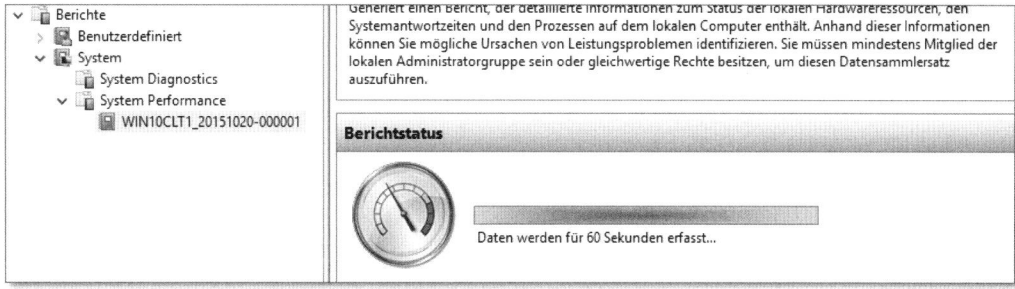

Abbildung 24.40 Die Berichte werden automatisch generiert.

Wechseln Sie zum Abschnitt BERICHTE • SYSTEM PERFORMANCE • *IhrPCName_HeutigesDatum_ FortlaufendeNummer*.

Nun können Sie den Bericht analysieren. Im Abschnitt LEISTUNG sehen Sie mithilfe eines Ampelsystems auf einen Blick, ob ein Leistungsobjekt einen Engpass im System generiert und wenn ja, welches. Dabei kommen die klassischen Signalfarben zum Einsatz: Grün – alles in Ordnung, Gelb – Warnung, und Rot – zu hohe Auslastung. Windows identifiziert auch gleich die Applikation, die in diesem Beispiel die hohe Auslastung verursacht hat, und stellt sie gegenüber dem Benutzer heraus: *Heavyload.exe*, eine Anwendung, um das System einem Stresstest zu unterziehen, die für dieses Beispiel vom Autor installiert wurde (Abbildung 24.41).

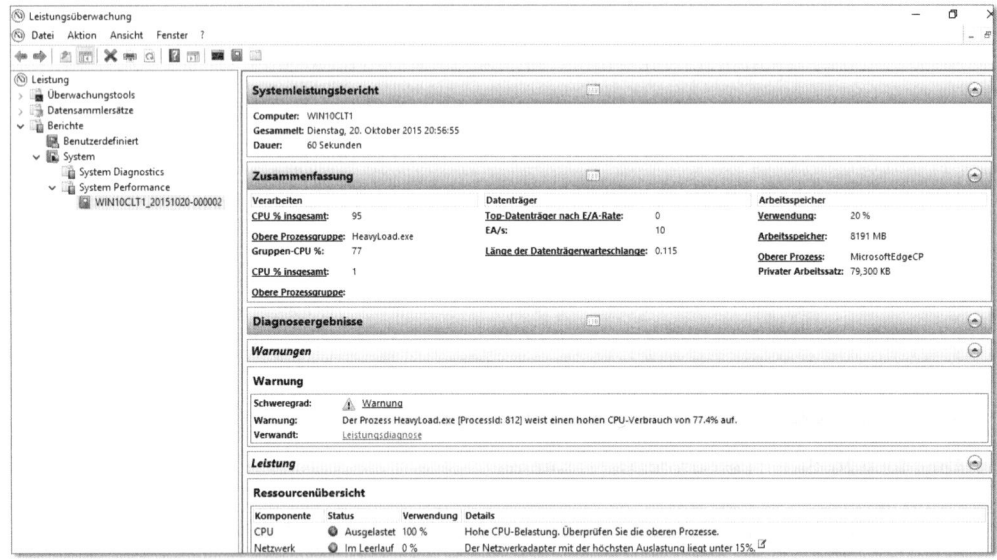

Abbildung 24.41 Eine kritische CPU-Auslastung durch ein Stress-Tool

Im weiteren Verlauf des Berichts werden die Details der mitgeloggten Leistungsobjekte ausführlich dargestellt und am Ende übersichtlich zusammengefasst.

Die Berichte werden in *%Systemroot%\Perflogs* aufbewahrt. Jedoch sollten Sie unbedingt die entsprechenden Windows-Tools zur Auswertung verwenden.

Neben den vordefinierten Systemperformance-Datensammlersätzen können Sie auch eigene Sätze definieren. Wechseln Sie dazu in den Abschnitt DATENSAMMLERSÄTZE • BENUTZERDEFINIERT, und wählen Sie aus dem Kontextmenü NEU • DATENSAMMLERSATZ. Entweder Sie wählen eine vorhandene Vorlage aus, oder Sie kombinieren eigene *Leistungsindikatoren*, *Systemkonfigurationssätze* und *Ereignisablaufverfolgungsobjekte*. Wenn Sie eine Vorlage verwenden, messen Sie zwar die gleichen Inhalte wie bei den Systemvorlagen, können jedoch die Eigenschaften, wie z. B. die Stoppbedingung, manipulieren – was bei vordefinierten Sätzen nicht möglich ist (Abbildung 24.42).

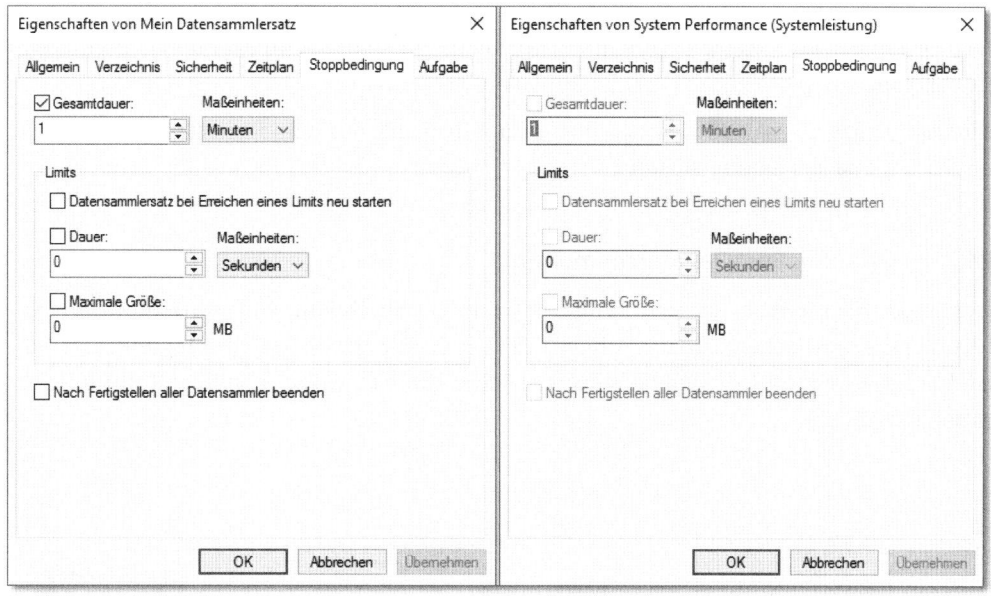

Abbildung 24.42 Vergleich: In eigenen Datensammlersätzen sind Anpassungen möglich, in Systemvorlagen nicht.

Langzeitmessung

Dass die Leistungsmessung an Objekten das Messergebnis selbst beeinflussen kann, ist hinreichend bekannt. Ein Tipp vom Autor: Widerstehen Sie der Versuchung, eine Langzeitmessung durchzuführen, indem Sie z. B. die Stoppbedingung eines Datensammlersatzes auf eine Woche oder dergleichen stellen. Mit derlei Aktionen könnte Ihnen auch auf leistungsstarken Systemen durchaus ein *Denial of Service*, also ein komplettes Lahmlegen des Systems, gelingen. Wirklich.

Besser sind mehrere Messungen mit kurzer Messdauer. Insofern sind die Vorgaben aus den mitgelieferten Vorlagen, z. B. die Performancemessung mit 60 Sekunden, durchaus praktikabel.

24.7 Der Ressourcenmonitor

Ein weiteres Tool zur Echtzeitüberwachung ist der Ressourcenmonitor. Dieses Programm weist vom Handling her Parallelen zum Task-Manager auf, bietet aber umfangreichere Analysemöglichkeiten.

Sie starten den Ressourcenmonitor entweder über die Computerverwaltung mit der Tastenkombination ⊞ + X und einem Klick auf die Schaltflächen COMPUTERVERWALTUNG • LEISTUNG • RESSOURCENMONITOR ÖFFNEN oder via Task-Manager, indem Sie die Tastenkombination $\boxed{\mathsf{Strg}}$ + $\boxed{\Diamond}$ + $\boxed{\mathsf{Esc}}$ drücken und auf MEHR DETAILS klicken, um dann die Registerkarte LEISTUNG • RESSOURCENMONITOR ÖFFNEN auszuwählen, oder auch mit $\boxed{\blacksquare}$ + $\boxed{\mathsf{R}}$, Eingabe von perfmon /res und Betätigen der $\boxed{\hookleftarrow}$-Taste.

Alternativ dazu können Sie den Ressourcenmonitor auch aus dem Registerreiter LEISTUNG des Task-Managers heraus starten.

24.7.1   Der Aufbau des Ressourcenmonitors

Der Ressourcenmonitor ist in fünf Abschnitte aufgeteilt. Davon repräsentieren vier Registerreiter die klassischen Leistungsobjekte *CPU*, *Arbeitsspeicher*, *Datenträger* und *Netzwerk*, und auf dem ersten Register befindet sich eine Übersicht über alle vier Komponenten (Abbildung 24.43).

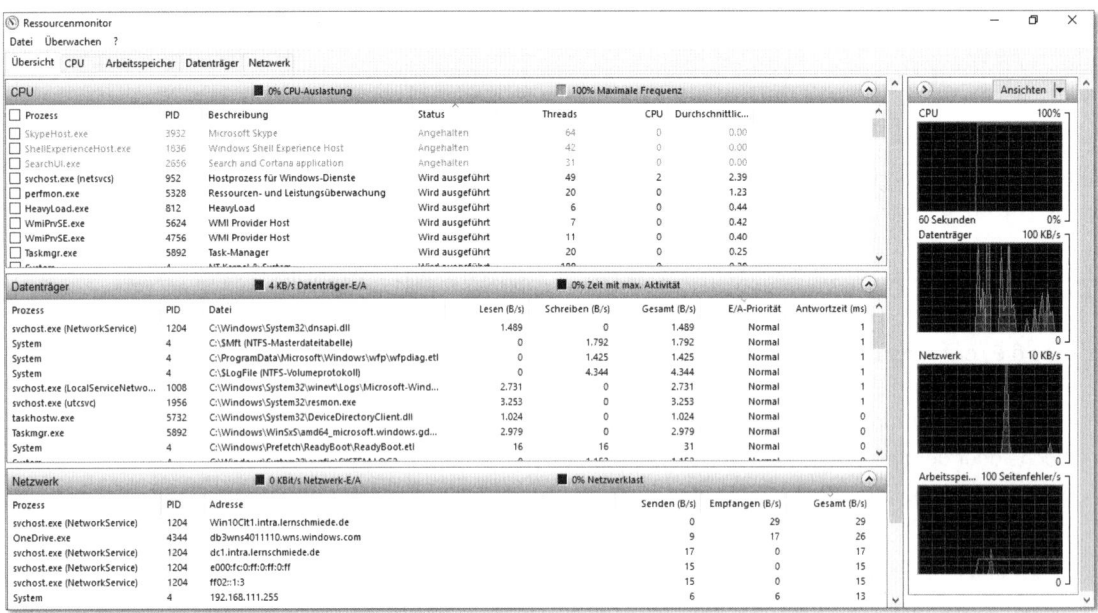

Abbildung 24.43 Der Ressourcenmonitor

In der linken Fensterhälfte finden sich unter jedem Reiter unterschiedliche Menüabschnitte, die zunächst zur besseren Übersicht teilweise verborgen sind. Sie rufen die einzelnen Abschnitte mit dem kleinen Pfeil-Symbol auf der rechten Seite der Abschnittsüberschriften auf. Die einzelnen Menüabschnitte sind in Spalten organisiert, denen Sie letztlich die Messdaten entnehmen.

Tipp

Verweilen Sie mit dem Mauszeiger eine kurze Zeit auf der Spaltenüberschrift, um den jeweiligen Beschreibungstext angezeigt zu bekommen.

In der rechten Fensterhälfte befindet sich die Echtzeitansicht einzelner Komponenten grafisch als Liniendiagramm aufbereitet. Sie können die Ansichtsgröße verändern, indem Sie eine andere Größe im Dropdown-Menü Ansicht auswählen. Falls Ihnen die Echtzeitansicht zu klein bzw. zu eng erscheint, können Sie das Fenster mit gedrückter Maustaste zwischen dem Scroll-Balken der Textansicht und der grafischen Darstellung hin- und herziehen. Die Daten in der Echtzeitanzeige werden in einem Zeitraum von 60 Sekunden dargestellt.

Die Linien in der Echtzeitansicht zeigen Ihnen die Werte unterschiedlicher Leistungsindikatoren an, z. B. die CPU-Auslastung. In manchen Anzeigen finden Sie zusätzlich eine blaue Linie, die wiederum einen anderen Leistungsindikator visualisiert. Welche Indikatoren angezeigt werden, sagen Ihnen die Beschreibungen im Überschriftenfeld des jeweiligen Abschnitts im linken Fenster, die an dieser Stelle auch farbig markiert sind.

24.7.2   Was wird mir angezeigt? Die einzelnen Leistungsobjekte des Ressourcenmonitors

Zu den vier Leistungsobjekten zählen CPU, Arbeitsspeicher, Datenträger und Netzwerk, die im Folgenden beschrieben werden.

Registerreiter »CPU«

Der Registerreiter CPU liefert Ihnen weitreichende Informationen rund um die Prozesse in Ihrem System (Abbildung 24.45). Im Abschnitt Prozesse sehen Sie die derzeit laufenden Prozesse im System. Aktive Prozesse sind schwarz dargestellt. Falls Sie blau markierte Prozesse finden, handelt es sich um Universal Apps (z. B. die Foto-App), die derzeit angehalten sind und bei Reaktivierung mittels Aufruf in Windows ohne Verzögerung wieder zur Verfügung stehen.

In der Überschriftenleiste Prozesse befinden sich auch noch zwei Miniaturansichten der Echtzeitanzeige auf der rechten Seite (Abbildung 24.44). Die *grüne Anzeige* zeigt Ihnen die derzeitige Auslastung Ihres Prozessors inklusive aller Prozessorkerne an. Die *blaue Anzeige* Maximale Frequenz ist nicht ganz so eindeutig. Bei der Anzeige Maximale Frequenz handelt es sich um den Leistungsindikator *% der maximalen Frequenz* der Gruppe *Prozessorinformationen* im Systemmonitor. Wenn Ihr Rechner nominell 2.800 MHz liefert und der Leistungsindikator 2.800 MHz misst, beträgt die maximale Frequenz 100 %. Insbesondere bei Notebooks sind die unterschiedlichsten Stromsparfunktionen aktiv, die die Akkuzeit verlängern. Eine dieser Maßnahmen ist die Verringerung des CPU-Taktes. Wenn die Stromsparfunktion die CPU also kurzfristig auf 1.400 MHz heruntertaktet, stehen Ihnen nur 50 % der maximalen Frequenz zur Verfügung. Dies wird durch die blaue Linie angezeigt.

Abbildung 24.44 Die Miniaturansicht der Leistungsdiagramme

Im Abschnitt DIENSTE finden Sie die Hintergrunddienste des Windows-Systems. Falls ein Dienst einen hohen Ressourcenverbrauch hat, sehen Sie das hier. Der Miniaturansicht CPU-AUSLASTUNG unter DIENSTE entnehmen Sie den Prozentsatz der CPU-Zeit, den die Dienste derzeit für sich beanspruchen.

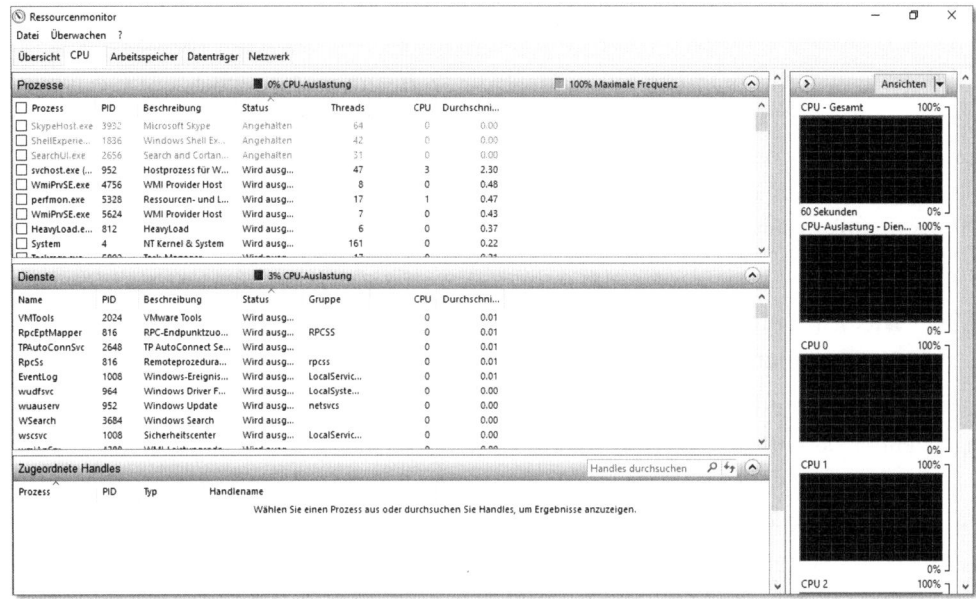

Abbildung 24.45 Mit dem Registerreiter »CPU« kommen Sie den Ressourcenfressern des Prozessors in Echtzeit auf die Schliche.

Im Abschnitt ZUGEORDNETE HANDLES erfahren Sie, auf welchen Systemobjekten derzeit Funktionsaufrufe von Prozessen stattfinden. Allerdings müssen Sie zunächst einen oder mehrere Prozesse im Abschnitt PROZESSE anhaken. Diese Funktion dient gleichzeitig als Filter für den angewählten Prozess – und zwar sowohl für die zugeordneten Handles als auch für die Hintergrunddienste.

In der rechten Spalte finden Sie neben der Gesamtauslastung der CPUs und der CPU-Auslastung für die Hintergrunddienste auch noch eine Anzeige für die CPU-Kerne Ihres Systems. Dies kann je nach Prozessortyp eine ganze Menge sein.

Abgeblendete CPU-Kerne

Vielleicht ist Ihnen während einer Analyse Ihrer CPUs mit dem Ressourcenmonitor aufgefallen, dass ein oder mehrere CPU-Kerne immer wieder abgeblendet werden. Keine Sorge, Ihr Prozessor funktioniert vermutlich noch einwandfrei. Bei abgeblendeten CPU-Kernen werden Sie Zeuge der Energiesparfunktion *Core Parking*. Windows 10 legt bei Bedarf einzelne Kerne »schlafen«, um Strom zu sparen, und reaktiviert sie bei Bedarf blitzschnell wieder.

Registerreiter »Arbeitsspeicher«

Im Register ARBEITSSPEICHER dreht sich alles um das RAM *(Random-Access Memory*, Abbildung 24.46). Im linken Hauptfenster befindet sich einmal mehr die Prozessliste – dieses Mal mit Leistungsindikatoren rund um den Arbeitsspeicher bestückt. Der Miniaturanzeige bzw. dem Liniendiagramm VERWENDETER PHYSISCHER ARBEITSSPEICHER entnehmen Sie den Prozentsatz des derzeit belegten physischen RAM, also ohne Auslagerungsdatei. Arbeitsspeichermangel kann das System extrem ausbremsen, da in diesem Fall die benötigten Daten zunächst von der viel langsameren Festplatte geholt oder auch wieder dorthin ausgelagert werden müssen. Um herauszubekommen, welcher Prozess derzeit am meisten RAM konsumiert, sortieren Sie die Spalte mit einem Klick auf ARBEITSSATZ (KB). Die Filterfunktion mit Klick auf das Kästchen erfüllt hier nur den Zweck, dass der oder die angewählten Prozesse in der Prozessliste ganz nach oben rutschen und dort beobachtet werden können.

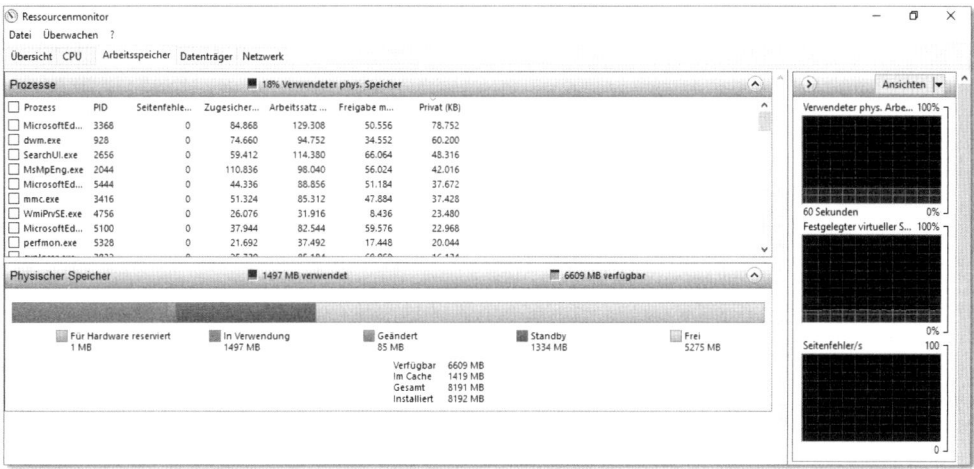

Abbildung 24.46 Die Arbeitsspeicherauslastung

Im Abschnitt PHYSISCHER SPEICHER finden Sie ein übersichtliches Balkendiagramm zum aktuellen Speicherverbrauch. Das Diagramm schlüsselt Ihnen den Speicher auf nach

▶ reserviertem Speicher für die Hardware,

▶ derzeit von Prozessen verwendetem Speicher,

▶ Speicher, der geändert wurde (derzeit nicht verwendet und für die Auslagerungsdatei und danach für den Standby-Bereich vorgesehen),

▶ Speicher, der derzeit nicht in Verwendung ist, aber vorerst noch vorgehalten wird (Standby), und

▶ freiem verfügbarem Speicher.

Die Liniendiagramme auf der rechten Seite zeigen Ihnen neben dem verwendeten *physischen Speicher* auch den festgelegten *virtuellen Speicher*, d. h. wie viel Prozent des gesamten virtuellen Speichers bestehend aus physischem RAM und Auslagerungsdatei in der derzeitigen Sitzung vom System verwendet werden. Weiter unten finden Sie eine Anzeige, die Ihnen sogenannte *Seitenfehler je Sekunde* anzeigt – wobei ein Seitenfehler kein Fehler im eigentlichen Sinn ist, sondern aussagt, dass eine Applikation die benötigten Daten nicht im RAM gefunden hat und erst von der langsameren Festplatte aus der Auslagerungsdatei holen musste.

Registerreiter »Datenträger«

Der Registerreiter DATENTRÄGER hilft Ihnen, Performanceprobleme im Zusammenhang mit Ihrer Festplatte zu identifizieren (Abbildung 24.47).

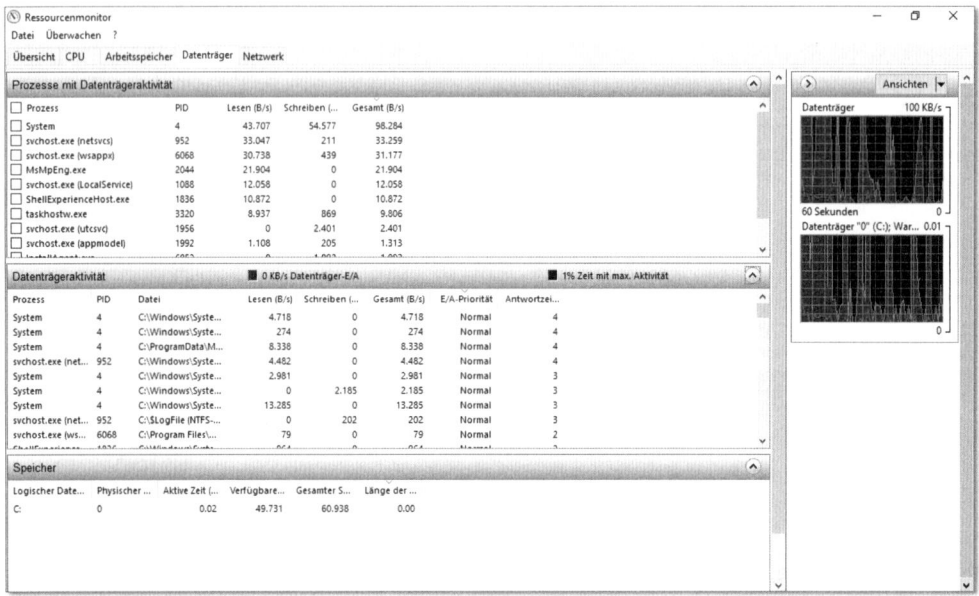

Abbildung 24.47 Die Datenträgeraktivität im Ressourcenmonitor

Im Abschnitt PROZESSE MIT DATENTRÄGERAKTIVITÄT finden Sie eine Übersicht über die Prozesse, die derzeit eine Auslastung auf Ihrem Datenträger verursachen. Links neben jedem Prozess befindet sich ein Kästchen. Wenn Sie ein Kästchen aktivieren, wird ein Filter gesetzt, der nur noch den einen Prozess anzeigt. Neben der PROZESS-Spalte finden Sie die Spalte mit der Prozessnummer (PID), und im rechten Abschnitt zeigen Ihnen die Leistungsindikatoren LESEN, SCHREIBEN und GESAMT die Datenträgeraktivität der einzelnen Prozesse in Byte je Sekunde an.

Performanceprobleme wegen der Festplatte

In der Tat ist die »klassische« Festplatte bei intensiver Nutzung mancher Anwendungen der Flaschenhals im System. In modernen Systemen sind CPU und RAM sehr oft ausreichend dimensioniert. Das Netzwerk verursacht in der Regel keine Performanceprobleme im System. Falls Sie mit festplattenintensiven Anwendungen wie z. B. Hyper-V arbeiten, sollten Sie die Anschaffung einer SSD-Festplatte in Betracht ziehen. Nach Erfahrung der Autoren lohnt sich diese Investition.

Um zu sehen, welcher Prozess die Festplatte derzeit am meisten beansprucht, sortieren Sie die GESAMT-Spalte absteigend.

Dem Abschnitt DATENTRÄGERAKTIVITÄT können Sie zusätzlich entnehmen, welche Dateien auf der Festplatte gerade verwendet werden. Dies ist wichtig, um eine konkrete Ressource bei Lastproblemen verantwortlich zu machen.

Nehmen wir an, Sie arbeiten häufig mit virtuellen Maschinen unter Hyper-V. Im Abschnitt PROZESSE MIT DATENTRÄGERAKTIVITÄT wird Ihnen aber nur der Arbeitsprozess *vmwp.exe* als lastverursachend angezeigt (Abbildung 24.48). Hier kommt der Abschnitt DATENTRÄGER-AKTIVITÄT zum Zug. Ein Klick auf die Spalte GESAMT (B/S) zeigt Ihnen, dass die Hauptlast von einer konkreten virtuellen Maschine erzeugt wird (Abbildung 24.49).

Prozess	PID	Lesen (B/s)	Schreiben (B/s)	Gesamt (B/s)
vmwp.exe	5772	11.989.186	3.100	11.992.285
System	4	396.415	454.552	850.967
vmms.exe	1924	88.414	500	88.913
mmc.exe	4852	4.871	0	4.871
vmconnect.exe	6488	3.473	0	3.473
lsass.exe	696	0	486	486
svchost.exe (netsvcs)	528	357	0	357

Abbildung 24.48 Hyper-V verursacht in diesem Beispiel Last.

Prozess	PID	Datei	Lesen (B/s)	Schreiben (B/s)	Gesamt (B/s)	E/A-Priorität	Antwortzeit (...
System	4	C:_Work\VMs\MXClt1\MXClt1\Virtual Hard Disks\MXClt1_3385...	557.865	91.845.312	92.403.178	Normal	3
System	4	C:_Work\VMs\MXClt1\MXClt1\Virtual Hard Disks\MXClt1.vhdx	292.448	0	292.448	Normal	20
System	4	C:_Work\VMs\MXEX2\mxex2_42676B88-94CB-4964-8A31-9072...	4.437	168.843	173.281	Normal	11
System	4	C:\$LogFile (NTFS-Volumeprotokoll)	0	122.938	122.938	Normal	3
System	4	C:_Work\VMs\MXEX1\mxex1_8C4B9F82-472E-4D6B-B298-6ED4...	10.553	111.494	122.047	Normal	5

Abbildung 24.49 Der Lastverursacher: die virtuelle Maschine »MXClt1«

Das grüne Miniaturdiagramm zeigt Ihnen die gesamte Datenträger-E/A *(Datenträger-Einga-belast/ -Ausgabelast)* je Sekunde an, wobei sich die Maßeinheit (KBYTE/S, MBYTE/S etc.) dynamisch anpasst. Die blaue Anzeige hingegen repräsentiert den Leistungsindikator »Physikalischer Datenträger: Zeit (%)« und zeigt prozentual an, wie lange eine bestimmte Festplatte ausgelastet war. Dieser Wert kann bei stark fragmentierten Platten durch viele kleine Operationen durchaus in die Höhe schnellen, auch wenn dies die Datenträger-E/A gar nicht vermuten lässt.

Im Abschnitt SPEICHER finden Sie schließlich eine Übersicht über Ihre Festplatten und deren Partitionen. Die Spalten geben Ihnen Auskunft über den verfügbaren Restspeicher, den gesamten verfügbaren Speicher und die Länge der Datenträgerwarteschlange. Wenn die Warteschlangenlänge häufig/dauerhaft > 2 liegt, sollten Sie eine Ursachensuche in Betracht ziehen.

Registerreiter »Netzwerk«

Das NETZWERK-Register zeigt Ihnen Daten rund um Ihre Netzwerkverbindungen (Abbildung 24.50).

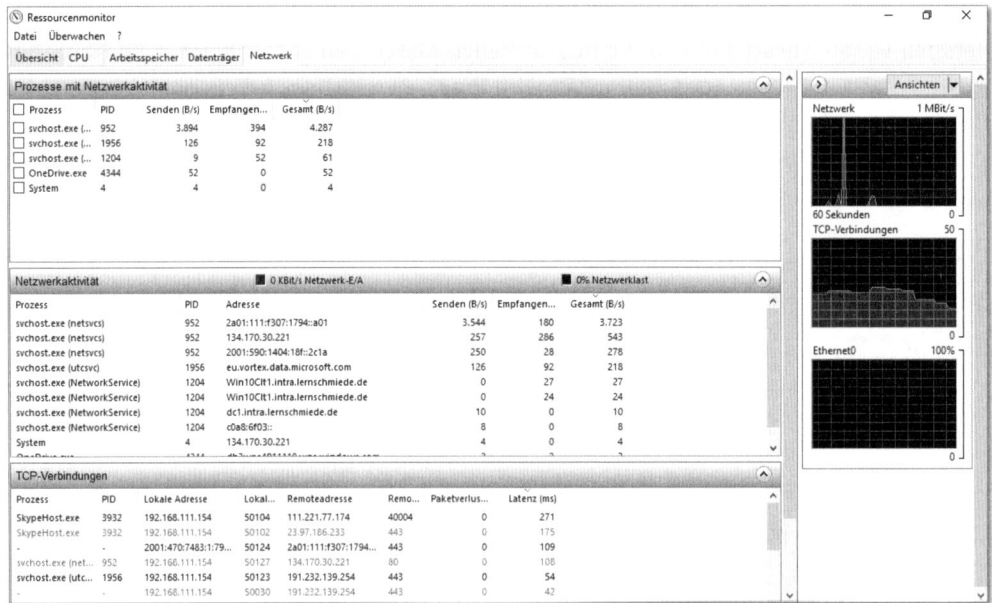

Abbildung 24.50 Netzwerkinformationen im Ressourcenmonitor

Der Abschnitt PROZESSE MIT NETZWERKAKTIVITÄT bietet Ihnen eine Übersicht über die Prozesse, die derzeit Daten senden oder empfangen. Wie in den anderen Registerreitern können Sie die Prozesse mit einem Klick auf das Kästchen links neben dem Prozess filtern, um die Netzwerkaktivität eines bestimmten Prozesses nachzuverfolgen. Auch die Sortierfunktion der gesendeten bzw. empfangenen Bytes/s (Maßeinheit dynamisch) oder der Gesamtzahl der übertragenen Daten bietet Hinweise auf lastverursachende Prozesse.

Im Abschnitt NETZWERKAKTIVITÄT werden die Prozessaktivitäten genauer aufgeschlüsselt. Neben den Prozessnummern (PID) sehen Sie die einzelnen Adressen, mit denen ein Prozess aktuell kommuniziert, und einmal mehr die Anzahl der gesendeten/empfangenen Daten. Vielleicht werden Sie erstaunt darüber sein, wohin Ihr System überall »telefoniert«.

Die grüne Miniaturanzeige Netzwerk-E/A visualisiert die Gesamtzahl des derzeitigen Datendurchsatzes, und die blaue Anzeige gibt Ihnen Aufschluss über den derzeitigen Datenverkehr in Relation zum möglichen in Prozent.

Der Abschnitt TCP-Verbindungen bietet Ihnen die feinste Aufschlüsselung der Verbindungen. Hier werden Ihnen sowohl die einzelnen Verbindungen zwischen Ihrem Rechner und einem Ziel (z. B. einer Website) als auch die Quell- und Zielports angezeigt. In der Spalte Latenz zeigt Ihnen der Ressourcenmonitor die Verzögerungszeit an, mit der das Ziel abgerufen wird.

Im letzten Abschnitt Überwachungsports werden Ihnen schließlich die Prozesse angezeigt, die Netzwerkverbindungen annehmen können. Neben der Prozess-ID, der Adresse und dem Port wird Ihnen zusätzlich das Transportprotokoll angezeigt (TCP oder UDP) und ob die Windows-Firewall diese Verbindung auf Basis von Bedingungen (eingeschränkt/nicht eingeschränkt) zulässt oder ablehnt (zulässig/nicht zulässig).

Die Liniendiagramme auf der rechten Seite visualisieren Ihnen den Gesamtdurchsatz, die Anzahl der Netzwerkverbindungen, die Ihr System aktuell hält, sowie die Auslastung in % der einzelnen Netzwerkschnittstellen in Ihrem System.

24.8   Die Systemstabilität mithilfe des Zuverlässigkeitsverlaufs beurteilen

Wenn Sie Ihr System eine Weile in Betrieb haben, stellt sich unter Umständen irgendwann eine »gefühlte Systemstabilität« ein – entweder in Richtung *»Alles paletti, mein Windows läuft traumhaft«* oder vielleicht eher in der Variante *»Mist, hier geht ja gar nichts mehr«*. Allerdings: Die Überprüfung ist bisweilen schwierig. Die Ereignisprotokolle geben nur über einen begrenzten Zeitraum hin Aufschluss, und als Anwender notiert man sich schließlich auch nicht jeden Absturz oder Hänger einer Applikation handschriftlich.

Für diese Fälle hat Ihr Windows 10 ein Tool an Bord, das die gefühlte Systemstabilität in harte Zahlen und eine grafische Ansicht gießt: den Zuverlässigkeitsverlauf.

Sie öffnen den Zuverlässigkeitsverlauf, indem Sie die Taste ⊞ drücken, Zuverlässigkeitsverlauf eingeben und dann die ⏎-Taste drücken (Abbildung 24.51).

Die grafische Anzeige der Systemstabilität bildet ein zweigeteiltes Liniendiagramm ab. Auf der horizontalen Achse ist der Zeitraum festgehalten. Sie können die Anzeige mit einem Klick auf den blauen Link Tage/Wochen entsprechend einstellen.

Die vertikale Achse ist zweigeteilt. Oben befindet sich eine Skala von 1 bis 10, die Ihnen die Systemstabilität visualisiert, wobei 10 »keine Fehler – System stabil« bedeutet. Beginnend mit der Systeminitialisierung nach dem Kauf/der Installation, läuft die Linie auf der 10 entlang. Registriert das System einen Fehler, macht die Linie einen Knick nach unten und »erholt« sich über die Zeit wieder.

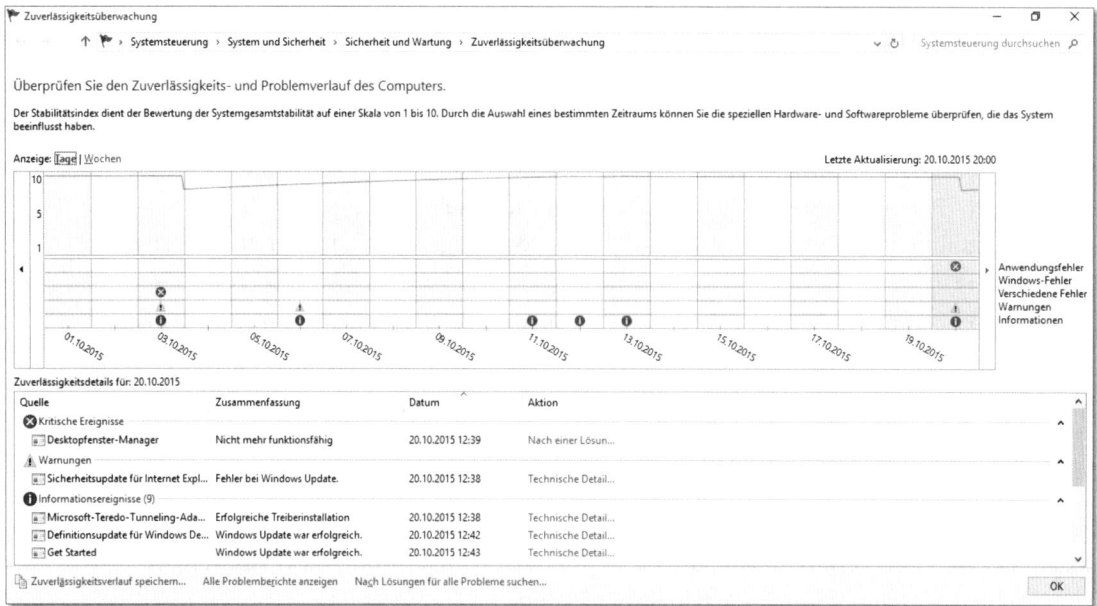

Abbildung 24.51 Der Zuverlässigkeitsverlauf zeigt Ihnen die Systemstabilität über einen längeren Zeitraum.

Im unteren Abschnitt werden die stabilitätsgefährdenden Fehler in der Symbolik der Ereignisanzeige angezeigt. Ein Klick auf ein Symbol öffnet eine Detailansicht, die die Fehler im gewählten Zeitraum (Tage oder Wochen) mit einer Beschreibung anzeigt.

Ein Doppelklick auf den Fehler liefert Ihnen nun detailliertere Informationen zum Fehler.

Abbildung 24.52 Da hat sich das Fenster wohl verabschiedet.

Aus der Praxis heraus müssen Sie nicht jedem einzelnen Fehler nachspüren. So hat ein beliebiges Programm immer wieder einmal Schluckauf, der beim nächsten Update behoben wird, ein fehlerverursachender Treiber funktioniert bei der zweiten Installation plötzlich wie erwartet, oder Windows hatte einfach mal wieder einen Neustart nötig. Sollten Fehler jedoch regelmäßig und gehäuft vorkommen, begeben Sie sich auf die Suche nach der Ursache.

24.9   Tipps zur erfolgreichen Fehlersuche, Prävention und Lösungsansätze

Die erfolgreiche Fehlersuche hängt in vielen Fällen von einer strukturierten Herangehensweise ab. Die Situation ist klar: Ein Fehler tritt mit ziemlicher Sicherheit genau dann auf, wenn er so gar nicht passt. Sie müssen z. B. dringend ein Dokument drucken, die Hausarbeit muss bis morgen fertiggestellt werden, die PowerPoint-Präsentation sollte umgehend ... etc. Was Sie jetzt nicht tun sollten, ist:

- ▶ in Hektik zu verfallen
- ▶ alle möglichen »Tricks« aus dem Internet an Ihrem System zu testen, ohne genau zu wissen, was Sie tun
- ▶ irgendwelche Tools zu installieren, deren Auswirkung Sie nicht abschätzen können

Ein solches Handeln ist zwar nachvollziehbar, erhöht aber signifikant die Chance, alles nur noch zu verschlimmern. Ihr Windows 10 ist ein komplexes Produkt, und mit jeder Anwendung darauf steigt die Komplexität, also auch die Fehleranfälligkeit, an. Eine Auflistung von konkreten Fehlern in einem Buch käme vielleicht dem Seitenumfang zugute, aber nicht Ihnen. Es gibt derart viele Hardware- und Softwarekonfigurationen im Zusammenspiel mit Windows 10, und jedes Software-Update stellt eine potenzielle Fehlerquelle dar. In der Regel wurde genau *Ihr* Fehler nicht behandelt.

Besser ist es, eine strukturierte Fehlersuche zu betreiben.

24.9.1   Prävention

Aus Gründen der Prävention sollten Sie die folgenden Tipps beherzigen:

- ▶ Ihre persönlichen Daten sind die wichtigsten. Sichern Sie Ihre Daten regelmäßig auf externen Medien. Dann ist auch der Zugriff gewährleistet, wenn Ihr System defekt ist. Die Möglichkeiten, die Ihnen Windows 10 bietet, finden Sie in Abschnitt 17.5.
- ▶ Halten Sie Ihr Windows mit Windows Update aktuell (siehe Abschnitt 23.4). Das Gleiche gilt für Ihre Anwendungen und vor allem für Sicherheitssoftware.
- ▶ Deaktivieren Sie nicht ohne Grund die Schutzfunktionen von Windows: SmartScreen, Windows Defender (siehe Abschnitt 23.5) Windows-Firewall (siehe Kapitel 13), Benutzerkontensteuerung (siehe Abschnitt 23.2), geschützter Modus im Internet Explorer etc.

24

► Nutzen Sie Originaltreiber vom Hersteller und halten Sie Ihre Treiber aktuell (siehe Abschnitt 23.10).

► Installieren Sie keine Software aus nicht vertrauenswürdigen Quellen.

24.9.2   Der Fehlerfall: Ruhe bewahren

Wenn ein Fehler im System auftritt, sollten Sie die Ruhe bewahren und den Fehler klassifizieren. Beispielsweise ist eine nicht funktionierende Fotoverwaltungssoftware, mit der Sie Ihre Urlaubsbilder sortieren möchten, vielleicht nicht ganz so dringend und kann noch bis nächste Woche warten. Anders sieht es aus, wenn Sie als Fotograf mit Ihrer Software Kundenbilder verwalten.

Sie sehen: Es handelt sich um den gleichen Fehler, aber mit unterschiedlichen Auswirkungen. Ruhe hilft bei einer strukturierten Fehlersuche unglaublich viel. Falls Sie feststellen, dass die Fehlerbehebung durchaus noch etwas Zeit hat, können Sie das Problem in aller Ruhe strukturiert angehen. Wenn nicht, gilt der Notfall.

24.9.3   Notfall

Im Notfall benötigen Sie Ihre Daten, eine bestimmte Systemfunktion (Drucken) oder eine Anwendungsfunktion mit höchster Priorität wieder. Ziehen Sie folgende Möglichkeiten in Betracht:

► Versuchen Sie an Ihre Nutzdaten zu kommen. Falls die Daten nicht auf einem externen Medium liegen, versuchen Sie sie dorthin zu kopieren, z. B. auf einen USB-Stick. Versuchen Sie die Arbeit auf einem zweiten System fertigzustellen. Freunde, Bekannte oder Dienstleister helfen im Notfall mit einem System zum Drucken oder einem geliehenen Notebook aus. Vielleicht haben Sie ja auch ein Zweitsystem im Zugriff.

► Setzen Sie das System auf einen früheren Wiederherstellungspunkt zurück (siehe Abschnitt 17.2).

► Versuchen Sie das Problem mit der Funktion PC zurücksetzen in den Griff zu bekommen (siehe Abschnitt 17.3).

► Wenn gar nichts mehr geht, zögern Sie nicht, professionelle Unterstützung zu suchen. In jeder Stadt gibt es »PC-Notdienste«, die versuchen werden, Ihr Problem zu lösen. Informieren Sie sich vorher über die Kosten, und wägen Sie diese gegen die erwartete Einschränkung (z. B. keine Abgabe der Hausarbeit, Präsentation ...) ab. Die Kontaktdaten des Microsoft-Supports erhalten Sie unter der URL *https://support.microsoft.com/de-de*.

► Auch Notdienste oder der Microsoft-Support können nicht zaubern, und manchmal gibt es einfach keine schnelle Lösung. In diesem Fall sollten Sie den Ärger über die versagende Technik etwas zurückstellen und an Alternativen arbeiten – sei es an einer Erklärung, warum ein Dokument nicht fertiggestellt werden konnte, oder an der Vorbereitung einer Präsentation in freier Rede und mit klassischen Präsentationsmitteln (z. B. Flipchart).

24.9.4   Allgemeine Fehlersuche

Wenn ein Fehler auftritt, bietet es sich an, zunächst die hauseigenen Tools von Windows 10 zu nutzen:

▶ Rufen Sie zunächst die Problembehandlung auf, und sehen Sie nach, ob ein Problem Ihrem Fehler entspricht (siehe Abschnitt 24.3). Anschließend lassen Sie den Lösungsassistenten versuchen, das Problem zu beheben.

▶ Prüfen Sie Sicherheit und Wartung auf Fehlerhinweise (siehe Abschnitt 24.1).

▶ Sie werden lachen, die Autoren nicht: Speichern Sie Ihre Daten, und starten Sie das System einmal durch.

▶ Versuchen Sie den Fehlerzeitpunkt einzugrenzen: Trat der Fehler nach der Installation eines neuen Programms, Treibers oder Windows-Updates auf? Dann versuchen Sie eine Deinstallation oder das Zurücksetzen auf einen Wiederherstellungspunkt (siehe Abschnitt 17.2).

▶ Nutzen Sie die Ereignisanzeige, um detailliertere Hinweise auf eine Fehlerursache zu bekommen (siehe Abschnitt 24.4).

▶ Bitten Sie einen fachlich kompetenten Kontakt um Unterstützung. Der kann den Fehler mit der Problemaufzeichnung reproduzieren und lösen (siehe Abschnitt 24.4). Alternativ dazu besteht die Möglichkeit, eine Fernwartungssitzung durchzuführen. Bei einer Fernwartung geben Sie Ihren Rechner über das Netzwerk/Internet für eine Person frei, die sich auf Ihren Rechner verbindet und versucht, Sie bei der Lösung zu unterstützen. Windows bietet dazu das hauseigene Tool *Remoteunterstützung* an. Während die Remoteunterstützung in lokalen Netzwerken sehr gut funktioniert, kommt es nach Erfahrung der Autoren bei der Remoteunterstützung via Internet immer wieder zu Problemen mit PNRP, dem *Peer Name Resolution Protocol*. Dieses Protokoll löst Namen mithilfe von IPv6 und Teredo für den Zugriff aus dem Internet auf. Als zuverlässige Alternative empfehlen die Autoren das für den Privatgebrauch kostenfreie Tool *TeamViewer*.

24

24.9.5   Systemfehler, Start- und Leistungsprobleme

Bei Systemfehlern, Start- und Leistungsproblemen beachten Sie bitte Folgendes:

▶ In diesen Fällen ist das Ereignisprotokoll der erste Anlaufpunkt (siehe Abschnitt 24.4).

▶ Prüfen Sie Ihre Systemleistung mit dem Ressourcenmonitor (siehe Abschnitt 24.7).

▶ Bei Startproblemen hilft eventuell ein Blick in die Startdatenbank BCD (siehe Abschnitt 20.3), eine Lösung könnte die automatische Startreparatur herbeiführen (siehe Abschnitt 17.6). Ein weiterer Ansatz ist die automatische Startprotokollierung. Hierfür rufen Sie aus den erweiterten Startoptionen die Option STARTPROTOKOLLIERUNG AKTIVIEREN auf. Nach dem Neustart befinden sich in der Datei *%Systemroot%\ ntbtlog.txt* Informationen darüber, welche Systemtreiber beim Start geladen wurden und welche nicht.

▶ Scannen Sie das System mit der systemeigenen Funktion `sfc /scannow` aus einer administrativen Eingabeaufforderung heraus.

▶ Scannen Sie die Festplatte mit dem Befehl `chkdsk` aus einer administrativen Eingabeaufforderung heraus. Werden Ihnen Fehler angezeigt, reparieren Sie diese mit dem Befehl `chkdsk /f`.

24.9.6   Probleme mit Geräten

Bei Problemen mit Geräten liegt die Fehlerursache nahezu immer an Treiberproblemen:

▶ Prüfen Sie auf der Herstellerseite nach, ob Ihr Gerät mit Windows 10 kompatibel ist.

▶ Nutzen Sie den Hersteller-Support, Sie haben dafür bezahlt.

▶ Laden Sie den aktuellsten Gerätetreiber herunter, und installieren Sie ihn, wie in Abschnitt 23.10 beschrieben. Eventuell müssen Sie vorher ältere Gerätetreiber entfernen.

24.9.7   Probleme mit Anwendungen

Bei Problemen mit Anwendungen gehen Sie wie folgt vor:

▶ Prüfen Sie auf der Herstellerwebsite, ob Ihr Programm mit Windows 10 kompatibel ist.

▶ Nutzen Sie den Hersteller-Support, Sie haben dafür bezahlt.

▶ Nutzen Sie die Windows 10-Kompatibilitätsmodi, indem Sie in der Problembehandlung die Programmkompatibilität auswählen und der Anwendung eine frühere Windows-Version vorgaukeln.

24.9.8   Hilfe aus dem Web

Das Internet kann bei der Fehlersuche eine große Hilfe sein. Microsoft bietet mit der MS-Answers- und der Technet-Community einen zentralen Anlaufpunkt für Hilfe rund um Windows. Die MS-Answers-Foren sind hierbei als Anwenderforen konzipiert, die Technet-Foren bieten Hilfe im professionellen Bereich inklusive Serveranwendungen. Die professionelle Aufmachung und die teils hoch kompetenten Forumsteilnehmer verleiten manchen Fragesteller dazu, zu glauben, dass diese Foren eine offizielle Support-Dienstleistung mit einem Recht auf die Beantwortung der eigenen Fragen sind. Um es kurz zu machen: Nein, es besteht kein Anspruch auf Antworten.

Die Community ist sehr hilfsbereit und insgesamt sehr kompetent. Aktiv sind sowohl Microsoft-Mitarbeiter als auch Microsoft-nahe Benutzer. Hier wird Ihnen sicher gern geholfen, wenn Sie Ihrerseits ein paar Grundregeln einhalten:

1. Beachten Sie die Forenregeln.

2. Niemand ist begeistert, wenn er immer wieder die gleiche Frage beantworten muss. Nutzen Sie ruhig die Suchfunktion, um zu erfahren, ob Ihre Frage bereits gestellt wurde.

3. Sie haben keinerlei Anspruch darauf, dass Ihnen ein offizieller Microsoft-Mitarbeiter hilft. Mit derlei Forderungen verärgern Sie eher diejenigen, die zufällig eine Lösung für Ihr Problem parat haben.

4. Stellen Sie Ihre Frage so detailliert wie möglich. Geben Sie die Fehlerursache, die Begleitumstände und Daten zu Ihrem System mit an. Fragen wie *»Der Mist geht nicht mehr, warum?«* helfen keinem weiter und fallen auf den Fragesteller zurück.

5. Wenn nach einigen Stunden noch niemand geantwortet hat: Geduld. Nach einigen Tagen können Sie Ihre Frage noch einmal wiederholen.

Sie finden die Foren unter:

▶ *http://answers.microsoft.com/de-de*
▶ *http://social.technet.microsoft.com/Forums/de-DE/home*

Kapitel 25
Windows PowerShell

Windows 10 verfügt zwar über eine komfortable grafische Oberfläche, doch manchmal ist ein Ausflug in die Kommandozeile von Vorteil. Insbesondere bei der Automatisierung über Skripte und der Massenverarbeitung von Daten.

In diesem Kapitel gehen wir der Frage nach, wozu und wie Microsofts *Windows PowerShell* (im Folgenden nur *PowerShell* genannt) genutzt wird. Grundsätzlich handelt es sich bei der PowerShell um ein mächtiges Werkzeug für Administratoren. Doch auch bei der Verwaltung von Windows-Clients bietet sie hilfreiche Dienste an, und zwar immer dann, wenn es um die Automatisierung von Aufgaben geht. Allerdings werden Sie dabei den Komfort von grafischen Benutzeroberflächen ein Stück weit hinter sich lassen und um einen Ausflug in die Kommandozeile nicht herumkommen.

Bevor Sie gleich loslegen und die Kommandos ausführen, hier noch eine Bitte: Wie Sie lesen werden, können Sie mit der PowerShell mit oftmals wenig Aufwand sehr viele Aktionen durchführen, beispielsweise alle Dateien oder Benutzerkonten auf einen Rutsch bearbeiten. So einfach und schnell das auf der einen Seite ist, so gefährlich ist es auf der anderen, insbesondere wenn Sie Ihre produktive Umgebung mit der PowerShell verwalten. Außerdem sind Tipp-, Flüchtigkeits- und Druckfehler nie ganz auszuschließen. Führen Sie die Kommandos deshalb bitte zunächst ausschließlich in einer abgeschlossenen Testumgebung aus. Und erst dann, wenn Sie genau wissen, was Sie tun, wagen Sie sich an Ihre produktive Umgebung.

25.1 Wozu PowerShell?

Die einen lieben sie, die anderen hassen sie: die PowerShell als Kommandozeilen- und Skripting-Lösung. Spätestens seit der Einführung des Exchange Servers 2007 ist die PowerShell ein mächtiges Administratorwerkzeug. Bei dieser Version war es erstmals so, dass es zwar nach wie vor eine grafische Verwaltungskonsole gab, diese aber nicht alle Aspekte der Exchange-Verwaltung abdeckte. Manche Funktionen fanden sich ausschließlich in der PowerShell wieder, darunter die Konfiguration der *öffentlichen Ordner*. Diese Entscheidung führte zu einigem Unmut unter den Exchange-Administratoren, war doch bis dahin die umfangreiche Bereitstellung einer ausgefeilten grafischen Oberfläche ein wichtiges Merkmal von Windows-Umgebungen gewesen. Microsoft rüstete daraufhin im Service Pack 1 des Exchange Servers 2007 die grafische Verwaltung der öffentlichen Ordner zwar nach, aber die von Microsoft seit einigen Jahren eingeschlagene Richtung mit der PowerShell ist deutlich zu erkennen: Immer mehr Administrationsaufgaben sind immer öfter ausschließlich über die PowerShell verfügbar.

Dieses Prinzip ist heute nicht nur auf den Exchange Server beschränkt. Sie finden es beispielsweise auch bei SharePoint, Skype for Business (ehemals Lync) und – für uns besonders interessant – selbst bei der Verwaltung von Windows-Clients. Auch Dritthersteller bieten inzwischen für ihre Produkte eine PowerShell-Unterstützung an, beispielsweise *Citrix* und *VMware*.

Ziele der PowerShell

Warum hat Microsoft diesen Weg einer konsequenten Ausrichtung hin zur PowerShell eingeschlagen? Wo liegen die Vorteile? Diese lassen sich grob in drei Punkten zusammenfassen:

1. **Ersatz für cmd.exe**

   Die Kommandozeile über *cmd.exe* ist schon lange veraltet. Verfügen Sie über Erfahrungen in den diversen Shells aus dem Linux-Umfeld, können Sie über die eingeschränkten Möglichkeiten von *cmd.exe* nur lachen – zu Recht!

   Die PowerShell holt hier stark auf und führt ähnliche Konzepte ein, wie die Pipeline, die unter Linux schon lange zum guten Ton gehören.

2. **Ersatz für den Windows Script Host**

   Der *Windows Script Host (WSH)* kam und kommt auch heute noch als skriptbasierte Automatisierungslösung mit seinen Sprachen *VBScript* und *JScript* zum Einsatz. So werden beispielsweise Ihre Dateien mit der Endung *.vbs* vom WSH ausgeführt.

   Mit der PowerShell können Sie wie in *cmd.exe* interaktiv Kommandos absetzen, die sofort ausgeführt werden, oder auch Skripte bereitstellen, die Sie entweder bei Bedarf oder automatisiert über die *Aufgabenplanung (Task Scheduler)* ausführen. Kurioserweise lautet die Dateiendung der PowerShell-Skriptdateien *.ps1*. Was dabei diese ominöse *1* bedeutet (Windows 10 bringt die aktuelle Version 5.0 der PowerShell mit), werden wir in Abschnitt 25.4 noch klären.

3. **Produktübergreifende Administration**

   Die produktübergreifende Administration ist vielleicht sogar das wichtigste Ziel. Auch in den Zeiten vor der PowerShell gab es natürlich Befehle für die Kommandozeile, die in *cmd.exe*, Batch- oder CMD-Dateien ausgeführt wurden. So gut wie jedes Produkt hat einen Stapel solcher Befehle mitgebracht. Schwierig war aber deren unterschiedliche Umsetzung. Das fing schon beim Namen der Befehle an, ging weiter mit den unterschiedlichen Konventionen, wie Parameter und Argumente übergeben wurden, und endete damit, auf welche Weise das Ergebnis des Aufrufs zurückgeliefert wurde. Und schlimmer noch: Eine produktübergreifende Zusammenarbeit dieser Befehle war nur selten möglich, und wenn doch, dann oft nur mit erheblichem Aufwand.

   Bei der PowerShell spielt es keine große Rolle, woher die Befehle stammen – ob von Windows, Exchange, SharePoint, vom SQL Server etc. So wäre es durchaus möglich, mit einem SQL-Serverbefehl die Datensätze einer Datenbanktabelle auszulesen, beispielsweise von einer Anwendung der Personalabteilung, die Informationen über neue Mitarbeiter enthält, um dann daraus im nächsten Schritt mithilfe der Exchange-Befehle Benutzerkonten samt Postfach anzulegen. Egal, woher die Befehle stammen, sie werden stets auf dieselbe Art und Weise eingesetzt – ein unschätzbarer Vorteil, der in der Praxis viel Zeit spart.

Durch das Erfüllen dieser Ziele eignet sich die PowerShell besonders in zwei Situationen:

1. Bei der Automatisierung über Skripte, die bei Bedarf oder über Mechanismen wie den Aufgabenplaner gestartet werden.

2. Bei Massenoperationen, bei denen Aktionen nicht nur ein einzelnes Mal, sondern sehr oft durchgeführt werden, beispielsweise das Anlegen von Benutzerkonten oder Änderungen an deren Eigenschaften.

Auch wenn die Arbeit mit der PowerShell für viele eine gewisse Umstellung erfordert und insbesondere der Einstieg in die zum Teil recht komplexe Syntax anfänglich viel Kopfzerbrechen verursacht, werden Sie mit der Zeit die Flexibilität und Geschwindigkeit, mit der diverse Aktionen durchgeführt werden können, schätzen lernen. Der Einstieg in die PowerShell ist etwas einfacher, wenn Sie bereits mit anderen Programmier- oder Skriptsprachen gearbeitet haben, insbesondere wenn Sie über Kenntnisse in Perl verfügen, da die Syntax an vielen Stellen vergleichbar ist. Sollten Sie noch nie programmiert haben, stellen Sie sich darauf ein, in Zukunft nicht nur mit Schleifen, Variablen und Operatoren zu arbeiten, sondern auch mit Klassen und Objekten. Diese Techniken sind für einen sinnvollen PowerShell-Einsatz sehr wichtig, weshalb wir sie in diesem Kapitel auch eingehend betrachten.

25.2   Start der PowerShell

Im Gegensatz zu den Windows-Servern ist das PowerShell-Symbol bei Windows 10 standardmäßig nicht in der Taskleiste enthalten. Suchen Sie stattdessen einfach nach powershell (im Startmenü finden Sie einen separaten Ordner »Windows PowerShell«). Mit dem gefundenen Eintrag öffnet sich die PowerShell in der klassischen Ansicht, die doch sehr an die alte Eingabeaufforderung *cmd.exe* erinnert (Abbildung 25.1).

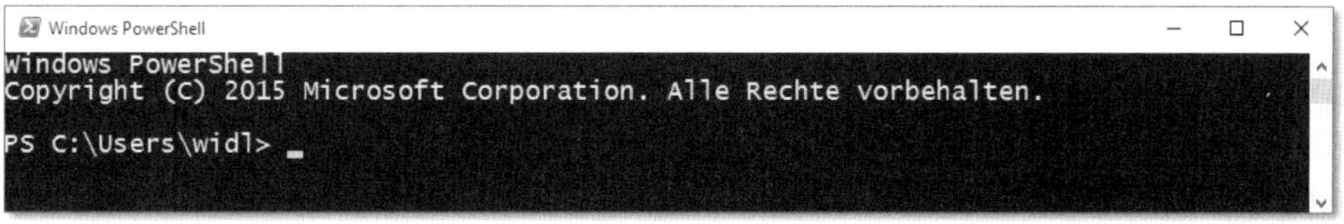

Abbildung 25.1 Die klassische Ansicht der PowerShell

Am besten heften Sie das PowerShell-Symbol gleich an die Taskleiste (rechte Maustaste auf das PowerShell-Symbol und dann den Befehl PROGRAMM AN TASKLEISTE ANHEFTEN wählen). Damit haben Sie die PowerShell deutlich schneller im Zugriff.

Diese klassische Ansicht eignet sich insbesondere für die interaktive Arbeit mit der Power-Shell, wenn es nur darum geht, schnell ein oder wenige Kommandos auszuführen. Für aufwendige und komplexe Kommandos ist die klassische Ansicht aber weniger geeignet.

25.2.1   Windows PowerShell Integrated Scripting Environment (ISE)

Als Alternative können Sie auf das *Windows PowerShell Integrated Scripting Environment* (im Folgenden kurz *ISE* genannt) zurückgreifen (Abbildung 25.2). Um ISE zu starten, bemühen Sie wieder das Startmenü oder klicken mit der rechten Maustaste auf das PowerShell-Symbol in der Taskleiste. Im Kontextmenü befindet sich der Befehl zum Start von ISE.

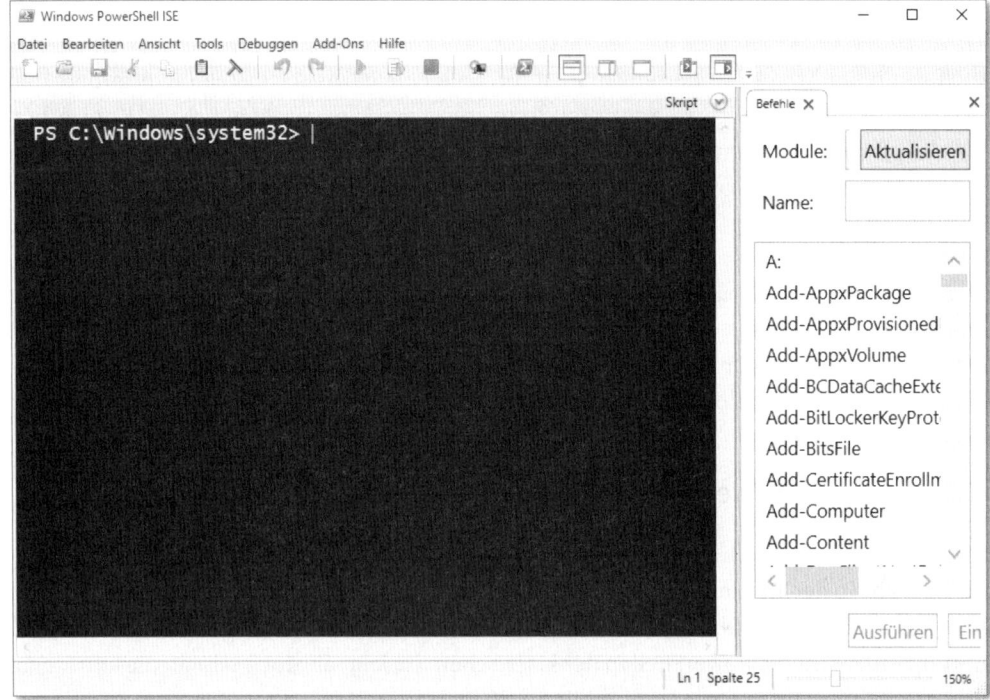

Abbildung 25.2 Windows PowerShell ISE

Im Hauptteil von ISE sehen Sie wie bei der klassischen Variante die Eingabemöglichkeit für Ihre Kommandos. Allerdings werden Sie in ISE schnell einige Vorteile erkennen. Beginnen Sie beispielsweise einen Befehl durch die Eingabe von Get-, zeigt ISE daraufhin eine Auswahl aller Befehlsnamen, die so beginnen (Abbildung 25.3).

Entwickler kennen dieses Verhalten von Microsoft *Visual Studio* unter dem Begriff *Intelli-sense*. Doch ISE bietet Ihnen noch weiteren Komfort: Am rechten Bildschirmrand sehen Sie die aktuell verfügbaren Kommandos. Wählen Sie ein Kommando aus, werden Ihnen zu diesem die verfügbaren Parameter angezeigt (Abbildung 25.4).

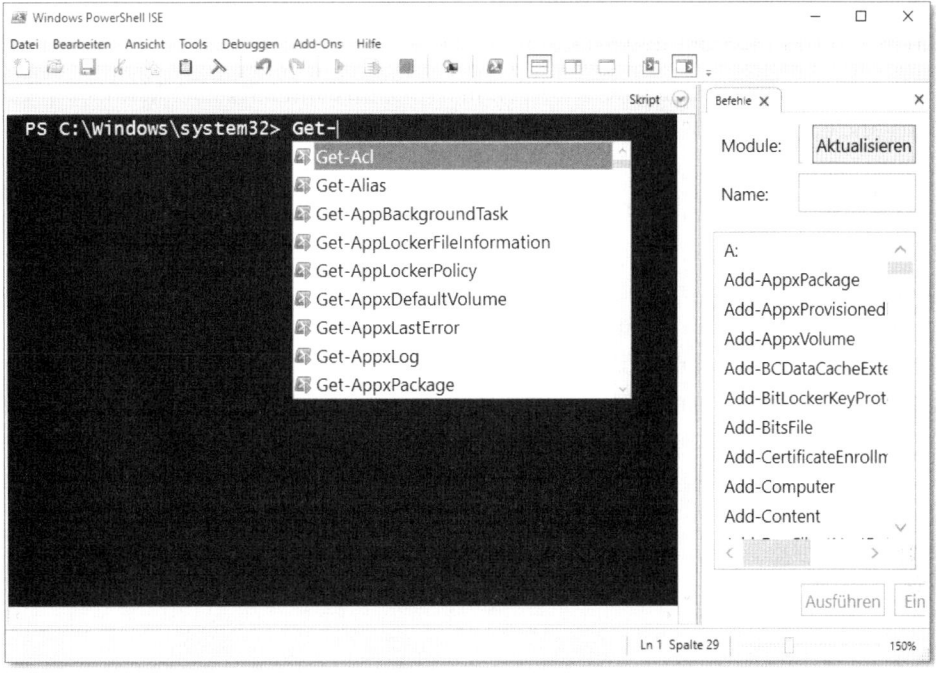

Abbildung 25.3 Intellisense in ISE

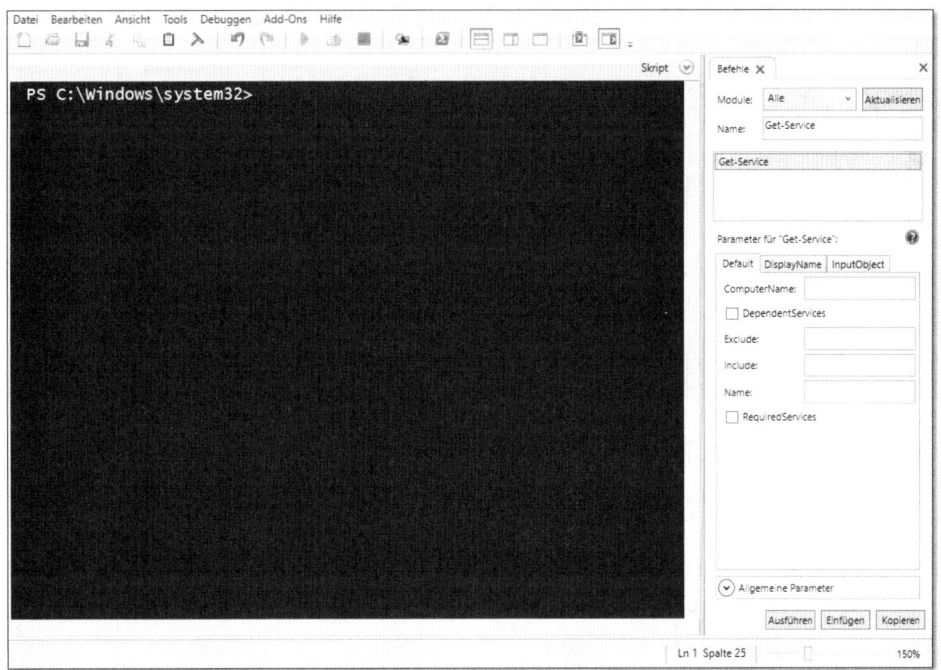

Abbildung 25.4 Kommandoanzeige in ISE

Sollte die Kommandoliste bei Ihnen nicht angezeigt werden, wählen Sie den Menübefehl
ANSICHT • BEFEHLS-ADD-ON ANZEIGEN.

Sie können damit einen Befehl bereits vorbereiten und ihn dann mit den Schaltflächen am
unteren Rand ausführen, an der aktuellen Stelle des Eingabefensters übernehmen oder ihn
in die Zwischenablage kopieren.

Eine wesentliche Funktion von ISE ist der Scripteditor. In Abschnitt 25.12 werden Sie lesen,
wie PowerShell-Skripte geschrieben werden. Solche Skripte sind reine Textdateien. Theoretisch könnten Sie auch Notepad zur Entwicklung verwenden. Allerdings würden Sie dann
auf den Komfort von ISE mit Intellisense, der Kommandoanzeige, einem einfachen Debug-
ger etc. verzichten. Die eigentliche Umgebung, um Skripte zu schreiben, lassen Sie sich in
ISE über den Befehl ANSICHT • SCRIPTBEREICH ANZEIGEN einblenden (Abbildung 25.5).

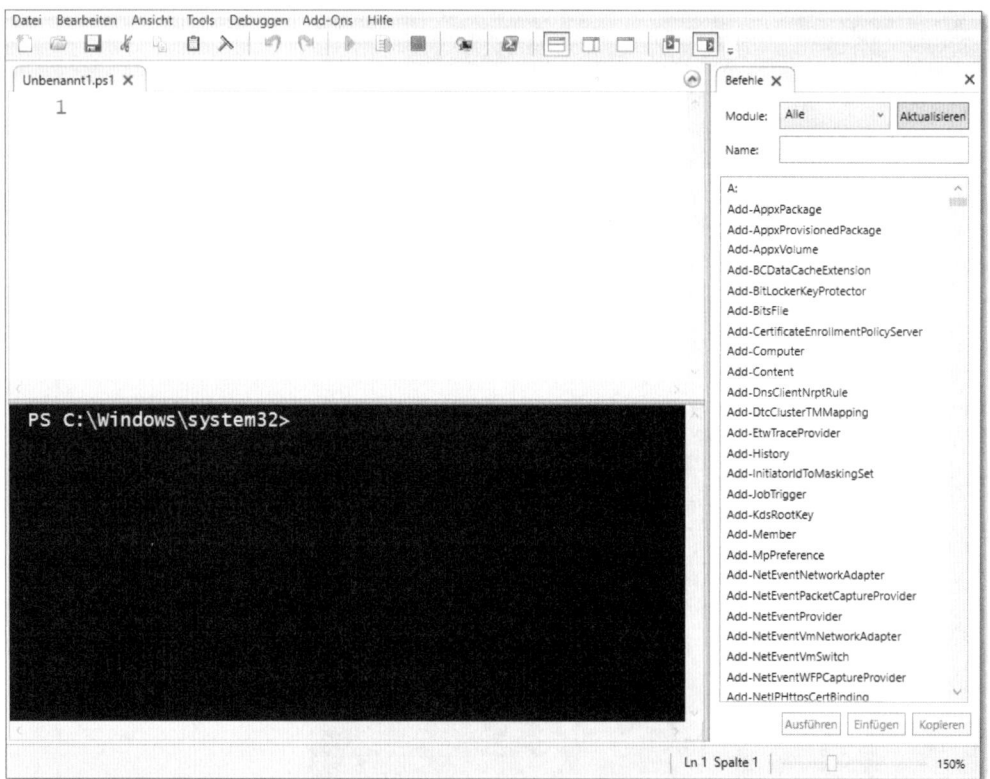

Abbildung 25.5 Scriptbereich in ISE

Grundsätzlich haben Sie also die Auswahl zwischen zwei PowerShell-Umgebungen – der
klassischen Variante, die aussieht wie *cmd.exe*, und ISE. Welche Variante Sie verwenden,
hängt nicht zuletzt auch von Ihren Vorlieben ab.

25.2.2 Administratorberechtigungen

Starten Sie die PowerShell (mit oder ohne ISE), wird sie grundsätzlich ohne Administratorberechtigungen gestartet. Versuchen Sie dann, ein Kommando auszuführen, für das die Berechtigungen erforderlich sind, erscheint nicht die UAC-Abfrage, sondern eine Fehlermeldung, die Sie darüber informiert, dass Ihnen zur Ausführung dieses Kommandos die Berechtigungen fehlen. Ein Beispiel sehen Sie in Abbildung 25.6.

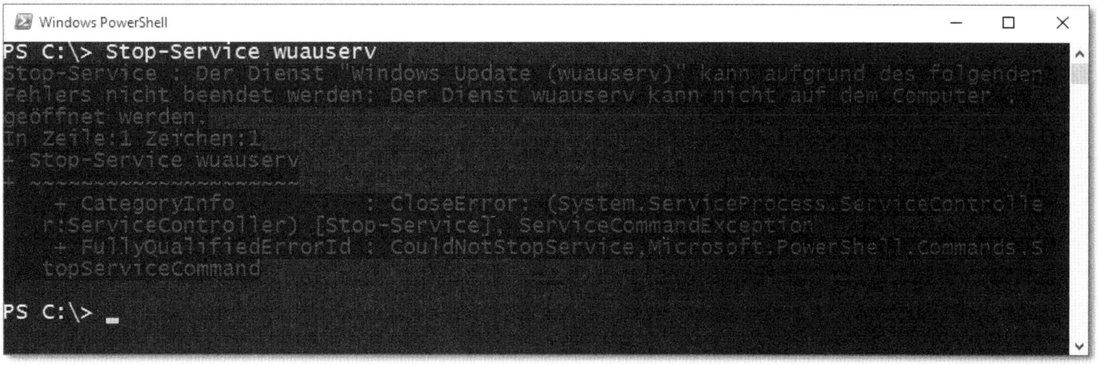

Abbildung 25.6 Fehlende Berechtigungen

Um die PowerShell (oder ISE) explizit mit Administratorberechtigungen zu starten, klicken Sie mit der rechten Maustaste auf das PowerShell-Symbol in der Taskleiste und wählen dann den Befehl ALS ADMINISTRATOR AUSFÜHREN (für die klassische Ansicht) oder ISE ALS ADMINISTRATOR AUSFÜHREN.

Natürlich können Sie auch wie bei anderen Anwendungen mit der rechten Maustaste auf das PowerShell-Symbol im Startmenü klicken und dann ALS ADMINISTRATOR AUSFÜHREN wählen.

25.3 Kernkomponenten der PowerShell

Die PowerShell selbst besteht im Wesentlichen aus vier Komponenten, die wir uns im Folgenden etwas näher ansehen:

1. Cmdlets und Funktionen
2. Pipeline
3. PowerShell-Language
4. Navigationsparadigma

25.3.1   Cmdlets und Funktionen

Cmdlets (sprich *Commandlets*) sind die wichtigsten Befehlseinheiten der PowerShell. Nach der Installation haben Sie unter Windows 10 rund 500 dieser Cmdlets zur Verfügung, die Sie interaktiv und in Skripten einsetzen können.

Neben Cmdlets gibt es auch *Funktionen* (*Functions*), die ebenfalls Befehlseinheiten darstellen, aber auf eine andere Art bereitgestellt werden. Windows 10 enthält im Auslieferungszustand rund 800 Funktionen. Die Cmdlets und die Funktionen decken u. a. die Bereiche aus Tabelle 25.1 ab.

Bereich	Einsatzbeispiele
Dienste	auswerten, stoppen, starten etc.
Prozesse	auswerten, stoppen etc.
ACL (NTFS-Berechtigungen)	auswerten, klonen etc.
Ereignisanzeige (Event-Log)	auswerten, Einträge anlegen etc.
Systemregistrierung	Schlüssel und Werte auswerten, anlegen, ändern, löschen etc.
Dateisystem	Dateien und Ordner anlegen, auswerten, umbenennen, löschen, verschieben, auslesen etc.
BitLocker	Festplattenverschlüsselung
Netzwerkadapter	Netzwerkadapter konfigurieren und abfragen
Drucker	Verwalten von Druckern
Freigaben	Verwalten von Ordnerfreigaben
Apps	Verwalten von Windows Store Apps
Startseite	Verwalten der Windows-Startseite
allgemeine Befehle	filtern, sortieren, gruppieren, formatierte Ausgabe, Remoting, Befehlsprotokoll etc.

Tabelle 25.1 Wichtige Bereiche der Basis-Cmdlets

Die Cmdlets folgen denselben Konventionen bei der Namensvergabe und der Übergabe von Parametern und Argumenten. Diese Konventionen werden wir in Abschnitt 25.5, »Cmdlets«, näher betrachten. Tabelle 25.2 gibt Ihnen einen Vorgeschmack auf verschiedene Cmdlets und Funktionen. Bei den Funktionen wird diese Konvention zwar auch gern eingehalten, muss aber von den Entwicklern nicht unbedingt befolgt werden.

Cmdlet bzw. Funktion	Aufgabe
Get-Service	Dienstinformationen abfragen
New-SmbShare	neue Freigabe anlegen
Unlock-Bitlocker	BitLocker-Verschlüsselung aufheben
Get-Content	Dateiinhalt auslesen
Add-Printer	Drucker hinzufügen
Get-ChildItem	Ordnerinhalt auslesen (»dir«)
Select-String	Zeichenketten suchen

Tabelle 25.2 Verschiedene Cmdlets und Funktionen

25.3.2 Pipeline

Mit der Pipeline verketten Sie Cmdlets und andere Befehle miteinander, wobei die Ausgabe eines Befehls als Eingabe eines anderen Befehls verwendet wird. Durch die Pipeline erreichen Sie leistungsfähige Kommandos mit wenig Code. So sind oftmals Schleifen überflüssig. Die Pipeline verwenden Sie mit dem Pipe-Symbol (|).

Auch für den Pipelineeinsatz ein erstes Beispiel:

```
Get-ChildItem C:\Windows\*.log |
   Select-String -Pattern Error
```

Listing 25.1 Suche nach Fehlermeldungen in Logdateien

Dieses Kommando sucht nach Fehlermeldungen in allen Logdateien, die im Windows-Ordner abgelegt sind, und gibt sie auf dem Bildschirm aus.

25.3.3 PowerShell-Language

Die Cmdlets werden unterstützt von einer Skriptsprache, der *Windows PowerShell Language*. Sie enthält die typischen Elemente vieler Programmiersprachen wie Variablen, Operatoren, verschiedene Schleifen- und Abfragekonstrukte, Funktionen und Fehlerbehandlung.

Nicht für jede Aktion ist die PowerShell-Language erforderlich. Je aufwendiger und detaillierter Ihre PowerShell-Aktionen aber werden sollen, desto wahrscheinlicher benötigen Sie die PowerShell-Language.

25

25.3.4   Navigationsparadigma

Stellen Sie sich vor, Sie können die aus dem Dateisystem bekannten Befehle wie cd, dir, del etc. (diese Befehle gibt es in der PowerShell als sogenannte *Aliasse* – siehe Abschnitt 25.6) auch in anderen Datenspeichern einsetzen. In der Basis-PowerShell geht das etwa mit den beiden Hauptschlüsseln HKEY_CURRENT_USER und HKEY_LOCAL_MACHINE aus der Systemregistrierung über virtuelle Laufwerke (Abbildung 25.7).

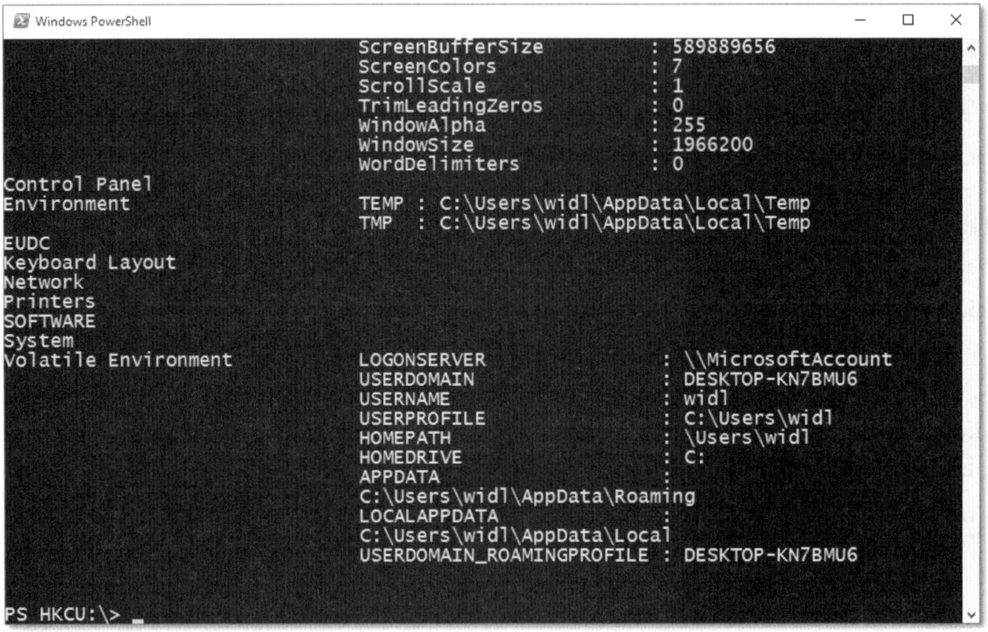

Abbildung 25.7 Das Navigationsparadigma in der Systemregistrierung

25.4   v1.0?

Die aktuelle PowerShell-Version ist die 5.0. Dennoch finden Sie an einigen Stellen die v1.0:

▶ Die Standard-Dateiendung von Skripten lautet *.ps1*.

▶ Der Installationsordner der PowerShell ist *C:\Windows\System32\WindowsPowerShell\ v1.0* (Abbildung 25.8).

▶ Einen Teil der PowerShell-Konfiguration in der Systemregistrierung finden Sie im Schlüssel *HKEY_LOCAL_MACHINE\Software\Microsoft\PowerShell* (Abbildung 25.9).

Wenn Sie sich versichern wollen, mit welcher PowerShell-Version Sie gerade arbeiten, geben Sie in der PowerShell den Befehl Get-Host ein. Die Version wird dann angezeigt (Abbildung 25.10).

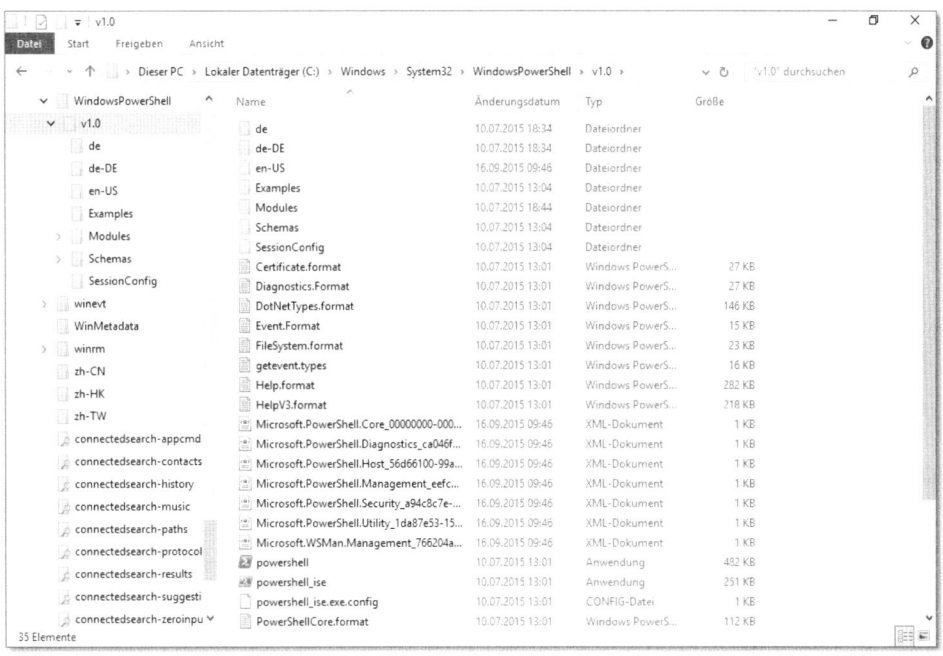

Abbildung 25.8 Der Installationsordner der PowerShell

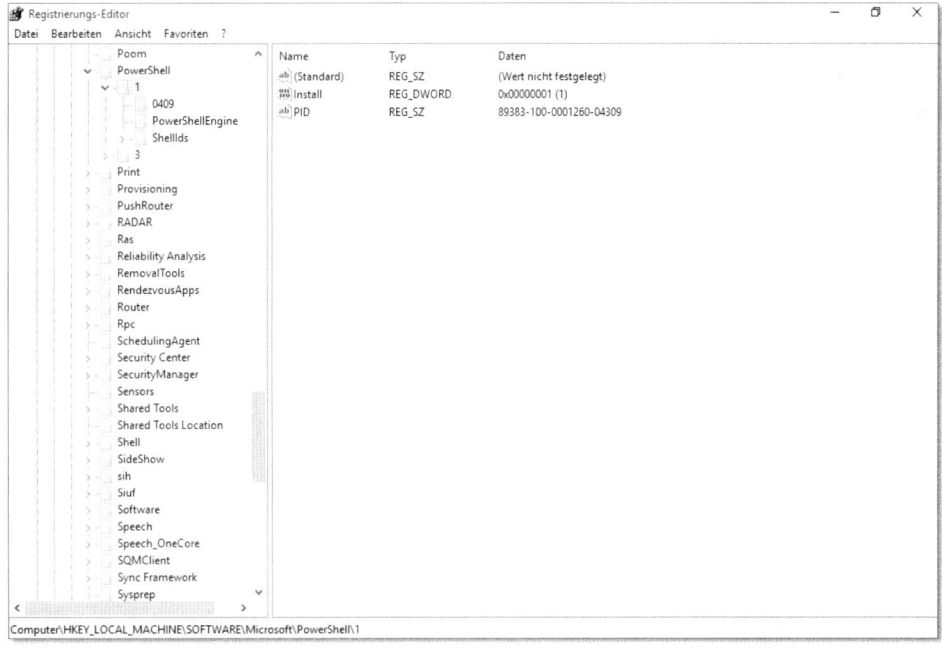

Abbildung 25.9 Die PowerShell-Konfiguration in der Systemregistrierung

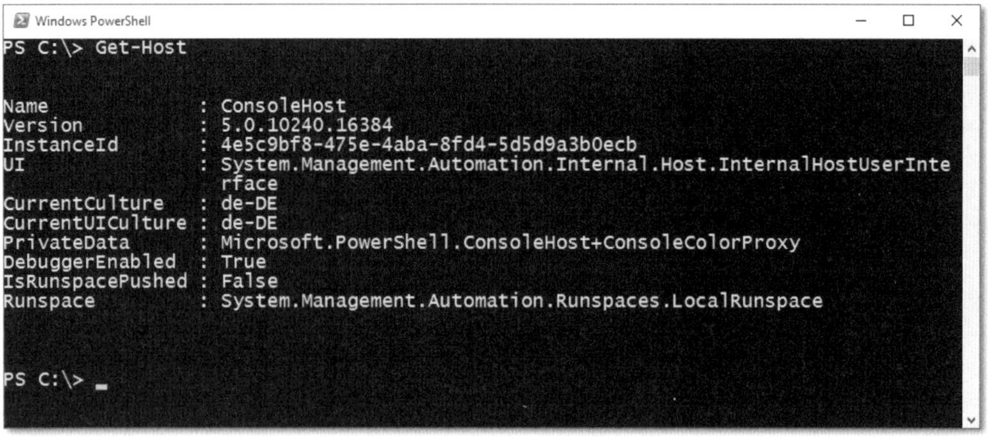

```
Windows PowerShell                                            —   □   ×
PS C:\> Get-Host

Name            : ConsoleHost
Version         : 5.0.10240.16384
InstanceId      : 4e5c9bf8-475e-4aba-8fd4-5d5d9a3b0ecb
UI              : System.Management.Automation.Internal.Host.InternalHostUserInte
                  rface
CurrentCulture  : de-DE
CurrentUICulture : de-DE
PrivateData     : Microsoft.PowerShell.ConsoleHost+ConsoleColorProxy
DebuggerEnabled : True
IsRunspacePushed : False
Runspace        : System.Management.Automation.Runspaces.LocalRunspace


PS C:\> _
```

Abbildung 25.10 Trotz der »1« kommt PowerShell 5.0 zum Einsatz.

25.5   Cmdlets

Wie zuvor bereits einführend erläutert, folgen alle Cmdlets denselben Konventionen bei der Namensgebung und der Übergabe von Parametern und Argumenten.

25.5.1   Namenskonventionen

Der Name eines Cmdlets beginnt grundsätzlich mit einem Verb, beispielsweise Get, Set, Start, Stop, New oder Remove. Dem Verb folgt ein Minuszeichen und zuletzt ein Substantiv in der Einzahl, beispielsweise Service (und nicht Services). Während das Verb beschreibt, was getan werden soll (beispielsweise mit Get etwas auslesen), gibt das Substantiv an, womit die Aktion durchgeführt werden soll (beispielsweise Service für Dienste) (Abbildung 25.11).

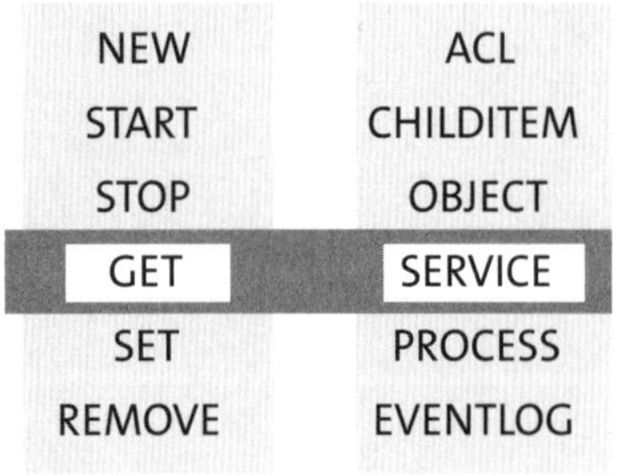

NEW	ACL
START	CHILDITEM
STOP	OBJECT
GET	**SERVICE**
SET	PROCESS
REMOVE	EVENTLOG

Abbildung 25.11 Namenskonvention der Cmdlets-Bezeichner

In der PowerShell ist die Groß- und Kleinschreibung übrigens grundsätzlich egal.

Wenn Sie wissen wollen, welche Cmdlets zur Verfügung stehen, geben Sie den Befehl Get-Command (ebenfalls ein Cmdlet) ein. Er listet alle derzeit verfügbaren Befehle auf. Darunter befinden sich auch die Cmdlets, die Sie an der entsprechenden Markierung in der ersten Spalte erkennen (Abbildung 25.12).

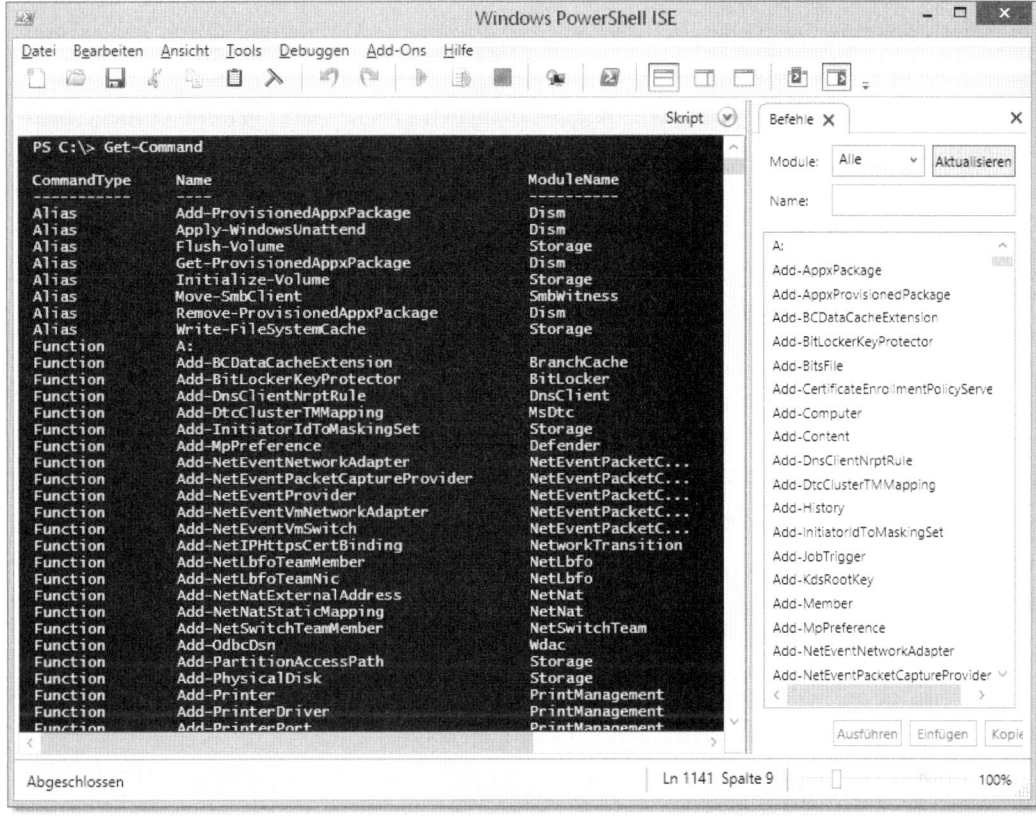

Abbildung 25.12 Die Ausgabe von »Get-Command«

Modifizieren Sie den Aufruf wie folgt, enthält die Anzeige ausschließlich Cmdlets:

```
Get-Command –CommandType Cmdlet
```

Listing 25.2 Alle verfügbaren Cmdlets auflisten

25.5.2 Parameter und Argumente

Oftmals werden Sie beim Aufruf eines Cmdlets noch Werte angeben müssen, beispielsweise welche Datei wohin kopiert werden soll oder von welchem Computer Sie Informationen zu welchen Diensten haben wollen. Letzteres könnte wie folgt aussehen:

```
Get-Service -Name wuauserv,winrm -ComputerName London
```

Listing 25.3 Informationen zu zwei Diensten von einem bestimmten Computer

Bei -Name und -ComputerName handelt es sich um Parameter. Parameter werden immer mit einem Minuszeichen eingeleitet. Die Bezeichner für die Dienste selbst und der Computername sind dagegen Argumente. Soll mehr als ein Argument übergeben werden, wie im Beispiel mehrere Dienstnamen, werden die einzelnen Argumente durch ein Komma voneinander getrennt.

Sie können sich sicher vorstellen, dass bei manchen Cmdlets zwei Parameter nicht ausreichen, beispielsweise beim Anlegen von Benutzerkonten. Bei diesem Vorgang müssen Sie Anmeldename, Klartextname, Kennwort etc. angeben. Die Kommandos werden damit sehr lang. Die PowerShell ist bei der Angabe der Parameter und Argumente allerdings flexibel. Das Kommando könnte auch wie folgt aussehen:

```
Get-Service -N wuauserv,winrm -C London
```

Listing 25.4 Verkürzte Parameterschreibweise

Dabei wurden die Parameter verkürzt geschrieben. Das ist möglich, solange die Angabe eindeutig ist, es also beispielsweise keinen optionalen Parameter gibt, der mit N beginnt.

Eine weitere Variante sieht so aus:

```
Get-Service -C London -N wuauserv,winrm
```

Listing 25.5 Vertauschte Parameterreihenfolge

Jetzt wurde die Reihenfolge der Parameter getauscht. Solange die Parameter angegeben werden, bewegen wir uns noch in einem eindeutigen Bereich.

Und zu guter Letzt eine kurze Variante:

```
Get-Service wuauserv,winrm -C London
```

Listing 25.6 Weggelassener Parameter

Hier wurde der erste Parameter weggelassen. Das geht, wenn Sie bei der Reihenfolge der Argumente die Standardreihenfolge des Cmdlets berücksichtigen. Diese Reihenfolge können Sie über die Hilfe zum Cmdlet ermitteln, was wir im nächsten Abschnitt zeigen werden.

Bei so vielen Varianten stellt sich die Frage, wann Sie welche verwenden sollten. Hier empfiehlt sich folgendes Vorgehen: Arbeiten Sie interaktiv mit der PowerShell, schreiben Sie die Kommandos so kurz, wie Sie wollen; schreiben Sie dagegen ein Skript, empfiehlt sich die ausführliche, zuerst vorgestellte Variante. Müssen Sie Ihr Skript zwei Monate später noch einmal ändern, ist es damit einfacher, die einzelnen Schritte nachzuvollziehen. Sollen auch Ihre Kollegen Ihre Skripte verstehen, ist es noch wichtiger, ausführlichen Code zu schreiben. Mit der Zeit wird sich bei Ihnen eine Art Dialekt ausprägen. Manchmal schreiben Sie die Parameter vollständig, mal verkürzt, mal lassen Sie sie weg. Das ist so lange in Ordnung, solange Sie den Überblick nicht verlieren.

Tab-Vervollständigung

Um die Eingabe der etwas längeren Kommandos zu erleichtern, können Sie in der PowerShell die sogenannte *Tab-Vervollständigung* verwenden. Tippen Sie dazu das Verb des gewünschten Cmdlets und das Minuszeichen.

Wenn Sie dann die Tab-Taste drücken, vervollständigt die PowerShell die Eingabe zum ersten passenden Cmdlet. Drücken Sie die Tab-Taste erneut, erscheint das zweite passende Cmdlet etc. Nach dem Minuszeichen können Sie an beliebiger Stelle die Tab-Taste drücken. Aus einem Get-Ser ⇥ wird damit direkt ein Get-Service.

Bei Cmdlets, deren Bezeichner gut und gern 15 oder 20 Zeichen umfassen, ist das eine echte Hilfe.

Die Tab-Vervollständigung funktioniert nicht nur bei den Cmdlet-Namen, sondern auch bei den Parametern. Drücken Sie nach einem Parameter-Minuszeichen die Tab-Taste, erscheint der erste Parameter. Drücken Sie die Tab-Taste erneut, erscheinen nacheinander die weiteren Parameter – in der Standardreihenfolge.

Etwas einfacher haben Sie es mit ISE. Die Entwicklungsumgebung zeigt direkt passende Cmdlets und Parameter an (Abbildung 25.13).

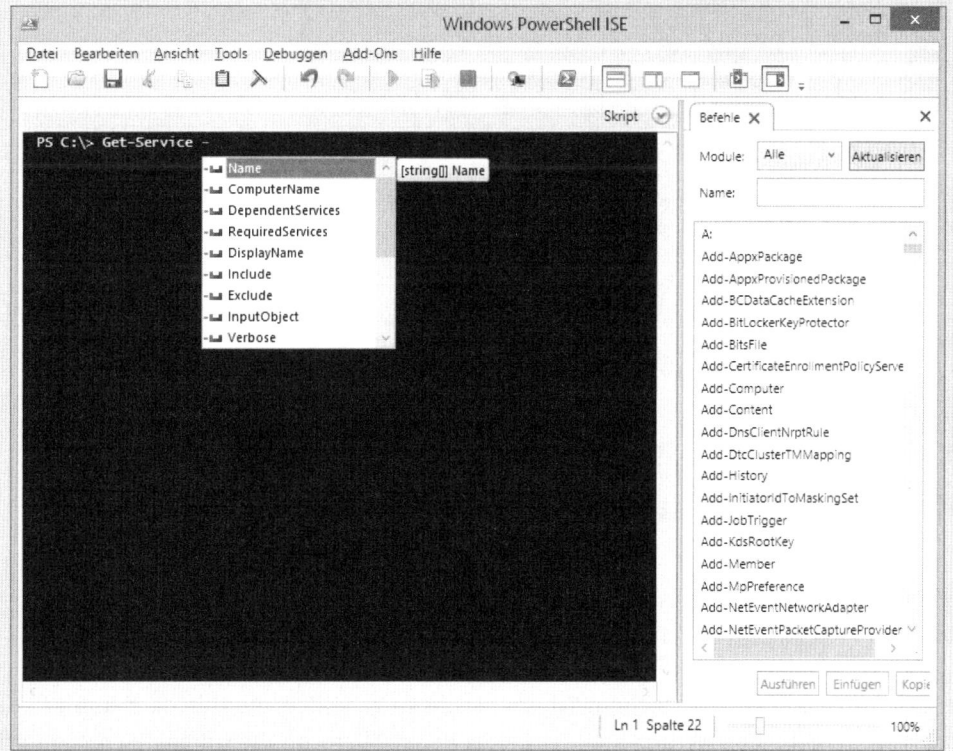

Abbildung 25.13 Intellisense in ISE

25.5.3   Wo gibt es Hilfe?

Eine in der Praxis große Erleichterung ist das in die PowerShell integrierte Hilfesystem. Zu jedem Cmdlet, egal, woher es stammt, können Sie meist umfangreiche Hilfstexte und Beispiele abrufen. Auch hier gibt es wieder mehrere Varianten. Nehmen wir an, Sie wollen zum Cmdlet Start-Service den Hilfstext darstellen; dann haben Sie zunächst zwei Möglichkeiten:

```
Start-Service -?
Get-Help Start-Service
```

Listing 25.7 Hilfeaufruf zum Cmdlet »Start-Service«

Der daraufhin angezeigte Hilfstext enthält eine kurze Beschreibung des Cmdlets und eine Auflistung der verschiedenen Syntaxvarianten samt Parameter (Abbildung 25.14).

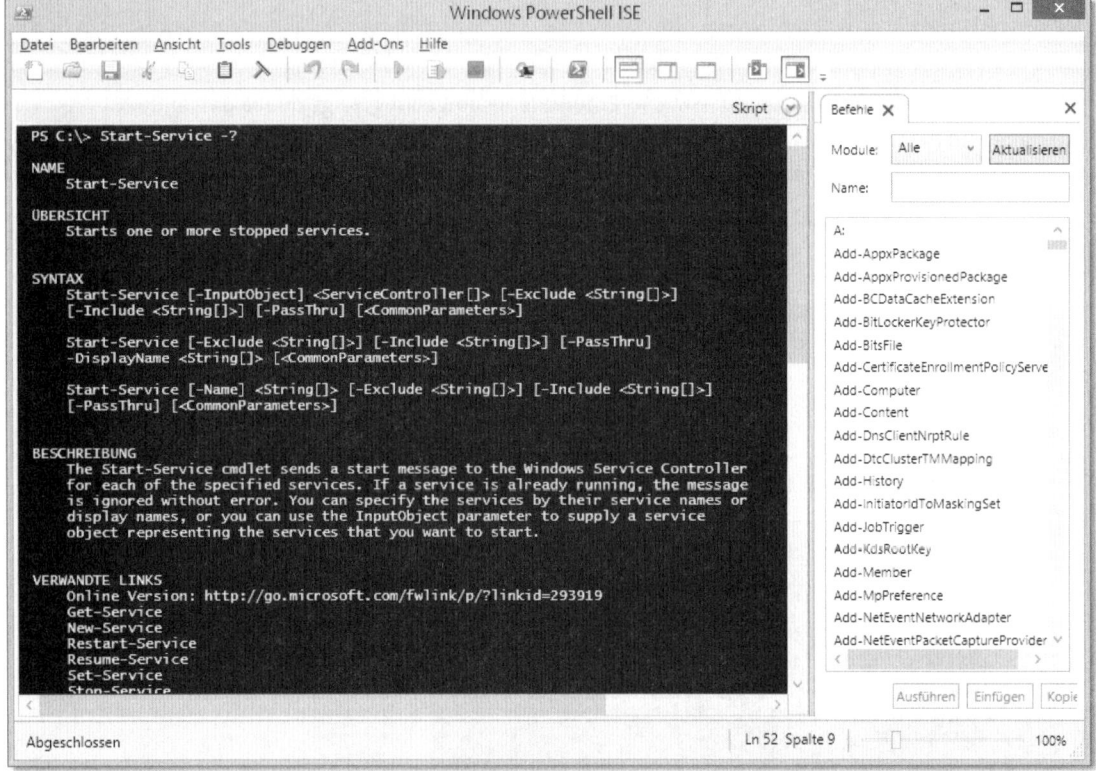

Abbildung 25.14 Der Hilfstext zum Cmdlet »Get-Service«

Bei den Hinweisen erhalten Sie möglicherweise die Angabe, dass die Hilfedateien für dieses Cmdlet nicht gefunden werden können. Leider liefert Microsoft die Hilfedateien nicht mit, sie können diese aber mit der Ausführung des Cmdlets Update-Help in einer administrativ gestarteten PowerShell herunterladen.

Wollen Sie lieber Beispiele sehen, wie das Cmdlet in der Praxis eingesetzt wird, geben Sie folgendes Kommando:

```
Get-Help Start-Service –Examples
```

Listing 25.8 Aufruf von Beispielen zum Cmdlet »Start-Service«

Eine Beschreibung der Parameter und deren Auswirkungen erhalten Sie dagegen mit diesem Aufruf:

```
Get-Help Start-Service –Full
```

Listing 25.9 Vollständiger Hilfstext zum Cmdlet »Start-Service«

Sehen wir uns die erste der Syntaxvarianten aus dem Hilfstext des Cmdlets `Get-Service` in Abbildung 25.14 genauer an.

Der Ausdruck `[[-Name] <string[]>]` enthält viele eckige Klammern, doch welche Bedeutung haben diese genau? Die äußeren Klammern stehen für »optional«, d. h., der ganze Ausdruck kann weggelassen werden. Das bedeutet nichts anderes, als dass Sie `Get-Service` ohne weitere Angabe ausführen können – und Sie erhalten eine Darstellung aller lokalen Dienste samt deren jeweiligen Status. Die Klammern bei `[-Name]` stehen ebenfalls für »optional«. Wie zuvor erläutert, müssen Sie die Bezeichner der Parameter nicht unbedingt mit angeben.

In `<string[]>` stecken auch noch einmal Klammern. Das `string` steht für den Typ des Arguments. Der Parameter `-Name` erwartet an dieser Stelle eine Zeichenkette. Enthält die Zeichenkette Leerzeichen, müssen Sie die Zeichenkette in Anführungszeichen setzen. Stünde hier statt `string` ein `int`, müssten Sie eine Ganzzahl angeben.

Die eckigen Klammern hinter `string` bedeuten, dass Sie nicht nur eine einzelne Zeichenkette, sondern beliebig viele angeben können, also nicht nur einen einzelnen Dienst, sondern viele. So, wie wir es zuvor in den Beispielen bereits gemacht haben, werden die Dienstnamen durch ein Komma getrennt. Mit dem Komma wird in der PowerShell ein sogenanntes *Array* angelegt, ein Konstrukt aus mehreren Werten.

Bei vielen Parametern finden Sie die Möglichkeit, mehr als ein Argument anzugeben. Auch dieses Vorgehen erlaubt es oft, sehr kompakten Code zu schreiben. Ein Beispiel:

```
#Variante kurz
Get-Service -Name wuauserv,winrm -ComputerName London
#Variante lang
Get-Service -Name wuauserv -ComputerName London
Get-Service -Name wuauserv -ComputerName London
```

Listing 25.10 Parameter mit mehreren Argumenten

Sie können sich sicher vorstellen, wie viel Arbeit Sie sich sparen, wenn Sie statt zwei zehn oder noch mehr Dienste abfragen wollen.

25.6   Aliasse

Aliasse sind alternative Bezeichner, die bei der Ausführung in die eigentlichen Cmdlets umgewandelt werden. So steht jeder Alias für genau ein Cmdlet.

Diese Aliasse gibt es letztendlich aus zwei Motivationen heraus:

1. **Einstieg in die PowerShell erleichtern**

    Es gibt standardmäßig den Alias `dir`. Der Befehl ist allgemein bekannt, und ein `dir x:` ist zunächst auch verständlicher als ein `Get-ChildItem X:`, das genau dasselbe bedeutet (Abbildung 25.15). Auch ein `cd C:\Windows` ist für Einsteiger einfacher zu verstehen als ein `Set-Location C:\Windows`.

2. **Tipparbeit sparen**

    Manche Cmdlet-Namen sind etwas länger geraten. So fungieren manche Aliasse als Kurzform der Bezeichner, beispielsweise `where` für `Where-Object`, `sort` für `Sort-Object` und `?` ebenfalls für `Where-Object` sowie `%` für `ForEach-Object`. Vorsicht mit den beiden zuletzt genannten Aliassen, denn sie machen Ihren Code nicht unbedingt lesbarer.

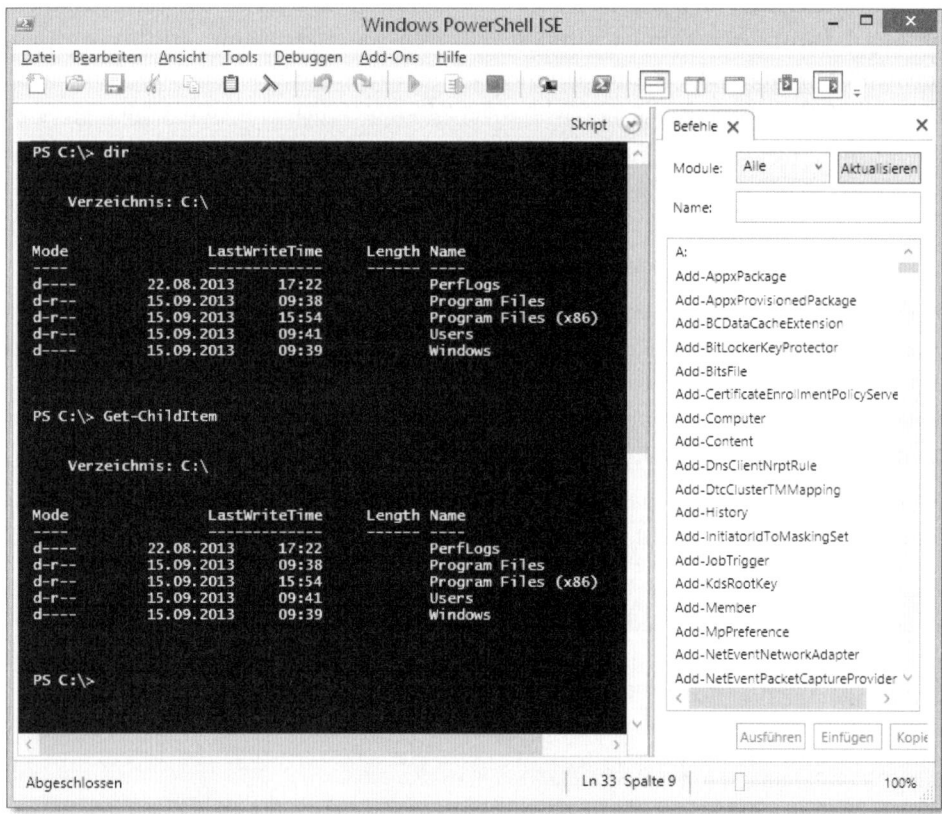

Abbildung 25.15 »dir« und »Get-ChildItem« liefern dasselbe.

Welche Aliasse es gibt und für welches Cmdlet sie stehen, ermitteln Sie mit dem Cmdlet Get-Alias (Abbildung 25.16).

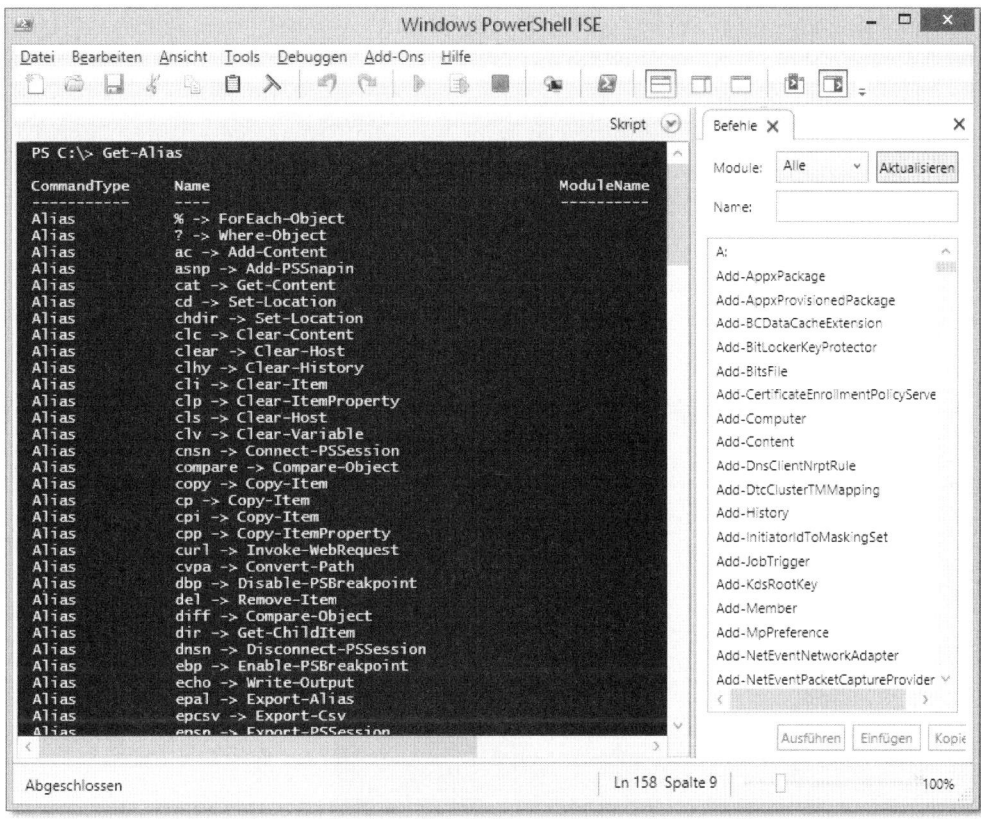

Abbildung 25.16 »Get-Alias« zeigt alle bestehenden Aliasse an.

Sie selbst können auch eigene Aliasse anlegen, beispielsweise den Alias gs für Get-Service:

```
Set-Alias -Name gs -value Get-Service
```

Listing 25.11 Eigenen Alias anlegen

Dieser Alias ist allerdings nur in der aktiven PowerShell-Sitzung gültig. Mit dem Beenden der Sitzung verschwindet auch der Alias. Wollen Sie den Alias dagegen dauerhaft einsetzen, legen Sie ihn in einem der sogenannten *Profile* an. Das sind spezielle Skripte, die automatisch beim Start der PowerShell ausgeführt werden. Die Profile stellen wir in Abschnitt 25.12.5, »Profile«, vor.

25.7   Klassen und Objekte

Eine Erklärung zum Thema Klassen und Objekte würden Sie vielleicht eher in einem Buch über Programmiersprachen erwarten. Doch auch für die PowerShell ist ein solides Verständnis dieser Thematik erforderlich, da Sie sonst einen wesentlichen Teil der PowerShell-Funktionalität verlören. Wir werden das Thema hier nicht in der Ausführlichkeit besprechen, wie es für Programmiersprachen erforderlich wäre, aber die Grundzüge erläutern und den Zusammenhang mit der PowerShell darstellen.

Sehen wir uns zunächst das Ergebnis des Kommandos `Get-Service` an (Abbildung 25.17).

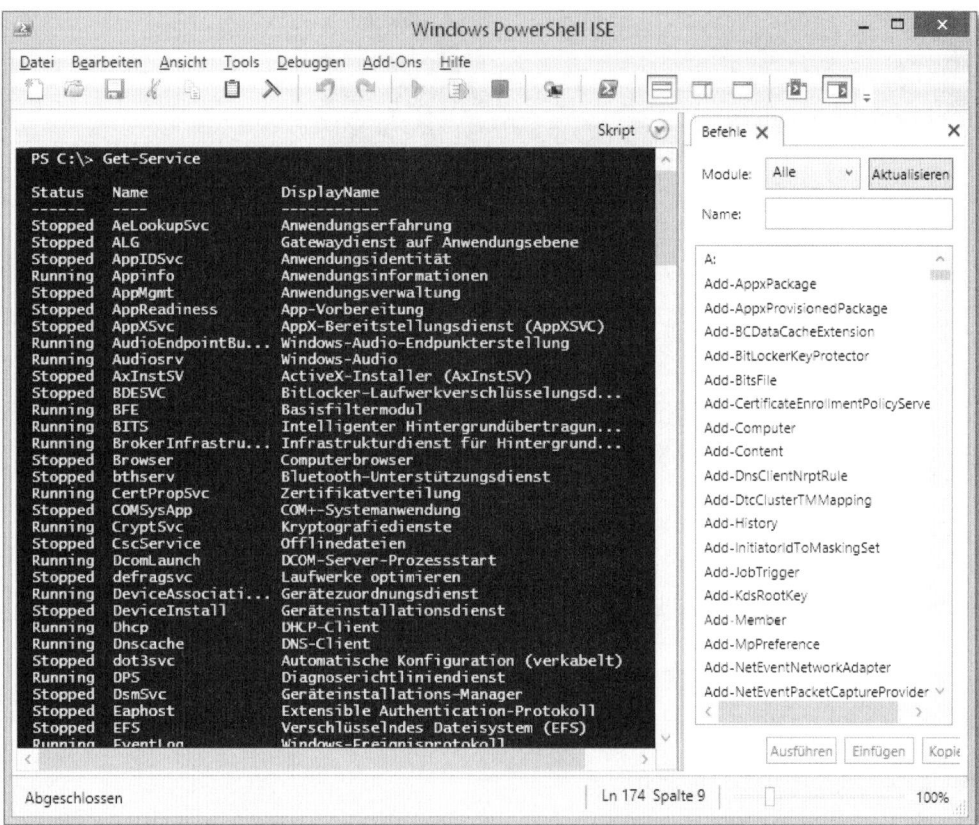

Abbildung 25.17 Ergebnis des Cmdlets »Get-Service«

Sie sehen eine Tabelle mit den Spalten `Status`, `Name` und `DisplayName`. Das mag ja in manchen Situationen spannend sein, doch wenn die eigentliche Aufgabenstellung war, herauszufinden, welcher dieser Dienste angehalten werden kann oder wie die Abhängigkeiten der Dienste untereinander aussehen, hilft die Ausgabe so nicht sonderlich weiter. Auf den ersten Blick sieht es so aus, als ob die PowerShell die benötigte Information nicht liefern würde. Sie tut es aber, neben vielen weiteren Informationen, nur werden diese zunächst nicht ausgegeben.

An dieser Stelle ist es wichtig, zu erläutern, dass im Gegensatz zu den Kommandos, die in *cmd.exe* abgesetzt wurden, die Cmdlets nicht für die Textausgabe in der Konsole zuständig sind. Die Cmdlets liefern etwas ganz anderes, nämlich Objekte. Get-Service liefert also *nicht* den Text, der in der Konsole erscheint, sondern pro lokalen Dienst ein Objekt.

Zur Dienstverwaltung gibt es eine Klasse mit dem Namen System.ServiceProcess.Service-Controller. Diese Klasse sagt uns nicht, welche Dienste vorhanden sind und welchen Status diese haben, sondern beschreibt, wie jedes Dienstobjekt aufgebaut ist. Eine Klasse kann dabei aus *Eigenschaften (Properties)*, *Methoden (Methods)* sowie *Ereignissen (Events)* aufgebaut sein. Für uns zunächst wichtig sind nur die Eigenschaften.

In der Klasse ist also der Aufbau hinterlegt, den wir bei jedem Objekt wiederfinden (Abbildung 25.18).

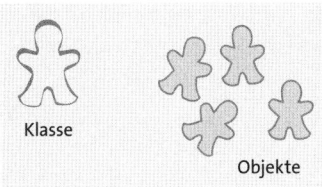

Abbildung 25.18 Klassen und Objekte

Die PowerShell arbeitet grundsätzlich mit diesem Klassen- und Objektekonzept. Es gibt Tausende von Klassen für Dienste, Prozesse, Benutzerkonten, Organisationseinheiten, Druckerschlangen, Laufwerke, Netzwerkfreigaben etc.

In der Konsolenausgabe sehen wir mit den drei Spalten STATUS, NAME und DISPLAYNAME die Werte der gleichnamigen Eigenschaften aus den Objekten. Nun ist es aber so, dass neben diesen drei Eigenschaften eine ganze Reihe weitere existieren, die die PowerShell aber standardmäßig nicht anzeigt. In diesen versteckten Eigenschaften steht beispielsweise auch, ob ein Dienst angehalten werden kann oder nicht. Deshalb müssen wir als Nächstes zwei Fragestellungen klären:

1. Wie sieht die Klasse der Dienstobjekte aus, d. h., welche Eigenschaften sind vorhanden?
2. Wie wird mit den Eigenschaften gearbeitet, um beispielsweise ihre Werte darzustellen?

25.7.1 »Get-Member«

Zur Beantwortung der ersten Frage sehen wir uns mit Get-Member ein ganz wesentliches Cmdlet an. Dieses Cmdlet zeigt den Klassenaufbau von beliebigen Objekten an. Geben Sie folgendes Kommando:

```
Get-Service | Get-Member
```

Listing 25.12 Dienste-Klasse anzeigen

Die Ausgabe sehen Sie in Abbildung 25.19.

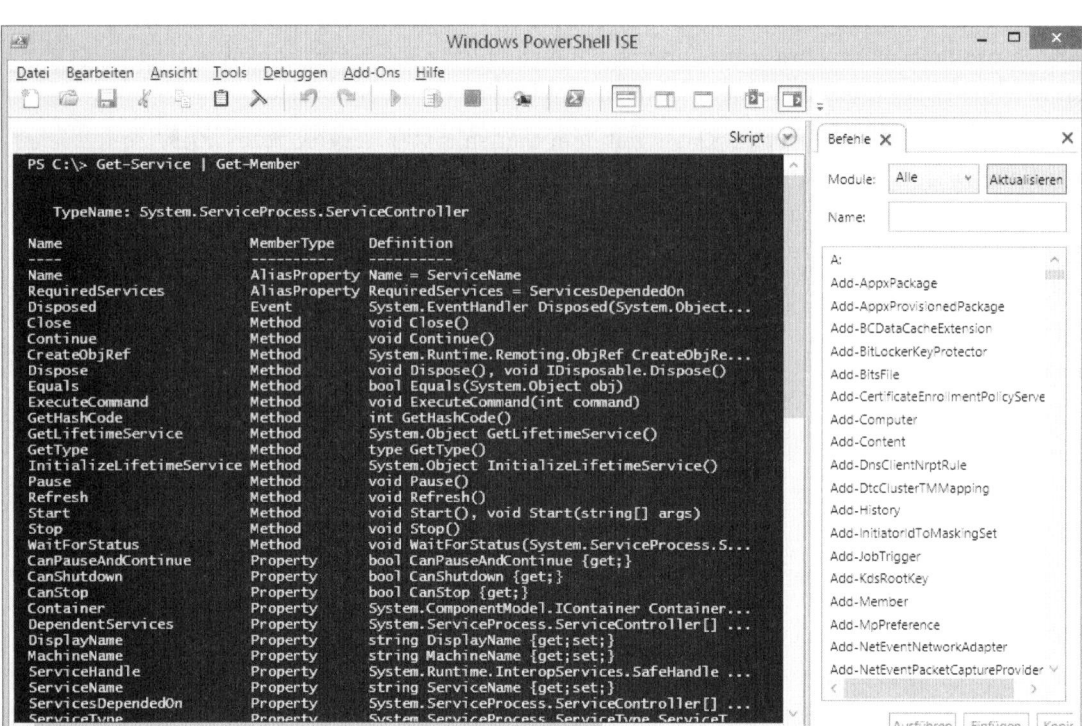

Abbildung 25.19 »Get-Member« zeigt die Klasse an.

Die Ausgabe beginnt mit dem TYPENAME, dem Klassennamen der Objekte, die von Get-Service geliefert werden. Wie vorhin schon verraten, handelt es sich bei Diensten um die Klasse System.ServiceProcess.ServiceController. Die Tabelle führt dann die Klassenbestandteile auf.

Für uns von Interesse sind zunächst alle Einträge, bei denen in der Spalte MEMBERTYPE etwas von Property steht, also die Eigenschaften. Ob es ein AliasProperty, CodeProperty, ScriptProperty, NoteProperty oder einfach nur ein Property ist, spielt keine Rolle. Bei diesen Einträgen finden Sie mit Name, DisplayName und Status alte Bekannte. Sie sehen aber auch weitere Einträge, wie beispielsweise CanStop. In der Eigenschaft CanStop ist bei jedem Dienst ein boolescher Wert enthalten, der in der PowerShell als True dargestellt wird, wenn der Dienst angehalten werden kann, und als False, wenn nicht.

Get-Member zeigt uns also nicht an, welche Dienste vorhanden sind, sondern welche Informationen potenziell in den Eigenschaften zur Verfügung stehen. Das Cmdlet funktioniert natürlich nicht nur mit Diensten, sondern ganz allgemein mit jeder Objektart. Geben Sie beispielsweise das folgende Kommando, wird die Klasse für einen Ordner dargestellt:

```
Get-Item C:\Windows | Get-Member
```

Listing 25.13 Klasse für Ordner darstellen

Damit haben wir die Antwort auf die erste Frage. Es fehlt nun noch die Antwort, wie Sie mit den Werten der Eigenschaften arbeiten können. Wie zeigen wir also zu den Diensten tatsächlich an, ob sie angehalten werden können oder eben nicht?

25.7.2   »Select-Object«

Wie Sie mit den Eigenschaften arbeiten, hängt stark von der konkreten Aufgabenstellung ab. In unserem Fall geht es darum, bestimmte Eigenschaften aller Dienstobjekte auszugeben. Das ist eine Aufgabe für das Cmdlet Select-Object. Hier ein Beispiel (Abbildung 25.20):

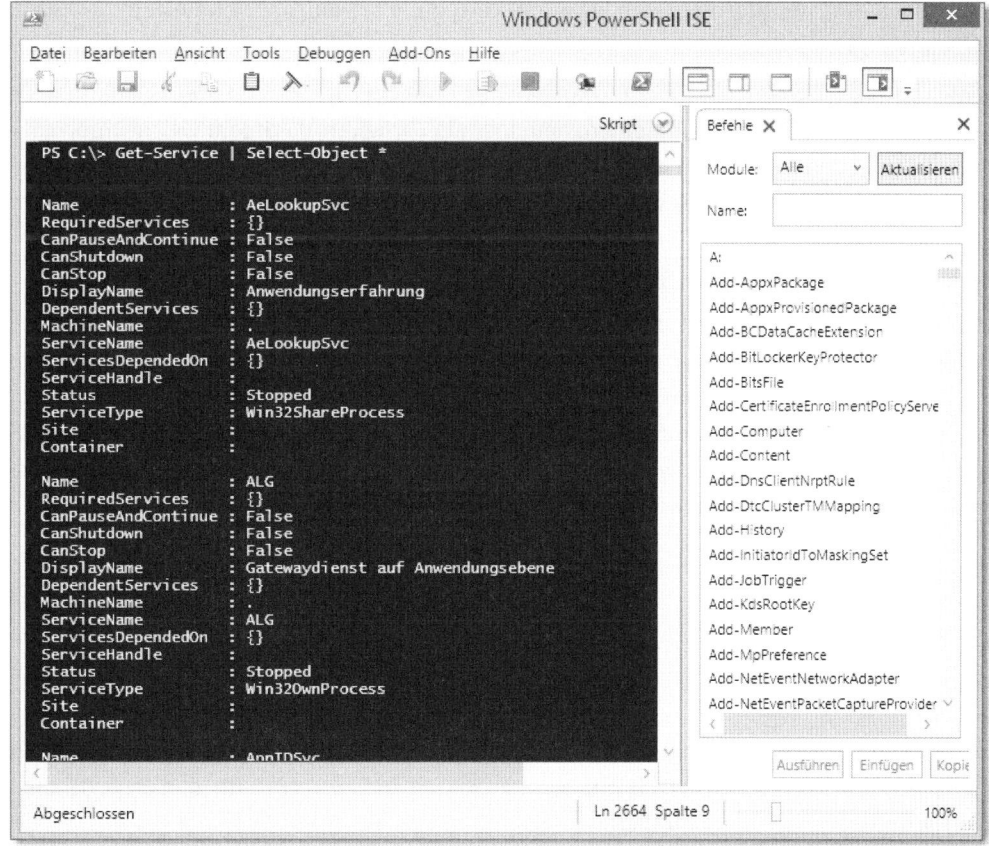

Abbildung 25.20 Ausgewählte Eigenschaften der Dienstobjekte

```
Get-Service | Select-Object -Property Name,CanStop
```

Listing 25.14 Auswahl der Eigenschaften »Name« und »CanStop«

Mit `Select-Object` wählen wir bestimmte Bestandteile aus den Dienstobjekten, die dann in der Konsole angezeigt werden. Es werden nun nicht mehr wie im Standardfall die Eigenschaften `Name`, `Status` und `DisplayName` angezeigt, sondern `Name` und `CanStop`. Dass es die Eigenschaft `CanStop` gibt, haben wir zuvor mit `Get-Member` ermittelt.

Das `-Property` können Sie sich auch sparen – Sie erinnern sich noch an die verschiedenen Varianten bei der Übergabe von Parametern und Argumenten?

Hier können wir es uns auch einfacher machen, indem wir beim `Select-Object` nicht bestimmte Eigenschaftsnamen angeben, sondern stattdessen den Stern (*). Damit werden alle verfügbaren Eigenschaften samt ihrem jeweiligen Wert aus den Objekten angezeigt.

Die Ausgabe passt nun nicht mehr in eine Tabelle, sondern erfolgt in der Konsole als Liste. Wenn Sie diese Ausgabe vergleichen mit dem ursprünglichen `Get-Service`, ist es schon erstaunlich, welche Informationen zwar zur Verfügung stehen, aber ohne weiteres Zutun nicht angezeigt werden.

Dieses Verhalten finden Sie in der PowerShell nicht nur bei Diensten, sondern grundsätzlich bei allen Objekten. Wenn Sie mit einem neuen Cmdlet arbeiten, das irgendwelche Informationen liefert, schadet also ein angehängtes `| Get-Member` oder ein `| Select-Object *` nicht, damit Sie sich einen Überblick verschaffen, was denn eigentlich zur Verfügung steht.

Benutzerdefinierte Eigenschaften

Mithilfe des Cmdlets `Select-Object` erzeugen Sie auch eigene Eigenschaften, die in der Klassendefinition als `NoteProperties` geführt werden. Sie gehen dazu wie folgt vor: Statt einen konkreten Eigenschaftsnamen anzugeben, definieren Sie einen Bezeichner für die Eigenschaft und den Inhalt, der auch über Programmcode ermittelt werden kann. Listing 25.15 zeigt ein Beispiel für die Auswahl von Dateinamen und einer benutzerdefinierten Eigenschaft, die die Dateigröße in Megabyte enthält (Abbildung 25.21).

```
dir *.log |
   Select-Object Name,
      @{ Label="Size"; Expression={ $_.Length / 1MB } }
```

Listing 25.15 Benutzerdefinierte Eigenschaft

Bei @{} handelt es sich um eine sogenannte *Hash-Tabelle*, die Index-Werte-Paare enthält. Für benutzerdefinierte Eigenschaften müssen die beiden Indizes `Label` für den Eigenschaftsnamen und `Expression` für den Wert lauten.

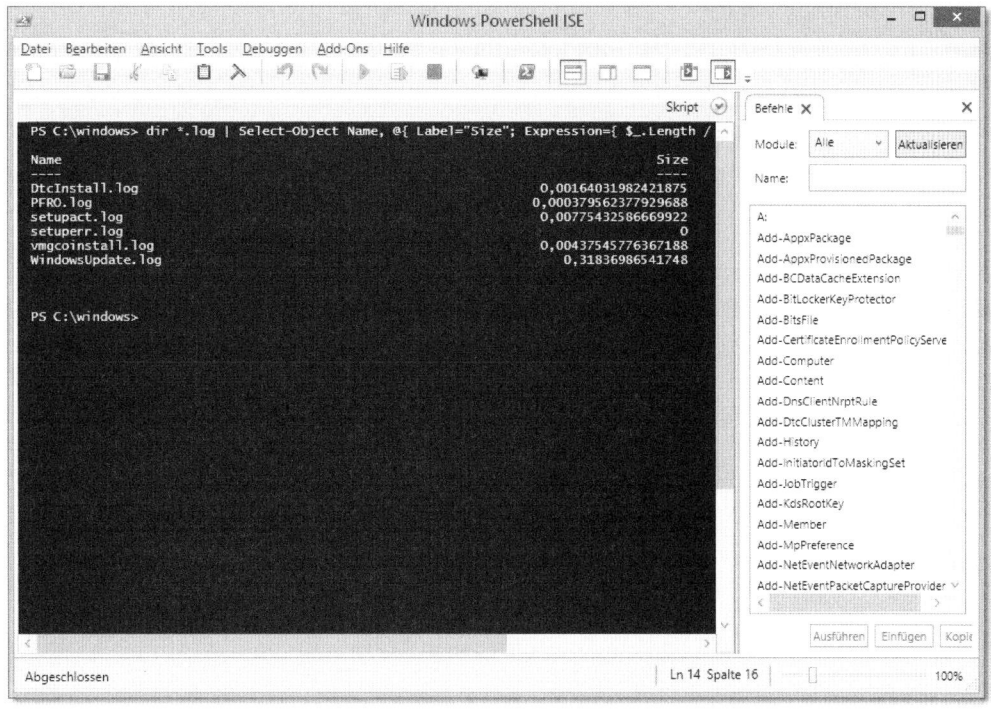

Abbildung 25.21 Benutzerdefinierte Eigenschaft

Formatierte Ausgabe

Im Beispiel von Listing 25.15 gibt es mit den vielen Nachkommastellen noch einen Schönheitsfehler. Besser wären zwei Nachkommastellen. Dies erreichen Sie mit dem Formatierungsoperator -f. Sie setzen vor den Operator die Angabe, wie die Ausgabe erfolgen soll, und hinter den Operator den auszugebenden Wert. Das Schwierigste dabei ist die Angabe der gewünschten Formatierung. Dazu in Listing 25.16 einige Beispiele:

```
#Zwei Nachkommastellen
"{0:F2}" -f (1/3)
#Zahlen mit bis zu 3 vorangestellten Nullen ausgeben
"{0:0000}" -f 12
```

Listing 25.16 Formatierte Ausgabe

Listing 25.15 könnten wir also leicht modifizieren, um nur zwei Nachkommastellen zu erhalten:

```
dir *.txt |
    Select-Object Name,
        @{ Label="Size";
            Expression={ "{0:F2}" -f ($_.Length / 1MB) }
        }
```

Listing 25.17 Dateigrößen mit zwei Nachkommastellen

Der Formatierungsoperator -f greift auf die Methode Format der Klasse System.String aus dem .NET Framework zurück. Entsprechend finden Sie dort auch die Dokumentation mit weiteren Beispielen unter folgender URL:

http://msdn.microsoft.com/de-de/library/fht0f5be(v=vs.80).aspx

25.7.3   Punktnotation

Wie zuvor schon angedeutet, gibt es mehrere Arten, mit den Objekteigenschaften zu arbeiten. Eine zweite Art stellen wir Ihnen jetzt mit der *Punktnotation* vor. Angenommen, wir möchten den Status eines bestimmten Dienstes ermitteln, und zwar vom *Windows Update-Dienst* mit dem internen Namen wuauserv. Wir könnten dabei wie in Abschnitt 25.7.2, »›Select-Object‹« geschildert vorgehen (Abbildung 25.22):

```
Get-Service -Name wuauserv |
    Select-Object -Property Status
```

Listing 25.18 Status des Windows Update-Dienstes ermitteln – Variante 1

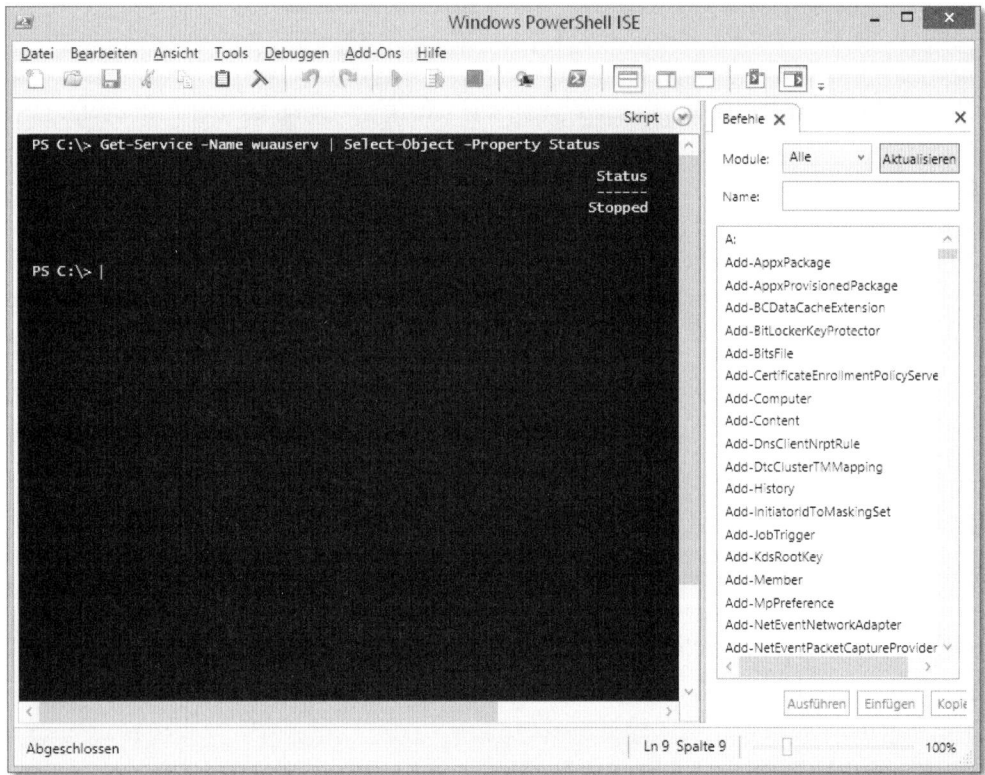

Abbildung 25.22 Status des Windows Update-Dienstes – Variante 1

Für eine Ausgabe des Status ist dieses Vorgehen in Ordnung, es gibt aber mit der Punktnotation noch eine andere Möglichkeit, die wir beispielsweise später auch in Abfragen und Filtern verwenden. Geben Sie folgendes Kommando (Abbildung 25.23):

```
(Get-Service -Name wuauserv).Status
```

Listing 25.19 Status des Windows-Update-Dienstes ermitteln – Variante 2

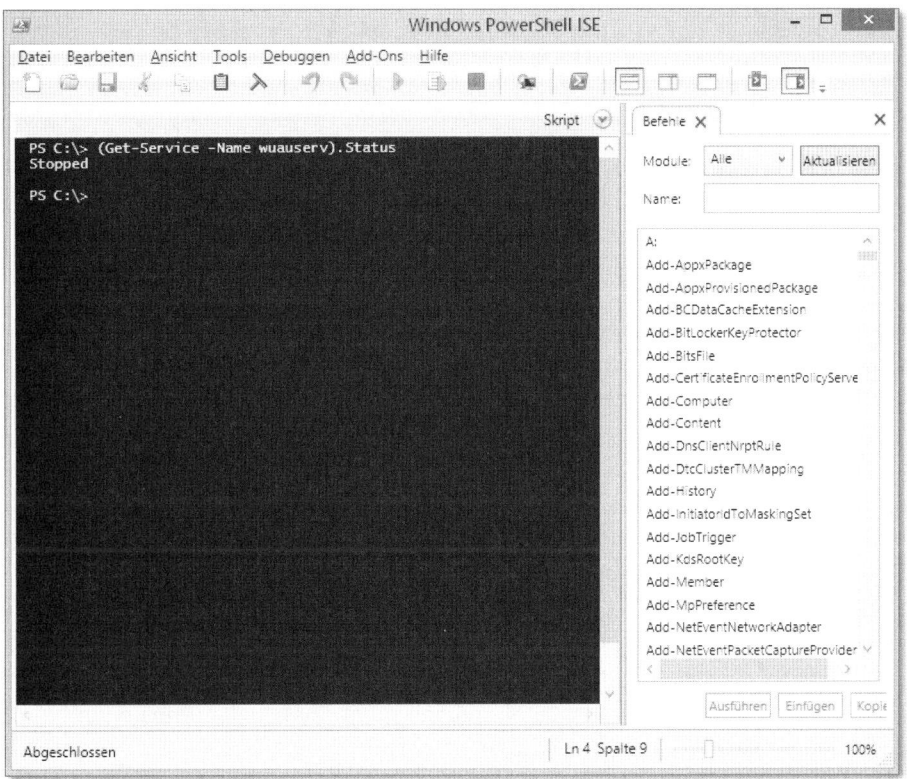

Abbildung 25.23 Status des Windows-Update-Dienstes – Variante 2

Auch hier erhalten wir die gewünschte Angabe. Mit dem Punkt trennen wir das abzufragende Objekt auf der linken Seite von der Eigenschaft auf der rechten Seite. So können wir die Werte aller anderen Eigenschaften ebenfalls ermitteln.

25.7.4   Standardausgabe

Wie zuvor erläutert, sind die Cmdlets also nicht für die Ausgabe in der Konsole zuständig – nur, wer ist es dann? Am Ende jedes Kommandos führt die PowerShell die Standardausgabe durch. Diese verfügt über eine Art Lexikon, in der viele der potenziellen Klassen aufgeführt sind. Zu jeder dort enthaltenen Klasse ist hinterlegt, welche Eigenschaften standardmäßig in

25

der Konsole ausgegeben werden sollen. Ist das Ergebnis eines Kommandos etwa ein oder mehrere Objekte vom Typ `System.ServiceProcess.ServiceController`, werden die im Lexikon hinterlegten Eigenschaften `Status`, `Name`, `DisplayName` in der Konsole ausgegeben.

»Select-Object« oder »Format-Table«?

In Skriptsammlungen, auf Blog-Einträgen etc. findet man statt des Cmdlets `Select-Object` zur Auswahl von Objektbestandteilen oft ein `Format-Table`, beispielsweise analog zu Listing 25.14:

```
Get-Service | Format-Table -Property Name,CanStop
```

Listing 25.20 Alternative »Format-Table«

Oder auch nur kurz geschrieben mit dem Alias `ft`:

```
Get-Service | ft Name,CanStop
```

Listing 25.21 Alternative »ft«

Führen Sie diese Befehle aus, erscheint die gleiche Ausgabe in der Konsole wie bei `Select-Object *`. Im Hintergrund geschehen hier aber völlig unterschiedliche Sachen. Während Sie mit `Select-Object` die Objekte auf einzelne Elemente – meist Eigenschaften – reduzieren, bleiben die Objekte aber noch vom ursprünglichen Typ: bei den konkreten Beispielen also nach wie vor Dienstobjekte (`ServiceController`). Sie können das überprüfen, indem Sie ein `| Get-Member` anhängen. Ganz anders sieht es aus, wenn Sie mit `Format-Table` arbeiten. Von diesem Cmdlet erhalten Sie keine Dienstobjekte zurück, sondern Objekte, mit denen die PowerShell eine formatierte Ausgabe vornimmt. Auch das können Sie mit einem angehängten `| Get-Member` überprüfen. Solange Sie mit den zurückgelieferten Objekten dann nichts mehr machen, ist der Unterschied nicht weiter tragisch. Pipen Sie das Ergebnis aber weiter, beispielsweise an ein `Export-CSV ausgabe.csv`, sehen Sie den Unterschied sehr deutlich: Bei `Select-Object` erhalten Sie die erwarteten Informationen in der CSV-Datei, bei `Format-Table` unbrauchbare.

Grundsätzlich dürfen Sie die Format-Befehle (`Format-Table` genauso wie `Format-List` und `Format-Wide`) nur als letzten Befehl in der Pipeline verwenden. Wenn danach noch etwas kommt, führt es höchstwahrscheinlich nicht zum gewünschten Ergebnis.

25.8   Pipeline

Eine wichtige Kernkomponente in der PowerShell ist die Pipeline (oder auch *Pipeline Processor* genannt). Mit ihrer Hilfe verketten Sie Befehle miteinander, sodass die Ausgabe vom links neben dem Pipe-Symbol (|) stehenden Befehl als Eingabe des rechts stehenden fungiert. Die Pipeline können Sie sich als Rohr vorstellen, über das Objekte weitergeleitet werden (Abbildung 25.24).

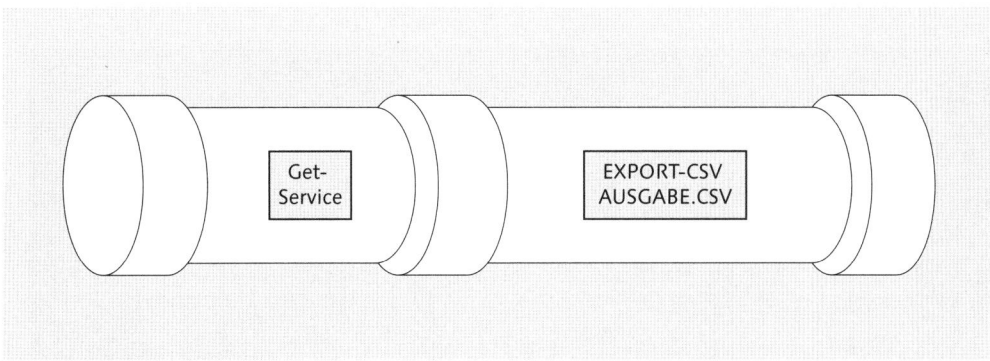

Abbildung 25.24 Pipeline als Rohr

Die Pipeline können Sie innerhalb eines Kommandos nicht nur, wie bisher, ein einziges Mal einsetzen, sondern durchaus mehrfach. Hier ein Beispiel, bei dem alle Fehlermeldungen des System-Ereignisprotokolls aus den vergangenen 24 Stunden in einer *CSV-Datei* protokolliert werden:

```
Get-EventLog -Logname System -EntryType Error |
    Where-Object {
        $_.TimeGenerated -ge (Get-Date).AddDays(-1)
    } |
    Export-CSV C:\Protokoll.csv
```

Listing 25.22 Fehlermeldungen aus dem Event-Log protokollieren

Tabelle 25.1 beschreibt die Funktionen der beteiligten Cmdlets kurz. Insbesondere das `Where-Object` wird in Abschnitt 25.9.1 noch näher erläutert.

Cmdlet	Funktion
`Get-EventLog`	Auslesen der Ereignisanzeige (System, Application, Security etc.)
`Where-Object`	Filtern von Pipelineobjekten
`Get-Date`	Ermitteln des aktuellen Datums/der aktuellen Uhrzeit
`Export-CSV`	Ausgabe von Objekteigenschaften im CSV-Format

Tabelle 25.3 Beispiel-Cmdlets

Übrigens können Sie nicht alle Cmdlets direkt in der Pipeline einsetzen, das betrifft beispielsweise `Rename-Item` (Abbildung 25.25). Das Cmdlet rechts neben dem Pipe-Symbol muss also die Fähigkeit haben, den Pipelineinhalt auszuwerten.

25

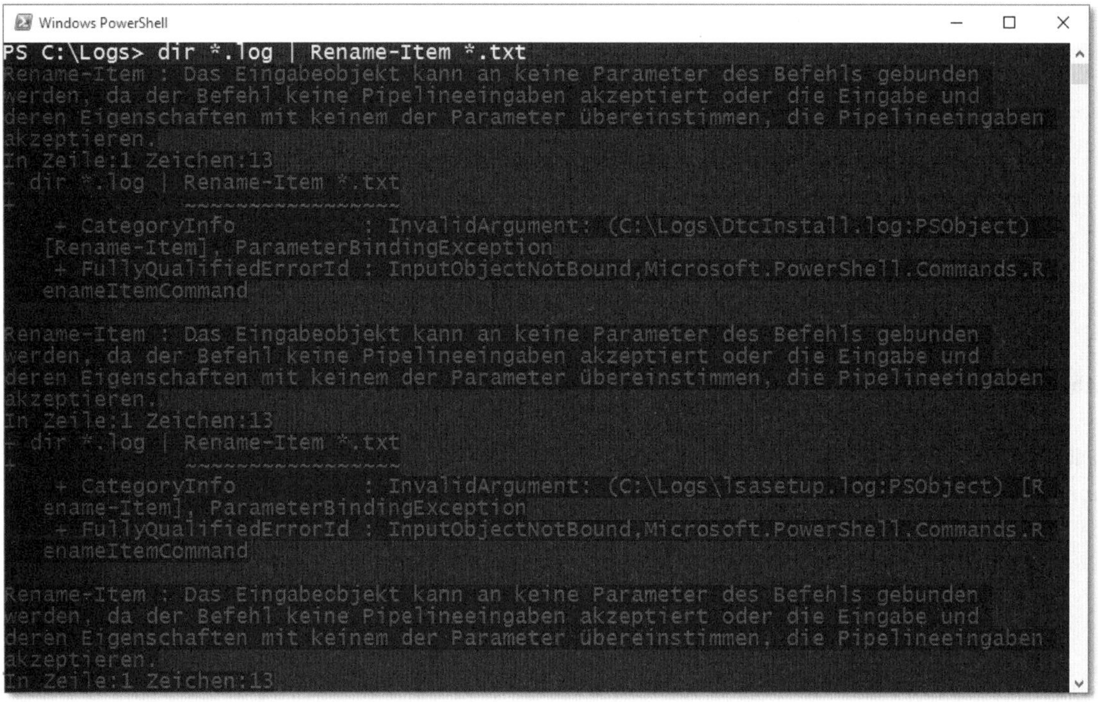

Abbildung 25.25 »Rename-Item« in der Pipeline führt zu einer Fehlermeldung.

25.9   Wichtige Cmdlets

In diesem Abschnitt stellen wir Ihnen einige Cmdlets vor, die Sie in vielen Situationen einsetzen können, unabhängig davon, ob Sie mit Benutzerkonten, Freigaben, Druckern etc. arbeiten. Vergessen Sie auch nie die zuvor bereits aufgeführten Cmdlets Get-Member und Select-Object.

25.9.1   Filtern mit »Where-Object«

Where-Object gehört zu den wichtigsten Standard-Cmdlets. Mit seiner Hilfe filtern Sie Pipelineobjekte, beispielsweise besondere Benutzerkonten, Dateien eines bestimmten Typs oder angehaltene Dienste etc.

Auf den ersten Blick ist die Syntax des Cmdlets eher abschreckend. Schauen Sie genauer hin, steckt aber nicht viel mehr dahinter als in klassischen *If-Abfragen*. Sehen wir uns zunächst ein Beispiel an, in dem alle angehaltenen Dienste in der Konsole ausgegeben werden (Abbildung 25.26):

```
Get-Service | Where-Object { $_.Status -eq "Stopped" }
```

Listing 25.23 Angehaltene Dienste ermitteln

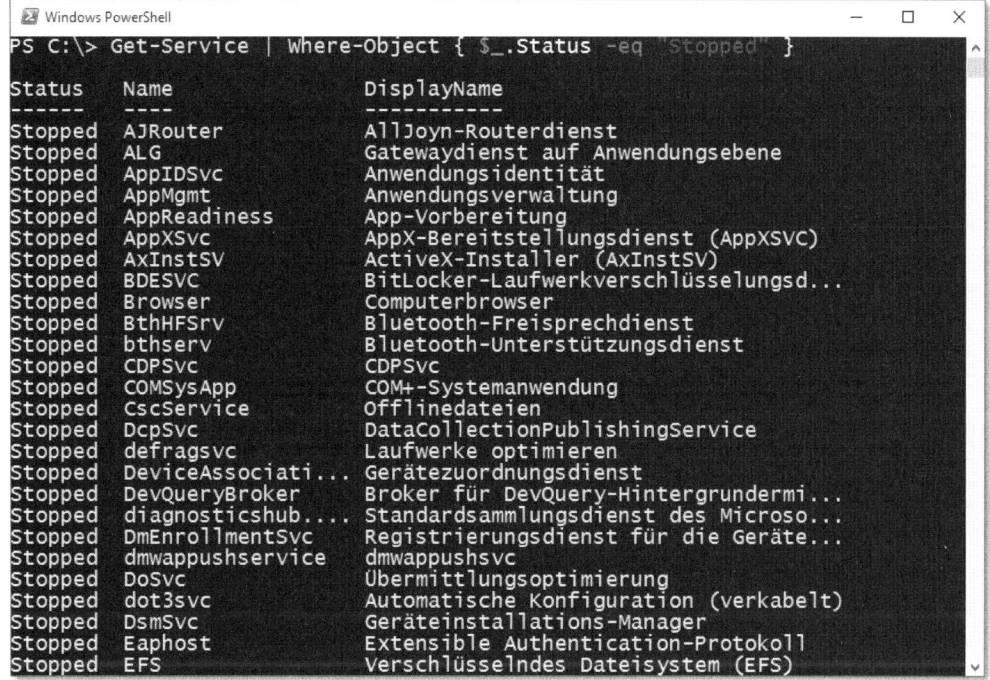

Abbildung 25.26 Angehaltene Dienste

Der verständlichste Teil daran ist vermutlich das Stopped. Es handelt sich um den Vergleichs-wert, den wir in der Objekteigenschaft Status suchen.

-eq ist ein Vergleichsoperator. Einige wichtige dieser Operatoren finden Sie in Tabelle 25.4 aufgeführt.

Vergleichsoperator	Bedeutung
-eq	gleich (»equals«), =
-gt	größer als (»greater than«), >
-ge	größer oder gleich (»greater or equal«), >=
-lt	kleiner als (»lower than«), <
-le	kleiner oder gleich (»lower or equal«), <=

Tabelle 25.4 Wichtige Vergleichsoperatoren

Vergleichsoperator	Bedeutung
-ne	ungleich (»not equal«), < > bzw. !=
-like	Vergleich mit *Wildcards*, beispielsweise * und ?
-match	Vergleich mit *regulären Ausdrücken*

Tabelle 25.4 Wichtige Vergleichsoperatoren (Forts.)

Bleibt noch der Teil $_.Status. Rein vom Aufbau her handelt es sich um die Punktnotation (siehe Abschnitt 25.7.3). Das $_ steht für eine von der PowerShell vorgegebene Variable (in der PowerShell beginnen alle Variablen mit $). Der Where-Object-Filterausdruck wird für jedes Objekt aus der Pipeline einmal ausgeführt. Die Variable enthält dann ebendieses eine Objekt, um auf seinen Inhalt zugreifen zu können.

Achten Sie darauf, den kompletten Filterausdruck in geschweifte Klammern zu setzen.

An sich müssen Sie in den meisten Fällen am kompletten Filterausdruck je nach der jeweiligen Aufgabenstellung drei Elemente anpassen: die abzufragende Eigenschaft, den Vergleichsoperator und den Vergleichswert (Abbildung 25.27). Wenn Sie das ein paar Mal gemacht haben, ist der Einsatz des Cmdlets kein Problem mehr.

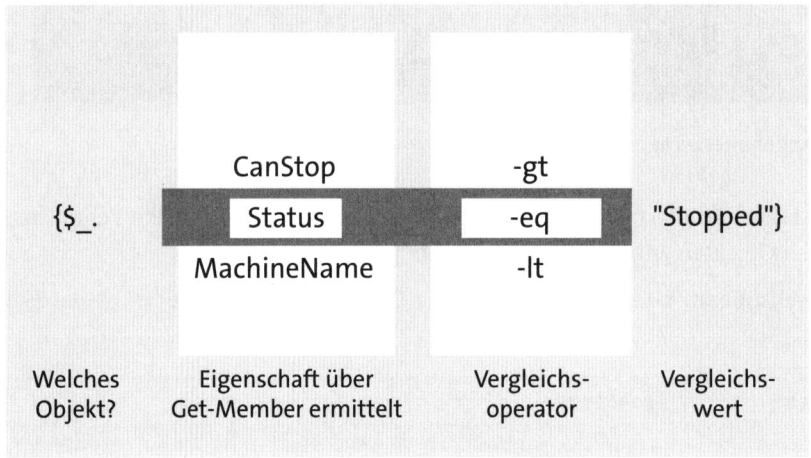

Abbildung 25.27 Anpassung des Filterausdrucks

Where-Object leitet nun alle Objekte, die unserem Filterkriterium entsprechen, weiter; die anderen werden dagegen nicht weiter betrachtet (Abbildung 25.28).

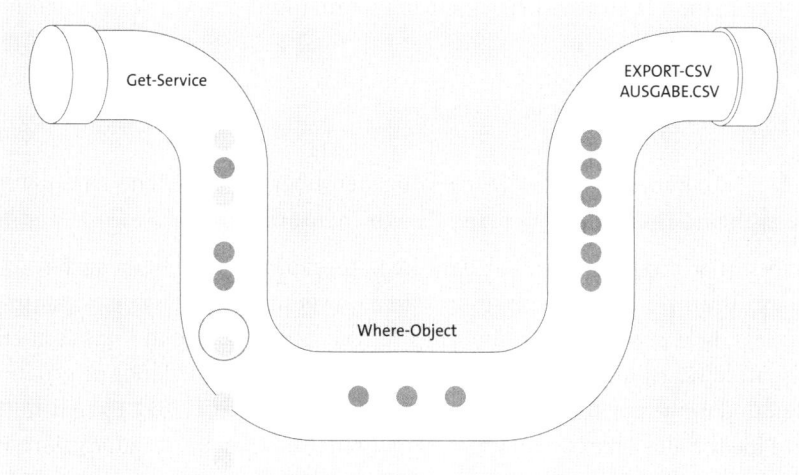

Abbildung 25.28 »Where-Object« filtert Pipelineinhalte.

Statt Where-Object können Sie auch einfach nur Where oder ? schreiben, denn das sind Aliasse für das Cmdlet.

Kürzere Schreibweise in PowerShell ab 3.0

Der gezeigte Aufbau eines Filterkriteriums bei Where-Object funktioniert in jeder Power-Shell-Version. Seit Version 3.0 gibt es jedoch auch eine kürzere Schreibweise. Statt der Befehlszeile aus Listing 25.23 könnten Sie auch schreiben:

```
Get-Service | Where-Object Status -eq "Stopped"
```

Listing 25.24 Angehaltene Dienste ermitteln

Doch Achtung: Ein solches Skript würde dann aber auch den Einsatz von PowerShell ab Version 3.0 erfordern, da es nicht mehr rückwärtskompatibel wäre. Windows 7 wird beispielsweise mit PowerShell 2.0 ausgeliefert.

25.9.2   Dateiexport mit »Out-File« und »Export-CSV«

Sie werden sich sicher einige Szenarien vorstellen können, bei denen Sie ausgewertete Informationen zur Protokollierung in einer Datei ablegen wollen. Die einfachste Variante dabei ist das Umleiten der Ausgabe, wie Sie es vielleicht schon in *cmd.exe* mit dem Größer-als-Zeichen (>) gemacht haben. Beispiel:

```
Get-Service > Ausgabe.txt
```

Listing 25.25 Ausgabeumleitung in eine Datei

Sie können dieses Kommando auch etwas eleganter mit dem Cmdlet `Out-File` formulieren:

```
Get-Service | Out-File Ausgabe.txt
```

Listing 25.26 Ausgabeumleitung in eine Datei mit »Out-File«

Beim Aufruf von `Out-File` können Sie zusätzliche Angaben über verschiedene Parameter machen, wie die Ausgabebreite, den zu verwendenden Zeichensatz etc.

Beide Varianten haben allerdings den Nachteil, dass die Datei exakt die gleiche Ausgabe enthält, die sonst in der Konsole ersichtlich gewesen wäre. So werden beispielsweise Spaltenwerte verkürzt abgelegt. Besser wäre ein verlässliches Format der Ausgabedatei, das es auch erlaubt, zu einem späteren Zeitpunkt die gespeicherten Informationen wieder ohne großen Aufwand einzulesen und weiterzuverarbeiten. Hier hilft das Cmdlet `Export-CSV`. Es speichert beim Aufruf in der Pipeline alle Objekte samt ihren Eigenschaften in einer standardisierten CSV-Datei ab. Ändern wir also das zuvor dargestellte Beispiel wie folgt, erhalten wir als Ergebnis eine Datei, deren Inhalt Sie in Abbildung 25.29 sehen.

```
Get-Service | Export-CSV Ausgabe.csv
```

Listing 25.27 Speichern von Objekteigenschaften in einer CSV-Datei

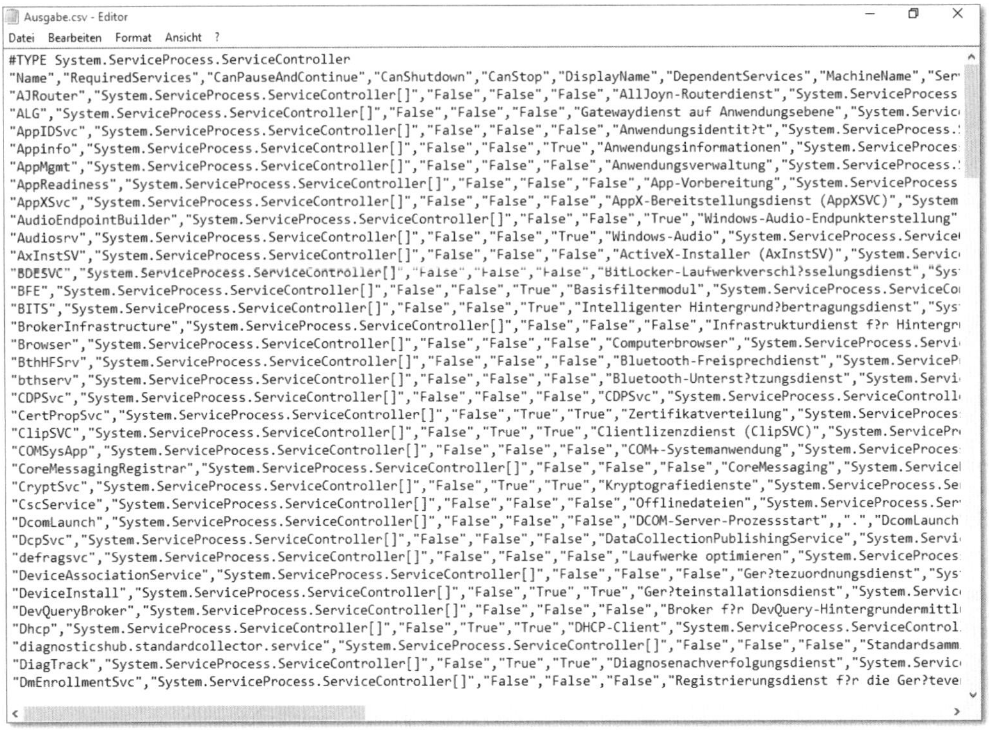


```
#TYPE System.ServiceProcess.ServiceController
"Name","RequiredServices","CanPauseAndContinue","CanShutdown","CanStop","DisplayName","DependentServices","MachineName","Ser
"AJRouter","System.ServiceProcess.ServiceController[]","False","False","False","AllJoyn-Routerdienst","System.ServiceProcess
"ALG","System.ServiceProcess.ServiceController[]","False","False","False","Gatewaydienst auf Anwendungsebene","System.Servic
"AppIDSvc","System.ServiceProcess.ServiceController[]","False","False","False","Anwendungsidentit?t","System.ServiceProcess.
"Appinfo","System.ServiceProcess.ServiceController[]","False","False","True","Anwendungsinformationen","System.ServiceProces
"AppMgmt","System.ServiceProcess.ServiceController[]","False","False","False","Anwendungsverwaltung","System.ServiceProcess.
"AppReadiness","System.ServiceProcess.ServiceController[]","False","False","False","App-Vorbereitung","System.ServiceProcess
"AppXSvc","System.ServiceProcess.ServiceController[]","False","False","False","AppX-Bereitstellungsdienst (AppXSVC)","System
"AudioEndpointBuilder","System.ServiceProcess.ServiceController[]","False","False","True","Windows-Audio-Endpunkterstellung"
"Audiosrv","System.ServiceProcess.ServiceController[]","False","False","True","Windows-Audio","System.ServiceProcess.Service
"AxInstSV","System.ServiceProcess.ServiceController[]","False","False","False","ActiveX-Installer (AxInstSV)","System.Servic
"BDESVC","System.ServiceProcess.ServiceController[]","False","False","False","BitLocker-Laufwerkverschl?sselungsdienst","Sys
"BFE","System.ServiceProcess.ServiceController[]","False","False","True","Basisfiltermodul","System.ServiceProcess.ServiceCo
"BITS","System.ServiceProcess.ServiceController[]","False","False","True","Intelligenter Hintergrund?bertragungsdienst","Sys
"BrokerInfrastructure","System.ServiceProcess.ServiceController[]","False","False","False","Infrastrukturdienst f?r Hintergr
"Browser","System.ServiceProcess.ServiceController[]","False","False","False","Computerbrowser","System.ServiceProcess.Servi
"BthHFSrv","System.ServiceProcess.ServiceController[]","False","False","False","Bluetooth-Freisprechdienst","System.ServiceP
"bthserv","System.ServiceProcess.ServiceController[]","False","False","False","Bluetooth-Unterst?tzungsdienst","System.Servi
"CDPSvc","System.ServiceProcess.ServiceController[]","False","False","False","CDPSvc","System.ServiceProcess.ServiceControll
"CertPropSvc","System.ServiceProcess.ServiceController[]","False","True","True","Zertifikatverteilung","System.ServiceProces
"ClipSVC","System.ServiceProcess.ServiceController[]","False","True","True","Clientlizenzdienst (ClipSVC)","System.ServicePr
"COMSysApp","System.ServiceProcess.ServiceController[]","False","False","False","COM+-Systemanwendung","System.ServiceProces
"CoreMessagingRegistrar","System.ServiceProcess.ServiceController[]","False","False","False","CoreMessaging","System.Service
"CryptSvc","System.ServiceProcess.ServiceController[]","False","True","True","Kryptografiedienste","System.ServiceProcess.Se
"CscService","System.ServiceProcess.ServiceController[]","False","False","False","Offlinedateien","System.ServiceProcess.Ser
"DcomLaunch","System.ServiceProcess.ServiceController[]","False","False","False","DCOM-Server-Prozessstart",,".","DcomLaunch
"DcpSvc","System.ServiceProcess.ServiceController[]","False","False","False","DataCollectionPublishingService","System.Servi
"defragsvc","System.ServiceProcess.ServiceController[]","False","False","False","Laufwerke optimieren","System.ServiceProces
"DeviceAssociationService","System.ServiceProcess.ServiceController[]","False","False","False","Ger?tezuordnungsdienst","Sys
"DeviceInstall","System.ServiceProcess.ServiceController[]","False","True","True","Ger?teinstallationsdienst","System.Servic
"DevQueryBroker","System.ServiceProcess.ServiceController[]","False","False","False","Broker f?r DevQuery-Hintergrundermittl
"Dhcp","System.ServiceProcess.ServiceController[]","False","True","True","DHCP-Client","System.ServiceProcess.ServiceControl
"diagnosticshub.standardcollector.service","System.ServiceProcess.ServiceController[]","False","False","False","Standardsamm
"DiagTrack","System.ServiceProcess.ServiceController[]","False","True","True","Diagnosenachverfolgungsdienst","System.Servic
"DmEnrollmentSvc","System.ServiceProcess.ServiceController[]","False","False","False","Registrierungsdienst f?r die Ger?teve
```

Abbildung 25.29 »Export-CSV« legt CSV-Dateien an.

Der Vorteil dabei ist nicht nur, dass keine Informationen verloren gehen (abgeschnittene Eigenschaftswerte), sondern auch, dass der Inhalt einer CSV-Datei mit dem Cmdlet `Import-CSV` ebenso einfach wieder eingelesen wird (Abbildung 25.30).

```
Import-CSV Ausgabe.CSV
```

Listing 25.28 Import einer CSV-Datei

Abbildung 25.30 »Import-CSV« liest CSV-Dateien ein.

25.9.3   Grafische Ausgabe mit »Out-GridView«

Die grafischen Möglichkeiten der PowerShell bewegen sich in einem sehr beschränkten Rahmen. Dennoch wäre es manchmal schön, ausgewertete Informationen nicht nur in der Eingabeaufforderung darzustellen, sondern etwas grafischer in einem Windows-Fenster. Ein einfaches Cmdlet dazu finden Sie in `Out-GridView`. Das Cmdlet zeigt beim Einsatz die in der Pipeline enthaltenen Objekte in einem Fenster an (Abbildung 25.31).

```
Get-Service | Out-GridView
```

Listing 25.29 Grafische Ausgabe

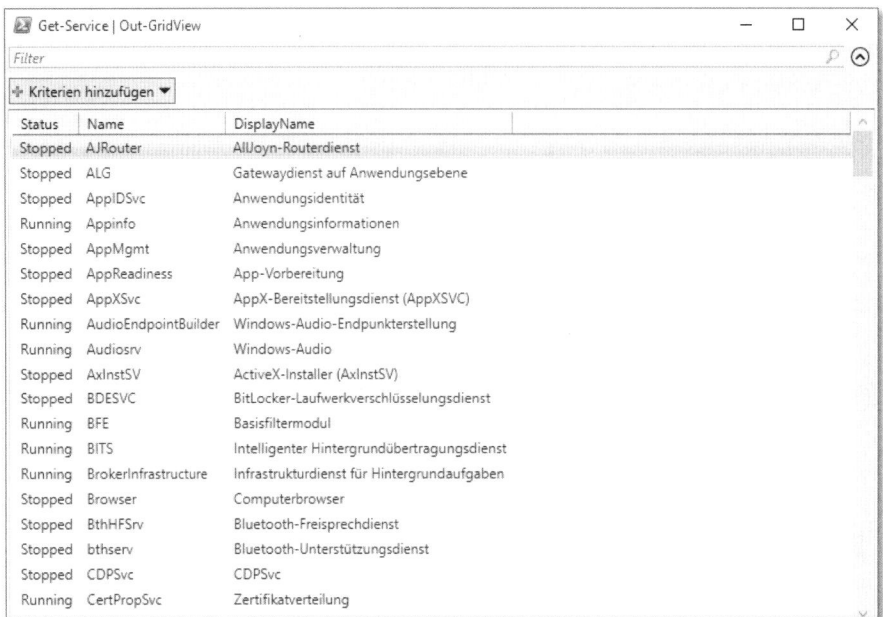

Abbildung 25.31 Grafische Ausgabe mit »Out-GridView«

Das Fenster unterstützt dann auch einfache Benutzeraufgaben wie die Sortierung über die Spaltenüberschriften oder das interaktive Konfigurieren eines Filters.

25.9.4   Sortieren mit »Sort-Object«

Auch das Sortieren von Pipelineobjekten gehört zu den Standardaufgaben in der PowerShell. Mit Sort-Object sortieren Sie beispielsweise Dateien nach ihrer Größe oder nach dem Anlagedatum. Beim Aufruf des Cmdlets geben Sie über den Parameter -Property an, nach welcher Objekteigenschaft sortiert werden soll:

```
dir C:\Windows | Sort-Object –Property Length
```

Listing 25.30 Objekte sortieren

Die Angabe des Parameternamens kann auch hier entfallen.

25.9.5   Einfache Statistiken mit »Measure-Object«

Mit Measure-Object erzeugen Sie einfache Statistiken. Das können Summe, Durchschnittswerte, Anzahlen sowie die Ermittlung des kleinsten und größten Eigenschaftswerts sein. Eingesetzt wird das Cmdlet ähnlich wie Sort-Object, denn Sie müssen auch eine Eigenschaft angeben, deren Werte Sie bei der Berechnung als Grundlage verwenden wollen. Über weitere

Parameter bestimmen Sie, welche Statistik oder welche Statistiken berechnet werden sollen. Im folgenden Beispiel verwenden wir die Dateilängen aus dem Windows-Ordner.

```
dir c:\Windows |
    Measure-Object -Property Length `
                    -Sum `
                    -Average `
                    -Maximum `
                    -Minimum
```

Listing 25.31 Statistik über Dateilängen

Das Ergebnis sehen Sie in Abbildung 25.32.

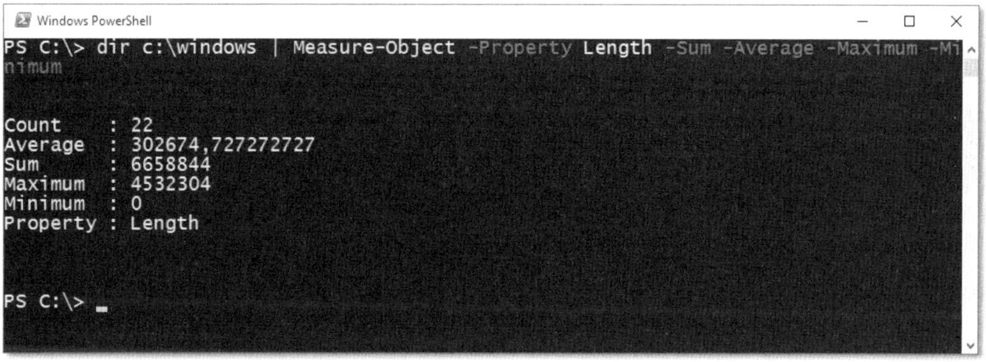

Abbildung 25.32 Statistik über Dateilängen

25.9.6   Schleifen mit »ForEach-Object«

Nicht alle Cmdlets lassen sich in der Pipeline einsetzen. Dazu gehört etwa Rename-Item. Auch werden Sie in der Praxis sicher Situationen finden, bei denen Sie pro Objekt, beispielsweise pro Benutzerkonto, nicht nur eine Aktion, etwa ein einziges Cmdlet, ausführen wollen, sondern mehrere. In beiden Fällen kommt das Cmdlet ForEach-Object zum Einsatz. Hier ein Beispiel:

```
Get-Service |
ForEach-Object {
    #1. Befehl
    #2. Befehl
    #...
}
```

Listing 25.32 Schleife mit »ForEach-Object«

In geschweifte Klammern setzen Sie die Befehle, die Sie für jedes Objekt aus der Pipeline separat ausführen wollen. Trennen Sie die Befehle über einen Zeilenwechsel oder alternativ mit einem Semikolon (;). Um auf das jeweilige Objekt zuzugreifen, für das die Schleife gerade läuft, nutzen Sie die Systemvariable $_ (wie bei Where-Object):

```
Get-Service | ForEach-Object { $_.Name }
```

Listing 25.33 Ausgabe von Dienstnamen

Statt ForEach-Object können Sie auch seine Aliasse foreach und % (Achtung, das führt zu unleserlichem Code) verwenden.

25.9.7   Protokolle mit »Start-Transcript«

Sobald Sie sich mit der PowerShell angefreundet haben und sie auch für umfangreiche Konfigurationen einsetzen, ist es oftmals keine schlechte Idee, die ausgeführten Kommandos zur Dokumentation aufzuzeichnen. So können Sie später noch nachvollziehen, was Sie wann durch welche Befehle in der PowerShell durchgeführt haben. Der Aufwand dafür ist nicht groß. Führen Sie einfach das Cmdlet Start-Transcript aus, und geben Sie dabei einen Dateinamen an. Von da ab wird die PowerShell die Ausgabe der Konsole in der angegebenen Datei mitprotokollieren (Abbildung 25.33).

```
Start-Transcript Protokoll.txt
```

Listing 25.34 Ausgabeprotokollierung aktivieren

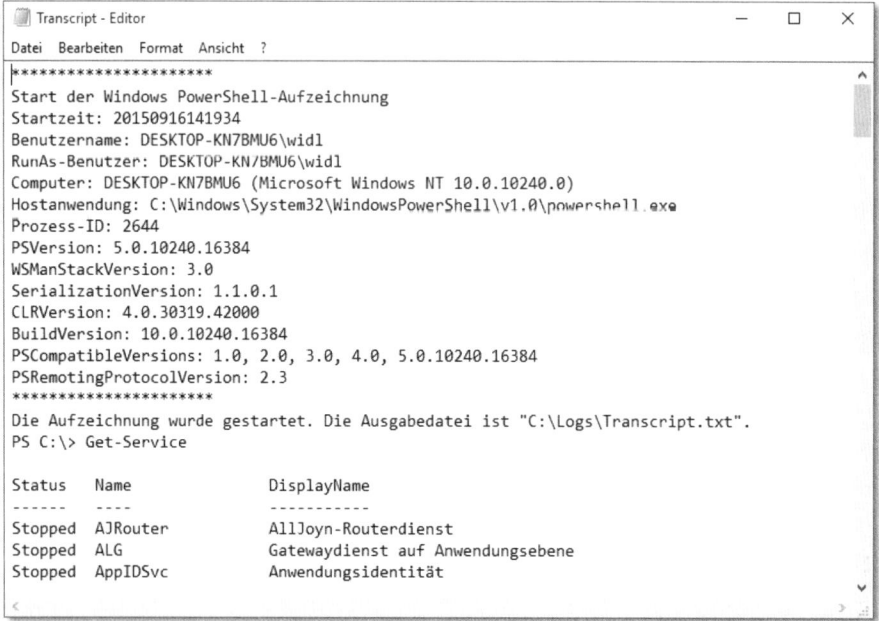

Abbildung 25.33 Beispielprotokoll von »Start-Transcript«

Im Kopf der Datei stehen allgemeine Angaben wie Zeitpunkt der Aufzeichnung, Benutzerkonto und Computer. Diese Protokollierung gilt nur für die aktive PowerShell-Sitzung und wird mit deren Beendigung angehalten.

Mehr Transparenz mit »-Verbose« und »-WhatIf«

Bei so manchem Cmdlet ist nach der Ausführung nicht unbedingt klar, was denn jetzt eigentlich genau passiert ist, beispielsweise bei del *.* (oder etwas mehr PowerShell-like Remove-Item *.*). Welche Dateien wurden gelöscht oder wie viele? Eine? Keine? Viele? Sie können hier mit dem Parameter -Verbose für mehr Transparenz sorgen, denn Sie sehen dann im Ausgabefenster genau, was eigentlich geschehen ist (Abbildung 25.34).

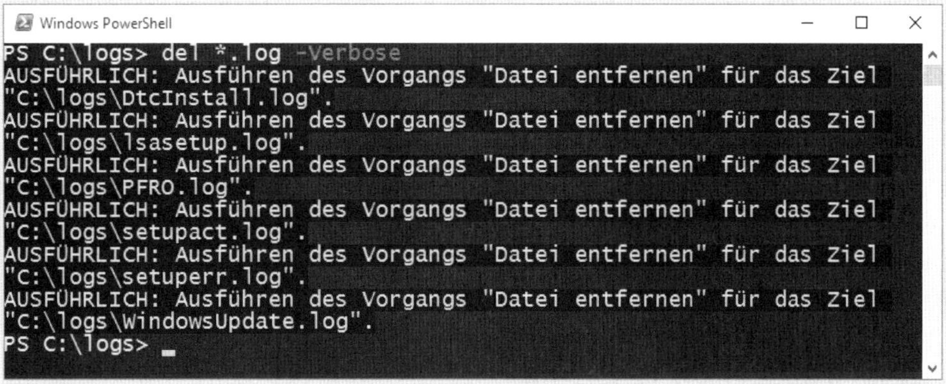

Abbildung 25.34 »-Verbose« zeigt an, was passiert ist.

Einen ähnlichen Weg geht der Parameter -WhatIf. Setzen Sie ihn ein, wird die eigentliche Cmdlet-Aktion nicht durchgeführt, sondern es wird nur ausgegeben, was versucht würde (Abbildung 25.35). Bevor Sie kritische Aktionen durchführen, kann es sehr hilfreich sein, beispielsweise zu überprüfen, ob ein Filter auch tatsächlich die gewünschten Objekte zum Löschen findet.

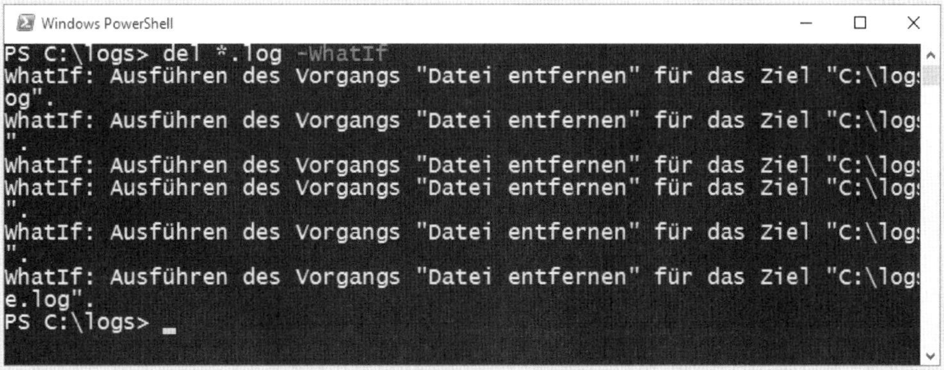

Abbildung 25.35 »-WhatIf« zeigt an, was passieren könnte.

Die beiden Parameter -Verbose und -WhatIf finden Sie bei vielen Cmdlets.

25.10 Variablen

Variablen beginnen in der PowerShell grundsätzlich mit einem Dollarzeichen ($). Sie enthalten einen einzelnen Wert (Objekt) oder auch mehrere (als *Array*). Dabei besitzen sie im Standardfall keinen festen Datentyp und müssen auch nicht deklariert werden (auch wenn das bei vielen Entwicklern Gänsehaut verursacht). Beispiel:

```
$s = "London"
$s = 10
$s = Get-Service
```

Listing 25.35 Variablenzuweisung

25.11 Funktionen und Filter

Wie in vielen anderen Scripting-Lösungen können Sie auch in der PowerShell eigene Befehle definieren und diese bei Bedarf aufrufen. Allerdings unterscheiden sich die dabei erzeugten Funktionen an manchen Stellen von den Funktionen anderer Skriptsprachen. Außerdem kennt die PowerShell darüber hinaus Filter, die sich auf den ersten Blick von Funktionen nicht unterscheiden, aber bei genauerem Hinsehen innerhalb der Pipeline anders arbeiten.

25.11.1 Funktionen definieren

Beginnen wir mit einer simplen Funktion, die von einem übergebenen Nettobetrag die Mehrwertsteuer berechnet. Der Mehrwertsteuersatz soll dabei frei wählbar sein. Die Funktion könnte beispielsweise so aussehen:

```
function MwSt($betrag, $satz) {
    $ergebnis = $betrag / 100 * $satz
    $ergebnis
}
```

Listing 25.36 Funktionsdefinition

Der Funktionskopf enthält einen frei wählbaren Funktionsnamen und die beiden Variablen als Übergabeparameter. Die Berechnung selbst ist wenig spannend, interessant ist aber die Rückgabe. Während Sie vielleicht aus anderen Skriptsprachen den Befehl return kennen, mit dem das Funktionsergebnis angegeben wird, sehen Sie im Beispiel eine einfache Ausgabe (geben Sie als Kommando nur eine Variable an, wird deren Inhalt ausgegeben). Die Variable $ergebnis ist genau genommen sogar überflüssig, es hätte im Funktionsinneren auch ein $betrag / 100 * $satz gereicht. Umgekehrt kann eine Funktion auch mehrere Rückgaben haben, indem Sie einfach mehrere Ausgaben vornehmen.

Nachdem Sie die Funktion nun definiert haben, stellt sich die Frage, wie sie aufgerufen wird. Achtung, hier fällt man schnell auf die Nase, wenn man den Aufruf so macht, wie man ihn etwa aus C-ähnlichen Sprachen kennt. Falsch ist etwa das folgende Kommando (Abbildung 25.36):

```
MwSt(1000, 19)
```

Listing 25.37 Falscher Funktionsaufruf

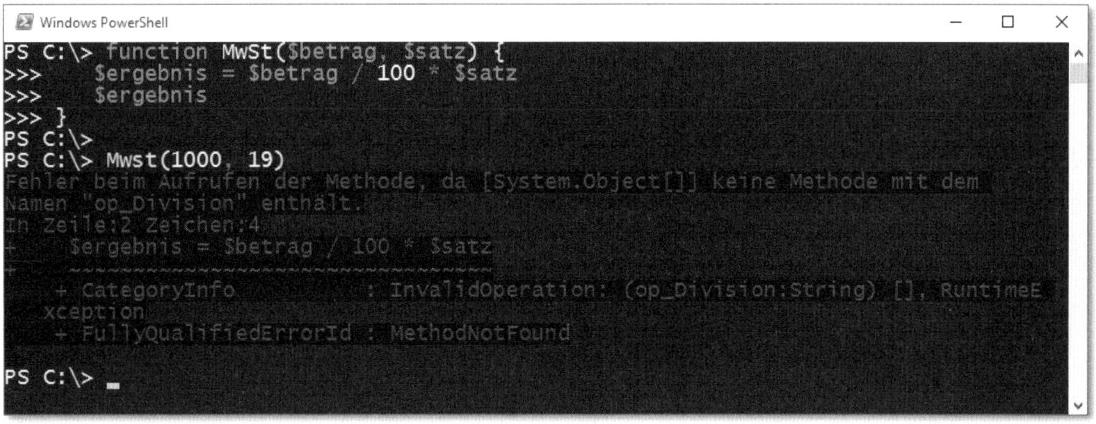

Abbildung 25.36 Fehlerhafter Funktionsaufruf

Richtig sind dagegen alle der folgenden Kommandos:

```
MwSt 1000 19
MwSt -betrag 1000 -satz 19
MwSt -b 1000 -s 19
MwSt -s 19 -b 1000
```

Listing 25.38 Richtige Funktionsaufrufe

Die Beispiele aus Listing 25.38 orientieren sich an den Konventionen der Übergabe von Parametern und Argumenten beim Aufruf von Cmdlets, wie bereits in Abschnitt 25.5.2, »Parameter und Argumente«, besprochen wurde. Warum ist aber der Aufruf aus Listing 25.37 falsch? Der Hauptgrund ist das Komma, mit dem Sie in der PowerShell ein Array anlegen. In der PowerShell sind Übergaben grundsätzlich optional, d. h., die beiden Zahlen stecken als Array in der Variablen $betrag, und $satz ist leer. Bei der Berechnung wird dann versucht, den Inhalt von $betrag durch 100 zu teilen, was fehlschlägt, da sich ein Array nicht teilen lässt. Damit erklärt sich auch die Fehlermeldung aus Abbildung 25.36.

Wie auch die selbst angelegten Aliasse gilt die Funktion nur in der aktuellen PowerShell-Sitzung. Starten Sie die PowerShell neu, ist die Funktion nicht mehr vorhanden. Damit Sie Ihre Funktionen dauerhaft zur Verfügung haben, legen Sie sie am besten in einem Profil ab. Lesen Sie dazu Abschnitt 25.12.5, »Profile«.

25.11.2   Filter definieren

Für Filter gilt das eben über Funktionen Erläuterte ganz genauso, mit einer Ausnahme: Einen Filter definieren Sie nicht mit function, sondern mit filter. Natürlich gibt es noch einen Unterschied zwischen den beiden Konstrukten, sonst wäre ja eines davon überflüssig. Der Unterschied kommt erst dann zum Tragen, wenn Sie Ihre Funktion oder Ihren Filter innerhalb der Pipeline einsetzen. Um dieses Verhalten zu verdeutlichen, nehmen wir die beiden folgenden simplen Befehle:

```
function TestFunktion {
Write-Host "Funktion läuft"
}
filter TestFilter {
Write-Host "Filter läuft"
}
```

Listing 25.39 Einfache eigene Befehle

Diese beiden Befehle rufen wir dann in einer Pipeline nach einem Get-Service auf. Das Ergebnis sehen Sie in Abbildung 25.37.

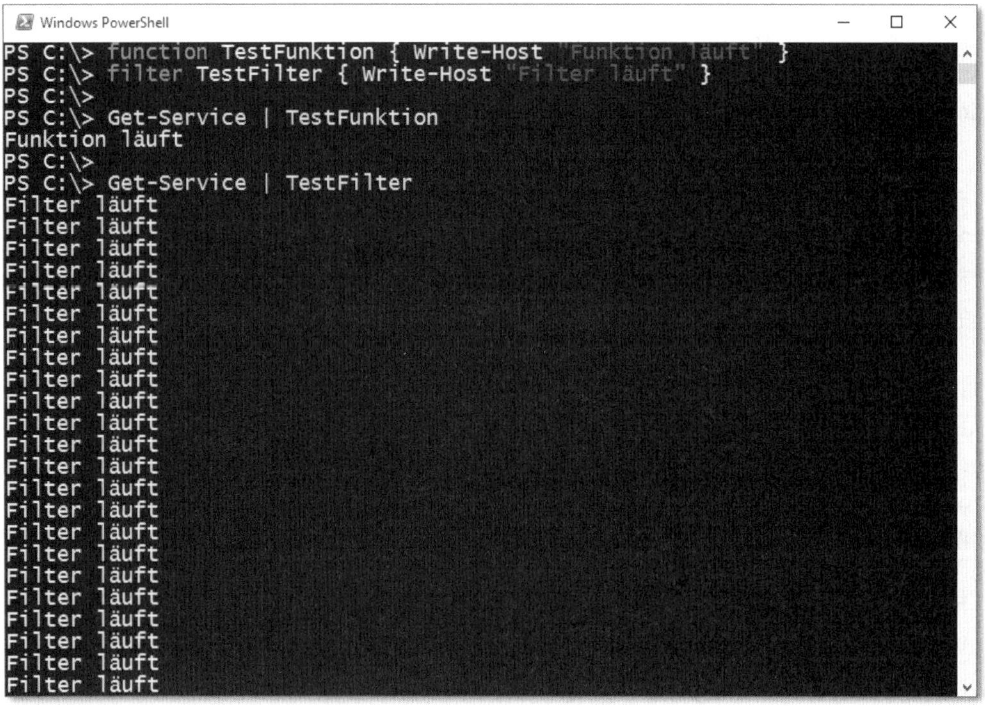

Abbildung 25.37 Funktionen und Filter in der Pipeline

Die Abbildung macht deutlich, dass eine Funktion für den kompletten Pipelineinhalt nur ein einziges Mal ausgeführt wird, ein Filter dagegen für jedes Objekt aus der Pipeline separat.

Wofür das gut sein soll? Nehmen Sie etwa das Cmdlet Sort-Object. Dieses arbeitet wie eine Funktion, da auf den kompletten Pipelineinhalt zugegriffen werden muss, ansonsten könnten die Objekte nicht miteinander verglichen und in die richtige Reihenfolge gebracht werden. Das Cmdlet Where-Object arbeitet dagegen wie ein Filter, denn die Filterung erfolgt für jedes Objekt separat. Je nach Anwendungsfall ist es also sinnvoller, eine Funktion oder einen Filter zu definieren. Innerhalb eines Filters greifen Sie auf das Objekt, für das der Filter läuft, über die Systemvariable $_ zu (wie auch bei Where-Object und ForEach-Object). Bei einer Funktion dagegen finden Sie den kompletten Pipelineinhalt in der Systemvariablen $Input.

Tabelle 25.5 stellt Funktionen und Filter noch einmal einander gegenüber.

	Funktion	Filter
Erstellung mit	function	filter
Ausführung in der Pipeline	einmal für kompletten Pipelineinhalt	einmal für jedes Objekt in der Pipeline
Ausführungsart	synchron	asynchron
Zugriff über	$Input	$_

Tabelle 25.5 Vergleich Funktion/Filter

25.12 Skripte

Bisher haben wir die PowerShell ausschließlich interaktiv eingesetzt. Zur Automatisierung ist aber das Anlegen von Skripten unerlässlich, um bestimmte Aufgaben zu einem gegebenen Zeitpunkt auszuführen. Wichtig ist es, die ausgeführten Aktionen zu überprüfen, um im Fehlerfall entsprechend zu reagieren.

25.12.1 Aufbau

PowerShell-Skriptdateien sind reine Textdateien mit der Endung .ps1 (siehe Abschnitt 25.4, »v1.0?«). Wollen Sie es etwas komfortabler, schreiben Sie Ihre Skripte aber trotzdem nicht mit Notepad, sondern mit der PowerShell ISE (siehe Abschnitt 25.2.1).

Um Ihre Skripte verständlicher zu machen, sollten Sie an Kommentaren nicht sparen. Die PowerShell verwendet als Kommentarzeichen das Nummernsymbol (#). Alles, was in derselben Zeile nach dem Symbol steht, wird nicht ausgeführt. So können Sie etwa im Kopf Ihrer Skripte Autor, Funktion, Voraussetzungen, Versionshistorie, Übergabeparameter etc. dokumentieren.

25.12.2   Skriptausführung

Im Gegensatz zu anderen Scripting-Technologien werden PowerShell-Skriptdateien bei einem Doppelklick nicht einfach ausgeführt, wie Sie es beispielsweise von *.bat-*, *.cmd-* und *.vbs*-Dateien kennen. Stattdessen wird die Skriptdatei in Notepad geöffnet. Der Grund dafür ist einfach: Die Datei *.ps1* ist mit *notepad.exe* verknüpft. Dies soll ein einfacher Schutz für den Endanwender sein, nicht versehentlich Skripte auszuführen, wenn er diese etwa per Mail oder USB-Stick etc. erhält. Es muss also einen anderen Weg geben. Wir werden Ihnen gleich verschiedene Varianten zur Skriptausführung vorstellen, vorher müssen wir aber noch die Ausführungsrichtlinie besprechen.

Ausführungsrichtlinie

Über die Ausführungsrichtlinie konfigurieren Sie, ob und unter welchen Bedingungen PowerShell-Skripte ausgeführt werden können. Im Standardfall ist die Richtlinie so konfiguriert, dass Sie zwar interaktiv mit der PowerShell arbeiten können, aber Skripte (aus Sicherheitsgründen) nicht ausgeführt werden. Die aktuell gültige Ausführungsrichtlinie können Sie mit dem Cmdlet Get-ExecutionPolicy abfragen und mit Set-ExecutionPolicy ändern.

Tabelle 25.6 gibt eine Übersicht einiger wichtiger Richtlinien.

Richtlinie	Auswirkung
Restricted	Die Skriptausführung ist deaktiviert (Standardeinstellung).
Unrestricted	Alle Skripte werden ohne Einschränkung ausgeführt.
RemoteSigned	Stammt das Skript aus einer vertrauenswürdigen Quelle, muss es keine digitale Signatur tragen, ansonsten ist diese erforderlich.
AllSigned	Nur digital signierte Skripte werden ausgeführt.

Tabelle 25.6 Ausführungsrichtlinien

Wollen Sie die Ausführung etwa auf RemoteSigned setzen, geben Sie folgendes Kommando:

```
Set-ExecutionPolicy –ExecutionPolicy RemoteSigned
```

Listing 25.40 Setzen der Ausführungsrichtlinie

Letztendlich ändern Sie damit einen Eintrag in der Systemregistrierung, und zwar den Wert *ExecutionPolicy* im Schlüssel *HKEY_LOCAL_MACHINE\SOFTWARE\Microsoft\PowerShell\ ShellIds\Microsoft.PowerShell*.

Skripte starten

Eine einfache Variante zum Start eines Skripts versteckt sich im Kontextmenü der Datei. Dort finden Sie den Befehl MIT POWERSHELL AUSFÜHREN. Dies geht übrigens selbst dann, wenn die Ausführungsrichtlinie eigentlich das Ausführen von Skripten verbietet.

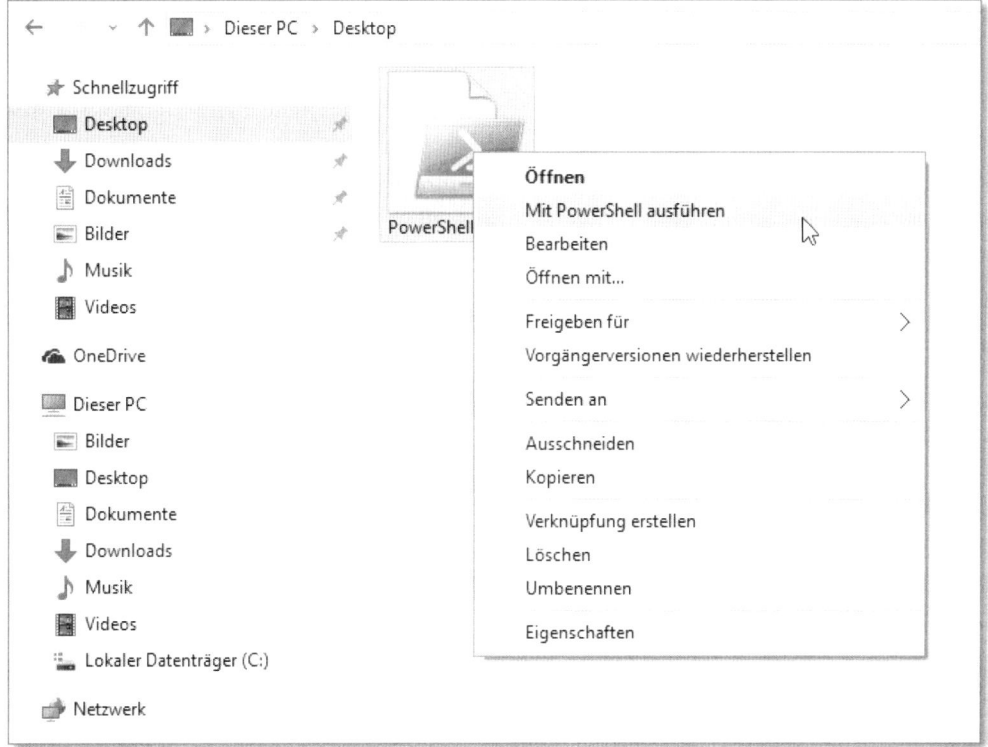

Abbildung 25.38 PowerShell-Skripte können über das Kontextmenü ausgeführt werden.

Eine weitere Variante führt Skriptdateien über *powershell.exe* aus (Ordner *C:\Windows\System32\WindowsPowerShell\v1.0*), was etwa beim zeitgesteuerten Aufruf über den Aufgabenplaner sinnvoll ist. Ein Beispiel:

```
powershell.exe -file MeinSkript.ps1
```

Listing 25.41 Skriptstart über »powershell.exe«

Zu guter Letzt sei hier noch die interaktive Variante genannt, mit der Sie während einer PowerShell-Sitzung bei Bedarf ein Skript ausführen. Wichtig ist dabei, dass Sie nicht nur den Dateinamen, sondern auch den Pfad zur Skriptdatei mit angeben. Das gilt selbst dann, wenn sich die Datei im aktuellen Ordner befindet. Den Pfad können Sie relativ (ausgehend vom aktuellen Ordner) und absolut (mit komplettem Pfad) angeben:

```
C:\MeinSkript.ps1
.\MeinSkript.ps1
C:\MeinSkript
.\MeinSkript
```

Listing 25.42 Skriptausführungsvarianten

Wie das Beispiel zeigt, ist die Angabe des Datei-Suffixes *.ps1* nicht erforderlich.

Zu erklären, wie Sie Skriptdateien mithilfe Ihrer Zertifizierungsstelle digital signieren, würde den Rahmen des Buches an dieser Stelle sprengen. Eine gute Erläuterung finden Sie dazu aber unter folgender URL: *http://blogs.technet.com/b/heyscriptingguy/archive/2010/06/17/ hey-scripting-guy-how-can-i-sign-windows-powershell-scripts-with-an-enterprise-windows- pki-part-2-of-2.aspx*

25.12.3   Fehlerbehandlung

In Skripten ist eine automatisierte Fehlerbehandlung sehr wichtig, denn während der Entwicklung können Sie nicht alle Situationen berücksichtigen. Dabei müssen Sie überprüfen, ob es bei der Ausführung bestimmter Befehle zu einem Fehler gekommen ist, und dann gegebenenfalls entsprechend darauf reagieren, indem Sie beispielsweise ein Protokoll schreiben, einen Ereignisprotokoll-Eintrag anlegen oder eine Mail abschicken. Und schiefgehen kann bei der Ausführung vieles: Kennwörter stimmen nicht, Computer reagieren nicht, Dateien sind blockiert etc.

Die Fehlerbehandlung ist in der PowerShell vielschichtig. Ein wichtiger Bestandteil ist die Variable $?. Sie enthält ein True, wenn der unmittelbar zuletzt ausgeführte Befehl ohne Fehler abgearbeitet wurde, sonst ist False enthalten (Abbildung 25.39).

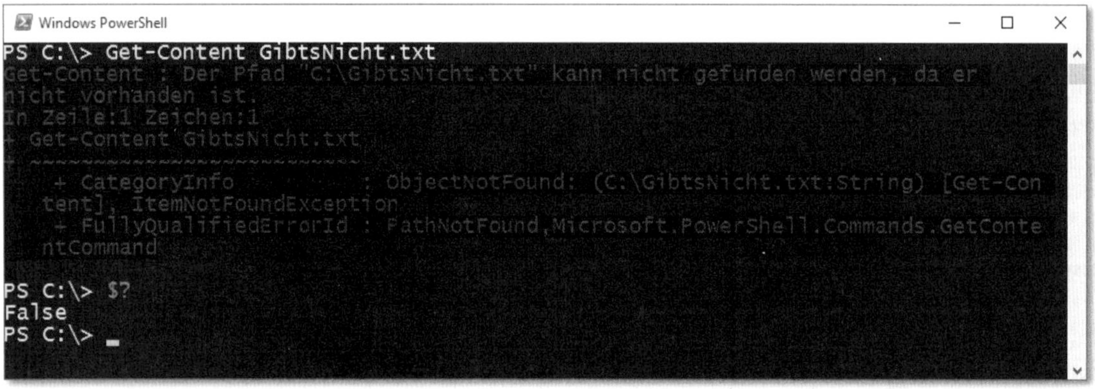

Abbildung 25.39 Mit »$?« wird der letzte Befehl überprüft.

So könnten Sie das erfolgreiche Ausführen einzelner Befehle über eine If-Abfrage behandeln. Hier ein Beispiel:

```
#Befehl, der überprüft werden soll
if($? -eq $True) {
   #Alles OK
} else {
   #Da ging etwas schief
}
```

Listing 25.43 Einfache Fehlerabfrage

Das `-eq` ist wie bei `Where-Object` (siehe Abschnitt 25.9.1) ein Vergleichsoperator. Der Vergleich mit `True` bzw. `False` erfolgt mit den Systemkonstanten `$True` und `$False`.

An dieser Stelle wäre es noch interessant, nicht nur zu wissen, dass ein Fehler aufgetreten ist, sondern auch, welcher. Hier hilft wieder eine Systemvariable, diesmal `$Error`. Diese Variable enthält nicht nur den letzten Fehler, sondern eine Auflistung (ein *Array*) aller aufgetretenen Fehler der aktuellen PowerShell-Sitzung. Um den letzten Fehler auszuwerten, greifen Sie über den Index 0 auf das erste Element des Arrays zu:

```
$Error[0]
```

Listing 25.44 Auslesen des letzten Fehlers

Selbst die Fehler werden in der PowerShell als Objekte behandelt. Die Fehlermeldung können Sie dann etwa nutzen, um einen Eintrag im Ereignisprotokoll anzulegen (Cmdlet `Write-EventLog`) oder um eine E-Mail zu schreiben (`Send-MailMessage`).

Fehlerausgabe unterdrücken

Was bei der automatischen Fehlerbehandlung allerdings noch stört, ist die standardmäßige Ausgabe der Fehlermeldungen. Dieses Verhalten passen Sie über die Variable `$ErrorAction-Preference` an. Die möglichen Werte und deren Auswirkung finden Sie in Tabelle 25.7.

Wert	Auswirkung
Continue	Fehler anzeigen, mit der Ausführung fortfahren (Standardwert)
SilentlyContinue	Fehler nicht anzeigen, mit der Ausführung fortfahren
Stop	Fehler anzeigen und Ausführung unterbrechen
Inquire	Fehler anzeigen und Anwender fragen, wie fortgefahren werden soll

Tabelle 25.7 Optionen zum Fehlerverhalten

Allgemeine Fehlerbehandlung mit »try…catch«

Sie fragen sich sicher, ob es nicht einen allgemeineren Weg gibt, Ihren Skriptcode auf Ausführungsfehler hin zu überprüfen. Den gibt es tatsächlich, und er funktioniert mit dem Try-catch-Konstrukt ähnlich, wie Sie ihn vielleicht aus C-ähnlichen Sprachen kennen. Ein Beispiel:

```
try {
    #Code
    #Noch mehr Code
    #...
} catch {
    #Im Try-Block ging etwas schief
}
```

Listing 25.45 »try…catch«

Die Kommandos im Try-Block unterliegen einer Fehlerüberwachung. Sollte dort bei der Ausführung ein Fehler auftreten, wird der Catch-Block ausgeführt. Kommt es zu keinem Fehler, wird dieser Block übersprungen.

Damit das auch funktioniert, müssen Sie die Variable $ErrorActionPreference zuvor aber auf den Wert Stop setzen.

25.12.4   Parameterübergabe

Um eine hohe Flexibilität Ihrer Skripte zu gewährleisten, bietet es sich an, Parameter vorzusehen, die beim Aufruf mit angegeben werden müssen, beispielsweise Pfade zu Dateien, Namen von Benutzerkonten oder Pfade zu Organisationseinheiten.

Sie definieren in einem Skript Übergabeparameter über das Konstrukt param. Mit diesem geben Sie eine oder – durch Komma getrennt – mehrere Variablen an. Die Namen der Variablen stehen dann automatisch als Parameter zur Verfügung. Als Beispiel nehmen wir das folgende Skript mit Namen *Test.ps1*:

```
param($file, $ou)
Write-Host "Datei: $file"
Write-Host "Organisationseinheit: $ou"
```

Listing 25.46 Parameterübergabe in Skripten

Die Übergabe von Datei und Organisationseinheit kann nun über viele Varianten erfolgen, wie Sie in Abbildung 25.40 sehen.

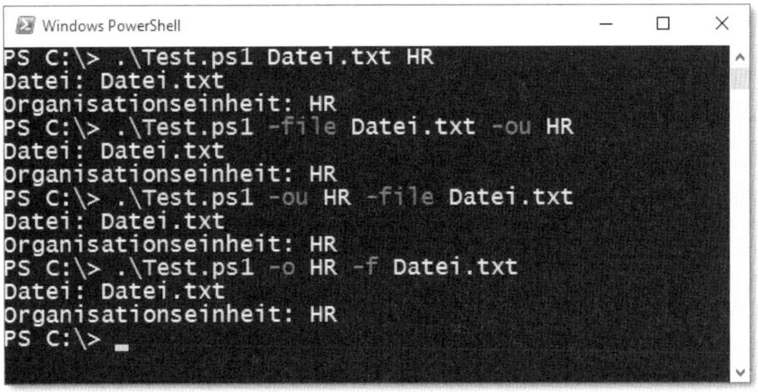

Abbildung 25.40 Skriptaufruf mit Parameterübergabe

Der Aufruf ähnelt dabei den Varianten, wie wir sie in Abschnitt 25.5.2, »Parameter und Argumente«, beim Cmdlet-Aufruf beschrieben haben.

Wollen Sie abfragen, ob beim Aufruf ein Parameter übergeben wurde, vergleichen Sie die entsprechende Variable mit der Systemkonstanten $null:

```
if($file –eq $null –or $ou –eq $null) {
    #Eine Angabe fehlt
}
```

Listing 25.47 Parameter überprüfen

Dieser Ansatz ist nicht unbedingt der eleganteste. Im Rahmen von *Advanced Functions* gibt es noch weitere Möglichkeiten, Parameter zu definieren. Mehr dazu unter folgender URL:

http://technet.microsoft.com/en-us/library/hh847806.aspx

25.12.5   Profile

Profile sind PowerShell-Skriptdateien mit einem festgelegten Namen und einem festgelegten Ablageort. Diese Profile werden beim Start der PowerShell automatisch ausgeführt, noch bevor Sie selbst zum Prompt gelangen. Somit können Sie über die Profile Ihre PowerShell-Umgebung anpassen. Dazu gehört beispielsweise die Definition von Funktionen, Filtern und Aliassen. Ein ähnliches Verhalten können Sie mit Skriptdateien erreichen, die Sie bei Bedarf ausführen und in denen nur Ihre eigenen Befehle definiert sind. Lesen Sie hierzu Abschnitt 25.12.7, »Funktionssammlungen«.

Es gibt mehrere Profile, die drei wichtigsten sind ein allgemeines Profil, das für alle Benutzer eines Computers gilt, ein Benutzerprofil für einen bestimmten Benutzer sowie ein Profil speziell für ISE. Tabelle 25.8 zeigt deren Ablageorte und Dateinamen.

Profil	Pfad
allgemeines Profil	*C:\Windows\System32\WindowsPowerShell\v1.0 \profile.ps1*
Benutzerprofil	*<Eigene Dokumente>\WindowsPowerShell\profile.ps1*
ISE-Profil	*<Eigene Dokumente>\WindowsPowerShell\Microsoft.PowerShellISE_ profile.ps1*

Tabelle 25.8 Profile

25.12.6   Lange Befehlszeilen

PowerShell-Befehlszeilen können in der Praxis recht lang werden, was nicht gerade die Lesbarkeit fördert. Die PowerShell unterstützt aber auch die Aufteilung von Befehlen auf mehrere Zeilen.

Nach dem Pipe-Symbol können Sie gefahrlos in die nächste Zeile wechseln. Da ein Befehl nicht mit dem Pipe-Symbol enden kann, ist ohne weitere Angabe klar, dass der Befehl in der nächsten Zeile weitergehen muss.

Anders sieht es aus, wenn Sie einen Befehl nicht nach dem Pipe-Symbol in der nächsten Zeile weiterführen, sondern etwa jeden Parameter in eine separate Zeile schreiben wollen. Das ist bei vielen Cmdlets sinnvoll, etwa beim Anlegen von Benutzerkonten. Bei diesem Vorgang müssen Anzeigename, Vorname, Nachname, Anmeldename, Kennwort und möglicherweise noch einiges mehr angegeben werden. Um einen solchen Befehl über mehrere Zeilen aufzuteilen, setzen Sie an das Ende der jeweiligen Zeile ein Leerzeichen und dann den Accent grave (`). Hier ein Beispiel:

```
#Breit
Get-EventLog -LogName System -EntryType Error -Newest 5

#Schmal
Get-EventLog -LogName System `
            -EntryType Error `
            -Newest 5
```

Listing 25.48 Accent grave

25.12.7   Funktionssammlungen

Mit Skripten können Sie auch eigene Funktionssammlungen erstellen, die Sie bei Bedarf in einer PowerShell-Instanz laden. Dazu erzeugen Sie eine PowerShell-Skriptdatei, in der Sie nur Funktionen, Filter und gegebenenfalls Aliasse anlegen. Das Skript führen Sie dann in der

PowerShell aus und haben anschließend alle darin enthaltenen Befehle zur Verfügung. So könnten Sie beispielsweise eine Funktionssammlung mit Ihren wichtigsten eigenen Befehlen erstellen. Abbildung 25.41 veranschaulicht das.

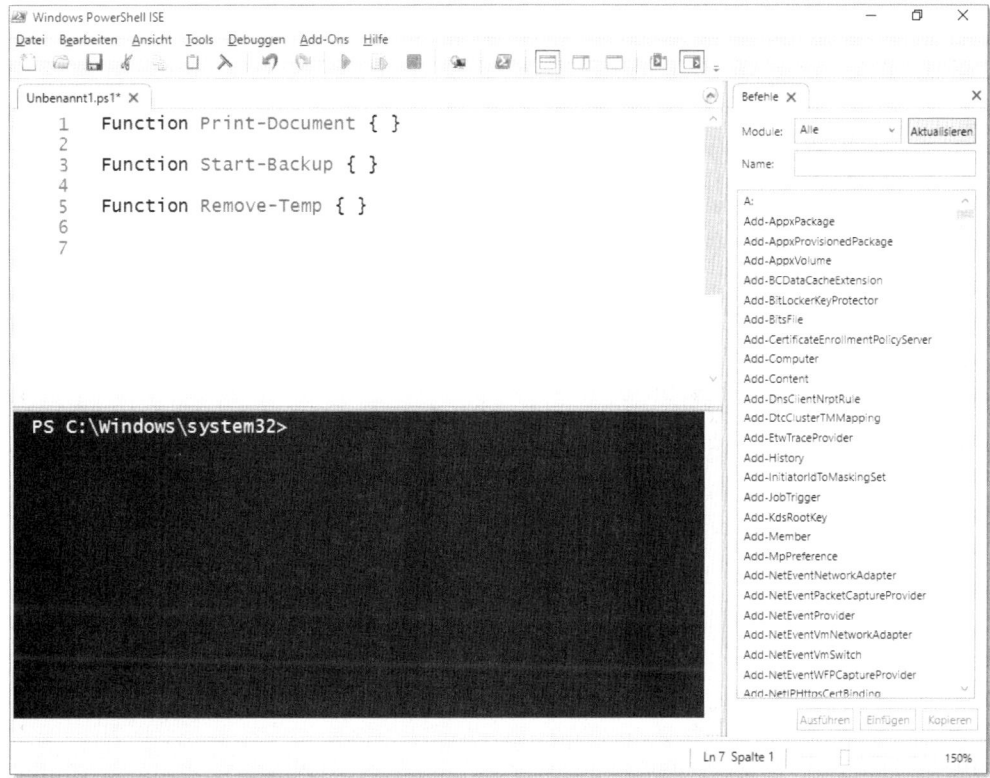

Abbildung 25.41 Beispiel für eine Funktionssammlung

Beim Aufruf der Skriptdatei müssen Sie jedoch darauf achten, dass nach Beendigung des Skripts die darin enthaltenen Definitionen nach wie vor Gültigkeit haben. Wenn Sie das Skript jedoch nur durch die Angabe von Pfad und Dateinamen aufrufen, ist das nicht so. Nehmen wir an, unsere Funktionssammlung *Test.ps1* enthält nur die folgende simple Funktion:

```
function TestFunktion {
    Write-Host "Funktion läuft"
}
```

Listing 25.49 Funktionstest

Starten Sie dann das Skript über folgenden Aufruf in der PowerShell:

```
C:\Test.ps1
```

Versuchen Sie jetzt, die `TestFunktion` aufzurufen, wird das nicht gelingen, da das Skript separat zur Eingabesitzung in der PowerShell ausgeführt wurde. Damit Sie mit den Befehlen aus der Skriptdatei arbeiten können, ist es erforderlich, das Skript nicht nur mit Pfad und Dateinamen aufzurufen, sondern auch mit einem vorangestellten Punkt. Hier ein Beispiel:

```
. C:\Test.ps1
```

Damit wird das Skript in der Eingabesitzung ausgeführt, und alle darin enthaltenen Befehle haben auch nach Beendigung des Skripts nach wie vor ihre Gültigkeit.

Neben dem Punkt als Befehl zum Start eines Skripts gibt es das Kaufmanns-Und (&). Stellen Sie diesem einen Pfad zu einer Skriptdatei voran, wird das Skript genauso ausgeführt, als hätten Sie weder Punkt noch Kaufmanns-Und vorangestellt.

25.13   Snap-ins und Module

Mit Snap-ins und Modulen erweitern Sie den Funktionsumfang der PowerShell mit zusätzlichen Cmdlets, Aliassen, virtuellen Laufwerken für das Navigationsparadigma etc. Das Prinzip wurde einführend bereits in Abschnitt 25.3.1, »Cmdlets und Funktionen«, besprochen.

Zur Arbeit mit einer der PowerShell-Erweiterungen sollten Sie wissen, ob es sich um ein Snap-in oder um ein Modul handelt, da jeweils unterschiedliche Cmdlets bei der Verwaltung dieser Erweiterungen verwendet werden.

Tabelle 25.9 vergleicht die beiden Typen miteinander.

Aktion	Snap-ins	Module
Anzeigen der geladenen Erweiterungen	Get-PSSnapIn	Get-Module
Ermittlung der lokal vorhandenen Erweiterungen	Get-PSSnapIn -Registered	Get-Module -ListAvailable
Laden einer Erweiterung	Add-PSSnapIn -Name <NAME>	Import-Module -Name <NAME>
Ermittlung der Cmdlets aus einer Erweiterung (dazu muss diese geladen sein)	Get-Command -PSSnapIn <Name>	Get-Command -Module <Name>

Tabelle 25.9 Vergleich Snap-ins/Module

Um beispielsweise das Modul zur Druckerverwaltung zu laden, geben Sie folgendes Kommando:

```
Import-Module –Name PrintManagement
```

Listing 25.50 Laden eines Moduls zur Druckerverwaltung

Im nachfolgenden Beispiel werden alle Snap-ins geladen, in deren Namen »Exchange« enthalten ist:

```
Add-PSSnapIn –Name *Exchange*
```

Listing 25.51 Laden von Snap-ins des Exchange Servers

Achten Sie darauf, dass manche der Erweiterungen eine bestimmte Version der PowerShell voraussetzen (64 oder 32 Bit).

Seit PowerShell 3 ist das explizite Laden von Erweiterungen übrigens meist nicht mehr erforderlich. PowerShell 3 lädt sie selbstständig nach, sobald Sie einen Befehl daraus absetzen. Eine Ausnahme betrifft Erweiterungen, die nicht im Betriebssystem so registriert wurden, dass PowerShell sie automatisch findet. In diesem Fall müssen sie doch manuell geladen werden. Ob das bei einer konkreten Erweiterung so ist, sollte in der zugehörigen Dokumentation stehen.

In Tabelle 25.10 sehen Sie eine Übersicht der in Windows 10 standardmäßig vorhandenen Module.

Modul	Aufgabe
AppBackgroundTask	Hintergrundaufgaben verwalten
AppLocker	Freigabe/Beschränkung zur Ausführung von Anwendungen
Appx	Windows Store-App-Verwaltung
AssignedAccess	Beschränkung auf Windows Store-Apps
BitLocker	BitLocker-Verschlüsselung
BitsTransfer	Datenübertragung mit dem Background Intelligent Transfer Service (BITS)
BranchCache	Verwaltung der Branch-Caches
CimCmdlets	CIM-Verwaltung
Defender	Windows Defender

Tabelle 25.10 Modulübersicht

Modul	Aufgabe
DirectAccessClientComponents	Direct Access
Dism	Abbildverwaltung für die Bereitstellung (Deployment Image Servicing and Management, DISM)
DnsClient	DNS-Einstellungen
EventTracingManagement	*Event Tracing for Windows (ETW)*
International	Spracheinstellungen
iSCSI	iSCSI-Verwaltung
ISE	PowerShell-Entwicklungsumgebung
Kds	Schlüsselverteilung mit dem Key Distribution Service (KDS)
Microsoft.PowerShell.Archive	Basis-PowerShell-Modul
Microsoft.PowerShell.Diagnostics	Basis-PowerShell-Modul
Microsoft.PowerShell.Host	Basis-PowerShell-Modul
Microsoft.PowerShell.Management	Basis-PowerShell-Modul
Microsoft-PowerShell.ODataUtils	Basis-PowerShell-Modul
Microsoft.PowerShell.Security	Basis-PowerShell-Modul
Microsoft.PowerShell.Utility	Basis-PowerShell-Modul
Microsoft.WSMan.Management	Basis-PowerShell-Modul
MMAgent	Memory Management Agent-Verwaltung
MsDtc	Microsoft Distributed Transaction Coordinator-Verwaltung
NetAdapter	Netzwerkadapter
NetConnection	Netzwerkverbindungen
NetEventPacketCapture	Netzwerkereignisverwaltung
NetLbfo	Netzwerkkarten-Teaming
NetNat	Network Address Translation

Tabelle 25.10 Modulübersicht (Forts.)

Modul	Aufgabe
NetQos	Quality of Service
NetSecurity	Netzwerksicherheit
NetSwitchTeam	Netzwerkswitch-Teaming
NetTCPIP	TCP/IP-Einstellungen
NetworkConnectivityStatus	Netzwerkverbindungsstatus
NetworkSwitchManager	virtuelle Netzwerke
NetworkTransition	diverse Netzwerkkonfigurationen
PcsvDevice	Physical Computer System View
PKI	Public Key Infrastructure
PnpDevice	Geräteverwaltung
PrintManagement	Druckerverwaltung
PSDesiredStateConfiguration	Basis-PowerShell-Modul
PSDiagnostics	Basis-PowerShell-Modul
PSScheduledJob	Basis-PowerShell-Modul
PSWorkflow	Basis-PowerShell-Modul
PSWorkflowUtility	Basis-PowerShell-Modul
ScheduledTasks	Aufgabenplanung
SecureBoot	Secure Boot-Konfiguration
SmbShare	Ordner-Freigaben
SmbWitness	SMB-Witness
StartLayout	Autostart-Anwendungen
Storage	Speicher- und Laufwerksverwaltung
TLS	Transport Layer Security
TroubleshootingPack	Fehlersuche beim Remoting
TrustedPlatformModule	TPM-Verwaltung

25

Tabelle 25.10 Modulübersicht (Forts.)

Modul	Aufgabe
VpnClient	VPN-Konfiguration
Wdac	Windows Data Access-Komponenten
WindowsDeveloperLicense	Windows-Entwicklerlizenz-Verwaltung
WindowsErrorReporting	Verwaltung der Windows-Fehlberichterstattung
WindowsSearch	Windows-Desktopsuche
WindowsUpdate	Abruf von Installationsprotokollen von Windows Update

Tabelle 25.10 Modulübersicht (Forts.)

25.14   PowerShell-Remoting

Mit der Remoting-Funktionalität können Sie auf anderen Computern im Netzwerk eine PowerShell-Sitzung starten und dort Kommandos ausführen. Die Ergebnisse werden dagegen auf der lokalen Maschine ausgegeben. Damit Sie das Remoting nutzen können, müssen folgende Voraussetzungen erfüllt sein:

▶ Beide Maschinen verfügen mindestens über PowerShell 2.0.

▶ Auf der Zielmaschine wurde der WinRM-Dienst gestartet und für das PowerShell-Remoting konfiguriert sowie eine Firewallausnahme eingerichtet (am einfachsten über den einmaligen Aufruf von Enable-PSRemoting auf der Zielmaschine von einer PowerShell mit Administratorberechtigungen aus).

▶ Sie verfügen auf der Zielmaschine über Administratorrechte.

▶ Die Zielmaschine befindet sich in derselben Domäne oder derselben Arbeitsgruppe.

25.14.1   Remoting mit PowerShell ISE

Am einfachsten ist die Remoting-Funktionalität über die PowerShell ISE zu nutzen. Für das Remoting geben Sie den Menübefehl DATEI • NEUE REMOTE-POWERSHELL-REGISTERKARTE oder klicken auf das entsprechende Symbol.

Es erscheint ein Anmeldefenster. Geben Sie dort den Namen des Computers ein, zu dem Sie eine Verbindung aufbauen möchten. Der Benutzername samt Kennwort ist nur nötig, wenn Sie für die Anmeldung auf der Zielmaschine ein anderes Benutzerkonto verwenden wollen.

Hat der Verbindungsaufbau geklappt, steht nun vor dem PowerShell-Prompt der Zielcomputername. Alle Kommandos, die Sie nun in ISE eingeben, werden auf der Zielmaschine ausgeführt, die Ausgabe erfolgt jedoch lokal.

25.14.2   Remoting in Skripten

PowerShell-Remoting über ISE ist für den Einsatz in Skripten kaum geeignet. Es gibt aber eine Reihe verschiedener Cmdlets, um das Remoting zu automatisieren. Wichtig ist dabei Invoke-Command. Hier geben Sie einen oder – durch Komma getrennt – mehrere Computernamen an und einen ScriptBlock, der auf der Zielmaschine ausgeführt werden soll. Hier ein Beispiel:

```
Invoke-Command -Computername London –UseSSL -ScriptBlock {
    Get-EventLog -LogName System
}
```

Listing 25.52 Temporäre Remoting-Session

Mehrere voneinander unabhängige Befehle trennen Sie im ScriptBlock-Parameter mit einem Semikolon oder einem Zeilenwechsel.

Beim gezeigten Einsatz von Invoke-Command wird jeweils eine neue Remoting-Session aufgebaut und danach geschlossen (»temporäre« Session), was bei mehreren Invoke-Commands unnötig Zeit kostet. In diesem Fall wäre eine dauerhafte Session (»persistente« Session) von Vorteil. Beispiel:

```
$s = New-PSSession -Computername London
Invoke-Command -Session $s -ScriptBlock –UseSSL { ... }
#...
Invoke-Command -Session $s -ScriptBlock –UseSSL { ... }
Remove-PSSession -Session $s
```

Listing 25.53 Persistente Remoting-Session

Zu guter Letzt erhalten Sie eine Remoting-Session (»interaktive« Session) wie bei ISE über das folgende Kommando:

```
Enter-PSSession -Computername London –UseSSL
```

Listing 25.54 Interaktive Session

25.15   Skriptsammlung und -vorlagen

Im Regelfall ist es wohl so, dass die Aufgabenstellungen, die Sie mit PowerShell lösen wollen, viele andere auch haben. Gerade zu Beginn Ihrer PowerShell-Karriere ist es sehr hilfreich, auf eine gute Grundlage bestehender Skripte zurückgreifen zu können. Ansonsten müssen Sie mit einem hohen Zeitaufwand bei der Suche nach den richtigen Kommandos rechnen. Microsoft selbst betreibt im Rahmen der TechNet eine eigene Skriptsammlung. Sie erreichen sie unter folgender URL (Abbildung 25.42):

http://gallery.technet.microsoft.com/ScriptCenter/

25

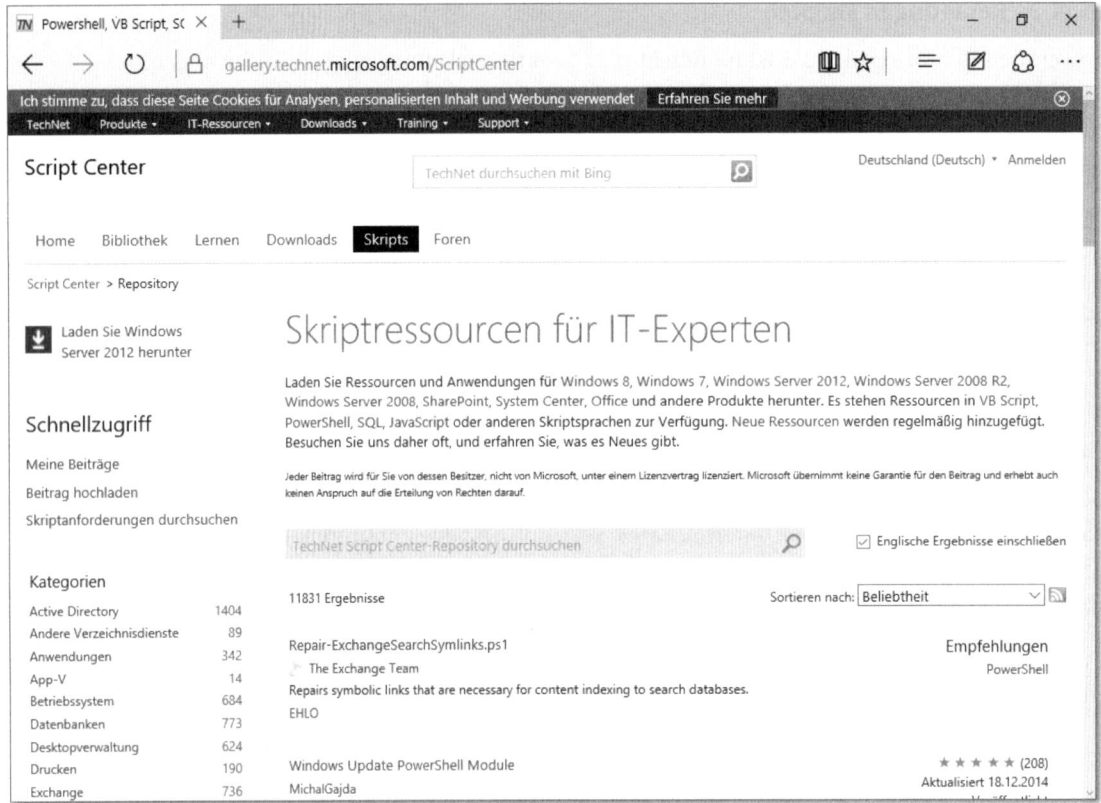

Abbildung 25.42 Skriptsammlung in der Microsoft TechNet

Zum Zeitpunkt, zu dem diese Zeilen entstehen, umfasst die Skriptsammlung 11.804 Ergebnisse aus unterschiedlichen Kategorien wie Betriebssystem, Desktopverwaltung, Hardware etc. Zugegebenermaßen sind das nicht alles PowerShell-Skripte. Am besten aktivieren Sie auf der Seite am linken Rand den Skriptsprachenfilter für PowerShell. Damit sind es dann zwar »nur« noch 6.090 Skripte, aber das ist dennoch eine Größenordnung, bei der die Wahrscheinlichkeit nicht schlecht steht, dass sie dort einen Lösungsansatz für Ihr Vorhaben finden.

Die Skripte selbst kommen von unterschiedlichen Autoren, darunter befinden sich natürlich einige Microsoft-Mitarbeiter. Aber auch externe Skriptautoren sind vertreten. Sollten Sie selbst einmal ein Skript haben, das Sie der Allgemeinheit zur Verfügung stellen möchten, können Sie es auch einreichen. Vielleicht wird es veröffentlicht.

Da die Skripte aber von sehr unterschiedlichen Autoren stammen, heißt das auch, dass die Qualität der Skripte schwankt und auch die Art, wie die Skripte geschrieben wurden, sehr unterschiedlich ist. Während manche Autoren sehr ausführlich schreiben und kaum ein Kommando unkommentiert lassen, gibt es wieder andere, die gern auf jedes vermeintlich überflüssige Zeichen verzichten. Und das vereinfacht das Verständnis des Skriptinhalts nicht besonders.

Bei der Auswahl brauchbarer Skripte können Sie sich ein wenig am Bewertungssystem orientieren. Das ist ein guter Indikator, ob das Skript hilfreich ist oder nicht.

Wenn Sie jetzt loslegen wollen, PowerShell einzusetzen, empfehlen wir Ihnen den Download einiger Skripte aus der TechNet-Skriptsammlung zu Themen, die Sie gerade interessieren. Versuchen Sie nachzuvollziehen, was dort wie gemacht wird. Das ist ein gutes Vorgehen, um Erfahrungen zu sammeln, die Sie dann bei Ihren eigenen Skripten einsetzen können.

25

Kapitel 26

Netzwerk – Grundlagen und Besonderheiten

Haben Sie bereits von IPv6 gehört? Wenn nicht, sind Sie in diesem Kapitel richtig. Windows 10 unterstützt mit seiner IP-Implementierung sämtliche Netzwerkfunktionen der nächsten Generation – zum Teil sogar ausschließlich. Lernen Sie mit uns die Heimnetzgruppe kennen, verbinden Sie sich als Profi via VPN auf einen anderen Rechner, oder binden Sie einen zugekauften Netzwerkspeicher an. Hier wird kommuniziert und freigegeben, ganz so, wie es sich in einer vernetzten Welt gehört.

Netzwerke spielen in der digitalen Welt eine zentrale Rolle. Der schnelle Informationsaustausch zwischen Geräten ist eine Selbstverständlichkeit, und das Internet scheint omnipräsent. Schon in der Anfangsphase der Informationstechnik bestand die Notwendigkeit, Daten zwischen Systemen auszutauschen. Großrechner waren noch sehr selten und meist nur an Universitäten verfügbar. So bestand das *ARPANet* (*Advanced Research Projects Agency*) im Jahre 1969 aus lediglich vier Großrechnern in den USA. Aus dem ARPANet ging später das *Internet* hervor. Damit Geräte miteinander kommunizieren können, sind einheitliche Standards und Protokolle erforderlich. Die Standards für moderne Netzwerke werden von der Arbeitsgruppe 802 des *Institute of Electrical and Electronics Engineers* (*IEEE*) festgelegt. Verweise auf diese Standards sind Ihnen sicherlich schon begegnet. So legt die Norm IEEE 802.11 beispielsweise die Standards für eine kabellose Netzwerkkommunikation fest (WLAN).

26

26.1   Das Internet-Protokoll IPv4

Die Version 4 des Internet-Protokolls ist noch die am weitesten verbreitete Variante. Diese Version stellt einen Adressraum von maximal 2^{32} oder ca. 4,3 Milliarden Adressen zur Verfügung. Es werden keine IPv4-Adressblöcke mehr von der Internet Assigned Numbers Authority (*IANA*) vergeben, solange jedoch die seit 2008 begonnene Umstellung auf das Nachfolgeprotokoll noch nicht abgeschlossen ist, wird IPv4 nach wie vor eine große Rolle spielen. Das Internet-Protokoll der Version 4 wird im RFC 791 von 1981 detailliert beschrieben: *http://tools.ietf.org/html/rfc791*.

26.1.1   IPv4-Adressen vergeben

IPv4-Adressen können einem Windows 10-Computer auf verschiedenen Weisen zugeordnet werden. Sie haben die Möglichkeit, IPv4-Adressen manuell zuzuordnen oder, falls sich in Ihrem Netzwerk ein DHCP-Server befindet, IPv4-Adressen automatisch zu vergeben. Um eine manuelle Konfiguration vorzunehmen, öffnen Sie zunächst das Schnellstartmenü durch einen Rechtsklick auf den START-Button und wählen anschließend den Eintrag NETZWERKVERBINDUNGEN aus (Abbildung 26.1).

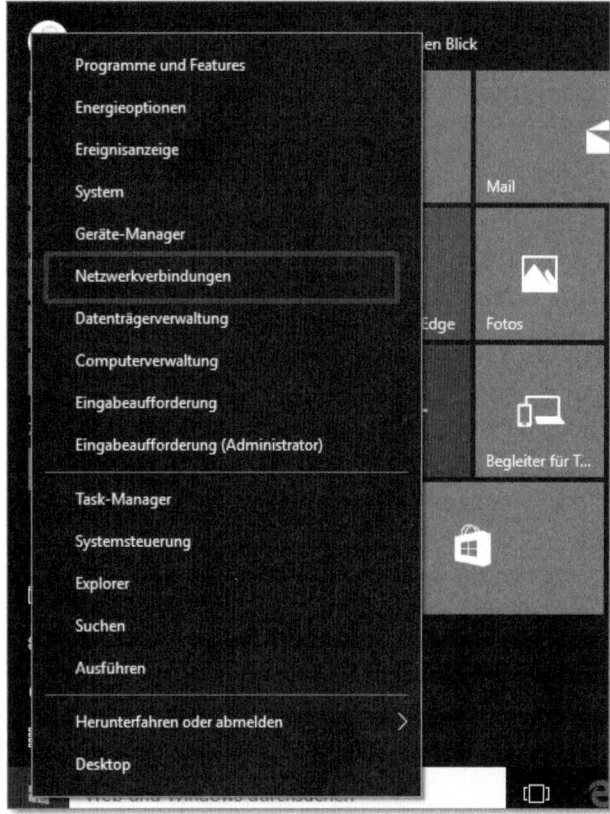

Abbildung 26.1 Netzwerkverbindungen im Schnellstartmenü

Es erscheint ein Fenster, in dem Ihnen die konfigurierbaren Netzwerkadapter angezeigt werden. Führen Sie einen Rechtsklick auf den Adapter aus, den Sie konfigurieren möchten, und wählen Sie im Kontextmenü den Eintrag EIGENSCHAFTEN aus (Abbildung 26.2).

Scrollen Sie die Liste der Einträge nach unten, bis Sie den Eintrag INTERNETPROTOKOLL VERSION 4 (TCP/IPv4) finden (Abbildung 26.3). Wählen Sie den Eintrag aus, und öffnen Sie das Eigenschaftsfenster durch Betätigen der Schaltfläche EIGENSCHAFTEN.

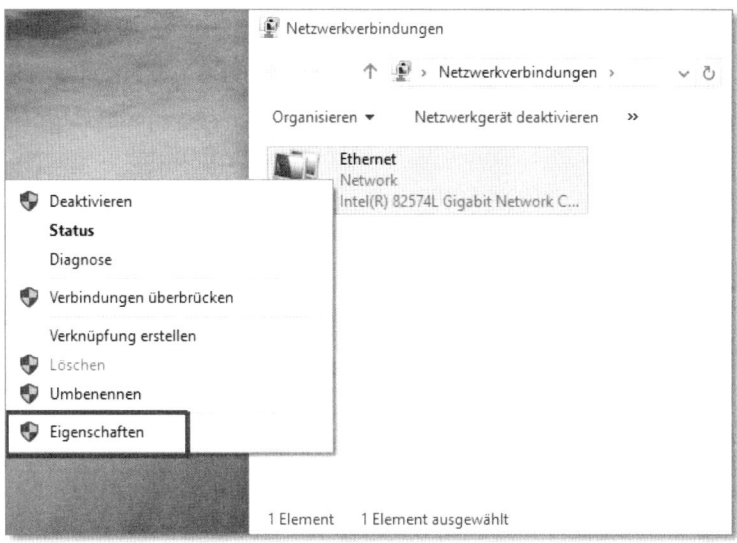

Abbildung 26.2 Adaptereigenschaften

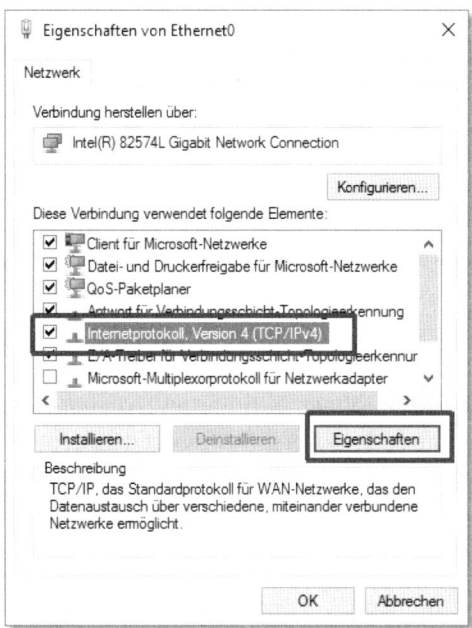

Abbildung 26.3 Internet-Protokoll Version 4 auswählen

Sie können nun eine feste IPv4-Adresse für diesen Adapter vergeben (Abbildung 26.4). Ändern Sie hierzu gegebenenfalls die Auswahl von IP-Adresse automatisch beziehen auf Folgende IP-Adresse verwenden. Tragen Sie die gewünschte IP-Adresse und Subnetzmaske in die entsprechenden Felder ein. Sollten Sie eine manuelle Konfiguration der IP-Adresse vornehmen, sollten Sie auch die IP-Adresse des zu verwendenden DNS-Servers angeben. DNS (*Domain Name System*) steht für einen Serverdienst, der es ermöglicht, IP-Adressen Namen zuzuordnen, die sich Menschen leicht merken können. Es handelt sich also um eine Art Adressbuch, in dem z. B. die Namen von Internetseiten und deren entsprechende IP-Adressen nachgeschlagen werden können. So können Sie statt der Adresse *64.15.112.25* einfach den Namen *google.de* verwenden. Falls Sie sich nicht sicher sind, ob die vorgenommenen Einträge gültig sind, können Sie diese, bevor sie übernommen werden, prüfen lassen.

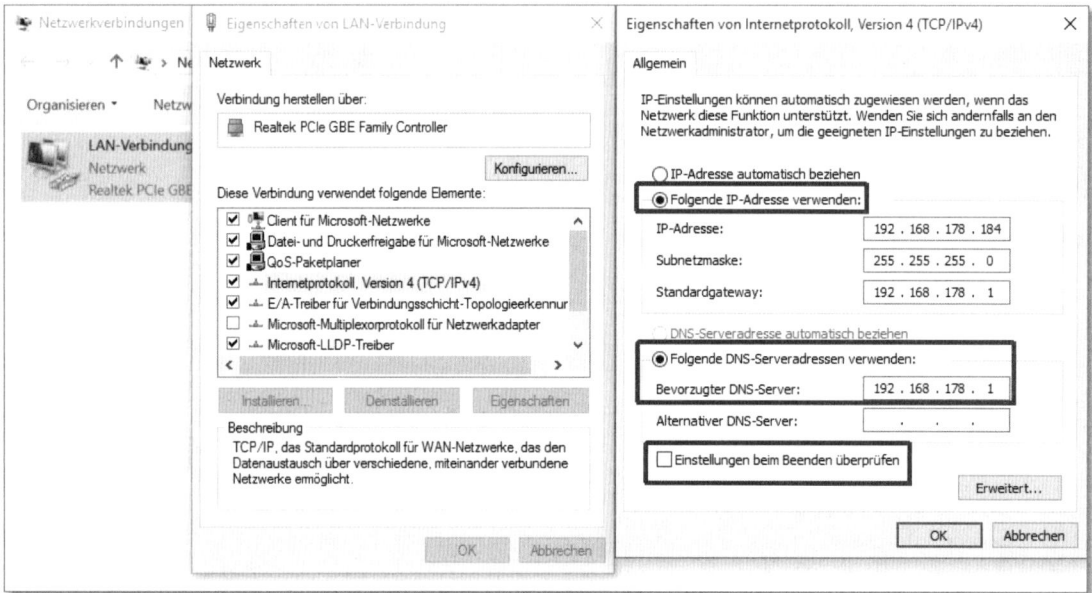

Abbildung 26.4 Manuelle Vergabe der IP-Adresse

In der Regel bekommt Ihr Computer alle nötigen Informationen mithilfe des *Dynamic Host Configuration Protocol*. Das Dynamic Host Configuration Protocol (*DHCP*) sorgt dafür, sofern sich in Ihrem Subnetz ein DHCP-Server befindet, dass Ihrem Computer automatisch eine freie IPv4-Adresse zugewiesen wird. Im Normalfall ist die DHCP-Serverfunktion auf Ihrem Internetrouter eingeschaltet. In diesem Fall wählen Sie die Einstellung IP-ADRESSE AUTOMATISCH BEZIEHEN aus.

Die aktuelle IP-Konfiguration lässt sich auch mithilfe des Konsolenbefehls `ipconfig.exe /all` in der Eingabeaufforderung anzeigen.

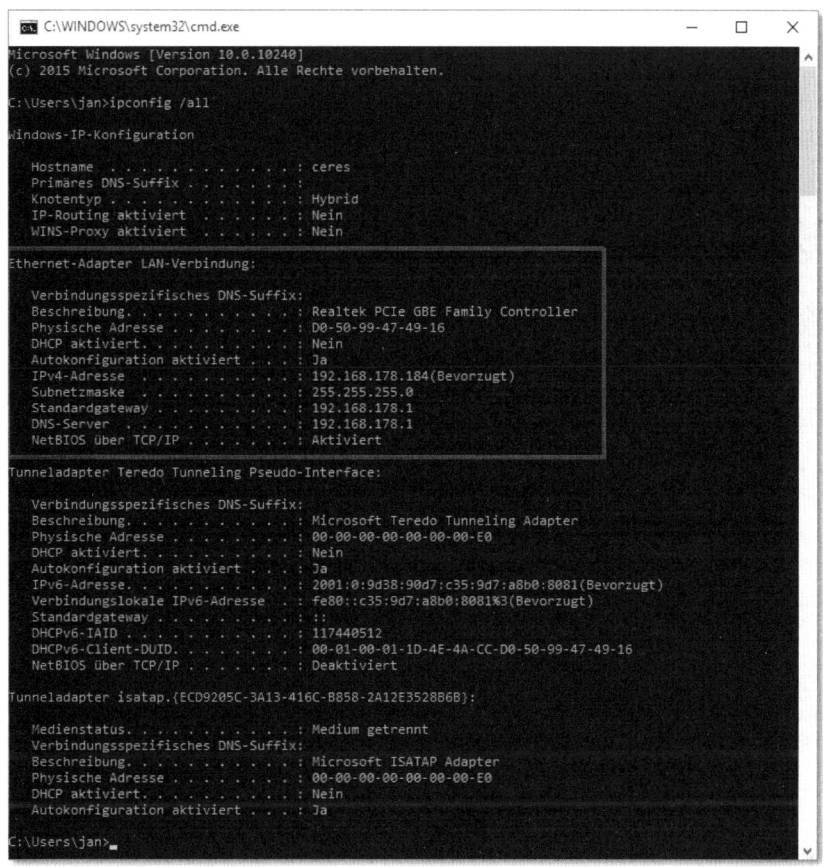

Abbildung 26.5 Prüfen der aktuellen IP-Konfiguration

APIPA

Falls Ihr Computer für die Vergabe von IP-Adressen mithilfe eines DHCP-Servers konfiguriert wurde, ein solcher in Ihrem Netzwerk aber nicht zur Verfügung steht, kann eine zufällige IP-Adresse aus dem Bereich 169.254/16 zugewiesen werden (Abbildung 26.6). Mindestens ein Netzwerkadapter muss hierzu eine physikalische Verbindung zu einem Netzwerk haben. Eine typische Anwendung wäre das Verbinden zweier Computer mithilfe eines Crossover-Kabels. Diese automatische Vergabe von IP-Adressen wird als *Automatic Private IP Addressing* (*APIPA*) bezeichnet. Nachdem eine Adresse zugeordnet wurde, wird überprüft, ob die Adresse im Netz eindeutig ist. Damit werden doppelte Vergaben von IP-Adressen vermieden, und ein Netzwerk lässt sich ohne Aufwand und Konfiguration zusätzlicher Server betreiben (Zero Configuration Networking). Der Standard für APIPA wird im RFC 3927 beschrieben. (*http://tools.ietf.org/html/rfc3927*). Neben Microsoft waren auch Apple Computer und Sun Microsystems an der Festlegung des Standards beteiligt.

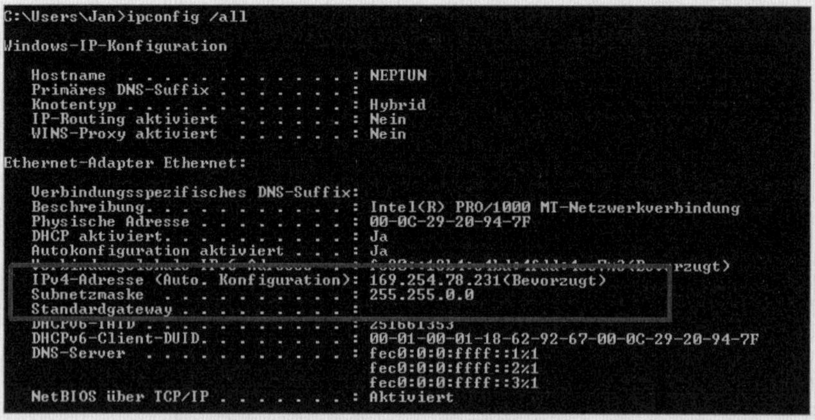

```
C:\Users\Jan>ipconfig /all

Windows-IP-Konfiguration

    Hostname . . . . . . . . . . . . . : NEPTUN
    Primäres DNS-Suffix . . . . . . . :
    Knotentyp . . . . . . . . . . . . : Hybrid
    IP-Routing aktiviert . . . . . . . : Nein
    WINS-Proxy aktiviert . . . . . . . : Nein

Ethernet-Adapter Ethernet:

    Verbindungsspezifisches DNS-Suffix:
    Beschreibung. . . . . . . . . . . : Intel(R) PRO/1000 MT-Netzwerkverbindung
    Physische Adresse . . . . . . . . : 00-0C-29-20-94-7F
    DHCP aktiviert. . . . . . . . . . : Ja
    Autokonfiguration aktiviert . . . : Ja
    IPv4-Adresse (Auto. Konfiguration): 169.254.78.231(Bevorzugt)
    Subnetzmaske . . . . . . . . . . . : 255.255.0.0
    Standardgateway . . . . . . . . . :
    DHCPv6-IAID . . . . . . . . . . . : 251661353
    DHCPv6-Client-DUID. . . . . . . . : 00-01-00-01-18-62-92-67-00-0C-29-20-94-7F
    DNS-Server . . . . . . . . . . . : fec0:0:0:ffff::1%1
                                        fec0:0:0:ffff::2%1
                                        fec0:0:0:ffff::3%1
    NetBIOS über TCP/IP . . . . . . . : Aktiviert
```

Abbildung 26.6 APIPA (Automatic Private IP Addressing)

DNS – Adressen einen Namen geben

Einer der wichtigsten Dienste ist das *Domain Name System* (*DNS*). DNS-Server ermöglichen es, IP-Adressen Namen zuzuordnen, sodass Sie sich beispielsweise nicht die Adresse 64.15.112.114 merken müssen, falls Sie einmal *google.com* erreichen wollen. Wie IP-Adressen können Sie die Adresse eines oder mehrerer DNS-Server per DHCP beziehen.

26.2   Das Internet-Protokoll IPv6

Immer mehr Geräte kommunizieren über das Internet. Dabei handelt es sich nicht nur um Computer im klassischen Sinne. Viele technische Geräte sind mit dem Internet verbunden, um beispielsweise Updates herunterzuladen oder Statusinformationen zu übermitteln. Und der Trend zur Vernetzung schreitet stetig fort. Vielleicht tätigt Ihr Kühlschrank schon bald selbstständig Bestellungen (*Internet der Dinge* ist das Schlagwort dazu), oder Ihr Hausarzt wird in der Lage sein, Ihren Gesundheitsstatus online abzurufen. Diese Entwicklung hat dazu geführt, dass der Adresspool (die theoretisch zur Verfügung stehenden Adressen) von ca. 4,3 Milliarden Adressen des Internet-Protokolls Version 4 nicht mehr ausreicht. Als der IPv4-Standard 1981 definiert wurde, war eine solche Entwicklung noch nicht absehbar. Da sich der Adresspool nicht erweitern lässt, wird ein leistungsfähiger Nachfolger benötigt. Im Dezember 1998 wurde im RFC 2460 der Standard für die Version 6 des Internet-Protokolls festgelegt. Der Adresspool, den IPv6 zur Verfügung stellt, umfasst 2^{128} Adressen (ca. 340 Sextillionen). Diese unglaublich große Anzahl lässt vermuten, dass IPv6 so schnell nicht abgelöst werden wird. Das hat man 1981 von IPv4 wahrscheinlich auch geglaubt. Allerdings sollten 340 Sextillionen (das ist: 340 mit 36 Nullen) mögliche Adressen für die Ewigkeit reichen.

26.2.1 Aufbau von IPv6-Adressen

IPv6-Adressen setzen sich aus insgesamt 128 Bit zusammen, die in acht Felder zu je 16 Bit gegliedert sind und durch Doppelpunkte voneinander getrennt werden. Die Darstellung einer IPv6-Adresse erfolgt immer in hexadezimaler Form. Eine dezimale Darstellung, wie sie bei IPv4 noch möglich war, ist hier nicht mehr sinnvoll.

Standortpräfix			Teilnetz-ID	Token			
2a01:	1450:	4001:	00018:	12b11:	3a12:	0000:	1010

Tabelle 26.1 Beispiel – IPv6-Adresse

Eine IPv6-Adresse wird in drei Abschnitte untergliedert:

▶ Das Standortpräfix umfasst die ersten drei Felder (48 Bit) einer IPv6-Adresse und wird, sofern die Adresse öffentlich genutzt wird, von Ihrem Internetprovider vergeben. Für verbindungslokale Adressen in Ihrem privaten Netz kommt das Präfix *FE80::* zum Einsatz. Es handelt sich um ein speziell für diesen Zweck reserviertes Präfix, das nur die ersten 10 Bit der drei für das Standortpräfix reservierten Felder nutzt (auch *FE80::/10*).

▶ Die Teilnetz-ID umfasst 16 Bit und beschreibt einen von Ihnen bestimmten Standort im Netz (siehe Subnetz im IPv4-Netz).

▶ Das Token (auch *Schnittstellen-ID* genannt) umfasst die letzten vier Felder (64 Bit) einer IPv6-Adresse und wird normalerweise aus der MAC-Adresse des Netzwerkadapters generiert, dem diese IPv6-Adresse zugewiesen ist.

Abkürzen von IPv6-Adressen

Es kommt vor, dass nicht alle Felder einer IPv6-Adresse belegt sind. Ein Beispiel hierfür ist das Präfix für verbindungslokale Adressen. In einem solchen Fall werden die nicht belegten Felder mit Nullen aufgefüllt (*FE80:0000:0000*) oder einfach ausgelassen (*FE80::*). Ebenso können führende Nullen in Feldern weggelassen werden (z. B. 2a01:1450:4001:18:12b11:3a12::1010).

26

26.2.2 IPv6-Adressen vergeben

Wie schon beim Internet-Protokoll Version 4 können Sie auch für IPv6 manuelle Einstellungen vornehmen. Wählen Sie in den Eigenschaften des Netzwerkadapters, den Sie konfigurieren möchten, den Eintrag INTERNETPROTOKOLL, VERSION 6 (TCP/IPv6) aus, und öffnen Sie anschließend das zugehörige Eigenschaftsfenster durch Betätigen der Schaltfläche EIGENSCHAFTEN (Abbildung 26.7).

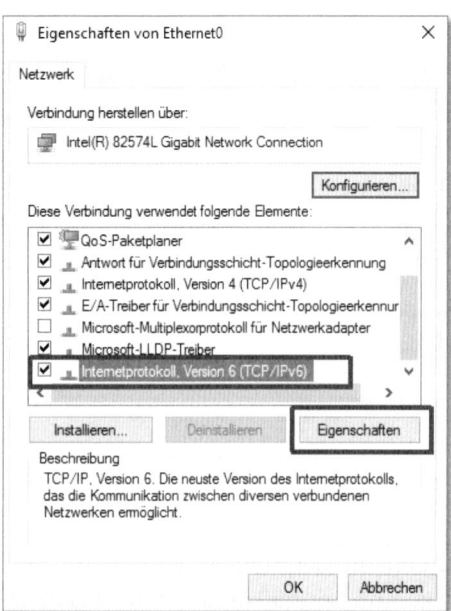

Abbildung 26.7 Internet-Protokoll IPv6 – Eigenschaften

Sie haben nun die Möglichkeit, die IPv6-Einstellung des ausgewählten Netzwerkadapters zu verändern (Abbildung 26.8). Normalerweise brauchen Sie an dieser Stelle jedoch keine Änderungen vorzunehmen. Sie sollten, wenn Sie sich nicht sicher sind, die Punkte IPv6-ADRESSE AUTOMATISCH BEZIEHEN und DNS-SERVERADRESSE AUTOMATISCH BEZIEHEN auswählen.

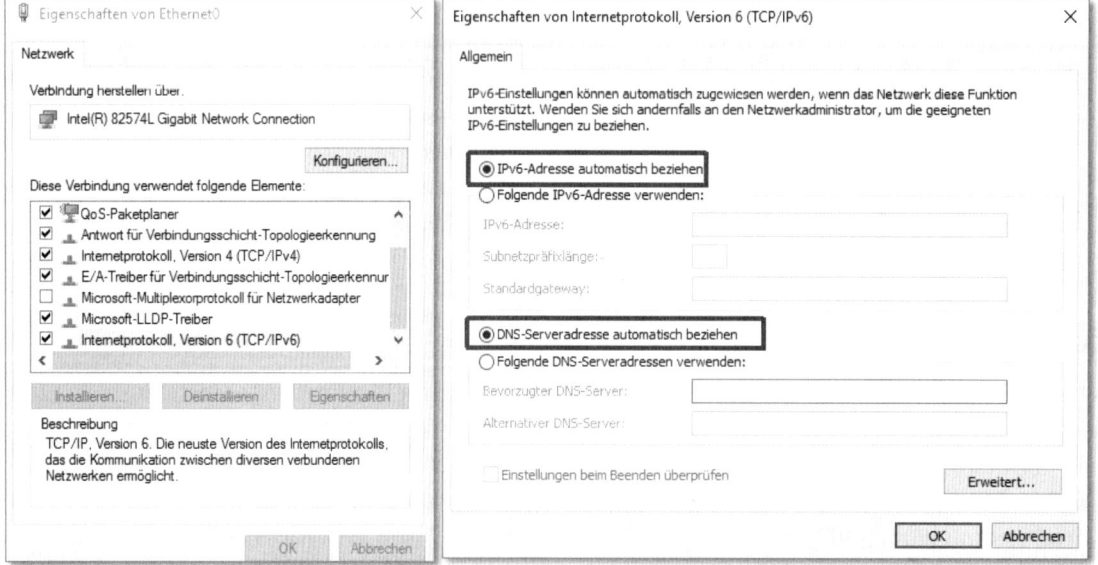

Abbildung 26.8 Konfiguration IPv6

Normalerweise sollte IPv6 jedem Netzwerkadapter eine verbindungslokale (linklokale) Adresse, beginnend mit FE80:: und einem Subnetzpräfix der Länge *64*, zuordnen (Abbildung 26.9).

26.3   Entscheidungshilfe – welches Protokoll (oder gar beide)?

So viel ist klar, die Zukunft gehört eindeutig dem Internet-Protokoll in der Version 6. Allerdings ist IPv4 nach wie vor ein gängiges Protokoll. IPv6 hat jedoch einige große Vorteile gegenüber dem alten IPv4-Protokoll aufzuweisen:

▶ eine große Anzahl von verfügbaren Adressen – dank der 128 Bit-Codierung

▶ die mögliche Nutzung von Extension Headern. Diese können beispielsweise als *AuthentificationHeader* Informationen über eine Authentifizierungsmethode enthalten oder als *EncapsulationSecurityPayloadHeader* Auskunft über eine möglicherweise vorhandene Verschlüsselung geben.

▶ Priorisierung von Paketen (QOS) – z. B. bei Multimediaanwendungen.

▶ IPv6 ist für den Betrieb einer Heimnetzgruppe zwingend erforderlich!

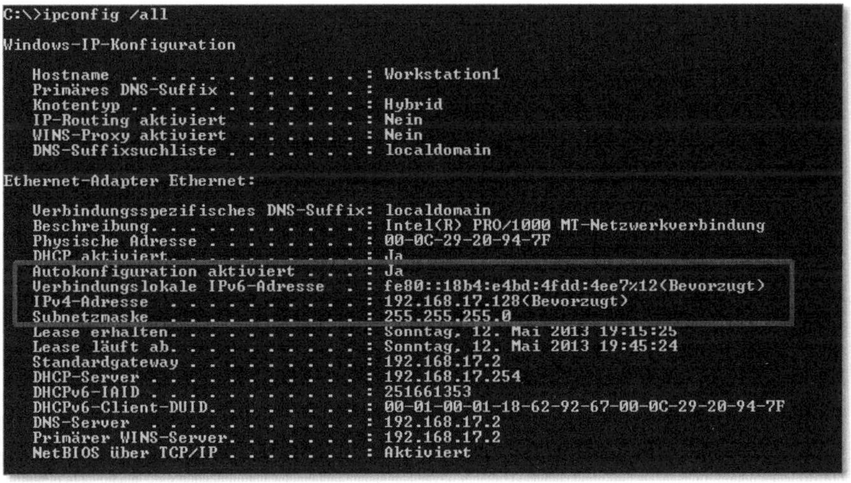

Abbildung 26.9 IPv4- und IPv6-Adressen gleichzeitig benutzen

IPv4 und IPv6 lassen sich parallel betreiben, und so kommen Sie in den Genuss der Vorteile beider Welten (Abbildung 26.9).

26.4   Das Windows-Heimnetz – die Heimnetzgruppe

In der Vergangenheit waren das Einrichten und das Verwalten von Netzwerken mit einem großen Aufwand verbunden. Oft fand sich in privaten Haushalten auch nur ein Computer.

Heute verfügen sehr viele Menschen auch im privaten Bereich über mehrere Computer, sodass die Möglichkeit, Systeme auf einfache Art und Weise zu verbinden, Ressourcen zu teilen und Verwaltungsaufgaben zu erledigen, immer mehr an Bedeutung gewinnt. Microsoft stellt Ihnen mit der Heimnetzgruppe ein Mittel zur Verfügung, um diese Aufgaben mit wenigen Mausklicks zu erledigen.

26.4.1   Was ist das Heimnetz?

Eine Heimnetzgruppe bzw. ein Heimnetz ist ein Verbund von einigen Computern, auf denen ein Microsoft Windows-Betriebssystem ab der Version 7 installiert sein muss. (Mit den Windows-Versionen Windows 7 Starter und Windows 7 Home Basic sowie unter Windows RT können Sie keine Heimnetzgruppe erstellen. Sie können mit solchen Computern einer Heimnetzgruppe nur beitreten.) Ziel dieses Verbundes ist es, Dateien, Drucker oder andere angeschlossene Ressourcen für eine gemeinsame Nutzung bereitzustellen. Eine Heimnetzgruppe gibt Ihnen auch die Möglichkeit des Streamings, damit können Sie beispielsweise Musik oder Videos auf anderen Geräten im Netz abspielen. Der große Vorteil der Heimnetzgruppe ist, dass sie einfach einzurichten ist.

26.4.2   So richten Sie eine Heimnetzgruppe ein

An dieser Stelle möchten wir ein wenig mehr in die Tiefe gehen und Ihnen zeigen, was Sie bei der Einrichtung und dem Betrieb einer Heimnetzgruppe beachten sollten.

> **IPv6 aktivieren!**
>
> Um eine Heimnetzgruppe einzurichten oder einer solchen beizutreten, ist es zwingend erforderlich, dass Sie in den Adaptereinstellungen der Netzwerkkarte IPv6 aktiviert haben. Sollten Sie Probleme haben, auf Geräten eine Heimnetzgruppe zu aktivieren oder dieser beizutreten, prüfen Sie, ob IPv6 aktiviert ist.

Heimnetzgruppen können nur in *privaten Netzen* betrieben werden. Sie können das aktuelle Netzwerkprofil überprüfen, indem Sie in der *Systemsteuerung* den Punkt Netzwerk- und Freigabecenter aufrufen (Abbildung 26.10). Im Feld Aktive Netzwerke anzeigen wird angezeigt, welchem Netzwerkstandort die in Ihrem System verbauten Netzwerkadapter zugeordnet sind. Leider können Sie die Zuordnung eines Netzwerkprofils zu einer bestimmten Verbindung (Adaptern) nicht mehr ohne Weiteres ändern. Sollte eine Änderung dennoch notwendig sein, wählen Sie in den Einstellungen die Kategorie Netzwerk und Internet aus (Abbildung 26.11).

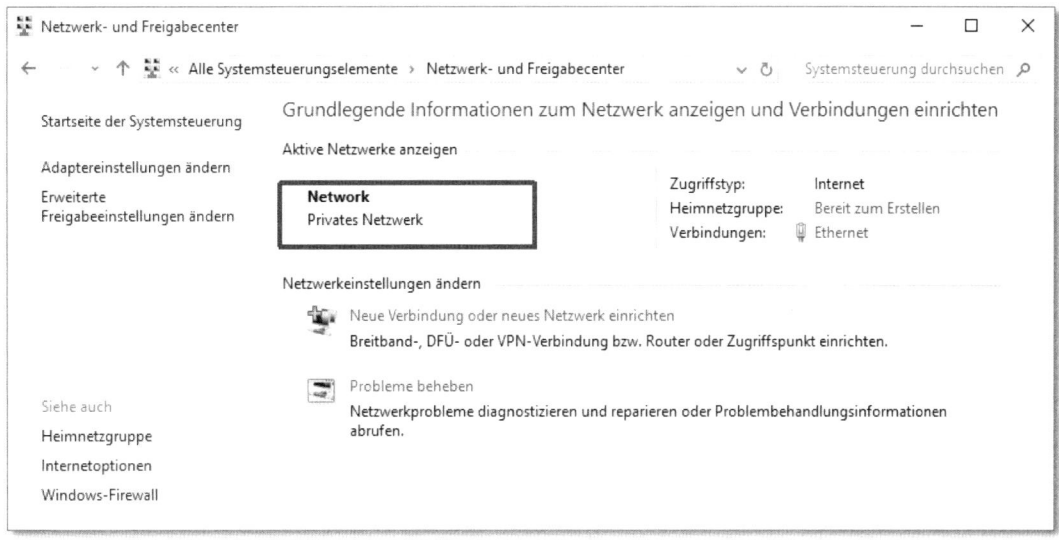

Abbildung 26.10 Netzwerkprofile

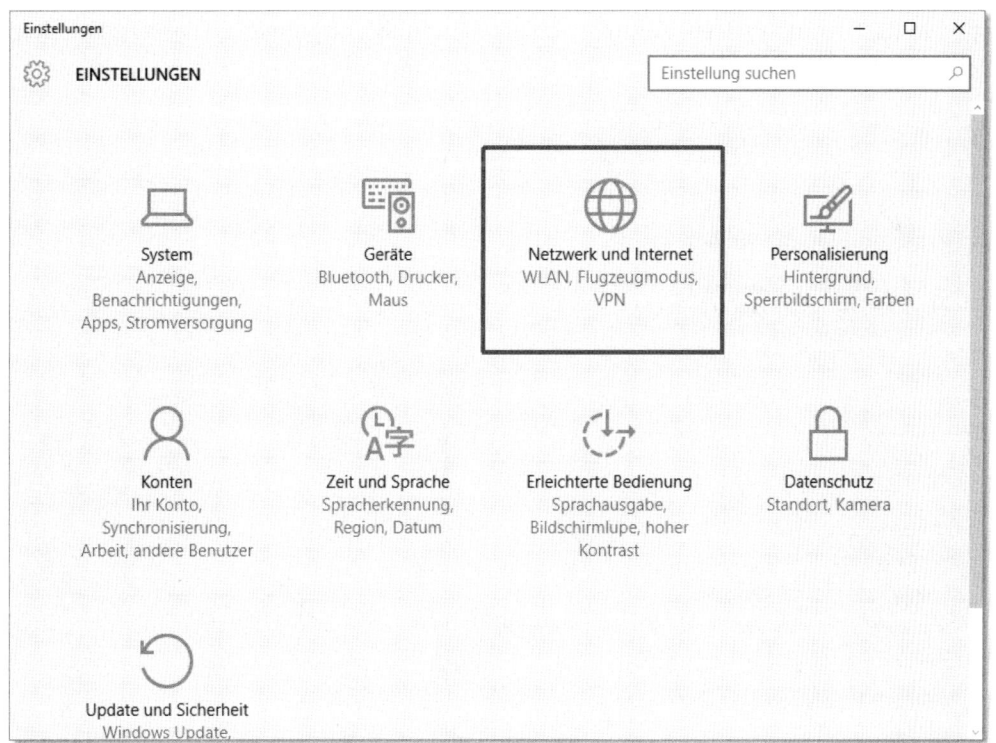

Abbildung 26.11 Netzwerk und Internet

Wählen Sie nun den Punkt ETHERNET an. Es werden Ihnen nun die auf Ihrem System konfigurierten Netzwerkverbindungen angezeigt.

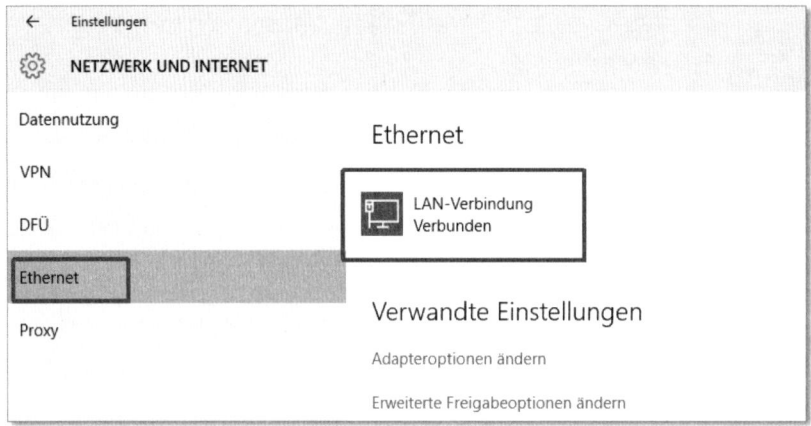

Abbildung 26.12 Anzeige der aktiven Verbindungen

Klicken Sie nun auf den Namen der Netzwerkverbindung, die Sie bearbeiten möchten (Abbildung 26.12). Es öffnet sich ein Fenster mit detaillierten Informationen zu der ausgewählten Verbindung.

Abbildung 26.13 Geräte und Inhalte suchen

Sie haben nun die Möglichkeit, durch Ein- oder Ausschalten der Funktion GERÄTE UND INHALTE SUCHEN, den Netzwerkstandort der Verbindung zu ändern (Abbildung 26.13):

▶ EIN – privates Netz

▶ AUS – öffentliches Netz

Microsoft unterscheidet in Windows 10 zwischen verschiedenen Netzwerkprofilen (Netzwerkstandorten). Die Zugehörigkeit zu einem bestimmten Netzwerkprofil hat Einfluss auf die Firewall-Einstellungen, die zum Tragen kommen.

▶ **Öffentliche Netzwerke**
   Bei öffentlichen Netzen handelt es sich um Netze, bei denen die Teilnehmer unbekannt sind und deren Vertrauenswürdigkeit Sie nicht einschätzen können. Solche Netzwerkprofile sind beispielsweise Internetcafés oder auch Anbindungen an freizugängliche WiFi-Hotspots.

▶ **Private Netzwerke**
   Geräte und Personen, die diese Netze nutzen, sind vertrauenswürdig. Das heißt, es handelt sich um Netzwerke, wie sie im Heimbereich oder am Arbeitsplatz zum Einsatz kommen.

Navigieren Sie nun in der SYSTEMSTEUERUNG zur Kategorie NETZWERK UND INTERNET. Wählen Sie hier den Schriftzug HEIMNETZGRUPPE durch einen Klick mit der Maus an (Abbildung 26.10). Sie haben nun die Möglichkeit, durch Betätigen der Schaltfläche HEIMNETZGRUPPE ERSTELLEN eine *Heimnetzgruppe* einzurichten (Abbildung 26.14).

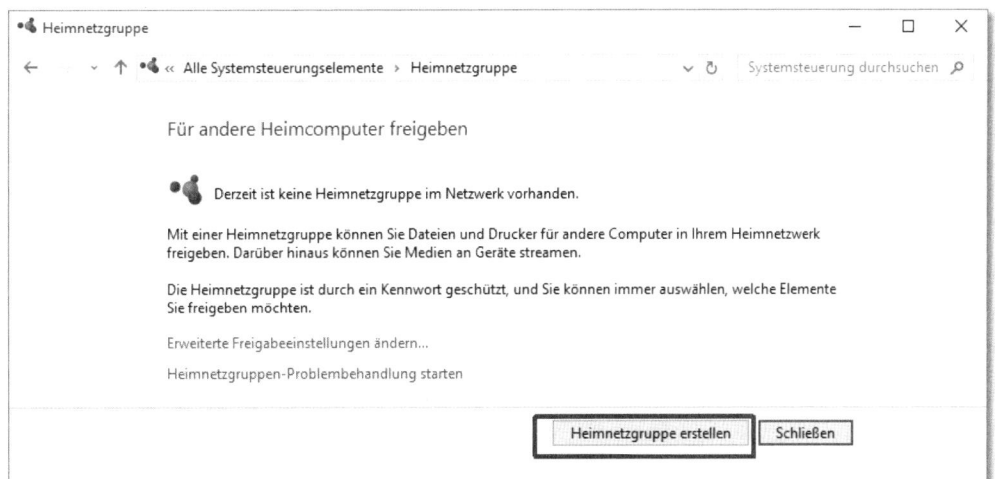

Abbildung 26.14 Heimnetzgruppe sofort einrichten

Nachdem Sie die Schaltfläche HEIMNETZGRUPPE ERSTELLEN betätigt haben, erscheint ein Fenster mit weiteren Informationen über Heimnetzgruppen (Abbildung 26.15). Fahren Sie mit dem Vorgang durch Betätigen der Schaltfläche WEITER fort.

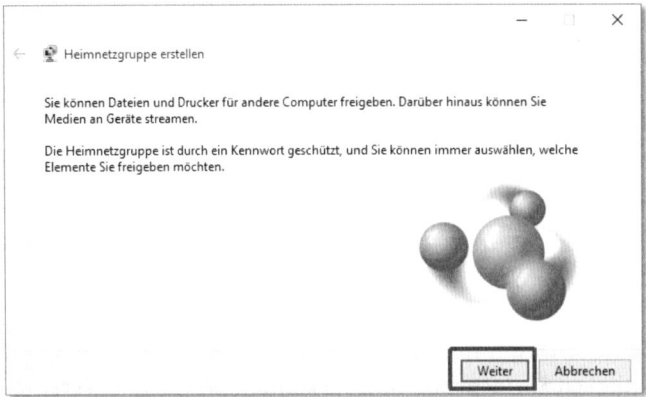

Abbildung 26.15 Eine Heimnetzgruppe erstellen

Sie bekommen nun die Möglichkeit, zu entscheiden, welche Ressourcen für die Mitglieder Ihrer Heimnetzgruppe zur gemeinsamen Nutzung freigegeben werden sollen (Abbildung 26.16). Diese Einstellungen lassen sich auch später noch ändern. Betätigen Sie auch hier die Schaltfläche WEITER, um mit dem Vorgang fortzufahren.

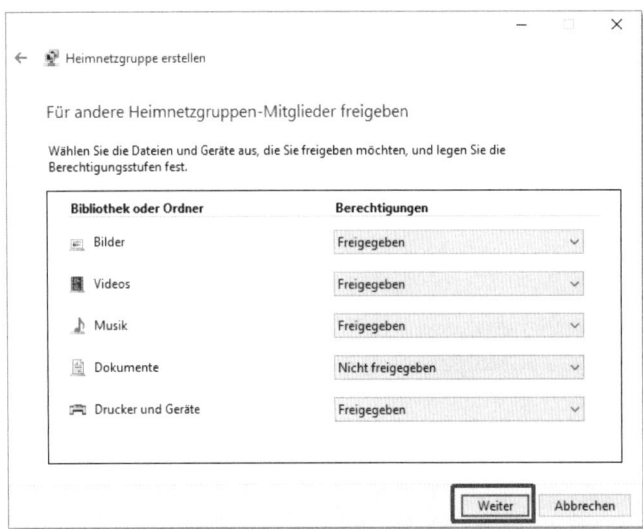

Abbildung 26.16 Freigabe von Ressourcen bestätigen

Beim Abschluss der Prozedur erhalten Sie ein Kennwort (Abbildung 26.17). Dieses Kennwort benötigten Sie, wenn Sie weitere Geräte der soeben angelegten Heimnetzgruppe hinzufügen möchten. Dieses Kennwort schützt Ihre Heimnetzgruppe vor unbefugtem Zugriff. Ähnlich wie das Schloss an Ihrer Wohnungstür Ihr Domizil vor unbefugtem Zugang sichert. Nur Geräte und Personen mit einem passenden Schlüssel haben Zutritt. Dieses Kennwort wird automatisch erzeugt.

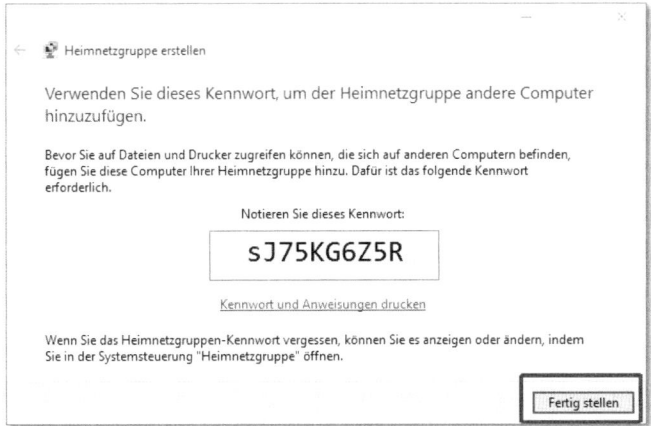

Abbildung 26.17 Heimnetzgruppenkennwort

Schließen Sie nun den Vorgang, durch Betätigen der Schaltfläche FERTIG STELLEN ab (Abbildung 26.17). Sie können das Kennwort später Ihren Wünschen entsprechend ändern. Das Kennwort für Ihre Heimnetzgruppe können Sie sich jederzeit anzeigen lassen, indem Sie auf den Schriftzug HEIMNETZGRUPPE ANZEIGEN ODER DRUCKEN klicken (Abbildung 26.18).

Abbildung 26.18 Kennwort der Heimnetzgruppe anzeigen und drucken

26.4.3 Verwalten einer Heimnetzgruppe

Die Verwaltung von Heimnetzgruppen gestaltet sich sehr einfach. Genauer die Verwaltung Ihrer Heimnetzgruppe, denn Sie können nur eine Heimnetzgruppe gleichzeitig in Ihrem Netzwerk betreiben. Sobald sich in Ihrem Netzwerk eine Heimnetzgruppe befindet, können Sie dieser weitere Computer hinzufügen. Die Heimnetzgruppe wird von Windows 10 automatisch erkannt.

Einen Windows 10-Computer einer Heimnetzgruppe hinzufügen

1. Öffnen Sie in der Systemsteuerung den Bereich Heimnetzgruppe (SYSTEMSTEUERUNG • ALLE SYSTEMSTEUERUNGSELEMENTE • HEIMNETZGRUPPE). Sie haben nun die Möglichkeit einer bestehenden Heimnetzgruppe beizutreten (Abbildung 26.19). Klicken Sie hierzu auf die Schaltfläche JETZT BEITRETEN.

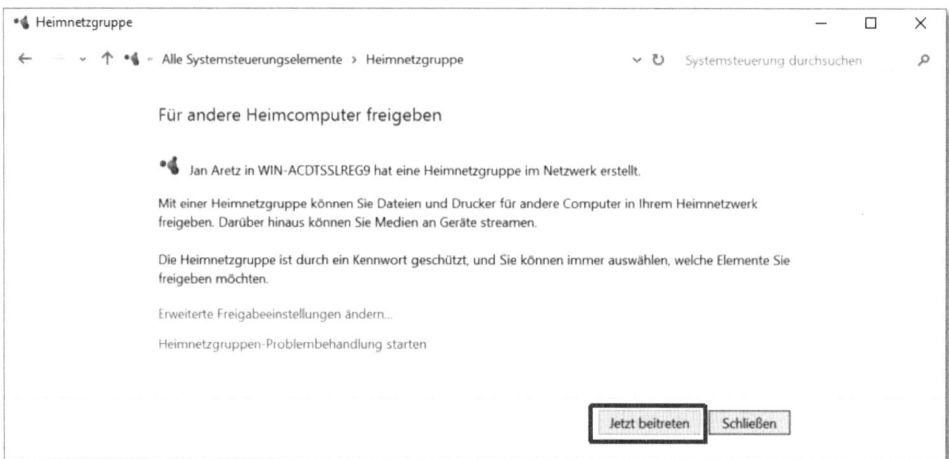

Abbildung 26.19 Einer bestehenden Heimnetzgruppe beitreten

2. Es erscheint ein Fenster mit Informationen über die Möglichkeiten, die Ihnen Heimnetzgruppen bieten (Abbildung 26.20). Klicken Sie in diesem Fenster auf die Schaltfläche WEITER.

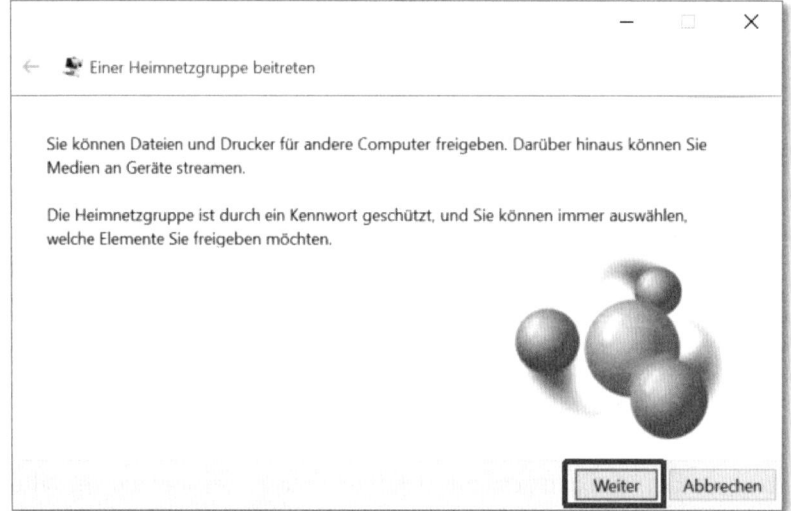

Abbildung 26.20 Informationen zu Heimnetzgruppen

3. Genau wie bei der Erstellung einer Heimnetzgruppe können Sie nun entscheiden, welche Ressourcen den anderen Mitgliedern Ihrer Heimnetzgruppe zugänglich gemacht werden sollen (Abbildung 26.21). Fahren Sie fort, indem Sie die Schaltfläche WEITER betätigen.

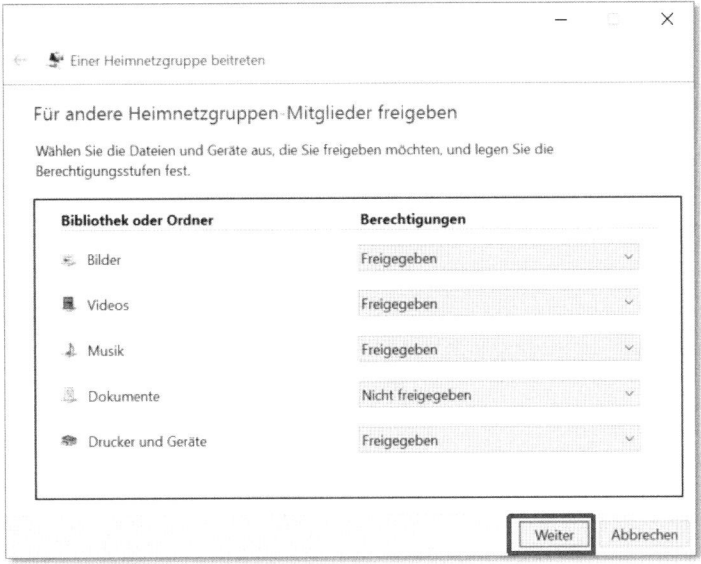

Abbildung 26.21 Freigabe von Ressourcen

4. Sie werden nun zur Eingabe des Heimnetzgruppekennworts aufgefordert (Abbildung 26.22). Die Eingabe dieses Kennworts ist nur erforderlich, wenn Sie Ihr System einer Heimnetzgruppe hinzufügen oder nachdem das Heimnetzgruppenkennwort auf einem anderen Computer geändert wurde. Sobald Sie das Kennwort eingegeben haben, wird die Schaltfläche WEITER aktiviert, und Sie können diese anklicken.

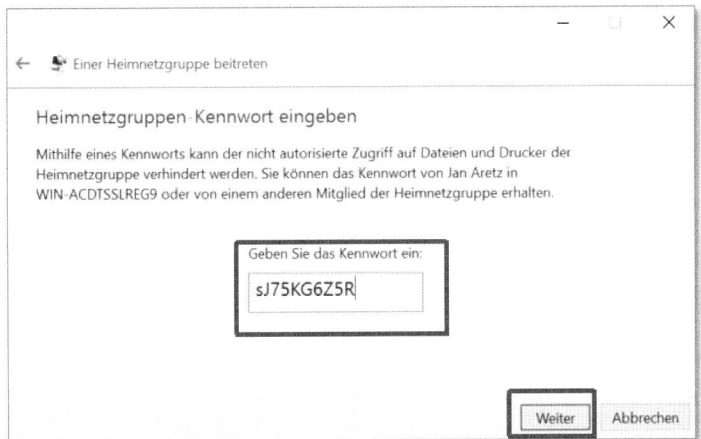

Abbildung 26.22 Das Heimnetzgruppenkennwort eingeben

Ihr System wird nun Mitglied in Ihrer Heimnetzgruppe. Sollten Sie das IPv6 noch nicht aktiviert haben, erscheint ein Hinweis, und Sie haben die Gelegenheit, dieses nachzuholen. Sie werden anschließend über den erfolgreichen Beitritt zur Heimnetzgruppe informiert (Abbildung 26.23). Schließen Sie nun den Vorgang durch Betätigen der Schaltfläche FERTIG STELLEN ab.

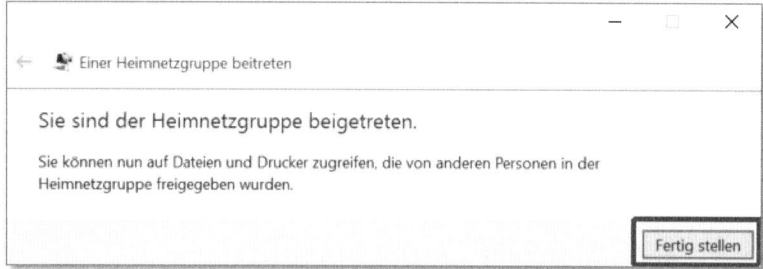

Abbildung 26.23 Einer Heimnetzgruppe erfolgreich beitreten

Nachdem Sie der Heimnetzgruppe beigetreten sind, können Sie auf freigegebene Ressourcen der anderen Mitglieder zugreifen. Mitglieder der Heimnetzgruppe können nun ihrerseits auf Ihre Freigaben zugreifen.

Einen Windows 10-Computer aus einer Heimnetzgruppe entfernen

Sie können Windows 10-Computer auch wieder aus einer Heimnetzgruppe entfernen. Der Prozess gestaltet sich sehr leicht und ist mit wenigen Klicks erledigt.

1. Öffnen Sie in der Systemsteuerung den Bereich Heimnetzgruppe (SYSTEMSTEUERUNG • ALLE SYSTEMSTEUERUNGSELEMENTE • HEIMNETZGRUPPE). Sie haben nun die Möglichkeit, eine bestehende Heimnetzgruppe zu verlassen (Abbildung 26.24). Klicken Sie hierzu auf den Schriftzug HEIMNETZGRUPPE VERLASSEN.

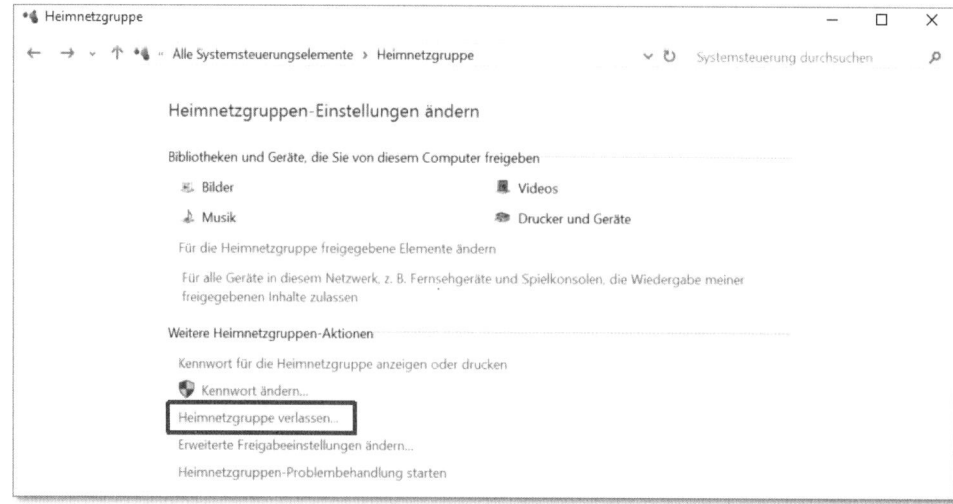

Abbildung 26.24 Bereich Heimnetzgruppe in der Systemsteuerung

2. Es erscheint ein Fenster, in dem Sie neben der Option zum Verlassen der Heimnetzgruppe (HEIMNETZGRUPPE VERLASSEN) noch die Möglichkeit haben, den Vorgang abzubrechen (NICHT VERLASSEN UND KEINE ÄNDERUNGEN VORNEHMEN) oder gegebenenfalls nur Änderungen an den freigegebenen Inhalten vorzunehmen (NICHT VERLASSEN, MEINE FREIGEGEBENEN ELEMENTE JEDOCH ÄNDERN) (Abbildung 26.25). Zum Verlassen der Heimnetzgruppe klicken Sie nun auf den Schriftzug HEIMNETZGRUPPE VERLASSEN.

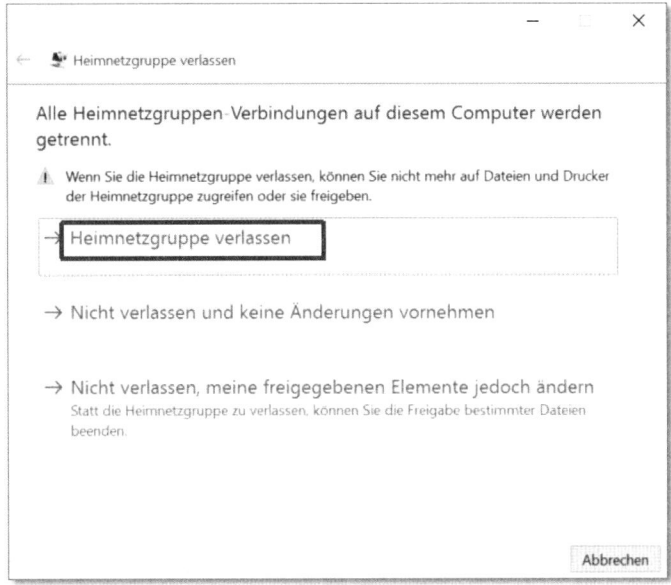

Abbildung 26.25 Eine Heimnetzgruppe verlassen

3. Ihr Computer wird nun aus der Heimnetzgruppe entfernt, und Ihre freigegebenen (geteilten) Inhalte stehen den verbleibenden Mitgliedern der Heimnetzgruppe nicht mehr zur Verfügung (Abbildung 26.26). Beenden Sie den Vorgang durch Anklicken der Schaltfläche FERTIG STELLEN.

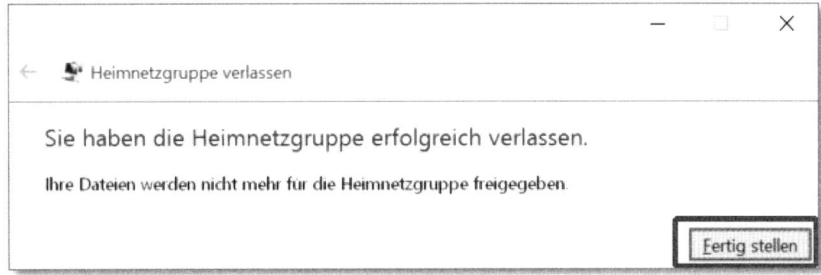

Abbildung 26.26 Eine Heimnetzgruppe erfolgreich verlassen

Das Kennwort einer Heimnetzgruppe ändern

1. Öffnen Sie in der Systemsteuerung den Bereich Heimnetzgruppe (SYSTEMSTEUERUNG •
   ALLE SYSTEMSTEUERUNGSELEMENTE • HEIMNETZGRUPPE). Klicken Sie anschließend auf
   den Schriftzug KENNWORT ÄNDERN (Abbildung 26.27).

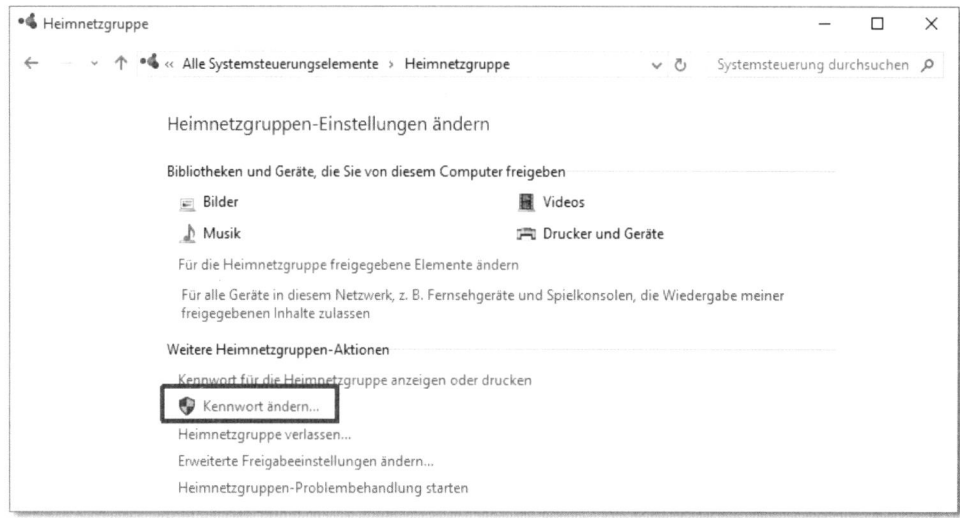

Abbildung 26.27 Das Heimnetzgruppenkennwort ändern

2. Es öffnet sich ein Fenster, das Sie darauf hinweist, dass alle Mitglieder Ihrer Heimnetzgruppe eingeschaltet sein müssen und sich nicht im Ruhezustand befinden dürfen (Abbildung 26.28). Fahren Sie fort, indem Sie auf den Schriftzug KENNWORT ÄNDERN klicken.

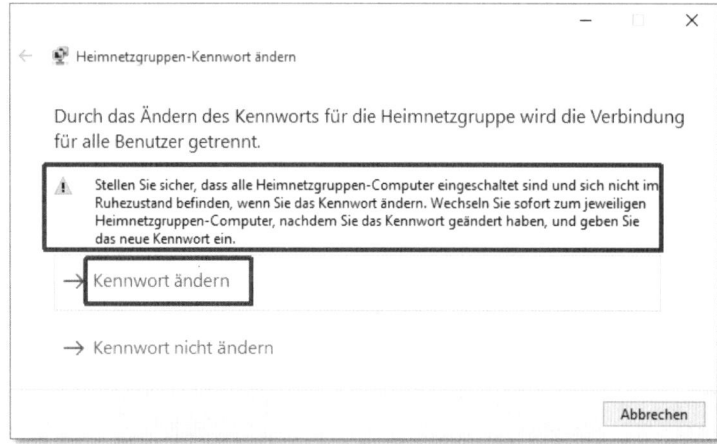

Abbildung 26.28 Beachten Sie den Warnhinweis!

3. Es öffnet sich ein Fenster mit einem Dialog, der es Ihnen ermöglicht, ein neues Kennwort für Ihre Heimnetzgruppe einzugeben (Abbildung 26.29). Sollte das von Ihnen gewählte Passwort nicht sicher genug sein, erscheint ein Hinweis, mit der Aufforderung ein komplexeres Kennwort auszuwählen. Sie sollten darauf achten, dass alle Systeme, die Mitglieder der Heimnetzgruppe sind, eingeschaltet und aktiv sind (Abbildung 26.28). Sobald Sie ein neues Kennwort eingegeben haben, können Sie den Vorgang durch Anklicken der Schaltfläche WEITER fortsetzen (Abbildung 26.29).

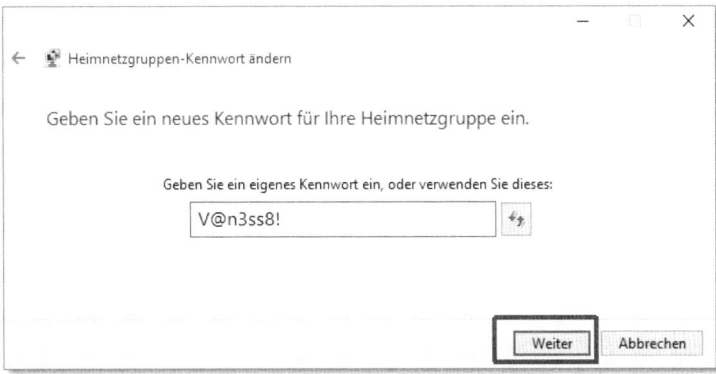

Abbildung 26.29 Ein neues Heimnetzgruppenpasswort vergeben

4. Das neue Kennwort wird nun angezeigt, und Sie können den Vorgang durch Betätigen der Schaltfläche FERTIG STELLEN abschließen (Abbildung 26.30).

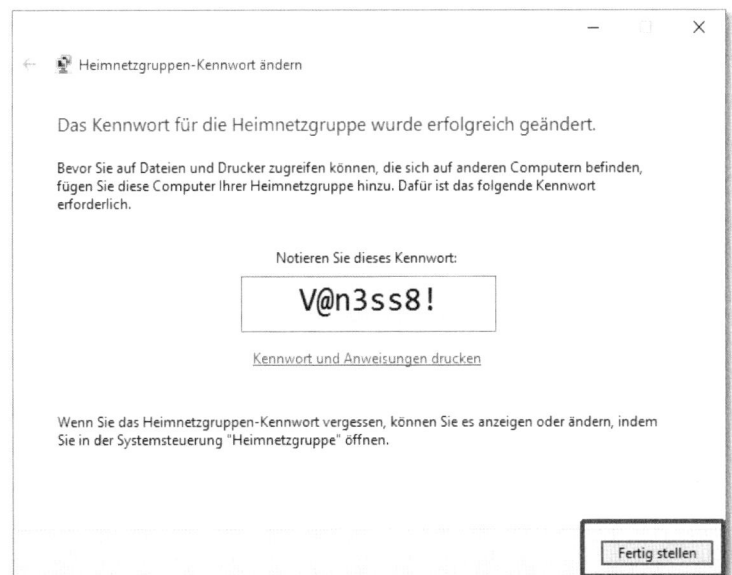

Abbildung 26.30 Ihr Heimnetzgruppenkennwort wurde geändert.

5. Auch die anderen Mitglieder Ihrer Heimnetzgruppe erhalten einen Hinweis bezüglich der Kennwortänderung (Abbildung 26.31). Sobald den anderen Mitgliedern der Heimnetzgruppe das neue Kennwort bekannt gegeben wurde, können Sie wieder auf freigegebene Inhalte der Mitglieder zugreifen.

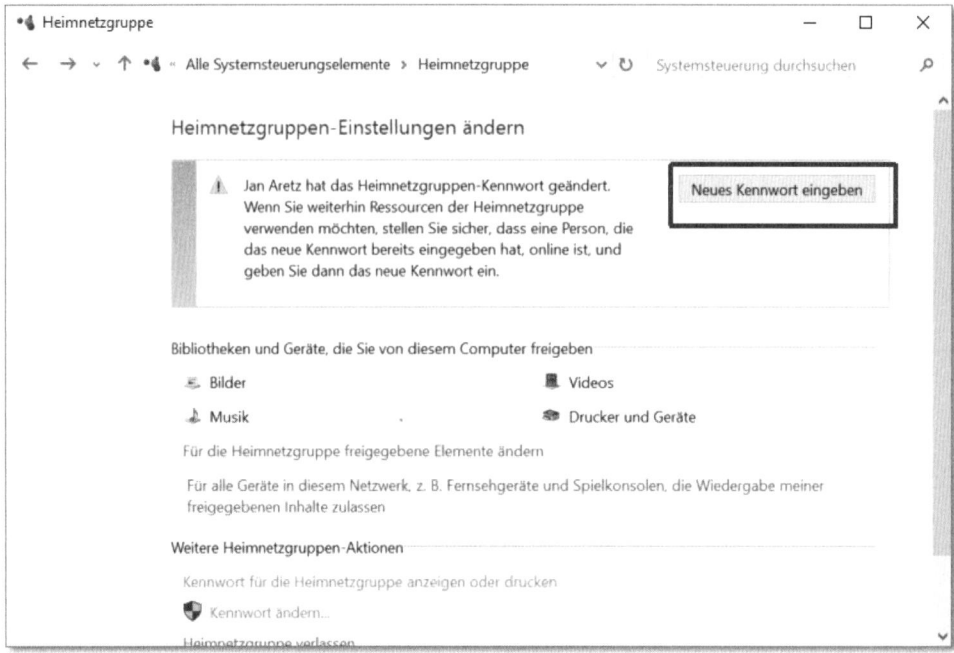

Abbildung 26.31 Das geänderte Kennwort manuell eingeben

Auf Inhalte anderer Heimnetzgruppenmitglieder zugreifen

Der Sinn einer Heimnetzgruppe besteht u. a. darin, es Ihnen zu ermöglichen, sehr einfach auf freigegebene Inhalte der Heimnetzgruppenmitglieder zuzugreifen. Der Zugriff auf Inhalte anderer Mitglieder der Heimnetzgruppe erfolgt mithilfe des Explorers (Abbildung 26.32). In der Kategorie HEIMNETZGRUPPE haben Sie nun die Möglichkeit, freigegebene Ordner zu öffnen und auf deren Inhalte anderer Mitglieder zuzugreifen.

Erreichbarkeit von Inhalten

Sofern Computer Ihrer Heimnetzgruppe ausgeschaltet sind oder sich im Energiesparmodus befinden, sind die freigegebenen Inhalte dieser Computer nicht mehr erreichbar. Diese Computer werden Ihnen dann nicht mehr im Explorer angezeigt. Sie haben jedoch die Möglichkeit, solche Inhalte offline verfügbar zu machen. Führen Sie einen Rechtsklick auf das Element aus, das Ihnen offline zur Verfügung stehen soll, und wählen Sie im Kontextmenü den Menüpunkt IMMER OFFLINE VERFÜGBAR (Abbildung 26.33). Das ausgewählte Element steht Ihnen dann in der Explorer-Kategorie NETZWERK immer zur Verfügung.

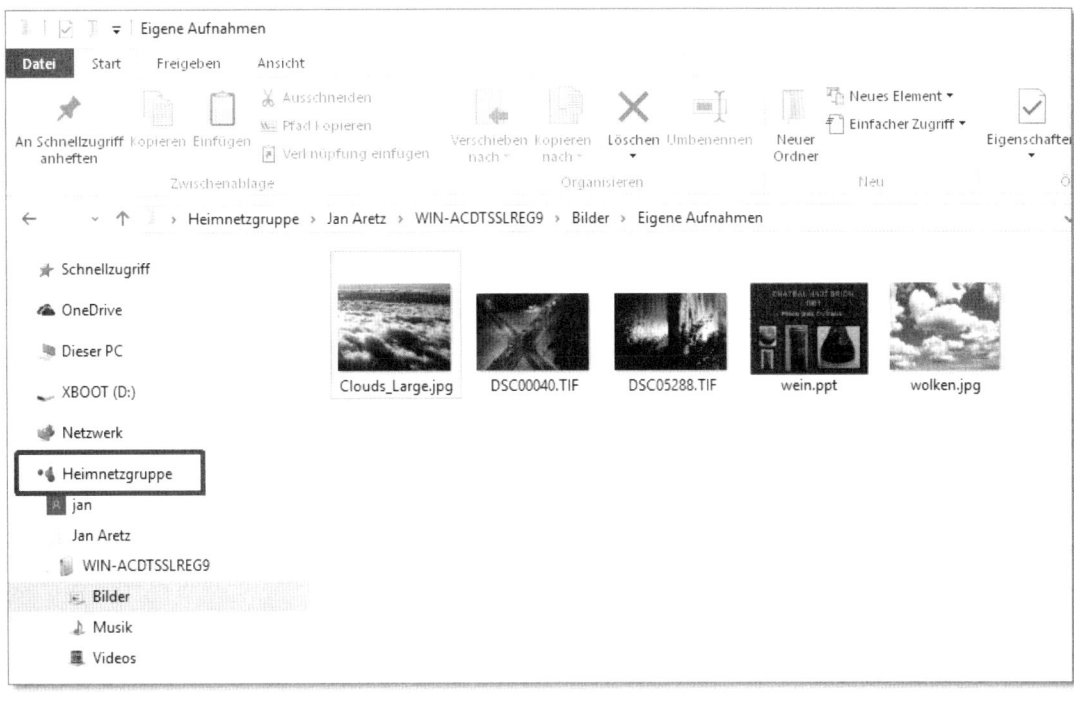

Abbildung 26.32 Auf Inhalte der Heimnetzgruppenmitglieder zugreifen

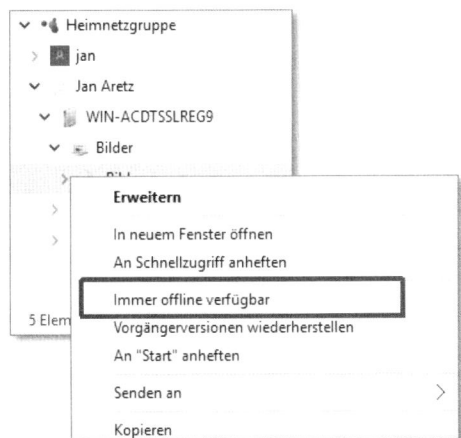

Abbildung 26.33 Inhalte offline verfügbar machen

26.4.4   Netzwerkprofile konfigurieren

Sie können auch Einfluss auf die Optionen für die verschiedenen Netzwerkprofile nehmen. Öffnen Sie hierzu das Netzwerk- und Freigabecenter, und klicken Sie auf den Text Erweiterte Freigabeeinstellungen ändern.

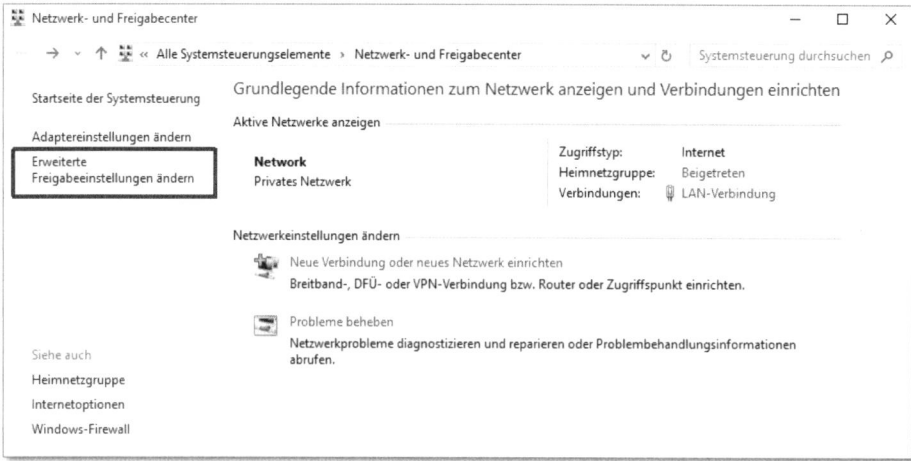

Abbildung 26.34 Netzwerk- und Freigabecenter

Es öffnet sich das Fenster ERWEITERTE FREIGABEEINSTELLUNGEN. Hier haben Sie die Möglichkeit, die Freigabeoptionen der Netzwerkprofile nach Ihren Wünschen anzupassen.

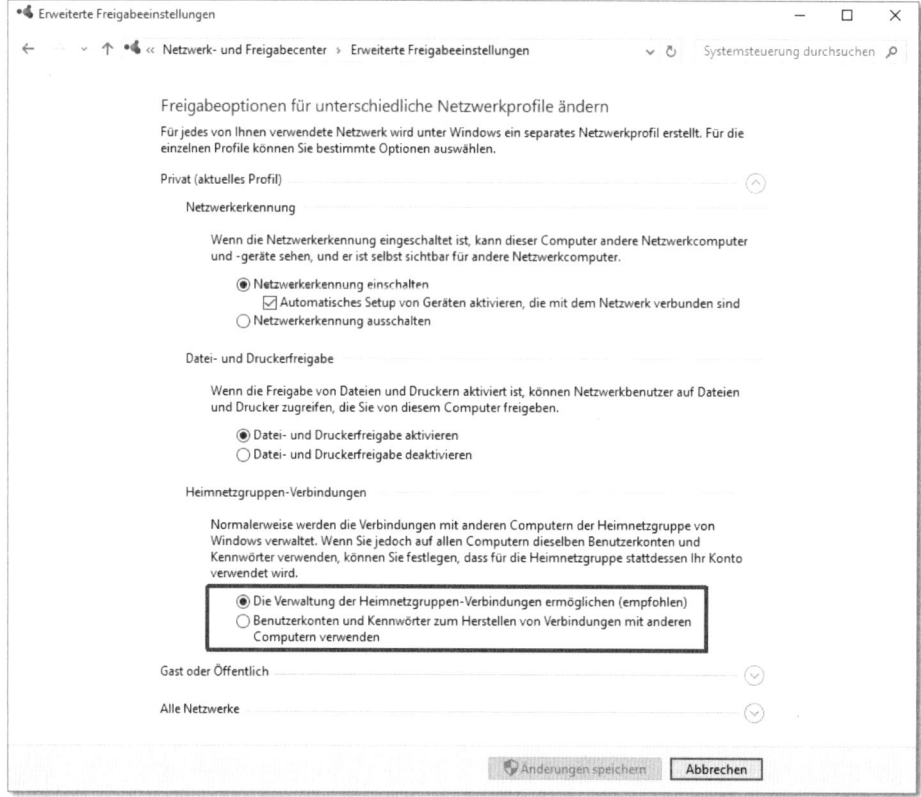

Abbildung 26.35 Freigabeoptionen der Netzwerkprofile

Sollten Sie beispielsweise die Verbindung mit Netzwerkressourcen durch Verwendung von Benutzerkonten und Kennwörtern vorziehen, können Sie im Punkt HEIMNETZGRUPPEN-VERBINDUNGEN die Verwaltung Ihrer Heimnetzgruppe umstellen. Mehr Informationen finden Sie in Abschnitt 26.9.1, »Erweiterte Freigabeeinstellungen«.

26.5   Konnektivität – Anschluss an NAS, Cloud, Smartphone und Co.

Daten können auf vielfältige Art und Weise bereitgestellt werden. Sie können beispielsweise die Festplatte Ihres Computers oder einen USB-Stick nutzen, um Ihre Daten in Dateien abzuspeichern. Wenn Ihre Daten jedoch online verfügbar sein sollen oder der Datenbestand zu groß für die Festplatte Ihres Computers sein sollte, bietet es sich an, Ihren Datenbestand auszulagern.

Network Attached Storage (NAS)-Systeme

Kleinere NAS-Systeme sind durchaus erschwinglich geworden und bieten eine Vielzahl von (Server-)Diensten und Protokollen, die es Ihnen ermöglichen, Daten bequem in Ihrem Netz bereitzustellen. NAS-Systeme verfügen über einen Netzwerkanschluss und können über einen fest vergebenen Namen oder eine fest vergebene IP-Adresse angesprochen werden. Die Konfiguration eines NAS-Systems hängt vom Hersteller und von der eingesetzten Firmware ab. In den meisten Fällen können Sie alle relevanten Einstellungen über eine Webseite, die über die Netzwerkadresse bzw. den Namen des Geräts erreichbar ist, vornehmen. Ein NAS-System fungiert als Dateiserver und kann somit der zentrale Ablagepunkt (Speicher) für Ihre Daten in Ihrem Netzwerk sein. Eines der bekanntesten Protokolle, die ein NAS-System zur Verfügung stellt, ist das *Server Message Block(SMB)-Protokoll*, bzw. die erweiterte Version von Microsoft, das *Common Internet File System* (*CIFS*). Sie können auf Ihrem NAS-System Freigaben konfigurieren und diese in Ihrem Netzwerk zugänglich machen. Der Zugriff auf SMB/CIFS-Freigaben wird von Ihrem Windows 10-Computer und vielen anderen Geräten ohne Weiteres unterstützt.

Netzwerklaufwerke einbinden

SMB-Freigaben werden im Explorer im Bereich NETZWERK angezeigt (Abbildung 26.36). Sobald eine SMB-Freigabe im Netzwerk erkannt wird, haben Sie die Möglichkeit, durch einfaches Anklicken (Navigation im Explorer) auf diese Freigabe zuzugreifen. Sofern Sie über die nötigen Rechte verfügen, können Sie anschließend auch Daten in dieser Freigabe nutzen.

Sofern es in Ihrem Netzwerk keine zentrale Verwaltung für Zugriffsberechtigungen (zentrale Benutzerkontenverwaltung) geben sollte, benötigen Sie die Anmeldeinformationen eines auf dem NAS-System eingerichteten Benutzerkontos. Dieses Konto muss berechtigt sein, auf die ausgewählte Freigabe zuzugreifen.

26

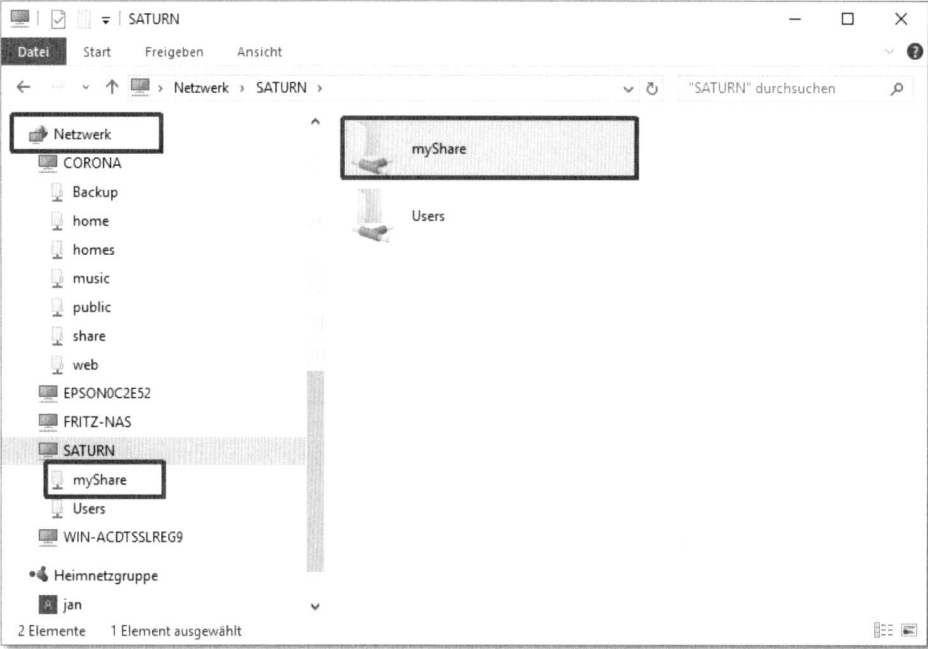

Abbildung 26.36 Freigaben im Explorer

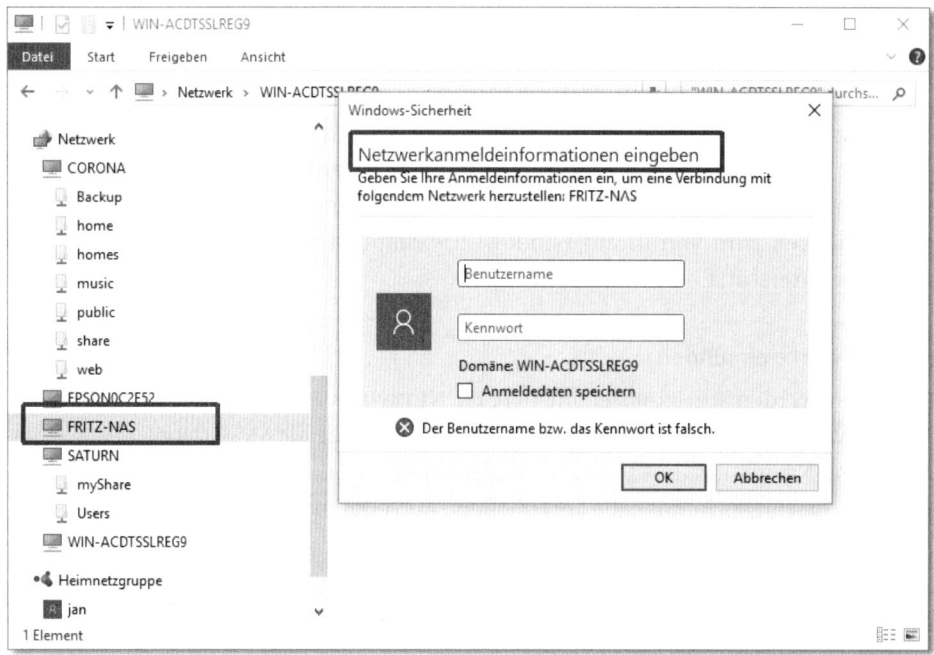

Abbildung 26.37 Eingabedialog zur Authentifizierung

Sie werden, bevor Ihnen Zugriff auf die Freigabe gewährt wird, aufgefordert, sich zu authentifizieren (Abbildung 26.37). So wird sichergestellt, dass die Freigaben auf Ihrem NAS-System vor unberechtigtem Zugriff geschützt sind. Sobald Sie sich erfolgreich authentifiziert haben, können Sie auf die zur Verfügung stehenden Freigaben gemäß den vergebenen Berechtigungen zugreifen. Eine elegante Möglichkeit, um auf Freigaben zuzugreifen, besteht in der Einrichtung eines Netzwerklaufwerks.

Abbildung 26.38 Rechtsklick auf die zu verbindende Freigabe

Führen Sie im Explorer einen Rechtsklick auf einen Ordner innerhalb der Freigabe aus, den Sie als Netzlaufwerk zur Verfügung stellen möchten. Wählen Sie den Eintrag NETZLAUFWERK VERBINDEN (Abbildung 26.38).

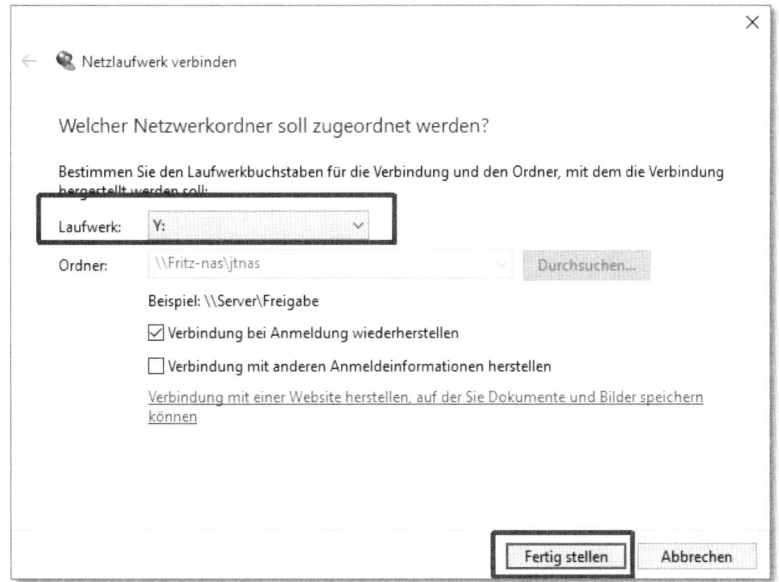

Abbildung 26.39 Ein Netzlaufwerk einbinden

Es öffnet sich ein Fenster, in dem Sie bestimmen können, welcher Laufwerksbuchstabe für den freigegebenen Ordner bereitgestellt werden soll (Abbildung 26.39). Praktischerweise wird der korrekte Pfad zu diesem Ordner hier schon angegeben, sodass Sie nur noch die Schaltfläche FERTIG STELLEN betätigen müssen, um den Vorgang abzuschließen.

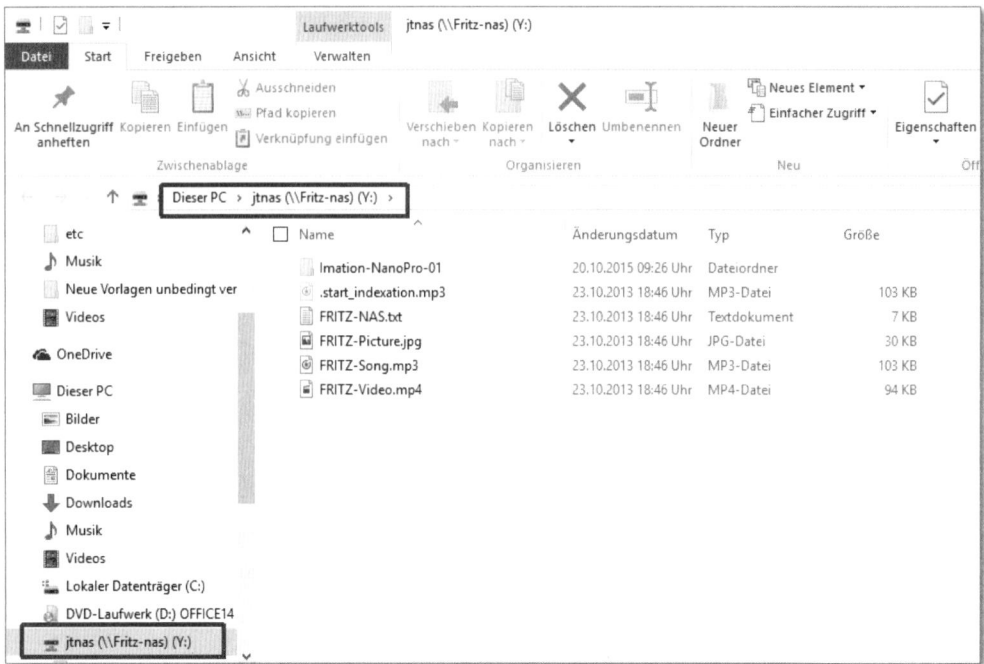

Abbildung 26.40 Mit einem Netzlaufwerk verbundener Ordner

Sobald die Verbindung zum freigegebenen Ordner erfolgreich hergestellt wurde, können Sie sofort auf Inhalte zugreifen. Im Explorer wird Ihnen der Ordner nun als Laufwerk mit dem von Ihnen zugeordneten Laufwerksbuchstaben angezeigt (Abbildung 26.40). Im vorigen Beispiel handelt es sich um eine Freigabe auf eine *FRITZ!Box*, wie sie als Internetrouter oft zum Einsatz kommt. Es müssen also nicht unbedingt teure NAS-Systeme mit mehreren Festplatten zum Einsatz kommen.

Cloud-Dienste – OneDrive

Wenn Ihre Daten überall verfügbar sein sollen, bietet sich die Nutzung von Cloud-Diensten an. Microsoft stellt Ihnen mit OneDrive einen solchen Onlinespeicher zur Verfügung. Damit Sie OneDrive nutzen können, benötigen Sie ein Konto bei Microsoft. Im Normalfall handelt es sich um das gleiche Konto, das Sie zur Anmeldung an Ihr System benutzen. OneDrive steht Ihnen im Explorer zur Verfügung und beinhaltet bereits eine vorgegebene Ordnerstruktur (Abbildung 26.41). Diese lässt sich bei Bedarf jedoch problemlos erweitern.

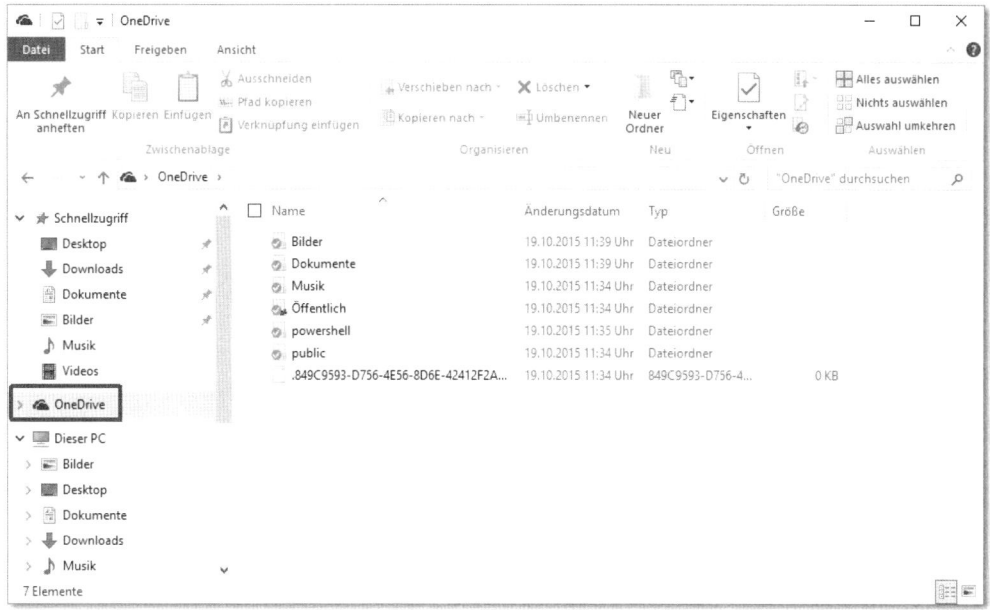

Abbildung 26.41 OneDrive im Explorer

Sie können praktisch mit den OneDrive-Ordnern genau so arbeiten, wie Sie es von der Nutzung lokaler Ressourcen her gewohnt sind. Sobald Sie Daten in den OneDrive-Ordnern ablegen, werden diese mit der OneDrive-Cloud synchronisiert. Sollten Sie zu diesem Zeitpunkt nicht mit dem Internet verbunden sein, werden Ihre Daten zum nächstmöglichen Zeitpunkt übertragen. OneDrive-Daten stehen Ihnen auch *offline* zur Verfügung. Der Status bezüglich der Synchronisierung lässt sich anhand der den Ordnern vorangestellten Symbolen ablesen:

Die Daten in diesem Ordner wurden erfolgreich synchronisiert.

Die Synchronisation wird gerade durchgeführt und ist noch nicht abgeschlossen.

Online- und Offlineversion sind nicht synchron – es können Probleme vorliegen.

Natürlich haben Sie die Möglichkeit, Einfluss auf die Ordnersynchronisation zu nehmen. Mit Windows 10 haben Sie die Möglichkeit, neben einer vollständigen Synchronisation der Ordner auch selektiv Ordner von diesem Prozess auszuschließen. Dieses kann durchaus sinnvoll sein, sollte der verfügbare Speicherplatz für offline verfügbare Daten auf Ihrem System begrenzt sein. Führen Sie einen Rechtsklick auf das OneDrive-Symbol im Infobereich der Taskleiste aus (Abbildung 26.42). Falls das Symbol nicht sichtbar sein sollte, klicken Sie auf den Pfeil ^, um sich ausgeblendete Symbole anzeigen zu lassen.

Abbildung 26.42 OneDrive-Symbol in der Taskleiste

Es öffnet sich sodann ein Kontextmenü, das Ihnen verschiedene Einträge bezüglich der Konfiguration von OneDrive anbietet (Abbildung 26.43). Wählen Sie hier den Punkt EINSTELLUNGEN aus.

Abbildung 26.43 OneDrive-Kontextmenü – Einstellungen

Wählen Sie den Reiter ORDNER WÄHLEN an, und öffnen Sie den Dialog ONEDRIVE-DATEIEN MIT DIESEM PC SYNCHRONISIEREN (Abbildung 26.44).

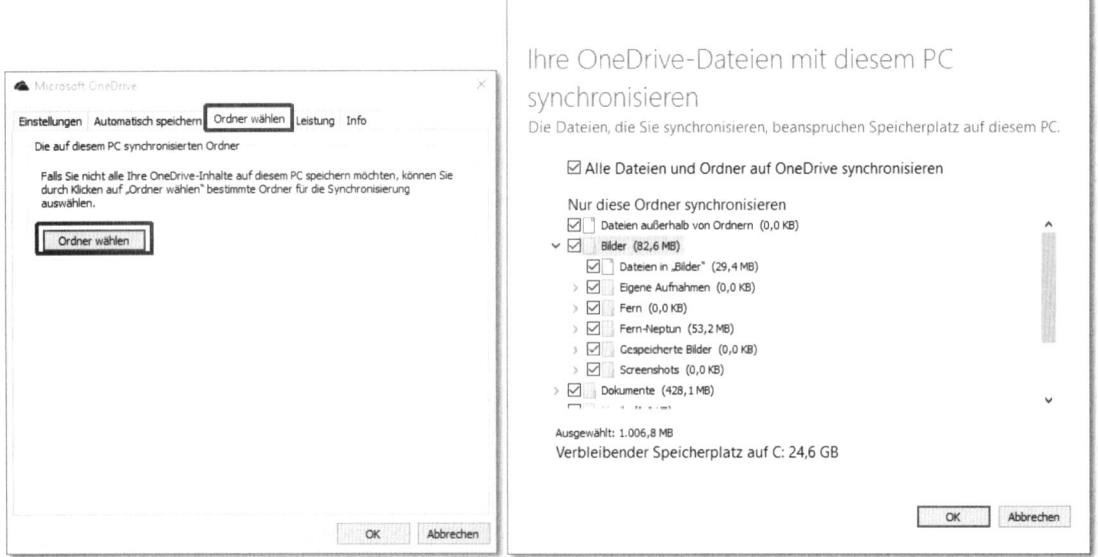

Abbildung 26.44 Dialog »Ihre OneDrive-Dateien mit diesem PC synchronisieren«

Im Dialog wird Ihnen angezeigt, wie viel Speicherplatz Ihre Onlinedaten bei einer Synchronisation auf Ihrem PC beanspruchen. Sie können in diesem Dialog einzelne Ordner durch Entfernen der Häkchen von der Übertragung auf Ihr System ausschließen.

Microsoft stellt Ihnen ein kostenfreies Kontingent an Onlinespeicher zur Verfügung. Den aktuellen Status Ihres Onlinespeichers können Sie in Erfahrung bringen, indem Sie im Kontextmenü den Punkt SPEICHER VERWALTEN anwählen (Abbildung 26.45).

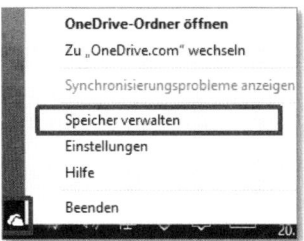

Abbildung 26.45 OneDrive-Kontextmenü – »Speicher verwalten«

Es wird eine Verbindung zur Webseite *https://onedrive.live.com/Options/ManageStorage* hergestellt. Anschließend wird diese im Webbrowser angezeigt (Abbildung 26.46). Praktischerweise sind Sie sofort mit Ihrem Microsoft Konto angemeldet. Sollte es bei der Anmeldung zu Problemen kommen, werden Sie gegebenenfalls aufgefordert, sich mit Ihrem Microsoft Konto zu authentifizieren.

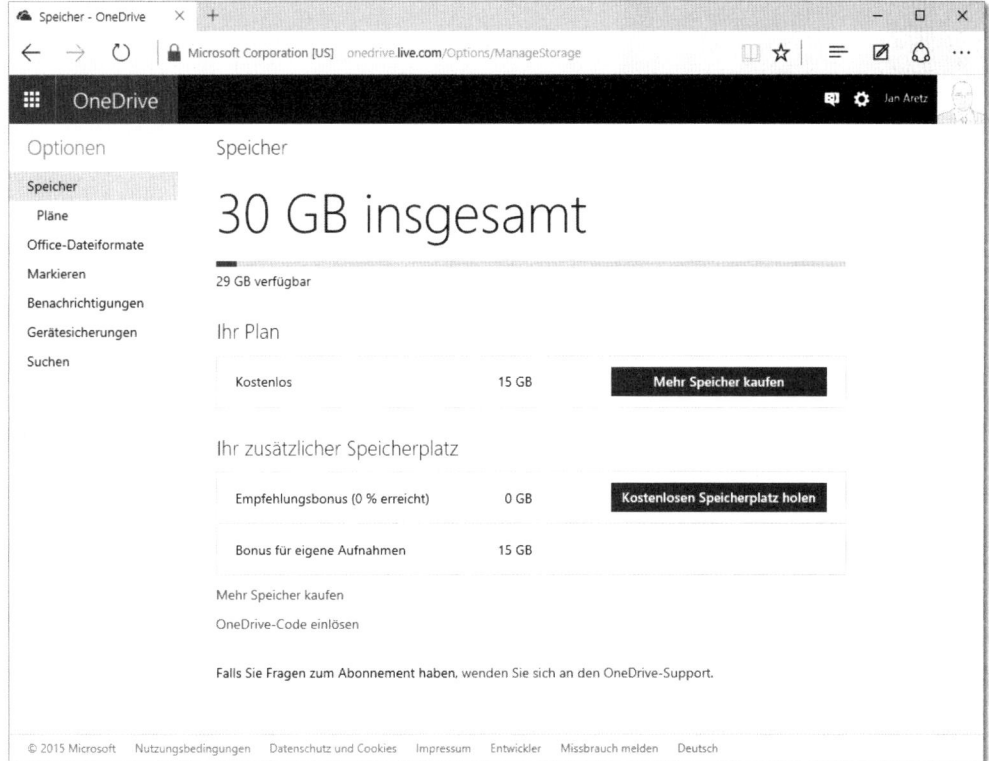

Abbildung 26.46 Status des OneDrive-Onlinespeichers

Sollten Sie mehr Onlinespeicher benötigen, haben Sie auf dieser Webseite die Gelegenheit, zusätzlichen Speicher zu kaufen oder über Bonusprogramme gegebenenfalls kostenfrei zu erhalten.

OneDrive mit dem Smartphone nutzen

Sie können OneDrive auch mit einem Windows Mobile nutzen. Auf Ihrem Windows Mobile sollte Ihnen die OneDrive-App sofort zur Verfügung stehen. Für Android-Nutzer steht eine entsprechende App im *Google Play Store* bereit, die Sie nutzen können, um auf Ihre Onlinedaten zuzugreifen. Auf Ihrem Windows Mobile sollte diese Kachel sichtbar sein (Abbildung 26.47).

Abbildung 26.47 OneDrive-Kachel

Tippen Sie auf die ONEDRIVE-Kachel, um die OneDrive-App zu starten (Abbildung 26.48).

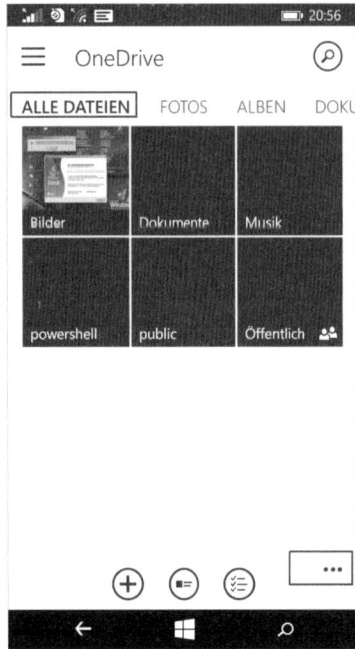

Abbildung 26.48 Die OneDrive-App auf einem Windows Phone

Durch einfaches Wischen von links nach rechts und umgekehrt können Sie durch die Ordnerstruktur Ihres Onlinespeichers blättern. Navigieren Sie beispielsweise zur obersten Ebene ALLE DATEIEN, und tippen Sie anschließend auf die drei Punkte (⋯).

Abbildung 26.49 Interaktionsoptionen

Es werden Ihnen nun die zur Verfügung stehenden Interaktionsoptionen angezeigt. Durch Tippen auf das Plus-Symbol können Sie beispielsweise Daten von Ihrem Smartphone in die OneDrive-Cloud hochladen. Somit lassen sich Ihre Daten auf sehr elegante Art und Weise von Ihrem Smartphone auf Ihren PC und umgekehrt übertragen.

OneDrive – online im Browser

Sie können OneDrive auch in einem Browserfenster öffnen (Abbildung 26.51). Rufen Sie hierzu im Internetbrowser folgende Adresse auf: *https://onedrive.live.com/*. Sie können die OneDrive-Weboberfläche ebenfalls über das OneDrive-Kontextmenü erreichen.

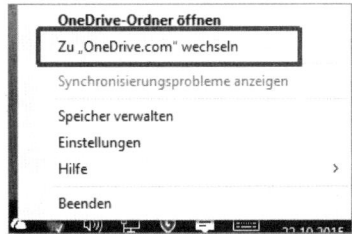

Abbildung 26.50 OneDrive-Weboberfläche per Kontextmenü öffnen

Die OneDrive-Webapplikation wird dann automatisch im Browser geöffnet. Sollten Sie sich während dieses Prozesses authentifizieren müssen, benutzen Sie hierzu Ihr Microsoft-Konto. OneDrive bietet eine komfortable Weboberfläche, die Ihnen den Zugang zu Ihren Daten praktisch überall ermöglicht. Sie benötigen nur eine Internetverbindung und einen Internetbrowser, um Zugriff auf Ihre Daten zu erhalten. Beachten Sie, dass es durchaus sein kann, dass in fremden Netzen (beispielsweise an Ihrem Arbeitsplatz) der Zugang zu Cloud-Diensten gesperrt sein kann.

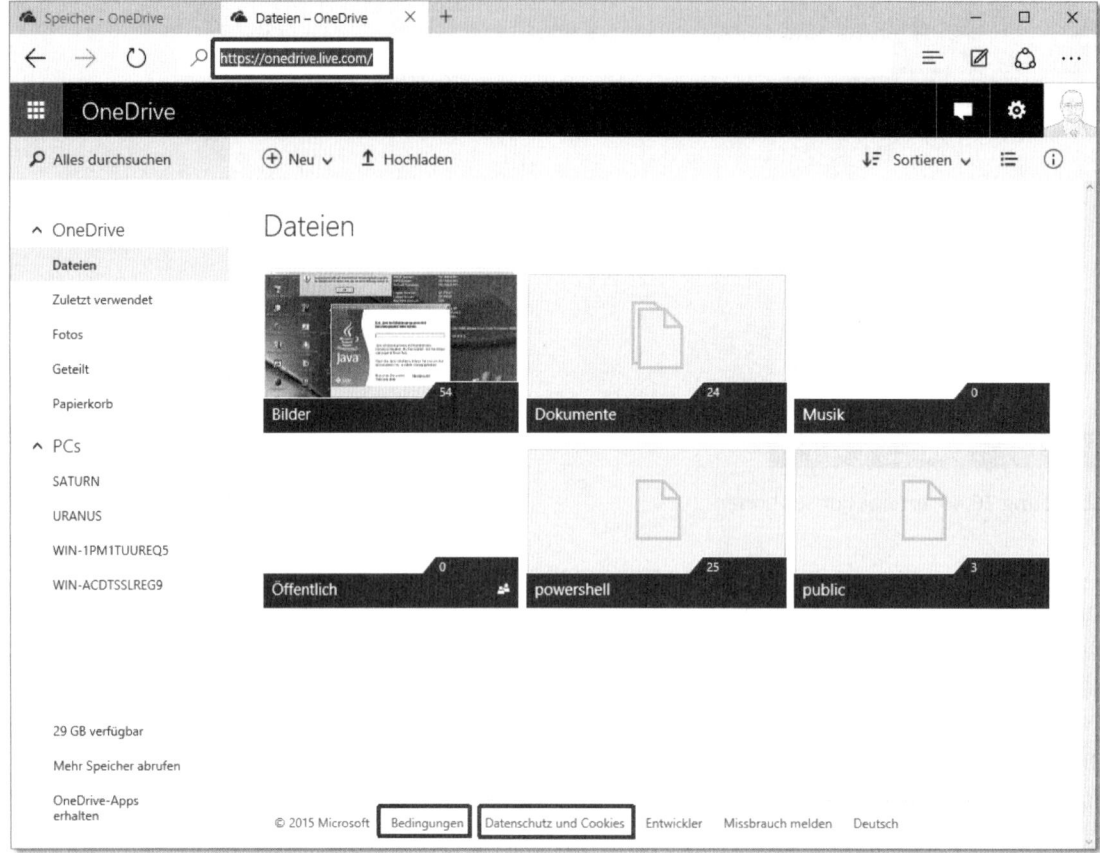

Abbildung 26.51 Die OneDrive-Weboberfläche

Wenn Sie andere Cloud-Dienste im gleichen Umfang nutzen wollen, müssen Sie gegebenenfalls zusätzliche Software installieren.

Datenschutz

Neben Microsoft gibt es noch eine Reihe anderer Anbieter für Cloud-Dienste. Beachten Sie, dass Sie bei der Nutzung in der Regel keinen Einfluss darauf haben, wo Ihre Daten gespeichert werden. Sie können also nicht sicher sein, ob deutsche Datenschutzbestimmungen immer eingehalten werden. Ebenso behalten es sich einige Anbieter vor, Ihre Daten für eigene Zwecke auszuwerten. Bevor Sie wichtige persönliche Daten in die Cloud hochladen, sollten Sie sich die Geschäftsbedingungen des Anbieters genau durchlesen! Bei Nutzung von OneDrive können Sie entsprechende Informationen bequem über die Weboberfläche abrufen (Abbildung 26.51).

26.6   Drahtlose Netzwerke – WLAN und Wi-Fi Sense

In der mobilen Welt gewinnen Funknetze wie Wireless LAN oder Mobilfunk ständig an Bedeutung. Funknetze sind fast überall verfügbar, und selbst im häuslichen Bereich lohnt es oft nicht, ein kabelgebundenes Netz aufzubauen. Schnelle WLAN-Verbindungen lassen sich sehr einfach einrichten und ermöglichen die Nutzung des Internets sowie den bequemen Zugriff auf lokale Netzwerkressourcen.

26.6.1   Verbindung zu drahtlosen Netzen per WLAN

Sofern Ihr Computer über einen Wireless LAN-Adapter verfügt, können Sie sich sehr einfach mit einem WLAN Ihrer Wahl in Ihrer Umgebung verbinden (Abbildung 26.52). Wie schon bei früheren Windows-Versionen erkennt auch Windows 10 die verfügbaren Funknetzwerke in Ihrer Umgebung. Führen Sie einen Linksklick auf das Netzwerk-Symbol (🖳) im Infobereich der Taskleiste aus. Anschließend werden Ihnen die von Windows 10 erkannten Netzwerke angezeigt.

Abbildung 26.52 Verfügbare Netzwerke

Kabellose Netzwerke (*Wireless LAN*) erkennen Sie leicht am vorangestellten WLAN-Symbol (🛜). Führen Sie einen Linksklick auf den Namen des Netzwerkes aus, mit dem Sie sich verbinden möchten (Abbildung 26.53).

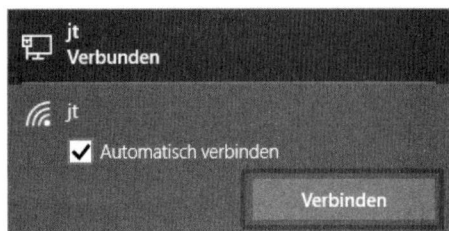

Abbildung 26.53 Verbindung mit einem Netzwerk herstellen

Betätigen Sie die Schaltfläche VERBINDEN, um die Verbindung zum WLAN Ihrer Wahl herzustellen.

> **Tipp**
>
> Wenn Sie das Häkchen AUTOMATISCH VERBINDEN setzen, wird sich Windows 10 künftig automatisch mit diesem Netz verbinden, sobald es verfügbar ist.

Sollten Sie sich erstmals mit diesem Netz verbinden, werden Sie nun aufgefordert, den diesem Netz zugeordneten NETZWERKSICHERHEITSSCHLÜSSEL einzugeben (Abbildung 26.54).

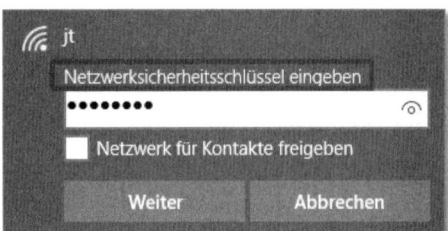

Abbildung 26.54 Den Netzwerksicherheitsschlüssel eingeben

Sollten Sie sich nicht sicher sein, ob Ihre Eingabe korrekt ist, können Sie sich den eingegebenen Text durch Klicken auf das Klartext-Symbol (⊚) anzeigen lassen.

> **Netzwerk für Kontakte freigeben**
>
> Windows 10 ermöglicht es Ihnen, WLAN-Netzwerksicherheitsschlüssel mit Ihren Kontakten zu teilen. Dabei wird dieser Schlüssel verschlüsselt an Ihre Kontakte weitergereicht. Personen in Ihrer Kontaktliste werden somit in die Lage versetzt, das WLAN ebenfalls zu nutzen. Seien Sie vorsichtig bei der Weitergabe von Sicherheitsinformationen dieser Art! Betreiber von Netzwerken haften gegebenenfalls bei Missbrauch! Mehr zum Thema Wi-Fi Sense erfahren Sie im weiteren Verlauf dieses Kapitels.

Betätigen Sie die Schaltfläche WEITER, um fortzufahren. Sollte der eingegebene Schlüssel korrekt sein, müssen Sie nur noch das Netzwerkprofil des Netzes festlegen (Abbildung 26.55).

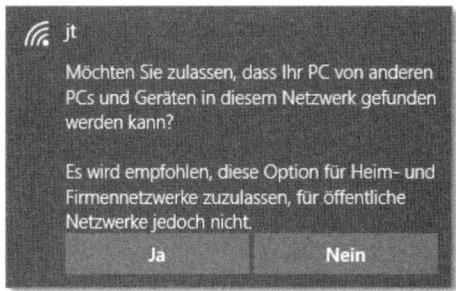

Abbildung 26.55 Netzwerkprofil festlegen

Falls Sie sich mit einem öffentlichen Netz verbinden, sollten Sie hier die Schaltfläche NEIN betätigen, da sonst Ihr PC für andere, Ihnen unbekannte Teilnehmer im Netz sichtbar wird. Sofern es sich um Ihr privates WLAN handeln sollte, bietet es sich an, die Schaltfläche JA zu betätigen, damit Sie die Ressourcen Ihres Netzes auf einfache Weise nutzen können.

Abbildung 26.56 Erfolgreich mit einem WLAN verbunden

Der Status der WLAN-Verbindung sollte nun VERBUNDEN anzeigen (Abbildung 26.56). Sollten Sie eine bestehende WLAN-Verbindung trennen wollen, gehen Sie anlog zum Verbindungsprozess vor. Klicken Sie auf das Netzwerk-Symbol im Infobereich und wählen anschließend das verbundene WLAN aus, dessen Verbindung Sie trennen möchten (Abbildung 26.57).

Abbildung 26.57 Eine bestehende Verbindung trennen

Betätigen Sie die Schaltfläche TRENNEN, um die Verbindung zu lösen. Sobald Sie mit einem WLAN verbunden sind, wird Ihnen diese Verbindung im NETZWERK- UND FREIGABECENTER angezeigt (Abbildung 26.58).

Wenn Sie auf den Schriftzug WIFI klicken, erhalten Sie Informationen zum augenblicklichen Status der WLAN-Verbindung (Abbildung 26.59). Der Begriff *WiFi* steht für den durch die *Wi-Fi Alliance* festgelegten Funknetzstandard.

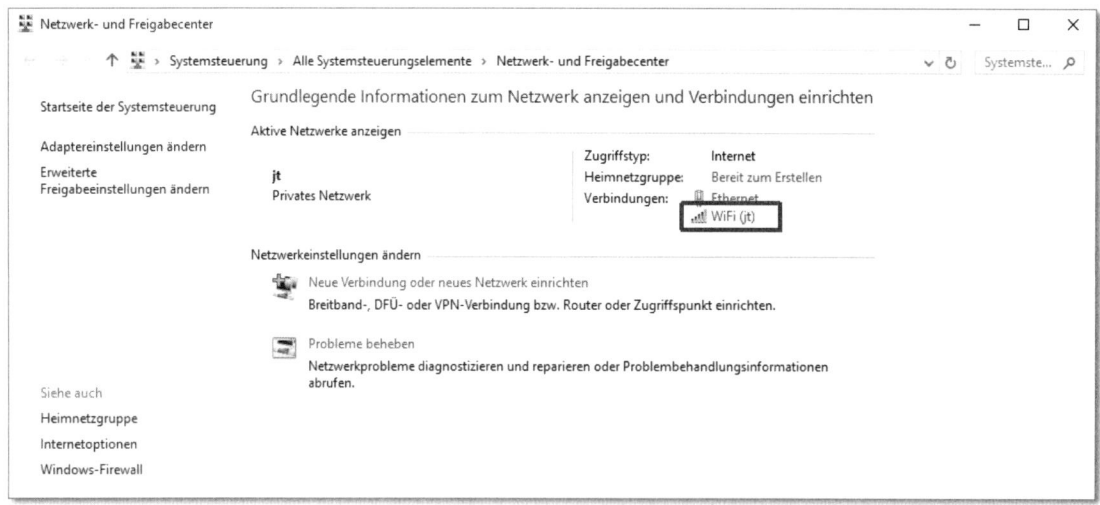

Abbildung 26.58 WLAN-Verbindung im Netzwerk- und Freigabecenter

Abbildung 26.59 WiFi-Informationen

Es kann manchmal notwendig sein, ein WLAN manuell einzurichten. Insbesondere wenn der *Access Point* den Namen des WLANs (SSID) nicht bekannt gibt. Sogenannte *versteckte WLANs* werden Ihnen nicht automatisch angeboten, sondern müssen manuell auf Ihrem Computer eingerichtet werden.

SSID

Die *SSID* (*Service Set Identifier*) repräsentiert den Namen eines WLANs. Dieser dient dazu, das Netzwerk zu identifizieren, und wird vom Access Point bekannt gegeben. Dadurch wird das WLAN für alle Geräte in Reichweite sichtbar. Die Sichtbarkeit eines WLANs kann aber durch Deaktivieren dieses Mechanismus (Broadcast) auf dem Access Point auch abgeschaltet werden. Damit wird das WLAN »unsichtbar«. Dies wird oftmals als Sicherheitsgewinn betrachtet, doch das Ausblenden der SSID ist nur ein geringer Schutz. Wir empfehlen Ihnen, die SSID Ihres WLANs nicht zu verstecken, da dies keinen wirksamen Schutz vor Angriffen bietet. Wenn Ihr WLAN sichtbar ist, können andere Betreiber von WLANs in Ihrer Nähe leichter Ihre Funkkanäle abstimmen und so eine bessere Datenübertragung gewährleisten. Verschlüsseln Sie Ihr WLAN auf jeden Fall mit WPA2 und einem komplexen Passwort, das Angreifer nicht erraten können. Wählen Sie keine Begriffe aus, die sich in Wörterbüchern finden lassen!

Manuelle Konfiguration einer WLAN-Verbindung

Um eine WLAN-Verbindung manuell einzurichten, öffnen Sie zunächst das Netzwerk- und Freigabecenter (Abbildung 26.60). Klicken Sie im Bereich Netzwerkeinstellungen ändern auf den Schriftzug Neue Verbindung oder neues Netzwerk einrichten.

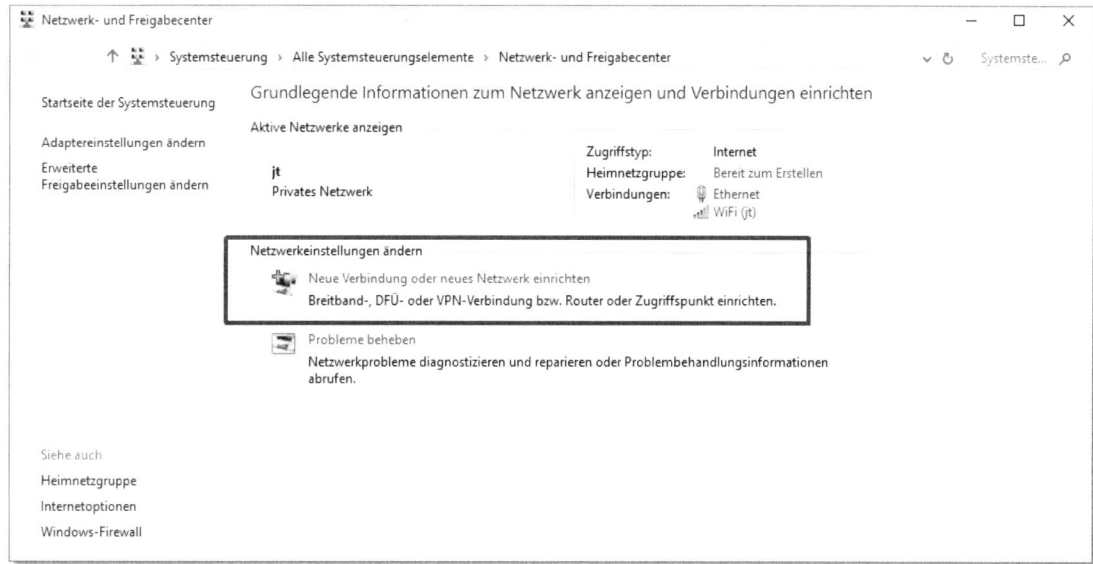

Abbildung 26.60 Eine neue Verbindung einrichten

Sie haben neben anderen Auswahlmöglichkeiten nun die Option Manuell mit einem Funknetzwerk verbinden (Abbildung 26.61). Klicken Sie jetzt auf den entsprechenden Schriftzug, und setzen Sie den Vorgang durch Betätigen der Schaltfläche Weiter fort.

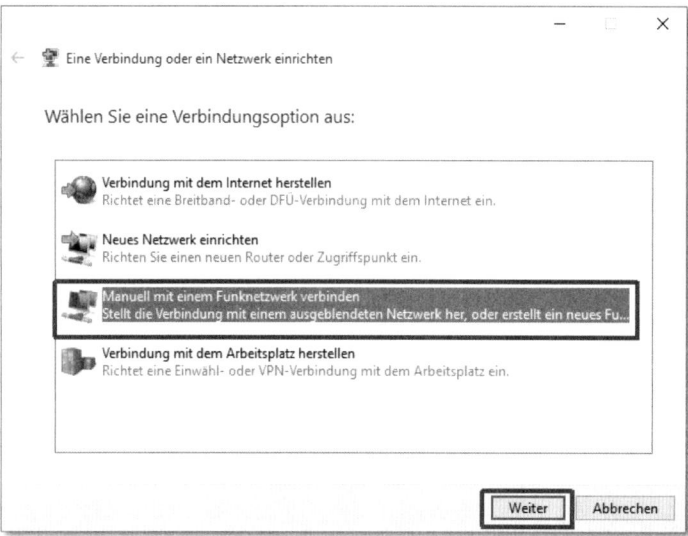

Abbildung 26.61 Ein WLAN manuell einrichten

Es sind nur wenige Angaben für die Konfiguration eines WLANs notwendig (Abbildung 26.62). Geben Sie den Namen des Netzwerkes (SSID) und die Verschlüsselungsmethode an. Wenn Sie das Häkchen der Checkbox ZEICHEN AUSBLENDEN entfernen, wird Ihnen der Sicherheitsschlüssel im Klartext angezeigt. Das kann beispielsweise bei der Eingabe des Schlüssels hilfreich sein.

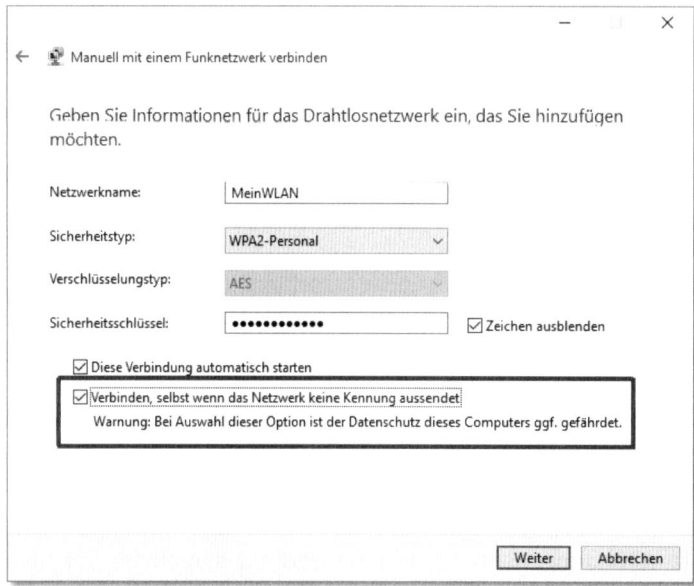

Abbildung 26.62 WLAN-Konfiguration

Sie können ferner festlegen, dass automatisch eine Verbindung aufgebaut wird, wenn das WLAN in Reichweite kommt (DIESE VERBINDUNG AUTOMATISCH STARTEN). Der letzte Punkt VERBINDEN, SELBST WENN DAS NETZWERK KEINE KENNUNG AUSSENDET, bezieht sich auf den Verbindungsaufbau mit versteckten WLANs. Setzen Sie hier das Häkchen, falls der Access Point des WLANs die SSID nicht selbstständig bekannt gibt. Klicken Sie auf die Schaltfläche WEITER, um die Konfiguration fortzusetzen.

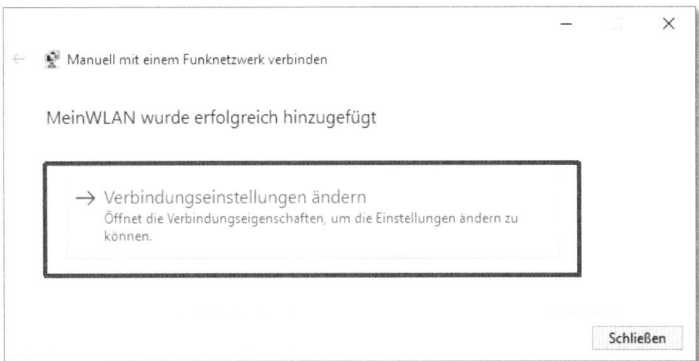

Abbildung 26.63 Abschluss der manuellen Konfiguration

Sie können sich die Einstellungen Ihrer Verbindung nochmals anzeigen lassen oder diese gegebenenfalls auch ändern, indem Sie auf den Schriftzug VERBINDUNGSEINSTELLUNGEN ÄNDERN klicken (Abbildung 26.63). Diese Einstellungen lassen sich auch später noch anpassen. Schließen Sie die manuelle Einrichtung einer WLAN-Verbindung durch Klicken auf die Schaltfläche SCHLIESSEN ab.

Den Status einer Netzwerkverbindung ermitteln

Um den aktuellen Status einer Netzwerkverbindung zu ermitteln oder gegebenenfalls Änderungen an den Einstellungen vorzunehmen, öffnen Sie zunächst das NETZWERK- UND FREIGABECENTER. Klicken Sie auf den blauen Schriftzug WIFI, und lassen Sie sich den aktuellen Status der WLAN-Verbindung anzeigen (Abbildung 26.58).

Es öffnet sich ein Fenster, das Ihnen im Bereich VERBINDUNG einen Überblick über das benutzte Protokoll gibt (hier IPv4) (Abbildung 26.64). Der MEDIENSTATUS gibt an, dass es sich um eine aktive Verbindung handelt. Sollten Sie die Netzwerkverbindung durch Betätigen der Schaltfläche DEAKTIVIEREN abschalten, wird der Medienstatus kurz als deaktiviert angezeigt, bevor sich das Fenster schließt.

Achtung! Deaktivieren einer aktiven Verbindung
Wenn Sie eine aktive Verbindung deaktivieren, unterbrechen Sie damit auch den Datenfluss, der momentan über diese Verbindung läuft.

26

Abbildung 26.64 Statusinformationen einer WLAN-Verbindung

Es wird Ihnen auch der Name des Netzwerkes (SSID) angezeigt sowie die vergangene Zeit seit Aufbau der Verbindung (DAUER). Die Güte der WLAN-Verbindung lässt sich leicht anhand der Angaben zur ÜBERTRAGUNGSRATE und zur SIGNALQUALITÄT abschätzen. Die maximale Übertragungsrate hängt davon ab, welche Übertragungsstandards (IEEE 802.11) die eingesetzte Hardware unterstützt. Die Signalqualität ist abhängig von physikalischen Faktoren wie der Entfernung zum *Access Point* oder von eventuell vorhandenen Hindernissen, die die Funkwellen unter Umständen behindern. Ebenso leidet die Signalqualität, wenn sich mehrere WLANs denselben Kanal teilen. In diesem Bereich gibt es zwei Schaltflächen, die Ihnen, nach deren Betätigung, weitere Fenster mit Informationen über die Verbindung zur Verfügung stellen. Wenn Sie auf die Schaltfläche DETAILS klicken, werden Ihnen weitere Informationen wie beispielsweise die zugeordnete IP-Adresse angezeigt (Abbildung 26.65).

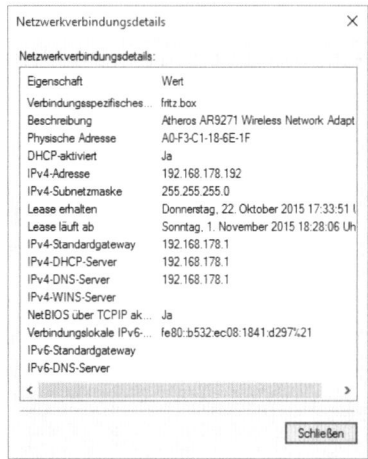

Abbildung 26.65 Details einer Netzwerkverbindung

Von größerem Interesse ist jedoch an dieser Stelle die Schaltfläche DRAHTLOSEIGENSCHAF-TEN. Betätigen Sie diese Schaltfläche, und lassen Sie sich die Eigenschaften des Drahtlosnetzwerkes anzeigen (Abbildung 26.66).

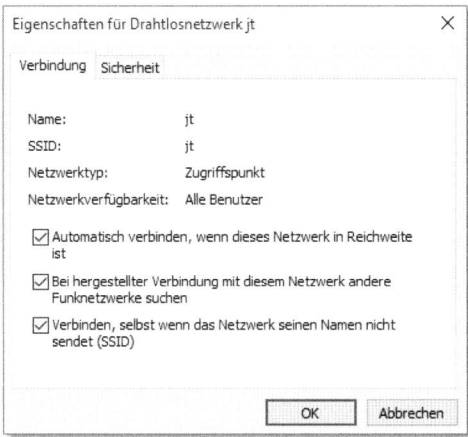

Abbildung 26.66 Drahtloseigenschaften

Es wird Ihnen u. a. der Typ des Netzwerkes angezeigt (NETZWERKTYP). Der Netzwerktyp ist in diesem Beispiel ZUGRIFFSPUNKT, was eine Übersetzung des englischen Begriffs *Access Point* ist, und aussagt, dass der Computer mit einem solchen verbunden ist. Sie können an dieser Stelle festlegen, dass eine Verbindung zu diesem Netz aufgebaut werden soll, sobald es in Reichweite ist.

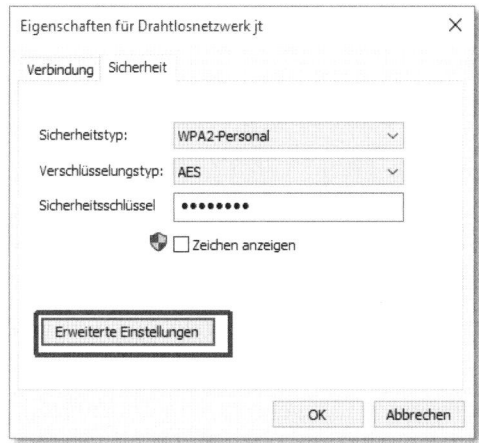

Abbildung 26.67 Sicherheitstyp und Verschlüsselung

Ferner können Sie festlegen, dass auch bei einer bestehenden WLAN-Verbindung nach weiteren Funknetzwerken gesucht werden soll. Dies kann nützlich sein, falls eine Verbindung mit einer besseren Übertragungsqualität in Reichweite kommen sollte und Sie diese nutzen möchten. Sie können hier ebenfalls festlegen, dass sich Ihr Computer mit diesem Netz verbinden soll, selbst wenn die SSID nicht veröffentlicht wird (versteckte SSID).

Ein Klick auf den Reiter Sicherheit öffnet das Fenster für die Einstellungen zum Sicherheitstyp und zum Typ der Verschlüsselung (Abbildung 26.67). Diese Einstellungen müssen denen des *Access Points* entsprechen, mit dem Sie sich verbinden möchten. Normalerweise können Sie diese Einstellungen unverändert lassen. Nur im Falle von Verbindungsproblemen sollten Sie überprüfen, ob die Verschlüsselungsalgorithmen korrekt eingestellt sind und ob der Sicherheitsschlüssel korrekt ist.

Federal Information Processing Standard (FIPS)

Ein Klick auf die Schaltfläche Erweiterte Einstellungen öffnet ein Fenster, in dem Sie FIPS aktivieren können (Abbildung 26.68).

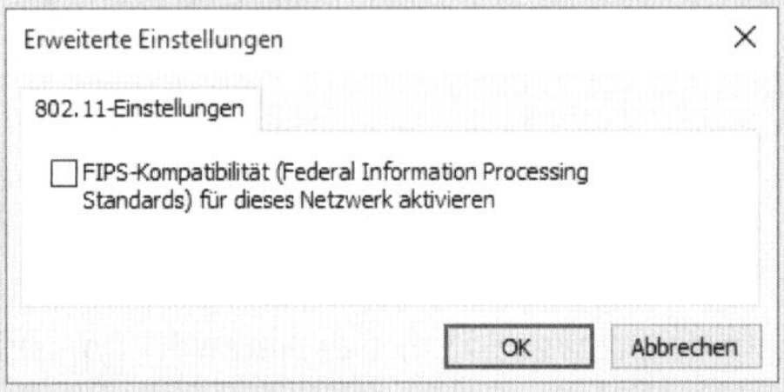

Abbildung 26.68 FIPS – Federal Information Processing Standard

Dieser Standard ist eine von US-Behörden genutzte Erweiterung zum IEEE802.11-Standard. Sofern Sie nicht in einer staatlichen Einrichtung in den USA oder für eine solche arbeiten, lassen Sie FIPS einfach deaktiviert.

26.6.2   WLAN-Hosting

Bereits mit Windows 7 konnte man einen virtuellen Access Point betreiben. Damit bieten Sie anderen Computern die Gelegenheit, sich über Ihre Internetverbindung mit dem Internet zu verbinden. Das kann von Nutzen sein, sollten Sie beispielsweise mit Kollegen auf Dienstreise sein und als Einziger über einen funktionsfähigen Internetzugang verfügen.

Finden Sie zunächst heraus, ob Ihr WLAN-Adapter über die entsprechende Funktionalität verfügt.

▶ Öffnen Sie eine Eingabeaufforderung als Administrator, und geben Sie folgenden Befehl ein: `netsh wlan show drivers`

▶ Prüfen Sie, ob die Option Unterstützte gehostete Netzwerke gegeben ist (Ja) (Abbildung 26.69).

▶ Geben Sie nun folgenden Befehl ein:
`netsh wlan set hostednetwork mode=allow ssid=WHOTSPOT key=DasIstNichtMeinPasswort`

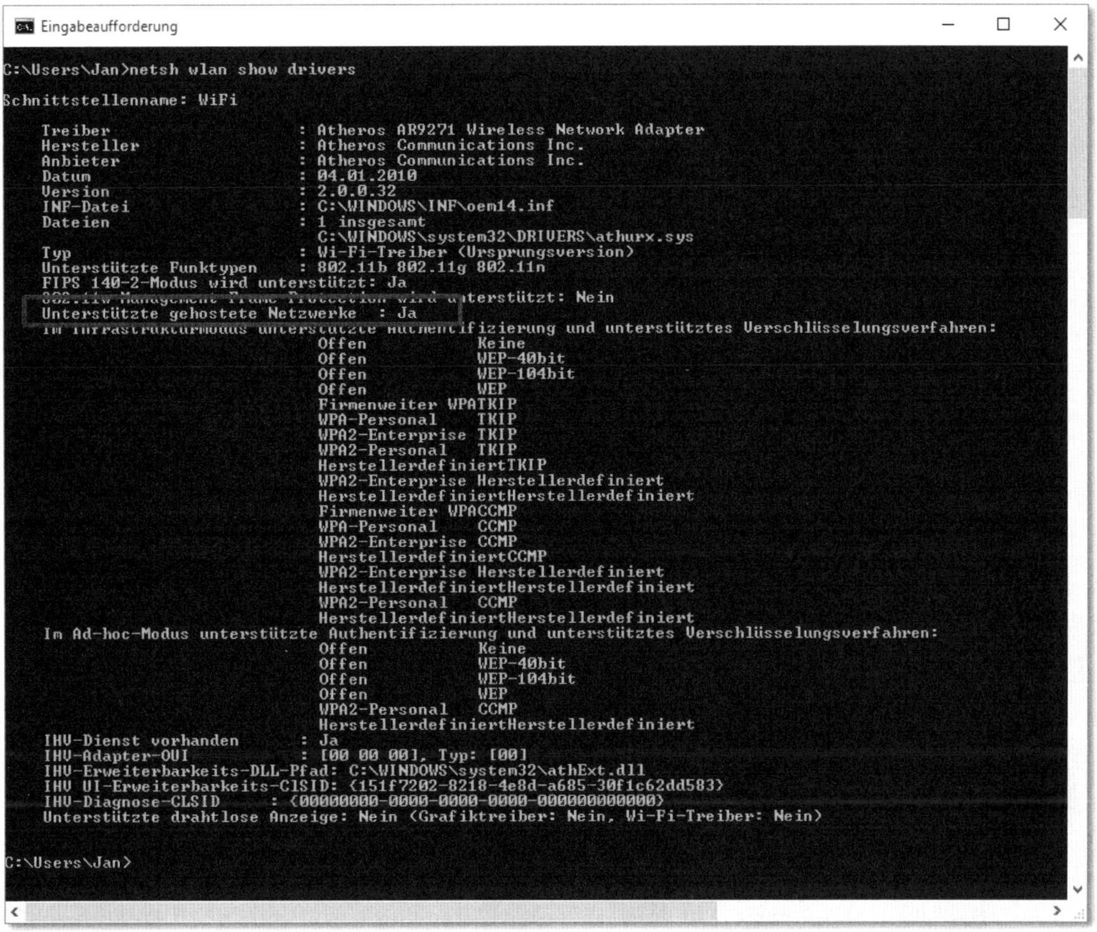

Abbildung 26.69 Unterstützung für gehostete Netzwerke

Mit diesem Befehl schalten Sie den Modus für gehostete Netzwerke ein (HOSTEDNETWORK MODE = ALLOW) und vergeben einen Namen (SSID = WHOTSPOT) sowie ein Passwort (KEY = DASISTNICHTMEINPASSWORT) für Ihren Windows Access Point (Abbildung 26.69). Vergeben Sie die Werte für SSID und KEY nach Ihrem Gutdünken. Beachten Sie aber, dass die SSID nicht länger als 32 Zeichen sein darf und dass Passwörter stets sicher gewählt sein sollten.

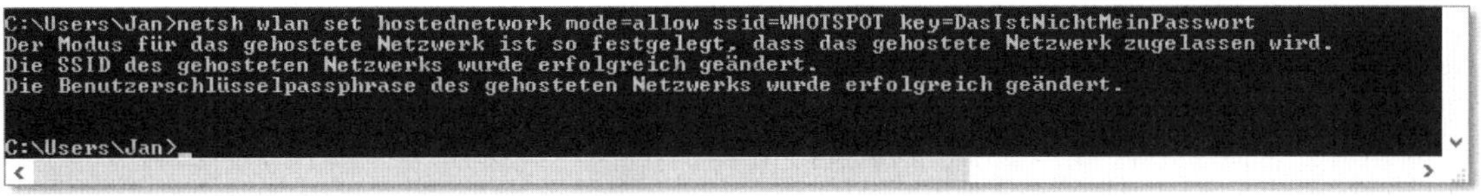

Abbildung 26.70 Einen Windows Access Point einrichten – WHOTSPOT

Ihr Windows Access Point sollte nun erfolgreich eingerichtet sein (Abbildung 26.70).

▶ Geben Sie nun den Befehl `netsh wlan start hostednetwork` ein, um den soeben eingerichteten Access Point (WiFi-Hotspot) zu starten (Abbildung 26.71).

```
C:\Users\Jan>netsh wlan start hostednetwork
Das gehostete Netzwerk wurde gestartet.
```

Abbildung 26.71 Das gehostete Netzwerk wurde gestartet.

Dieser erscheint nun als von Microsoft gehosteter, virtueller Netzwerkadapter (MICROSOFT HOSTED VIRTUAL ADAPTER) bei den Netzwerkverbindungen des Computers (Abbildung 26.72).

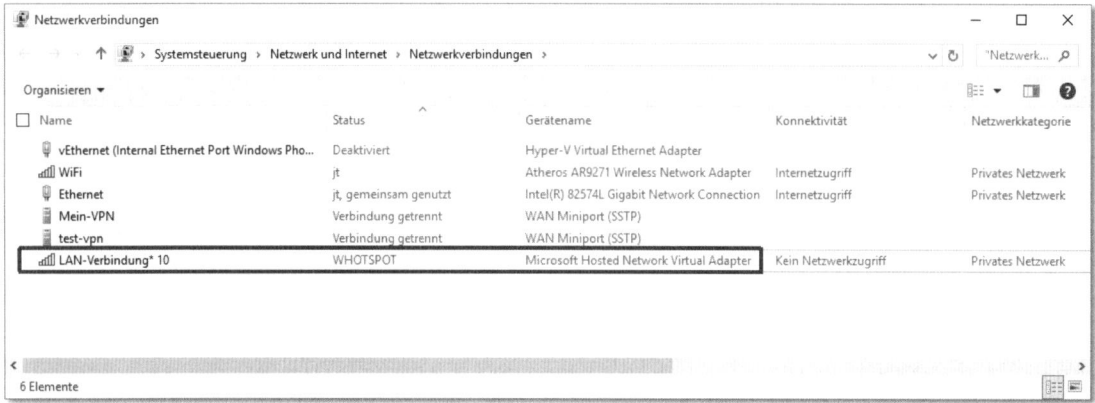

Abbildung 26.72 Listenansicht Netzwerkverbindungen

Der Adapter trägt hier die unpassende Bezeichnung LAN-VERBINDUNG* 10. Sie können bei Bedarf die Verbindung jedoch leicht umbenennen, indem Sie mit einem Rechtsklick auf den Namen der Verbindung ein Kontextmenü öffnen, das es Ihnen erlaubt, einen ansprechenderen Namen zu vergeben.

Abbildung 26.73 WHOTSPOT ist nun verfügbar.

Nun sollten sich andere Computer mit Ihrem Hotspot verbinden können. Damit diese auch das Internet nutzen können, ist noch ein Konfigurationsschritt notwendig.

▶ Öffnen Sie die Eigenschaften der Netzwerkverbindung, die den Zugang zum Internet bereitstellt (Abbildung 26.74).

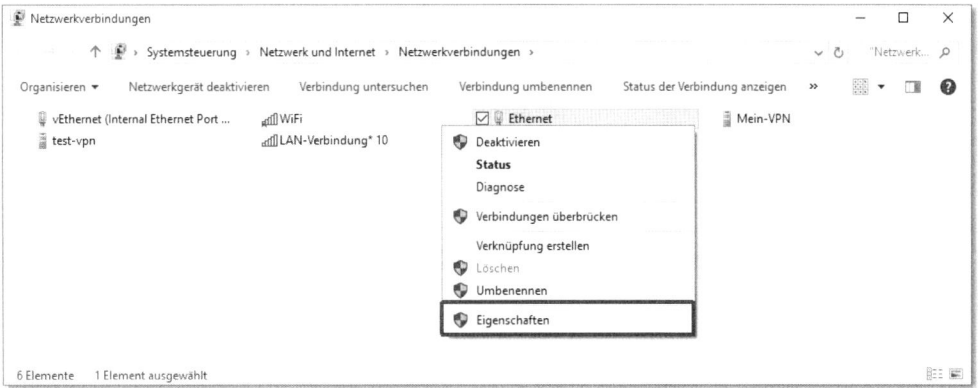

Abbildung 26.74 Die Verbindung »Ethernet« stellt hier den Internetzugang zur Verfügung.

▶ Klicken Sie auf den Reiter FREIGABE, und teilen Sie den Internetzugang, indem Sie aus den angebotenen Verbindungen in der Dropdown-Liste HEIMNETZWERKVERBINDUNG die LAN-VERBINDUNG* 10 auswählen (Abbildung 26.75).

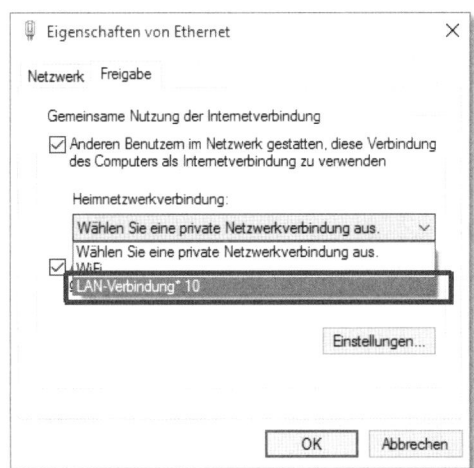

Abbildung 26.75 Den Internetzugang mit anderen teilen

Den Hotspot können Sie leicht wieder deaktivieren. Geben Sie in der Eingabeaufforderung (gegebenenfalls als Administrator) den Befehl `netsh wlan stop hostednetwork` ein.

26.6.3   Wi-Fi Sense – die WLAN-Optimierung

Die WLAN-Optimierung ist eine praktische Funktion, die es Ihnen ermöglicht, die Schlüssel Ihnen bekannter WLANs mit Ihren Kontakten zu teilen. Dabei wird der auf Ihrem System gespeicherte Netzwerksicherheitsschlüssel in verschlüsselter Form an Ihre Kontakte übertragen. Ihre Kontakte können so die gleichen Netze nutzen wie Sie, können das Zugangspasswort (Netzwerksicherheitsschlüssel) jedoch nicht im Klartext einsehen. Sie benötigen zur Nutzung der WLAN-Optimierung zwingend ein Microsoft-Konto. Wenn Sie und Ihre Kontakte diese Funktion nutzen, sollte die Anzahl der WLANs, mit denen Sie sich automatisch verbinden können, ansteigen. Schließlich bekommen Sie Zugriff auf die WLANs, die Ihren Kontakten bekannt sind, und umgekehrt. Je mehr Personen die WLAN-Optimierung nutzen, umso schneller werden Informationen über zugängliche WLAN-Hotspots bekannt. Diese Funktion konnten Sie bereits auf Ihrem Windows 8.1-Smartphone nutzen. Ab Windows 10 steht Ihnen diese Funktion auch auf PCs und Laptops zur Verfügung. Frühere Windows-Versionen unterstützen die WLAN-Optimierung (engl. *Wi-Fi Sense*) nicht.

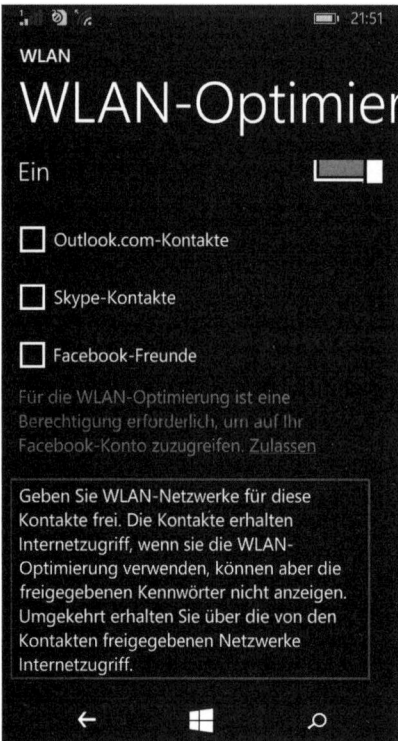

Abbildung 26.76 Die WLAN-Optimierung auf einem Windows 8.1-Smartphone

Verwaltung der WLAN-Optimierung auf Ihrem PC

Navigieren Sie zunächst in den Einstellungen zu der App NETZWERK UND INTERNET. Sofern Ihr Computer über einen aktivierten WLAN-Adapter verfügt, wird Ihnen hier die Kategorie WLAN angeboten (Abbildung 26.77). In dieser finden Sie die Option zur Verwaltung von WLAN- Einstellungen.

Abbildung 26.77 WLAN-Einstellungen verwalten

Klicken Sie auf den blauen Schriftzug WLAN-EINSTELLUNGEN VERWALTEN, woraufhin sich das entsprechende Fenster öffnet (Abbildung 26.78).

Lassen Sie hier den Schieberegler VERBINDUNG MIT NETZWERKEN HERSTELLEN, DIE VON MEINEN KONTAKTEN FREIGEGEBEN WERDEN auf der Position EIN einrasten (Abbildung 26.78). Damit haben Sie die WLAN-Optimierung aktiviert.

Sie können festlegen, welchen Ihrer Kontakte Sie diese Information zukommen lassen möchten. Ausschlaggebend ist hier der Dienst, der von Ihnen und Ihren Kontakten gemeinsam genutzt wird. Sofern Sie über ein Facebook-Konto verfügen, können Sie Ihren WLAN-Netzwerkssicherheitsschlüssel auch mit Ihren Freunden aus der Facebook-Welt teilen.

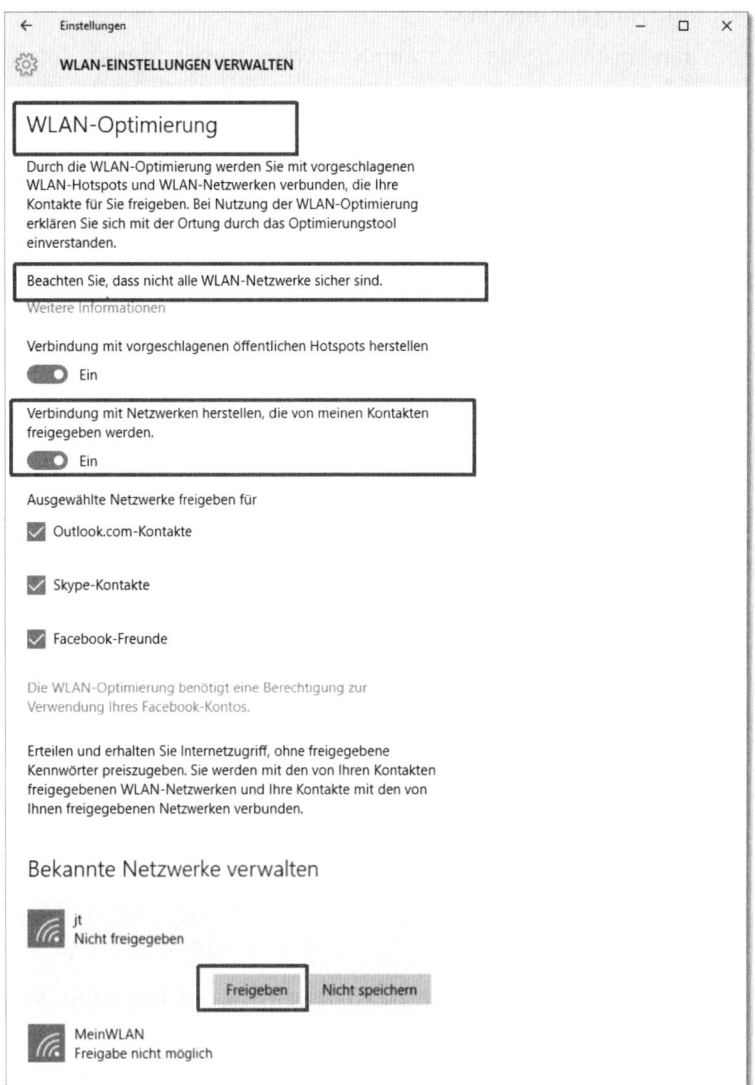

Abbildung 26.78 Die WLAN-Optimierung in den Windows 10-Einstellungen

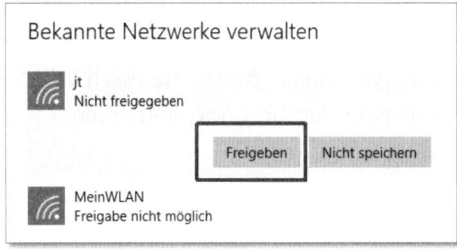

Abbildung 26.79 Freigabe zum Teilen des Netzwerksicherheitsschlüssels erteilen

Unter BEKANNTE NETZWERKE VERWALTEN werden Ihnen die Netzwerke angezeigt, deren Schlüssel auf Ihrem System gespeichert sind und mit denen Sie sich automatisch verbinden können (Abbildung 26.79). Wenn Sie eines der Netze anwählen, haben Sie die Möglichkeit, den Schlüssel für dieses Netzwerk durch Betätigen der Schaltfläche FREIGEBEN mit Ihren Kontakten zu teilen.

Achtung!

Wenn Sie die Schaltfläche NICHT SPEICHERN betätigen, wird der Netzwerksicherheitsschlüssel für dieses WLAN von Ihrem System entfernt, und Sie müssen, wenn Sie sich wieder mit diesem Netz verbinden möchten, diesen erneut eingeben.

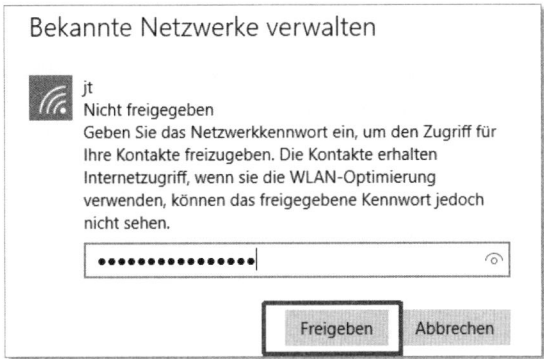

Abbildung 26.80 Eingabe des Schlüssels

Zur Bestätigung werden Sie aufgefordert, das Netzwerkkennwort (den Netzwerksicherheitsschlüssel) einzugeben (Abbildung 26.80). So wird sichergestellt, dass Sie nur Schlüssel teilen, deren Kennwort Ihnen auch im Klartext bekannt ist. Sobald der Schlüssel an Ihre Kontakte übertragen wurde, können diese das von Ihnen freigegebene Netzwerk nutzen. Dieser Vorgang kann jedoch einige Zeit in Anspruch nehmen.

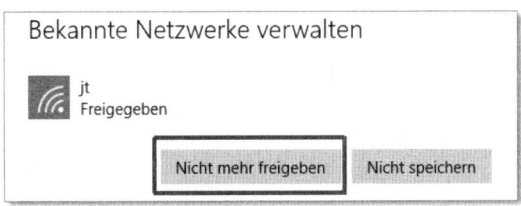

Abbildung 26.81 Freigabe aufheben

Die Freigabe können Sie analog zur Vergabe auch jederzeit wieder entziehen. Wählen Sie ein freigegebenes Netzwerk an, und betätigen Sie die Schaltfläche NICHT MEHR FREIGEBEN (Abbildung 26.81). Damit steht Ihren Kontakten der Schlüssel für dieses Netz nicht mehr zur Verfügung.

26.7   Verbindung zu anderen Rechnern

Computersysteme aus der Ferne zu betreuen wird immer dann zu einem Thema, wenn Sie selbst nicht mehr weiterwissen oder wenn Sie einem Bekannten bei einem Problem Hilfestellung leisten wollen. Auch für das IT-Team in Ihrer Firma kann es erforderlich sein, eine Verbindung zu Ihrem Computer herzustellen, um eventuell vorhandene Probleme beseitigen zu können.

26.7.1   Fernverwaltung

Eine mehr oder weniger einfache Option der Fernverwaltung bietet Microsoft Ihnen mit der sogenannten *Remoteunterstützung*. Damit haben Sie die Möglichkeit, anderen Ihre Hilfe bei Problemen anzubieten oder gegebenenfalls Ihrerseits um Hilfe zu bitten.

Es besteht die Möglichkeit, die Anzeige des Desktops interaktiv zu teilen, so kann der Hilfeleistende aktiv auf dem Problemcomputer tätig werden. Vorab gilt es jedoch, zu prüfen, ob Sie diese Funktion auf Ihrem Computer auch nutzen können.

Öffnen Sie dazu das Fenster SYSTEM mit den Informationen über Ihren Computer (Abbildung 26.82). Wählen Sie hier den Eintrag SYSTEM im Schnellstartmenü an.

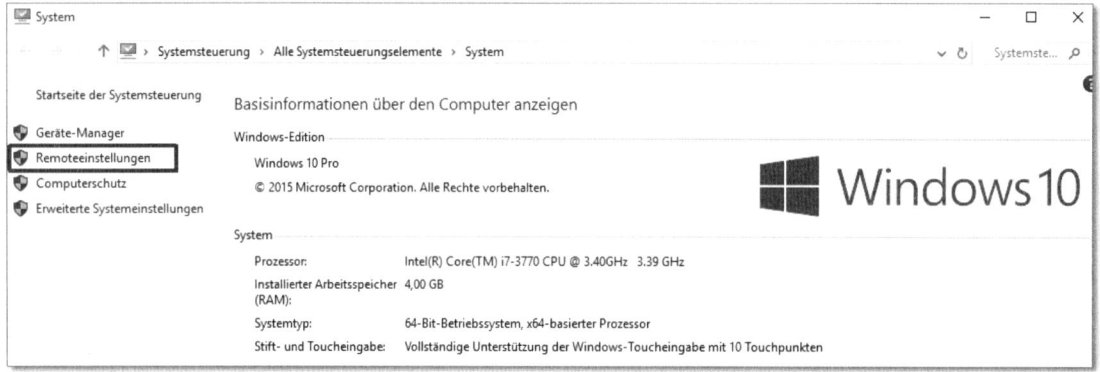

Abbildung 26.82 System – Informationen über Ihren Computer

Auf der rechten Seite in diesem Fenster finden Sie den blauen Schriftzug REMOTEEINSTELLUNGEN. Klicken Sie auf diesen Schriftzug, um sich die Systemeigenschaften anzeigen zu lassen (Abbildung 26.83). Es öffnet sich das entsprechende Fenster, und der Reiter REMOTE ist praktischerweise bereits ausgewählt.

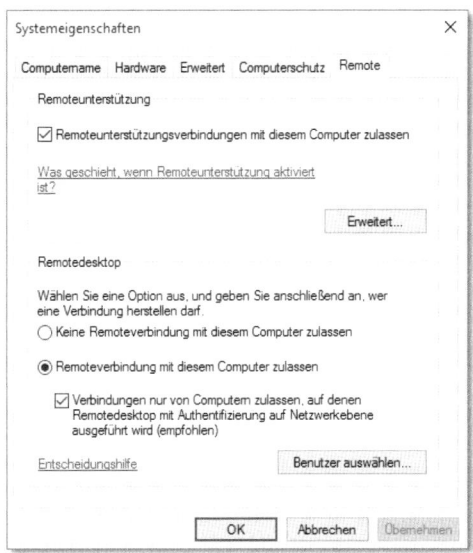

Abbildung 26.83 Systemeigenschaften – Remote

Prüfen Sie, ob die REMOTEUNTERSTÜTZUNG für diesen Computer aktiviert ist. Das Häkchen in der Checkbox REMOTEVERBINDUNG MIT DIESEM COMPUTER ZULASSEN sollte gesetzt sein. Wenn Sie die Schaltfläche ERWEITERT... betätigen, haben Sie die Möglichkeit, festzulegen, ob Ihr Computer ferngesteuert werden darf (REMOTESTEUERN) oder wie lange Hilfeaufrufe (EINLADUNGEN) ihre Gültigkeit behalten.

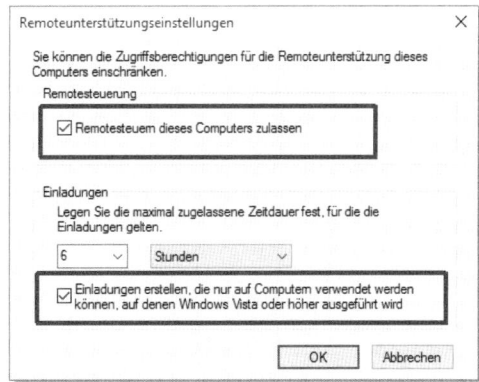

Abbildung 26.84 Einstellungen zur Remoteunterstützung

Die Funktion Remoteunterstützung kann prinzipiell ab Windows XP genutzt werden. Wenn Sie das Häkchen EINLADUNGEN ERSTELLEN, DIE NUR AUF COMPUTERN VERWENDET WERDEN KÖNNEN, AUF DENEN WINDOWS VISTA ODER HÖHER AUSGEFÜHRT WIRD setzen, schließen Sie Windows XP-Systeme explizit aus.

26

Einen Helfer um Hilfe bitten

Sollten Sie bei einem Problem die Hilfestellung eines Bekannten oder Kollegen benötigen, bitten Sie Cortana um Hilfe (Abbildung 26.85). Geben Sie beispielsweise im Eingabefeld das Wort »Hilfe« ein. Die Suchfunktion wird Ihnen als eines der Ergebnisse den Punkt Eine Person zwecks Hilfestellung einladen, eine Verbindung mit dem PC ... anbieten.

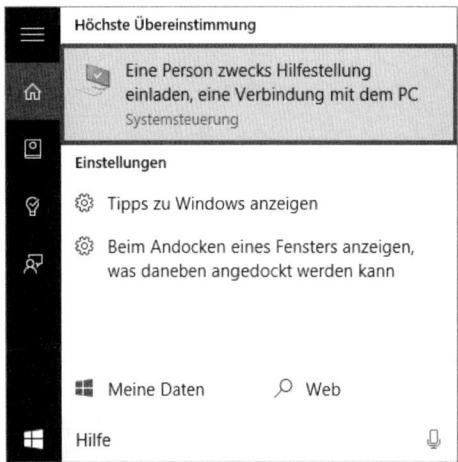

Abbildung 26.85 Um Hilfe bitten – einen Helfer einladen

Wählen Sie diesen Eintrag an, um das Programm für die Windows-Remoteunterstützung zu starten (Abbildung 26.86).

Abbildung 26.86 Windows-Remoteunterstützung

Sie können nun EINE VERTRAUENSWÜRDIGE PERSON ZUR UNTERSTÜTZUNG EINLADEN. Sobald Sie diese Auswahl getroffen haben, müssen Sie noch entscheiden, wie Sie dem Helfer die Einladung (auch *Ticket* genannt) zukommen lassen möchten (Abbildung 26.87).

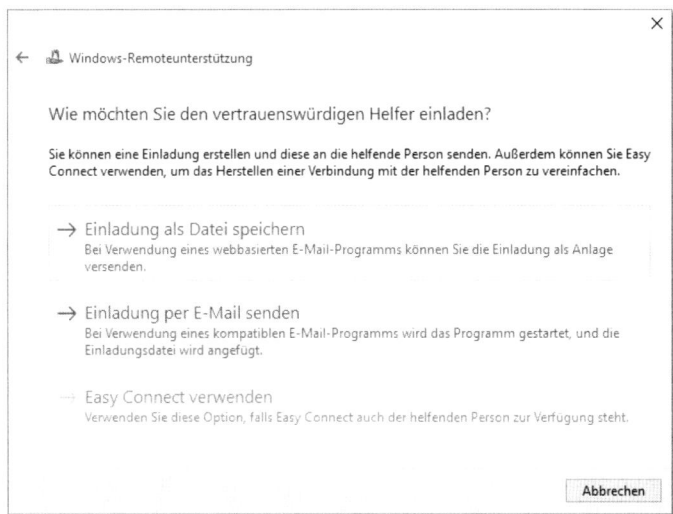

Abbildung 26.87 Eine Einladung erstellen

Sie können beispielsweise die Einladung als Datei abspeichern und Ihrem Helfer zukommen lassen oder direkt per E-Mail verschicken. Wichtig ist an dieser Stelle, dass der Helfer die Datei erhält.

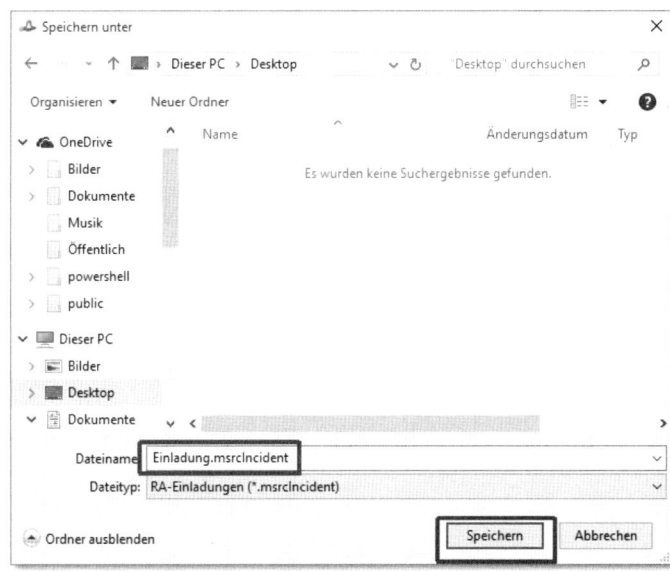

Abbildung 26.88 Einladung als Datei abspeichern

Lassen Sie die Einladung Ihrem Helfer zukommen. Das können Sie beispielsweise, indem Sie die Datei über einen Cloud-Dienst teilen (hier bietet sich OneDrive an) oder als Anhang per E-Mail versenden. Sollte sich der PC Ihres Helfers im gleichen Netz befinden wie Ihr eigener PC, können Sie gegebenenfalls die Datei auch in einen freigegebenen Ordner ablegen, auf den Ihr Helfer ebenfalls Zugriff hat.

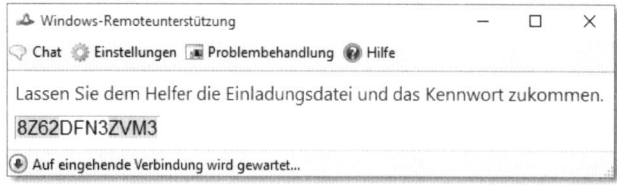

Abbildung 26.89 Verbindungskennwort

Nachdem Sie sichergestellt haben, dass Ihr Helfer die Einladungsdatei erhalten hat, benötigt dieser nur noch das Verbindungskennwort, um eine Verbindung zu Ihrem Computer herzustellen (Abbildung 26.89). Die Einladungsdatei enthält alle für den Aufbau der Verbindung benötigten Informationen. Das Kennwort dient der Authentifizierung, so wird sichergestellt, dass die Verbindung durch den von Ihnen autorisierten Helfer initiiert wird. Windows wartet in der Zwischenzeit darauf, dass Ihr Helfer eine Verbindung zu Ihrem System aufbaut.

Einladungen zur Remoteunterstützung annehmen

Sollten Sie um Hilfe gebeten werden, erhalten Sie eine Einladungsdatei mit allen notwendigen Informationen, um eine Remoteunterstützungssitzung aufbauen zu können. Führen Sie einen Doppelklick auf diese Datei aus, um das Programm für die Windows-Remoteunterstützung zu starten (Abbildung 26.90).

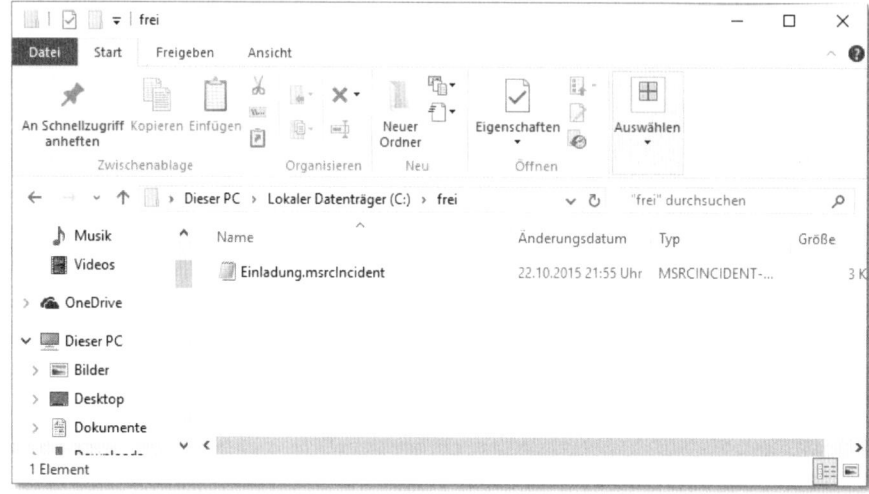

Abbildung 26.90 Eine Einladungsdatei

Geben Sie das Kennwort für die Unterstützungssitzung ein, das Sie von der einladenden Person erhalten haben (Abbildung 26.91).

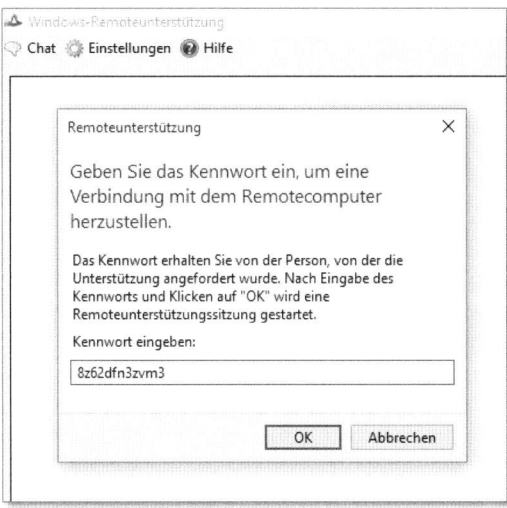

Abbildung 26.91 Eingabe des Kennwortes für die Sitzung

Die einladende Person wird nun aufgefordert, die Verbindungsaufnahme zu erlauben (Abbildung 26.92). Sobald die einladende Person die Erlaubnis zur Verbindungsaufnahme erteilt hat, wird Ihnen der Bildschirminhalt des Remotecomputers angezeigt.

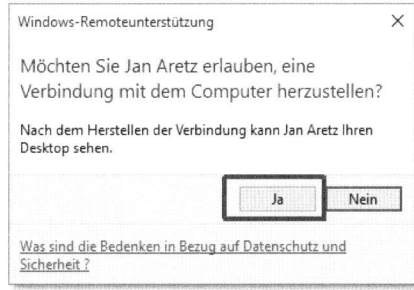

Abbildung 26.92 Erlaubnis zum Herstellen einer Verbindung

Es erscheint auf dem Desktop des Remote-PCs ein Statusfenster, das Informationen über die Remoteunterstützungssitzung bereithält und weitere Optionen zur Interaktion mit dem Helfer zur Verfügung stellt (Abbildung 26.93).

Abbildung 26.93 Status der Remoteunterstützung

Wenn Sie einen Remotecomputer fernsteuern möchten, betätigen Sie die Schaltfläche Steuerung anfordern (Abbildung 26.94).

Abbildung 26.94 Steuerung anfordern

Sobald die einladende Person Ihnen die Fernsteuerung des Remotecomputers erlaubt, können Sie die Kontrolle übernehmen und etwaige Probleme beseitigen (Abbildung 26.95).

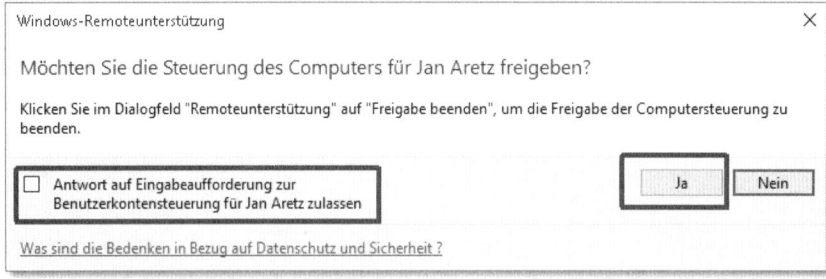

Abbildung 26.95 Fernsteuerung erlauben

Als Einladender werden Sie aufgefordert, die Fernsteuerung Ihres Computers explizit zuzu-
lassen. Sobald Ihr Helfer die Fernsteuerung Ihres Computers anfordert, erscheint ein Fenster,
in dem Sie die Freigabe zur Fernsteuerung erteilen können (Abbildung 26.95). Ferner können
Sie es Ihrem Helfer bei Bedarf ermöglichen, auf Ihrem System mit erweiterten Berechtigungen zu agieren. Setzen Sie in diesem Fall das Häkchen Antwort auf Eingabeaufforderung zur Benutzerkontensteuerung für ... zulassen. Die Benutzerkontensteuerung
(engl. *User Account Control*, UAC) ist ein Sicherheitsmechanismus, der mit Windows Vista
eingeführt wurde. Damit ist es »normalen« Nutzern möglich, administrative Aufgaben auf
einem PC durchzuführen. Bei Bedarf erscheint eine Eingabeaufforderung, in der eine Bestätigung erfragt wird, bevor eine potenziell gefährliche Aktion durchgeführt wird.

Abbildung 26.96 Fernsteuerung beenden

Die Fernsteuerung eines Computers lässt sich leicht beenden, indem Sie die Schaltfläche FREIGABE BEENDEN betätigen (Abbildung 26.96).

Remoteunterstützung mithilfe von Einladungsdateien

Damit eine Remoteunterstützungssitzung mithilfe einer Einladungsdatei aufgebaut werden kann, ist es erforderlich, dass der Remotecomputer für den Helfer erreichbar ist. Die Erreichbarkeit können Sie leicht in der Eingabeaufforderung überprüfen. Benutzen Sie dazu das Kommando ping IP-ADRESSE. Ersetzen Sie die IP-Adresse durch die IP-Adresse des Remotecomputers. Die IP-Adresse des Remotecomputers können Sie der Einladungsdatei *Einladung.msrcIncident* entnehmen. Diese sollte sich mit einem Texteditor öffnen lassen. Suchen Sie nach dem Eintrag *RCTICKET* (z. B. RCTICKET="65538,1,192.168.178.162:55052 …).

Easy Connect verwenden

Sobald Sie eine Remoteunterstützungssitzung mit Computern aufbauen wollen, die sich nicht im selben Netzwerk befinden, beispielsweise weil sie durch Router, Firewalls oder das Internet getrennt sind, können Sie auf *Easy Connect* zurückgreifen. *Easy Connect* wird ab Windows 7 unterstützt. (Bei Windows 7-Computern, finden Sie das Programm, wenn Sie das *Startmenü* öffnen, unter ALLE PROGRAMME im Ordner *Wartung*. Es wird hier allerdings *Windows-Remoteunterstützung* genannt.) Wenn Sie *Easy Connect* benutzen, wird keine Einladungsdatei erzeugt. Zum Aufbau der Verbindung brauchen Sie als Unterstützer nur das Verbindungskennwort. Trotzdem ist auch die Verwendung von Easy Connect nicht unproblematisch. Diese Art der Verbindungsaufnahme muss von den eingesetzten Routern unterstützt werden.

Fazit

Leider ist der Aufbau einer Remoteunterstützungssitzung mithilfe von Windows-Board-Mitteln eher umständlich. Alternative Werkzeuge, wie diverse Versionen von VNC (Virtual Network Computing) oder Tools wie TeamViewer (*www.teamviewer.com*), Supremo (*www.supremocontrol.com*) etc., sind an dieser Stelle wesentlich komfortabler, da diese meist ohne größere Konfigurationsänderungen an Routern einen Verbindungsaufbau ermöglichen. Gerade im Problemfall, wenn schnelle Hilfe erforderlich ist, sollte eine möglichst einfache und schnelle Methode für den Online-Support zur Verfügung stehen.

26.7.2   Das Remote Desktop Protokoll (RDP)

Das *Remote Desktop Protokoll* ermöglicht es Ihnen, sich über eine Netzwerkverbindung an einem anderen, entfernten Computer anzumelden. Dabei werden Maus- und Tastatureingaben an den Remotecomputer übermittelt. Dieser übermittelt wiederum den Desktop-Inhalt, sodass Sie diesen Computer nutzen können, als ob Sie vor Ort wären. In Unternehmen kommen oft sogenannte *Terminalserver* zum Einsatz, die es ermöglichen, dass sich mehrere Benutzer an einem Server anmelden und die dort bereitgestellten Ressourcen und Programme nutzen können. Der Aufbau einer Remotedesktopverbindung erfolgt mithilfe eines RDP-Client-Programms, das es ermöglicht, die aufseiten des Servers bereitgestellten Remotedesktopdienste (*Remote Desktop Services*) zu kontaktieren. Es besteht aber auch die Möglichkeit, sich mit einem Windows-Computer in Ihrem Netzwerk zu verbinden. Im Gegensatz zu Terminalservern, die es mehreren Benutzern ermöglichen, sich anzumelden, ist die Nutzung von RDP auf Client-Computern nur exklusiv durch einen Benutzer möglich. RDP-Client-Programme gibt es für fast alle Betriebssysteme. Sogar die Nutzung von Android-Tablet-PCs ist möglich. Das von Microsoft bereitgestellte Programm heißt *Remotedesktopverbindung*.

Voraussetzungen für den Verbindungsaufbau

Damit Sie eine Remotedesktopverbindung zu einem Remotecomputer aufbauen können müssen einige Bedingungen erfüllt sein. So muss der Remotecomputer für Sie im Netzwerk erreichbar sein. Falls Sich der Remotecomputer hinter einer Firewall befindet, sind gegebenenfalls Regelanpassungen bezüglich des verwendeten Ports notwendig. Es muss eine Verbindung zu Port 3389 (RDS) auf dem Remotecomputer hergestellt werden können. Ebenso kann es sein, dass eine Portweiterleitung auf einem Router konfiguriert werden muss. In Ihrem Heimnetzwerk sollte es aber zu keinen Problemen dieser Art kommen. Der Remotecomputer muss den Aufbau einer Remotedesktopverbindung gestatten. Letztendlich müssen Sie noch über die Berechtigung verfügen, den Remotecomputer zu benutzen. Um auf einem Windows 10-Computer den Remotezugriff zu erlauben, navigieren Sie zum Fenster SYSTEM (Abbildung 26.97). Wählen Sie den Eintrag SYSTEM im Schnellstartmenü an, um das Fenster zu öffnen.

Abbildung 26.97 Systeminformationen

Klicken Sie auf den blauen Schriftzug REMOTEEINSTELLUNGEN. Es öffnet sich ein Fenster mit den Systemeigenschaften bezüglich der Konfiguration von Remoteverbindungen (Abbildung 26.98).

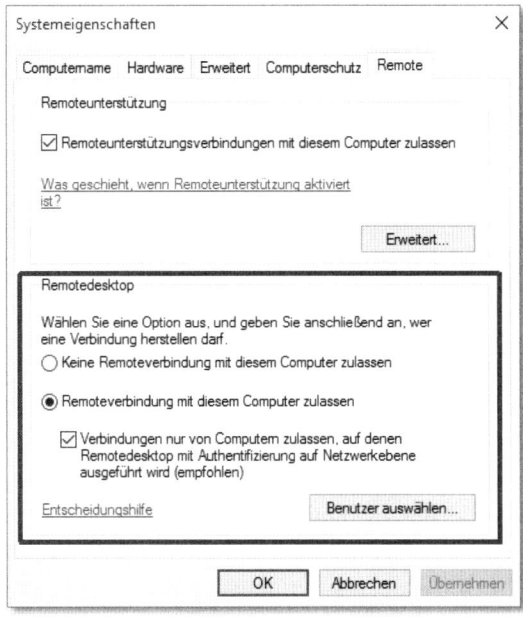

Abbildung 26.98 Remotedesktopverbindung mit diesem Computer zulassen

Auf der Registerkarte REMOTE können Sie den Aufbau von Remotedesktopverbindungen zulassen (REMOTEVERBINDUNG MIT DIESEM COMPUTER ZULASSEN). Sie können die Sicherheit erhöhen, indem Sie eine Verbindung nur dann zulassen, wenn der RDP-Client die Authentifizierung auf Netzwerkebene unterstützt. Das bedeutet, dass sich nur Systeme mit Windows Vista oder einer höheren Windows-Version verbinden können. Windows XP unterstützt diese Art der Authentifizierung nicht. Sollten Sie Zweifel haben, ob Ihr RDP-Client diese Art der Authentifizierung unterstützt, verzichten Sie auf diese Option. Um sicherzustellen, dass Sie die Berechtigung haben, eine Remotedesktopverbindung zu diesem Computer aufzubauen, klicken Sie auf die Schaltfläche BENUTZER AUSWÄHLEN.

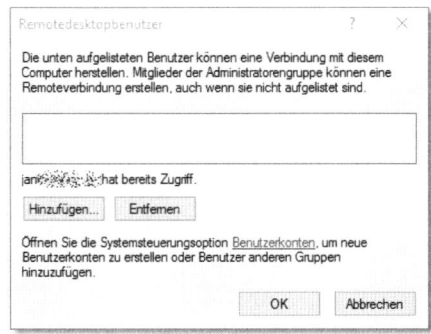

Abbildung 26.99 Remotedesktopbenutzer

Es werden Ihnen nun alle Benutzer angezeigt, die die Berechtigung haben, eine Remotedesktopverbindung mit Ihrem PC aufzubauen (Abbildung 26.99). Normalerweise, verfügen Sie bereits über die entsprechende Berechtigung. Es ist aber möglich, diese Berechtigung auch weiteren Benutzern zu erteilen. Klicken Sie dazu auf die Schaltfläche HINZUFÜGEN.

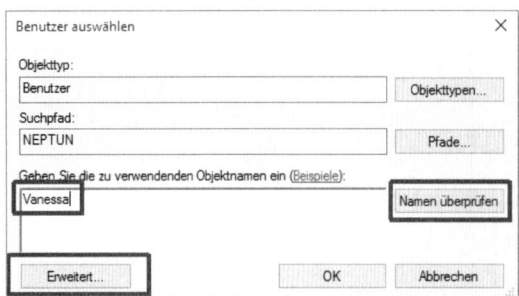

Abbildung 26.100 Remotedesktopbenutzer hinzufügen

Im Fenster BENUTZER AUSWÄHLEN können Sie nun weitere Benutzer autorisieren (Abbildung 26.100). Geben Sie hierzu den Benutzernamen des entsprechenden Benutzers (OBJEKTNAMEN) in das Eingabefeld ein. Sie können anschließend die Richtigkeit Ihrer Eingabe durch Betätigen der Schaltfläche NAMEN ÜBERPRÜFEN sicherstellen. Wenn Sie die Schaltfläche ERWEITERT ... betätigen, erhalten Sie die Möglichkeit, Benutzer anhand von Suchkriterien auszuwählen.

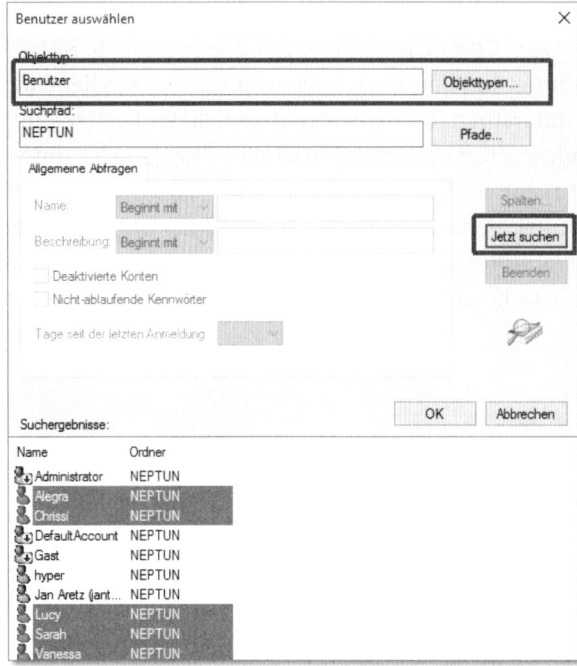

Abbildung 26.101 Erweiterte Mehrfachauswahl von Benutzern

Sie können durch Betätigen der Schaltfläche OBJEKTTYPEN die Suche auf BENUTZER beschränken (Abbildung 26.101). Betätigen Sie anschließend die Schaltfläche JETZT SUCHEN, um sich alle Benutzerkonten auf Ihrem PC anzeigen zu lassen. Sie haben nun die Möglichkeit, aus den Ergebnissen der Suche (SUCHERGEBNISSE) die Benutzer auszuwählen, die Sie berechtigen möchten. Auch eine mehrfache Auswahl ist an dieser Stelle möglich. Betätigen Sie die Schaltfläche OK.

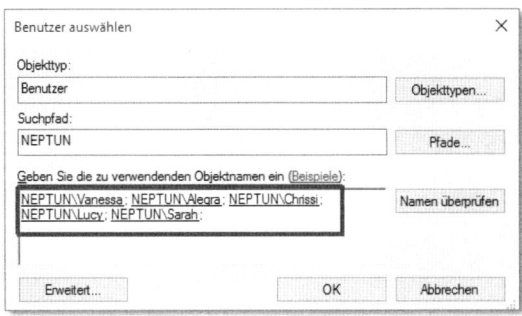

Abbildung 26.102 Ausgewählte Benutzer

Die von Ihnen ausgewählten Benutzer sind nun im Eingabefeld des Fensters BENUTZER AUS-WÄHLEN sichtbar (Abbildung 26.102). Durch Betätigen der Schaltfläche OK berechtigen Sie diese Benutzer, eine Remotedesktopverbindung zu Ihrem PC aufzubauen. Sie können nun das Fenster REMOTEDESKTOPBENUTZER schließen (Abbildung 26.99). Das Entziehen der entsprechenden Berechtigung erfolgt auf ebenso einfache Art und Weise. Öffnen Sie das Fenster REMOTEDESKTOPBENUTZER erneut (Abbildung 26.103).

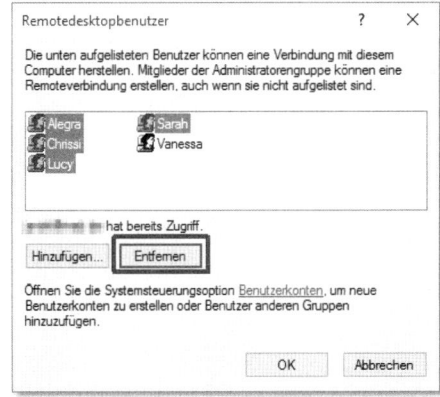

Abbildung 26.103 RDP-Berechtigung entziehen

Wählen Sie die Benutzerkonten aus, denen Sie die Berechtigung zur Remotedesktopnutzung entziehen möchten, und betätigen Sie anschließend die Schaltfläche ENTFERNEN. Schließen Sie den Vorgang durch Betätigen der Schaltfläche OK ab. Die ausgewählten Benutzer können nun keine RDP-Verbindung mehr mit Ihrem Computer herstellen.

So stellen Sie eine RDP-Verbindung her

Eine sehr schnelle Methode, eine Remotedesktopverbindung aufzubauen und eine Remotesitzung auf einem Remotecomputer zu starten, besteht in der Verwendung der Suchfunktion. Alternativ bitten Sie einfach Cortana um Hilfe. Geben Sie in das Eingabefeld den Begriff Remotedesktop ein (Abbildung 26.104). Der RDP-Client lässt sich durch Eingabe des Konsolenbefehls mstsc.exe in der Eingabeaufforderung ebenfalls starten.

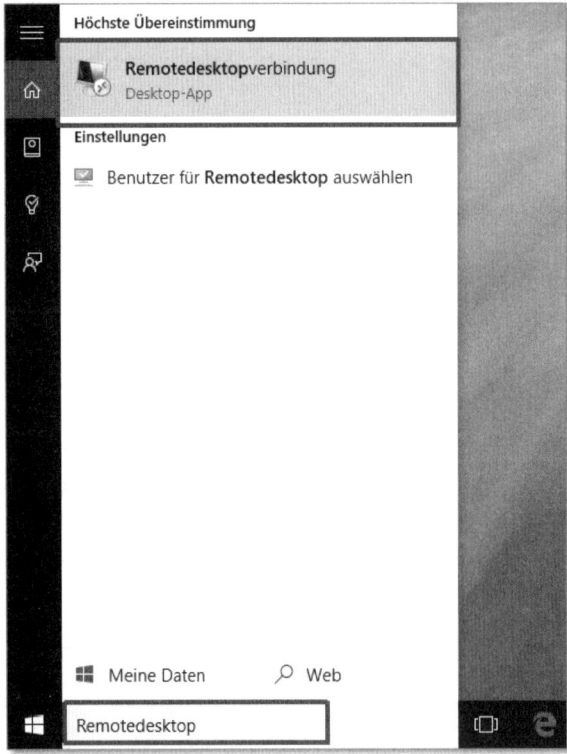

Abbildung 26.104 Den RDP-Client suchen – Cortana hilft

Führen Sie einen Doppelklick auf den Eintrag REMOTEDESKTOPVERBINDUNG aus, um den RDP-Client zu starten (Abbildung 26.105). Sobald der Client gestartet wurde, müssen Sie nur noch den Namen des Remotecomputers oder dessen IP-Adresse in das Eingabefeld (COMPUTER) des RDP-Clients eingeben.

Klicken Sie auf die Schaltfläche VERBINDEN, um eine Remotedesktopverbindung mit dem Remotecomputer herzustellen. Standardmäßig wird Ihr Anmeldename (Login) übermittelt.

Damit Sie eine RDP-Sitzung starten können, benötigen Sie die Login-Informationen eines Kontos, das über die nötigen Berechtigungen verfügt. Sollte es sich hierbei nicht um das Konto handeln, mit dem Sie aktuell an Ihrem PC angemeldet sind, wählen Sie die Option

ANDERES KONTO VERWENDEN. Sie haben dann die Möglichkeit, Login-Informationen von Hand einzugeben (Abbildung 26.106).

Abbildung 26.105 Eine Remotedesktopverbindung herstellen

Abbildung 26.106 Login auf einem Remote-PC

Tipp

Wenn Sie dem Kontennamen ein ».\« voranstellen, bezieht sich das Login immer auf ein lokales Konto des Remote-PCs. Sie sparen sich dadurch die Eingabe des Computernamens.

Setzen Sie den Vorgang durch Betätigen der Schaltfläche OK fort. Es kann sein, dass die Identität des Remotecomputers nicht überprüft werden kann (Abbildung 26.107). Dies liegt daran, dass der Remotecomputer das zur Identifizierung benutzte Zertifikat selbst ausgestellt hat und dieses somit als nicht vertrauenswürdig eingestuft wird (ZERTIFIKATFEHLER).

26

Abbildung 26.107 Dieses Zertifikat kann nicht geprüft werden.

Wenn Sie sicher sind, dass es sich um einen vertrauenswürdigen Computer handelt (z. B. weil es eines Ihrer Geräte ist), setzen Sie den Vorgang durch Betätigen der Schaltfläche JA fort. Sie werden nun am Remotecomputer angemeldet, und der Desktopinhalt des Remotecomputers wird auf Ihrem Bildschirm angezeigt. Am oberen Rand des Bildschirms befindet sich die *Verbindungsleiste* (Abbildung 26.108). Diese zeigt Ihnen den Namen oder die Adresse des Remotecomputers an.

Abbildung 26.108 Verbindungsleiste

Diese Leiste bietet Ihnen verschiedene Optionen an, mit denen Sie die Remotedesktopsitzung steuern können. Sie können u. a. den Vollbildmodus beenden und sich die Remotesitzung in einem Fenster darstellen lassen, den Remotedesktop minimieren oder die Remotedesktopverbindung trennen. Wenn Sie die Remotesitzung trennen, anstatt sich abzumelden, können Sie die Sitzung zu einem späteren Zeitpunkt fortsetzen. Bereits gestartete Programme laufen dann weiter.

Vom Remotecomputer abmelden oder die Verbindung trennen

Wenn Sie eine Remotesitzung zu einem späteren Zeitpunkt fortsetzen wollen, können Sie die Remoteverbindung trennen. Sie bleiben dann auf dem Remotecomputer angemeldet, und aktive Programme laufen weiter. Sie können eine Remotedesktopverbindung schnell beenden, indem Sie das Fenster des RDP-Clients schließen. Alternativ können Sie auch im

Startmenü des Remotecomputers den Eintrag EIN/AUS anwählen (Abbildung 26.109). Es wird Ihnen angeboten, die Sitzung zu TRENNEN.

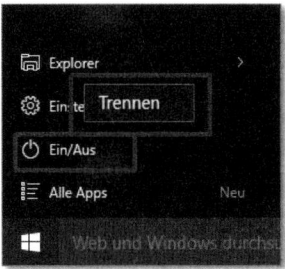

Abbildung 26.109 Eine Remotesitzung trennen

Wenn Sie das Schnellstartmenü des Remotecomputers öffnen und den Eintrag HERUNTER-FAHREN ODER ABMELDEN anwählen, haben Sie zusätzlich die Möglichkeit, sich vom Remotecomputer abzumelden (Abbildung 26.110). Dadurch werden alle laufenden Programme beendet, und beim erneuten Aufbau einer Remotedesktopverbindung wird eine neue Sitzung gestartet.

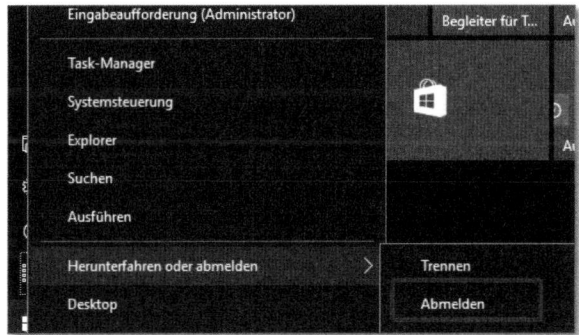

Abbildung 26.110 Sich vom Remote-PC abmelden

Computer remote herunterfahren

Sie können auch die Eingabeaufforderung benutzen, um einen anderen Computer remote herunterzufahren. Der Konsolenbefehl lautet: `shutdown.exe /m \\NamedesRemotecomputers /f`. Nach dem Parameter muss der Name des herunterzufahrenden Computers angegeben werden. Der Parameter `/f` bewirkt, dass noch laufende Programme ohne Nachfrage geschlossen werden. Auch die PowerShell bietet Ihnen ein entsprechendes Kommando an: `stop-computer -computername NamedesRemotecomputers`. Natürlich müssen Sie, um einen Computer remote herunterfahren zu können, über die entsprechenden Rechte verfügen.

26.7.3   Virtual Private Network (VPN)

Oftmals können Sie nur auf Ressourcen in einem Netzwerk zugreifen, wenn Ihr Computer direkt mit diesem Netz verbunden ist. Computer können zwar über das Internet Daten austauschen, doch sobald sich Ressourcen hinter einer Firewall oder einem Router befinden, sind sie nicht mehr ohne Weiteres erreichbar. Auch die Fernverwaltung von Computern kann in einem solchen Fall problematisch sein. Um Ihren Computer zum Mitglied eines lokalen Netzes werden zu lassen, bietet sich die Nutzung eines VPN (*Virtual Private Network*) an. So haben Sie die Möglichkeit, sich über eine gesicherte Verbindung (Tunnel) z. B. mit dem Netzwerk Ihres Arbeitgebers zu verbinden. Ein VPN-Tunnel nutzt dabei ein anderes ungesichertes Netzwerk, wie beispielsweise das Internet, um eine Verbindung herzustellen. Sie können somit auch mobil oder von zu Hause aus auf die Ressourcen anderer Netzwerke zugreifen, so, als wären Sie direkt mit diesen Netzen verbunden. Es wird zu diesem Zweck ein sogenannter *virtueller Netzwerkadapter* auf Ihrem Computer erstellt, dem beim Aufbau einer VPN-Verbindung eine Adresse aus dem Zielnetz (VPN) zugewiesen wird.

Voraussetzungen für VPN-Verbindungen

Damit Sie eine VPN-Verbindung aufbauen können, müssen einige Bedingungen erfüllt sein. Sie benötigen einen Internetzugang, falls die VPN-Verbindung über das Internet eingerichtet werden soll. Ein VPN-Server, der Ihnen den Zugang (die Einwahl) zum VPN ermöglicht, muss über dieses Netz (Internet) erreichbar sein. Außerdem benötigen Sie noch die Zugangsdaten bzw. die Berechtigung, das VPN zu nutzen.

> **Konflikte bei der Vergabe von Adressen vermeiden**
>
> Sie sollten darauf achten, dass IP-Adressen in Ihrem privaten Netz und IP-Adressen im Zielnetz nicht doppelt vorkommen. Am einfachsten erreichen Sie dieses, indem Sie für Ihr Netzwerk ein anderes Subnetz verwenden.

Übertragungsprotokolle im Überblick (VPN-Tunnel)

Da VPN-Verbindungen gegebenenfalls über öffentliche und somit ungesicherte Netze aufgebaut werden, ist es von größter Bedeutung, diese Verbindungen gegen Angriffe und Missbrauch abzusichern. Dazu gehört die Verschlüsselung der Datenübertragung, um unbefugtes Mitlesen zu unterbinden (Vertraulichkeit). Übertragene Daten müssen sich auf ihre Unverfälschtheit überprüfen lassen (Paketintegrität), und der Absender der Daten muss überprüfbar bzw. authentisch sein (Paketauthentizität). Zu diesem Zweck stellt Ihnen Microsoft in Windows 10 mehrere Übertragungsprotokolle zur Verfügung. Die Protokolle PPTP, L2TP und SSTP erweitern dabei das *Point to Point Protocol* (PPP). Dieses Protokoll wurde schon für die Datenübertragung per Modem (DFÜ) benutzt. Es ermöglicht den Aufbau einer *Punkt-zu-Punkt*-Verbindung zwischen einem Client und einem Einwahlpunkt (Server).

- **Point to Point Tunneling Protocol (PPTP)**

  Das *Point to Point Tunneling Protocol* ist ein gängiges Protokoll zum Aufbau von VPN-Verbindungen. Es wird von den meisten Betriebssystemen unterstützt, und viele Router verfügen sogar über einen eingebauten PPTP-Server. Eine PPTP-Verbindung ist einfach zu konfigurieren, und das Protokoll bietet eine Verschlüsselung mithilfe der *Microsoft-Punkt-zu-Punkt-Verschlüsselung* (MPPE). Schlüssel können dabei 40 Bit, 56 Bit oder 128 Bit lang sein. Als Verfahren kommen MS-CHAPv2 oder EAP-TLS zum Tragen. Die Initialisierung erfolgt über den Port 1723 (TCP).

  Achtung! Leider gilt PPTP als angreifbar

  Es empfiehlt sich deshalb, für die Übertragung von sensiblen Daten eines der anderen Protokolle zu verwenden (z. B. L2TP/IPsec). Einen guten Überblick über Sicherheitsrisiken finden Sie auf den Seiten des Bundesamtes für Sicherheit in der Informationstechnik (BSI):

  https://www.bsi.bund.de/DE/Themen/ITGrundschutz/ITGrundschutzKataloge/Inhalt/_content/m/m05/m05076.html

  Wenn Sie dennoch auf PPTP zurückgreifen möchten, achten Sie darauf, lange und komplexe Passwörter zu benutzen.

- **Layer 2 Tunneling Protocol mit IPsec (L2TP/IPsec)**

  Das L2T-Protokoll an sich bietet keine Sicherungsmechanismen. Verschlüsselung der Daten, eine Integritätsprüfung der übertragenen Pakete oder eine Verifikation des Absenders (Authentication) sind nicht vorgesehen. Um den Anforderungen einer gesicherten Datenübertragung gerecht zu werden, muss also ein weiteres Protokoll benutzt werden. Man kann L2TP mit beliebigen Verschlüsselungsverfahren kombinieren. Das bevorzugte Protokoll ist IPsec. IPsec bietet die Möglichkeit, IP-Pakete verschlüsselt zu übertragen. Diese Funktion wurde ursprünglich für IPv6 entwickelt und erst später für IPv4 standardisiert. Die Datenübertragung wird mit Verschlüsselungsalgorithmen DES bzw. 3DES (*Data Encryption Standard*) gesichert. Das Authentisierungsverfahren findet mithilfe von vorab eingetragenen Schlüsseln oder mithilfe von Zertifikaten statt. Das Internet Key Exchange-Verfahren (IKEv1/IKEv2) sorgt dann für eine sichere Übertragung der Schlüssel. Windows 10 unterstützt auch das im Verbindungsaufbau einfachere IKEv2-Verfahren. Es gilt aber, dass sowohl der VPN-Client als auch der VPN-Server L2TP/IPsec unterstützen müssen.

- **Secure Socket Tunneling Protocol (SSTP)**

  Das Secure Socket Tunneling Protocol (SSTP), auch *SSL-VPN* genannt, benutzt den Port 443 (https), um eine verschlüsselte Verbindung durch Firewalls aufzubauen. Es ist beispielsweise möglich, mithilfe von SSTP eine sichere Verbindung zu einer Webapplikation herzustellen. In diesem Fall wird auf dem Client-Computer nur ein Webbrowser benötigt.

PPP-Authentifizierungsprotokolle

Damit eine Verbindung zu einem VPN erfolgreich aufgebaut werden kann, muss im Vorfeld die Authentizität der Akteure (Client und Server) sichergestellt werden. Hierzu werden verschiedene standardisierte Protokolle benutzt. Der Zugang zu einem VPN sollte nur autorisierten Benutzern gestattet sein. Eine gute Gegenüberstellung der verschiedenen Protokolle findet sich bei Microsoft auf folgender Webseite: *https://technet.microsoft.com/de-de/library/cc770934(v=ws.10).aspx.*

▶ **Password Authentication Protocol (PAP)**
  PAP ist das einfachste dieser Protokolle – und das unsicherste. Angreifer können den Anmeldevorgang aufzeichnen und so in Besitz der Anmeldeinformationen gelangen. PAP wurde konzipiert, um sich mithilfe von DFÜ-Geräten (Modem) in Netzwerke einzuwählen.

▶ **Challenge Handshake Authentication Protocol (MS-CHAPv1, MS-CHAPv2)**
  Das Challenge Handshake Authentication Protocol oder kurz CHAP wird von Microsoft in den Versionen 1 und 2 bereitgestellt. An dieser Stelle ist jedoch das für den Aufbau von VPN-Verbindungen entwickelte MS-CHAPv2 von Interesse. Dieses Protokoll ist für die Verwendung mit dem PPTP konzipiert und bietet durch eine verschlüsselte Übertragung der Anmeldeinformationen einen deutlichen Gewinn an Sicherheit.

▶ **Extensible Authentication Protocol (EAP)**
  Das Extensible Authentication Protocol ist das flexibelste der Protokolle. Es gibt eine Vielzahl von Erweiterungen zu diesem Protokoll, sodass selbst Authentifizierungen mithilfe von Smartcards möglich sind. EAP wird nicht nur zur Authentifizierung von VPN-Verbindungen genutzt, es findet auch beim Herstellen von WLAN-Verbindungen seine Anwendung.

Alternative VPN-Lösungen

Neben den von Microsoft bereitgestellten VPN-Lösungen, gibt es eine Reihe von alternativen Produkten, die zum Einsatz kommen können. So werden im Unternehmensumfeld häufig Lösungen von *Juniper* eingesetzt, die eine zusätzliche Softwareinstallation auf dem Client-Computer erforderlich machen oder gar ein sogenanntes *Hardware-Dongle* voraussetzen. Eine ebenfalls verbreitete Variante ist *OpenVPN*. Hier werden die notwendigen Parameter zum Verbindungsaufbau in einer Konfigurationsdatei hinterlegt. Im privaten Umfeld bieten Internetrouter (z. B. von AVM) oft auch die Möglichkeit, ein VPN zu betreiben. Details zur Konfiguration eines VPN finden sich im Handbuch des entsprechenden Geräts.

So richten Sie eine VPN-Verbindung ein

Öffnen Sie das NETZWERK- UND FREIGABECENTER (Abbildung 26.111). Klicken Sie nun auf den blauen Schriftzug NEUE VERBINDUNG ODER NEUES NETZWERK EINRICHTEN.

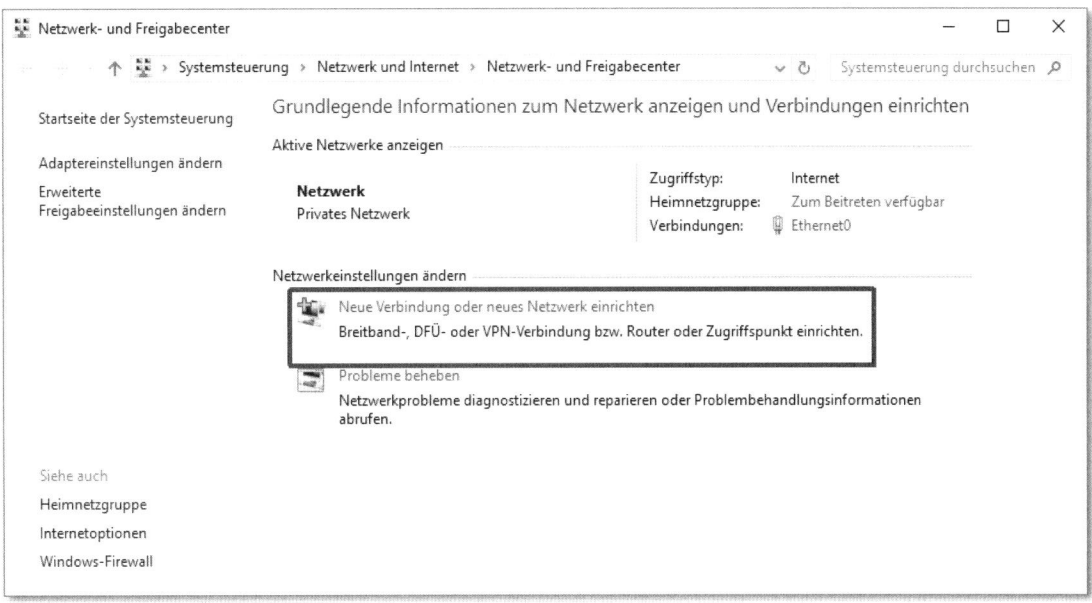

Abbildung 26.111 Eine neue Verbindung einrichten

Es öffnet sich ein Fenster, das Ihnen die verschiedenen Optionen zum Einrichten von Verbindungen anbietet (Abbildung 26.112). Wählen Sie hier den Punkt Verbindung mit dem Arbeitsplatz herstellen aus. Setzen Sie den Vorgang durch Betätigen der Schaltfläche Weiter fort.

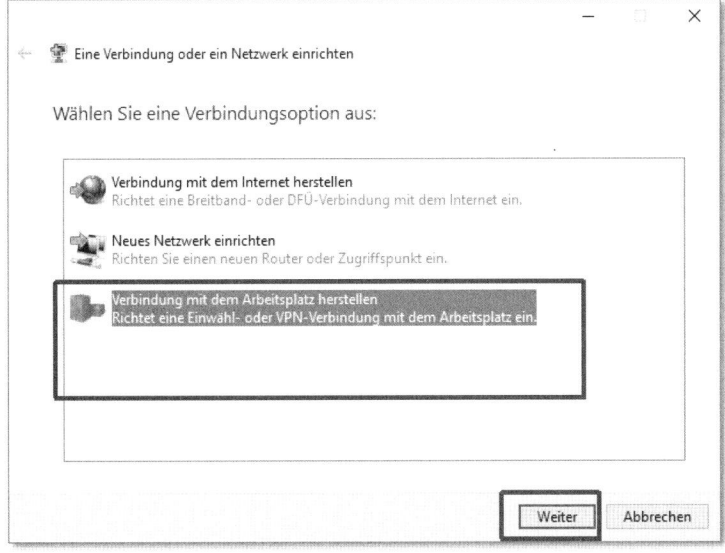

Abbildung 26.112 Verschiedene Verbindungsoptionen

Sie müssen sich nun entscheiden, wie Sie sich mit dem Zielnetzwerk verbinden wollen (Abbildung 26.113). Um eine VPN-Verbindung durch das Internet einzurichten, wählen Sie DIE INTERNETVERBINDUNG (VPN) VERWENDEN.

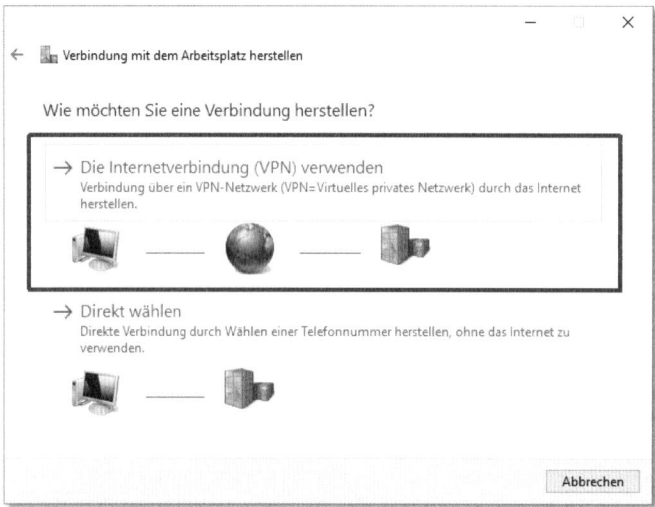

Abbildung 26.113 Art der Einwahl bestimmen

Die Option DIREKT WÄHLEN wäre für die Einwahl mithilfe eines Modems relevant. Damit würde die Verbindung zum Zielnetz über eine Telefonverbindung aufgebaut. Um mit der Einrichtung einer VPN-Verbindung fortzufahren, benötigen Sie die Verbindungsdaten des VPN-Servers (Abbildung 26.114).

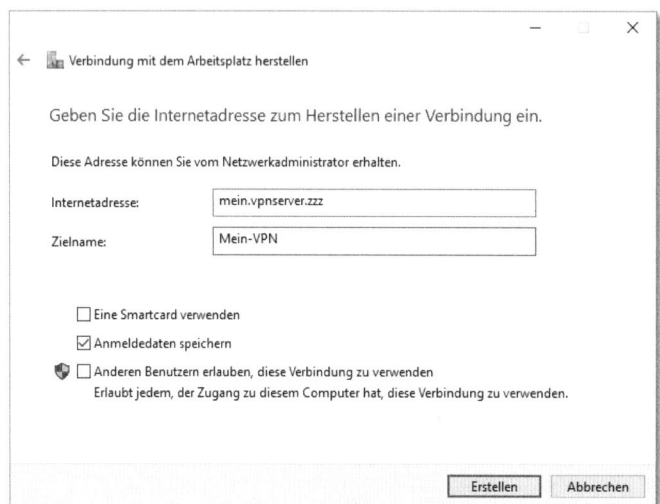

Abbildung 26.114 Den VP-Server angeben und der Verbindung einen Namen geben

Geben Sie im Feld INTERNETADRESSE die Adresse an, unter der der VPN-Server erreichbar ist. Außerdem wird für die zu erstellende Verbindung ein Name benötigt. Geben Sie einen aussagekräftigen Namen in das Feld ZIELNAME ein. Sollten Sie eine Smartcard zur Anmeldung benutzen, wählen Sie die entsprechende Checkbox an. Sie können ferner wählen, ob Ihre Anmeldeinformationen dauerhaft auf Ihrem Computer gespeichert werden sollen oder ob die Nutzung der VPN-Verbindung für andere Benutzer Ihres Computers möglich sein soll.

Wählen Sie die Schaltfläche ERSTELLEN an, um mit der Konfiguration fortzufahren. Windows 10 versucht nun, den von Ihnen angegebenen Server zu erreichen. Sobald die Verbindung erfolgreich aufgebaut wurde, wird ein virtueller Netzwerkadapter angelegt und im Fenster Netzwerkverbindungen angezeigt (Abbildung 26.115). Es besteht noch keine aktive Verbindung zum VPN.

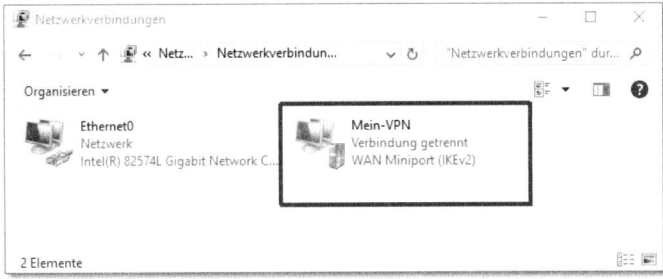

Abbildung 26.115 Ein virtueller Netzwerkadapter – »Mein-VPN«

Sie haben nun eine neue VPN-Verbindung konfiguriert und können diese für einen ersten Verbindungsaufbau nutzen. Alternativ können Sie eine VPN-Verbindung auch über die EINSTELLUNGEN und dort unter NETZWERK UND INTERNET konfigurieren (Abbildung 26.116).

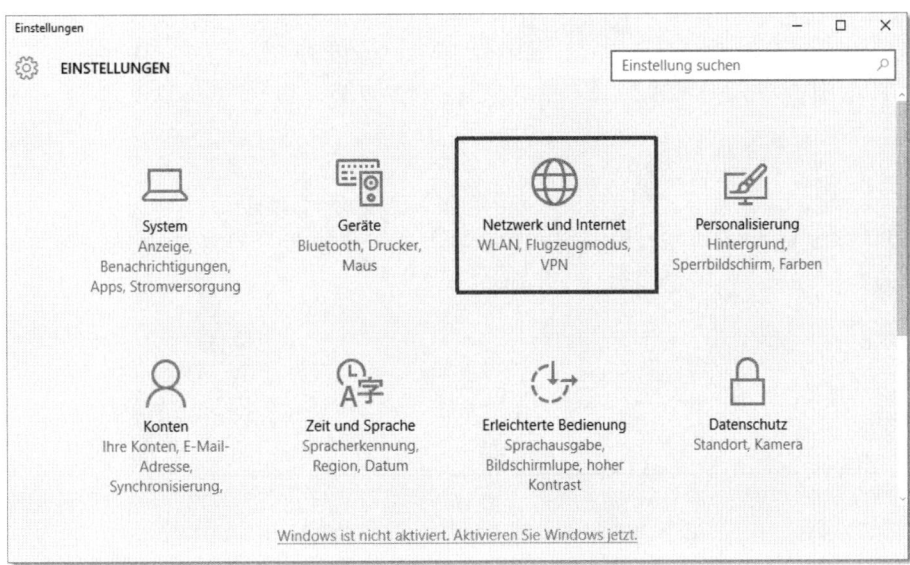

Abbildung 26.116 Netzwerk und Internet in den Einstellungen

Öffnen Sie die App NETZWERK UND INTERNET, und wählen Sie den Eintrag VPN aus. Sie haben hier die Möglichkeit, eine VPN-Verbindung hinzuzufügen.

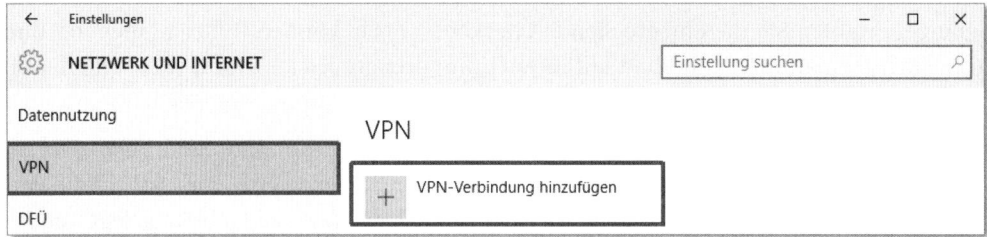

Abbildung 26.117 Eine VPN-Verbindung hinzufügen

Im Dialog zur Einrichtung der Verbindung benötigen Sie ebenfalls den Namen oder die IP-Adresse des VPN-Servers (Abbildung 26.118). Des Weiteren ist es auch hier erforderlich, einen Namen für die einzurichtende Verbindung zu vergeben.

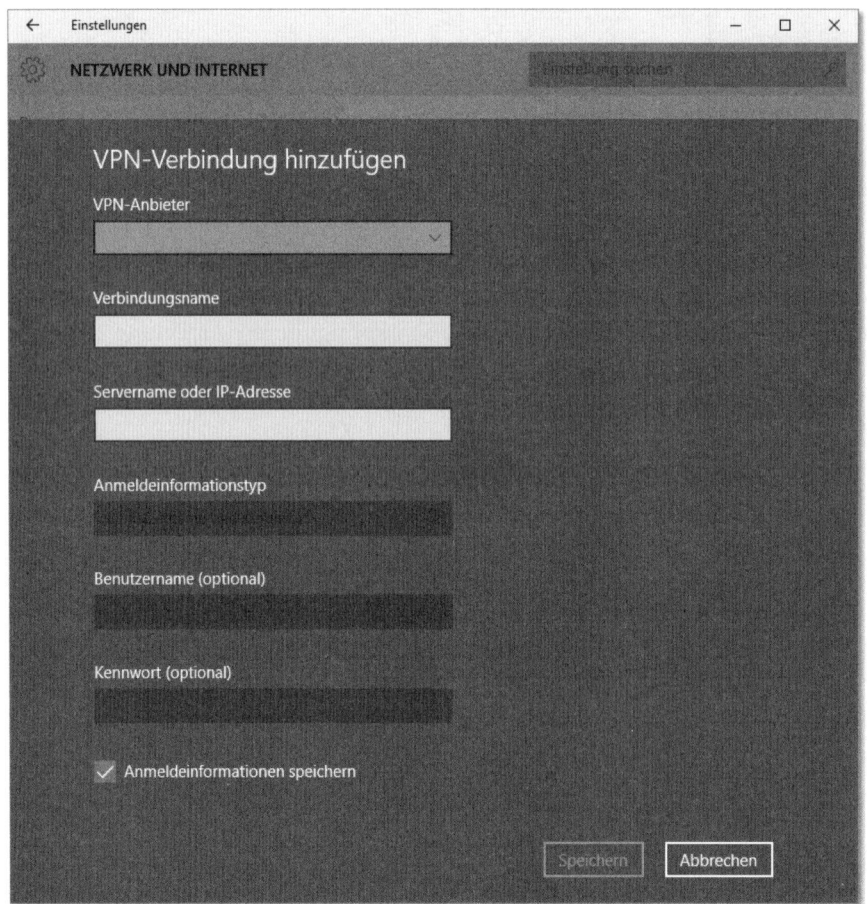

Abbildung 26.118 Dialog zur Einrichtung einer VPN-Verbindung

So bauen Sie eine VPN-Verbindung auf

Um eine VPN-Verbindung herzustellen, führen Sie einen Rechtsklick auf den virtuellen Netzwerkadapter aus (Abbildung 26.119). Es öffnet sich ein Kontextmenü, in dem Sie den Eintrag VERBINDUNG HERSTELLEN/TRENNEN anwählen können.

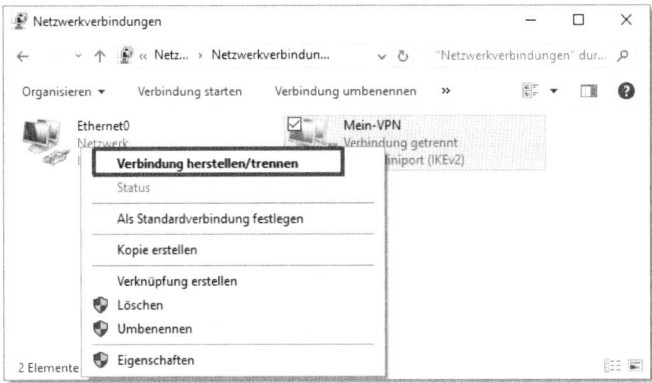

Abbildung 26.119 Eine Verbindung herstellen

Wenn Sie auf diesen Eintrag klicken, öffnet sich die App NETZWERK UND INTERNET in der Ansicht VPN (Abbildung 26.120). Die soeben eingerichtete Verbindung wird dort angezeigt, und Sie haben die Möglichkeit, durch Betätigen der Schaltfläche VERBINDEN eine Verbindung aufzubauen.

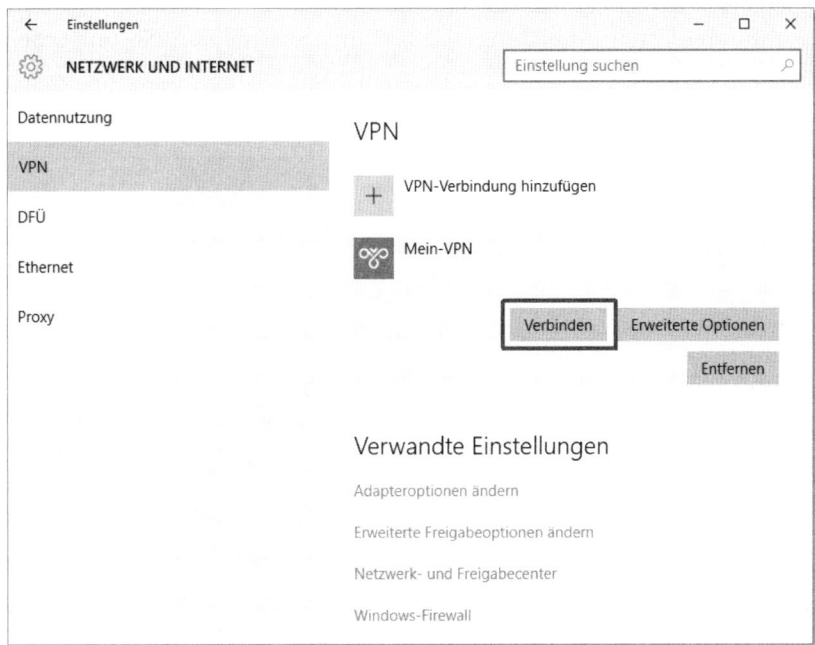

Abbildung 26.120 Eine VPN-Verbindung herstellen

Es wird nun eine Verbindung zum VPN-Server aufgebaut. Sobald diese hergestellt ist, werden Sie aufgefordert, sich zu authentifizieren (Abbildung 26.121).

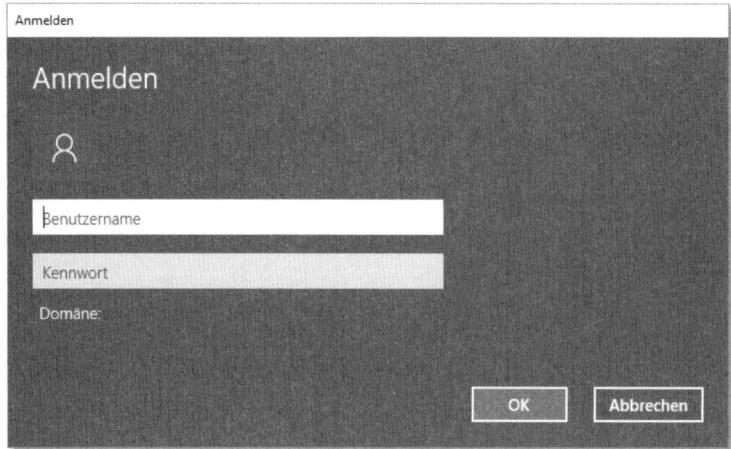

Abbildung 26.121 Authentifizierung durch Benutzername und Kennwort

Haben Sie die korrekten Angaben gemacht, wird eine VPN-Verbindung aufgebaut und Sie sind mit Ihrem Zielnetz verbunden.

So erhalten Sie Informationen über eine VPN-Verbindung

Der schnellste Weg, sich einen Überblick über eine Netzwerkverbindung zu verschaffen, führt über die Eingabeaufforderung (Abbildung 26.122). Öffnen Sie eine Konsole, und geben Sie den Befehl `ipconfig /all` ein.

```
Eingabeaufforderung

Microsoft Windows [Version 10.0.10565]
(c) 2016 Microsoft Corporation. Alle Rechte vorbehalten.

C:\Users\janth>ipconfig /all

Windows-IP-Konfiguration

   Hostname  . . . . . . . . . . . . : DESKTOP-SF8R9I7
   Primäres DNS-Suffix . . . . . . . :
   Knotentyp . . . . . . . . . . . . : Hybrid
   IP-Routing aktiviert  . . . . . . : Nein
   WINS-Proxy aktiviert  . . . . . . : Nein
   DNS-Suffixsuchliste . . . . . . . : fritz.box

PPP-Adapter Mein-VPN:

   Verbindungsspezifisches DNS-Suffix:
   Beschreibung. . . . . . . . . . . : Mein-VPN
   Physische Adresse . . . . . . . . :
   DHCP aktiviert. . . . . . . . . . : Nein
   Autokonfiguration aktiviert . . . : Ja
   Verbindungslokale IPv6-Adresse  . : fe80::64e4:a053:2fda:ad71%23(Bevorzugt)
   IPv4-Adresse  . . . . . . . . . . : 10.0.0.1(Bevorzugt)
   Subnetzmaske  . . . . . . . . . . : 255.255.255.255
   Standardgateway . . . . . . . . . : 0.0.0.0
   DHCPv6-IAID . . . . . . . . . . . : 385879081
   DHCPv6-Client-DUID. . . . . . . . : 00-01-00-01-1D-B6-65-4B-00-0C-29-57-5D-61

   DNS-Server  . . . . . . . . . . . : 192.168.178.1
   NetBIOS über TCP/IP . . . . . . . : Aktiviert
```

Abbildung 26.122 Informationen in der Eingabeaufforderung

Es werden Ihnen nun umfassende Informationen zu den Netzwerkverbindungen Ihres Computers angezeigt. Es wird Ihnen auch ein PPP-ADAPTER angezeigt, der Ihrer VPN-Verbindung zugeordnet ist. Sie können alternativ auch im Fenster NETZWERKVERBINDUNGEN einen Rechtsklick auf den virtuellen Netzwerkadapter ausführen (Abbildung 26.123). Wählen Sie zunächst den Eintrag STATUS aus dem Kontextmenü aus.

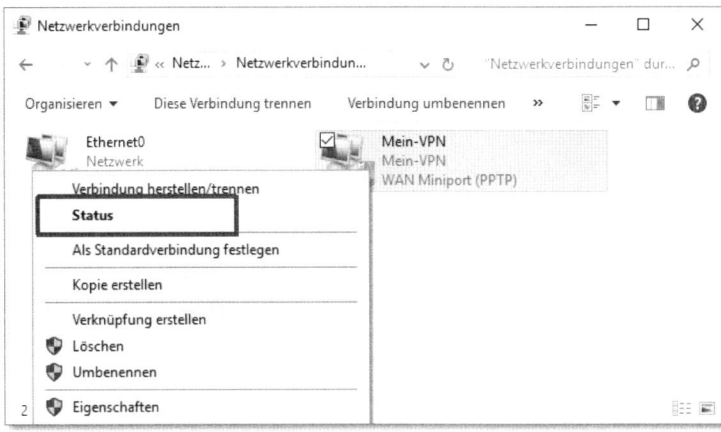

Abbildung 26.123 Status und Eigenschaften einer VPN-Verbindung

Es werden Ihnen nun Statusinformationen angezeigt, und Sie haben ferner die Möglichkeit, sich weitere Details der Verbindung anzeigen zu lassen (Abbildung 26.124). Klicken Sie hierzu auf die Schaltfläche DETAILS.

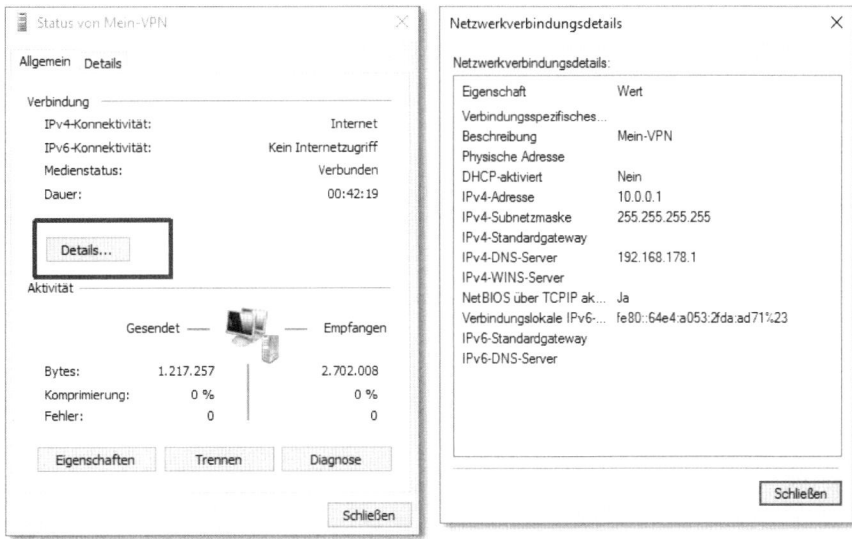

Abbildung 26.124 Status und Details

26

Wenn Sie statt STATUS den Eintrag EIGENSCHAFTEN im Kontextmenü anwählen, bekommen Sie die Möglichkeit, die Konfiguration der VPN-Verbindung zu prüfen und gegebenenfalls zu ändern (Abbildung 26.125).

Abbildung 26.125 Allgemeine Einstellungen

In den allgemeinen Eigenschaften (ALLGEMEIN) können Sie die Adresse des VPN-Servers prüfen oder ändern (Abbildung 26.125). Sie haben auch die Möglichkeit, zu entscheiden, ob eine andere Verbindung bevorzugt werden soll, bevor diese VPN-Verbindung aufgebaut wird. Normalerweise brauchen Sie hier die Einstellungen nicht zu ändern. Wenn Sie die Registerkarte OPTIONEN anwählen, können Sie nochmals entscheiden, ob Ihre Anmeldeinformationen gespeichert werden sollen und ob die Verbindung nach einer bestimmten Zeit der Inaktivität automatisch getrennt werden soll (Abbildung 26.126).

Abbildung 26.126 Optionen der Verbindung

Ein Klick auf die Schaltfläche PPP-EINSTELLUNG ermöglicht es Ihnen, weitere Einstellungen zum Point to Point-Protokoll vorzunehmen (Abbildung 26.127). Sie können beispielsweise festlegen, dass Daten komprimiert übertragen werden. Nehmen Sie an dieser Stelle keine Änderungen vor, es sei denn, Sie sind sicher, dass diese den Verbindungsaufbau nicht beeinträchtigen.

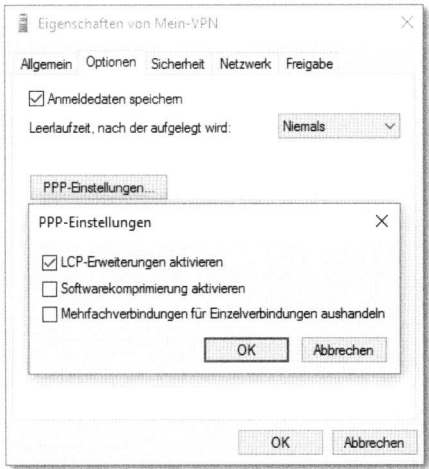

Abbildung 26.127 PPP-Einstellungen

Falls Sie Einstellungen zur Authentifizierung, zur Verschlüsselung bzw. zum verwendeten Übertragungsprotokoll vornehmen wollen, wählen Sie nun die Registerkarte SICHERHEIT (Abbildung 26.128).

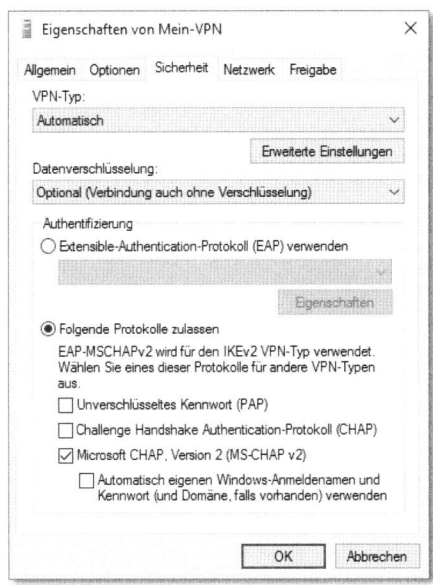

Abbildung 26.128 Die Übertragung absichern

Sie können festlegen, welches Übertragungsprotokoll genutzt werden soll, oder aber bestimmen, dass dieses automatisch ermittelt werden soll (Abbildung 26.128). Sollten Sie sich nicht sicher sein, wählen Sie AUTOMATISCH aus der Liste aus.

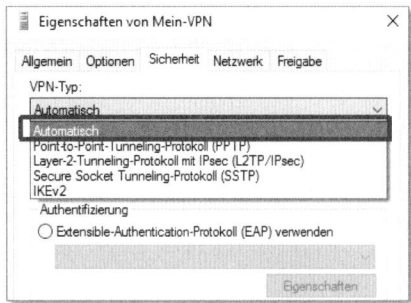

Abbildung 26.129 Automatisch den VPN-Typ ermitteln

Wenn Sie auf die Schaltfläche ERWEITERTE EINSTELLUNGEN klicken, können Sie bestimmen, ob Sie für den Verbindungsaufbau mit L2TP einen Schlüssel manuell eingeben wollen oder ob ein Zertifikat genutzt werden soll (Abbildung 26.130). Eine Änderung der Einstellung zu IKEv2 sollte in der Regel nicht notwendig sein.

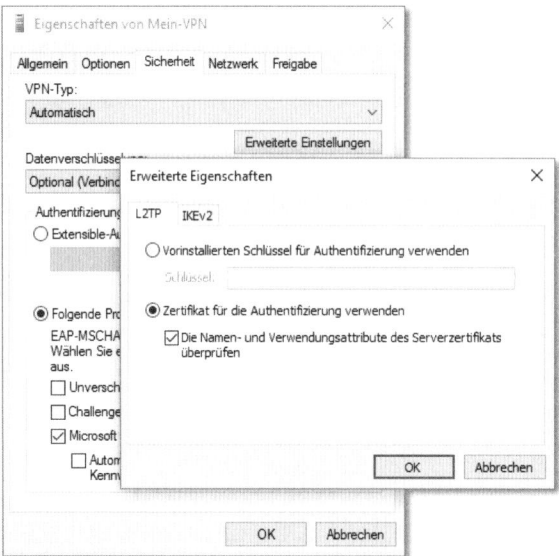

Abbildung 26.130 Authentifizierung durch vorinstallierte Schlüssel oder Zertifikat

Sie können Parameter für die DATENVERSCHLÜSSELUNG festlegen (Abbildung 26.131). Wählen Sie die gewünschte Einstellung aus der Liste aus. Es empfiehlt sich, den Wert auf ERFORDERLICH zu setzen, da als Standardeinstellung vorgesehen ist, dass Daten auch unverschlüsselt übertragen werden können.

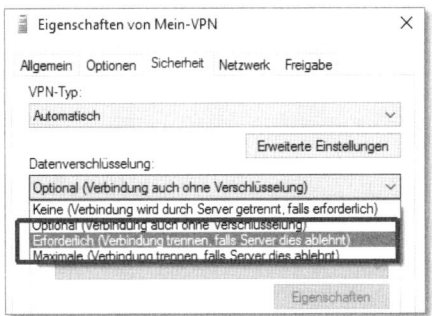

Abbildung 26.131 Datenverschlüsselung – sicher ist sicher

Im Bereich AUTHENTIFIZIERUNG können Sie festlegen, ob Sie EAP benutzen wollen. An dieser Stelle brauchen Sie allerdings detaillierte Informationen darüber, welche Version eingesetzt werden soll (Abbildung 26.132). Um eine EAP-Version auszuwählen, aktivieren Sie EXTENSIBLE-AUTHENTICATION-PROTOKOLL (EAP) VERWENDEN. Sie können nun die gewünschte Version aus der Liste auswählen.

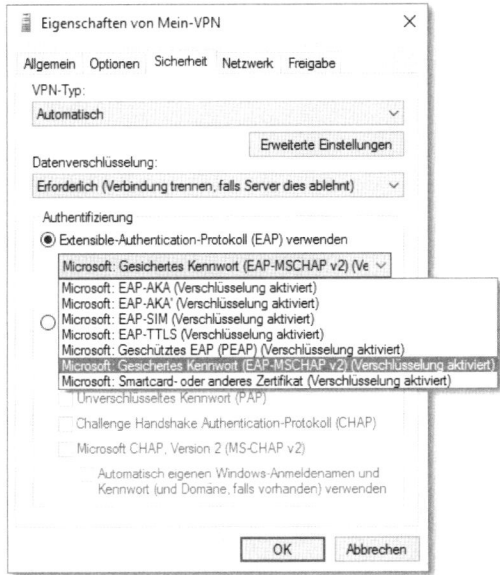

Abbildung 26.132 Die richtige Version auswählen

Alternativ können Sie einige VPN-Einstellungen auch im entsprechenden Dialog der App NETZWERK UND INTERNET in den Einstellungen vornehmen (Abbildung 26.133).

Wählen Sie die zu konfigurierende Verbindung an, und betätigen Sie die Schaltfläche ERWEITERTE OPTIONEN. Es öffnet sich ein Dialog, der Ihnen Informationen zur Verbindung anzeigt und Ihnen einige Einstellmöglichkeiten bezüglich der Verbindung bereitstellt (Abbildung 26.134).

26

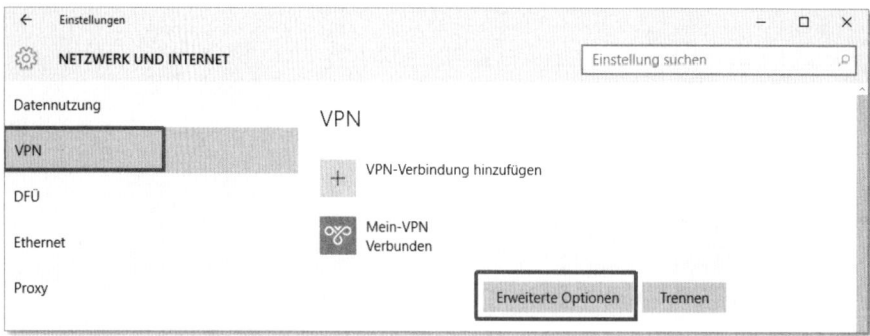

Abbildung 26.133 VPN-Einstellungen

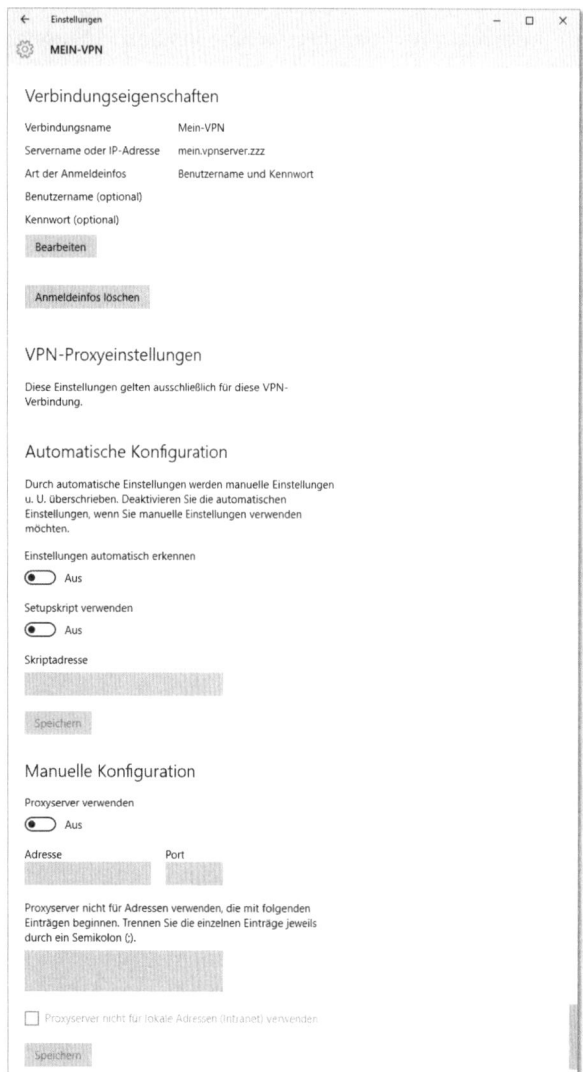

Abbildung 26.134 Dialog »Erweiterte Optionen« in der Ansicht VPN

So trennen Sie eine VPN-Verbindung

Sie können eine VPN-Verbindung von der Eingabeaufforderung aus trennen (Abbildung 26.135). Benutzen Sie hierzu den Befehl `rasdial.exe` `Verbindungsname` `/DISCONNECT`. *Verbindungsname* steht hier für die Bezeichnung der zu trennenden Verbindung.

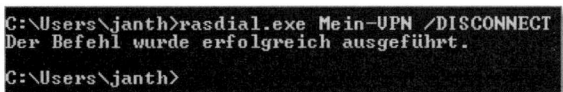

```
C:\Users\janth>rasdial.exe Mein-UPN /DISCONNECT
Der Befehl wurde erfolgreich ausgeführt.

C:\Users\janth>
```

Abbildung 26.135 Verbindung in der Eingabeaufforderung trennen

Alternativ können Sie sich auch den Status der Verbindung anzeigen lassen. Wählen Sie den Eintrag STATUS aus dem Kontextmenü (Abbildung 26.123), und trennen Sie die Verbindung durch Betätigen der Schaltfläche TRENNEN (Abbildung 26.136).

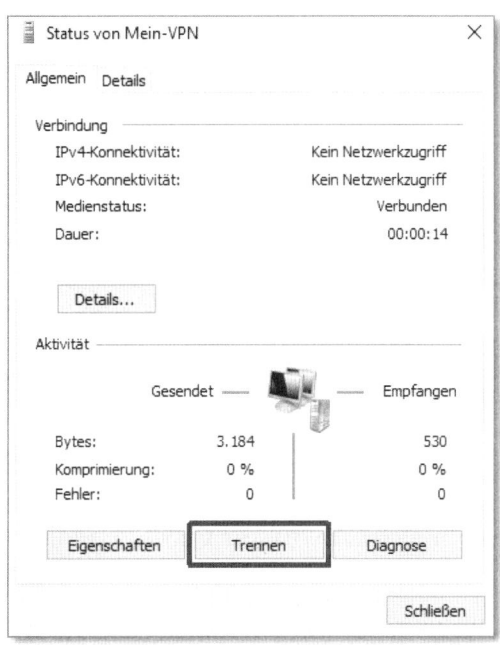

Abbildung 26.136 Eine VPN-Verbindung trennen

Alternativ können Sie auch die Verbindung mithilfe der App NETZWERK UND INTERNET beenden (Abbildung 26.137). Wählen Sie die zu trennende Verbindung an, und betätigen Sie die Schaltfläche TRENNEN.

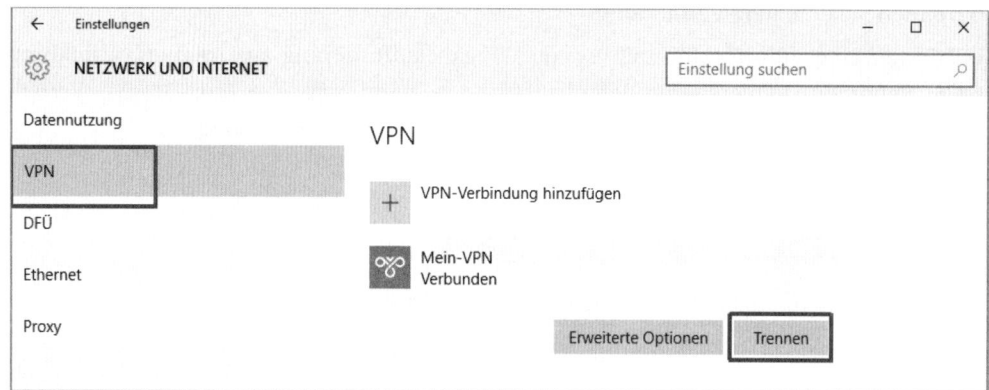

Abbildung 26.137 Verbindung beenden

26.8   Synchronisieren von Dateien

Ein generelles Problem bei mobilen Computern ist die Verfügbarkeit von Daten. Onlineressourcen sind nur dann verfügbar, wenn ein entsprechendes Netz Ihnen den Verbindungsaufbau und Zugriff gestattet. Onlinedaten können sich auf Freigaben befinden oder auch in der OneDrive-Cloud hinterlegt sein. Sollte kein entsprechendes Netz verfügbar sein, können Sie Ihre Daten mit Windows 10 auch offline nutzen.

So einfach machen Sie einen Ordner offline oder online verfügbar

Wenn Sie Ihre OneDrive-Daten synchronisieren, sind diese praktischerweise automatisch offline verfügbar. Sie können jedoch auch Ordner aus Freigaben, auf die Sie Zugriff haben, offline verfügbar machen. Öffnen Sie den Explorer, und navigieren Sie zu einem Ordner, den Sie offline verfügbar machen möchten. Führen Sie nun einen Rechtsklick auf diesen Ordner aus, und wählen Sie aus dem Kontextmenü den Eintrag IMMER OFFLINE VERFÜGBAR (Abbildung 26.138).

Windows 10 synchronisiert nun den Ordner mit Ihrem Computer, indem es eine lokale Kopie erzeugt. Dabei wird sichergestellt, dass Sie ab jetzt auch Offlinezugriff auf den Inhalt des Ordners haben. Führen Sie nun einen Rechtsklick auf den Ordner aus, und wählen Sie im Kontextmenü den Punkt EIGENSCHAFTEN aus. Hier befindet sich die Registerkarte OFFLINE-DATEIEN (Abbildung 26.139). Auf dieser Karte finden Sie die Schaltfläche JETZT SYNCHRONISIEREN. Durch Betätigung dieser Schaltfläche können Sie den Synchronisationsprozess für diesen Ordner manuell starten.

Die Offlineverfügbarkeit eines Ordners können Sie an dieser Stelle einfach durch Entfernen des Häkchens IMMER OFFLINE VERFÜGBAR wieder aufheben. Alternativ können Sie die Offlineverfügbarkeit auch im Kontextmenü (analog zur Einrichtung) aufheben (Abbildung 26.140). Entfernen Sie hier einfach das entsprechende Häkchen.

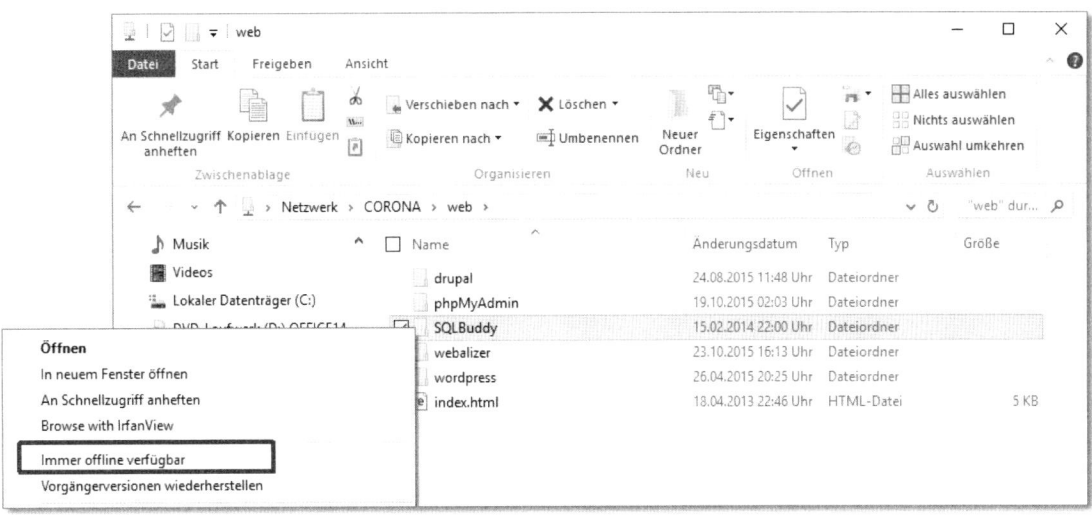

Abbildung 26.138 Einen Ordner immer offline verfügbar machen

Abbildung 26.139 Eigenschaften eines offline verfügbaren Ordners

26

Abbildung 26.140 Offlineverfügbarkeit im Kontextmenü

Das Synchronisierungscenter

Das SYNCHRONISIERUNGSCENTER finden Sie in der Systemsteuerung (Abbildung 26.141). Sollte es bei der Synchronisation zu unerwarteten Problemen kommen, werden Ihnen diese als Synchronisationskonflikte dort angezeigt. Sie haben dann die Möglichkeit, manuell einzugreifen und zu entscheiden, welche Dateiversion Sie behalten wollen.

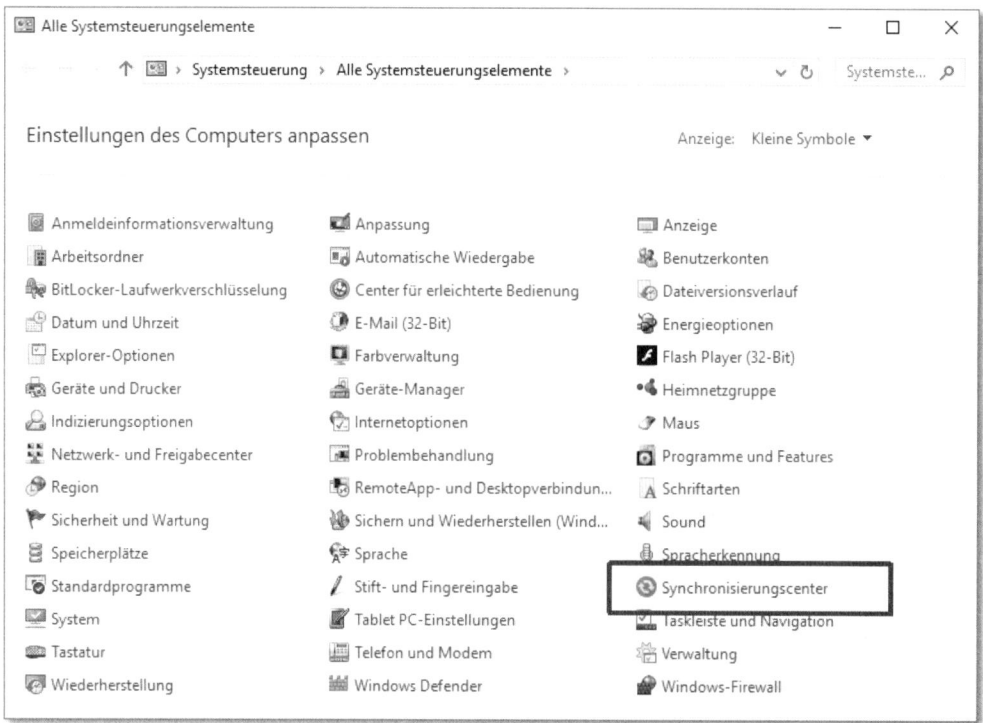

Abbildung 26.141 Die Systemsteuerung

Das Synchronisierungscenter bietet Ihnen auch die Möglichkeit, sich die lokal auf Ihrem Computer gespeicherten offline verfügbaren Daten anzeigen zu lassen (Abbildung 26.142).

Durch Klicken auf den blauen Schriftzug OFFLINEDATEIEN VERWALTEN öffnen Sie ein Fenster, in dem Sie die Möglichkeit haben, die Funktion generell durch Betätigen der Schaltfläche OFFLINEDATEIEN DEAKTIVIEREN zu deaktivieren (Abbildung 26.143). Anschließend ist jedoch ein Neustart des Computers erforderlich, damit die Änderung übernommen werden kann. Ebenso nützlich kann es sein, sich den Ordner anzeigen zu lassen, der Ihre Offlinedateien beinhaltet (OFFLINEDATEIEN ANZEIGEN).

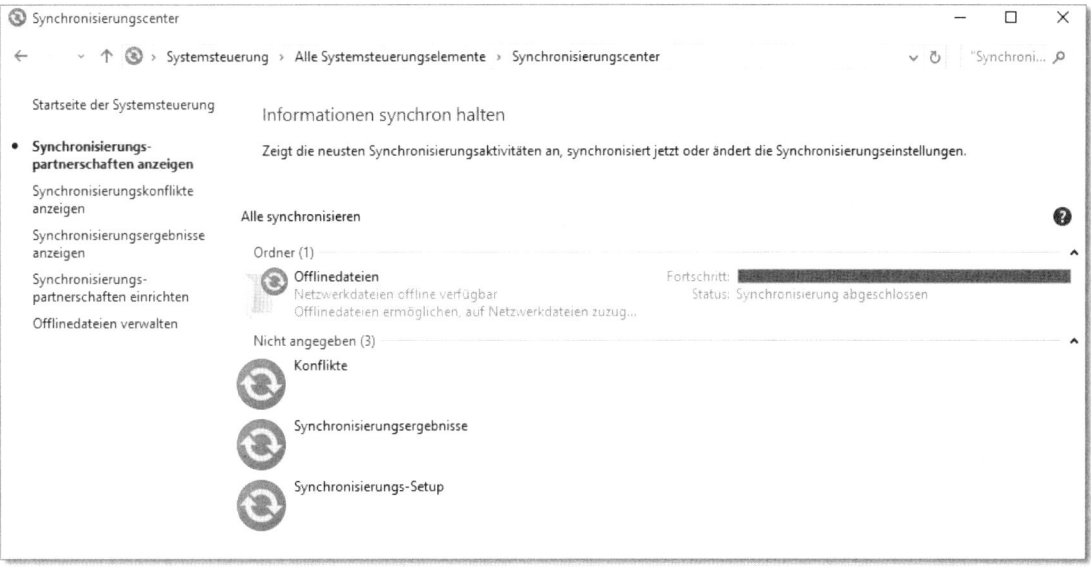

Abbildung 26.142 Das Synchronisierungscenter

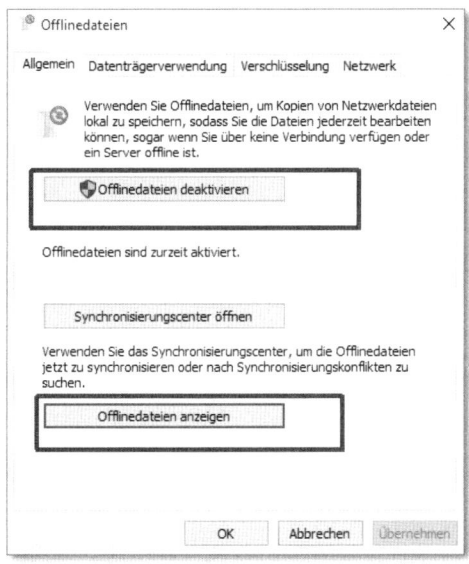

Abbildung 26.143 Offlinedateien verwalten

26.9   Freigabe und Sicherheit für Profis

Windows 10 erlaubt es Ihnen, bestimmten Benutzern den Zugriff auf Ihre Daten zu gewähren. Sie können Berechtigungen auf Freigaben vergeben oder mithilfe der Netzwerkprofile steuern, wo die Grenzen des Möglichen sein sollen.

26.9.1 Erweiterte Freigabeeinstellungen

Änderungen an den Freigabeoptionen der Netzwerkprofile können Sie im Netzwerk- und Freigabecenter vornehmen. Öffnen Sie zunächst das Netzwerk- und Freigabecenter, und klicken Sie anschließend auf den Schriftzug Erweiterte Freigabeeinstellungen (Abbildung 26.144). Es werden Ihnen normalerweise drei Netzwerkprofile angeboten (Privat, Gast oder Öffentlich und Alle Netzwerke). Alle Netzwerke bezieht sich dabei auf Einstellungen, die allen Profilen gemein sind. Es handelt sich somit im eigentlichen Sinne nicht um ein Netzwerkprofil. Wenn Ihr Computer Mitglied einer Domäne ist, wird Ihnen wahrscheinlich auch das Netzwerkprofil Domäne angezeigt. Normalerweise werden in diesem Fall Konfigurationen von dem zuständigen Administrator zentral mithilfe von Richtlinien vorgenommen.

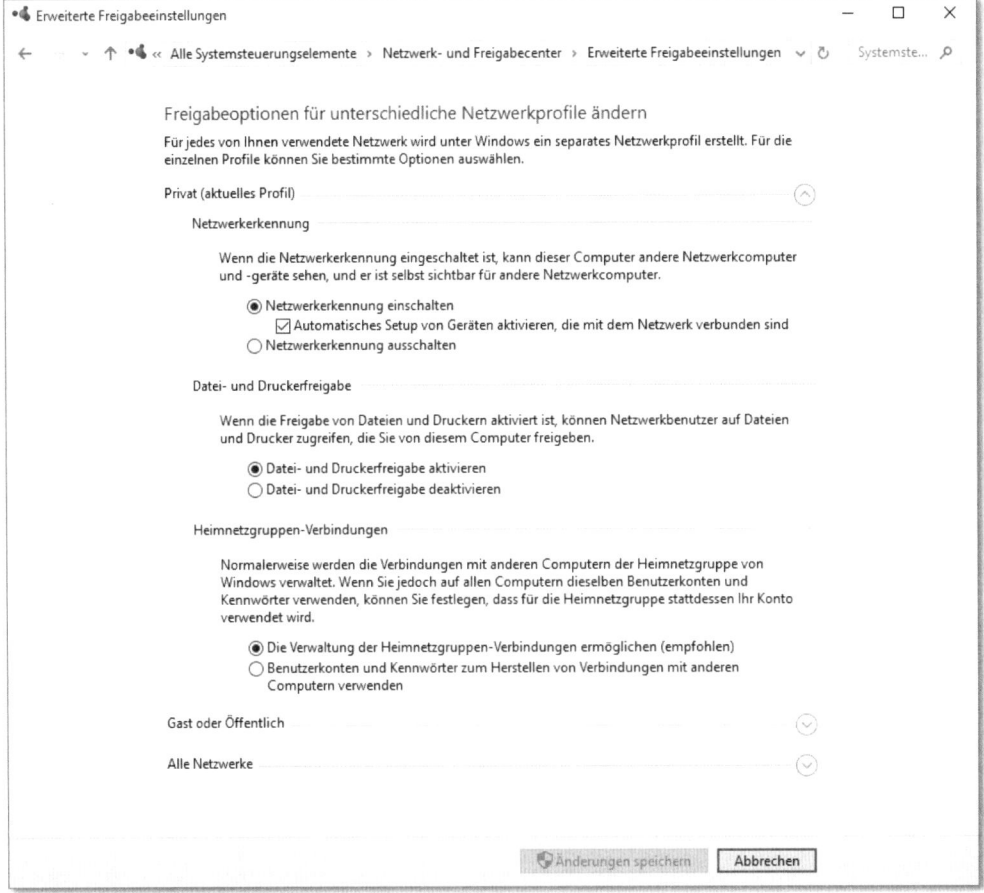

Abbildung 26.144 Einstellungen für private Netze

Verschaffen Sie sich zunächst einen Überblick, indem Sie die verschiedenen Bereiche expandieren. Ein Klick auf einen nach unten zeigenden Pfeil in einem Kreis lässt die zum Profil zugehörigen Optionen sichtbar werden.

▶ NETZWERKERKENNUNG – Diese Einstellung besagt nur, dass Ihr Computer für andere Geräte im Netzwerk sichtbar wird. Damit wird Ihr Computer beispielsweise auf anderen Systemen im *Explorer* angezeigt.

▶ DATEI- UND DRUCKERFREIGABE – Diese Einstellung ist wichtig, wenn Sie Ordner freigeben möchten. Es wird außerdem ermöglicht, an Ihrem Gerät angeschlossene Drucker für andere Benutzer freizugeben (nutzbar zu machen).

▶ HEIMNETZGRUPPEN-VERBINDUNGEN – Hier können Sie bestimmen, ob die Authentifizierung für den Zugriff auf Ressourcen in einer Heimnetzgruppe automatisch von Windows verwaltet werden soll oder ob die Eingabe von Anmeldeinformationen erforderlich sein soll.

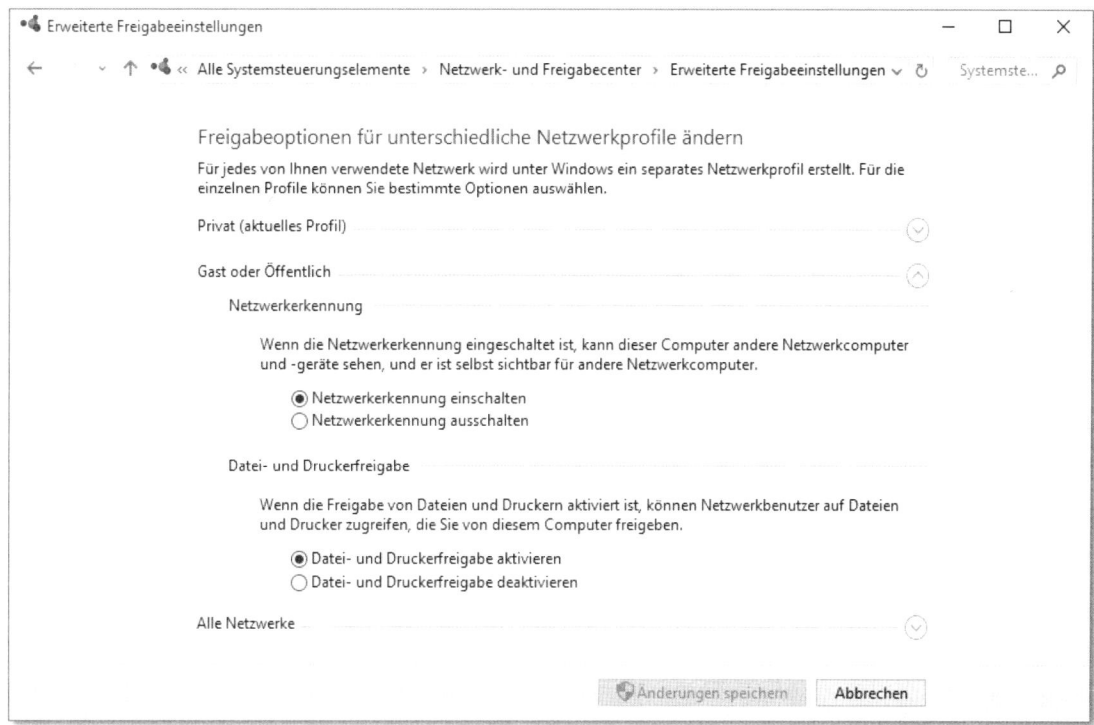

Abbildung 26.145 Profileinstellungen für öffentliche Netze

Es fällt auf, dass im Profil GAST ODER ÖFFENTLICH weniger Optionen zur Konfiguration angeboten werden, als das beim Profil PRIVAT der Fall ist (Abbildung 26.145). Generell ist der Schutzbedarf bei Verbindungen mit öffentlichen Netzen größer als bei Verbindungen mit privaten, vertrauenswürdigen Netzen. Die Einstellmöglichkeiten sind demnach etwas eingeschränkt.

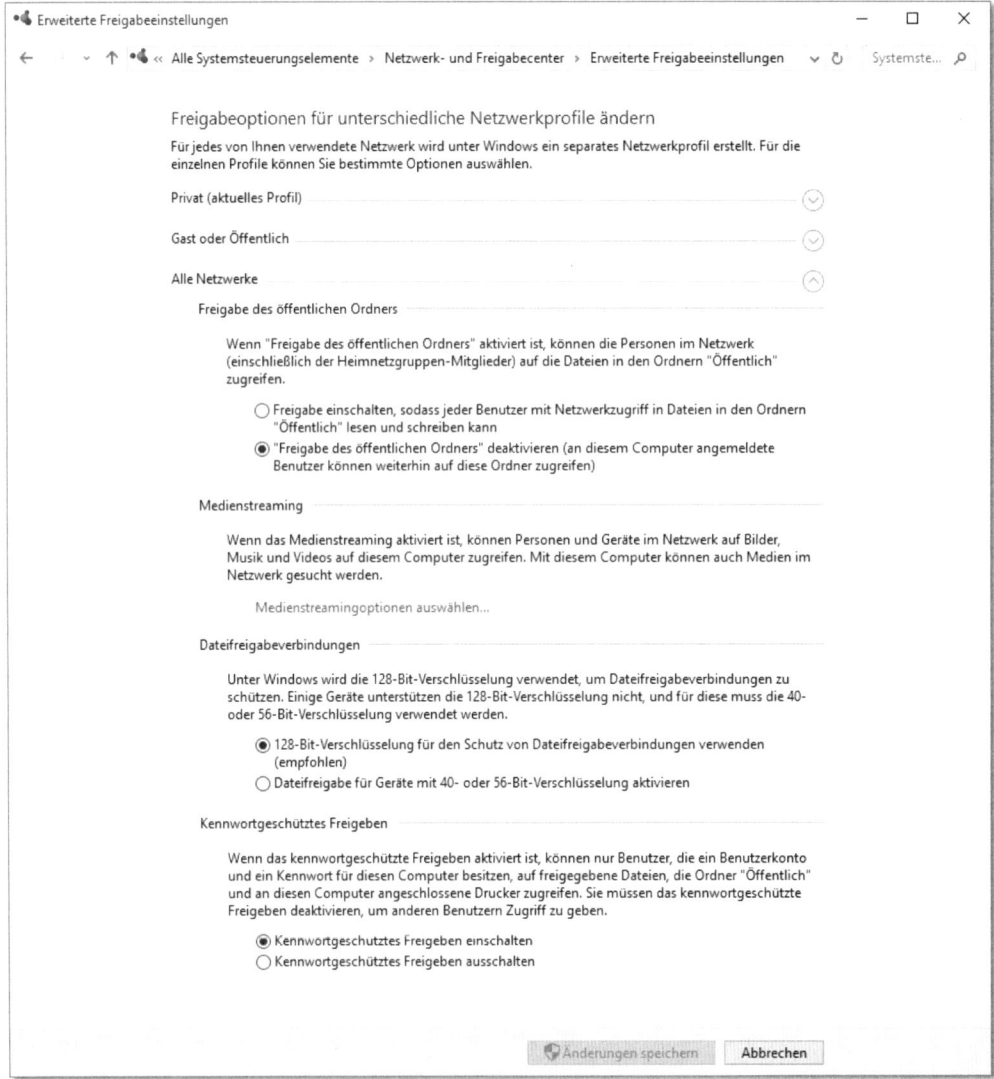

Abbildung 26.146 Profileinstellungen für »Alle Netzwerke«

Im Bereich ALLE NETZWERKE finden Sie die Optionen, die für alle Profile Gültigkeit besitzen und deshalb in den anderen Bereichen nicht aufgeführt werden (Abbildung 26.146).

▶ FREIGABE DES ÖFFENTLICHEN ORDNERS – Wenn Sie den öffentlichen Ordner Ihres Benutzerprofils zum Austausch von Daten nutzen möchten, können Sie dieses hier ermöglichen oder unterbinden.

▶ DATEIFREIGABEVERBINDUNGEN – Achtung! Die Verbindung zu Freigaben wird durch eine Verschlüsselung geschützt. Ältere Geräte haben oft Probleme mit der standardmäßig eingestellten 128-Bit-Verschlüsselung.

▶ KENNWORTGESCHÜTZTES FREIGEBEN – Hier können Sie den Zugriff auf Freigaben exklusiv auf Benutzer beschränken, die über ein Konto auf diesem Computer verfügen.

26.9.2 Ordner im Netz freigeben

Sie haben auch bei Windows 10 die Möglichkeit, Ordner und deren Inhalte freizugeben. So können Sie anderen Benutzern den Zugriff auf diese sogenannten *Freigaben* (engl. *shares*) über das Netzwerk ermöglichen.

So geben Sie einen Ordner frei

Um einen Ordner freizugeben, öffnen Sie auf dem klassischen Desktop zunächst den Explorer. Navigieren Sie zu dem Ordner, den Sie freigeben möchten, und führen Sie einen Rechtsklick auf diesen Ordner aus (Abbildung 26.147).

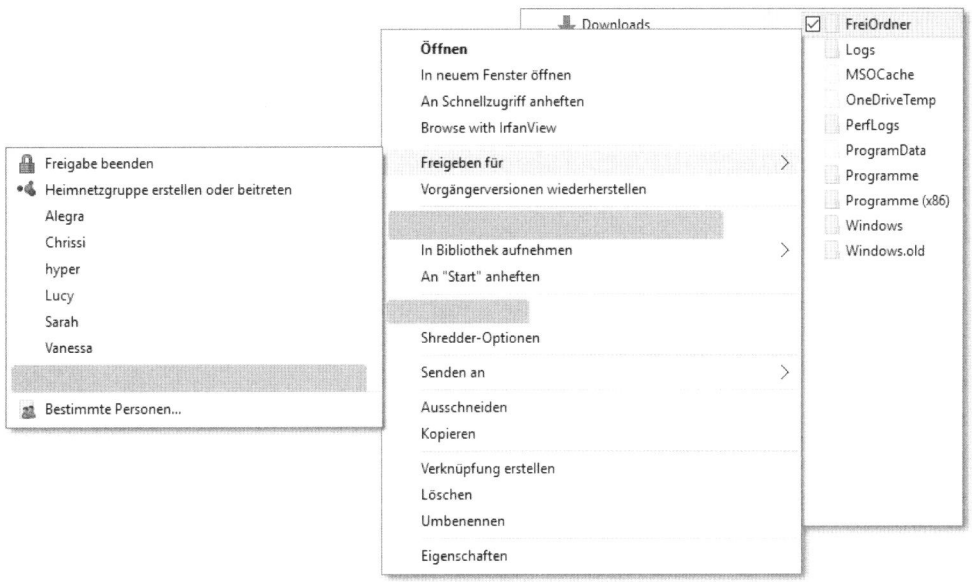

Abbildung 26.147 Ordner freigeben oder eine Freigabe beenden

Im Kontextmenü wählen Sie nun den Eintrag FREIGEBEN FÜR aus. Es öffnet sich ein Fenster, in dem es Ihnen ermöglicht wird, Benutzer auszuwählen, für die dieser Ordner freigegeben werden soll (Abbildung 26.148). Wählen Sie aus dem Kontextmenü den Eintrag BESTIMMTE PERSONEN … aus.

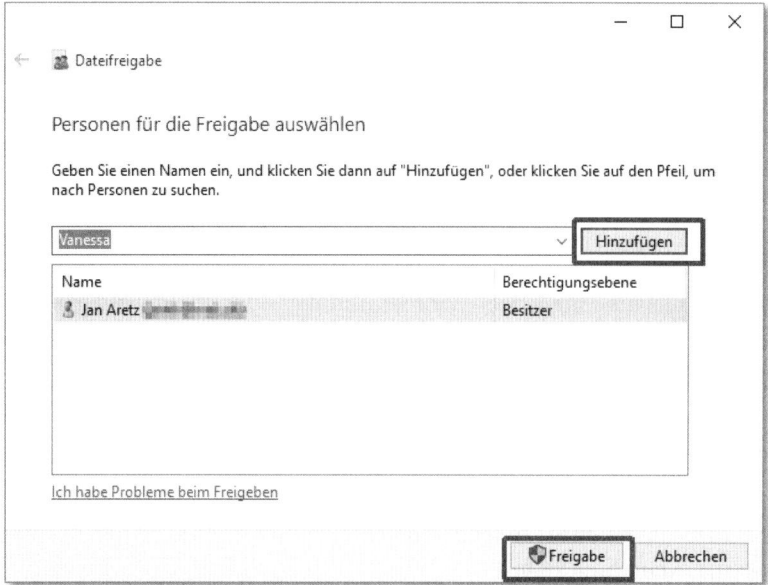

Abbildung 26.148 Einen Benutzer hinzufügen

Wählen Sie einen Benutzer aus der Liste aus, und betätigen Sie die Schaltfläche HINZUFÜGEN
(Abbildung 26.148). Sie fügen so einen Benutzer zur Liste der berechtigten Personen hinzu.
Sie können nur Benutzer hinzufügen, die auf Ihrem Computer eingerichtet sind. Es sei denn,
Ihr Computer ist Mitglied eines verwalteten Netzwerks wie beispielsweise einer Domäne.

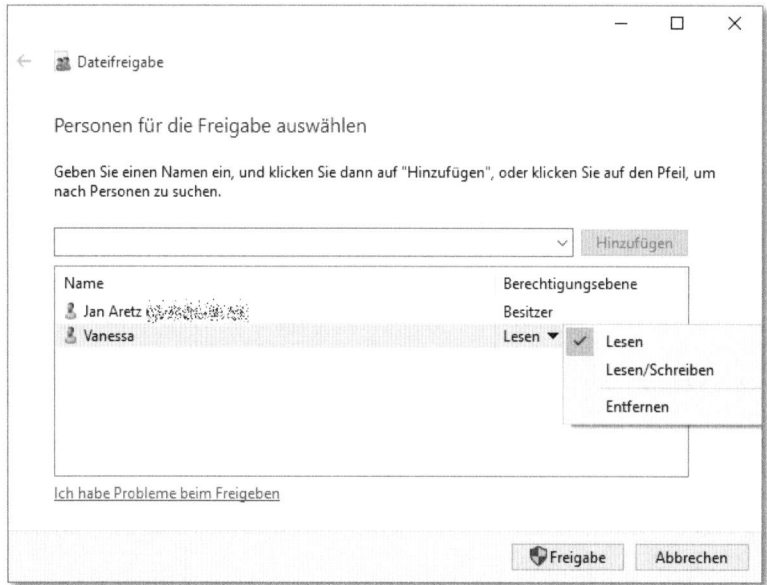

Abbildung 26.149 Berechtigungen vergeben

Sobald Sie einen Benutzer hinzugefügt haben, können Sie diesem Benutzer Zugriffsrechte für den freigegebenen Ordner erteilen. Führen Sie einen Rechtsklick auf den Benutzernamen aus, und wählen Sie im Kontextmenü die entsprechenden Berechtigungen (Abbildung 26.149). In diesem Menü haben Sie auch die Möglichkeit, den Benutzer wieder aus der Liste der berechtigten Personen zu entfernen. Schließen Sie den Vorgang durch Betätigen der Schaltfläche FREIGABE ab. Der Ordner sollte nun als Freigabe für die berechtigten Benutzer erreichbar sein.

So nutzen Sie die »Erweiterte Freigabe«

Eine weitere Möglichkeit, Ordner freizugeben, besteht in der Nutzung der ERWEITERTEN FREIGABE. Diese Option stellt Ihnen mehr Konfigurationseinstellungen zur Verfügung. Navigieren Sie zunächst im *Explorer* zu dem Ordner, den Sie freigeben möchten. Führen Sie einen Rechtsklick auf den Ordnernamen aus. Damit öffnen Sie das entsprechende Kontextmenü. Wählen Sie aus dem Kontextmenü den Eintrag EIGENSCHAFTEN aus. In den Eigenschaften des Ordners finden Sie auf der Registerkarte FREIGABE die Schaltfläche ERWEITERTE FREIGABE (Abbildung 26.150).

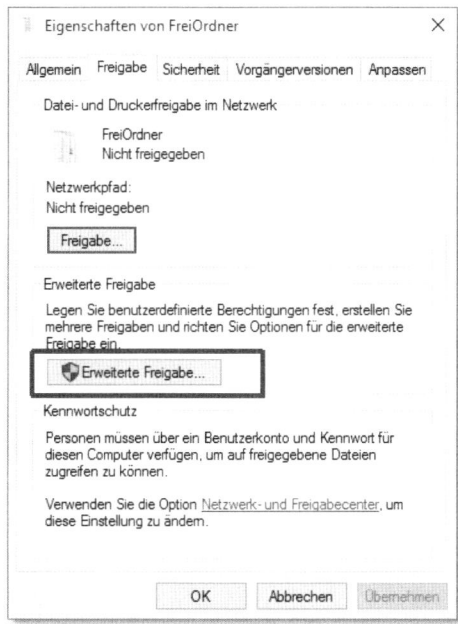

Abbildung 26.150 Ordner – Eigenschaften, Freigabe

Klicken Sie nun auf diese Schaltfläche, und öffnen Sie so das Fenster ERWEITERTE FREIGABE (Abbildung 26.151). Sie können in diesem Fenster den Ordner durch Auswählen der Checkbox DIESEN ORDNER FREIGEBEN frei geben. Sie können einen Freigabenamen bestimmen, unter dem dieser Ordner später im Netzwerk erreichbar sein soll.

Abbildung 26.151 Erweiterte Freigabe

Im Feld KOMMENTARE können Sie beispielsweise eine kurze Beschreibung der Rolle der Freigabe hinterlegen. Klicken Sie nun auf die Schaltfläche BERECHTIGUNGEN, um die Zugriffsrechte auf diese Freigabe zu konfigurieren (Abbildung 26.152).

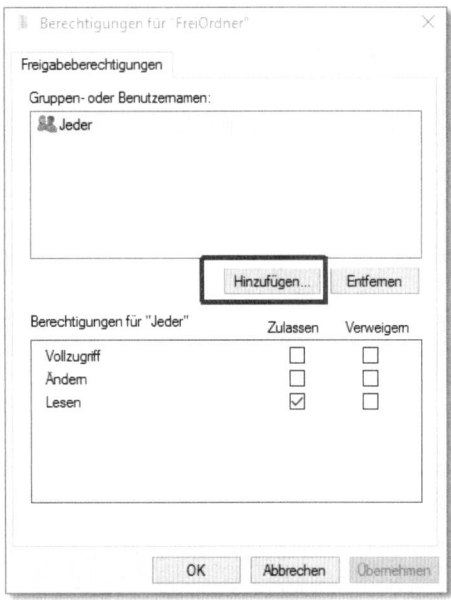

Abbildung 26.152 Freigabeberechtigungen

Durch Anklicken der Schaltfläche HINZUFÜGEN haben Sie die Möglichkeit, weiteren Benutzern Zugriff auf diese Freigabe zu gewähren (Abbildung 26.152). Geben Sie den Namen des Benutzers, dem Sie Zugriff geben möchten, in das Eingabefeld ein. Sie können die Richtigkeit

Ihrer Eingabe durch Betätigen der Schaltfläche NAMEN PRÜFEN verifizieren. Schließen Sie nun den Vorgang durch Anklicken der Schaltfläche OK ab.

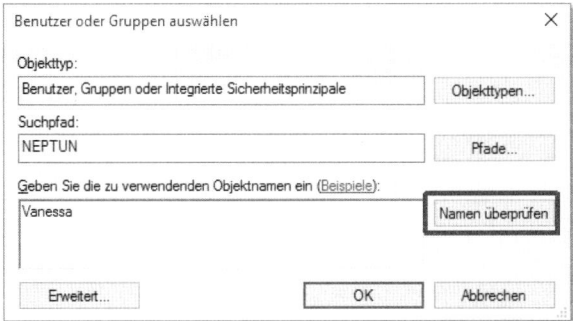

Abbildung 26.153 Einem Benutzer Zugriffsrechte geben

Der hinzugefügte Benutzer wird Ihnen nun im Feld FREIGABEBERECHTIGUNGEN angezeigt (Abbildung 26.154). Sie können durch Setzen der entsprechenden Häkchen im Feld BERECHTIGUNGEN entscheiden, wie weitreichend der Zugriff des Benutzers sein soll. Schließen Sie den Vorgang durch Betätigen der Schaltfläche OK ab.

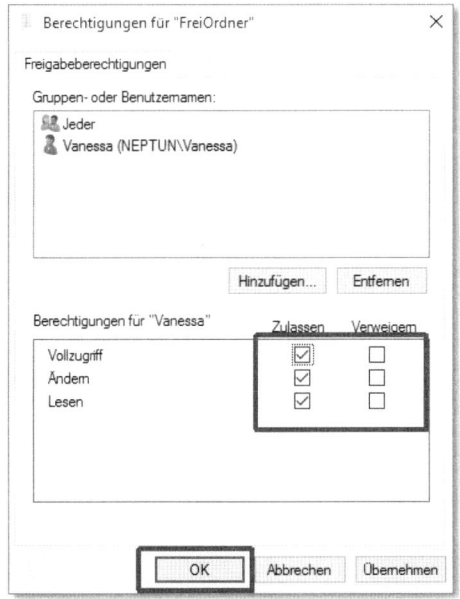

Abbildung 26.154 Berechtigungen vergeben

Achtung!

Wenn Sie explizit ein Recht verweigern, hat dies immer Vorrang, und das entsprechende Recht wird dem Benutzer entzogen.

Ein anderer interessanter Aspekt der erweiterten Freigabe ist die Möglichkeit, Einfluss auf die Offlineverfügbarkeit der freigegebenen Daten zu nehmen. Klicken Sie hierzu auf die Schaltfläche ZwischENSPEICHERN (Abbildung 26.151). Sie können nun bestimmen, ob und inwieweit Benutzern die Möglichkeit gegeben wird, Daten der Freigabe offline zu nutzen.

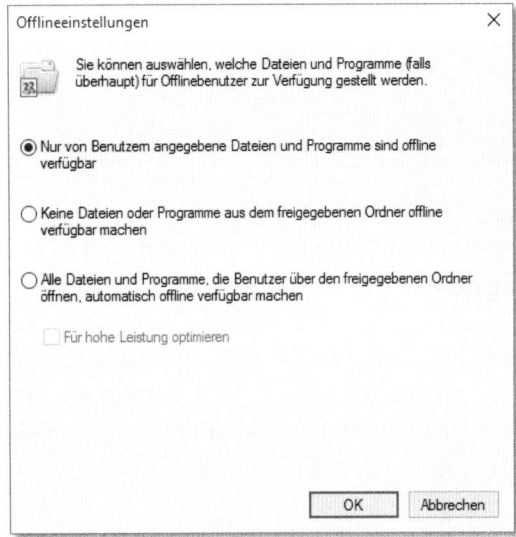

Abbildung 26.155 Offlineeinstellungen für freigegebene Dateien

Kapitel 27
Virtualisierung mit Hyper-V

Speziell in Rechenzentren ist die Virtualisierung physikalischer Server heute kaum noch wegzudenken. Aber auch in Windows 10 bringt die Virtualisierung mit Hyper-V Vorteile – beim Ausprobieren neuer Software, Testen von Betriebssystemen und einigem mehr. Wir begleiten Sie bei den ersten Schritten der Erstellung einer virtuellen Maschine, vernetzen das virtuelle Netzwerk und steuern wie die Profis eine virtuelle Maschine in der PowerShell.

Die Virtualisierung in unserem Sinne bedeutet das Simulieren oder Abbilden eines kompletten Rechners inklusive der zentralen Hardware, der Peripherie und der Software. Diese Technik wurde ursprünglich in der Serverlandschaft entwickelt, aber längst wissen auch wir Anwender die Vorteile von Virtualisierung zu schätzen und zu nutzen. Es ist noch gar nicht *so* lange her, da brummte in jedem Gehäuse auch nur ein Betriebssystem zur Ausführung von Anwendungen. So manche IT-Abteilung verfolgte gar das Motto: »Eine Applikation – ein Server«. Das hatte zur Folge, dass die Dimensionierung der Hardware nicht einfach war. Im schlechtesten Fall langweilte sich der Rechner die meiste Zeit, ging aber während sogenannter *Lastspitzen* an das Limit seiner Ressourcen. Diese schlechte Skalierung ist nur ein Problem, die man mit Virtualisierung besser in den Griff bekommt, aber lassen Sie uns zunächst einige Begriffe der Virtualisierung analysieren.

Ein physischer Rechner dient als sogenannter *Host*. Auf dem Host können mehrere virtuelle Computer ausgeführt werden. Jeder virtuelle Computer, der in diesem Zusammenhang auch *Gast, virtuelle Maschine* oder kurz *VM* genannt wird, bekommt einen Teil der physischen Ressourcen zugeordnet, die durch den Host wiederum als virtuelle Ressourcen emuliert, also nachgeahmt, werden. Der Gast operiert hierbei in einer komplett unabhängigen und eigenständigen Betriebssysteminstanz. Die virtuellen Computer sind vollwertige Computer mit eigenen Komponenten inklusive *BIOS (Basic Input/Output System), CPU, Netzwerkkarten* etc.

Dadurch ist es möglich, eine Konsolidierung durchzuführen. Wo vielleicht früher fünf Server im Rack brummten, läuft nach der Virtualisierung nur noch ein Server mit fünf VMs. In Rechenzentren dürfen Sie sich diese Zahlen durchaus ein paar Nummern größer vorstellen.

Dies bringt enorme Vorteile mit sich: Unternehmen sparen Strom und Platz, da weniger Server im Betrieb sind. Neue Server können sehr schnell bereitgestellt werden – es muss nicht erst neue Hardware beschafft werden, sondern es kann einfach eine neue virtuelle Maschine erstellt werden, und damit kann es direkt losgehen. Virtuelle Server können repliziert und ausfallsicher implementiert werden, sodass eine erhöhte Verfügbarkeit erzielt werden kann. Eine Notfallwiederherstellung (*Disaster Recovery*) lässt sich deutlich einfacher durchführen, weil virtuelle Server durch die Abstraktion der Server von der Hardware auch auf physikalisch anderer Hardware wiederhergestellt werden können.

Benötigt ein virtueller Server mehr RAM, reserviert er sich diesen dynamisch vom Host und noch viele Dinge mehr – der wahr gewordene Traum eines jeden Technikers.

Auch im Anwenderbereich kommt uns die Virtualisierung gelegen. Die Entwicklung der Hardware in den letzten Jahren verlief rasant – und wenn wir jetzt vom »normalen« Anwendungsbetrieb sprechen, also Windows 10, mit Office Anwendungen arbeiten, im Internet surfen und einige Programme einsetzen, entlockt dieses Anwendungsszenario halbwegs aktueller Hardware nur noch ein müdes Lächeln. High-End-Gamer sind hiervon natürlich ausgenommen. Ansonsten sollten Sie also genug Ressourcen frei haben, um Virtualisierung zu betreiben. Wozu? Hier folgen einige Denkanstöße:

▶ Wenn Sie Windows 10 oder ein anderes Betriebssystem einfach einmal unverbindlich ausprobieren möchten, ohne Ihre produktive Umgebung anzufassen.

▶ Falls Sie Entwickler sind und Ihre Anwendung auf unterschiedlichen Betriebssystemen testen möchten.

▶ Manche Anwender nutzen ein virtualisiertes System als sichere »Browsing-Station« und setzen die virtuelle Maschine nach jeder Session wieder in den Ursprungszustand zurück.

▶ Von Ihrer realen Hardware abhängig, lassen sich ganze Netzwerke in einer virtualisierten Umgebung abbilden.

Sie sehen, Virtualisierung hat auch durchaus auf dem Client eine Berechtigung. Sehen wir uns an, wie Virtualisierung in Windows 10 umgesetzt wird.

27.1   Was ist Hyper-V?

Hyper-V ist die Virtualisierungsplattform von *Microsoft*. Seit *Windows Server 2008* ist für alle Serverbetriebssysteme von Microsoft *Hyper-V* als *Serverrolle* verfügbar. Serverrolle heißt, Sie können einen Server durch Installieren einer oder mehrerer weiterer Serverrollen um einen bestimmten Funktionsumfang erweitern. In unserem Fall wäre das die Hyper-V-Serverrolle. Die *Active Directory-Domänendienste*, *Datei- und Speicherdienste* und *Windows Server Update Services* sind u. a. weitere bekannte Serverrollen. Mit der Vorstellung von *Windows 8* war es seinerzeit erstmals möglich, Hyper-V auf einem Desktop-Betriebssystem zu installieren. Auch in Windows 10 ist Hyper-V an Bord, vorausgesetzt, Sie verwenden *Windows 10 Pro* oder *Windows 10 Enterprise*.

Hyper-V ist ein sogenannter *Hypervisor* vom *Typ 1*. Das bedeutet, dass Hyper-V auf die gleiche Weise wie das Betriebssystem mit der Hardware kommunizieren kann. Ein Hypervisor vom *Typ 2* hingegen ist eine eigenständige Software, wie z. B. *Virtual PC*, die ausschließlich mit dem Betriebssystem kommunizieren kann und nicht direkt mit der Hardware. So müssen Anfragen erst an das Betriebssystem gesendet werden, das wiederum die Anfragen an die Hardware weitergibt und somit die Virtualisierung verlangsamt.

Damit die virtuellen Computer eigenständig und isoliert voneinander operieren können, verwendet Hyper-V sogenannte *Partitionen*. Hyper-V benötigt dabei immer mindestens eine Partition, die *Elternpartition* bzw. *Parent Partition,* manchmal auch *Root Partition* genannt, in der das *Host*-Betriebssystem, z. B. *Windows 10 Pro*, ausgeführt wird.

Virtuelle Computer werden in *Kindpartitionen* bzw. *Child Partitions* ausgeführt. Dabei hat jeder virtuelle Computer eine eigene Kindpartition. Der *Virtualisierungsstapel*, der direkten Zugriff auf die physikalische Hardware hat und der der Kommunikationskanal zwischen den Gästen und der physikalischen Hardware ist, läuft in der *Elternpartition* bzw. *Parent Partition*.

Kindpartitionen werden mithilfe der *Hypercall-API* von der Elternpartition angelegt. Die Kindpartition hat keinen direkten Zugriff auf die physikalische Hardware, sondern sieht nur die virtuellen Geräte bzw. Ressourcen, die ihr zugeteilt wurden. Werden also Anfragen an die Hardware gestellt, werden diese an den Virtualisierungsstapel geleitet, der sie wiederum an die physikalische Hardware weiterleitet. Die Architektur von Hyper-V wird schematisch in Abbildung 27.1 dargestellt.

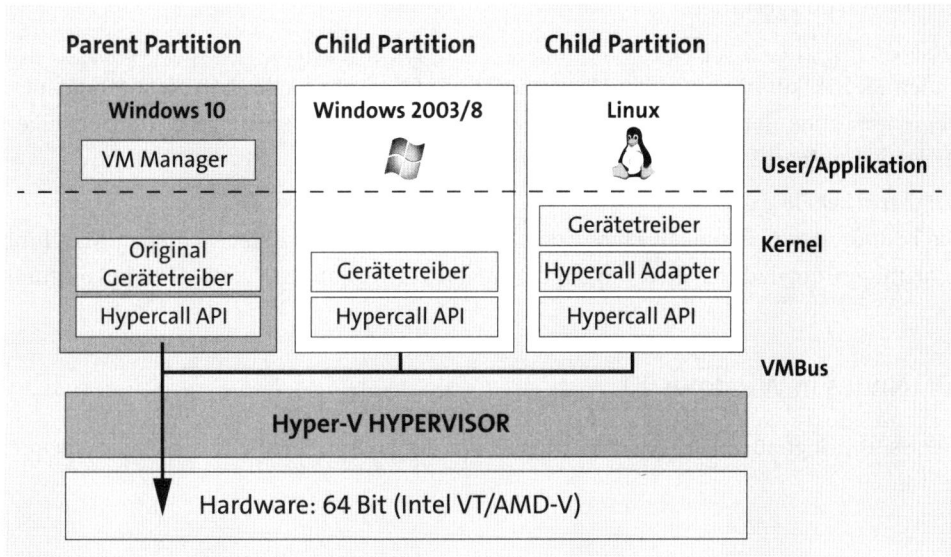

Abbildung 27.1 Hyper-V-Architektur

Unterschiede Client-Hyper-V und Server-Hyper-V

Client-Hyper-V hat den gleichen Unterbau und die gleiche Architektur wie *Server-Hyper-V*. Allerdings gibt es einige Funktionen, die nur exklusiv für Server-Hyper-V zur Verfügung stehen. Diese Funktionen finden jedoch eher selten Einsatz in Ihrer Heimumgebung, sodass sich deren Fehlen verschmerzen lässt. Folgende Auflistung zeigt Ihnen, welche Funktionen nicht in Client-Hyper-V enthalten sind:

- *Hyper-V Replica*
  Hyper-V Replica erlaubt es, ein Replikat der virtuellen Maschine auf einem anderen Hyper-V-Server zu erzeugen.

- *RemoteFX*
  Die Funktion RemoteFX hilft bei der Optimierung der Darstellung von Bildschirminhalten bei entfernten Zugriffen auf Clients und Server.

- *Virtual Machine Live Migration*
  Mit dieser Funktion kann eine virtuelle Maschine im eingeschalteten Zustand innerhalb eines Hyper-V-Clusters von einem Hyper-V-Server auf den anderen übertragen werden.

- *Shared Nothing Live Migration*
  Mithilfe dieses Features kann eine virtuelle Maschine auch auf einen anderen Hyper-V-Server übertragen werden, ohne dass dieser sich in demselben Cluster befindet.

- *Failover Clustering*
  Fällt ein Hyper-V-Server in einem Clusterverbund aus, werden die davon betroffenen virtuellen Maschinen per Failover Clustering auf einen anderen Hyper-V-Server im Cluster übertragen und gestartet.

- *SR-IOV*
  Durch SR-IOV können virtuelle Maschinen 1:1 auf den physikalischen Netzwerkadapter zugreifen, ohne den Weg durch den Hypervisor bestreiten zu müssen, und erzeugen dadurch geringere Latenzen beim Netzwerkverkehr.

- *Synthetischer Fibre Channel*
  Sie können einen virtuellen Fibre Channel-Netzwerkadapter einer virtuellen Maschine hinzufügen, um dadurch direkten Zugriff auf das Fibre Channel-Netzwerk zu bekommen.

27.2   Neues in Windows 10

Windows 10 bringt auch bei Hyper-V einige Neuerungen mit, die wir Ihnen hier aufzeigen möchten.

27.2.1   Nested Virtualization

Mit *Nested Virtualization* wird es bald möglich sein, Hyper-V in einer virtuellen Maschine auszuführen (also quasi Hyper-V in Hyper-V). Eingeführt wurde diese Funktion mit der *Insider Preview Build 10565*, und es gibt aktuell noch einige Einschränkungen und Probleme. Das heißt, dass es noch einige Zeit dauern wird, bis diese Funktion funktional implementiert ist.

27.2.2   Windows PowerShell Direct

Es ist nun einfach möglich, einen PowerShell-Befehl von einem Host-Betriebssystem an eine virtuelle Maschine zu übergeben. Dazu sind keine Netzwerk- oder Firewall-Konfigurations-änderungen erforderlich. Hierzu benötigen Sie lediglich ein Windows 10-Betriebssystem auf Ihrem Host und eine virtuelle Maschine als Gastbetriebssystem. Um dies ausführen zu können, müssen Sie in einer PowerShell-Sitzung folgenden Befehl eingeben:

```
Enter-PSSession -VMName VMName
Invoke-Command -VMName VMName -ScriptBlock { commands }
```

27.2.3   Hot-Plug-Funktion

Mit der Hot-Plug-Funktion können Sie Netzwerkkarten und Arbeitsspeicher im laufenden Betrieb ohne eine Downtime hinzufügen oder entfernen, also ohne das Gastbetriebssystem herunterfahren zu müssen. Das Gleiche gilt auch für Veränderungen, z. B. können Sie im laufenden Betrieb den Arbeitsspeicher verkleinern oder vergrößern.

27.2.4   Hyper-V-Manager – Neuerungen

Mit Windows 10 ist der Hyper-V-Manager nun abwärtskompatibel. Sie können jetzt verschiedene Hyper-V-Manager-Versionen steuern. Sie können also mit der Windows 10 Technical Preview z. B. Windows Server 2012/Windows Server R2 oder Windows 8.1 konfigurieren. Des Weiteren wurde das Management-Protokoll unter Verwendung des WS-MAN-Protokolls, des CredSSP, des Kerberos sowie der NTLM-Authentifizierung aktualisiert. Das WS-MAN-Protokoll verwendet standardmäßig den Port 80, der gewöhnlich überall offen ist.

27.2.5   Connected Standby Modus

Das Windows-Feature *Hyper-V* macht den Power-Standbymodus verfügbar, wenn es als »Always on« bzw. »Always Connected« konfiguriert ist. Dieser Modus sorgt für eine längere Akkulaufzeit bei Notebooks und Tablets. Bei Windows 8.1 gab es diesbezüglich noch das Problem, dass dieser niemals in den Schlafmodus versetzt werden konnte.

27.2.6   Linux Secure Boot

Linux-Betriebssysteme, die in der Generation 2 (siehe Abschnitt 27.6.1, »Generation 1 oder Generation 2?«) lauffähig sind, können nun mit der Secure Boot-Option aktiviert werden. Ubuntu 14.04 oder neuer sowie SUSE Linux Enterprise Server 12 sind mit dem Secure Boot-Modus kompatibel. Vor dem ersten Start müssen Sie die Option *UEFI Certificate Authority* aktivieren. Danach können Sie eine PowerShell-Konsole mit erweiterten administrativen Berechtigungen starten und folgenden Befehl ausführen: `Set-VMFirmware vmname -Secure-BootTemplate MicrosoftUEFICertificateAuthority`

27.2.7   Virtuelle Maschinenkonfiguration

Die virtuellen Maschinen haben nun ein neues Konfigurationsdateiformat, das dazu entwickelt wurde, um die Lese- und Schreibgeschwindigkeit der Konfigurationsdaten zu optimieren. Die neuen Konfigurationsdateien haben jetzt die Endung *.VMCX* und *.VMRS*.

> **Hinweis**
>
> Die *.VMCX*-Datei ist in einem Binärformat abgespeichert, und es werden keine direkten Änderungsmöglichkeiten der *.VMCX* bzw. *.VMRS* unterstützt.

Beim Erstellen einer neuen virtuellen Maschine haben Sie die Wahl zwischen Generation 1 und Generation 2. Generation 1 ist die virtuelle Maschine, die bisher unter Hyper-V zum Einsatz kam. Generation 2 hingegen unterstützt UEFI-Firmware, den Nachfolger des BIOS. Dadurch sind Features wie beispielsweise der Secure Boot möglich. Des Weiteren kann eine virtuelle Maschine von einer SCSI-Festplatte *(Small Computer System Interface)* oder durch einen PXE-Netzwerkstart *(Preboot Execution Environment)* gestartet werden.

Das virtuelle Festplattenformat *.vhdx* kann im laufenden Betrieb vergrößert oder verkleinert werden, unter der Voraussetzung, dass es sich hierbei um eine SCSI-Festplatte handelt. Ein vorheriges Ausschalten der virtuellen Maschine ist also nicht mehr erforderlich.

Darüber hinaus kann eine virtuelle Maschine im eingeschalteten Zustand exportiert werden. Sie haben also keine Ausfallzeit, wenn Sie eine virtuelle Maschine exportieren möchten.

27.3   Einsatzgebiete

Auch wenn Virtualisierung primär in der Serverwelt verwendet wird, gibt es durchaus auch einige Einsatzzwecke auf Ihrem Computer zu Hause. In der folgenden Aufzählung finden Sie einige Szenarien, die zum Teil auch im privaten Anwendungsfall von Interesse sind:

▶ Eine virtuelle Maschine eignet sich ideal als *Testumgebung*. Vielleicht wollen Sie einmal eine Software nicht gleich auf Ihrem primären System installieren. Dann haben Sie die Möglichkeit, die Software in einer abgeschotteten Umgebung, nämlich in der virtuellen Maschine, zu testen. Idealerweise erstellen Sie einen *Prüfpunkt*, bevor Sie eine Software installieren, dann können Sie den Vorgang leicht rückgängig machen. Sollte der Begriff *Prüfpunkt* noch neu für Sie sein – keine Sorge: Sie finden alle relevanten Informationen zu dieser wirklich hilfreichen Technologie in Abschnitt 27.8, »Der Einsatz von Prüfpunkten«.

> **Hinweis**
>
> Wenn Sie Software testen möchten, die sich nur einmal aktivieren lässt, sollten Sie sich genau überlegen, auf welchem System Sie dies durchführen!

▶ Oder vielleicht handelt es sich bei der Software, die Sie einsetzen wollen, um *sehr alte Software*, die beispielsweise nur unter Windows XP läuft und gar nicht mehr unter neueren Betriebssystemen wie Windows 10 verwendet werden kann. Setzen Sie einfach eine virtuelle Maschine mit einem älteren Betriebssystem auf, und verwenden Sie die Software dort.

▶ Sehr praktisch kann Client-Hyper-V sein, wenn Sie eine virtuelle Maschine auf einem Server-Hyper-V betreiben und die virtuelle Maschine ein Problem hat, sodass Sie auf *Fehlersuche* gehen müssen. Dann können Sie die erkrankte virtuelle Maschine von dem produktiven Server exportieren, in Ihren Client-Hyper-V laden, dort den Fehler suchen und beheben und anschließend die geheilte virtuelle Maschine wieder auf den Server importieren.

Der umgekehrte Weg geht selbstverständlich auch. Sie können eine virtuelle Maschine zunächst auf Ihrem Client-Hyper-V installieren und vorbereiten und, sobald sie fertig eingerichtet und einsatzbereit ist, auf den Server-Hyper-V verschieben.

Unterstützte Gastbetriebssysteme

Es werden alle Windows Client-Versionen ab *Windows XP* mit SP2 und alle Windows Server-Versionen ab *Windows Server 2000* mit SP4 als Gastbetriebssystem unterstützt. Sonstige Betriebssysteme wie Ubuntu, CentOS, SUSE Linux Enterprise Server und Red Hat Enterprise Linux werden ebenfalls unterstützt. Für eine vollständige Liste der unterstützten Gastbetriebssysteme folgen Sie diesem Link: *http://technet.microsoft.com/de-DE/library/hh831531.aspx*

27.4 Voraussetzungen für Hyper-V

Es müssen einige Voraussetzungen erfüllt sein, damit Hyper-V ausgeführt werden kann. Können Sie die nachfolgenden Voraussetzungen erfüllen, steht dem Einsatz von Hyper-V nichts mehr im Wege.

▶ Sie benötigen Windows 10 Pro oder Enterprise *64 Bit*.

▶ Ihr PC sollte über mindestens 4 GB RAM *(Random-Access Memory)* verfügen.

▶ Sie brauchen eine 64-Bit-Intel- oder AMD-CPU mit *SLAT (Second-Level Address Translation)*.

▶ Die *CPU (Central Processing Unit)* muss *DEP (Data Execution Prevention)* unterstützen und im BIOS aktiviert sein. Die Bezeichnung dafür ist *Intel XD Bit (Execute Disable Bit)* oder *AMD NX Bit (No Execute Bit)*.

▶ Intel VT bzw. AMD-V muss ebenfalls im BIOS aktiviert sein.

Um zu überprüfen, ob Ihre CPU SLAT-fähig ist, können Sie in der Eingabeaufforderung `systeminfo` ausführen.

Wie Sie in Abbildung 27.2 sehen können, werden die Anforderungen für Hyper-V überprüft. Wenn bei ADRESSÜBERSETZUNG DER ZWEITEN EBENE »Ja« steht, ist Ihre CPU SLAT-fähig. In diesem Beispiel werden die Hyper-V-Anforderungen erfüllt.

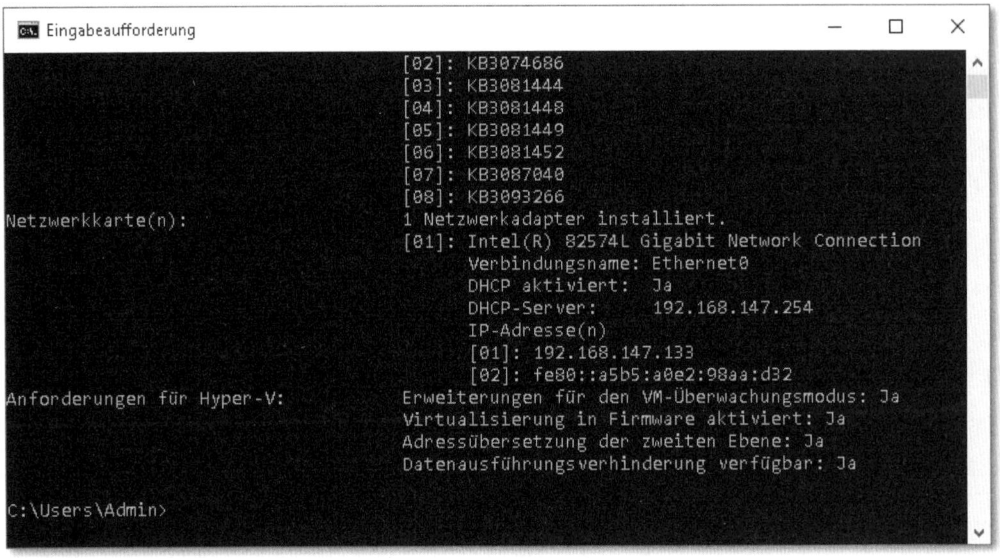

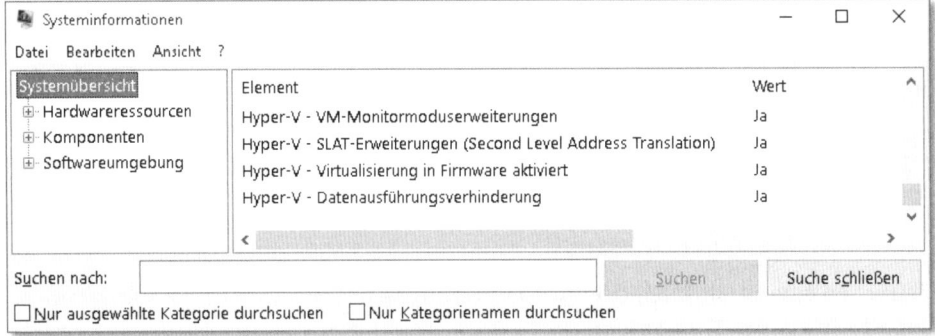

Abbildung 27.2 Überprüfung SLAT: systeminfo.exe

Mit dem Hilfsprogramm *Systeminformationen (msinfo32.exe)* werden Ihnen alle zu prüfenden Informationen, die zum Einsatz von Hyper-V erforderlich sind, angezeigt (Abbildung 27.3). Drücken Sie ▣, tippen Sie msinfo32.exe, und betätigen Sie die ↵-Taste.

Abbildung 27.3 Systeminformationen msinfo32.exe

27.5   Hyper-V-Installation

Wenn Sie alle Voraussetzungen erfüllt haben, die erforderlich sind, um Hyper-V auf Ihrem Computer zu installieren, sind es nur noch wenige Schritte, bis Sie eine lauffähige Hyper-V-Umgebung haben:

1. Drücken Sie die Tastenkombination ⊞ + X • PROGRAMME UND FEATURES.

2. Klicken Sie auf WINDOWS-FEATURES AKTIVIEREN ODER DEAKTIVIEREN.

3. Wählen Sie das Feature HYPER-V und alle darunterliegenden Features aus (Abbildung 27.4).

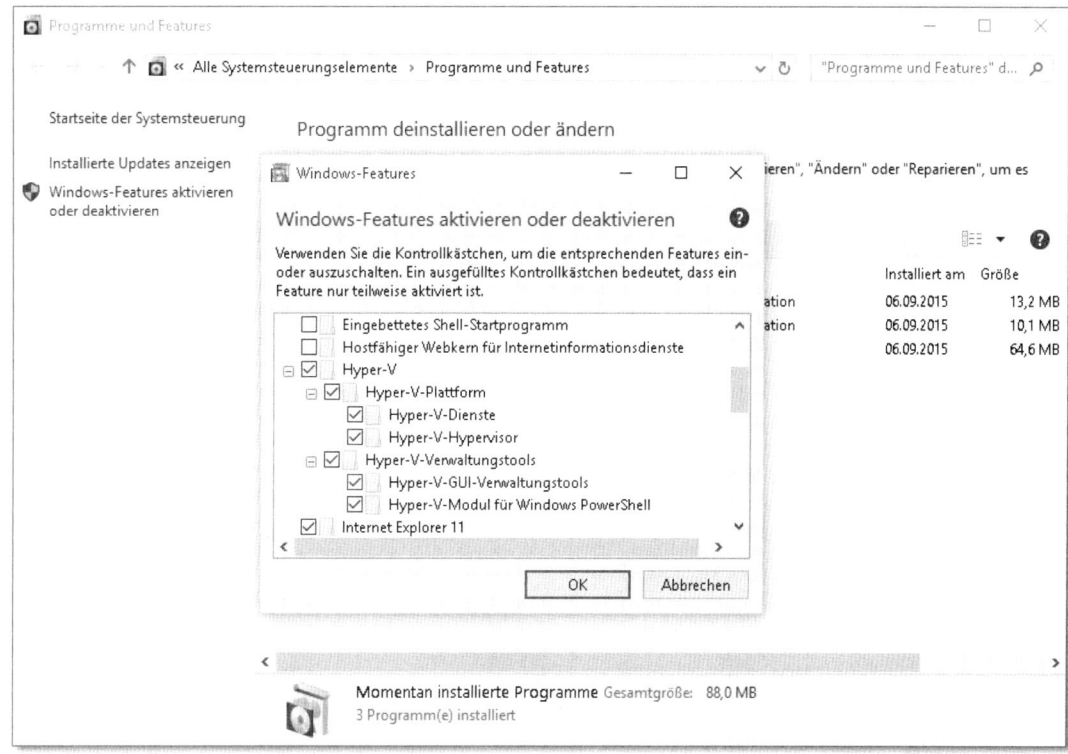

Abbildung 27.4 Windows-Feature hinzufügen: Hyper-V

4. Sie werden aufgefordert, Ihren Computer neu zu starten.

Die Installation von Hyper-V lässt sich auch in der Eingabeaufforderung durchführen. Dafür setzen Sie folgenden Befehl in einer Eingabeaufforderung mit Administratorrechten ab (Abbildung 27.5):

1. Mit ⊞ + X • EINGABEAUFFORDERUNG (ADMINISTRATOR) die Eingabeaufforderung aufrufen

2. `Dism /online /enable-feature /featurename:Microsoft-Hyper-V –all` eingeben.

3. Starten Sie Ihren Computer neu, damit die Installation abgeschlossen werden kann.

```
Administrator: Eingabeaufforderung                              —    □    ×
Microsoft Windows [Version 10.0.10240]
(c) 2015 Microsoft Corporation. Alle Rechte vorbehalten.

C:\Windows\system32>dism /online /enable-feature /featurename:Microsoft-Hyper-V -all

Tool zur Imageverwaltung für die Bereitstellung
Version: 10.0.10240.16384

Abbildversion: 10.0.10240.16384

Features werden aktiviert
[==========================100.0%==========================]
Der Vorgang wurde erfolgreich beendet.

C:\Windows\system32>
```

Abbildung 27.5 Hyper-V-Installation in der Eingabeaufforderung

Sie können Hyper-V ähnlich wie in der *Eingabeaufforderung* auch in der *Windows PowerShell* installieren. Öffnen Sie dafür eine PowerShell mit Administratorrechten, und führen Sie die folgenden Schritte durch:

1. Drücken Sie die Tastenkombination ⊞ + [Q], und tippen Sie pow • [Strg] + [⇧] + [↵].

2. Enable-WindowsOptionalFeature –FeatureName Microsoft-Hyper-V –All eingeben.

3. Starten Sie Ihren Computer neu, damit die Installation abgeschlossen werden kann.

Nachdem Ihr Computer neu gestartet wurde, haben Sie eine lauffähige Hyper-V-Umgebung. *Hyper-V-Manager*, der den zentralen Verwaltungspunkt Ihrer virtuellen Umgebung darstellt, wurde dem *Start* hinzugefügt (Abbildung 27.6). Außerdem startet nun der Dienst *Hyper-V-Verwaltung für virtuelle Computer* bei jedem Systemstart mit, der für das Ausführen von virtuellen Maschinen erforderlich ist.

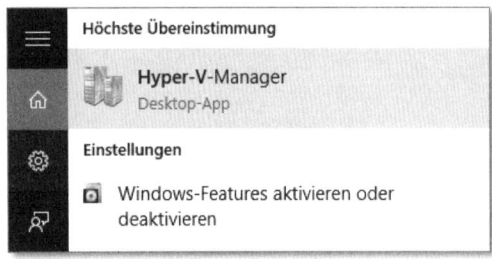

Abbildung 27.6 Hyper-V-Manager

27.6   Meine erste virtuelle Maschine

Ihre erste virtuelle Maschine ist wirklich schnell erstellt. Der Dreh- und Angelpunkt ist der *Hyper-V-Manager*. Hier haben Sie den Überblick über alle virtuellen Maschinen, können neue erstellen oder vorhandene löschen. Darüber hinaus erstellen Sie im Hyper-V-Manager virtuelle Festplatten und Disketten, treffen Änderungen an den Hyper-V-Einstellungen oder konfigurieren das virtuelle Netzwerk.

27.6.1   Generation 1 oder Generation 2?

Eine der größeren und bedeutendsten Neuheiten in Hyper-V unter Windows 8.1 war die virtuelle Maschine in der zweiten Generation. Virtuelle Maschinen der *Generation 2* bieten neue und interessante Möglichkeiten, die bisher nicht gegeben waren. Der wohl größte Unterschied besteht darin, dass diese virtuellen Maschinen keine emulierte Hardware mehr bereitgestellt bekommen, sondern gleich den virtuellen Bus verwenden, was wiederum zu einer verbesserten Performance führt.

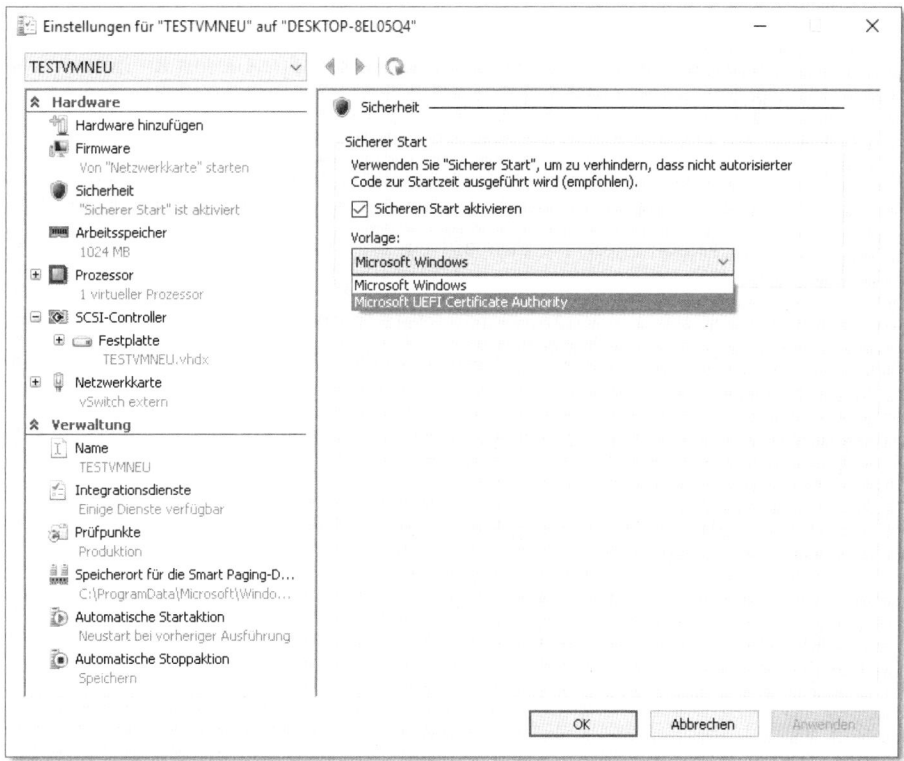

Abbildung 27.7 Einen sicheren Start mithilfe von UEFI durchführen

Das Format der virtuellen Festplatten ist gleich geblieben. Das Booten des Gastbetriebssystems kann bei einer virtuellen Maschine der *Generation 1* nur über IDE-Datenträger *(Integrated Device Electronics)* an einem IDE-Controller durchgeführt werden. Virtuelle Maschinen der *Generation 2* haben die Möglichkeit, von einem Datenträger zu booten, der über den SCSI-Controller angeschlossen ist. Ein Netzwerkstart mittels *PXE (Preboot Execution Environment)* ist ebenfalls mit einer virtuellen Maschine der Generation 2 möglich.

Das in modernen Computern vorkommende *UEFI (Unified Extensible Firmware Interface)* wird nun auch in virtuellen Maschinen der Generation 2 verwendet. UEFI, der Nachfolger des BIOS, gibt Ihnen u. a. die Möglichkeit, einen *sicheren Start (Secure Boot)* durchzuführen, der standardmäßig aktiviert ist. Diese Option lässt sich in den Einstellungen der virtuellen Maschine deaktivieren (Abbildung 27.7).

Sie müssen sich beim Erstellen jeder neuen virtuellen Maschine entscheiden, welche Generation der virtuellen Maschine Sie verwenden wollen. Ein Konvertieren von der einen Generation zur anderen ist leider nicht möglich.

27.6.2   Festlegen des Speicherorts der virtuellen Festplatte und virtuellen Maschine

Bevor Sie Ihre erste virtuelle Maschine erstellen, sollten Sie den Speicherort für Ihre virtuellen Maschinen abändern. Um der Best-Practice-Empfehlung von Microsoft nachzukommen, ändern wir den Speicherort auf eine Nicht-Systempartition ab. So ist gewährleistet, dass es zu keinen Verzögerungen bei Festplattenzugriffen kommt und dass nicht der komplette Speicherplatz mit virtuellen Maschinen verbraucht wird, sodass das Betriebssystem keinen Speicherplatz mehr hat. Anzumerken ist, dass auf einem Client-Computer typischerweise die Festplatte einen Flaschenhals bei der Performance darstellt. Das ist u. a. der Grund, warum Sie versuchen sollten, die Anzahl gleichzeitiger aktiver virtueller Maschinen auf einer Festplatte möglichst gering zu halten. Ändern Sie den Speicherort für Ihre virtuellen Maschinen, indem Sie wie folgt vorgehen:

1. Starten Sie den *Hyper-V-Manager,* und wählen Sie im rechten Fensterbereich Hyper-V-Einstellungen.

2. Ändern Sie den Speicherort für Virtuelle Festplatten beispielsweise in *D:\Hyper-V\ Virtual Hard Disks* (Abbildung 27.8).

3. Ändern Sie den Speicherort für Virtuelle Computer beispielsweise in *D:\Hyper-V*. Der Speicherort kann nachträglich durch das Verschieben der virtuellen Maschine an einen anderen Ort geändert werden.

Hyper-V und Virenscanner

Ein installierter Virenscanner gehört zur Grundausstattung eines jeden Computers. Aus diesem Grund befindet sich der Virenscanner von Microsoft gleich vorinstalliert unter Windows 10 – *Windows Defender*. So gut und wichtig Virenscanner auch sind, bei einigen

Applikationen, und dazu gehört auch Hyper-V, müssen Ausnahmen getroffen werden, damit ein störungsfreier Betrieb der Applikation gewährleistet ist.

Fügen Sie bitte folgende Verzeichnisse und Prozesse zu den Ausnahmen Ihres Virenscanners hinzu, damit diese nicht gescannt und dadurch gestört werden:

- Standard-Speicherort virtueller Festplatten
(*C:\Users\Public\Documents\Hyper-V\Virtual Hard Disks*)
- benutzerdefinierter Speicherort virtueller Festplatten
(beispielsweise *D:\Hyper-V\Virtual Hard Disks*)
- Standard-Speicherort der Konfigurationsdateien virtueller Maschinen
(*C:\ProgramData\Microsoft\Windows\Hyper-V*)
- benutzerdefinierter Speicherort der Konfigurationsdateien virtueller Maschinen
(beispielsweise *D:\Hyper-V*)
- *Prüfpunkt-Verzeichnis*
- *vmms.exe*
- *vmwp.exe*

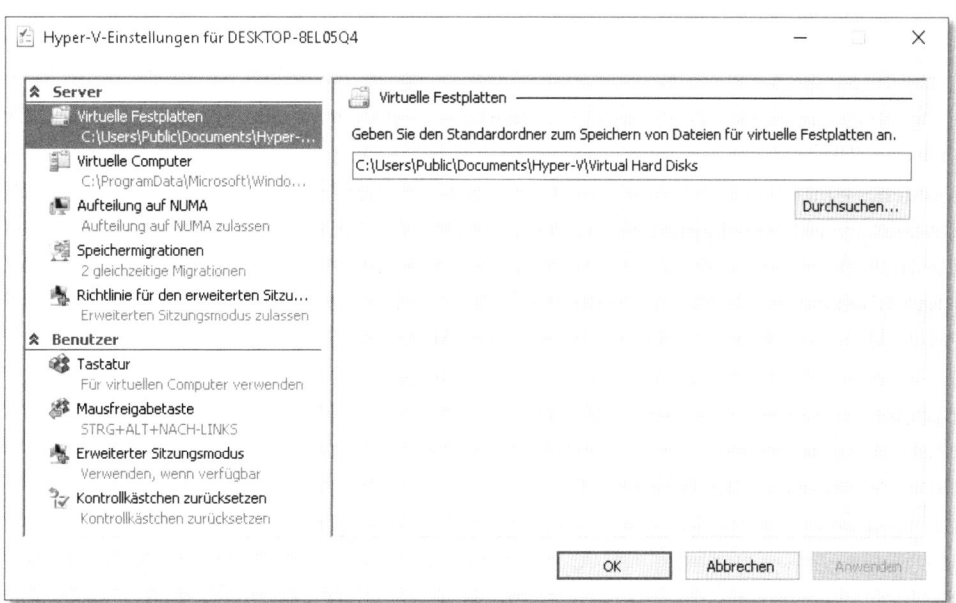

Abbildung 27.8 Speicherort der virtuellen Festplatte ändern

27.6.3 Erstellen einer virtuellen Maschine

Nachdem Sie den Speicherort der virtuellen Festplatte und der virtuellen Maschine festgelegt haben, sind Sie bereit, Ihre erste virtuelle Maschine zu erstellen.

1. Starten Sie den Hyper-V-Manager, und wählen Sie im rechten Fensterbereich Neu • Virtuelle Computer (Abbildung 27.9).

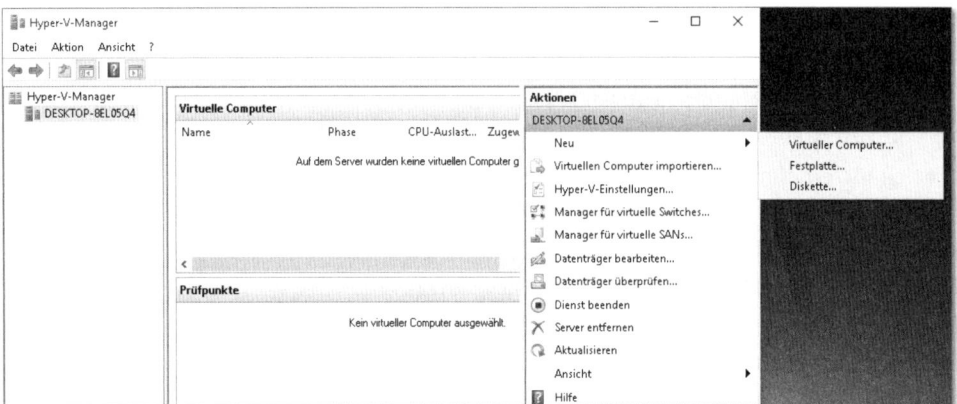

Abbildung 27.9 Neue virtuelle Maschine erstellen

2. Der *Assistent für neue virtuelle Computer* wird gestartet, und Sie können, nachdem Sie die Vorbemerkungen gelesen haben, auf Weiter klicken.

3. Vergeben Sie für die virtuelle Maschine einen Namen, z. B. *TESTVM*. Sie hätten an dieser Stelle die Möglichkeit, einen anderen Speicherort für die virtuelle Maschine auszuwählen. Aufgrund unserer vorher getroffenen Einstellung ist dies jedoch nicht erforderlich. Klicken Sie auf Weiter.

4. Wählen Sie aus, welcher Generation Ihre virtuelle Maschine entsprechen soll. Wenn Sie Generation 2 wählen, können Sie nur Windows 8 (64 Bit) oder neuer oder Windows Server 2012 oder neuer als Gastbetriebssystem einsetzen. Andernfalls wählen Sie Generation 1. In diesem Beispiel möchten wir Windows 7 installieren. Aus diesem Grund wählen wir Generation 1 und klicken anschließend auf Weiter (Abbildung 27.10).

5. Als Nächstes werden Sie vor die Frage gestellt, wie viel Arbeitsspeicher die virtuelle Maschine erhalten soll. Da wir später *Windows 7 32 Bit* installieren, vergeben wir 1024 MB, also 1 GB. Aktivieren Sie Dynamischen Arbeitsspeicher für diesen virtuellen Computer verwenden (Abbildung 27.11).

Angenommen, Sie haben insgesamt 4 GB RAM in Ihrem Computer. Durch das Wählen dieser Option können Sie beispielsweise drei virtuelle Maschinen à 2 GB RAM, also insgesamt 6 GB RAM und somit mehr als physikalisch verfügbar, auf Ihrem Computer betreiben, weil die virtuellen Maschinen immer nur den RAM beanspruchen, den sie auch tatsächlich verwenden. Deaktivieren Sie diese Option, wird der gewählte RAM reserviert, unabhängig davon, ob die virtuelle Maschine den kompletten RAM benötigt oder nur Teile davon.

Abbildung 27.10 Auswahl der Generation der virtuellen Maschine

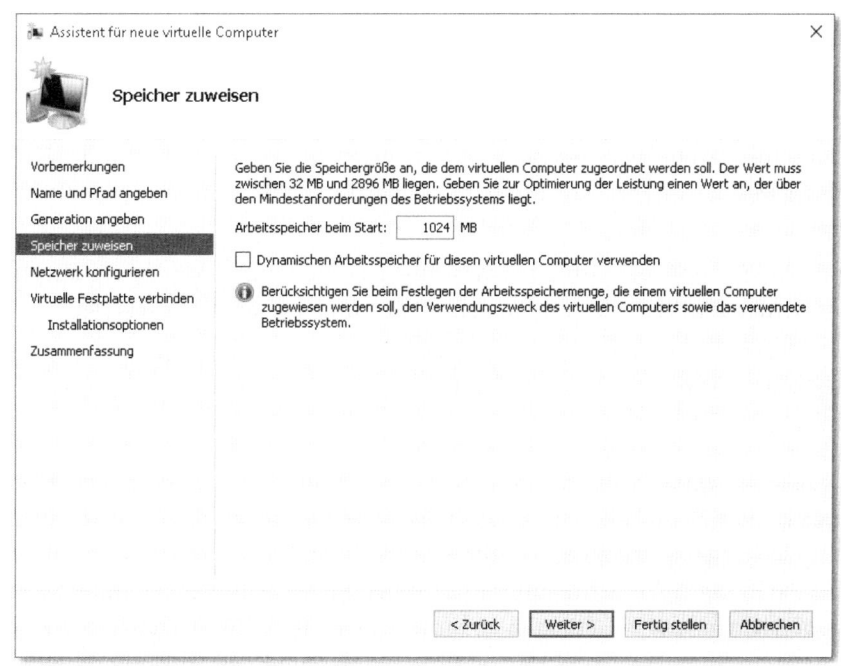

Abbildung 27.11 Speicher zuweisen

Dynamischer Arbeitsspeicher wird ab Gastbetriebssystem-Versionen Windows Vista mit SP1 und Windows Server 2003 mit SP2 unterstützt. Seit Windows 8.1 kann dynamischer Arbeitsspeicher auch für Linux-Gastbetriebsysteme verwendet werden. Für eine vollständige Liste rufen Sie bitte folgenden Link auf: *http://technet.microsoft.com/de-de/library/ff817651*

Wählen Sie WEITER.

Vorsicht bei dynamischem Arbeitsspeicher!

Bitte seien Sie beim Einsatz von *dynamischem Arbeitsspeicher* besonders vorsichtig. Dynamischer Arbeitsspeicher ist nicht für alle Applikationen geeignet. Typischerweise sind dies Datenbankapplikationen, die sich architekturbedingt beim Start den größten Teil des Arbeitsspeichers reservieren und nicht mehr freigeben. Zum Beispiel rät das Exchange-Team davon ab, einen Exchange Server mit dynamischem Arbeitsspeicher zu betreiben. Prüfen Sie für jede Applikation im Einzelnen, ob dies der Fall ist. Wenn Sie eine Applikation einsetzen, die dynamischen Arbeitsspeicher nicht unterstützt, kann das zu Fehlverhalten der Applikation führen.

---

6. Da wir noch kein virtuelles Netzwerk konfiguriert haben, können wir an dieser Stelle nur NICHT VERBUNDEN wählen. Wählen Sie WEITER.

7. Ebenso wichtig wie die Definition der vorherigen Optionen, ist es nun, Optionen für die virtuelle Festplatte festzulegen. In unserem Fall möchten wir eine neue VIRTUELLE FESTPLATTE ERSTELLEN, deshalb ändern wir lediglich die GRÖSSE in 40 GB, lassen die anderen Einstellungen unverändert und klicken auf WEITER. Sie haben außerdem folgende Möglichkeiten: Sie können entweder eine VORHANDENE VIRTUELLE FESTPLATTE VERWENDEN oder eine VIRTUELLE FESTPLATTE SPÄTER ZUORDNEN (Abbildung 27.12). Die gewählten 40 GB werden nicht sofort verbraucht. In der Standardkonfiguration wächst der Bedarf dynamisch an, was heißen soll, dass nur der Speicherplatz verbraucht wird, der auch tatsächlich verwendet wird.

8. Sie haben die Möglichkeit, der virtuellen Maschine gleich ein Installationsmedium zuzuweisen. Wir werden dies gleich von Hand vornehmen und wählen daher WEITER.

9. In der ZUSAMMENFASSUNG werden noch einmal alle getroffenen Einstellungen zur Überprüfung aufgelistet. Durch Klicken auf FERTIG STELLEN ist Ihre erste virtuelle Maschine vollständig erstellt.

Ihre neue virtuelle Maschine finden Sie nun im Hyper-V-Manager unter VIRTUELLER COMPUTER. Setzen Sie einen Doppelklick auf die virtuelle Maschine, damit das *Verbindungsfenster*, das den Videoausgang wiedergibt – ähnlich wie eine *Remotedesktopverbindung* –, geöffnet wird (Abbildung 27.13). Zu diesem Zeitpunkt befindet sich die virtuelle Maschine im ausgeschalteten Zustand, und wir erhalten einen schwarzen Bildschirm. Durch Klicken des grünen Einschaltknopfs im Menüband wird die virtuelle Maschine gestartet. Alternativ wählen Sie AKTION und STARTEN oder ⎡Strg⎤ + ⎡S⎤.

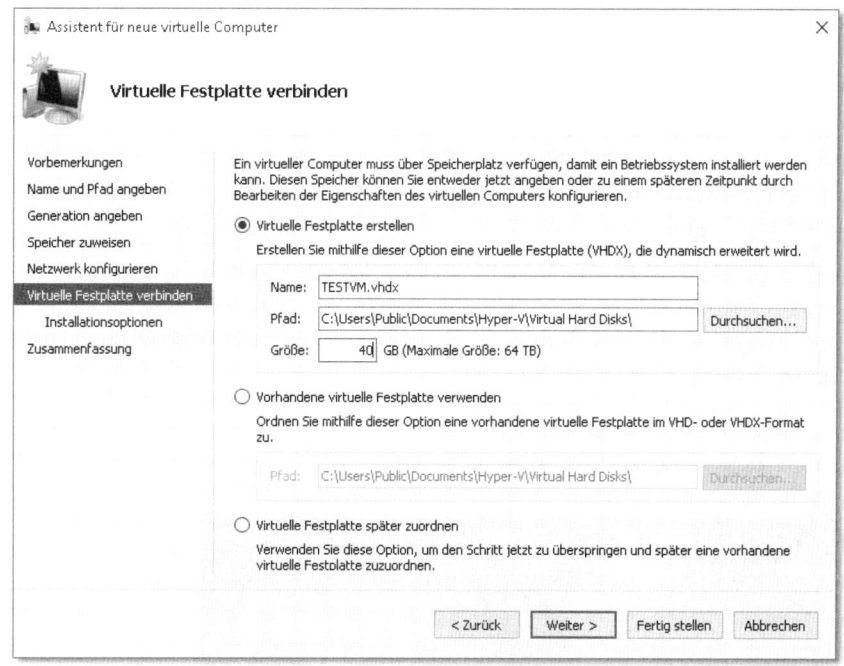

Abbildung 27.12 Virtuelle Festplatte erstellen

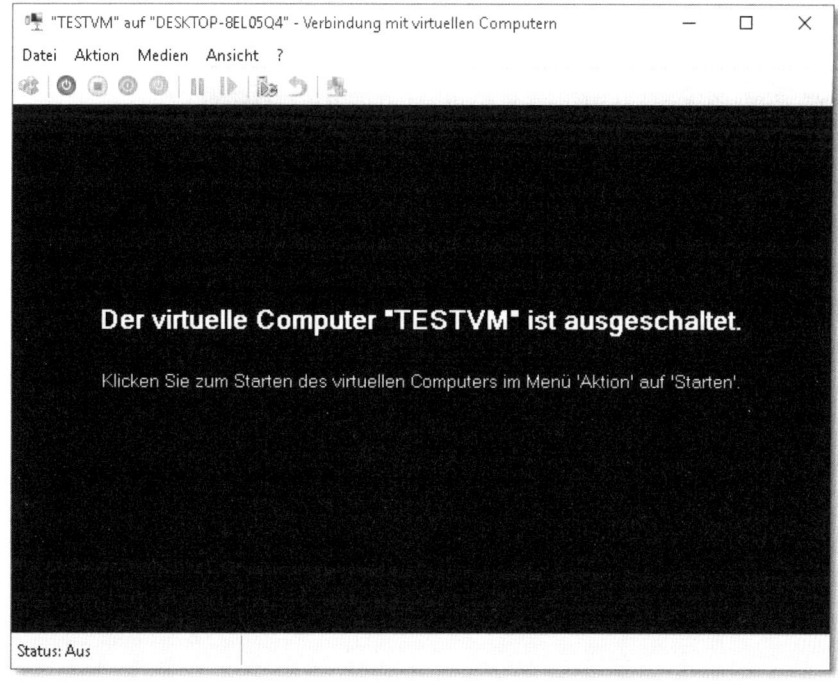

Abbildung 27.13 Verbindungsfenster

Sie werden prompt mit einer Fehlermeldung begrüßt: BOOT FAILURE. Diese Meldung ist vollkommen richtig (Abbildung 27.14). Denn Sie haben weder ein bootfähiges Medium mit der virtuellen Maschine verbunden, noch befindet sich auf der virtuellen Festplatte ein Betriebssystem, das gestartet werden könnte. Das soll Sie nicht weiter aufhalten. Also verbinden wir ein Installationsmedium mit der virtuellen Maschine. Klicken Sie dafür auf MEDIEN • DVD-LAUFWERK • DATENTRÄGER... oder E: AUFZEICHNEN (der Buchstabe kann variieren), je nachdem, ob Sie eine ISO-Datei oder eine CD bzw. DVD als Installationsmedium haben. Wenn das Installationsmedium verbunden ist, starten Sie die virtuelle Maschine neu, indem Sie auf AKTION • STRG + ALT + ENTF klicken. Ihre virtuelle Maschine startet nun von dem gerade gewählten Installationsmedium. Dort finden Sie die gewohnte Installationsroutine wieder, wie Sie es von Ihrem physikalischen Computer her bereits kennen.

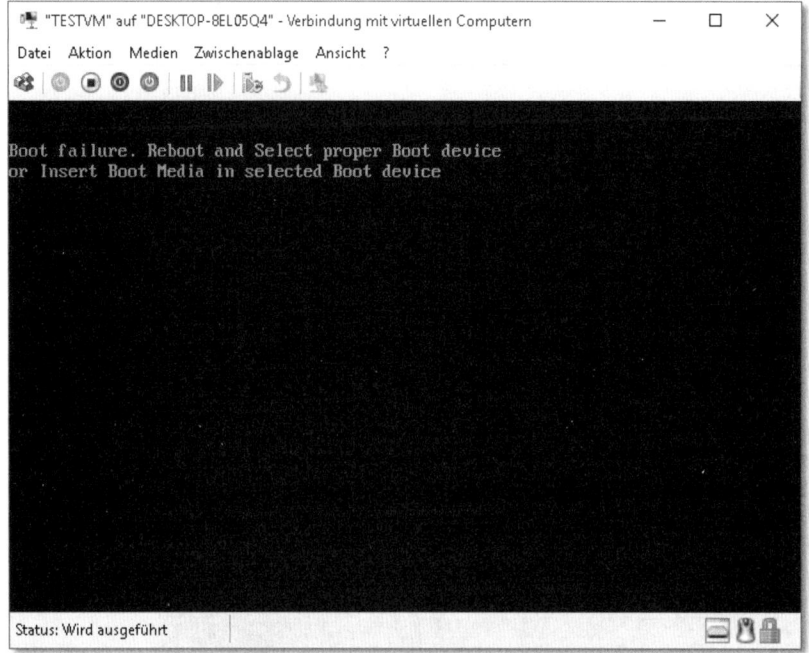

Abbildung 27.14 Fehlendes Installationsmedium beim Starten

27.6.4   Das Hyper-V-Verbindungsfenster

Wie bereits erwähnt, ist das *Hyper-V-Verbindungsfenster* der Videoausgang der virtuellen Maschine (Abbildung 27.13). Darüber hinaus haben Sie die Möglichkeit, den Betriebszustand der virtuellen Maschine zu ändern. So können Sie die virtuelle Maschine starten, ausschalten, herunterfahren, speichern oder anhalten. Einen schnellen Prüfpunkt können Sie ebenfalls erstellen. Im Menüband finden Sie Schaltflächen, um diese Aktionen durchzuführen.

Schaltfläche	Funktion
STRG + ALT + ENTF	Führt das Drücken der Tastenkombination `Strg` + `Alt` + `Entf` aus. Diese Taste ist deshalb erforderlich, weil das Drücken der Tastenkombination ansonsten an den Host und nicht an den Gast gesendet wird.
STARTEN	Schaltet die virtuelle Maschine ein.
AUSSCHALTEN	Schaltet die virtuelle Maschine aus. Dies entspricht dem Drücken des Powerschalters an Ihrem physikalischen Computer.
HERUNTERFAHREN	Fährt das Gastbetriebssystem ordnungsgemäß herunter.
SPEICHERN	Speichert den aktuellen Zustand der virtuellen Maschine. Der Inhalt des Arbeitsspeichers wird dabei in eine Datei geschrieben, und die virtuelle Maschine wird ausgeschaltet. Beim nächsten Einschalten finden Sie die virtuelle Maschine im exakt gleichen Zustand wieder, ähnlich wie beim Anwenden des Ruhezustands.
ANHALTEN	Pausiert die virtuelle Maschine. Der Inhalt des Arbeitsspeichers bleibt weiterhin reserviert und wird nicht freigegeben.
NEU STARTEN	Entspricht dem Drücken des Reset-Schalters an Ihrem Computer. Wenn das Gastbetriebssystem einmal nicht reagieren sollte, können Sie einen Reset durchführen.
PRÜFPUNKT	Erstellt einen Prüfpunkt des aktuellen Zustands der virtuellen Maschine. Sie haben die Möglichkeit, einen Namen für den Prüfpunkt zu vergeben.
ZURÜCKSETZEN	Setzt eine virtuelle Maschine auf den Prüfpunkt zurück. Sollten mehrere Prüfpunkte vorhanden sein, wird immer der letzte Prüfpunkt verwendet.

Tabelle 27.1 Funktionen des Verbindungsfensters

27.6.5   Eine virtuelle Maschine konfigurieren

Sie haben selbstverständlich die Möglichkeit, die Einstellungen, die Sie beim Erstellen der virtuellen Maschine getroffen haben, zu ändern. Genauer gesagt können Sie die virtuelle Hardware ändern, hinzufügen oder entfernen. Das ist sehr komfortabel, oder man kann fast schon von luxuriös sprechen, wenn man überlegt, welcher Aufwand normalerweise in der Änderung der physikalischen Hardware liegt. Angenommen, Sie betreiben einen Hyper-V-Server am anderen Ende der Welt, können Sie mit wenigen Klicks z. B. eine Festplatte dem Server hinzufügen, ohne dafür auf Reisen gehen zu müssen.

27

Machen Sie einen Rechtsklick auf die virtuelle Maschine, von der Sie die virtuelle Hardware ändern wollen, und wählen Sie EINSTELLUNGEN. Alternativ können Sie im geöffneten *Verbindungsfenster* DATEI • EINSTELLUNGEN anwählen oder die Tastenkombination ⌗Strg⌗ + ⌗O⌗ betätigen. In dem neuen Fenster bekommen Sie eine Übersicht über die aktuell vorhandene virtuelle Hardware (Abbildung 27.15) der virtuellen Maschine.

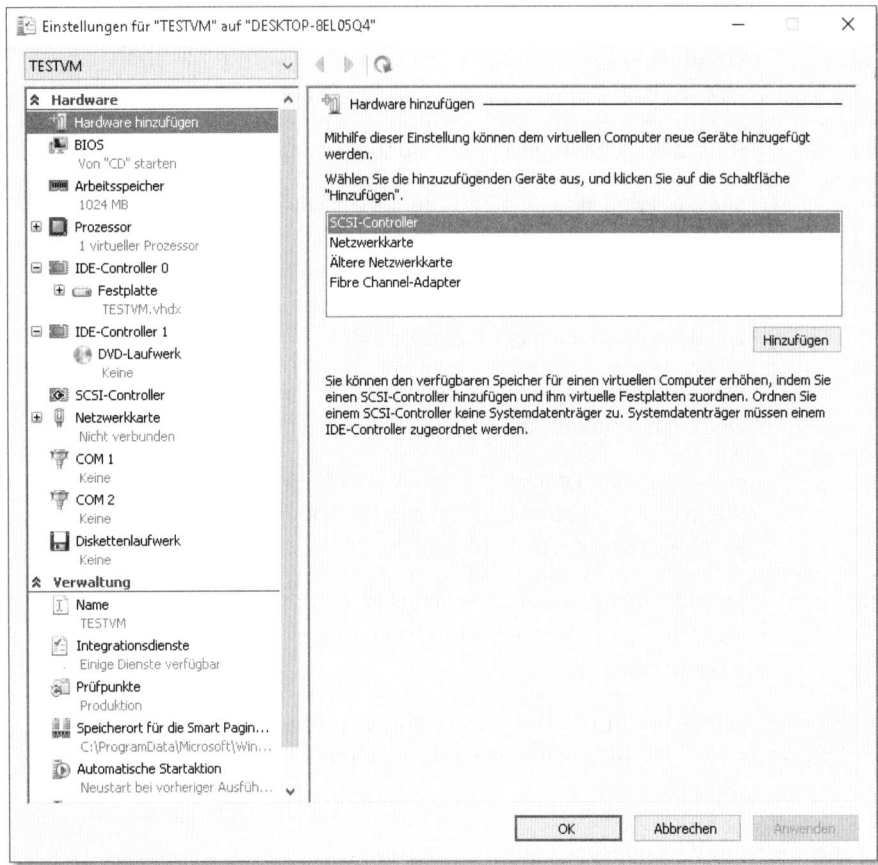

Abbildung 27.15 Einstellungen virtuelle Maschine

Wenn Sie der virtuellen Maschine z. B. eine zusätzliche Netzwerkkarte hinzufügen möchten, wählen Sie HARDWARE HINZUFÜGEN • NETZWERKKARTE • HINZUFÜGEN. Anschließend haben Sie im linken Fensterbereich zwei Einträge mit Netzwerkkarte.

IDE- versus SCSI-Festplatten

Hyper-V unterscheidet zwischen den Festplattentypen bzw. Festplatten-Controllern *IDE* und *SCSI*. Ein Controller verbindet Festplatten mit dem Computer. Möchten Sie eine Festplatte hinzufügen, wählen Sie im linken Fensterbereich entweder IDE-CONTROLLER oder SCSI-CONTROLLER aus. Dort haben Sie dann die Möglichkeit, eine Festplatte hinzuzufügen.

Jetzt fragen Sie sich sicherlich, warum es zwei Arten von Festplatten bzw. Festplatten-Controllern gibt und wo die Unterschiede liegen.

Jede virtuelle Maschine der Generation 1 benötigt mindestens einen IDE-Controller samt einer IDE-Festplatte, weil in der Hyper-V-Welt nur IDE-Festplatten bootfähig sind. Ohne eine bootfähige Festplatte können Sie keine virtuelle Maschine betreiben. Außerdem lassen sich DVD-Laufwerke nur über einen IDE-Controller betreiben. Der Einsatz von IDE-Festplatten erfordert keine zusätzlichen Treiber, da diese durch die *Integrationsdienste* mitgeliefert werden. IDE-Festplatten können Sie nur im ausgeschalteten Zustand hinzufügen oder entfernen. Es gibt allerdings einen großen Nachteil beim Einsatz von IDE. Eine virtuelle Maschine kann maximal zwei IDE-Controller verwenden. Ein IDE-Controller kann maximal zwei IDE-Festplatten betreiben. So hätten wir an einer virtuellen Maschine eine IDE-Festplatte mit dem Betriebssystem, ein DVD-Laufwerk, das auch über den IDE-Controller betrieben wird, und zwei zusätzliche IDE-Festplatten. Das ist je nach Einsatzzweck nicht wirklich viel, und so müssen Sie auf SCSI-Controller zurückgreifen.

Im Gegensatz zum IDE-Controller können Sie bis zu vier SCSI-Controller in Ihrer virtuellen Maschine verwenden. An jeden SCSI-Controller können bis zu 64 Festplatten hinzugefügt werden, was in der Summe 256 virtuelle Festplatten sind – das ist eine ganze Menge. Ein großer Pluspunkt ist außerdem das sogenannte *Hot Plugging*. *Hot Plugging* bedeutet, dass Sie im laufenden Betrieb Festplatten hinzufügen und entfernen können. So müssen Sie die virtuelle Maschine nicht ausschalten, und es kommt zu keiner Ausfallzeit. Damit das Gastbetriebssystem ordnungsgemäß mit den SCSI-Festplatten arbeiten kann, müssen Sie allerdings die *Integrationsdienste* installieren.

Was die Leistung betrifft, sind IDE- und SCSI-Festplatten identisch, vorausgesetzt, Sie haben die Integrationsdienste installiert. Der Flaschenhals wird ohnehin das darunterliegende physikalische Festplattensystem sein, das die Leistung vorgibt. Am besten nehmen Sie für das Betriebssystem der virtuellen Maschine eine IDE-Festplatte und für die restlichen Daten eine oder mehrere SCSI-Festplatten.

Seit dem Einführen virtueller Maschinen der zweiten Generation lassen sich zu ebendiesen nur ein SCSI-Controller und demzufolge nur SCSI-Festplatten hinzufügen. SCSI-Festplatten können seitdem auch als Bootfestplatte verwendet werden.

Virtuelle Festplatten erstellen

Sie haben gerade die Unterschiede zwischen IDE und SCSI kennengelernt. Unabhängig von der Festplatte und deren Controller, gibt es noch weitere Einstellungen, die Sie beachten sollten, wenn Sie eine neue Festplatte hinzufügen.

Sie haben die Möglichkeit, eine Festplatte zu erstellen, ohne diese gleich einer virtuellen Maschine zuzuweisen. Dafür wählen Sie im rechten Fensterbereich im Hyper-V-Manager NEU • FESTPLATTE. Möchten Sie die neue Festplatte aber gleich einer virtuellen Maschine hinzufügen, öffnen Sie die Einstellungen der virtuellen Maschine, wählen den Controller

IDE-CONTROLLER oder SCSI-CONTROLLER an und anschließend FESTPLATTE HINZUFÜGEN und NEU (Abbildung 27.16).

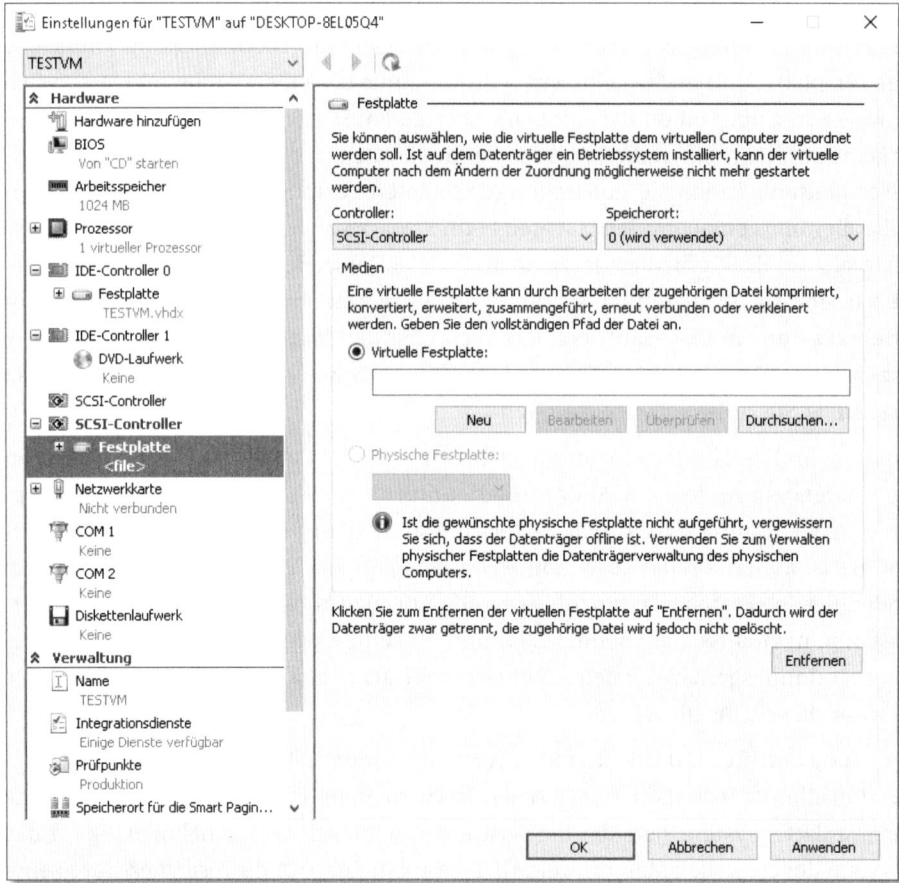

Abbildung 27.16 Neue virtuelle Festplatte hinzufügen

Beide Wege starten den *Assistenten für neue virtuelle Festplatten*, in dem Sie das Datenträgerformat, den Typ, den Namen und Pfad sowie die Datenträgergröße bestimmen müssen.

▶ DATENTRÄGERFORMAT

    – VHD: Das VHD-Format (Virtual Hard Disk) ist das alte Format virtueller Festplatten. Eine virtuelle Festplatte kann maximal 2 TB groß sein. Das VHD-Format wurde erstmalig für Virtual PC entwickelt.

    – VHDX: VHDX ist eine Erweiterung des VHD-Formats. Seit Windows 8 und Windows Server 2012 werden virtuelle Festplatten standardmäßig im leistungsfähigen VHDX-Format verwendet. VHDX-Datenträger können bis zu 64 TB an Speicherkapazität unterstützen. Das Format kann nur von Windows 8 und Windows Server 2012 verwendet werden und ist somit nicht abwärtskompatibel.

- – VHD-Satz: VHD-Satz ist ein Format, das für freigegebene virtuelle Festplatten reserviert ist. Es ermöglicht Sicherungen von Gruppen virtueller Computer mithilfe freigegebener virtueller Festplatten. Dieses Format kann nur von Windows 10 verwendet werden.

▶ DATENTRÄGERTYP

- – FESTE GRÖSSE: Die festgelegte Speicherkapazität der virtuellen Festplatte wird gleich auf der physischen Festplatte reserviert. Der Datenträgertyp eignet sich für virtuelle Festplatten mit vielen Schreib- und Leseoperationen. Die Speicherkapazität kann später vergrößert werden.

- – DYNAMISCH ERWEITERBAR: Eine neue virtuelle Festplatte ist zunächst 4 MB groß, auch wenn eine Speicherkapazität von beispielsweise 40 GB konfiguriert wurde. So lassen sich viele virtuelle Festplatten speichern, obwohl der eigentlich physikalische Speicherplatz gar nicht zur Verfügung steht. Sobald Dateien auf die Festplatte geschrieben werden, wächst die Festplatte bis zu ihrer festgelegten maximalen Größe. Dieser Datenträgertyp eignet sich für weniger datenträgerintensive Nutzung.

- – DIFFERENZIERUNG: Eine virtuelle Festplatte vom Typ »Differenzierung« benötigt eine übergeordnete Festplatte, zu der sie in Beziehung steht. Änderungen werden nur in die differenzierte Festplatte geschrieben, sodass die übergeordnete Festplatte nicht verändert wird und Änderungen leicht rückgängig gemacht werden können. Dieser Typ eignet sich besonders gut für Testszenarios. Er sollte nicht im produktiven Betrieb eingesetzt werden.

▶ NAME UND PFAD

- – NAME: Vergeben Sie einen Namen für die neue virtuelle Festplatte.

- – PFAD: Legen Sie einen Pfad fest, wo die neue virtuelle Festplatte gespeichert werden soll.

▶ DATENTRÄGER KONFIGURIEREN

- – NEUE VIRTUELLE FESTPLATTE OHNE INHALT ERSTELLEN: Erstellen Sie eine neue leere virtuelle Festplatte. Legen Sie die Größe der virtuellen Festplatte fest.

- – INHALT DER ANGEGEBENEN PHYSISCHEN FESTPLATTE KOPIEREN: Durch Wählen dieser Option können Sie den Inhalt Ihres physikalischen Datenträgers in eine neue virtuelle Festplatte kopieren.

- – INHALT DER ANGEGEBENEN VIRTUELLEN FESTPLATTE KOPIEREN: Genau wie beim Kopieren des physikalischen Datenträgers können Sie hier den Inhalt eines virtuellen Datenträgers in eine neue virtuelle Festplatte kopieren.

- – PFAD: Haben Sie eine virtuelle Festplatte vom Typ Differenzierung gewählt, müssen Sie hier die übergeordnete virtuelle Festplatte auswählen, die verwendet werden soll.

Virtuelle Festplatten bearbeiten

Auch wenn die Cloud in aller Munde ist, lokale Festplatten werden womöglich immer Bestandteil Ihres Computers sein. Virtuelle Maschinen verwenden selbstverständlich auch

Festplatten. Da es sich hierbei um Dateien handelt und nicht um physikalische Geräte mit rotierenden Scheiben, haben Sie ganz andere Möglichkeiten, mit diesen zu arbeiten. Wenn Sie z. B. feststellen, dass Ihre virtuelle Festplatte zu klein geworden ist, können Sie diese vergrößern. Da kommt der Assistent zum Bearbeiten virtueller Festplatten ins Spiel, der dafür und für noch viel mehr verwendet werden kann.

Sie erkennen im *Windows Explorer* zwar, welchen Dateityp die virtuelle Festplatte hat und wie groß diese ist, möchten Sie aber wissen, ob es sich beispielsweise um eine *dynamisch erweiterbare virtuelle Festplatte* handelt, müssen Sie den Datenträger im Hyper-V-Manager überprüfen. Öffnen Sie dafür den Hyper-V-Manager, und wählen Sie im rechten Fensterbereich Datenträger überprüfen, um eine virtuelle Festplatte zu überprüfen. Anschließend wählen Sie die virtuelle Festplatte aus. In einem neuen Fenster werden Ihnen die Eigenschaften der virtuellen Festplatte angezeigt (Abbildung 27.17), die sehr aufschlussreich sein können.

Abbildung 27.17 Eigenschaften von virtueller Festplatte

Damit Sie eine virtuelle Festplatte bearbeiten können, starten Sie den Assistenten zum Bearbeiten virtueller Festplatten, indem Sie im Hyper-V-Manager im rechten Fensterbereich Datenträger bearbeiten wählen.

1. Lesen Sie die Vorbemerkung, und klicken Sie auf Weiter.

2. Wählen Sie die virtuelle Festplatte aus, die Sie bearbeiten möchten. Wählen Sie Weiter.

   Beachten Sie hierbei bitte, dass Sie keine virtuelle Festplatte bearbeiten dürfen, die Prüfpunkte enthält, die für die Replikation verwendet wird oder die zu einer Kette differenzierter Festplatten gehört.

   – Komprimieren – Setzen Sie dynamisch erweiterbare oder differenzierte virtuelle Festplatten ein, können Sie mit dieser Option die *.vhdx*-Datei verkleinern, indem leere Bereiche entfernt werden, die durch das Löschen von Daten innerhalb der virtuellen Festplatte frei geworden sind. Diese Option steht nur bei dynamisch erweiterbaren Festplatten zur Verfügung.

– KONVERTIEREN – Hiermit können Sie zum einen eine virtuelle Festplatte vom alten *.vhd*-Format in das neue *.vhdx*-Format für virtuelle Festplatten und umgekehrt umwandeln. Zum anderen können Sie eine virtuelle Festplatte mit einer festen Größe in eine mit einer dynamisch erweiterbaren Größe umwandeln und umgekehrt.

– ERWEITERN – Mit dieser Option erhöhen Sie die Speicherkapazität einer dynamisch erweiterbaren virtuellen Festplatte oder einer virtuellen Festplatte mit einer festen Größe.

– ZUSAMMENFÜHREN – Wenn Sie eine differenzierende virtuelle Festplatte gewählt haben, wird diese Option angezeigt. Möchten Sie eine differenzierende virtuelle Festplatte mit ihrer übergeordneten Festplatte zu einer neuen gemeinsamen virtuellen Festplatte zusammenführen, wählen Sie diese Option. Beide Quellfestplatten bleiben dabei erhalten.

3. Je nachdem, welche Option Sie gewählt haben, müssen Sie im nächsten Fenster das neue Format der virtuellen Festplatte bestimmen, den neuen Typ oder die Größe der virtuellen Festplatte.

4. Im letzten Schritt wird Ihnen wie gewohnt eine ZUSAMMENFASSUNG der vorher getroffenen Optionen angezeigt. Wenn Sie diese überprüft haben und alles korrekt ist, klicken Sie auf FERTIG STELLEN, damit der Vorgang gestartet wird.

Physikalische Festplatte in virtuelle Festplatte konvertieren

Mark Russinovich und Bryce Cogswell, Gründer von *Windows Sysinternals*, haben ein kostenfreies Tool entwickelt, mit dem man physikalische Festplatten in virtuelle Festplatten konvertieren kann: *Disk2vhd*.

Das kleine Programm wird auf dem Computer gestartet, der die Festplatte enthält, die umgewandelt werden soll. Sie können auswählen, welche Partition umgewandelt werden soll. Die Systempartition kann sogar im laufenden Betrieb virtualisiert werden, denn Disk2vhd bedient sich an der *Volumenschattenkopie* von Windows. Sie erhalten eine *.vhd*-Datei, die Sie in eine virtuelle Maschine von Hyper-V einbinden können.

Unter folgendem Link können Sie Disk2vhd herunterladen:

http://technet.microsoft.com/en-us/sysinternals/ee656415.aspx

---

27

27.7   Ein virtuelles Netzwerk konfigurieren

Ihnen ist sicherlich aufgefallen, dass wir während der Erstellung der virtuellen Maschine kein Netzwerk konfiguriert haben. Doch das ist in den meisten Umgebungen essenziell, und deshalb möchten wir Ihnen jetzt zeigen, wie Sie Ihre virtuelle Maschine netzwerkfähig bekommen, denn ein Computer ohne Netzwerkzugang ist in der heutigen Zeit doch kaum noch vorstellbar.

27.7.1 Virtuelle Switches

Um diese Aufgabe zu lösen, nutzt Hyper-V sogenannte *virtuelle Switches (vSwitch)*. Ein vSwitch verbindet die virtuellen Maschinen mit der Außenwelt und untereinander. Dabei wird zwischen drei Arten von vSwitches unterschieden. Durch die Wahl eines vSwitches bestimmen Sie, wie weitreichend die Konnektivität ist, oder, anders gesagt, Sie definieren die Netzwerktopologie der virtuellen Maschinen.

Ein *vSwitch* vom Typ »Extern« verbindet Ihre virtuellen Maschinen mit dem externen Netzwerk, also Ihrer physikalischen Netzwerkinfrastruktur. Bei den meisten Einsatzzwecken zu Hause ist dies das Internet oder andere Computer in Ihrem Heimnetzwerk. Möchten Sie also, dass Ihre virtuelle Maschine Zugriff auf das Internet hat, erstellen Sie einen vSwitch vom Typ »Extern«. Der Zugriff auf andere virtuelle Maschinen, die auf Ihrem Computer laufen, ist damit ebenfalls gewährleistet. Bitte beachten Sie, dass externe Netzwerkverbindungen kurzzeitig unterbrochen werden, wenn Sie einen vSwitch vom Typ »Extern« erstellen.

Durch das Erstellen eines vSwitches vom Typ »Extern« wird Ihrem Computer ein neuer virtueller Netzwerkadapter hinzugefügt. Dieser wird für die Verbindung mit dem physischen Netzwerk verwendet. Der neue virtuelle Netzwerkadapter besteht aus der ursprünglichen physikalischen Netzwerkkarte und dem neuen Netzwerkadapter. Die ursprüngliche physische Netzwerkkarte verfügt über keine Bindungen. An die virtuelle Netzwerkkarte sind jedoch alle Standardprotokolle und Dienste gebunden.

Wählen Sie beim Erstellen eines vSwitches vom Typ »Extern« eine WLAN-Netzwerkkarte *(Wireless Local Area Network)* aus, werden gleich zwei neue virtuelle Netzwerkadapter erstellt. Die physikalische WLAN-Netzwerkkarte überbrückt ihre Verbindung auf NETWORK BRIDGE, und der virtuelle Netzwerkadapter ist mit dieser verbunden.

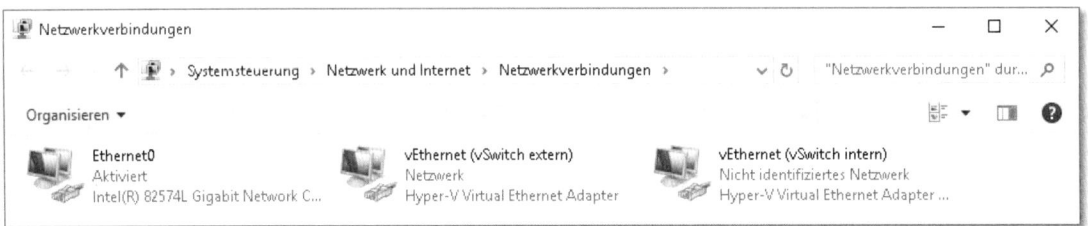

Abbildung 27.18 vSwitch extern und intern

Bei dem Einsatz eines *vSwitches* vom Typ »Intern« besteht Konnektivität zwischen den virtuellen Maschinen, die auf Ihrem Computer laufen, und Ihrem Computer, dem Host. Dabei besteht keine Bindung an eine physikalische Netzwerkkarte. Durch das Erstellen eines vSwitches vom Typ »Intern« wird Ihrem Computer ein neuer virtueller Netzwerkadapter hinzugefügt, der für die Kommunikation zwischen dem Gast und dem Host zuständig und somit erforderlich ist.

Besonders gut geeignet für Szenarien, bei denen ein autonomes Netzwerk erforderlich ist, sind *vSwitches* vom Typ »Privat«. Hier haben die virtuellen Maschinen nur die Möglichkeit, untereinander zu kommunizieren. Dabei ist kein Zugriff auf den Host oder das mit dem Host verbundene Netzwerk möglich. Es wird kein neuer virtueller Netzwerkadapter wie bei »Extern« und »Intern« hinzugefügt, weil die Kommunikation nur zwischen den virtuellen Maschinen stattfindet.

Damit wir unsere erste virtuelle Maschine netzwerkfähig machen können, erstellen wir also einen virtuellen Switch. Da wir die virtuelle Maschine mit dem Internet verbinden möchten, erstellen wir einen virtuellen Switch vom Typ »Extern«. Voraussetzung dabei ist natürlich, dass Ihr Computer, der Host, bereits mit dem Internet verbunden ist bzw., um es genau zu nehmen, mit einem Netzwerk, das mit dem Internet verbunden ist.

Um einen virtuellen Switch zu erstellen, wählen Sie im *Hyper-V-Manager* im rechten Fensterbereich MANAGER FÜR VIRTUELLE SWITCHES. Im nächsten Fenster (Abbildung 27.9) wählen Sie EXTERN an und klicken auf VIRTUELLEN SWITCH ERSTELLEN.

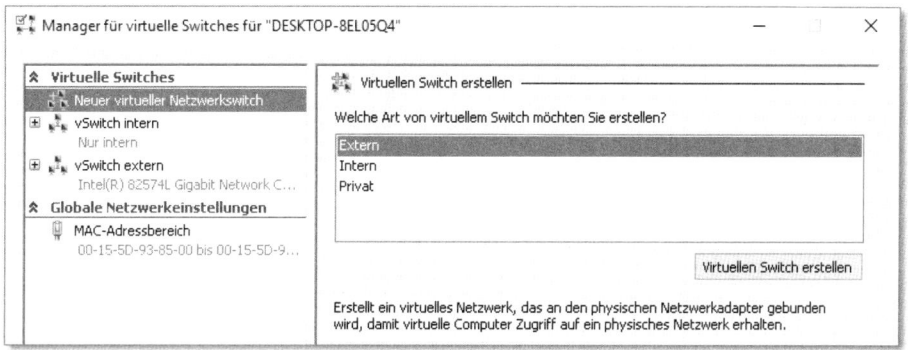

Abbildung 27.19 Neuer virtueller Netzwerkswitch

Jetzt können Sie die Eigenschaften des virtuellen Switches festlegen, wie in Abbildung 27.20 zu sehen. Sie können einen Namen vergeben, der idealerweise Aufschluss gibt, mit welchem Netzwerk der vSwitch verbunden ist. Sie müssen sich vorstellen, dass Hyper-V eigentlich für Server verwendet wird, die mit mehreren Netzwerkkarten ausgestattet sind, die mit unterschiedlichen Netzwerken verbunden sind, sodass eine sinnvolle Benennung hilfreich ist.

Als Nächstes müssen Sie wählen, welche physikalische Netzwerkkarte verwendet werden soll. Wenn Sie beispielsweise mit Ihrem Notebook per WLAN mit dem Netzwerk verbunden sind, sollten Sie die WLAN-Netzwerkkarte auswählen. Die Option GEMEINSAMES VERWENDEN DIESES NETZWERKADAPTERS FÜR DAS VERWALTUNGSBETRIEBSSYSTEM ZULASSEN sollte aktiviert bleiben. Diese Option ist nur relevant, wenn Sie Ihre Hyper-V-Umgebung von einem anderen Computer aus steuern möchten und der Verwaltungsverkehr dabei isoliert werden soll. Klicken Sie auf ANWENDEN, damit die getroffenen Einstellungen übernommen werden.

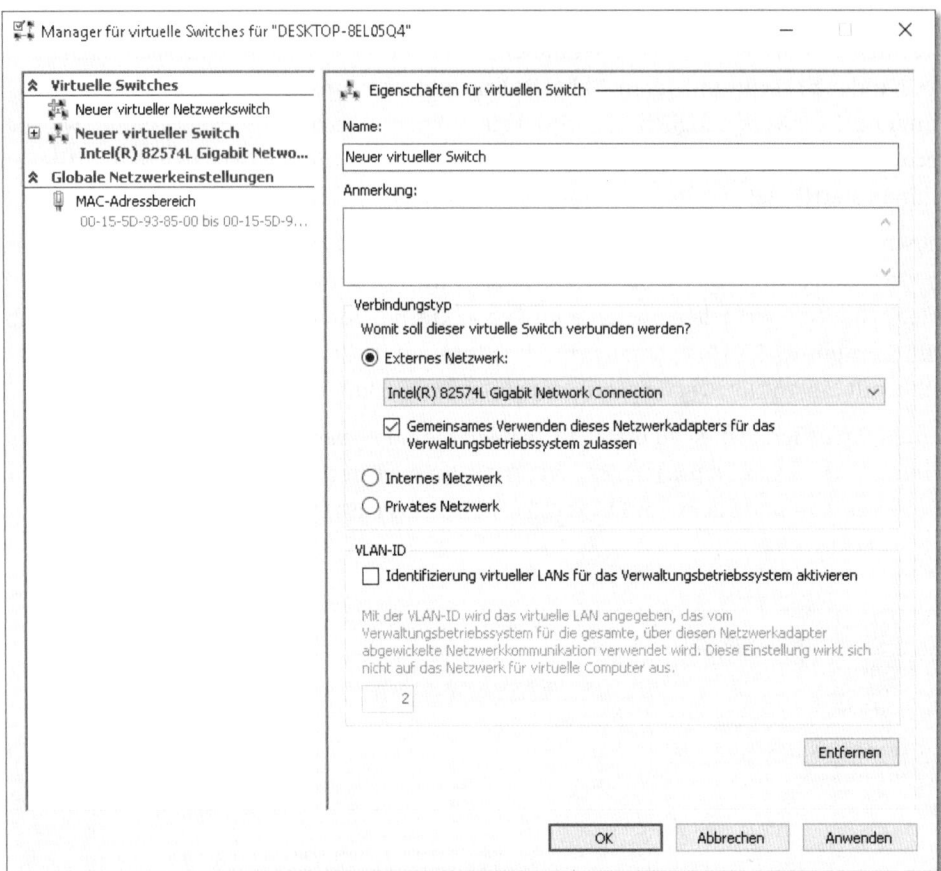

Abbildung 27.20 Hinzufügen eines virtuellen Switches

Durch den gerade erstellten virtuellen Switch vom Typ »Extern« haben Sie nun die Möglichkeit, Ihre virtuelle Maschine mit Ihrem externen Netzwerk zu verbinden. Um dies zu tun, machen Sie einen Rechtsklick auf Ihre virtuelle Maschine im Hyper-V-Manager und wählen Einstellungen. Hier haben Sie die Möglichkeit, die virtuelle Hardware Ihrer virtuellen Maschine zu konfigurieren. Die meisten Einstellungen können Sie allerdings nur abändern, wenn Ihre virtuelle Maschine ausgeschaltet ist. Das Verbinden mit einem virtuellen Switch lässt sich jedoch auch im eingeschalteten Zustand durchführen. Wählen Sie im linken Bereich Netzwerkkarte. Öffnen Sie das Dropdown-Menü bei Virtueller Switch, und wählen Sie den soeben erstellten virtuellen Switch aus. Durch einen Klick auf Anwenden wird die Änderung übernommen.

Legacy Network Adapter und Synthetic Network Adapter

Zusätzlich ist noch zu erwähnen, dass Hyper-V zwei Arten von Netzwerkkarten kennt: *Legacy Network Adapter* und *Synthetic Network Adapter*. Legacy Network Adapter heißen im

Hyper-V-Manager *ältere Netzwerkkarten*. Für diese Netzwerkkarten ist kein Treiber erforderlich. Es lassen sich maximal vier ältere Netzwerkkarten einer virtuellen Maschine hinzufügen, bei Synthetic Network Adapter acht. Legacy Network Adapter sind anders als Synthetic Network Adapter PXE-bootfähig. Nachteilig ist allerdings, dass die älteren Netzwerkkarten im Vergleich zu Synthetic Network Adaptern und dem heutigen Standard mit 1000 Mbit/s nur eine Geschwindigkeit von 100 Mbit/s leisten.

Sie haben jetzt also einen vSwitch vom Typ »Extern« erstellt, haben in den Einstellungen Ihrer virtuellen Maschine die Netzwerkkarte mit dem vSwitch verbunden und die Integrationsdienste installiert, damit die erforderlichen Netzwerkkartentreiber vorhanden sind. Wenn Sie einen DHCP-Server *(Dynamic Host Configuration Protocol)* in Ihrem Netzwerk betreiben, was in den allermeisten Fällen Ihr DSL-Router *(Digital Subscriber Line)* ist, wird der virtuellen Maschine automatisch eine IP-Adresse *(Internet Protocol)* zugewiesen. Andernfalls müssen Sie der virtuellen Maschine manuell eine statische IP-Adresse vergeben. Ihre virtuelle Maschine ist somit netzwerkfähig.

27.8   Der Einsatz von Prüfpunkten

Eines der besonders schönen und vor allem hilfreichen Features von Hyper-V sind *Prüfpunkte*. Ein Prüfpunkt ist eine Momentaufnahme vom aktuellen Zustand der virtuellen Maschine. Dabei spielt es keine Rolle, ob Ihre virtuelle Maschine ein- oder ausgeschaltet ist, der Prüfpunkt wird unterbrechungsfrei durchgeführt. Wenn Sie einen Prüfpunkt erstellen, erstellt Hyper-V eine neue virtuelle Festplatte (AVHDX- bzw. AVHD-Datei), in der ab dem Zeitpunkt des Prüfpunktes alle Änderungen geschrieben werden. Die alte, ursprüngliche virtuelle Festplatte bleibt dabei erhalten. So haben Sie die Möglichkeit, jederzeit zu diesem Zeitpunkt zurückzuspringen. Und nicht nur diesem Zeitpunkt. Sie können auch, wenn Sie mehrere Prüfpunkte erstellt haben, mit nur wenigen Klicks zwischen den verschiedenen Zuständen der virtuellen Maschine hin- und herspringen. Dieses Vorgehen eignet sich ideal für Testumgebungen. Sie können so beispielsweise einen Prüfpunkt erstellen, bevor Sie eine Änderung an einer virtuellen Maschine vornehmen oder bevor Sie eine Software installieren, und, wenn die Änderung bzw. Installation danebengeht, gleich wieder zum Ursprungszustand zurückspringen.

Prüfpunkte sind kein Backup

Prüfpunkte ersetzen keine klassischen Backups, sondern dienen lediglich der Sicherung des aktuellen Zustands der virtuellen Maschine. Angenommen, der Hyper-V-Host hat einen Hardwaredefekt und fällt damit komplett aus, so kann der Prüfpunkt auf einem anderen Hyper-V-Host nicht wiederhergestellt werden.

Bitte merken Sie sich Folgendes: Prüfpunkte gehören in die Abteilung Testing und Entwicklung und nicht in die Produktion!

Verwechseln Sie Prüfpunkte bitte nicht mit dem *Speichern des aktuellen Zustandes einer virtuellen Maschine*, das über das Kontextmenü im Verbindungsfenster oder im Hyper-V-Manager durchgeführt werden kann. Beim Speichern kann immer nur genau ein Zustand festgehalten werden und auch nur dann, solange die virtuelle Maschine ausgeschaltet ist. Beim Einschalten wird der Zustand wieder verworfen, weil verschiedene Dienste und Prozesse ihren Betrieb aufnehmen und der festgehaltene Zustand sich somit ändert. Das Speichern einer virtuellen Maschine ist vergleichbar mit dem Ruhezustand unter Windows.

27.8.1   Erstellen von Prüfpunkten

Es gibt gleich mehrere Wege, wie Sie für Ihre virtuelle Maschine einen Prüfpunkt erstellen können. Sie können im Hyper-V-Manager einen Rechtsklick auf die virtuelle Maschine machen und PRÜFPUNKT auswählen. Dann wird ein Prüfpunkt mit automatischer Benennung (Name, Datum, Uhrzeit) erstellt. Oder Sie machen einen Doppelklick auf die virtuelle Maschine, damit sich das Verbindungsfenster der virtuellen Maschine öffnet, in dem Sie durch Klicken auf AKTION • PRÜFPUNKT einen Prüfpunkt erstellen. Alternativ drücken Sie die Tastenkombination [Strg] + [N]. Dabei haben Sie die Möglichkeit, einen Namen für den Prüfpunkt zu vergeben, damit Sie den Prüfpunkt später besser zuordnen können (Abbildung 27.21).

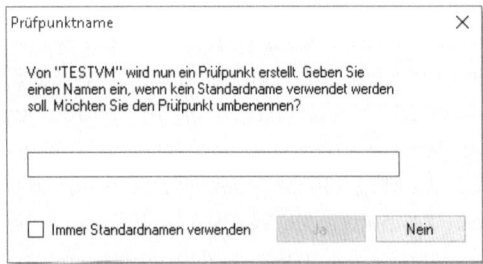

Abbildung 27.21 Prüfpunktnamen vergeben

Der Hyper-V-Manager listet alle Ihre Prüfpunkte in einer Baumstruktur auf (Abbildung 27.22). Falls Sie mehrere Prüfpunkte haben, können Sie so nachvollziehen, an welchem Zeitpunkt Sie sich gerade befinden. Ein kleiner grüner Pfeil zeigt Ihnen, an welchem Punkt Sie gerade sind.

Wenn Sie einen Prüfpunkt im laufenden Betrieb erstellen, wird im Verzeichnis der virtuellen Computer (Standardpfad *C:\ProgramData\Microsoft\Windows\Hyper-V*) ein neuer Ordner *Prüfpunkte* angelegt. Innerhalb dieses Ordners, der die *GUID (Globally Unique Identifier)* des Prüfpunktes als Namen trägt, wird eine neue *.VMCX*- und *.VMRS*-Konfigurationsdatei für den Prüfpunkt erstellt. Zusätzlich befindet sich in diesem Ordner ein Ordner, der ebenfalls die GUID als Namen trägt. In diesem Ordner wiederum gibt es eine *.bin*-Datei und eine *.vsv*-Datei, die den Systemstatus speichern. Die *.bin*-Datei ist immer genauso groß wie der Arbeitsspeicher der virtuellen Maschine. In dem Ordner, in dem die virtuellen Festplatten gespeichert werden, wird eine AVHDX- bzw. AVHD-Datei angelegt. Das ist die neue differenzierte Festplatte, in der die Änderungen ab dem Zeitpunkt des Prüfpunktes geschrieben werden.

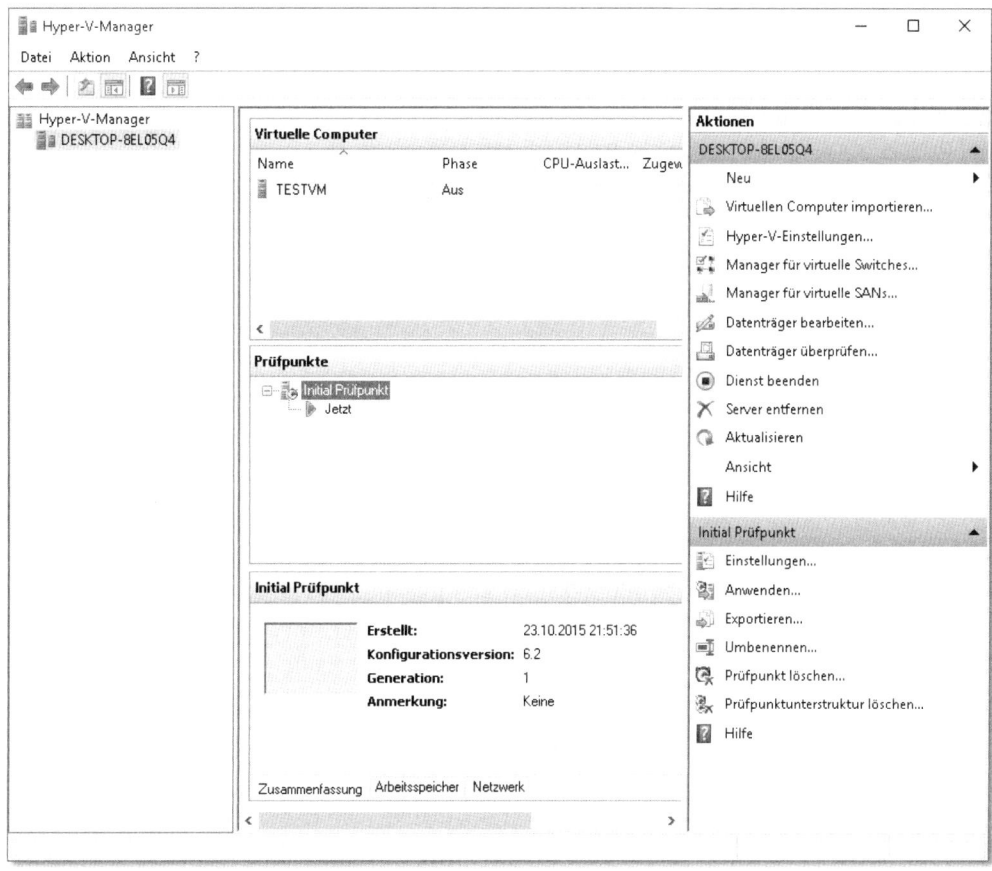

Abbildung 27.22 Übersicht Prüfpunkte

27.8.2   Wiederherstellen von Prüfpunkten

Das Wiederherstellen eines Prüfpunktes ist ebenso einfach wie das Erstellen. Möchten Sie nun also zu einem früheren Zeitpunkt zurückkehren, wählen Sie den Prüfpunkt, den Sie wiederherstellen wollen, im Hyper-V-Manager aus, machen Sie einen Rechtsklick, und wählen Sie ANWENDEN. Es wird eine Warnmeldung angezeigt und gefragt, ob Sie den Prüfpunkt wirklich anwenden wollen (Abbildung 27.23).

Sie können jetzt noch einen Prüfpunkt erstellen, damit der aktuelle Zustand nicht verloren geht, bevor Sie den Prüfpunkt wiederherstellen. Wählen Sie PRÜFPUNKT ERSTELLEN UND ANWENDEN oder ANWENDEN, um den Prüfpunkt wiederherzustellen.

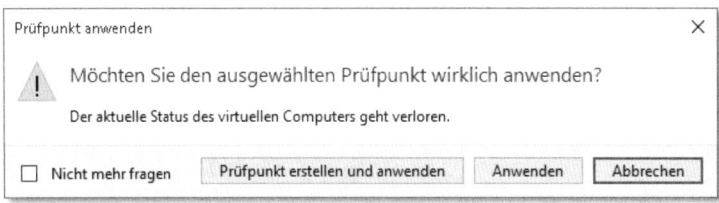

Abbildung 27.23 Warnung Prüfpunkt wiederherstellen

Das Wiederherstellen dauert einige Sekunden. Sobald der Prüfpunkt wiederhergestellt wurde, finden Sie die virtuelle Maschine im exakt gleichen Zustand wieder, wie sie vor dem Prüfpunkt erfasst wurde.

27.8.3   Löschen von Prüfpunkten

Prüfpunkte sind ein wirklich gutes Hilfsmittel, aber eines sollten Sie dabei nicht vergessen: Prüfpunkte nehmen Speicherplatz in Anspruch und sollten deshalb nur über kürzere Zeiträume aufbewahrt werden.

Hyper-V bietet zum einen die Möglichkeit, einen einzelnen Prüfpunkt zu löschen. Zum anderen können Sie aber auch ganze Prüfpunkt-Baumstrukturen löschen, sozusagen rekursiv. Dabei löschen Sie einen Prüfpunkt, und alle folgenden Prüfpunkte werden ebenfalls gelöscht. Prüfpunktdateien sollten nicht direkt im Explorer, sondern ausschließlich über den Hyper-V-Manager gelöscht werden. Wenn Sie eine virtuelle Festplatte erweitern, die einen Prüfpunkt umfasst, gehen alle dazugehörigen Prüfpunkte verloren.

Damit Sie einen Prüfpunkt löschen können, machen Sie auf den zu löschenden Prüfpunkt einen Rechtsklick im Hyper-V-Manager und wählen PRÜFPUNKT LÖSCHEN.

Möchten Sie einen Prüfpunkt mitsamt den folgenden Prüfpunkten löschen, machen Sie einen Rechtsklick auf den Prüfpunkt, den Sie löschen wollen, und wählen PRÜFPUNKTUNTERSTRUKTUR LÖSCHEN.

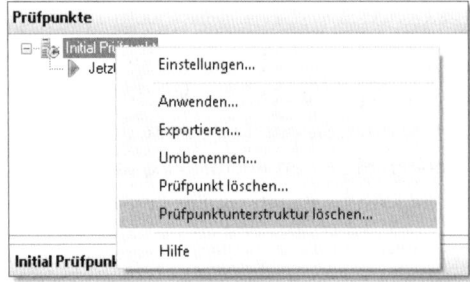

Abbildung 27.24 Prüfpunktunterstruktur löschen

Speicherplatz und gelöschte Prüfpunkte

Wenn Sie einen Prüfpunkt löschen, wird der Speicherplatz, den der Prüfpunkt verbraucht hat, erst freigegeben, wenn die virtuelle Maschine ausgeschaltet bzw. neu gestartet wurde. Wenn Sie sich also wundern sollten, warum Sie immer noch so wenig Speicherplatz haben, obwohl Sie alle Prüfpunkte gelöscht haben, schalten Sie die virtuelle Maschine einmal aus, damit die Prüfpunkte auch physikalisch gelöscht werden.

27.9   Dateien einer virtuellen Maschine

Jede virtuelle Maschine besteht aus mehreren Dateien. Damit Sie ein besseres Verständnis bekommen, wie virtuelle Maschinen funktionieren, was im Hintergrund passiert und welche Datei welche Funktion hat, möchten wir diese kurz beleuchten.

▶ *.vhd* bzw. *.vhdx*
  .vhd bzw. *.vhdx* ist der Dateityp der virtuellen Festplatte. Der Festplattentyp (*IDE* oder *SCSI*) ist dabei nicht ersichtlich und in diesem Zusammenhang auch irrelevant. Jede virtuelle Maschine hat mindestens eine virtuelle Festplatte. Der Standardspeicherort ist *C:\Users\ Public\Documents\Hyper-V\Virtual Hard Disks*.

▶ *.avhd* bzw. *.avhdx*
  Der Dateityp von *differenzierten Festplatten* ist *.avhd* bzw. *.avhdx*. Differenzierte Festplatten werden in der Regel von Prüfpunkten erzeugt und speichern alle Änderungen, die ab dem Prüfpunkt erstellt werden. *.avhd*- bzw. *.avhdx*-Dateien liegen im gleichen Ordner wie die übergeordnete *.vhd*- bzw. *.vhdx*-Datei.

▶ *.vsv*
  .vsv-Dateien beinhalten den gesicherten Zustand der virtuellen Maschine, vergleichbar mit dem Ruhezustand von Windows.

▶ *.bin*
  In *.bin*-Dateien wird der aktuelle Zustand des Arbeitsspeichers gespeichert, wenn die virtuelle Maschine in einen gesicherten Zustand versetzt wird. Eine *.bin*-Datei hat immer die gleiche Größe wie der zugeordnete Arbeitsspeicher der dazugehörigen virtuellen Maschine.

27.10   Importieren und Exportieren von virtuellen Maschinen

Das Importieren und Exportieren von virtuellen Maschinen ist eine sehr komfortable Funktion. Durch einen Export haben Sie eine vollwertige Sicherung Ihrer virtuellen Maschine. Wenn Sie einen Export durchgeführt haben und dieser Export ist auf einem zentralen oder externen Speicher abgelegt, können Sie bei einem Hardwaredefekt die zuvor exportierte

virtuelle Maschine durch einen Import auf der neuen Hardware im Hyper-V einfach wiederherstellen. Die physikalische Hardware spielt dabei keine Rolle, denn es handelt sich ja um
eine virtuelle Maschine, die ihre virtuelle Hardware emuliert bekommt.

27.10.1   Exportieren einer virtuellen Maschine

Um eine virtuelle Maschine zu exportieren, machen Sie einen Rechtsklick auf die virtuelle
Maschine und wählen EXPORTIEREN (Abbildung 27.25).

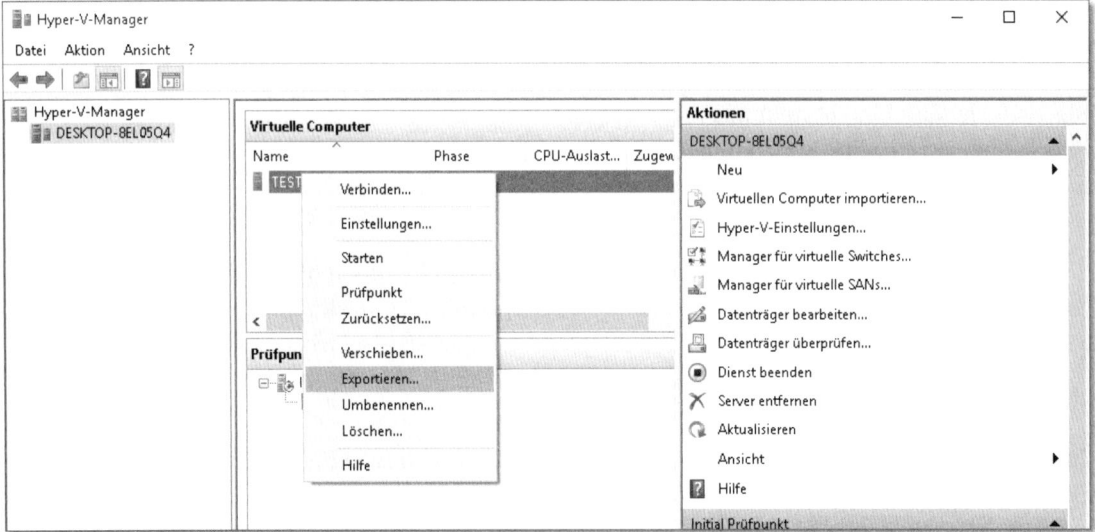

Abbildung 27.25 Virtuelle Maschine exportieren

Legen Sie nun den gewünschten SPEICHERORT für die exportierte virtuelle Maschine fest.
Wählen Sie anschließend EXPORTIEREN, damit der Exportvorgang gestartet wird. Wenn Sie
Ihre virtuelle Maschine im Hyper-V-Manager anwählen, können Sie in der Spalte STATUS
den aktuellen Fortschritt des Exportvorgangs ablesen (Abbildung 27.26). Der Vorgang kann je
nach Größe der virtuellen Maschine einige Zeit in Anspruch nehmen. Für den Export muss
die virtuelle Maschine nicht ausgeschaltet werden. Dieser Vorgang kann also im laufenden
Betrieb durchgeführt werden.

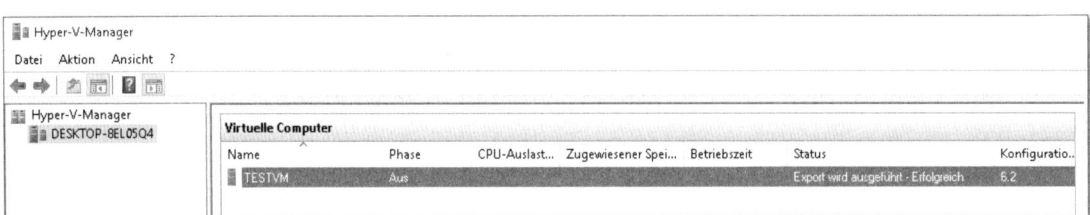

Abbildung 27.26 Export wird ausgeführt.

An dem vorher gewählten Speicherort finden Sie nach Abschluss des Exportvorgangs die Konfigurationsdateien und alle virtuellen Festplatten der virtuellen Maschine wieder sowie alle eventuell vorhandenen Prüfpunkte. Diese Dateien genügen, um die virtuelle Maschine wiederherzustellen bzw. zu importieren.

Haben Sie Ihre virtuelle Maschine bereits exportiert und möchten Sie diese zu einem späteren Zeitpunkt erneut in den gleichen Ordner exportieren (weil dort beispielsweise alle Ihre exportierten virtuellen Maschinen gespeichert sind), erhalten Sie eine Fehlermeldung wie in Abbildung 27.27. Das liegt daran, dass im Exportordner bereits eine virtuelle Maschine mit dem gleichen Namen vorhanden ist. Sie müssen also die bereits exportierte virtuelle Maschine verschieben oder den neuen Export in einen anderen Ordner durchführen.

Abbildung 27.27 Das Exportverzeichnis ist bereits vorhanden.

27.10.2 Importieren einer virtuellen Maschine

1. Wählen Sie im Hyper-V-Manager im rechten Fensterbereich VIRTUELLEN COMPUTER IMPORTIEREN.

2. Die VORBEMERKUNG können Sie durch Klicken auf WEITER bestätigen.

3. Wählen Sie den Speicherort der exportierten virtuellen Maschine aus, idealerweise den Ordner, in dem die Konfigurationsdatei liegt. Wählen Sie WEITER.

4. Sollten sich in dem Verzeichnis mehrere virtuelle Maschinen befinden, werden alle aufgelistet. Wählen Sie die virtuelle Maschine, die Sie importieren wollen. Wählen Sie WEITER.

5. Als Nächstes müssen Sie den Importtyp auswählen (Abbildung 27.28).

   – VIRTUELLEN COMPUTER DIREKT REGISTRIEREN: Durch Wählen dieser Option wird die virtuelle Maschine direkt von dem Speicherort, an dem sie sich befindet, registriert und in Betrieb genommen. Wenn es sich bei der exportierten virtuellen Maschine um eine Sicherung handelt, hätte dies zur Folge, dass die Sicherung verändert wird.

   – VIRTUELLEN COMPUTER WIEDERHERSTELLEN: Diese Option ist wahrscheinlich die, die man am häufigsten wählt. Dabei werden alle Dateien der exportierten virtuellen Maschine kopiert und in die Standardpfade oder einen Pfad Ihrer Wahl kopiert. Die exportierte virtuelle Maschine bleibt dabei unverändert.

27

– VIRTUELLEN COMPUTER KOPIEREN: Diese Option ähnelt der Option VIRTUELLEN COM-
PUTER WIEDERHERSTELLEN. Der Unterschied dabei ist, dass eine neue GUID generiert
wird, die die virtuelle Maschine einzigartig macht. Durch diesen Vorgang wird die virtuelle Maschine geklont.

Wir wählen in diesem Fall den Importtyp VIRTUELLEN COMPUTER WIEDERHERSTELLEN.

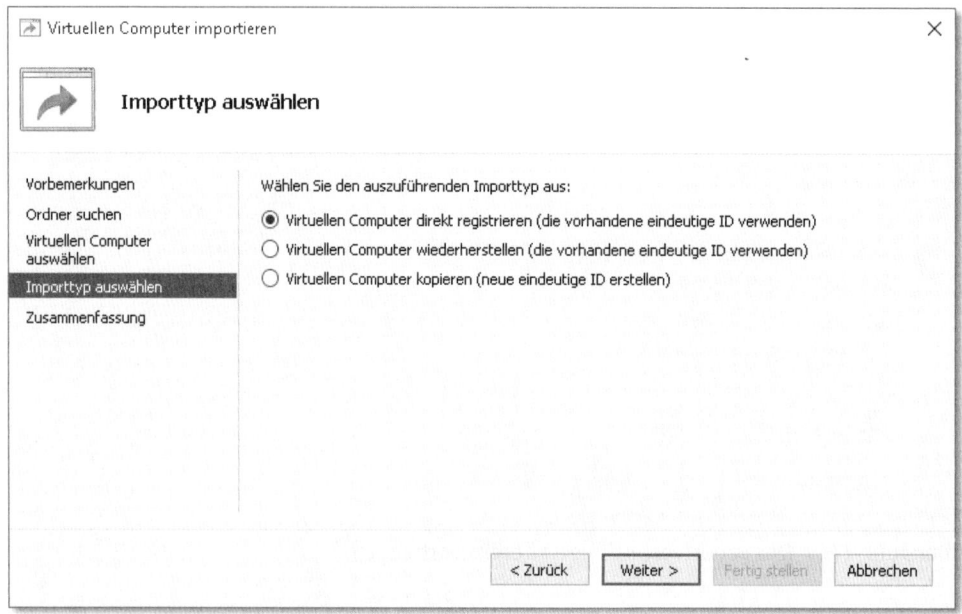

Abbildung 27.28 Virtuellen Computer importieren

6. Aufgrund des zuvor festgelegten Importtyps, bei dem die Dateien der virtuellen Maschine
   kopiert werden, müssen wir einen Zielspeicherort auswählen, an den die Dateien kopiert
   werden sollen. Wählen Sie den Speicherort aus, und klicken Sie auf WEITER.

7. Bestimmen Sie den Speicherort der virtuellen Festplatte, und wählen Sie WEITER.

8. Im letzten Punkt erhalten Sie eine Zusammenfassung der getroffenen Optionen. Wenn
   Sie diese überprüft und für korrekt befunden haben, klicken Sie auf FERTIG STELLEN,
   damit der Importvorgang gestartet wird.

Der Importvorgang kann je nach Größe der virtuellen Maschine einige Zeit in Anspruch nehmen. Wenn der Vorgang abgeschlossen ist, finden Sie die importierte virtuelle Maschine im
Hyper-V-Manager wieder und können diese wie gewohnt verwenden. Sie sollten allerdings
für den Fall, dass die virtuelle Maschine von einem fremdem Hyper-V-Host kommt, beachten, dass die Netzwerkeinstellungen gegebenenfalls angepasst werden müssen, weil der
fremde Host wahrscheinlich andere virtuelle Switches konfiguriert hat.

Wenn Sie eine virtuelle Maschine in einem gespeicherten Zustand auf einem Hyper-V-Host
hinzufügen möchten, der eine andere CPU (beispielsweise Intel i5 zu Intel i7 oder AMD) als

der ursprüngliche Hyper-V-Host hat, kann dies zu einer Fehlermeldung führen. Das Problem lässt sich jedoch sehr leicht lösen, indem Sie den gespeicherten Zustand löschen und ohne diesen fortfahren. Eine andere Möglichkeit wäre es, die virtuelle Maschine am Ursprungsort ordnungsgemäß herunterzufahren und anschließend auf dem neuen Hyper-V-Host zu importieren.

27.10.3 Verschieben einer virtuellen Maschine

Möchten Sie den Speicherort einer virtuellen Maschine ändern, müssen Sie diese nicht erst exportieren und mit einem neuen Speicherort wieder importieren, sondern können sie gleich verschieben. Von Vorteil dabei ist, dass Sie die virtuelle Maschine nicht ausschalten müssen, stattdessen kann die virtuelle Maschine einfach im eingeschalteten Betriebszustand verschoben werden. Ein Anwendungsbeispiel könnte sein, dass Sie eine neue virtuelle Maschine zunächst auf Ihrem Computer in Betrieb nehmen, diese aber später von einer Netzwerkfreigabe, also beispielsweise einem NAS, betreiben wollen. In diesem Fall können Sie die virtuelle Maschine einfach nach abgeschlossener Einrichtung verschieben, indem Sie die folgenden Schritte durchführen:

1. Wählen Sie die virtuelle Maschine, die Sie verschieben wollen, im Hyper-V-Manager durch Rechtsklick • VERSCHIEBEN an.

2. Klicken Sie auf WEITER, nachdem Sie die Vorbemerkung gelesen haben.

3. Sie haben nur die Möglichkeit, SPEICHER DES VIRTUELLEN COMPUTERS VERSCHIEBEN zu wählen. Klicken Sie auf WEITER.

4. Es werden nun drei verschiedene Optionen angezeigt.

   Mit ALLE DATEN DES VIRTUELLEN COMPUTERS AN EINEN EINZELNEN ORT VERSCHIEBEN verschieben Sie die komplette virtuelle Maschine an einen neuen Speicherort.

   Bei der Option DATEN DES VIRTUELLEN COMPUTERS IN ANDERE SPEICHERORTE VERSCHIEBEN können Sie einzeln bestimmen, welche Elemente der virtuellen Maschine verschoben werden sollen. So können Sie z. B. die Konfigurationsdatei und die virtuelle Festplatte an zwei unterschiedliche Speicherorte verschieben.

   Wenn Sie die Option NUR DIE VIRTUELLEN FESTPLATTEN DES VIRTUELLEN COMPUTERS VERSCHIEBEN wählen, werden nur die virtuellen Festplatten an einen anderen Speicherort verschoben.

   In unserem Beispiel wollen wir die vollständige virtuelle Maschine verschieben. Also wählen wir ALLE DATEN DES VIRTUELLEN COMPUTERS AN EINEN EINZELNEN ORT VERSCHIEBEN und klicken auf WEITER (Abbildung 27.29).

5. Legen Sie den Zielort für die virtuelle Maschine fest, und klicken Sie auf WEITER.

   Haben Sie eine der anderen Optionen gewählt, müssen Sie festlegen, welche Elemente Sie verschieben wollen und wo diese gespeichert werden sollen.

27

6. Im letzten Fenster wird Ihnen eine ZUSAMMENFASSUNG der vorher getroffenen Optionen angezeigt. Klicken Sie auf FERTIG STELLEN, damit der Verschiebevorgang gestartet wird.

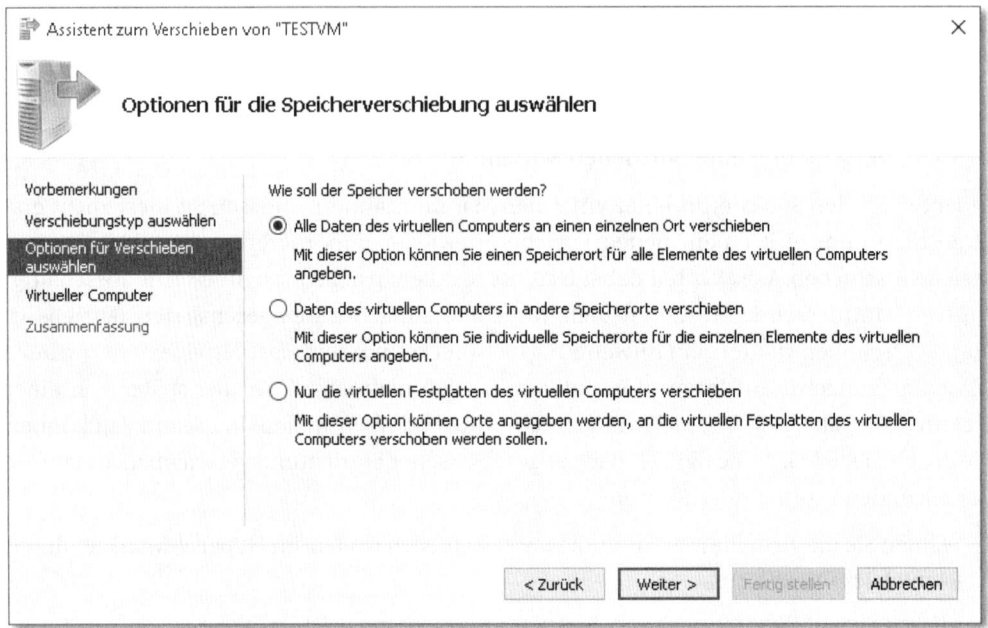

Abbildung 27.29 Optionen für die Speicherverschiebung

Das Verschieben kann je nach Größe der virtuellen Maschine bzw. je nach Größe der zu verschiebenden Elemente einige Zeit in Anspruch nehmen. Es kann zu Performance-Einbußen innerhalb des Gastbetriebssystems kommen. Sie sollten also während des Verschiebens keine rechenintensiven Arbeiten mit der virtuellen Maschine durchführen.

27.11   Limitierungen von Hyper-V

Im Zusammenhang mit Hyper-V ist *Limitierung* eigentlich das falsche Wort, denn Hyper-V kann sehr hoch skaliert werden. Dennoch hat auch Hyper-V Begrenzungen. Wir geben Ihnen hier einen tabellarischen Überblick über die Limitierungen von Hyper V. Tabelle 27.2 enthält die Limitierungen, die Sie bei einer virtuellen Maschine erwarten, und Tabelle 27.3 die Limitierungen des Hyper-V-Hosts.

Komponente	Maximum
virtuelle Prozessoren	64
Arbeitsspeicher	1 TB
Speicherkapazität virtueller Festplatten	VHDX: 64 TB VHD: 2 TB
virtuelle IDE-Festplatten	4
virtuelle SCSI-Controller	4
virtuelle SCSI-Festplatten	256
virtuelle Fibre Channel-Adapter	4
Prüfpunkte	50
virtuelle Netzwerkadapter	8 Netzwerkkarten 4 ältere Netzwerkkarten
virtuelle Diskettenlaufwerke	1
serielle (COM-)Ports *(Component Object Model)*	2

Tabelle 27.2 Limitierung virtuelle Maschine

Komponente	Maximum
logische Prozessoren	320
laufende virtuelle Maschinen	1024
virtuelle Prozessoren pro Server	2048
Arbeitsspeicher	4 TB
Festplattenspeicher	keine Limitierung seitens Hyper-V
virtuelles SAN *(Storage-Area-Network)*	keine Limitierung seitens Hyper-V
physikalische Netzwerkadapter	keine Limitierung seitens Hyper-V
Netzwerkadapterteams	keine Limitierung seitens Hyper-V
virtuelle Switches	keine Limitierung seitens Hyper-V; abhängig von vorhandenen Rechenressourcen
virtuelle Switchports pro Server	keine Limitierung seitens Hyper-V; abhängig von vorhandenen Rechenressourcen

Tabelle 27.3 Limitierung von Hyper-V

27

27.12 PowerShell und Hyper-V

Windows PowerShell erfreut sich immer größerer Beliebtheit. Es gibt fast nichts, was man nicht auch mit *PowerShell* machen könnte, und so möchten wir Ihnen einen kurzen Einblick in die *Hyper-V-Cmdlets* geben und wie Sie damit Hyper-V und Ihre virtuellen Maschinen steuern können.

Hintergründe zu Hyper-V

Mit Windows 8 und Windows Server 2012 wurde das *Hyper-V-Modul* eingeführt. Das neue Modul beinhaltet mehr als 160 *Hyper-V-Cmdlets*, womit alle Verwaltungsaufgaben von Hyper-V abgedeckt werden. Aufgrund des Umfangs und der Ergiebigkeit dieses Themas wird dies nur ein kleiner Ausschnitt werden. Damit sollten Sie sich aber dennoch ein gutes Bild davon machen können, was es für Möglichkeiten gibt, mit PowerShell in Verbindung mit Hyper-V zu arbeiten. Eine vollständige Liste aller Hyper-V-Cmdlets erhalten Sie unter folgendem Link: *http://technet.microsoft.com/en-us/library/hh848559.aspx*

---

1. Starten Sie die PowerShell mit Administratorrechten.
2. Drücken Sie die Tastenkombination ⊞ + Q, und tippen Sie pow • Strg + ⇧ + ↵ .

Zunächst möchten Sie sich einen Überblick über die vorhandenen virtuellen Maschinen auf Ihrem Computer verschaffen.

Get-VM zeigt Ihnen alle virtuellen Maschinen an, die auf Ihrem Host laufen. In Abbildung 27.30 sehen Sie eine leere Ausgabe. Es sind also keine virtuellen Maschinen auf Ihrem Computer vorhanden.

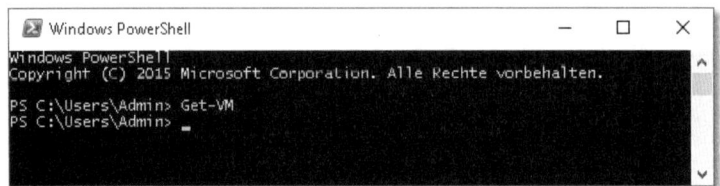

Abbildung 27.30 »Get-VM« zeigt Ihnen alle virtuellen Maschinen an.

Nachdem wir die virtuelle Maschine, wie in Abschnitt 27.10.2, »Importieren einer virtuellen Maschine« beschrieben, importiert haben, möchten wir sie starten. Folgender Befehl startet alle virtuellen Maschinen:

Get-VM | Start-VM

Um zu überprüfen, in welchem Betriebszustand sich Ihre virtuellen Maschinen befinden, setzen Sie einfach Get-VM ab. Bei STATE sollte jetzt RUNNING stehen (Abbildung 27.31).

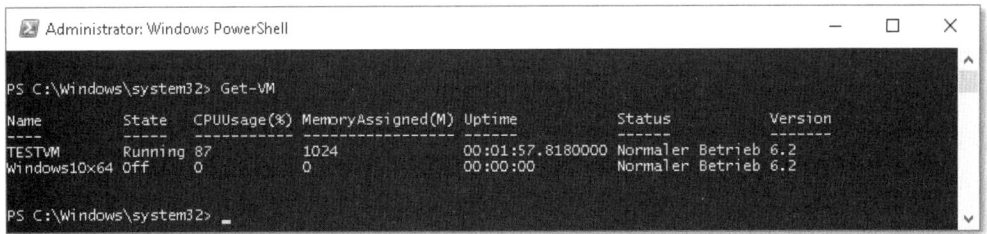

Abbildung 27.31 »Get-VM« zeigt den Betriebszustand der virtuellen Maschinen an.

Ähnlich wie mit Start-VM können Sie mit Restart-VM und Stop-VM, Suspend-VM und Resume-VM die verschiedenen Betriebsmodi der virtuellen Maschinen steuern.

Mit New-VHD können Sie eine neue virtuelle Festplatte anlegen. Die Parameter -Path und Size-Bytes sind dabei erforderlich. Wenn Sie keinen Typ angeben, wird eine Festplatte vom Typ »Dynamic« erstellt. In Abbildung 27.32 erstellen wir eine neue virtuelle Festplatte vom Typ »Dynamic« und mit einer Größe von 15 GB. Geben Sie folgenden Befehl ein:

```
New-VHD -Path 'D:\Hyper-V\Virtual Hard Disks\NewStorage.vdhx' -SizeBytes 15GB
```

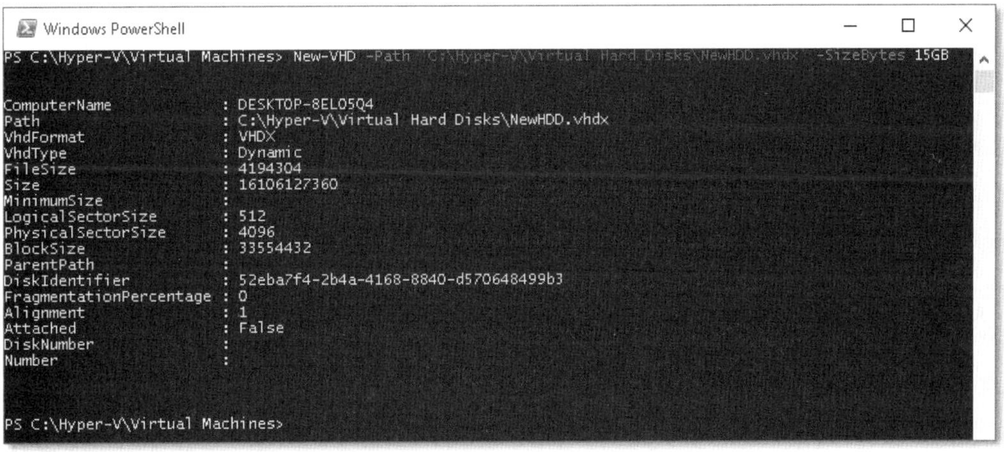

Abbildung 27.32 »New-VHD« erstellt eine neue virtuelle Festplatte.

Eine neue virtuelle Maschine erstellen wir mit New-VM. Im folgenden Beispiel erstellen wir eine neue virtuelle Maschine mit dem Namen *Windows10x64* mit 1 GB Arbeitsspeicher und einer neuen dynamischen virtuellen Festplatte, die wir Windows10x64.vdhx nennen und die eine Größe von 25 GB hat (Abbildung 27.33):

```
New-VM -Name Windows10x64 -MemoryStartupBytes 1GB -NewVHDPath 'C:\Hyper-V\Virtual Hard
    Disks\Windows10x64.vdhx' -NewVHDSizeBytes 25GB
```

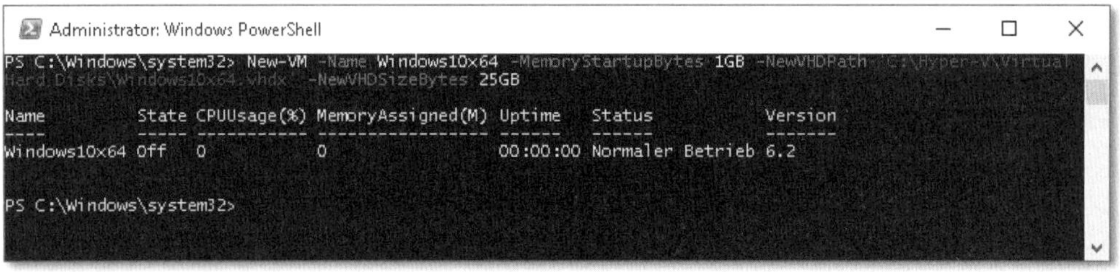

Abbildung 27.33 »New-VM« erstellt eine neue virtuelle Maschine.

Alternativ kann man auch mit dem Parameter -VHDPath eine bereits vorhandene virtuelle Festplatte mit der neuen virtuellen Maschine verbinden.

Damit wir die neue virtuelle Maschine netzwerkfähig machen können, müssen wir diese mit einem virtuellen Switch verbinden. Dafür setzen wir folgenden Befehl ab (Abbildung 27.34):

```
Get-VM Windows10x64 | Get-VMNetworkAdapter | Connect-VMNetworkAdapter -Switch 'vSwitch
  extern'
```

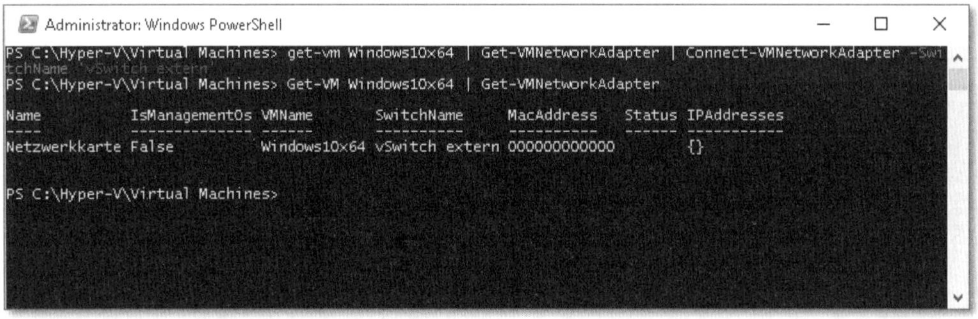

Abbildung 27.34 Einen vSwitch mit der virtuellen Maschine verbinden

Der Parameter -Switch definiert, mit welchem virtuellen Switch die virtuelle Maschine verbunden wird.

Einen Prüfpunkt Ihrer virtuellen Maschine können Sie selbstverständlich auch mit Power-Shell realisieren. Da kommt der Befehl Checkpoint-VM ins Spiel. Möchten Sie einen Prüfpunkt Ihrer virtuellen Maschine durchführen, setzen Sie dafür folgenden Befehl ab:

```
Checkpoint-VM -Name Windows10x64 -SnapshotName "Initial Prüfpunkt"
```

Durch Eingabe des Parameters -SnapshotName können Sie einen Namen für den Prüfpunkt vergeben. Wenn Sie diesen Parameter weglassen, wird der Prüfpunkt automatisch benannt (Name, Datum und Uhrzeit).

Wenn Sie die Prüfpunkte Ihrer virtuellen Maschine anzeigen lassen möchten, geben Sie dafür folgenden Befehl ein:

```
Get-VMSnapshot –VMName TestVM
```

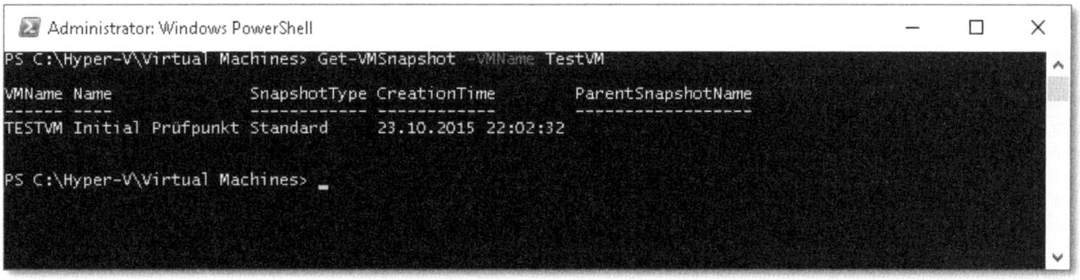

Abbildung 27.35 »Get-VMSnapshot« zeigt alle Prüfpunkte einer virtuellen Maschine an.

Möchten Sie einen Prüfpunkt wiederherstellen, hilft Ihnen der Befehl `Restore-VMSnapshot` weiter. Geben Sie folgenden Befehl ein, um einen Prüfpunkt wiederherzustellen. Der Parameter `-Name` bestimmt, welchen Prüfpunkt Sie wiederherstellen (Abbildung 27.36):

```
Restore-VMSnapshot -Name 'Initial Prüfpunkt' -VMName TestVM
```

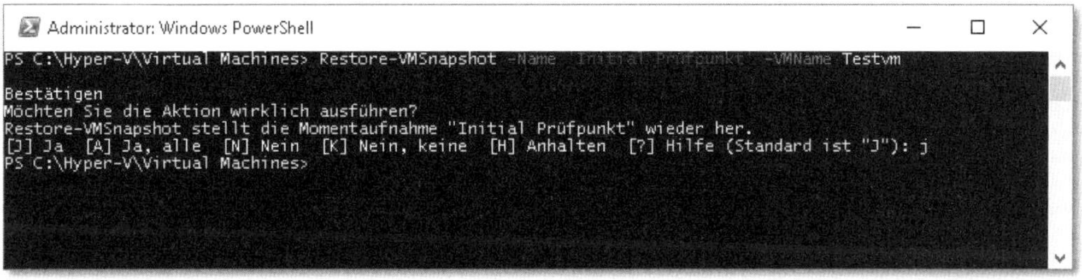

Abbildung 27.36 »Restore-VMSnapshot« stellt Prüfpunkte wieder her.

Wie Sie bereits gelernt haben, sollten Prüfpunkte nur über kürzere Zeiträume aufbewahrt werden. Um das Gelernte anzuwenden, können Sie Prüfpunkte auch mithilfe von PowerShell löschen. `Remove-VMSnapshot` ist dabei das Cmdlet der Wahl:

```
Get-VM TestVM | Remove-VMSnapshot -Name 'Initial Prüfpunkt'
```

Dieser Befehl löscht den Prüfpunkt der virtuellen Maschine TestVM, den Sie mit dem Parameter `-Name` definieren. Möchten Sie alle Prüfpunkte der virtuellen Maschine TestVM löschen, setzen Sie folgenden Befehl ab:

```
Get-VM TestVM | Remove-VMSnapshot -Name *
```

Wie Sie sehen, sind die Möglichkeiten, mit PowerShell und Hyper-V zu arbeiten, quasi unerschöpflich. Wir hoffen, Sie haben durch die gezeigten Beispiele einen kleinen Einblick erhalten, und wer weiß, vielleicht erstellen Sie Ihre nächste virtuelle Maschine ja mithilfe der PowerShell?

Anhang
Theoretische Grundlagen der Netzwerkkommunikation

Dieser Anhang enthält eine kurze und theoretische Einführung in die Schichtenmodelle der Netzwerkkommunikation. Hier erläutern wir Grundlagen und bieten Hintergrundwissen, das Ihnen eine abstrakte Sicht auf die Kommunikation im Netz gibt.

Die hier behandelten Grundlagen sind sicherlich kein »Muss« für die tägliche Praxis und den Umgang mit Netzwerken. Jedoch begegnen Ihnen Begriffe wie *Protokoll*, *Dienst* oder bestimmte Normen oft im Alltag. Hier geht es um die Theorie, die dahintersteckt.

A.1 Schichtenmodelle der Netzwerkkommunikation

Damit eine Kommunikation zwischen verschiedenen Systemen erfolgreich stattfindet, kommen sogenannte *Netzwerkschichtenmodelle* (Schichtenmodelle der Netzwerkkommunikation) zum Einsatz.

Eine Kommunikation im Netz findet dabei immer zwischen einem *Sender* und einem *Empfänger* statt (Abbildung A.1).

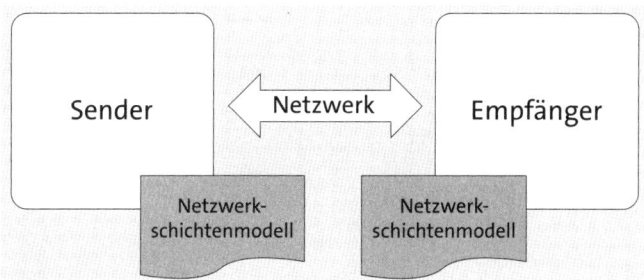

Abbildung A.1 Netzwerkkommunikation

Den einzelnen Schichten (engl. *Layer*) dieser Modelle werden spezielle Aufgaben zugeordnet, sodass diese logisch aufeinander aufbauen und den sogenannten *Schichtenstapel* bilden (Abbildung A.3).

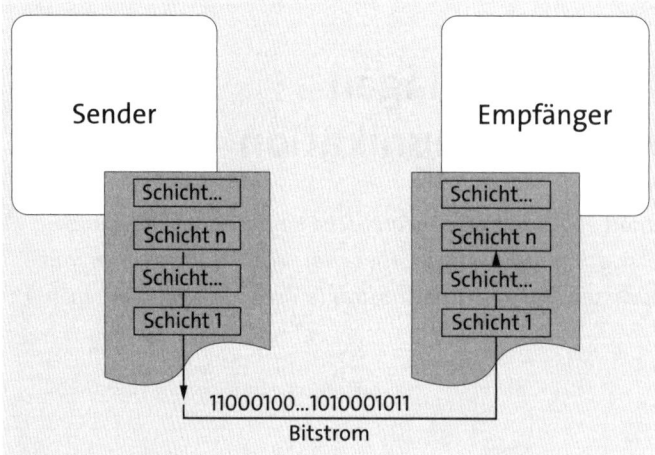

Abbildung A.2 Vertikale Verarbeitung

Jede Schicht hat immer nur eine direkte Verbindung (*Service Access Point* – SAP) zu ihren Nachbarschichten. Also hat z. B. Schicht 2 einen SAP zu Schicht 1 und einen zu Schicht 3. Die Verarbeitung erfolgt beim Senden von der obersten abstrakten Schicht bis hinunter zur untersten, der physikalischen Schicht (Bitstrom). Beim Empfangen erfolgt die Verarbeitung dann in umgekehrter Reihenfolge (vertikale Verarbeitung). In den Abbildungen bezieht sich *n* jeweils auf eine beliebige Schicht (Abbildung A.2 und Abbildung A.3).

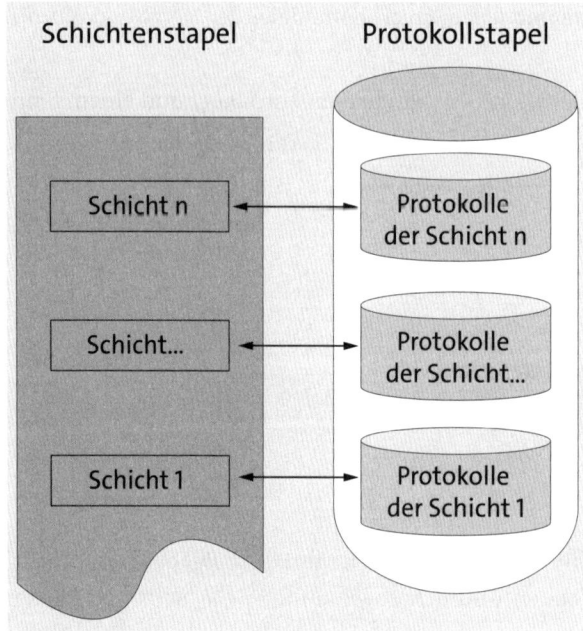

Abbildung A.3 Schichten und Protokollstapel

Den einzelnen Schichten sind gemäß ihren Aufgaben Protokolle zugeordnet. Bei der Übergabe von Daten an Protokolle der jeweils nächsten Schicht können sogenannte *Header*-Informationen den Datenpaketen hinzugefügt werden, z. B. Adressinformationen oder Prüfsummen (engl. *Checksums*).

Die Protokolle der einzelnen Schichten, durch die die Daten laufen, werden *Protokollstapel* oder *Protocol Stack* genannt (Abbildung A.3).

Protokolle bzw. Dienste der obersten Schicht begegnen Ihnen oft beim täglichen Umgang mit dem Computer. So werden E-Mails mithilfe des *Simple Mail Transfer Protocol* (SMTP) versandt, und das *Hypertext Transfer Protocol* (HTTP) ermöglicht es Ihnen, sich Webseiten anzeigen zu lassen. Die Kommunikation zwischen Sender und Empfänger auf Protokollebene erfolgt durch Dienste und erscheint dabei horizontal, da Dienste nur mit ihrem entsprechenden Gegenstück Daten austauschen (Abbildung A.4).

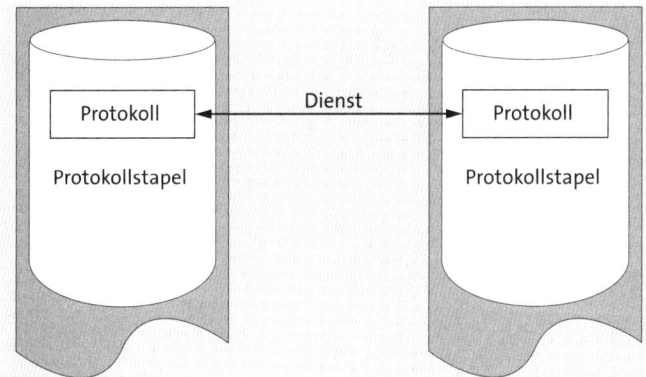

Abbildung A.4 Horizontale Verarbeitung

Diese Abstraktion der Kommunikation dient dazu, das Außenverhalten von Netzwerkgeräten zu normieren und so einen Datenaustausch in heterogenen Netzen zu ermöglichen. Mit anderen Worten: Je nach Aufgabe gibt es eine gemeinsame Sprache bzw. ein gemeinsames Protokoll, in der bzw. mit dem die Kommunikation erfolgen kann (vergleichbar mit dem »Business-Englisch« in der internationalen Geschäftswelt. Die Standards für moderne Netzwerke werden von der Arbeitsgruppe 802 des *Institute of Electrical and Electronics Engineers* (IEEE) festgelegt. Verweise auf diese Standards sind Ihnen sicherlich schon einmal begegnet. So legt die Norm IEEE 802.11 die Standards für eine kabellose Netzwerkkommunikation fest (*Wireless LAN*).

Zwei aktuelle Schichtenmodelle der Netzwerkkommunikation sind das detaillierte ISO/OSI-Modell mit sieben Schichten (Abbildung A.5) und das etwas einfacher gehaltene TCP/IP-Modell mit nur vier Schichten (Abbildung A.6). Netzwerkschichtenmodelle und die dazugehörigen Protokolle sind heute fester Bestandteil aller netzwerkfähigen Betriebssysteme. Oft werden netzwerkfähige Geräte gemäß den Protokollen, die sie unterstützen, einer Schicht (einem Layer) zugeordnet. Dabei bezieht man sich im Allgemeinen auf das OSI-Netzwerkschichtenmodell. Im Alltag begegnen Ihnen daher oft Bezeichnungen wie z. B. *Layer-3-Switch* oder *Multilayer-Switch*. Gemeint ist ein Gerät, das die Protokolle der Schicht 3 unterstützt, z. B. das *Internet Protocol* (IP).

A.2   Das ISO/OSI-Netzwerkschichtenmodell

Das *Open Systems Interconnection Model* (oder kurz *OSI-Modell*) wird von der *International Organization for Standardization* (ISO) als Standard im Normenkatalog geführt (ISO/IEC 7498-1:1994). Dieses Model stellt sieben Schichten zur Gliederung des Kommunikationsprozesses zur Verfügung. Die unteren Schichten 1 bis 4 dienen hierbei Transportzwecken, während die Schichten 5 bis 7 sogenannte *Anwendungsschichten* darstellen.

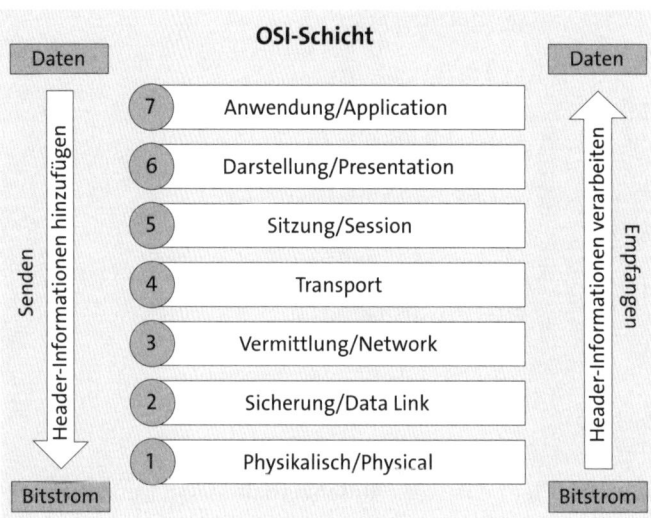

Abbildung A.5 Das OSI-Netzwerkschichtenmodell

A.2.1   Schicht 7: Die Anwendungsschicht (Application Layer)

Die Anwendungsschicht ist die oberste Schicht im OSI-Modell und stellt Applikationen, Protokolle und Dienste zur Verfügung, die den einfachen Austausch von Daten ermöglichen. Bekannte Protokolle dieser Schicht sind *SMTP* zum Versenden von E-Mails, *FTP* zum Dateitransfer und *HTTP* zum Aufruf von Internetseiten im Browser.

A.2.2   Schicht 6: Die Darstellungsschicht (Presentation Layer)

In der Darstellungsschicht werden Daten interpretiert und so konvertiert, dass sie für das verarbeitende System lesbar werden. Daten müssen in eine genormte Form (Transfer-

Syntax) überführt werden, da Systeme Informationen wie Zeichen oder Zeichenketten unterschiedlich darstellen können. Datenverschlüsselung und Datenkompression gehören ebenfalls in den Aufgabenbereich dieser Schicht. Eine geeignete Transfer-Syntax kann dabei von den beteiligten Systemen ausgehandelt werden.

A.2.3   Schicht 5: Die Sitzungsschicht (Session Layer)

Auf Ebene der Sitzungsschicht (die auch oft *Kommunikationsschicht* genannt wird) sind Dienste und Protokolle angesiedelt, die sicherstellen sollen, dass im Falle eines Verbindungsabrisses der Datentransfer wiederaufgenommen werden kann. In diesem Fall kann eine Sitzung mithilfe sogenannter *Check Points* (vorher vereinbarter Fixpunkte) im Datenstrom wiederaufgenommen werden. RPC (*Remote Procedure Call*) ist ein bekannter Vertreter der Schicht-5-Protokollfamilie.

A.2.4   Schicht 4: Die Transportschicht (Transport Layer)

Es kann durchaus sein, dass kommunizierende Prozesse oder Applikationen auf mehrere Verbindungen angewiesen sind. Es werden dann im Bedarfsfall mehrere Verbindungen der Schicht 3 geöffnet. Daten werden in Pakete zerlegt und mit Informationen zu den verarbeitenden Prozessen oder Applikationen versehen. Das Zuweisen von (Kommunikations-)Ports zu Prozessen wird als *Anwendungsmultiplexing* bezeichnet. Die bekanntesten Protokolle der Transportschicht sind das *Transmission Control Protocol* (TCP) und das *User Datagram Protocol* (UDP).

A.2.5   Schicht 3: Die Vermittlungsschicht (Network Layer)

Die Vermittlungsschicht ist die Heimat des *Internet Protocol* (IP). Hier wird das Routing zwischen Teilnetzen geregelt, und es wird gewährleistet, dass Pakete in der richtigen Reihenfolge ihr Ziel erreichen. Die Pflege von Routingtabellen, -informationen und die Fragmentierung von Paketen gemäß der maximal zulässigen Transfereinheit (MTU) gehören zu den Aufgaben, die dieser Schicht zugeordnet sind.

A.2.6   Schicht 2: Die Sicherungsschicht (Data Link Layer)

Die Aufgabe der Sicherungsschicht besteht darin, das Zustandekommen der Verbindung zwischen Sender und Empfänger zu gewährleisten. Die Protokolle der Sicherungsschicht handeln die Übertragungsgeschwindigkeit aus (Flusskontrolle) und sorgen dafür, dass der Empfänger den Erhalt von Datenblöcken bestätigt (Fehlerbehandlung). Hier wird die Ziel- und Quell-MAC-Adresse den Datenblöcken hinzugefügt. (Die MAC-Adresse – oder ausführlicher: die Media-Access-Control-Address – ist die eindeutige Hardwareadresse eines Netzwerkadapters.)

A.2.7 Schicht 1: Die physikalische Schicht (Physical Layer)

Diese Schicht repräsentiert alle zur bitweisen Datenübertragung (Bitstrom) benötigten Komponenten, die den physikalischen Datentransport realisieren, z. B. Spezifikationen für Kabel und die elektrotechnische Umsetzung des Datentransports (Modulation, Frequenzen, Pegel etc.). Standards und Technologien dieser Schicht sind beispielsweise das *Ethernet* (kabelgebunden oder kabellos), *ISDN* oder auch *Token Ring*.

A.3   Das TCP/IP-Netzwerkschichtenmodell

Das TCP/IP-Schichtenmodell kommt mit nur vier Schichten aus und ist damit einfacher gehalten als das komplexe OSI-Schichtenmodell. Grundsätzlich geht man aber in beiden Modellen gleich vor. So stellt auch das TCP/IP-Schichtenmodell einen Protokollstapel zur Verfügung. Das TCP/IP- und das OSI-Schichtenmodell (OSI Modell) lassen sich jedoch nur bedingt vergleichen, da sich die Protokollstapel unterscheiden. Dies spielt vor allem in der obersten Schicht (Anwendungsschicht) eine Rolle.

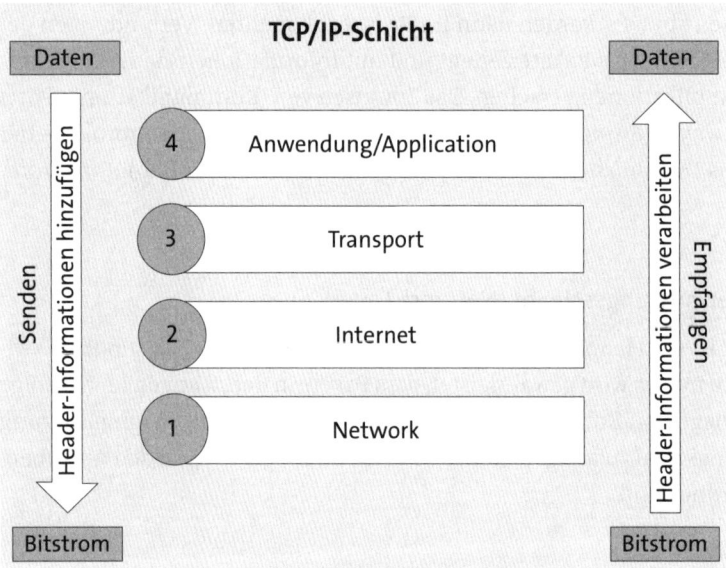

Abbildung A.6 Das TCP/IP-Netzwerkschichtenmodell

A.3.1 Schicht 4: Die Anwendungsschicht (Application Layer)

Die Anwendungsschicht im TCP/IP-Modell bildet die Schnittstelle für Applikationen und Prozesse. Typische Protokolle sind beispielsweise *Telnet*, *FTP* und *HTTP*.

A.3.2   Schicht 3: Die Transportschicht (Transport Layer)

Die Transportschicht stellt den Datentransport zwischen Applikationen und Prozessen sicher. Sie ermöglicht es, dass auch mehrere Applikationen parallel kommunizieren können. Typische Protokolle dieser Schicht sind TCP (*Transmission Control Protocol*) und UDP (*User Datagram Protocol*). Hier werden auch Flusskontrolle und Fehlerbehandlung definiert.

A.3.3   Schicht 2: Internetschicht (Internetwork Layer)

Die Internetschicht stellt das Bindeglied zwischen den Schichten 1 und 3 dar. Hier werden Routinginformationen zu Subnetzen berücksichtigt. Das wichtigste und bekannteste Protokoll dieser Schicht ist das *Internet Protocol* (IP).

A.3.4   Schicht 1: Netzzugangsschicht (Network Interface Layer)

Die Netzzugangsschicht im TCP/IP-Modell ist abstrakter gehalten als im OSI-Modell. Hier werden keine physikalischen Spezifikationen oder Protokolle festgelegt, sondern es wird nur definiert, wie auf diese zugegriffen werden soll. Damit gewinnt das TCP/IP-Modell an Flexibilität gegenüber dem OSI-Modell.

A.4   Das Internet Protocol (IP)

Protokolle begegnen Ihnen oft beim täglichen Umgang mit dem Computer. Eines der bekanntesten ist das *Internet Protocol* (kurz *IP*; im Folgenden nutzen wir die eingedeutschte Form *Internet-Protokoll*). Das Internet-Protokoll gehört im ISO/OSI-Schichtenmodell der Netzwerkkommunikation zur Schicht 3 (Vermittlungsschicht) bzw. zur Schicht 2 (Internetschicht) des TCP/IP-Schichtenmodells. Die Aufgabe dieser Schicht in beiden genannten Referenzmodellen ist die Vermittlung von Datenpaketen. Dabei ist die Übertragung in dieser Schicht nicht mehr von der benutzten Hardware abhängig. Damit Geräte mithilfe des Internet-Protokolls kommunizieren können, muss jedem beteiligten Gerät eine *IP-Adresse* zugeordnet werden, die es innerhalb des Netzwerks identifizierbar macht. Innerhalb eines Netzwerks darf diese Adresse also nur einmal vorkommen. Das Internet-Protokoll ist momentan in zwei Versionen präsent: als das ältere IPv4 (Internet Protokoll Version 4) und als das neuere IPv6 (Version 6). Mit der Einführung von IPv6 wird dem Umstand Rechnung getragen, dass es aufgrund des rasanten Anstiegs von netzwerkfähigen Geräten zu einer Verknappung von IPv4-Adressen gekommen ist.

A.4.1   Die Anatomie eines IPv4-Pakets

Ein IPv4-Paket besteht aus einem Kopf (engl. *Header*), der Informationen über das Paket enthält (Abbildung A.7), und aus der Nutzlast (engl. *Payload*), die die zu übertragenden Daten enthält. Der Header besteht aus mindestens 20 Byte (160 Bit) und kann weitere 40 Byte an optionalen Informationen enthalten. Damit kann ein Header maximal 60 Byte (480 Bit) lang werden. Die maximale Größe eines IPv4-Pakets beträgt 65.535 Bytes. Pakete sollten eine Größe von 576 Byte nicht unterschreiten. Auch kommt es vor, dass große Pakete aufgrund von Einschränkungen (z. B. bei Routen) nicht übertragen werden können, ohne dabei fragmentiert zu werden. Unter *Fragmentierung* versteht man das Zerlegen eines großen IP-Pakets in mehrere kleine Pakete.

A.4.2 Der Aufbau des IPv4-Headers gemäß RFC 791

Als Referenz dient uns an dieser Stelle ein englischsprachiges Dokument, das von der *Internet Engineering Taskforce* (IETF) herausgegeben wurde. Es handelt sich um einen sogenannten *RFC* (*Request for Comments*). Anders als der Name vermuten lässt, sind diese Dokumente nach Verabschiedung durch die IETF nicht mehr veränderbar. Sollte sich herausstellen, dass es zu größeren Änderungen oder Neuerungen gekommen ist, wird ein neuer RFC mit einer neuen Nummer verabschiedet und veröffentlicht. RFCs werden sehr häufig als Referenz bei der Beschreibung von Protokollen benutzt.

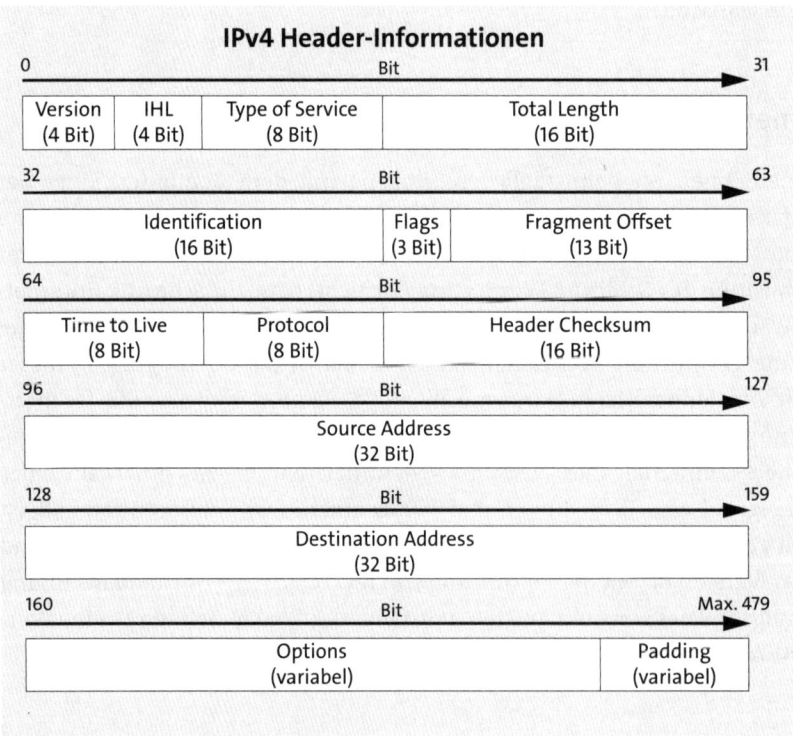

Abbildung A.7 Ein IPv4-Header nach RFC 791

▶ **Version**

Das Feld *Version* enthält Informationen über die IP-Version. Damit wird das Format des Headers definiert. In diesem Fall handelt es sich um ein Paket der Version 4.

▶ **IHL (Internet Header Length)**

Im *IHL*-Feld wird bekannt gegeben, wie lang der Header insgesamt ist. Das ist wichtig, da die Länge eines IPv4-Headers variieren kann. Dabei ist der enthaltene Wert ein Vielfaches von 32 (hat also Werte zwischen 5 und 15). Der Wert 5 stellt dabei die minimal zulässige Header-Größe von 20 Byte (5 × 32 Bit) dar. Diese Größenangabe ist wichtig, da damit bekannt gegeben wird, wo im Paket die Nutzlast beginnt.

▶ **Type of Service (TOS)**

Die Informationen im *TOS*-Feld legen die Güte des angeforderten Dienstes fest und können z. B. von Routern ausgewertet werden. Dabei kann beispielsweise Einfluss auf die Warteschlange des Routers genommen werden. Pakete können priorisiert werden (*Precedence*). Es können Informationen über den Durchsatz (*Throughput*) und die Zuverlässigkeit (*Reliability*) der Übertragung mitgeliefert werden. Dies kann für Protokolle einer höheren Schicht relevant sein (z. B. Telnet oder FTP). Die im Feld hinterlegten Informationen können vom Standard des RFC 791 abweichen, da das Feld in den Jahren 1998 (RFC 2474) und 2001 (RFC 3168) überarbeitet wurde.

▶ **Total Length**

Das Feld *Total Length* enthält die Gesamtgröße des Pakets (Datagramms) in Byte. Maximal kann hier ein Wert von 65.535 stehen.

▶ **Identification**

Das Feld *Identification* enthält eine eindeutige (und fortlaufende) Identifikationsnummer, die zusammen mit der Absenderadresse (*Source Address*) das Zusammensetzen von fragmentierten Paketen ermöglicht.

▶ **Flags**

Die drei Bits im *Flags*-Feld geben Aufschluss darüber, ob das Paket fragmentiert werden darf und ob eine Fragmentierung vorliegt. Dabei gilt, dass das Bit 0 immer den Wert 0 enthalten muss. Bit 1 legt fest, ob das Paket fragmentiert werden darf (1 – keine Fragmentierung), und Bit 2 legt fest (sofern eine Fragmentierung stattgefunden hat), ob es sich um das letzte Paket handelt (0) oder ob noch weitere folgen (1).

▶ **Fragment Offset**

Das Feld *Fragment Offset* enthält die Startposition (*Offset*) des Datenfragments, das innerhalb des Datagramms übertragen werden soll. Daten werden dabei in Blöcke zu je 8 Bit segmentiert. Das Feld enthält den Wert 0 bei Paketen, die nicht fragmentiert sind.

▶ **Time to Live (TTL)**

Das *TTL*-Feld beschreibt die Lebensdauer eines IP-Pakets. Pakete, die nicht zugestellt werden können, werden gelöscht, sobald das Feld den Wert 0 erreicht. Bei jedem Router-Durchlauf (Hop) wird dieser Wert typischerweise um 1 reduziert.

▶ **Protocol**

Das *Protocol*-Feld enthält eine Nummer, die Auskunft über das Protokoll gibt, an das die übertragenen Daten übergeben werden sollen. Typische Werte dieses Feldes repräsentieren die Protokolle TCP (6), UDP (17) oder RDP (27). Es sind aber auch andere Protokolle möglich. Eine detaillierte Auflistung finden Sie unter *http://www.iana.org/assignments/protocol-numbers/protocol-numbers.xml.*

▶ **Header Checksum**

Im Feld *Header Checksum* befindet sich eine Prüfsumme, die zur Prüfung der Header-Informationen verwendet werden kann. Die Prüfung der Nutzlast wird von anderen Protokollen (wie beispielsweise TCP) vorgenommen.

▶ **Source Address**

Das Feld *Source Address* enthält die 32 Bit lange IPv4-Adresse des Absenders.

▶ **Destination Address**

Das Feld *Destination Address* enthält die 32 Bit lange IPv4-Adresse des Empfängers.

▶ **Options/Padding**

Im Feld *Options* können zusätzliche Informationen übermittelt werden. Es stehen maximal 40 Byte für dieses Feld zur Verfügung. Seine Länge muss ein Vielfaches von 32 Bit betragen. Ist dies nicht der Fall, werden die fehlenden Bits »aufgefüllt« (engl. *Padding*).

```
⊟ Internet Protocol Version 4, Src: 173.194.67.94 (173.194.67.94), Dst: 192.168.17.128 (192.168.17.128)
    Version: 4
    Header length: 20 bytes
  ⊟ Differentiated Services Field: 0x00 (DSCP 0x00: Default; ECN: 0x00: Not-ECT (Not ECN-Capable Transport))
      0000 00.. = Differentiated Services Codepoint: Default (0x00)
      .... ..00 = Explicit Congestion Notification: Not-ECT (Not ECN-Capable Transport) (0x00)
    Total Length: 1500
    Identification: 0x3719 (14105)
  ⊟ Flags: 0x00
      0... .... = Reserved bit: Not set
      .0.. .... = Don't fragment: Not set
      ..0. .... = More fragments: Not set
    Fragment offset: 0
    Time to live: 128
    Protocol: TCP (6)
  ⊟ Header checksum: 0x3aba [correct]
      [Good: True]
      [Bad: False]
    Source: 173.194.67.94 (173.194.67.94)
    Destination: 192.168.17.128 (192.168.17.128)
    [Source GeoIP: Unknown]
    [Destination GeoIP: Unknown]
```

Abbildung A.8 Aufgezeichneter IPv4-Header

Mithilfe eines Netzwerkmonitors können Sie IP-Pakete aufzeichnen (Abbildung A.8) und sich die Informationen des Headers genauer anschauen.

A.4.3   IPv4-Adressen und Subnetze

Geräte sind in Netzwerken über ihre Adressen zu erreichen. Eine IPv4-Adresse setzt sich aus 32 Bits zusammen. Diese Bits werden in Gruppen zu je 8 gruppiert, den sogenannten *Oktetts* (Byte). Die Darstellung einer solchen Adresse erfolgt durch die Angabe der durch Punkte getrennten Oktetts in dezimaler Schreibweise. Jedes Oktett kann dabei Werte von 0 bis 255 annehmen (z. B. 192.168.45.25). Geräten können durchaus mehrere IP-Adressen zugeordnet sein. So ist die Adresse 127.0.0.1 immer ein Verweis auf das Gerät selbst. Ein weiterer wichtiger Aspekt bei IPv4-Netzen ist die Segmentierung in sogenannte *Subnetze*. Subnetze fassen zusammengehörende, aufeinanderfolgende IP-Adressen zusammen. Zur Identifizierung eines Geräts in einem IPv4-Netz müssen also die Adresse und das Subnetz bekannt sein. Das Subnetz wird dabei mithilfe der *Subnetzmaske* ermittelt. Eine Subnetzmaske besteht aus zwei Teilen. Die führenden zusammenhängenden Einsen in der binären Darstellung dienen zur Identifikation des Netzwerks. Die folgenden zusammenhängenden Nullen stehen für die Nummer (Hostnummer), die einem Gerät in diesem Netz zugeordnet wurde. Insgesamt weist eine Subnetzmaske eine Länge von 32 Bit bzw. vier Oktetts auf. Die Schreibweise einer Subnetzmaske entspricht der Schreibweise einer IP-Adresse (z. B. dezimal 255.255.255.0). Durch Verknüpfen der IP-Adresse und der zugehörenden Subnetzmaske lassen sich die Netzwerk-ID und die Nummer des Geräts genau bestimmen (Tabelle A.1). Wenn wir IP-Adressen mit Postadressen vergleichen, entspricht die Netzwerk-ID einer Straße und die Hostnummer der zugehörigen Hausnummer.

Adressierung in IPv4-Netzen	Dezimale Darstellung	Binäre Darstellung
IP-Adresse	192.168.45.25	11000000. 10101000. 00101101. 00011001
Subnetzmaske	255.255.255.0	11111111. 11111111. 11111111. 00000000
Netzwerk-ID	192.168.45.0	11000000. 10101000. 00101101. 00000000
Hostnummer	25	00011001

Tabelle A.1 Darstellung von IP-Adressinformationen

Auch wenn es sich seltsam anhören mag: Die binäre Darstellung ist klarer und leichter verständlich als die dezimale Darstellung. Um IP-Adressen und das dazugehörige Netz anzugeben, hat es sich eingebürgert, die Subnetzmaske nicht mehr in Form einer Adresse anzugeben. Stattdessen wird nur noch die Anzahl der führenden Einsen in der Subnetzmaske angegeben. Diese Art der Darstellung wird auch *CIDR-Notation* genannt (*Classless Inter-Domain Routing*). Beispielsweise beschreibt 192.168.45.25/24 das Gerät mit der Nummer 25 im Netzwerk mit der ID 192.168.45.0. Da die höchste Hostnummer (hier 255) und die kleinste (hier 0) für bestimmte Aufgaben (Broadcast und Netzwerkidentifikation) reserviert sind, könnten in diesem Netz 254 Adressen vergeben werden. Die Berechnung ergibt sich wie folgt: $2^{(32-24)-2} = 254$.

Öffentliche und private Netze

Das Konzept der Subnetze macht es möglich, dass Sie nicht jede IP-Adresse, die Sie privat benutzen, registrieren lassen müssen. Es sind bestimmte Netzsegmente (Blöcke von IP-Adressen) für die private Nutzung vorgesehen (Tabelle A.2).

Netzsegment	Kurzform	Anzahl der Adressen
10.0.0.0–10.255.255.255	10.0.0.0/8	16.777.216
172.16.0.0–172.31.255.255	172.16.0.0/12	1.048.576
192.168.0.0–192.168.255.255	192.168.0.0/16	65.536

Tabelle A.2 Private IP-Adressen

Es steht Ihnen frei, innerhalb dieser Segmente weitere Subnetze einzurichten. In Firmen werden auf diese Weise häufig Gebäude und Standorte organisatorisch zusammengefasst.

Zu Hause kommen Sie in der Regel mit einem kleinen Subnetz aus, das Ihre Geräte erfasst. Typischerweise werden hier Adressen aus dem Bereich 192.168.x.0/24 benutzt. Private Adressbereiche sind aus dem Internet nicht erreichbar und stellen so einen Bereich dar, auf den die Allgemeinheit keinen Zugriff hat. Damit die Geräte in Ihrem Netzwerk mit dem Internet Informationen austauschen können, benötigen Sie eine öffentliche IP-Adresse. Diese öffentliche IP-Adresse wird Ihnen von Ihrem Internetprovider zur Verfügung gestellt. Öffentliche IP-Adressen müssen registriert werden und sind im Internet eindeutig.

Routen und Gateways

Die Geräte in Ihrem privaten Netz können sich gegenseitig erreichen. Man wohnt sozusagen in derselben Straße und kennt sich. Aber was passiert, wenn Sie ein anderes Netzwerk kontaktieren wollen, um beispielsweise Informationen aus dem Internet zu bekommen? In diesem Fall werden die IP-Pakete an einen *Gateway* geschickt. Das Gateway ist Ihre Verbindung hinaus ins nächste Netzwerk. Typischerweise teilt man die erste im Subnetz adressierbare Adresse dem Gateway zu – im übertragenen Sinne die Hausnummer 1 (z. B. 192.168.45.1).

Jedes Paket, das an eine Adresse geschickt werden soll, geht diesen Weg und wird im nächsten Netz zugestellt oder weitergeleitet. Das Gateway (oder auch *Standard-Gateway* genannt) muss jedem Gerät bekannt sein, das mit anderen Netzen Informationen austauschen soll. Sie können die IP-Konfiguration leicht prüfen, indem Sie ein Konsolenfenster öffnen (Abbildung A.9) und den Befehl `ipconfig /all` eingeben.

```
C:\Users\Jan>ipconfig /all

Windows-IP-Konfiguration

   Hostname  . . . . . . . . . . . . : NEPTUN
   Primäres DNS-Suffix . . . . . . . :
   Knotentyp . . . . . . . . . . . . : Hybrid
   IP-Routing aktiviert  . . . . . . : Nein
   WINS-Proxy aktiviert  . . . . . . : Nein
   DNS-Suffixsuchliste . . . . . . . : fritz.box

Ethernet-Adapter Ethernet:

   Verbindungsspezifisches DNS-Suffix: fritz.box
   Beschreibung. . . . . . . . . . . : Intel(R) PRO/1000 MT-Netzwerkverbindung
   Physische Adresse . . . . . . . . : 00-0C-29-20-94-7F
   DHCP aktiviert. . . . . . . . . . : Ja
   Autokonfiguration aktiviert . . . : Ja
   Verbindungslokale IPv6-Adresse  . : fe80::18b4:e4bd:4fdd:4ee7%12(Bevorzugt)
   IPv4-Adresse  . . . . . . . . . . : 192.168.178.154(Bevorzugt)
   Subnetzmaske  . . . . . . . . . . : 255.255.255.0
   Lease erhalten. . . . . . . . . . : Montag, 20. Mai 2013 22:35:37
   Lease läuft ab. . . . . . . . . . : Mittwoch, 5. Juni 2013 19:03:16
   Standardgateway . . . . . . . . . : 192.168.178.1
   DHCP-Server . . . . . . . . . . . : 192.168.178.1
   DHCPv6-IAID . . . . . . . . . . . : 251661353
   DHCPv6-Client-DUID. . . . . . . . : 00-01-00-01-18-62-92-67-00-0C-29-20-94-7F
   DNS-Server  . . . . . . . . . . . : 192.168.178.1
   NetBIOS über TCP/IP . . . . . . . : Aktiviert
```

Abbildung A.9 IP-Konfiguration (Standard-Gateway)

Die Funktion des Standard-Gateways wird normalerweise von einem Router übernommen. Dieser ist die Verbindungsstelle zwischen dem Internet und Ihrem privaten Netzwerk. Das heißt, dieser Router ist Mitglied in beiden Netzwerken.

Der Router ist im Internet mit der öffentlichen Adresse sichtbar, die Ihr Internetprovider Ihnen zugeteilt hat. Da die Adressen aus Ihrem privaten Netzwerk vom Internet aus nicht erreichbar sind, bedient man sich eines kleinen Tricks, damit aus dem Internet angeforderte Informationen korrekt in Ihrem privaten Netz zugestellt werden können: Der Router nimmt Pakete entgegen, die als Ziel eine Adresse im Internet haben, und packt diese um. Er versieht quasi diese Pakete mit einem neuen Absender. Dadurch weiß der Empfänger im Internet, an welche Adresse er die Antwort senden muss.

Umgekehrt werden ankommende Pakete »ausgepackt« und an die richtige Adresse in Ihrem Subnetz weitergeleitet. Dieser Trick wird *Network Address Translation* (NAT) genannt. Moderne Router verfügen über eine Vielzahl von Funktionen und Diensten, die sie für angeschlossene Subnetze bereitstellen.

A.4.4   Der Aufbau einer IPv6-Adresse

Da IPv6-Adressen durch 128 Bit abgebildet werden, bietet sich hier die bei IPv4-Adressen übliche dezimale Schreibweise nicht mehr an. IPv6-Adressen werden hexadezimal dargestellt, wobei jeweils 16 Bit (vier Hexadezimalzahlen) zu einem Block gruppiert werden. Eine Trennung der Blöcke erfolgt durch einen Doppelpunkt. Diese Darstellung wird als *Doppelpunkt-Hexadezimal-Notation* bezeichnet. Eine IPv6-Adresse sieht z. B. so aus:

20A1:01F3:0023:2A1C:02AB:011F:F228:9C1F

Eigenschaften und Besonderheiten von IPv6-Adressen sind:

▶ **Komprimierung von Nullen:** Es kann genau ein zusammenhängender Bereich innerhalb einer Adresse durch einen zweifachen Doppelpunkt (::) komprimiert werden, sofern dieser Bereich nur Nullen enthält.

▶ **IPv6-Präfixe:** Das Präfix ist das Äquivalent zur Subnetzmaske bei IPv4-Adressen. Dieser Bereich der Adresse weist feste Werte auf und identifiziert somit ein IPv6-Subnetz. Die Darstellung gleicht der, die bei IPv4-Adressen Verwendung findet (z. B. 20A1:A9::/48 für ein 48-Bit-IPv6-Subnetz).

▶ **Die Schnittstellen-ID:** Dies sind die letzten 64 Bit einer IPv6-Adresse. Die Schnittstellen-ID wird aus der MAC-Adresse des Netzwerkadapters generiert.

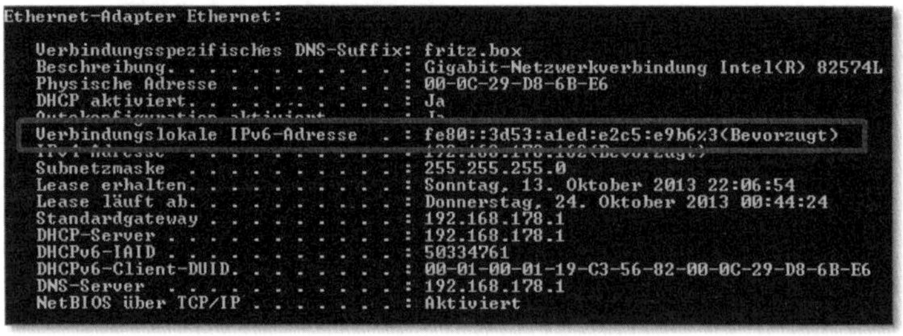

Abbildung A.10 Verbindungslokale IPv6-Adresse

▶ **Verbindungslokale Adressen (Link-Local Unicast):** Standardmäßig konfiguriert IPv6 verbindungslokale IP-Adressen für jeden Netzwerkadapter. Für jeden Adapter kann es immer nur eine verbindungslokale Adresse geben. Diese Adressen werden nicht geroutet und sind für die Verwendung in einem (lokal) abgegrenzten Bereich gedacht. Durch diese Abgrenzung können verbindungslokale Adressen weltweit auch mehrfach vorkommen. Verbindungslokale Adressen (Abbildung A.10) haben stets ein Präfix im Bereich FE80::/10. Sie werden automatisch aus der Schnittstellen-ID und dem Präfix gebildet.

▶ **Globale Adressen (Globale Unicast-Adresse):** Diese Adressen kommen weltweit nur einmal vor. Sie entsprechen dem öffentlichen Adressbereich des IPv4-Protokolls und werden ins Internet weitergeleitet.

▶ **Die Loopback-Adresse:** Die Loopback-Adresse (0:0:0:0:0:0:0:1 oder ::1) entspricht der Adresse 127.0.0.1 bei IPv4. Somit ist es auch bei IPv6 möglich, dass Geräte IP-Pakete an sich selbst schicken können.

A.4.5 Die Anatomie eines IPv6-Pakets

Im Gegensatz zur variablen Länge eines IPv4-Headers ist der Header eines IPv6-Pakets immer 40 Byte lang. Zusätzliche Informationen (*Extensions*) sollten bei IPv6-Headern nicht benötigt werden. Es gibt jedoch die Möglichkeit, einen sogenannten *Extension Header* im Feld *Next Header* anzugeben.

IPv6-Pakete dürfen maximal 65.575 Byte groß sein und sollten nicht kleiner als 1280 Byte sein, damit eine Verarbeitung auf allen IPv6-fähigen Geräten gewährleistet werden kann. Große IPv6-Pakete werden von Routern nicht fragmentiert. Abbildung A.11 zeigt den Aufbau eines IPv6-Headers gemäß RFC 2460.

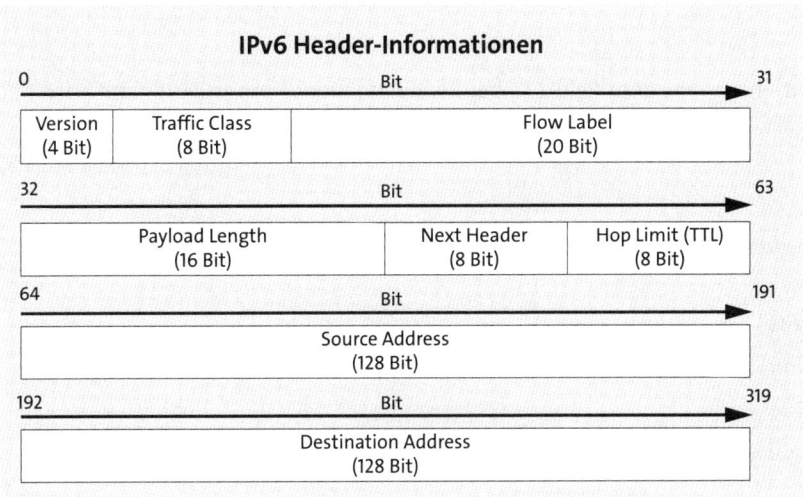

Abbildung A.11 IPv6-Header

Version

Wie bei IPv4 enthält das Feld *Version* die Versionsnummer des verwendeten Internet-Protokolls. In diesem Fall steht hier die Nummer 6 für IPv6.

Traffic Class

Im Feld *Traffic Class* können Pakete priorisiert werden. Diese Information wird zur Bestimmung der QoS (*Quality of Service* – Dienstgüte) verwendet.

Flow Label

Im Feld *Flow Label* besteht die Möglichkeit, Pakete mit einem »Aufkleber« zu versehen. Das erleichtert die Zuordnung von Paketen und kann die Datenübertragung für Echtzeitanwendungen beschleunigen.

Payload Length

Im Feld *Payload Length* wird die Größe (Länge) des zu übertragenden Inhalts angegeben. *Extension Header* werden im Datenbereich hinterlegt, und ihre Größe muss hier berücksichtigt werden.

Next Header

Im Feld *Next Header* findet sich ein Verweis auf einen eventuell vorhandenen Extension Header oder auf das (nächst-)übergeordnete Protokoll, das die übertragenen Daten übernehmen soll.

Hop Limit

Das Feld *Hop Limit* entspricht dem Feld *TTL* bei IPv4. Bei jedem Router-Durchlauf wird der Wert um 1 verringert, und beim Erreichen von 0 wird das Paket verworfen.

Source Address

Das Feld *Source Address* enthält die 128 Bit lange IPv6-Adresse des Absenders.

Destination Address

Das Feld *Destination Address* enthält die 128 Bit lange Zieladresse.

```
⊟ Internet Protocol Version 6, Src: fe80::189c:ce8c:6bec:53f1 (fe80::189c:ce8c:6bec:53f1), Dst: ff02::c (ff02::c)
  ⊟ 0110 .... = Version: 6
      [0110 .... = This field makes the filter "ip.version == 6" possible: 6]
  ⊟ .... 0000 0000 .... .... .... .... .... = Traffic class: 0x00000000
      .... 0000 00.. .... .... .... .... .... = Differentiated Services Field: Default (0x00000000)
      .... .... ..0. .... .... .... .... .... = ECN-Capable Transport (ECT): Not set
      .... .... ...0 .... .... .... .... .... = ECN-CE: Not set
    .... .... .... 0000 0000 0000 0000 0000 = Flowlabel: 0x00000000
    Payload length: 127
    Next header: UDP (17)
    Hop limit: 1
    Source: fe80::189c:ce8c:6bec:53f1 (fe80::189c:ce8c:6bec:53f1)
    Destination: ff02::c (ff02::c)
    [Source GeoIP: Unknown]
    [Destination GeoIP: Unknown]
```

Abbildung A.12 Aufgezeichneter IPv6-Header

Auch IPv6-Pakete lassen sich mit einem Netzwerkmonitor aufzeichnen. Abbildung A.12 zeigt den Header eines IPv6-Pakets mit den zuvor erläuterten Feldern.

Index

Wie hat Ihnen dieses Buch gefallen?
Bitte teilen Sie uns mit, ob Sie zufrieden waren,
und bewerten Sie das Buch auf:
www.rheinwerk-verlag.de/feedback

Ausführliche Informationen zu unserem aktuellen
Programm samt Leseproben finden Sie ebenfalls
auf unserer Website. Besuchen Sie uns!

www.rheinwerk-verlag.de